GOETHES WERKE

Hamburger Ausgabe in 14 Bänden
Herausgegeben von Erich Trunz

Goethes Werke · Hamburger Ausgabe

Band 1
Gedichte und Epen I

Band 2
Gedichte und Epen II

Band 3
Dramatische Dichtungen I

Band 4
Dramatische Dichtungen II

Band 5
Dramatische Dichtungen III

Band 6
Romane und Novellen I

Band 7
Romane und Novellen II

Band 8
Romane und Novellen III

Band 9
Autobiographische Schriften I

Band 10
Autobiographische Schriften II

Band 11
Autobiographische Schriften III

Band 12
Kunst und Literatur

Band 13
Naturwissenschaftliche Schriften I

Band 14
Naturwissenschaftliche Schriften II
Materialien · Register

GOETHES WERKE
BAND VIII
ROMANE UND NOVELLEN III

Textkritisch durchgesehen
und kommentiert von Erich Trunz

VERLAG C.H.BECK MÜNCHEN

Sonderausgabe
zum 250. Geburtstag Goethes
am 28. 8. 1999

*Die ,Hamburger Ausgabe' wurde begründet
im Christian Wegner Verlag, Hamburg
Die erste bis siebente Auflage des achten Bandes
erschien dort in den Jahren 1950 bis 1967*

*Dieser Band ist identisch mit der
13., durchgesehenen Auflage. 1994*

ISBN für die 14bändige Sonderausgabe: 3 406 44186 6

Sonderausgabe. 1998

Druck: C.H.Beck'sche Buchdruckerei, Nördlingen
Gedruckt auf säurefreiem, alterungsbeständigem Papier
(hergestellt aus chlorfrei gebleichtem Zellstoff)
von Schoeller & Hoesch, Gernsbach
Printed in Germany

ROMANE UND NOVELLEN

DRITTER BAND

WILHELM MEISTERS WANDERJAHRE

ODER DIE ENTSAGENDEN

ERSTES BUCH

ERSTES KAPITEL

DIE FLUCHT NACH ÄGYPTEN

Im Schatten eines mächtigen Felsen saß Wilhelm an grauser, bedeutender Stelle, wo sich der steile Gebirgsweg um eine Ecke herum schnell nach der Tiefe wendete. Die Sonne stand noch hoch und erleuchtete die Gipfel der Fichten in den Felsengründen zu seinen Füßen. Er bemerkte eben etwas in seine Schreibtafel, als Felix, der umhergeklettert war, mit einem Stein in der Hand zu ihm kam. „Wie nennt man diesen Stein, Vater?" sagte der Knabe.

„Ich weiß nicht", versetzte Wilhelm.

„Ist das wohl Gold, was darin so glänzt?" sagte jener.

„Es ist keins!" versetzte dieser, „und ich erinnere mich, daß es die Leute Katzengold nennen."

„Katzengold!" sagte der Knabe lächelnd, „und warum?"

„Wahrscheinlich weil es falsch ist und man die Katzen auch für falsch hält."

„Das will ich mir merken", sagte der Sohn und steckte den Stein in die lederne Reisetasche, brachte jedoch sogleich etwas anders hervor und fragte: „Was ist das?" — „Eine Frucht", versetzte der Vater, „und nach den Schuppen zu urteilen, sollte sie mit den Tannenzapfen verwandt sein." — „Das sieht nicht aus wie ein Zapfen, es ist ja rund." — „Wir wollen den Jäger fragen; die kennen den ganzen Wald und alle Früchte, wissen zu säen, zu pflanzen und zu warten, dann lassen sie die Stämme wachsen und groß werden, wie sie können." — „Die Jäger wissen alles; gestern zeigte mir der Bote, wie ein Hirsch über den Weg gegangen sei, er rief mich zurück und ließ mich die Fährte bemerken, wie er es nannte; ich war darüber weggesprungen, nun aber sah ich deutlich ein paar Klauen eingedrückt; es mag ein großer Hirsch gewesen sein." — „Ich hörte wohl, wie du den Boten ausfragtest." — „Der wußte viel und ist doch kein Jäger. Ich aber will ein Jäger werden. Es ist gar zu schön, den ganzen Tag im Walde zu sein und die Vögel zu hören, zu wissen, wie sie heißen, wo ihre Nester sind, wie man die Eier aushebt oder die Jungen, wie man sie füttert und wenn man die Alten fängt: das ist gar zu lustig."

Kaum war dieses gesprochen, so zeigte sich den schroffen Weg herab eine sonderbare Erscheinung. Zwei Knaben, schön wie der Tag, in farbigen Jäckchen, die man eher für aufgebundene Hemdchen gehalten hätte, sprangen einer nach dem andern herunter, und Wilhelm fand Gelegenheit, sie näher zu betrachten, als sie vor ihm stutzten und einen Augenblick stillhielten. Um des ältesten Haupt bewegten sich reiche blonde Locken, auf welche man zuerst blicken mußte, wenn man ihn sah, und dann zogen seine klarblauen Augen den Blick an sich, der sich mit Gefallen über seine schöne Gestalt verlor. Der zweite, mehr einen Freund als einen Bruder vorstellend, war mit braunen und schlichten Haaren geziert, die ihm über die Schultern herabhingen und wovon der Widerschein sich in seinen Augen zu spiegeln schien.

Wilhelm hatte nicht Zeit, diese beiden sonderbaren und in der Wildnis ganz unerwarteten Wesen näher zu betrachten, indem er eine männliche Stimme vernahm, welche um die Felsecke herum ernst, aber freundlich herabrief: „Warum steht ihr stille? versperrt uns den Weg nicht!"

Wilhelm sah aufwärts, und hatten ihn die Kinder in Verwunderung gesetzt, so erfüllte ihn das, was ihm jetzt zu Augen kam, mit Erstaunen. Ein derber, tüchtiger, nicht allzu großer junger Mann, leicht geschürzt, von brauner Haut und schwarzen Haaren, trat kräftig und sorgfältig den Felsweg herab, indem er hinter sich einen Esel führte, der erst sein wohlgenährtes und wohlgeputztes Haupt zeigte, dann aber die schöne Last, die er trug, sehen ließ. Ein sanftes, liebenswürdiges Weib saß auf einem großen, wohlbeschlagenen Sattel; in einem blauen Mantel, der sie umgab, hielt sie ein Wochenkind, das sie an ihre Brust drückte und mit unbeschreiblicher Lieblichkeit betrachtete. Dem Führer ging's wie den Kindern: er stutzte einen Augenblick, als er

Wilhelmen erblickte. Das Tier verzögerte seinen Schritt, aber der Abstieg war zu jäh, die Vorüberziehenden konnten nicht anhalten, und Wilhelm sah sie mit Verwunderung hinter der vorstehenden Felswand verschwinden.

Nichts war natürlicher, als daß ihn dieses seltsame Gesicht aus seinen Betrachtungen riß. Neugierig stand er auf und blickte von seiner Stelle nach der Tiefe hin, ob er sie nicht irgend wieder hervorkommen sähe. Und eben war er im Begriff, hinabzusteigen und diese sonderbaren Wandrer zu begrüßen, als Felix heraufkam und sagte: „Vater, darf ich nicht mit diesen Kindern in ihr Haus? Sie wollen mich mitnehmen. Du sollst auch mitgehen, hat der Mann zu mir gesagt. Komm! dort unten halten sie."

„Ich will mit ihnen reden", versetzte Wilhelm.

Er fand sie auf einer Stelle, wo der Weg weniger abhängig war, und verschlang mit den Augen die wunderlichen Bilder, die seine Aufmerksamkeit so sehr an sich gezogen hatten. Erst jetzt war es ihm möglich, noch einen und den andern besondern Umstand zu bemerken. Der junge, rüstige Mann hatte wirklich eine Polieraxt auf der Schulter und ein langes, schwankes eisernes Winkelmaß. Die Kinder trugen große Schilfbüschel, als wenn es Palmen wären; und wenn sie von dieser Seite den Engeln glichen, so schleppten sie auch wieder kleine Körbchen mit Eßwaren und glichen dadurch den täglichen Boten, wie sie über das Gebirg hin und her zu gehen pflegen. Auch hatte die Mutter, als er sie näher betrachtete, unter dem blauen Mantel ein rötliches, zart gefärbtes Unterkleid, so daß unser Freund die Flucht nach Ägypten, die er so oft gemalt gesehen, mit Verwunderung hier vor seinen Augen wirklich finden mußte.

Man begrüßte sich, und indem Wilhelm vor Erstaunen und Aufmerksamkeit nicht zu Wort kommen konnte, sagte der junge Mann: „Unsere Kinder haben in diesem Augenblicke schon Freundschaft gemacht. Wollt Ihr mit uns, um zu sehen, ob auch zwischen den Erwachsenen ein gutes Verhältnis entstehen könne?"

Wilhelm bedachte sich ein wenig und versetzte dann: „Der Anblick eures kleinen Familienzuges erregt Vertrauen und Neigung und, daß ich's nur gleich gestehe, ebensowohl Neugierde und ein lebhaftes Verlangen, euch näher kennen zu lernen. Denn im ersten Augenblicke möchte man bei sich die Frage aufwerfen, ob ihr wirkliche Wanderer oder ob ihr nur Geister seid, die sich ein Vergnügen daraus machen, dieses unwirtbare Gebirg durch angenehme Erscheinungen zu beleben."

„So kommt mit in unsere Wohnung", sagte jener. „Kommt mit!" riefen die Kinder, indem sie den Felix schon mit sich fortzogen. „Kommt mit!" sagte die Frau, indem sie ihre liebenswürdige Freundlichkeit von dem Säugling ab auf den Fremdling wendete.

Ohne sich zu bedenken, sagte Wilhelm: „Es tut mir leid, daß ich euch nicht sogleich folgen kann. Wenigstens diese Nacht noch muß ich oben auf dem Grenzhause zubringen. Mein Mantelsack, meine Papiere, alles liegt noch oben, ungepackt und unbesorgt. Damit ich aber Wunsch und Willen beweise, eurer freundlichen Einladung genugzutun, so gebe ich euch meinen Felix zum Pfande mit. Morgen bin ich bei euch. Wie weit ist's hin?"

„Vor Sonnenuntergang erreichen wir noch unsere Wohnung", sagte der Zimmermann, „und von dem Grenzhause habt Ihr nur noch anderthalb Stunden. Euer Knabe vermehrt unsern Haushalt für diese Nacht; morgen erwarten wir Euch."

Der Mann und das Tier setzten sich in Bewegung. Wilhelm sah seinen Felix mit Behagen in so guter Gesellschaft, er konnte ihn mit den lieben Engelein vergleichen, gegen die er kräftig abstach. Für seine Jahre war er nicht groß, aber stämmig, von breiter Brust und kräftigen Schultern; in seiner Natur war ein eigenes Gemisch von Herrschen und Dienen; er hatte schon einen Palmzweig und ein Körbchen ergriffen, womit er beides auszusprechen schien. Schon drohte der Zug abermals um eine Felswand zu verschwinden, als sich Wilhelm zusammennahm und nachrief: „Wie soll ich euch aber erfragen?"

„Fragt nur nach Sankt Joseph!" erscholl es aus der Tiefe, und die ganze Erscheinung war hinter den blauen Schattenwänden verschwunden. Ein frommer, mehrstimmiger

Gesang tönte verhallend aus der Ferne, und Wilhelm glaubte die Stimme seines Felix zu unterscheiden.

Er stieg aufwärts und verspätete sich dadurch den Sonnenuntergang. Das himmlische Gestirn, das er mehr denn einmal verloren hatte, erleuchtete ihn wieder, als er höher trat, und noch war es Tag, als er an seiner Herberge anlangte. Nochmals erfreute er sich der großen Gebirgsansicht und zog sich sodann auf sein Zimmer zurück, wo er sogleich die Feder ergriff und einen Teil der Nacht mit Schreiben zubrachte.

Wilhelm an Natalien

Nun ist endlich die Höhe erreicht, die Höhe des Gebirgs, das eine mächtigere Trennung zwischen uns setzen wird als der ganze Landraum bisher. Für mein Gefühl ist man noch immer in der Nähe seiner Lieben, solange die Ströme von uns zu ihnen laufen. Heute kann ich mir noch einbilden, der Zweig, den ich in den Waldbach werfe, könnte füglich zu ihr hinabschwimmen, könnte in wenigen Tagen vor ihrem Garten landen; und so sendet unser Geist seine Bilder, das Herz seine Gefühle bequemer abwärts. Aber drüben, fürchte ich, stellt sich eine Scheidewand der Einbildungskraft und der Empfindung entgegen. Doch ist das vielleicht nur eine voreilige Besorglichkeit: denn es wird wohl auch drüben nicht anders sein als hier. Was könnte mich von dir scheiden! von dir, der ich auf ewig geeignet bin, wenngleich ein wundersames Geschick mich von dir trennt und mir den Himmel, dem ich so nahe stand, unerwartet zuschließt. Ich hatte Zeit, mich zu fassen, und doch hätte keine Zeit hingereicht, mir diese Fassung zu geben, hätte ich sie nicht aus deinem Munde gewonnen, von deinen Lippen in jenem entscheidenden Moment. Wie hätte ich mich losreißen können, wenn der dauerhafte Faden nicht gesponnen wäre, der uns für die Zeit und für die Ewigkeit verbinden soll. Doch ich darf ja von allem dem nicht reden. Deine zarten Gebote will ich nicht übertreten; auf diesem Gipfel sei es das letztemal, daß ich das Wort Trennung vor dir ausspreche. Mein Leben soll eine Wanderschaft werden. Sonderbare Pflichten des Wanderers habe ich auszuüben und ganz eigene Prüfungen zu bestehen. Wie lächle ich manchmal, wenn ich die Bedingungen durchlese, die mir der Verein, die ich mir selbst vorschrieb! Manches wird gehalten, manches übertreten; aber selbst bei der Übertretung dient mir dies Blatt, dieses Zeugnis von meiner letzten Beichte, meiner letzten Absolution statt eines gebietenden Gewissens, und ich lenke wieder ein. Ich hüte mich, und meine Fehler stürzen sich nicht mehr wie Gebirgswasser einer über den andern.

Doch will ich dir gern gestehen, daß ich oft diejenigen Lehrer und Menschenführer bewundere, die ihren Schülern nur äußere, mechanische Pflichten auflegen. Sie machen sich's und der Welt leicht. Denn gerade diesen Teil meiner Verbindlichkeiten, der mir erst der beschwerlichste, der wunderlichste schien, diesen beobachte ich am bequemsten, am liebsten.

Nicht über drei Tage soll ich unter einem Dache bleiben. Keine Herberge soll ich verlassen, ohne daß ich mich wenigstens eine Meile von ihr entferne. Diese Gebote sind wahrhaft geeignet, meine Jahre zu Wanderjahren zu machen und zu verhindern, daß auch nicht die geringste Versuchung des Ansiedelns bei mir sich finde. Dieser Bedingung habe ich mich bisher genau unterworfen, ja mich der gegebenen Erlaubnis nicht einmal bedient. Hier ist eigentlich das erstemal, daß ich stillhalte, das erstemal, daß ich die dritte Nacht in demselben Bette schlafe. Von hier sende ich dir manches bisher Vernommene, Beobachtete, Gesparte, und dann geht es morgen früh auf der andern Seite hinab, fürerst zu einer wunderbaren Familie, zu einer heiligen Familie möchte ich wohl sagen, von der du in meinem Tagebuche mehr finden wirst. Jetzt lebe wohl und lege dieses Blatt mit dem Gefühl aus der Hand, daß es nur eins zu sagen habe, nur eines sagen und immer wiederholen möchte, aber es nicht sagen, nicht wiederholen will, bis ich das Glück habe, wieder zu deinen Füßen zu liegen und auf deinen Händen mich über alle das Entbehren auszuweinen.

———

Morgens.

Es ist eingepackt. Der Bote schnürt den Mantelsack auf das Reff. Noch ist die Sonne nicht aufgegangen, die Nebel dampfen aus allen Gründen; aber der obere Himmel ist heiter. Wir steigen in die düstere Tiefe hinab, die sich auch bald über unserm Haupte erhellen wird. Laß mich mein letztes Ach zu dir hinübersenden! Laß meinen letzten Blick zu dir sich noch mit einer unwillkürlichen Träne füllen! Ich bin entschieden und entschlossen. Du sollst keine Klagen mehr von mir hören; du sollst nur hören, was dem Wanderer begegnet. Und doch kreuzen sich, indem ich schließen will, nochmals tausend Gedanken, Wünsche, Hoffnungen und Vorsätze. Glücklicherweise treibt man mich hinweg. Der Bote ruft, und der Wirt räumt schon wieder auf in meiner Gegenwart, eben als wenn ich hinweg wäre, wie gefühllose, unvorsichtige Erben vor dem Abscheidenden die Anstalten, sich in Besitz zu setzen, nicht verbergen.

ZWEITES KAPITEL

SANKT JOSEPH DER ZWEITE

Schon hatte der Wanderer, seinem Boten auf dem Fuße folgend, steile Felsen hinter und über sich gelassen, schon durchstrichen sie ein sanfteres Mittelgebirg und eilten durch manchen wohlbestandnen Wald, durch manchen freundlichen Wiesengrund immer vorwärts, bis sie sich endlich an einem Abhange befanden und in ein sorgfältig bebautes, von Hügeln rings umschlossenes Tal hinabschauten. Ein großes, halb in Trümmern liegendes, halb wohlerhaltenes Klostergebäude zog sogleich die Aufmerksamkeit an sich. „Dies ist Sankt Joseph", sagte der Bote; „jammerschade für die schöne Kirche! Seht nur, wie ihre Säulen und Pfeiler durch Gebüsch und Bäume noch so wohlerhalten durchsehen, ob sie gleich schon viele hundert Jahre im Schutt liegt."

„Die Klostergebäude hingegen", versetzte Wilhelm, „sehe ich, sind noch wohl erhalten." — „Ja", sagte der andere, „es wohnt ein Schaffner daselbst, der die Wirtschaft besorgt, die Zinsen und Zehnten einnimmt, welche man weit und breit hierher zu zahlen hat.“

Unter diesen Worten waren sie durch das offene Tor in den geräumigen Hof gelangt, der, von ernsthaften, wohlerhaltenen Gebäuden umgeben, sich als Aufenthalt einer ruhigen Sammlung ankündigte. Seinen Felix mit den Engeln von gestern sah er sogleich beschäftigt um einen Tragkorb, den eine rüstige Frau vor sich gestellt hatte; sie waren im Begriff, Kirschen zu handeln; eigentlich aber feilschte Felix, der immer etwas Geld bei sich führte. Nun machte er sogleich als Gast den Wirt, spendete reichliche Früchte an seine Gespielen, selbst dem Vater war die Erquickung angenehm, mitten in diesen unfruchtbaren Mooswäldern, wo die farbigen, glänzenden Früchte noch einmal so schön erschienen. Sie trage solche weit herauf aus einem großen Garten, bemerkte die Verkäuferin, um den Preis annehmlich zu machen, der den Käufern etwas zu hoch geschienen hatte. Der Vater werde bald zurückkommen, sagten die Kinder, er solle nur einstweilen in den Saal gehen und dort ausruhen.

Wie verwundert war jedoch Wilhelm, als die Kinder ihn zu dem Raume führten, den sie den Saal nannten. Gleich aus dem Hofe ging es zu einer großen Tür hinein, und unser Wanderer fand sich in einer sehr reinlichen, wohlerhaltenen Kapelle, die aber, wie er wohl sah, zum häuslichen Gebrauch des täglichen Lebens eingerichtet war. An der einen Seite stand ein Tisch, ein Sessel, mehrere Stühle und Bänke, an der andern Seite ein wohlgeschnitztes Gerüst mit bunter Töpferware, Krügen und Gläsern. Es fehlte nicht an einigen Truhen und Kisten und, so ordentlich alles war, doch nicht an dem Einladenden des häuslichen, täglichen Lebens. Das Licht fiel von hohen Fenstern an der Seite herein. Was aber die Aufmerksamkeit des Wanderers am meisten erregte, waren farbige, auf die Wand gemalte Bilder, die unter den Fenstern in ziemlicher Höhe, wie Teppiche, um drei Teile der Kapelle herumreichten und bis auf ein Getäfel herabgingen, das die übrige Wand bis zur Erde bedeckte. Die Gemälde stellten die Geschichte des heiligen Joseph vor. Hier sah man ihn mit einer Zimmerarbeit beschäftigt; hier begegnete er Marien, und eine Lilie sproßte zwischen beiden aus dem Boden, indem einige Engel sie lauschend umschwebten. Hier wird er getraut; es folgt der englische Gruß. Hier sitzt er mißmutig zwischen angefangener Arbeit, läßt die Axt ruhen und sinnt darauf, seine Gattin zu verlassen. Zunächst erscheint ihm aber der Engel im Traum, und seine Lage ändert sich. Mit Andacht betrachtet er das neugeborene Kind im Stalle zu Bethlehem und betet es an. Bald darauf folgt ein wundersam schönes Bild. Man sieht mancherlei Holz gezimmert; eben soll es zusammengesetzt werden, und zufälligerweise bilden ein paar Stücke ein Kreuz. Das Kind ist auf dem Kreuze eingeschlafen, die Mutter sitzt daneben und betrachtet es mit inniger Liebe, und der Pflegevater hält mit der Arbeit inne, um den Schlaf nicht zu stören. Gleich darauf folgt die Flucht nach Ägypten. Sie erregte bei dem beschauenden Wanderer ein Lächeln, indem er die Wiederholung des gestrigen lebendigen Bildes hier an der Wand sah.

Nicht lange war er seinen Betrachtungen überlassen, so trat der Wirt herein, den er sogleich als den Führer der heiligen Karawane wiedererkannte. Sie begrüßten sich aufs herzlichste, mancherlei Gespräche folgten; doch Wilhelms Aufmerksamkeit blieb auf die Gemälde gerichtet. Der Wirt merkte das Interesse seines Gastes und fing lächelnd an: „Gewiß, Ihr bewundert die Übereinstimmung dieses Gebäudes mit seinen Bewohnern, die Ihr gestern kennenlerntet. Sie ist aber vielleicht noch sonderbarer, als man vermuten sollte: das Gebäude hat eigentlich die Bewohner gemacht. Denn wenn das Leblose lebendig ist, so kann es auch wohl Lebendiges hervorbringen."

„O ja!" versetzte Wilhelm. „Es sollte mich wundern, wenn der Geist, der vor Jahrhunderten in dieser Bergöde so gewaltig wirkte und einen so mächtigen Körper von Gebäuden, Besitzungen und Rechten an sich zog und dafür mannigfaltige Bildung in der Gegend verbreitete, es sollte mich wundern, wenn er nicht auch aus diesen Trümmern noch seine Lebenskraft auf ein lebendiges Wesen ausübte. Laßt uns jedoch nicht im Allgemeinen verharren, macht mich mit Eurer Geschichte bekannt, damit ich erfahre, wie es möglich war, daß ohne Spielerei und Anmaßung die Vergangenheit sich wieder in Euch darstellt und das, was vorüberging, abermals herantritt."

Eben als Wilhelm belehrende Antwort von den Lippen seines Wirtes erwartete, rief eine freundliche Stimme im Hofe den Namen Joseph. Der Wirt hörte darauf und ging nach der Tür.

„Also heißt er auch Joseph!" sagte Wilhelm zu sich selbst. „Das ist doch sonderbar genug und doch eben nicht so sonderbar, als daß er seinen Heiligen im Leben darstellt." Er blickte zu gleicher Zeit nach der Türe und sah die Mutter Gottes von gestern mit dem Manne sprechen. Sie trennten sich endlich: die Frau ging nach der gegenüberstehenden Wohnung. „Marie!" rief er ihr nach, „nur noch ein Wort!" — „Also heißt sie auch Marie!" dachte Wilhelm; „es fehlt nicht viel, so fühle ich mich achtzehnhundert Jahre zurückversetzt." Er dachte sich das ernsthaft eingeschlossene Tal, in dem er sich befand, die Trümmer und die Stille, und eine wundersam altertümliche Stimmung überfiel ihn. Es war Zeit, daß der Wirt und die Kinder hereintraten. Die letztern forderten Wilhelm zu einem Spaziergange auf, indes der Wirt noch einigen Geschäften vorstehen wollte. Nun ging es durch die Ruinen des säulenreichen Kirchengebäudes, dessen hohe Giebel und Wände sich in Wind und Wetter zu befestigen schienen, indessen sich starke Bäume von alters her auf den breiten Mauerrücken eingewurzelt hatten und in Gesellschaft von mancherlei Gras, Blumen und Moos kühn in der Luft hängende Gärten vorstellten. Sanfte Wiesenpfade führten einen lebhaften Bach hinan, und von einiger Höhe konnte der Wanderer nun das Gebäude nebst seiner Lage mit so mehr Interesse überschauen, als ihm dessen Bewohner immer merkwürdiger geworden und durch die Harmonie mit ihrer Umgebung seine lebhafteste Neugier erregt hatten.

Man kehrte zurück und fand in dem frommen Saal einen Tisch gedeckt. Obenan stand ein Lehnsessel, in den sich die Hausfrau niederließ. Neben sich hatte sie einen hohen Korb stehen, in welchem das kleine Kind lag; den Vater sodann zur linken Hand und Wilhelm zur rechten. Die drei Kinder besetzten den untern Raum des Tisches. Eine alte Magd brachte ein wohlzubereitetes Essen. Speise- und Trinkgeschirr deuteten gleichfalls auf vergangene Zeit. Die Kinder gaben Anlaß zur Unterhaltung, indessen Wilhelm die Gestalt und das Betragen seiner heiligen Wirtin nicht genugsam beobachten konnte.

Nach Tische zerstreute sich die Gesellschaft; der Wirt führte seinen Gast an eine schattige Stelle der Ruine, wo man von einem erhöhten Platze die angenehme Aussicht das Tal hinab vollkommen vor sich hatte und die Berghöhen des untern Landes mit ihren fruchtbaren Abhängen und waldigen Rücken hintereinander hinausgeschoben sah. „Es ist billig", sagte der Wirt, „daß ich Ihre Neugierde befriedige, um so mehr, als ich an Ihnen fühle, daß Sie imstande sind, auch das Wunderliche ernsthaft zu nehmen, wenn es auf einem ernsten Grunde beruht. Diese geistliche Anstalt, von der Sie noch die Reste sehen, war der heiligen Familie gewidmet und vor alters als Wallfahrt wegen mancher Wunder berühmt. Die Kirche war der Mutter und dem Sohne geweiht. Sie ist schon seit mehreren Jahrhunderten zerstört. Die Kapelle, dem heiligen Pflegevater gewidmet, hat sich erhalten, so auch der brauchbare Teil der Klostergebäude. Die Einkünfte bezieht schon seit geraumen Jahren ein weltlicher Fürst, der seinen Schaffner hier oben hält, und der bin ich, Sohn des vorigen Schaffners, der gleichfalls seinem Vater in dieser Stelle nachfolgte.

Der heilige Joseph, obgleich jede kirchliche Verehrung hier oben lange aufgehört hatte, war gegen unsere Familie so wohltätig gewesen, daß man sich nicht verwundern darf, wenn man sich besonders gut gegen ihn gesinnt fühlte; und daher kam es, daß man mich in der Taufe Joseph nannte und dadurch gewissermaßen meine Lebensweise bestimmte. Ich wuchs heran, und wenn ich mich zu meinem Vater gesellte, indem er die Einnahmen besorgte, so schloß ich mich ebenso gern, ja noch lieber an meine Mutter an, welche nach Vermögen gern ausspendete und durch ihren guten Willen und durch ihre Wohltaten im ganzen Gebirge bekannt und geliebt war. Sie schickte mich bald da-, bald dorthin, bald zu bringen, bald zu bestellen, bald zu besorgen, und ich fand mich sehr leicht in diese Art von frommem Gewerbe.

Überhaupt hat das Gebirgsleben etwas Menschlicheres als das Leben auf dem flachen Lande. Die Bewohner sind einander näher und, wenn man will, auch ferner; die Bedürfnisse geringer, aber dringender. Der Mensch ist mehr auf sich gestellt, seinen Händen, seinen Füßen muß er vertrauen lernen. Der Arbeiter, der Bote, der Lastträger, alle vereinigen sich in einer Person; auch steht jeder dem andern näher, begegnet ihm öfter und lebt mit ihm in einem gemeinsamen Treiben.

Da ich noch jung war und meine Schultern nicht viel zu schleppen vermochten, fiel ich darauf, einen kleinen Esel mit Körben zu versehen und vor mir her die steilen Fußpfade hinauf und hinab zu treiben. Der Esel ist im Gebirg kein so verächtlich Tier als im flachen Lande, wo der Knecht, der mit Pferden pflügt, sich für besser hält als den andern, der den Acker mit Ochsen umreißt. Und ich ging um so mehr ohne Bedenken hinter meinem Tiere her, als ich in der Kapelle früh bemerkt hatte, daß es zu der Ehre gelangt war, Gott und seine Mutter zu tragen. Doch war diese Kapelle damals nicht in dem Zustande, in welchem sie sich gegenwärtig befindet. Sie ward als ein Schuppen, ja fast wie ein Stall behandelt. Brennholz, Stangen, Gerätschaften, Tonnen und Leitern, und was man nur wollte, war übereinander geschoben. Glücklicherweise, daß die Gemälde so hoch stehen und die Täfelung etwas aushält. Aber schon als Kind erfreute ich mich besonders, über alles das Gehölz hin und her zu klettern und die Bilder zu betrachten, die mir niemand recht auslegen konnte. Genug, ich wußte, daß der Heilige, dessen Leben oben gezeichnet war, mein Pate sei, und ich erfreute mich an ihm, als ob er mein Onkel gewesen wäre. Ich wuchs heran, und weil es eine besondere Bedingung war, daß der, welcher an das einträgliche Schaffneramt Anspruch machen wollte, ein Handwerk ausüben mußte, so sollte ich, dem Willen meiner Eltern gemäß, welche wünschten, daß künftig diese gute Pfründe auf mich erben möchte, ein Handwerk lernen, und zwar ein solches, das zugleich hier oben in der Wirtschaft nützlich wäre.

Mein Vater war Bötticher und schaffte alles, was von dieser Arbeit nötig war, selbst, woraus ihm und dem Ganzen großer Vorteil erwuchs. Allein ich konnte mich nicht entschließen, ihm darin nachzufolgen. Mein Verlangen zog mich unwiderstehlich nach dem Zimmerhandwerke, wovon ich das Arbeitszeug so umständlich und genau, von Jugend auf, neben meinem Heiligen gemalt gesehen. Ich erklärte meinen Wunsch; man war mir nicht entgegen, um so weniger, als bei so mancherlei Baulichkeiten der Zimmermann oft von uns in Anspruch genommen ward, ja bei einigem Geschick und Liebe zu feinerer Arbeit, besonders in Waldgegenden, die Tischler- und sogar die Schnitzerkünste ganz nahe liegen. Und was mich noch mehr in meinen höhern Aussichten bestärkte, war jenes Gemälde, das leider nunmehr fast ganz verloschen ist. Sobald Sie wissen, was es vorstellen soll, so werden Sie sich's entziffern können, wenn ich Sie nachher davor führe. Dem heiligen Joseph war nichts Geringeres aufgetragen, als einen Thron für den König Herodes zu machen. Zwischen zwei gegebenen Säulen soll der Prachtsitz aufgeführt werden. Joseph nimmt sorgfältig das Maß von Breite und Höhe und arbeitet einen köstlichen Königsthron. Aber wie erstaunt ist er, wie verlegen, als er den Prachtsessel herbeischafft: er findet sich zu hoch und nicht breit genug. Mit König Herodes war, wie bekannt, nicht zu spaßen; der fromme Zimmermeister ist in der größten Verlegenheit. Das Christkind, gewohnt, ihn überallhin zu begleiten, ihm in kindlich demütigem Spiel die Werkzeuge nachzutragen, bemerkt seine Not und ist gleich mit Rat und Tat bei der Hand. Das Wunderkind verlangt vom Pflegevater, er solle den Thron an der einen Seite fassen; es greift in die andere Seite des Schnitzwerks, und beide fangen an zu ziehen. Sehr leicht und bequem, als wär' er von Leder, zieht sich der Thron in die Breite, verliert verhältnismäßig an der Höhe und paßt ganz vortrefflich an Ort und Stelle, zum größten Troste des beruhigten Meisters und zur vollkommenen Zufriedenheit des Königs.

Jener Thron war in meiner Jugend noch recht gut zu sehen, und an den Resten der einen Seite werden Sie bemerken können, daß am Schnitzwerk nichts gespart war, das freilich dem Maler leichter fallen mußte, als es dem Zimmermann gewesen wäre, wenn man es von ihm verlangt hätte.

Hieraus zog ich aber keine Bedenklichkeit, sondern ich erblickte das Handwerk, dem ich mich gewidmet hatte, in einem so ehrenvollen Lichte, daß ich nicht erwarten konnte, bis man mich in die Lehre tat; welches um so leichter auszuführen war, als in der Nachbarschaft ein Meister wohnte, der für die ganze Gegend arbeitete und mehrere Gesellen und Lehrbursche beschäftigen konnte. Ich blieb also in der Nähe meiner Eltern und setzte gewissermaßen mein voriges Leben fort, indem ich Feierstunden und Feiertage zu den wohltätigen Botschaften, die mir meine Mutter aufzutragen fortfuhr, verwendete."

Die Heimsuchung

„So vergingen einige Jahre", fuhr der Erzähler fort. „Ich begriff die Vorteile des Handwerks sehr bald, und mein Körper, durch Arbeit ausgebildet, war imstande, alles zu übernehmen, was dabei gefordert wurde. Nebenher versah ich meinen alten Dienst, den ich der guten Mutter, oder vielmehr Kranken und Notdürftigen leistete. Ich zog mit meinem Tier durchs Gebirg, verteilte die Ladung pünktlich und nahm von Krämern und Kaufleuten rückwärts mit, was uns hier oben fehlte. Mein Meister war zufrieden mit mir und meine Eltern auch. Schon hatte ich das Vergnügen, auf meinen Wanderungen manches Haus zu sehen, das ich mit aufgeführt, das ich verziert hatte. Denn besonders dieses letzte Einkerben der Balken, dieses Einschneiden von gewissen einfachen Formen, dieses Einbrennen zierender Figuren, dieses Rotmalen einiger Vertiefungen, wodurch ein hölzernes Berghaus den so lustigen Anblick gewährt, solche Künste waren mir besonders übertragen, weil ich mich am besten aus der Sache zog, der ich immer den Thron Herodes' und seine Zieraten im Sinne hatte.

Unter den hilfsbedürftigen Personen, für die meine Mutter eine vorzügliche Sorge trug, standen besonders junge Frauen obenan, die sich guter Hoffnung befanden, wie ich nach und nach wohl bemerken konnte, ob man schon in solchen Fällen die Botschaften gegen mich geheimnisvoll zu behandeln pflegte. Ich hatte dabei niemals einen unmittelbaren Auftrag, sondern alles ging durch ein gutes Weib, welche nicht fern das Tal hinab wohnte und Frau Elisabeth genannt wurde. Meine Mutter, selbst in der Kunst erfahren, die so manchen gleich beim Eintritt in das Leben zum Leben rettet, stand mit Frau Elisabeth in fortdauernd gutem Vernehmen, und ich mußte oft von allen Seiten hören, daß mancher unserer rüstigen Bergbewohner diesen beiden Frauen sein Dasein zu danken habe. Das Geheimnis, womit mich Elisabeth jederzeit empfing, die bündigen Antworten auf meine rätselhaften Fragen, die ich selbst nicht verstand, erregten mir sonderbare Ehrfurcht für sie, und ihr Haus, das höchst reinlich war, schien mir eine Art von kleinem Heiligtume vorzustellen.

Indessen hatte ich durch meine Kenntnisse und Handwerkstätigkeit in der Familie ziemlichen Einfluß gewonnen. Wie mein Vater als Bötticher für den Keller gesorgt hatte, so sorgte ich nun für Dach und Fach und verbesserte manchen schadhaften Teil der alten Gebäude. Besonders wußte ich einige verfallene Scheuern und Remisen für den häuslichen Gebrauch wieder nutzbar zu machen; und kaum war dieses geschehen, als ich meine geliebte Kapelle zu räumen und zu reinigen anfing. In wenigen Tagen war sie in Ordnung, fast wie Ihr sie sehet; wobei ich mich bemühte, die fehlenden oder beschädigten Teile des Täfelwerks dem Ganzen gleich wiederherzustellen. Auch solltet Ihr diese Flügeltüren des Eingangs wohl für alt genug halten; sie sind aber von meiner Arbeit. Ich habe mehrere Jahre zugebracht, sie in ruhigen Stunden zu schnitzen, nachdem ich sie vorher aus starken eichenen Bohlen im ganzen tüchtig zusammengefügt hatte. Was bis zu dieser Zeit von Gemälden nicht beschädigt oder verloschen war, hat sich auch noch erhalten, und ich half dem Glasmeister bei einem neuen Bau, mit der Bedingung, daß er bunte Fenster herstellte.

Hatten jene Bilder und die Gedanken an das Leben des Heiligen meine Einbildungskraft beschäftigt, so drückte sich das alles nur viel lebhafter bei mir ein, als ich den Raum wieder für ein Heiligtum ansehen, darin, besonders zur Sommerszeit, verweilen und über das, was ich sah oder vermutete, mit Muße nachdenken konnte. Es lag eine unwiderstehliche Neigung in mir, diesem Heiligen nachzufolgen; und da sich ähnliche Begebenheiten nicht leicht herbeirufen ließen, so wollte ich wenigstens von unten auf anfangen, ihm zu gleichen: wie ich denn wirklich durch den Gebrauch des lastbaren Tiers schon lange begonnen hatte. Das kleine Geschöpf, dessen ich mich bisher bedient, wollte mir nicht mehr genügen; ich suchte mir einen viel stattlicheren Träger aus, sorgte für einen wohlgebauten Sattel, der zum Reiten wie zum Packen gleich bequem war. Ein paar neue Körbe wurden angeschafft, und ein Netz von bunten Schnüren, Flocken und Quasten, mit klingenden Metallstiften untermischt, zierte den Hals des langohrigen Geschöpfs, das sich nun bald neben seinem Musterbilde an der Wand zeigen durfte. Niemanden fiel ein, über mich zu spotten, wenn ich in diesem Aufzuge durchs Gebirge kam: denn man erlaubt ja gern der Wohltätigkeit eine wunderliche Außenseite.

Indessen hatte sich der Krieg, oder vielmehr die Folge desselben, unserer Gegend genähert, indem verschiedenemal gefährliche Rotten von verlaufenem Gesindel sich versammelten und hie und da manche Gewalttätigkeit, manchen Mutwillen ausübten. Durch die gute Anstalt der Landmiliz, durch Streifungen und augenblickliche Wachsamkeit wurde dem Übel zwar bald gesteuert; doch verfiel man zu geschwind wieder in Sorglosigkeit, und ehe man sich's versah, brachen wieder neue Übeltaten hervor.

Lange war es in unserer Gegend still gewesen, und ich zog mit meinem Saumrosse ruhig die gewohnten Pfade, bis ich eines Tages über die frisch besäte Waldblöße kam und an dem Rande des Hegegrabens eine weibliche Gestalt sitzend oder vielmehr liegend fand. Sie schien zu schlafen oder ohnmächtig zu sein. Ich bemühte mich um sie, und als sie ihre schönen Augen aufschlug und sich in die Höhe richtete, rief sie mit Lebhaftigkeit aus: ‚Wo ist er? habt Ihr ihn gesehen?' Ich fragte: ‚Wen?' Sie versetzte: ‚Meinen Mann!' Bei ihrem höchst jugendlichen Ansehen war mir diese Antwort unerwartet; doch fuhr ich nur um desto lieber fort, ihr beizustehen und sie meiner Teilnahme zu versichern. Ich vernahm, daß die beiden Reisenden sich wegen der beschwerlichen Fuhrwege von ihrem Wagen entfernt gehabt, um einen nähern Fußweg einzuschlagen. In der Nähe seien sie von Bewaffneten überfallen worden, ihr Mann habe sich fechtend entfernt, sie habe ihm nicht weit folgen können und sei an dieser Stelle liegengeblieben, sie wisse nicht wie lange. Sie bitte mich inständig, sie zu verlassen und ihrem Manne nachzueilen. Sie richtete sich auf ihre Füße, und die schönste, liebenswürdigste Gestalt stand vor mir; doch konnte ich leicht bemerken, daß sie sich in einem Zustande befinde, in welchem sie die Beihülfe meiner Mutter und der Frau Elisabeth wohl bald bedürfen möchte. Wir stritten uns eine Weile: denn ich verlangte, sie erst in Sicherheit zu bringen; sie verlangte zuerst Nachricht von ihrem Manne. Sie wollte sich von seiner Spur nicht entfernen, und alle meine Vorstellungen hätten vielleicht nicht gefruchtet, wenn nicht eben ein Kommando unserer Miliz, welche durch die Nachricht von neuen Übeltaten rege geworden war, sich durch den Wald her bewegt hätte. Diese wurden unterrichtet, mit ihnen das Nötige verabredet, der Ort des Zusammentreffens bestimmt und so für diesmal die Sache geschlichtet. Geschwind versteckte ich meine Körbe in eine benachbarte Höhle, die mir schon öfters zur Niederlage gedient hatte, richtete meinen Sattel zum bequemen Sitz und hob, nicht ohne eine sonderbare Empfindung, die schöne Last auf mein williges Tier, das die gewohnten Pfade sogleich von selbst zu finden wußte und mir Gelegenheit gab, nebenher zu gehen.

Ihr denkt, ohne daß ich es weitläufig beschreibe, wie wunderlich mir zumute war. Was ich so lange gesucht, hatte ich wirklich gefunden. Es war mir, als wenn ich träumte, und dann gleich wieder, als ob ich aus einem Traume erwachte. Diese himmlische Gestalt, wie ich sie gleichsam in der Luft schweben und vor den grünen Bäumen sich her bewegen sah, kam mir jetzt wie ein Traum vor, der durch jene Bilder in der Kapelle sich in meiner Seele erzeugte. Bald schienen mir jene Bilder nur Träume gewesen zu sein, die sich hier in eine schöne Wirklichkeit auflösten. Ich fragte sie manches, sie antwortete mir sanft und gefällig, wie es einer anständig Betrübten ziemt. Oft bat sie mich, wenn wir auf eine entblößte Höhe kamen, stillezuhalten, mich umzusehen, zu horchen. Sie bat mich mit solcher Anmut, mit einem solchen tief wünschenden Blick unter ihren langen schwarzen Augenwimpern hervor, daß ich alles tun mußte, was nur möglich war; ja ich erkletterte eine freistehende, hohe, astlose Fichte. Nie war mir dieses Kunststück meines Handwerks willkommener gewesen; nie hatte ich mit mehr Zufriedenheit von ähnlichen Gipfeln, bei Festen und Jahrmärkten, Bänder und seidene Tücher heruntergeholt. Doch kam ich diesesmal leider ohne Ausbeute; auch oben sah und hörte ich nichts. Endlich rief sie selbst mir, herabzukommen, und winkte gar lebhaft mit der Hand; ja, als ich endlich beim Herabgleiten mich in ziemlicher Höhe losließ und heruntersprang, tat sie einen Schrei, und eine süße Freundlichkeit verbreitete sich über ihr Gesicht, da sie mich unbeschädigt vor sich sah.

Was soll ich Euch lange von den hundert Aufmerksamkeiten unterhalten, womit ich ihr den ganzen Weg über angenehm zu werden, sie zu zerstreuen suchte. Und wie könnte ich es auch! denn das ist eben die Eigenschaft der wahren Aufmerksamkeit, daß sie im Augenblick das Nichts zu Allem macht. Für mein Gefühl waren die Blumen, die ich ihr brach, die fernen Gegenden, die ich ihr zeigte, die Berge, die Wälder, die ich ihr nannte, so viel kostbare Schätze, die ich ihr zuzueignen dachte, um mich mit ihr in Verhältnis zu setzen, wie man es durch Geschenke zu tun sucht.

Schon hatte sie mich für das ganze Leben gewonnen, als wir in dem Orte vor der Türe jener guten Frau anlangten und ich schon eine schmerzliche Trennung vor mir sah. Nochmals durchlief ich ihre ganze Gestalt, und als meine Augen an den Fuß herabkamen, bückte ich mich, als wenn ich etwas am Gurte zu tun hätte, und küßte den niedlichsten Schuh, den ich in meinem Leben gesehen hatte, doch ohne daß sie es merkte. Ich half ihr herunter, sprang die Stufen hinauf und rief in die Haustüre: ‚Frau Elisabeth, Ihr werdet heimgesucht!' Die Gute trat hervor, und ich sah ihr über die Schultern zum Hause hinaus, wie das schöne Wesen die Stufen heraufstieg, mit anmutiger Trauer und innerlichem schmerzlichem Selbstgefühl, dann meine würdige Alte freundlich umarmte und sich von ihr in das bessere Zimmer leiten ließ. Sie schlossen sich ein, und ich stand bei meinem Esel vor der Tür, wie einer, der kostbare Waren abgeladen hat und wieder ein ebenso armer Treiber ist als vorher."

Der Lilienstengel

„Ich zauderte noch, mich zu entfernen, denn ich war unschlüssig, was ich tun sollte, als Frau Elisabeth unter die Türe trat und mich ersuchte, meine Mutter zu ihr zu berufen, alsdann umherzugehen und wo möglich von dem Manne Nachricht zu geben. ‚Marie läßt Euch gar sehr darum ersuchen', sagte sie. — ‚Kann ich sie nicht noch einmal selbst sprechen?' versetzte ich. — ‚Das geht nicht an', sagte Frau Elisabeth, und wir trennten uns. In kurzer Zeit erreichte ich unsere Wohnung; meine Mutter war bereit, noch diesen Abend hinabzugehen und der jungen Fremden hülfreich zu sein. Ich eilte nach dem Lande hinunter und hoffte, bei dem Amtmann die sichersten Nachrichten zu erhalten. Allein er war noch selbst in Ungewißheit, und weil er mich kannte, hieß er mich die Nacht bei ihm verweilen. Sie ward mir unendlich lang, und immer hatte ich die schöne Gestalt vor Augen, wie sie auf dem Tiere schwankte und so schmerzhaft freundlich zu mir heruntersah. Jeden Augenblick hofft' ich auf Nachricht. Ich gönnte und wünschte dem guten Ehemann das Leben, und doch mochte ich sie mir so gern als Witwe denken. Das streifende Kommando fand sich nach und nach zusammen, und nach mancherlei abwechselnden Gerüchten zeigte sich endlich die Gewißheit, daß der Wagen gerettet, der unglückliche Gatte aber an seinen Wunden in dem benachbarten Dorfe gestorben sei. Auch vernahm ich, daß nach der früheren Abrede einige gegangen waren, diese Trauerbotschaft der Frau Elisabeth zu verkündigen. Also hatte ich dort nichts mehr zu tun noch zu leisten, und doch trieb mich eine unendliche Ungeduld, ein unermeßliches Verlangen durch Berg und Wald wieder vor ihre Türe. Es war Nacht, das Haus verschlossen, ich sah Licht in den Zimmern, ich sah Schatten sich an den Vorhängen bewegen, und so saß ich gegenüber auf einer Bank, immer im Begriff anzuklopfen und immer von mancherlei Betrachtungen zurückgehalten.

Jedoch was erzähl' ich umständlich weiter, was eigentlich kein Interesse hat. Genug, auch am folgenden Morgen nahm man mich nicht ins Haus auf. Man wußte die traurige Nachricht, man bedurfte meiner nicht mehr; man schickte mich zu meinem Vater, an meine Arbeit; man antwortete nicht auf meine Fragen; man wollte mich los sein.

Acht Tage hatte man es so mit mir getrieben, als mich endlich Frau Elisabeth hereinrief. ‚Tretet sachte auf, mein Freund', sagte sie, ‚aber kommt getrost näher!' Sie führte mich in ein reinliches Zimmer, wo ich in der Ecke durch halbgeöffnete Bettvorhänge meine Schöne aufrecht sitzen sah. Frau Elisabeth trat zu ihr, gleichsam um mich zu melden, hub etwas vom Bette auf und brachte mir's entgegen: in das weißeste Zeug gewickelt den schönsten Knaben. Frau Elisabeth hielt ihn gerade zwischen mich und die Mutter, und auf der Stelle fiel mir der Lilienstengel ein, der sich auf dem Bilde zwischen Maria und Joseph als Zeuge eines reinen Verhältnisses aus der Erde hebt. Von dem Augenblicke an war mir aller Druck vom Herzen genommen; ich war meiner Sache, ich war meines Glücks gewiß. Ich konnte mit Freiheit zu ihr treten, mit ihr sprechen, ihr himmlisches Auge ertragen, den Knaben auf den Arm nehmen und ihm einen herzlichen Kuß auf die Stirn drücken.

‚Wie danke ich Euch für Eure Neigung zu diesem verwaisten Kinde!' sagte die Mutter. — Unbedachtsam und lebhaft rief ich aus: ‚Es ist keine Waise mehr, wenn Ihr wollt!'

Frau Elisabeth, klüger als ich, nahm mir das Kind ab und wußte mich zu entfernen.

Noch immer dient mir das Andenken jener Zeit zur glücklichsten Unterhaltung, wenn ich unsere Berge und Täler zu durchwandern genötigt bin. Noch weiß ich mir den kleinsten Umstand zurückzurufen, womit ich Euch jedoch, wie billig, verschone. Wochen gingen vorüber; Maria hatte sich erholt, ich konnte sie öfter sehen, mein Umgang mit ihr war eine Folge von Diensten und Aufmerksamkeiten. Ihre Familienverhältnisse erlaubten ihr einen Wohnort nach Belieben. Erst verweilte sie bei Frau Elisabeth; dann besuchte sie uns, meiner Mutter und mir für so vielen und freundlichen Beistand zu danken. Sie gefiel sich bei uns, und ich schmeichelte mir, es geschehe zum Teil um meinetwillen. Was ich jedoch so gern gesagt hätte und nicht zu sagen wagte, kam auf eine sonderbare und liebliche Weise zur Sprache, als ich sie in die Kapelle führte, die ich schon damals zu einem wohnbaren Saal umgeschaffen hatte. Ich zeigte und erklärte ihr die Bilder, eins nach dem andern, und entwickelte dabei die Pflichten eines Pflegevaters auf eine so lebendige und herzliche Weise, daß ihr die Tränen in die Augen traten und ich mit meiner Bilderdeutung nicht zu Ende kommen konnte. Ich glaubte ihrer Neigung gewiß zu sein, ob ich gleich nicht stolz genug war, das Andenken ihres Mannes so schnell auslöschen zu wollen. Das Gesetz verpflichtet die Witwen zu einem Trauerjahre, und gewiß ist eine solche Epoche, die den Wechsel aller irdischen Dinge in sich begreift, einem fühlenden Herzen nötig, um die schmerzlichen Eindrücke eines großen Verlustes zu mildern. Man sieht die Blumen welken und die Blätter fallen, aber man sieht auch Früchte reifen und neue Knospen keimen. Das Leben gehört den Lebendigen an, und wer lebt, muß auf Wechsel gefaßt sein.

Ich sprach nun mit meiner Mutter über die Angelegenheit, die mir so sehr am Herzen lag. Sie entdeckte mir darauf, wie schmerzlich Marien der Tod ihres Mannes gewesen und wie sie sich ganz allein durch den Gedanken, daß sie für das Kind leben müsse, wieder aufgerichtet habe. Meine Neigung war den Frauen nicht unbekannt geblieben, und schon hatte sich Marie an die Vorstellung gewöhnt, mit uns zu leben. Sie verweilte noch eine Zeitlang in der Nachbarschaft; dann zog sie zu uns herauf, und wir lebten noch eine Weile in dem frömmsten und glücklichsten Brautstande. Endlich verbanden wir uns. Jenes erste Gefühl, das uns zusammengeführt hatte, verlor sich nicht. Die Pflichten und Freuden des Pflegevaters und Vaters vereinigten sich; und so überschritt zwar unsere kleine Familie, indem sie sich vermehrte, ihr Vorbild an Zahl der Personen, aber die Tugenden jenes Musterbildes an Treue und Reinheit der Gesinnungen wurden von uns heilig bewahrt und geübt. Und so erhalten wir auch mit freundlicher Gewohnheit den äußern Schein, zu dem wir zufällig gelangt und der so gut zu unserm Innern paßt: denn ob wir gleich alle gute Fußgänger und rüstige Träger sind, so bleibt das lastbare Tier doch immer in unserer Gesellschaft, um eine oder die andere Bürde fortzubringen, wenn uns ein Geschäft oder Besuch durch diese Berge und Täler nötigt. Wie Ihr uns gestern angetroffen habt, so kennt uns die ganze Gegend, und wir sind stolz darauf, daß unser Wandel von der Art ist, um jenen heiligen Namen und Gestalten, zu deren Nachahmung wir uns bekennen, keine Schande zu machen."

DRITTES KAPITEL

Wilhelm an Natalien

Soeben schließe ich eine angenehme, halb wunderbare Geschichte, die ich für dich aus dem Munde eines gar wackern Mannes aufgeschrieben habe. Wenn es nicht ganz seine Worte sind, wenn ich hie und da meine Gesinnungen bei Gelegenheit der seinigen ausgedrückt habe, so war es bei der Verwandtschaft, die ich hier mit ihm fühlte, ganz natürlich. Jene Verehrung seines Weibes, gleicht sie nicht derjenigen, die ich für dich empfinde? und hat nicht selbst das Zusammentreffen dieser beiden Liebenden etwas Ähnliches mit dem unsrigen? Daß er aber glücklich genug ist, neben dem Tiere herzugehen, das die doppelt schöne Bürde trägt, daß er mit seinem Familienzug abends in das alte Klostertor eindringen kann, daß er unzertrennlich von seiner Geliebten, von den Seinigen ist, darüber darf ich ihn wohl im stillen beneiden. Dagegen darf ich nicht einmal mein Schicksal beklagen, weil ich dir zugesagt habe, zu schweigen und zu dulden, wie du es auch übernommen hast.

Gar manchen schönen Zug des Zusammenseins dieser frommen und heitern Menschen muß ich übergehen: denn wie ließe sich alles schreiben! Einige Tage sind mir angenehm vergangen, aber der dritte mahnt mich nun, auf meinen weitern Weg bedacht zu sein.

Mit Felix hatte ich heut einen kleinen Handel: denn er wollte fast mich nötigen, einen meiner guten Vorsätze zu übertreten, die ich dir angelobt habe. Ein Fehler, ein Unglück, ein Schicksal ist mir's nun einmal, daß sich, ehe ich mich's versehe, die Gesellschaft um mich vermehrt, daß ich mir eine neue Bürde auflade, an der ich nachher zu tragen und zu schleppen habe. Nun soll auf meiner Wanderschaft kein Dritter uns ein beständiger Geselle werden. Wir wollen und sollen zu zwei sein und bleiben, und eben schien sich ein neues, eben nicht erfreuliches Verhältnis anknüpfen zu wollen.

Zu den Kindern des Hauses, mit denen Felix sich spielend diese Tage her ergötzte, hatte sich ein kleiner, munterer, armer Junge gesellt, der sich eben brauchen und mißbrauchen ließ, wie es gerade das Spiel mit sich brachte, und sich sehr geschwind bei Felix in Gunst setzte. Und ich merkte schon an allerlei Äußerungen, daß dieser sich einen Gespielen für den nächsten Weg auserkoren hatte. Der Knabe ist hier in der Gegend bekannt, wird wegen seiner Munterkeit überall geduldet und empfängt gelegentlich ein Almosen. Mir aber gefiel er nicht, und ich ersuchte den Hausherrn, ihn zu entfernen. Das geschah auch, aber Felix war unwillig darüber, und es gab eine kleine Szene.

Bei dieser Gelegenheit macht' ich eine Entdeckung, die mir angenehm war. In der Ecke der Kapelle oder des Saals stand ein Kasten mit Steinen, welchen Felix, der seit unserer Wanderung durchs Gebirg eine gewaltsame Neigung zum Gestein bekommen, eifrig hervorzog und durchsuchte. Es waren schöne, in die Augen fallende Dinge darunter. Unser Wirt sagte, das Kind könne sich auslesen, was es wolle. Es sei dieses Gestein überblieben von einer großen Masse, die ein Fremder vor kurzem von hier weggesendet. Er nannte ihn Montan, und du kannst denken, daß ich mich freute, diesen Namen zu hören, unter dem einer von unsern besten Freunden reist, dem wir so manches schuldig sind. Indem ich nach Zeit und Umständen fragte, kann ich hoffen, ihn auf meiner Wanderung bald zu treffen.

Die Nachricht, daß Montan sich in der Nähe befinde, hatte Wilhelmen nachdenklich gemacht. Er überlegte, daß es nicht bloß dem Zufall zu überlassen sei, ob er einen so werten Freund wiedersehen solle, und erkundigte sich daher bei seinem Wirte, ob man nicht wisse, wohin dieser Reisende seinen Weg gerichtet habe. Niemand hatte davon nähere Kenntnis, und schon war Wilhelm entschlossen, seine Wanderung nach dem ersten Plane fortzusetzen, als Felix ausrief: „Wenn der Vater nicht so eigen wäre, wir wollten Montan schon finden.“ — „Auf welche Weise?“ fragte Wilhelm. Felix versetzte: „Der kleine Fitz sagte gestern, er wolle den Herrn wohl aufspüren, der schöne Steine bei sich habe und sich auch gut darauf verstünde.“ Nach einigem Hin- und Widerreden entschloß sich Wilhelm zuletzt, den Versuch zu machen und dabei auf den verdächtigen Knaben desto mehr Acht zu geben. Dieser war bald gefunden und brachte, da er vernahm, worauf es abgesehen sei, Schlegel und Eisen und einen tüchtigen Hammer nebst einem Säckchen mit und lief in seiner bergmännischen Tracht munter vorauf.

Der Weg ging seitwärts abermals bergauf. Die Kinder sprangen miteinander von Fels zu Fels, über Stock und Stein, über Bach und Quelle, und ohne einen Pfad vor sich zu haben, drang Fitz, bald rechts bald links blickend, eilig hinauf. Da Wilhelm und besonders der bepackte Bote nicht so schnell folgten, so machten die Knaben den Weg mehrmals vor- und rückwärts und sangen und pfiffen. Die Gestalt einiger fremden Bäume erregte die Aufmerksamkeit des Felix, der nunmehr mit den Lärchen- und Zirbelbäumen zuerst Bekanntschaft machte und von den wunderbaren Genzianen angezogen ward. Und so fehlte es der beschwerlichen Wanderung von einer Stelle zur andern nicht an Unterhaltung.

Der kleine Fitz stand auf einmal still und horchte. Er winkte die andern herbei: „Hört ihr pochen?“ sprach er. „Es ist der Schall eines Hammers, der den Fels trifft.“ — „Wir hören's“, versetzten die andern. — „Das ist Montan!“ sagte er, „oder jemand, der uns von ihm Nachricht geben kann.“ — Als sie dem Schalle nachgingen, der sich von Zeit zu Zeit wiederholte, trafen sie auf eine Waldblöße und sahen einen steilen, hohen, nackten Felsen über alles hervorragen, die hohen Wälder selbst tief unter sich lassend. Auf dem Gipfel erblickten sie eine Person. Sie stand zu entfernt, um erkannt zu werden. Sogleich machten sich die Kinder auf, die schroffen Pfade zu erklettern. Wilhelm folgte mit einiger Beschwerlichkeit, ja Gefahr: denn wer zuerst einen Felsen hinaufsteigt, geht immer sicherer, weil er sich die Gelegenheit aussucht; einer, der nachfolgt, sieht nur, wohin jener gelangt ist, aber nicht wie. Die Knaben erreichten bald den Gipfel, und Wilhelm vernahm ein lautes Freudengeschrei. „Es ist Jarno!“ rief Felix seinem Vater entgegen, und Jarno trat sogleich an eine schroffe Stelle, reichte seinem Freunde die Hand und zog ihn aufwärts. Sie umarmten und bewillkommten sich in der freien Himmelsluft mit Entzücken.

Kaum aber hatten sie sich losgelassen, als Wilhelm ein Schwindel überfiel, nicht sowohl um seinetwillen, als weil er die Kinder über dem ungeheuren Abgrunde hängen sah. Jarno bemerkte es und hieß alle sogleich niedersitzen. „Es ist nichts natürlicher“, sagte er, „als daß uns vor einem großen Anblick schwindelt, vor dem wir uns unerwartet befinden, um zugleich unsere Kleinheit und unsere Größe zu fühlen. Aber es ist ja überhaupt kein echter Genuß als da, wo man erst schwindeln muß.“

„Sind denn das da unten die großen Berge, über die wir gestiegen sind?“ fragte Felix. „Wie klein sehen sie aus! Und hier“, fuhr er fort, indem er ein Stückchen Stein vom Gipfel loslöste, „ist ja schon das Katzengold wieder; das ist ja wohl überall?“ — „Es ist weit und breit“, versetzte Jarno; „und da du nach solchen Dingen fragst, so merke dir, daß du gegenwärtig auf dem ältesten Gebirge, auf dem frühesten Gestein dieser Welt sitzest.“ — „Ist denn die Welt nicht auf einmal gemacht?“ fragte Felix. — „Schwerlich“, versetzte

Montan; „gut Ding will Weile haben." — „Da unten ist also wieder anderes Gestein", sagte Felix, „und dort wieder anderes, und immer wieder anderes!" indem er von den nächsten Bergen auf die entfernteren und so in die Ebene hinab wies.

Es war ein sehr schöner Tag, und Jarno ließ sie die herrliche Aussicht im einzelnen betrachten. Noch standen hie und da mehrere Gipfel, dem ähnlich, worauf sie sich befanden. Ein mittleres Gebirg schien heranzustreben, aber erreichte noch lange die Höhe nicht. Weiter hin verflächte es sich immer mehr, doch zeigten sich wieder seltsam vorspringende Gestalten. Endlich wurden auch in der Ferne die Seen, die Flüsse sichtbar, und eine fruchtreiche Gegend schien sich wie ein Meer auszubreiten. Zog sich der Blick wieder zurück, so drang er in schauerliche Tiefen, von Wasserfällen durchrauscht, labyrinthisch miteinander zusammenhängend.

Felix ward des Fragens nicht müde und Jarno gefällig genug, ihm jede Frage zu beantworten; wobei jedoch Wilhelm zu bemerken glaubte, daß der Lehrer nicht durchaus wahr und aufrichtig sei. Daher, als die unruhigen Knaben weiterkletterten, sagte Wilhelm zu seinem Freunde: „Du hast mit dem Kinde über diese Sachen nicht gesprochen, wie du mit dir selber darüber sprichst." — „Das ist auch eine starke Forderung", versetzte Jarno. „Spricht man ja mit sich selbst nicht immer, wie man denkt, und es ist Pflicht, andern nur dasjenige zu sagen, was sie aufnehmen können. Der Mensch versteht nichts, als was ihm gemäß ist. Die Kinder an der Gegenwart festzuhalten, ihnen eine Benennung, eine Bezeichnung zu überliefern, ist das Beste, was man tun kann. Sie fragen ohnehin früh genug nach den Ursachen."

„Es ist ihnen nicht zu verdenken", versetzte Wilhelm. „Die Mannigfaltigkeit der Gegenstände verwirrt jeden, und es ist bequemer, anstatt sie zu entwickeln, geschwind zu fragen: woher? und wohin?" — „Und doch kann man", sagte Jarno, „da Kinder die Gegenstände nur oberflächlich sehen, mit ihnen vom Werden und vom Zweck auch nur oberflächlich reden." — „Die meisten Menschen", erwiderte Wilhelm, „bleiben lebenslänglich in diesem Falle und erreichen nicht jene herrliche Epoche, in der uns das Faßliche gemein und albern vorkommt.“ — „Man kann sie wohl herrlich nennen“, versetzte Jarno, „denn es ist ein Mittelzustand zwischen Verzweiflung und Vergötterung.“ — „Laß uns bei dem Knaben verharren“, sagte Wilhelm, „der mir nun vor allem angelegen ist. Er hat nun einmal Freude an dem Gestein gewonnen, seitdem wir auf der Reise sind. Kannst du mir nicht so viel mitteilen, daß ich ihm, wenigstens auf eine Zeit, genugtue?“ — „Das geht nicht an“, sagte Jarno. „In einem jeden neuen Kreise muß man zuerst wieder als Kind anfangen, leidenschaftliches Interesse auf die Sache werfen, sich erst an der Schale freuen, bis man zu dem Kerne zu gelangen das Glück hat.“

„So sage mir denn“, versetzte Wilhelm, „wie bist du zu diesen Kenntnissen und Einsichten gelangt? denn es ist doch so lange noch nicht her, daß wir auseinandergingen!“ — „Mein Freund“, versetzte Jarno, „wir mußten uns resignieren, wo nicht für immer, doch für eine gute Zeit. Das erste, was einem tüchtigen Menschen unter solchen Umständen einfällt, ist, ein neues Leben zu beginnen. Neue Gegenstände sind ihm nicht genug: diese taugen nur zur Zerstreuung; er fordert ein neues Ganze und stellt sich gleich in dessen Mitte.“ — „Warum denn aber“, fiel Wilhelm ihm ein, „gerade dieses Allerseltsamste, diese einsamste aller Neigungen?“ — „Eben deshalb“, rief Jarno, „weil sie einsiedlerisch ist. Die Menschen wollt' ich meiden. Ihnen ist nicht zu helfen, und sie hindern uns, daß man sich selbst hilft. Sind sie glücklich, so soll man sie in ihren Albernheiten gewähren lassen; sind sie unglücklich, so soll man sie retten, ohne diese Albernheiten anzutasten; und niemand fragt jemals, ob du glücklich oder unglücklich bist.“ — „Es steht noch nicht so ganz schlimm mit ihnen“, versetzte Wilhelm lächelnd. — „Ich will dir dein Glück nicht absprechen“, sagte Jarno. „Wandre nur hin, du zweiter Diogenes! Laß dein Lämpchen am hellen Tage nicht verlöschen! Dort hinabwärts liegt eine neue Welt vor dir; aber ich will wetten, es geht darin zu wie in der alten hinter uns. Wenn du nicht kuppeln und Schulden bezahlen kannst, so bist du unter ihnen nichts nütze." — „Unterhaltender scheinen sie mir doch", versetzte Wilhelm, „als deine starren Felsen." — „Keineswegs", versetzte Jarno, „denn diese sind wenigstens nicht zu begreifen." — „Du suchst eine Ausrede", versetzte Wilhelm, „denn es ist nicht in deiner Art, dich mit Dingen abzugeben, die keine Hoffnung übriglassen, sie zu begreifen. Sei aufrichtig und sage mir, was du an diesen kalten und starren Liebhabereien gefunden hast?" — „Das ist schwer von jeder Liebhaberei zu sagen, besonders von dieser." Dann besann er sich einen Augenblick und sprach: „Buchstaben mögen eine schöne Sache sein, und doch sind sie unzulänglich, die Töne auszudrücken; Töne können wir nicht entbehren, und doch sind sie bei weitem nicht hinreichend, den eigentlichen Sinn verlauten zu lassen; am Ende kleben wir am Buchstaben und am Ton und sind nicht besser dran, als wenn wir sie ganz entbehrten; was wir mitteilen, was uns überliefert wird, ist immer nur das Gemeinste, der Mühe gar nicht wert."

„Du willst mir ausweichen", sagte der Freund; „denn was soll das zu diesen Felsen und Zacken?" — „Wenn ich nun aber", versetzte jener, „eben diese Spalten und Risse als Buchstaben behandelte, sie zu entziffern suchte, sie zu Worten bildete und sie fertig zu lesen lernte, hättest du etwas dagegen?" — „Nein, aber es scheint mir ein weitläufiges Alphabet." — „Enger, als du denkst; man muß es nur kennen lernen wie ein anderes auch. Die Natur hat nur eine Schrift, und ich brauche mich nicht mit so vielen Kritzeleien herumzuschleppen. Hier darf ich nicht fürchten, wie wohl geschieht, wenn ich mich lange und liebevoll mit einem Pergament abgegeben habe, daß ein scharfer Kritikus kommt und mir versichert, das alles sei nur untergeschoben." — Lächelnd versetzte der Freund: „Und doch wird man auch hier deine Lesarten streitig machen." — „Eben deswegen", sagte jener, „red' ich mit niemanden darüber und mag auch mit dir, eben weil ich dich liebe, das schlechte Zeug von öden Worten nicht weiter wechseln und betrieglich austauschen."

VIERTES KAPITEL

Beide Freunde waren, nicht ohne Sorgfalt und Mühe, herabgestiegen, um die Kinder zu erreichen, die sich unten an einem schattigen Orte gelagert hatten. Fast eifriger als der Mundvorrat wurden die gesammelten Steinmuster von Montan und Felix ausgepackt. Der letztere hatte viel zu fragen, der erstere viel zu benennen. Felix freute sich, daß jener die Namen von allen wisse, und behielt sie schnell im Gedächtnis. Endlich brachte er noch einen hervor und fragte: „Wie heißt denn dieser?" Montan betrachtete ihn mit Verwunderung und sagte: „Wo habt ihr den her?" Fitz antwortete schnell: „Ich habe ihn gefunden, er ist aus diesem Lande." — „Er ist nicht aus dieser Gegend", versetzte Montan. Fitz freute sich, den überlegenen Mann in einigem Zweifel zu sehen. — „Du sollst einen Dukaten haben", sagte Montan, „wenn du mich an die Stelle bringst, wo er ansteht." — „Der ist leicht zu verdienen", versetzte Fitz, „aber nicht gleich." — „So bezeichne mir den Ort genau, daß ich ihn gewiß finden kann. Das ist aber unmöglich: denn es ist ein Kreuzstein, der von St. Jakob in Compostell kommt und den ein Fremder verloren hat, wenn du ihn nicht gar entwendet hast, da er so wunderbar aussieht." — „Gebt Euren Dukaten", sagte Fitz, „dem Reisegefährten in Verwahrung, und ich will aufrichtig bekennen, wo ich den Stein her habe. In der verfallenen Kirche zu St. Joseph befindet sich ein gleichfalls verfallener Altar. Unter den auseinandergebrochenen obern Steinen desselben entdeckt' ich eine Schicht von diesem Gestein, das jenen zur Grundlage diente, und schlug davon so viel herunter, als ich habhaft werden konnte. Wälzte man die obern Steine weg, so würde gewiß noch viel davon zu finden sein."

„Nimm dein Goldstück", versetzte Montan, „du verdienst es für diese Entdeckung. Sie ist artig genug. Man freut sich mit Recht, wenn die leblose Natur ein Gleichnis dessen, was wir lieben und verehren, hervorbringt. Sie erscheint uns in Gestalt einer Sibylle, die ein Zeugnis dessen, was von Ewigkeit her beschlossen ist und erst in der Zeit wirklich werden soll, zum voraus niederlegt. Hierauf als auf eine wundervolle, heilige Schicht hatten die Priester ihren Altar gegründet."

Wilhelm, der eine Zeitlang zugehört und bemerkt hatte, daß manche Benennung, manche Bezeichnung wiederkam, wiederholte seinen schon früher geäußerten Wunsch, daß Montan ihm so viel mitteilen möge, als er zum ersten Unterricht des Knaben nötig hätte. — „Gib das auf", versetzte Montan. „Es ist nichts schrecklicher als ein Lehrer, der nicht mehr weiß, als die Schüler allenfalls wissen sollen. Wer andere lehren will, kann wohl oft das Beste verschweigen, was er weiß, aber er darf nicht halbwissend sein." — „Wo sind denn aber so vollkommene Lehrer zu finden?" — „Die triffst du sehr leicht", versetzte Montan. — „Wo denn?" sagte Wilhelm mit einigem Unglauben. — „Da, wo die Sache zu Hause ist, die du lernen willst", versetzte Montan. „Den besten Unterricht zieht man aus vollständiger Umgebung. Lernst du nicht fremde Sprachen in den Ländern am besten, wo sie zu Hause sind? wo nur diese und keine andere weiter dein Ohr berührt?" — „Und so wärst du", fragte Wilhelm, „zwischen den Gebirgen zur Kenntnis der Gebirge gelangt?" — „Das versteht sich." — „Ohne mit Menschen umzugehen?" fragte Wilhelm. — „Wenigstens nur mit Menschen", versetzte jener, „die bergartig waren. Da, wo Pygmäen, angereizt durch Metalladern, den Fels durchwühlen, das Innere der Erde zugänglich machen und auf alle Weise die schwersten Aufgaben zu lösen suchen, da ist der Ort, wo der wißbegierige Denkende seinen Platz nehmen soll. Er sieht handeln, tun, läßt geschehen und erfreut sich des Geglückten und Mißglückten. Was nützt, ist nur ein Teil des Bedeutenden. Um einen Gegenstand ganz zu besitzen, zu beherrschen, muß man ihn um sein selbst willen studieren. Indem ich aber vom Höchsten und Letzten spreche, wozu man sich erst spät durch vieles und reiches Gewahrwerden emporhebt, seh' ich die Knaben vor uns, bei denen klingt es ganz anders. Jede Art von Tätigkeit möchte das Kind ergreifen, weil alles leicht aussieht, was vortrefflich ausgeübt wird. Aller Anfang ist schwer! Das mag in einem gewissen Sinne wahr sein; allgemeiner aber kann man sagen: aller Anfang ist leicht, und die letzten Stufen werden am schwersten und seltensten erstiegen."

Wilhelm, der indessen nachgedacht hatte, sagte zu Montan: „Solltest du wirklich zu der Überzeugung gegriffen haben, daß die sämtlichen Tätigkeiten, wie in der Ausübung, so auch im Unterricht zu sondern seien?" — „Ich weiß mir nichts anderes noch Besseres", erwiderte jener. „Was der Mensch leisten soll, muß sich als ein zweites Selbst von ihm ablösen, und wie könnte das möglich sein, wäre sein erstes Selbst nicht ganz davon durchdrungen?" — „Man hat aber doch eine vielseitige Bildung für vorteilhaft und notwendig gehalten." — „Sie kann es auch sein zu ihrer Zeit", versetzte jener; „Vielseitigkeit bereitet eigentlich nur das Element vor, worin der Einseitige wirken kann, dem eben jetzt genug Raum gegeben ist. Ja, es ist jetzo die Zeit der Einseitigkeiten; wohl dem, der es begreift, für sich und andere in diesem Sinne wirkt. Bei gewissen Dingen versteht sich's durchaus und sogleich. Übe dich zum tüchtigen Violinisten und sei versichert, der Kapellmeister wird dir deinen Platz im Orchester mit Gunst anweisen. Mache ein Organ aus dir und erwarte, was für eine Stelle dir die Menschheit im allgemeinen Leben wohlmeinend zugestehen werde. Laß uns abbrechen! Wer es nicht glauben will, der gehe seinen Weg, auch der gelingt zuweilen; ich aber sage: von unten hinauf zu dienen, ist überall nötig. Sich auf ein Handwerk zu beschränken, ist das Beste. Für den geringsten Kopf wird es immer ein Handwerk, für den besseren eine Kunst, und der beste, wenn er eins tut, tut er alles, oder, um weniger paradox zu sein, in dem einen, was er recht tut, sieht er das Gleichnis von allem, was recht getan wird."

Dieses Gespräch, das wir nur skizzenhaft wiederliefern, verzog sich bis gegen Sonnenuntergang, der, so herrlich er war, doch die Gesellschaft nachdenken ließ, wo man die Nacht zubringen wollte. „Unter Dach wüßte ich euch nicht zu führen", sagte Fitz; „wollt ihr aber bei einem guten alten Köhler, an warmer Stätte die Nacht versitzen oder verliegen, so seid ihr willkommen." Und so folgten sie ihm alle durch wundersame Pfade zum stillen Ort, wo sich ein jeder bald einheimisch fühlen sollte.

In der Mitte eines beschränkten Waldraums lag dampfend und wärmend der wohlgewölbte Kohlenmeiler, an der Seite die Hütte von Tannenreisern, ein helles Feuerchen daneben. Man setzte sich, man richtete sich ein. Die Kinder waren sogleich um die Köhlersfrau geschäftig, welche, gastfreundlich bemüht, erhitzte Brotschnitten mit Butter zu tränken und durchziehen zu lassen, köstlich fette Bissen den hungrig Lüsternen bereitete.

Indes nun darauf die Knaben durch die kaum erhellten Fichtenstämme Versteckens spielten, wie Wölfe heulten, wie Hunde bellten, so daß auch wohl ein herzhafter Wanderer darüber hätte erschrecken mögen, besprachen sich die Freunde vertraulich über ihre Zustände. Nun aber gehörte zu den sonderbaren Verpflichtungen der Entsagenden auch die: daß sie, zusammentreffend, weder vom Vergangenen noch Künftigen sprechen durften, nur das Gegenwärtige sollte sie beschäftigen.

Jarno, der von bergmännischen Unternehmungen und den dazu erforderlichen Kenntnissen und Tatfähigkeiten den Sinn voll hatte, trug Wilhelmen auf das genaueste und vollständigste mit Leidenschaft vor, was er sich alles in beiden Weltteilen von solchen Kunsteinsichten und Fertigkeiten verspreche; wovon sich jedoch der Freund, der immer nur im menschlichen Herzen den wahren Schatz gesucht, kaum einen Begriff machen konnte, vielmehr zuletzt lächelnd erwiderte: „So stehst du ja mit dir selbst in Widerspruch, indem du erst in deinen ältern Tagen dasjenige zu treiben anfängst, wozu man von Jugend auf sollte eingeleitet sein." — „Keineswegs!" erwiderte jener; „denn eben daß ich in meiner Kindheit bei einem liebenden Oheim, einem hohen Bergbeamten, erzogen wurde, daß ich mit den Pochjungen groß geworden bin, auf dem Berggraben mit ihnen kleine Rindenschiffchen niederfahren ließ, das hat mich zurück in diesen Kreis geführt, wo ich mich nun wieder behaglich und verjüngt fühle. Schwerlich kann dieser Köhlerdampf dir zusagen wie mir, der ich ihn von Kindheit auf als Weihrauch einzuschlürfen gewohnt bin. Ich habe viel in der Welt versucht und immer dasselbe gefunden: in der Gewohnheit ruht das einzige Behagen des Menschen; selbst das Unangenehme, woran wir uns gewöhnten, vermissen wir ungern. Ich quälte mich einmal gar lange mit einer Wunde, die nicht heilen wollte, und als ich endlich genas, war es mir höchst unangenehm, als der Chirurg ausblieb, sie nicht mehr verband und das Frühstück nicht mehr mit mir einnahm."

„Ich möchte aber doch", versetzte Wilhelm, „meinem Sohn einen freieren Blick über die Welt verschaffen, als ein beschränktes Handwerk zu geben vermag. Man umgrenze den Menschen, wie man wolle, so schaut er doch zuletzt in seiner Zeit umher; und wie kann er die begreifen, wenn er nicht einigermaßen weiß, was vorhergegangen ist. Und müßte er nicht mit Erstaunen in jeden Gewürzladen eintreten, wenn er keinen Begriff von den Ländern hätte, woher diese unentbehrlichen Seltsamkeiten bis zu ihm gekommen sind?"

„Wozu die Umstände?" versetzte Jarno; „lese er die Zeitungen wie jeder Philister und trinke Kaffee wie jede alte Frau. Wenn du es aber doch nicht lassen kannst und auf eine vollkommene Bildung so versessen bist, so begreif' ich nicht, wie du so blind sein kannst, wie du noch lange suchen magst, wie du nicht siehst, daß du dich ganz in der Nähe einer vortrefflichen Erziehungsanstalt befindest." — „In der Nähe?" sagte Wilhelm und schüttelte den Kopf. — „Freilich!" versetzte jener; „was siehst du hier?" — „Wo denn?" — „Grad hier vor der Nase." Jarno streckte seinen Zeigefinger aus und deutete und rief ungeduldig: „Was ist denn das?" — „Nun denn!" sagte Wilhelm, „ein Kohlenmeiler; aber was soll das hierzu?" — „Gut! endlich! ein Kohlenmeiler! Wie verfährt man, um ihn anzurichten?" — „Man stellt Scheite an- und übereinander." — „Wenn das getan ist, was geschieht ferner?" — „Wie mir scheint", sagte Wilhelm, „willst du auf sokratische Weise mir die Ehre antun, mir begreiflich zu machen, mich bekennen zu lassen, daß ich äußerst absurd und dickstirnig sei."

„Keineswegs!" versetzte Jarno; „fahre fort, mein Freund, pünktlich zu antworten. Also! was geschieht nun, wenn der regelmäßige Holzstoß dicht und doch luftig geschichtet worden?" — „Nun denn! man zündet ihn an." — „Und wenn er nun durchaus entzündet ist, wenn die Flamme durch jede Ritze durchschlägt, wie beträgt man sich? läßt man's fortbrennen?" — „Keineswegs! man deckt eilig mit Rasen und Erde, mit Kohlengestiebe und was man bei der Hand hat, die durch und durch dringende Flamme zu." — „Um sie auszulöschen?" — „Keineswegs! um sie zu dämpfen." — „Und also läßt man ihr so viel Luft als nötig, daß sich alles mit Glut durchziehe, damit alles recht gar werde. Alsdann verschließt man jede Ritze, verhindert jeden Ausbruch, damit ja alles nach und nach in sich selbst verlösche, verkohle, verkühle, zuletzt auseinandergezogen als verkäufliche Ware an Schmied und Schlosser, an Bäcker und Koch abgelassen und, wenn es zu Nutzen und Frommen der lieben Christenheit genugsam gedient, als Asche von Wäscherinnen und Seifensiedern verbraucht werde."

„Nun", versetzte Wilhelm lachend, „in Bezug auf dieses Gleichnis, wie siehst du dich denn an?" — „Das ist nicht schwer zu sagen", erwiderte Jarno, „ich halte mich für einen alten Kohlenkorb tüchtig büchener Kohlen, dabei aber erlaub' ich mir die Eigenheit, mich nur um mein selbst willen zu verbrennen, deswegen ich denn den Leuten gar wunderlich vorkomme." — „Und mich?" sagte Wilhelm, „wie wirst du mich behandeln?" — „Jetzt besonders", sagte Jarno, „seh' ich dich an wie einen Wanderstab, der die wunderliche Eigenschaft hat, in jeder Ecke zu grünen, wo man ihn hinstellt, nirgends aber Wurzel zu fassen. Nun male dir das Gleichnis weiter aus und lerne begreifen, wenn weder Förster noch Gärtner, weder Köhler noch Tischer, noch irgendein Handwerker aus dir etwas zu machen weiß."

Unter solchem Gespräch nun zog Wilhelm, ich weiß nicht zu welchem Gebrauch, etwas aus dem Busen, das halb wie eine Brieftasche, halb wie ein Besteck aussah und von Montan als ein Altbekanntes angesprochen wurde. Unser Freund leugnete nicht, daß er es als eine Art von Fetisch bei sich trage, in dem Aberglauben, sein Schicksal hange gewissermaßen von dessen Besitz ab.

Was es aber gewesen, dürfen wir an dieser Stelle dem Leser noch nicht vertrauen, so viel aber müssen wir sagen, daß hieran sich ein Gespräch anknüpfte, dessen Resultate sich endlich dahin ergaben, daß Wilhelm bekannte: wie er schon längst geneigt sei, einem gewissen besondern Geschäft, einer ganz eigentlich nützlichen Kunst sich zu widmen, vorausgesetzt, Montan werde sich bei den Verbündeten dahin verwenden, daß die lästigste aller Lebensbedingungen, nicht länger als drei Tage an einem Orte zu verweilen, baldigst aufgehoben und ihm vergönnt werde, sich zu Erreichung seines Zweckes da oder dort, wie es ihm belieben möge, aufzuhalten. Dies versprach Montan zu bewirken, nachdem jener feierlich angelobt hatte, die vertraulich ausgesprochene Absicht unablässig zu verfolgen und den einmal gefaßten Vorsatz auf das treulichste festzuhalten.

Dieses alles ernstlich durchsprechend und einander unablässig erwidernd, waren sie von ihrer Nachtstätte, wo sich eine wunderlich verdächtige Gesellschaft nach und nach versammelt hatte, bei Tagesanbruch aus dem Wald auf eine Blöße gekommen, an der sie einiges Wild antrafen, das besonders dem fröhlich auffassenden Felix viel Freude machte. Man bereitete sich zum Scheiden, denn hier deuteten die Pfade nach verschiedenen Himmelsgegenden. Fitz ward nun über die verschiedenen Richtungen befragt, der aber zerstreut schien und gegen seine Gewohnheit verworrene Antworten gab.

„Du bist überhaupt ein Schelm“, sagte Jarno; „diese Männer heute nacht, die sich um uns herum setzten, kanntest du alle. Es waren Holzhauer und Bergleute, das mochte hingehen, aber die letzten halt' ich für Schmuggler, für Wilddiebe, und der lange, ganz letzte, der immer Zeichen in den Sand schrieb und den die andern mit einiger Achtung behandelten, war gewiß ein Schatzgräber, mit dem du unter der Decke spielst.“

„Es sind alles gute Leute“, ließ Fitz sich darauf vernehmen; „sie nähren sich kümmerlich, und wenn sie manchmal etwas tun, was die andern verbieten, so sind es arme Teufel, die sich selbst etwas erlauben müssen, nur um zu leben.“

Eigentlich aber war der kleine, schelmische Junge, da er Vorbereitungen der Freunde, sich zu trennen, bemerkte, nachdenklich; er überlegte sich etwas im stillen, denn er stand zweifelhaft, welchem von beiden Teilen er folgen sollte. Er berechnete seinen Vorteil: Vater und Sohn gingen leichtsinnig mit dem Silber um, Jarno aber gar mit dem Golde; diesen nicht loszulassen, hielt er fürs beste. Daher ergriff er sogleich eine dargebotene Gelegenheit, und als im Scheiden Jarno zu ihm sagte: „Nun, wenn ich nach St. Joseph komme, will ich sehen, ob du ehrlich bist, ich werde den Kreuzstein und den verfallenen Altar suchen" — „Ihr werdet nichts finden", sagte Fitz, „und ich werde doch ehrlich bleiben; der Stein ist dorther, aber ich habe sämtliche Stücke weggeschafft und sie hier oben verwahrt. Es ist ein kostbares Gestein, ohne dasselbe läßt sich kein Schatz heben; man bezahlt mir ein kleines Stück gar teuer. Ihr hattet ganz recht, daher kam meine Bekanntschaft mit dem hagern Manne."

Nun gab es neue Verhandlungen, Fitz verpflichtete sich an Jarno, gegen einen nochmaligen Dukaten, in mäßiger Entfernung ein tüchtiges Stück dieses seltenen Minerals zu verschaffen, wogegen er den Gang nach dem Riesenschloß abriet; weil aber dennoch Felix darauf bestand, dem Boten einschärfte, die Reisenden nicht zu tief hineinzulassen, denn niemand finde sich aus diesen Höhlen und Klüften jemals wieder heraus. Man schied, und Fitz versprach, zu guter Zeit in den Hallen des Riesenschlosses wieder einzutreffen.

Der Bote schritt voran, die beiden folgten; jener war aber kaum den Berg eine Strecke hinaufgestiegen, als Felix bemerkte, man gehe nicht den Weg, auf welchen Fitz gedeutet habe. Der Bote versetzte jedoch: „Ich muß es besser wissen! Denn erst in diesen Tagen hat ein gewaltiger Sturm die nächste Waldstrecke niedergestürzt; die kreuzweis übereinandergeworfenen Bäume versperren diesen Weg: folgt mir, ich bring' euch an Ort und Stelle." Felix verkürzte sich den beschwerlichen Pfad durch lebhaften Schritt und Sprung von Fels zu Fels und freute sich über sein erworbenes Wissen, daß er nun von Granit zu Granit hüpfe.

Und so ging es aufwärts, bis er endlich auf zusammengestürzten schwarzen Säulen stehenblieb und auf einmal das Riesenschloß vor Augen sah. Wände von Säulen ragten auf einem einsamen Gipfel hervor, geschlossene Säulenwände bildeten Pforten an Pforten, Gänge nach Gängen. Ernstlich warnte der Bote, sich nicht hineinzuverlieren, und an einem sonnigen, über weite Aussicht gebietenden Flecke, die Aschenspur seiner Vorgänger bemerkend, war er geschäftig, ein prasselndes Feuer zu unterhalten. Indem er nun an solchen Stellen eine frugale Kost zu bereiten schon gewohnt war und Wilhelm in der himmelweiten Aussicht von der Gegend näher Erkundigung einzog, durch die er zu wandern gedachte, war Felix verschwunden; er mußte sich in die Höhle verloren haben, auf Rufen und Pfeifen antwortete er nicht und kam nicht wieder zum Vorschein.

Wilhelm aber, der, wie es einem Pilger ziemt, auf manche Fälle vorbereitet war, brachte aus seiner Jagdtasche einen Knaul Bindfaden hervor, band ihn sorgfältig fest und vertraute sich dem leitenden Zeichen, an dem er seinen Sohn hineinzuführen schon die Absicht gehabt hatte. So ging er vorwärts und ließ von Zeit zu Zeit sein Pfeifchen erschallen, lange vergebens. Endlich aber erklang aus der Tiefe ein schneidender Pfiff, und bald darauf schaute Felix am Boden aus einer Kluft des schwarzen Gesteines hervor. „Bist du allein?“ lispelte bedenklich der Knabe. — „Ganz allein!“ versetzte der Vater. — „Reiche mir Scheite! reiche mir Knüttel!“ sagte der Knabe, empfing sie und verschwand, nachdem er ängstlich gerufen hatte: „Laß niemand in die Höhle!“ Nach einiger Zeit aber tauchte er wieder auf, forderte noch längeres und stärkeres Holz. Der Vater harrte sehnlich auf die Lösung dieses Rätsels. Endlich erhub sich der Verwegene schnell aus der Spalte und brachte ein Kästchen mit, nicht größer als ein kleiner Oktavband, von prächtigem altem Ansehn, es schien von Gold zu sein, mit Schmelz geziert. „Stecke es zu dir, Vater, und laß es niemand sehn!“ Er erzählte darauf mit Hast, wie er, aus innerem geheimem Antrieb, in jene Spalte gekrochen sei und unten einen dämmerhellen Raum gefunden habe. In demselben stand, wie er sagte, ein großer eiserner Kasten, zwar nicht verschlossen, dessen Deckel jedoch nicht zu erheben, kaum zu lüften war. Um nun darüber Herr zu werden, habe er die Knüttel verlangt, sie teils als Stützen unter den Deckel gestellt, teils als Keile dazwischengeschoben, zuletzt habe er den Kasten zwar leer, in einer Ecke desselben jedoch das Prachtbüchlein gefunden. Sie versprachen sich beiderseits deshalb ein tiefes Geheimnis.

Mittag war vorüber, etwas hatte man genossen, Fitz war noch nicht, wie er versprochen, gekommen; Felix aber, besonders unruhig, sehnte sich von dem Orte weg, wo der Schatz irdischer oder unterirdischer Wiederforderung ausgesetzt schien. Die Säulen kamen ihm schwärzer, die Höhlen tiefer vor. Ein Geheimnis war ihm aufgeladen, ein Besitz, rechtmäßig oder unrechtmäßig? sicher oder unsicher? Die Ungeduld trieb ihn von der Stelle, er glaubte die Sorge loszuwerden, wenn er den Platz veränderte.

Sie schlugen den Weg ein nach jenen ausgedehnten Gütern des großen Landbesitzers, von dessen Reichtum und Sonderbarkeiten man ihnen so viel erzählt hatte. Felix sprang nicht mehr wie am Morgen, und alle drei gingen stundenlang vor sich hin. Einigemal wollt' er das Kästchen sehn, der Vater, auf den Boten hindeutend, wies ihn zur Ruhe. Nun war er voll Verlangen, Fitz möge kommen. Dann scheute er sich wieder vor dem Schelmen; bald pfiff er, um ein Zeichen zu geben, dann reute ihn schon, es getan zu haben, und so dauerte das Schwanken immerfort, bis Fitz endlich sein Pfeifchen aus der Ferne hören ließ. Er entschuldigte sein Außenbleiben vom Riesenschlosse, er habe sich mit Jarno verspätet, der Windbruch habe ihn gehindert; dann forschte er genau, wie es ihnen zwischen Säulen und Höhlen gegangen sei? Wie tief sie vorgedrungen? Felix erzählte ihm ein Märchen über das andere, halb übermütig, halb verlegen; er sah den Vater lächelnd an, zupfte ihn verstohlen und tat alles mögliche, um an den Tag zu geben, daß er heimlich besitze und daß er sich verstelle.

Sie waren endlich auf einen Fuhrweg gelangt, der sie bequem zu jenen Besitztümern hinführen sollte; Fitz aber behauptete, einen näheren und bessern Weg zu kennen; auf welchem der Bote sie nicht begleiten wollte und den geraden, breiten, eingeschlagenen Weg vor sich hinging. Die beiden Wanderer vertrauten dem losen Jungen und glaubten wohlgetan zu haben, denn nun ging es steil den Berg hinab, durch einen Wald der hoch- und schlankstämmigsten Lärchenbäume, der, immer durchsichtiger werdend, ihnen zuletzt die schönste Besitzung, die man sich nur denken kann, im klarsten Sonnenlichte sehen ließ.

Ein großer Garten, nur der Fruchtbarkeit, wie es schien, gewidmet, lag, obgleich mit Obstbäumen reichlich ausgestattet, offen vor ihren Augen, indem er regelmäßig, in mancherlei Abteilungen, einen zwar im ganzen abhängigen, doch aber mannigfaltig bald erhöhten, bald vertieften Boden bedeckte. Mehrere Wohnhäuser lagen darin zerstreut, so daß der Raum verschiedenen Besitzern anzugehören schien, der jedoch, wie Fitz versicherte, von einem einzigen Herrn beherrscht und benutzt ward. Über den Garten hinaus erblickten sie eine unabsehbare Landschaft, reichlich bebaut und bepflanzt. Sie konnten Seen und Flüsse deutlich unterscheiden.

Sie waren den Berg hinab immer näher gekommen und glaubten nun sogleich im Garten zu sein, als Wilhelm stutzte und Fitz seine Schadenfreude nicht verbarg: denn eine jähe Kluft am Fuße des Berges tat sich vor ihnen auf und zeigte gegenüber eine bisher verborgene hohe Mauer, schroff genug von außen, obgleich von innen durch das Erdreich völlig ausgefüllt. Ein tiefer Graben trennte sie also von dem Garten, in den sie unmittelbar hineinsahen. „Wir haben noch hinüber einen ziemlichen Umweg zu machen“, sagte Fitz, „wenn wir die Straße, die hineinführt, erreichen wollen. Doch weiß ich auch einen Eingang von dieser Seite, wo wir um ein gutes näher gehen. Die Gewölbe, durch die das Bergwasser bei Regengüssen in den Garten geregelt hineinstürzt, öffnen sich hier; sie sind hoch und breit genug, daß man mit ziemlicher Bequemlichkeit hindurchkommen kann.“ Als Felix von Gewölben hörte, konnte er vor Begierde sich nicht lassen, diesen Eingang zu betreten. Wilhelm folgte den Kindern, und sie stiegen zusammen die ganz trocken liegenden hohen Stufen dieser Zuleitungsgewölbe hinunter. Sie befanden sich bald im Hellen, bald im Dunkeln, je nachdem von Seitenöffnungen her das Licht hereinfiel oder von Pfeilern und Wänden aufgehalten ward. Endlich gelangten sie auf einen ziemlich gleichen Fleck und schritten langsam vor, als auf einmal in ihrer Nähe ein Schuß fiel, zu gleicher Zeit sich zwei verborgene Eisengitter schlossen und sie von beiden Seiten einsperrten. Zwar nicht die ganze Gesellschaft: nur Wilhelm und Felix waren gefangen. Denn Fitz, als der Schuß fiel, sprang sogleich rückwärts, und das zuschlagende Gitter faßte nur seinen weiten Ärmel; er aber, sehr geschwind das Jäckchen abwerfend, war entflohen, ohne sich einen Augenblick aufzuhalten.

Die beiden Eingekerkerten hatten kaum Zeit, sich von ihrem Erstaunen zu erholen, als sie Menschenstimmen vernahmen, welche sich langsam zu nähern schienen. Bald darauf traten Bewaffnete mit Fackeln an die Gitter und neugierigen Blicks, was sie für einen Fang möchten getan haben. Sie fragten zugleich, ob man sich gutwillig ergeben wolle. „Hier kann von keinem Ergeben die Rede sein", versetzte Wilhelm; „wir sind in eurer Gewalt. Eher haben wir Ursache zu fragen, ob ihr uns schonen wollt. Die einzige Waffe, die wir bei uns haben, liefere ich euch aus", und mit diesen Worten reichte er seinen Hirschfänger durchs Gitter; dieses öffnete sich sogleich, und man führte ganz gelassen die Ankömmlinge mit sich vorwärts, und als man sie einen Wendelstieg hinaufgebracht hatte, befanden sie sich bald an einem seltsamen Orte; es war ein geräumiges, reinliches Zimmer, durch kleine, unter dem Gesimse hergehende Fenster erleuchtet, die ungeachtet der starken Eisenstäbe Licht genug verbreiteten. Für Sitze, Schlafstellen, und was man allenfalls sonst in einer mäßigen Herberge verlangen könnte, war gesorgt, und es schien dem, der sich hier befand, nichts als die Freiheit zu fehlen.

Wilhelm hatte sich bei seinem Eintritt sogleich niedergesetzt und überdachte den Zustand; Felix hingegen, nachdem er sich von dem ersten Erstaunen erholt hatte, brach in eine unglaubliche Wut aus. Diese steilen Wände, diese hohen Fenster, diese festen Türen, diese Abgeschlossenheit, diese Einschränkung war ihm ganz neu. Er sah sich um, er rannte hin und her, stampfte mit den Füßen, weinte, rüttelte an den Türen, schlug mit den Fäusten dagegen, ja er war im Begriff, mit dem Schädel dawiderzurennen, hätte nicht Wilhelm ihn gefaßt und mit Kraft festgehalten.

„Besieh dir das nur ganz gelassen, mein Sohn", fing der Vater an, „denn Ungeduld und Gewalt helfen uns nicht aus dieser Lage. Das Geheimnis wird sich aufklären; aber ich müßte mich höchlich irren, oder wir sind in keine schlechten Hände gefallen. Betrachte diese Inschriften: ‚Dem Unschuldigen Befreiung und Ersatz, dem Verführten Mitleiden, dem Schuldigen ahndende Gerechtigkeit.' Alles dieses zeigt uns an, daß diese Anstalten Werke der Notwendigkeit, nicht der Grausamkeit sind. Der Mensch hat nur allzusehr Ursache, sich vor dem Menschen zu schützen. Der Mißwollenden gibt es gar viele, der Mißtätigen nicht wenige, und um zu leben, wie sich's gehört, ist nicht genug, immer wohlzutun."

Felix hatte sich zusammengenommen, warf sich aber sogleich auf eine der Lagerstätten, ohne weiteres Äußern noch Erwidern. Der Vater ließ nicht ab und sprach ferner: „Laß dir diese Erfahrung, die du so früh und unschuldig machst, ein lebhaftes Zeugnis bleiben, in welchem und in was für einem vollkommenen Jahrhundert du geboren bist. Welchen Weg mußte nicht die Menschheit machen, bis sie dahin gelangte, auch gegen Schuldige gelind, gegen Verbrecher schonend, gegen Unmenschliche menschlich zu sein! Gewiß waren es Männer göttlicher Natur, die dies zuerst lehrten, die ihr Leben damit zubrachten, die Ausübung möglich zu machen und zu beschleunigen. Des Schönen sind die Menschen selten fähig, öfter des Guten; und wie hoch müssen wir daher diejenigen halten, die dieses mit großen Aufopferungen zu befördern suchen."

Diese tröstlich belehrenden Worte, welche die Absicht der einschließenden Umgebung völlig rein ausdrückten, hatte Felix nicht vernommen; er lag im tiefsten Schlafe, schöner und frischer als je; denn eine Leidenschaft, wie sie ihn sonst nicht leicht ergriff, hatte sein ganzes Innerste auf die vollen Wangen hervorgetrieben. Ihn mit Gefälligkeit beschauend, stand der Vater, als ein wohlgebildeter junger Mann hereintrat, der, nachdem er den Ankömmling einige

Zeit freundlich angesehen, anfing, ihn über die Umstände zu befragen, die ihn auf den ungewöhnlichen Weg und in diese Falle geführt hätten. Wilhelm erzählte die Begebenheit ganz schlicht, überreichte ihm einige Papiere, die seine Person aufzuklären dienten, und berief sich auf den Boten, der nun bald auf dem ordentlichen Wege von einer andern Seite anlangen müsse. Als dieses alles so weit im klaren war, ersuchte der Beamte seinen Gast, ihm zu folgen. Felix war nicht zu erwecken, die Untergebenen trugen ihn daher auf der tüchtigen Matratze, wie ehmals den unbewußten Ulyß, in die freie Luft.

Wilhelm folgte dem Beamten in ein schönes Gartenzimmer, wo Erfrischungen aufgesetzt wurden, die er genießen sollte, indessen jener ging, an höherer Stelle Bericht abzustatten. Als Felix erwachend ein gedecktes Tischchen, Obst, Wein, Zwieback und zugleich die Heiterkeit der offenstehenden Türe bemerkte, ward es ihm ganz wunderlich zumute. Er läuft hinaus, er kehrt zurück, er glaubt geträumt zu haben; und hatte bald bei so guter Kost und so angenehmer Umgebung den vorhergegangenen Schrecken und alle Bedrängnis, wie einen schweren Traum am hellen Morgen, vergessen.

Der Bote war angelangt, der Beamte kam mit ihm und einem andern, ältlichen, noch freundlichern Manne zurück, und die Sache klärte sich folgendergestalt auf. Der Herr dieser Besitzung, im höhern Sinne wohltätig, daß er alles um sich her zum Tun und Schaffen aufregte, hatte aus seinen unendlichen Baumschulen, seit mehreren Jahren, fleißigen und sorgfältigen Anbauern die jungen Stämme umsonst, nachlässigen um einen gewissen Preis und denen, die damit handeln wollten, gleichfalls, doch um einen billigen, überlassen. Aber auch diese beiden Klassen forderten umsonst, was die Würdigen umsonst erhielten, und da man ihnen nicht nachgab, suchten sie die Stämme zu entwenden. Auf mancherlei Weise war es ihnen gelungen. Dieses verdroß den Besitzer um so mehr, da nicht allein die Baumschulen geplündert, sondern auch durch Übereilung verderbt worden waren. Man hatte Spur, daß sie durch die Wasserleitung hereingekommen, und deshalb eine solche Gitterfalle mit einem Selbstschuß eingerichtet, der aber nur als Zeichen gelten sollte. Der kleine Knabe hatte sich unter mancherlei Vorwänden mehrmals im Garten sehen lassen, und es war nichts natürlicher, als daß er aus Kühnheit und Schelmerei die Fremden einen Weg führen wollte, den er früher zu anderm Zwecke ausgefunden. Man hätte gewünscht, seiner habhaft zu werden; indessen wurde sein Wämschen unter andern gerichtlichen Gegenständen aufgehoben.

FÜNFTES KAPITEL

Auf dem Wege nach dem Schlosse fand unser Freund zu seiner Verwunderung nichts, was einem älteren Lustgarten oder einem modernen Park ähnlich gewesen wäre; gradlinig gepflanzte Fruchtbäume, Gemüsfelder, große Strecken mit Heilkräutern bestellt, und was nur irgend brauchbar konnte geachtet werden, übersah er auf sanft abhängiger Fläche mit einem Blicke. Ein von hohen Linden umschatteter Platz breitete sich würdig als Vorhalle des ansehnlichen Gebäudes, eine lange, daranstoßende Allee, gleichen Wuchses und Würde, gab zu jeder Stunde des Tags Gelegenheit, im Freien zu verkehren und zu lustwandeln. Eintretend in das Schloß, fand er die Wände der Hausflur auf eigene Weise bekleidet; große geographische Abbildungen aller vier Weltteile fielen ihm in die Augen; stattliche Treppenwände waren gleichfalls mit Abrissen einzelner Reiche geschmückt, und in den Hauptsaal eingelassen, fand er sich umgeben von Prospekten der merkwürdigsten Städte, oben und unten eingefaßt von landschaftlicher Nachbildung der Gegenden, worin sie gelegen sind, alles kunstreich dargestellt, so daß die Einzelnheiten deutlich in die Augen fielen und zugleich ein ununterbrochener Bezug durchaus bemerkbar blieb.

Der Hausherr, ein kleiner, lebhafter Mann von Jahren, bewillkommte den Gast und fragte, ohne weitere Einleitung, gegen die Wände deutend: ob ihm vielleicht eine dieser Städte bekannt sei, und ob er daselbst jemals sich aufgehalten? Von manchem konnte nun der Freund auslangende Rechenschaft geben und beweisen, daß er mehrere Orte nicht allein gesehen, sondern auch ihre Zustände und Eigenheiten gar wohl zu bemerken gewußt.

Der Hausherr klingelte und befahl, ein Zimmer den beiden Ankömmlingen anzuweisen, auch sie später zum Abendessen zu führen; dies geschah denn auch. In einem großen Erdsaale entgegneten ihm zwei Frauenzimmer, wovon die eine mit großer Heiterkeit zu ihm sprach: „Sie finden hier kleine Gesellschaft, aber gute; ich, die jüngere Nichte, heiße Hersilie, diese, meine ältere Schwester, nennt man Juliette, die beiden Herren sind Vater und Sohn, Beamte, die Sie kennen, Hausfreunde, die alles Vertrauen genießen, das sie verdienen. Setzen wir uns!" Die beiden Frauenzimmer nahmen Wilhelm in die Mitte, die Beamten saßen an beiden Enden, Felix an der andern langen Seite, wo er sich sogleich Hersilien gegenüber gerückt hatte und kein Auge von ihr verwendete.

Nach vorläufigem allgemeinem Gespräch ergriff Hersilie Gelegenheit zu sagen: „Damit der Fremde desto schneller mit uns vertraut und in unsere Unterhaltung eingeweiht werde, muß ich bekennen, daß bei uns viel gelesen wird und daß wir uns, aus Zufall, Neigung, auch wohl Widerspruchsgeist, in die verschiedenen Literaturen geteilt haben. Der Oheim ist fürs Italienische, die Dame hier nimmt es nicht übel, wenn man sie für eine vollendete Engländerin hält, ich aber halte mich an die Franzosen, sofern sie heiter und zierlich sind. Hier, Amtmann Papa erfreut sich des deutschen Altertums, und der Sohn mag denn, wie billig, dem Neuern, Jüngern seinen Anteil zuwenden. Hiernach werden Sie uns beurteilen, hiernach teilnehmen, einstimmen oder streiten; in jedem Sinne werden Sie willkommen sein." Und in diesem Sinne belebte sich auch die Unterhaltung.

Indessen war die Richtung der feurigen Blicke des schönen Felix Hersilien keineswegs entgangen, sie fühlte sich überrascht und geschmeichelt und sendete ihm die vorzüglichsten Bissen, die er freudig und dankbar empfing. Nun aber, als er beim Nachtisch über einen Teller Äpfel zu ihr hinsah, glaubte sie, in den reizenden Früchten ebenso viel Rivale zu erblicken. Gedacht, getan, sie faßte einen Apfel und reichte ihn dem heranwachsenden Abenteurer über den

Tisch hinüber; dieser, hastig zugreifend, fing sogleich zu schälen an; unverwandt aber nach der reizenden Nachbarin hinblickend, schnitt er sich tief in den Daumen. Das Blut floß lebhaft; Hersilie sprang auf, bemühte sich um ihn, und als sie das Blut gestillt, schloß sie die Wunde mit englischem Pflaster aus ihrem Besteck. Indessen hatte der Knabe sie angefaßt und wollte sie nicht loslassen; die Störung ward allgemein, die Tafel aufgehoben, und man bereitete sich zu scheiden.

„Sie lesen doch auch vor Schlafengehn?" sagte Hersilie zu Wilhelm; „ich schicke Ihnen ein Manuskript, eine Übersetzung aus dem Französischen von meiner Hand, und Sie sollen sagen, ob Ihnen viel Artigeres vorgekommen ist. Ein verrücktes Mädchen tritt auf! das möchte keine sonderliche Empfehlung sein, aber wenn ich jemals närrisch werden möchte, wie mir manchmal die Lust ankommt, so wär' es auf diese Weise."

DIE PILGERNDE TÖRIN

Herr von Revanne, ein reicher Privatmann, besitzt die schönsten Ländereien seiner Provinz. Nebst Sohn und Schwester bewohnt er ein Schloß, das eines Fürsten würdig wäre; und in der Tat, wenn sein Park, seine Wasser, seine Pachtungen, seine Manufakturen, sein Hauswesen auf sechs Meilen umher die Hälfte der Einwohner ernähren, so ist er durch sein Ansehn und durch das Gute, das er stiftet, wirklich ein Fürst.

Vor einigen Jahren spazierte er an den Mauern seines Parks hin auf der Heerstraße, und ihm gefiel, in einem Lustwäldchen auszuruhen, wo der Reisende gern verweilt. Hochstämmige Bäume ragen über junges, dichtes Gebüsch; man ist vor Wind und Sonne geschützt; ein sauber gefaßter Brunnen sendet sein Wasser über Wurzeln, Steine und Rasen. Der Spazierende hatte wie gewöhnlich Buch und Flinte bei sich. Nun versuchte er zu lesen, öfters durch Gesang der Vögel, manchmal durch Wanderschritte angenehm abgezogen und zerstreut.

Ein schöner Morgen war im Vorrücken, als jung und liebenswürdig ein Frauenzimmer sich gegen ihn her bewegte. Sie verließ die Straße, indem sie sich Ruhe und Erquickung an dem frischen Orte zu versprechen schien, wo er sich befand. Sein Buch fiel ihm aus den Händen, überrascht wie er war. Die Pilgerin mit den schönsten Augen von der Welt und einem Gesicht, durch Bewegung angenehm belebt, zeichnete sich an Körperbau, Gang und Anstand dergestalt aus, daß er unwillkürlich von seinem Platze aufstand und nach der Straße blickte, um das Gefolge kommen zu sehen, das er hinter ihr vermutete. Dann zog die Gestalt abermals, indem sie sich edel gegen ihn verbeugte, seine Aufmerksamkeit an sich, und ehrerbietig erwiderte er den Gruß. Die schöne Reisende setzte sich an den Rand des Quells, ohne ein Wort zu sagen und mit einem Seufzer.

„Seltsame Wirkung der Sympathie!" rief Herr von Revanne, als er mir die Begebenheit erzählte, „dieser Seufzer ward in der Stille von mir erwidert. Ich blieb stehen, ohne zu wissen, was ich sagen oder tun sollte. Meine Augen waren nicht hinreichend, diese Vollkommenheiten zu fassen. Ausgestreckt wie sie lag, auf einen Ellbogen gelehnt, es war die schönste Frauengestalt, die man sich denken konnte! Ihre Schuhe gaben mir zu eigenen Betrachtungen Anlaß; ganz bestaubt, deuteten sie auf einen langen zurückgelegten Weg, und doch waren ihre seidenen Strümpfe so blank, als wären sie eben unter dem Glättstein hervorgegangen. Ihr aufgezogenes Kleid war nicht zerdrückt; ihre Haare schienen diesen Morgen erst gelockt; feines Weißzeug, feine Spitzen; sie war angezogen, als wenn sie zum Balle gehen sollte. Auf eine Landstreicherin deutete nichts an ihr, und doch war sie's; aber eine beklagenswerte, eine verehrungswürdige.

Zuletzt benutzte ich einige Blicke, die sie auf mich warf, sie zu fragen, ob sie allein reise. ‚Ja, mein Herr', sagte sie, ‚ich bin allein auf der Welt.' — ‚Wie? Madame, Sie sollten ohne Eltern, ohne Bekannte sein?' — ‚Das wollte ich eben nicht sagen, mein Herr. Eltern hab' ich, und Bekannte genug; aber keine Freunde.' — ‚Daran', fuhr ich fort, ‚können Sie wohl unmöglich schuld sein. Sie haben eine Gestalt und gewiß auch ein Herz, denen sich viel vergeben läßt.'

Sie fühlte die Art von Vorwurf, den mein Kompliment verbarg, und ich machte mir einen guten Begriff von ihrer

Erziehung. Sie öffnete gegen mich zwei himmlische Augen vom vollkommensten, reinsten Blau, durchsichtig und glänzend; hierauf sagte sie mit edlem Tone: sie könne es einem Ehrenmanne, wie ich zu sein scheine, nicht verdenken, wenn er ein junges Mädchen, das er allein auf der Landstraße treffe, einigermaßen verdächtig halte: ihr sei das schon öfter entgegen gewesen; aber ob sie gleich fremd sei, obgleich niemand das Recht habe, sie auszuforschen, so bitte sie doch zu glauben, daß die Absicht ihrer Reise mit der gewissenhaftesten Ehrbarkeit bestehen könne. Ursachen, von denen sie niemand Rechenschaft schuldig sei, nötigten sie, ihre Schmerzen in der Welt umherzuführen. Sie habe gefunden, daß die Gefahren, die man für ihr Geschlecht befürchte, nur eingebildet seien und daß die Ehre eines Weibes, selbst unter Straßenräubern, nur bei Schwäche des Herzens und der Grundsätze Gefahr laufe.

Übrigens gehe sie nur zu Stunden und auf Wegen, wo sie sich sicher glaube, spreche nicht mit jedermann und verweile manchmal an schicklichen Orten, wo sie ihren Unterhalt erwerben könne durch Dienstleistung in der Art, wonach sie erzogen worden. Hier sank ihre Stimme, ihre Augenlider neigten sich, und ich sah einige Tränen ihre Wangen herabfallen.

Ich versetzte darauf, daß ich keineswegs an ihrem guten Herkommen zweifle, so wenig als an einem achtungswerten Betragen. Ich bedaure sie nur, daß irgendeine Notwendigkeit sie zu dienen zwinge, da sie so wert scheine, Diener zu finden; und daß ich, ungeachtet einer lebhaften Neugierde, nicht weiter in sie dringen wolle, vielmehr mich durch ihre nähere Bekanntschaft zu überzeugen wünsche, daß sie überall für ihren Ruf ebenso besorgt sei als für ihre Tugend. Diese Worte schienen sie abermals zu verletzen, denn sie antwortete: Namen und Vaterland verberge sie, eben um des Rufs willen, der denn doch am Ende meistenteils weniger Wirkliches als Mutmaßliches enthalte. Biete sie ihre Dienste an, so weise sie Zeugnisse der letzten Häuser vor, wo sie etwas geleistet habe, und verhehle nicht, daß sie über Vaterland und Familie nicht befragt sein wolle. Darauf bestimme man sich und stelle dem Himmel oder ihrem Worte die Unschuld ihres ganzen Lebens und ihre Redlichkeit anheim."

Äußerungen dieser Art ließen keine Geistesverwirrung bei der schönen Abenteurerin argwohnen. Herr von Revanne, der einen solchen Entschluß, in die Welt zu laufen, nicht gut begreifen konnte, vermutete nun, daß man sie vielleicht gegen ihre Neigung habe verheiraten wollen. Hernach fiel er darauf, ob es nicht etwa gar Verzweiflung aus Liebe sei; und wunderlich genug, wie es aber mehr zu gehen pflegt, indem er ihr Liebe für einen andern zutraute, verliebte er sich selbst und fürchtete, sie möchte weiterreisen. Er konnte seine Augen nicht von dem schönen Gesicht wegwenden, das von einem grünen Halblichte verschönert war. Niemals zeigte, wenn es je Nymphen gab, auf den Rasen sich eine schönere hingestreckt; und die etwas romanhafte Art dieser Zusammenkunft verbreitete einen Reiz, dem er nicht zu widerstehen vermochte.

Ohne daher die Sache viel näher zu betrachten, bewog Herr von Revanne die schöne Unbekannte, sich nach dem Schlosse führen zu lassen. Sie macht keine Schwierigkeit, sie geht mit und zeigt sich als eine Person, der die große Welt bekannt ist. Man bringt Erfrischungen, welche sie annimmt, ohne falsche Höflichkeit und mit dem anmutigsten Dank. In Erwartung des Mittagessens zeigt man ihr das Haus. Sie bemerkt nur, was Auszeichnung verdient, es sei an Möbeln, Malereien, oder es betreffe die schickliche Einteilung der Zimmer. Sie findet eine Bibliothek, sie kennt die guten Bücher und spricht darüber mit Geschmack und Bescheidenheit. Kein Geschwätz, keine Verlegenheit. Bei Tafel ein ebenso edles und natürliches Betragen und den liebenswürdigsten Ton der Unterhaltung. So weit ist alles verständig in ihrem Gespräch, und ihr Charakter scheint so liebenswürdig wie ihre Person.

Nach der Tafel machte sie ein kleiner mutwilliger Zug noch schöner, und indem sie sich an Fräulein Revanne mit einem Lächeln wendet, sagt sie: es sei ihr Brauch, ihr Mittagsmahl durch eine Arbeit zu bezahlen und, sooft es ihr an Geld fehle, Nähnadeln von den Wirtinnen zu verlangen. „Erlauben Sie“, fügte sie hinzu, „daß ich eine Blume auf einem Ihrer Stickrahmen lasse, damit Sie künftig bei deren Anblick der armen Unbekannten sich erinnern mögen.“

Fräulein von Revanne versetzte darauf, daß es ihr sehr leid tue, keinen aufgezogenen Grund zu haben, und deshalb das Vergnügen, ihre Geschicklichkeit zu bewundern, entbehren müsse. Alsbald wendete die Pilgerin ihren Blick auf das Klavier. „So will ich denn", sagte sie, „meine Schuld mit Windmünze abtragen, wie es auch ja sonst schon die Art umherstreifender Sänger war." Sie versuchte das Instrument mit zwei oder drei Vorspielen, die eine sehr geübte Hand ankündigten. Man zweifelte nicht mehr, daß sie ein Frauenzimmer von Stande sei, ausgestattet mit allen liebenswürdigen Geschicklichkeiten. Zuerst war ihr Spiel aufgeweckt und glänzend; dann ging sie zu ernsten Tönen über, zu Tönen einer tiefen Trauer, die man zugleich in ihren Augen erblickte. Sie netzten sich mit Tränen, ihr Gesicht verwandelte sich, ihre Finger hielten an; aber auf einmal überraschte sie jedermann, indem sie ein mutwilliges Lied, mit der schönsten Stimme von der Welt, lustig und lächerlich vorbrachte. Da man in der Folge Ursache hatte zu glauben, daß diese burleske Romanze sie etwas näher angehe, so verzeiht man mir wohl, wenn ich sie hier einschalte.

Woher im Mantel so geschwinde,
Da kaum der Tag in Osten graut?
Hat wohl der Freund beim scharfen Winde
Auf einer Wallfahrt sich erbaut?
Wer hat ihm seinen Hut genommen?
Mag er mit Willen barfuß gehn?
Wie ist er in den Wald gekommen
Auf den beschneiten, wilden Höhn?

Gar wunderlich von warmer Stätte,
Wo er sich bessern Spaß versprach,
Und wenn er nicht den Mantel hätte,
Wie gräßlich wäre seine Schmach!
So hat ihn jener Schalk betrogen
Und ihm das Bündel abgepackt:
Der arme Freund ist ausgezogen,
Beinah wie Adam bloß und nackt.

Warum auch ging er solche Wege
Nach jenem Apfel voll Gefahr,

Der freilich schön im Mühlgehege
Wie sonst im Paradiese war!
Er wird den Scherz nicht leicht erneuen;
Er drückte schnell sich aus dem Haus,
Und bricht auf einmal nun im Freien
In bittre, laute Klagen aus:

„Ich las in ihren Feuerblicken
Doch keine Silbe von Verrat!
Sie schien mit mir sich zu entzücken
Und sann auf solche schwarze Tat!
Konnt ich in ihren Armen träumen,
Wie meuchlerisch der Busen schlug?
Sie hieß den raschen Amor säumen,
Und günstig war er uns genug.

Sich meiner Liebe zu erfreuen,
Der Nacht, die nie ein Ende nahm,
Und erst die Mutter anzuschreien
Jetzt eben, als der Morgen kam!
Da drang ein Dutzend Anverwandten
Herein, ein wahrer Menschenstrom!
Da kamen Brüder, guckten Tanten,
Da stand ein Vetter und ein Ohm!

Das war ein Toben, war ein Wüten!
Ein jeder schien ein andres Tier.
Da forderten sie Kranz und Blüten
Mit gräßlichem Geschrei von mir.
‚Was dringt ihr alle wie von Sinnen
Auf den unschuld'gen Jüngling ein!
Denn solche Schätze zu gewinnen,
Da muß man viel behender sein.

Weiß Amor seinem schönen Spiele
Doch immer zeitig nachzugehn:
Er läßt fürwahr nicht in der Mühle
Die Blumen sechzehn Jahre stehn.' —
Da raubten sie das Kleiderbündel
Und wollten auch den Mantel noch.
Wie nur so viel verflucht Gesindel
Im engen Hause sich verkroch!

Da sprang ich auf und tobt' und fluchte,
Gewiß, durch alle durchzugehn.
Ich sah noch einmal die Verruchte,
Und ach! sie war noch immer schön.
Sie alle wichen meinem Grimme,
Doch flog noch manches wilde Wort;
So macht' ich mich mit Donnerstimme
Noch endlich aus der Höhle fort.

Man soll euch Mädchen auf dem Lande
Wie Mädchen aus den Städten fliehn!
So lasset doch den Fraun von Stande
Die Lust, die Diener auszuziehn!
Doch seid ihr auch von den Geübten
Und kennt ihr keine zarte Pflicht,
So ändert immer die Geliebten,
Doch sie verraten müßt ihr nicht."

So singt er in der Winterstunde,
Wo nicht ein armes Hälmchen grünt.
Ich lache seiner tiefen Wunde,
Denn wirklich ist sie wohlverdient;
So geh' es jedem, der am Tage
Sein edles Liebchen frech belügt
Und nachts, mit allzu kühner Wage,
Zu Amors falscher Mühle kriecht.

Wohl war es bedenklich, daß sie sich auf eine solche Weise vergessen konnte, und dieser Ausfall mochte für ein Anzeichen eines Kopfes gelten, der sich nicht immer gleich war. „Aber", sagte mir Herr von Revanne, „auch wir vergaßen alle Betrachtungen, die wir hätten machen können, ich weiß nicht, wie es zuging. Uns mußte die unaussprechliche Anmut, womit sie diese Possen vorbrachte, bestochen haben. Sie spielte neckisch, aber mit Einsicht. Ihre Finger gehorchten ihr vollkommen, und ihre Stimme war wirklich bezaubernd. Da sie geendigt hatte, erschien sie so gesetzt wie vorher, und wir glaubten, sie habe nur den Augenblick der Verdauung erheitern wollen.

Bald darauf bat sie um die Erlaubnis, ihren Weg wieder anzutreten; aber auf meinen Wink sagte meine Schwester: wenn sie nicht zu eilen hätte und die Bewirtung ihr nicht mißfiele, so würde es uns ein Fest sein, sie mehrere Tage bei uns zu sehen. Ich dachte ihr eine Beschäftigung anzubieten, da sie sich's einmal gefallen ließ zu bleiben. Doch diesen ersten Tag und den folgenden führten wir sie nur umher. Sie verleugnete sich nicht einen Augenblick: sie war die Vernunft, mit aller Anmut begabt. Ihr Geist war fein und treffend, ihr Gedächtnis so wohl ausgeziert und ihr Gemüt so schön, daß sie gar oft unsere Bewunderung erregte und alle unsere Aufmerksamkeit festhielt. Dabei kannte sie die Gesetze eines guten Betragens und übte sie gegen einen jeden von uns, nicht weniger gegen einige Freunde, die uns besuchten, so vollkommen aus, daß wir nicht mehr wußten, wie wir jene Sonderbarkeiten mit einer solchen Erziehung vereinigen sollten.

Ich wagte wirklich nicht mehr, ihr Dienstvorschläge für mein Haus zu tun. Meine Schwester, der sie angenehm war, hielt es gleichfalls für Pflicht, das Zartgefühl der Unbekannten zu schonen. Zusammen besorgten sie die häuslichen Dinge, und hier ließ sich das gute Kind öfters bis zur Handarbeit herunter und wußte sich gleich darauf in alles zu schicken, was höhere Anordnung und Berechnung erheischte.

In kurzer Zeit stellte sie eine Ordnung her, die wir bis jetzt im Schlosse gar nicht vermißt hatten. Sie war eine sehr verständige Haushälterin; und da sie damit angefangen hatte, bei uns mit an Tafel zu sitzen, so zog sie sich nunmehr nicht etwa aus falscher Bescheidenheit zurück, sondern speiste mit uns ohne Bedenken fort; aber sie rührte keine Karte, kein Instrument an, als bis sie die übernommenen Geschäfte zu Ende gebracht hatte.

Nun muß ich freilich gestehen, daß mich das Schicksal dieses Mädchens innigst zu rühren anfing. Ich bedauerte die Eltern, die wahrscheinlich eine solche Tochter sehr vermißten; ich seufzte, daß so sanfte Tugenden, so viele Eigenschaften verlorengehen sollten. Schon lebte sie mehrere Monate mit uns, und ich hoffte, das Vertrauen, das wir ihr einzuflößen suchten, würde zuletzt das Geheimnis auf ihre Lippen bringen. War es ein Unglück, wir konnten helfen; war es ein Fehler, so ließ sich hoffen, unsere Vermittelung, unser Zeugnis würden ihr Vergebung eines vorübergehenden Irrtums verschaffen können; aber alle unsere Freundschaftsversicherungen, unsre Bitten selbst waren unwirksam. Bemerkte sie die Absicht, einige Aufklärung von ihr zu gewinnen, so versteckte sie sich hinter allgemeine Sittensprüche, um sich zu rechtfertigen, ohne uns zu belehren. Zum Beispiel, wenn wir von ihrem Unglücke sprachen: ‚Das Unglück', sagte sie, ‚fällt über Gute und Böse. Es ist eine wirksame Arzenei, welche die guten Säfte zugleich mit den üblen angreift.'

Suchten wir die Ursache ihrer Flucht aus dem väterlichen Hause zu entdecken: ‚Wenn das Reh flieht', sagte sie lächelnd, ‚so ist es darum nicht schuldig.' Fragten wir, ob sie Verfolgungen erlitten: ‚Das ist das Schicksal mancher Mädchen von guter Geburt, Verfolgungen zu erfahren und auszuhalten. Wer über eine Beleidigung weint, dem werden mehrere begegnen.' Aber wie hatte sie sich entschließen können, ihr Leben der Roheit der Menge auszusetzen, oder es wenigstens manchmal ihrem Erbarmen zu verdanken? Darüber lachte sie wieder und sagte: ‚Dem Armen, der den Reichen bei Tafel begrüßt, fehlt es nicht an Verstand.' Einmal, als die Unterhaltung sich zum Scherze neigte, sprachen wir ihr von Liebhabern und fragten sie: ob sie den frostigen Helden ihrer Romanze nicht kenne? Ich weiß noch recht gut, dieses Wort schien sie zu durchbohren. Sie öffnete gegen mich ein Paar Augen, so ernst und streng, daß die meinigen einen solchen Blick nicht aushalten konnten; und sooft man auch nachher von Liebe sprach, so konnte man erwarten, die Anmut ihres Wesens und die Lebhaftigkeit ihres Geistes getrübt zu sehen. Gleich fiel sie in ein Nachdenken, das wir für Grübeln hielten und das doch wohl nur Schmerz war. Doch blieb sie im ganzen munter, nur ohne große Lebhaftigkeit, edel, ohne sich ein Ansehn zu geben, gerade ohne Offenherzigkeit, zurückgezogen ohne Ängstlichkeit, eher duldsam als sanftmütig, und mehr erkenntlich als herzlich bei Liebkosungen und Höflichkeiten. Gewiß war es ein Frauenzimmer, gebildet, einem großen Hause vorzustehn; und doch schien sie nicht älter als einundzwanzig Jahre.

So zeigte sich diese junge, unerklärliche Person, die mich ganz eingenommen hatte, binnen zwei Jahren, die es ihr gefiel bei uns zu verweilen, bis sie mit einer Torheit schloß, die viel seltsamer ist, als ihre Eigenschaften ehrwürdig und glänzend waren. Mein Sohn, jünger als ich, wird sich trösten können; was mich betrifft, so fürchte ich, schwach genug zu sein, sie immer zu vermissen."

Nun will ich die Torheit eines verständigen Frauenzimmers erzählen, um zu zeigen, daß Torheit oft nichts weiter sei als Vernunft unter einem andern Äußern. Es ist wahr, man wird einen seltsamen Widerspruch finden zwischen dem edlen Charakter der Pilgerin und der komischen List, deren sie sich bediente; aber man kennt ja schon zwei ihrer Ungleichheiten, die Pilgerschaft selbst und das Lied.

Es ist wohl deutlich, daß Herr von Revanne in die Unbekannte verliebt war. Nun mochte er sich freilich auf sein funfzigjähriges Gesicht nicht verlassen, ob er so schon frisch und wacker aussah als ein Dreißiger; vielleicht aber hoffte er, durch seine reine, kindliche Gesundheit zu gefallen, durch die Güte, Heiterkeit, Sanftheit, Großmut seines Charakters; vielleicht auch durch sein Vermögen, ob er gleich zart genug gesinnt war, um zu fühlen, daß man das nicht erkauft, was keinen Preis hat.

Aber der Sohn von der andern Seite, liebenswürdig, zärtlich, feurig, ohne sich mehr als sein Vater zu bedenken, stürzte sich über Hals und Kopf in das Abenteuer. Erst suchte er vorsichtig die Unbekannte zu gewinnen, die ihm durch seines Vaters und seiner Tante Lob und Freundschaft erst recht wert geworden. Er bemühte sich aufrichtig um ein liebenswürdiges Weib, die seiner Leidenschaft weit über den gegenwärtigen Zustand erhöht schien. Ihre Strenge mehr als ihr Verdienst und ihre Schönheit entflammte ihn; er wagte zu reden, zu unternehmen, zu versprechen.

Der Vater, ohne es selbst zu wollen, gab seiner Bewerbung immer ein etwas väterliches Ansehn. Er kannte sich, und als er seinen Rival erkannt hatte, hoffte er nicht, über ihn zu siegen, wenn er nicht zu Mitteln greifen wollte, die einem Manne von Grundsätzen nicht geziemen. Dessenungeachtet verfolgte er seinen Weg, ob ihm gleich nicht unbekannt war, daß Güte, ja Vermögen selbst, nur Reizungen sind, denen sich ein Frauenzimmer mit Vorbedacht hingibt, die jedoch unwirksam bleiben, sobald Liebe sich mit den Reizen und in Begleitung der Jugend zeigt. Auch machte Herr von Revanne noch andere Fehler, die er später bereute. Bei einer hochachtungsvollen Freundschaft sprach er von einer dauerhaften, geheimen, gesetzmäßigen Verbindung. Er beklagte sich auch wohl und sprach das Wort Undankbarkeit aus. Gewiß kannte er die nicht, die er liebte, als er eines Tages zu ihr sagte, daß viele Wohltäter Übles für Gutes zurückerhielten. Ihm antwortete die Unbekannte mit Geradheit: „Viele Wohltäter möchten ihren Begünstigten sämtliche Rechte gern abhandeln für eine Linse."

Die schöne Fremde, in die Bewerbung zweier Gegner verwickelt, durch unbekannte Beweggründe geleitet, scheint keine andere Absicht gehabt zu haben, als sich und andern alberne Streiche zu ersparen, indem sie in diesen bedenklichen Umständen einen wunderlichen Ausweg ergriff. Der Sohn drängte mit der Kühnheit seines Alters und drohte, wie gebräuchlich, sein Leben der Unerbittlichen aufzuopfern. Der Vater, etwas weniger unvernünftig, war doch ebenso dringend; aufrichtig beide. Dieses liebenswürdige Wesen hätte sich hier wohl eines verdienten Zustandes versichern können: denn beide Herren von Revanne beteuren, ihre Absicht sei gewesen, sie zu heiraten.

Aber an dem Beispiele dieses Mädchens mögen die Frauen lernen, daß ein redliches Gemüt, hätte sich auch der Geist durch Eitelkeit oder wirklichen Wahnsinn verirrt, die Herzenswunden nicht unterhält, die es nicht heilen will. Die Pilgerin fühlte, daß sie auf einem äußersten Punkte stehe, wo es ihr wohl nicht leicht sein würde, sich lange zu verteidigen. Sie war in der Gewalt zweier Liebenden, welche jede Zudringlichkeit durch die Reinheit ihrer Absichten entschuldigen konnten, indem sie im Sinne hatten, ihre Verwegenheit durch ein feierliches Bündnis zu rechtfertigen. So war es, und so begriff sie es.

Sie konnte sich hinter Fräulein von Revanne verschanzen; sie unterließ es, ohne Zweifel aus Schonung, aus Achtung für ihre Wohltäter. Sie kommt nicht aus der Fassung, sie erdenkt ein Mittel, jedermann seine Tugend zu erhalten, indem sie die ihrige bezweifeln läßt. Sie ist wahnsinnig vor Treue, die ihr Liebhaber gewiß nicht verdient, wenn er nicht alle die Aufopferungen fühlt, und sollten sie ihm auch unbekannt bleiben.

Eines Tages, als Herr von Revanne die Freundschaft, die Dankbarkeit, die sie ihm bezeigte, etwas zu lebhaft erwiderte, nahm sie auf einmal ein naives Wesen an, das ihm auffiel. „Ihre Güte, mein Herr", sagte sie, „ängstigt mich; und lassen Sie mich aufrichtig entdecken, warum. Ich fühle wohl, nur Ihnen bin ich meine ganze Dankbarkeit schuldig; aber freilich —" — „Grausames Mädchen!" sagte Herr von Revanne, „ich verstehe Sie. Mein Sohn hat Ihr Herz gerührt." — „Ach! mein Herr, dabei ist es nicht geblieben. Ich kann nur durch meine Verwirrung ausdrücken —" — „Wie? Mademoiselle, Sie wären —" — „Ich denke wohl ja", sagte sie, indem sie sich tief verneigte und eine Träne vorbrachte: denn niemals fehlt es Frauen an einer Träne bei ihren Schalkheiten, niemals an einer Entschuldigung ihres Unrechts.

So verliebt Herr von Revanne war, so mußte er doch diese neue Art von unschuldiger Aufrichtigkeit unter dem Mutterhäubchen bewundern, und er fand die Verneigung sehr am Platze. — „Aber, Mademoiselle, das ist mir ganz unbegreiflich —" — „Mir auch", sagte sie, und ihre Tränen flossen reichlicher. Sie flossen so lange, bis Herr von Revanne, am Schluß eines sehr verdrießlichen Nachdenkens, mit ruhiger Miene das Wort wieder aufnahm und sagte: „Dies klärt mich auf! Ich sehe, wie lächerlich meine Forderungen sind. Ich mache Ihnen keine Vorwürfe, und als einzige Strafe für den Schmerz, den Sie mir verursachen, verspreche ich Ihnen von seinem Erbteile so viel, als nötig ist, um zu erfahren, ob er Sie so sehr liebt als ich." — „Ach! mein Herr, erbarmen Sie sich meiner Unschuld und sagen ihm nichts davon."

Verschwiegenheit fordern ist nicht das Mittel, sie zu erlangen. Nach diesen Schritten erwartete nun die unbekannte Schöne, ihren Liebhaber voll Verdruß und höchst aufgebracht vor sich zu sehen. Bald erschien er mit einem Blicke, der niederschmetternde Worte verkündigte. Doch er stockte und konnte nichts weiter hervorbringen als: „Wie? Mademoiselle, ist es möglich?" — „Nun was denn, mein Herr?" sagte sie mit einem Lächeln, das bei einer solchen Gelegenheit zum Verzweifeln bringen kann. — „Wie? was denn? Gehen Sie, Mademoiselle, Sie sind mir ein schönes Wesen! Aber wenigstens sollte man rechtmäßige Kinder nicht enterben; es ist schon genug, sie anzuklagen. Ja, Mademoiselle, ich durchdringe Ihr Komplott mit meinem Vater. Sie geben mir beide einen Sohn, und es ist mein Bruder, das bin ich gewiß!"

Mit ebenderselben ruhigen und heitern Stirne antwortete ihm die schöne Unkluge: „Von nichts sind Sie gewiß; es ist weder Ihr Sohn noch Ihr Bruder. Die Knaben sind bösartig; ich habe keinen gewollt; es ist ein armes Mädchen, das ich weiterführen will, weiter, ganz weit von den Menschen, den Bösen, den Toren und den Ungetreuen."

Darauf ihrem Herzen Luft machend: „Leben Sie wohl!" fuhr sie fort, „leben Sie wohl, lieber Revanne! Sie haben von Natur ein redliches Herz; erhalten Sie die Grundsätze der Aufrichtigkeit. Diese sind nicht gefährlich bei einem gegründeten Reichtum. Sein Sie gut gegen Arme. Wer die Bitte bekümmerter Unschuld verachtet, wird einst selbst bitten und nicht erhört werden. Wer sich kein Bedenken macht, das Bedenken eines schutzlosen Mädchens zu verachten, wird das Opfer werden von Frauen ohne Bedenken. Wer nicht fühlt, was ein ehrbares Mädchen empfinden muß, wenn man um sie wirbt, der verdient sie nicht zu erhalten. Wer gegen alle Vernunft, gegen die Absichten, gegen den Plan seiner Familie, zugunsten seiner Leidenschaften Entwürfe schmiedet, verdient die Früchte seiner Leidenschaft zu entbehren und der Achtung seiner Familie zu ermangeln. Ich glaube wohl, Sie haben mich aufrichtig geliebt; aber, mein lieber Revanne, die Katze weiß wohl, wem sie den Bart leckt; und werden Sie jemals der Geliebte eines würdigen Weibes, so erinnern Sie sich der Mühle des Ungetreuen. Lernen Sie an meinem Beispiel sich auf die Standhaftigkeit und Verschwiegenheit Ihrer Geliebten verlassen. Sie wissen, ob ich untreu bin, Ihr Vater weiß es auch. Ich gedachte durch die

Welt zu rennen und mich allen Gefahren auszusetzen. Gewiß diejenigen sind die größten, die mich in diesem Hause bedrohen. Aber weil Sie jung sind, sage ich es Ihnen allein und im Vertrauen: Männer und Frauen sind nur mit Willen ungetreu; und das wollt' ich dem Freunde von der Mühle beweisen, der mich vielleicht wieder sieht, wenn sein Herz rein genug sein wird, zu vermissen, was er verloren hat."

Der junge Revanne hörte noch zu, da sie schon ausgesprochen hatte. Er stand wie vom Blitz getroffen; Tränen öffneten zuletzt seine Augen, und in dieser Rührung lief er zur Tante, zum Vater, ihnen zu sagen: Mademoiselle gehe weg, Mademoiselle sei ein Engel, oder vielmehr ein Dämon, herumirrend in der Welt, um alle Herzen zu peinigen. Aber die Pilgerin hatte so gut sich vorgesehen, daß man sie nicht wiederfand. Und als Vater und Sohn sich erklärt hatten, zweifelte man nicht mehr an ihrer Unschuld, ihren Talenten, ihrem Wahnsinn. So viel Mühe sich auch Herr von Revanne seit der Zeit gegeben, war es ihm doch nicht gelungen, sich die mindeste Aufklärung über diese schöne Person zu verschaffen, die so flüchtig wie die Engel und so liebenswürdig erschienen war.

SECHSTES KAPITEL

Nach einer langen und gründlichen Ruhe, deren die Wanderer wohl bedürfen mochten, sprang Felix lebhaft aus dem Bette und eilte, sich anzuziehn; der Vater glaubte zu bemerken, mit mehr Sorgfalt als bisher. Nichts saß ihm knapp noch nett genug, auch hätte er alles neuer und frischer gewünscht. Er sprang nach dem Garten und haschte unterwegs nur etwas von der Vorkost, die der Diener für die Gäste brachte, weil erst nach einer Stunde die Frauenzimmer im Garten erscheinen würden.

Der Diener war gewohnt, die Fremden zu unterhalten und manches im Hause vorzuzeigen; so auch führte er unsern Freund in eine Galerie, worin bloß Porträte aufgehangen und gestellt waren, alles Personen, die im achtzehnten Jahrhundert gewirkt hatten, eine große und herrliche Gesellschaft; Gemälde sowie Büsten, wo möglich, von vortrefflichen Meistern. „Sie finden", sagte der Kustode, „in dem ganzen Schloß kein Bild, das, auch nur von ferne, auf Religion, Überlieferung, Mythologie, Legende oder Fabel hindeutete; unser Herr will, daß die Einbildungskraft nur gefördert werde, um sich das Wahre zu vergegenwärtigen. ‚Wir fabeln so genug', pflegt er zu sagen, ‚als daß wir diese gefährliche Eigenschaft unsers Geistes durch äußere reizende Mittel noch steigern sollten.'"

Die Frage Wilhelms: wenn man ihm aufwarten könne? ward durch die Nachricht beantwortet: der Herr sei, nach seiner Gewohnheit, ganz früh weggeritten. Er pflege zu sagen: „Aufmerksamkeit ist das Leben!" — „Sie werden diesen und andere Sprüche, in denen er sich bespiegelt, in den Feldern über den Türen eingeschrieben sehen, wie wir hier z. B. gleich antreffen: ‚Vom Nützlichen durchs Wahre zum Schönen.'"

Die Frauenzimmer hatten schon unter den Linden das Frühstück bereitet, Felix eulenspiegelte um sie her und trachtete, in allerlei Torheiten und Verwegenheiten sich hervorzutun, die Aufmerksamkeit auf sich zu leiten, eine Abmahnung, einen Verweis von Hersilien zu erhaschen. Nun suchten die Schwestern durch Aufrichtigkeit und Mitteilung das Vertrauen des schweigsamen Gastes, der ihnen gefiel, zu gewinnen; sie erzählten von einem werten Vetter, der, drei Jahre abwesend, zunächst erwartet werde, von einer würdigen Tante, die, unfern in ihrem Schlosse wohnend, als ein Schutzgeist der Familie zu betrachten sei. In krankem Verfall des Körpers, in blühender Gesundheit des Geistes ward sie geschildert, als wenn die Stimme einer unsichtbar gewordenen Ursibylle rein göttliche Worte über die menschlichen Dinge ganz einfach ausspräche.

Der neue Gast lenkte nun Gespräch und Frage auf die Gegenwart. Er wünschte den edlen Oheim in rein entschiedener Tätigkeit gerne näher zu kennen; er gedachte des angedeuteten Wegs vom Nützlichen durchs Wahre zum Schönen und suchte die Worte auf seine Weise auszulegen, das ihm denn ganz gut gelang und Juliettens Beifall zu erwerben das Glück hatte.

Hersilie, die bisher lächelnd schweigsam geblieben, versetzte dagegen: „Wir Frauen sind in einem besondern Zustande. Die Maximen der Männer hören wir immerfort wiederholen, ja wir müssen sie in goldnen Buchstaben über unsern Häupten sehen, und doch wüßten wir Mädchen im stillen das Umgekehrte zu sagen, das auch gölte, wie es gerade hier der Fall ist. Die Schöne findet Verehrer, auch Freier, und endlich wohl gar einen Mann; dann gelangt sie zum Wahren, das nicht immer höchst erfreulich sein mag, und wenn sie klug ist, widmet sie sich dem Nützlichen, sorgt für Haus und Kinder und verharrt dabei. So habe ich's wenigstens oft gefunden. Wir Mädchen haben Zeit zu beobachten, und da finden wir meist, was wir nicht suchten."

Ein Bote vom Oheim traf ein mit der Nachricht, daß sämtliche Gesellschaft auf ein nahes Jagdhaus zu Tische geladen sei, man könne hin reiten und fahren. Hersilie erwählte zu reiten. Felix bat inständig, man möge ihm auch ein Pferd geben. Man kam überein, Juliette sollte mit Wilhelm fahren und Felix als Page seinen ersten Ausritt der Dame seines jungen Herzens zu verdanken haben.

Indessen fuhr Juliette mit dem neuen Freunde durch eine Reihe von Anlagen, welche sämtlich auf Nutzen und Genuß hindeuteten, ja die unzähligen Fruchtbäume machten zweifelhaft, ob das Obst alles verzehrt werden könne.

„Sie sind durch ein so wunderliches Vorzimmer in unsere Gesellschaft getreten und fanden manches wirklich Seltsame und Sonderbare, so daß ich vermuten darf, Sie wünschen einen Zusammenhang von allem diesem zu wissen. Alles beruht auf Geist und Sinn meines trefflichen Oheims. Die kräftigen Mannsjahre dieses Edlen fielen in die Zeit der Beccaria und Filangieri; die Maximen einer allgemeinen Menschlichkeit wirkten damals nach allen Seiten. Dies Allgemeine jedoch bildete sich der strebende Geist, der strenge Charakter nach Gesinnungen aus, die sich ganz aufs Praktische bezogen. Er verhehlte uns nicht, wie er jenen liberalen Wahlspruch: ‚Den Meisten das Beste!' nach seiner Art verwandelt und ‚Vielen das Erwünschte' zugedacht. Die Meisten lassen sich nicht finden noch kennen, was das Beste sei, noch weniger ausmitteln. Viele jedoch sind immer um uns her; was sie wünschen, erfahren wir, was sie wünschen sollten, überlegen wir, und so läßt sich denn immer Bedeutendes tun und schaffen. In diesem Sinne", fuhr sie fort, „ist alles, was Sie hier sehen, gepflanzt, gebaut, eingerichtet, und zwar um eines ganz nahen, leicht faßlichen Zweckes willen; alles dies geschah dem großen, nahen Gebirg zuliebe. Der treffliche Mann, Kraft und Vermögen zusammenhaltend, sagte zu sich selbst: ‚Keinem Kinde da droben soll es an einer Kirsche, an einem Apfel fehlen, wornach sie mit Recht so lüstern sind; der Hausfrau soll es nicht an Kohl noch an Rüben oder sonst einem Gemüse im Topf ermangeln, damit dem unseligen Kartoffelgenuß nur einigermaßen das Gleichgewicht gehalten werde.' In diesem Sinne, auf diese Weise sucht er zu leisten, wozu ihm sein Besitztum Gelegenheit gibt, und so haben sich seit manchen Jahren Träger und Trägerinnen gebildet, welche das Obst in die tiefsten Schluchten des Felsgebirges verkäuflich hintragen."

„Ich habe selbst davon genossen wie ein Kind", versetzte Wilhelm; „da, wo ich dergleichen nicht anzutreffen hoffte, zwischen Tannen und Felsen, überraschte mich weniger ein reiner Frommsinn als ein erquicklich frisches Obst. Die Gaben des Geistes sind überall zu Hause, die Geschenke der Natur über den Erdboden sparsam ausgeteilt."

„Ferner hat unser würdiger Landherr von entfernten Orten manches Notwendige dem Gebirge näher gebracht; in diesen Gebäuden am Fuße hin finden Sie Salz aufgespeichert und Gewürze vorrätig. Für Tabak und Branntwein läßt er andere sorgen; dies seien keine Bedürfnisse, sagt er, sondern Gelüste, und da würden sich schon Unterhändler genug finden."

Angelangt am bestimmten Orte, einem geräumigen Försterhause im Walde, fand sich die Gesellschaft zusammen und bereits eine kleine Tafel gedeckt. „Setzen wir uns", sagte Hersilie; „hier steht zwar der Stuhl des Oheims, aber gewiß wird er nicht kommen, wie gewöhnlich. Es ist mir gewissermaßen lieb, daß unser neuer Gast, wie ich höre, nicht lange bei uns verweilen wird: denn es müßte ihm verdrießlich sein, unser Personal kennen zu lernen, es ist das ewig in Romanen und Schauspielen wiederholte: ein wunderlicher

Oheim, eine sanfte und eine muntere Nichte, eine kluge Tante, Hausgenossen nach bekannter Art; und käme nun gar der Vetter wieder, so lernte er einen phantastischen Reisenden kennen, der vielleicht einen noch sonderbarern Gesellen mitbrächte, und so wäre das leidige Stück erfunden und in Wirklichkeit gesetzt."

„Die Eigenheiten des Oheims haben wir zu ehren", versetzte Juliette; „sie sind niemanden zur Last, gereichen vielmehr jedermann zur Bequemlichkeit. Eine bestimmte Tafelstunde ist ihm nun einmal verdrießlich, selten, daß er sie einhält, wie er denn versichert: eine der schönsten Erfindungen neuerer Zeit sei das Speisen nach der Karte."

Unter manchen andern Gesprächen kamen sie auf die Neigung des werten Mannes, überall Inschriften zu belieben. „Meine Schwester", sagte Hersilie, „weiß sie sämtlich auszulegen, mit dem Kustode versteht sie's um die Wette; ich aber finde, daß man sie alle umkehren kann und daß sie alsdann ebenso wahr sind, und vielleicht noch mehr." — „Ich leugne nicht", versetzte Wilhelm, „es sind Sprüche darunter, die sich in sich selbst zu vernichten scheinen; so sah ich z. B. sehr auffallend angeschrieben: ‚Besitz und Gemeingut'; heben sich diese beiden Begriffe nicht auf?"

Hersilie fiel ein: „Dergleichen Inschriften, scheint es, hat der Oheim von den Orientalen genommen, die an allen Wänden die Sprüche des Korans mehr verehren als verstehen." Juliette, ohne sich irren zu lassen, erwiderte auf obige Frage: „Umschreiben Sie die wenigen Worte, so wird der Sinn alsobald hervorleuchten."

Nach einigen Zwischenreden fuhr Juliette fort, weiter aufzuklären, wie es gemeint sei: „Jeder suche den Besitz, der ihm von der Natur, von dem Schicksal gegönnt ward, zu würdigen, zu erhalten, zu steigern, er greife mit allen seinen Fertigkeiten so weit umher, als er zu reichen fähig ist; immer aber denke er dabei, wie er andere daran will teilnehmen lassen: denn nur insofern werden die Vermögenden geschätzt, als andere durch sie genießen."

Indem man sich nun nach Beispielen umsah, fand sich der Freund erst in seinem Fache; man wetteiferte, man überbot sich, um jene lakonischen Worte recht wahr zu finden. Warum, hieß es, verehrt man den Fürsten, als weil er einen jeden in Tätigkeit setzen, fördern, begünstigen und seiner absoluten Gewalt gleichsam teilhaft machen kann? Warum schaut alles nach dem Reichen, als weil er, der Bedürftigste, überall Teilnehmer an seinem Überflusse wünscht? Warum beneiden alle Menschen den Dichter? weil seine Natur die Mitteilung nötig macht, ja die Mitteilung selbst ist. Der Musiker ist glücklicher als der Maler, er spendet willkommene Gaben aus, persönlich unmittelbar, anstatt daß der letzte nur gibt, wenn die Gabe sich von ihm absonderte.

Nun hieß es ferner im allgemeinen: Jede Art von Besitz soll der Mensch festhalten, er soll sich zum Mittelpunkt machen, von dem das Gemeingut ausgehen kann; er muß Egoist sein, um nicht Egoist zu werden, zusammenhalten, damit er spenden könne. Was soll es heißen, Besitz und Gut an die Armen zu geben? Löblicher ist, sich für sie als Verwalter betragen. Dies ist der Sinn der Worte „Besitz und Gemeingut"; das Kapital soll niemand angreifen, die Interessen werden ohnehin im Weltlaufe schon jedermann angehören.

Man hatte, wie sich im Gefolg des Gesprächs ergab, dem Oheim vorgeworfen, daß ihm seine Güter nicht eintrügen, was sie sollten. Er versetzte dagegen: „Das Mindere der Einnahme betracht' ich als Ausgabe, die mir Vergnügen macht, indem ich andern dadurch das Leben erleichtere; ich habe nicht einmal die Mühe, daß diese Spende durch mich durchgeht, und so setzt sich alles wieder ins gleiche."

Dergestalt unterhielten sich die Frauenzimmer mit dem neuen Freunde gar vielseitig, und bei immer wachsendem gegenseitigem Vertrauen sprachen sie über den zunächst erwarteten Vetter.

„Wir halten sein wunderliches Betragen für abgeredet mit dem Oheim. Er läßt seit einigen Jahren nichts von sich hören, sendet anmutige, seinen Aufenthalt verblümt andeutende Geschenke, schreibt nun auf einmal ganz aus der Nähe, will aber nicht eher zu uns kommen, bis wir ihm von unsern Zuständen Nachricht geben. Dies Betragen ist nicht natürlich; was auch dahinterstecke, wir müssen es vor seiner Rückkehr erfahren. Heute abend geben wir Ihnen einen Heft

Briefe, woraus das Weitere zu ersehen ist." Hersilie setzte hinzu: „Gestern machte ich Sie mit einer törigen Landläuferin bekannt, heute sollen Sie von einem verrückten Reisenden vernehmen." — „Gestehe es nur", fügte Juliette hinzu, „diese Mitteilung ist nicht ohne Absicht."

Hersilie fragte soeben etwas ungeduldig, wo der Nachtisch bleibe, als die Meldung geschah, der Oheim erwarte die Gesellschaft, mit ihm die Nachkost in der großen Laube zu genießen. Auf dem Hinwege bemerkte man eine Feldküche, die sehr emsig ihre blank gereinigten Kasserollen, Schüsseln und Teller klappernd einzupacken beschäftigt war. In einer geräumigen Laube fand man den alten Herrn an einem runden, großen, frischgedeckten Tisch, auf welchem soeben die schönsten Früchte, willkommenes Backwerk und die besten Süßigkeiten, indem sich jene niedersetzten, reichlich aufgetragen wurden. Auf die Frage des Oheims, was bisher begegnet, womit man sich unterhalten, fiel Hersilie vorschnell ein: „Unser guter Gast hätte wohl über Ihre lakonischen Inschriften verwirrt werden können, wäre ihm Juliette nicht durch einen fortlaufenden Kommentar zu Hülfe gekommen." — „Du hast es immer mit Julietten zu tun", versetzte der Oheim, „sie ist ein wackres Mädchen, das noch etwas lernen und begreifen mag." — „Ich möchte vieles gern vergessen, was ich weiß, und was ich begriffen habe, ist auch nicht viel wert", versetzte Hersilie in Heiterkeit.

Hierauf nahm Wilhelm das Wort und sagte bedächtig: „Kurzgefaßte Sprüche jeder Art weiß ich zu ehren, besonders wenn sie mich anregen, das Entgegengesetzte zu überschauen und in Übereinstimmung zu bringen." — „Ganz richtig", erwiderte der Oheim, „hat doch der vernünftige Mann in seinem ganzen Leben noch keine andere Beschäftigung gehabt."

Indessen besetzte sich die Tafelrunde nach und nach, so daß Spätere kaum Platz fanden. Die beiden Amtleute waren gekommen, Jäger, Pferdebändiger, Gärtner, Förster und andere, denen man nicht gleich ihren Beruf ansehen konnte. Jeder hatte etwas von dem letzten Augenblick zu erzählen und mitzuteilen, das sich der alte Herr gefallen ließ, auch wohl durch teilnehmende Fragen hervorrief, zuletzt aber aufstand und, die Gesellschaft, die sich nicht rühren sollte, begrüßend, mit den beiden Amtleuten sich entfernte. Das Obst hatten sich alle, das Zuckerwerk die jungen Leute, wenn sie auch ein wenig wild aussahen, gar wohl schmecken lassen. Einer nach dem andern stand auf, begrüßte die Bleibenden und ging davon.

Die Frauenzimmer, welche bemerkten, daß der Gast auf das, was vorging, mit einiger Verwunderung achtgab, erklärten sich folgendermaßen: „Sie sehen hier abermals die Wirkung der Eigenheiten unsers trefflichen Oheims; er behauptet: keine Erfindung des Jahrhunderts verdiene mehr Bewunderung, als daß man in Gasthäusern, an besonderen kleinen Tischchen, nach der Karte speisen könne; sobald er dies gewahr worden, habe er für sich und andere dies auch in seiner Familie einzuführen gesucht. Wenn er vom besten Humor ist, mag er gern die Schrecknisse eines Familientisches lebhaft schildern, wo jedes Glied mit fremden Gedanken beschäftigt sich niedersetzt, ungern hört, in Zerstreuung spricht, muffig schweigt und, wenn gar das Unglück kleine Kinder heranführt, mit augenblicklicher Pädagogik die unzeitigste Mißstimmung hervorbringt. ‚So manches Übel', sagt er, ‚muß man tragen, von diesem habe ich mich zu befreien gewußt.' Selten erscheint er an unserm Tische und besetzt den Stuhl nur augenblicklich, der für ihn leer steht. Seine Feldküche führt er mit sich umher, speist gewöhnlich allein, andere mögen für sich sorgen. Wenn er aber einmal Frühstück, Nachtisch oder sonst Erfrischung anbietet, dann versammeln sich alle zerstreuten Angehörigen, genießen das Bescherte, wie Sie gesehen haben. Das macht ihm Vergnügen; aber niemand darf kommen, der nicht Appetit mitbringt, jeder muß aufstehen, der sich gelabt hat, und nur so ist er gewiß, immer von Genießenden umgeben zu sein. ‚Will man die Menschen ergötzen', hörte ich ihn sagen, ‚so muß man ihnen das zu verleihen suchen, was sie selten oder nie zu erlangen im Falle sind.'"

Auf dem Rückwege brachte ein unerwarteter Schlag die Gesellschaft in einige Gemütsbewegung. Hersilie sagte zu dem neben ihr reitenden Felix: „Sieh dort, was mögen das für Blumen sein? sie decken die ganze Sommerseite des Hügels, ich hab' sie noch nie gesehen." Sogleich regte Felix sein Pferd an, sprengte auf die Stelle los und war im Zurückkommen mit einem ganzen Büschel blühender Kronen, die er von weitem schüttelte, als er auf einmal mit dem Pferde verschwand. Er war in einen Graben gestürzt. Sogleich lösten sich zwei Reiter von der Gesellschaft ab, nach dem Punkte hinsprengend.

Wilhelm wollte aus dem Wagen, Juliette verbat es: „Hülfe ist schon bei ihm, und unser Gesetz ist in solchen Fällen, daß nur der Helfende sich von der Stelle regen darf; der Chirurg ist schon dorten." Hersilie hielt ihr Pferd an: „Jawohl", sagte sie, „Leibärzte braucht man nur selten, Wundärzte jeden Augenblick." Schon sprengte Felix mit verbundenem Kopfe wieder heran, die blühende Beute festhaltend und hoch emporzeigend. Mit Selbstgefälligkeit reichte er den Strauß seiner Herrin zu, dagegen gab ihm Hersilie ein buntes, leichtes Halstuch. „Die weiße Binde kleidet dich nicht", sagte sie, „diese wird schon lustiger aussehen." Und so kamen sie zwar beruhigt, aber teilnehmender gestimmt nach Hause.

Es war spät geworden, man trennte sich in freundlicher Hoffnung morgenden Wiedersehens; der hier folgende Briefwechsel aber erhielt unsern Freund noch einige Stunden nachdenklich und wach.

Lenardo an die Tante

Endlich erhalten Sie nach drei Jahren den ersten Brief von mir, liebe Tante, unserer Abrede gemäß, die freilich wunderlich genug war. Ich wollte die Welt sehen und mich ihr hingeben und wollte für diese Zeit meine Heimat vergessen, von der ich kam, zu der ich wieder zurückzukehren hoffte. Den ganzen Eindruck wollte ich behalten, und das einzelne sollte mich in die Ferne nicht irremachen. Indessen sind die nötigen Lebenszeichen von Zeit zu Zeit hin und her gegangen. Ich habe Geld erhalten, und kleine Gaben für meine Nächsten sind Ihnen indessen zur Austeilung überliefert worden.

An den überschickten Waren konnten Sie sehen, wo und wie ich mich befand. An den Weinen hat der Onkel meinen jedesmaligen Aufenthalt gewiß herausgekostet; dann die Spitzen, die Quodlibets, die Stahlwaren haben meinen Weg, durch Brabant über Paris nach London, für die Frauenzimmer bezeichnet; und so werde ich auf Ihren Schreib-, Näh- und Teetischen, an Ihren Negligés und Festkleidern gar manches Merkzeichen finden, woran ich meine Reiseerzählung knüpfen kann. Sie haben mich begleitet, ohne von mir zu hören, und sind vielleicht nicht einmal neugierig, etwas weiter zu erfahren. Mir hingegen ist höchst nötig, durch Ihre Güte zu vernehmen, wie es in dem Kreise steht, in den ich wieder einzutreten im Begriff bin. Ich möchte wirklich aus der Fremde wie ein Fremder hineinkommen, der, um angenehm zu sein, sich erst erkundigt, was man in dem Hause will und mag, und sich nicht einbildet, daß man ihn wegen seiner schönen Augen oder Haare gerade nach seiner eigenen Weise empfangen müsse. Schreiben Sie mir daher vom guten Onkel, von den lieben Nichten, von sich selbst, von unsern Verwandten, nähern und fernern, auch von alten und neuen Bedienten. Genug, lassen Sie Ihre geübte Feder, die Sie für Ihren Neffen so lange nicht eingetaucht, auch einmal zu seinen Gunsten auf dem Papiere hinwalten. Ihr unterrichtendes Schreiben soll zugleich mein Kreditiv sein, mit dem ich mich einstelle, sobald ich es erhalten habe. Es hängt also von Ihnen ab, mich in Ihren Armen zu sehen. Man verändert sich viel weniger, als man glaubt, und die Zustände bleiben sich auch meistens sehr ähnlich. Nicht was sich verändert hat, sondern was geblieben ist, was allmählich zu- und abnahm, will ich auf einmal wieder erkennen und mich selbst in einem bekannten Spiegel wieder erblicken. Grüßen Sie herzlich alle die Unsrigen und glauben Sie, daß in der wunderlichen Art meines Außenbleibens und Zurückkommens so viel Wärme enthalten sei als manchmal nicht in stetiger Teilnahme und lebhafter Mitteilung. Tausend Grüße jedem und allen!

Nachschrift

Versäumen Sie nicht, beste Tante, mir auch von unsern Geschäftsmännern ein Wort zu sagen, wie es mit unsern Gerichtshaltern und Pachtern steht. Was ist mit Valerinen geworden, der Tochter des Pachters, den unser Onkel kurz vor meiner Abreise, zwar mit Recht, aber doch, dünkt mich, mit ziemlicher Härte austrieb? Sie sehen, ich erinnere mich noch manches Umstandes; ich weiß wohl noch alles. Über das Vergangene sollen Sie mich examinieren, wenn Sie mir das Gegenwärtige mitgeteilt haben.

Die Tante an Julietten

Endlich, liebe Kinder, ein Brief von dem dreijährigen Schweiger. Was doch die wunderlichen Menschen wunderlich sind! Er glaubt, seine Waren und Zeichen seien so gut als ein einziges gutes Wort, das der Freund dem Freunde sagen oder schreiben kann. Er bildet sich wirklich ein, im Vorschuß zu stehen, und will nun von unserer Seite das zuerst geleistet haben, was er uns von der seinigen so hart und unfreundlich versagte. Was sollen wir tun? Ich für meinen Teil würde gleich in einem langen Brief seinen Wünschen entgegenkommen, wenn sich mein Kopfweh nicht anmeldete, das mich gegenwärtiges Blatt kaum zu Ende schreiben läßt. Wir verlangen ihn alle zu sehen. Übernehmt, meine Lieben, doch das Geschäft. Bin ich hergestellt, eh Ihr geendet habt, so will ich das meinige beitragen. Wählt Euch die Personen und die Verhältnisse, wie Ihr sie am liebsten beschreibt. Teilt Euch darein. Ihr werdet alles besser machen als ich selbst. Der Bote bringt mir doch von Euch ein Wort zurück?

Juliette an die Tante

Wir haben gleich gelesen, überlegt und sagen mit dem Boten unsere Meinung, jede besonders, wenn wir erst zusammen versichert haben, daß wir nicht so gutmütig sind wie unsere liebe Tante gegen den immer verzogenen Neffen. Nachdem er seine Karten drei Jahre vor uns verborgen gehalten hat und noch verborgen hält, sollen wir die unsrigen auflegen und ein offenes Spiel gegen ein verdecktes spielen. Das ist keinesweges billig, und doch mag es hingehen; denn der Feinste betriegt sich oft, gerade weil er zu viel sichert. Nur über die Art und Weise sind wir nicht einig, was und wie man's ihm senden soll. Zu schreiben, wie man über die Seinigen denkt, das ist für uns wenigstens eine wunderliche Aufgabe. Gewöhnlich denkt man über sie nur in diesem und jenem Falle, wenn sie einem besonderes Vergnügen oder Verdruß machen. Übrigens läßt jeder den andern gewähren. Sie könnten es allein, liebe Tante; denn Sie haben die Einsicht und die Billigkeit zugleich. Hersilie, die, wie Sie wissen, leicht zu entzünden ist, hat mir in der Geschwindigkeit die ganze Familie aus dem Stegreif ins Lustige rezensiert; ich wollte, daß es auf dem Papier stünde, um Ihnen selbst bei Ihren Übeln ein Lächeln abzugewinnen; aber nicht, daß man es ihm schickte. Mein Vorschlag ist jedoch, ihm unsere Korrespondenz dieser drei Jahre mitzuteilen; da mag er sich durchlesen, wenn er Mut hat, oder mag kommen, um zu sehen, was er nicht lesen mag. Ihre Briefe an mich, liebe Tante, sind in der besten Ordnung und stehen gleich zu Befehl. Dieser Meinung tritt Hersilie nicht bei; sie entschuldigt sich mit der Unordnung ihrer Papiere u. s. w., wie sie Ihnen selbst sagen wird.

Hersilie an die Tante

Ich will und muß sehr kurz sein, liebe Tante, denn der Bote zeigt sich unartig ungeduldig. Ich finde es eine übermäßige Gutmütigkeit und gar nicht am Platz, Lenardon unsere Briefe mitzuteilen. Was braucht er zu wissen, was wir Gutes von ihm gesagt haben, was braucht er zu wissen, was wir Böses von ihm sagten, um aus dem letzten noch mehr als dem ersten herauszufinden, daß wir ihm gut sind! Halten Sie ihn kurz, ich bitte Sie. Es ist so was Abgemessenes und Anmaßliches in dieser Forderung, in diesem Betragen, wie es die Herren meistens haben, wenn sie aus fremden Ländern kommen. Sie halten die daheim Gebliebenen immer nicht für voll. Entschuldigen Sie sich mit Ihrem Kopfweh. Er wird schon kommen; und wenn er nicht käme, so warten wir noch ein wenig. Vielleicht fällt es ihm alsdann ein, auf eine sonderbare, geheime Weise sich bei uns zu introduzieren, uns unerkannt kennen zu lernen, und was nicht alles in den Plan eines so klugen Mannes eingreifen könnte. Das müßte doch hübsch und wunderbar sein! das dürfte allerlei Verhältnisse hervorbringen, die bei einem so diplomatischen Eintritt in seine Familie, wie er ihn jetzt vorhat, sich unmöglich entwickeln können.

Der Bote! der Bote! Ziehen Sie Ihre alten Leute besser, oder schicken Sie junge. Diesem ist weder mit Schmeichelei noch mit Wein beizukommen. Leben Sie tausendmal wohl!

Nachschrift um Nachschrift

Sagen Sie mir, was will der Vetter in seiner Nachschrift mit Valerinen? Diese Frage ist mir doppelt aufgefallen. Es ist die einzige Person, die er mit Namen nennt. Wir andern sind ihm Nichten, Tanten, Geschäftsträger; keine Personen, sondern Rubriken. Valerine, die Tochter unseres Gerichtshalters! Freilich ein blondes, schönes Kind, das dem Herrn Vetter vor seiner Abreise mag in die Augen geleuchtet haben. Sie ist verheiratet, gut und glücklich; das brauche ich Ihnen nicht zu sagen. Aber er weiß es so wenig, als er sonst etwas von uns weiß. Vergessen Sie ja nicht, ihm gleichfalls in einer Nachschrift zu melden: Valerine sei täglich schöner geworden und habe auch deshalb eine sehr gute Partie getan. Sie sei die Frau eines reichen Gutsbesitzers. Verheiratet sei die schöne Blondine. Machen Sie es ihm recht deutlich. Nun aber, liebe Tante, ist das noch nicht alles. Wie er sich der blonden Schönheit so genau erinnern und sie mit der Tochter des liederlichen Pachters, einer wilden Hummel von Brünette, verwechseln kann, die Nachodine hieß und die wer weiß wohin geraten ist, das bleibt mir völlig unbegreiflich und intrigiert mich ganz besonders. Denn es scheint doch, der Herr Vetter, der sein gutes Gedächtnis rühmt, verwechselt Namen und Personen auf eine sonderbare Weise. Vielleicht fühlt er diesen Mangel und will das Erloschene durch Ihre Schilderung wieder auffrischen. Halten Sie ihn kurz, ich bitte Sie; aber suchen Sie zu erfahren, wie es mit den Valerinen und Nachodinen steht und was für Inen, Trinen vielleicht noch alle sich in seiner Einbildungskraft erhalten haben, indessen die Etten und Ilien daraus verschwunden sind. Der Bote! der verwünschte Bote!

Die Tante den Nichten

(Diktiert)

Was soll man sich viel verstellen gegen die, mit denen man sein Leben zuzubringen hat! Lenardo mit allen seinen Eigenheiten verdient Zutrauen. Ich schicke ihm Eure beiden Briefe; daraus lernt er Euch kennen, und ich hoffe, wir andern werden unbewußt eine Gelegenheit ergreifen, uns auch nächstens ebenso vor ihm darzustellen. Lebet wohl! ich leide sehr.

Hersilie an die Tante

Was soll man sich viel verstellen gegen die, mit denen man sein Leben zubringt! Lenardo ist ein verzogener Neffe. Es ist abscheulich, daß Sie ihm unsere Briefe schicken. Er wird uns daraus nicht kennen lernen, und ich wünsche mir nur Gelegenheit, mich nächstens von einer andern Seite darzustellen. Sie machen andere viel leiden, indem Sie leiden und blind lieben. Baldige Besserung Ihrer Leiden! Ihrer Liebe ist nicht zu helfen.

Die Tante an Hersilien

Dein letztes Zettelchen hätte ich auch mit an Lenardo eingepackt, wenn ich überhaupt bei dem Vorsatz geblieben wäre, den mir meine inkorrigible Neigung, mein Leiden und die Bequemlichkeit eingegeben hatten. Eure Briefe sind nicht fort.

Wilhelm an Natalien

Der Mensch ist ein geselliges, gesprächiges Wesen; seine Lust ist groß, wenn er Fähigkeiten ausübt, die ihm gegeben sind, und wenn auch weiter nichts dabei herauskäme. Wie oft beklagt man sich in Gesellschaft, daß einer den andern nicht zum Worte kommen läßt, und ebenso kann man sagen, daß einer den andern nicht zum Schreiben kommen ließe, wenn nicht das Schreiben gewöhnlich ein Geschäft wäre, das man einsam und allein abtun muß.

Wie viel die Menschen schreiben, davon hat man gar keinen Begriff. Von dem, was davon gedruckt wird, will ich gar nicht reden, ob es gleich schon genug ist. Was aber an Briefen und Nachrichten und Geschichten, Anekdoten, Beschreibungen von gegenwärtigen Zuständen einzelner Menschen in Briefen und größeren Aufsätzen in der Stille zirkuliert, davon kann man sich nur eine Vorstellung machen, wenn man in gebildeten Familien eine Zeitlang lebt, wie es mir jetzt geht. In der Sphäre, in der ich mich gegenwärtig befinde, bringt man beinahe so viel Zeit zu, seinen Verwandten und Freunden dasjenige mitzuteilen, womit man sich beschäftigt, als man Zeit sich zu beschäftigen selbst hatte. Diese Bemerkung, die sich mir seit einigen Tagen aufdringt, mache ich um so lieber, als mir die Schreibseligkeit meiner neuen Freunde Gelegenheit verschafft, ihre Verhältnisse geschwind und nach allen Seiten hin kennen zu lernen. Man vertraut mir, man gibt mir einen Pack Briefe, ein paar Hefte Reisejournale, die Konfessionen eines Gemüts, das noch nicht mit sich selbst einig ist, und so bin ich in kurzem überall zu Hause. Ich kenne die nächste Gesellschaft; ich kenne die Personen, deren Bekanntschaft ich machen werde, und weiß von ihnen beinahe mehr als sie selbst, weil sie denn doch in ihren Zuständen befangen sind und ich an ihnen vorbeischwebe, immer an deiner Hand, mich mit dir über alles besprechend. Auch ist es meine erste Bedingung, ehe ich ein Vertrauen annehme, daß ich dir alles mitteilen dürfe. Hier also einige Briefe, die dich in den Kreis einführen werden, in dem ich mich gegenwärtig herumdrehe, ohne mein Gelübde zu brechen oder zu umgehen.

SIEBENTES KAPITEL

Am frühsten Morgen fand sich unser Freund allein in die Galerie und ergötzte sich an so mancher bekannten Gestalt; über die Unbekannten gab ihm ein vorgefundener Katalog den erwünschten Aufschluß. Das Porträt wie die Biographie haben ein ganz eigenes Interesse; der bedeutende Mensch, den man sich ohne Umgebung nicht denken kann, tritt einzeln abgesondert heraus und stellt sich vor uns wie vor einen Spiegel; ihm sollen wir entschiedene Aufmerksamkeit zuwenden, wir sollen uns ausschließlich mit ihm beschäftigen, wie er behaglich vor dem Spiegelglas mit sich beschäftiget ist. Ein Feldherr ist es, der jetzt das ganze Heer repräsentiert, hinter den so Kaiser als Könige, für die er kämpft, ins Trübe zurücktreten. Der gewandte Hofmann steht vor uns, eben als wenn er uns den Hof machte, wir denken nicht an die große Welt, für die er sich eigentlich so anmutig ausgebildet hat. Überraschend war sodann unserm Beschauer die Ähnlichkeit mancher längst vorübergegangenen mit lebendigen, ihm bekannten und leibhaftig gesehenen Menschen, ja Ähnlichkeit mit ihm selbst! Und warum sollten sich nur Zwillingsmenächmen aus einer Mutter entwickeln? Sollte die große Mutter der Götter und Menschen nicht auch das gleiche Gebild aus ihrem fruchtbaren Schoße gleichzeitig oder in Pausen hervorbringen können?

Endlich durfte denn auch der gefühlvolle Beschauer sich nicht leugnen, daß manches anziehende, manches Abneigung erweckende Bild vor seinen Augen vorüberschwebe.

In solchem Betrachten überraschte ihn der Hausherr, mit dem er sich über diese Gegenstände freimütig unterhielt und hiernach dessen Gunst immer mehr zu gewinnen schien. Denn er ward freundlich in die innern Zimmer geführt, wo er köstliche Bilder bedeutender Männer des sechzehnten Jahrhunderts sah, in vollständiger Gegenwart, wie sie für sich leibten und lebten, ohne sich etwa im Spiegel oder im Zuschauer zu beschauen, sich selbst gelassen und genügend, nur durch ihr Dasein wirkend, nicht durch irgendein Wollen oder Vornehmen.

Der Hausherr, zufrieden, daß der Gast eine so reich herangebrachte Vergangenheit vollkommen zu schätzen wußte, ließ ihn Handschriften sehen von manchen Personen, über die sie vorher in der Galerie gesprochen hatten; sogar zuletzt Reliquien, von denen man gewiß war, daß der frühere Besitzer sich ihrer bedient, sie berührt hatte.

„Dies ist meine Art von Poesie“, sagte der Hausherr lächelnd; „meine Einbildungskraft muß sich an etwas festhalten; ich mag kaum glauben, daß etwas gewesen sei, was nicht noch da ist. Über solche Heiltümer vergangener Zeit suche ich mir die strengsten Zeugnisse zu verschaffen, sonst würden sie nicht aufgenommen. Am schärfsten werden schriftliche Überlieferungen geprüft; denn ich glaube wohl, daß der Mönch die Chronik geschrieben hat, wovon er aber zeugt, daran glaube ich selten.“ Zuletzt legte er Wilhelmen ein weißes Blatt vor mit Ersuchen um einige Zeilen, doch ohne Unterschrift; worauf der Gast durch eine Tapetentüre sich in den Saal entlassen und an der Seite des Kustode fand.

„Es freut mich“, sagte dieser, „daß Sie unserm Herrn wert sind; schon daß Sie zu dieser Türe herauskommen, ist ein Beweis davon. Wissen Sie aber, wofür er Sie hält? Er glaubt einen praktischen Pädagogen in Ihnen zu sehen, den Knaben vermutet er von vornehmem Hause, Ihrer Führung anvertraut, um mit rechtem Sinn sogleich in die Welt und ihre mannigfaltigen Zustände nach Grundsätzen frühzeitig eingeweiht zu werden.“ — „Er tut mir zu viel Ehre an“, sagte der Freund, „doch will ich dies Wort nicht vergebens gehört haben.“

Beim Frühstück, wo er seinen Felix schon um die Frauenzimmer beschäftigt fand, eröffneten sie ihm den Wunsch: er möge, da er nun einmal nicht zu halten sei, sich zu der edlen Tante Makarie begeben und vielleicht von da zum Vetter, um das wunderliche Zaudern aufzuklären. Er werde dadurch sogleich zum Gliede ihrer Familie, erzeige ihnen allen einen entschiedenen Dienst und trete mit Lenardo ohne große Vorbereitung in ein zutrauliches Verhältnis.

Er jedoch versetzte dagegen: „Wohin Sie mich senden, begeb’ ich mich gern; ich ging aus, zu schauen und zu denken; bei Ihnen habe ich mehr erfahren und gelernt, als ich hoffen durfte, und bin überzeugt, auf dem nächsten eingeleiteten Wege werd' ich mehr, als ich erwarten kann, gewahr werden und lernen."

„Und du artiger Taugenichts! Was wirst denn du lernen?" fragte Hersilie, worauf der Knabe sehr keck erwiderte: „Ich lerne schreiben, damit ich dir einen Brief schicken kann, und reiten wie keiner, damit ich immer gleich wieder bei dir bin." Hierauf sagte Hersilie bedenklich: „Mit meinen zeitbürtigen Verehrern hat es mir niemals recht glücken wollen, es scheint, daß die folgende Generation mich nächstens entschädigen will."

Nun aber empfinden wir mit unserm Freunde, wie schmerzlich die Stunde des Abschieds herannaht, und mögen uns gern von den Eigenheiten seines trefflichen Wirtes, von den Seltsamkeiten des außerordentlichen Mannes einen deutlichen Begriff machen. Um ihn aber nicht falsch zu beurteilen, müssen wir auf das Herkommen, auf das Herankommen dieser schon zu hohen Jahren gelangten würdigen Person unsere Aufmerksamkeit richten. Was wir ausfragen konnten, ist folgendes:

Sein Großvater lebte als tätiges Glied einer Gesandtschaft in England, gerade in den letzten Jahren des erhabenen William Penn. Das hohe Wohlwollen, die reinen Absichten, die unverrückte Tätigkeit eines so vorzüglichen Mannes, der Konflikt, in den er deshalb mit der Welt geriet, die Gefahren und Bedrängnisse, unter denen der Edle zu erliegen schien, erregten in dem empfänglichen Geiste des jungen Mannes ein entschiedenes Interesse; er verbrüderte sich mit der Angelegenheit und zog endlich selbst nach Amerika. Der Vater unseres Herrn ist in Philadelphia geboren, und beide rühmten sich, beigetragen zu haben, daß eine allgemein freiere Religionsübung in den Kolonien stattfand.

Hier entwickelte sich die Maxime, daß eine in sich abgeschlossene, in Sitten und Religion herkömmlich übereinstimmende Nation vor aller fremden Einwirkung, vor aller Neuerung sich wohl zu hüten habe; daß aber da, wo man auf frischem Boden viele Glieder von allen Seiten her zusammenberufen will, möglichst unbedingte Tätigkeit im Erwerb und freier Spielraum der allgemein-sittlichen und religiösen Vorstellungen zu vergönnen sei.

Der lebhafte Trieb nach Amerika im Anfange des achtzehnten Jahrhunderts war groß, indem ein jeder, der sich diesseits einigermaßen unbequem befand, sich drüben in Freiheit zu setzen hoffte; dieser Trieb ward genährt durch wünschenswerte Besitzungen, die man erlangen konnte, ehe sich noch die Bevölkerung weiter nach Westen verbreitete. Ganze sogenannte Grafschaften standen noch zu Kauf an der Grenze des bewohnten Landes, auch der Vater unseres Herrn hatte sich dort bedeutend angesiedelt.

Wie aber in den Söhnen sich oft ein Widerspruch hervortut gegen väterliche Gesinnungen und Einrichtungen, so zeigte sich's auch hier. Unser Hausherr, als Jüngling nach Europa gelangt, fand sich hier ganz anders; diese unschätzbare Kultur, seit mehreren tausend Jahren entsprungen, gewachsen, ausgebreitet, gedämpft, gedrückt, nie ganz erdrückt, wieder aufatmend, sich neu belebend, und nach wie vor in unendlichen Tätigkeiten hervortretend, gab ihm ganz andere Begriffe, wohin die Menschheit gelangen kann. Er zog vor, an den großen, unübersehlichen Vorteilen sein Anteil hinzunehmen und lieber in der großen, geregelt tätigen Masse mitwirkend sich zu verlieren, als drüben über dem Meere um Jahrhunderte verspätet den Orpheus und Lykurg zu spielen; er sagte: „Überall bedarf der Mensch Geduld, überall muß er Rücksicht nehmen, und ich will mich doch lieber mit meinem Könige abfinden, daß er mir diese oder jene Gerechtsame zugestehe, lieber mich mit meinen Nachbarn vergleichen, daß sie mir gewisse Beschränkungen erlassen, wenn ich ihnen von einer andern Seite nachgebe, als daß ich mich mit den Irokesen herumschlage, um sie zu vertreiben, oder sie durch Kontrakte betriege, um sie zu verdrängen aus ihren Sümpfen, wo man von Moskitos zu Tode gepeinigt wird."

Er übernahm die Familiengüter, wußte sie freisinnig zu behandeln, sie wirtschaftlich einzurichten, weite, unnütz scheinende Nachbardistrikte klüglich anzuschließen und so sich innerhalb der kultivierten Welt, die in einem gewissen Sinne auch gar oft eine Wildnis genannt werden kann, ein mäßiges Gebiet zu erwerben und zu bilden, das für die beschränkten Zustände immer noch utopisch genug ist.

Religionsfreiheit ist daher in diesem Bezirk natürlich, der öffentliche Kultus wird als ein freies Bekenntnis angesehen, daß man in Leben und Tod zusammengehöre; hiernach aber wird sehr darauf gesehen, daß niemand sich absondere.

Man wird in den einzelnen Ansiedelungen mäßig große Gebäude gewahr; dies ist der Raum, den der Grundbesitzer jeder Gemeinde schuldig ist; hier kommen die Ältesten zusammen, um sich zu beraten, hier versammeln sich die Glieder, um Belehrung und fromme Ermunterung zu vernehmen. Aber auch zu heiterm Ergötzen ist dieser Raum bestimmt; hier werden die hochzeitlichen Tänze aufgeführt und der Feiertag mit Musik geschlossen.

Hierauf kann uns die Natur selbst führen. Bei heiterer Witterung sehen wir gewöhnlich unter derselben Linde die Ältesten im Rat, die Gemeinde zur Erbauung und die Jugend im Tanze sich schwenkend. Auf ernstem Lebensgrunde zeigt sich das Heitere so schön, Ernst und Heiligkeit mäßigen die Lust, und nur durch Mäßigung erhalten wir uns.

Ist die Gemeinde anderes Sinnes und wohlhabend genug, so steht es ihr frei, verschiedene Baulichkeiten den verschiedenen Zwecken zu widmen.

Wenn aber dies alles aufs Öffentliche und gemeinsam Sittliche berechnet ist, so bleibt die eigentliche Religion ein Inneres, ja Individuelles, denn sie hat ganz allein mit dem Gewissen zu tun, dieses soll erregt, soll beschwichtigt werden. Erregt, wenn es stumpf, untätig, unwirksam dahinbrütet, beschwichtigt, wenn es durch reuige Unruhe das Leben zu verbittern droht. Denn es ist ganz nah mit der Sorge verwandt, die in den Kummer überzugehen droht, wenn wir uns oder andern durch eigene Schuld ein Übel zugezogen haben.

Da wir aber zu Betrachtungen, wie sie hier gefordert werden, nicht immer aufgelegt sind, auch nicht immer aufgeregt sein mögen, so ist hiezu der Sonntag bestimmt, wo alles, was den Menschen drückt, in religioser, sittlicher, geselliger, ökonomischer Beziehung, zur Sprache kommen muß.

„Wenn Sie eine Zeitlang bei uns blieben“, sagte Juliette, „so würde auch unser Sonntag Ihnen nicht mißfallen. Übermorgen früh würden Sie eine große Stille bemerken; jeder bleibt einsam und widmet sich einer vorgeschriebenen Betrachtung. Der Mensch ist ein beschränktes Wesen; unsere Beschränkung zu überdenken, ist der Sonntag gewidmet. Sind es körperliche Leiden, die wir im Lebenstaumel der Woche vielleicht gering achteten, so müssen wir am Anfang der neuen alsobald den Arzt aufsuchen; ist unsere Beschränkung ökonomisch und sonst bürgerlich, so sind unsere Beamten verpflichtet, ihre Sitzungen zu halten; ist es geistig, sittlich, was uns verdüstert, so haben wir uns an einen Freund, an einen Wohldenkenden zu wenden, dessen Rat, dessen Einwirkung zu erbitten: genug, es ist das Gesetz, daß niemand eine Angelegenheit, die ihn beunruhigt oder quält, in die neue Woche hinübernehmen dürfe. Von drückenden Pflichten kann uns nur die gewissenhafteste Ausübung befreien, und was gar nicht aufzulösen ist, überlassen wir zuletzt Gott als dem allbedingenden und allbefreienden Wesen. Auch der Oheim selbst unterläßt nicht solche Prüfung, es sind sogar Fälle, wo er mit uns vertraulich über eine Angelegenheit gesprochen hat, die er im Augenblick nicht überwinden konnte; am meisten aber bespricht er sich mit unserer edlen Tante, die er von Zeit zu Zeit besuchend angeht. Auch pflegt er Sonntag abends zu fragen, ob alles rein gebeichtet und abgetan worden. Sie sehen hieraus, daß wir alle Sorgfalt anwenden, um nicht in Ihren Orden, nicht in die Gemeinschaft der Entsagenden aufgenommen zu werden.“

„Es ist ein sauberes Leben!“ rief Hersilie; „wenn ich mich alle acht Tage resigniere, so hab’ ich es freilich bei dreihundertundfünfundsechzigen zugute.“

Vor dem Abschiede jedoch erhielt unser Freund von dem jüngern Beamten ein Paket mit beiliegendem Schreiben, aus welchem wir folgende Stelle ausheben:

„Mir will scheinen, daß bei jeder Nation ein anderer Sinn vorwalte, dessen Befriedigung sie allein glücklich macht, und dies bemerkt man ja schon an verschiedenen Menschen. Der eine, der sein Ohr mit vollen, anmutig geregelten Tönen gefüllt, Geist und Seele dadurch angeregt wünscht, dankt er mir's, wenn ich ihm das trefflichste Gemälde vor Augen stelle? Ein Gemäldefreund will schauen, er wird ablehnen, durch Gedicht oder Roman seine Einbildungskraft erregen zu lassen. Wer ist denn so begabt, daß er vielseitig genießen könne?

Sie aber, vorübergehender Freund, sind mir als ein solcher erschienen, und wenn Sie die Nettigkeit einer vornehm reichen französischen Verirrung zu schätzen wußten, so hoffe ich, Sie werden die einfache, treue Rechtlichkeit deutscher Zustände nicht verschmähen und mir verzeihen, wenn ich nach meiner Art und Denkweise, nach Herankommen und Stellung kein anmutigeres Bild finde, als wie sie uns der deutsche Mittelstand in seinen reinen Häuslichkeiten sehen läßt.

Lassen Sie sich's gefallen und gedenken mein."

ACHTES KAPITEL

WER IST DER VERRÄTER?

„Nein! nein!" rief er aus, als er heftig und eilig ins angewiesene Schlafzimmer trat und das Licht niedersetzte; „nein! es ist nicht möglich! Aber wohin soll ich mich wenden? Das erstemal denk' ich anders als er, das erstemal empfind' ich, will ich anders. — O mein Vater! Könntest du unsichtbar gegenwärtig sein, mich durch und durch schauen, du würdest dich überzeugen, daß ich noch derselbe bin, immer der treue, gehorsame, liebevolle Sohn. — Nein zu sagen! des Vaters liebstem, lange gehegtem Wunsch zu widerstreben! wie soll ich's offenbaren? wie soll ich's ausdrücken? Nein, ich kann Julien nicht heiraten. — Indem ich's ausspreche, erschrecke ich. Und wie soll ich vor ihn treten, es ihm eröffnen, dem guten, lieben Vater? Er blickt mich staunend an und schweigt, er schüttelt den Kopf; der einsichtige, kluge, gelehrte Mann weiß keine Worte zu finden. Weh mir! — O ich wüßte wohl, wem ich diese Pein, diese Verlegenheit vertraute, wen ich mir zum Fürsprecher ausgriffe! Aus allen dich, Lucinde! und dir möcht' ich zuerst sagen, wie ich dich liebe, wie ich mich dir hingebe, und dich flehentlich bitten: ‚Vertritt mich, und kannst du mich lieben, willst du mein sein, so vertritt uns beide!'"

Dieses kurze, herzlich-leidenschaftliche Selbstgespräch aufzuklären, wird es aber viele Worte kosten.

Professor N. zu N. hatte einen einzigen Knaben von wundersamer Schönheit, den er bis in das achte Jahr der Vorsorge seiner Gattin, der würdigsten Frau, überließ; diese leitete die Stunden und Tage des Kindes zum Leben, Lernen und zu allem guten Betragen. Sie starb, und im Augenblicke fühlte der Vater, daß er diese Sorgfalt persönlich nicht weiter fortsetzen könne. Bisher war alles Übereinkunft zwischen den Eltern; sie arbeiteten auf einen Zweck, beschlossen zusammen für die nächste Zeit, was zu tun sei, und die Mutter verstand alles weislich auszuführen. Doppelt und dreifach war nun die Sorge des Witwers, welcher wohl wußte und täglich vor Augen sah, daß für Söhne der Professoren auf Akademien selbst nur durch ein Wunder eine glückliche Bildung zu hoffen sei.

In dieser Verlegenheit wendete er sich an seinen Freund, den Oberamtmann zu R., mit dem er schon frühere Plane näherer Familienverbindungen durchgesprochen hatte. Dieser wußte zu raten und zu helfen, daß der Sohn in eine der guten Lehranstalten aufgenommen wurde, die in Deutschland blühten und worin für den ganzen Menschen, für Leib, Seele und Geist, möglichst gesorgt ward.

Untergebracht war nun der Sohn, der Vater jedoch fand sich gar zu allein: seiner Gattin beraubt, der lieblichen Gegenwart des Knaben entfremdet, den er, ohne selbsteigenes Bemühen, so erwünscht heraufgebildet gesehn. Auch hier kam die Freundschaft des Oberamtmanns zustatten; die Entfernung ihrer Wohnorte verschwand vor der Neigung, der Lust, sich zu bewegen, sich zu zerstreuen. Hier fand nun der verwaiste Gelehrte in einem gleichfalls mutterlosen Familienkreis zwei schöne, verschiedenartig liebenswürdige Töchter heranwachsen; wo denn beide Väter sich immer mehr und mehr bestärkten in dem Gedanken, in der Aussicht, ihre Häuser dereinst aufs erfreulichste verbunden zu sehn.

Sie lebten in einem glücklichen Fürstenlande; der tüchtige Mann war seiner Stelle lebenslänglich gewiß und ein gewünschter Nachfolger wahrscheinlich. Nun sollte, nach einem verständigen Familien- und Ministerialplan, sich Lucidor zu dem wichtigen Posten des künftigen Schwiegervaters bilden. Dies gelang ihm auch von Stufe zu Stufe. Man versäumte nichts, ihm alle Kenntnisse zu überliefern, alle Fähigkeiten an ihm zu entwickeln, deren der Staat jederzeit bedarf: die Pflege des strengen gerichtlichen Rechts, des läßlichern, wo Klugheit und Gewandtheit dem Ausübenden zur Hand geht; der Kalkül zum Tagesgebrauch, die höheren Übersichten nicht ausgeschlossen, aber alles unmittelbar am Leben, wie es gewiß und unausbleiblich zu gebrauchen wäre.

In diesem Sinne hatte Lucidor seine Schuljahre vollbracht und ward nun durch Vater und Gönner zur Akademie vorbereitet. Er zeigte das schönste Talent zu allem und verdankte der Natur auch noch das seltene Glück, aus Liebe zum Vater, aus Ehrfurcht für den Freund seine Fähigkeiten gerade dahin lenken zu wollen, wohin man deutete, erst aus Gehorsam, dann aus Überzeugung. Auf eine auswärtige Akademie ward er gesendet und ging daselbst, sowohl nach eigener brieflicher Rechenschaft als nach Zeugnis seiner Lehrer und Aufseher, den Gang, der ihn zum Ziele führen sollte. Nur konnte man nicht billigen, daß er in einigen Fällen zu ungeduldig brav gewesen. Der Vater schüttelte hierüber den Kopf, der Oberamtmann nickte. Wer hätte sich nicht einen solchen Sohn gewünscht!

Indessen wuchsen die Töchter heran, Julie und Lucinde. Jene, die jüngere, neckisch, lieblich, unstät, höchst unterhaltend; die andere zu bezeichnen schwer, weil sie in Geradheit und Reinheit dasjenige darstellte, was wir an allen Frauen wünschenswert finden. Man besuchte sich wechselseitig, und im Hause des Professors fand Julie die unerschöpflichste Unterhaltung.

Geographie, die er durch Topographie zu beleben wußte, gehörte zu seinem Fach, und sobald Julie nur einen Band gewahr worden, dergleichen aus der Homannischen Offizin eine ganze Reihe dastanden, so wurden sämtliche Städte gemustert, beurteilt, vorgezogen oder zurückgewiesen; alle Häfen besonders erlangten ihre Gunst; andere Städte, welche nur einigermaßen ihren Beifall erhalten wollten, mußten sich mit viel Türmen, Kuppeln und Minaretten fleißig hervorheben.

Der Vater ließ sie wochenlang bei dem geprüften Freunde; sie nahm wirklich zu an Wissenschaft und Einsicht und kannte so ziemlich die bewohnte Welt nach Hauptbezügen, Punkten und Orten. Auch war sie auf Trachten fremder Nationen sehr aufmerksam, und wenn ihr Pflegvater manchmal scherzhaft fragte: ob ihr denn von den vielen jungen, hübschen Leuten, die da vor dem Fenster hin und wider gingen, nicht einer oder der andere wirklich gefalle? so sagte sie: „Ja freilich, wenn er recht seltsam aussieht!" — Da nun unsere jungen Studierenden es niemals daran fehlen lassen, so hatte sie oft Gelegenheit, an einem oder dem andern teilzunehmen; sie erinnerte sich an ihm irgendeiner fremden Nationaltracht, versicherte jedoch zuletzt, es müsse wenigstens ein Grieche, völlig nationell ausstaffiert, herbeikommen, wenn sie ihm vorzügliche Aufmerksamkeit widmen sollte; deswegen sie sich auch auf die Leipziger Messe wünschte, wo dergleichen auf der Straße zu sehen wären.

Nach seinen trocknen und manchmal verdrießlichen Arbeiten hatte nun unser Lehrer keine glücklichern Augenblicke, als wenn er sie scherzend unterrichtete und dabei heimlich triumphierte, sich eine so liebenswürdige, immer unterhaltene, immer unterhaltende Schwiegertochter zu erziehen. Die beiden Väter waren übrigens einverstanden, daß die Mädchen nichts von der Absicht vermuten sollten, auch Lucidorn hielt man sie verborgen.

So waren Jahre vergangen, wie sie denn gar leicht vergehen: Lucidor stellte sich dar, vollendet, alle Prüfungen bestehend, selbst zur Freude der obern Vorgesetzten, die nichts mehr wünschten, als die Hoffnung alter, würdiger, begünstigter, gunstwerter Diener mit gutem Gewissen erfüllen zu können.

Und so war denn die Angelegenheit mit ordnungsgemäßem Schritt endlich dahin gediehen, daß Lucidor, nachdem er sich in untergeordneten Stellen musterhaft betragen, nunmehr einen gar vorteilhaften Sitz nach Verdienst und Wunsch erlangen sollte, gerade mittewegs zwischen der Akademie und dem Oberamtmann gelegen.

Der Vater sprach nunmehr mit dem Sohn von Julien, auf die er bisher nur hingedeutet hatte, als von dessen Braut und Gattin, ohne weiteren Zweifel und Bedingung, das Glück preisend, solch ein lebendiges Kleinod sich angeeignet zu haben. Er sah seine Schwiegertochter im Geiste schon wieder von Zeit zu Zeit bei sich, mit Karten, Planen und Städtebildern beschäftigt; der Sohn dagegen erinnerte sich des allerliebsten, heitern Wesens, das ihn zu kindlicher Zeit durch Neckerei wie durch Freundlichkeit immer ergötzt hatte. Nun sollte Lucidor zu dem Oberamtmann hinüberreiten, die herangewachsene Schöne näher betrachten, sich einige Wochen, zu Gewohnheit und Bekanntschaft, mit dem Gesamthause ergehen. Würden die jungen Leute, wie zu hoffen, bald einig, so sollte man's melden, der Vater würde sogleich erscheinen, damit ein feierliches Verlöbnis das gehoffte Glück für ewig sicherstelle.

Lucidor kommt an, er wird freundlichst empfangen, ein Zimmer ihm angewiesen, er richtet sich ein und erscheint. Da findet er denn, außer den uns schon bekannten Familiengliedern, noch einen halberwachsenen Sohn, verzogen, geradezu, aber gescheit und gutmütig, so daß, wenn man ihn für den lustigen Rat nehmen wollte, er gar nicht übel zum Ganzen paßte. Dann gehörte zum Haus ein sehr alter, aber gesunder, frohmütiger Mann, still, fein, klug, auslebend nun hie und da auszuhelfen. Gleich nach Lucidor kam noch ein Fremder hinzu, nicht mehr jung, von bedeutendem Ansehn, würdig, lebensgewandt und durch Kenntnis der weitesten Weltgegenden höchst unterhaltend. Sie hießen ihn Antoni.

Julie empfing ihren angekündigten Bräutigam schicklich, aber zuvorkommend, Lucinde dagegen machte die Ehre des Hauses wie jene ihrer Person. So verging der Tag ausgezeichnet angenehm für alle, nur für Lucidorn nicht; er, ohnehin schweigsam, mußte von Zeit zu Zeit, um nicht gar zu verstummen, sich fragend verhalten; wobei denn niemand zum Vorteil erscheint.

Zerstreut war er durchaus: denn er hatte vom ersten Augenblick an nicht Abneigung noch Widerwillen, aber Entfremdung gegen Julien gefühlt; Lucinde dagegen zog ihn an, daß er zitterte, wenn sie ihn mit ihren vollen, reinen, ruhigen Augen ansah.

So bedrängt, erreichte er den ersten Abend sein Schlafzimmer und ergoß sich in jenem Monolog, mit dem wir begonnen haben. Um aber auch diesen zu erklären, und wie die Heftigkeit einer solchen Redefülle zu demjenigen paßt, was wir schon von ihm wissen, wird eine kurze Mitteilung nötig.

Lucidor war von tiefem Gemüt und hatte meist etwas anders im Sinn, als was die Gegenwart erheischte; deswegen Unterhaltung und Gespräch ihm nie recht glücken wollte; er fühlte das und wurde schweigsam, außer wenn von bestimmten Fächern die Rede war, die er durchstudiert hatte, davon ihm jederzeit zu Diensten stand, was er bedurfte. Dazu kam, daß er, früher auf der Schule, später auf der Universität, sich an Freunden betrogen und seinen Herzenserguß unglücklich vergeudet hatte; jede Mitteilung war ihm daher bedenklich; Bedenken aber hebt jede Mitteilung auf. Zu seinem Vater war er nur gewohnt unisono zu sprechen, und sein volles Herz ergoß sich daher in Monologen, sobald er allein war.

Den andern Morgen hatte er sich zusammengenommen und wäre doch beinahe außer Fassung geruckt, als ihm Julie noch freundlicher, heiterer und freier entgegenkam. Sie wußte viel zu fragen, nach seinen Land- und Wasserfahrten, wie er, als Student, mit dem Bündelchen auf'm Rücken die Schweiz durchstreift und durchstiegen, ja über die Alpen gekommen. Da wollte sie nun von der schönen Insel auf dem großen südlichen See vieles wissen; rückwärts aber mußte der Rhein, von seinem ersten Ursprung an, erst durch höchst unerfreuliche Gegenden begleitet werden, und so hinabwärts durch manche Abwechselung; wo es denn freilich zuletzt, zwischen Mainz und Koblenz, noch der Mühe wert ist, den Fluß ehrenvoll aus seiner letzten Beschränkung in die weite Welt, ins Meer zu entlassen.

Lucidor fühlte sich hiebei sehr erleichtert, erzählte gern und gut, so daß Julie entzückt ausrief: so was müsse man selbander sehen. Worüber denn Lucidor abermals erschrak, weil er darin eine Anspielung auf ihr gemeinsames Wandern durchs Leben zu spüren glaubte.

Von seiner Erzählerpflicht jedoch wurde er bald abgelöst; denn der Fremde, den sie Antoni hießen, verdunkelte gar geschwind alle Bergquellen, Felsufer, eingezwängte, freigelassene Flüsse: nun hier ging's unmittelbar nach Genua; Livorno lag nicht weit, das Interessanteste im Lande nahm man auf den Raub so mit; Neapel mußte man, ehe man stürbe, gesehen haben, dann aber blieb freilich Konstantinopel noch übrig, das doch auch nicht zu versäumen sei. Die Beschreibung, die Antoni von der weiten Welt machte, riß die Einbildungskraft aller mit sich fort, ob er gleich weniger Feuer darein zu legen hatte. Julie, ganz außer sich, war aber noch keineswegs befriedigt, sie fühlte noch Lust nach Alexandrien, Kairo, besonders aber zu den Pyramiden, von denen sie ziemlich auslangende Kenntnisse durch ihres vermutlichen Schwiegervaters Unterricht gewonnen hatte.

Lucidor, des nächsten Abends (er hatte kaum die Türe angezogen, das Licht noch nicht niedergesetzt), rief aus: „Nun besinne dich denn! es ist Ernst. Du hast viel Ernstes gelernt und durchdacht; was soll denn Rechtsgelehrsamkeit, wenn du jetzt nicht gleich als Rechtsmann handelst? Siehe dich als einen Bevollmächtigten an, vergiß dich selbst und tue, was du für einen andern zu tun schuldig wärst. Es verschränkt sich aufs fürchterlichste! Der Fremde ist offenbar um Lucindens willen da, sie bezeigt ihm die schönsten, edelsten gesellig-häuslichen Aufmerksamkeiten; die kleine Närrin möchte mit jedem durch die Welt laufen, für nichts und wieder nichts. Überdies noch ist sie ein Schalk, ihr Anteil an Städten und Ländern ist eine Posse, wodurch sie uns zum Schweigen bringt. Warum aber seh' ich diese Sache so verwirrt und verschränkt an? Ist der Oberamtmann nicht selbst der verständigste, der einsichtigste, liebevollste Vermittler? Du willst ihm sagen, wie du fühlst und denkst, und er wird mitdenken, wenn auch nicht mitfühlen. Er vermag alles über den Vater. Und ist nicht eine wie die andere seine Tochter? Was will denn der Anton Reiser mit Lucinden, die für das Haus geboren ist, um glücklich zu sein und Glück zu schaffen? hefte sich doch das zapplige Quecksilber an den ewigen Juden, das wird eine allerliebste Partie werden."

Des Morgens ging Lucidor festen Entschlusses hinab, mit dem Vater zu sprechen und ihn deshalb in bekannten freien Stunden unverzüglich anzugehn. Wie groß war sein Schmerz, seine Verlegenheit, als er vernahm: der Oberamtmann, in Geschäften verreist, werde erst übermorgen zurückerwartet. Julie schien heute so recht ganz ihren Reisetag zu haben, sie hielt sich an den Weltwanderer und überließ mit einigen Scherzreden, die sich auf Häuslichkeit bezogen, Lucidor an Lucinden. Hatte der Freund vorher das edle Mädchen aus gewisser Ferne gesehen, nach einem allgemeinen Eindruck, und sie sich schon herzlichst angeeignet, so mußte er in der nächsten Nähe alles doppelt und dreifach entdecken, was ihn erst im allgemeinen anzog.

Der gute alte Hausfreund, an der Stelle des abwesenden Vaters, tat sich nun hervor; auch er hatte gelebt, geliebt und war, nach manchen Quetschungen des Lebens, noch endlich an der Seite des Jugendfreundes aufgefrischt und wohlbehalten. Er belebte das Gespräch und verbreitete sich besonders über Verirrungen in der Wahl eines Gatten, erzählte merkwürdige Beispiele von zeitiger und verspäteter Erklärung. Lucinde erschien in ihrem völligen Glanze, sie gestand, daß im Leben das Zufällige jeder Art, und so auch in Verbindungen, das Allerbeste bewirken könne; doch sei es schöner, herzerhebender, wenn der Mensch sich sagen dürfe: er sei sein Glück sich selbst, der stillen, ruhigen Überzeugung seines Herzens, einem edlen Vorsatz und raschen Entschlusse schuldig geworden. Lucidorn standen die Tränen in den Augen, als er Beifall gab, worauf die Frauenzimmer sich bald entfernten. Der alte Vorsitzende mochte sich in Wechselgeschichten gern ergehen, und so verbreitete sich die Unterhaltung in heitere Beispiele, die jedoch unsern Helden so nahe berührten, daß nur ein so rein gebildeter Jüngling nicht herauszubrechen über sich gewinnen konnte; das geschah aber, als er allein war.

„Ich habe mich gehalten!" rief er aus. „Mit solcher Verwirrung will ich meinen guten Vater nicht kränken; ich habe an mich gehalten: denn ich sehe in diesem würdigen Hausfreunde den Stellvertretenden beider Väter; zu ihm will ich reden, ihm alles entdecken, er wird's gewiß vermitteln und hat beinahe schon ausgesprochen, was ich wünsche. Sollte er im einzelnen Falle schelten, was er überhaupt billigt? Morgen früh such' ich ihn auf; ich muß diesem Drange Luft machen."

Beim Frühstück fand sich der Greis nicht ein; er hatte, hieß es, gestern abend zu viel gesprochen, zu lange gesessen und einige Tropfen Wein über Gewohnheit getrunken. Man erzählte viel zu seinem Lobe, und zwar gerade solche Reden und Handlungen, die Lucidorn zur Verzweiflung brachten, daß er sich nicht sogleich an ihn gewendet. Dieses unangenehme Gefühl ward nur noch geschärft, als er vernahm: bei solchen Anfällen lasse der gute Alte sich manchmal in acht Tagen gar nicht sehen.

Ein ländlicher Aufenthalt hat für geselliges Zusammensein gar große Vorteile, besonders wenn die Bewirtenden sich, als denkende, fühlende Personen, mehrere Jahre veranlaßt gefunden, der natürlichen Anlage ihrer Umgebung zu Hülfe zu kommen. So war es hier geglückt. Der Oberamtmann, erst unverheiratet, dann in einer langen, glücklichen Ehe, selbst vermögend, an einem einträglichen Posten, hatte nach eignem Blick und Einsicht, nach Liebhaberei seiner Frau, ja zuletzt nach Wünschen und Grillen seiner Kinder erst größere und kleinere abgesonderte Anlagen besorgt und begünstigt, welche, mit Gefühl allmählich durch Pflanzungen und Wege verbunden, eine allerliebste, verschiedentlich abweichende, charakteristische Szenenfolge dem Durchwandelnden darstellten. Eine solche Wallfahrt ließen denn auch unsere jungen Familienglieder ihren Gast antreten, wie man seine Anlagen dem Fremden gerne vorzeigt, damit er das, was uns gewöhnlich geworden, auffallend erblicke und den günstigen Eindruck davon für immer behalte.

Die nächste so wie die fernere Gegend war zu bescheidenen Anlagen und eigentlich ländlichen Einzelnheiten höchst geeignet. Fruchtbare Hügel wechselten mit wohlbewässerten Wiesengründen, so daß das Ganze von Zeit zu Zeit zu sehen war, ohne flach zu sein; und wenn Grund und Boden vorzüglich dem Nutzen gewidmet erschien, so war doch das Anmutige, das Reizende nicht ausgeschlossen.

An die Haupt- und Wirtschaftsgebäude fügten sich Lust-, Obst- und Grasgärten, aus denen man sich unversehens in ein Hölzchen verlor, das ein breiter, fahrbarer Weg auf und ab, hin und wider durchschlängelte. Hier in der Mitte war, auf der bedeutendsten Höhe, ein Saal erbaut, mit anstoßenden Gemächern. Wer zur Haupttüre hereintrat, sah im großen Spiegel die günstigste Aussicht, welche die Gegend nur gewähren mochte, und kehrte sich geschwind wieder um, an der Wirklichkeit von dem unerwarteten Bilde Erholung zu nehmen: denn das Herankommen war künstlich genug eingerichtet und alles klüglich verdeckt, was Überraschung bewirken sollte. Niemand trat herein, ohne daß er von dem Spiegel zur Natur und von der Natur zum Spiegel sich nicht gern hin und wider gewendet hätte.

Am schönsten, heitersten, längsten Tage einmal auf dem Wege, hielt man einen sinnigen Flurzug um und durch das Ganze. Hier wurde das Abendplätzchen der guten Mutter bezeichnet, wo eine herrliche Buche rings umher sich freien Raum gehalten hatte. Bald nachher wurde Lucindens Morgenandacht von Julien halb neckisch angedeutet, in der Nähe eines Wässerchens zwischen Pappeln und Erlen, an hinabstreichenden Wiesen, hinaufziehenden Äckern. Es war nicht zu beschreiben, wie hübsch! schon überall glaubte man es gesehen zu haben, aber nirgends in seiner Einfalt so bedeutend und so willkommen. Dagegen zeigte der Junker, auch halb wider Willen Juliens, die kleinlichen Lauben und kindischen Gärtchenanstalten, die, nächst einer vertraulich gelegenen Mühle, kaum noch zu bemerken; sie schrieben sich aus einer Zeit her, wo Julie, etwa in ihrem zehnten Jahre, sich in den Kopf gesetzt hatte, Müllerin zu werden und, nach dem Abgang der beiden alten Leute, selbst einzutreten und sich einen braven Mühlknappen auszusuchen.

„Das war zu einer Zeit", rief Julie, „wo ich noch nichts von Städten wußte, die an Flüssen liegen, oder gar am Meer, von Genua nichts u. s. w. Ihr guter Vater, Lucidor, hat mich bekehrt, seit der Zeit komm' ich nicht leicht hierher." Sie setzte sich neckisch auf ein Bänkchen, das sie kaum noch trug, unter einen Holunderstrauch, der sich zu tief gebeugt hatte. „Pfui übers Hocken!“ rief sie, sprang auf und lief mit dem lustigen Bruder voran.

Das zurückgebliebene Paar unterhielt sich verständig, und in solchen Fällen nähert sich der Verstand auch wohl dem Gefühl. Abwechselnd einfache, natürliche Gegenstände zu durchwandern, mit Ruhe zu betrachten, wie der verständige, kluge Mensch ihnen etwas abzugewinnen weiß, wie die Einsicht ins Vorhandene, zum Gefühl seiner Bedürfnisse sich gesellend, Wunder tut, um die Welt erst bewohnbar zu machen, dann zu bevölkern und endlich zu übervölkern, das alles konnte hier im einzelnen zur Sprache kommen. Lucinde gab von allem Rechenschaft und konnte, so bescheiden sie war, nicht verbergen, daß die bequemlich angenehmen Verbindungen entfernter Partien ihr Werk seien, unter Angabe, Leitung oder Vergünstigung einer verehrten Mutter.

Da sich aber denn doch der längste Tag endlich zum Abend bequemt, so mußte man auf Rückkehr denken, und als man auf einen angenehmen Umweg sann, verlangte der lustige Bruder: man solle den kürzern, obgleich nicht erfreulichen, wohl gar beschwerlichern Weg einschlagen. „Denn“, rief er aus, „ihr habt mit euren Anlagen und Anschlägen geprahlt, wie ihr die Gegend für malerische Augen und für zärtliche Herzen verschönert und verbessert; laßt mich aber auch zu Ehren kommen.“

Nun mußte man über geackerte Stellen und holprichte Pfade, ja wohl auch auf zufällig hingeworfenen Steinen über Moorflecke wandern und sah, schon in einer gewissen Ferne, allerlei Maschinenwerk verworren aufgetürmt. Näher betrachtet, war ein großer Lust- und Spielplatz, nicht ohne Verstand, mit einem gewissen Volkssinn eingerichtet. Und so standen hier, in gehörigen Entfernungen zusammengeordnet, das große Schaukelrad, wo die Auf- und Absteigenden immer gleich horizontal ruhig sitzen bleiben, andere Schaukeleien, Schwungseile, Lusthebel, Kegel- und Zellenbahnen, und was nur alles erdacht werden kann, um auf einem großen Triftraum eine Menge Menschen verschiedentlichst und gleichmäßig zu beschäftigen und zu erlustigen. „Dies“, rief er aus, „ist meine Erfindung, meine Anlage! und obgleich der Vater das Geld und ein gescheiter

Kerl den Kopf dazu hergab, so hätte doch ohne mich, den ihr oft unvernünftig nennt, Verstand und Geld sich nicht zusammengefunden."

So heiter gestimmt kamen alle vier mit Sonnenuntergang wieder nach Hause. Antoni fand sich ein; die Kleine jedoch, die an diesem bewegten Tage noch nicht genug hatte, ließ einspannen und fuhr über Land zu einer Freundin, in Verzweiflung, sie seit zwei Tagen nicht gesehen zu haben. Die vier Zurückgebliebenen fühlten sich verlegen, ehe man sich's versah, und es ward sogar ausgesprochen, daß des Vaters Ausbleiben die Angehörigen beunruhige. Die Unterhaltung fing an zu stocken, als auf einmal der lustige Junker aufsprang und gar bald mit einem Buche zurückkam, sich zum Vorlesen erbietend. Lucinde enthielt sich nicht zu fragen, wie er auf den Einfall komme, den er seit einem Jahre nicht gehabt; worauf er munter versetzte: „Mir fällt alles zur rechten Zeit ein, dessen könnt ihr euch nicht rühmen." Er las eine Folge echter Märchen, die den Menschen aus sich selbst hinausführen, seinen Wünschen schmeicheln und ihn jede Bedingung vergessen machen, zwischen welche wir, selbst in den glücklichsten Momenten, doch immer noch eingeklemmt sind.

„Was beginne ich nun!" rief Lucidor, als er sich endlich allein fand: „die Stunde drängt; zu Antoni hab' ich kein Vertrauen, er ist weltfremd, ich weiß nicht, wer er ist, wie er ins Haus kommt, noch was er will; um Lucinden scheint er sich zu bemühen, und was könnte ich daher von ihm hoffen? Mir bleibt nichts übrig, als Lucinden selbst anzugehn; sie muß es wissen, sie zuerst. Dies war ja mein erstes Gefühl; warum lassen wir uns auf Klugheitswege verleiten! Das Erste soll nun das Letzte sein, und ich hoffe, zum Ziel zu gelangen."

Sonnabend morgen ging Lucidor, zeitig angekleidet, in seinem Zimmer auf und ab, was er Lucinden zu sagen hätte hin und her bedenkend, als er eine Art von scherzhaftem Streit vor seiner Türe vernahm, die auch alsobald aufging. Da schob der lustige Junker einen Knaben vor sich hin, mit Kaffee und Backwerk für den Gast; er selbst trug kalte Küche und Wein. „Du sollst vorangehen", rief der Junker,

„denn der Gast muß zuerst bedient werden, ich bin gewohnt, mich selbst zu bedienen. Mein Freund! heute komme ich etwas früh und tumultuarisch; genießen wir unser Frühstück in Ruhe, und dann wollen wir sehen, was wir anfangen: denn von der Gesellschaft haben wir wenig zu hoffen. Die Kleine ist von ihrer Freundin noch nicht zurück; diese müssen gegeneinander wenigstens alle vierzehn Tage ihr Herz ausschütten, wenn es nicht springen soll. Sonnabend ist Lucinde ganz unbrauchbar, sie liefert dem Vater pünktlich ihre Haushaltungsrechnung; da hab' ich mich auch einmischen sollen, aber Gott bewahre mich! Wenn ich weiß, was eine Sache kostet, so schmeckt mir kein Bissen. Gäste werden auf morgen erwartet, der Alte hat sich noch nicht wieder ins Gleichgewicht gestellt, Antoni ist auf die Jagd, wir wollen das gleiche tun."

Flinten, Taschen und Hunde waren bereit, als sie in den Hof kamen, und nun ging es an den Feldern weg, wo denn doch allenfalls ein junger Hase und ein armer, gleichgültiger Vogel geschossen wurde. Indessen besprach man sich von häuslichen und gegenwärtig geselligen Verhältnissen. Antoni ward genannt, und Lucidor verfehlte nicht, sich nach ihm näher zu erkundigen. Der lustige Junker, mit einiger Selbstgefälligkeit, versicherte: jenen wunderlichen Mann, so geheimnisvoll er auch tue, habe er schon durch und durch geblickt. „Er ist", fuhr er fort, „gewiß der Sohn aus einem reichen Handelshause, das gerade in dem Augenblick fallierte, als er, in der Fülle seiner Jugend, teil an großen Geschäften mit Kraft und Munterkeit zu nehmen, daneben aber die sich reichlich darbietenden Genüsse zu teilen gedachte. Von der Höhe seiner Hoffnungen heruntergestürzt, raffte er sich zusammen und leistete, anderen dienend, dasjenige, was er für sich und die Seinigen nicht mehr bewirken konnte. So durchreiste er die Welt, lernte sie und ihren wechselseitigen Verkehr aufs genaueste kennen und vergaß dabei seines Vorteils nicht. Unermüdete Tätigkeit und erprobte Rechtlichkeit brachten und erhielten ihm von vielen ein unbedingtes Vertrauen. So erwarb er sich allerorten Bekannte und Freunde, ja es läßt sich gar wohl merken, daß sein Vermögen so weit in der Welt umher verteilt ist, als seine Bekanntschaft reicht, weshalb denn auch seine Gegenwart in allen vier Teilen der Welt von Zeit zu Zeit nötig ist."

Umständlicher und naiver hatte dies der lustige Junker erzählt und so manche possenhafte Bemerkung eingeschlossen, eben als wenn er sein Märchen recht weitläufig auszuspinnen gedächte.

„Wie lange steht er nicht schon mit meinem Vater in Verbindung! Die meinen, ich sehe nichts, weil ich mich um nichts bekümmere; aber eben deswegen seh' ich's nur desto besser, weil mich's nichts angeht. Vieles Geld hat er bei meinem Vater niedergelegt, der es wieder sicher und vorteilhaft unterbrachte. Erst gestern steckte er dem Alten ein Juwelenkästchen zu; einfacher, schöner und kostbarer hab' ich nichts gesehen, obgleich nur mit einem Blick, denn es wird verheimlicht. Wahrscheinlich soll es der Braut zu Vergnügen, Lust und künftiger Sicherheit verehrt werden. Antoni hat sein Zutrauen auf Lucinden gesetzt! Wenn ich sie aber so zusammen sehe, kann ich sie nicht für ein wohl assortiertes Paar halten. Die Ruschliche wäre besser für ihn, ich glaube auch, sie nimmt ihn lieber als die Älteste; sie blickt auch wirklich manchmal nach dem alten Knasterbart so munter und teilnehmend hinüber, als wenn sie sich mit ihm in den Wagen setzen und auf und davon fliegen wolle." Lucidor faßte sich zusammen; er wußte nicht, was zu erwidern wäre, alles, was er vernahm, hatte seinen innerlichen Beifall. Der Junker fuhr fort: „Überhaupt hat das Mädchen eine verkehrte Neigung zu alten Leuten; ich glaube, sie hätte Ihren Vater so frisch weg geheiratet wie den Sohn."

Lucidor folgte seinem Gefährten, wo ihn dieser auch über Stock und Stein hinführte; beide vergaßen die Jagd, die ohnehin nicht ergiebig sein konnte. Sie kehrten auf einem Pachthofe ein, wo, gut aufgenommen, der eine Freund sich mit Essen, Trinken und Schwätzen unterhielt, der andere aber in Gedanken und Überlegungen sich versenkte, wie er die gemachte Entdeckung für sich und seinen Vorteil benutzen möchte.

Lucidor hatte nach allen diesen Erzählungen und Eröffnungen so viel Vertrauen zu Antoni gewonnen, daß er gleich beim Eintritt in den Hof nach ihm fragte und in den Garten eilte, wo er zu finden sein sollte. Er durchstrich die sämtlichen Gänge des Parks bei heiterer Abendsonne; umsonst! Nirgends keine Seele war zu sehen; endlich trat er in die Türe des großen Saals, und, wundersam genug, die untergehende Sonne, aus dem Spiegel zurückscheinend, blendete ihn dergestalt, daß er die beiden Personen, die auf dem Kanapee saßen, nicht erkennen, wohl aber unterscheiden konnte, daß einem Frauenzimmer von einer neben ihr sitzenden Mannsperson die Hand sehr feurig geküßt wurde. Wie groß war daher sein Entsetzen, als er bei hergestellter Augenruhe Lucinden und Antoni vor sich sahe. Er hätte versinken mögen, stand aber wie angewurzelt, als ihn Lucinde freundlichst und unbefangen willkommen hieß, zuruckte und ihn bat, zu ihrer rechten Seite zu sitzen. Unbewußt ließ er sich nieder, und wie sie ihn anredete, nach dem heutigen Tage sich erkundigte, Vergebung bat häuslicher Abhaltungen, da konnte er ihre Stimme kaum ertragen. Antoni stand auf und empfahl sich Lucinden; als sie, sich gleichfalls erhebend, den Zurückgebliebenen zum Spaziergang einlud. Neben ihr hergehend, war er schweigsam und verlegen; auch sie schien beunruhigt; und wenn er nur einigermaßen bei sich gewesen wäre, so hätte ihm ein tiefes Atemholen verraten müssen, daß sie herzliche Seufzer zu verbergen habe. Sie beurlaubte sich zuletzt, als sie sich dem Hause näherten, er aber wandte sich, erst langsam, dann heftig, gegen das Freie. Der Park war ihm zu eng, er eilte durchs Feld, nur die Stimme seines Herzens vernehmend, ohne Sinn für die Schönheiten des vollkommensten Abends. Als er sich allein sah und seine Gefühle sich im beruhigenden Tränenerguß Luft machten, rief er aus:

„Schon einigemal im Leben, aber nie so grausam hab' ich den Schmerz empfunden, der mich nun ganz elend macht: wenn das gewünschteste Glück endlich Hand in Hand, Arm in Arm zu uns tritt und zugleich sein Scheiden für ewig ankündet. Ich saß bei ihr, ging neben ihr, das bewegte Kleid berührte mich, und ich hatte sie schon verloren! Zähle dir das nicht vor, drösele dir's nicht auf, schweig und entschließe dich!"

Er hatte sich selbst den Mund verboten, er schwieg und sann, durch Felder, Wiesen und Busch, nicht immer auf den wegsamsten Pfaden hinschreitend. Nur als er spät in sein Zimmer trat, hielt er sich nicht und rief: „Morgen früh bin ich fort, solch einen Tag will ich nicht wieder erleben!“

Und so warf er sich angekleidet aufs Lager. — Glückliche, gesunde Jugend! Er schlief schon; die abmüdende Bewegung des Tages hatte ihm die süßeste Nachtruhe verdient. Aus tröstlichen Morgenträumen jedoch weckte ihn die allerfrühste Sonne; es war eben der längste Tag, der ihm überlang zu werden drohte. Wenn er die Anmut des beruhigenden Abendgestirns gar nicht empfunden, so fühlte er die aufregende Schönheit des Morgens nur, um zu verzweifeln. Er sah die Welt so herrlich als je, seinen Augen war sie es noch; sein Inneres aber widersprach: das gehörte ihm alles nicht mehr an, er hatte Lucinden verloren.

NEUNTES KAPITEL

Der Mantelsack war schnell gepackt, den er wollte liegenlassen; keinen Brief schrieb er dazu, nur mit wenig Worten sollte sein Ausbleiben vom Tisch, vielleicht auch vom Abend, durch den Reitknecht entschuldigt werden, den er ohnehin aufwecken mußte. Diesen aber fand er unten, schon vor dem Stalle, mit großen Schritten auf und ab gehend. „Sie wollen doch nicht reiten?“ rief der sonst gutmütige Mensch mit einigem Verdruß. „Ihnen darf ich es wohl sagen, aber der junge Herr wird alle Tage unerträglicher. Hatte er sich doch gestern in der Gegend herumgetrieben, daß man glauben sollte, er danke Gott, einen Sonntagmorgen zu ruhen. Kommt er nicht heute frühe vor Tag, rumort im Stalle, und wie ich aufspringe, sattelt und zäumt er Ihr Pferd, ist durch keine Vorstellung abzuhalten; er schwingt sich drauf und ruft: ‚Bedenke nur das gute Werk, das ich tue! Dies Geschöpf geht immer nur gelassen einen juristischen Trab, ich will sehen, daß ich ihn zu einem raschen Lebensgalopp anrege.‘ Er sagte ungefähr so und verführte andere wunderliche Reden.“

Lucidor war doppelt und dreifach betroffen, er liebte das Pferd, als seinem eigenen Charakter, seiner Lebensweise zusagend; ihn verdroß, das gute, verständige Geschöpf in den Händen eines Wildfangs zu wissen. Sein Plan war zerstört, seine Absicht, zu einem Universitätsfreunde, mit dem er in froher, herzlicher Verbindung gelebt, in dieser Krise zu flüchten. Das alte Zutrauen war erwacht, die dazwischenliegenden Meilen wurden nicht gerechnet, er glaubte schon bei dem wohlwollenden, verständigen Freunde Rat und Linderung zu finden. Diese Aussicht war nun abgeschnitten; doch sie war's nicht, wenn er es wagte, auf frischen Wanderfüßen, die ihm zu Gebote standen, sein Ziel zu erreichen.

Vor allen Dingen suchte er nun aus dem Park ins freie Feld, auf den Weg, der ihn zum Freunde führen sollte, zu gelangen. Er war seiner Richtung nicht ganz gewiß, als ihm, linker Hand, über dem Gebüsch hervorragend, auf wunderlichem Zimmerwerk die Einsiedelei, aus der man ihm früher ein Geheimnis gemacht hatte, in die Augen fiel und er, jedoch zu seiner größten Verwunderung, auf der Galerie unter dem chinesischen Dache den guten Alten, der einige Tage für krank gehalten worden, munter um sich blickend erschaute. Dem freundlichsten Gruße, der dringenden Einladung heraufzukommen widerstand Lucidor mit Ausflüchten und eiligen Gebärden. Nur Teilnahme für den guten Alten, der, die steile Treppe schwankenden Tritts heruntereilend, herabzustürzen drohte, konnte ihn vermögen, entgegenzugehen und sodann sich hinaufziehen zu lassen. Mit Verwunderung betrat er das anmutige Sälchen: es hatte nur drei Fenster gegen das Land, eine allerliebste Aussicht; die übrigen Wände waren verziert oder vielmehr verdeckt von hundert und aber hundert Bildnissen, in Kupfer gestochen, allenfalls auch gezeichnet, auf die Wand nebeneinander in gewisser Ordnung aufgeklebt, durch farbige Säume und Zwischenräume gesondert.

„Ich begünstige Sie, mein Freund, wie nicht jeden; dies ist das Heiligtum, in dem ich meine letzten Tage vergnüglich zubringe. Hier erhol' ich mich von allen Fehlern, die mich die Gesellschaft begehen läßt, hier bring' ich meine Diätfehler wieder ins Gleichgewicht."

Lucidor besah sich das Ganze, und in der Geschichte wohl erfahren, sah er alsbald klar, daß eine historische Neigung zugrunde liege.

„Hier oben in der Friese", sagte der Alte, „finden Sie die Namen vortrefflicher Männer aus der Urzeit, dann aus der näheren auch nur die Namen, denn wie sie ausgesehen, möchte schwerlich auszumitteln sein. Hier aber im Hauptfelde geht eigentlich mein Leben an, hier sind die Männer, die ich noch nennen gehört als Knabe. Denn etwa funfzig Jahre bleibt der Name vorzüglicher Menschen in der Erinnerung des Volks, weiterhin verschwindet er oder wird märchenhaft. — Obgleich von deutschen Eltern, bin ich in Holland geboren, und für mich ist Wilhelm von Oranien, als Statthalter und König von England, der Urvater aller außerordentlichen Männer und Helden.

Nun sehen Sie aber Ludwig den Vierzehnten gleich neben ihm, als welcher" — wie gern hätte Lucidor den guten Alten unterbrochen, wenn es sich geschickt hätte, wie es sich uns, den Erzählenden, wohl ziemen mag: denn ihn bedrohte die neue und neueste Geschichte, wie sich an den Bildern Friedrichs des Großen und seiner Generale, nach denen er hinschielte, gar wohl bemerken ließ.

Ehrte nun auch der gute Jüngling die lebendige Teilnahme des Alten an seiner nächsten Vor- und Mitzeit, konnten ihm einzelne individuelle Züge und Ansichten als interessant nicht entgehen, so hatte er doch auf Akademien schon die neuere und neueste Geschichte gehört, und was man einmal gehört hat, glaubt man für immer zu wissen. Sein Sinn stand in die Ferne, er hörte nicht, er sah kaum und war eben im Begriff, auf die ungeschickteste Weise zur Türe hinaus und die lange, fatale Treppe hinunter zu poltern, als ein Händeklatschen von unten heftig zu vernehmen war.

Indessen sich Lucidor zurückhielt, fuhr der Kopf des Alten zum Fenster hinaus, und von unten ertönte eine wohlbekannte Stimme: „Kommen Sie herunter, um 's Himmels willen, aus Ihrem historischen Bildersaal, alter Herr! Schließen Sie Ihre Fasten und helfen mir unsern jungen Freund begütigen — wenn er's erfährt. Lucidors Pferd hab' ich etwas unvernünftig angegriffen, es hat ein Eisen verloren, und ich mußte es stehen lassen. Was wird er sagen? Es ist doch gar zu absurd, wenn man absurd ist."

„Kommen Sie herauf!" sagte der Alte und wendete sich herein zu Lucidor: „Nun, was sagen Sie?" Lucidor schwieg, und der wilde Junker trat herein. Das Hin- und Widerreden gab eine lange Szene; genug, man beschloß, den Reitknecht sogleich hinzuschicken, um für das Pferd Sorge zu tragen.

Den Greis zurücklassend, eilten beide jungen Leute nach dem Hause, wohin sich Lucidor nicht ganz unwillig ziehen ließ; es mochte daraus werden, was wollte, wenigstens war in diesen Mauern der einzige Wunsch seines Herzens eingeschlossen. In solchem verzweifelten Falle vermissen wir ohnehin den Beistand unseres freien Willens und fühlen uns erleichtert für einen Augenblick, wenn von irgendwoher Bestimmung und Nötigung eingreift. Jedoch fand er sich, da er sein Zimmer betrat, in dem wunderlichsten Zustande, eben als wenn jemand in ein Gasthofsgemach, das er soeben verließ, unerwünscht wieder einzukehren genötigt ist, weil ihm eine Achse gebrochen.

Der lustige Junker machte sich nun über den Mantelsack, um alles recht ordentlich auszupacken, vorzüglich legte er zusammen, was von festlichen Kleidungsstücken, obgleich reisemäßig, vorhanden war; er nötigte Lucidorn, Schuh und Strümpfe anzuziehen, richtete dessen vollkrause, braune Locken zurecht und putzte ihn aufs beste heraus. Sodann rief er hinwegtretend, unsern Freund und sein Machwerk vom Kopf bis zum Fuße beschauend: „Nun seht Ihr doch, Freundchen, einem Menschen gleich, der einigen Anspruch auf hübsche Kinder macht, und ernsthaft genug dabei, um sich nach einer Braut umzusehn. Nur einen Augenblick! und Ihr sollt erfahren, wie ich mich hervorzutun weiß, wenn die Stunde schlägt. Das hab' ich Offizieren abgelernt, nach denen die Mädchen immer schielen, und da hab' ich mich zu einer gewissen Soldateska selbst enrolliert, und nun sehen sie mich auch an und wieder an, weil keine weiß, was sie aus mir machen soll. Da entsteht nun aus dem Hin- und Hersehen, aus Verwunderung und Aufmerksamkeit oft etwas gar Artiges, das, wär' es auch nicht dauerhaft, doch wert ist, daß man ihm den Augenblick gönne.

Aber nun kommen Sie, Freund, und erweisen mir den gleichen Dienst! Wenn Sie mich Stück für Stück in meine Hülle schlüpfen sehen, so werden Sie Witz und Erfindungsgabe dem leichtfertigen Knaben nicht absprechen."

Nun zog er den Freund mit sich fort, durch lange, weitläufige Gänge des alten Schlosses. „Ich habe mich", rief er aus, „ganz hinten hingebettet. Ohne mich verbergen zu wollen, bin ich gern allein: denn man kann's den andern doch nicht recht machen."

Sie kamen an der Kanzlei vorbei, eben als ein Diener heraustrat und ein Urvater-Schreibzeug, schwarz, groß und vollständig, heraustrug; Papier war auch nicht vergessen.

„Ich weiß schon, was da wieder gekleckst werden soll", rief der Junker; „geh hin und laß mir den Schlüssel. Tun Sie einen Blick hinein, Lucidor! es unterhält Sie wohl, bis ich angezogen bin. Einem Rechtsfreund ist ein solches Lokale nicht verhaßt wie einem Stallverwandten"; und so schob er Lucidorn in den Gerichtssaal.

Der Jüngling fühlte sich sogleich in einem bekannten, ansprechenden Elemente: die Erinnerung der Tage, wo er, aufs Geschäft erpicht, an solchem Tische saß, hörend und schreibend sich übte. Auch blieb ihm nicht verborgen, daß hier eine alte, stattliche Hauskapelle zum Dienste der Themis, bei veränderten Religionsbegriffen, verwandelt sei. In den Reposituren fand er Rubriken und Akten, ihm früher bekannt; er hatte selbst in diesen Angelegenheiten, von der Hauptstadt her, gearbeitet. Einen Faszikel aufschlagend, fiel ihm ein Reskript in die Hände, das er selbst mundiert, ein anderes, wovon er der Konzipient gewesen. Handschrift und Papier, Kanzleisiegel und des Vorsitzenden Unterschrift, alles rief ihm jene Zeit eines rechtlichen Strebens jugendlicher Hoffnung hervor. Und wenn er sich dann umsah und den Sessel des Oberamtmanns erblickte, ihm zugedacht und bestimmt, einen so schönen Platz, einen so würdigen Wirkungskreis, den er zu verschmähen, zu entbehren Gefahr lief, das alles bedrängte ihn doppelt und dreifach, indem die Gestalt Lucindens zu gleicher Zeit sich von ihm zu entfernen schien.

Er wollte das Freie suchen, fand sich aber gefangen. Der wunderliche Freund hatte, leichtsinnig oder schalkhaft, die Türe verschlossen hinter sich gelassen; doch blieb unser Freund nicht lange in dieser peinlichsten Beklemmung, denn der andere kam wieder, entschuldigte sich und erregte wirklich guten Humor durch seine seltsame Gegenwart. Eine gewisse Verwegenheit der Farben und des Schnitts seiner Kleidung war durch natürlichen Geschmack gedämpft; wie wir ja selbst tatouierten Indiern einen gewissen Beifall nicht versagen. „Heute", rief er aus, „soll uns die Langeweile vergangener Tage vergütet werden; gute Freunde, muntere Freunde sind angekommen, hübsche Mädchen, neckische, verliebte Wesen, und dann auch mein Vater, und Wunder über Wunder! Ihr Vater auch; das wird ein Fest werden, alles ist im Saale schon versammelt beim Frühstück."

Lucidorn war's auf einmal zumute, als wenn er in tiefe Nebel hineinsähe, alle die angemeldeten bekannten und unbekannten Gestalten erschienen ihm gespenstig; doch sein Charakter in Begleitung eines reinen Herzens hielt ihn aufrecht, in wenigen Sekunden fühlte er sich schon allem gewachsen. Nun folgte er dem eilenden Freunde mit sicherem Tritt, fest entschlossen, abzuwarten, es geschehe, was da wolle, sich zu erklären, es entstehe, was da wolle.

Und doch war er auf der Schwelle des Saals betroffen. In einem großen Halbkreis rings an den Fenstern umher entdeckte er sogleich seinen Vater neben dem Oberamtmann, beide stattlich angezogen. Die Schwestern, Antoni und sonst noch Bekannte und Unbekannte übersah er mit einem Blick, der ihm trübe werden wollte. Schwankend näherte er sich seinem Vater, der ihn höchst freundlich willkommen hieß, jedoch mit einer gewissen Förmlichkeit, die ein vertrauendes Annähern kaum begünstigte. Vor so vielen Personen stehend suchte er sich für den Augenblick einen schicklichen Platz; er hätte sich neben Lucinden stellen können, aber Julie, dem gespannten Anstand zuwider, machte eine Wendung, daß er zu ihr treten mußte; Antoni blieb neben Lucinden.

In diesem bedeutenden Momente fühlte sich Lucidor abermals als Beauftragten, und gestählt von seiner ganzen

Rechtswissenschaft, rief er sich jene schöne Maxime zu seinen eignen Gunsten heran: „Wir sollen anvertraute Geschäfte der Fremden wie unsere eigenen behandeln, warum nicht die unsrigen in eben dem Sinne?“ — In Geschäftsvorträgen wohl geübt, durchlief er schnell, was er zu sagen habe. Indessen schien die Gesellschaft, in einen förmlichen Halbzirkel gebildet, ihn zu überflügeln. Den Inhalt seines Vortrags kannte er wohl, den Anfang konnte er nicht finden. Da bemerkte er, in einer Ecke aufgetischt, das große Tintenfaß, Kanzleiverwandte dabei; der Oberamtmann machte eine Bewegung, seine Rede vorzubereiten; Lucidor wollte ihm zuvorkommen, und in demselben Augenblicke drückte Julie ihm die Hand. Dies brachte ihn aus aller Fassung, er überzeugte sich, daß alles entschieden, alles für ihn verloren sei.

Nun war an gegenwärtigen sämtlichen Lebensverhältnissen, diesen Familienverbindungen, Gesellschafts- und Anstandsbezügen nichts mehr zu schonen; er sah vor sich hin, entzog seine Hand Julien und war so schnell zur Türe hinaus, daß die Versammlung ihn unversehens vermißte und er sich selbst draußen nicht wiederfinden konnte.

Scheu vor dem Tageslichte, das im höchsten Glanze über ihn herabschien, die Blicke begegnender Menschen vermeidend, aufsuchende fürchtend, schritt er vorwärts und gelangte zu dem großen Gartensaal. Dort wollten ihm die Kniee versagen, er stürzte hinein und warf sich trostlos auf den Sofa unter dem Spiegel: mitten in der sittlich-bürgerlichen Gesellschaft in solcher Verworrenheit befangen, die sich wogenhaft um ihn, in ihm hin und her schlug. Sein vergangenes Dasein kämpfte mit dem gegenwärtigen, es war ein greulicher Augenblick.

Und so lag er eine Zeit, mit dem Gesichte in das Kissen versenkt, auf welchem gestern Lucindens Arm geruht hatte. Ganz in seinen Schmerz versunken, fuhr er, sich berührt fühlend, schnell in die Höhe, ohne die Annäherung irgendeiner Person gespürt zu haben: da erblickt' er Lucinden, die ihm nahe stand.

Vermutend, man habe sie gesendet, ihn abzuholen, ihr aufgetragen, ihn mit schicklichen, schwesterlichen Worten in die Gesellschaft, seinem widerlichen Schicksal entgegen zu führen, rief er aus: „Sie hätte man nicht senden müssen, Lucinde, denn Sie sind es, die mich von dort vertrieb; ich kehre nicht zurück! Geben Sie mir, wenn Sie irgendeines Mitleids fähig sind, schaffen Sie mir Gelegenheit und Mittel zur Flucht. Denn, damit Sie von mir zeugen können, wie unmöglich es sei, mich zurückzubringen, so nehmen Sie den Schlüssel zu meinem Betragen, das Ihnen und allen wahnsinnig vorkommen muß. Hören Sie den Schwur, den ich mir im Innern getan und den ich unauflöslich laut wiederhole: Nur mit Ihnen wollt' ich leben, meine Jugend nutzen, genießen, und so das Alter im treuen, redlichen Ablauf. Dies aber sei so fest und sicher als irgend etwas, was vor dem Altar je geschworen worden, was ich jetzt schwöre, indem ich Sie verlasse, der bedauernswürdigste aller Menschen."

Er machte eine Bewegung zu entschlüpfen, ihr, die so gedrängt vor ihm stand; aber sie faßte ihn sanft in ihren Arm. — „Was machen Sie!" rief er aus. — „Lucidor!" rief sie, „nicht zu bedauern, wie Sie wohl wähnen, Sie sind mein, ich die Ihre; ich halte Sie in meinen Armen, zaudern Sie nicht, die Ihrigen um mich zu schlagen. Ihr Vater ist alles zufrieden; Antoni heiratet meine Schwester." Erstaunt zog er sich von ihr zurück. „Das wäre wahr?" Lucinde lächelte und nickte, er entzog sich ihren Armen. „Lassen Sie mich noch einmal in der Ferne sehen, was so nah, so nächst mir angehören soll." Er faßte ihre Hände, Blick in Blick! „Lucinde, sind Sie mein?" — Sie versetzte: „Nun ja doch", die süßesten Tränen in dem treusten Auge; er umschlang sie und warf sein Haupt hinter das ihre, hing wie am Uferfelsen ein Schiffbrüchiger; der Boden bebte noch unter ihm. Nun aber sein entzückter Blick, sich wieder öffnend, fiel in den Spiegel. Da sah er sie in seinen Armen, sich von den ihren umschlungen; er blickte wieder und wieder hin. Solche Gefühle begleiten den Menschen durchs ganze Leben. Zugleich sah er auch auf der Spiegelfläche die Landschaft, die ihm gestern so greulich und ahnungsvoll erschienen war, glänzender und herrlicher als je; und sich in solcher Stellung, auf solchem Hintergrunde! Genugsame Vergeltung aller Leiden.

„Wir sind nicht allein", sagte Lucinde, und kaum hatte er sich von seinem Entzücken erholt, so erschienen geputzt und bekränzt Mädchen und Knaben, Kränze tragend, den Ausgang versperrend. „Das sollte alles anders werden", rief Lucinde; „wie artig war es eingerichtet, und nun geht's tumultuarisch durcheinander!" Ein munterer Marsch tönte von weitem, und man sah die Gesellschaft den breiten Weg her feierlich heiter heranziehen. Er zauderte entgegenzugehen und schien seiner Schritte nur an ihrem Arm gewiß; sie blieb neben ihm, die feierliche Szene des Wiedersehens, des Danks für eine schon vollendete Vergebung von Augenblick zu Augenblick erwartend.

Anders war's jedoch von den launischen Göttern beschlossen; eines Posthorns lustig schmetternder Ton, von der Gegenseite, schien den ganzen Anstand in Verwirrung zu setzen. „Wer mag kommen?" rief Lucinde. Lucidorn schauderte vor einer fremden Gegenwart, und auch der Wagen schien ganz fremd. Eine zweisitzige, neue, ganz neuste Reisechaise! Sie fuhr an den Saal an. Ein ausgezeichneter, anständiger Knabe sprang hinten herunter, öffnete den Schlag, aber niemand stieg heraus; die Chaise war leer, der Knabe stieg hinein, mit einigen geschickten Handgriffen warf er die Spriegel zurück, und so war in einem Nu das niedlichste Gebäude zur lustigsten Spazierfahrt vor den Augen aller Anwesenden bereitet, die indessen herankamen. Antoni, den übrigen voreilend, führte Julien zu dem Wagen. „Versuchen Sie", sprach er, „ob Ihnen dies Fuhrwerk gefallen kann, um darin mit mir auf den besten Wegen durch die Welt zu rollen; ich werde Sie keinen andern führen, und wo es irgend not tut, wollen wir uns zu helfen wissen. Über das Gebirg sollen uns Saumrosse tragen, und den Wagen dazu."

„Sie sind allerliebst!" rief Julie. Der Knabe trat heran und zeigte mit Taschenspielergewandtheit alle Bequemlichkeiten, kleine Vorteile und Behendigkeiten des ganzen leichten Baues.

„Auf der Erde weiß ich keinen Dank", rief Julie, „nur auf diesem kleinen, beweglichen Himmel, aus dieser Wolke, in die Sie mich erheben, will ich Ihnen herzlich danken."

Sie war schon eingesprungen, ihm Blick und Kußhand freundlich zuwerfend. „Gegenwärtig dürfen Sie noch nicht zu mir herein, da ist aber ein anderer, den ich auf dieser Probefahrt mitzunehmen gedenke, er hat auch noch eine Probe zu bestehen.“ Sie rief nach Lucidor, der, eben mit Vater und Schwiegervater in stummer Unterhaltung begriffen, sich gern in das leichte Fuhrwerk nötigen ließ, da er ein unausweichlich Bedürfnis fühlte, nur einen Augenblick auf irgendeine Weise sich zu zerstreuen. Er saß neben ihr, sie rief dem Postillon zu, wie er fahren solle. Flugs entfernten sie sich, in Staub gehüllt, aus den Augen der verwundert Nachschauenden.

Julie setzte sich recht fest und bequem ins Eckchen. — „Rücken Sie nun auch dorthin, Herr Schwager, daß wir uns recht bequem in die Augen sehen.“

Lucidor. Sie empfinden meine Verwirrung, meine Verlegenheit; ich bin noch immer wie im Traume, helfen Sie mir heraus.

Julie. Sehen Sie die hübschen Bauersleute, wie sie freundlich grüßen! Bei Ihrem Hiersein sind Sie ja nicht ins obere Dorf gekommen. Alles wohlhabende Leute, die mir alle gewogen sind. Es ist niemand zu reich, dem man nicht einmal wohlwollend einen bedeutenden Dienst erweisen könne. Diesen Weg, den wir so bequem fahren, hat mein Vater angelegt und auch dieses Gute gestiftet.

Lucidor. Ich glaub' es gern und geb' es zu; aber was sollen die Äußerlichkeiten gegen die Verworrenheit meines Innern!

Julie. Nur Geduld, ich will Ihnen die Reiche der Welt und ihre Herrlichkeit zeigen. Nun sind wir oben! Wie klar das ebene Land gegen das Gebirg hinliegt! Alle diese Dörfer verdanken meinem Vater gar viel, und Mutter und Töchtern wohl auch. Die Flur jenes Städtchens dort hinten macht erst die Grenze.

Lucidor. Ich finde Sie in einer wunderlichen Stimmung; Sie scheinen nicht recht zu sagen, was Sie sagen wollten.

Julie. Nun sehen Sie hier links hinunter, wie schön sich das alles entwickelt! Die Kirche mit ihren hohen Linden, das Amthaus mit seinen Pappeln hinter dem Dorfhügel her. Auch die Gärten liegen vor uns und der Park.

Der Postillon fuhr schärfer.

Julie. Jenen Saal dort droben kennen Sie; er sieht sich von hier aus ebenso gut an wie die Gegend von dort her. Hier am Baume wird gehalten; nun gerade hier spiegeln wir uns oben in der großen Glasfläche, man sieht uns dort recht gut, wir aber können uns nicht erkennen. — Fahre zu! — Dort haben sich vor kurzem wahrscheinlich ein Paar Leute näher bespiegelt und, ich müßte mich sehr irren, mit großer wechselseitiger Zufriedenheit.

Lucidor, verdrießlich, erwiderte nichts; sie fuhren eine Zeitlang stillschweigend vor sich hin, es ging sehr schnell. „Hier", sagte Julie, „fängt der schlechte Weg an, um den mögen Sie sich einmal verdient machen. Eh es hinabgeht, schauen Sie noch hinüber, die Buche meiner Mutter ragt mit ihrem herrlichen Gipfel über alles hervor. Du fährst", fuhr sie zum Kutschenden fort, „den schlechten Weg hin, wir nehmen den Fußpfad durchs Tal und sind eher drüben wie du." Im Aussteigen rief sie aus: „Das gestehen Sie doch, der ewige Jude, der unruhige Anton Reiser, weiß noch seine Wallfahrten bequem genug einzurichten, für sich und seine Genossen: es ist ein sehr schöner, bequemer Wagen."

Und so war sie auch schon den Hügel drunten; Lucidor folgte sinnend und fand sie auf einer wohlgelegenen Bank sitzend, es war Lucindens Plätzchen. Sie lud ihn zu sich.

Julie. Nun sitzen wir hier und gehen einander nichts an, das hat denn doch so sein sollen. Das kleine Quecksilber wollte Ihnen gar nicht anstehen. Nicht lieben konnten Sie ein solches Wesen, verhaßt war es Ihnen.

Lucidors Verwunderung nahm zu.

Julie. Aber freilich Lucinde! Sie ist der Inbegriff aller Vollkommenheiten, und die niedliche Schwester war ein für allemal ausgestochen. Ich seh' es, auf Ihren Lippen schwebt die Frage, wer uns so genau unterrichtet hat?

Lucidor. Es steckt ein Verrat dahinter! —

Julie. Jawohl! ein Verräter ist im Spiele.

Lucidor. Nennen Sie ihn.

Julie. Der ist bald entlarvt. Sie selbst! — Sie haben die löbliche oder unlöbliche Gewohnheit, mit sich selbst zu reden, und da will ich denn in unser aller Namen bekennen, daß wir Sie wechselsweise behorcht haben.

Lucidor (aufspringend). Eine saubere Gastfreundschaft, auf diese Weise den Fremden eine Falle zu stellen!

Julie. Keineswegs; wir dachten nicht daran, Sie zu belauschen, so wenig als irgendeinen andern. Sie wissen, Ihr Bett steht in einem Verschlag der Wand, von der Gegenseite geht ein anderer herein, der gewöhnlich nur zu häuslicher Niederlage dient. Da hatten wir einige Tage vorher unsern Alten genötigt zu schlafen, weil wir für ihn in seiner abgelegenen Einsiedelei viele Sorge trugen; nun fuhren Sie gleich den ersten Abend mit einem solchen leidenschaftlichen Monolog ins Zeug, dessen Inhalt er uns den andern Morgen angelegentlichst entdeckte.

Lucidor hatte nicht Lust, sie zu unterbrechen. Er entfernte sich.

Julie (aufgestanden ihm folgend). Wie war uns mit dieser Erklärung gedient! Denn ich gestehe gern: wenn Sie mir auch nicht gerade zuwider waren, so blieb doch der Zustand, der mich erwartete, mir keineswegs wünschenswert. Frau Oberamtmännin zu sein, welche schreckliche Lage! Einen tüchtigen, braven Mann zu haben, der den Leuten Recht sprechen soll und vor lauter Recht nicht zur Gerechtigkeit kommen kann! der es weder nach oben noch unten recht macht und, was das Schlimmste ist, sich selbst nicht. Ich weiß, was meine Mutter ausgestanden hat von der Unbestechlichkeit, Unerschütterlichkeit meines Vaters. Endlich, leider nach ihrem Tod, ging ihm eine gewisse Mildigkeit auf, er schien sich in die Welt zu finden, an ihr sich auszugleichen, die er sich bisher vergeblich bekämpft hatte.

Lucidor (höchst unzufrieden über den Vorfall, ärgerlich über die leichtsinnige Behandlung, stand still). Für den Scherz eines Abends mochte das hingehen, aber eine solche beschämende Mystifikation Tage und Nächte lang gegen einen unbefangenen Gast zu verüben, ist nicht verzeihlich.

Julie. Wir alle haben uns in die Schuld geteilt, wir haben Sie alle behorcht; ich aber allein büße die Schuld des Horchens.

Lucidor. Alle! desto unverzeihlicher! Und wie konnten Sie mich den Tag über ohne Beschämung ansehen, den Sie des Nachts schmählich-unerlaubt überlisteten? Doch ich sehe jetzt ganz deutlich mit einem Blick, daß Ihre Tagesanstalten nur darauf berechnet waren, mich zum besten zu haben. Eine löbliche Familie! und wo bleibt die Gerechtigkeitsliebe Ihres Vaters? — Und Lucinde! —

Julie. Und Lucinde! — Was war das für ein Ton! Nicht wahr, Sie wollten sagen: wie tief es Sie schmerzt, von Lucinden übel zu denken, Lucinden mit uns allen in eine Klasse zu werfen?

Lucidor. Lucinden begreif' ich nicht.

Julie. Sie wollen sagen: diese reine, edle Seele, dieses ruhig gefaßte Wesen, die Güte, das Wohlwollen selbst, diese Frau, wie sie sein sollte, verbindet sich mit einer leichtsinnigen Gesellschaft, mit einer überhinfahrenden Schwester, einem verzogenen Jungen und gewissen geheimnisvollen Personen! das ist unbegreiflich.

Lucidor. Jawohl ist das unbegreiflich.

Julie. So begreifen Sie es denn! Lucinden wie uns allen waren die Hände gebunden. Hätten Sie die Verlegenheit bemerken können, wie sie sich kaum zurückhielt, Ihnen alles zu offenbaren, Sie würden sie doppelt und dreifach lieben, wenn nicht jede wahre Liebe an und für sich zehn- und hundertfach wäre; auch versichere ich Sie, uns allen ist der Spaß am Ende zu lang geworden.

Lucidor. Warum endigten Sie ihn nicht?

Julie. Das ist nun auch aufzuklären. Nachdem Ihr erster Monolog dem Vater bekannt geworden und er gar bald bemerken konnte, daß alle seine Kinder nichts gegen einen solchen Tausch einzuwenden hätten, so entschloß er sich, alsobald zu Ihrem Vater zu reisen. Die Wichtigkeit des Geschäfts war ihm bedenklich. Ein Vater allein fühlt den Respekt, den man einem Vater schuldig ist. — „Er muß es zuerst wissen", sagte der meine, „um nicht etwan hinterdrein, wenn wir einig sind, eine ärgerlich-erzwungene

Zustimmung zu geben. Ich kenne ihn genau, ich weiß, wie er einen Gedanken, eine Neigung, einen Vorsatz festhält, und es ist mir bange genug. Er hat sich Julien, seine Karten und Prospekte so zusammen gedacht, daß er sich schon vornahm, das alles zuletzt hierher zu stiften, wenn der Tag käme, wo das junge Paar sich hier niederließe und Ort und Stelle so leicht nicht verändern könnte: da wollt' er alle Ferien uns zuwenden, und was er für Liebes und Gutes im Sinne hatte. Er muß zuerst erfahren, was die Natur uns für einen Streich gespielt, da noch nichts eigentlich erklärt, noch nichts entschieden ist." Hierauf nahm er uns allen den feierlichsten Handschlag ab, daß wir Sie beobachten und, es geschehe, was da wolle, Sie hinhalten sollten. Wie sich die Rückreise verzögert, wie es Kunst, Mühe und Beharrlichkeit gekostet, Ihres Vaters Einwilligung zu erlangen, das mögen Sie von ihm selbst hören. Genug, die Sache ist abgetan, Lucinde ist Ihnen gegönnt. —

Und so waren beide, vom ersten Sitze lebhaft sich entfernend, unterwegs anhaltend, immer fortsprechend und langsam weitergehend, über die Wiesen hin auf die Erhöhung gekommen an einen andern wohlgebahnten Kunstweg. Der Wagen fuhr schnell heran; augenblicks machte sie ihren Nachbar aufmerksam auf ein seltsames Schauspiel. Die ganze Maschinerie, worauf sich der Bruder so viel zugute tat, war belebt und bewegt; schon führten die Räder eine Menschenzahl auf und nieder, schon wogten die Schaukeln, Mastbäume wurden erklettert, und was man nicht alles für kühnen Schwung und Sprung über den Häuptern einer unzählbaren Menge gewagt sah! Alles das hatte der Junker in Bewegung gesetzt, damit nach Tafel die Gäste fröhlich unterhalten würden. „Du fährst noch durchs untere Dorf", rief Julie, „die Leute wollen mir wohl, und sie sollen sehen, wie wohl es mir geht."

Das Dorf war öde, die Jüngern sämtlich hatten schon den Lustplatz ereilt, alte Männer und Frauen zeigten sich, durch das Posthorn erregt, an Tür und Fenstern, alles grüßte, segnete, rief: „O das schöne Paar!"

Julie. Nun, da haben Sie's! Wir hätten am Ende doch wohl zusammengepaßt; es kann Sie noch reuen.

Lucidor. Jetzt aber, liebe Schwägerin! —

Julie. Nicht wahr, jetzt „lieb", da Sie mich los sind.

Lucidor. Nur ein Wort! Auf Ihnen lastet eine schwere Verantwortlichkeit; was sollte der Händedruck, da Sie meine überschreckliche Stellung kannten und fühlen mußten? So gründlich Boshaftes ist mir in der Welt noch nichts vorgekommen.

Julie. Danken Sie Gott, nun wär's abgebüßt, alles ist verziehen. Ich wollte Sie nicht, das ist wahr, aber daß Sie mich ganz und gar nicht wollten, das verzeiht kein Mädchen, und dieser Händedruck war, merken Sie sich's! für den Schalk. Ich gestehe, es war schalkischer als billig, und ich verzeihe mir nur, indem ich Ihnen vergebe, und so sei denn alles vergeben und vergessen! Hier meine Hand.

Er schlug ein, sie rief: „Da sind wir schon wieder! in unserm Park schon wieder, und so geht's bald um die weite Welt und auch wohl zurück; wir treffen uns wieder."

Sie waren vor dem Gartensaal schon angelangt, er schien leer; die Gesellschaft hatte sich, im Unbehagen, die Tafelzeit überlang verschoben zu sehen, zum Spazieren bewegt. Antoni aber und Lucinde traten hervor. Julie warf sich aus dem Wagen ihrem Freund entgegen, sie dankte in einer herzlichen Umarmung und enthielt sich nicht der freudigsten Tränen. Des edlen Mannes Wange rötete sich, seine Züge traten entfaltet hervor, sein Auge blickte feucht, und ein schöner, bedeutender Jüngling erschien aus der Hülle.

Und so zogen beide Paare zur Gesellschaft, mit Gefühlen, die der schönste Traum nicht zu geben vermöchte.

ZEHNTES KAPITEL

Vater und Sohn waren, von einem Reitknecht begleitet, durch eine angenehme Gegend gekommen, als dieser, im Angesicht einer hohen Mauer, die einen weiten Bezirk zu umschließen schien, stillehaltend, bedeutete, sie möchten nun zu Fuße sich dem großen Tore nähern, weil kein Pferd in diesen Kreis eingelassen würde. Sie zogen die Glocke, das Tor eröffnete sich, ohne daß eine Menschengestalt sichtbar geworden wäre, und sie gingen auf ein altes Gebäude los, das zwischen uralten Stämmen von Buchen und Eichen ihnen entgegenschimmerte. Wunderbar war es anzusehen, denn so alt es der Form nach schien, so war es doch, als wenn Maurer und Steinmetzen soeben erst abgegangen wären, dergestalt neu, vollständig und nett erschienen die Fugen wie die ausgearbeiteten Verzierungen.

Der metallne, schwere Ring an einer wohlgeschnitzten Pforte lud sie ein zu klopfen, welches Felix mutwillig etwas unsanft verrichtete; auch diese Tür sprang auf, und sie fanden zunächst auf der Hausflur ein Frauenzimmer sitzen von mittlerem Alter, am Stickrahmen mit einer wohlgezeichneten Arbeit beschäftigt. Diese begrüßte sogleich die Ankommenden als schon gemeldet und begann ein heiteres Lied zu singen, worauf sogleich aus einer benachbarten Türe ein Frauenzimmer heraustrat, das man für die Beschließerin und tätige Haushälterin, nach den Anhängseln ihres Gürtels, ohne weiteres zu erkennen hatte. Auch diese freundlich grüßend führte die Fremden eine Treppe hinauf und eröffnete ihnen einen Saal, der sie ernsthaft ansprach, weit, hoch, ringsum getäfelt, oben drüber eine Reihenfolge historischer Schilderungen. Zwei Personen traten ihnen entgegen, ein jüngeres Frauenzimmer und ein ältlicher Mann.

Jene hieß den Gast sogleich freimütig willkommen. „Sie sind“, sagte sie, „als einer der Unsern angemeldet. Wie soll ich Ihnen aber kurz und gut den Gegenwärtigen vorstellen? Er ist unser Hausfreund im schönsten und weitesten Sinne, bei Tage der belehrende Gesellschafter, bei Nacht Astronom, und Arzt zu jeder Stunde.“

„Und ich“, versetzte dieser freundlich, „empfehle Ihnen dieses Frauenzimmer als die bei Tage unermüdet Geschäftige, bei Nacht, wenn’s not tut, gleich bei der Hand, und immerfort die heiterste Lebensbegleiterin.“

Angela, so nannte man die durch Gestalt und Betragen einnehmende Schöne, verkündigte sodann die Ankunft Makariens; ein grüner Vorhang zog sich auf, und eine ältliche, wunderwürdige Dame ward auf einem Lehnsessel von zwei jungen, hübschen Mädchen hereingeschoben, wie von zwei andern ein runder Tisch mit erwünschtem Frühstück. In einem Winkel der ringsumher gehenden massiven eichenen Bänke waren Kissen gelegt, darauf setzten sich die obigen dreie, Makarie in ihrem Sessel gegen ihnen über. Felix verzehrte sein Frühstück stehend, im Saal umherwandelnd und die ritterlichen Bilder über dem Getäfel neugierig betrachtend.

Makarie sprach zu Wilhelm als einem Vertrauten, sie schien sich in geistreicher Schilderung ihrer Verwandten zu erfreuen; es war, als wenn sie die innere Natur eines jeden durch die ihn umgebende individuelle Maske durchschaute. Die Personen, welche Wilhelm kannte, standen wie verklärt vor seiner Seele, das einsichtige Wohlwollen der unschätzbaren Frau hatte die Schale losgelöst und den gesunden Kern veredelt und belebt.

Nachdem nun diese angenehmen Gegenstände durch die freundlichste Behandlung erschöpft waren, sprach sie zu dem würdigen Gesellschafter: „Sie werden von der Gegenwart dieses neuen Freundes nicht wiederum Anlaß zu einer Entschuldigung finden und die versprochene Unterhaltung abermals verspäten; er scheint von der Art, wohl auch daran teilzunehmen."

Jener aber versetzte darauf: „Sie wissen, welche Schwierigkeit es ist, sich über diese Gegenstände zu erklären, denn es ist von nichts wenigerem als von dem Mißbrauch fürtrefflicher und weit auslangender Mittel die Rede."

„Ich geb' es zu", versetzte Makarie, „denn man kommt in doppelte Verlegenheit. Spricht man von Mißbrauch, so scheint man die Würde des Mittels selbst anzutasten, denn es liegt ja immer noch in dem Mißbrauch verborgen; spricht man von Mittel, so kann man kaum zugeben, daß seine Gründlichkeit und Würde irgendeinen Mißbrauch zulasse. Indessen, da wir unter uns sind, nichts festsetzen, nichts nach außen wirken, sondern nur uns aufklären wollen, so kann das Gespräch immer vorwärtsgehen."

„Doch müßten wir", versetzte der bedächtige Mann, „vorher anfragen, ob unser neuer Freund auch Lust habe, an einer gewissermaßen abstrusen Materie teilzunehmen, und ob er nicht vorzöge, in seinem Zimmer einer nötigen Ruhe zu pflegen. Sollte wohl unsere Angelegenheit, außer dem Zusammenhange, ohne Kenntnis, wie wir darauf gelangt, von ihm gern und günstig aufgenommen werden?"

„Wenn ich das, was Sie gesagt haben, mir durch etwas Analoges erklären möchte, so scheint es ungefähr der Fall zu sein, wenn man die Heuchelei angreift und eines Angriffs auf die Religion beschuldigt werden kann."

„Wir können die Analogie gelten lassen", versetzte der Hausfreund, „denn es ist auch hier von einem Komplex mehrerer bedeutender Menschen, von einer hohen Wissenschaft, von einer wichtigen Kunst und, daß ich kurz sei, von der Mathematik die Rede."

„Ich habe", versetzte Wilhelm, „wenn ich auch über die fremdesten Gegenstände sprechen hörte, mir immer etwas daraus nehmen können: denn alles, was den einen Menschen interessiert, wird auch in dem andern einen Anklang finden."

„Vorausgesetzt", sagte jener, „daß er sich eine gewisse Freiheit des Geistes erworben habe; und da wir Ihnen dies zutrauen, so will ich von meiner Seite wenigstens Ihrem Verharren nichts entgegenstellen."

„Was aber fangen wir mit Felix an?" fragte Makarie, „welcher, wie ich sehe, mit der Betrachtung jener Bilder schon fertig ist und einige Ungeduld merken läßt."

„Vergönnt mir, diesem Frauenzimmer etwas ins Ohr zu sagen", versetzte Felix, raunte Angela etwas stille zu, die sich mit ihm entfernte, bald aber lächelnd zurückkam, da denn der Hausfreund folgendermaßen zu reden anfing.

„In solchen Fällen, wo man irgend eine Mißbilligung, einen Tadel, auch nur ein Bedenken aussprechen soll, nehme ich nicht gern die Initiative; ich suche mir eine Autorität, bei welcher ich mich beruhigen kann, indem ich finde, daß mir ein anderer zur Seite steht. Loben tu' ich ohne Bedenken, denn warum soll ich verschweigen, wenn mir etwas zusagt? sollte es auch meine Beschränktheit ausdrücken, so hab' ich mich deren nicht zu schämen; tadle ich aber, so kann mir begegnen, daß ich etwas Fürtreffliches abweise, und dadurch zieh' ich mir die Mißbilligung anderer zu, die es besser verstehen; ich muß mich zurücknehmen, wenn ich aufgeklärt werde. Deswegen bring' ich hier einiges Geschriebene, sogar Übersetzungen mit: denn ich traue in solchen Dingen meiner

Nation so wenig als mir selbst; eine Zustimmung aus der Ferne und Fremde scheint mir mehr Sicherheit zu geben.“ Er fing nunmehr nach erhaltener Erlaubnis folgendermaßen zu lesen an. —

Wenn wir aber uns bewogen finden, diesen werten Mann nicht lesen zu lassen, so werden es unsere Gönner wahrscheinlich geneigt aufnehmen, denn was oben gegen das Verweilen Wilhelms bei dieser Unterhaltung gesagt worden, gilt noch mehr in dem Falle, in welchem wir uns befinden. Unsere Freunde haben einen Roman in die Hand genommen, und wenn dieser hie und da schon mehr als billig didaktisch geworden, so finden wir doch geraten, die Geduld unserer Wohlwollenden nicht noch weiter auf die Probe zu stellen. Die Papiere, die uns vorliegen, gedenken wir an einem andern Orte abdrucken zu lassen und fahren diesmal im Geschichtlichen ohne weiteres fort, da wir selbst ungeduldig sind, das obwaltende Rätsel endlich aufgeklärt zu sehen.

Enthalten können wir uns aber doch nicht, ferner einiges zu erwähnen, was noch vor dem abendlichen Scheiden dieser edlen Gesellschaft zur Sprache kam. Wilhelm, nachdem er jener Vorlesung aufmerksam zugehört, äußerte ganz unbewunden: „Hier vernehme ich von großen Naturgaben, Fähigkeiten und Fertigkeiten, und doch zuletzt, bei ihrer Anwendung, manches Bedenken. Sollte ich mich darüber ins Kurze fassen, so würde ich ausrufen: ‚Große Gedanken und ein reines Herz, das ist's, was wir uns von Gott erbitten sollten!‘“

Diesen verständigen Worten Beifall gebend, löste die Versammlung sich auf; der Astronom aber versprach, Wilhelmen in dieser herrlichen, klaren Nacht an den Wundern des gestirnten Himmels vollkommen teilnehmen zu lassen.

Nach einigen Stunden ließ der Astronom seinen Gast die Treppen zur Sternwarte sich hinaufwinden und zuletzt allein auf die völlig freie Fläche eines runden, hohen Turmes heraustreten. Die heiterste Nacht, von allen Sternen leuchtend und funkelnd, umgab den Schauenden, welcher zum erstenmale das hohe Himmelsgewölbe in seiner ganzen Herrlichkeit zu erblicken glaubte. Denn im gemeinen Leben, abgerechnet die ungünstige Witterung, die uns so oft den

Glanzraum des Äthers verbirgt, hindern uns zu Hause bald Dächer und Giebel, auswärts bald Wälder und Felsen, am meisten aber überall die inneren Beunruhigungen des Gemüts, die, uns alle Umwelt mehr als Nebel und Mißwetter zu verdüstern, sich hin und her bewegen.

Ergriffen und erstaunt hielt er sich beide Augen zu. Das Ungeheure hört auf, erhaben zu sein, es überreicht unsre Fassungskraft, es droht, uns zu vernichten. „Was bin ich denn gegen das All?" sprach er zu seinem Geiste; „wie kann ich ihm gegenüber, wie kann ich in seiner Mitte stehen?" Nach einem kurzen Überdenken jedoch fuhr er fort: „Das Resultat unsres heutigen Abends löst ja auch das Rätsel des gegenwärtigen Augenblicks. Wie kann sich der Mensch gegen das Unendliche stellen, als wenn er alle geistigen Kräfte, die nach vielen Seiten hingezogen werden, in seinem Innersten, Tiefsten versammelt, wenn er sich fragt: ‚Darfst du dich in der Mitte dieser ewig lebendigen Ordnung auch nur denken, sobald sich nicht gleichfalls in dir ein beharrlich Bewegtes, um einen reinen Mittelpunkt kreisend, hervortut? Und selbst wenn es dir schwer würde, diesen Mittelpunkt in deinem Busen aufzufinden, so würdest du ihn daran erkennen, daß eine wohlwollende, wohltätige Wirkung von ihm ausgeht und von ihm Zeugnis gibt.'

Wer soll, wer kann aber auf sein vergangenes Leben zurückblicken, ohne gewissermaßen irre zu werden, da er meistens finden wird, daß sein Wollen richtig, sein Tun falsch, sein Begehren tadelhaft und sein Erlangen dennoch erwünscht gewesen?

Wie oft hast du diese Gestirne leuchten gesehen, und haben sie dich nicht jederzeit anders gefunden? sie aber sind immer dieselbigen und sagen immer dasselbige: ‚Wir bezeichnen', wiederholen sie, ‚durch unsern gesetzmäßigen Gang Tag und Stunde; frage dich auch, wie verhältst du dich zu Tag und Stunde?' — Und so kann ich denn diesmal antworten: ‚Des gegenwärtigen Verhältnisses hab' ich mich nicht zu schämen, meine Absicht ist, einen edlen Familienkreis in allen seinen Gliedern erwünscht verbunden herzustellen; der Weg ist bezeichnet. Ich soll erforschen, was edle Seelen auseinanderhält, soll Hindernisse wegräumen, von welcher Art sie auch seien.‘ Dies darfst du vor diesen himmlischen Heerscharen bekennen; achteten sie deiner, sie würden zwar über deine Beschränktheit lächeln, aber sie ehrten gewiß deinen Vorsatz und begünstigten dessen Erfüllung.“

Bei diesen Worten oder Gedanken wendete er sich, umherzusehen, da fiel ihm Jupiter in die Augen, das Glücksgestirn, so herrlich leuchtend als je; er nahm das Omen als günstig auf und verharrte freudig in diesem Anschauen eine Zeitlang.

Hierauf sogleich berief ihn der Astronom herabzukommen und ließ ihn eben dieses Gestirn durch ein vollkommenes Fernrohr in bedeutender Größe, begleitet von seinen Monden, als ein himmlisches Wunder anschauen.

Als unser Freund lange darin versunken geblieben, wendete er sich um und sprach zu dem Sternfreunde: „Ich weiß nicht, ob ich Ihnen danken soll, daß Sie mir dieses Gestirn so über alles Maß näher gerückt. Als ich es vorhin sah, stand es im Verhältnis zu dem übrigen Unzähligen des Himmels und zu mir selbst; jetzt aber tritt es in meiner Einbildungskraft unverhältnismäßig hervor, und ich weiß nicht, ob ich die übrigen Scharen gleicherweise heranzuführen wünschen sollte. Sie werden mich einengen, mich beängstigen.“

So erging sich unser Freund nach seiner Gewohnheit weiter, und es kam bei dieser Gelegenheit manches Unerwartete zur Sprache. Auf einiges Erwidern des Kunstverständigen versetzte Wilhelm: „Ich begreife recht gut, daß es euch Himmelskundigen die größte Freude gewähren muß, das ungeheure Weltall nach und nach so heranzuziehen, wie ich hier den Planeten sah und sehe. Aber erlauben Sie mir, es auszusprechen: ich habe im Leben überhaupt und im Durchschnitt gefunden, daß diese Mittel, wodurch wir unsern Sinnen zu Hülfe kommen, keine sittlich günstige Wirkung auf den Menschen ausüben. Wer durch Brillen sieht, hält sich für klüger, als er ist, denn sein äußerer Sinn wird dadurch mit seiner innern Urteilsfähigkeit außer Gleichgewicht gesetzt; es gehört eine höhere Kultur dazu, deren nur vorzügliche Menschen fähig sind, ihr Inneres, Wahres mit diesem von außen herangerückten Falschen einigermaßen auszugleichen. Sooft ich durch eine Brille sehe, bin ich ein anderer Mensch und gefalle mir selbst nicht; ich sehe mehr, als ich sehen sollte, die schärfer gesehene Welt harmoniert nicht mit meinem Innern, und ich lege die Gläser geschwind wieder weg, wenn meine Neugierde, wie dieses oder jenes in der Ferne beschaffen sein möchte, befriedigt ist."

Auf einige scherzhafte Bemerkungen des Astronomen fuhr Wilhelm fort: „Wir werden diese Gläser so wenig als irgendein Maschinenwesen aus der Welt bannen, aber dem Sittenbeobachter ist es wichtig, zu erforschen und zu wissen, woher sich manches in die Menschheit eingeschlichen hat, worüber man sich beklagt. So bin ich z. B. überzeugt, daß die Gewohnheit, Annäherungsbrillen zu tragen, an dem Dünkel unserer jungen Leute hauptsächlich schuld hat."

Unter diesen Gesprächen war die Nacht weit vorgerückt, worauf der im Wachen bewährte Mann seinem jungen Freunde den Vorschlag tat, sich auf dem Feldbette niederzulegen und einige Zeit zu schlafen, um alsdann mit frischerem Blick die dem Aufgang der Sonne voreilende Venus, welche eben heute in ihrem vollendeten Glanze zu erscheinen verspräche, zu schauen und zu begrüßen.

Wilhelm, der sich bis auf den Augenblick recht straff und munter erhalten hatte, fühlte auf diese Anmutung des wohlwollenden, vorsorglichen Mannes sich wirklich erschöpft, er legte sich nieder und war augenblicklich in den tiefsten Schlaf gesunken.

Geweckt von dem Sternkundigen sprang Wilhelm auf und eilte zum Fenster; dort staunte, starrte er einen Augenblick, dann rief er enthusiastisch: „Welche Herrlichkeit! welch ein Wunder!" Andere Worte des Entzückens folgten, aber ihm blieb der Anblick immer ein Wunder, ein großes Wunder.

„Daß Ihnen dieses liebenswürdige Gestirn, das heute in Fülle und Herrlichkeit wie selten erscheint, überraschend entgegentreten würde, konnt' ich voraussehen, aber das darf ich wohl aussprechen, ohne kalt gescholten zu werden: kein Wunder seh' ich, durchaus kein Wunder!"

„Wie könnten Sie auch?" versetzte Wilhelm, „da ich es mitbringe, da ich es in mir trage, da ich nicht weiß, wie mir geschieht. Lassen Sie mich noch immer stumm und staunend hinblicken, sodann vernehmen Sie!" Nach einer Pause fuhr er fort: „Ich lag sanft, aber tief eingeschlafen, da fand ich mich in den gestrigen Saal versetzt, aber allein. Der grüne Vorhang ging auf, Makariens Sessel bewegte sich hervor, von selbst wie ein belebtes Wesen; er glänzte golden, ihre Kleider schienen priesterlich, ihr Anblick leuchtete sanft; ich war im Begriff, mich niederzuwerfen. Wolken entwickelten sich um ihre Füße, steigend hoben sie flügelartig die heilige Gestalt empor, an der Stelle ihres herrlichen Angesichtes sah ich zuletzt, zwischen sich teilendem Gewölk, einen Stern blinken, der immer aufwärts getragen wurde und durch das eröffnete Deckengewölb sich mit dem ganzen Sternhimmel vereinigte, der sich immer zu verbreiten und alles zu umschließen schien. In dem Augenblick wecken Sie mich auf; schlaftrunken taumle ich nach dem Fenster, den Stern noch lebhaft in meinem Auge, und wie ich nun hinblicke — der Morgenstern, von gleicher Schönheit, obschon vielleicht nicht von gleicher strahlender Herrlichkeit, wirklich vor mir! Dieser wirkliche, da droben schwebende Stern setzt sich an die Stelle des geträumten, er zehrt auf, was an dem erscheinenden Herrliches war, aber ich schaue doch fort und fort, und Sie schauen ja mit mir, was eigentlich vor meinen Augen zugleich mit dem Nebel des Schlafes hätte verschwinden sollen."

Der Astronom rief aus: „Wunder, ja Wunder! Sie wissen selbst nicht, welche wundersame Rede Sie führten. Möge uns nur dies nicht auf den Abschied der Herrlichen hindeuten, welcher früher oder später eine solche Apotheose beschieden ist."

Den andern Morgen eilte Wilhelm, um seinen Felix aufzusuchen, der sich früh ganz in der Stille weggeschlichen hatte, nach dem Garten, den er zu seiner Verwunderung durch eine Anzahl Mädchen bearbeitet sah; alle, wo nicht schön, doch keine häßlich, keine, die das zwanzigste Jahr erreicht zu haben schien. Sie waren verschiedentlich gekleidet, als verschiedenen Ortschaften angehörig, tätig, heiter grüßend und fortarbeitend.

Ihm begegnete Angela, welche die Arbeit anzuordnen und zu beurteilen auf und ab ging; ihr ließ der Gast seine Verwunderung über eine so hübsche, lebenstätige Kolonie vermerken. „Diese“, versetzte sie, „stirbt nicht aus, ändert sich, aber bleibt immer dieselbe. Denn mit dem zwanzigsten Jahr treten diese, so wie die sämtlichen Bewohnerinnen unserer Stiftung, ins tätige Leben, meistens in den Ehestand. Alle jungen Männer der Nachbarschaft, die sich eine wackere Gattin wünschen, sind aufmerksam auf dasjenige, was sich bei uns entwickelt. Auch sind unsre Zöglinge hier nicht etwan eingesperrt, sie haben sich schon auf manchem Jahrmarkte umgesehen, sind gesehen worden, gewünscht und verlobt; und so warten denn mehrere Familien schon aufmerksam, wenn bei uns wieder Platz wird, um die Ihrigen einzuführen.“ Nachdem diese Angelegenheit besprochen war, konnte der Gast seiner neuen Freundin den Wunsch nicht bergen, das gestern abend Vorgelesene nochmals durchzusehen. „Den Hauptsinn der Unterhaltung habe ich gefaßt“, sagte er; „nun möcht’ ich aber auch das einzelne, wovon die Rede war, näher kennen lernen.“

„Diesen Wunsch“, versetzte jene, „zu befriedigen, finde ich mich glücklicherweise sogleich in dem Falle; das Verhältnis, das Ihnen so schnell zu unserm Innersten gegeben ward, berechtigt mich, Ihnen zu sagen, daß jene Papiere schon in meinen Händen und von mir nebst andern Blättern sorgfältig aufgehoben werden. Meine Herrin“, fuhr sie fort, „ist von der Wichtigkeit des augenblicklichen Gesprächs höchlich überzeugt; dabei gehe vorüber, sagt sie, was kein Buch enthält, und doch wieder das Beste, was Bücher jemals enthalten haben. Deshalb machte sie mir’s zur Pflicht, einzelne gute Gedanken aufzubewahren, die aus einem geistreichen Gespräch, wie Samenkörner aus einer vielästigen Pflanze, hervorspringen. ‚Ist man treu‘, sagt sie, ‚das Gegenwärtige festzuhalten, so wird man erst Freude an der Überlieferung haben, indem wir den besten Gedanken schon ausgesprochen, das liebenswürdigste Gefühl schon ausgedrückt finden. Hiedurch kommen wir zum Anschauen jener Übereinstimmung, wozu der Mensch berufen ist, wozu er sich oft wider seinen Willen finden muß, da er sich gar zu gern einbildet, die Welt fange mit ihm von vorne an.‘“

Angela fuhr fort, dem Gaste weiter zu vertrauen, daß dadurch ein bedeutendes Archiv entstanden sei, woraus sie in schlaflosen Nächten manchmal ein Blatt Makarien vorlese; bei welcher Gelegenheit denn wieder auf eine merkwürdige Weise tausend Einzelnheiten hervorspringen, eben als wenn eine Masse Quecksilber fällt und sich nach allen Seiten hin in die vielfachsten unzähligen Kügelchen zerteilt.

Auf seine Frage, inwiefern dieses Archiv als Geheimnis bewahrt werde, eröffnete sie: daß allerdings nur die nächste Umgebung davon Kenntnis habe, doch wolle sie es wohl verantworten und ihm, da er Lust bezeige, sogleich einige Hefte vorlegen.

Unter diesem Gartengespräche waren sie gegen das Schloß gelangt, und in die Zimmer eines Seitengebäudes eintretend, sagte sie lächelnd: „Ich habe bei dieser Gelegenheit Ihnen noch ein Geheimnis zu vertrauen, worauf Sie am wenigsten vorbereitet sind.“ Sie ließ ihn darauf durch einen Vorhang in ein Kabinett hineinblicken, wo er, freilich zu großer Verwunderung, seinen Felix schreibend an einem Tische sitzen sah und sich nicht gleich diesen unerwarteten Fleiß enträtseln konnte. Bald aber ward er belehrt, als Angela ihm entdeckte, daß der Knabe jenen Augenblick seines Verschwindens hiezu angewendet und erklärt, Schreiben und Reiten sei das einzige, wozu er Lust habe. Unser Freund ward sodann in ein Zimmer geführt, wo er in Schränken ringsum viele wohlgeordnete Papiere zu sehen hatte. Rubriken mancher Art deuteten auf den verschiedensten Inhalt, Einsicht und Ordnung leuchtete hervor. Als nun Wilhelm solche Vorzüge pries, eignete das Verdienst derselben Angela dem Hausfreunde zu; die Anlage nicht allein, sondern auch in schwierigen Fällen die Einschaltung wisse er mit eigener Übersicht bestimmt zu leiten. Darauf suchte sie die gestern vorgelesenen Manuskripte vor und vergönnte dem Begierigen, sich derselben sowie alles übrigen zu bedienen und nicht nur Einsicht davon, sondern auch Abschrift zu nehmen.

Hier nun mußte der Freund bescheiden zu Werke gehen, denn es fand sich nur allzuviel Anziehendes und Wünschenswertes; besonders achtete er die Hefte kurzer, kaum zusammenhängender Sätze höchst schätzenswert. Resultate waren es, die, wenn wir nicht ihre Veranlassung wissen, als paradox erscheinen, uns aber nötigen, vermittelst eines umgekehrten Findens und Erfindens rückwärtszugehen und uns die Filiation solcher Gedanken von weit her, von unten herauf wo möglich zu vergegenwärtigen.

Auch dergleichen dürfen wir aus oben angeführten Ursachen keinen Platz einräumen. Jedoch werden wir die erste sich darbietende Gelegenheit nicht versäumen und am schicklichen Orte auch das hier Gewonnene mit Auswahl darzubringen wissen.

Am dritten Tage morgens begab sich unser Freund zu Angela, und nicht ohne einige Verlegenheit stand er vor ihr. „Heute soll ich scheiden“, sprach er, „und von der trefflichen Frau, bei der ich gestern den ganzen Tag leider nicht vorgelassen worden, meine letzten Aufträge erhalten. Hier nun liegt mir etwas auf dem Herzen, auf dem ganzen innern Sinn, worüber ich aufgeklärt zu sein wünschte. Wenn es möglich ist, so gönnen Sie mir diese Wohltat.“

„Ich glaube Sie zu verstehen“, sagte die Angenehme, „doch sprechen Sie weiter.“ — „Ein wunderbarer Traum“, fuhr er fort, „einige Worte des ernsten Himmelskundigen, ein abgesondertes, verschlossenes Fach in den zugänglichen Schränken, mit der Inschrift: ‚Makariens Eigenheiten‘, diese Veranlassungen gesellen sich zu einer innern Stimme, die mir zuruft, die Bemühung um jene Himmelslichter sei nicht etwa nur eine wissenschaftliche Liebhaberei, ein Bestreben nach Kenntnis des Sternenalls, vielmehr sei zu vermuten: es liege hier ein ganz eigenes Verhältnis Makariens zu den Gestirnen verborgen, das zu erkennen mir höchst wichtig sein müßte. Ich bin weder neugierig noch zudringlich, aber dies ist ein so wissenswerter Fall für den Geist- und Sinnforscher, daß ich mich nicht enthalten kann anzufragen: ob man zu so vielem Vertrauen nicht auch noch dieses Übermaß zu vergönnen belieben möchte?“ — „Dieses zu gewähren, bin ich berechtigt“, versetzte die Gefällige. „Ihr merkwürdiger Traum ist zwar Makarien ein

Geheimnis geblieben, aber ich habe mit dem Hausfreund Ihr sonderbares geistiges Eingreifen, Ihr unvermutetes Erfassen der tiefsten Geheimnisse betrachtet und überlegt, und wir dürfen uns ermutigen, Sie weiterzuführen. Lassen Sie mich nun zuvörderst gleichnisweise reden! Bei schwer begreiflichen Dingen tut man wohl, sich auf diese Weise zu helfen.

Wie man von dem Dichter sagt, die Elemente der sichtlichen Welt seien in seiner Natur innerlichst verborgen und hätten sich nur aus ihm nach und nach zu entwickeln, daß ihm nichts in der Welt zum Anschauen komme, was er nicht vorher in der Ahnung gelebt: ebenso sind, wie es scheinen will, Makarien die Verhältnisse unsres Sonnensystems von Anfang an, erst ruhend, sodann sich nach und nach entwickelnd, fernerhin sich immer deutlicher belebend, gründlich eingeboren. Erst litt sie an diesen Erscheinungen, dann vergnügte sie sich daran, und mit den Jahren wuchs das Entzücken. Nicht eher jedoch kam sie hierüber zur Einheit und Beruhigung, als bis sie den Beistand, den Freund gewonnen hatte, dessen Verdienst Sie auch schon genugsam kennen lernten.

Als Mathematiker und Philosoph ungläubig von Anfang, war er lange zweifelhaft, ob diese Anschauung nicht etwa angelernt sei; denn Makarie mußte gestehen, frühzeitig Unterricht in der Astronomie genossen und sich leidenschaftlich damit beschäftigt zu haben. Daneben berichtete sie aber auch: wie sie viele Jahre ihres Lebens die innern Erscheinungen mit dem äußern Gewahrwerden zusammengehalten und verglichen, aber niemals hierin eine Übereinstimmung finden können.

Der Wissende ließ sich hierauf dasjenige, was sie schaute, welches ihr nur von Zeit zu Zeit ganz deutlich war, auf das genaueste vortragen, stellte Berechnungen an und folgerte daraus, daß sie nicht sowohl das ganze Sonnensystem in sich trage, sondern daß sie sich vielmehr geistig als ein integrierender Teil darin bewege. Er verfuhr nach dieser Voraussetzung, und seine Calculs wurden auf eine unglaubliche Weise durch ihre Aussagen bestätigt.

So viel nur darf ich Ihnen diesmal vertrauen, und auch dieses eröffne ich nur mit der dringenden Bitte, gegen niemanden hievon irgendein Wort zu erwähnen. Denn sollte nicht jeder Verständige und Vernünftige, bei dem reinsten Wohlwollen, dergleichen Äußerungen für Phantasien, für übelverstandene Erinnerungen eines früher eingelernten Wissens halten und erklären? Die Familie selbst weiß nichts Näheres hievon, diese geheimen Anschauungen, die entzückenden Gesichte sind es, die bei den Ihrigen als Krankheit gelten, wodurch sie augenblicklich gehindert sei, an der Welt und ihren Interessen teilzunehmen. Dies, mein Freund, verwahren Sie im stillen und lassen sich auch gegen Lenardo nichts merken."

Gegen Abend ward unser Wanderer Makarien nochmals vorgestellt; gar manches anmutig Belehrende kam zur Sprache, davon wir nachstehendes auswählen.

„Von Natur besitzen wir keinen Fehler, der nicht zur Tugend, keine Tugend, die nicht zum Fehler werden könnte. Diese letzten sind gerade die bedenklichsten. Zu dieser Betrachtung hat mir vorzüglich der wunderbare Neffe Anlaß gegeben, der junge Mann, von dem Sie in der Familie manches Seltsame gehört haben und den ich, wie die Meinigen sagen, mehr als billig, schonend und liebend behandle.

Von Jugend auf entwickelte sich in ihm eine gewisse muntere, technische Fertigkeit, der er sich ganz hingab und darin glücklich zu mancher Kenntnis und Meisterschaft fortschritt. Späterhin war alles, was er von Reisen nach Hause schickte, immer das Künstlichste, Klügste, Feinste, Zarteste von Handarbeit, auf das Land hindeutend, wo er sich eben befand und welches wir erraten sollten. Hieraus möchte man schließen, daß er ein trockner, unteilnehmender, in Äußerlichkeiten befangener Mensch sei und bleibe; auch war er im Gespräch zum Eingreifen an allgemeinen sittlichen Betrachtungen nicht aufgelegt, aber er besaß im stillen und geheimen einen wunderbar feinen praktischen Takt des Guten und Bösen, des Löblichen und Unlöblichen, daß ich ihn weder gegen Ältere noch Jüngere, weder gegen Obere noch Untere jemals habe fehlen sehen. Aber diese angeborne Gewissenhaftigkeit, ungeregelt wie sie war, bildete sich im einzelnen zu grillenhafter Schwäche; er mochte sogar sich Pflichten erfinden, da wo sie nicht gefordert wurden, und sich ganz ohne Not irgendeinmal als Schuldner bekennen.

Nach seinem ganzen Reiseverfahren, besonders aber nach den Vorbereitungen zu seiner Wiederkunft, glaube ich, daß er wähnt, früher ein weibliches Wesen unseres Kreises verletzt zu haben, deren Schicksal ihn jetzt beunruhigt, wovon er sich befreit und erlöst fühlen würde, sobald er vernehmen könnte, daß es ihr wohl gehe, und das Weitere wird Angela mit Ihnen besprechen. Nehmen Sie gegenwärtigen Brief und bereiten unsrer Familie ein glückliches Zusammenfinden. Aufrichtig gestanden: ich wünschte, ihn auf dieser Erde nochmals zu sehen und im Abscheiden ihn herzlich zu segnen."

EILFTES KAPITEL

DAS NUSSBRAUNE MÄDCHEN

Nachdem Wilhelm seinen Auftrag umständlich und genau ausgerichtet, versetzte Lenardo mit einem Lächeln: „So sehr ich Ihnen verbunden bin für das, was ich durch Sie erfahre, so muß ich doch noch eine Frage hinzufügen. Hat Ihnen die Tante nicht am Schluß noch anempfohlen, mir eine unbedeutend scheinende Sache zu berichten?" Der andere besann sich einen Augenblick. „Ja", sagte er darauf, „ich entsinne mich. Sie erwähnte eines Frauenzimmers, das sie Valerine nannte. Von dieser sollte ich Ihnen sagen, daß sie glücklich verheiratet sei und sich in einem wünschenswerten Zustande befinde."

„Sie wälzen mir einen Stein vom Herzen", versetzte Lenardo. „Ich gehe nun gern nach Hause zurück, weil ich nicht fürchten muß, daß die Erinnerung an dieses Mädchen mir an Ort und Stelle zum Vorwurf gereiche."

„Es ziemt sich nicht für mich zu fragen, welch Verhältnis Sie zu ihr gehabt", sagte Wilhelm; „genug, Sie können ruhig sein, wenn Sie auf irgendeine Weise an dem Schicksal des Mädchens teilnehmen."

„Es ist das wunderlichste Verhältnis von der Welt“, sagte Lenardo; „keineswegs ein Liebesverhältnis, wie man sich’s denken könnte. Ich darf Ihnen wohl vertrauen und erzählen, was eigentlich keine Geschichte ist. Was müssen Sie aber denken, wenn ich Ihnen sage, daß mein zauderndes Zurückreisen, daß die Furcht, in unsere Wohnung zurückzukehren, daß diese seltsamen Anstalten und Fragen, wie es bei uns aussehe, eigentlich nur zur Absicht haben, nebenher zu erfahren, wie es mit diesem Kinde stehe.

Denn glauben Sie“, fuhr er fort, „ich weiß übrigens sehr gut, daß man Menschen, die man kennt, auf geraume Zeit verlassen kann, ohne sie verändert wiederzufinden, und so denke ich auch bei den Meinigen bald wieder völlig zu Hause zu sein. Um dies einzige Wesen war es mir zu tun, dessen Zustand sich verändern mußte und sich, Dank sei es dem Himmel, ins Bessere verändert hat.“

„Sie machen mich neugierig“, sagte Wilhelm. „Sie lassen mich etwas ganz Besonderes erwarten.“

„Ich halte es wenigstens dafür“, versetzte Lenardo und fing seine Erzählung folgendermaßen an.

„Die herkömmliche Kreisfahrt durch das gesittete Europa in meinen Jünglingsjahren zu bestehen, war ein fester Vorsatz, den ich von Jugend auf hegte, dessen Ausführung sich aber von Zeit zu Zeit, wie es zu gehen pflegt, verzögerte. Das Nächste zog mich an, hielt mich fest, und das Entfernte verlor immer mehr seinen Reiz, je mehr ich davon las oder erzählen hörte. Doch endlich, angetrieben durch meinen Oheim, angelockt durch Freunde, die sich vor mir in die Welt hinausbegeben hatten, ward der Entschluß gefaßt, und zwar geschwinder, ehe wir es uns alle versahen.

Mein Oheim, der eigentlich das Beste dazu tun mußte, um die Reise möglich zu machen, hatte sogleich kein anderes Augenmerk. Sie kennen ihn und seine Eigenheit, wie er immer nur auf *eines* losgeht und das erst zustande bringt, und inzwischen alles andere ruhen und schweigen muß; wodurch er denn freilich vieles geleistet hat, was über die Kräfte eines Particuliers zu gehen scheint. Diese Reise kam ihm einigermaßen unerwartet; doch wußte er sich sogleich zu fassen. Einige Bauten, die er unternommen, ja sogar angefangen hatte, wurden eingestellt, und weil er sein Erspartes niemals angreifen will, so sah er sich als ein kluger Finanzmann nach andern Mitteln um. Das Nächste war, ausstehende Schulden, besonders Pachtreste, einzukassieren; denn auch dieses gehörte mit zu seiner Art und Weise, daß er gegen Schuldner nachsichtig war, solange er bis auf einen gewissen Grad selbst nichts bedurfte. Sein Geschäftsmann erhielt die Liste; diesem war die Ausführung überlassen. Vom einzelnen erfuhren wir nichts; nur hörte ich im Vorbeigehen, daß der Pachter eines unserer Güter, mit dem der Oheim lange Geduld gehabt hatte, endlich wirklich ausgetrieben, seine Kaution zu kärglichem Ersatz des Ausfalls innebehalten und das Gut anderweit verpachtet werden sollte. Es war dieser Mann von Art der ‚Stillen im Lande', aber nicht, wie seinesgleichen, dabei klug und tätig; wegen seiner Frömmigkeit und Güte zwar geliebt, doch wegen seiner Schwäche als Haushalter gescholten. Nach seiner Frauen Tode war eine Tochter, die man nur das nußbraune Mädchen nannte, ob sie schon rüstig und entschlossen zu werden versprach, doch viel zu jung, um entschieden einzugreifen; genug, es ging mit dem Mann rückwärts, ohne daß die Nachsicht des Onkels sein Schicksal hätte aufhalten können.

Ich hatte meine Reise im Sinn, und die Mittel dazu mußt' ich billigen. Alles war bereit, das Packen und Loslösen ging an, die Augenblicke drängten sich. Eines Abends durchstrich ich noch einmal den Park, um Abschied von den bekannten Bäumen und Sträuchen zu nehmen, als mir auf einmal Valerine in den Weg trat: denn so hieß das Mädchen; das andere war nur ein Scherzname, durch ihre bräunliche Gesichtsfarbe veranlaßt. Sie trat mir in den Weg."

Lenardo hielt einen Augenblick nachdenkend inne. „Wie ist mir denn?" sagte er; „hieß sie auch Valerine? Ja doch", fuhr er fort; „doch war der Scherzname gewöhnlicher. Genug, das braune Mädchen trat mir in den Weg und bat mich dringend, für ihren Vater, für sie ein gutes Wort bei meinem Oheim einzulegen. Da ich wußte, wie die Sache stand, und ich wohl sah, daß es schwer, ja unmöglich sein würde, in diesem Augenblick etwas für sie zu tun, so sagte ich's ihr aufrichtig und setzte die eigne Schuld ihres Vaters in ein ungünstiges Licht.

Sie antwortete mir darauf mit so viel Klarheit und zugleich mit so viel kindlicher Schonung und Liebe, daß sie mich ganz für sich einnahm und daß ich, wäre es meine eigene Kasse gewesen, sie sogleich durch Gewährung ihrer Bitte glücklich gemacht hätte. Nun waren es aber die Einkünfte meines Oheims; es waren seine Anstalten, seine Befehle; bei seiner Denkweise, bei dem, was bisher schon geschehen, war nichts zu hoffen. Von jeher hielt ich ein Versprechen hochheilig. Wer etwas von mir verlangte, setzte mich in Verlegenheit. Ich hatte mir es so angewöhnt abzuschlagen, daß ich sogar das nicht versprach, was ich zu halten gedachte. Diese Gewohnheit kam mir auch diesmal zustatten. Ihre Gründe ruhten auf Individualität und Neigung, die meinigen auf Pflicht und Verstand, und ich leugne nicht, daß sie mir am Ende selbst zu hart vorkamen. Wir hatten schon einigemal dasselbe wiederholt, ohne einander zu überzeugen, als die Not sie beredter machte, ein unvermeidlicher Untergang, den sie vor sich sah, ihr Tränen aus den Augen preßte. Ihr gefaßtes Wesen verließ sie nicht ganz; aber sie sprach lebhaft, mit Bewegung, und indem ich immer noch Kälte und Gelassenheit heuchelte, kehrte sich ihr ganzes Gemüt nach außen. Ich wünschte die Szene zu endigen; aber auf einmal lag sie zu meinen Füßen, hatte meine Hand gefaßt, geküßt, und sah so gut, so liebenswürdig flehend zu mir herauf, daß ich mir in dem Augenblick meiner selbst nicht bewußt war. Schnell sagte ich, indem ich sie aufhob: ‚Ich will das Mögliche tun, beruhige dich, mein Kind!' und so wandte ich mich nach einem Seitenwege. ‚Tun Sie das Unmögliche!' rief sie mir nach. — Ich weiß nicht mehr, was ich sagen wollte, aber ich sagte: ‚Ich will', und stockte. ‚Tun Sie's!' rief sie auf einmal, mit einem Ausdruck von himmlischer Hoffnung. Ich grüßte sie und eilte fort.

Den Oheim wollte ich nicht zuerst angehen, denn ich kannte ihn nur zu gut, daß man ihn an das Einzelne nicht erinnern durfte, wenn er sich das Ganze vorgesetzt hatte. Ich suchte den Geschäftsträger; er war weggeritten; Gäste kamen den Abend, Freunde, die Abschied nehmen wollten. Man spielte, man speiste bis tief in die Nacht. Sie blieben den andern Tag, und die Zerstreuung verwischte jenes Bild der dringend Bittenden. Der Geschäftsträger kam zurück, er war geschäftiger und überdrängter als nie. Jedermann fragte nach ihm. Er hatte nicht Zeit, mich zu hören: doch machte ich einen Versuch, ihn festzuhalten; allein kaum hatte ich jenen frommen Pachter genannt, so wies er mich mit Lebhaftigkeit zurück: ‚Sagen Sie dem Onkel um Gottes willen davon nichts, wenn Sie zuletzt nicht noch Verdruß haben wollen.‘ — Der Tag meiner Abreise war festgesetzt; ich hatte Briefe zu schreiben, Gäste zu empfangen, Besuche in der Nachbarschaft abzulegen. Meine Leute waren zu meiner bisherigen Bedienung hinreichend, keineswegs aber gewandt, das Geschäft der Abreise zu erleichtern. Alles lag auf mir; und doch, als mir der Geschäftsmann zuletzt in der Nacht eine Stunde gab, um unsere Geldangelegenheiten zu ordnen, wagte ich nochmals, für Valerinens Vater zu bitten.

‚Lieber Baron‘, sagte der bewegliche Mann, ‚wie kann Ihnen nur so etwas einfallen? Ich habe heute ohnehin mit Ihrem Oheim einen schweren Stand gehabt; denn was Sie nötig haben, um sich hier loszumachen, beläuft sich weit höher, als wir glaubten. Dies ist zwar ganz natürlich, aber doch beschwerlich. Besonders hat der alte Herr keine Freude, wenn die Sache abgetan scheint und noch manches hintennachhinkt; das ist nun aber oft so, und wir andern müssen es ausbaden. Über die Strenge, womit die ausstehenden Schulden eingetrieben werden sollen, hat er sich selbst ein Gesetz gemacht; er ist darüber mit sich einig, und man möchte ihn wohl schwer zur Nachgiebigkeit bewegen. Tun Sie es nicht, ich bitte Sie! es ist ganz vergebens.‘

Ich ließ mich mit meinem Gesuch zurückschrecken, jedoch nicht ganz. Ich drang in ihn, da doch die Ausführung von ihm abhänge, gelind und billig zu verfahren. Er versprach alles, nach Art solcher Personen, um für den Augenblick in Ruhe zu kommen. Er ward mich los; der Drang, die Zerstreuung wuchs! ich saß im Wagen und kehrte jedem Anteil, den ich zu Hause haben konnte, den Rücken.

Ein lebhafter Eindruck ist wie eine andere Wunde; man fühlt sie nicht, indem man sie empfängt. Erst später fängt sie an zu schmerzen und zu eitern. Mir ging es so mit jener Begebenheit im Garten. Sooft ich einsam, sooft ich unbeschäftigt war, trat mir jenes Bild des flehenden Mädchens, mit der ganzen Umgebung, mit jedem Baum und Strauch, dem Platz, wo sie knieete, dem Weg, den ich einschlug, mich von ihr zu entfernen, das Ganze zusammen wie ein frisches Bild vor die Seele. Es war ein unauslöschlicher Eindruck, der wohl von andern Bildern und Teilnahmen beschattet, verdeckt, aber niemals vertilgt werden konnte. Immer erneut trat er in jeder stillen Stunde hervor, und je länger es währte, desto schmerzlicher fühlte ich die Schuld, die ich gegen meine Grundsätze, meine Gewohnheit auf mich geladen hatte, obgleich nicht ausdrücklich, nur stotternd, zum erstenmal in solchem Falle verlegen.

Ich verfehlte nicht, in den ersten Briefen unsern Geschäftsmann zu fragen, wie die Sache gegangen. Er antwortete dilatorisch. Dann setzte er aus, diesen Punkt zu erwidern; dann waren seine Worte zweideutig, zuletzt schwieg er ganz. Die Entfernung wuchs, mehr Gegenstände traten zwischen mich und meine Heimat; ich ward zu manchen Beobachtungen, mancher Teilnahme aufgefordert; das Bild verschwand, das Mädchen fast bis auf den Namen. Seltener trat ihr Andenken hervor, und meine Grille, mich nicht durch Briefe, nur durch Zeichen mit den Meinigen zu unterhalten, trug viel dazu bei, meinen frühern Zustand mit allen seinen Bedingungen beinahe verschwinden zu machen. Nur jetzt, da ich mich dem Hause nähere, da ich meiner Familie, was sie bisher entbehrt, mit Zinsen zu erstatten gedenke, jetzt überfällt mich diese wunderliche Reue — ich muß sie selbst wunderlich nennen — wieder mit aller Gewalt. Die Gestalt des Mädchens frischt sich auf mit den Gestalten der Meinigen, und ich fürchte nichts mehr, als zu vernehmen, sie sei in dem Unglück, in das ich sie gestoßen, zugrunde gegangen; denn mir schien mein Unterlassen ein Handeln zu ihrem Verderben, eine Förderung ihres traurigen Schicksals. Schon tausendmal habe ich mir gesagt, daß dieses Gefühl im Grunde nur eine Schwachheit sei, daß ich früh zu jenem Gesetz, nie zu versprechen, nur aus Furcht der Reue, nicht aus einer edlern Empfindung getrieben worden. Und nun scheint sich eben die Reue, die ich geflohen, an mir zu rächen, indem sie diesen Fall statt tausend ergreift, um mich zu peinigen. Dabei ist das Bild, die Vorstellung, die mich quält, so angenehm, so liebenswürdig, daß ich gern dabei verweile. Und denke ich daran, so scheint der Kuß, den sie auf meine Hand gedrückt, mich noch zu brennen."

Lenardo schwieg, und Wilhelm versetzte schnell und fröhlich: „So hätte ich Ihnen denn keinen größern Dienst erzeigen können als durch den Nachsatz meines Vortrags, wie manchmal in einem Postskript das Interessanteste des Briefes enthalten sein kann. Zwar weiß ich nur wenig von Valerinen: denn ich erfuhr von ihr nur im Vorbeigehen; aber gewiß ist sie die Gattin eines wohlhabenden Gutsbesitzers und lebt vergnügt, wie mir die Tante noch beim Abschied versicherte."

„Schön", sagte Lenardo: „nun hält mich nichts ab. Sie haben mich absolviert, und wir wollen sogleich zu den Meinigen, die mich ohnehin länger, als billig ist, erwarten." Wilhelm erwiderte darauf: „Leider kann ich Sie nicht begleiten: denn eine sonderbare Verpflichtung liegt mir ob, nirgends länger als drei Tage zu verweilen und die Orte, die ich verlasse, in einem Jahr nicht wieder zu betreten. Verzeihen Sie, wenn ich den Grund dieser Sonderbarkeit nicht aussprechen darf."

„Es tut mir sehr leid", sagte Lenardo, „daß wir Sie so bald verlieren, daß ich nicht auch etwas für Sie mitwirken kann. Doch da Sie einmal auf dem Wege sind, mir wohlzutun, so könnten Sie mich sehr glücklich machen, wenn Sie Valerinen besuchten, sich von ihrem Zustand genau unterrichteten und mir alsdann schriftlich oder mündlich — der dritte Ort einer Zusammenkunft wird sich schon finden — zu meiner Beruhigung ausführliche Nachricht erteilten."

Dieser Vorschlag wurde weiter besprochen; Valerinens Aufenthalt hatte man Wilhelmen genannt. Er übernahm es, sie zu besuchen; ein dritter Ort wurde festgesetzt, wohin der Baron kommen und auch den Felix mitbringen sollte, der indessen bei den Frauenzimmern zurückgeblieben war.

Lenardo und Wilhelm hatten ihren Weg, nebeneinander reitend, auf angenehmen Wiesen unter mancherlei Gesprächen eine Zeitlang fortgesetzt, als sie sich nunmehr der Fahrstraße näherten und den Wagen des Barons einholten, der, von seinem Herrn begleitet, die Heimat wiederfinden sollte. Hier wollten die Freunde sich trennen, und Wilhelm nahm mit wenigen, freundlichen Worten Abschied und versprach dem Baron nochmals baldige Nachricht von Valerinen.

„Wenn ich bedenke“, versetzte Lenardo, „daß es nur ein kleiner Umweg wäre, wenn ich Sie begleitete, warum sollte ich Valerinen nicht selbst aufsuchen? warum nicht selbst von ihrem glücklichen Zustande mich überzeugen? Sie waren so freundlich, sich zum Boten anzubieten; warum wollten Sie nicht mein Begleiter sein? Denn einen Begleiter muß ich haben, einen sittlichen Beistand, wie man sich rechtliche Beistände nimmt, wenn man dem Gerichtshandel nicht ganz gewachsen zu sein glaubt.“

Die Einreden Wilhelms, daß man zu Hause den so lange Abwesenden erwarte, daß es einen sonderbaren Eindruck machen möchte, wenn der Wagen allein käme, und was dergleichen mehr war, vermochten nichts über Lenardo, und Wilhelm mußte sich zuletzt entschließen, den Begleiter abzugeben, wobei ihm wegen der zu fürchtenden Folgen nicht wohl zumute war.

Die Bedienten wurden daher unterrichtet, was sie bei der Ankunft sagen sollten, und die Freunde schlugen nunmehr den Weg ein, der zu Valerinens Wohnort führte. Die Gegend schien reich und fruchtbar und der wahre Sitz des Landbaues. So war denn auch in dem Bezirk, welcher Valerinens Gatten gehörte, der Boden durchaus gut und mit Sorgfalt bestellt. Wilhelm hatte Zeit, die Landschaft genau zu betrachten, indem Lenardo schweigend neben ihm ritt. Endlich fing dieser an: „Ein anderer an meiner Stelle würde sich vielleicht Valerinen unerkannt zu nähern suchen; denn es ist immer ein peinliches Gefühl, vor die Augen derjenigen zu treten, die man verletzt hat; aber ich will das lieber übernehmen und den Vorwurf ertragen, den ich von ihren ersten Blicken befürchte, als daß ich mich durch Vermummung und Unwahrheit davor sicherstelle. Unwahrheit kann uns ebensosehr in Verlegenheit setzen als Wahrheit; und wenn wir abwägen, wie oft uns diese oder jene nutzt, so möchte es doch immer der Mühe wert sein, sich ein für allemal dem Wahren zu ergeben. Lassen Sie uns also getrost vorwärtsgehen; ich will mich nennen und Sie als meinen Freund und Gefährten einführen."

Nun waren sie an den Gutshof gekommen und stiegen in dem Bezirk desselben ab. Ein ansehnlicher Mann, einfach gekleidet, den sie für einen Pachter halten konnten, trat ihnen entgegen und kündigte sich als Herrn des Hauses an. Lenardo nannte sich, und der Besitzer schien höchst erfreut, ihn zu sehen und kennen zu lernen. „Was wird meine Frau sagen", rief er aus, „wenn sie den Neffen ihres Wohltäters wiedersieht! Nicht genug kann sie erwähnen und erzählen, was sie und ihr Vater Ihrem Oheim schuldig ist."

Welche sonderbare Betrachtungen kreuzten sich schnell in Lenardos Geist. „Versteckt dieser Mann, der so redlich aussieht, seine Bitterkeit hinter ein freundlich Gesicht und glatte Worte? Ist er imstande, seinen Vorwürfen eine so gefällige Außenseite zu geben? Denn hat mein Oheim nicht diese Familie unglücklich gemacht? und kann es ihm unbekannt geblieben sein? Oder", so dachte er sich's mit schneller Hoffnung, „ist die Sache nicht so übel geworden, als du denkst? denn eine ganz bestimmte Nachricht hast du ja doch niemals gehabt." Solche Vermutungen wechselten hin und her, indem der Hausherr anspannen ließ, um seine Gattin holen zu lassen, die in der Nachbarschaft einen Besuch machte.

„Wenn ich Sie indessen, bis meine Frau kommt, auf meine Weise unterhalten und zugleich meine Geschäfte fortsetzen darf, so machen Sie einige Schritte mit mir aufs Feld und sehen sich um, wie ich meine Wirtschaft betreibe: denn gewiß ist Ihnen, als einem großen Gutsbesitzer, nichts angelegener als die edle Wissenschaft, die edle Kunst des Feldbaues." Lenardo widersprach nicht; Wilhelm unterrichtete sich gern; und der Landmann hatte seinen Grund und Boden, den er unumschränkt besaß und beherrschte, vollkommen gut inne; was er vornahm, war der Absicht gemäß; was er säete und pflanzte, durchaus am rechten Ort; er wußte die Behandlung und die Ursachen derselben so deutlich anzugeben, daß es ein jeder begriff und für möglich gehalten hätte, dasselbe zu tun und zu leisten: ein Wahn, in den man leicht verfällt, wenn man einem Meister zusieht, dem alles bequem von der Hand geht.

Die Fremden erzeigten sich sehr zufrieden und konnten nichts als Lob und Billigung erteilen. Er nahm es dankbar und freundlich auf, fügte jedoch hinzu: „Nun muß ich Ihnen aber auch meine schwache Seite zeigen, die freilich an jedem zu bemerken ist, der sich einem Gegenstand ausschließlich ergibt." Er führte sie auf seinen Hof, zeigte ihnen seine Werkzeuge, den Vorrat derselben sowie den Vorrat von allem erdenklichen Geräte und dessen Zubehör. „Man tadelte mich oft", sagte er dabei, „daß ich hierin zu weit gehe; allein ich kann mich deshalb nicht schelten. Glücklich ist der, dem sein Geschäft auch zur Puppe wird, der mit demselbigen zuletzt noch spielt und sich an dem ergötzt, was ihm sein Zustand zur Pflicht macht."

Die beiden Freunde ließen es an Fragen und Erkundigungen nicht fehlen. Besonders erfreute sich Wilhelm an den allgemeinen Bemerkungen, zu denen dieser Mann aufgelegt schien, und verfehlte nicht, sie zu erwidern; indessen Lenardo, mehr in sich gekehrt, an dem Glück Valerinens, das er in diesem Zustande für gewiß hielt, stillen Teil nahm, obgleich mit einem leisen Gefühl von Unbehagen, von dem er sich keine Rechenschaft zu geben wußte.

Man war schon ins Haus zurückgekehrt, als der Wagen der Besitzerin vorfuhr. Man eilte ihr entgegen; aber wie erstaunte, wie erschrak Lenardo, als er sie aussteigen sah. Sie war es nicht, es war das nußbraune Mädchen nicht, vielmehr gerade das Gegenteil; zwar auch eine schöne, schlanke Gestalt, aber blond, mit allen Vorteilen, die Blondinen eigen sind.

Diese Schönheit, diese Anmut erschreckte Lenardon. Seine Augen hatten das braune Mädchen gesucht; nun leuchtete ihm ein ganz anderes entgegen. Auch dieser Züge erinnerte er sich; ihre Anrede, ihr Betragen versetzten ihn bald aus jeder Ungewißheit: es war die Tochter des Gerichtshalters, der bei dem Oheim in großem Ansehen stand, deshalb denn auch dieser bei der Ausstattung sehr viel getan und dem neuen Paare behülflich gewesen. Dies alles und mehr noch wurde von der jungen Frau zum Antrittsgruße fröhlich erzählt, mit einer Freude, wie sie die Überraschung eines Wiedersehens ungezwungen äußern läßt. Ob man sich wiedererkenne, wurde gefragt; die Veränderungen der Gestalt wurden beredet, welche merklich genug bei Personen dieses Alters gefunden werden. Valerine war immer angenehm, dann aber höchst liebenswürdig, wenn Fröhlichkeit sie aus dem gewöhnlichen gleichgültigen Zustande herausriß. Die Gesellschaft ward gesprächig und die Unterhaltung so lebhaft, daß Lenardo sich fassen und seine Bestürzung verbergen konnte. Wilhelm, dem der Freund geschwind genug von diesem seltsamen Ereignis einen Wink gegeben hatte, tat sein mögliches, um diesem beizustehen; und Valerinens kleine Eitelkeit, daß der Baron, noch ehe er die Seinigen gesehen, sich ihrer erinnert, bei ihr eingekehrt sei, ließ sie auch nicht den mindesten Verdacht schöpfen, daß hier eine andere Absicht oder ein Mißgriff obwalte.

Man blieb bis tief in die Nacht beisammen, obgleich beide Freunde nach einem vertraulichen Gespräch sich sehnten, das denn auch sogleich begann, als sie sich in dem Gastzimmer allein sahen.

„Ich soll, so scheint es", sagte Lenardo, „meine Qual nicht loswerden. Eine unglückliche Verwechslung des Namens, merke ich, verdoppelt sie. Diese blonde Schönheit habe ich oft mit jener Braunen, die man keine Schönheit nennen durfte, spielen sehen; ja ich trieb mich selbst mit ihnen, obgleich so vieles älter, in den Feldern und Gärten herum. Beide machten nicht den geringsten Eindruck auf mich; ich habe nur den Namen der einen behalten und ihn der andern beigelegt. Nun finde ich die, die mich nichts angeht, nach ihrer Weise über die Maßen glücklich, indessen die andere, wer weiß wohin, in die Welt geworfen ist."

Den folgenden Morgen waren die Freunde beinahe früher auf als die tätigen Landleute. Das Vergnügen, ihre Gäste zu sehen, hatte Valerinen gleichfalls zeitig geweckt. Sie ahnete nicht, mit welchen Gesinnungen sie zum Frühstück kamen. Wilhelm, der wohl einsah, daß ohne Nachricht von dem nußbraunen Mädchen Lenardo sich in der peinlichsten Lage befinde, brachte das Gespräch auf frühere Zeiten, auf Gespielen, aufs Lokal, das er selbst kannte, auf andere Erinnerungen, so daß Valerine zuletzt ganz natürlich darauf kam, des nußbraunen Mädchens zu erwähnen und ihren Namen auszusprechen.

Kaum hatte Lenardo den Namen Nachodine gehört, so entsann er sich dessen vollkommen; aber auch mit dem Namen kehrte das Bild jener Bittenden zurück, mit einer solchen Gewalt, daß ihm das Weitere ganz unerträglich fiel, als Valerine mit warmem Anteil die Auspfändung des frommen Pachters, seine Resignation und seinen Auszug erzählte, und wie er sich auf seine Tochter gelehnt, die ein kleines Bündel getragen. Lenardo glaubte zu versinken. Unglücklicher- und glücklicherweise erging sich Valerine in einer gewissen Umständlichkeit, die, Lenardon das Herz zerreißend, ihm dennoch möglich machte, mit Beihülfe seines Gefährten, einige Fassung zu zeigen.

Man schied unter vollen, aufrichtigen Bitten des Ehepaars um baldige Wiederkunft und einer halben, geheuchelten Zusage beider Gäste. Und wie dem Menschen, der sich selbst was Gutes gönnt, alles zum Glück schlägt, so legte Valerine zuletzt das Schweigen Lenardos, seine sichtbare Zerstreuung beim Abschied, sein hastiges Wegeilen zu ihrem Vorteil aus und konnte sich, obgleich treue und liebevolle Gattin eines wackern Landmanns, doch nicht enthalten, an einer wiederaufwachenden oder neuentstehenden Neigung, wie sie sich's auslegte, ihres ehemaligen Gutsherrn einiges Behagen zu finden.

Nach diesem sonderbaren Ereignis sagte Lenardo: „Daß wir, bei so schönen Hoffnungen, ganz nahe vor dem Hafen scheitern, darüber kann ich mich nur einigermaßen trösten, mich nur für den Augenblick beruhigen und den Meinen entgegengehen, wenn ich betrachte, daß der Himmel Sie mir zugeführt hat, Sie, dem es bei seiner eigentümlichen Sendung gleichgültig ist, wohin und wozu er seinen Weg richtet. Nehmen Sie es über sich, Nachodinen aufzusuchen und mir Nachricht von ihr zu geben. Ist sie glücklich, so bin ich zufrieden; ist sie unglücklich, so helfen Sie ihr auf meine Kosten. Handeln Sie ohne Rücksichten, sparen, schonen Sie nichts."

„Nach welcher Weltgegend aber", sagte Wilhelm lächelnd, „hab' ich denn meine Schritte zu richten? Wenn Sie keine Ahnung haben, wie soll ich damit begabt sein?"

„Hören Sie!" antwortete Lenardo. „In voriger Nacht, wo Sie mich als einen Verzweifelnden rastlos auf und ab gehen sahen, wo ich leidenschaftlich in Kopf und Herzen alles durcheinanderwarf, da kam ein alter Freund mir vor den Geist, ein würdiger Mann, der, ohne mich eben zu hofmeistern, auf meine Jugend großen Einfluß gehabt hat. Gern hätt' ich mir ihn, wenigstens teilweise, als Reisegefährten erbeten, wenn er nicht wundersam durch die schönsten Kunst- und altertümlichen Seltenheiten an seine Wohnung geknüpft wäre, die er nur auf Augenblicke verläßt. Dieser, weiß ich, genießt einer ausgebreiteten Bekanntschaft mit allem, was in dieser Welt durch irgendeinen edlen Faden verbunden ist; zu ihm eilen Sie, ihm erzählen Sie, wie ich es vorgetragen, und es steht zu hoffen, daß ihm sein zartes Gefühl irgend einen Ort, eine Gegend andeuten werde, wo sie zu finden sein möchte. In meiner Bedrängnis fiel es mir ein, daß der Vater des Kindes sich zu den Frommen zählte, und ich ward im Augenblick fromm genug, mich an die moralische Weltordnung zu wenden und zu bitten: sie möge sich hier zu meinen Gunsten einmal wunderbar gnädig offenbaren."

„Noch eine Schwierigkeit", versetzte Wilhelm, „bleibt jedoch zu lösen: wo soll ich mit meinem Felix hin? denn auf so ganz ungewissen Wegen möcht' ich ihn nicht mit mir führen und ihn doch auch nicht gerne von mir lassen; denn mich dünkt, der Sohn entwickele sich nirgends besser als in Gegenwart des Vaters."

„Keineswegs!“ erwiderte Lenardo, „dies ist ein holder väterlicher Irrtum: der Vater behält immer eine Art von despotischem Verhältnis zu dem Sohn, dessen Tugenden er nicht anerkennt und an dessen Fehlern er sich freut; deswegen die Alten schon zu sagen pflegten: ‚Der Helden Söhne werden Taugenichtse‘, und ich habe mich weit genug in der Welt umgesehen, um hierüber ins klare zu kommen. Glücklicherweise wird unser alter Freund, an den ich Ihnen sogleich ein eiliges Schreiben verfasse, auch hierüber die beste Auskunft geben. Als ich ihn vor Jahren das letztemal sah, erzählte er mir gar manches von einer pädagogischen Verbindung, die ich nur für eine Art von Utopien halten konnte; es schien mir, als sei, unter dem Bilde der Wirklichkeit, eine Reihe von Ideen, Gedanken, Vorschlägen und Vorsätzen gemeint, die freilich zusammenhingen, aber in dem gewöhnlichen Laufe der Dinge wohl schwerlich zusammentreffen möchten. Weil ich ihn aber kenne, weil er gern durch Bilder das Mögliche und Unmögliche verwirklichen mag, so ließ ich es gut sein, und nun kommt es uns zugute; er weiß gewiß Ihnen Ort und Umstände zu bezeichnen, wie Sie Ihren Knaben getrost vertrauen und von einer weisen Leitung das Beste hoffen können.“

Im Dahinreiten sich auf diese Weise unterhaltend, erblickten sie eine edle Villa, die Gebäude im ernst-freundlichen Geschmack, freien Vorraum und in weiter, würdiger Umgebung wohlbestandene Bäume; Türen und Schaltern aber durchaus verschlossen, alles einsam, doch wohlerhalten anzusehn. Von einem ältlichen Manne, der sich am Eingang zu beschäftigen schien, erfuhren sie, dies sei das Erbteil eines jungen Mannes, dem es von seinem in hohem Alter erst kurz verstorbenen Vater soeben hinterlassen worden.

Auf weiteres Befragen wurden sie belehrt: dem Erben sei hier leider alles zu fertig, er habe hier nichts mehr zu tun und das Vorhandene zu genießen sei gerade nicht seine Sache; deswegen er sich denn ein Lokal näher am Gebirge ausgesucht, wo er für sich und seine Gesellen Mooshütten baue und eine Art von jägerischer Einsiedelei anlegen wolle. Was den Berichtenden selbst betraf, vernahmen sie, er sei der mitgeerbte Kastellan, sorge aufs genaueste für Erhaltung und Reinlichkeit, damit irgendein Enkel, in die Neigung und Besitzung des Großvaters eingreifend, alles finde, wie dieser es verlassen hat.

Nachdem sie ihren Weg einige Zeit stillschweigend fortgesetzt, begann Lenardo mit der Betrachtung, daß es die Eigenheit des Menschen sei, von vorn anfangen zu wollen; worauf der Freund erwiderte, dies lasse sich wohl erklären und entschuldigen, weil doch, genau genommen, jeder wirklich von vorn anfängt. „Sind doch", rief er aus, „keinem die Leiden erlassen, von denen seine Vorfahren gepeinigt wurden; kann man ihm verdenken, daß er von ihren Freuden nichts missen will?"

Lenardo versetzte hierauf: „Sie ermutigen mich zu gestehen, daß ich eigentlich auf nichts gerne wirken mag als auf das, was ich selbst geschaffen habe. Niemals mocht' ich einen Diener, den ich nicht vom Knaben heraufgebildet, kein Pferd, das ich nicht selbst zugeritten. In Gefolg dieser Sinnesart will ich denn auch gern bekennen, daß ich unwiderstehlich nach uranfänglichen Zuständen hingezogen werde, daß meine Reisen durch alle hochgebildeten Länder und Völker diese Gefühle nicht abstumpfen können, daß meine Einbildungskraft sich über dem Meer ein Behagen sucht und daß ein bisher vernachlässigter Familienbesitz in jenen frischen Gegenden mich hoffen läßt, ein im stillen gefaßter, meinen Wünschen gemäß nach und nach heranreifender Plan werde sich endlich ausführen lassen."

„Dagegen wüßt' ich nichts einzuwenden", versetzte Wilhelm, „ein solcher Gedanke, ins Neue und Unbestimmte gewendet, hat etwas Eigenes, Großes. Nur bitt' ich zu bedenken, daß ein solches Unternehmen nur einer Gesamtheit glücken kann. Sie gehen hinüber und finden dort schon Familienbesitzungen, wie ich weiß; die Meinigen hegen gleiche Plane und haben sich dort schon angesiedelt; vereinigen Sie sich mit diesen umsichtigen, klugen und kräftigen Menschen, für beide Teile muß sich dadurch das Geschäft erleichtern und erweitern."

Unter solchen Gesprächen waren die Freunde an den Ort gelangt, wo sie nunmehr scheiden sollten. Beide setzten sich nieder, zu schreiben; Lenardo empfahl seinen Freund dem oberwähnten sonderbaren Mann, Wilhelm trug den Zustand seines neuen Lebensgenossen den Verbündeten vor, woraus, wie natürlich, ein Empfehlungsschreiben entstand; worin er zum Schluß auch seine mit Jarno besprochene Angelegenheit empfahl und die Gründe nochmals auseinandersetzte, warum er von der unbequemen Bedingung, die ihn zum ewigen Juden stempelte, baldmöglichst befreit zu sein wünsche.

Beim Auswechseln dieser Briefe jedoch konnte sich Wilhelm nicht erwehren, seinem Freund nochmals gewisse Bedenklichkeiten ans Herz zu legen.

„Ich halte es“, sprach er, „in meiner Lage für den wünschenswertesten Auftrag, Sie, edler Mann, von einer Gemütsunruhe zu befreien und zugleich ein menschliches Geschöpf aus dem Elende zu retten, wenn es sich darin befinden sollte. Ein solches Ziel kann man als einen Stern ansehen, nach dem man schifft, wenn man auch nicht weiß, was man unterwegs antreffen, unterwegs begegnen werde. Doch darf ich mir dabei die Gefahr nicht leugnen, in der Sie auf jeden Fall noch immer schweben. Wären Sie nicht ein Mann, der durchaus sein Wort zu geben ablehnt, ich würde von Ihnen das Versprechen verlangen, dieses weibliche Wesen, das Ihnen so teuer zu stehen kommt, nicht wiederzusehen, sich zu begnügen, wenn ich Ihnen melde, daß es ihr wohlgeht; es sei nun, daß ich sie wirklich glücklich finde oder ihr Glück zu befördern imstande bin. Da ich Sie aber zu einem Versprechen weder vermögen kann noch will, so beschwöre ich Sie bei allem, was Ihnen wert und heilig ist, sich und den Ihrigen und mir, dem neuerworbenen Freund, zuliebe, keine Annäherung, es sei unter welchem Vorwand es wolle, zu jener Vermißten sich zu erlauben; von mir nicht zu verlangen, daß ich den Ort und die Stelle, wo ich sie finde, die Gegend, wo ich sie lasse, näher bezeichne oder gar ausspreche: Sie glauben meinem Wort, daß es ihr wohl geht, und sind losgesprochen und beruhigt.“

Lenardo lächelte und versetzte: „Leisten Sie mir diesen Dienst, und ich werde dankbar sein. Was Sie tun wollen und können, sei Ihnen anheimgegeben, und mich überlassen Sie der Zeit, dem Verstande und wo möglich der Vernunft.“

„Verzeihen Sie", versetzte Wilhelm; „wer jedoch weiß, unter welchen seltsamen Formen die Neigung sich bei uns einschleicht, dem muß es bange werden, wenn er voraussieht, ein Freund könne dasjenige wünschen, was ihm in seinen Zuständen, seinen Verhältnissen notwendig Unglück und Verwirrung bringen müßte."

„Ich hoffe", sagte Lenardo, „wenn ich das Mädchen glücklich weiß, bin ich sie los."

Die Freunde schieden, jeder nach seiner Seite.

ZWÖLFTES KAPITEL

Auf einem kurzen und angenehmen Wege war Wilhelm nach der Stadt gekommen, wohin sein Brief lautete. Er fand sie heiter und wohlgebaut; allein ihr neues Ansehn zeigte nur allzudeutlich, daß sie kurz vorher durch einen Brand müsse gelitten haben. Die Adresse seines Briefes führte ihn zu dem letzten, kleinen, verschonten Teil, an ein Haus von alter, ernster Bauart, doch wohlerhalten und reinlichen Ansehns. Trübe Fensterscheiben, wundersam gefügt, deuteten auf erfreuliche Farbenpracht von innen. Und so entsprach denn auch wirklich das Innere dem Äußern. In saubern Räumen zeigten sich überall Gerätschaften, die schon einigen Generationen mochten gedient haben, untermischt mit wenigem Neuen. Der Hausherr empfing ihn freundlich in einem gleich ausgestatteten Zimmer. Diese Uhren hatten schon mancher Geburts- und Sterbestunde geschlagen, und was umherstand, erinnerte, daß Vergangenheit auch in die Gegenwart übergehen könne.

Der Ankommende gab seinen Brief ab, den der Empfänger aber, ohne ihn zu eröffnen, beiseitelegte und in einem heitern Gespräche seinen Gast unmittelbar kennen zu lernen suchte. Sie wurden bald vertraut, und als Wilhelm, gegen sonstige Gewohnheit, seine Blicke beobachtend im Zimmer umherschweifen ließ, sagte der gute Alte: „Meine Umgebung erregt Ihre Aufmerksamkeit. Sie sehen hier, wie lange etwas dauern kann, und man muß doch auch dergleichen sehen, zum Gegengewicht dessen, was in der Welt so schnell wechselt und sich verändert. Dieser Teekessel diente schon meinen Eltern und war ein Zeuge unserer abendlichen Familienversammlungen; dieser kupferne Kaminschirm schützt mich noch immer vor dem Feuer, das diese alte, mächtige Zange anschürt; und so geht es durch alles durch. Anteil und Tätigkeit konnt' ich daher auf gar viele andere Gegenstände wenden, weil ich mich mit der Veränderung dieser äußern Bedürfnisse, die so vieler Menschen Zeit und Kräfte wegnimmt, nicht weiter beschäftigte. Eine liebevolle Aufmerksamkeit auf das, was der Mensch besitzt, macht ihn reich, indem er sich einen Schatz der Erinnerung an gleichgültigen Dingen dadurch anhäuft. Ich habe einen jungen Mann gekannt, der eine Stecknadel dem geliebten Mädchen, Abschied nehmend, entwendete, den Busenstreif täglich damit zusteckte und diesen gehegten und gepflegten Schatz von einer großen, mehrjährigen Fahrt wieder zurückbrachte. Uns andern kleinen Menschen ist dies wohl als eine Tugend anzurechnen."

„Mancher bringt wohl auch", versetzte Wilhelm, „von einer so weiten, großen Reise einen Stachel im Herzen mit zurück, den er vielleicht lieber los wäre." Der Alte schien von Lenardos Zustande nichts zu wissen, ob er gleich den Brief inzwischen erbrochen und gelesen hatte, denn er ging zu den vorigen Betrachtungen wieder zurück. „Die Beharrlichkeit auf dem Besitz", fuhr er fort, „gibt uns in manchen Fällen die größte Energie. Diesem Eigensinn bin ich die Rettung meines Hauses schuldig. Als die Stadt brannte, wollte man auch bei mir flüchten und retten. Ich verbot's, befahl, Fenster und Türen zu schließen, und wandte mich mit mehreren Nachbarn gegen die Flamme. Unserer Anstrengung gelang es, diesen Zipfel der Stadt aufrechtzuerhalten. Den andern Morgen stand alles noch bei mir, wie Sie es sehen und wie es beinahe seit hundert Jahren gestanden hat." — „Mit allem dem", sagte Wilhelm, „werden Sie mir gestehen, daß der Mensch der Veränderung nicht widersteht, welche die Zeit hervorbringt." — „Freilich", sagte der Alte, „aber doch der am längsten sich erhält, hat auch etwas geleistet.

Ja sogar über unser Dasein hinaus sind wir fähig, zu erhalten und zu sichern; wir überliefern Kenntnisse, wir übertragen Gesinnungen so gut als Besitz, und da mir es nun vorzüglich um den letzten zu tun ist, so hab' ich deshalb seit langer Zeit wunderliche Vorsicht gebraucht, auf ganz eigene Vorkehrungen gesonnen; nur spät aber ist mir's gelungen, meinen Wunsch erfüllt zu sehen.

Gewöhnlich zerstreut der Sohn, was der Vater gesammelt hat, sammelt etwas anders, oder auf andere Weise. Kann man jedoch den Enkel, die neue Generation abwarten, so kommen dieselben Neigungen, dieselben Ansichten wieder zum Vorschein. Und so hab' ich denn endlich, durch Sorgfalt unserer pädagogischen Freunde, einen tüchtigen jungen Mann erworben, welcher womöglich noch mehr auf hergebrachten Besitz hält als ich selbst und eine heftige Neigung zu wunderlichen Dingen empfindet. Mein Zutrauen hat er entschieden durch die gewaltsamen Anstrengungen erworben, womit ihm das Feuer von unserer Wohnung abzuwehren gelang; doppelt und dreifach hat er den Schatz verdient, dessen Besitz ich ihm zu überlassen gedenke; ja er ist ihm schon übergeben, und seit der Zeit mehrt sich unser Vorrat auf eine wundersame Weise.

Nicht alles jedoch, was Sie hier sehen, ist unser. Vielmehr, wie Sie sonst bei Pfandinhabern manches fremde Juwel erblicken, so kann ich Ihnen bei uns Kostbarkeiten bezeichnen, die man, unter den verschiedensten Umständen, besserer Aufbewahrung halber hier niedergestellt." Wilhelm gedachte des herrlichen Kästchens, das er ohnehin nicht gern auf der Reise mit sich herumführen wollte, und enthielt sich nicht, es dem Freunde zu zeigen. Der Alte betrachtete es mit Aufmerksamkeit, gab die Zeit an, wann es verfertigt sein könnte, und wies etwas Ähnliches vor. Wilhelm brachte zur Sprache: ob man es wohl eröffnen sollte? Der Alte war nicht der Meinung. „Ich glaube zwar, daß man es ohne sonderliche Beschädigung tun könne", sagte er; „allein da Sie es durch einen so wunderbaren Zufall erhalten haben, so sollten Sie daran Ihr Glück prüfen. Denn wenn Sie glücklich geboren sind und wenn dieses Kästchen etwas bedeutet, so muß sich gelegentlich der Schlüssel dazu finden, und gerade da, wo Sie ihn am wenigsten erwarten." — „Es gibt wohl solche Fälle", versetzte Wilhelm. „Ich habe selbst einige erlebt", erwiderte der Alte; „und hier sehen Sie den merkwürdigsten vor sich. Von diesem elfenbeinernen Kruzifix besaß ich seit dreißig Jahren den Körper mit Haupt und Füßen aus einem Stücke, der Gegenstand sowohl als die herrlichste Kunst ward sorgfältig in dem kostbarsten Lädchen aufbewahrt; vor ungefähr zehn Jahren erhielt ich das dazugehörige Kreuz mit der Inschrift, und ich ließ mich verführen, durch den geschicktesten Bildschnitzer unserer Zeit die Arme ansetzen zu lassen; aber wie weit war der Gute hinter seinem Vorgänger zurückgeblieben; doch es mochte stehen, mehr zu erbaulichen Betrachtungen als zu Bewunderung des Kunstfleißes.

Nun denken Sie mein Ergötzen! Vor kurzem erhielt ich die ersten, echten Arme, wie Sie solche zur lieblichsten Harmonie hier angefügt sehen, und ich, entzückt über ein so glückliches Zusammentreffen, enthalte mich nicht, die Schicksale der christlichen Religion hieran zu erkennen, die, oft genug zergliedert und zerstreut, sich doch endlich immer wieder am Kreuze zusammenfinden muß."

Wilhelm bewunderte das Bild und die seltsame Fügung. „Ich werde Ihrem Rat folgen", setzte er hinzu; „bleibe das Kästchen verschlossen, bis der Schlüssel sich findet, und wenn es bis ans Ende meines Lebens liegen sollte." — „Wer lange lebt", sagte der Alte, „sieht manches versammelt und manches auseinanderfallen."

Der junge Besitzgenosse trat soeben herein, und Wilhelm erklärte seinen Vorsatz, das Kästchen ihrem Gewahrsam zu übergeben. Nun ward ein großes Buch herbeigeschafft, das anvertraute Gut eingeschrieben; mit manchen beobachteten Zeremonien und Bedingungen ein Empfangschein ausgestellt, der zwar auf jeden Vorzeigenden lautete, aber nur auf ein mit dem Empfänger verabredetes besonderes Zeichen honoriert werden sollte.

Als dieses alles vollbracht war, überlegte man den Inhalt des Briefes, zuerst sich über das Unterkommen des guten Felix beratend, wobei der alte Freund sich ohne weiteres zu einigen Maximen bekannte, welche der Erziehung zum Grunde liegen sollten.

„Allem Leben, allem Tun, aller Kunst muß das Handwerk vorausgehen, welches nur in der Beschränkung erworben wird. Eines recht wissen und ausüben gibt höhere Bildung als Halbheit im Hundertfältigen. Da, wo ich Sie hinweise, hat man alle Tätigkeiten gesondert; geprüft werden die Zöglinge auf jedem Schritt; dabei erkennt man, wo seine Natur eigentlich hinstrebt, ob er sich gleich mit zerstreuten Wünschen bald da-, bald dorthin wendet. Weise Männer lassen den Knaben unter der Hand dasjenige finden, was ihm gemäß ist, sie verkürzen die Umwege, durch welche der Mensch von seiner Bestimmung, nur allzu gefällig, abirren mag.

Sodann", fuhr er fort, „darf ich hoffen, aus jenem herrlich gegründeten Mittelpunkt wird man Sie auf den Weg leiten, wo jenes gute Mädchen zu finden ist, das einen so sonderbaren Eindruck auf Ihren Freund machte, der den Wert eines unschuldigen, unglücklichen Geschöpfes durch sittliches Gefühl und Betrachtung so hoch erhöht hat, daß er dessen Dasein zum Zweck und Ziel seines Lebens zu machen genötigt war. Ich hoffe, Sie werden ihn beruhigen können; denn die Vorsehung hat tausend Mittel, die Gefallenen zu erheben und die Niedergebeugten aufzurichten. Manchmal sieht unser Schicksal aus wie ein Fruchtbaum im Winter. Wer sollte bei dem traurigen Ansehn desselben wohl denken, daß diese starren Äste, diese zackigen Zweige im nächsten Frühjahr wieder grünen, blühen, sodann Früchte tragen könnten; doch wir hoffen's, wir wissen's."

ZWEITES BUCH

ERSTES KAPITEL

Die Wallfahrenden hatten nach Vorschrift den Weg genommen und fanden glücklich die Grenze der Provinz, in der sie so manches Merkwürdige erfahren sollten; beim ersten Einritt gewahrten sie sogleich der fruchtbarsten Gegend, welche an sanften Hügeln den Feldbau, auf höhern Bergen die Schafzucht, in weiten Talflächen die Viehzucht begünstigte. Es war kurz vor der Ernte und alles in größter Fülle; das, was sie jedoch gleich in Verwunderung setzte, war, daß sie weder Frauen noch Männer, wohl aber durchaus Knaben und Jünglinge beschäftigt sahen, auf eine glückliche Ernte sich vorzubereiten, ja auch schon auf ein fröhliches Erntefest freundliche Anstalt zu treffen. Sie begrüßten einen und den andern und fragten nach dem Obern, von dessen Aufenthalt man keine Rechenschaft geben konnte. Die Adresse ihres Briefs lautete: „An den Obern, oder die Dreie." Auch hierin konnten sich die Knaben nicht finden; man wies die Fragenden jedoch an einen Aufseher, der eben das Pferd zu besteigen sich bereitete; sie eröffneten ihre Zwecke; des Felix Freimütigkeit schien ihm zu gefallen, und so ritten sie zusammen die Straße hin.

Schon hatte Wilhelm bemerkt, daß in Schnitt und Farbe der Kleider eine Mannigfaltigkeit obwaltete, die der ganzen kleinen Völkerschaft ein sonderbares Ansehn gab; eben war er im Begriff, seinen Begleiter hiernach zu fragen, als noch eine wundersamere Bemerkung sich ihm auftat: alle Kinder, sie mochten beschäftigt sein, wie sie wollten, ließen ihre Arbeit liegen und wendeten sich mit besondern, aber verschiedenen Gebärden gegen die Vorbeireitenden, und es war leicht zu folgern, daß es dem Vorgesetzten galt. Die jüngsten legten die Arme kreuzweis über die Brust und blickten fröhlich gen Himmel, die mittlern hielten die Arme auf den Rücken und schauten lächelnd zur Erde, die dritten standen strack und mutig; die Arme niedergesenkt, wendeten sie den Kopf nach der rechten Seite und stellten sich in eine Reihe, anstatt daß jene vereinzelt blieben, wo man sie traf.

Als man darauf haltmachte und abstieg, wo eben mehrere Kinder nach verschiedener Weise sich aufstellten und von dem Vorgesetzten gemustert wurden, fragte Wilhelm nach der Bedeutung dieser Gebärden; Felix fiel ein und sagte munter: „Was für eine Stellung hab' ich denn einzunehmen?“ — „Auf alle Fälle“, versetzte der Aufseher, „zuerst die Arme über die Brust und ernsthaft-froh nach oben gesehen, ohne den Blick zu verwenden.“ Er gehorchte, doch rief er bald: „Dies gefällt mir nicht sonderlich, ich sehe ja nichts da droben; dauert es lange? Doch ja!“ rief er freudig, „ein paar Habichte fliegen von Westen nach Osten; das ist wohl ein gutes Zeichen?“ — „Wienach du's aufnimmst, je nachdem du dich beträgst“, versetzte jener; „jetzt mische dich unter sie, wie sie sich mischen.“ Er gab ein Zeichen, die Kinder verließen ihre Stellung, ergriffen ihre Beschäftigung oder spielten wie vorher.

„Mögen und können Sie mir“, sagte Wilhelm darauf, „das, was mich hier in Verwunderung setzt, erklären? Ich sehe wohl, daß diese Gebärden, diese Stellungen Grüße sind, womit man Sie empfängt.“ — „Ganz richtig“, versetzte jener, „Grüße, die mir sogleich andeuten, auf welcher Stufe der Bildung ein jeder dieser Knaben steht.“

„Dürfen Sie mir aber“, versetzte Wilhelm, „die Bedeutung des Stufengangs wohl erklären? denn daß es einer sei, läßt sich wohl einsehen.“ — „Dies gebührt Höheren, als ich bin“, antwortete jener; „so viel aber kann ich versichern, daß es nicht leere Grimassen sind, daß vielmehr den Kindern zwar nicht die höchste, aber doch eine leitende, faßliche Bedeutung überliefert wird; zugleich aber ist jedem geboten, für sich zu behalten und zu hegen, was man ihm als Bescheid zu erteilen für gut findet; sie dürfen weder mit Fremden noch unter einander selbst darüber schwatzen, und so modifiziert sich die Lehre hundertfältig. Außerdem hat das Geheimnis sehr große Vorteile: denn wenn man dem Menschen gleich und immer sagt, worauf alles ankommt, so denkt er, es sei nichts dahinter. Gewissen Geheimnissen, und wenn sie offenbar wären, muß man durch Verhüllen und Schweigen Achtung erweisen, denn dieses wirkt auf Scham und gute Sitten." — „Ich verstehe Sie", versetzte Wilhelm, „warum sollten wir das, was in körperlichen Dingen so nötig ist, nicht auch geistig anwenden? Vielleicht aber können Sie in einem andern Bezug meine Neugierde befriedigen. Die große Mannigfaltigkeit in Schnitt und Farbe der Kleider fällt mir auf, und doch seh' ich nicht alle Farben, aber einige in allen ihren Abstufungen, vom Hellsten bis zum Dunkelsten. Doch bemerke ich, daß hier keine Bezeichnung der Stufen irgendeines Alters oder Verdienstes gemeint sein kann, indem die kleinsten und größten Knaben untermischt so an Schnitt als Farbe gleich sein können, aber die von gleichen Gebärden im Gewand nicht miteinander übereinstimmen." — „Auch was dies betrifft", versetzte der Begleitende, „darf ich mich nicht weiter auslassen; doch müßte ich mich sehr irren, oder Sie werden über alles, wie Sie nur wünschen mögen, aufgeklärt von uns scheiden."

Man verfolgte nunmehr die Spur des Obern, welche man gefunden zu haben glaubte; nun aber mußte dem Fremdling notwendig auffallen, daß, je weiter sie ins Land kamen, ein wohllautender Gesang ihnen immer mehr entgegentönte. Was die Knaben auch begannen, bei welcher Arbeit man sie auch fand, immer sangen sie, und zwar schienen es Lieder jedem Geschäft besonders angemessen und in gleichen Fällen überall dieselben. Traten mehrere Kinder zusammen, so begleiteten sie sich wechselsweise; gegen Abend fanden sich auch Tanzende, deren Schritte durch Chöre belebt und geregelt wurden. Felix stimmte vom Pferde herab mit ein, und zwar nicht ganz unglücklich, Wilhelm vergnügte sich an dieser die Gegend belebenden Unterhaltung.

„Wahrscheinlich", so sprach er zu seinem Gefährten, „wendet man viele Sorgfalt auf solchen Unterricht, denn sonst könnte diese Geschicklichkeit nicht so weit ausgebreitet und so vollkommen ausgebildet sein." — „Allerdings", versetzte jener, „bei uns ist der Gesang die erste Stufe der Bildung, alles andere schließt sich daran und wird dadurch vermittelt. Der einfachste Genuß sowie die einfachste Lehre werden bei uns durch Gesang belebt und eingeprägt, ja selbst was wir überliefern von Glaubens- und Sittenbekenntnis, wird auf dem Wege des Gesanges mitgeteilt; andere Vorteile zu selbsttätigen Zwecken verschwistern sich sogleich: denn indem wir die Kinder üben, Töne, welche sie hervorbringen, mit Zeichen auf die Tafel schreiben zu lernen und nach Anlaß dieser Zeichen sodann in ihrer Kehle wiederzufinden, ferner den Text darunterzufügen, so üben sie zugleich Hand, Ohr und Auge und gelangen schneller zum Recht- und Schönschreiben, als man denkt, und da dieses alles zuletzt nach reinen Maßen, nach genau bestimmten Zahlen ausgeübt und nachgebildet werden muß, so fassen sie den hohen Wert der Meß- und Rechenkunst viel geschwinder als auf jede andere Weise. Deshalb haben wir denn unter allem Denkbaren die Musik zum Element unserer Erziehung gewählt, denn von ihr laufen gleichgebahnte Wege nach allen Seiten."

Wilhelm suchte sich noch weiter zu unterrichten und verbarg seine Verwunderung nicht, daß er gar keine Instrumentalmusik vernehme. „Diese wird bei uns nicht vernachlässigt", versetzte jener, „aber in einen besondern Bezirk, in das anmutigste Bergtal, eingeschlossen geübt; und da ist denn wieder dafür gesorgt, daß die verschiedenen Instrumente in auseinanderliegenden Ortschaften gelehrt werden. Besonders die Mißtöne der Anfänger sind in gewisse Einsiedeleien verwiesen, wo sie niemand zur Verzweiflung bringen: denn Ihr werdet selbst gestehen, daß in der wohleingerichteten bürgerlichen Gesellschaft kaum ein trauriger Leiden zu dulden sei, als das uns die Nachbarschaft eines angehenden Flöten- oder Violinspielers aufdringt.

Unsere Anfänger gehen, aus eigener löblicher Gesinnung, niemand lästig sein zu wollen, freiwillig länger oder kürzer in die Wüste und beeifern sich, abgesondert, um das Verdienst, der bewohnten Welt nähertreten zu dürfen, weshalb jedem von Zeit zu Zeit ein Versuch, heranzutreten, erlaubt wird, der selten mißlingt, weil wir Scham und Scheu bei dieser wie bei unsern übrigen Einrichtungen gar wohl hegen und pflegen dürfen. Daß Eurem Sohn eine glückliche Stimme geworden, freut mich innigst, für das übrige sorgt sich um desto leichter."

Nun waren sie zu einem Ort gelangt, wo Felix verweilen und sich an der Umgebung prüfen sollte, bis man zur förmlichen Aufnahme geneigt wäre; schon von weitem hörten sie einen freudigen Gesang; es war ein Spiel, woran sich die Knaben in der Feierstunde diesmal ergötzten. Ein allgemeiner Chorgesang erscholl, wozu jedes Glied eines weiten Kreises freudig, klar und tüchtig an seinem Teile zustimmte, den Winken des Regelnden gehorchend. Dieser überraschte jedoch öfters die Singenden, indem er durch ein Zeichen den Chorgesang aufhob und irgendeinen einzelnen Teilnehmenden, ihn mit dem Stäbchen berührend, aufforderte, sogleich allein ein schickliches Lied dem verhallenden Ton, dem vorschwebenden Sinne anzupassen. Schon zeigten die meisten viel Gewandtheit, einige, denen das Kunststück mißlang, gaben ihr Pfand willig hin, ohne gerade ausgelacht zu werden. Felix war Kind genug, sich gleich unter sie zu mischen, und zog sich noch so leidlich aus der Sache. Sodann ward ihm jener erste Gruß zugeeignet; er legte sogleich die Hände auf die Brust, blickte aufwärts, und zwar mit so schnackischer Miene, daß man wohl bemerken konnte, ein geheimer Sinn dabei sei ihm noch nicht aufgegangen.

Der angenehme Ort, die gute Aufnahme, die muntern Gespielen, alles gefiel dem Knaben so wohl, daß es ihm nicht sonderlich wehe tat, seinen Vater abreisen zu sehen; fast blickte er dem weggeführten Pferde schmerzlicher nach; doch ließ er sich bedeuten, da er vernahm, daß er es im gegenwärtigen Bezirk nicht behalten könne; man versprach ihm dagegen, er solle, wo nicht dasselbe, doch ein gleiches, munter und wohlgezogen, unerwartet wiederfinden.

Da sich der Obere nicht erreichen ließ, sagte der Aufseher: „Ich muß Euch nun verlassen, meine Geschäfte zu verfolgen; doch will ich Euch zu den Dreien bringen, die unsern Heiligtümern vorstehen, Euer Brief ist auch an sie gerichtet, und sie zusammen stellen den Obern vor.“ Wilhelm hätte gewünscht, von den Heiligtümern im voraus zu vernehmen, jener aber versetzte: „Die Dreie werden Euch, zu Erwiderung des Vertrauens, daß Ihr uns Euren Sohn überlaßt, nach Weisheit und Billigkeit gewiß das Nötigste eröffnen. Die sichtbaren Gegenstände der Verehrung, die ich Heiligtümer nannte, sind in einen besondern Bezirk eingeschlossen, werden mit nichts gemischt, durch nichts gestört; nur zu gewissen Zeiten des Jahrs läßt man die Zöglinge, den Stufen ihrer Bildung gemäß, dort eintreten, um sie historisch und sinnlich zu belehren, da sie denn genugsamen Eindruck mit wegnehmen, um, bei Ausübung ihrer Pflicht, eine Zeitlang daran zu zehren."

Nun stand Wilhelm am Tor eines mit hohen Mauern umgebenen Talwaldes; auf ein gewisses Zeichen eröffnete sich die kleine Pforte, und ein ernster, ansehnlicher Mann empfing unsern Freund. Dieser fand sich in einem großen, herrlich grünenden Raum, von Bäumen und Büschen vielerlei Art beschattet, kaum daß er stattliche Mauern und ansehnliche Gebäude durch diese dichte und hohe Naturpflanzung hindurch bemerken konnte; ein freundlicher Empfang von den Dreien, die sich nach und nach herbeifanden, löste sich endlich in ein Gespräch auf, wozu jeder das Seinige beitrug, dessen Inhalt wir jedoch in der Kürze zusammenfassen.

„Da Ihr uns Euren Sohn vertraut", sagten sie, „sind wir schuldig, Euch tiefer in unser Verfahren hineinblicken zu lassen. Ihr habt manches Äußerliche gesehen, welches nicht sogleich sein Verständnis mit sich führt; was davon wünscht Ihr vor allem aufgeschlossen?"

„Anständige, doch seltsame Gebärden und Grüße hab' ich bemerkt, deren Bedeutung ich zu erfahren wünschte; bei euch bezieht sich gewiß das Äußere auf das Innere, und umgekehrt; laßt mich diesen Bezug erfahren."

„Wohlgeborne, gesunde Kinder", versetzten jene, „bringen viel mit; die Natur hat jedem alles gegeben, was er für Zeit und Dauer nötig hätte; dieses zu entwickeln, ist unsere Pflicht, öfters entwickelt sich's besser von selbst. Aber eins bringt niemand mit auf die Welt, und doch ist es das, worauf alles ankommt, damit der Mensch nach allen Seiten zu ein Mensch sei. Könnt Ihr es selbst finden, so sprecht es aus." Wilhelm bedachte sich eine kurze Zeit und schüttelte sodann den Kopf.

Jene, nach einem anständigen Zaudern, riefen: „Ehrfurcht!" Wilhelm stutzte. „Ehrfurcht!" hieß es wiederholt. „Allen fehlt sie, vielleicht Euch selbst.

Dreierlei Gebärde habt Ihr gesehen, und wir überliefern eine dreifache Ehrfurcht, die, wenn sie zusammenfließt und ein Ganzes bildet, erst ihre höchste Kraft und Wirkung erreicht. Das erste ist Ehrfurcht vor dem, was über uns ist. Jene Gebärde, die Arme kreuzweis über die Brust, einen freudigen Blick gen Himmel, das ist, was wir unmündigen Kindern auflegen und zugleich das Zeugnis von ihnen verlangen, daß ein Gott da droben sei, der sich in Eltern, Lehrern, Vorgesetzten abbildet und offenbart. Das zweite: Ehrfurcht vor dem, was unter uns ist. Die auf den Rücken gefalteten, gleichsam gebundenen Hände, der gesenkte, lächelnde Blick sagen, daß man die Erde wohl und heiter zu betrachten habe; sie gibt Gelegenheit zur Nahrung; sie gewährt unsägliche Freuden; aber unverhältnismäßige Leiden bringt sie. Wenn einer sich körperlich beschädigte, verschuldend oder unschuldig, wenn ihn andere vorsätzlich oder zufällig verletzten, wenn das irdische Willenlose ihm ein Leid zufügte, das bedenk' er wohl: denn solche Gefahr begleitet ihn sein Leben lang. Aber aus dieser Stellung befreien wir unsern Zögling baldmöglichst, sogleich wenn wir überzeugt sind, daß die Lehre dieses Grads genugsam auf ihn gewirkt habe; dann aber heißen wir ihn sich ermannen, gegen Kameraden gewendet nach ihnen sich richten. Nun steht er strack und kühn, nicht etwa selbstisch vereinzelt; nur in Verbindung mit seinesgleichen macht er Fronte gegen die Welt. Weiter wüßten wir nichts hinzuzufügen."

„Es leuchtet mir ein!" versetzte Wilhelm; „deswegen liegt die Menge wohl so im argen, weil sie sich nur im Element des Mißwollens und Mißredens behagt; wer sich diesem überliefert, verhält sich gar bald gegen Gott gleichgültig, verachtend gegen die Welt, gegen seinesgleichen gehässig; das wahre, echte, unentbehrliche Selbstgefühl aber zerstört sich in Dünkel und Anmaßung. Erlauben Sie mir dessenungeachtet", fuhr Wilhelm fort, „ein einziges einzuwenden: Hat man nicht von jeher die Furcht roher Völker vor mächtigen Naturerscheinungen und sonst unerklärlichen, ahnungsvollen Ereignissen für den Keim gehalten, woraus ein höheres Gefühl, eine reinere Gesinnung sich stufenweise entwickeln sollte?" Hierauf erwiderten jene:

„Der Natur ist Furcht wohl gemäß, Ehrfurcht aber nicht; man fürchtet ein bekanntes oder unbekanntes mächtiges Wesen, der Starke sucht es zu bekämpfen, der Schwache zu vermeiden, beide wünschen es loszuwerden und fühlen sich glücklich, wenn sie es auf kurze Zeit beseitigt haben, wenn ihre Natur sich zur Freiheit und Unabhängigkeit einigermaßen wieder herstellte. Der natürliche Mensch wiederholt diese Operation millionenmal in seinem Leben, von der Furcht strebt er zur Freiheit, aus der Freiheit wird er in die Furcht getrieben und kommt um nichts weiter. Sich zu fürchten ist leicht, aber beschwerlich; Ehrfurcht zu hegen ist schwer, aber bequem. Ungern entschließt sich der Mensch zur Ehrfurcht, oder vielmehr entschließt sich nie dazu; es ist ein höherer Sinn, der seiner Natur gegeben werden muß und der sich nur bei besonders Begünstigten aus sich selbst entwickelt, die man auch deswegen von jeher für Heilige, für Götter gehalten. Hier liegt die Würde, hier das Geschäft aller echten Religionen, deren es auch nur dreie gibt, nach den Objekten, gegen welche sie ihre Andacht wenden."

Die Männer hielten inne, Wilhelm schwieg eine Weile nachdenkend; da er in sich aber die Anmaßung nicht fühlte, den Sinn jener sonderbaren Worte zu deuten, so bat er die Würdigen, in ihrem Vortrage fortzufahren, worin sie ihm denn auch sogleich willfahrten. „Keine Religion", sagten sie, „die sich auf Furcht gründet, wird unter uns geachtet. Bei der Ehrfurcht, die der Mensch in sich walten läßt, kann er, indem er Ehre gibt, seine Ehre behalten, er ist nicht mit sich selbst veruneint wie in jenem Falle. Die Religion, welche auf Ehrfurcht vor dem, was über uns ist, beruht, nennen wir die ethnische, es ist die Religion der Völker und die erste glückliche Ablösung von einer niedern Furcht; alle sogenannten heidnischen Religionen sind von dieser Art, sie mögen übrigens Namen haben, wie sie wollen. Die zweite Religion, die sich auf jene Ehrfurcht gründet, die wir vor dem haben, was uns gleich ist, nennen wir die philosophische: denn der Philosoph, der sich in die Mitte stellt, muß alles Höhere zu sich herab, alles Niedere zu sich herauf ziehen, und nur in diesem Mittelzustand verdient er den Namen des Weisen. Indem er nun das Verhältnis zu seinesgleichen und also zur ganzen Menschheit, das Verhältnis zu allen übrigen irdischen Umgebungen, notwendigen und zufälligen, durchschaut, lebt er im kosmischen Sinne allein in der Wahrheit. Nun ist aber von der dritten Religion zu sprechen, gegründet auf die Ehrfurcht vor dem, was unter uns ist; wir nennen sie die christliche, weil sich in ihr eine solche Sinnesart am meisten offenbart; es ist ein Letztes, wozu die Menschheit gelangen konnte und mußte. Aber was gehörte dazu, die Erde nicht allein unter sich liegen zu lassen und sich auf einen höhern Geburtsort zu berufen, sondern auch Niedrigkeit und Armut, Spott und Verachtung, Schmach und Elend, Leiden und Tod als göttlich anzuerkennen, ja Sünde selbst und Verbrechen nicht als Hindernisse, sondern als Fördernisse des Heiligen zu verehren und liebzugewinnen. Hievon finden sich freilich Spuren durch alle Zeiten, aber Spur ist nicht Ziel, und da dieses einmal erreicht ist, so kann die Menschheit nicht wieder zurück, und man darf sagen, daß die christliche Religion, da sie einmal erschienen ist, nicht wieder verschwinden kann, da sie sich einmal göttlich verkörpert hat, nicht wieder aufgelöst werden mag."

„Zu welcher von diesen Religionen bekennt ihr euch denn insbesondere?" sagte Wilhelm. „Zu allen dreien", erwiderten jene; „denn sie zusammen bringen eigentlich die wahre Religion hervor; aus diesen drei Ehrfurchten entspringt die oberste Ehrfurcht, die Ehrfurcht vor sich selbst, und jene entwickeln sich abermals aus dieser, so daß der Mensch zum Höchsten gelangt, was er zu erreichen fähig ist, daß er sich selbst für das Beste halten darf, was Gott und Natur hervorgebracht haben, ja, daß er auf dieser Höhe verweilen kann, ohne durch Dünkel und Selbstheit wieder ins Gemeine gezogen zu werden."

„Ein solches Bekenntnis, auf diese Weise entwickelt, befremdet mich nicht", versetzte Wilhelm, „es kommt mit allem überein, was man im Leben hie und da vernimmt, nur daß euch dasjenige vereinigt, was andere trennt." Hierauf versetzten jene: „Schon wird dieses Bekenntnis von einem großen Teil der Welt ausgesprochen, doch unbewußt."

„Wie denn und wo?" fragte Wilhelm. „Im Credo!" riefen jene laut; „denn der erste Artikel ist ethnisch und gehört allen Völkern; der zweite christlich, für die mit Leiden Kämpfenden und in Leiden Verherrlichten; der dritte zuletzt lehrt eine begeisterte Gemeinschaft der Heiligen, welches heißt: der im höchsten Grad Guten und Weisen. Sollten daher die drei göttlichen Personen, unter deren Gleichnis und Namen solche Überzeugungen und Verheißungen ausgesprochen sind, nicht billigermaßen für die höchste Einheit gelten?“

„Ich danke“, versetzte jener, „daß ihr mir dieses, als einem Erwachsenen, dem die drei Sinnesarten nicht fremd sind, so klar und zusammenhängend aussprechen wollen, und wenn ich nun zurückdenke, daß ihr den Kindern diese hohe Lehre erst als sinnliches Zeichen, dann mit einigem symbolischen Anklang überliefert und zuletzt die oberste Deutung ihnen entwickelt, so muß ich es höchlich billigen.“

„Ganz richtig“, erwiderten jene; „nun aber müßt Ihr noch mehr erfahren, damit Ihr Euch überzeugt, daß Euer Sohn in den besten Händen sei. Doch dies Geschäft bleibe für die Morgenstunden; ruht aus und erquickt Euch, damit Ihr uns, vergnügt und vollkommen menschlich, morgen früh in das Innere folgen könnt.“

ZWEITES KAPITEL

An der Hand des Ältesten trat nun unser Freund durch ein ansehnliches Portal in eine runde oder vielmehr achteckige Halle, die mit Gemälden so reichlich ausgeziert war, daß sie den Ankömmling in Erstaunen setzte. Er begriff leicht, daß alles, was er erblickte, einen bedeutenden Sinn haben müßte, ob er sich gleich denselben nicht so geschwind entziffern konnte. Er war eben im Begriff, seinen Begleiter deshalb zu befragen, als dieser ihn einlud, seitwärts in eine Galerie zu treten, die, an der einen Seite offen, einen geräumigen, blumenreichen Garten umgab. Die Wand zog jedoch mehr als dieser heitre, natürliche Schmuck die Augen an sich: denn sie war durchaus gemalt, und der Ankömmling konnte nicht lange daran hergehen, ohne zu bemerken, daß die heiligen Bücher der Israeliten den Stoff zu diesen Bildern geliefert hatten.

„Es ist hier", sagte der Älteste, „wo wir diejenige Religion überliefern, die ich Euch der Kürze wegen die ethnische genannt habe. Der Gehalt derselben findet sich in der Weltgeschichte, so wie die Hülle derselben in den Begebenheiten. An der Wiederkehr der Schicksale ganzer Völker wird sie eigentlich begriffen."

„Ihr habt", sagte Wilhelm, „wie ich sehe, dem israelitischen Volke die Ehre erzeigt und seine Geschichte zum Grunde dieser Darstellung gelegt, oder vielmehr ihr habt sie zum Hauptgegenstande derselben gemacht." — „Wie Ihr seht", versetzte der Alte; „denn Ihr werdet bemerken, daß in den Sockeln und Friesen nicht sowohl synchronistische als symphronistische Handlungen und Begebenheiten aufgeführt sind, indem unter allen Völkern gleichbedeutende und Gleiches deutende Nachrichten vorkommen. So erblickt Ihr hier, wenn in dem Hauptfelde Abraham von seinen Göttern in der Gestalt schöner Jünglinge besucht wird, den Apoll unter den Hirten Admets oben in der Friese; woraus wir lernen können, daß, wenn die Götter den Menschen erscheinen, sie gewöhnlich unerkannt unter ihnen wandeln."

Die Betrachtenden schritten weiter. Wilhelm fand meistens bekannte Gegenstände, jedoch lebhafter und bedeutender vorgetragen, als er sie sonst zu sehen gewohnt war. Über weniges bat er sich einige Erklärung aus; wobei er sich nicht enthalten konnte, nochmals zu fragen, warum man die israelitische Geschichte vor allen andern gewählt. Hierauf antwortete der Älteste: „Unter allen heidnischen Religionen, denn eine solche ist die israelitische gleichfalls, hat diese große Vorzüge, wovon ich nur einiger erwähnen will. Vor dem ethnischen Richterstuhle, vor dem Richterstuhl des Gottes der Völker, wird nicht gefragt, ob es die beste, die vortrefflichste Nation sei, sondern nur, ob sie daure, ob sie sich erhalten habe. Das israelitische Volk hat niemals viel getaugt, wie es ihm seine Anführer, Richter, Vorsteher, Propheten tausendmal vorgeworfen haben; es besitzt wenig Tugenden und die meisten Fehler anderer

Völker: aber an Selbstständigkeit, Festigkeit, Tapferkeit und, wenn alles das nicht mehr gilt, an Zäheit sucht es seinesgleichen. Es ist das beharrlichste Volk der Erde, es ist, es war, es wird sein, um den Namen Jehova durch alle Zeiten zu verherrlichen. Wir haben es daher als Musterbild aufgestellt, als Hauptbild, dem die andern nur zum Rahmen dienen."

„Es ziemt sich nicht, mit Euch zu rechten", versetzte Wilhelm, „da Ihr mich zu belehren imstande seid. Eröffnet mir daher noch die übrigen Vorteile dieses Volks, oder vielmehr seiner Geschichte, seiner Religion." — „Ein Hauptvorteil", versetzte jener, „ist die treffliche Sammlung ihrer heiligen Bücher. Sie stehen so glücklich beisammen, daß aus den fremdesten Elementen ein täuschendes Ganze entgegentritt. Sie sind vollständig genug, um zu befriedigen, fragmentarisch genug, um anzureizen; hinlänglich barbarisch, um aufzufordern, hinlänglich zart, um zu besänftigen; und wie manche andere entgegengesetzte Eigenschaften sind an diesen Büchern, an diesem Buche zu rühmen!"

Die Folge der Hauptbilder sowohl als die Beziehung der kleinern, die sie oben und unten begleiteten, gab dem Gast so viel zu denken, daß er kaum auf die bedeutenden Bemerkungen hörte, wodurch der Begleiter mehr seine Aufmerksamkeit abzulenken als an die Gegenstände zu fesseln schien. Indessen sagte jener bei Gelegenheit: „Noch einen Vorteil der israelitischen Religion muß ich hier erwähnen: daß sie ihren Gott in keine Gestalt verkörpert und uns also die Freiheit läßt, ihm eine würdige Menschengestalt zu geben, auch im Gegensatz die schlechte Abgötterei durch Tier- und Untiergestalten zu bezeichnen."

Unser Freund hatte sich nunmehr auf einer kurzen Wanderung durch diese Hallen die Weltgeschichte wieder vergegenwärtigt; es war ihm einiges neu in Absicht auf die Begebenheit. So waren ihm durch Zusammenstellung der Bilder, durch die Reflexionen seines Begleiters manche neue Ansichten entsprungen, und er freute sich, daß Felix durch eine so würdige sinnliche Darstellung sich jene großen, bedeutenden, musterhaften Ereignisse für sein ganzes Leben als wirklich, und als wenn sie neben ihm lebendig gewesen wären, zueignen sollte. Er betrachtete diese Bilder zuletzt nur aus den Augen des Kindes, und in diesem Sinne war er vollkommen damit zufrieden; und so waren die Wandelnden zu den traurigen, verworrenen Zeiten und endlich zu dem Untergang der Stadt und des Tempels, zum Morde, zur Verbannung, zur Sklaverei ganzer Massen dieser beharrlichen Nation gelangt. Ihre nachherigen Schicksale waren auf eine kluge Weise allegorisch vorgestellt, da eine historische, eine reale Darstellung derselben außer den Grenzen der edlen Kunst liegt.

Hier war die bisher durchwanderte Galerie auf einmal abgeschlossen, und Wilhelm war verwundert, sich schon am Ende zu sehen. „Ich finde“, sagte er zu seinem Führer, „in diesem Geschichtsgang eine Lücke. Ihr habt den Tempel Jerusalems zerstört und das Volk zerstreut, ohne den göttlichen Mann aufzuführen, der kurz vorher daselbst noch lehrte, dem sie noch kurz vorher kein Gehör geben wollten.“

„Dies zu tun, wie Ihr es verlangt, wäre ein Fehler gewesen. Das Leben dieses göttlichen Mannes, den Ihr bezeichnet, steht mit der Weltgeschichte seiner Zeit in keiner Verbindung. Es war ein Privatleben, seine Lehre eine Lehre für die Einzelnen. Was Völkermassen und ihren Gliedern öffentlich begegnet, gehört der Weltgeschichte, der Weltreligion, welche wir für die erste halten. Was dem Einzelnen innerlich begegnet, gehört zur zweiten Religion, zur Religion der Weisen: eine solche war die, welche Christus lehrte und übte, solange er auf der Erde umherging. Deswegen ist hier das Äußere abgeschlossen, und ich eröffne Euch nun das Innere.“

Eine Pforte tat sich auf, und sie traten in eine ähnliche Galerie, wo Wilhelm sogleich die Bilder der zweiten heiligen Schriften erkannte. Sie schienen von einer andern Hand zu sein als die ersten: alles war sanfter, Gestalten, Bewegungen, Umgebung, Licht und Färbung.

„Ihr seht“, sagte der Begleiter, nachdem sie an einem Teil der Bilder vorübergegangen waren, „hier weder Taten noch Begebenheiten, sondern Wunder und Gleichnisse.

Es ist hier eine neue Welt, ein neues Äußere, anders als das vorige, und ein Inneres, das dort ganz fehlt. Durch Wunder und Gleichnisse wird eine neue Welt aufgetan. Jene machen das Gemeine außerordentlich, diese das Außerordentliche gemein." — „Ihr werdet die Gefälligkeit haben", versetzte Wilhelm, „mir diese wenigen Worte umständlicher auszulegen: denn ich fühle mich nicht geschickt, es selbst zu tun." — „Sie haben einen natürlichen Sinn", versetzte jener, „obgleich einen tiefen. Beispiele werden ihn am geschwindesten aufschließen. Es ist nichts gemeiner und gewöhnlicher als Essen und Trinken; außerordentlich dagegen, einen Trank zu veredeln, eine Speise zu vervielfältigen, daß sie für eine Unzahl hinreiche. Es ist nichts gewöhnlicher als Krankheit und körperliche Gebrechen; aber diese durch geistige oder geistigen ähnliche Mittel aufheben, lindern ist außerordentlich, und eben daher entsteht das Wunderbare des Wunders, daß das Gewöhnliche und das Außerordentliche, das Mögliche und das Unmögliche eins werden. Bei dem Gleichnisse, bei der Parabel ist das Umgekehrte: hier ist der Sinn, die Einsicht, der Begriff das Hohe, das Außerordentliche, das Unerreichbare. Wenn dieser sich in einem gemeinen, gewöhnlichen, faßlichen Bilde verkörpert, so daß er uns als lebendig, gegenwärtig, wirklich entgegentritt, daß wir ihn uns zueignen, ergreifen, festhalten, mit ihm wie mit unsersgleichen umgehen können, das ist denn auch eine zweite Art von Wunder und wird billig zu jenen ersten gesellt, ja vielleicht ihnen noch vorgezogen. Hier ist die lebendige Lehre ausgesprochen, die Lehre, die keinen Streit erregt; es ist keine Meinung über das, was Recht oder Unrecht ist; es ist das Rechte oder Unrechte unwidersprechlich selbst."

Dieser Teil der Galerie war kürzer, oder vielmehr es war nur der vierte Teil der Umgebung des innern Hofes. Wenn man jedoch an dem ersten nur vorbeiging, so verweilte man hier gern; man ging gern hier auf und ab. Die Gegenstände waren nicht so auffallend, nicht so mannigfaltig; aber desto einladender, den tiefen, stillen Sinn derselben zu erforschen. Auch kehrten die beiden Wandelnden am Ende des Ganges um, indem Wilhelm eine Bedenklichkeit äußerte, daß man hier eigentlich nur bis zum Abendmahle, bis zum Scheiden des Meisters von seinen Jüngern gelangt sei. Er fragte nach dem übrigen Teil der Geschichte.

„Wir sondern", versetzte der Älteste, „bei jedem Unterricht, bei aller Überlieferung sehr gerne, was nur möglich zu sondern ist; denn dadurch allein kann der Begriff des Bedeutenden bei der Jugend entspringen. Das Leben mengt und mischt ohnehin alles durcheinander, und so haben wir auch hier das Leben jenes vortrefflichen Mannes ganz von dem Ende desselben abgesondert. Im Leben erscheint er als ein wahrer Philosoph — stoßet Euch nicht an diesen Ausdruck —, als ein Weiser im höchsten Sinne. Er steht auf seinem Punkte fest; er wandelt seine Straße unverrückt, und indem er das Niedere zu sich heraufzieht, indem er die Unwissenden, die Armen, die Kranken seiner Weisheit, seines Reichtums, seiner Kraft teilhaftig werden läßt und sich deshalb ihnen gleichzustellen scheint, so verleugnet er nicht von der andern Seite seinen göttlichen Ursprung; er wagt, sich Gott gleichzustellen, ja sich für Gott zu erklären. Auf diese Weise setzt er von Jugend auf seine Umgebung in Erstaunen, gewinnt einen Teil derselben für sich, regt den andern gegen sich auf und zeigt allen, denen es um eine gewisse Höhe im Lehren und Leben zu tun ist, was sie von der Welt zu erwarten haben. Und so ist sein Wandel für den edlen Teil der Menschheit noch belehrender und fruchtbarer als sein Tod: denn zu jenen Prüfungen ist jeder, zu diesem sind nur wenige berufen; und damit wir alles übergehen, was aus dieser Betrachtung folgt, so betrachtet die rührende Szene des Abendmahls. Hier läßt der Weise, wie immer, die Seinigen ganz eigentlich verwaist zurück, und indem er für die Guten besorgt ist, füttert er zugleich mit ihnen einen Verräter, der ihn und die Bessern zugrunde richten wird."

Mit diesen Worten eröffnete der Älteste eine Pforte, und Wilhelm stutzte, als er sich wieder in der ersteren Halle des Eingangs fand. Sie hatten, wie er wohl merkte, indessen den ganzen Umkreis des Hofes zurückgelegt. „Ich hoffte", sagte Wilhelm, „Ihr würdet mich ans Ende führen, und bringt mich wieder zum Anfang." — „Für diesmal kann ich Euch weiter nichts zeigen", sagte der Älteste; „mehr lassen wir unsere Zöglinge nicht sehen, mehr erklären wir ihnen nicht, als was Ihr bis jetzt durchlaufen habt; das äußere allgemein Weltliche einem jeden von Jugend auf, das innere besonders Geistige und Herzliche nur denen, die mit einiger Besonnenheit heranwachsen, und das übrige, was des Jahrs nur einmal eröffnet wird, kann nur denen mitgeteilt werden, die wir entlassen. Jene letzte Religion, die aus der Ehrfurcht vor dem, was unter uns ist, entspringt, jene Verehrung des Widerwärtigen, Verhaßten, Fliehenswerten geben wir einem jeden nur ausstattungsweise in die Welt mit, damit er wisse, wo er dergleichen zu finden hat, wenn ein solches Bedürfnis sich in ihm regen sollte. Ich lade Euch ein, nach Verlauf eines Jahres wiederzukehren, unser allgemeines Fest zu besuchen und zu sehen, wie weit Euer Sohn vorwärts gekommen; alsdann sollt auch Ihr in das Heiligtum des Schmerzes eingeweiht werden."

„Erlaubt mir eine Frage", versetzte Wilhelm. „Habt ihr denn auch, so wie ihr das Leben dieses göttlichen Mannes als Lehr- und Musterbild aufstellt, sein Leiden, seinen Tod gleichfalls als ein Vorbild erhabener Duldung herausgehoben?" — „Auf alle Fälle", sagte der Älteste. „Hieraus machen wir kein Geheimnis; aber wir ziehen einen Schleier über diese Leiden, eben weil wir sie so hoch verehren. Wir halten es für eine verdammungswürdige Frechheit, jenes Martergerüst und den daran leidenden Heiligen dem Anblick der Sonne auszusetzen, die ihr Angesicht verbarg, als eine ruchlose Welt ihr dies Schauspiel aufdrang, mit diesen tiefen Geheimnissen, in welchen die göttliche Tiefe des Leidens verborgen liegt, zu spielen, zu tändeln, zu verzieren und nicht eher zu ruhen, bis das Würdigste gemein und abgeschmackt erscheint. So viel sei für diesmal genug, um Euch über Euren Knaben zu beruhigen und völlig zu überzeugen, daß Ihr ihn auf irgendeine Art, mehr oder weniger, aber doch nach wünschenswerter Weise gebildet und auf alle Fälle nicht verworren, schwankend und unstät wiederfinden sollt."

Wilhelm zauderte, indem er sich die Bilder der Vorhalle besah und ihren Sinn gedeutet wünschte. „Auch dieses", sagte der Älteste, „bleiben wir Euch bis übers Jahr schuldig. Bei dem Unterricht, den wir in der Zwischenzeit den Kindern geben, lassen wir keine Fremden zu; aber alsdann kommt und vernehmt, was unsere besten Redner über diese Gegenstände öffentlich zu sagen für dienlich halten."

Bald nach dieser Unterredung hörte man an der kleinen Pforte pochen. Der gestrige Aufseher meldete sich, er hatte Wilhelms Pferd vorgeführt, und so beurlaubte sich der Freund von der Dreie, welche zum Abschied ihn dem Aufseher folgendermaßen empfahl: „Dieser wird nun zu den Vertrauten gezählt, und dir ist bekannt, was du ihm auf seine Fragen zu erwidern hast: denn er wünscht gewiß noch über manches, was er bei uns sah und hörte, belehrt zu werden; Maß und Ziel ist dir nicht verborgen."

Wilhelm hatte freilich noch einige Fragen auf dem Herzen, die er auch sogleich anbrachte. Wo sie durchritten, stellten sich die Kinder wie gestern; aber heute sah er, obgleich selten, einen und den andern Knaben, der den vorbeireitenden Aufseher nicht grüßte, von seiner Arbeit nicht aufsah und ihn unbemerkt vorüberließ. Wilhelm fragte nun nach der Ursache und was diese Ausnahme zu bedeuten habe. Jener erwiderte darauf: „Sie ist freilich sehr bedeutungsvoll: denn es ist die höchste Strafe, die wir den Zöglingen auflegen, sie sind unwürdig erklärt, Ehrfurcht zu beweisen, und genötigt, sich als roh und ungebildet darzustellen; sie tun aber das mögliche, um sich aus dieser Lage zu retten, und finden sich aufs geschwindeste in jede Pflicht. Sollte jedoch ein junges Wesen verstockt zu seiner Rückkehr keine Anstalt machen, so wird es mit einem kurzen, aber bündigen Bericht den Eltern wieder zurückgesandt. Wer sich den Gesetzen nicht fügen lernt, muß die Gegend verlassen, wo sie gelten."

Ein anderer Anblick reizte, heute wie gestern, des Wanderers Neugierde; es war Mannigfaltigkeit an Farbe und Schnitt der Zöglingskleidung; hier schien kein Stufengang obzuwalten, denn solche, die verschieden grüßten, waren überein gekleidet, gleich Grüßende waren anders angezogen. Wilhelm fragte nach der Ursache dieses scheinbaren Widerspruchs. „Er löst sich", versetzte jener, „darin auf, daß es ein Mittel ist, die Gemüter der Knaben eigens zu erforschen. Wir lassen, bei sonstiger Strenge und Ordnung, in diesem Falle eine gewisse Willkür gelten. Innerhalb des Kreises unserer Vorräte an Tüchern und Verbrämungen dürfen die Zöglinge nach beliebiger Farbe greifen, so auch innerhalb einer mäßigen Beschränkung Form und Schnitt wählen; dies beobachten wir genau, denn an der Farbe läßt sich die Sinnesweise, an dem Schnitt die Lebensweise des Menschen erkennen. Doch macht eine besondere Eigenheit der menschlichen Natur eine genauere Beurteilung gewissermaßen schwierig; es ist der Nachahmungsgeist, die Neigung, sich anzuschließen. Sehr selten, daß ein Zögling auf etwas fällt, was noch nicht dagewesen, meistens wählen sie etwas Bekanntes, was sie gerade vor sich sehen. Doch auch diese Betrachtung bleibt uns nicht unfruchtbar, durch solche Äußerlichkeiten treten sie zu dieser oder jener Partei, sie schließen sich da oder dort an, und so zeichnen sich allgemeinere Gesinnungen aus, wir erfahren, wo jeder sich hinneigt, welchem Beispiel er sich gleichstellt.

Nun hat man Fälle gesehen, wo die Gemüter sich ins Allgemeine neigten, wo eine Mode sich über alle verbreiten, jede Absonderung sich zur Einheit verlieren wollte. Einer solchen Wendung suchen wir auf gelinde Weise Einhalt zu tun, wir lassen die Vorräte ausgehen; dieses und jenes Zeug, eine und die andere Verzierung ist nicht mehr zu haben; wir schieben etwas Neues, etwas Reizendes herein, durch helle Farben und kurzen, knappen Schnitt locken wir die Muntern, durch ernste Schattierungen, bequeme, faltenreiche Tracht die Besonnenen und stellen so nach und nach ein Gleichgewicht her.

Denn der Uniform sind wir durchaus abgeneigt, sie verdeckt den Charakter und entzieht die Eigenheiten der Kinder, mehr als jede andere Verstellung, dem Blicke der Vorgesetzten."

Unter solchen und andern Gesprächen gelangte Wilhelm an die Grenze der Provinz, und zwar an den Punkt, wo sie der Wanderer, nach des alten Freundes Andeutung, verlassen sollte, um seinem eigentlichen Zweck entgegenzugehen.

Beim Lebewohl bemerkte zunächst der Aufseher: Wilhelm möge nun erwarten, bis das große Fest allen Teilnehmern auf mancherlei Weise angekündigt werde. Hierzu würden die sämtlichen Eltern eingeladen und tüchtige Zöglinge ins freie, zufällige Leben entlassen. Alsdann solle er, hieß es, auch die übrigen Landschaften nach Belieben betreten, wo, nach eigenen Grundsätzen, der einzelne Unterricht in vollständiger Umgebung erteilt und ausgeübt wird.

DRITTES KAPITEL

Der Angewöhnung des werten Publikums zu schmeicheln, welches seit geraumer Zeit Gefallen findet, sich stückweise unterhalten zu lassen, gedachten wir erst, nachstehende Erzählung in mehreren Abteilungen vorzulegen. Der innere Zusammenhang jedoch, nach Gesinnungen, Empfindungen und Ereignissen betrachtet, veranlaßte einen fortlaufenden Vortrag. Möge derselbe seinen Zweck erreichen und zugleich am Ende deutlich werden, wie die Personen dieser abgesondert scheinenden Begebenheit mit denjenigen, die wir schon kennen und lieben, aufs innigste zusammengeflochten worden.

DER MANN VON FUNFZIG JAHREN

Der Major war in den Gutshof hereingeritten, und Hilarie, seine Nichte, stand schon, um ihn zu empfangen, außen auf der Treppe, die zum Schloß hinaufführte. Kaum erkannte er sie; denn schon war sie wieder größer und schöner geworden. Sie flog ihm entgegen, er drückte sie an seine Brust mit dem Sinn eines Vaters, und sie eilten hinauf zu ihrer Mutter.

Der Baronin, seiner Schwester, war er gleichfalls willkommen, und als Hilarie schnell hinwegging, das Frühstück zu bereiten, sagte der Major freudig: „Diesmal kann ich mich kurz fassen und sagen, daß unser Geschäft beendigt ist. Unser Bruder, der Obermarschall, sieht wohl ein, daß er weder mit Pächtern noch Verwaltern zurechtkommt. Er tritt bei seinen Lebzeiten die Güter uns und unsern Kindern ab; das Jahrgehalt, das er sich ausbedingt, ist freilich stark; aber wir können es ihm immer geben: wir gewinnen doch noch für die Gegenwart viel und für die Zukunft alles. Die neue Einrichtung soll bald in Ordnung sein. Da ich zunächst meinen Abschied erwarte, so sehe ich doch wieder ein tätiges Leben vor mir, das uns und den Unsrigen einen entschiedenen Vorteil bringen kann. Wir sehen ruhig zu, wie unsre Kinder emporwachsen, und es hängt von uns, von ihnen ab, ihre Verbindung zu beschleunigen."

„Das wäre alles recht gut", sagte die Baronin, „wenn ich dir nur nicht ein Geheimnis zu entdecken hätte, das ich selbst erst gewahr worden bin. Hilariens Herz ist nicht mehr frei; von der Seite hat dein Sohn wenig oder nichts zu hoffen."

„Was sagst du?" rief der Major; „ist's möglich? indessen wir uns alle Mühe geben, uns ökonomisch vorzusehen, so spielt uns die Neigung einen solchen Streich! Sag' mir, Liebe, sag' mir geschwind, wer ist es, der das Herz Hilariens fesseln konnte? Oder ist es denn auch schon so arg? Ist es nicht vielleicht ein flüchtiger Eindruck, den man wieder auszulöschen hoffen kann?"

„Du mußt erst ein wenig sinnen und raten", versetzte die Baronin und vermehrte dadurch seine Ungeduld. Sie war schon aufs höchste gestiegen, als Hilarie, mit den Bedienten, welche das Frühstück trugen, hereintretend, eine schnelle Auflösung des Rätsels unmöglich machte.

Der Major selbst glaubte das schöne Kind mit andern Augen anzusehn als kurz vorher. Es war ihm beinahe, als wenn er eifersüchtig auf den Beglückten wäre, dessen Bild sich in einem so schönen Gemüt hatte eindrücken können. Das Frühstück wollte ihm nicht schmecken, und er bemerkte nicht, daß alles genau so eingerichtet war, wie er es am liebsten hatte und wie er es sonst zu wünschen und zu verlangen pflegte.

Über dieses Schweigen und Stocken verlor Hilarie fast selbst ihre Munterkeit. Die Baronin fühlte sich verlegen und zog ihre Tochter ans Klavier; aber ihr geistreiches und gefühlvolles Spiel konnte dem Major kaum einigen Beifall ablocken. Er wünschte das schöne Kind und das Frühstück je eher je lieber entfernt zu sehen, und die Baronin mußte sich entschließen, aufzubrechen und ihrem Bruder einen Spaziergang in den Garten vorzuschlagen.

Kaum waren sie allein, so wiederholte der Major dringend seine vorige Frage; worauf seine Schwester nach einer Pause lächelnd versetzte: „Wenn du den Glücklichen finden willst, den sie liebt, so brauchst du nicht weit zu gehen, er ist ganz in der Nähe: dich liebt sie."

Der Major stand betroffen, dann rief er aus: „Es wäre ein sehr unzeitiger Scherz, wenn du mich etwas überreden wolltest, das mich im Ernst so verlegen wie unglücklich machen würde. Denn ob ich gleich Zeit brauche, mich von meiner Verwunderung zu erholen, so sehe ich doch mit einem Blicke voraus, wie sehr unsere Verhältnisse durch ein so unerwartetes Ereignis gestört werden müßten. Das einzige, was mich tröstet, ist die Überzeugung, daß Neigungen dieser Art nur scheinbar sind, daß ein Selbstbetrug dahinter verborgen liegt, und daß eine echte, gute Seele von dergleichen Fehlgriffen oft durch sich selbst oder doch wenigstens mit einiger Beihülfe verständiger Personen gleich wieder zurückkommt."

„Ich bin dieser Meinung nicht", sagte die Baronin; „denn nach allen Symptomen ist es ein sehr ernstliches Gefühl, von welchem Hilarie durchdrungen ist."

„Etwas so Unnatürliches hätte ich ihrem natürlichen Wesen nicht zugetraut", versetzte der Major.

„Es ist so unnatürlich nicht", sagte die Schwester. „Aus meiner Jugend erinnere ich mich selbst einer Leidenschaft für einen älteren Mann, als du bist. Du hast funfzig Jahre; das ist immer noch nicht gar zu viel für einen Deutschen, wenn vielleicht andere, lebhaftere Nationen früher altern."

„Wodurch willst du aber deine Vermutung bekräftigen?" sagte der Major.

„Es ist keine Vermutung, es ist Gewißheit. Das Nähere sollst du nach und nach vernehmen."

Hilarie gesellte sich zu ihnen, und der Major fühlte sich, wider seinen Willen, abermals verändert. Ihre Gegenwart deuchte ihn noch lieber und werter als vorher; ihr Betragen schien ihm liebevoller, und schon fing er an, den Worten seiner Schwester Glauben beizumessen. Die Empfindung war für ihn höchst angenehm, ob er sich gleich solche weder gestehen noch erlauben wollte. Freilich war Hilarie höchst liebenswürdig, indem sich in ihrem Betragen die zarte Scheu gegen einen Liebhaber und die freie Bequemlichkeit gegen einen Oheim auf das innigste verband; denn sie liebte ihn wirklich und von ganzer Seele. Der Garten war in seiner vollen Frühlingspracht, und der Major, der so viele alte Bäume sich wieder belauben sah, konnte auch an die Wiederkehr seines eignen Frühlings glauben. Und wer hätte sich nicht in der Gegenwart des liebenswürdigsten Mädchens dazu verführen lassen!

So verging ihnen der Tag zusammen; alle häuslichen Epochen wurden mit der größten Gemütlichkeit durchlebt; abends nach Tisch setzte sich Hilarie wieder ans Klavier; der Major hörte mit andern Ohren als heute früh; eine Melodie schlang sich in die andere, ein Lied schloß sich ans andere, und kaum vermochte die Mitternacht die kleine Gesellschaft zu trennen.

Als der Major auf seinem Zimmer ankam, fand er alles nach seiner alten, gewohnten Bequemlichkeit eingerichtet; sogar einige Kupferstiche, bei denen er gern verweilte, waren aus andern Zimmern herübergehängt; und da er einmal aufmerksam geworden war, so sah er sich bis auf jeden einzelnen kleinen Umstand versorgt und geschmeichelt.

Nur wenig Stunden Schlaf bedurfte er diesmal; seine Lebensgeister waren früh aufgeregt. Aber nun merkte er auf einmal, daß eine neue Ordnung der Dinge manches Unbequeme nach sich ziehe. Er hatte seinem alten Reitknecht, der zugleich die Stelle des Bedienten und Kammerdieners vertrat, seit mehreren Jahren kein böses Wort gegeben: denn alles ging in der strengsten Ordnung seinen gewöhnlichen Gang; die Pferde waren versorgt und die Kleidungsstücke zu rechter Stunde gereinigt; aber der Herr war früher aufgestanden, und nichts wollte passen.

Sodann gesellte sich noch ein anderer Umstand hinzu, um die Ungeduld und eine Art böser Laune des Majors zu vermehren. Sonst war ihm alles an sich und seinem Diener recht gewesen; nun aber fand er sich, als er vor den Spiegel trat, nicht so, wie er zu sein wünschte. Einige graue Haare konnte er nicht leugnen, und von Runzeln schien sich auch etwas eingefunden zu haben. Er wischte und puderte mehr als sonst und mußte es doch zuletzt lassen, wie es sein konnte. Auch mit der Kleidung und ihrer Sauberkeit war er nicht zufrieden. Da sollten sich immer noch Fasern auf dem Rock und noch Staub auf den Stiefeln finden. Der Alte wußte nicht, was er sagen sollte, und war erstaunt, einen so veränderten Herrn vor sich zu sehen.

Ungeachtet aller dieser Hindernisse war der Major schon früh genug im Garten. Hilarien, die er zu finden hoffte, fand er wirklich. Sie brachte ihm einen Blumenstrauß entgegen, und er hatte nicht den Mut, sie wie sonst zu küssen und an sein Herz zu drücken. Er befand sich in der angenehmsten Verlegenheit von der Welt und überließ sich seinen Gefühlen, ohne zu denken, wohin das führen könne.

Die Baronin gleichfalls säumte nicht lange zu erscheinen, und indem sie ihrem Bruder ein Billet wies, das ihr eben ein Bote gebracht hatte, rief sie aus: „Du rätst nicht, wen uns dieses Blatt anzumelden kommt.“ — „So entdecke es nur bald!“ versetzte der Major; und er erfuhr, daß ein alter theatralischer Freund nicht weit von dem Gute vorbeireise und für einen Augenblick einzukehren gedenke. „Ich bin neugierig, ihn wiederzusehen“, sagte der Major; „er ist kein Jüngling mehr, und ich höre, daß er noch immer die jungen Rollen spielt.“ — „Er muß um zehn Jahre älter sein als du“, versetzte die Baronin. — „Ganz gewiß“, erwiderte der Major, „nach allem, was ich mich erinnere.“

Es währte nicht lange, so trat ein munterer, wohlgebauter, gefälliger Mann herzu. Man stutzte einen Augenblick, als man sich wiedersah. Doch sehr bald erkannten sich die Freunde, und Erinnerungen aller Art belebten das Gespräch. Hierauf ging man zu Erzählungen, zu Fragen und zu Rechenschaft über; man machte sich wechselsweise mit den gegenwärtigen Lagen bekannt und fühlte sich bald, als wäre man nie getrennt gewesen.

Die geheime Geschichte sagt uns, daß dieser Mann in

früherer Zeit, als ein sehr schöner und angenehmer Jüngling, einer vornehmen Dame zu gefallen das Glück oder Unglück gehabt habe; daß er dadurch in große Verlegenheit und Gefahr geraten, woraus ihn der Major eben im Augenblick, als ihn das traurigste Schicksal bedrohte, glücklich herausriß. Ewig blieb er dankbar, dem Bruder sowohl als der Schwester; denn diese hatte durch zeitige Warnung zur Vorsicht Anlaß gegeben.

Einige Zeit vor Tische ließ man die Männer allein. Nicht ohne Bewunderung, ja gewissermaßen mit Erstaunen hatte der Major das äußere Behaben seines alten Freundes im ganzen und einzelnen betrachtet. Er schien gar nicht verändert zu sein, und es war kein Wunder, daß er noch immer als jugendlicher Liebhaber auf dem Theater erscheinen konnte. — „Du betrachtest mich aufmerksamer als billig ist“, sprach er endlich den Major an; „ich fürchte sehr, du findest den Unterschied gegen vorige Zeit nur allzu groß.“ — „Keineswegs“, versetzte der Major, „vielmehr bin ich voll Verwunderung, dein Aussehen frischer und jünger zu finden als das meine; da ich doch weiß, daß du schon ein gemachter Mann warst, als ich, mit der Kühnheit eines wagehalsigen Gelbschnabels, dir in gewissen Verlegenheiten beistand.“ — „Es ist deine Schuld“, versetzte der andere, „es ist die Schuld aller deinesgleichen; und ob ihr schon darum nicht zu schelten seid, so seid ihr doch zu tadeln. Man denkt immer nur ans Notwendige; man will sein und nicht scheinen. Das ist recht gut, solange man etwas ist. Wenn aber zuletzt das Sein mit dem Scheinen sich zu empfehlen anfängt und der Schein noch flüchtiger als das Sein ist, so merkt denn doch ein jeder, daß er nicht übel getan hätte, das Äußere über dem Innern nicht ganz zu vernachlässigen.“ — „Du hast recht“, versetzte der Major und konnte sich fast eines Seufzers nicht enthalten. — „Vielleicht nicht ganz recht“, sagte der bejahrte Jüngling; „denn freilich bei meinem Handwerke wäre es ganz unverzeihlich, wenn man das Äußere nicht so lange aufstutzen wollte, als nur möglich ist. Ihr andern aber habt Ursache, auf andere Dinge zu sehen, die bedeutender und nachhaltiger sind.“ — „Doch gibt es Gelegenheiten“, sagte der Major, „wo man sich innerlich frisch fühlt und sein Äußeres auch gar zu gern wieder auffrischen möchte."

Da der Ankömmling die wahre Gemütslage des Majors nicht ahnen konnte, so nahm er diese Äußerung im Soldatensinne und ließ sich weitläufig darüber aus: wie viel beim Militär aufs Äußere ankomme und wie der Offizier, der so manches auf seine Kleidung zu wenden habe, doch auch einige Aufmerksamkeit auf Haut und Haare wenden könne. „Es ist zum Beispiel unverantwortlich", fuhr er fort, „daß Eure Schläfe schon grau sind, daß hie und da sich Runzeln zusammenziehen und daß Euer Scheitel kahl zu werden droht. Seht mich alten Kerl einmal an! betrachtet, wie ich mich erhalten habe! und das alles ohne Hexerei und mit weit weniger Mühe und Sorgfalt, als man täglich anwendet, um sich zu beschädigen oder wenigstens Langeweile zu machen."

Der Major fand bei dieser zufälligen Unterredung zu sehr seinen Vorteil, als daß er sie so bald hätte abbrechen sollen; doch ging er leise und selbst gegen einen alten Bekannten mit Behutsamkeit zu Werke. — „Das habe ich nun leider versäumt!" rief er aus, „und nachzuholen ist es nicht; ich muß mich nun schon darein ergeben, und Ihr werdet deshalb nicht schlimmer von mir denken."

„Versäumt ist nichts!" erwiderte jener, „wenn ihr andern ernsthaften Herren nur nicht so starr und steif wäret, nicht gleich einen jeden, der sein Äußeres bedenkt, für eitel erklären und euch dadurch selbst die Freude verkümmern möchtet, in gefälliger Gesellschaft zu sein und selbst zu gefallen." — „Wenn es auch keine Zauberei ist", lächelte der Major, „wodurch ihr andern euch jung erhaltet, so ist es doch ein Geheimnis, oder wenigstens sind es Arcana, dergleichen oft in den Zeitungen gepriesen werden, von denen ihr aber die besten herauszuproben wißt." — „Du magst im Scherz oder im Ernst reden", versetzte der Freund, „so hast du's getroffen. Unter den vielen Dingen, die man von jeher versucht hat, um dem Äußeren einige Nahrung zu geben, das oft viel früher als das Innere abnimmt, gibt es wirklich unschätzbare, einfache sowohl als zusammengesetzte Mittel, die mir von Kunstgenossen mitgeteilt, für bares Geld oder durch Zufall überliefert und von mir selbst ausgeprobt worden. Dabei bleib' ich und verharre nun, ohne deshalb meine weitern Forschungen aufzugeben. So viel kann ich dir sagen, und ich übertreibe nicht: ein Toilettenkästchen führe ich bei mir, über allen Preis! ein Kästchen, dessen Wirkungen ich wohl an dir erproben möchte, wenn wir nur vierzehn Tage zusammenblieben."

Der Gedanke, etwas dieser Art sei möglich und diese Möglichkeit werde ihm gerade in dem rechten Augenblicke so zufällig nahe gebracht, erheiterte den Geist des Majors dergestalt, daß er wirklich schon frischer und munterer aussah und, von der Hoffnung, Haupt und Gesicht mit seinem Herzen in Übereinstimmung zu bringen, belebt, von der Unruhe, die Mittel dazu bald näher kennen zu lernen, in Bewegung gesetzt, bei Tische ein ganz anderer Mensch erschien, Hilariens anmutigen Aufmerksamkeiten getrost entgegenging und auf sie mit einer gewissen Zuversicht blickte, die ihm heute früh noch sehr fremd gewesen war.

Hatte nun durch mancherlei Erinnerungen, Erzählungen und glückliche Einfälle der theatralische Freund die einmal angeregte gute Laune zu erhalten, zu beleben und zu vermehren gewußt, so wurde der Major um so verlegener, als jener gleich nach Tische sich zu entfernen und seinen Weg weiter fortzusetzen drohte. Auf alle Weise suchte er den Aufenthalt seines Freundes, wenigstens über Nacht, zu erleichtern, indem er Vorspann und Relais auf morgen früh andringlich zusagte. Genug, die heilsame Toilette sollte nicht aus dem Hause, bis man von ihrem Inhalt und Gebrauch näher unterrichtet wäre.

Der Major sah sehr wohl ein, daß hier keine Zeit zu verlieren sei, und suchte daher gleich nach Tische seinen alten Günstling allein zu sprechen. Da er das Herz nicht hatte, ganz gerade auf die Sache loszugehen, so lenkte er von weitem dahin, indem er, das vorige Gespräch wieder auffassend, versicherte: er für seine Person würde gern mehr Sorgfalt auf das Äußere verwenden, wenn nur nicht gleich die Menschen einen jeden, dem sie ein solches Bestreben anmerken, für eitel erklärten und ihm dadurch sogleich wieder an der sittlichen Achtung entzögen, was sie sich genötigt fühlten an der sinnlichen ihm zuzugestehen.

„Mache mich mit solchen Redensarten nicht verdrießlich!“ versetzte der Freund; „denn das sind Ausdrücke, die sich die Gesellschaft angewöhnt hat, ohne etwas dabei zu denken, oder, wenn man es strenger nehmen will, wodurch sich ihre unfreundliche und mißwollende Natur ausspricht. Wenn du es recht genau betrachtest: was ist denn das, was man oft als Eitelkeit verrufen möchte? Jeder Mensch soll Freude an sich selbst haben, und glücklich, wer sie hat. Hat er sie aber, wie kann er sich verwehren, dieses angenehme Gefühl merken zu lassen? Wie soll er mitten im Dasein verbergen, daß er eine Freude am Dasein habe? Fände die gute Gesellschaft, denn von der ist doch hier allein die Rede, nur alsdann diese Äußerungen tadelhaft, wenn sie zu lebhaft werden, wenn des einen Menschen Freude an sich und seinem Wesen die andern hindert, Freude an dem ihrigen zu haben und sie zu zeigen, so wäre nichts dabei zu erinnern, und von diesem Übermaß ist auch wohl der Tadel zuerst ausgegangen. Aber was soll eine wunderlich-verneinende Strenge gegen etwas Unvermeidliches? Warum will man nicht eine Äußerung läßlich und erträglich finden, die man denn doch mehr oder weniger sich von Zeit zu Zeit selbst erlaubt? ja, ohne die eine gute Gesellschaft gar nicht existieren könnte: denn das Gefallen an sich selbst, das Verlangen, dieses Selbstgefühl andern mitzuteilen, macht gefällig, das Gefühl eigner Anmut macht anmutig. Wollte Gott, alle Menschen wären eitel, wären es aber mit Bewußtsein, mit Maß und im rechten Sinne: so würden wir in der gebildeten Welt die glücklichsten Menschen sein. Die Weiber, sagt man, sind eitel von Hause aus; doch es kleidet sie, und sie gefallen uns um desto mehr. Wie kann ein junger Mann sich bilden, der nicht eitel ist? Eine leere, hohle Natur wird sich wenigstens einen äußern Schein zu geben wissen, und der tüchtige Mensch wird sich bald von außen nach innen zu bilden. Was mich betrifft, so habe ich Ursache, mich auch deshalb für den glücklichsten Menschen zu halten, weil mein Handwerk mich berechtigt, eitel zu sein, und weil ich, je mehr ich es bin, nur desto mehr Vergnügen den Menschen schaffe. Ich werde gelobt, wo man andere tadelt, und habe, gerade auf diesem Wege, das Recht und das Glück, noch in einem Alter das Publikum zu ergötzen und zu entzücken, in welchem andere notgedrungen vom Schauplatz abtreten oder nur mit Schmach darauf verweilen."

Der Major hörte nicht gerne den Schluß dieser Betrachtungen. Das Wörtchen Eitelkeit, als er es vorbrachte, sollte nur zu einem Übergang dienen, um dem Freunde auf eine geschickte Weise seinen Wunsch vorzutragen; nun fürchtete er, bei einem fortgesetzten Gespräch das Ziel noch weiter verrückt zu sehen, und eilte daher unmittelbar zum Zweck.

„Für mich", sagte er, „wäre ich gar nicht abgeneigt, auch zu deiner Fahne zu schwören, da du es nicht für zu spät hältst und glaubst, daß ich das Versäumte noch einigermaßen nachholen könne. Teile mir etwas von deinen Tinkturen, Pomaden und Balsamen mit, und ich will einen Versuch machen."

„Mitteilungen", sagte der andere, „sind schwerer, als man denkt. Denn hier z. B. kommt es nicht allein darauf an, daß ich dir von meinen Fläschchen etwas abfülle und von den besten Ingredienzien meiner Toilette die Hälfte zurücklasse; die Anwendung ist das Schwerste. Man kann das Überlieferte sich nicht gleich zu eigen machen; wie dieses und jenes passe, unter was für Umständen, in welcher Folge die Dinge zu gebrauchen seien, dazu gehört Übung und Nachdenken; ja selbst diese wollen kaum fruchten, wenn man nicht eben zu der Sache, wovon die Rede ist, ein angebornes Talent hat."

„Du willst, wie es scheint", versetzte der Major, „nun wieder zurücktreten. Du machst mir Schwierigkeiten, um deine freilich etwas fabelhaften Behauptungen in Sicherheit zu bringen. Du hast nicht Lust, mir einen Anlaß, eine Gelegenheit zu geben, deine Worte durch die Tat zu prüfen."

„Durch diese Neckereien, mein Freund", versetzte der andere, „würdest du mich nicht bewegen, deinem Verlangen zu willfahren, wenn ich nicht selbst so gute Gesinnungen gegen dich hätte, wie ich es ja zuerst dir angeboten habe. Dabei bedenke, mein Freund, der Mensch hat gar eine eigne Lust, Proselyten zu machen, dasjenige, was er an sich schätzt, auch außer sich in andern zur Erscheinung zu bringen, sie genießen zu lassen, was er selbst genießt, und sich in ihnen wiederzufinden und darzustellen. Fürwahr, wenn dies auch Egoismus ist, so ist er der liebenswürdigste und lobenswürdigste, derjenige, der uns zu Menschen gemacht hat und uns als Menschen erhält. Aus ihm nehme ich denn auch, abgesehen von der Freundschaft, die ich zu dir hege, die Lust, einen Schüler in der Verjüngungskunst aus dir zu machen. Weil man aber von dem Meister erwarten kann, daß er keine Pfuscher ziehen will, so bin ich verlegen, wie wir es anfangen. Ich sagte schon: weder Spezereien noch irgendeine Anweisung ist hinlänglich; die Anwendung kann nicht im Allgemeinen gelehrt werden. Dir zuliebe und aus Lust, meine Lehre fortzupflanzen, bin ich zu jeder Aufopferung bereit. Die größte für den Augenblick will ich dir sogleich anbieten. Ich lasse dir meinen Diener hier, eine Art von Kammerdiener und Tausendkünstler, der, wenn er gleich nicht alles zu bereiten weiß, nicht in alle Geheimnisse eingeweiht ist, doch die ganze Behandlung recht gut versteht und für den Anfang dir von großem Nutzen sein wird, bis du dich in die Sache so hineinarbeitest, daß ich dir die höheren Geheimnisse endlich auch offenbaren kann."

„Wie!" rief der Major, „du hast auch Stufen und Grade deiner Verjüngungskunst? Du hast noch Geheimnisse für die Eingeweihten?" — „Ganz gewiß!" versetzte jener. „Das müßte gar eine schlechte Kunst sein, die sich auf einmal fassen ließe, deren Letztes von demjenigen gleich geschaut werden könnte, der zuerst hereintritt."

Man zauderte nicht lange, der Kammerdiener ward an den Major gewiesen, der ihn gut zu halten versprach. Die Baronin mußte Schächtelchen, Büchschen und Gläser hergeben, sie wußte nicht wozu; die Teilung ging vor sich, man war bis in die Nacht munter und geistreich zusammen. Bei dem späteren Aufgang des Mondes fuhr der Gast hinweg und versprach, in einiger Zeit zurückzukehren.

Der Major kam ziemlich müde auf sein Zimmer. Er war früh aufgestanden, hatte sich den Tag nicht geschont und glaubte nunmehr das Bett bald zu erreichen. Allein er fand statt eines Dieners nunmehr zwei. Der alte Reitknecht zog ihn nach alter Art und Weise eilig aus; aber nun trat der neue hervor und ließ merken, daß die eigentliche Zeit, Verjüngungs- und Verschönerungsmittel anzubringen, die Nacht sei, damit in einem ruhigen Schlaf die Wirkung desto sicherer vor sich gehe. Der Major mußte sich also gefallen lassen, daß sein Haupt gesalbt, sein Gesicht bestrichen, seine Augenbraunen bepinselt und seine Lippen betupft wurden. Außerdem wurden noch verschiedene Zeremonien erfordert; sogar sollte die Nachtmütze nicht unmittelbar aufgesetzt, sondern vorher ein Netz, wo nicht gar eine feine lederne Mütze übergezogen werden.

Der Major legte sich zu Bette mit einer Art von unangenehmer Empfindung, die er jedoch sich deutlich zu machen keine Zeit hatte, indem er gar bald einschlief. Sollen wir aber in seine Seele sprechen, so fühlte er sich etwas mumienhaft, zwischen einem Kranken und einem Einbalsamierten. Allein das süße Bild Hilariens, umgeben von den heitersten Hoffnungen, zog ihn bald in einen erquikkenden Schlaf.

Morgens zur rechten Zeit war der Reitknecht bei der Hand. Alles, was zum Anzuge des Herrn gehörte, lag in gewohnter Ordnung auf den Stühlen, und eben war der Major im Begriff, aus dem Bette zu steigen, als der neue Kammerdiener hereintrat und lebhaft gegen eine solche Übereilung protestierte. Man müsse ruhen, man müsse sich abwarten, wenn das Vorhaben gelingen, wenn man für so manche Mühe und Sorgfalt Freude erleben solle. Der Herr vernahm sodann, daß er in einiger Zeit aufzustehen, ein kleines Frühstück zu genießen und alsdann in ein Bad zu steigen habe, welches schon bereitet sei. Den Anordnungen war nicht auszuweichen, sie mußten befolgt werden, und einige Stunden gingen unter diesen Geschäften hin.

Der Major verkürzte die Ruhezeit nach dem Bade, dachte sich geschwind in die Kleider zu werfen; denn er war seiner Natur nach expedit und wünschte noch überdies, Hilarien bald zu begegnen; aber auch hier trat ihm sein neuer Diener entgegen und machte ihm begreiflich, daß man sich durchaus abgewöhnen müsse, fertig werden zu wollen. Alles, was man tue, müsse man langsam und behaglich vollbringen, besonders aber die Zeit des Anziehens habe man als angenehme Unterhaltungsstunde mit sich selbst anzusehen.

Die Behandlungsart des Kammerdieners traf mit seinen Reden völlig überein. Dafür glaubte sich aber auch der Major wirklich besser angezogen denn jemals, als er vor den Spiegel trat und sich auf das schmuckeste herausgeputzt erblickte. Ohne viel zu fragen, hatte der Kammerdiener sogar die Uniform moderner zugestutzt, indem er die Nacht auf diese Verwandlung wendete. Eine so schnell erscheinende Verjüngung gab dem Major einen besonders heitern Sinn, so daß er sich von innen und außen erfrischt fühlte und mit ungeduldigem Verlangen den Seinigen entgegeneilte.

Er fand seine Schwester vor dem Stammbaume stehen, den sie hatte aufhängen lassen, weil abends vorher zwischen ihnen von einigen Seitenverwandten die Rede gewesen, welche, teils unverheiratet, teils in fernen Landen wohnhaft, teils gar verschollen, mehr oder weniger den beiden Geschwistern oder ihren Kindern auf reiche Erbschaften Hoffnung machten. Sie unterhielten sich einige Zeit darüber, ohne des Punktes zu erwähnen, daß sich bisher alle Familiensorgen und Bemühungen bloß auf ihre Kinder bezogen. Durch Hilariens Neigung hatte sich diese ganze Ansicht freilich verändert, und doch mochte weder der Major noch seine Schwester in diesem Augenblick der Sache weiter gedenken.

Die Baronin entfernte sich, der Major stand allein vor dem lakonischen Familiengemälde. Hilarie trat an ihn heran, lehnte sich kindlich an ihn, beschaute die Tafel und fragte: wen er alles von diesen gekannt habe? und wer wohl noch leben und übrig sein möchte?

Der Major begann seine Schilderung von den Ältesten, deren er sich aus seiner Kindheit nur noch dunkel erinnerte. Dann ging er weiter, zeichnete die Charaktere verschiedener Väter, die Ähnlichkeit oder Unähnlichkeit der Kinder mit denselben, bemerkte, daß oft der Großvater im Enkel wieder hervortrete, sprach gelegentlich von dem Einfluß der Weiber, die, aus fremden Familien herüber heiratend, oft den Charakter ganzer Stämme verändern. Er rühmte die Tugend manches Vorfahren und Seitenverwandten und verschwieg ihre Fehler nicht. Mit Stillschweigen überging er diejenigen, deren man sich hätte zu schämen gehabt. Endlich kam er an die untersten Reihen. Da stand nun sein Bruder, der Obermarschall, er und seine Schwester und unten drunter sein Sohn und daneben Hilarie.

„Diese sehen einander gerade genug ins Gesicht", sagte der Major und fügte nicht hinzu, was er im Sinne hatte. Nach einer Pause versetzte Hilarie bescheiden, halblaut und fast mit einem Seufzer: „Und doch wird man denjenigen niemals tadeln, der in die Höhe blickt!" Zugleich sah sie mit ein paar Augen an ihm hinauf, aus denen ihre ganze Neigung hervorsprach. — „Versteh' ich dich recht?" sagte der Major, indem er sich zu ihr wendete. — „Ich kann nichts sagen", versetzte Hilarie lächelnd, „was Sie nicht schon wissen." — „Du machst mich zum glücklichsten Menschen unter der Sonne!" rief er aus und fiel ihr zu Füßen. „Willst du mein sein?" — „Um Gottes willen stehen Sie auf! Ich bin dein auf ewig."

Die Baronin trat herein. Ohne überrascht zu sein, stutzte sie. — „Wäre es ein Unglück", sagte der Major, „Schwester! so ist die Schuld dein; als Glück wollen wir's dir ewig verdanken."

Die Baronin hatte ihren Bruder von Jugend auf dergestalt geliebt, daß sie ihn allen Männern vorzog, und vielleicht war selbst die Neigung Hilariens aus dieser Vorliebe der Mutter, wo nicht entsprungen, doch gewiß genährt worden. Alle drei vereinigten sich nunmehr in einer Liebe, einem Behagen, und so flossen für sie die glücklichsten Stunden dahin. Nur wurden sie denn doch zuletzt auch wieder die Welt um sich her gewahr, und diese steht selten mit solchen Empfindungen im Einklang.

Nun dachte man auch wieder an den Sohn. Ihm hatte man Hilarien bestimmt, das ihm sehr wohl bekannt war. Gleich nach Beendigung des Geschäfts mit dem Obermarschall sollte der Major seinen Sohn in der Garnison besuchen, alles mit ihm abreden und diese Angelegenheiten zu einem glücklichen Ende führen. Nun war aber durch ein unerwartetes Ereignis der ganze Zustand verruckt; die Verhältnisse, die sonst sich freundlich ineinanderschmiegten, schienen sich nunmehr anzufeinden, und es war schwer vorauszusehen, was die Sache für eine Wendung nehmen, was für eine Stimmung die Gemüter ergreifen würde.

Indessen mußte sich der Major entschließen, seinen Sohn aufzusuchen, dem er sich schon angemeldet hatte. Er machte sich nicht ohne Widerwillen, nicht ohne sonderbare Ahnung, nicht ohne Schmerz, Hilarien auch nur auf kurze Zeit zu verlassen, nach manchem Zaudern auf den Weg, ließ Reitknecht und Pferde zurück und fuhr mit seinem Verjüngungsdiener, den er nun nicht mehr entbehren konnte, der Stadt, dem Aufenthalte seines Sohnes, entgegen.

Beide begrüßten und umarmten sich nach so langer Trennung aufs herzlichste. Sie hatten einander viel zu sagen und sprachen doch nicht sogleich aus, was ihnen zunächst am Herzen lag. Der Sohn erging sich in Hoffnungen eines baldigen Avancements; wogegen ihm der Vater genaue Nachricht gab, was zwischen den ältern Familiengliedern wegen des Vermögens überhaupt, wegen der einzelnen Güter und sonst verhandelt und beschlossen worden.

Das Gespräch fing schon einigermaßen an zu stocken, als der Sohn sich ein Herz faßte und zu dem Vater lächelnd sagte: „Sie behandeln mich sehr zart, lieber Vater, und ich danke Ihnen dafür. Sie erzählen mir von Besitztümern und Vermögen und erwähnen der Bedingung nicht, unter der, wenigstens zum Teil, es mir eigen werden soll; Sie halten mit dem Namen Hilariens zurück, Sie erwarten, daß ich ihn selbst ausspreche, daß ich mein Verlangen zu erkennen gebe, mit dem liebenswürdigen Kinde bald vereinigt zu sein.“

Der Major befand sich bei diesen Worten des Sohnes in großer Verlegenheit; da es aber teils seiner Natur, teils einer alten Gewohnheit gemäß war, den Sinn des andern, mit dem er zu verhandeln hatte, zu erforschen, so schwieg er und blickte den Sohn mit einem zweideutigen Lächeln an. — „Sie erraten nicht, mein Vater, was ich zu sagen habe“, fuhr der Lieutenant fort, „und ich will es nur rasch ein für allemal herausreden. Ich kann mich auf Ihre Güte verlassen, die, bei so vielfacher Sorge für mich, gewiß auch an mein wahres Glück gedacht hat. Einmal muß es gesagt sein, und so sei es gleich gesagt: Hilarie kann mich nicht glücklich machen! Ich gedenke Hilariens als einer liebenswürdigen Anverwandten, mit der ich zeitlebens in den freundschaftlichsten Verhältnissen stehen möchte; aber eine andere hat meine Leidenschaft erregt, meine Neigung gefesselt. Unwiderstehlich ist dieser Hang; Sie werden mich nicht unglücklich machen."

Nur mit Mühe verbarg der Major die Heiterkeit, die sich über sein Gesicht verbreiten wollte, und fragte den Sohn mit einem milden Ernst: wer denn die Person sei, welche sich seiner so gänzlich bemächtigen können. — „Sie müssen dieses Wesen sehen, mein Vater: denn sie ist so unbeschreiblich als unbegreiflich. Ich fürchte nur, Sie werden selbst von ihr hingerissen, wie jedermann, der sich ihr nähert. Bei Gott! ich erlebe es und sehe Sie als den Rival Ihres Sohnes."

„Wer ist sie denn?" fragte der Major. „Wenn du ihre Persönlichkeit zu schildern nicht imstande bist, so erzähle mir wenigstens von ihren äußern Umständen: denn diese sind doch wohl eher auszusprechen." — „Wohl, mein Vater!" versetzte der Sohn; „und doch würden auch diese äußeren Umstände bei einer andern anders sein, anders auf eine andere wirken. Sie ist eine junge Witwe, Erbin eines alten, reichen, vor kurzem verstorbenen Mannes, unabhängig und höchst wert, es zu sein, von vielen umgeben, von ebenso vielen geliebt, von ebenso vielen umworben, doch, wenn ich mich nicht sehr betriege, mir von Herzen angehörig."

Mit Behaglichkeit, weil der Vater schwieg und kein Zeichen der Mißbilligung äußerte, fuhr der Sohn fort, das Betragen der schönen Witwe gegen ihn zu erzählen, jene unwiderstehliche Anmut, jene zarten Gunstbezeigungen einzeln herzurühmen, in denen der Vater freilich nur die leichte Gefälligkeit einer allgemein gesuchten Frau erkennen konnte, die unter vielen wohl irgendeinen vorzieht, ohne sich eben für ihn ganz und gar zu entscheiden. Unter jeden andern Umständen hätte er gewiß gesucht, einen

Sohn, ja nur einen Freund auf den Selbstbetrug aufmerksam zu machen, der wahrscheinlich hier obwalten könnte; aber diesmal war ihm selbst so viel daran gelegen, wenn der Sohn sich nicht täuschen, wenn die Witwe ihn wirklich lieben und sich so schnell als möglich zu seinen Gunsten entscheiden möchte, daß er entweder kein Bedenken hatte oder einen solchen Zweifel bei sich ablehnte, vielleicht auch nur verschwieg.

„Du setzest mich in große Verlegenheit", begann der Vater nach einiger Pause. „Die ganze Übereinkunft zwischen den übriggebliebenen Gliedern unsers Geschlechts beruht auf der Voraussetzung, daß du dich mit Hilarien verbindest. Heiratet sie einen Fremden, so ist die ganze, schöne, künstliche Vereinigung eines ansehnlichen Vermögens wieder aufgehoben, und du besonders in deinem Teile nicht zum besten bedacht. Es gäbe wohl noch ein Mittel, das aber ein wenig sonderbar klingt und wobei du auch nicht viel gewinnen würdest: ich müßte noch in meinen alten Tagen Hilarien heiraten, wodurch ich dir aber schwerlich ein großes Vergnügen machen würde."

„Das größte von der Welt!" rief der Lieutenant aus; „denn wer kann eine wahre Neigung empfinden, wer kann das Glück der Liebe genießen oder hoffen, ohne daß er dieses höchste Glück einem jeden Freund, einem jeden gönnte, der ihm wert ist! Sie sind nicht alt, mein Vater; wie liebenswürdig ist nicht Hilarie! und schon der vorüberschwebende Gedanke, ihr die Hand zu bieten, zeugt von einem jugendlichen Herzen, von frischer Mutigkeit. Lassen Sie uns diesen Einfall, diesen Vorschlag aus dem Stegreife ja recht gut durchsinnen und ausdenken. Dann würde ich erst recht glücklich sein, wenn ich Sie glücklich wüßte; dann würde ich mich erst recht freuen, daß Sie für die Sorgfalt, mit der Sie mein Schicksal bedacht, an sich selbst so schön und höchlich belohnt würden. Nun führe ich sie erst mutig, zutraulich und mit recht offnem Herzen zu meiner Schönen. Sie werden meine Empfindungen billigen, weil Sie selbst fühlen; Sie werden dem Glück eines Sohnes nichts in den Weg legen, weil Sie Ihrem eigenen Glück entgegengehen."

Mit diesen und andern dringenden Worten ließ der Sohn den Vater, der manche Bedenklichkeiten einstreuen wollte, nicht Raum gewinnen, sondern eilte mit ihm zur schönen Witwe, welche sie in einem großen, wohleingerichteten Hause, umgeben von einer zwar nicht zahlreichen, aber ausgesuchten Gesellschaft, in heiterer Unterhaltung antrafen. Sie war eins von den weiblichen Wesen, denen kein Mann entgeht. Mit unglaublicher Gewandtheit wußte sie den Major zum Helden dieses Abends zu machen. Die übrige Gesellschaft schien ihre Familie, der Major allein der Gast zu sein. Sie kannte seine Verhältnisse recht gut, und doch wußte sie darnach zu fragen, als wenn sie alles erst von ihm recht erfahren wollte; und so mußte auch jedes von der Gesellschaft schon irgendeinen Anteil an dem Neuangekommenen zeigen. Der eine mußte seinen Bruder, der andere seine Güter und der Dritte sonst wieder etwas gekannt haben, so daß der Major bei einem lebhaften Gespräch sich immer als den Mittelpunkt fühlte. Auch saß er zunächst bei der Schönen; ihre Augen waren auf ihn, ihr Lächeln an ihn gerichtet; genug, er fand sich so behaglich, daß er beinahe die Ursache vergaß, warum er gekommen war. Auch erwähnte sie seines Sohnes kaum mit einem Worte, obgleich der junge Mann lebhaft mitsprach; er schien für sie, wie die übrigen alle, heute nur um des Vaters willen gegenwärtig.

Frauenzimmerliche Handarbeiten, in Gesellschaft unternommen und scheinbar gleichgültig fortgesetzt, erhalten durch Klugheit und Anmut oft eine wichtige Bedeutung. Unbefangen und emsig fortgesetzt, geben solche Bemühungen einer Schönen das Ansehen völliger Unaufmerksamkeit auf die Umgebung und erregen in derselben ein stilles Mißgefühl. Dann aber, gleichsam wie beim Erwachen, ein Wort, ein Blick versetzt die Abwesende wieder mitten in die Gesellschaft, sie erscheint als neu willkommen; legt sie aber gar die Arbeit in den Schoß nieder, zeigt sie Aufmerksamkeit auf eine Erzählung, einen belehrenden Vortrag, in welchem sich die Männer so gern ergehen, dies wird demjenigen höchst schmeichelhaft, den sie dergestalt begünstigt.

Unsere schöne Witwe arbeitete auf diese Weise an einer so prächtigen als geschmackvollen Brieftasche, die sich noch überdies durch ein größeres Format auszeichnete. Diese ward nun eben von der Gesellschaft besprochen, von dem nächsten Nachbar aufgenommen, unter großen Lobpreisungen der Reihe nach herumgegeben, indessen die Künstlerin sich mit dem Major von ernsten Gegenständen besprach; ein alter Hausfreund rühmte das beinahe fertige Werk mit Übertreibung, doch als solches an den Major kam, schien sie es als seiner Aufmerksamkeit nicht wert von ihm ablehnen zu wollen, wogegen er auf eine verbindliche Weise die Verdienste der Arbeit anzuerkennen verstand, inzwischen der Hausfreund darin ein penelopeisch zauderhaftes Werk zu sehen glaubte.

Man ging in den Zimmern auf und ab und gesellte sich zufällig zusammen. Der Lieutenant trat zu der Schönen und fragte: „Was sagen Sie zu meinem Vater?" Lächelnd versetzte sie: „Mich deucht, daß Sie ihn wohl zum Muster nehmen könnten. Sehn Sie nur, wie nett er angezogen ist! Ob er sich nicht besser trägt und hält als sein lieber Sohn!" So fuhr sie fort, den Vater auf Unkosten des Sohnes zu beschreien und zu loben und eine sehr gemischte Empfindung von Zufriedenheit und Eifersucht in dem Herzen des jungen Mannes hervorzubringen.

Nicht lange, so gesellte sich der Sohn zum Vater und erzählte ihm alles haarklein wieder. Der Vater betrug sich nur desto freundlicher gegen die Witwe, und sie setzte sich gegen ihn schon auf einen lebhafteren, vertraulichern Ton. Kurz, man kann sagen, daß, als es zum Scheiden ging, der Major so gut als die übrigen alle ihr und ihrem Kreise schon angehörte.

Ein stark einfallender Regen hinderte die Gesellschaft, auf die Weise nach Hause zu kehren, wie sie gekommen war. Einige Equipagen fuhren vor, in welche man die Fußgänger verteilte; nur der Lieutenant, unter dem Vorwande, man sitze ohnehin schon zu enge, ließ den Vater fortfahren und blieb zurück.

Der Major, als er in sein Zimmer trat, fühlte sich wirklich in einer Art von Taumel, von Unsicherheit seiner selbst, wie es denen geht, die schnell aus einem Zustande in den entgegengesetzten übertreten. Die Erde scheint sich für den zu bewegen, der aus dem Schiffe steigt, und das Licht zittert noch im Auge dessen, der auf einmal ins Finstere tritt. So fühlte sich der Major noch von der Gegenwart des schönen Wesens umgeben. Er wünschte, sie noch zu sehen, zu hören, sie wieder zu sehen, wieder zu hören; und nach einiger Besinnung verzieh er seinem Sohne, ja er pries ihn glücklich, daß er Ansprüche machen dürfe, so viel Vorzüge zu besitzen.

Aus diesen Empfindungen riß ihn der Sohn, der mit einer lebhaften Entzückung zur Türe hereinstürzte, den Vater umarmte und ausrief: „Ich bin der glücklichste Mensch von der Welt!“ Nach solchen und ähnlichen Ausrufen kam es endlich unter beiden zur Aufklärung. Der Vater bemerkte, daß die schöne Frau im Gespräch gegen ihn des Sohnes auch nicht mit einer Silbe erwähnt habe. — „Das ist eben ihre zarte, schweigende, halb schweigende, halb andeutende Manier, wodurch man seiner Wünsche gewiß wird und sich doch immer des Zweifels nicht ganz erwehren kann. So war sie bisher gegen mich; aber Ihre Gegenwart, mein Vater, hat Wunder getan. Ich gestehe es gern, daß ich zurückblieb, um sie noch einen Augenblick zu sehen. Ich fand sie in ihren erleuchteten Zimmern auf und ab gehen; denn ich weiß wohl, es ist ihre Gewohnheit: wenn die Gesellschaft weg ist, darf kein Licht ausgelöscht werden. Sie geht allein in ihren Zaubersälen auf und ab, wenn die Geister entlassen sind, die sie hergebannt hat. Sie ließ den Vorwand gelten, unter dessen Schutz ich zurückkam. Sie sprach anmutig, doch von gleichgültigen Dingen. Wir gingen hin und wider durch die offenen Türen die ganze Reihe der Zimmer durch. Wir waren schon einigemale bis ans Ende gelangt, in das kleine Kabinett, das nur von einer trüben Lampe erhellt ist. War sie schön, wenn sie sich unter den Kronleuchtern her bewegte, so war sie es noch unendlich mehr, beleuchtet von dem sanften Schein der Lampe. Wir waren wieder dahin gekommen und standen beim Umkehren einen Augenblick still. Ich weiß nicht, was mir die Verwegenheit abnötigte, ich weiß nicht, wie ich es wagen konnte, mitten im gleichgültigsten Gespräch auf einmal ihre Hand zu fassen, diese zarte Hand zu küssen, sie an mein Herz zu drücken. Man zog sie nicht weg. ‚Himmlisches Wesen‘, rief ich, ‚verbirg dich nicht länger vor mir. Wenn in diesem schönen Herzen eine Neigung wohnt für den Glücklichen, der vor dir steht, so verhülle sie nicht länger, offenbare sie, gestehe sie! es ist die schönste, es ist die höchste Zeit. Verbanne mich oder nimm mich in deinen Armen auf!‘

Ich weiß nicht, was ich alles sagte, ich weiß nicht, wie ich mich gebärdete. Sie entfernte sich nicht, sie widerstrebte nicht, sie antwortete nicht. Ich wagte es, sie in meine Arme zu fassen, sie zu fragen, ob sie die Meinige sein wolle. Ich küßte sie mit Ungestüm; sie drängte mich weg. — ‚Ja doch, ja!‘ oder so etwas sagte sie halblaut und wie verworren. Ich entfernte mich und rief: ‚Ich sende meinen Vater, der soll für mich reden!‘ — ‚Kein Wort mit ihm darüber!‘ versetzte sie, indem sie mir einige Schritte nachfolgte. ‚Entfernen Sie sich, vergessen Sie, was geschehen ist.‘“

Was der Major dachte, wollen wir nicht entwickeln. Er sagte jedoch zum Sohne: „Was glaubst du nun, was zu tun sei? Die Sache ist, dächt’ ich, aus dem Stegreife gut genug eingeleitet, daß wir nun etwas förmlicher zu Werke gehen können, daß es vielleicht sehr schicklich ist, wenn ich mich morgen dort melde und für dich anhalte.“ — „Um Gottes willen, mein Vater!“ rief er aus, „das hieße die ganze Sache verderben. Jenes Betragen, jener Ton will durch keine Förmlichkeit gestört und verstimmt sein. Es ist genug, mein Vater, daß Ihre Gegenwart diese Verbindung beschleunigt, ohne daß Sie ein Wort aussprechen. Ja, Sie sind es, dem ich mein Glück schuldig bin! Die Achtung meiner Geliebten für Sie hat jeden Zweifel besiegt, und niemals würde der Sohn einen so glücklichen Augenblick gefunden haben, wenn ihn der Vater nicht vorbereitet hätte.“

Solche und ähnliche Mitteilungen unterhielten sie bis tief in die Nacht. Sie vereinigten sich wechselseitig über ihre Plane; der Major wollte bei der schönen Witwe nur noch der Form wegen einen Abschiedsbesuch machen und sodann seiner Verbindung mit Hilarien entgegengehen; der Sohn sollte die seinige befördern und beschleunigen, wie es möglich wäre.

VIERTES KAPITEL

Der schönen Witwe machte unser Major einen Morgenbesuch, um Abschied zu nehmen und, wenn es möglich wäre, die Absicht seines Sohnes mit Schicklichkeit zu fördern. Er fand sie in zierlichster Morgenkleidung in Gesellschaft einer ältern Dame, die durch ein höchst gesittetes, freundliches Wesen ihn alsobald einnahm. Die Anmut der Jüngern, der Anstand der Älteren setzten das Paar in das wünschenswerteste Gleichgewicht, auch schien ihr wechselseitiges Betragen durchaus dafür zu sprechen, daß sie einander angehörten.

Die Jüngere schien eine fleißig gearbeitete, uns von gestern schon bekannte Brieftasche soeben vollendet zu haben; denn nach den gewöhnlichen Empfangsbegrüßungen und verbindlichen Worten eines willkommenen Erscheinens wendete sie sich zur Freundin und reichte das künstliche Werk hin, gleichsam ein unterbrochenes Gespräch wieder anknüpfend: „Sie sehen also, daß ich doch fertig geworden bin, wenn es gleich wegen manchen Zögerns und Säumens den Anschein nicht hatte."

„Sie kommen eben recht, Herr Major", sagte die Ältere, „unsern Streit zu entscheiden oder wenigstens sich für eine oder die andere Partei zu erklären; ich behaupte, man fängt eine solche weitschichtige Arbeit nicht an, ohne einer Person zu gedenken, der man sie bestimmt hat, man vollendet sie nicht ohne einen solchen Gedanken. Beschauen Sie selbst das Kunstwerk, denn so nenn' ich es billig, ob dergleichen so ganz ohne Zweck unternommen werden könne."

Unser Major mußte der Arbeit freilich allen Beifall zusprechen. Teils geflochten, teils gestickt, erregte sie zugleich mit der Bewunderung das Verlangen, zu erfahren, wie sie gemacht sei. Die bunte Seide waltete vor, doch war auch das Gold nicht verschmäht, genug, man wußte nicht, ob man Pracht oder Geschmack mehr bewundern sollte.

„Es ist doch noch einiges daran zu tun", versetzte die Schöne, indem sie die Schleife des umgeschlungenen Bandes wieder aufzog und sich mit dem Innern beschäftigte. „Ich will nicht streiten", fuhr sie fort, „aber erzählen will ich, wie mir bei solchem Geschäft zumute ist. Als junge Mädchen werden wir gewöhnt, mit den Fingern zu tifteln und mit den Gedanken umherzuschweifen; beides bleibt uns, indem wir nach und nach die schwersten und zierlichsten Arbeiten verfertigen lernen, und ich leugne nicht, daß ich an jede Arbeit dieser Art immer Gedanken angeknüpft habe, an Personen, an Zustände, an Freud und Leid. Und so ward mir das Angefangene wert und das Vollendete, ich darf wohl sagen, kostbar. Als ein solches nun durft' ich das Geringste für etwas halten, die leichteste Arbeit gewann einen Wert, und die schwierigste doch auch nur dadurch, daß die Erinnerung dabei reicher und vollständiger war. Freunden und Liebenden, ehrwürdigen und hohen Personen glaubt' ich daher dergleichen immer anbieten zu können; sie erkannten es auch und wußten, daß ich ihnen etwas von meinem Eigensten überreichte, das, vielfach und unaussprechlich, doch zuletzt zu einer angenehmen Gabe vereinigt, immer wie ein freundlicher Gruß wohlgefällig aufgenommen ward."

Auf ein so liebenswürdiges Bekenntnis war freilich kaum eine Erwiderung möglich; doch wußte die Freundin dagegen etwas in wohlklingende Worte zu fügen. Der Major aber, von jeher gewohnt, die anmutige Weisheit römischer Schriftsteller und Dichter zu schätzen und ihre leuchtenden Ausdrücke dem Gedächtnis einzuprägen, erinnerte sich einiger hierher gar wohl passender Verse, hütete sich aber, um nicht als Pedant zu erscheinen, sie auszusprechen oder auch ihrer nur zu erwähnen; versuchte jedoch, um nicht stumm und geistlos zu erscheinen, aus dem Stegreif eine prosaische Paraphrase, die aber nicht recht gelingen wollte, wodurch das Gespräch beinahe ins Stocken geraten wäre.

Die ältere Dame griff deshalb nach einem bei dem Eintritt des Freundes niedergelegten Buche; es war eine Sammlung von Poesien, welche soeben die Aufmerksamkeit der Freundinnen beschäftigte; dies gab Gelegenheit, von Dichtkunst überhaupt zu sprechen, doch blieb die Unterhaltung nicht lange im Allgemeinen, denn gar bald bekannten die Frauenzimmer zutraulich, daß sie von dem poetischen Talent des Majors unterrichtet seien. Ihnen hatte der Sohn, der selbst auf den Ehrentitel eines Dichters seine Absichten nicht verbarg, von den Gedichten seines Vaters vorgesprochen, auch einiges rezitiert; im Grunde, um sich mit einer poetischen Herkunft zu schmeicheln und, wie es die Jugend gewohnt ist, sich für einen vorschreitenden, die Fähigkeiten des Vaters steigernden Jüngling bescheidentlich geben zu können. Der Major aber, der sich zurückzuziehen suchte, da er bloß als Literator und Liebhaber gelten wollte, suchte, da ihm kein Ausweg gelassen war, wenigstens auszuweichen, indem er die Dichtart, in der er sich allenfalls geübt habe, für subaltern und fast für unecht wollte angesehen wissen; er konnte nicht leugnen, daß er in demjenigen, was man beschreibend und in einem gewissen Sinne belehrend nennt, einige Versuche gemacht habe.

Die Damen, besonders die jüngere, nahmen sich dieser Dichtart an; sie sagte: „Wenn man vernünftig und ruhig leben will, welches denn doch zuletzt eines jeden Menschen Wunsch und Absicht bleibt, was soll uns da das aufgeregte Wesen, das uns willkürlich anreizt, ohne etwas zu geben, das uns beunruhigt, um uns denn doch zuletzt uns wieder selbst zu überlassen; unendlich viel angenehmer ist mir, da ich doch einmal der Dichtung nicht gern entbehren mag, jene, die mich in heitere Gegenden versetzt, wo ich mich wiederzuerkennen glaube, mir den Grundwert des Einfach-Ländlichen zu Gemüte führt, mich durch buschige Haine zum Wald, unvermerkt auf eine Höhe zum Anblick eines Landsees hinführt, da denn auch wohl gegenüber erst angebaute Hügel, sodann waldgekrönte Höhen emporsteigen und die blauen Berge zum Schluß ein befriedigendes Gemälde bilden. Bringt man mir das in klaren Rhythmen und Reimen, so bin ich auf meinem Sofa dankbar, daß der Dichter ein Bild in meiner Imagination entwickelt hat, an dem ich mich ruhiger erfreuen kann, als wenn ich es, nach ermüdender Wanderschaft, vielleicht unter andern, ungünstigen Umständen vor Augen sehe.“

Der Major, der das vorwaltende Gespräch eigentlich nur als Mittel ansah, seine Zwecke zu befördern, suchte sich wieder nach der lyrischen Dichtkunst hinzuwenden, worin sein Sohn wirklich Löbliches geleistet hatte. Man widersprach ihm nicht geradezu, aber man suchte ihn von dem Wege wegzuscherzen, den er eingeschlagen hatte, besonders da er auf leidenschaftliche Gedichte hinzudeuten schien, womit der Sohn der unvergleichlichen Dame die entschiedene Neigung seines Herzens nicht ohne Kraft und Geschick vorzutragen gesucht hatte. „Lieder der Liebenden", sagte die schöne Frau, „mag ich weder vorgelesen noch vorgesungen; glücklich Liebende beneidet man, eh' man sich's versieht, und die Unglücklichen machen uns immer Langeweile."

Hierauf nahm die ältere Dame, zu ihrer holden Freundin gewendet, das Wort auf und sagte: „Warum machen wir solche Umschweife, verlieren die Zeit in Umständlichkeiten gegen einen Mann, den wir verehren und lieben? Sollen wir ihm nicht vertrauen, daß wir sein anmutiges Gedicht, worin er die wackere Leidenschaft zur Jagd in allen ihren Einzelheiten vorträgt, schon teilweise zu kennen das Vergnügen haben, und nunmehr ihn bitten, auch das Ganze nicht vorzuenthalten? Ihr Sohn", fuhr sie fort, „hat uns einige Stellen mit Lebhaftigkeit aus dem Gedächtnis vorgetragen und uns neugierig gemacht, den Zusammenhang zu sehen." Als nun der Vater abermals auf die Talente des Sohns zurückkehren und diese hervorheben wollte, ließen es die Damen nicht gelten, indem sie es für eine offenbare Ausflucht ansprachen, um die Erfüllung ihrer Wünsche indirekt abzulehnen. Er kam nicht los, bis er unbewunden versprochen hatte, das Gedicht zu senden, sodann aber nahm das Gespräch eine Wendung, die ihn hinderte, zugunsten des Sohnes weiter etwas vorzubringen, besonders da ihm dieser alle Zudringlichkeit abgeraten hatte.

Da es nun Zeit schien, sich zu beurlauben, und der Freund auch deshalb einige Bewegung machte, sprach die Schöne mit einer Art von Verlegenheit, wodurch sie nur noch schöner ward, indem sie die frisch geknüpfte Schleife der Brieftasche sorgfältig zurechtzupfte: „Dichter und Liebhaber sind längst schon leider im Ruf, daß ihren Versprechen und Zusagen nicht viel zu trauen sei; verzeihen Sie daher, wenn ich das Wort eines Ehrenmannes in Zweifel zu ziehen wage und deshalb ein Pfand, einen Treupfennig nicht verlange, sondern gebe. Nehmen Sie diese Brieftasche, sie hat etwas Ähnliches von Ihrem Jagdgedicht, viel Erinnerungen sind daran geknüpft, manche Zeit verging unter der Arbeit, endlich ist sie fertig; bedienen Sie sich derselben als eines Boten, uns Ihre liebliche Arbeit zu überbringen.“

Bei solch unerwartetem Anerbieten fühlte sich der Major wirklich betroffen; die zierliche Pracht dieser Gabe hatte so gar kein Verhältnis zu dem, was ihn gewöhnlich umgab, zu dem übrigen, dessen er sich bediente, daß er sie sich, obgleich dargereicht, kaum zueignen konnte; doch nahm er sich zusammen, und wie seinem Erinnern ein überliefertes Gute niemals versagte, so trat eine klassische Stelle alsbald ihm ins Gedächtnis. Nur wäre es pedantisch gewesen, sie anzuführen, doch regte sie einen heitern Gedanken bei ihm auf, daß er aus dem Stegreife mit artiger Paraphrase einen freundlichen Dank und ein zierliches Kompliment entgegenzubringen im Falle war; und so schloß sich denn diese Szene auf eine befriedigende Weise für die sämtlichen Unterredenden.

Also fand er sich zuletzt nicht ohne Verlegenheit in ein angenehmes Verhältnis verflochten; er hatte zu senden, zu schreiben zugesagt, sich verpflichtet, und wenn ihm die Veranlassung einigermaßen unangenehm fiel, so mußte er es doch für ein Glück schätzen, auf eine heitere Weise mit dem Frauenzimmer in Verhältnis zu bleiben, das bei ihren großen Vorzügen ihm so nah angehören sollte. Er schied also nicht ohne eine gewisse innere Zufriedenheit; denn wie sollte der Dichter eine solche Aufmunterung nicht empfinden, dessen treufleißiger Arbeit, die so lange unbeachtet geruht, nun ganz unerwartet eine liebenswürdige Aufmerksamkeit zuteil wird.

Gleich nach seiner Rückkehr ins Quartier setzte der Major sich nieder, zu schreiben, seiner guten Schwester alles zu berichten, und da war nichts natürlicher, als daß in seiner Darstellung eine gewisse Exaltation sich hervortat, wie er sie selbst empfand, die aber durch das Einreden seines von Zeit zu Zeit störenden Sohns noch mehr gesteigert wurde.

Auf die Baronin machte dieser Brief einen sehr gemischten Eindruck; denn wenn auch der Umstand, wodurch die Verbindung des Bruders mit Hilarien befördert und beschleunigt werden konnte, geeignet war, sie ganz zufriedenzustellen, so wollte ihr doch die schöne Witwe nicht gefallen, ohne daß sie sich deswegen Rechenschaft zu geben gedacht hätte. Wir machen bei dieser Gelegenheit folgende Bemerkung.

Den Enthusiasmus für irgendeine Frau muß man einer andern niemals anvertrauen; sie kennen sich untereinander zu gut, um sich einer solchen ausschließlichen Verehrung würdig zu halten. Die Männer kommen ihnen vor wie Käufer im Laden, wo der Handelsmann mit seinen Waren, die er kennt, im Vorteil steht, auch sie in dem besten Lichte vorzuzeigen die Gelegenheit wahrnehmen kann; dahingegen der Käufer immer mit einer Art Unschuld hereintritt, er bedarf der Ware, will und wünscht sie und versteht gar selten, sie mit Kenneraugen zu betrachten. Jener weiß recht gut, was er gibt, dieser nicht immer, was er empfängt. Aber es ist einmal im menschlichen Leben und Umgang nicht zu ändern, ja so löblich als notwendig, denn alles Begehren und Freien, alles Kaufen und Tauschen beruht darauf.

In Gefolge solches Empfindens mehr als Betrachtens konnte die Baronesse weder mit der Leidenschaft des Sohns noch mit der günstigen Schilderung des Vaters völlig zufrieden sein; sie fand sich überrascht von der glücklichen Wendung der Sache, doch ließ eine Ahnung wegen doppelter Ungleichheit des Alters sich nicht abweisen. Hilarie ist ihr zu jung für den Bruder, die Witwe für den Sohn nicht jung genug; indessen hat die Sache ihren Gang genommen, der nicht aufzuhalten scheint. Ein frommer Wunsch, daß alles gut gehen möge, stieg mit einem leisen Seufzer empor. Um ihr Herz zu erleichtern, nahm sie die Feder und schrieb an jene menschenkennende Freundin, indem sie nach einem geschichtlichen Eingang also fortfuhr.

„Die Art dieser jungen, verführerischen Witwe ist mir nicht unbekannt; weiblichen Umgang scheint sie abzulehnen und nur eine Frau um sich zu leiden, die ihr keinen Eintrag tut, ihr schmeichelt und, wenn ihre stummen Vorzüge sich nicht klar genug dartäten, sie noch mit Worten und geschickter Behandlung der Aufmerksamkeit zu empfehlen weiß. Zuschauer, Teilnehmer an einer solchen Repräsentation müssen Männer sein, daher entsteht die Notwendigkeit, sie anzuziehen, sie festzuhalten. Ich denke nichts Übles von der schönen Frau, sie scheint anständig und behutsam genug, aber eine solche lüsterne Eitelkeit opfert den Umständen auch wohl etwas auf, und, was ich für das Schlimmste halte: nicht alles ist reflektiert und vorsätzlich, ein gewisses glückliches Naturell leitet und beschützt sie, und nichts ist gefährlicher an so einer gebornen Kokette als eine aus der Unschuld entspringende Verwegenheit."

Der Major, nunmehr auf den Gütern angelangt, widmete Tag und Stunde der Besichtigung und Untersuchung. Er fand sich in dem Falle, zu bemerken, daß ein richtiger, wohlgefaßter Hauptgedanke in der Ausführung mannigfaltigen Hindernissen und dem Durchkreuzen so vieler Zufälligkeiten unterworfen ist, in dem Grade, daß der erste Begriff beinahe verschwindet und für Augenblicke ganz und gar unterzugehen scheint, bis mitten in allen Verwirrungen dem Geiste die Möglichkeit eines Gelingens sich wieder darstellt, wenn wir die Zeit als den besten Alliierten einer unbesiegbaren Ausdauer uns die Hand bieten sehen.

Und so wäre denn auch hier der traurige Anblick schöner, ansehnlicher, vernachlässigter, mißbrauchter Besitzungen zu einem trostlosen Zustande geworden, hätte man nicht durch das verständige Bemerken einsichtiger Ökonomen zugleich vorausgesehen, daß eine Reihe von Jahren, mit Verstand und Redlichkeit benutzt, hinreichend sein werde, das Abgestorbene zu beleben und das Stockende in Umtrieb zu versetzen, um zuletzt durch Ordnung und Tätigkeit seinen Zweck zu erreichen.

Der behagliche Obermarschall war angelangt, und zwar mit einem ernsten Advokaten, doch gab dieser dem Major weniger Besorgnisse als jener, der zu den Menschen gehörte, die keine Zwecke haben oder, wenn sie einen vor sich sehen, die Mittel dazu ablehnen. Ein täglich- und stündliches Behagen war ihm das unerläßliche Bedürfnis seines Lebens. Nach langem Zaudern ward es ihm endlich Ernst, seine Gläubiger loszuwerden, die Güterlast abzuschütteln, die Unordnung seines Hauswesens in Regel zu setzen, eines anständigen, gesicherten Einkommens ohne Sorge zu genießen, dagegen aber auch nicht das geringste von den bisherigen Bräuchlichkeiten fahren zu lassen.

Im ganzen gestand er alles ein, was die Geschwister in den ungetrübten Besitz der Güter, besonders auch des Hauptgutes, setzen sollte, aber auf einen gewissen benachbarten Pavillon, in welchem er alle Jahr auf seinen Geburtstag die ältesten Freunde und die neusten Bekannten einlud, ferner auf den daran gelegenen Ziergarten, der solchen mit dem Hauptgebäude verband, wollte er die Ansprüche nicht völlig aufgeben. Die Meublen alle sollten in dem Lusthause bleiben, die Kupferstiche an den Wänden sowie auch die Früchte der Spaliere ihm versichert werden. Pfirsiche und Erdbeeren von den ausgesuchtesten Sorten, Birnen und Äpfel, groß und schmackhaft, besonders aber eine gewisse Sorte grauer, kleiner Äpfel, die er seit vielen Jahren der Fürstin Witwe zu verehren gewohnt war, sollten ihm treulich geliefert sein. Hieran schlossen sich noch andere Bedingungen, wenig bedeutend, aber dem Hausherrn, Pächtern, Verwaltern, Gärtnern ungemein beschwerlich.

Der Obermarschall war übrigens von dem besten Humor; denn da er den Gedanken nicht fahren ließ, daß alles nach seinen Wünschen, wie es ihm sein leichtes Temperament vorgespiegelt hatte, sich endlich einrichten würde, so sorgte er für eine gute Tafel, machte sich einige Stunden auf einer mühelosen Jagd die nötige Bewegung, erzählte Geschichten auf Geschichten und zeigte durchaus das heiterste Gesicht; auch schied er auf gleiche Weise, dankte dem Major zum schönsten, daß er so brüderlich verfahren, verlangte noch etwas Geld, ließ die kleinen vorrätigen grauen Goldäpfel, welche dieses Jahr besonders wohl geraten waren, sorgfältig einpacken und fuhr mit diesem Schatz, den er als eine willkommene Verehrung der Fürstin zu überreichen gedachte, nach ihrem Witwensitz, wo er denn auch gnädig und freundlich empfangen ward.

Der Major an seiner Seite blieb mit ganz entgegengesetzten Gefühlen zurück und wäre an den Verschränkungen, die er vor sich fand, fast verzweifelt, wäre ihm nicht das Gefühl zu Hülfe gekommen, das einen tätigen Mann freudig aufrichtet, wenn er das Verworrene zu lösen, als entworren vor sich zu sehen hoffen darf.

Glücklicherweise war der Advokat ein rechtlicher Mann, der, weil er sonst viel zu tun hatte, diese Angelegenheit bald beendigte. Ebenso glücklich schlug sich ein Kammerdiener des Obermarschalls hinzu, der gegen mäßige Bedingungen in dem Geschäft mitzuwirken versprach, wodurch man einem gedeihlichen Abschluß entgegensehen durfte. So angenehm aber auch dieses war, so fühlte doch der Major als ein rechtlicher Mann im Hin- und Widerwirken bei dieser Angelegenheit, es bedürfe gar manches Unreinen, um ins Reine zu kommen.

Bei einer Pause des Geschäfts, die ihm einige Freiheit ließ, eilte er auf sein Gut, wo er, des Versprechens eingedenk, das er an die schöne Witwe getan und das ihm nicht aus dem Sinne gekommen war, seine Gedichte vorsuchte, die in guter Ordnung verwahrt lagen; zu gleicher Zeit kamen ihm manche Gedenk- und Erinnerungsbücher, Auszüge beim Lesen alter und neuer Schriftsteller enthaltend, wieder zur Hand. Bei seiner Vorliebe für Horaz und die römischen Dichter war das meiste daher, und es fiel ihm auf, daß die Stellen größtenteils Bedauern vergangner Zeit, vorübergeschwundner Zustände und Empfindungen andeuteten. Statt vieler rücken wir die einzige Stelle hier ein:

„Heu!
Quae mens est hodie, cur eadem non puero fuit?
Vel cur his animis incolumes non redeunt genae!"

„Wie ist heut mir doch zumute?
So vergnüglich und so klar!
Da bei frischem Knabenblute
Mir so wild, so düster war.
Doch wenn mich die Jahre zwacken,
Wie auch wohlgemut ich sei,
Denk' ich jene roten Backen,
Und ich wünsche sie herbei."

Nachdem unser Freund nun aus wohlgeordneten Papieren das Jagdgedicht gar bald herausgefunden, erfreute er sich an der sorgfältigen Reinschrift, wie er sie vor Jahren mit lateinischen Lettern, groß Oktav, zierlichst verfaßt hatte. Die köstliche Brieftasche von bedeutender Größe nahm das Werk ganz bequem auf, und nicht leicht hat ein Autor sich so prächtig eingebunden gesehen. Einige Zeilen dazu waren höchst notwendig; Prosaisches aber kaum zulässig. Jene Stelle des Ovid fiel ihm wieder ein, und er glaubte jetzt durch eine poetische Umschreibung, so wie damals durch eine prosaische, sich am besten aus der Sache zu ziehen. Sie hieß:

„Nec factas solum vestes spectare juvabat,
Tum quoque dum fierent; tantus decor adfuit arti."

Zu Deutsch:

„Ich sah's in meisterlichen Händen
— Wie denk' ich gern der schönen Zeit! —
Sich erst entwickeln, dann vollenden
Zu nie gesehner Herrlichkeit.
Zwar ich besitz' es gegenwärtig,
Doch soll ich mir nur selbst gestehn:
Ich wollt', es wäre noch nicht fertig,
Das Machen war doch gar zu schön!"

Mit diesem Übertragenen war unser Freund nur wenige Zeit zufrieden; er tadelte, daß er das schön flektierte Verbum: dum fierent, in ein traurig abstraktes Substantivum verändert habe, und es verdroß ihn, bei allem Nachdenken die Stelle doch nicht verbessern zu können. Nun ward auf einmal seine Vorliebe zu den alten Sprachen wieder lebendig, und der Glanz des Deutschen Parnasses, auf den er doch auch im stillen hinaufstrebte, schien ihm sich zu verdunkeln.

Endlich aber, da er dieses heitere Kompliment, mit dem Urtexte unverglichen, noch ganz artig fand und glauben durfte, daß ein Frauenzimmer es ganz wohl aufnehmen würde, so entstand eine zweite Bedenklichkeit: daß, da man in Versen nicht galant sein kann, ohne verliebt zu scheinen, er dabei als künftiger Schwiegervater eine wunderliche Rolle spiele. Das Schlimmste jedoch fiel ihm zuletzt ein: jene Ovidischen Verse werden von Arachnen gesagt, einer ebenso geschickten als hübschen und zierlichen Weberin. Wurde nun aber diese durch die neidische Minerva in eine Spinne verwandelt, so war es gefährlich, eine schöne Frau, mit einer Spinne, wenn auch nur von ferne, verglichen, im Mittelpunkte eines ausgebreiteten Netzes schweben zu sehen. Konnte man sich doch unter der geistreichen Gesellschaft, welche unsre Dame umgab, einen Gelehrten denken, welcher diese Nachbildung ausgewittert hätte. Wie sich nun der Freund aus einer solchen Verlegenheit gezogen, ist uns selbst unbekannt geblieben, und wir müssen diesen Fall unter diejenigen rechnen, über welche die Musen auch wohl einen Schleier zu werfen sich die Schalkheit erlauben. Genug, das Jagdgedicht selbst ward abgesendet, von welchem wir jedoch einige Worte nachzubringen haben.

Der Leser desselben belustigt sich an der entschiedenen Jagdliebhaberei und allem, was sie begünstigen mag; erfreulich ist der Jahreszeitenwechsel, der sie mannigfaltig aufruft und anregt. Die Eigenheiten sämtlicher Geschöpfe, denen man nachstellt, die man zu erlegen gesinnt ist, die verschiedenen Charaktere der Jäger, die sich dieser Lust, dieser Mühe hingeben, die Zufälligkeiten, wie sie befördern oder schädigen: alles war, besonders was auf das Geflügel Bezug hatte, mit der besten Laune dargestellt und mit großer Eigentümlichkeit behandelt.

Von der Auerhahnbalz bis zum zweiten Schnepfenstrich und von da bis zur Rabenhütte war nichts versäumt, alles wohl gesehen, klar aufgenommen, leidenschaftlich verfolgt, leicht und scherzhaft, oft ironisch dargestellt.

Jenes elegische Thema klang jedoch durch das Ganze durch; es war mehr als ein Abschied von diesen Lebensfreuden verfaßt, wodurch es zwar einen gefühlvollen Anstrich des heiter Durchlebten gewann und sehr wohltätig wirkte, aber doch zuletzt, wie jene Sinnsprüche, nach dem Genuß ein gewisses Leere empfinden ließ. War es das Umblättern dieser Papiere oder sonst ein augenblickliches Mißbefinden, der Major fühlte sich nicht heiter gestimmt. Daß die Jahre, die zuerst eine schöne Gabe nach der andern bringen, sie alsdann nach und nach wieder entziehen, schien er auf dem Scheidepunkt, wo er sich befand, auf einmal lebhaft zu fühlen. Eine versäumte Badereise, ein ohne Genuß verstrichener Sommer, Mangel an stetiger gewohnter Bewegung, alles ließ ihn gewisse körperliche Unbequemlichkeiten empfinden, die er für wirkliche Übel nahm und sich ungeduldiger dabei bewies, als billig sein mochte.

Wie aber den Frauen der Augenblick, wo ihre bisher unbestrittene Schönheit zweifelhaft werden will, höchst peinlich ist, so wird den Männern in gewissen Jahren, obgleich noch im völligen Vigor, das leiseste Gefühl einer unzulänglichen Kraft äußerst unangenehm, ja gewissermaßen ängstlich.

Ein anderer eintretender Umstand jedoch, der ihn hätte beunruhigen sollen, verhalf ihm zu der besten Laune. Sein kosmetischer Kammerdiener, der ihn auch bei dieser Landpartie nicht verlassen hatte, schien einige Zeit her einen andern Weg einzuschlagen, wozu ihn frühes Aufstehn des Majors, tägliches Ausreiten und Umhergehen desselben sowie der Zutritt mancher Beschäftigten, auch bei der Gegenwart des Obermarschalls mehrerer Geschäftslosen zu nötigen schien. Mit allen Kleinigkeiten, die nur die Sorgfalt eines Mimen zu beschäftigen das Recht hatten, ließ er den Major schon einige Zeit verschont, aber desto strenger hielt er auf einige Hauptpunkte, welche bisher durch ein geringeres Hokuspokus waren verschleiert gewesen. Alles, was nicht nur den Schein der Gesundheit bezwecken, sondern was die Gesundheit selbst aufrechterhalten sollte, ward eingeschärft, besonders aber Maß in allem und Abwechselung nach den Vorkommenheiten, Sorgfalt sodann für Haut und Haare, für Augenbraunen und Zähne, für Hände und Nägel, für deren zierlichste Form und schicklichste Länge der Wissende schon länger gesorgt hatte. Dabei wurde Mäßigung aber- und abermals in allem, was den Menschen aus seinem Gleichgewicht zu bringen pflegt, dringend anempfohlen, worauf denn dieser Schönheits-Erhaltungs-Lehrer sich seinen Abschied erbat, weil er seinem Herrn nichts mehr nütze sei. Indes konnte man denken, daß er sich doch wohl wieder zu seinem vorigen Patron zurückwünschen mochte, um den mannigfaltigen Vergnügungen eines theatralischen Lebens fernerhin sich ergeben zu können.

Und wirklich tat es dem Major sehr wohl, wieder sich selbst gegeben zu sein. Der verständige Mann braucht sich nur zu mäßigen, so ist er auch glücklich. Er mochte sich der herkömmlichen Bewegung des Reitens, der Jagd und was sich daran knüpft, wieder mit Freiheit bedienen, die Gestalt Hilariens trat in solchen einsamen Momenten wieder freudig hervor, und er fügte sich in den Zustand des Bräutigams, vielleicht den anmutigsten, der uns in dem gesitteten Kreise des Lebens gegönnt ist.

Schon einige Monate waren die sämtlichen Familienglieder ohne besondere Nachricht voneinander geblieben; der Major beschäftigte sich, in der Residenz gewisse Einwilligungen und Bestätigungen seines Geschäfts abschließlich zu negoziieren; die Baronin und Hilarie richteten ihre Tätigkeit auf die heiterste, reichlichste Ausstattung; der Sohn, seiner Schönen mit Leidenschaft dienstpflichtig, schien hierüber alles zu vergessen. Der Winter war angekommen und umgab alle ländlichen Wohnungen mit unerfreulichen Sturmregen und frühzeitigen Finsternissen.

Wer heute durch eine düstre Novembernacht sich in der Gegend des adeligen Schlosses verirrt hätte und bei dem schwachen Lichte eines bedeckten Mondes Äcker, Wiesen, Baumgruppen, Hügel und Gebüsche düster vor sich liegen sähe, auf einmal aber bei einer schnellen Wendung um eine Ecke die ganz erleuchtete Fensterreihe eines langen Gebäudes vor sich erblickte, er hätte gewiß geglaubt, eine festlich geschmückte Gesellschaft dort anzutreffen. Wie sehr verwundert müßte er aber sein, von wenigen Bedienten erleuchtete Treppen hinaufgeführt, nur drei Frauenzimmer, die Baronin, Hilarien und das Kammermädchen, in hellen Zimmern zwischen klaren Wänden, neben freundlichem Hausrat, durchaus erwärmt und behaglich, zu erblicken.

Da wir nun aber die Baronin in einem festlichen Zustande zu überraschen glauben, so ist es notwendig, zu bemerken, daß diese glänzende Erleuchtung hier nicht als außerordentlich anzusehen sei, sondern zu den Eigenheiten gehöre, welche die Dame aus ihrem frühern Leben mit herübergebracht hatte. Als Tochter einer Oberhofmeisterin, bei Hof erzogen, war sie gewohnt, den Winter allen übrigen Jahrszeiten vorzuziehen und den Aufwand einer stattlichen Erleuchtung zum Element aller ihrer Genüsse zu machen. Zwar an Wachskerzen fehlte es niemals, aber einer ihrer ältesten Diener hatte so große Lust an Künstlichkeiten, daß nicht leicht eine neue Lampenart entdeckt wurde, die er im Schlosse hie und da einzuführen nicht wäre bemüht gewesen, wodurch denn zwar die Erhellung mitunter lebhaft gewann, aber auch wohl gelegentlich hie und da eine partielle Finsternis eintrat.

Die Baronin hatte den Zustand einer Hofdame durch Verbindung mit einem bedeutenden Gutsbesitzer und entschiedenen Landwirt aus Neigung und wohlbedächtig vertauscht, und ihr einsichtiger Gemahl hatte, da ihr das Ländliche anfangs nicht zusagte, mit Einstimmung seiner Nachbarn, ja nach den Anordnungen der Regierung, die Wege mehrere Meilen ringsumher so gut hergestellt, daß die nachbarlichen Verbindungen nirgends in so gutem Stande gefunden wurden; doch war eigentlich bei dieser löblichen Anstalt die Hauptabsicht, daß die Dame, besonders zur guten Jahrszeit, überall hinrollen konnte; dagegen aber im Winter gern häuslich bei ihm verweilte, indem er durch Erleuchtung die Nacht dem Tag gleich zu machen wußte. Nach dem Tode des Gemahls gab die leidenschaftliche Sorge für ihre Tochter genugsame Beschäftigung, der öftere Besuch des Bruders herzliche Unterhaltung und die gewohnte Klarheit der Umgebung ein Behagen, das einer wahren Befriedigung gleichsah.

Den heutigen Tag war jedoch diese Erleuchtung recht am Platze; denn wir sehen in einem der Zimmer eine Art von Christbescherung aufgestellt, in die Augen fallend und glänzend. Das kluge Kammermädchen hatte den Kammerdiener dahin vermocht, die Erleuchtung zu steigern, und dabei alles zusammengelegt und ausgebreitet, was zur Ausstattung Hilariens bisher vorgearbeitet worden, eigentlich in der listigen Absicht, mehr das Fehlende zur Sprache zu bringen als dasjenige zu erheben, was schon geleistet war. Alles Notwendige fand sich, und zwar aus den feinsten Stoffen und von der zierlichsten Arbeit; auch an Willkürlichem war kein Mangel, und doch wußte Ananette überall da noch eine Lücke anschaulich zu machen, wo man ebensogut den schönsten Zusammenhang hätte finden können. Wenn nun alles Weißzeug, stattlich ausgekramt, die Augen blendete, Leinwand, Musselin und alle die zarteren Stoffe der Art, wie sie auch Namen haben mögen, genugsames Licht umherwarfen, so fehlte doch alles bunte Seidene, mit dessen Ankauf man weislich zögerte, weil man bei sehr veränderlicher Mode das Allerneueste als Gipfel und Abschluß hinzufügen wollte.

Nach diesem heitersten Anschauen schritten sie wieder zu ihrer gewöhnlichen, obgleich mannigfaltigen Abendunterhaltung. Die Baronin, die recht gut erkannte, was ein junges Frauenzimmer, wohin das Schicksal sie auch führen mochte, bei einem glücklichen Äußern auch von innen heraus anmutig und ihre Gegenwart wünschenswert macht, hatte in diesem ländlichen Zustande so viele abwechselnde und bildende Unterhaltungen einzuleiten gewußt, daß Hilarie bei ihrer großen Jugend schon überall zu Hause schien, bei keinem Gespräch sich fremd erwies und doch dabei ihren Jahren völlig gemäß sich erzeigte. Wie dies geleistet werden konnte, zu entwickeln, würde zu weitläufig sein; genug, dieser Abend war auch ein Musterbild des bisherigen Lebens. Ein geistreiches Lesen, ein anmutiges Pianospiel, ein lieblicher Gesang zog sich durch die Stunden durch, zwar wie sonst gefällig und regelmäßig, aber doch mit mehr Bedeutung; man hatte einen Dritten im Sinne, einen geliebten, verehrten Mann, dem man dieses und so manches andere zum freundlichsten Empfang vorübte. Es war ein bräutliches Gefühl, das nicht nur Hilarien mit den süßesten Empfindungen belebte; die Mutter mit feinem Sinne nahm ihren reinen Teil daran, und selbst Ananette, sonst nur klug und tätig, mußte sich gewissen entfernten Hoffnungen hingeben, die ihr einen abwesenden Freund als zurückkehrend, als gegenwärtig vorspiegelten. Auf diese Weise hatten sich die Empfindungen aller drei in ihrer Art liebenswürdigen Frauen mit der sie umgebenden Klarheit, mit einer wohltätigen Wärme, mit dem behaglichsten Zustande ins gleiche gestellt.

FÜNFTES KAPITEL

Heftiges Pochen und Rufen an dem äußersten Tor, Wortwechsel drohender und fordernder Stimmen, Licht- und Fackelschein im Hofe unterbrachen den zarten Gesang. Aber gedämpft war der Lärm, ehe man dessen Ursache erfahren hatte; doch ruhig ward es nicht, auf der Treppe Geräusch und lebhaftes Hin- und Hersprechen heraufkommender Männer. Die Türe sprang auf ohne Meldung, die Frauen entsetzten sich. Flavio stürzte herein in schauderhafter Gestalt, verworrenen Hauptes, auf dem die Haare teils borstig starrten, teils vom Regen durchnäßt niederhingen; zerfetzten Kleides, wie eines, der durch Dorn und Dickicht durchgestürmt, greulich beschmutzt, als durch Schlamm und Sumpf herangewadet.

„Mein Vater!“ rief er aus, „wo ist mein Vater?“ Die Frauen standen bestürzt; der alte Jäger, sein frühster Diener und liebevollster Pfleger, mit ihm eintretend, rief ihm zu: „Der Vater ist nicht hier, besänftigen Sie sich; hier ist Tante, hier ist Nichte, sehen Sie hin!“ — „Nicht hier, nun so laßt mich weg, ihn zu suchen; er allein soll's hören, dann will ich sterben. Laßt mich von den Lichtern weg, von dem Tag, er blendet mich, er vernichtet mich.“

Der Hausarzt trat ein, ergriff seine Hand, vorsichtig den Puls fühlend, mehrere Bediente standen ängstlich umher. — „Was soll ich auf diesen Teppichen, ich verderbe sie, ich zerstöre sie; mein Unglück träuft auf sie herunter, mein verworfenes Geschick besudelt sie.“ — Er drängte sich gegen die Türe, man benutzte das Bestreben, um ihn wegzuführen und in das entfernte Gastzimmer zu bringen, das der Vater zu bewohnen pflegte. Mutter und Tochter standen erstarrt, sie hatten Orest gesehen, von Furien verfolgt, nicht durch

Kunst veredelt, in greulicher, widerwärtiger Wirklichkeit, die im Kontrast mit einer behaglichen Glanzwohnung im klarsten Kerzenschimmer nur desto fürchterlicher schien. Erstarrt sahen die Frauen sich an, und jede glaubte in den Augen der andern das Schreckbild zu sehen, das sich so tief in die ihrigen eingeprägt hatte.

Mit halber Besonnenheit sendete darauf die Baronin Bedienten auf Bedienten, sich zu erkundigen. Sie erfuhren zu einiger Beruhigung, daß man ihn auskleide, trockne, besorge; halb gegenwärtig, halb unbewußt lasse er alles geschehen. Wiederholtes Anfragen wurde zur Geduld verwiesen.

Endlich vernahmen die beängstigten Frauen, man habe ihm zur Ader gelassen und sonst alles Besänftigende möglichst angewendet; er sei zur Ruhe gebracht, man hoffe Schlaf.

Mitternacht kam heran, die Baronin verlangte, wenn er schlafe, ihn zu sehen; der Arzt widerstand, der Arzt gab nach; Hilarie drängte sich mit der Mutter herein. Das Zimmer war dunkel, nur eine Kerze dämmerte hinter dem grünen Schirm, man sah wenig, man hörte nichts; die Mutter näherte sich dem Bette, Hilarie, sehnsuchtsvoll, ergriff das Licht und beleuchtete den Schlafenden. So lag er abgewendet, aber ein höchst zierliches Ohr, eine volle Wange, jetzt bläßlich, schienen unter den schon wieder sich krausenden Locken auf das anmutigste hervor, eine ruhende Hand und ihre länglichen, zartkräftigen Finger zogen den unsteten Blick an. Hilarie, leise atmend, glaubte selbst einen leisen Atem zu vernehmen, sie näherte die Kerze, wie Psyche in Gefahr, die heilsamste Ruhe zu stören. Der Arzt nahm die Kerze weg und leuchtete den Frauen nach ihren Zimmern.

Wie diese guten, alles Anteils würdigen Personen ihre nächtlichen Stunden zugebracht, ist uns ein Geheimnis geblieben; den andern Morgen aber von früh an zeigten sich beide höchst ungeduldig. Des Anfragens war kein Ende, der Wunsch, den Leidenden zu sehen, bescheiden, doch dringend; nur gegen Mittag erlaubte der Arzt einen kurzen Besuch.

Die Baronin trat hinzu, Flavio reichte die Hand hin — „Verzeihung, liebste Tante, einige Geduld, vielleicht nicht lange" — Hilarie trat hervor, auch ihr gab er die Rechte — „Gegrüßt, liebe Schwester" — das fuhr ihr durchs Herz, er ließ nicht los, sie sahen einander an, das herrlichste Paar, kontrastierend im schönsten Sinne. Des Jünglings schwarze, funkelnde Augen stimmten zu den düstern, verwirrten Locken; dagegen stand sie scheinbar himmlisch in Ruhe, doch zu dem erschütternden Begebnis gesellte sich nun die ahnungsvolle Gegenwart. Die Benennung „Schwester" — ihr Allerinnerstes war aufgeregt. Die Baronin sprach: „Wie geht es, lieber Neffe?" — „Ganz leidlich, aber man behandelt mich übel." — „Wieso?" — „Da haben sie mir Blut gelassen, das ist grausam; sie haben es weggeschafft, das ist frech; es gehört ja nicht mein, es gehört alles, alles ihre." Mit diesen Worten schien sich seine Gestalt zu verwandeln, doch mit heißen Tränen verbarg er sein Antlitz ins Kissen.

Hilariens Miene zeigte der Mutter einen furchtbaren Ausdruck, es war, als wenn das liebe Kind die Pforten der Hölle vor sich eröffnet sähe, zum erstenmal ein Ungeheures erblickte und für ewig. Rasch, leidenschaftlich eilte sie durch den Saal, warf sich im letzten Kabinett auf den Sofa, die Mutter folgte und fragte, was sie leider schon begriff. Hilarie, wundersam aufblickend, rief: „Das Blut, das Blut, es gehört alles ihre, alles ihre, und sie ist es nicht wert. Der Unglückselige! der Arme!" Mit diesen Worten erleichterte der bitterste Tränenstrom das bedrängte Herz.

Wer unternähme es wohl, die aus dem Vorhergehenden sich entwickelnden Zustände zu enthüllen, an den Tag zu bringen das innere, aus dieser ersten Zusammenkunft den Frauen erwachsende Unheil? Auch dem Leidenden war sie höchst schädlich, so behauptete wenigstens der Arzt, der zwar oft genug zu berichten und zu trösten kam, aber sich doch verpflichtet fühlte, alles weitere Annähern zu verbieten. Dabei fand er auch eine willige Nachgiebigkeit, die Tochter wagte nicht zu verlangen, was die Mutter nicht zugegeben hätte, und so gehorchte man dem Gebot des verständigen

Mannes. Dagegen brachte er aber die beruhigende Nachricht, Flavio habe Schreibzeug verlangt, auch einiges aufgezeichnet, es aber sogleich neben sich im Bette versteckt. Nun gesellte sich Neugierde zu der übrigen Unruhe und Ungeduld, es waren peinliche Stunden. Nach einiger Zeit brachte er jedoch ein Blättchen von schöner, freier Hand, obgleich mit Hast geschrieben, es enthielt folgende Zeilen:

,,Ein Wunder ist der arme Mensch geboren,
In Wundern ist der irre Mensch verloren,
Nach welcher dunklen, schwer entdeckten Schwelle
Durchtappen pfadlos ungewisse Schritte?
Dann in lebendigem Himmelsglanz und Mitte
Gewahr', empfind' ich Nacht und Tod und Hölle."

Hier nun konnte die edle Dichtkunst abermals ihre heilenden Kräfte erweisen. Innig verschmolzen mit Musik, heilt sie alle Seelenleiden aus dem Grunde, indem sie solche gewaltig anregt, hervorruft und in auflösenden Schmerzen verflüchtigt. Der Arzt hatte sich überzeugt, daß der Jüngling bald wieder herzustellen sei; körperlich gesund, werde er schnell sich wieder froh fühlen, wenn die auf seinem Geist lastende Leidenschaft zu heben oder zu lindern wäre. Hilarie sann auf Erwiderung; sie saß am Flügel und versuchte die Zeilen des Leidenden mit Melodie zu begleiten. Es gelang ihr nicht, in ihrer Seele klang nichts zu so tiefen Schmerzen; doch bei diesem Versuch schmeichelten Rhythmus und Reim sich dergestalt an ihre Gesinnungen an, daß sie jenem Gedicht mit lindernder Heiterkeit entgegnete, indem sie sich Zeit nahm, folgende Strophe auszubilden und abzurunden:

,,Bist noch so tief in Schmerz und Qual verloren,
So bleibst du doch zum Jugendglück geboren;
Ermanne dich zu rasch gesundem Schritte,
Komm in der Freundschaft Himmelsglanz und Helle,
Empfinde dich in treuer Guten Mitte,
Da sprieße dir des Lebens heitre Quelle."

Der ärztliche Hausfreund übernahm die Botschaft, sie gelang, schon erwiderte der Jüngling gemäßigt; Hilarie fuhr mildernd fort, und so schien man nach und nach wieder einen heitern Tag, einen freien Boden zu gewinnen, und vielleicht ist es uns vergönnt, den ganzen Verlauf dieser holden Kur gelegentlich mitzuteilen. Genug, einige Zeit verstrich in solcher Beschäftigung höchst angenehm; ein ruhiges Wiedersehen bereitete sich vor, das der Arzt nicht länger als nötig zu verspäten gedachte.

Indessen hatte die Baronin mit Ordnen und Zurechtlegen alter Papiere sich beschäftigt, und diese dem gegenwärtigen Zustande ganz angemessene Unterhaltung wirkte gar wundersam auf den erregten Geist. Sie sah manche Jahre ihres Lebens zurück, schwere drohende Leiden waren vorübergegangen, deren Betrachtung den Mut für den Moment kräftigte; besonders rührte sie die Erinnerung an ein schönes Verhältnis zu Makarien, und zwar in bedenklichen Zuständen. Die Herrlichkeit jener einzigen Frau ward ihr wieder vor die Seele gebracht und sogleich der Entschluß gefaßt, sich auch diesmal an sie zu wenden: denn zu wem sonst hätte sie ihre gegenwärtigen Gefühle richten, wem sonst Furcht und Hoffnung offen bekennen sollen?

Bei dem Aufräumen fand sie aber auch unter andern des Bruders Miniaturporträt und mußte über die Ähnlichkeit mit dem Sohne lächelnd seufzen. Hilarie überraschte sie in diesem Augenblick, bemächtigte sich des Bildes, und auch sie ward von jener Ähnlichkeit wundersam betroffen.

So verging einige Zeit; endlich mit Vergünstigung des Arztes und in seinem Geleite trat Flavio angemeldet zum Frühstück herein. Die Frauen hatten sich vor dieser ersten Erscheinung gefürchtet. Wie aber gar oft in bedeutenden, ja schrecklichen Momenten etwas Heiteres, ja Lächerliches sich zu ereignen pflegt, so glückte es auch hier. Der Sohn kam völlig in des Vaters Kleidern; denn da von seinem Anzug nichts zu brauchen war, so hatte man sich der Feld- und Hausgarderobe des Majors bedient, die er, zu bequemem Jagd- und Familienleben, bei der Schwester in Verwahrung ließ. Die Baronin lächelte und nahm sich zusammen; Hilarie war, sie wußte nicht wie, betroffen, genug, sie wendete das Gesicht weg, und dem jungen Manne wollte in diesem Augenblick weder ein herzliches Wort von den Lippen noch eine Phrase glücken. Um nun sämtlicher Gesellschaft aus der Verlegenheit zu helfen, begann der Arzt eine Vergleichung beider Gestalten. Der Vater sei etwas größer, hieß es, und deshalb der Rock etwas zu lang; dieser sei etwas breiter, deshalb der Rock über die Schulter zu eng. Beide Mißverhältnisse gaben dieser Maskerade ein komisches Ansehen.

Durch diese Einzelnheiten jedoch kam man über das Bedenkliche des Augenblicks hinaus. Für Hilarien freilich blieb die Ähnlichkeit des jugendlichen Vaterbildes mit der frischen Lebensgegenwart des Sohnes unheimlich, ja bedrängend.

Nun aber wünschten wir wohl den nächsten Zeitverlauf von einer zarten Frauenhand umständlich geschildert zu sehen, da wir nach eigener Art und Weise uns nur mit dem Allgemeinsten befassen dürfen. Hier muß denn nun von dem Einfluß der Dichtkunst abermals die Rede sein.

Ein gewisses Talent konnte man unserm Flavio nicht absprechen, es bedurfte jedoch nur zu sehr eines leidenschaftlich-sinnlichen Anlasses, wenn etwas Vorzügliches gelingen sollte; deswegen denn auch fast alle Gedichte, jener unwiderstehlichen Frau gewidmet, höchst eindringend und lobenswert erschienen und nun, einer gegenwärtigen, höchst liebenswürdigen Schönen mit enthusiastischem Ausdruck vorgelesen, nicht geringe Wirkung hervorbringen mußten.

Ein Frauenzimmer, das eine andere leidenschaftlich geliebt sieht, bequemt sich gern zu der Rolle einer Vertrauten; sie hegt ein heimlich, kaum bewußtes Gefühl, daß es nicht unangenehm sein müßte, sich an die Stelle der Angebeteten leise gehoben zu sehen. Auch ging die Unterhaltung immer mehr und mehr ins Bedeutende. Wechselgedichte, wie sie der Liebende gern verfaßt, weil er sich von seiner Schönen, wenn auch nur bescheiden, halb und halb kann erwidern lassen, was er wünscht und was er aus ihrem schönen Munde zu hören kaum erwarten dürfte. Dergleichen wurden mit Hilarien auch wechselsweise gelesen, und zwar, da es nur aus der einen Handschrift geschah, in welche man beiderseits, um zu rechter Zeit einzufallen, hineinschauen und zu diesem Zweck jedes das Bändchen anfassen mußte, so fand sich, daß man, nahe sitzend, nach und nach Person an Person, Hand an Hand immer näher rückte und die Gelenke sich ganz natürlich zuletzt im verborgnen berührten.

Aber bei diesen schönen Verhältnissen, unter solchen daraus entspringenden allerliebsten Annehmlichkeiten fühlte Flavio eine schmerzliche Sorge, die er schlecht verbarg und, immerfort nach der Ankunft seines Vaters sich sehnend, zu bemerken gab, daß er diesem das Wichtigste zu vertrauen habe. Dieses Geheimnis indes wäre, bei einigem Nachdenken, nicht schwer zu erraten gewesen. Jene reizende Frau mochte in einem bewegten, von dem zudringlichen Jüngling hervorgerufnen Momente den Unglücklichen entschieden abgewiesen und die bisher hartnäckig behauptete Hoffnung aufgehoben und zerstört haben. Eine Szene, wie dies zugegangen, wagten wir nicht zu schildern, aus Furcht, hier möchte uns die jugendliche Glut ermangeln. Genug, er war so wenig bei sich selbst, daß er sich eiligst aus der Garnison ohne Urlaub entfernte und, um seinen Vater aufzusuchen, durch Nacht, Sturm und Regen nach dem Landgut seiner Tante verzweifelnd zu gelangen trachtete, wie wir ihn auch vor kurzem haben ankommen sehen. Die Folgen eines solchen Schrittes fielen ihm nun bei Rückkehr nüchterner Gedanken lebhaft auf, und er wußte, da der Vater immer länger ausblieb und er die einzige mögliche Vermittlung entbehren sollte, sich weder zu fassen noch zu retten.

Wie erstaunt und betroffen war er deshalb, als ihm ein Brief seines Obristen eingehändigt wurde, dessen bekanntes Siegel er mit Zaudern und Bangigkeit auflöste, der aber nach den freundlichsten Worten damit endigte, daß der ihm erteilte Urlaub noch um einen Monat sollte verlängert werden.

So unerklärlich nun auch diese Gunst schien, so ward er doch dadurch von einer Last befreit, die sein Gemüt fast ängstlicher als die verschmähte Liebe selbst zu drücken begann. Er fühlte nun ganz das Glück, bei seinen liebenswürdigen Verwandten so wohl aufgehoben zu sein; er durfte sich der Gegenwart Hilariens erfreuen und war nach kurzem in allen seinen angenehm-geselligen Eigenschaften wiederhergestellt, die ihn der schönen Witwe selbst sowohl als ihrer Umgebung auf eine Zeitlang notwendig gemacht hatten und nur durch eine peremtorische Forderung ihrer Hand für immer verfinstert worden.

In solcher Stimmung konnte man die Ankunft des Vaters gar wohl erwarten, auch wurden sie durch eintretende Naturereignisse zu einer tätigen Lebensweise aufgeregt. Das anhaltende Regenwetter, das sie bisher in dem Schloß zusammenhielt, hatte überall, in großen Wassermassen niedergehend, Fluß um Fluß angeschwellt; es waren Dämme gebrochen, und die Gegend unter dem Schlosse lag als ein blanker See, aus welchem die Dorfschaften, Meierhöfe, größere und kleinere Besitztümer, zwar auf Hügeln gelegen, doch immer nur inselartig hervorschauten.

Auf solche zwar seltene, aber denkbare Fälle war man eingerichtet; die Hausfrau befahl, und die Diener führten aus. Nach der ersten allgemeinsten Beihülfe ward Brot gebacken, Stiere wurden geschlachtet, Fischerkähne fuhren hin und her, Hülfe und Vorsorge nach allen Enden hin verbreitend. Alles fügte sich schön und gut, das freundlich Gegebene ward freudig und dankbar aufgenommen, nur an einem Orte wollte man den austeilenden Gemeindevorstehern nicht trauen; Flavio übernahm das Geschäft und fuhr mit einem wohlbeladenen Kahn eilig und glücklich zur Stelle. Das einfache Geschäft, einfach behandelt, gelang zum besten; auch entledigte sich, weiterfahrend, unser Jüngling eines Auftrags, den ihm Hilarie beim Scheiden gegeben. Gerade in den Zeitpunkt dieser Unglückstage war die Niederkunft einer Frau gefallen, für die sich das schöne Kind besonders interessierte. Flavio fand die Wöchnerin und brachte allgemeinen und diesen besondern Dank mit nach Hause. Dabei konnte es nun an mancherlei Erzählungen nicht fehlen. War auch niemand umgekommen, so hatte man von wunderbaren Rettungen, von seltsamen, scherzhaften, ja lächerlichen Ereignissen viel zu sprechen; manche notgedrungene Zustände wurden interessant beschrieben. Genug, Hilarie empfand auf einmal ein unwiderstehliches Verlangen, gleichfalls eine Fahrt zu unternehmen, die Wöchnerin zu begrüßen, zu beschenken und einige heitere Stunden zu verleben.

Nach einigem Widerstand der guten Mutter siegte endlich der freudige Wille Hilariens, dieses Abenteuer zu bestehen, und wir wollen gern bekennen, in dem Laufe, wie diese Begebenheit uns bekannt geworden, einigermaßen besorgt gewesen zu sein, es möge hier einige Gefahr obschweben, ein Stranden, ein Umschlagen des Kahns, Lebensgefahr der Schönen, kühne Rettung von seiten des Jünglings, um das lose geknüpfte Band noch fester zu ziehen. Aber von allem diesem war nicht die Rede, die Fahrt lief glücklich ab, die Wöchnerin ward besucht und beschenkt; die Gesellschaft des Arztes blieb nicht ohne gute Wirkung, und wenn hier und da ein kleiner Anstoß sich hervortat, wenn der Anschein eines gefährlichen Moments die Fortrudernden zu beunruhigen schien, so endete solches nur mit neckendem Scherz, daß eins dem andern eine ängstliche Miene, eine größere Verlegenheit, eine furchtsame Gebärde wollte abgemerkt haben. Indessen war das wechselseitige Vertrauen bedeutend gewachsen; die Gewohnheit, sich zu sehen und unter allen Umständen zusammen zu sein, hatte sich verstärkt, und die gefährliche Stellung, wo Verwandtschaft und Neigung zum wechselseitigen Annähern und Festhalten sich berechtigt glauben, ward immer bedenklicher.

Anmutig sollten sie jedoch auf solchen Liebeswegen immer weiter und weiter verlockt werden. Der Himmel klärte sich auf, eine gewaltige Kälte, der Jahreszeit gemäß, trat ein, die Wasser gefroren, ehe sie verlaufen konnten. Da veränderte sich das Schauspiel der Welt vor allen Augen auf einmal; was durch Fluten erst getrennt war, hing nunmehr durch befestigten Boden zusammen, und alsobald tat sich als erwünschte Vermittlerin die schöne Kunst hervor, welche, die ersten raschen Wintertage zu verherrlichen und neues Leben in das Erstarrte zu bringen, im hohen Norden erfunden worden. Die Rüstkammer öffnete sich, jedermann suchte nach seinen gezeichneten Stahlschuhen, begierig, die reine, glatte Fläche, selbst mit einiger Gefahr, als der erste zu beschreiten. Unter den Hausgenossen fanden sich viele zu höchster Leichtigkeit Geübte; denn dieses Vergnügen ward ihnen fast jedes Jahr auf benachbarten Seen und verbindenden Kanälen, diesmal aber in der fernhin erweiterten Fläche.

Flavio fühlte sich nun erst durch und durch gesund, und Hilarie, seit ihren frühsten Jahren von dem Oheim angeleitet, bewies sich so lieblich als kräftig auf dem neu erschaffenen Boden; man bewegte sich lustig und lustiger, bald zusammen, bald einzeln, bald getrennt, bald vereint. Scheiden und Meiden, was sonst so schwer aufs Herz fällt, ward hier zum kleinen, scherzhaften Frevel, man floh sich, um sich einander augenblicks wieder zu finden.

Aber innerhalb dieser Lust und Freudigkeit bewegte sich auch eine Welt des Bedürfnisses; immer waren bisher noch einige Ortschaften nur halb versorgt geblieben, eilig flogen nunmehr auf tüchtig bespannten Schlitten die nötigsten Waren hin und wider, und was der Gegend noch mehr zugute kam, war, daß man aus manchen der vorübergehenden Hauptstraße allzu fernen Orten nunmehr schnell die Erzeugnisse des Feldbaues und der Landwirtschaft in die nächsten Magazine der kleinen Städte und Flecken bringen und von dorther aller Art Waren zurückführen konnte. Nun war auf einmal eine bedrängte, den bittersten Mangel empfindende Gegend wieder befreit, wieder versorgt, durch eine glatte, dem Geschickten, dem Kühnen geöffnete Fläche verbunden.

Auch das junge Paar unterließ nicht, bei vorwaltendem Vergnügen mancher Pflichten einer liebevollen Anhänglichkeit zu gedenken. Man besuchte jene Wöchnerin, begabte sie mit allem Notwendigen; auch andere wurden heimgesucht: Alte, für deren Gesundheit man besorgt gewesen; Geistliche, mit denen man erbauliche Unterhaltung sittlich zu pflegen gewohnt war und sie jetzt in dieser Prüfung noch achtenswerter fand; kleinere Gutsbesitzer, die kühn genug vor Zeiten sich in gefährliche Niederungen angebaut, diesmal aber, durch wohlangelegte Dämme geschützt, unbeschädigt geblieben — und nach grenzenloser Angst sich ihres Daseins doppelt erfreuten. Jeder Hof, jedes Haus, jede Familie, jeder einzelne hatte seine Geschichte, er war sich und auch wohl andern eine bedeutende Person geworden, deswegen fiel auch einer dem andern Erzählenden leicht in die Rede. Eilig war jeder im Sprechen und Handeln, Kommen und Gehen, denn es blieb immer die Gefahr, ein plötzliches Tauwetter möchte den ganzen schönen Kreis glücklichen Wechselwirkens zerstören, die Wirte bedrohen und die Gäste vom Hause abschneiden.

War man den Tag in so rascher Bewegung und dem lebhaftesten Interesse beschäftigt, so verlieh der Abend auf ganz andere Weise die angenehmsten Stunden; denn das hat die Eislust vor allen andern körperlichen Bewegungen voraus, daß die Anstrengung nicht erhitzt und die Dauer nicht ermüdet. Sämtliche Glieder scheinen gelenker zu werden und jedes Verwenden der Kraft neue Kräfte zu erzeugen, so daß zuletzt eine selig bewegte Ruhe über uns kommt, in der wir uns zu wiegen immerfort gelockt sind.

Heute nun konnte sich unser junges Paar von dem glatten Boden nicht loslösen, jeder Lauf gegen das erleuchtete Schloß, wo sich schon viele Gesellschaft versammelte, ward plötzlich umgewendet und eine Rückkehr ins Weite beliebt; man mochte sich nicht voneinander entfernen, aus Furcht, sich zu verlieren, man faßte sich bei der Hand, um der Gegenwart ganz gewiß zu sein. Am allersüßesten aber schien die Bewegung, wenn über den Schultern die Arme verschränkt ruhten und die zierlichen Finger unbewußt in beiderseitigen Locken spielten.

Der volle Mond stieg zu dem glühenden Sternenhimmel herauf und vollendete das Magische der Umgebung. Sie sahen sich wieder deutlich und suchten wechselseitig in den beschatteten Augen Erwiderung wie sonst, aber es schien anders zu sein. Aus ihren Abgründen schien ein Licht hervorzublicken und anzudeuten, was der Mund weislich verschwieg, sie fühlten sich beide in einem festlich behäglichen Zustande.

Alle hochstämmigen Weiden und Erlen an den Gräben, alles niedrige Gebüsch auf Höhen und Hügeln war deutlich geworden; die Sterne flammten, die Kälte war gewachsen, sie fühlten nichts davon und fuhren dem lang daherglitzernden Widerschein des Mondes, unmittelbar dem himmlischen Gestirn selbst entgegen. Da blickten sie auf und sahen im Geflimmer des Widerscheins die Gestalt eines Mannes hin und her schweben, der seinen Schatten zu verfolgen schien und selbst dunkel, vom Lichtglanz umgeben, auf sie zuschritt; unwillkürlich wendeten sie sich ab, jemanden zu begegnen wäre widerwärtig gewesen. Sie vermieden die immerfort sich herbewegende Gestalt, die Gestalt schien sie nicht bemerkt zu haben und verfolgte ihren geraden Weg nach dem Schlosse. Doch verließ sie auf einmal diese Richtung und umkreiste mehrmals das fast beängstigte Paar. Mit einiger Besonnenheit suchten sie für sich die Schattenseite zu gewinnen, im vollen Mondglanz fuhr jener auf sie zu, er stand nah vor ihnen, es war unmöglich, den Vater zu verkennen.

Hilarie, den Schritt anhaltend, verlor in Überraschung das Gleichgewicht und stürzte zu Boden, Flavio lag zu gleicher Zeit auf einem Knie und faßte ihr Haupt in seinen Schoß auf, sie verbarg ihr Angesicht, sie wußte nicht, wie ihr geworden war. — „Ich hole einen Schlitten, dort unten fährt noch einer vorüber, ich hoffe, sie hat sich nicht beschädigt; hier, bei diesen hohen drei Erlen find' ich euch wieder!“ so sprach der Vater und war schon weit hinweg. Hilarie raffte sich an dem Jüngling empor. — „Laß uns fliehen“, rief sie, „das ertrag' ich nicht.“ — Sie bewegte sich nach der Gegenseite des Schlosses heftig, daß Flavio sie nur mit einiger Anstrengung erreichte, er gab ihr die freundlichsten Worte.

Auszumalen ist nicht die innere Gestalt der drei nunmehr nächtlich auf der glatten Fläche im Mondschein Verirrten, Verwirrten. Genug, sie gelangten spät nach dem Schlosse, das junge Paar einzeln, sich nicht zu berühren, sich nicht zu nähern wagend, der Vater mit dem leeren Schlitten, den er vergebens ins Weite und Breite hülfreich herumgeführt hatte. Musik und Tanz waren schon im Gange, Hilarie, unter dem Vorwand schmerzlicher Folgen eines schlimmen Falles, verbarg sich in ihr Zimmer, Flavio überließ Vortanz und Anordnung sehr gern einigen jungen Gesellen, die sich deren bei seinem Außenbleiben schon bemächtigt hatten. Der Major kam nicht zum Vorschein und fand es wunderlich, obgleich nicht unerwartet, sein Zimmer wie bewohnt anzutreffen, die eignen Kleider, Wäsche und Gerätschaften, nur nicht so ordentlich, wie er's gewohnt war, umherliegend. Die Hausfrau versah mit anständigem Zwang ihre Pflichten, und wie froh war sie, als alle Gäste, schicklich untergebracht, ihr endlich Raum ließen, mit dem Bruder sich zu erklären. Es war bald getan, doch brauchte es Zeit, sich von der Überraschung zu erholen, das Unerwartete zu begreifen, die Zweifel zu heben, die Sorge zu beschwichtigen; an Lösung des Knotens, an Befreiung des Geistes war nicht sogleich zu denken.

Unsere Leser überzeugen sich wohl, daß von diesem Punkte an wir beim Vortrag unserer Geschichte nicht mehr darstellend, sondern erzählend und betrachtend verfahren müssen, wenn wir in die Gemütszustände, auf welche jetzt alles ankommt, eindringen und sie uns vergegenwärtigen wollen.

Wir berichten also zuerst, daß der Major, seitdem wir ihn aus den Augen verloren, seine Zeit fortwährend jenem Familiengeschäft gewidmet, dabei aber, so schön und einfach es auch vorlag, doch in manchem Einzelnen auf unerwartete Hindernisse traf. Wie es denn überhaupt so leicht nicht ist, einen alten verworrenen Zustand zu entwickeln und die vielen verschränkten Fäden auf einen Knaul zu winden. Da er nun deshalb den Ort öfters verändern mußte, um bei verschiedenen Stellen und Personen die Angelegenheit zu betreiben, so gelangten die Briefe der Schwester nur langsam und unordentlich zu ihm. Die Verirrung des Sohnes und dessen Krankheit erfuhr er zuerst; dann hörte er von einem Urlaub, den er nicht begriff. Daß Hilariens Neigung im Umwenden begriffen sei, blieb ihm verborgen, denn wie hätte die Schwester ihn davon unterrichten mögen!

Auf die Nachricht der Überschwemmung beschleunigte er seine Reise, kam jedoch erst nach eingefallenem Frost in die Nähe der Eisfelder, schaffte sich Schrittschuhe, sendete Knechte und Pferde durch einen Umweg nach dem Schlosse, und sich mit raschem Lauf dorthin bewegend, gelangte er, die erleuchteten Fenster schon von ferne schauend, in einer tagklaren Nacht zum unerfreulichsten Anschauen und war mit sich selbst in die unangenehmste Verwirrung geraten.

Der Übergang von innerer Wahrheit zum äußern Wirklichen ist im Kontrast immer schmerzlich; und sollte Lieben und Bleiben nicht eben die Rechte haben wie Scheiden und Meiden? Und doch, wenn sich eins vom andern losreißt, entsteht in der Seele eine ungeheure Kluft, in der schon manches Herz zugrunde ging. Ja der Wahn hat, solange er dauert, eine unüberwindliche Wahrheit, und nur männliche, tüchtige Geister werden durch Erkennen eines Irrtums erhöht und gestärkt. Eine solche Entdeckung hebt sie über sich selbst, sie stehen über sich erhoben und blicken, indem der alte Weg versperrt ist, schnell umher nach einem neuen, um ihn alsofort frisch und mutig anzutreten.

Unzählig sind die Verlegenheiten, in welche sich der Mensch in solchen Augenblicken versetzt sieht; unzählig die Mittel, welche eine erfinderische Natur innerhalb ihrer eignen Kräfte zu entdecken, sodann aber auch, wenn diese nicht auslangen, außerhalb ihres Bereichs freundlich anzudeuten weiß.

Zu gutem Glück jedoch war der Major durch ein halbes Bewußtsein, ohne sein Wollen und Trachten, schon auf einen solchen Fall im tiefsten vorbereitet. Seitdem er den kosmetischen Kammerdiener verabschiedet, sich seinem natürlichen Lebensgange wieder überlassen, auf den Schein Ansprüche zu machen aufgehört hatte, empfand er sich am eigentlichen körperlichen Behagen einigermaßen verkürzt. Er empfand das Unangenehme eines Überganges vom ersten Liebhaber zum zärtlichen Vater; und doch wollte diese Rolle immer mehr und mehr sich ihm aufdringen. Die Sorgfalt für das Schicksal Hilariens und der Seinigen trat immer zuerst in seinen Gedanken hervor, bis das Gefühl von Liebe, von Hang, von Verlangen annähernder Gegenwart sich erst später entfaltete. Und wenn er sich Hilarien in seinen Armen dachte, so war es ihr Glück, was er beherzigte, das er ihr zu schaffen wünschte, mehr als die Wonne, sie zu besitzen. Ja er mußte sich, wenn er ihres Andenkens rein genießen wollte, zuerst ihre himmlisch ausgesprochene Neigung, er mußte jenen Augenblick denken, wo sie sich ihm so unverhofft gewidmet hatte.

Nun aber, da er in klarster Nacht ein vereintes junges Paar vor sich gesehen, die Liebenswürdigste zusammenstürzend, in dem Schoße des Jünglings, beide seiner verheißenen hülfreichen Wiederkunft nicht achtend, ihn an dem genau bezeichneten Orte nicht erwartend, verschwunden in die Nacht, und er sich selbst im düstersten Zustande überlassen: wer fühlte das mit und verzweifelte nicht in seine Seele?

Die an Vereinigung gewöhnte, auf nähere Vereinigung hoffende Familie hielt sich bestürzt auseinander; Hilarie blieb hartnäckig auf ihrem Zimmer, der Major nahm sich zusammen, von seinem Sohne den früheren Hergang zu erfahren. Das Unheil war durch einen weiblichen Frevel der schönen Witwe verursacht. Um ihren bisher leidenschaftlichen Verehrer Flavio einer andern Liebenswürdigen, welche Absicht auf ihn verriet, nicht zu überlassen, wendet sie mehr scheinbare Gunst, als billig ist, an ihn. Er, dadurch aufgeregt und ermutigt, sucht seine Zwecke heftig bis ins Ungehörige zu verfolgen, worüber denn erst Widerwärtigkeit und Zwist, darauf ein entschiedener Bruch dem ganzen Verhältnis unwiederbringlich ein Ende macht.

Väterlicher Milde bleibt nichts übrig, als die Fehler der Kinder, wenn sie traurige Folgen haben, zu bedauern und, wo möglich, herzustellen; gehen sie läßlicher, als zu hoffen war, vorüber, sie zu verzeihen und zu vergessen. Nach wenigem Bedenken und Bereden ging Flavio sodann, um an der Stelle seines Vaters manches zu besorgen, auf die übernommenen Güter und sollte dort bis zum Ablauf seines Urlaubs verweilen, dann sich wieder ans Regiment anschließen, welches indessen in eine andere Garnison verlegt worden.

Eine Beschäftigung mehrerer Tage war es für den Major, Briefe und Pakete zu eröffnen, welche sich während seines längeren Ausbleibens bei der Schwester gehäuft hatten. Unter andern fand er ein Schreiben jenes kosmetischen Freundes, des wohlkonservierten Schauspielers. Dieser, durch den verabschiedeten Kammerdiener benachrichtigt von dem Zustande des Majors und von dem Vorsatze, sich zu verheiraten, trug mit der besten Laune die Bedenklichkeiten vor, die man bei einem solchen Unternehmen vor Augen haben sollte; er behandelte die Angelegenheit auf seine Weise und gab zu bedenken, daß für einen Mann in gewissen Jahren das sicherste kosmetische Mittel sei, sich des schönen Geschlechts zu enthalten und einer löblichen, bequemen Freiheit zu genießen. Nun zeigte der Major lächelnd das Blatt seiner Schwester, zwar scherzend, aber doch ernstlich genug auf die Wichtigkeit des Inhaltes hindeutend. Auch war ihm indessen ein Gedicht eingefallen, dessen rhythmische Ausführung uns nicht gleich beigeht, dessen Inhalt jedoch durch zierliche Gleichnisse und anmutige Wendung sich auszeichnete:

„Der späte Mond, der zur Nacht noch anständig leuchtet, verblaßt vor der aufgehenden Sonne; der Liebeswahn des Alters verschwindet in Gegenwart leidenschaftlicher Jugend; die Fichte, die im Winter frisch und kräftig erscheint, sieht im Frühling verbräunt und mißfärbig aus, neben hell aufgrünender Birke."

Wir wollen jedoch weder Philosophie noch Poesie als die entscheidenden Helferinnen zu einer endlichen Entschließung hier vorzüglich preisen; denn wie ein kleines Ereignis die wichtigsten Folgen haben kann, so entscheidet es auch oft, wo schwankende Gesinnungen obwalten, die Waage dieser oder jener Seite zuneigend. Dem Major war vor kurzem ein Vorderzahn ausgefallen, und er fürchtete, den zweiten zu verlieren. An eine künstlich scheinbare Wiederherstellung war bei seinen Gesinnungen nicht zu denken, und mit diesem Mangel um eine junge Geliebte zu werben, fing an, ihm ganz erniedrigend zu scheinen, besonders jetzt, da er sich mit ihr unter e i n e m Dach befand. Früher oder später hätte vielleicht ein solches Ereignis wenig gewirkt, gerade in diesem Augenblicke aber trat ein solcher Moment ein, der einem jeden an eine gesunde Vollständigkeit gewöhnten Menschen höchst widerwärtig begegnen muß. Es ist ihm, als wenn der Schlußstein seines organischen Wesens entfremdet wäre und das übrige Gewölbe nun auch nach und nach zusammenzustürzen drohte.

Wie dem auch sei, der Major unterhielt sich mit seiner Schwester gar bald einsichtig und verständig über die so verwirrt scheinende Angelegenheit; sie mußten beide bekennen, daß sie eigentlich nur durch einen Umweg ans Ziel gelangt seien, ganz nahe daran, von dem sie sich zufällig, durch äußern Anlaß, durch Irrtum eines unerfahrnen Kindes verleitet, unbedachtsam entfernt; sie fanden nichts natürlicher, als auf diesem Wege zu verharren, eine Verbindung beider Kinder einzuleiten und ihnen sodann jede elterliche Sorgfalt, wozu sie sich die Mittel zu verschaffen gewußt, treu und unablässig zu widmen. Völlig in Übereinstimmung mit dem Bruder, ging die Baronin zu Hilarien ins Zimmer. Diese saß am Flügel, zu eigner Begleitung singend und die eintretende Begrüßende mit heiterem Blick und Beugung zum Anhören gleichsam einladend. Es war ein angenehmes, beruhigendes Lied, das eine Stimmung der Sängerin aussprach, die nicht besser wäre zu wünschen gewesen. Nachdem sie geendigt hatte, stand sie auf, und ehe die ältere Bedächtige ihren Vortrag beginnen konnte, fing sie zu sprechen an: „Beste Mutter! es war schön, daß wir über die wichtigste Angelegenheit so lange geschwiegen; ich danke Ihnen, daß Sie bis jetzt diese Saite nicht berührten, nun aber ist es wohl Zeit, sich zu erklären, wenn es Ihnen gefällig ist. Wie denken Sie sich die Sache?"

Die Baronin, höchst erfreut über die Ruhe und Milde, zu der sie ihre Tochter gestimmt fand, begann sogleich ein verständiges Darlegen der frühern Zeit, der Persönlichkeit ihres Bruders und seiner Verdienste; sie gab den Eindruck zu, den der einzige Mann von Wert, der einem jungen Mädchen so nahe bekannt geworden, auf ein freies Herz notwendig machen müsse, und wie sich daraus, statt kindlicher Ehrfurcht und Vertrauen, gar wohl eine Neigung, die als Liebe, als Leidenschaft sich zeige, entwickeln könne. Hilarie hörte aufmerksam zu und gab durch bejahende Mienen und Zeichen ihre völlige Einstimmung zu erkennen; die Mutter ging auf den Sohn über, und jene ließ ihre langen Augenwimpern fallen; und wenn die Rednerin nicht so rühmliche Argumente für den Jüngeren fand, als sie für den Vater anzuführen gewußt hatte, so hielt sie sich hauptsächlich an die Ähnlichkeit beider, an den Vorzug, den diesem die Jugend gebe, der zugleich, als vollkommen gattlicher Lebensgefährte gewählt, die völlige Verwirklichung des väterlichen Daseins von der Zeit wie billig verspräche. Auch hierin schien Hilarie gleichstimmig zu denken, obschon ein etwas ernsterer Blick und ein manchmal niederschauendes Auge eine gewisse in diesem Fall höchst natürliche innere Bewegung verrieten. Auf die äußeren glücklichen, gewissermaßen gebietenden Umstände lenkte sich hierauf der Vortrag. Der abgeschlossene Vergleich, der schöne Gewinn für die Gegenwart, die nach manchen Seiten hin sich erweiternden Aussichten, alles ward völlig der Wahrheit gemäß vor Augen gestellt, da es zuletzt auch an Winken nicht fehlen konnte, wie Hilarien selbst erinnerlich sein müsse, daß sie früher dem mit ihr heranwachsenden Vetter, und wenn auch nur wie im Scherze, sei verlobt gewesen. Aus alle dem Vorgesagten zog nun die Mutter den sich selbst ergebenden Schluß, daß nun mit ihrer und des Oheims Einwilligung die Verbindung der jungen Leute ungesäumt stattfinden könne.

Hilarie, ruhig blickend und sprechend, erwiderte darauf, sie könne diese Folgerung nicht sogleich gelten lassen, und führte gar schön und anmutig dagegen an, was ein zartes Gemüt gewiß mit ihr gleich empfinden wird, und das wir mit Worten auszuführen nicht unternehmen.

Vernünftige Menschen, wenn sie etwas Verständiges ausgesonnen, wie diese oder jene Verlegenheit zu beseitigen wäre, dieser oder jener Zweck zu erreichen sein möchte, und dafür sich alle denklichen Argumente verdeutlicht und geordnet, fühlen sich höchst unangenehm betroffen, wenn diejenigen, die zu eignem Glücke mitwirken sollten, völlig andern Sinnes gefunden werden und aus Gründen, die tief im Herzen ruhen, sich demjenigen widersetzen, was so löblich als nötig ist. Man wechselte Reden, ohne sich zu überzeugen; das Verständige wollte nicht in das Gefühl eindringen, das Gefühlte wollte sich dem Nützlichen, dem Notwendigen nicht fügen; das Gespräch erhitzte sich, die Schärfe des Verstandes traf das schon verwundete Herz, das nun nicht mehr mäßig, sondern leidenschaftlich seinen Zustand an den Tag gab, so daß zuletzt die Mutter selbst vor der Hoheit und Würde des jungen Mädchens erstaunt zurücktrat, als sie mit Energie und Wahrheit das Unschickliche, ja Verbrecherische einer solchen Verbindung hervorhob.

In welcher Verwirrung die Baronin zu dem Bruder zurückkehrte, läßt sich denken, vielleicht auch, wenngleich nicht vollkommen, nachempfinden, wie der Major, der, von dieser entschiedenen Weigerung im Innersten geschmeichelt, zwar hoffnungslos, aber getröstet vor der Schwester stand, sich von jener Beschämung entwunden und so dieses Ereignis, das ihm zur zartesten Ehrensache geworden war, in seinem Innern ausgeglichen fühlte. Er verbarg diesen Zustand augenblicklich seiner Schwester und versteckte seine schmerzliche Zufriedenheit hinter eine in diesem Falle ganz natürliche Äußerung: man müsse nichts übereilen, sondern dem guten Kinde Zeit lassen, den eröffneten Weg, der sich nunmehr gewissermaßen selbst verstünde, freiwillig einzuschlagen.

Nun aber können wir kaum unsern Lesern zumuten, aus diesen ergreifenden inneren Zuständen in das Äußere überzugehen, worauf doch jetzt so viel ankam. Indes die Baronin ihrer Tochter alle Freiheit ließ, mit Musik und Gesang, mit Zeichnen und Sticken ihre Tage angenehm zu verbringen, auch mit Lesen und Vorlesen sich und die Mutter zu unterhalten, so beschäftigte sich der Major bei eintretendem Frühjahr, die Familienangelegenheiten in Ordnung zu bringen; der Sohn, der sich in der Folge als einen reichen Besitzer und, wie er gar nicht zweifeln konnte, als glücklichen Gatten Hilariens erblickte, fühlte nun erst ein militärisches Bestreben nach Ruhm und Rang, wenn der androhende Krieg hereinbrechen sollte. Und so glaubte man in augenblicklicher Beruhigung als gewiß vorauszusehen, daß dieses Rätsel, welches nur noch an eine Grille geknüpft schien, sich bald aufhellen und auseinanderlegen würde.

Leider aber war in dieser anscheinenden Ruhe keine Beruhigung zu finden. Die Baronin wartete tagtäglich, aber vergebens, auf die Sinnesänderung ihrer Tochter, die zwar mit Bescheidenheit und selten, aber doch, bei entscheidendem Anlaß, mit Sicherheit zu erkennen gab, sie bleibe so fest bei ihrer Überzeugung, als nur einer sein kann, dem etwas innerlich wahr geworden, es möge nun mit der ihn umgebenden Welt in Einklang stehen oder nicht. Der Major empfand sich zwiespältig; er würde sich immer verletzt fühlen, wenn Hilarie sich wirklich für den Sohn entschiede; entschiede sie sich aber für ihn selbst, so war er ebenso überzeugt, daß er ihre Hand ausschlagen müsse.

Bedauern wir den guten Mann, dem diese Sorgen, diese Qualen wie ein beweglicher Nebel unablässig vorschwebten, bald als Hintergrund, auf welchem sich die Wirklichkeiten und Beschäftigungen des dringenden Tages hervorhoben, bald herantretend und alles Gegenwärtige bedekkend. Ein solches Wanken und Schweben bewegte sich vor den Augen seines Geistes; und wenn ihn der fordernde Tag zu rascher, wirksamer Tätigkeit aufbot, so war es bei nächtlichem Erwachen, wo alles Widerwärtige, gestaltet und immer umgestaltet, im unerfreulichsten Kreis sich in seinem Innern umwälzte. Dies ewig wiederkehrende Unabweisbare brachte ihn in einen Zustand, den wir fast Verzweiflung nennen dürften, weil Handeln und Schaffen, die sich sonst als Heilmittel für solche Lagen am sichersten bewährten, hier kaum lindernd, geschweige denn befriedigend wirken wollten.

In solcher Lage erhielt unser Freund von unbekannter Hand ein Schreiben mit Einladung in das Posthaus des nahe gelegenen Städtchens, wo ein eilig Durchreisender ihn dringend zu sprechen wünschte. Er, bei seinen vielfachen Geschäfts- und Weltverhältnissen an dergleichen gewöhnt, säumte um so weniger, als ihm die freie, flüchtige Hand einigermaßen erinnerlich schien. Ruhig und gefaßt nach seiner Art begab er sich an den bezeichneten Ort, als in der bekannten, fast bäuerischen Oberstube die schöne Witwe ihm entgegentrat, schöner und anmutiger, als er sie verlassen hatte. War es, daß unsere Einbildungskraft nicht fähig ist, das Vorzüglichste festzuhalten und völlig wieder zu vergegenwärtigen, oder hatte wirklich ein bewegterer Zustand ihr mehreren Reiz gegeben, genug, es bedurfte doppelter Fassung, sein Erstaunen, seine Verwirrung unter dem Schein allgemeinster Höflichkeit zu verbergen; er grüßte sie verbindlich mit verlegener Kälte.

„Nicht so, mein Bester!“ rief sie aus, „keineswegs hab' ich Sie dazu zwischen diese geweißten Wände, in diese höchst unedle Umgebung berufen; ein so schlechter Hausrat fordert nicht auf, sich höfisch zu unterhalten. Ich befreie meine Brust von einer schweren Last, indem ich sage, bekenne: in Ihrem Hause hab' ich viel Unheil angerichtet.“ — Der Major trat stutzend zurück. — „Ich weiß alles“, fuhr sie fort, „wir brauchen uns nicht zu erklären; Sie und

Hilarien, Hilarien und Flavio, Ihre gute Schwester, Sie alle bedaure ich." Die Sprache schien ihr zu stocken, die herrlichsten Augenwimpern konnten hervorquellende Tränen nicht zurückhalten, ihre Wange rötete sich, sie war schöner als jemals. In äußerster Verwirrung stand der edle Mann vor ihr, ihn durchdrang eine unbekannte Rührung. „Setzen wir uns", sagte, die Augen trocknend, das allerliebste Wesen. „Verzeihen Sie mir, bedauern Sie mich, Sie sehen, wie ich bestraft bin." Sie hielt ihr gesticktes Tuch abermals vor die Augen und verbarg, wie bitterlich sie weinte.

„Klären Sie mich auf, meine Gnädige", sprach er mit Hast. — „Nichts von gnädig!" entgegnete sie himmlisch lächelnd, „nennen Sie mich Ihre Freundin, Sie haben keine treuere. Und also, mein Freund, ich weiß alles, ich kenne die Lage der ganzen Familie genau, aller Gesinnungen und Leiden bin ich vertraut." — „Was konnte Sie bis auf diesen Grad unterrichten?" — „Selbstbekenntnisse. Diese Hand wird Ihnen nicht fremd sein." Sie wies ihm einige entfaltete Briefe hin. — „Die Hand meiner Schwester, Briefe, mehrere, der nachlässigen Schrift nach vertraute! Haben Sie je mit ihr in Verhältnis gestanden?" — „Unmittelbar nicht, mittelbar seit einiger Zeit; hier die Aufschrift: ‚An ***.'" — „Ein neues Rätsel: An Makarien, die schweigsamste aller Frauen." — „Deshalb aber auch die Vertraute, der Beichtiger aller bedrängten Seelen, aller derer, die sich selbst verloren haben, sich wiederzufinden wünschten und nicht wissen wo." — „Gott sei Dank!" rief er aus, „daß sich eine solche Vermittlung gefunden hat, mir wollt' es nicht ziemen, sie anzuflehen, ich segne meine Schwester, daß sie es tat; denn auch mir sind Beispiele bekannt, daß jene Treffliche, im Vorhalten eines sittlich-magischen Spiegels, durch die äußere verworrene Gestalt irgendeinem Unglücklichen sein rein schönes Innere gewiesen und ihn auf einmal erst mit sich selbst befriedigt und zu einem neuen Leben aufgefordert hat." —

„Diese Wohltat erzeigte sie auch mir", versetzte die Schöne; und in diesem Augenblick fühlte unser Freund, wenn es ihm auch nicht klar wurde, dennoch entschieden, daß aus dieser sonst in ihrer Eigenheit abgeschlossenen merkwürdigen Person sich ein sittlich-schönes, teilnehmendes und teilgebendes Wesen hervortat. — „Ich war nicht unglücklich, aber unruhig", fuhr sie fort, „ich gehörte mir selbst nicht recht mehr an, und das heißt denn doch am Ende nicht glücklich sein. Ich gefiel mir selbst nicht mehr, ich mochte mich vor dem Spiegel zurechtrücken, wie ich wollte, es schien mir immer, als wenn ich mich zu einem Maskenball herausputzte; aber seitdem sie mir ihren Spiegel vorhielt, seit ich gewahr wurde, wie man sich von innen selbst schmücken könne, komm' ich mir wieder recht schön vor." Sie sagte das zwischen Lächeln und Weinen und war, man mußte es zugeben, mehr als liebenswürdig. Sie erschien achtungswert und wert einer ewigen treuen Anhänglichkeit.

„Und nun, mein Freund, fassen wir uns kurz: hier sind die Briefe! sie zu lesen und wieder zu lesen, sich zu bedenken, sich zu bereiten, bedürften Sie allenfalls einer Stunde, mehr, wenn Sie wollen; alsdann werden mit wenigen Worten unsere Zustände sich entscheiden lassen."

Sie verließ ihn, um in dem Garten auf und ab zu gehen; er entfaltete nun einen Briefwechsel der Baronin mit Makarien, dessen Inhalt wir summarisch andeuten. Jene beklagt sich über die schöne Witwe. Wie eine Frau die andere ansieht und scharf beurteilt, geht hervor. Eigentlich ist nur vom Äußern und von Äußerungen die Rede, nach dem Innern wird nicht gefragt.

Hierauf von seiten Makariens eine mildere Beurteilung. Schilderung eines solchen Wesens von innen heraus. Das Äußere erscheint als Folge von Zufälligkeiten, kaum zu tadeln, vielleicht zu entschuldigen. Nun berichtet die Baronin von der Raserei und Tollheit des Sohns, der wachsenden Neigung des jungen Paars, von der Ankunft des Vaters, der entschiedenen Weigerung Hilariens. Überall finden sich Erwiderungen Makariens von reiner Billigkeit, die aus der gründlichen Überzeugung stammt, daß hieraus eine sittliche Besserung entstehen müsse. Sie übersendet zuletzt den ganzen Briefwechsel der schönen Frau, deren himmelschönes Innere nun hervortritt und das Äußere zu verherrlichen beginnt. Das Ganze schließt mit einer dankbaren Erwiderung an Makarien.

SECHSTES KAPITEL

Wilhelm an Lenardo

Endlich, teuerster Freund, kann ich sagen, sie ist gefunden, und zu Ihrer Beruhigung darf ich hinzusetzen, in einer Lage, wo für das gute Wesen nichts weiter zu wünschen übrigbleibt. Lassen Sie mich im allgemeinen reden; ich schreibe noch hier an Ort und Stelle, wo ich alles vor Augen habe, wovon ich Rechenschaft geben soll.

Häuslicher Zustand, auf Frömmigkeit gegründet, durch Fleiß und Ordnung belebt und erhalten, nicht zu eng, nicht zu weit, im glücklichsten Verhältnis der Pflichten zu den Fähigkeiten und Kräften. Um sie her bewegt sich ein Kreislauf von Handarbeitenden im reinsten, anfänglichsten Sinne; hier ist Beschränktheit und Wirkung in die Ferne, Umsicht und Mäßigung, Unschuld und Tätigkeit. Nicht leicht habe ich mich in einer angenehmeren Gegenwart gesehen, über welche eine heitere Aussicht auf die nächste Zeit und die Zukunft waltet. Dieses, zusammen betrachtet, möchte wohl hinreichend sein, einen jeden Teilnehmenden zu beruhigen.

Ich darf daher in Erinnerung alles dessen, was unter uns besprochen worden, auf das dringendste bitten: der Freund möge es bei dieser allgemeinen Schilderung belassen, solche allenfalls in Gedanken ausmalen, dagegen aber aller weitern Nachforschung entsagen und sich dem großen Lebensgeschäfte, in das er nun wahrscheinlich vollkommen eingeweiht sein wird, auf die lebhafteste Weise widmen.

Ein Duplikat dieses Briefes sende an Hersilien, das andere an den Abbé, der, wie ich vermute, am sichersten weiß, wo Sie zu finden sind. An diesen geprüften, im Geheimen und Offenbaren immer gleich zuverlässigen Freund schreibe noch einiges, welches er mitteilen wird; besonders bitte, was mich selbst betrifft, mit Anteil zu betrachten und mit frommen, treuen Wünschen mein Vorhaben zu fördern.

Wilhelm an den Abbé

Wenn mich nicht alles triegt, so ist Lenardo, der höchst wertzuschätzende, gegenwärtig in eurer Mitte, und ich sende deshalb das Duplikat eines Schreibens, damit es ihm sicher zugestellt werde. Möge dieser vorzügliche junge Mann in euren Kreis zu ununterbrochenem bedeutendem Wirken verschlungen werden, da, wie ich hoffe, sein Inneres beruhigt ist.

Was mich betrifft, so kann ich, nach fortdauernder tätiger Selbstprüfung, mein durch Montan vorlängst angebrachtes Gesuch nunmehr nur noch ernstlicher wiederholen; der Wunsch, meine Wanderjahre mit mehr Fassung und Stetigkeit zu vollenden, wird immer dringender. In sicherer Hoffnung, man würde meinen Vorstellungen Raum geben, habe ich mich durchaus vorbereitet und meine Einrichtung getroffen. Nach Vollendung des Geschäfts zugunsten meines edlen Freundes werde ich nun wohl meinen fernern Lebensgang unter den schon ausgesprochenen Bedingungen getrost antreten dürfen. Sobald ich auch noch eine fromme Wallfahrt zurückgelegt, gedenke ich in *** einzutreffen. An diesem Ort hoff' ich eure Briefe zu finden und meinem innern Triebe gemäß von neuem zu beginnen.

SIEBENTES KAPITEL

Nachdem unser Freund vorstehende Briefe abgelassen, schritt er, durch manchen benachbarten Gebirgszug fortwandernd, immer weiter, bis die herrliche Talgegend sich ihm eröffnete, wo er, vor Beginn eines neuen Lebensganges, so manches abzuschließen gedachte. Unerwartet traf er hier auf einen jungen, lebhaften Reisegefährten, durch welchen seinem Bestreben und seinem Genuß manches zu Gunsten gereichen sollte. Er findet sich mit einem Maler zusammen, welcher, wie dergleichen viele in der offnen Welt, mehrere noch in Romanen und Dramen umherwandeln und spuken, sich diesmal als ein ausgezeichneter Künstler darstellte. Beide schicken sich gar bald ineinander, vertrauen sich wechselseitig Neigungen, Absichten, Vorsätze; und nun wird offenbar, daß der treffliche Künstler, der aquarellierte Landschaften mit geistreicher, wohl gezeichneter und ausgeführter Staffage zu schmücken weiß, leidenschaftlich eingenommen sei von Mignons Schicksalen, Gestalt und Wesen. Er hatte sie gar oft schon vorgestellt und begab sich nun auf die Reise, die Umgebungen, worin sie gelebt, der Natur nachzubilden; hier das liebliche Kind in glücklichen und unglücklichen Umgebungen und Augenblicken darzustellen und so ihr Bild, das in allen zarten Herzen lebt, auch dem Sinne des Auges hervorzurufen.

Die Freunde gelangen bald zum großen See, Wilhelm trachtet, die angedeuteten Stellen nach und nach aufzufinden. Ländliche Prachthäuser, weitläufige Klöster, Überfahrten und Buchten, Erdzungen und Landungsplätze wurden gesucht und die Wohnungen kühner und gutmütiger Fischer so wenig als die heiter gebauten Städtchen am Ufer und Schlößchen auf benachbarten Höhen vergessen. Dies alles weiß der Künstler zu ergreifen, durch Beleuchten und Färben der jedesmal geschichtlich erregten Stimmung anzueignen, so daß Wilhelm seine Tage und Stunden in durchgreifender Rührung zubrachte.

Auf mehreren Blättern war Mignon im Vordergrunde, wie sie leibte und lebte, vorgestellt, indem Wilhelm der glücklichen Einbildungskraft des Freundes durch genaue Beschreibung nachzuhelfen und das allgemeiner Gedachte ins Engere der Persönlichkeit einzufassen wußte.

Und so sah man denn das Knaben-Mädchen in mannigfaltiger Stellung und Bedeutung aufgeführt. Unter dem hohen Säulenportale des herrlichen Landhauses stand sie, nachdenklich die Statuen der Vorhalle betrachtend. Hier schaukelte sie sich plätschernd auf dem angebundenen Kahn, dort erkletterte sie den Mast und erzeigte sich als ein kühner Matrose.

Ein Bild aber tat sich vor allen hervor, welches der Künstler auf der Herreise, noch eh' er Wilhelmen begegnet, mit allen Charakterzügen sich angeeignet hatte. Mitten im rauhen Gebirg glänzt der anmutige Scheinknabe, von Sturzfelsen umgeben, von Wasserfällen besprüht, mitten in einer schwer zu beschreibenden Horde. Vielleicht ist eine grauerliche, steile Urgebirg-Schlucht nie anmutiger und bedeutender staffiert worden. Die bunte, zigeunerhafte Gesellschaft, roh zugleich und phantastisch, seltsam und gemein, zu locker, um Furcht einzuflößen, zu wunderlich, um Vertrauen zu erwecken. Kräftige Saumrosse schleppen, bald über Knüppelwege, bald eingehauene Stufen hinab, ein buntverworrenes Gepäck, an welchem herum die sämtlichen Instrumente einer betäubenden Musik, schlotternd aufgehängt, das Ohr mit rauhen Tönen von Zeit zu Zeit belästigen. Zwischen allem dem das liebenswürdige Kind, in sich gekehrt ohne Trutz, unwillig ohne Widerstreben, geführt, aber nicht geschleppt. Wer hätte sich nicht des merkwürdigen, ausgeführten Bildes gefreut? Kräftig charakterisiert war die grimmige Enge dieser Felsmassen; die alles durchschneidenden schwarzen Schluchten, zusammengetürmt, allen Ausgang zu hindern drohend, hätte nicht eine kühne Brücke auf die Möglichkeit, mit der übrigen Welt in Verbindung zu gelangen, hingedeutet. Auch ließ der Künstler mit klugdichtendem Wahrheitssinne eine Höhle merklich werden, die man als Naturwerkstatt mächtiger Kristalle oder als Aufenthalt einer fabelhaftfurchtbaren Drachenbrut ansprechen konnte.

Nicht ohne heilige Scheu besuchten die Freunde den Palast des Marchese; der Greis war von seiner Reise noch nicht zurück; sie wurden aber auch in diesem Bezirk, weil sie sich mit geistlichen und weltlichen Behörden wohl zu benehmen wußten, freundlich empfangen und behandelt.

Die Abwesenheit des Hausherrn jedoch empfand Wilhelm sehr angenehm; denn ob er gleich den würdigen Mann gerne wieder gesehen und herzlich begrüßt hätte, so fürchtete er sich doch vor dessen dankbarer Freigebigkeit und vor irgendeiner aufgedrungenen Belohnung jenes treuen, liebevollen Handelns, wofür er schon den zartesten Lohn dahingenommen hatte.

Und so schwammen die Freunde auf zierlichem Nachen von Ufer zu Ufer, den See in jeder Richtung durchkreuzend. In der schönsten Jahrszeit entging ihnen weder Sonnenaufgang noch -untergang und keine der tausend Schattierungen, mit denen das Himmelslicht sein Firmament und von da See und Erde freigebigst überspendet und sich im Abglanz erst vollkommen verherrlicht.

Eine üppige Pflanzenwelt, ausgesäet von Natur, durch Kunst gepflegt und gefördert, umgab sie überall. Schon die ersten Kastanienwälder hatten sie willkommen geheißen, und nun konnten sie sich eines traurigen Lächelns nicht enthalten, wenn sie, unter Zypressen gelagert, den Lorbeer aufsteigen, den Granatapfel sich röten, Orangen und Zitronen in Blüte sich entfalten und Früchte zugleich aus dem dunklen Laube hervorglühend erblickten.

Durch den frischen Gesellen entstand jedoch für Wilhelm ein neuer Genuß. Unserm alten Freund hatte die Natur kein malerisches Auge gegeben. Empfänglich für sichtbare Schönheit nur an menschlicher Gestalt, ward er auf einmal gewahr: ihm sei durch einen gleichgestimmten, aber zu ganz andern Genüssen und Tätigkeiten gebildeten Freund die Umwelt aufgeschlossen.

In gesprächiger Hindeutung auf die wechselnden Herrlichkeiten der Gegend, mehr aber noch durch konzentrierte Nachahmung wurden ihm die Augen aufgetan und er von allen sonst hartnäckig gehegten Zweifeln befreit. Verdächtig waren ihm von jeher Nachbildungen italienischer Gegenden gewesen; der Himmel schien ihm zu blau, der violette Ton reizender Fernen zwar höchst lieblich, doch unwahr und das mancherlei frische Grün doch gar zu bunt; nun verschmolz er aber mit seinem neuen Freunde aufs innigste und lernte, empfänglich wie er war, mit dessen Augen die Welt sehen, und indem die Natur das offenbare Geheimnis ihrer Schönheit entfaltete, mußte man nach Kunst als der würdigsten Auslegerin unbezwingliche Sehnsucht empfinden.

Aber ganz unerwartet kam der malerische Freund ihm von einer andern Seite entgegen; dieser hatte manchmal einen heitern Gesang angestimmt und dadurch ruhige Stunden auf weit- und breiter Wellenfahrt gar innig belebt und begleitet. Nun aber traf sich's, daß er in einem der Paläste ein ganz eigenes Saitenspiel fand, eine Laute in kleinem Format, kräftig, vollklingend, bequem und tragbar; er wußte das Instrument alsbald zu stimmen, so glücklich und angenehm zu behandeln und die Gegenwärtigen so freundlich zu unterhalten, daß er, als neuer Orpheus, den sonst strengen und trocknen Kastellan erweichend bezwang und ihn freundlich nötigte, das Instrument dem

Sänger auf eine Zeitlang zu überlassen, mit der Bedingung, solches vor der Abreise treulich wiederzugeben, auch in der Zwischenzeit an irgendeinem Sonn- oder Feiertage zu erscheinen und die Familie zu erfreuen.

Ganz anders war nunmehr See und Ufer belebt, Boot und Kahn buhlten um ihre Nachbarschaft, selbst Fracht- und Marktschiffe verweilten in ihrer Nähe, Reihen von Menschen zogen am Strande nach, und die Landenden sahen sich sogleich von einer frohsinnigen Menge umgeben; die Scheidenden segnete jedermann, zufrieden, doch sehnsuchtsvoll.

Nun hätte zuletzt ein Dritter, die Freunde beobachtend, gar wohl bemerken können, daß die Sendung beider eigentlich geendigt sei: alle die auf Mignon sich beziehenden Gegenden und Lokalitäten waren sämtlich umrissen, teils in Licht, Schatten und Farbe gesetzt, teils in heißen Tagesstunden treulich ausgeführt. Dies zu leisten, hatten sie sich auf eine eigne Weise von Ort zu Ort bewegt, weil ihnen Wilhelms Gelübde gar oft hinderlich war; doch wußten sie solches gelegentlich zu umgehen durch die Auslegung: es gelte nur für das Land, auf dem Wasser sei es nicht anwendbar.

Auch fühlte Wilhelm selbst, daß ihre eigentliche Absicht erreicht sei, aber leugnen konnte er sich nicht, daß der Wunsch, Hilarien und die schöne Witwe zu sehen, auch noch befriedigt werden müsse, wenn man mit freiem Sinne diese Gegend verlassen wollte. Der Freund, dem er die Geschichte vertraut, war nicht weniger neugierig und freute sich schon, einen herrlichen Platz in einer seiner Zeichnungen leer und ledig zu wissen, den er mit den Gestalten so holder Personen künstlerisch zu verzieren gedachte.

Nun stellten sie Kreuz-und-Quer-Fahrten an, die Punkte, wo der Fremde in dieses Paradies einzutreten pflegt, beobachtend. Ihre Schiffer hatten sie mit der Hoffnung, Freunde hier zu sehen, bekannt gemacht, und nun dauerte es nicht lange, so sahen sie ein wohlverziertes Prachtschiff herangleiten, worauf sie Jagd machten und sich nicht enthielten sogleich leidenschaftlich zu entern. Die Frauenzimmer, einigermaßen betroffen, faßten sich sogleich, als

Wilhelm das Blättchen vorwies und beide den von ihnen selbst vorgezeichneten Pfeil ohne Bedenken anerkannten. Die Freunde wurden alsbald zutraulich eingeladen, das Schiff der Damen zu besteigen, welches eilig geschah.

Und nun vergegenwärtige man sich die viere, wie sie, im zierlichsten Raum beisammen, gegen einander über sitzen in der seligsten Welt, von lindem Lufthauch angeweht, auf glänzenden Wellen geschaukelt. Man denke das weibliche Paar, wie wir sie vor kurzem geschildert gesehen, das männliche, mit dem wir schon seit Wochen ein gemeinsames Reiseleben führen, und wir sehen sie nach einiger Betrachtung sämtlich in der anmutigsten, obgleich gefährlichsten Lage.

Für die drei, welche sich schon, willig oder unwillig, zu den Entsagenden gezählt, ist nicht das Schwerste zu besorgen, der Vierte jedoch dürfte sich nur allzubald in jenen Orden aufgenommen sehen.

Nachdem man einigemal den See durchkreuzt und auf die interessantesten Lokalitäten sowohl des Ufers als der Inseln hingedeutet hatte, brachte man die Damen gegen den Ort, wo sie übernachten sollten und wo ein gewandter, für diese Reise angenommener Führer alle wünschenswerten Bequemlichkeiten zu besorgen wußte. Hier war nun Wilhelms Gelübde ein schicklicher, aber unbequemer Zeremonienmeister; denn gerade an dieser Station hatten die Freunde vor kurzem drei Tage zugebracht und alles Merkwürdige der Umgebung erschöpft. Der Künstler, welchen kein Gelübde zurückhielt, wollte die Erlaubnis erbitten, die Damen ans Land zu geleiten, die es aber ablehnten, weswegen man sich in einiger Entfernung vom Hafen trennte.

Kaum war der Sänger in sein Schiff gesprungen, das sich eiligst vom Ufer entfernte, als er nach der Laute griff und jenen wundersam-klagenden Gesang, den die venezianischen Schiffer von Land zu See, von See zu Land erschallen lassen, lieblich anzustimmen begann. Geübt genug zu solchem Vortrag, der ihm diesmal eigens zart und ausdrucksvoll gelang, verstärkte er, verhältnismäßig zur wachsenden Entfernung, den Ton, so daß man am Ufer immer die gleiche Nähe des Scheidenden zu hören glaubte. Er ließ zuletzt die Laute schweigen, seiner Stimme allein vertrauend, und hatte das Vergnügen, zu bemerken, daß die Damen, anstatt sich ins Haus zurückzuziehen, am Ufer zu verweilen beliebten. Er fühlte sich so begeistert, daß er nicht endigen konnte, auch selbst als zuletzt Nacht und Entfernung das Anschauen aller Gegenstände entzogen; bis ihm endlich der mehr beruhigte Freund bemerklich machte, daß, wenn auch Finsternis den Ton begünstige, das Schiff den Kreis doch längst verlassen habe, in welchem derselbe wirken könne.

Der Verabredung gemäß traf man sich des andern Tags abermals auf offener See. Vorüberfliegend befreundete man sich mit der schönen Reihe merkwürdig hingelagerter, bald reihenweis übersehbarer, bald sich verschiebender Ansichten, die, im Wasser sich gleichmäßig verdoppelnd, bei Uferfahrten das mannigfaltigste Vergnügen gewähren. Dabei ließen denn die künstlerischen Nachbildungen auf dem Papier dasjenige vermuten und ahnen, was man auf dem heutigen Zug nicht unmittelbar gewahrte. Für alles dieses schien die stille Hilarie freien und schönen Sinn zu besitzen.

Aber nun gegen Mittag erschien abermals das Wunderbare: die Damen landeten allein, die Männer kreuzten vor dem Hafen. Nun suchte der Sänger seinen Vortrag einer solchen Annäherung zu bequemen, wo nicht bloß von einem zart und lebhaft jodelnden allgemeinen Sehnsuchtston, sondern von heiterer, zierlicher Andringlichkeit irgendeine glückliche Wirkung zu hoffen wäre. Da wollte denn manchmal ein und das andere der Lieder, die wir geliebten Personen der „Lehrjahre" schuldig sind, über den Saiten, über den Lippen schweben; doch enthielt er sich, aus wohlmeinender Schonung, deren er selbst bedurfte, und schwärmte vielmehr in fremden Bildern und Gefühlen umher, zum Gewinn seines Vortrags, der sich nur um desto einschmeichelnder vernehmen ließ. Beide Freunde hätten, auf diese Weise den Hafen blockierend, nicht an Essen und Trinken gedacht, wenn die vorsichtigen Freundinnen nicht gute Bissen herübergesendet hätten, wozu ein begleitender Trunk ausgesuchten Weins zum allerbesten schmeckte.

Jede Absonderung, jede Bedingung, die unsern aufkeimenden Leidenschaften in den Weg tritt, schärft sie, anstatt sie zu dämpfen; und auch diesmal läßt sich vermuten, daß die kurze Abwesenheit beiden Teilen gleiche Sehnsucht erregt habe. Allerdings! man sah die Damen in ihrer blendend-muntern Gondel gar bald wieder heranfahren.

Das Wort Gondel nehme man aber nicht im traurigen venezianischen Sinne; hier bezeichnet es ein lustig-bequemgefälliges Schiff, das, hätte sich unser kleiner Kreis verdoppelt, immer noch geräumig genug gewesen wäre.

Einige Tage wurden so auf diese eigene Weise zwischen Begegnen und Scheiden, zwischen Trennen und Zusammensein hingebracht; im Genuß vergnüglichster Geselligkeit schwebte immer Entfernen und Entbehren vor der bewegten Seele. In Gegenwart der neuen Freunde rief man sich die ältern zurück; vermißte man die neuen, so mußte man bekennen, daß auch diese schon starken Anspruch an Erinnerung zu erwerben gewußt. Nur ein gefaßter, geprüfter Geist wie unsere schöne Witwe konnte sich zu solcher Stunde völlig im Gleichgewicht erhalten.

Hilariens Herz war zu sehr verwundet, als daß es einen neuen, reinen Eindruck zu empfangen fähig gewesen wäre; aber wenn die Anmut einer herrlichen Gegend uns lindernd umgibt, wenn die Milde gefühlvoller Freunde auf uns einwirkt, so kommt etwas Eigenes über Geist und Sinn, das uns Vergangenes, Abwesendes traumartig zurückruft und das Gegenwärtige, als wäre es nur Erscheinung, geistermäßig entfernt. So abwechselnd hin und wider geschaukelt, angezogen und abgelehnt, genähert und entfernt, wallten und wogten sie verschiedene Tage.

Ohne diese Verhältnisse näher zu beurteilen, glaubte doch der gewandte, wohlerfahrene Reiseführer einige Veränderung in dem ruhigen Betragen seiner Heldinnen gegen das bisherige zu bemerken, und als das Grillenhafte dieser Zustände sich ihm endlich aufgeklärt hatte, wußte er auch hier das Erfreulichste zu vermitteln. Denn als man eben die Damen abermals zu dem Orte, wo ihre Tafel bereitet wäre, bringen wollte, begegnete ihnen ein anderes geschmücktes Schiff, das, an das ihrige sich anlegend, einen gut gedeckten Tisch mit allen Heiterkeiten einer festlichen Tafel einladend vorwies; man konnte nun den Verlauf mehrerer Stunden zusammen abwarten, und erst die Nacht entschied die herkömmliche Trennung.

Glücklicherweise hatten die männlichen Freunde auf ihren früheren Fahrten gerade die geschmückteste der Inseln aus einer gewissen Naturgrille zu betreten vernachlässigt und auch jetzt nicht gedacht, die dortigen, keineswegs im besten Stand erhaltenen Künsteleien den Freundinnen vorzuzeigen, ehe die herrlichen Weltszenen völlig erschöpft wären. Doch zuletzt ging ihnen ein ander Licht auf! Man zog den Führer ins Vertrauen, dieser wußte jene Fahrt sogleich zu beschleunigen, und sie hielten solche für die seligste. Nun durften sie hoffen und erwarten, nach so manchen unterbrochenen Freuden drei volle himmlische Tage, in einem abgeschlossenen Bezirk versammelt, zuzubringen.

Hier müssen wir nun den Reiseführer besonders rühmen; er gehörte zu jenen beweglichen, tätig gewandten, welche, mehrere Herrschaften geleitend, dieselben Routen oft zurücklegen; mit Bequemlichkeiten und Unbequemlichkeiten genau bekannt, die einen zu vermeiden, die andern zu benutzen und, ohne Hintansetzung eignen Vorteils, ihre Patrone doch immer wohlfeiler und vergnüglicher durchs Land zu führen verstehen, als diesen auf eigene Hand würde gelungen sein.

Zu gleicher Zeit tat sich eine lebhafte weibliche Bedienung der Frauenzimmer zum erstenmal entschieden tätig hervor, so daß die schöne Witwe zur Bedingung machen konnte, die beiden Freunde möchten bei ihr als Gäste einkehren und mit mäßiger Bewirtung vorliebnehmen. Auch hier gelang alles zum günstigsten: denn der kluge Geschäftsträger hatte, bei dieser Gelegenheit wie früher, von den Empfehlungs- und Kreditbriefen der Damen so klugen Gebrauch zu machen gewußt, daß, in Abwesenheit der Besitzer, Schloß und Garten, nicht weniger die Küche zu beliebigem Gebrauch eröffnet wurden, ja sogar einige Aussicht auf den Keller blieb. Alles stimmte nun so zusammen, daß man sich gleich vom ersten Augenblick an als einheimisch, als eingeborne Herrschaft solcher Paradiese fühlen mußte.

Das sämtliche Gepäck aller unserer Reisenden ward sogleich auf die Insel gebracht, wodurch für die Gesellschaft große Bequemlichkeit entstand, der größte Vorteil aber dabei erzielt ward, indem die sämtlichen Portefeuilles des trefflichen Künstlers, zum erstenmal alle beisammen, ihm Gelegenheit gaben, den Weg, den er genommen, in stetiger Folge den Schönen zu vergegenwärtigen. Man nahm die Arbeit mit Entzücken auf. Nicht etwa wie Liebhaber und Künstler sich wechselsweise präkonisieren, hier ward einem vorzüglichen Manne das gefühlteste und einsichtigste Lob erteilt. Damit wir aber nicht in Verdacht geraten, als wollten wir mit allgemeinen Phrasen dasjenige, was wir nicht vorzeigen können, gläubigen Lesern nur unterschieben, so stehe hier das Urteil eines Kenners, der bei jenen fraglichen sowohl als gleichen und ähnlichen Arbeiten mehrere Jahre nachher bewundernd verweilte.

„Ihm gelingt, die heitere Ruhe stiller Seeaussichten darzustellen, wo anliegend-freundliche Wohnungen, sich in der klaren Flut spiegelnd, gleichsam zu baden scheinen; Ufer, mit begrünten Hügeln umgeben, hinter denen Waldgebirge und eisige Gletscherfirnen aufsteigen. Der Farbenton solcher Szenen ist heiter, fröhlich-klar; die Fernen mit milderndem Duft wie übergossen, der, nebelgrauer und einhüllender, aus durchströmten Gründen und Tälern hervorsteigt und ihre Windungen andeutet. Nicht minder ist des Meisters Kunst zu loben in Ansichten aus Tälern, näher am Hochgebirg gelegen, wo üppig bewachsene Bergeshänge niedersteigen, frische Ströme sich am Fuß der Felsen eilig fortwälzen.

Trefflich weiß er in mächtig schattenden Bäumen des Vordergrundes den unterscheidenden Charakter verschiedener Arten so in Gestalt des Ganzen wie in dem Gang der Zweige, den einzelnen Partien der Blätter befriedigend anzudeuten; nicht weniger in dem auf mancherlei Weise nuancierten frischen Grün, worin sanfte Lüfte mit gelindem Hauch zu fächeln und die Lichter daher gleichsam bewegt erscheinen.

Im Mittelgrund ermattet allmählich der lebhafte grüne Ton und vermählt sich auf entferntern Berghöhen schwach violett mit dem Blau des Himmels. Doch unserm Künstler glücken über alles Darstellungen höherer Alpgegenden; das einfach Große und Stille ihres Charakters, die ausgedehnten Weiden am Bergeshang, mit dem frischesten Grün überkleidet, wo dunkel einzeln stehende Tannen aus dem Rasenteppich ragen und von hohen Felswänden sich schäumende Bäche stürzen. Mag er die Weiden mit grasendem Rindvieh staffieren oder den engen, um Felsen sich windenden Bergpfad mit beladenen Saumpferden und Maultieren, er zeichnet alle gleich gut und geistreich; immer am schicklichen Ort und nicht in zu großer Fülle angebracht, zieren und beleben sie diese Bilder, ohne ihre ruhige Einsamkeit zu stören oder auch nur zu mindern. Die Ausführung zeugt von der kühnsten Meisterhand, leicht mit wenigen sichern Strichen und doch vollendet. Er bediente sich später englischer glänzender Permanentfarben auf Papier, daher sind diese Gemälde von vorzüglich blühendem Farbenton, heiter, aber zugleich kräftig und gesättigt.

Seine Abbildungen tiefer Felsschluchten, wo um und um nur totes Gestein starrt, im Abgrund, von kühner Brücke übersprungen, der wilde Strom tobt, gefallen zwar nicht wie die vorigen, doch ergreift uns ihre Wahrheit; wir bewundern die große Wirkung des Ganzen, durch wenige bedeutende Striche und Massen von Lokalfarben mit dem geringsten Aufwand hervorgebracht.

Ebenso charakteristisch weiß er die Gegenden des Hochgebirges darzustellen, wo weder Baum noch Gesträuch mehr fortkommt, sondern nur zwischen Felszacken und Schneegipfeln sonnige Flächen mit zartem Rasen sich bedecken. So schön und gründuftig und einladend er dergleichen Stellen auch koloriert, so sinnig hat er doch unterlassen, hier mit weidenden Herden zu staffieren, denn diese Gegenden geben nur Futter den Gemsen, und Wildheuern einen gefahrvollen Erwerb."

Wir entfernen uns nicht von der Absicht, unsern Lesern den Zustand solcher wilden Gegenden so nah als möglich zu bringen, wenn wir das eben gebrauchte Wort *Wildheuer* mit wenigem erklären. Man bezeichnet damit ärmere Bewohner der Hochgebirge, welche sich unterfangen, auf Grasplätzen, die für das Vieh schlechterdings unzugänglich sind, Heu zu machen. Sie ersteigen deswegen, mit Steigehaken an den Füßen, die steilsten, gefährlichsten Klippen, oder lassen sich, wo es nötig ist, von hohen Felswänden an Stricken auf die besagten Grasplätze herab. Ist nun das Gras von ihnen geschlagen und zu Heu getrocknet, so werfen sie solches von den Höhen in tiefere Talgründe herab, wo dasselbe, wieder gesammelt, an Viehbesitzer verkauft wird, die es der vorzüglichen Beschaffenheit wegen gern erhandeln.

Jene Bilder, die zwar einen jeden erfreuen und anziehen müßten, betrachtete Hilarie besonders mit großer Aufmerksamkeit; ihre Bemerkungen gaben zu erkennen, daß sie selbst diesem Fache nicht fremd sei; am wenigsten blieb dies dem Künstler verborgen, der sich von niemand lieber erkannt gesehen hätte als gerade von dieser anmutigsten aller Personen. Die ältere Freundin schwieg daher nicht länger, sondern tadelte Hilarien, daß sie mit ihrer eigenen Geschicklichkeit hervorzutreten auch diesmal, wie immer, zaudere; hier sei die Frage nicht, gelobt oder getadelt zu werden, sondern zu lernen. Eine schönere Gelegenheit finde sich vielleicht nicht wieder.

Nun zeigte sich erst, als sie genötigt war, ihre Blätter vorzuweisen, welch ein Talent hinter diesem stillen, zierlichsten Wesen verborgen liege; die Fähigkeit war eingeboren, fleißig geübt. Sie besaß ein treues Auge, eine reinliche Hand, wie sie Frauen bei ihren sonstigen Schmuck- und Putzarbeiten zu höherer Kunst befähigt. Man bemerkte freilich Unsicherheit in den Strichen und deshalb nicht hinlänglich ausgesprochenen Charakter der Gegenstände, aber man bewunderte genugsam die fleißigste Ausführung; dabei jedoch das Ganze nicht aufs vorteilhafteste gefaßt, nicht künstlerisch zurechtgerückt. Sie fürchtet, so scheint es, den Gegenstand zu entweihen, bliebe sie ihm nicht vollkommen getreu, deshalb ist sie ängstlich und verliert sich im Detail.

Nun aber fühlt sie sich durch das große, freie Talent, die dreiste Hand des Künstlers aufgeregt, erweckt, was von Sinn und Geschmack in ihr treulich schlummerte; es geht ihr auf, daß sie nur Mut fassen, einige Hauptmaximen, die ihr der Künstler gründlich, freundlich-dringend, wiederholt überlieferte, ernst und stracklich befolgen müsse. Die Sicherheit des Striches findet sich ein, sie hält sich allmählich weniger an die Teile als ans Ganze, und so schließt sich die schönste Fähigkeit unvermutet zur Fertigkeit auf: wie eine Rosenknospe, an der wir noch abends unbeachtend vorübergingen, morgens mit Sonnenaufgang vor unsern Augen hervorbricht, so daß wir das lebende Zittern, das die herrliche Erscheinung dem Lichte entgegenregt, mit Augen zu schauen glauben.

Auch nicht ohne sittliche Nachwirkung war eine solche ästhetische Ausbildung geblieben: denn einen magischen Eindruck auf ein reines Gemüt bewirkt das Gewahrwerden der innigsten Dankbarkeit gegen irgend jemand, dem wir entscheidende Belehrung schuldig sind. Diesmal war es das erste frohe Gefühl, das in Hilariens Seele nach geraumer Zeit hervortrat. Die herrliche Welt erst tagelang vor sich zu sehen und nun die auf einmal verliehene vollkommenere Darstellungsgabe zu empfinden! Welche Wonne, in Zügen und Farben dem Unaussprechlichen näher zu treten! Sie fühlte sich mit einer neuen Jugend überrascht und konnte sich eine besondere Anneigung zu jenem, dem sie dies Glück schuldig geworden, nicht versagen.

So saßen sie nebeneinander; man hätte nicht unterscheiden können, wer hastiger, Kunstvorteile zu überliefern oder sie zu ergreifen und auszuüben, gewesen wäre. Der glücklichste Wettstreit, wie er sich selten zwischen Schüler und Meister entzündet, tat sich hervor. Manchmal schien der Freund auf ihr Blatt mit einem entscheidenden Zuge einwirken zu wollen, sie aber, sanft ablehnend, eilte, gleich das Gewünschte, das Notwendige zu tun, und immer zu seinem Erstaunen.

Der letzte Abend war nun herangekommen, und ein hervorleuchtender, klarster Vollmond ließ den Übergang von Tag zu Nacht nicht empfinden. Die Gesellschaft hatte sich zusammen auf einer der höchsten Terrassen gelagert, den ruhigen, von allen Seiten her erleuchteten und rings widerglänzenden See, dessen Länge sich zum Teil verbarg, seiner Breite nach ganz und klar zu überschauen.

Was man nun auch in solchen Zuständen besprechen mochte, so war doch nicht zu unterlassen, das hundertmal Besprochene, die Vorzüge dieses Himmels, dieses Wassers, dieser Erde, unter dem Einfluß einer gewaltigern Sonne, eines mildern Mondes nochmals zu bereden, ja sie ausschließlich und lyrisch anzuerkennen.

Was man sich aber nicht gestand, was man sich kaum selbst bekennen mochte, war das tiefe, schmerzliche Gefühl, das in jedem Busen stärker oder schwächer, durchaus aber gleich wahr und zart sich bewegte. Das Vorgefühl des Scheidens verbreitete sich über die Gesamtheit; ein allmähliches Verstummen wollte fast ängstlich werden.

Da ermannte, da entschloß sich der Sänger, auf seinem Instrumente kräftig präludierend, uneingedenk jener früheren wohlbedachten Schonung. Ihm schwebte Mignons Bild mit dem ersten Zartgesang des holden Kindes vor. Leidenschaftlich über die Grenze gerissen, mit sehnsüchtigem Griff die wohlklingenden Saiten aufregend, begann er anzustimmen:

„Kennst du das Land, wo die Zitronen blühn,
Im dunklen Laub — — —“

Hilarie stand erschüttert auf und entfernte sich, die Stirne verschleiernd; unsere schöne Witwe bewegte ablehnend eine Hand gegen den Sänger, indem sie mit der andern Wilhelms Arm ergriff. Hilarien folgte der wirklich verworrene Jüngling, Wilhelmen zog die mehr besonnene Freundin hinter beiden drein. Und als sie nun alle viere im hohen Mondschein sich gegenüberstanden, war die allgemeine Rührung nicht mehr zu verhehlen. Die Frauen warfen sich einander in die Arme, die Männer umhalsten sich, und Luna ward Zeuge der edelsten, keuschesten Tränen. Einige Besinnung kehrte langsam erst zurück, man zog sich auseinander, schweigend, unter seltsamen Gefühlen und Wünschen, denen doch die Hoffnung schon abgeschnitten war. Nun fühlte sich unser Künstler, welchen der Freund mit sich riß, unter dem hehren Himmel, in der ernst-lieblichen Nachtstunde, eingeweiht in alle Schmerzen des ersten Grades der Entsagenden, welchen jene Freunde schon überstanden hatten, nun aber sich in Gefahr sahen, abermals schmerzlich geprüft zu werden.

Spät hatten sich die Jünglinge zur Ruhe begeben, und am frühen Morgen zeitig erwachend, faßten sie ein Herz und glaubten sich stark zu einem Abschied aus diesem Paradiese, ersannen mancherlei Plane, wie sie ohne Pflichtverletzung in der angenehmen Nähe zu verharren allenfalls möglich machten.

Ihre Vorschläge deshalb gedachten sie anzubringen, als die Nachricht sie überraschte, schon beim frühsten Scheine des Tages seien die Damen abgefahren. Ein Brief von der Hand unserer Herzenskönigin belehrte sie des Weitern. Man konnte zweifelhaft sein, ob mehr Verstand oder Güte, mehr Neigung oder Freundschaft, mehr Anerkennung des Verdienstes oder leises, verschämtes Vorurteil darin ausgesprochen sei. Leider enthielt der Schluß die harte Forderung, daß man den Freundinnen weder folgen noch sie irgendwo aufsuchen, ja, wenn man sich zufällig begegnete, einander treulich ausweichen wolle.

Nun war das Paradies wie durch einen Zauberschlag für die Freunde zur völligen Wüste gewandelt; und gewiß hätten sie selbst gelächelt, wäre ihnen in dem Augenblick klar geworden, wie ungerecht-undankbar sie sich auf einmal gegen eine so schöne, so merkwürdige Umgebung verhielten. Kein selbstsüchtiger Hypochondrist würde so scharf und scheelsüchtig den Verfall der Gebäude, die Vernachlässigung der Mauern, das Verwittern der Türme, den Grasüberzug der Gänge, das Aussterben der Bäume, das vermoosende Vermodern der Kunstgrotten, und was noch alles dergleichen zu bemerken wäre, gerügt und gescholten haben. Sie faßten sich indes, so gut es sich fügen wollte; unser Künstler packte sorgfältig seine Arbeit zusammen, sie schifften beide sich ein, Wilhelm begleitete ihn bis in die obere Gegend des Sees, wo jener nach früherer Verabredung seinen Weg zu Natalien suchte, um sie durch die schönen landschaftlichen Bilder in Gegenden zu versetzen, die sie vielleicht so bald nicht betreten sollte. Berechtigt ward er zugleich, den unerwarteten Fall bekennend vorzutragen, wodurch er in die Lage geraten, von den Bundesgliedern des Entsagens aufs freundlichste in die Mitte genommen und durch liebevolle Behandlung, wo nicht geheilt, doch getröstet zu werden.

Lenardo an Wilhelm

Ihr Schreiben, mein Teuerster, traf mich in einer Tätigkeit, die ich Verwirrung nennen könnte, wenn der Zweck nicht so groß, das Erlangen nicht so sicher wäre. Die Verbindung mit den Ihrigen ist wichtiger, als beide Teile sich denken konnten. Darüber darf ich nicht anfangen zu schreiben, weil sich gleich hervortut, wie unübersehbar das Ganze, wie unaussprechlich die Verknüpfung. Tun ohne Reden muß jetzt unsre Losung sein. Tausend Dank, daß Sie mir auf ein so anmutiges Geheimnis halb verschleiert in die Ferne hindeuten; ich gönne dem guten Wesen einen so einfach glücklichen Zustand, indessen mich ein Wirbel von Verschlingungen, doch nicht ohne Leitstern, umhertreiben wird. Der Abbé übernimmt, das Weitere zu vermelden, ich darf nur dessen gedenken, was fördert; die Sehnsucht verschwindet im Tun und Wirken. Sie haben mich — und hier nicht weiter; wo genug zu schaffen ist, bleibt kein Raum für Betrachtung.

Der Abbé an Wilhelm

Wenig hätte gefehlt, so wäre Ihr wohlgemeinter Brief, ganz Ihrer Absicht entgegen, uns höchst schädlich geworden. Die Schilderung der Gefundenen ist so gemütlich und reizend, daß, um sie gleichfalls aufzufinden, der wunderliche Freund vielleicht alles hätte stehen und liegen lassen, wären unsre nunmehr verbündeten Plane nicht so groß und weitaussehend. Nun aber hat er die Probe bestanden, und es bestätigt sich, daß er von der wichtigen Angelegenheit völlig durchdrungen ist und sich von allem andern ab- und allein dorthin gezogen fühlt.

In diesem unserm neuen Verhältnis, dessen Einleitung wir Ihnen verdanken, ergaben sich bei näherer Untersuchung für jene wie für uns weit größere Vorteile, als man gedacht hätte.

Denn gerade durch eine von der Natur weniger begünstigte Gegend, wo ein Teil der Güter gelegen ist, die ihm der Oheim abtritt, ward in der neuern Zeit ein Kanal projektiert, der auch durch unsere Besitzungen sich ziehen wird und wodurch, wenn wir uns aneinander schließen, sich der Wert derselben ins Unberechenbare erhöht.

Hierbei kann er seine Hauptneigung, ganz von vorne anzufangen, sehr bequem entwickeln. Zu beiden Seiten jener Wasserstraße wird unbebautes und unbewohntes Land genugsam zu finden sein; dort mögen Spinnerinnen und Weberinnen sich ansiedeln, Maurer, Zimmerleute und Schmiede sich und ihnen mäßige Werkstätten bestellen; alles mag durch die erste Hand verrichtet werden, indessen wir andern die verwickelten Aufgaben zu lösen unternehmen und den Umschwung der Tätigkeit zu befördern wissen.

Dieses ist also die nächste Aufgabe unsers Freundes. Aus den Gebirgen vernimmt man Klagen über Klagen, wie dort Nahrungslosigkeit überhandnehme; auch sollen jene Strekken im Übermaß bevölkert sein. Dort wird er sich umsehen, Menschen und Zustände beurteilen und die wahrhaft Tätigen, sich selbst und andern Nützlichen in unsern Zug mit aufnehmen.

Ferner hab' ich von Lothario zu berichten, er bereitet den völligen Abschluß vor. Eine Reise zu den Pädagogen hat er unternommen, um sich tüchtige Künstler, nur sehr wenige, zu erbitten. Die Künste sind das Salz der Erde; wie dieses zu den Speisen, so verhalten sich jene zu der Technik. Wir nehmen von der Kunst nicht mehr auf als nur, daß das Handwerk nicht abgeschmackt werde.

Im ganzen wird zu jener pädagogischen Anstalt uns eine dauernde Verbindung höchst nützlich und nötig werden.

Wir müssen tun und dürfen ans Bilden nicht denken; aber Gebildete heranzuziehen ist unsre höchste Pflicht.

Tausend und aber tausend Betrachtungen schließen sich hier an; erlauben Sie mir nach unsrer alten Weise nur noch ein allgemeines Wort, veranlaßt durch eine Stelle Ihres Briefes an Lenardo. Wir wollen der Hausfrömmigkeit das gebührende Lob nicht entziehen: auf ihr gründet sich die Sicherheit des Einzelnen, worauf zuletzt denn auch die Festigkeit und Würde des Ganzen beruhen mag; aber sie reicht nicht mehr hin, wir müssen den Begriff einer Weltfrömmigkeit fassen, unsre redlich menschlichen Gesinnungen in einen praktischen Bezug ins Weite setzen und nicht nur unsre Nächsten fördern, sondern zugleich die ganze Menschheit mitnehmen.

Um nun zuletzt Ihres Gesuches zu erwähnen, sag' ich so viel: Montan hat es zu rechter Zeit bei uns angebracht. Der wunderliche Mann wollte durchaus nicht erklären, was Sie eigentlich vorhätten, doch er gab sein Freundeswort, daß es verständig und, wenn es gelänge, der Gesellschaft höchst nützlich sein würde. Und so ist Ihnen verziehen, daß Sie in Ihrem Schreiben gleichfalls ein Geheimnis davon machen. Genug, Sie sind von aller Beschränktheit entbunden, wie es Ihnen schon zugekommen sein sollte, wäre uns Ihr Aufenthalt bekannt gewesen. Deshalb wiederhol' ich im Namen aller: Ihr Zweck, obschon unausgesprochen, wird im Zutrauen auf Montan und Sie gebilligt. Reisen Sie, halten Sie sich auf, bewegen Sie sich, verharren Sie! was Ihnen gelingt, wird recht sein; möchten Sie sich zum notwendigsten Glied unsrer Kette bilden.

Ich lege zum Schluß ein Täfelchen bei, woraus Sie den beweglichen Mittelpunkt unsrer Kommunikationen erkennen werden. Sie finden darin vor Augen gestellt, wohin Sie zu jeder Jahrszeit Ihre Briefe zu senden haben; am liebsten sehen wir's durch sichere Boten, deren Ihnen genugsame an mehreren Orten angedeutet sind. Ebenso finden Sie durch Zeichen bemerkt, wo Sie einen oder den andern der Unsrigen aufzusuchen haben.

ZWISCHENREDE

Hier aber finden wir uns in dem Falle, dem Leser eine Pause und zwar von einigen Jahren anzukündigen, weshalb wir gern, wäre es mit der typographischen Einrichtung zu verknüpfen gewesen, an dieser Stelle einen Band abgeschlossen hätten.

Doch wird ja wohl auch der Raum zwischen zwei Kapiteln genügen, um sich über das Maß gedachter Zeit hinwegzusetzen, da wir längst gewohnt sind, zwischen dem Sinken und Steigen des Vorhangs in unserer persönlichen Gegenwart dergleichen geschehen zu lassen.

Wir haben in diesem zweiten Buche die Verhältnisse unsrer alten Freunde bedeutend steigern sehen und zugleich frische Bekanntschaften gewonnen; die Aussichten sind derart, daß zu hoffen steht, es werde allen und jeden, wenn sie sich ins Leben zu finden wissen, ganz erwünscht geraten. Erwarten wir also zunächst, einen nach dem andern, sich verflechtend und entwindend, auf gebahnten und ungebahnten Wegen wiederzufinden.

ACHTES KAPITEL

Suchen wir nun unsern seit einiger Zeit sich selbst überlassenen Freund wieder auf, so finden wir ihn, wie er von seiten des flachen Landes her in die pädagogische Provinz hineintritt. Er kommt über Auen und Wiesen, umgeht auf trocknem Anger manchen kleinen See, erblickt mehr bebuschte als waldige Hügel, überall freie Umsicht über einen wenig bewegten Boden. Auf solchen Pfaden blieb ihm nicht lange zweifelhaft, er befinde sich in der pferdenährenden Region, auch gewahrte er hie und da kleinere und größere Herden dieses edlen Tiers, verschiedenen Geschlechts und Alters. Auf einmal aber bedeckt sich der Horizont mit einer furchtbaren Staubwolke, die, eiligst näher und näher anschwellend, alle Breite des Raums völlig überdeckt, endlich aber, durch frischen Seitenwind enthüllt, ihren innern Tumult zu offenbaren genötigt ist.

In vollem Galopp stürzt eine große Masse solcher edlen Tiere heran, sie werden durch reitende Hüter gelenkt und zusammengehalten. An dem Wanderer sprengt das ungeheure Gewimmel vorbei, ein schöner Knabe unter den begleitenden Hütern blickt ihn verwundert an, pariert, springt ab und umarmt den Vater.

Nun geht es an ein Fragen und Erzählen; der Sohn berichtet, daß er in der ersten Prüfungszeit viel ausgestanden, sein Pferd vermißt und auf Äckern und Wiesen sich zu Fuß herumgetrieben; da er sich denn auch in dem stillen, mühseligen Landleben, wie er voraus protestiert, nicht sonderlich erwiesen; das Erntefest habe ihm zwar ganz wohl, das Bestellen hinterdrein, Pflügen, Graben und Abwarten keineswegs gefallen, mit den notwendigen und nutzbaren Haustieren habe er sich zwar, doch immer lässig und unzufrieden beschäftigt, bis er denn zur lebhafteren Reiterei endlich befördert worden. Das Geschäft, die Stuten und Fohlen zu hüten, sei mitunter zwar langweilig genug, indessen wenn man ein muntres Tierchen vor sich sehe, das einen vielleicht in drei, vier Jahren lustig davontrüge, so sei es doch ein ganz anderes Wesen, als sich mit Kälbern und Ferkeln abzugeben, deren Lebenszweck dahinaus gehe, wohl gefüttert und angefettet fortgeschafft zu werden.

Mit dem Wachstum des Knaben, der sich wirklich zum Jüngling heranstreckte, seiner gesunden Haltung, einem gewissen frei-heitern, um nicht zu sagen geistreichen Gespräche konnte der Vater wohl zufrieden sein. Beide folgten reitend nunmehr eilig der eilenden Herde, bei einsam gelegenen weitläufigen Gehöften vorüber, zu dem Ort oder Flecken, wo das große Marktfest gehalten ward. Dort wühlt ein unglaubliches Getümmel durcheinander, und man wüßte nicht zu unterscheiden, ob Ware oder Käufer mehr Staub erregten. Aus allen Landen treffen hier Kauflustige zusammen, um Geschöpfe edler Abkunft, sorgfältiger Zucht sich zuzueignen. Alle Sprachen der Welt glaubt man zu hören. Dazwischen tönt auch der lebhafte Schall wirksamster Blasinstrumente, und alles deutet auf Bewegung, Kraft und Leben.

Unser Wanderer trifft nun den vorigen, schon bekannten Aufseher wieder an, gesellt zu andern tüchtigen Männern, welche still und gleichsam unbemerkt Zucht und Ordnung zu erhalten wissen. Wilhelm, der hier abermals ein Beispiel ausschließlicher Beschäftigung und, wie ihm bei aller Breite scheint, beschränkter Lebensleitung zu bemerken glaubt, wünscht zu erfahren, worin man die Zöglinge sonst noch zu üben pflege, um zu verhindern, daß bei so wilder, gewissermaßen roher Beschäftigung, Tiere nährend und erziehend, der Jüngling nicht selbst zum Tiere verwildere. Und so war ihm denn sehr lieb zu vernehmen, daß gerade mit dieser gewaltsam und rauh scheinenden Bestimmung die zarteste von der Welt verknüpft sei: Sprachübung und Sprachbildung.

In dem Augenblick vermißte der Vater den Sohn an seiner Seite, er sah ihn zwischen den Lücken der Menge durch mit einem jungen Tabulettkrämer über Kleinigkeiten eifrig handeln und feilschen. In kurzer Zeit sah er ihn gar nicht mehr. Als nun der Aufseher nach der Ursache einer gewissen Verlegenheit und Zerstreuung fragte und dagegen vernahm, daß es den Sohn gelte: „Lassen Sie es nur", sagte er zur Beruhigung des Vaters, „er ist unverloren; damit Sie aber sehen, wie wir die Unsrigen zusammenhalten", stieß er mit Gewalt in ein Pfeifchen, das an seinem Busen hing, in dem Augenblick antwortete es dutzendweise von allen Seiten. Der Mann fuhr fort: „Jetzt lass' ich es dabei bewenden, es ist nur ein Zeichen, daß der Aufseher in der Nähe ist und ungefähr wissen will, wie viel ihn hören. Auf ein zweites Zeichen sind sie still, aber bereiten sich, auf das dritte antworten sie und stürzen herbei. Übrigens sind diese Zeichen auf gar mannigfaltige Weise vervielfältigt und von besonderem Nutzen."

Auf einmal hatte sich um sie her ein freierer Raum gebildet, man konnte freier sprechen, indem man gegen die benachbarten Höhen spazierte. „Zu jenen Sprachübungen", fuhr der Aufsehende fort, „wurden wir dadurch bestimmt, daß aus allen Weltgegenden Jünglinge sich hier befinden. Um nun zu verhüten, daß sich nicht, wie in der Fremde zu geschehen pflegt, die Landsleute vereinigen und, von den übrigen Nationen abgesondert, Parteien bilden, so suchen wir durch freie Sprachmitteilung sie einander zu nähern.

Am notwendigsten aber wird eine allgemeine Sprachübung, weil bei diesem Festmarkte jeder Fremde in seinen eigenen Tönen und Ausdrücken genugsame Unterhaltung, beim Feilschen und Markten aber alle Bequemlichkeit gerne finden mag. Damit jedoch keine babylonische Verwirrung, keine Verderbnis entstehe, so wird das Jahr über monatweise nur eine Sprache im allgemeinen gesprochen, nach dem Grundsatz, daß man nichts lerne außerhalb des Elements, welches bezwungen werden soll.

Wir sehen unsere Schüler", sagte der Aufseher, „sämtlich als Schwimmer an, welche mit Verwunderung im Elemente, das sie zu verschlingen droht, sich leichter fühlen, von ihm gehoben und getragen sind; und so ist es mit allem, dessen sich der Mensch unterfängt.

Zeigt jedoch einer der Unsrigen zu dieser oder jener Sprache besondere Neigung, so ist auch mitten in diesem tumultvoll scheinenden Leben, das zugleich sehr viel ruhige, müßig-einsame, ja langweilige Stunden bietet, für treuen und gründlichen Unterricht gesorgt. Ihr würdet unsere reitenden Grammatiker, unter welchen sogar einige Pedanten sind, aus diesen bärtigen und unbärtigen Centauren wohl schwerlich herausfinden. Euer Felix hat sich zum Italienischen bestimmt, und da, wie Ihr schon wißt, melodischer Gesang bei unsern Anstalten durch alles durchgreift, so solltet Ihr ihn in der Langweile des Hüterlebens gar manches Lied zierlich und gefühlvoll vortragen hören. Lebenstätigkeit und Tüchtigkeit ist mit auslangendem Unterricht weit verträglicher, als man denkt."

Da eine jede Region ihr eigenes Fest feiert, so führte man den Gast zum Bezirk der Instrumentalmusik. Dieser, an die Ebene grenzend, zeigte schon freundlich und zierlich abwechselnde Täler, kleine schlanke Wälder, sanfte Bäche, an deren Seite hie und da ein bemooster Fels hervortrat. Zerstreute, umbuschte Wohnungen erblickte man auf den Hügeln, in sanften Gründen drängten sich die Häuser näher aneinander. Jene anmutig vereinzelten Hütten lagen so weit auseinander, daß weder Töne noch Mißtöne sich wechselseitig erreichen konnten.

Sie näherten sich sodann einem weiten, rings umbauten

und umschatteten Raume, wo Mann an Mann gedrängt mit großer Aufmerksamkeit und Erwartung gespannt schienen. Eben als der Gast herantrat, ward eine mächtige Symphonie aller Instrumente aufgeführt, deren vollständige Kraft und Zartheit er bewundern mußte. Dem geräumig erbauten Orchester gegenüber stand ein kleineres, welches zu besonderer Betrachtung Anlaß gab; auf demselben befanden sich jüngere und ältere Schüler, jeder hielt sein Instrument bereit, ohne zu spielen; es waren diejenigen, die noch nicht vermochten oder nicht wagten, mit ins Ganze zu greifen. Mit Anteil bemerkte man, wie sie gleichsam auf dem Sprunge standen, und hörte rühmen: ein solches Fest gehe selten vorüber, ohne daß ein oder das andere Talent sich plötzlich entwickele.

Da nun auch Gesang zwischen den Instrumenten sich hervortat, konnte kein Zweifel übrigbleiben, daß auch dieser begünstigt werde. Auf eine Frage sodann, was noch sonst für eine Bildung sich hier freundlich anschließe, vernahm der Wanderer: die Dichtkunst sei es, und zwar von der lyrischen Seite. Hier komme alles darauf an, daß beide Künste, jede für sich und aus sich selbst, dann aber gegen- und miteinander entwickelt werden. Die Schüler lernen eine wie die andre in ihrer Bedingtheit kennen; sodann wird gelehrt, wie sie sich wechselsweise bedingen und sich sodann wieder wechselseitig befreien.

Der poetischen Rhythmik stellt der Tonkünstler Takteinteilung und Taktbewegung entgegen. Hier zeigt sich aber bald die Herrschaft der Musik über die Poesie; denn wenn diese, wie billig und notwendig, ihre Quantitäten immer so rein als möglich im Sinne hat, so sind für den Musiker wenig Silben entschieden lang oder kurz; nach Belieben zerstört dieser das gewissenhafteste Verfahren des Rhythmikers, ja verwandelt sogar Prosa in Gesang, wo dann die wunderbarsten Möglichkeiten hervortreten, und der Poet würde sich gar bald vernichtet fühlen, wüßte er nicht von seiner Seite durch lyrische Zartheit und Kühnheit dem Musiker Ehrfurcht einzuflößen und neue Gefühle, bald in sanftester Folge, bald durch die raschesten Übergänge, hervorzurufen.

Die Sänger, die man hier findet, sind meist selbst Poeten. Auch der Tanz wird in seinen Grundzügen gelehrt, damit sich alle diese Fertigkeiten über sämtliche Regionen regelmäßig verbreiten können.

Als man den Gast über die nächste Grenze führte, sah er auf einmal eine ganz andere Bauart. Nicht mehr zerstreut waren die Häuser, nicht mehr hüttenartig; sie zeigten sich vielmehr regelmäßig zusammengestellt, prächtig und schön von außen, geräumig, bequem und zierlich von innen; man ward hier einer unbeengten, wohlgebauten, der Gegend angemessenen Stadt gewahr. Hier sind bildende Kunst und die ihr verwandten Handwerke zu Hause, und eine ganz eigene Stille herrscht über diesen Räumen.

Der bildende Künstler denkt sich zwar immer in Bezug auf alles, was unter den Menschen lebt und webt, aber sein Geschäft ist einsam, und durch den sonderbarsten Widerspruch verlangt vielleicht kein anderes so entschieden lebendige Umgebung. Hier nun bildet jeder im stillen, was bald für immer die Augen der Menschen beschäftigen soll; eine Feiertagsruhe waltet über dem ganzen Ort, und hätte man nicht hie und da das Picken der Steinhauer oder abgemessene Schläge der Zimmerleute vernommen, die soeben emsig beschäftigt waren, ein herrliches Gebäude zu vollenden, so wäre die Luft von keinem Ton bewegt gewesen.

Unserm Wanderer fiel der Ernst auf, die wunderbare Strenge, mit welcher sowohl Anfänger als Fortschreitende behandelt wurden; es schien, als wenn keiner aus eigner Macht und Gewalt etwas leistete, sondern als wenn ein geheimer Geist sie alle durch und durch belebte, nach einem einzigen großen Ziele hinleitend. Nirgends erblickte man Entwurf und Skizze, jeder Strich war mit Bedacht gezogen, und als sich der Wanderer von dem Führer eine Erklärung des ganzen Verfahrens erbat, äußerte dieser: die Einbildungskraft sei ohnehin ein vages, unstätes Vermögen, während das ganze Verdienst des bildenden Künstlers darin bestehe, daß er sie immer mehr bestimmen, festhalten, ja endlich bis zur Gegenwart erhöhen lerne.

Man erinnerte an die Notwendigkeit sicherer Grundsätze in andern Künsten. „Würde der Musiker einem Schüler vergönnen, wild auf den Saiten herumzugreifen oder sich gar Intervalle nach eigner Lust und Belieben zu erfinden? Hier wird auffallend, daß nichts der Willkür des Lernenden zu überlassen sei; das Element, worin er wirken soll, ist entschieden gegeben, das Werkzeug, das er zu handhaben hat, ist ihm eingehändigt, sogar die Art und Weise, wie er sich dessen bedienen soll, ich meine den Fingerwechsel, findet er vorgeschrieben, damit ein Glied dem andern aus dem Wege gehe und seinem Nachfolger den rechten Weg bereite; durch welches gesetzliche Zusammenwirken denn zuletzt allein das Unmögliche möglich wird.

Was uns aber zu strengen Forderungen, zu entschiedenen Gesetzen am meisten berechtigt, ist: daß gerade das Genie, das angeborne Talent sie am ersten begreift, ihnen den willigsten Gehorsam leistet. Nur das Halbvermögen wünschte gern seine beschränkte Besonderheit an die Stelle des unbedingten Ganzen zu setzen und seine falschen Griffe, unter Vorwand einer unbezwinglichen Originalität und Selbstständigkeit, zu beschönigen. Das lassen wir aber nicht gelten, sondern hüten unsere Schüler vor allen Mißtritten, wodurch ein großer Teil des Lebens, ja manchmal das ganze Leben verwirrt und zerpflückt wird.

Mit dem Genie haben wir am liebsten zu tun, denn dieses wird eben von dem guten Geiste beseelt, bald zu erkennen, was ihm nutz ist. Es begreift, daß Kunst eben darum Kunst heiße, weil sie nicht Natur ist. Es bequemt sich zum Respekt, sogar vor dem, was man konventionell nennen könnte: denn was ist dieses anders, als daß die vorzüglichsten Menschen übereinkamen, das Notwendige, das Unerläßliche für das Beste zu halten; und gereicht es nicht überall zum Glück?

Zur großen Erleichterung für die Lehrer sind auch hier, wie überall bei uns, die drei Ehrfurchten und ihre Zeichen mit einiger Abänderung, der Natur des obwaltenden Geschäfts gemäß, eingeführt und eingeprägt."

Den ferner umhergeleiteten Wanderer mußte nunmehr in Verwunderung setzen, daß die Stadt sich immer zu erweitern, Straße aus Straße sich zu entwickeln schien, mannigfaltige Ansichten gewährend. Das Äußere der Gebäude sprach ihre Bestimmung unzweideutig aus, sie waren würdig und stattlich, weniger prächtig als schön. Den edlern und ernsteren in Mitte der Stadt schlossen sich die heitern gefällig an, bis zuletzt zierliche Vorstädte anmutigen Stils gegen das Feld sich hinzogen und endlich als Gartenwohnungen zerstreuten.

Der Wanderer konnte nicht unterlassen, hier zu bemerken, daß die Wohnungen der Musiker in der vorigen Region keineswegs an Schönheit und Raum den gegenwärtigen zu vergleichen seien, welche Maler, Bildhauer und Baumeister bewohnen. Man erwiderte ihm, dies liege in der Natur der Sache. Der Musikus müsse immer in sich selbst gekehrt sein, sein Innerstes ausbilden, um es nach außen zu wenden. „Dem Sinne des Auges hat er nicht zu schmeicheln. Das Auge bevorteilt gar leicht das Ohr und lockt den Geist von innen nach außen. Umgekehrt muß der bildende Künstler in der Außenwelt leben und sein Inneres gleichsam unbewußt an und in dem Auswendigen manifestieren. Bildende Künstler müssen wohnen wie Könige und Götter, wie wollten sie denn sonst für Könige und Götter bauen und verzieren? Sie müssen sich zuletzt dergestalt über das Gemeine erheben, daß die ganze Volksgemeinde in und an ihren Werken sich veredelt fühle."

Sodann ließ unser Freund sich ein anderes Paradoxon erklären: warum gerade in diesen festlichen, andere Regionen so belebenden, tumultuarisch erregten Tagen hier die größte Stille herrsche und das Arbeiten nicht auch ausgesetzt werde?

„Ein bildender Künstler", hieß es, „bedarf keines Festes, ihm ist das ganze Jahr ein Fest. Wenn er etwas Treffliches geleistet hat, es steht nach wie vor seinem Aug' entgegen, dem Auge der ganzen Welt. Da bedarf es keiner Wiederholung, keiner neuen Anstrengung, keines frischen Gelingens, woran sich der Musiker immerfort abplagt, dem daher das splendideste Fest innerhalb des vollzähligsten Kreises zu gönnen ist."

„Man sollte aber doch", versetzte Wilhelm, „in diesen Tagen eine Ausstellung belieben, wo die dreijährigen Fortschritte der bravesten Zöglinge mit Vergnügen zu beschauen und zu beurteilen wären."

„An anderen Orten“, versetzte man, „mag eine Ausstellung sich nötig machen, bei uns ist sie es nicht. Unser ganzes Wesen und Sein ist Ausstellung. Sehen Sie hier die Gebäude aller Art, alle von Zöglingen aufgeführt; freilich nach hundertmal besprochenen und durchdachten Rissen: denn der Bauende soll nicht herumtasten und versuchen; was stehenbleiben soll, muß recht stehen und, wo nicht für die Ewigkeit, doch für geraume Zeit genügen. Mag man doch immer Fehler begehen, bauen darf man keine.

Mit Bildhauern verfahren wir schon läßlicher, am läßlichsten mit Malern, sie dürfen dies und jenes versuchen, beide in ihrer Art. Ihnen steht frei, in den innern, an den äußern Räumen der Gebäude, auf Plätzen sich eine Stelle zu wählen, die sie verzieren wollen. Sie machen ihren Gedanken kund, und wenn er einigermaßen zu billigen ist, so wird die Ausführung zugestanden, und zwar auf zweierlei Weise, entweder mit Vergünstigung, früher oder später die Arbeit wegnehmen zu dürfen, wenn sie dem Künstler selbst mißfiele, oder mit Bedingung, das einmal Aufgestellte unabänderlich am Orte zu lassen. Die meisten erwählen das erste und behalten sich jene Erlaubnis vor, wobei sie immer am besten beraten sind. Der zweite Fall tritt seltner ein, und man bemerkt, daß alsdann die Künstler sich weniger vertrauen, mit Gesellen und Kennern lange Konferenzen halten und dadurch wirklich schätzenswerte dauerwürdige Arbeiten hervorzubringen wissen.“

Nach allem diesem versäumte Wilhelm nicht, sich zu erkundigen, was für ein anderer Unterricht sich sonst noch anschließe, und man gestand ihm, daß es die Dichtkunst, und zwar die epische sei.

Doch mußte dem Freunde dies sonderbar scheinen, als man hinzufügte: es werde den Schülern nicht vergönnt, schon ausgearbeitete Gedichte älterer und neuerer Dichter zu lesen oder vorzutragen; ihnen wird nur eine Reihe von Mythen, Überlieferungen und Legenden lakonisch mitgeteilt. Nun erkennt man gar bald an malerischer oder poetischer Ausführung das eigene Produktive des einer oder der andern Kunst gewidmeten Talents. Dichter und Bildner, beide beschäftigen sich an einer Quelle, und jeder sucht das Wasser nach seiner Seite, zu seinem Vorteil hinzulenken, um nach Erfordernis eigne Zwecke zu erreichen; welches ihm viel besser gelingt, als wenn er das schon Verarbeitete nochmals umarbeiten wollte.

Der Reisende selbst hatte Gelegenheit, zu sehen, wie das vorging. Mehrere Maler waren in einem Zimmer beschäftigt, ein munterer junger Freund erzählte sehr ausführlich eine ganz einfache Geschichte, so daß er fast ebenso viele Worte als jene Pinselstriche anwendete, seinen Vortrag ebenfalls aufs rundeste zu vollenden.

Man versicherte, daß beim Zusammenarbeiten die Freunde sich gar anmutig unterhielten und daß sich auf diesem Wege öfters Improvisatoren entwickelten, welche großen Enthusiasmus für die zwiefache Darstellung zu erregen wüßten.

Der Freund wendete nun seine Erkundigungen zur bildenden Kunst zurück. „Ihr habt", so sprach er, „keine Ausstellung, also auch wohl keine Preisaufgabe?" — „Eigentlich nicht", versetzte jener, „hier aber ganz in der Nähe können wir Euch sehen lassen, was wir für nützlicher halten."

Sie traten in einen großen, von oben glücklich erleuchteten Saal; ein weiter Kreis beschäftigter Künstler zeigte sich zuerst, aus dessen Mitte sich eine kolossale Gruppe günstig aufgestellt erhob. Männliche und weibliche Kraftgestalten in gewaltsamen Stellungen erinnerten an jenes herrliche Gefecht zwischen Heldenjünglingen und Amazonen, wo Haß und Feindseligkeit zuletzt sich in wechselseitig-traulichen Beistand auflöst. Dieses merkwürdig verschlungene Kunstwerk war von jedem Punkte ringsum gleich günstig anzusehen. In einem weiten Umfang saßen und standen bildende Künstler, jeder nach seiner Weise beschäftigt: der Maler an seiner Staffelei, der Zeichner am Reißbrett; einige modellierten rund, einige flach erhoben; ja sogar Baumeister entwarfen den Untersatz, worauf künftig ein solches Kunstwerk gestellt werden sollte. Jeder Teilnehmende verfuhr nach seiner Weise bei der Nachbildung, Maler und Zeichner entwickelten die Gruppe zur Fläche, sorgfältig jedoch, sie nicht zu zerstören, sondern so viel wie möglich beizubehalten. Ebenso wurden die flacherhobenen Arbeiten behandelt. Nur ein einziger hatte die ganze Gruppe in kleinerem Maßstabe wiederholt, und er schien das Modell wirklich in gewissen Bewegungen und Gliederbezug übertroffen zu haben.

Nun offenbarte sich, dies sei der Meister des Modells, der dasselbe vor der Ausführung in Marmor hier einer nicht beurteilenden, sondern praktischen Prüfung unterwarf und so alles, was jeder seiner Mitarbeiter nach eigner Weise und Denkart daran gesehen, beibehalten oder verändert, genau beobachtend bei nochmaligem Durchdenken zu eignem Vorteil anzuwenden wußte; dergestalt, daß zuletzt, wenn das hohe Werk in Marmor gearbeitet dastehen wird, obgleich nur von einem unternommen, angelegt und ausgeführt, doch allen anzugehören scheinen möge.

Die größte Stille beherrschte auch diesen Raum, aber der Vorsteher erhob seine Stimme und rief: „Wer wäre denn hier, der uns in Gegenwart dieses stationären Werkes mit trefflichen Worten die Einbildungskraft dergestalt erregte, daß alles, was wir hier fixiert sehen, wieder flüssig würde, ohne seinen Charakter zu verlieren, damit wir uns überzeugen, das, was der Künstler hier festgehalten, sei auch das Würdigste?"

Namentlich aufgefordert von allen, verließ ein schöner Jüngling seine Arbeit und begann heraustretend einen ruhigen Vortrag, worin er das gegenwärtige Kunstwerk nur zu beschreiben schien, bald aber warf er sich in die eigentliche Region der Dichtkunst, tauchte sich in die Mitte der Handlung und beherrschte dies Element zur Bewunderung; nach und nach steigerte sich seine Darstellung durch herrliche Deklamation auf einen solchen Grad, daß wirklich die starre Gruppe sich um ihre Achse zu bewegen und die Zahl der Figuren daran verdoppelt und verdreifacht schien. Wilhelm stand entzückt und rief zuletzt: „Wer will sich hier noch enthalten, zum eigentlichen Gesang und zum rhythmischen Lied überzugehen!"

„Dies möcht' ich verbitten", versetzte der Aufseher; „denn wenn unser trefflicher Bildhauer aufrichtig sein will, so wird er bekennen, daß ihm unser Dichter eben darum beschwerlich gefallen, weil beide Künstler am weitesten auseinander stehen; dagegen wollt' ich wetten, ein und der andere Maler hat sich gewisse lebendige Züge daraus angeeignet.

Ein sanftes, gemütliches Lied jedoch möcht' ich unserm Freunde zu hören geben, eines, das ihr so ernst-lieblich vortragt; es bewegt sich über das Ganze der Kunst und ist mir selbst, wenn ich es höre, stets erbaulich."

Nach einer Pause, in der sie einander zuwinkten und sich durch Zeichen beredeten, erscholl von allen Seiten nachfolgender Herz und Geist erhebende, würdige Gesang:

„Zu erfinden, zu beschließen,
Bleibe, Künstler, oft allein;
Deines Wirkens zu genießen,
Eile freudig zum Verein!
Hier im Ganzen schau', erfahre
Deinen eignen Lebenslauf,
Und die Taten mancher Jahre
Gehn dir in dem Nachbar auf.

Der Gedanke, das Entwerfen,
Die Gestalten, ihr Bezug,
Eines wird das andre schärfen,
Und am Ende sei's genug!
Wohl erfunden, klug ersonnen,
Schön gebildet, zart vollbracht —
So von jeher hat gewonnen
Künstler kunstreich seine Macht.

Wie Natur im Vielgebilde
Einen Gott nur offenbart,
So im weiten Kunstgefilde
Webt ein Sinn der ew'gen Art;
Dieses ist der Sinn der Wahrheit,
Der sich nur mit Schönem schmückt
Und getrost der höchsten Klarheit
Hellsten Tags entgegenblickt.

Wie beherzt in Reim und Prose
Redner, Dichter sich ergehn,
Soll des Lebens heitre Rose
Frisch auf Malertafel stehn,

Mit Geschwistern reich umgeben,
Mit des Herbstes Frucht umlegt,
Daß sie von geheimem Leben
Offenbaren Sinn erregt.

Tausendfach und schön entfließe
Form aus Formen deiner Hand,
Und im Menschenbild genieße,
Daß ein Gott sich hergewandt.
Welch ein Werkzeug ihr gebrauchet,
Stellet euch als Brüder dar;
Und gesangweis flammt und rauchet
Opfersäule vom Altar."

Alles dieses mochte Wilhelm gar wohl gelten lassen, ob es ihm gleich sehr paradox und, hätte er es nicht mit Augen gesehen, gar unmöglich scheinen mußte. Da man es ihm nun aber offen und frei, in schöner Folge vorwies und bekannt machte, so bedurfte es kaum einer Frage, um das Weitere zu erfahren; doch enthielt er sich nicht, den Führenden zuletzt folgendermaßen anzureden: „Ich sehe, hier ist gar klüglich für alles gesorgt, was im Leben wünschenswert sein mag; entdeckt mir aber auch: welche Region kann eine gleiche Sorgfalt für dramatische Poesie aufweisen, und wo könnte ich mich darüber belehren? Ich sah mich unter allen euren Gebäuden um und finde keines, das zu einem solchen Zweck bestimmt sein könnte."

„Verhehlen dürfen wir nicht auf diese Anfrage, daß in unserer ganzen Provinz dergleichen nicht anzutreffen sei: denn das Drama setzt eine müßige Menge, vielleicht gar einen Pöbel voraus, dergleichen sich bei uns nicht findet; denn solches Gelichter wird, wenn es nicht selbst sich unwillig entfernt, über die Grenze gebracht. Seid jedoch gewiß, daß bei unserer allgemein wirkenden Anstalt auch ein so wichtiger Punkt wohl überlegt worden; keine Region aber wollte sich finden, überall trat ein bedeutendes Bedenken ein. Wer unter unsern Zöglingen sollte sich leicht entschließen, mit erlogener Heiterkeit oder geheucheltem Schmerz ein unwahres, dem Augenblick nicht angehöriges Gefühl in der Maße zu erregen, um dadurch ein immer mißliches Gefallen abwechselnd hervorzubringen? Solche Gaukeleien fanden wir durchaus gefährlich und konnten sie mit unserm ernsten Zweck nicht vereinen."

„Man sagt aber doch", versetzte Wilhelm, „diese weit um sich greifende Kunst befördere die übrigen sämtlich."

„Keineswegs", erwiderte man, „sie bedient sich der übrigen, aber verdirbt sie. Ich verdenke dem Schauspieler nicht, wenn er sich zu dem Maler gesellt; der Maler jedoch ist in solcher Gesellschaft verloren.

Gewissenlos wird der Schauspieler, was ihm Kunst und Leben darbietet, zu seinen flüchtigen Zwecken verbrauchen und mit nicht geringem Gewinn; der Maler hingegen, der vom Theater auch wieder seinen Vorteil ziehen möchte, wird sich immer im Nachteil finden und der Musikus im gleichen Falle sein. Die sämtlichen Künste kommen mir vor wie Geschwister, deren die meisten zu guter Wirtschaft geneigt wären, eins aber, leicht gesinnt, Hab und Gut der ganzen Familie sich zuzueignen und zu verzehren Lust hätte. Das Theater ist in diesem Falle, es hat einen zweideutigen Ursprung, den es nie ganz, weder als Kunst noch Handwerk, noch als Liebhaberei verleugnen kann."

Wilhelm sah mit einem tiefen Seufzer vor sich nieder, denn alles auf einmal vergegenwärtigte sich ihm, was er auf und an den Brettern genossen und gelitten hatte; er segnete die frommen Männer, welche ihren Zöglingen solche Pein zu ersparen gewußt und aus Überzeugung und Grundsatz jene Gefahren aus ihrem Kreise gebannt.

Sein Begleiter jedoch ließ ihn nicht lange in diesen Betrachtungen, sondern fuhr fort: „Da es unser höchster und heiligster Grundsatz ist, keine Anlage, kein Talent zu mißleiten, so dürfen wir uns nicht verbergen, daß unter so großer Anzahl sich eine mimische Naturgabe auch wohl entschieden hervortue; diese zeigt sich aber in unwiderstehlicher Lust des Nachäffens fremder Charaktere, Gestalten, Bewegung, Sprache. Dies fördern wir zwar nicht, beobachten aber den Zögling genau, und bleibt er seiner Natur durchaus getreu, so haben wir uns mit großen Theatern aller Nationen in Verbindung gesetzt und senden einen bewährt Fähigen sogleich dorthin, damit er, wie die Ente auf dem Teiche, so auf den Brettern seinem künftigen Lebensgewackel und -geschnatter eiligst entgegengeleitet werde.“

Wilhelm hörte dies mit Geduld, doch nur mit halber Überzeugung, vielleicht mit einigem Verdruß: denn so wunderlich ist der Mensch gesinnt, daß er von dem Unwert irgendeines geliebten Gegenstandes zwar überzeugt sein, sich von ihm abwenden, sogar ihn verwünschen kann, aber ihn doch nicht von andern auf gleiche Weise behandelt wissen will; und vielleicht regt sich der Geist des Widerspruchs, der in allen Menschen wohnt, nie lebendiger und wirksamer als in solchem Falle.

Mag doch der Redakteur dieser Bogen hier selbst gestehen: daß er mit einigem Unwillen diese wunderliche Stelle durchgehen läßt. Hat er nicht auch in vielfachem Sinn mehr Leben und Kräfte als billig dem Theater zugewendet? und könnte man ihn wohl überzeugen, daß dies ein unverzeihlicher Irrtum, eine fruchtlose Bemühung gewesen?

Doch wir finden keine Zeit, solchen Erinnerungen und Nachgefühlen unwillig uns hinzugeben, denn unser Freund sieht sich angenehm überrascht, da ihm abermals einer von den Dreien, und zwar ein besonders zusagender, vor die Augen tritt. Entgegenkommende Sanftmut, den reinsten Seelenfrieden verkündend, teilte sich höchst erquicklich mit. Vertrauend konnte der Wanderer sich nähern und fühlte sein Vertrauen erwidert.

Hier vernahm er nun, daß der Obere sich gegenwärtig bei den Heiligtümern befinde, dort unterweise, lehre, segne, indessen die Dreie sich verteilt, um sämtliche Regionen heimzusuchen und überall, nach genommener tiefster Kenntnis und Verabredung mit den untergeordneten Aufsehern, das Eingeführte weiterzuleiten, das Neubestimmte zu gründen und dadurch ihre hohe Pflicht treulich zu erfüllen.

Eben dieser treffliche Mann gab ihm nun eine allgemeinere Übersicht ihrer innern Zustände und äußern Verbindungen sowie Kenntnis von der Wechselwirkung aller verschiedenen Regionen; nicht weniger ward klar, wie aus einer in die andere, nach längerer oder kürzerer Zeit, ein Zögling versetzt werden könne. Genug, mit dem bisher Vernommenen stimmte alles völlig überein. Zugleich machte die Schilderung seines Sohnes ihm viel Vergnügen, und der Plan, wie man ihn weiterführen wollte, mußte seinen ganzen Beifall gewinnen.

NEUNTES KAPITEL

Wilhelm wurde darauf vom Gehülfen und Aufseher zu einem Bergfest eingeladen, welches zunächst gefeiert werden sollte. Sie erstiegen mit Schwierigkeit das Gebirg, Wilhelm glaubte sogar zu bemerken, daß der Führer gegen Abend sich langsamer bewegte, als würde die Finsternis ihrem Pfad nicht noch mehr Hinderung entgegensetzen. Als aber eine tiefe Nacht sie umgab, ward ihm dies Rätsel aufgelöst: kleine Flammen sah er aus vielen Schluchten und Tälern schwankend hervorschimmern, sich zu Linien verlängern, sich über die Gebirgshöhen herüberwälzen. Viel freundlicher, als wenn ein Vulkan sich auftut und sein sprühendes Getös ganze Gegenden mit Untergang bedroht, zeigte sich diese Erscheinung, und doch glühte sie nach und nach mächtiger, breiter und gedrängter, funkelte wie ein Strom von Sternen, zwar sanft und lieblich, aber doch kühn über die ganze Gegend sich verbreitend.

Nachdem nun der Gefährte sich einige Zeit an der Verwunderung des Gastes ergötzt, denn ihre Gesichter und Gestalten erschienen durch das Licht aus der Ferne erhellt, so wie ihr Weg, begann er zu sprechen: „Ihr seht hier freilich ein wunderliches Schauspiel; diese Lichter, die bei Tag und bei Nacht im ganzen Jahre unter der Erde leuchten und wirken und die Fördernis versteckter, kaum erreichbarer irdischer Schätze begünstigen, diese quellen und wallen gegenwärtig aus ihren Schlünden hervor und erheitern die offenbare Nacht. Kaum gewahrte man je eine so erfreuliche Heerschau, wo das nützlichste, unterirdisch zerstreute, den Augen entzogene Geschäft sich uns in ganzer Fülle zeigt und eine große geheime Vereinigung sichtbar macht.“

Unter solchen Reden und Betrachtungen waren sie an den Ort gelangt, wo die Feuerbäche zum Flammensee um einen wohlerleuchteten Inselraum sich ergossen. Der Wanderer stand nunmehr in dem blendenden Kreise, wo schimmernde Lichter zu Tausenden gegen die zur schwarzen Hinterwand gereihten Träger einen ahnungsvollen Kontrast bildeten. Sofort erklang die heiterste Musik zu tüchtigen Gesängen. Hohle Felsmassen zogen maschinenhaft heran und schlossen bald ein glänzendes Innere dem Auge des erfreuten Zuschauers auf. Mimische Darstellungen, und was nur einen solchen Moment der Menge erheitern kann, vereinigte sich, um eine frohe Aufmerksamkeit zugleich zu spannen und zu befriedigen.

Aber mit welcher Verwunderung ward unser Freund erfüllt, als er sich den Hauptleuten vorgestellt sah und unter ihnen, in ernster, stattlicher Tracht, Freund Jarno erblickte. „Nicht umsonst", rief dieser aus, „habe ich meinen frühern Namen mit dem bedeutendern Montan vertauscht; du findest mich hier in Berg und Kluft eingeweiht, und glücklicher in dieser Beschränkung unter und über der Erde, als sich denken läßt." — „Da wirst du also", versetzte der Wanderer, „als ein Hocherfahrner nunmehr freigebiger sein mit Aufklärung und Unterricht, als du es gegen mich warst auf jenen Berg- und Felsklippen." — „Keineswegs!" erwiderte Montan, „die Gebirge sind stumme Meister und machen schweigsame Schüler."

An vielen Tafeln speiste man nach dieser Feierlichkeit. Alle Gäste, die geladen oder ungeladen sich eingefunden, waren vom Handwerk, deswegen denn auch an dem Tische, wo Montan und sein Freund sich niedergesetzt, sogleich ein ortgemäßes Gespräch entstand; es war von Gebirgen, Gängen und Lagern, von Gangarten und Metallen der Gegend ausführlich die Rede. Sodann aber verlor das Gespräch sich gar bald ins Allgemeine, und da war von nichts Geringerem die Rede als von Erschaffung und Entstehung der Welt. Hier aber blieb die Unterhaltung nicht lange friedlich, vielmehr entzündete sich sogleich ein lebhafter Streit.

Mehrere wollten unsere Erdgestaltung aus einer nach und nach sich senkend abnehmenden Wasserbedeckung herleiten; sie führten die Trümmer organischer Meeresbewohner auf den höchsten Bergen sowie auf flachen Hügeln zu ihrem Vorteil an. Andere heftiger dagegen ließen erst glühen und schmelzen, auch durchaus ein Feuer obwalten, das, nachdem es auf der Oberfläche genugsam gewirkt, zuletzt ins Tiefste zurückgezogen, sich noch immer durch die ungestüm sowohl im Meer als auf der Erde wütenden Vulkane betätigte und durch sukzessiven Auswurf und gleichfalls nach und nach überströmende Laven die höchsten Berge bildete; wie sie denn überhaupt den anders Denkenden zu Gemüte führten, daß ja ohne Feuer nichts heiß werden könne, auch ein tätiges Feuer immer einen Herd voraussetze. So erfahrungsgemäß auch dieses scheinen mochte, so waren manche doch nicht damit zufrieden; sie behaupteten: mächtige, in dem Schoß der Erde schon völlig fertig gewordene Gebilde seien mittelst unwiderstehlich elastischer Gewalten durch die Erdrinde hindurch in die Höhe getrieben und zugleich in diesem Tumulte manche Teile derselben weit über Nachbarschaft und Ferne umhergestreut und zersplittert worden; sie beriefen sich auf manche Vorkommnisse, welche ohne eine solche Voraussetzung nicht zu erklären seien.

Eine vierte, wenn auch vielleicht nicht zahlreiche Partie lächelte über diese vergeblichen Bemühungen und beteuerte: gar manche Zustände dieser Erdoberfläche würden nie zu erklären sein, wofern man nicht größere und kleinere Gebirgsstrecken aus der Atmosphäre herunterfallen und weite, breite Landschaften durch sie überdeckt werden lasse. Sie beriefen sich auf größere und kleinere Felsmassen, welche zerstreut in vielen Landen umherliegend gefunden und sogar noch in unsern Tagen als von oben herabstürzend aufgelesen werden.

Zuletzt wollten zwei oder drei stille Gäste sogar einen Zeitraum grimmiger Kälte zu Hülfe rufen und aus den höchsten Gebirgszügen auf weit ins Land hingesenkten Gletschern gleichsam Rutschwege für schwere Ursteinmassen bereitet und diese auf glatter Bahn fern und ferner hinausgeschoben im Geiste sehen. Sie sollten sich, bei eintretender Epoche des Auftauens, niedersenken und für ewig in fremdem Boden liegenbleiben. Auch sollte sodann durch schwimmendes Treibeis der Transport ungeheurer Felsblöcke von Norden her möglich werden. Diese guten Leute konnten jedoch mit ihrer etwas kühlen Betrachtung nicht durchdringen. Man hielt es ungleich naturgemäßer, die Erschaffung einer Welt mit kolossalem Krachen und Heben, mit wildem Toben und feurigem Schleudern vorgehen zu lassen. Da nun übrigens die Glut des Weines stark mit einwirkte, so hätte das herrliche Fest beinahe mit tödlichen Händeln abgeschlossen.

Ganz verwirrt und verdüstert ward es unserm Freund zumute, welcher noch von alters her den Geist, der über den Wassern schwebte, und die hohe Flut, welche funfzehn Ellen über die höchsten Gebirge gestanden, im stillen Sinne hegte und dem unter diesen seltsamen Reden die so wohl geordnete, bewachsene, belebte Welt vor seiner Einbildungskraft chaotisch zusammenzustürzen schien.

Den andern Morgen unterließ er nicht, den ernsten Montan hierüber zu befragen, indem er ausrief: „Gestern konnt' ich dich nicht begreifen, denn unter allen den wunderlichen Dingen und Reden hofft' ich endlich deine Meinung und deine Entscheidung zu hören, an dessen Statt warst du bald auf dieser, bald auf jener Seite und suchtest immer die Meinung desjenigen, der da sprach, zu verstärken. Nun aber sage mir ernstlich, was du darüber denkst, was du davon weißt." Hierauf erwiderte Montan: „Ich weiß so viel wie sie und möchte darüber gar nicht denken." — „Hier aber", versetzte Wilhelm, „sind so viele widersprechende Meinungen, und man sagt ja, die Wahrheit liege in der Mitte." — „Keineswegs!" erwiderte Montan: „in der Mitte bleibt das Problem liegen, unerforschlich vielleicht, vielleicht auch zugänglich, wenn man es darnach anfängt."

Nachdem nun auf diese Weise noch einiges hin und wider gesprochen worden, fuhr Montan vertraulich fort: „Du tadelst mich, daß ich einem jeden in seiner Meinung nachhalf, wie sich denn für alles noch immer ein ferneres Argument auffinden läßt; ich vermehrte die Verwirrung dadurch, das ist wahr, eigentlich aber kann ich es mit diesem Geschlecht nicht mehr ernstlich nehmen. Ich habe mich durchaus überzeugt, das Liebste, und das sind doch unsre Überzeugungen, muß jeder im tiefsten Ernst bei sich selbst bewahren, jeder weiß nur für sich, was er weiß, und das muß er geheimhalten; wie er es ausspricht, sogleich ist der Widerspruch rege, und wie er sich in Streit einläßt, kommt er in sich selbst aus dem Gleichgewicht, und sein Bestes wird, wo nicht vernichtet, doch gestört."

Durch einige Gegenrede Wilhelms veranlaßt, erklärte Montan sich ferner: „Wenn man einmal weiß, worauf alles ankommt, hört man auf, gesprächig zu sein." — „Worauf kommt nun aber alles an?" versetzte Wilhelm hastig. — „Das ist bald gesagt", versetzte jener. „Denken und Tun, Tun und Denken, das ist die Summe aller Weisheit, von jeher anerkannt, von jeher geübt, nicht eingesehen von einem jeden. Beides muß wie Aus- und Einatmen sich im Leben ewig fort hin und wider bewegen; wie Frage und Antwort sollte eins ohne das andere nicht stattfinden. Wer sich zum Gesetz macht, was einem jeden Neugebornen der Genius des Menschenverstandes heimlich ins Ohr flüstert, das Tun am Denken, das Denken am Tun zu prüfen, der kann nicht irren, und irrt er, so wird er sich bald auf den rechten Weg zurückfinden."

Montan geleitete seinen Freund nunmehr in dem Bergrevier methodisch umher, überall begrüßt von einem derben „Glück auf!", welches sie heiter zurückgaben. „Ich möchte wohl", sagte Montan, „ihnen manchmal zurufen: ‚Sinn auf!', denn Sinn ist mehr als Glück; doch die Menge hat immer Sinn genug, wenn die Obern damit begabt sind. Weil ich nun hier, wo nicht zu befehlen, doch zu raten habe, bemüht' ich mich, die Eigenschaft des Gebirgs kennen zu lernen. Man strebt leidenschaftlich nach den Metallen, die es enthält. Nun habe ich mir auch das Vorkommen derselben aufzuklären gesucht, und es ist mir gelungen. Das Glück tut's nicht allein, sondern der Sinn, der das Glück herbeiruft, um es zu regeln. Wie diese Gebirge hier entstanden sind, weiß ich nicht, will's auch nicht wissen; aber ich trachte täglich, ihnen ihre Eigentümlichkeit abzugewinnen. Auf Blei und Silber ist man erpicht, das sie in ihrem Busen tragen; ich weiß es zu entdecken: das Wie?

behalt' ich für mich und gebe Veranlassung, das Gewünschte zu finden. Auf mein Wort unternimmt man's versuchsweise, es gelingt, und man sagt, ich habe Glück. Was ich verstehe, versteh' ich mir, was mir gelingt, gelingt mir für andere, und niemand denkt, daß es ihm auf diesem Wege gleichfalls gelingen könne. Sie haben mich in Verdacht, daß ich eine Wünschelrute besitze, sie merken aber nicht, daß sie mir widersprechen, wenn ich etwas Vernünftiges vorbringe, und daß sie dadurch sich den Weg abschneiden zu dem Baum des Erkenntnisses, wo diese prophetischen Reiser zu brechen sind."

Ermutigt an diesen Gesprächen, überzeugt, daß auch ihm durch sein bisheriges Tun und Denken geglückt, in einem weit entlegenen Fache, dem Hauptsinne nach, seines Freundes Forderungen sich gleichzustellen, gab er nunmehr Rechenschaft von der Anwendung seiner Zeit, seitdem er die Vergünstigung erlangt, die auferlegte Wanderschaft nicht nach Tagen und Stunden, sondern dem wahren Zweck einer vollständigen Ausbildung gemäß einzuteilen und zu benutzen.

Hier nun war zufälligerweise vieles Redens keine Not, denn ein bedeutendes Ereignis gab unserm Freunde Gelegenheit, sein erworbenes Talent geschickt und glücklich anzuwenden und sich der menschlichen Gesellschaft als wahrhaft nützlich zu erweisen.

Welcher Art aber dies gewesen, dürfen wir im Augenblicke noch nicht offenbaren, obgleich der Leser bald, noch ehe er diesen Band aus den Händen legt, davon genugsam unterrichtet sein wird.

ZEHNTES KAPITEL

Hersilie an Wilhelm

Die ganze Welt wirft mir seit langen Jahren vor, ich sei ein launig-wunderliches Mädchen. Mag ich's doch sein, so bin ich's ohne mein Verschulden. Die Leute mußten Geduld mit mir haben, und nun brauche ich Geduld mit mir selber, mit meiner Einbildungskraft, die mir Vater und

Sohn, bald zusammen, bald wechselsweise, hin und wieder vor die Augen führt. Ich komme mir vor wie eine unschuldige Alkmene, die von zwei Wesen, die einander vorstellen, unablässig heimgesucht wird.

Ich habe Ihnen viel zu sagen, und doch schreibe ich Ihnen, so scheint es, nur, wenn ich ein Abenteuer zu erzählen habe; alles übrige ist auch abenteuerlich zwar, aber kein Abenteuer. Nun also zu dem heutigen:

Ich sitze unter den hohen Linden und mache soeben ein Brieftäschchen fertig, ein sehr zierliches, ohne deutlichst zu wissen, wer es haben soll, Vater oder Sohn, aber gewiß einer von beiden; da kommt ein junger Tabulettkrämer mit Körbchen und Kästchen auf mich zu, er legitimiert sich bescheiden durch einen Schein des Beamten, daß ihm erlaubt sei, auf den Gütern zu hausieren; ich besehe seine Sächelchen bis in die unendlichen Kleinigkeiten, deren niemand bedarf und die jedermann kauft aus kindischem Trieb, zu besitzen und zu vergeuden. Der Knabe scheint mich aufmerksam zu betrachten. Schöne schwarze, etwas listige Augen, wohlgezeichnete Augenbraunen, reiche Locken, blendende Zahnreihen, genug, Sie verstehen mich, etwas Orientalisches.

Er tut mancherlei Fragen, auf die Personen der Familie bezüglich, denen er allenfalls etwas anbieten dürfte; durch allerlei Wendungen weiß er es einzuleiten, daß ich mich ihm nenne. „Hersilie", spricht er bescheiden, „wird Hersilie verzeihen, wenn ich eine Botschaft ausrichte?" Ich sehe ihn verwundert an, er zieht das kleinste Schiefertäfelchen hervor, in ein weißes Rähmchen gefaßt, wie man sie im Gebirg für die kindischen Anfänge des Schreibens zubereitet; ich nehm' es an, sehe es beschrieben und lese die mit scharfem Griffel sauber eingegrabene Inschrift:

„Felix
liebt
Hersilien.
Der Stallmeister
kommt bald."

Ich bin betroffen, ich gerate in Verwunderung über das, was ich in der Hand halte, mit Augen sehe, am meisten darüber, daß das Schicksal sich fast noch wunderlicher beweisen will, als ich selbst bin. — „Was soll das!“ sag’ ich zu mir, und der kleine Schalk ist mir gegenwärtiger als je, ja es ist mir, als ob sein Bild sich mir in die Augen hineinbohrte.

Nun fang’ ich an zu fragen und erhalte wunderliche, unbefriedigende Antworten; ich examiniere, und erfahre nichts; ich denke nach, und kann die Gedanken nicht recht zusammenbringen. Zuletzt verknüpf’ ich aus Reden und Widerreden so viel, daß der junge Krämer auch die pädagogische Provinz durchzogen, das Vertrauen meines jungen Verehrers erworben, welcher auf ein erhandeltes Täfelchen die Inschrift geschrieben und ihm für ein Wörtchen Antwort die besten Geschenke versprochen. Er reichte mir sodann ein gleiches Täfelchen, deren er mehrere in seinem Warenbesteck vorwies, zugleich einen Griffel, wobei er so freundlich drang und bat, daß ich beides annahm, dachte, wieder dachte, nichts erdenken konnte und schrieb:

„Hersiliens
Gruß
an Felix.
Der Stallmeister
halte sich gut.“

Ich betrachtete das Geschriebene und fühlte Verdruß über den ungeschickten Ausdruck. Weder Zärtlichkeit, noch Geist, noch Witz, bloße Verlegenheit, und warum? Vor einem Knaben stand ich, an einen Knaben schrieb ich; sollte mich das aus der Fassung bringen? Ich glaube gar, ich seufzte, und war eben im Begriff, das Geschriebene wegzuwischen; aber jener nahm es mir so zierlich aus der Hand, bat mich um irgendeine fürsorgliche Einhüllung, und so geschah’s, daß ich, weiß ich doch nicht, wie’s geschah, das Täfelchen in das Brieftäschchen steckte, das Band darumschlang und zugeheftet dem Knaben hinreichte, der es mit Anmut ergriff, sich tief verneigend einen Augenblick zauderte, daß ich eben noch Zeit hatte, ihm mein Beutelchen in die Hand zu drücken, und mich schalt, ihm nicht genug gegeben zu haben. Er entfernte sich schicklich eilend und war, als ich ihm nachblickte, schon verschwunden, ich begriff nicht recht wie.

Nun ist es vorüber, ich bin schon wieder auf dem gewöhnlichen, flachen Tagesboden und glaube kaum an die Erscheinung. Halte ich nicht das Täfelchen in der Hand? Es ist gar zierlich, die Schrift gar schön und sorgfältig gezogen; ich glaube, ich hätte es geküßt, wenn ich die Schrift auszulöschen nicht fürchtete.

Ich habe mir Zeit genommen, nachdem ich Vorstehendes geschrieben; was ich aber auch darüber denke, will immer nicht fördern. Allerdings etwas Geheimnisvolles war in der Figur; dergleichen sind jetzt im Roman nicht zu entbehren, sollten sie uns denn auch im Leben begegnen? Angenehm, doch verdächtig, fremdartig, doch Vertrauen erregend; warum schied er auch vor aufgelöster Verwirrung? warum hatt' ich nicht Gegenwart des Geistes genug, um ihn schicklicherweise festzuhalten?

Nach einer Pause nehm' ich die Feder abermals zur Hand, meine Bekenntnisse fortzusetzen. Die entschiedene, fortdauernde Neigung eines zum Jüngling heranreifenden Knaben wollte mir schmeicheln; da aber fiel mir ein, daß es nichts Seltenes sei, in diesem Alter nach älteren Frauen sich umzusehen. Fürwahr, es gibt eine geheimnisvolle Neigung jüngerer Männer zu älteren Frauen. Sonst, da es mich nicht selbst betraf, lachte ich darüber und wollte boshafterweise gefunden haben: es sei eine Erinnerung an die Ammen- und Säuglingszärtlichkeit, von der sie sich kaum losgerissen haben. Jetzt ärgert's mich, mir die Sache so zu denken; ich erniedrige den guten Felix zur Kindheit herab, und mich sehe ich doch auch nicht in einer vorteilhaften Stellung. Ach welch ein Unterschied ist es, ob man sich oder die andern beurteilt.

EILFTES KAPITEL

Wilhelm an Natalien

Schon Tage geh' ich umher und kann die Feder anzusetzen mich nicht entschließen; es ist so mancherlei zu sagen, mündlich fügte sich wohl eins ans andere, entwickelte sich auch wohl leicht eins aus dem andern; laß mich daher, den Entfernten, nur mit dem Allgemeinsten beginnen, es leitet mich doch zuletzt aufs Wunderliche, was ich mitzuteilen habe.

Du hast von dem Jüngling gehört, der, am Ufer des Meeres spazierend, einen Ruderpflock fand; das Interesse, das er daran nahm, bewog ihn, ein Ruder anzuschaffen, als notwendig dazu gehörend. Dies aber war nun auch weiter nichts nütze; er trachtete ernstlich nach einem Kahn und gelangte dazu. Jedoch war Kahn, Ruder und Ruderpflock nicht sonderlich fördernd, er verschaffte sich Segelstangen und Segel und so nach und nach, was zur Schnelligkeit und Bequemlichkeit der Schiffahrt erforderlich ist. Durch zweckmäßiges Bestreben gelangt er zu größerer Fertigkeit und Geschicklichkeit, das Glück begünstigt ihn, er sieht sich endlich als Herr und Patron eines größern Fahrzeugs, und so steigert sich das Gelingen, er gewinnt Wohlhaben, Ansehen und Namen unter den Seefahrern. —

Indem ich nun dich veranlasse, diese artige Geschichte wieder zu lesen, muß ich bekennen, daß sie nur im weitesten Sinne hierher gehört, jedoch mir den Weg bahnt, dasjenige auszudrücken, was ich vorzutragen habe. Indessen muß ich noch einiges Entferntere durchgehen.

Die Fähigkeiten, die in dem Menschen liegen, lassen sich einteilen in allgemeine und besondere, die allgemeinen sind anzusehen als gleichgültig-ruhende Fähigkeiten, die nach Umständen geweckt und zufällig zu diesem oder jenem Zweck bestimmt werden. Die Nachahmungsgabe des Menschen ist allgemein, er will nachmachen, nachbilden, was er sieht, auch ohne die mindesten innern und äußern Mittel zum Zwecke. Natürlich ist es daher immer, daß er leisten will, was er leisten sieht; das Natürlichste jedoch wäre, daß der Sohn des Vaters Beschäftigung ergriffe. Hier ist alles beisammen: eine vielleicht im Besondern schon angeborne, in ursprünglicher Richtung entschiedene Fähigkeit, sodann eine folgerecht stufenweis fortschreitende Übung und ein entwickeltes Talent, das uns nötigte, auch alsdann auf dem eingeschlagenen Wege fortzuschreiten, wenn andere Triebe sich in uns entwickeln und uns eine freie Wahl zu einem Geschäft führen dürfte, zu dem uns die Natur weder Anlage noch Beharrlichkeit verliehen. Im Durchschnitt sind daher die Menschen am glücklichsten, die ein angebornes, ein Familientalent im häuslichen Kreise auszubilden Gelegenheit finden. Wir haben solche Malerstammbäume gesehen; darunter waren freilich schwache Talente, indessen lieferten sie doch etwas Brauchbares und vielleicht Besseres, als sie bei mäßigen Naturkräften aus eigner Wahl in irgendeinem andern Fache geleistet hätten.

Da dieses aber auch nicht ist, was ich sagen wollte, so muß ich meinen Mitteilungen von irgendeiner andern Seite näher zu kommen suchen.

Das ist nun das Traurige der Entfernung von Freunden, daß wir die Mittelglieder, die Hülfsglieder unserer Gedanken, die sich in der Gegenwart so flüchtig wie Blitze wechselseitig entwickeln und durchweben, nicht in augenblicklicher Verknüpfung und Verbindung vorführen und vortragen können. Hier also zunächst eine der frühsten Jugendgeschichten.

Wir in einer alten, ernsten Stadt erzogenen Kinder hatten die Begriffe von Straßen, Plätzen, von Mauern gefaßt, sodann auch von Wällen, dem Glacis und benachbarten ummauerten Gärten. Uns aber einmal, oder vielmehr sich selbst ins Freie zu führen, hatten unsere Eltern längst mit Freunden auf dem Lande eine immerfort verschobene Partie verabredet. Dringender endlich zum Pfingstfeste ward Einladung und Vorschlag, denen man nur unter der Bedingung sich fügte: alles so einzuleiten, daß man zu Nacht wieder zu Hause sein könnte; denn außer seinem längst gewohnten Bette zu schlafen, schien eine Unmöglichkeit. Die Freuden des Tags so eng zu konzentrieren, war freilich schwer: zwei Freunde sollten besucht und ihre Ansprüche auf seltene Unterhaltung befriedigt werden; indessen hoffte man, mit großer Pünktlichkeit alles zu erfüllen.

Am dritten Feiertag, mit dem frühsten, standen alle munter und bereit, der Wagen fuhr zur bestimmten Stunde vor, bald hatten wir alles Beschränkende der Straßen, Tore, Brücken und Stadtgräben hinter uns gelassen, eine freie, weitausgebreitete Welt tat sich vor den Unerfahrnen auf. Das durch einen Nachtregen erst erfrischte Grün der Fruchtfelder und Wiesen, das mehr oder weniger hellere der eben aufgebrochenen Strauch- und Baumknospen, das nach allen Seiten hin blendend sich verbreitende Weiß der Baumblüte, alles gab uns den Vorschmack glücklicher, paradiesischer Stunden.

Zu rechter Zeit gelangten wir auf der ersten Station bei einem würdigen Geistlichen an. Freundlichst empfangen, konnten wir bald gewahr werden, daß die aufgehobene kirchliche Feier den Ruhe und Freiheit suchenden Gemütern nicht entnommen war. Ich betrachtete den ländlichen Haushalt zum erstenmal mit freudigem Anteil; Pflug und Egge, Wagen und Karren deuteten auf unmittelbare Benutzung, selbst der widrig anzuschauende Unrat schien das Unentbehrlichste im ganzen Kreise: sorgfältig war er gesammelt und gewissermaßen zierlich aufbewahrt. Doch dieser auf das Neue und doch Begreifliche gerichtete frische Blick ward gar bald auf ein Genießbares geheftet: appetitliche Kuchen, frische Milch und sonst mancher ländliche Leckerbissen ward von uns begierig in Betracht gezogen. Eilig beschäftigten sich nunmehr die Kinder, den kleinen Hausgarten und die wirtliche Laube verlassend, in dem angrenzenden Baumstück ein Geschäft zu vollbringen, das eine alte, wohlgesinnte Tante ihnen aufgetragen hatte. Sie sollten nämlich so viel Schlüsselblumen als möglich sammeln und solche getreulich mit zur Stadt bringen, indem die haushältische Matrone gar allerlei gesundes Getränk daraus zu bereiten gewohnt war.

Indem wir nun in dieser Beschäftigung auf Wiesen, an Rändern und Zäunen hin und wider liefen, gesellten sich mehrere Kinder des Dorfs zu uns, und der liebliche Duft gesammelter Frühlingsblumen schien immer erquickender und balsamischer zu werden.

Wir hatten nun schon so eine Masse Stengel und Blüten zusammengebracht, daß wir nicht wußten, wo mit hin; man fing jetzt an, die gelblichen Röhrenkronen auszuzupfen, denn um sie war es denn eigentlich doch nur zu tun; jeder suchte in sein Hütchen, sein Mützchen möglichst zu sammeln.

Der ältere dieser Knaben jedoch, an Jahren wenig vor mir voraus, der Sohn des Fischers, den dieses Blumengetändel nicht zu freuen schien, ein Knabe, der mich bei seinem ersten Auftreten gleich besonders angezogen hatte, lud mich ein, mit ihm nach dem Fluß zu gehen, der, schon ansehnlich breit, in weniger Entfernung vorbeifloß. Wir setzten uns mit ein paar Angelruten an eine schattige Stelle, wo im tiefen, ruhig klaren Wasser gar manches Fischlein sich hin und her bewegte. Freundlich wies er mich an, worum es zu tun, wie der Köder am Angel zu befestigen sei, und es gelang mir einigemal hintereinander, die kleinsten dieser zarten Geschöpfe wider ihren Willen in die Luft herauszuschnellen. Als wir nun so zusammen aneinandergelehnt beruhigt saßen, schien er zu langweilen und machte mich auf einen flachen Kies aufmerksam, der von unserer Seite sich in den Strom hinein erstreckte. Da sei die schönste Gelegenheit zu baden. Er könne, rief er, endlich aufspringend, der Versuchung nicht widerstehen, und ehe ich mich's versah, war er unten, ausgezogen und im Wasser.

Da er sehr gut schwamm, verließ er bald die seichte Stelle, übergab sich dem Strom und kam bis an mich in dem tieferen Wasser heran; mir war ganz wunderlich zumute geworden. Grashupfer tanzten um mich her, Ameisen krabbelten heran, bunte Käfer hingen an den Zweigen, und goldschimmernde Sonnenjungfern, wie er sie genannt hatte, schwebten und schwankten geisterartig zu meinen Füßen, eben als jener, einen großen Krebs zwischen Wurzeln hervorholend, ihn lustig aufzeigte, um ihn gleich wieder an den alten Ort zu bevorstehendem Fange geschickt zu verbergen. Es war umher so warm und so feucht, man sehnte sich aus der Sonne in den Schatten, aus der Schattenkühle hinab ins kühlere Wasser. Da war es denn ihm leicht, mich hinunterzulocken, eine nicht oft wiederholte Einladung fand ich unwiderstehlich und war, mit einiger Furcht vor den Eltern, wozu sich die Scheu vor dem unbekannten Elemente gesellte, in ganz wunderlicher Bewegung. Aber bald auf dem Kies entkleidet, wagt' ich mich sachte ins Wasser, doch nicht tiefer, als es der leise abhängige Boden erlaubte; hier ließ er mich weilen, entfernte sich in dem tragenden Elemente, kam wieder, und als er sich heraushob, sich aufrichtete, im höheren Sonnenschein sich abzutrocknen, glaubt' ich meine Augen von einer dreifachen Sonne geblendet: so schön war die menschliche Gestalt, von der ich nie einen Begriff gehabt. Er schien mich mit gleicher Aufmerksamkeit zu betrachten. Schnell angekleidet standen wir uns noch immer unverhüllt gegeneinander, unsere Gemüter zogen sich an, und unter den feurigsten Küssen schwuren wir eine ewige Freundschaft.

Sodann aber eilig eilig gelangten wir nach Hause, gerade zur rechten Zeit, als die Gesellschaft den angenehmsten Fußweg durch Busch und Wald etwa anderthalb Stunden nach der Wohnung des Amtmanns antrat. Mein Freund begleitete mich, wir schienen schon unzertrennlich; als ich aber hälftewegs um Erlaubnis bat, ihn mit in des Amtmanns Wohnung zu nehmen, verweigerte es die Pfarrerin, mit stiller Bemerkung des Unschicklichen, dagegen gab sie ihm den dringenden Auftrag: er solle seinem rückkehrenden Vater ja sagen, sie müsse bei ihrer Nachhausekunft notwendig schöne Krebse vorfinden, die sie den Gästen als eine Seltenheit nach der Stadt mitgeben wolle. Der Knabe schied, versprach aber mit Hand und Mund, heute abend an dieser Waldecke meiner zu warten.

Die Gesellschaft gelangte nunmehr zum Amthause, wo wir auch einen ländlichen Zustand antrafen, doch höherer Art. Ein durch die Schuld der übertätigen Hausfrau sich verspätendes Mittagessen machte mich nicht ungeduldig, denn der Spaziergang in einem wohlgehaltenen Ziergarten, wohin die Tochter, etwas jünger als ich, mir den Weg begleitend anwies, war mir höchst unterhaltend. Frühlingsblumen aller Art standen in zierlich gezeichneten Feldern, sie ausfüllend oder ihre Ränder schmückend. Meine Begleiterin war schön, blond, sanftmütig, wir gingen vertraulich zusammen, faßten uns bald bei der Hand und schienen nichts Besseres zu wünschen. So gingen wir an Tulpenbeeten vorüber, so an gereihten Narzissen und Jonquillen; sie zeigte mir verschiedene Stellen, wo eben die herrlichsten Hyazinthenglocken schon abgeblüht hatten. Dagegen war auch für die folgenden Jahrszeiten gesorgt: schon grünten die Büsche der künftigen Ranunkeln und Anemonen; die auf zahlreiche Nelkenstöcke verwendete Sorgfalt versprach den mannigfaltigsten Flor; näher aber knospete schon die Hoffnung vielblumiger Lilienstengel gar weislich zwischen Rosen verteilt. Und wie manche Laube versprach nicht zunächst mit Geißblatt, Jasmin, reben- und rankenartigen Gewächsen zu prangen und zu schatten.

Betracht' ich nach so viel Jahren meinen damaligen Zustand, so scheint er mir wirklich beneidenswert. Unerwartet, in demselbigen Augenblick, ergriff mich das Vorgefühl von Freundschaft und Liebe. Denn als ich ungern Abschied nahm von dem schönen Kinde, tröstete mich der Gedanke, diese Gefühle meinem jungen Freunde zu eröffnen, zu vertrauen und seiner Teilnahme zugleich mit diesen frischen Empfindungen mich zu freuen.

Und wenn ich hier noch eine Betrachtung anknüpfe, so darf ich wohl bekennen: daß im Laufe des Lebens mir jenes erste Aufblühen der Außenwelt als die eigentliche

Originalnatur vorkam, gegen die alles übrige, was uns nachher zu den Sinnen kommt, nur Kopien zu sein scheinen, die bei aller Annäherung an jenes doch des eigentlich ursprünglichen Geistes und Sinnes ermangeln.

Wie müßten wir verzweifeln, das Äußere so kalt, so leblos zu erblicken, wenn nicht in unserm Innern sich etwas entwickelte, das auf eine ganz andere Weise die Natur verherrlicht, indem es uns selbst in ihr zu verschönen eine schöpferische Kraft erweist.

Es dämmerte schon, als wir uns der Waldecke wieder näherten, wo der junge Freund meiner zu warten versprochen hatte. Ich strengte die Sehkraft möglichst an, um seine Gegenwart zu erforschen; als es mir nicht gelingen wollte, lief ich ungeduldig der langsam schreitenden Gesellschaft voraus, rannte durchs Gebüsche hin und wider. Ich rief, ich ängstigte mich; er war nicht zu sehen und antwortete nicht; ich empfand zum erstenmal einen leidenschaftlichen Schmerz, doppelt und vielfach.

Schon entwickelte sich in mir die unmäßige Forderung vertraulicher Zuneigung, schon war es ein unwiderstehlich Bedürfnis, meinen Geist von dem Bilde jener Blondine durch Plaudern zu befreien, mein Herz von den Gefühlen zu erlösen, die sie in mir aufgeregt hatte. Es war voll, der Mund lispelte schon, um überzufließen; ich tadelte laut den guten Knaben wegen verletzter Freundschaft, wegen vernachlässigter Zusage.

Bald aber sollten mir schwerere Prüfungen zugedacht sein. Aus den ersten Häusern des Ortes stürzten Weiber schreiend heraus, heulende Kinder folgten, niemand gab Red' und Antwort. Von der einen Seite her um das Eckhaus sahen wir einen Trauerzug herumziehen, er bewegte sich langsam die lange Straße hin; es schien wie ein Leichenzug, aber ein vielfacher; des Tragens und Schleppens war kein Ende. Das Geschrei dauerte fort, es vermehrte sich, die Menge lief zusammen. „Sie sind ertrunken, alle, sämtlich ertrunken! Der! wer? welcher?“ Die Mütter, die ihre Kinder um sich sahen, schienen getröstet. Aber ein ernster Mann trat heran und sprach zur Pfarrerin: „Unglücklicherweise bin ich zu lange außen geblieben, ertrunken ist Adolf selbfünfe, er wollte sein Versprechen halten und meins.“ Der Mann, der Fischer selbst war es, ging weiter dem Zuge nach, wir standen erschreckt und erstarrt. Da trat ein kleiner Knabe heran, reichte einen Sack dar: „Hier die Krebse, Frau Pfarrerin“, und hielt das Zeichen hoch in die Höhe. Man entsetzte sich davor wie vor dem Schädlichsten, man fragte, man forschte und erfuhr so viel: dieser letzte Kleine war am Ufer geblieben, er las die Krebse auf, die sie ihm von unten zuwarfen. Alsdann aber nach vielem Fragen und Widerfragen erfuhr man: Adolf mit zwei verständigen Knaben sei unten am und im Wasser hingegangen, zwei andere, jüngere haben sich ungebeten dazu gesellt, die durch kein Schelten und Drohen abzuhalten gewesen. Nun waren über eine steinige, gefährliche Stelle die ersten fast hinaus, die letzten gleiteten, griffen zu und zerrten immer einer den andern hinunter; so geschah es zuletzt auch dem Vordersten, und alle stürzten in die Tiefe. Adolf, als guter Schwimmer, hätte sich gerettet, alles aber hielt in der Angst sich an ihn, er ward niedergezogen. Dieser Kleine sodann war schreiend ins Dorf gelaufen, seinen Sack mit Krebsen fest in den Händen. Mit andern Aufgerufenen eilte der zufällig spät rückkehrende Fischer dorthin; man hatte sie nach und nach herausgezogen, tot gefunden, und nun trug man sie herein.

Der Pfarrherr mit dem Vater gingen bedenklich dem Gemeindehause zu; der volle Mond war aufgegangen und beleuchtete die Pfade des Todes; ich folgte leidenschaftlich, man wollte mich nicht einlassen; ich war im schrecklichsten Zustande. Ich umging das Haus und rastete nicht; endlich ersah ich meinen Vorteil und sprang zum offenen Fenster hinein.

In dem großen Saale, wo Versammlungen aller Art gehalten werden, lagen die Unglückseligen auf Stroh, nackt, ausgestreckt, glänzend-weiße Leiber, auch bei düsterm Lampenschein hervorleuchtend. Ich warf mich auf den größten, auf meinen Freund; ich wüßte nicht von meinem Zustand zu sagen, ich weinte bitterlich und überschwemmte seine breite Brust mit unendlichen Tränen. Ich hatte etwas von Reiben gehört, das in solchem Falle hülfreich sein sollte, ich rieb meine Tränen ein und belog mich mit der Wärme, die ich erregte. In der Verwirrung dacht' ich ihm Atem einzublasen, aber die Perlenreihen seiner Zähne waren fest verschlossen, die Lippen, auf denen der Abschiedskuß noch zu ruhen schien, versagten auch das leiseste Zeichen der Erwiderung. An menschlicher Hülfe verzweifelnd, wandt' ich mich zum Gebet; ich flehte, ich betete, es war mir, als wenn ich in diesem Augenblicke Wunder tun müßte, die noch inwohnende Seele hervorzurufen, die noch in der Nähe schwebende wieder hineinzulocken.

Man riß mich weg; weinend, schluchzend saß ich im Wagen und vernahm kaum, was die Eltern sagten: unsere Mutter, was ich nachher so oft wiederholen hörte, hatte sich in den Willen Gottes ergeben. Ich war indessen eingeschlafen und erwachte verdüstert am späten Morgen in einem rätselhaften, verwirrten Zustande.

Als ich mich aber zum Frühstück begab, fand ich Mutter, Tante und Köchin in wichtiger Beratung. Die Krebse sollten nicht gesotten, nicht auf den Tisch gebracht werden; der Vater wollte eine so unmittelbare Erinnerung an das nächstvergangene Unglück nicht erdulden. Die Tante schien sich dieser seltenen Geschöpfe eifrigst bemächtigen zu wollen, schalt aber nebenher auf mich, daß wir die Schlüsselblumen mitzubringen versäumt; doch schien sie sich bald hierüber zu beruhigen, als man jene lebhaft durcheinander kriechenden Mißgestalten ihr zu beliebiger Verfügung übergab, worauf sie denn deren weitere Behandlung mit der Köchin verabredete.

Um aber die Bedeutung dieser Szene klar zu machen, muß ich von dem Charakter und dem Wesen dieser Frau das Nähere vermelden: Die Eigenschaften, von denen sie beherrscht wurde, konnte man, sittlich betrachtet, keineswegs rühmen; und doch brachten sie, bürgerlich und politisch angesehen, manche gute Wirkung hervor. Sie war im eigentlichen Sinne geldgeizig, denn es dauerte sie jeder bare Pfennig, den sie aus der Hand geben sollte, und sah sich überall für ihre Bedürfnisse nach Surrogaten um, welche man umsonst, durch Tausch oder irgendeine Weise beischaffen konnte. So waren die Schlüsselblumen zum Tee bestimmt, den sie für gesünder hielt als irgendeinen chinesischen. Gott habe einem jeden Land das Notwendige verliehen, es sei nun zur Nahrung, zur Würze, zur Arzenei; man brauche sich deshalb nicht an fremde Länder zu wenden. So besorgte sie in einem kleinen Garten alles, was nach ihrem Sinn die Speisen schmackhaft mache und Kranken zuträglich wäre: sie besuchte keinen fremden Garten, ohne dergleichen von da mitzubringen.

Diese Gesinnung und was daraus folgte, konnte man ihr sehr gerne zugeben, da ihre emsig gesammelte Barschaft der Familie doch endlich zugute kommen sollte; auch wußten Vater und Mutter hierin durchaus ihr nachzugeben und förderlich zu sein.

Eine andere Leidenschaft jedoch, eine tätige, die sich unermüdet geschäftig hervortat, war der Stolz, für eine bedeutende, einflußreiche Person gehalten zu werden. Und sie hatte fürwahr diesen Ruhm sich verdient und erreicht; denn die sonst unnützen, sogar oft schädlichen unter Frauen obwaltenden Klatschereien wußte sie zu ihrem Vorteil anzuwenden. Alles, was in der Stadt vorging, und daher auch das Innere der Familien, war ihr genau bekannt, und es ereignete sich nicht leicht ein zweifelhafter Fall, in den sie sich nicht zu mischen gewußt hätte, welches ihr um desto mehr gelang, als sie immer nur zu nutzen trachtete, dadurch aber ihren Ruhm und guten Namen zu steigern wußte. Manche Heirat hatte sie geschlossen, wobei wenigstens der eine Teil vielleicht zufrieden blieb. Was sie aber am meisten beschäftigte, war das Fördern und Befördern solcher Personen, die ein Amt, eine Anstellung suchten, wodurch sie sich denn wirklich eine große Anzahl Klienten erwarb, deren Einfluß sie dann wieder zu benutzen wußte.

Als Witwe eines nicht unbedeutenden Beamten, eines rechtlichen, strengen Mannes, hatte sie denn doch gelernt, wie man diejenigen durch Kleinigkeiten gewinnt, denen man durch bedeutendes Anerbieten nicht beikommen kann.

Um aber ohne fernere Weitläufigkeit auf dem betretenen Pfade zu bleiben, sei zunächst bemerkt, daß sie auf einen Mann, der eine wichtige Stelle bekleidete, sich großen Einfluß zu verschaffen gewußt. Er war geizig gleich ihr, und zu seinem Unglück ebenso speiselustig und genäschig. Ihm also unter irgendeinem Vorwande ein schmackhaftes Gericht auf die Tafel zu bringen, blieb ihre erste Sorge. Sein Gewissen war nicht das zarteste, aber auch sein Mut, seine Verwegenheit mußte in Anspruch genommen werden, wenn er in bedenklichen Fällen den Widerstand seiner Kollegen überwinden und die Stimme der Pflicht, die sie ihm entgegensetzten, übertäuben sollte.

Nun war gerade der Fall, daß sie einen Unwürdigen begünstigte; sie hatte das möglichste getan, ihn einzuschieben; die Angelegenheit hatte für sie eine günstige Wendung genommen, und nun kamen ihr die Krebse, dergleichen man freilich selten gesehen, glücklicherweise zustatten. Sie sollten sorgfältig gefüttert und nach und nach dem hohen Gönner, der gewöhnlich ganz allein sehr kärglich speiste, auf die Tafel gebracht werden.

Übrigens gab der unglückliche Vorfall zu manchen Gesprächen und geselligen Bewegungen Anlaß. Mein Vater war jener Zeit einer der ersten, der seine Betrachtung, seine Sorge über die Familie, über die Stadt hinaus zu erstrecken durch einen allgemeinen, wohlwollenden Geist getrieben ward. Die großen Hindernisse, welche der Einimpfung der Blattern anfangs entgegenstanden, zu beseitigen, war er mit verständigen Ärzten und Polizeiverwandten bemüht. Größere Sorgfalt in den Hospitälern, menschlichere Behandlung der Gefangenen und was sich hieran ferner schließen mag, machte das Geschäft wo nicht seines Lebens, doch seines Lesens und Nachdenkens; wie er denn auch seine Überzeugung überall aussprach und dadurch manches Gute bewirkte.

Er sah die bürgerliche Gesellschaft, welcher Staatsform sie auch untergeordnet wäre, als einen Naturzustand an, der sein Gutes und sein Böses habe, seine gewöhnlichen Lebensläufe, abwechselnd reiche und kümmerliche Jahre, nicht weniger zufällig und unregelmäßig Hagelschlag, Wasserfluten und Brandschäden; das Gute sei zu ergreifen und zu nutzen, das Böse abzuwenden oder zu ertragen; nichts aber, meinte er, sei wünschenswerter als die Verbreitung des allgemeinen guten Willens, unabhängig von jeder andern Bedingung.

In Gefolg einer solchen Gemütsart mußte er nun bestimmt werden, eine schon früher angeregte wohltätige Angelegenheit wieder zur Sprache zu bringen; es war die Wiederbelebung der für tot Gehaltenen, auf welche Weise sich auch die äußern Zeichen des Lebens möchten verloren haben. Bei solchen Gesprächen erhorchte ich mir nun, daß man bei jenen Kindern das Umgekehrte versucht und angewendet, ja sie gewissermaßen erst ermordet; ferner hielt man dafür, daß durch einen Aderlaß vielleicht ihnen allen wäre zu helfen gewesen. In meinem jugendlichen Eifer nahm ich mir daher im stillen vor, ich wollte keine Gelegenheit versäumen, alles zu lernen, was in solchem Falle nötig wäre, besonders das Aderlassen und was dergleichen Dinge mehr waren.

Allein wie bald nahm mich der gewöhnliche Tag mit sich fort. Das Bedürfnis nach Freundschaft und Liebe war aufgeregt, überall schaut' ich mich um, es zu befriedigen. Indessen ward Sinnlichkeit, Einbildungskraft und Geist durch das Theater übermäßig beschäftigt; wie weit ich hier geführt und verführt worden, darf ich nicht wiederholen.

Wenn ich nun aber nach dieser umständlichen Erzählung zu bekennen habe, daß ich noch immer nicht ans Ziel meiner Absicht gelangt sei und daß ich nur durch einen Umweg dahin zu gelangen hoffen darf, was soll ich da sagen! wie kann ich mich entschuldigen! Allenfalls hätte ich folgendes vorzubringen: Wenn es dem Humoristen erlaubt ist, das Hundertste ins Tausendste durcheinanderzuwerfen, wenn er kecklich seinem Leser überläßt, das, was allenfalls daraus zu nehmen sei, in halber Bedeutung endlich aufzufinden, sollte es dem Verständigen, dem Vernünftigen nicht zustehen, auf eine seltsam scheinende Weise ringsumher nach vielen Punkten hinzuwirken, damit man sie in *einem* Brennpunkte zuletzt abgespielt und zusammengefaßt erkenne, einsehen lerne, wie die verschiedensten Einwirkungen den Menschen umringend zu einem Entschluß treiben, den er auf keine andere Weise, weder aus innerm Trieb noch äußerm Anlaß, hätte ergreifen können?

Bei dem Mannigfaltigen, was mir noch zu sagen übrigbleibt, habe ich die Wahl, was ich zuerst vornehmen will; aber auch dies ist gleichgültig, du mußt dich eben in Geduld fassen, lesen und weiter lesen, zuletzt wird denn doch auf einmal hervorspringen und dir ganz natürlich scheinen, was mit *einem* Worte ausgesprochen dir höchst seltsam vorgekommen wäre, und zwar auf einen Grad, daß du nachher diesen Einleitungen in Form von Erklärungen kaum einen Augenblick hättest schenken mögen.

Um nun aber einigermaßen in die Richte zu kommen, will ich mich wieder nach jenem Ruderpflock umsehen und eines Gesprächs gedenken, das ich mit unserem geprüften Freunde Jarno, den ich unter dem Namen Montan im Gebirge fand, zu ganz besonderer Erweckung eigner Gefühle zufällig zu führen veranlaßt ward. Die Angelegenheiten unseres Lebens haben einen geheimnisvollen Gang, der sich nicht berechnen läßt. Du erinnerst dich gewiß jenes Bestecks, das euer tüchtiger Wundarzt hervorzog, als du dich mir, wie ich verwundet im Walde hingestreckt lag, hülfreich nähertest? Es leuchtete mir damals dergestalt in die Augen und machte einen so tiefen Eindruck, daß ich ganz entzückt war, als ich nach Jahren es in den Händen eines Jüngeren wiederfand. Dieser legte keinen besondern Wert darauf; die Instrumente sämtlich hatten sich in neuerer Zeit verbessert und waren zweckmäßiger eingerichtet, und ich erlangte jenes um desto eher, als ihm die Anschaffung eines neuen dadurch erleichtert wurde. Nun führte ich es immer mit mir, freilich zu keinem Gebrauch, aber desto sicherer zu tröstlicher Erinnerung: Es war Zeuge des Augenblicks, wo mein Glück begann, zu dem ich erst durch großen Umweg gelangen sollte.

Zufällig sah es Jarno, als wir bei dem Köhler übernachteten, der es alsobald erkannte und auf meine Erklärung erwiderte: „Ich habe nichts dagegen, daß man sich einen solchen Fetisch aufstellt, zur Erinnerung an manches unerwartete Gute, an bedeutende Folgen eines gleichgültigen Umstandes; es hebt uns empor als etwas, das auf ein Unbegreifliches deutet, erquickt uns in Verlegenheiten und ermutigt unsere Hoffnungen; aber schöner wäre es, wenn du dich durch jene Werkzeuge hättest anreizen lassen, auch ihren Gebrauch zu verstehen und dasjenige zu leisten, was sie stumm von dir fordern."

„Laß mich bekennen", versetzte ich darauf, „daß mir dies hundertmal eingefallen ist; es regte sich in mir eine innere Stimme, die mich meinen eigentlichen Beruf hieran erkennen ließ." Ich erzählte ihm hierauf die Geschichte der ertrunkenen Knaben, und wie ich damals gehört, ihnen wäre zu helfen gewesen, wenn man ihnen zur Ader gelassen hätte; ich nahm mir vor, es zu lernen, doch jede Stunde löschte den Vorsatz aus.

„So ergreif ihn jetzt", versetzte jener, „ich sehe dich schon so lange mit Angelegenheiten beschäftigt, die des Menschen Geist, Gemüt, Herz, und wie man das alles nennt, betreffen und sich darauf beziehen; allein was hast du dabei für dich und andere gewonnen? Seelenleiden, in die wir durch Unglück oder eigne Fehler geraten, sie zu heilen vermag der Verstand nichts, die Vernunft wenig, die Zeit viel, entschlossene Tätigkeit hingegen alles. Hier wirke jeder mit und auf sich selbst, das hast du an dir, hast es an andern erfahren."

Mit heftigen und bittern Worten, wie er gewohnt ist, setzte er mir zu und sagte manches Harte, das ich nicht wiederholen mag. Es sei nichts mehr der Mühe wert, schloß er endlich, zu lernen und zu leisten, als dem Gesunden zu helfen, wenn er durch irgendeinen Zufall verletzt sei: durch einsichtige Behandlung stelle sich die Natur leicht wieder her; die Kranken müsse man den Ärzten überlassen, niemand aber bedürfe eines Wundarztes mehr als der Gesunde. In der Stille des Landlebens, im engsten Kreis der Familie sei er ebenso willkommen als in und nach dem

Getümmel der Schlacht; in den süßesten Augenblicken wie in den bittersten und gräßlichsten; überall walte das böse Geschick grimmiger als der Tod, und ebenso rücksichtslos, ja noch auf eine schmählichere, Lust und Leben verletzende Weise.

Du kennst ihn und denkst ohne Anstrengung, daß er mich so wenig als die Welt schonte. Am stärksten aber lehnte er sich auf das Argument, das er im Namen der großen Gesellschaft gegen mich wendete. „Narrenpossen", sagte er, „sind eure allgemeine Bildung und alle Anstalten dazu. Daß ein Mensch etwas ganz entschieden verstehe, vorzüglich leiste, wie nicht leicht ein anderer in der nächsten Umgebung, darauf kommt es an, und besonders in unserm Verbande spricht es sich von selbst aus. Du bist gerade in einem Alter, wo man sich mit Verstande etwas vorsetzt, mit Einsicht das Vorliegende beurteilt, es von der rechten Seite angreift, seine Fähigkeiten und Fertigkeiten auf den rechten Zweck hinlenkt."

Was soll ich nun weiter fortfahren auszusprechen, was sich von selbst versteht! Er machte mir deutlich, daß ich Dispensation von dem so wunderlich gebotenen unstäten Leben erhalten könne; es werde jedoch schwer sein, es für mich zu erlangen. „Du bist von der Menschenart", sprach er, „die sich leicht an einen Ort, nicht leicht an eine Bestimmung gewöhnen. Allen solchen wird die unstäte Lebensart vorgeschrieben, damit sie vielleicht zu einer sichern Lebensweise gelangen. Willst du dich ernstlich dem göttlichsten aller Geschäfte widmen, ohne Wunder zu heilen und ohne Worte Wunder zu tun, so verwende ich mich für dich." So sprach er hastig und fügte hinzu, was seine Beredsamkeit noch alles für gewaltige Gründe vorzubringen wußte.

Hier nun bin ich geneigt zu enden, zunächst aber sollst du umständlich erfahren, wie ich die Erlaubnis, an bestimmten Orten mich länger aufhalten zu dürfen, benutzt habe, wie ich in das Geschäft, wozu ich immer eine stille Neigung empfunden, mich gar bald zu fügen, mich darin auszubilden wußte. Genug! bei dem großen Unternehmen, dem ihr entgegengeht, werd' ich als ein nützliches, als ein nötiges Glied der Gesellschaft erscheinen und euren Wegen, mit einer gewissen Sicherheit, mich anschließen; mit einigem Stolze, denn es ist ein löblicher Stolz, euer wert zu sein.

BETRACHTUNGEN IM SINNE DER WANDERER

Kunst, Ethisches, Natur

Alles Gescheite ist schon gedacht worden, man muß nur 1
versuchen, es noch einmal zu denken.

Wie kann man sich selbst kennen lernen? Durch Be- 2
trachten niemals, wohl aber durch Handeln. Versuche deine Pflicht zu tun, und du weißt gleich, was an dir ist.

Was aber ist deine Pflicht? Die Forderung des Tages. 3

Die vernünftige Welt ist als ein großes unsterbliches In- 4
dividuum zu betrachten, das unaufhaltsam das Notwendige bewirkt und dadurch sich sogar über das Zufällige zum Herrn macht.

Mir wird, je länger ich lebe, immer verdrießlicher, wenn 5
ich den Menschen sehe, der eigentlich auf seiner höchsten Stelle da ist, um der Natur zu gebieten, um sich und die Seinigen von der gewalttätigen Notwendigkeit zu befreien; wenn ich sehe, wie er aus irgendeinem vorgefaßten falschen Begriff gerade das Gegenteil tut von dem, was er will, und sich alsdann, weil die Anlage im Ganzen verdorben ist, im Einzelnen kümmerlich herumpfuschet.

Tüchtiger, tätiger Mann, verdiene dir und erwarte: 6
von den Großen — Gnade,
von den Mächtigen — Gunst,
von Tätigen und Guten — Förderung,
von der Menge — Neigung,
von dem Einzelnen — Liebe.

---

7 Die Dilettanten, wenn sie das Möglichste getan haben, pflegen zu ihrer Entschuldigung zu sagen, die Arbeit sei noch nicht fertig. Freilich kann sie nie fertig werden, weil sie nie recht angefangen ward. Der Meister stellt sein Werk mit wenigen Strichen als fertig dar, ausgeführt oder nicht, schon ist es vollendet. Der geschickteste Dilettant tastet im Ungewissen, und wie die Ausführung wächst, kommt die Unsicherheit der ersten Anlage immer mehr zum Vorschein. Ganz zuletzt entdeckt sich erst das Verfehlte, das nicht auszugleichen ist, und so kann das Werk freilich nicht fertig werden.

8 In der wahren Kunst gibt es keine Vorschule, wohl aber Vorbereitungen; die beste jedoch ist die Teilnahme des geringsten Schülers am Geschäft des Meisters. Aus Farbenreibern sind treffliche Maler hervorgegangen.

9 Ein anderes ist die Nachäffung, zu welcher die natürliche allgemeine Tätigkeit des Menschen durch einen bedeutenden Künstler, der das Schwere mit Leichtigkeit vollbringt, zufällig angeregt wird.

10 Von der Notwendigkeit: daß der bildende Künstler Studien nach der Natur mache, und von dem Werte derselben überhaupt sind wir genugsam überzeugt; allein wir leugnen nicht, daß es uns öfters betrübt, wenn wir den Mißbrauch eines so löblichen Strebens gewahr werden.

11 Nach unserer Überzeugung sollte der junge Künstler wenig oder gar keine Studien nach der Natur beginnen, wobei er nicht zugleich dächte, wie er jedes Blatt zu einem Ganzen abrunden, wie er diese Einzelnheit, in ein angenehmes Bild verwandelt, in einen Rahmen eingeschlossen, dem Liebhaber und Kenner gefällig anbieten möge.

12 Es steht manches Schöne isoliert in der Welt, doch der Geist ist es, der Verknüpfungen zu entdecken und dadurch Kunstwerke hervorzubringen hat. — Die Blume gewinnt erst ihren Reiz durch das Insekt, das ihr anhängt, durch

den Tautropfen, der sie befeuchtet, durch das Gefäß, woraus sie allenfalls ihre letzte Nahrung zieht. Kein Busch, kein Baum, dem man nicht durch die Nachbarschaft eines Felsens, einer Quelle Bedeutung geben, durch eine mäßige einfache Ferne größern Reiz verleihen könnte. So ist es mit menschlichen Figuren und so mit Tieren aller Art beschaffen.

Der Vorteil, den sich der junge Künstler hiedurch ver- 13
schafft, ist gar mannigfaltig. Er lernt denken, das Passende gehörig zusammenbinden, und wenn er auf diese Weise geistreich komponiert, wird es ihm zuletzt auch an dem, was man Erfindung nennt, an dem Entwickeln des Mannigfaltigen aus dem Einzelnen, keineswegs fehlen können.

Tut er nun hierin der eigentlichen Kunstpädagogik wahr- 14
haft Genüge, so hat er noch nebenher den großen nicht zu verachtenden Gewinn, daß er lernt, verkäufliche dem Liebhaber anmutige und liebliche Blätter hervorzubringen.

Eine solche Arbeit braucht nicht im höchsten Grade aus- 15
geführt und vollendet zu sein; wenn sie gut gesehen, gedacht und fertig ist, so ist sie für den Liebhaber oft reizender als ein größeres ausgeführtes Werk.

Beschaue doch jeder junge Künstler seine Studien im 16
Büchelchen und im Portefeuille und überlege, wie viele Blätter er davon auf jene Weise genießbar und wünschenswert hätte machen können.

Es ist nicht die Rede vom Höheren, wovon man wohl auch 17
sprechen könnte, sondern es soll nur als Warnung gesagt sein, die von einem Abwege zurückruft und aufs Höhere hindeutet.

Versuche es doch der Künstler nur ein halb Jahr prak- 18
tisch und setze weder Kohle noch Pinsel an ohne Intention, einen vorliegenden Naturgegenstand als Bild abzuschließen. Hat er angebornes Talent, so wird sich's bald offen-

baren, welche Absicht wir bei diesen Andeutungen im Sinne hegten.

---

19 Sage mir, mit wem du umgehst, so sage ich dir, wer du bist; weiß ich, womit du dich beschäftigst, so weiß ich, was aus dir werden kann.

---

20 Jeder Mensch muß nach seiner Weise denken, denn er findet auf seinem Wege immer ein Wahres, oder eine Art von Wahrem, die ihm durchs Leben hilft; nur darf er sich nicht gehen lassen; er muß sich kontrollieren; der bloße nackte Instinkt geziemt nicht dem Menschen.

---

21 Unbedingte Tätigkeit, von welcher Art sie sei, macht zuletzt bankerott.

---

22 In den Werken des Menschen wie in denen der Natur sind eigentlich die Absichten vorzüglich der Aufmerksamkeit wert.

---

23 Die Menschen werden an sich und andern irre, weil sie die Mittel als Zweck behandeln, da denn vor lauter Tätigkeit gar nichts geschieht oder vielleicht gar das Widerwärtige.

---

24 Was wir ausdenken, was wir vornehmen, sollte schon vollkommen so rein und schön sein, daß die Welt nur daran zu verderben hätte; wir blieben dadurch in dem Vorteil, das Verschobene zurechtzurücken, das Zerstörte wiederherzustellen.

---

25 Ganze, Halb- und Viertelsirrtümer sind gar schwer und mühsam zurechtzulegen, zu sichten und das Wahre daran dahin zu stellen, wohin es gehört.

---

26 Es ist nicht immer nötig, daß das Wahre sich verkörpere; schon genug, wenn es geistig umherschwebt und Übereinstimmung bewirkt; wenn es wie Glockenton ernstfreundlich durch die Lüfte wogt.

Wenn ich jüngere deutsche Maler, sogar solche, die sich eine Zeitlang in Italien aufgehalten, befrage: warum sie doch, besonders in ihren Landschaften, so widerwärtige grelle Töne dem Auge darstellen und vor aller Harmonie zu fliehen scheinen? so geben sie wohl ganz dreist und getrost zur Antwort: sie sähen die Natur genau auf solche Weise. 27

Kant hat uns aufmerksam gemacht, daß es eine Kritik der Vernunft gebe, daß dieses höchste Vermögen, was der Mensch besitzt, Ursache habe, über sich selbst zu wachen. Wie großen Vorteil uns diese Stimme gebracht, möge jeder an sich selbst geprüft haben. Ich aber möchte in eben dem Sinne die Aufgabe stellen, daß eine Kritik der Sinne nötig sei, wenn die Kunst überhaupt, besonders die deutsche, irgend wieder sich erholen und in einem erfreulichen Lebensschritt vorwärts gehen solle. 28

Der zur Vernunft geborene Mensch bedarf noch großer Bildung, sie mag sich ihm nun durch Sorgfalt der Eltern und Erzieher, durch friedliches Beispiel oder durch strenge Erfahrung nach und nach offenbaren. Ebenso wird zwar der angehende Künstler, aber nicht der vollendete geboren; sein Auge komme frisch auf die Welt, er habe glücklichen Blick für Gestalt, Proportion, Bewegung; aber für höhere Komposition, für Haltung, Licht, Schatten, Farben kann ihm die natürliche Anlage fehlen, ohne daß er es gewahr wird. 29

Ist er nun nicht geneigt, von höher ausgebildeten Künstlern der Vor- und Mitzeit das zu lernen, was ihm fehlt um eigentlicher Künstler zu sein, so wird er im falschen Begriff von bewahrter Originalität hinter sich selbst zurückbleiben; denn nicht allein das, was mit uns geboren ist, sondern auch das, was wir erwerben können, gehört uns an, und wir sind es. 30

Allgemeine Begriffe und großer Dünkel sind immer auf dem Wege, entsetzliches Unglück anzurichten. 31

---

32 „Blasen ist nicht flöten, ihr müßt die Finger bewegen.“

33 Die Botaniker haben eine Pflanzenabteilung, die sie Incompletae nennen; man kann eben auch sagen, daß es inkomplette, unvollständige Menschen gibt. Es sind diejenigen, deren Sehnsucht und Streben mit ihrem Tun und Leisten nicht proportioniert ist.

34 Der geringste Mensch kann komplett sein, wenn er sich innerhalb der Grenzen seiner Fähigkeiten und Fertigkeiten bewegt; aber selbst schöne *Vorzüge* werden verdunkelt, aufgehoben und vernichtet, wenn jenes unerläßlich geforderte Ebenmaß abgeht. Dieses Unheil wird sich in der neuern Zeit noch öfter hervortun; denn wer wird wohl den Forderungen einer durchaus gesteigerten Gegenwart, und zwar in schnellster Bewegung genugtun können?

35 Nur klugtätige Menschen, die ihre Kräfte kennen und sie mit Maß und Gescheidigkeit benutzen, werden es im Weltwesen weit bringen.

36 Ein großer Fehler: daß man sich mehr dünkt, als man ist, und sich weniger schätzt, als man wert ist.

37 Es begegnet mir von Zeit zu Zeit ein Jüngling, an dem ich nichts verändert noch gebessert wünschte; nur macht mir bange, daß ich manchen vollkommen geeignet sehe, im Zeitstrom mit fortzuschwimmen, und hier ist’s, wo ich immerfort aufmerksam machen möchte: daß dem Menschen in seinem zerbrechlichen Kahn eben deshalb das Ruder in die Hand gegeben ist, damit er nicht der Willkür der Wellen, sondern dem Willen seiner Einsicht Folge leiste.

38 Wie soll nun aber ein junger Mann für sich selbst dahin gelangen, dasjenige für tadelnswert und schädlich anzusehen, was jedermann treibt, billigt und fördert? Warum soll er sich nicht und sein Naturell auch dahin gehen lassen?

Für das größte Unheil unserer Zeit, die nichts reif werden läßt, muß ich halten, daß man im nächsten Augenblick den vorhergehenden verspeist, den Tag im Tage vertut und so immer aus der Hand in den Mund lebt, ohne irgend etwas vor sich zu bringen. Haben wir doch schon Blätter für sämtliche Tageszeiten! ein guter Kopf könnte wohl noch eins und das andere interkalieren. Dadurch wird alles, was ein jeder tut, treibt, dichtet, ja was er vorhat, ins Öffentliche geschleppt. Niemand darf sich freuen oder leiden als zum Zeitvertreib der übrigen; und so springt's von Haus zu Haus, von Stadt zu Stadt, von Reich zu Reich und zuletzt von Weltteil zu Weltteil, alles veloziferisch. 39

So wenig nun die Dampfmaschinen zu dämpfen sind, so wenig ist dies auch im Sittlichen möglich; die Lebhaftigkeit des Handels, das Durchrauschen des Papiergelds, das Anschwellen der Schulden, um Schulden zu bezahlen, das alles sind die ungeheuern Elemente, auf die gegenwärtig ein junger Mann gesetzt ist. Wohl ihm, wenn er von der Natur mit mäßigem, ruhigem Sinn begabt ist, um weder unverhältnismäßige Forderungen an die Welt zu machen noch auch von ihr sich bestimmen zu lassen. 40

Aber in einem jeden Kreise bedroht ihn der Tagesgeist; und nichts ist nötiger, als früh genug ihm die Richtung bemerklich zu machen, wohin sein Wille zu steuern hat. 41

Die Bedeutsamkeit der unschuldigsten Reden und Handlungen wächst mit den Jahren; und wen ich länger um mich sehe, den suche ich immerfort aufmerksam zu machen, welch ein Unterschied stattfinde zwischen Aufrichtigkeit, Vertrauen und Indiskretion, ja daß eigentlich kein Unterschied sei, vielmehr nur ein leiser Übergang vom Unverfänglichsten zum Schädlichsten, welcher bemerkt oder vielmehr empfunden werden müsse. 42

Hierauf haben wir unsern Takt zu üben, sonst laufen wir Gefahr, auf dem Wege, worauf wir uns die Gunst der Menschen erwarben, sie ganz unversehens wieder zu ver- 43 scherzen. Das begreift man wohl im Laufe des Lebens von selbst, aber erst nach bezahltem teurem Lehrgelde, das man leider seinen Nachkommenden nicht ersparen kann.

44 Das Verhältnis der Künste und Wissenschaften zum Leben ist nach Verhältnis der Stufen, worauf sie stehen, nach Beschaffenheit der Zeiten und tausend andern Zufälligkeiten sehr verschieden; deswegen auch niemand darüber im ganzen leicht klug werden kann.

45 Poesie wirkt am meisten im Anfang der Zustände, sie seien nun ganz roh, halbkultiviert, oder bei Abänderung einer Kultur, beim Gewahrwerden einer fremden Kultur, daß man also sagen kann, die Wirkung der Neuheit findet durchaus statt.

46 Musik im besten Sinne bedarf weniger der Neuheit, ja vielmehr je älter sie ist, je gewohnter man sie ist, desto mehr wirkt sie.

47 Die Würde der Kunst erscheint bei der Musik vielleicht am eminentesten, weil sie keinen Stoff hat, der abgerechnet werden müßte. Sie ist ganz Form und Gehalt und erhöht und veredelt alles, was sie ausdrückt.

48 Die Musik ist heilig oder profan. Das Heilige ist ihrer Würde ganz gemäß, und hier hat sie die größte Wirkung aufs Leben, welche sich durch alle Zeiten und Epochen gleich bleibt. Die profane sollte durchaus heiter sein.

49 Eine Musik, die den heiligen und profanen Charakter vermischt, ist gottlos, und eine halbschürige, welche schwache, jammervolle, erbärmliche Empfindungen auszudrücken Belieben findet, ist abgeschmackt. Denn sie ist nicht ernst genug, um heilig zu sein, und es fehlt ihr der Hauptcharakter des Entgegengesetzten: die Heiterkeit.

50 Die Heiligkeit der Kirchenmusiken, das Heitere und Neckische der Volksmelodien sind die beiden Angeln, um

die sich die wahre Musik herumdreht. Auf diesen beiden Punkten beweist sie jederzeit eine unausbleibliche Wirkung: Andacht oder Tanz. Die Vermischung macht irre, die Verschwächung wird fade, und will die Musik sich an Lehrgedichte oder beschreibende und dergleichen wenden, so wird sie kalt.

Plastik wirkt eigentlich nur auf ihrer höchsten Stufe; 51
alles Mittlere kann wohl aus mehr denn einer Ursache imponieren, aber alle mittleren Kunstwerke dieser Art machen mehr irre, als daß sie erfreuen. Die Bildhauerkunst muß sich daher noch ein stoffartiges Interesse suchen, und das findet sie in den Bildnissen bedeutender Menschen. Aber auch hier muß sie schon einen hohen Grad erreichen, wenn sie zugleich wahr und würdig sein will.

Die Malerei ist die läßlichste und bequemste von allen 52
Künsten. Die läßlichste, weil man ihr um des Stoffes und des Gegenstandes willen, auch da, wo sie nur Handwerk oder kaum eine Kunst ist, vieles zugute hält und sich an ihr erfreut; teils weil eine technische obgleich geistlose Ausführung den Ungebildeten wie den Gebildeten in Verwunderung setzt, so daß sie sich also nur einigermaßen zur Kunst zu steigern braucht, um in einem höheren Grade willkommen zu sein. Wahrheit in Farben, Oberflächen, in Beziehungen der sichtbaren Gegenstände aufeinander ist schon angenehm; und da das Auge ohnehin gewohnt ist, alles zu sehen, so ist ihm eine Mißgestalt und also auch ein Mißbild nicht so zuwider als dem Ohr ein Mißton. Man läßt die schlechteste Abbildung gelten, weil man noch schlechtere Gegenstände zu sehen gewohnt ist. Der Maler darf also nur einigermaßen Künstler sein, so findet er schon ein größeres Publikum als der Musiker, der auf gleichem Grade stünde; wenigstens kann der geringere Maler immer für sich operieren, anstatt daß der mindere Musiker sich mit anderen soziieren muß, um durch gesellige Leistung einigen Effekt zu tun.

---

53 Die Frage: ob man bei Betrachtung von Kunstleistungen vergleichen solle oder nicht, möchten wir folgendermaßen beantworten: Der ausgebildete Kenner soll vergleichen; denn ihm schwebt die Idee vor, er hat den Begriff gefaßt, was geleistet werden könne und solle; der Liebhaber, auf dem Wege zur Bildung begriffen, fördert sich am besten, wenn er nicht vergleicht, sondern jedes Verdienst einzeln betrachtet; dadurch bildet sich Gefühl und Sinn für das Allgemeinere nach und nach aus. Das Vergleichen der Unkenner ist eigentlich nur eine Bequemlichkeit, die sich gern des Urteils überheben möchte.

54 Wahrheitsliebe zeigt sich darin, daß man überall das Gute zu finden und zu schätzen weiß.

55 Ein historisches Menschengefühl heißt ein dergestalt gebildetes, daß es bei Schätzung gleichzeitiger Verdienste und Verdienstlichkeiten auch die Vergangenheit mit in Anschlag bringt.

56 Das Beste, was wir von der Geschichte haben, ist der Enthusiasmus, den sie erregt.

57 Eigentümlichkeit ruft Eigentümlichkeit hervor.

58 Man muß bedenken, daß unter den Menschen gar viele sind, die doch auch etwas Bedeutendes sagen wollen, ohne produktiv zu sein, und da kommen die wunderlichsten Dinge an den Tag.

59 Tief und ernstlich denkende Menschen haben gegen das Publikum einen bösen Stand.

60 Wenn ich die Meinung eines andern anhören soll, so muß sie positiv ausgesprochen werden; Problematisches hab' ich in mir selbst genug.

61 Der Aberglaube gehört zum Wesen des Menschen und flüchtet sich, wenn man ihn ganz und gar zu verdrängen

denkt, in die wunderlichsten Ecken und Winkel, von wo er auf einmal, wenn er einigermaßen sicher zu sein glaubt, wieder hervortritt.

Wir würden gar vieles besser kennen, wenn wir es nicht 62
zu genau erkennen wollten. Wird uns doch ein Gegenstand unter einem Winkel von fünfundvierzig Graden erst faßlich.

Mikroskope und Fernröhre verwirren eigentlich den 63
reinen Menschensinn.

Ich schweige zu vielem still, denn ich mag die Menschen 64
nicht irremachen und bin wohl zufrieden, wenn sie sich freuen da wo ich mich ärgere.

Alles, was unsern Geist befreit, ohne uns die Herrschaft 65
über uns selbst zu geben, ist verderblich.

Das *Was* des Kunstwerks interessiert die Menschen 66
mehr als das *Wie*; jenes können sie einzeln ergreifen, dieses im ganzen nicht fassen. Daher kommt das Herausheben von Stellen, wobei zuletzt, wenn man wohl aufmerkt, die Wirkung der Totalität auch nicht ausbleibt, aber jedem unbewußt.

Die Frage: *woher hat's der Dichter?* geht auch nur 67
aufs *Was*, vom *Wie* erfährt dabei niemand etwas.

Einbildungskraft wird nur durch Kunst, besonders durch 68
Poesie geregelt. Es ist nichts fürchterlicher als Einbildungskraft ohne Geschmack.

Das Manierierte ist ein verfehltes Ideelle, ein subjek- 69
tiviertes Ideelle; daher fehlt ihm das Geistreiche nicht leicht.

Der Philolog ist angewiesen auf die Kongruenz des Ge- 70
schrieben-Überlieferten. Ein Manuskript liegt zum Grunde, es finden sich in demselben wirkliche Lücken, Schreibfehler, die eine Lücke im Sinne machen, und was sonst

alles an einem Manuskript zu tadeln sein mag. Nun findet sich eine zweite Abschrift, eine dritte; die Vergleichung derselben bewirkt immer mehr, das Verständige und Vernünftige der Überlieferung gewahr zu werden. Ja er geht weiter und verlangt von seinem innern Sinn, daß derselbe ohne äußere Hülfsmittel die Kongruenz des Abgehandelten immer mehr zu begreifen und darzustellen wisse. Weil nun hiezu ein besondrer Takt, eine besondre Vertiefung in seinen abgeschiedenen Autor nötig und ein gewisser Grad von Erfindungskraft gefordert wird, so kann man dem Philologen nicht verdenken, wenn er sich auch ein Urteil bei Geschmackssachen zutraut, welches ihm jedoch nicht immer gelingen wird.

---

71 Der Dichter ist angewiesen auf Darstellung. Das Höchste derselben ist, wenn sie mit der Wirklichkeit wetteifert, d. h. wenn ihre Schilderungen durch den Geist dergestalt lebendig sind, daß sie als gegenwärtig für jedermann gelten können. Auf ihrem höchsten Gipfel scheint die Poesie ganz äußerlich; je mehr sie sich ins Innere zurückzieht, ist sie auf dem Wege zu sinken. — Diejenige, die nur das Innere darstellt, ohne es durch ein Äußeres zu verkörpern, oder ohne das Äußere durch das Innere durchfühlen zu lassen, sind beides die letzten Stufen, von welchen aus sie ins gemeine Leben hineintritt.

---

72 Die Redekunst ist angewiesen auf alle Vorteile der Poesie, auf alle ihre Rechte; sie bemächtigt sich derselben und mißbraucht sie, um gewisse äußere, sittliche oder unsittliche, augenblickliche Vorteile im bürgerlichen Leben zu erreichen.

---

73 Literatur ist das Fragment der Fragmente; das wenigste dessen, was geschah und gesprochen worden, ward geschrieben, vom Geschriebenen ist das wenigste übriggeblieben.

---

74 In natürlicher Wahrheit und Großheit, obgleich wild und unbehaglich ausgebildetes Talent ist Lord Byron, und deswegen kaum ein anderes ihm vergleichbar.

Eigentlichster Wert der sogenannten Volkslieder ist der, 75
daß ihre Motive unmittelbar von der Natur genommen sind. Dieses Vorteils aber könnte der gebildete Dichter sich auch bedienen, wenn er es verstünde.

Hiebei aber haben jene immer das voraus, daß natürliche 76
Menschen sich besser auf den Lakonismus verstehen als eigentlich Gebildete.

Shakespeare ist für aufkeimende Talente gefährlich zu 77
lesen; er nötigt sie, ihn zu reproduzieren, und sie bilden sich ein, sich selbst zu produzieren.

Über Geschichte kann niemand urteilen, als wer an sich 78
selbst Geschichte erlebt hat. So geht es ganzen Nationen. Die Deutschen können erst über Literatur urteilen, seitdem sie selbst eine Literatur haben.

Man ist nur eigentlich lebendig, wenn man sich des 79
Wohlwollens andrer freut.

Frömmigkeit ist kein Zweck, sondern ein Mittel, um 80
durch die reinste Gemütsruhe zur höchsten Kultur zu gelangen.

Deswegen läßt sich bemerken, daß diejenigen, welche 81
Frömmigkeit als Zweck und Ziel aufstecken, meistens Heuchler werden.

„Wenn man alt ist, muß man mehr tun, als da man jung 82
war."

Erfüllte Pflicht empfindet sich immer noch als Schuld, 83
weil man sich nie ganz genug getan.

Die Mängel erkennt nur der Lieblose; deshalb, um sie 84
einzusehen, muß man auch lieblos werden, aber nicht mehr, als hiezu nötig ist.

---

85 Das höchste Glück ist das, welches unsere Mängel verbessert und unsere Fehler ausgleicht.

86 Kannst du lesen, so sollst du verstehen; kannst du schreiben, so mußt du etwas wissen; kannst du glauben, so sollst du begreifen; wenn du begehrst, wirst du sollen; wenn du forderst, wirst du nicht erlangen; und wenn du erfahren bist, sollst du nutzen.

87 Man erkennt niemand an als den, der uns nutzt. Wir erkennen den Fürsten an, weil wir unter seiner Firma den Besitz gesichert sehen. Wir gewärtigen uns von ihm Schutz gegen äußere und innere widerwärtige Verhältnisse.

88 Der Bach ist dem Müller befreundet, dem er nutzt, und er stürzt gern über die Räder; was hilft es ihm, gleichgültig durchs Tal hinzuschleichen.

89 Wer sich mit reiner Erfahrung begnügt und darnach handelt, der hat Wahres genug. Das heranwachsende Kind ist weise in diesem Sinne.

90 Die Theorie an und für sich ist nichts nütze, als insofern sie uns an den Zusammenhang der Erscheinungen glauben macht.

91 Alles Abstrakte wird durch Anwendung dem Menschenverstand genähert, und so gelangt der Menschenverstand durch Handeln und Beobachten zur Abstraktion.

92 Wer zuviel verlangt, wer sich am Verwickelten erfreut, der ist den Verirrungen ausgesetzt.

93 Nach Analogien denken ist nicht zu schelten; die Analogie hat den Vorteil, daß sie nicht abschließt und eigentlich nichts Letztes will; dagegen die Induktion verderblich ist, die einen vorgesetzten Zweck im Auge trägt und, auf denselben losarbeitend, Falsches und Wahres mit sich fortreißt.

94 Gewöhnliches Anschauen, richtige Ansicht der irdischen Dinge ist ein Erbteil des allgemeinen Menschenverstandes. — Reines Anschauen des Äußern und Innern ist sehr selten.

---

95 Es äußert sich jenes im praktischen Sinn, im unmittelbaren Handeln; dieses symbolisch, vorzüglich durch Mathematik, in Zahlen und Formeln, durch Rede, uranfänglich, tropisch, als Poesie des Genies, als Sprichwörtlichkeit des Menschenverstandes.

---

96 Das Abwesende wirkt auf uns durch Überlieferung. Die gewöhnliche ist historisch zu nennen; eine höhere, der Einbildungskraft verwandte ist mythisch. Sucht man hinter dieser noch etwas Drittes, irgendeine Bedeutung, so verwandelt sie sich in Mystik. Auch wird sie leicht sentimental, so daß wir uns nur, was gemütlich ist, aneignen.

---

97 Die Wirksamkeiten, auf die wir achten müssen, wenn wir wahrhaft gefördert sein wollen, sind:

vorbereitende,
begleitende,
mitwirkende,
nachhelfende,
fördernde,
verstärkende,
hindernde,
nachwirkende.

---

98 Im Betrachten wie im Handeln ist das Zugängliche von dem Unzugänglichen zu unterscheiden; ohne dies läßt sich im Leben wie im Wissen wenig leisten.

---

99 „Le sens commun est le Génie de l'humanité."

---

100 Der Gemeinverstand, der als Genie der Menschheit gelten soll, muß vorerst in seinen Äußerungen betrachtet werden. Forschen wir, wozu ihn die Menschheit benutzt, so finden wir folgendes:

Die Menschheit ist bedingt durch Bedürfnisse. Sind diese nicht befriedigt, so erweist sie sich ungeduldig; sind sie befriedigt, so erscheint sie gleichgültig. Der eigentliche Mensch bewegt sich also zwischen beiden Zuständen; und seinen Verstand, den sogenannten Menschenverstand, wird er anwenden, seine Bedürfnisse zu befriedigen; ist es geschehen, so hat er die Aufgabe, die Räume der Gleichgültigkeit auszufüllen. Beschränkt sich dieses in die nächsten und notwendigsten Grenzen, so gelingt es ihm auch. Erheben sich aber die Bedürfnisse, treten sie aus dem Kreise des Gemeinen heraus, so ist der Gemeinverstand nicht mehr hinreichend, er ist kein Genius mehr, die Region des Irrtums ist der Menschheit aufgetan.

---

101 Es geschieht nichts Unvernünftiges, das nicht Verstand oder Zufall wieder in die Richte brächten; nichts Vernünftiges, das Unverstand und Zufall nicht mißleiten könnten.

---

102 Jede große Idee, sobald sie in die Erscheinung tritt, wirkt tyrannisch; daher die Vorteile, die sie hervorbringt, sich nur allzubald in Nachteile verwandeln. Man kann deshalb eine jede Institution verteidigen und rühmen, wenn man an ihre Anfänge erinnert und darzutun weiß, daß alles, was von ihr im Anfange gegolten, auch jetzt noch gelte.

---

103 Lessing, der mancherlei Beschränkung unwillig fühlte, läßt eine seiner Personen sagen: Niemand muß müssen. Ein geistreicher frohgesinnter Mann sagte: Wer will, der muß. Ein dritter, freilich ein Gebildeter, fügte hinzu: Wer einsieht, der will auch. Und so glaubte man den ganzen Kreis des Erkennens, Wollens und Müssens abgeschlossen zu haben. Aber im Durchschnitt bestimmt die Erkenntnis des Menschen, von welcher Art sie auch sei, sein Tun und Lassen; deswegen auch nichts schrecklicher ist, als die Unwissenheit handeln zu sehen.

---

104 Es gibt zwei friedliche Gewalten: das Recht und die Schicklichkeit.

Das Recht dringt auf Schuldigkeit, die Polizei aufs Ge- 105
ziemende. Das Recht ist abwägend und entscheidend, die Polizei überschauend und gebietend. Das Recht bezieht sich auf den Einzelnen, die Polizei auf die Gesamtheit.

Die Geschichte der Wissenschaften ist eine große Fuge, 106
in der die Stimmen der Völker nach und nach zum Vorschein kommen.

Man kann in den Naturwissenschaften über manche 107
Probleme nicht gehörig sprechen, wenn man die Metaphysik nicht zu Hülfe ruft; aber nicht jene Schul- und Wortweisheit; es ist dasjenige, was vor, mit und nach der Physik war, ist und sein wird.

Autorität, daß nämlich etwas schon einmal geschehen, 108
gesagt oder entschieden worden sei, hat großen Wert; aber nur der Pedant fordert überall Autorität.

Altes Fundament ehrt man, darf aber das Recht nicht 109
aufgeben, irgendwo wieder einmal von vorn zu gründen.

Beharre, wo du stehst! — Maxime, notwendiger als je, 110
indem einerseits die Menschen in große Parteien gerissen werden; sodann aber auch jeder Einzelne nach individueller Einsicht und Vermögen sich geltend machen will.

Man tut immer besser, daß man sich grad ausspricht, wie 111
man denkt, ohne viel beweisen zu wollen: denn alle Beweise, die wir vorbringen, sind doch nur Variationen unserer Meinungen, und die Widriggesinnten hören weder auf das eine noch auf das andere.

Da ich mit der Naturwissenschaft, wie sie sich von Tag 112
zu Tage vorwärts bewegt, immer mehr bekannt und verwandt werde, so dringt sich mir gar manche Betrachtung auf: über die Vor- und Rückschritte, die zu gleicher Zeit geschehen. Eines nur sei hier ausgesprochen: daß wir sogar anerkannte Irrtümer aus der Wissenschaft

nicht loswerden. Die Ursache hievon ist ein offenbares Geheimnis.

---

113 Einen Irrtum nenn' ich, wenn irgendein Ereignis falsch ausgelegt, falsch angeknüpft, falsch abgeleitet wird. Nun ereignet sich aber im Gange des Erfahrens und Denkens, daß eine Erscheinung folgerecht angeknüpft, richtig abgeleitet wird. Das läßt man sich wohl gefallen, legt aber keinen besondern Wert darauf und läßt den Irrtum ganz ruhig daneben liegen; und ich kenne ein kleines Magazin von Irrtümern, die man sorgfältig aufbewahrt.

---

114 Da nun den Menschen eigentlich nichts interessiert als seine Meinung, so sieht jedermann, der eine Meinung vorträgt, sich rechts und links nach Hülfsmitteln um, damit er sich und andere bestärken möge. Des Wahren bedient man sich solange es brauchbar ist; aber leidenschaftlich-rhetorisch ergreift man das Falsche, sobald man es für den Augenblick nutzen, damit als einem Halbargumente blenden, als mit einem Lückenbüßer das Zerstückelte scheinbar vereinigen kann. Dieses zu erfahren, war mir erst ein Ärgernis, dann betrübte ich mich darüber, und nun macht es mir Schadenfreude. Ich habe mir das Wort gegeben, ein solches Verfahren niemals wieder aufzudecken.

---

115 Jedes Existierende ist ein Analogon alles Existierenden; daher erscheint uns das Dasein immer zu gleicher Zeit gesondert und verknüpft. Folgt man der Analogie zu sehr, so fällt alles identisch zusammen; meidet man sie, so zerstreut sich alles ins Unendliche. In beiden Fällen stagniert die Betrachtung, einmal als überlebendig, das andere Mal als getötet.

---

116 Die Vernunft ist auf das Werdende, der Verstand auf das Gewordene angewiesen; jene bekümmert sich nicht: wozu? dieser fragt nicht: woher? — Sie erfreut sich am Entwickeln; er wünscht alles festzuhalten, damit er es nutzen könne.

Es ist eine Eigenheit dem Menschen angeboren und mit seiner Natur innigst verwebt: daß ihm zur Erkenntnis das Nächste nicht genügt; da doch jede Erscheinung, die wir selbst gewahr werden, im Augenblick das Nächste ist und wir von ihr fordern können, daß sie sich selbst erkläre, wenn wir kräftig in sie dringen. 117

Das werden aber die Menschen nicht lernen, weil es gegen ihre Natur ist; daher die Gebildeten es selbst nicht lassen können, wenn sie an Ort und Stelle irgendein Wahres erkannt haben, es nicht nur mit dem Nächsten, sondern auch mit dem Weitesten und Fernsten zusammenzuhängen, woraus denn Irrtum über Irrtum entspringt. Das nahe Phänomen hängt aber mit dem fernen nur in dem Sinne zusammen, daß sich alles auf wenige große Gesetze bezieht, die sich überall manifestieren. 118

Was ist das Allgemeine? 119
Der einzelne Fall.
Was ist das Besondere?
Millionen Fälle.

Die Analogie hat zwei Verirrungen zu fürchten: einmal sich dem Witz hinzugeben, wo sie in nichts zerfließt; die andere, sich mit Tropen und Gleichnissen zu umhüllen, welches jedoch weniger schädlich ist. 120

Weder Mythologie noch Legenden sind in der Wissenschaft zu dulden. Lasse man diese den Poeten, die berufen sind, sie zu Nutz und Freude der Welt zu behandeln. Der wissenschaftliche Mann beschränke sich auf die nächste, klarste Gegenwart. Wollte derselbe jedoch gelegentlich als Rhetor auftreten, so sei ihm jenes auch nicht verwehrt. 121

Um mich zu retten, betrachte ich alle Erscheinungen als unabhängig voneinander und suche sie gewaltsam zu isolieren; dann betrachte ich sie als Korrelate, und sie verbinden sich zu einem entschiedenen Leben. Dies bezieh' ich vorzüglich auf Natur; aber auch in bezug auf die neueste 122 um uns her bewegte Weltgeschichte ist diese Betrachtungsweise fruchtbar.

---

123 Alles, was wir Erfinden, Entdecken im höheren Sinne nennen, ist die bedeutende Ausübung, Betätigung eines originalen Wahrheitsgefühles, das, im stillen längst ausgebildet, unversehens mit Blitzesschnelle zu einer fruchtbaren Erkenntnis führt. Es ist eine aus dem Innern am Äußern sich entwickelnde Offenbarung, die den Menschen seine Gottähnlichkeit vorahnen läßt. Es ist eine Synthese von Welt und Geist, welche von der ewigen Harmonie des Daseins die seligste Versicherung gibt.

---

124 Der Mensch muß bei dem Glauben verharren, daß das Unbegreifliche begreiflich sei; er würde sonst nicht forschen.

---

125 Begreiflich ist jedes Besondere, das sich auf irgendeine Weise anwenden läßt. Auf diese Weise kann das Unbegreifliche nützlich werden.

---

126 Es gibt eine zarte Empirie, die sich mit dem Gegenstand innigst identisch macht und dadurch zur eigentlichen Theorie wird. Diese Steigerung des geistigen Vermögens aber gehört einer hochgebildeten Zeit an.

---

127 Am widerwärtigsten sind die kricklichen Beobachter und grilligen Theoristen; ihre Versuche sind kleinlich und kompliziert, ihre Hypothesen abstrus und wunderlich.

---

128 Es gibt Pedanten, die zugleich Schelme sind, und das sind die allerschlimmsten.

---

129 Um zu begreifen, daß der Himmel überall blau ist, braucht man nicht um die Welt zu reisen.

---

130 Das Allgemeine und Besondere fallen zusammen; das Besondere ist das Allgemeine, unter verschiedenen Bedingungen erscheinend.

Man braucht nicht alles selbst gesehen noch erlebt zu haben; willst du aber dem andern und seinen Darstellungen vertrauen, so denke, daß du es nun mit dreien zu tun hast: mit dem Gegenstand und zwei Subjekten. 131

Grundeigenschaft der lebendigen Einheit: sich zu trennen, sich zu vereinen, sich ins Allgemeine zu ergehen, im Besondern zu verharren, sich zu verwandeln, sich zu spezifizieren und, wie das Lebendige unter tausend Bedingungen sich dartun mag, hervorzutreten und zu verschwinden, zu solideszieren und zu schmelzen, zu erstarren und zu fließen, sich auszudehnen und sich zusammenzuziehen. Weil nun alle diese Wirkungen im gleichen Zeitmoment zugleich vorgehen, so kann alles und jedes zu gleicher Zeit eintreten. Entstehen und Vergehen, Schaffen und Vernichten, Geburt und Tod, Freud und Leid, alles wirkt durcheinander, in gleichem Sinn und gleicher Maße, deswegen denn auch das Besonderste, das sich ereignet, immer als Bild und Gleichnis des Allgemeinsten auftritt. 132

Ist das ganze Dasein ein ewiges Trennen und Verbinden, so folgt auch, daß die Menschen im Betrachten des ungeheuren Zustandes auch bald trennen, bald verbinden werden. 133

Als getrennt muß sich darstellen: Physik von Mathematik. Jene muß in einer entschiedenen Unabhängigkeit bestehen und mit allen liebenden, verehrenden, frommen Kräften in die Natur und das heilige Leben derselben einzudringen suchen, ganz unbekümmert, was die Mathematik von ihrer Seite leistet und tut. Diese muß sich dagegen unabhängig von allem Äußern erklären, ihren eigenen großen Geistesgang gehen und sich selber reiner ausbilden, als es geschehen kann, wenn sie wie bisher sich mit dem Vorhandenen abgibt und diesem etwas abzugewinnen oder anzupassen trachtet. 134

In der Naturforschung bedarf es eines kategorischen Imperativs so gut als im Sittlichen; nur bedenke man, daß man dadurch nicht am Ende, sondern erst am Anfang ist. 135

---

136 Das Höchste wäre, zu begreifen, daß alles Faktische schon Theorie ist. Die Bläue des Himmels offenbart uns das Grundgesetz der Chromatik. Man suche nur nichts hinter den Phänomenen; sie selbst sind die Lehre.

---

137 In den Wissenschaften ist viel Gewisses, sobald man sich von den Ausnahmen nicht irremachen läßt und die Probleme zu ehren weiß.

---

138 Wenn ich mich beim Urphänomen zuletzt beruhige, so ist es doch auch nur Resignation; aber es bleibt ein großer Unterschied, ob ich mich an den Grenzen der Menschheit resigniere oder innerhalb einer hypothetischen Beschränktheit meines bornierten Individuums.

---

139 Wenn man die Probleme des Aristoteles ansieht, so erstaunt man über die Gabe des Bemerkens und für was alles die Griechen Augen gehabt haben. Nur begehen sie den Fehler der Übereilung, da sie von dem Phänomen unmittelbar zur Erklärung schreiten, wodurch denn ganz unzulängliche theoretische Aussprüche zum Vorschein kommen. Dieses ist jedoch der allgemeine Fehler, der noch heutzutage begangen wird.

---

140 Hypothesen sind Wiegenlieder, womit der Lehrer seine Schüler einlullt; der denkende treue Beobachter lernt immer mehr seine Beschränkung kennen, er sieht: je weiter sich das Wissen ausbreitet, desto mehr Probleme kommen zum Vorschein.

---

141 Unser Fehler besteht darin, daß wir am Gewissen zweifeln und das Ungewisse fixieren möchten. Meine Maxime bei der Naturforschung ist: das Gewisse festzuhalten und dem Ungewissen aufzupassen.

---

142 Läßliche Hypothese nenn' ich eine solche, die man gleichsam schalkhaft aufstellt, um sich von der ernsthaften Natur widerlegen zu lassen.

Wie wollte einer als Meister in seinem Fach erscheinen, 143
wenn er nichts Unnützes lehrte.

Das Närrischste ist, daß jeder glaubt überliefern zu müs- 144
sen, was man gewußt zu haben glaubt.

Weil zum didaktischen Vortrag Gewißheit verlangt wird, 145
indem der Schüler nichts Unsicheres überliefert haben will, so darf der Lehrer kein Problem stehenlassen und sich etwa in einiger Entfernung da herumbewegen. Gleich muß etwas bestimmt sein („bepaalt“ sagt der Holländer), und nun glaubt man eine Weile den unbekannten Raum zu besitzen, bis ein anderer die Pfähle wieder ausreißt und sogleich enger oder weiter abermals wieder bepfählt.

Lebhafte Frage nach der Ursache, Verwechselung von 146
Ursache und Wirkung, Beruhigung in einer falschen Theorie sind von großer nicht zu entwickelnder Schädlichkeit.

Wenn mancher sich nicht verpflichtet fühlte, das Un- 147
wahre zu wiederholen, weil er's einmal gesagt hat, so wären es ganz andre Leute geworden.

Das Falsche hat den Vorteil, daß man immer darüber 148
schwätzen kann, das Wahre muß gleich genutzt werden, sonst ist es nicht da.

Wer nicht einsieht, wie das Wahre praktisch erleichtert, 149
mag gern daran mäkeln und häkeln, damit er nur sein irriges mühseliges Treiben einigermaßen beschönigen könne.

Die Deutschen, und sie nicht allein, besitzen die Gabe, 150
die Wissenschaften unzugänglich zu machen.

Der Engländer ist Meister, das Entdeckte gleich zu 151
nutzen, bis es wieder zu neuer Entdeckung und frischer Tat führt. Man frage nun, warum sie uns überall voraus sind.

---

152 Der denkende Mensch hat die wunderliche Eigenschaft, daß er an die Stelle, wo das unaufgelöste Problem liegt, gerne ein Phantasiebild hinfabelt, das er nicht loswerden kann, wenn das Problem auch aufgelöst und die Wahrheit am Tage ist.

153 Es gehört eine eigene Geisteswendung dazu, um das gestaltlose Wirkliche in seiner eigensten Art zu fassen und es von Hirngespinsten zu unterscheiden, die sich denn doch auch mit einer gewissen Wirklichkeit lebhaft aufdringen.

154 Bei Betrachtung der Natur im großen wie im kleinen hab' ich unausgesetzt die Frage gestellt: Ist es der Gegenstand oder bist du es, der sich hier ausspricht? Und in diesem Sinne betrachtete ich auch Vorgänger und Mitarbeiter.

155 Ein jeder Mensch sieht die fertige und geregelte, gebildete, vollkommene Welt doch nur als ein Element an, woraus er sich eine besondere ihm angemessene Welt zu erschaffen bemüht ist. Tüchtige Menschen ergreifen sie ohne Bedenken und suchen damit, wie es gehen will, zu gebaren; andere zaudern an ihr herum; einige zweifeln sogar an ihrem Dasein.

Wer sich von dieser Grundwahrheit recht durchdrungen fühlte, würde mit niemanden streiten, sondern nur die Vorstellungsart eines andern wie seine eigene als ein Phänomen betrachten. Denn wir erfahren fast täglich, daß der eine mit Bequemlichkeit denken mag, was dem andern zu denken unmöglich ist, und zwar nicht etwa in Dingen, die auf Wohl und Wehe nur irgendeinen Einfluß hätten, sondern in Dingen, die für uns völlig gleichgültig sind.

156 Man weiß eigentlich das, was man weiß, nur für sich selbst. Spreche ich mit einem andern von dem, was ich zu wissen glaube, unmittelbar glaubt er's besser zu wissen, und ich muß mit meinem Wissen immer wieder in mich selbst zurückkehren.

Das Wahre fördert; aus dem Irrtum entwickelt sich nichts, 157
er verwickelt uns nur.

Der Mensch findet sich mitten unter Wirkungen und 158
kann sich nicht enthalten, nach den Ursachen zu fragen; als ein bequemes Wesen greift er nach der nächsten als der besten und beruhigt sich dabei; besonders ist dies die Art des allgemeinen Menschenverstandes.

Sieht man ein Übel, so wirkt man unmittelbar darauf, 159
d. h. man kuriert unmittelbar aufs Symptom los.

Die Vernunft hat nur über das Lebendige Herrschaft; 160
die entstandene Welt, mit der sich die Geognosie abgibt, ist tot. Daher kann es keine Geologie geben, denn die Vernunft hat hier nichts zu tun.

Wenn ich ein zerstreutes Gerippe finde, so kann ich es 161
zusammenlesen und aufstellen; denn hier spricht die ewige Vernunft durch ein Analogon zu mir, und wenn es das Riesenfaultier wäre.

Was nicht mehr entsteht, können wir uns als entstehend 162
nicht denken; das Entstandene begreifen wir nicht.

Der allgemeine neuere Vulkanismus ist eigentlich ein 163
kühner Versuch, die gegenwärtige unbegreifliche Welt an eine vergangene unbekannte zu knüpfen.

Gleiche oder wenigstens ähnliche Wirkungen werden auf 164
verschiedene Weise durch Naturkräfte hervorgebracht.

Nichts ist widerwärtiger als die Majorität: denn sie be- 165
steht aus wenigen kräftigen Vorgängern, aus Schelmen die sich akkommodieren, aus Schwachen die sich assimilieren, und der Masse, die nachtrollt, ohne nur im mindesten zu wissen, was sie will.

166 Die Mathematik ist, wie die Dialektik, ein Organ des inneren höheren Sinnes, in der Ausübung ist sie eine Kunst wie die Beredsamkeit. Für beide hat nichts Wert als die Form; der Gehalt ist ihnen gleichgültig. Ob die Mathematik Pfennige oder Guineen berechne, die Rhetorik Wahres oder Falsches verteidige, ist beiden vollkommen gleich.

---

167 Hier aber kommt es nun auf die Natur des Menschen an, der ein solches Geschäft betreibt, eine solche Kunst ausübt. Ein durchgreifender Advokat in einer gerechten Sache, ein durchdringender Mathematiker vor dem Sternenhimmel erscheinen beide gleich gottähnlich.

---

168 Was ist an der Mathematik exakt als die Exaktheit? Und diese, ist sie nicht eine Folge des innern Wahrheitsgefühls?

---

169 Die Mathematik vermag kein Vorurteil wegzuheben, sie kann den Eigensinn nicht lindern, den Parteigeist nicht beschwichtigen, nichts von allem Sittlichen vermag sie.

---

170 Der Mathematiker ist nur insofern vollkommen, als er ein vollkommener Mensch ist, als er das Schöne des Wahren in sich empfindet; dann erst wird er gründlich, durchsichtig, umsichtig, rein, klar, anmutig, ja elegant wirken. Das alles gehört dazu, um La Grange ähnlich zu werden.

---

171 Nicht die Sprache an und für sich ist richtig, tüchtig, zierlich, sondern der Geist ist es, der sich darin verkörpert; und so kommt es nicht auf einen jeden an, ob er seinen Rechnungen, Reden oder Gedichten die wünschenswerten Eigenschaften verleihen will; es ist die Frage, ob ihm die Natur hiezu die geistigen und sittlichen Eigenschaften verliehen hat. Die geistigen: das Vermögen der An- und Durchschauung, die sittlichen: daß er die bösen Dämonen ablehne, die ihn hindern könnten, dem Wahren die Ehre zu geben.

---

172 Das Einfache durch das Zusammengesetzte, das Leichte durch das Schwierige erklären zu wollen, ist ein Unheil,

das in dem ganzen Körper der Wissenschaft verteilt ist, von den Einsichtigen wohl anerkannt, aber nicht überall eingestanden.

Man sehe die Physik genau durch, und man wird finden, 173
daß die Phänomene sowie die Versuche, worauf sie gebaut ist, verschiedenen Wert haben.

Auf die primären, die Urversuche kommt alles an, und 174
das Kapitel, das hierauf gebaut ist, steht sicher und fest; aber es gibt auch sekundäre, tertiäre u.s.w. Gesteht man diesen das gleiche Recht zu, so verwirren sie nur das, was von den ersten aufgeklärt war.

Ein großes Übel in den Wissenschaften, ja überall ent- 175
steht daher, daß Menschen, die kein Ideenvermögen haben, zu theoretisieren sich vermessen, weil sie nicht begreifen, daß noch so vieles Wissen hiezu nicht berechtigt. Sie gehen im Anfange wohl mit einem löblichen Menschenverstand zu Werke, dieser aber hat seine Grenzen, und wenn er sie überschreitet, kommt er in Gefahr, absurd zu werden. Des Menschenverstandes angewiesenes Gebiet und Erbteil ist der Bezirk des Tuns und Handelns. Tätig wird er sich selten verirren; das höhere Denken, Schließen und Urteilen jedoch ist nicht seine Sache.

Die Erfahrung nutzt erst der Wissenschaft, sodann scha- 176
det sie, weil die Erfahrung Gesetz und Ausnahme gewahr werden läßt. Der Durchschnitt von beiden gibt keineswegs das Wahre.

Man sagt: zwischen zwei entgegengesetzten Meinungen 177
liege die Wahrheit mitten inne. Keineswegs! Das Problem liegt dazwischen, das Unschaubare, das ewig tätige Leben, in Ruhe gedacht.

DRITTES BUCH

ERSTES KAPITEL

Nach allem diesem, und was daraus erfolgen mochte, war nun Wilhelms erstes Anliegen, sich den Verbündeten wieder zu nähern und mit irgendeiner Abteilung derselben irgendwo zusammenzutreffen. Er zog daher sein Täfelchen zu Rat und begab sich auf den Weg, der ihn vor andern ans Ziel zu führen versprach. Weil er aber, den günstigsten Punkt zu erreichen, quer durchs Land gehen mußte, so sah er sich genötigt, die Reise zu Fuße zu machen und das Gepäck hinter sich her tragen zu lassen. Für seinen Gang aber ward er auf jedem Schritte reichlich belohnt, indem er unerwartet ganz allerliebste Gegenden antraf; es waren solche, wie sie das letzte Gebirg gegen die Fläche zu bildet, bebuschte Hügel, die sanften Abhänge haushälterisch benutzt, alle Flächen grün, nirgends etwas Steiles, Unfruchtbares und Ungepflügtes zu sehen. Nun gelangte er zum Haupttale, worein die Seitenwasser sich ergossen; auch dieses war sorgfältig bebaut, anmutig übersehbar, schlanke Bäume bezeichneten die Krümmung des durchziehenden Flusses und einströmender Bäche, und als er die Karte, seinen Wegweiser, vornahm, sah er zu seiner Verwunderung, daß die gezogene Linie dieses Tal gerade durchschnitt und er sich also vorerst wenigstens auf rechtem Weg befinde.

Ein altes, wohlerhaltenes, zu verschiedenen Zeiten erneuertes Schloß zeigte sich auf einem bebuschten Hügel; am Fuße desselben zog ein heiterer Flecken sich hin mit vorstehendem, in die Augen fallendem Wirtshaus; auf letzteres ging er zu und ward zwar freundlich von dem Wirt empfangen, jedoch mit Entschuldigung, daß man ihn ohne Erlaubnis einer Gesellschaft nicht aufnehmen könne, die den ganzen Gasthof auf einige Zeit gemietet habe; deswegen er alle Gäste in die ältere, weiter hinauf liegende Herberge verweisen müsse. Nach einer kurzen Unterredung schien der Mann sich zu bedenken und sagte: „Zwar findet sich jetzt niemand im Hause, doch es ist eben Sonnabend, und der Vogt kann nicht lange ausbleiben, der wöchentlich alle Rechnungen berichtigt und seine Bestellungen für das Nächste macht. Wahrlich, es ist eine schickliche Ordnung unter diesen Männern und eine Lust, mit ihnen zu verkehren, ob sie gleich genau sind, denn man hat zwar keinen großen, aber einen sichern Gewinn.“ Er hieß darauf den neuen Gast in dem obern großen Vorsaal sich gedulden und, was ferner sich ereignen möchte, abwarten.

Hier fand nun der Herantretende einen weiten, saubern Raum, außer Bänken und Tischen völlig leer; desto mehr verwunderte er sich, eine große Tafel über einer Türe angebracht zu sehen, worauf die Worte in goldnen Buchstaben zu lesen waren: „Ubi homines sunt modi sunt“; welches wir deutsch erklären, daß da, wo Menschen in Gesellschaft zusammentreten, sogleich die Art und Weise, wie sie zusammen sein und bleiben mögen, sich ausbilde. Dieser Spruch gab unserm Wanderer zu denken, er nahm ihn als gute Vorbedeutung, indem er das hier bekräftigt fand, was er mehrmals in seinem Leben als vernünftig und fördersam erkannt hatte. Es dauerte nicht lange, so erschien der Vogt, welcher, von dem Wirte vorbereitet, nach einer kurzen Unterredung und keinem sonderlichen Ausforschen ihn unter folgenden Bedingungen aufnahm: drei Tage zu bleiben, an allem, was vorgehen möchte, ruhig teilzunehmen und, es geschehe, was wolle, nicht nach der Ursache zu fragen, so wenig als beim Abschied nach der Zeche. Das alles mußte der Reisende sich gefallen lassen, weil der Beauftragte in keinem Punkte nachgeben konnte.

Eben wollte der Vogt sich entfernen, als ein Gesang die Treppe herauf scholl; zwei hübsche junge Männer kamen singend heran, denen jener durch ein einfaches Zeichen zu verstehen gab, der Gast sei aufgenommen. Ihren Gesang nicht unterbrechend, begrüßten sie ihn freundlich, duettierten gar anmutig, und man konnte sehr leicht bemerken, daß sie völlig eingeübt und ihrer Kunst Meister seien. Als

Wilhelm die aufmerksamste Teilnahme bewies, schlossen sie und fragten: ob ihm nicht auch manchmal ein Lied bei seinen Fußwanderungen einfalle und das er so vor sich hin singe? „Mir ist zwar von der Natur“, versetzte Wilhelm, „eine glückliche Stimme versagt, aber innerlich scheint mir oft ein geheimer Genius etwas Rhythmisches vorzuflüstern, so daß ich mich beim Wandern jedesmal im Takt bewege und zugleich leise Töne zu vernehmen glaube, wodurch denn irgendein Lied begleitet wird, das sich mir auf eine oder die andere Weise gefällig vergegenwärtigt.“

„Erinnert Ihr Euch eines solchen, so schreibt es uns auf“, sagten jene; „wir wollen sehen, ob wir Euren singenden Dämon zu begleiten wissen.“ Er nahm hierauf ein Blatt aus seiner Schreibtafel und übergab ihnen folgendes:

„Von dem Berge zu den Hügeln,
Niederab das Tal entlang,
Da erklingt es wie von Flügeln,
Da bewegt sich's wie Gesang;
Und dem unbedingten Triebe
Folget Freude, folget Rat;
Und dein Streben, sei's in Liebe,
Und dein Leben sei die Tat.“

Nach kurzem Bedenken ertönte sogleich ein freudiger, dem Wanderschritt angemessener Zweigesang, der, bei Wiederholung und Verschränkung immer fortschreitend, den Hörenden mit hinriß; er war im Zweifel, ob dies seine eigne Melodie, sein früheres Thema, oder ob sie jetzt erst so angepaßt sei, daß keine andere Bewegung denkbar wäre. Die Sänger hatten sich eine Zeitlang auf diese Weise vergnüglich ergangen, als zwei tüchtige Bursche herantraten, die man an ihren Attributen sogleich für Maurer anerkannte, zwei aber, die ihnen folgten, für Zimmerleute halten mußte. Diese viere, ihr Handwerkszeug sachte niederlegend, horchten dem Gesang und fielen bald gar sicher und entschieden in denselben mit ein, so daß eine vollständige Wandergesellschaft über Berg und Tal dem Gefühl dahinzuschreiten schien und Wilhelm glaubte, nie etwas so Anmutiges, Herz und Sinn Erhebendes vernommen zu haben. Dieser Genuß jedoch sollte noch erhöht und bis zum Letzten gesteigert werden, als eine riesenhafte Figur, die Treppe heraufsteigend, einen starken, festen Tritt mit dem besten Willen kaum zu mäßigen imstande war. Ein schwer bepacktes Reff setzte er sogleich in die Ecke, sich aber auf eine Bank nieder, die zu krachen anfing, worüber die andern lachten, ohne jedoch aus ihrem Gesang zu fallen. Sehr überrascht aber fand sich Wilhelm, als mit einer ungeheuren Baßstimme dieses Enakskind gleichfalls einzufallen begann. Der Saal schütterte, und bedeutend war es, daß er den Refrain an seinem Teile sogleich verändert und zwar dergestalt sang:

„Du im Leben nichts verschiebe;
Sei dein Leben Tat um Tat!"

Ferner konnte man denn auch gar bald bemerken, daß er das Tempo zu einem langsameren Schritt herniederziehe und die übrigen nötige, sich ihm zu fügen. Als man zuletzt geschlossen und sich genugsam befriedigt hatte, warfen ihm die andern vor, als wenn er getrachtet habe, sie irrezumachen. „Keineswegs", rief er aus, „ihr seid es, die ihr mich irrezumachen gedenkt; aus meinem Schritt wollt ihr mich bringen, der gemäßigt und sicher sein muß, wenn ich mit meiner Bürde bergauf, bergab schreite und doch zuletzt zur bestimmten Stunde eintreffen und euch befriedigen soll."

Einer nach dem andern ging nunmehr zu dem Vogt hinein, und Wilhelm konnte wohl bemerken, daß es auf eine Abrechnung angesehen sei, wornach er sich nun nicht weiter erkundigen durfte. In der Zwischenzeit kamen ein Paar muntere, schöne Knaben, eine Tafel in der Geschwindigkeit zu bereiten, mäßig mit Speise und Wein zu besetzen, worauf der heraustretende Vogt sie nunmehr alle sich mit ihm niederzulassen einlud. Die Knaben warteten auf, vergaßen sich aber auch nicht und nahmen stehend ihren Anteil dahin. Wilhelm erinnerte sich ähnlicher Szenen, da er noch unter den Schauspielern hauste, doch schien ihm die gegenwärtige Gesellschaft viel ernster, nicht zum Scherz auf Schein, sondern auf bedeutende Lebenszwecke gerichtet.

Das Gespräch der Handwerker mit dem Vogt belehrte den Gast hierüber aufs klarste. Die vier tüchtigen jungen Leute waren in der Nähe tätig, wo ein gewaltsamer Brand die anmutigste Landstadt in Asche gelegt hatte; nicht weniger hörte man, daß der wackere Vogt mit Anschaffung des Holzes und sonstiger Baumaterialien beschäftigt sei, welches dem Gast um so rätselhafter vorkam, als sämtliche Männer hier nicht wie Einheimische, sondern wie Vorüberwandernde sich in allem übrigen ankündigten. Zum Schlusse der Tafel holte St. Christoph, so nannten sie den Riesen, ein beseitigtes gutes Glas Wein zum Schlaftrunk, und ein heiterer Gesang hielt noch einige Zeit die Gesellschaft für das Ohr zusammen, die dem Blick bereits auseinandergegangen war; worauf denn Wilhelm in ein Zimmer geführt wurde von der anmutigsten Lage. Der Vollmond, eine reiche Flur beleuchtend, war schon herauf und weckte ähnliche und gleiche Erinnerungen in dem Busen unseres Wanderers. Die Geister aller lieben Freunde zogen bei ihm vorüber, besonders aber war ihm Lenardos Bild so lebendig, daß er ihn unmittelbar vor sich zu sehen glaubte. Dies alles gab ihm ein inniges Behagen zur nächtlichen Ruhe, als er durch den wunderlichsten Laut beinahe erschreckt worden wäre. Es klang aus der Ferne her, und doch schien es im Hause selbst zu sein, denn das Haus zitterte manchmal, und die Balken dröhnten, wenn der Ton zu seiner größten Kraft stieg. Wilhelm, der sonst ein zartes Ohr hatte, alle Töne zu unterscheiden, konnte doch sich für nichts bestimmen; er verglich es dem Schnarren einer großen Orgelpfeife, die vor lauter Umfang keinen entschiedenen Ton von sich gibt. Ob dieses Nachtschrecken gegen Morgen nachließ, oder ob Wilhelm, nach und nach daran gewöhnt, nicht mehr dafür empfindlich war, ist schwer auszumitteln; genug, er schlief ein und ward von der aufgehenden Sonne anmutig erweckt.

Kaum hatte ihm einer der dienenden Knaben das Frühstück gebracht, als eine Figur hereintrat, die er am Abendtische bemerkt hatte, ohne über deren Eigenschaften klar zu werden. Es war ein wohlgebauter, breitschultriger, auch behender Mann, der sich durch ausgekramtes Gerät als

Barbier ankündigte und sich bereitete, Wilhelmen diesen so erwünschten Dienst zu leisten. Übrigens schwieg er still, und das Geschäft war mit sehr leichter Hand vollbracht, ohne daß er irgendeinen Laut von sich gegeben hätte. Wilhelm begann daher und sprach: „Eure Kunst versteht Ihr meisterlich, und ich wüßte nicht, daß ich ein zarteres Messer jemals an meinen Wangen gefühlt hätte, zugleich scheint Ihr aber die Gesetze der Gesellschaft genau zu beobachten."

Schalkhaft lächelnd, den Finger auf den Mund legend, schlich der Schweigsame zur Türe hinaus. „Wahrlich!" rief ihm Wilhelm nach: „Ihr seid jener Rotmantel, wo nicht selbst, doch wenigstens gewiß ein Abkömmling; es ist Euer Glück, daß Ihr den Gegendienst von mir nicht verlangen wollt, Ihr würdet Euch dabei schlecht befunden haben."

Kaum hatte dieser wunderliche Mann sich entfernt, als der bekannte Vogt hereintrat, zur Tafel für diesen Mittag eine Einladung ausrichtend, welche gleichfalls ziemlich seltsam klang: das Band, so sagte der Einladende ausdrücklich, heiße den Fremden willkommen, berufe denselben zum Mittagsmahle und freue sich der Hoffnung, mit ihm in ein näheres Verhältnis zu treten. Man erkundigte sich ferner nach dem Befinden des Gastes, und wie er mit der Bewirtung zufrieden sei; der denn von allem, was ihm begegnet war, nur mit Lob sprechen konnte. Freilich hätte er sich gern bei diesem Manne, wie vorher bei dem schweigsamen Barbier, nach dem entsetzlichen Ton erkundigt, der ihn diese Nacht, wo nicht geängstigt, doch beunruhigt hatte; seines Angelöbnisses jedoch eingedenk, enthielt er sich jeder Frage und hoffte, ohne zudringlich zu sein, aus Neigung der Gesellschaft oder zufällig nach seinen Wünschen belehrt zu werden.

Als der Freund sich allein befand, dachte er über die wunderliche Person erst nach, die ihn hatte einladen lassen, und wußte nicht recht, was er daraus machen sollte. Einen oder mehrere Vorgesetzte durch ein Neutrum anzukündigen, kam ihm allzu bedenklich vor. Übrigens war es so still um ihn her, daß er nie einen stilleren Sonntag erlebt zu haben glaubte; er verließ das Haus, vernahm aber ein

Glockengeläute und ging nach dem Städtchen zu. Die Messe war eben geendigt, und unter den sich herausdrängenden Einwohnern und Landleuten erblickte er drei Bekannte von gestern, einen Zimmergesellen, einen Maurer und einen Knaben. Später bemerkte er unter den protestantischen Gottesverehrern gerade die drei andern. Wie die übrigen ihrer Andacht pflegen mochten, ward nicht bekannt, so viel aber getraute er sich zu schließen, daß in dieser Gesellschaft eine entschiedene Religionsfreiheit obwalte.

Zu Mittag kam demselben am Schloßtore der Vogt entgegen, ihn durch mancherlei Hallen in einen großen Vorsaal zu führen, wo er ihn niedersitzen hieß. Viele Personen gingen vorbei, in einen anstoßenden Saalraum hinein. Die schon bekannten waren darunter zu sehen, selbst St. Christoph schritt vorüber; alle grüßten den Vogt und den Ankömmling. Was dem Freund dabei am meisten auffiel, war, daß er nur Handwerker zu sehen glaubte, alle nach gewohnter Weise, aber höchst reinlich gekleidet; wenige, die er allenfalls für Kanzleiverwandte gehalten hätte.

Als nun keine neuen Gäste weiter zudrangen, führte der Vogt unsern Freund durch die stattliche Pforte in einen weitläufigen Saal; dort war eine unübersehbare Tafel gedeckt, an deren unterem Ende er vorbeigeführt wurde, nach oben zu, wo er drei Personen quer vorstehen sah. Aber von welchem Erstaunen ward er ergriffen, als er in die Nähe trat und Lenardo, kaum noch erkannt, ihm um den Hals fiel. Von dieser Überraschung hatte man sich noch nicht erholt, als ein Zweiter Wilhelmen gleichfalls feurig und lebhaft umarmte und sich als den wunderlichen Friedrich, Nataliens Bruder, zu erkennen gab. Das Entzücken der Freunde verbreitete sich über alle Gegenwärtigen; ein Freud- und Segensruf erscholl die ganze Tafel her. Auf einmal aber, als man sich gesetzt, ward alles still und das Gastmahl mit einer gewissen Feierlichkeit aufgetragen und eingenommen.

Gegen Ende der Tafel gab Lenardo ein Zeichen, zwei Sänger standen auf, und Wilhelm verwunderte sich sehr, sein gestriges Lied wiederholt zu hören, das wir, der nächsten Folge wegen, hier wieder einzurücken für nötig finden.

„Von dem Berge zu den Hügeln,
Niederab das Tal entlang,
Da erklingt es wie von Flügeln,
Da bewegt sich's wie Gesang;
Und dem unbedingten Triebe
Folget Freude, folget Rat;
Und dein Streben, sei's in Liebe,
Und dein Leben sei die Tat."

Kaum hatte dieser Zwiegesang, von einem gefällig mäßigen Chor begleitet, sich zum Ende geneigt, als gegenüber sich zwei andere Sänger ungestüm erhuben, welche mit ernster Heftigkeit das Lied mehr umkehrten als fortsetzten, zur Verwunderung des Ankömmlings aber sich also vernehmen ließen:

„Denn die Bande sind zerrissen,
Das Vertrauen ist verletzt;
Kann ich sagen, kann ich wissen,
Welchem Zufall ausgesetzt
Ich nun scheiden, ich nun wandern,
Wie die Witwe trauervoll,
Statt dem einen mit dem andern
Fort und fort mich wenden soll!"

Der Chor, in diese Strophe einfallend, ward immer zahlreicher, immer mächtiger, und doch konnte man die Stimme des heiligen Christoph, vom untern Ende der Tafel her, gar bald unterscheiden. Beinahe furchtbar schwoll zuletzt die Trauer; ein unmutiger Mut brachte, bei Gewandtheit der Sänger, etwas Fugenhaftes in das Ganze, daß es unserm Freunde wie schauderhaft auffiel. Wirklich schienen alle völlig gleichen Sinnes zu sein und ihr eignes Schicksal eben kurz vor dem Aufbruche zu betrauern. Die wundersamsten Wiederholungen, das öftere Wiederaufleben eines beinahe ermattenden Gesanges schien zuletzt dem Bande selbst gefährlich; Lenardo stand auf, und alle setzten sich sogleich nieder, den Hymnus unterbrechend. Jener begann mit freundlichen Worten: „Zwar kann ich euch nicht tadeln, daß ihr euch das Schicksal, das uns allen bevorsteht, immer vergegenwärtigt, um zu demselben jede

Stunde bereit zu sein. Haben doch lebensmüde, bejahrte Männer den Ihrigen zugerufen: ‚Gedenke zu sterben!', so dürfen wir lebenslustige jüngere wohl uns immerfort ermuntern und ermahnen mit den heitern Worten: ‚Gedenke zu wandern!'; dabei ist aber wohlgetan, mit Maß und Heiterkeit dessen zu erwähnen, was man entweder willig unternimmt, oder wozu man sich genötigt glaubt. Ihr wißt am besten, was unter uns fest steht und was beweglich ist; gebt uns dies auch in erfreulichen, aufmunternden Tönen zu genießen, worauf denn dieses Abschiedsglas für diesmal gebracht sei!" Er leerte sodann seinen Becher und setzte sich nieder; die vier Sänger standen sogleich auf und begannen in abgeleiteten, sich anschließenden Tönen:

„Bleibe nicht am Boden heften,
Frisch gewagt und frisch hinaus!
Kopf und Arm mit heitern Kräften,
Überall sind sie zu Haus;
Wo wir uns der Sonne freuen,
Sind wir jede Sorge los:
Daß wir uns in ihr zerstreuen,
Darum ist die Welt so groß."

Bei dem wiederholenden Chorgesange stand Lenardo auf und mit ihm alle; sein Wink setzte die ganze Tischgesellschaft in singende Bewegung; die unteren zogen, St. Christoph voran, paarweis zum Saale hinaus, und der angestimmte Wandergesang ward immer heiterer und freier; besonders aber nahm er sich sehr gut aus, als die Gesellschaft, in den terrassierten Schloßgärten versammelt, von hier aus das geräumige Tal übersah, in dessen Fülle und Anmut man sich wohl gern verloren hätte. Indessen die Menge sich nach Belieben hier- und dorthin zerstreute, machte man Wilhelmen mit dem dritten Vorsitzenden bekannt. Es war der Amtmann, der das gräfliche, zwischen mehreren Standesherrschaften liegende Schloß dieser Gesellschaft, so lange sie hier zu verweilen für gut fände, einzuräumen und ihr vielfache Vorteile zu verschaffen gewußt, dagegen aber auch, als ein kluger Mann, die Anwesenheit so seltener Gäste zu nutzen verstand. Denn indem er für billige Preise seine Fruchtböden auftat und, was sonst noch zu Nahrung und Notdurft erforderlich wäre, zu verschaffen wußte, so wurden bei solcher Gelegenheit längst vernachlässigte Dachreihen umgelegt, Dachstühle hergestellt, Mauern unterfahren, Planken gerichtet und andere Mängel auf den Grad gehoben, daß ein längst vernachlässigtes, in Verfall geratenes Besitztum verblühender Familien den frohen Anblick einer lebendig benutzten Wohnlichkeit gewährte und das Zeugnis gab: Leben schaffe Leben, und, wer andern nützlich sei, auch sie ihm zu nutzen in die Notwendigkeit versetze.

ZWEITES KAPITEL

Hersilie an Wilhelm

Mein Zustand kommt mir vor wie ein Trauerspiel des Alfieri; da die Vertrauten völlig ermangeln, so muß zuletzt alles in Monologen verhandelt werden, und fürwahr, eine Korrespondenz mit Ihnen ist einem Monolog vollkommen gleich; denn Ihre Antworten nehmen eigentlich wie ein Echo unsre Silben nur oberflächlich auf, um sie verhallen zu lassen. Haben Sie auch nur ein einzigmal etwas erwidert, worauf man wieder hätte erwidern können? Parierend, ablehnend sind Ihre Briefe! Indem ich aufstehe, Ihnen entgegenzutreten, so weisen Sie mich wieder auf den Sessel zurück.

Vorstehendes war schon einige Tage geschrieben; nun findet sich ein neuer Drang und Gelegenheit, Gegenwärtiges an Lenardo zu bringen; dort findet Sie's, oder man weiß Sie zu finden. Wo es Sie aber auch antreffen mag, lautet meine Rede dahin, daß, wenn Sie, nach gelesenem diesem Blatt, nicht gleich vom Sitze aufspringen und als frommer Wanderer sich eilig bei mir einstellen, so erklär' ich Sie für den männlichsten aller Männer, d. h. dem die liebenswürdigste aller Eigenschaften unsers Geschlechts völlig abgeht; ich verstehe darunter die Neugierde, die mich eben in dem Augenblick auf das entschiedenste quält.

Kurz und gut! Zu Ihrem Prachtkästchen ist das Schlüsselchen gefunden; das darf aber niemand wissen als ich und Sie. Wie es in meine Hände gekommen, vernehmen Sie nun.

Vor einigen Tagen empfängt unser Gerichtshalter eine Ausfertigung von fremder Behörde, worin gefragt wird, ob nicht ein Knabe sich zu der und der Zeit in der Nachbarschaft aufgehalten, allerlei Streiche verübt und endlich bei einem verwegenen Unternehmen seine Jacke eingebüßt habe.

Wie dieser Schelm nun bezeichnet war, blieb kein Zweifel übrig, es sei jener Fitz, von dem Felix so viel zu erzählen wußte und den er sich so oft als Spielkameraden zurückwünschte.

Nun erbat sich jene Stelle die benannte Kleidung, wenn sie noch vorhanden wäre, weil der in Untersuchung geratene Knabe sich darauf berufe. Von dieser Zumutung spricht nun unser Gerichtshalter gelegentlich und zeigt das Kittelchen vor, eh' er es absendet.

Mich treibt ein guter oder böser Geist, in die Brusttasche zu greifen; ein winzig kleines, stachlichtes Etwas kommt mir in die Hand; ich, die ich sonst so apprehensiv, kitzlich und schreckhaft bin, schließe die Hand, schließe sie, schweige, und das Kleid wird fortgeschickt. Sogleich ergreift mich von allen Empfindungen die wunderlichste. Beim ersten verstohlenen Blick seh' ich, errat' ich, zu Ihrem Kästchen sei es der Schlüssel. Nun gab es wunderliche Gewissenszweifel, mancherlei Skrupel stiegen bei mir auf. Den Fund zu offenbaren, herzugeben, war mir unmöglich: was soll es jenen Gerichten, da es dem Freunde so nützlich sein kann! Dann wollte sich mancherlei von Recht und Pflicht wieder auftun, welche mich aber nicht überstimmen konnten.

Da sehen Sie nun, in was für einen Zustand mich die Freundschaft versetzt; ein famoses Organ entwickelt sich plötzlich, Ihnen zuliebe; welch ein wunderlich Ereignis! Möchte das nicht mehr als Freundschaft sein, was meinem Gewissen dergestalt die Waage hält! Wundersam bin ich beunruhigt, zwischen Schuld und Neugier; ich mache mir hundert Grillen und Märchen, was alles daraus erfolgen könnte: mit Recht und Gericht ist nicht zu spaßen. Hersilie, das unbefangene, gelegentlich übermütige Wesen, in einen Kriminalprozeß verwickelt, denn darauf geht's doch hinaus, und was bleibt mir da übrig, als an den Freund zu denken, um dessentwillen ich das alles leide! Ich habe sonst auch an Sie gedacht, aber mit Pausen, jetzt aber unaufhörlich; jetzt, wenn mir das Herz schlägt und ich ans siebente Gebot denke, so muß ich mich an Sie wenden als den Heiligen, der das Verbrechen veranlaßt und mich auch wohl wieder entbinden kann; und so wird allein die Eröffnung des Kästchens mich beruhigen. Die Neugierde wird doppelt mächtig. Kommen Sie eiligst und bringen das Kästchen mit. Für welchen Richterstuhl eigentlich das Geheimnis gehöre, das wollen wir unter uns ausmachen; bis dahin bleibt es unter uns; niemand wisse darum, es sei auch, wer es sei.

Hier aber, mein Freund, nun schließlich zu dieser Abbildung des Rätsels was sagen Sie? Erinnert es nicht an Pfeile mit Widerhaken? Gott sei uns gnädig! Aber das Kästchen muß zwischen mir und Ihnen erst uneröffnet stehen und dann eröffnet das Weitere selbst befehlen. Ich wollte, es fände sich gar nichts drinnen, und was ich sonst noch wollte und was ich sonst noch alles erzählen könnte — doch sei Ihnen das vorenthalten, damit Sie desto eiliger sich auf den Weg machen.

Und nun mädchenhaft genug noch eine Nachschrift! Was geht aber mich und Sie eigentlich das Kästchen an? Es gehört Felix, der hat's entdeckt, hat sich's zugeeignet, den müssen wir herbeiholen, ohne seine Gegenwart sollen wir's nicht öffnen.

Und was das wieder für Umstände sind! das schiebt sich und verschiebt sich.

Was ziehen Sie so in der Welt herum? Kommen Sie! bringen Sie den holden Knaben mit, den ich auch einmal wieder sehen möchte.

Und nun geht's da wieder an, der Vater und der Sohn! tun Sie, was Sie können, aber kommen Sie beide.

DRITTES KAPITEL

Vorstehender wunderliche Brief war freilich schon lange geschrieben und hin und wider getragen worden, bis er endlich, der Aufschrift gemäß, diesmal abgegeben werden konnte. Wilhelm nahm sich vor, mit dem ersten Boten, dessen Absendung bevorstand, freundlich, aber ablehnend zu antworten. Hersilie schien die Entfernung nicht zu berechnen, und er war gegenwärtig zu ernstlich beschäftigt, als daß ihn auch nur die mindeste Neugierde, was in jenem Kästchen befindlich sein möchte, hätte reizen dürfen.

Auch gaben ihm einige Unfälle, die den derbsten Gliedern dieser tüchtigen Gesellschaft begegneten, Gelegenheit, sich meisterhaft in der von ihm ergriffenen Kunst zu beweisen. Und wie ein Wort das andere gibt, so folgt noch glücklicher eine Tat aus der andern, und wenn dadurch zuletzt auch wieder Worte veranlaßt werden, so sind diese um so fruchtbarer und geisterhebender. Die Unterhaltungen waren daher so belehrend als ergötzlich, denn die Freunde gaben sich wechselseitig Rechenschaft vom Gange des bisherigen Lernens und Tuns, woraus eine Bildung entstanden war, die sie wechselseitig erstaunen machte, dergestalt, daß sie sich untereinander erst selbst wieder mußten kennen lernen.

Eines Abends also fing Wilhelm seine Erzählung an: „Meine Studien als Wundarzt suchte ich sogleich in einer großen Anstalt der größten Stadt, wo sie nur allein möglich wird, zu fördern; zur Anatomie als Grundstudium wendete ich mich sogleich mit Eifer.

Auf eine sonderbare Weise, welche niemand erraten würde, war ich schon in Kenntnis der menschlichen Gestalt weit vorgeschritten, und zwar während meiner theatralischen Laufbahn; alles genau besehen, spielt denn doch der körperliche Mensch da die Hauptrolle, ein schöner Mann, eine schöne Frau! Ist der Direktor glücklich genug, ihrer habhaft zu werden, so sind Komödien- und Tragödiendichter geborgen. Der losere Zustand, in dem eine solche Gesellschaft lebt, macht ihre Genossen mehr mit der eigentlichen Schönheit der unverhüllten Glieder bekannt als irgendein anderes Verhältnis; selbst verschiedene Kostüms nötigen, zur Evidenz zu bringen, was sonst herkömmlich verhüllt wird. Hievon hätt' ich viel zu sagen, so auch von körperlichen Mängeln, welche der kluge Schauspieler an sich und andern kennen muß, um sie, wo nicht zu verbessern, wenigstens zu verbergen, und auf diese Weise war ich vorbereitet genug, dem anatomischen Vortrag, der die äußern Teile näher kennen lehrte, eine folgerechte Aufmerksamkeit zu schenken; so wie mir denn auch die innern Teile nicht fremd waren, indem ein gewisses Vorgefühl davon mir immer gegenwärtig geblieben war. Unangenehm hindernd war bei dem Studium die immer wiederholte Klage vom Mangel der Gegenstände, über die nicht hinreichende Anzahl der verblichenen Körper, die man zu so hohen Zwecken unter das Messer wünschte. Solche, wo nicht hinreichend, doch in möglichster Zahl zu verschaffen, hatte man harte Gesetze ergehen lassen, nicht allein Verbrecher, die ihr Individuum in jedem Sinne verwirkt, sondern auch andere körperlich, geistig verwahrloste Umgekommene wurden in Anspruch genommen.

Mit dem Bedürfnis wuchs die Strenge und mit dieser der Widerwille des Volks, das in sittlicher und religioser Ansicht seine Persönlichkeit und die Persönlichkeit geliebter Personen nicht aufgeben kann.

Immer weiter aber stieg das Übel, indem die verwirrende Sorge hervortrat, daß man auch sogar für die friedlichen Gräber geliebter Abgeschiedener zu fürchten habe. Kein Alter, keine Würde, weder Hohes noch Niedriges war in seiner Ruhestätte mehr sicher; der Hügel, den man mit

Blumen geschmückt, die Inschriften, mit denen man das Andenken zu erhalten getrachtet, nichts konnte gegen die einträgliche Raubsucht schützen; der schmerzlichste Abschied schien aufs grausamste gestört, und indem man sich vom Grabe wegwendete, mußte schon die Furcht empfunden werden, die geschmückten, beruhigten Glieder geliebter Personen getrennt, verschleppt und entwürdigt zu wissen.

Alles dieses kam wiederholt und immer durchgedroschener zur Sprache, ohne daß irgend jemand an ein Hülfsmittel gedacht hätte oder daran hätte denken können, und immer allgemeiner wurden die Beschwerden, als junge Männer, die mit Aufmerksamkeit den Lehrvortrag gehört, sich auch mit Hand und Auge von dem bisher Gesehenen und Vernommenen überzeugen und sich die so notwendige Kenntnis immer tiefer und lebendiger der Einbildungskraft überliefern wollten.

In solchen Augenblicken entsteht eine Art von unnatürlichem wissenschaftlichem Hunger, welcher nach der widerwärtigsten Befriedigung wie nach dem Anmutigsten und Notwendigsten zu begehren aufregt.

Schon einige Zeit hatte ein solcher Aufschub und Aufenthalt die Wissens- und Tatlustigen beschäftigt und unterhalten, als endlich ein Fall, über den die Stadt in Bewegung geriet, eines Morgens das Für und Wider für einige Stunden heftig hervorrief. Ein sehr schönes Mädchen, verwirrt durch unglückliche Liebe, hatte den Tod im Wasser gesucht und gefunden; die Anatomie bemächtigte sich derselbigen; vergebens war die Bemühung der Eltern, Verwandten, ja des Liebhabers selbst, der nur durch falschen Argwohn verdächtig geworden. Die obern Behörden, die soeben das Gesetz geschärft hatten, durften keine Ausnahme bewilligen; auch eilte man, so schnell als möglich die Beute zu benutzen und zur Benutzung zu verteilen.“

Wilhelm, der als nächster Aspirant gleichfalls berufen wurde, fand vor dem Sitze, den man ihm anwies, auf einem saubern Brette, reinlich zugedeckt, eine bedenkliche Aufgabe; denn als er die Hülle wegnahm, lag der schönste weibliche Arm zu erblicken, der sich wohl jemals um den Hals eines Jünglings geschlungen hatte. Er hielt sein Besteck in der Hand und getraute sich nicht, es zu eröffnen; er stand und getraute nicht niederzusitzen. Der Widerwille, dieses herrliche Naturerzeugnis noch weiter zu entstellen, stritt mit der Anforderung, welche der wissensbegierige Mann an sich zu machen hat und welcher sämtliche Umhersitzende Genüge leisteten.

In diesen Augenblicken trat ein ansehnlicher Mann zu ihm, den er zwar als einen seltenen, aber immer als einen sehr aufmerksamen Zuhörer und Zuschauer bemerkt und demselben schon nachgefragt hatte; niemand aber konnte nähere Auskunft geben; daß es ein Bildhauer sei, darin war man einig; man hielt ihn aber auch für einen Goldmacher, der in einem großen, alten Hause wohne, dessen erste Flur allein den Besuchenden oder bei ihm Beschäftigten zugänglich, die übrigen sämtlichen Räume jedoch verschlossen seien. Dieser Mann hatte sich Wilhelmen verschiedentlich genähert, war mit ihm aus der Stunde gegangen, wobei er jedoch alle weitere Verbindung und Erklärung zu vermeiden schien.

Diesmal jedoch sprach er mit einer gewissen Offenheit: „Ich sehe, Sie zaudern, Sie staunen das schöne Gebild an, ohne es zerstören zu können; setzen Sie sich über das Gildegefühl hinaus und folgen Sie mir.“ Hiemit deckte er den Arm wieder zu, gab dem Saaldiener einen Wink, und beide verließen den Ort. Schweigend gingen sie nebeneinander her, als der Halbbekannte vor einem großen Tore stillestand, dessen Pförtchen er aufschloß und unsern Freund hineinnötigte, der sich sodann auf einer Tenne befand, groß, geräumig, wie wir sie in alten Kaufhäusern sehen, wo die ankommenden Kisten und Ballen sogleich untergefahren werden. Hier standen Gipsabgüsse von Statuen und Büsten, auch Bohlenverschläge gepackt und leer. „Es sieht hier kaufmännisch aus“, sagte der Mann; „der von hier aus mögliche Wassertransport ist für mich unschätzbar.“ Dieses alles paßte nun ganz gut zu dem Gewerb eines Bildhauers; ebenso konnte Wilhelm nichts anders finden, als der freundliche Wirt ihn wenige Stufen hinauf in ein geräumiges Zimmer führte, das ringsumher mit Hoch- und Flachgebilden, mit größeren und kleineren Figuren, Büsten und wohl auch einzelnen Gliedern der schönsten Gestalten geziert war. Mit Vergnügen betrachtete unser Freund dies alles und horchte gern den belehrenden Worten seines Wirtes, ob er gleich noch eine große Kluft zwischen diesen künstlerischen Arbeiten und den wissenschaftlichen Bestrebungen, von denen sie herkamen, gewahren mußte. Endlich sagte der Hausbesitzer mit einigem Ernst: „Warum ich Sie hierher führe, werden Sie leicht einsehen; diese Türe", fuhr er fort, indem er sich nach der Seite wandte, „liegt näher an der Saaltüre, woher wir kommen, als Sie denken mögen." Wilhelm trat hinein und hatte freilich zu erstaunen, als er, statt wie in den vorigen Nachbildung lebender Gestalten zu sehen, hier die Wände durchaus mit anatomischen Zergliederungen ausgestattet fand; sie mochten in Wachs oder sonstiger Masse verfertigt sein, genug, sie hatten durchaus das frische, farbige Ansehen erst fertig gewordener Präparate. „Hier, mein Freund", sagte der Künstler, „hier sehen Sie schätzenswerte Surrogate für jene Bemühungen, die wir, mit dem Widerwillen der Welt, zu unzeitigen Augenblicken mit Ekel oft und großer Sorgfalt dem Verderben oder einem widerwärtigen Aufbewahren vorbereiten. Ich muß dieses Geschäft im tiefsten Geheimnis betreiben, denn Sie haben gewiß oft schon Männer vom Fach mit Geringschätzung davon reden hören. Ich lasse mich nicht irremachen und bereite etwas vor, welches in der Folge gewiß von großer Einwirkung sein wird. Der Chirurg besonders, wenn er sich zum plastischen Begriff erhebt, wird der ewig fortbildenden Natur bei jeder Verletzung gewiß am besten zu Hülfe kommen; den Arzt selbst würde ein solcher Begriff bei seinen Funktionen erheben. Doch lassen Sie uns nicht viel Worte machen! Sie sollen in kurzem erfahren, daß Aufbauen mehr belehrt als Einreißen, Verbinden mehr als Trennen, Totes beleben mehr als das Getötete noch weiter töten; kurz also, wollen Sie mein Schüler sein?" Und auf Bejahung legte der Wissende dem Gaste das Knochenskelett eines weiblichen Armes vor, in der Stellung, wie sie jenen vor kurzem vor sich gesehen hatten. „Ich habe", fuhr der Meister fort, „zu bemerken gehabt, wie Sie der Bänderlehre durchaus Aufmerksamkeit schenkten und mit Recht, denn mit ihnen beginnt sich für uns das tote Knochengerassel erst wieder zu beleben; Hesekiel mußte sein Gebeinfeld sich erst auf diese Weise wieder sammeln und fügen sehen, ehe die Glieder sich regen, die Arme tasten und die Füße sich aufrichten konnten. Hier ist biegsame Masse, Stäbchen und was sonst nötig sein möchte; nun versuchen Sie Ihr Glück."

Der neue Schüler nahm seine Gedanken zusammen, und als er die Knochenteile näher zu betrachten anfing, sah er, daß diese künstlich von Holz geschnitzt seien. „Ich habe", versetzte der Lehrer, „einen geschickten Mann, dessen Kunst nach Brote ging, indem die Heiligen und Märtyrer, die er zu schnitzen gewohnt war, keinen Abgang mehr fanden, ihn hab' ich darauf geleitet, sich der Skelettbildung zu bemächtigen und solche im großen wie im kleinen naturgemäß zu befördern."

Nun tat unser Freund sein Bestes und erwarb sich den Beifall des Anleitenden. Dabei war es ihm angenehm, sich zu erproben, wie stark oder schwach die Erinnerung sei, und er fand zu vergnüglicher Überraschung, daß sie durch die Tat wieder hervorgerufen werde; er gewann Leidenschaft für diese Arbeit und ersuchte den Meister, in seine Wohnung aufgenommen zu werden. Hier nun arbeitete er unablässig; auch waren die Knochen und Knöchelchen des Armes in kurzer Zeit gar schicklich verbunden. Von hier aber sollten die Sehnen und Muskeln ausgehen, und es schien eine völlige Unmöglichkeit, den ganzen Körper auf diese Weise nach allen seinen Teilen gleichmäßig herzustellen. Hiebei tröstete ihn der Lehrer, indem er die Vervielfältigung durch Abformung sehen ließ, da denn das Nacharbeiten, das Reinbilden der Exemplare eben wieder neue Anstrengung, neue Aufmerksamkeit verlangte.

Alles, worein der Mensch sich ernstlich einläßt, ist ein Unendliches; nur durch wetteifernde Tätigkeit weiß er sich dagegen zu helfen; auch kam Wilhelm bald über den Zustand vom Gefühl seines Unvermögens, welches immer eine Art von Verzweiflung ist, hinaus und fand sich behaglich bei der Arbeit. „Es freut mich“, sagte der Meister, „daß Sie sich in diese Verfahrungsart zu schicken wissen und daß Sie mir ein Zeugnis geben, wie fruchtbar eine solche Methode sei, wenn sie auch von den Meistern des Fachs nicht anerkannt wird. Es muß eine Schule geben, und diese wird sich vorzüglich mit Überlieferung beschäftigen; was bisher geschehen ist, soll auch künftig geschehen, das ist gut und mag und soll so sein. Wo aber die Schule stockt, das muß man bemerken und wissen; das Lebendige muß man ergreifen und üben, aber im stillen, sonst wird man gehindert und hindert andere. Sie haben lebendig gefühlt und zeigen es durch Tat, Verbinden heißt mehr als Trennen, Nachbilden mehr als Ansehen.“

Wilhelm erfuhr nun, daß solche Modelle im stillen schon weit verbreitet seien, aber zu größter Verwunderung vernahm er, daß das Vorrätige eingepackt und über See gehen solle. Dieser wackere Künstler hatte sich schon mit Lothario und jenen Befreundeten in Verhältnis gesetzt; man fand die Gründung einer solchen Schule in jenen sich heranbildenden Provinzen ganz besonders am Platze, ja höchst notwendig, besonders unter natürlich gesitteten, wohldenkenden Menschen, für welche die wirkliche Zergliederung immer etwas Kannibalisches hat. „Geben Sie zu, daß der größte Teil von Ärzten und Wundärzten nur einen allgemeinen Eindruck des zergliederten menschlichen Körpers in Gedanken behält und damit auszukommen glaubt, so werden gewiß solche Modelle hinreichen, die in seinem Geiste nach und nach erlöschenden Bilder wieder anzufrischen und ihm gerade das Nötige lebendig zu erhalten. Ja es kommt auf Neigung und Liebhaberei an, so werden sich die zartesten Resultate der Zergliederungskunst nachbilden lassen. Leistet dies ja schon Zeichenfeder, Pinsel und Grabstichel.“

Hier öffnete er ein Seitenschränkchen und ließ die Gesichtsnerven auf die wundersamste Weise nachgebildet erblicken. „Dies ist leider“, sprach er, „das letzte Kunststück eines abgeschiedenen jungen Gehülfen, der mir die beste Hoffnung gab, meine Gedanken durchzuführen und meine Wünsche nützlich auszubreiten.“

Über die Einwirkung dieser Behandlungsweise nach manchen Seiten hin wurde gar viel zwischen beiden gesprochen, auch war das Verhältnis zur bildenden Kunst ein Gegenstand merkwürdiger Unterhaltung. Ein auffallendes, schönes Beispiel, wie auf diese Weise vorwärts und rückwärts zu arbeiten sei, ergab sich aus diesen Mitteilungen. Der Meister hatte einen schönen Sturz eines antiken Jünglings in eine bildsame Masse abgegossen und suchte nun mit Einsicht die ideelle Gestalt von der Epiderm zu entblößen und das schöne Lebendige in ein reales Muskelpräparat zu verwandeln. „Auch hier finden sich Mittel und Zweck so nahe beisammen, und ich will gern gestehen, daß ich über den Mitteln den Zweck vernachlässigt habe, doch nicht ganz mit eigener Schuld; der Mensch ohne Hülle ist eigentlich der Mensch, der Bildhauer steht unmittelbar an der Seite der Elohim, als sie den unförmlichen, widerwärtigen Ton zu dem herrlichsten Gebilde umzuschaffen wußten; solche göttliche Gedanken muß er hegen, dem Reinen ist alles rein, warum nicht die unmittelbare Absicht Gottes in der Natur? Aber vom Jahrhundert kann man dies nicht verlangen, ohne Feigenblätter und Tierfelle kommt es nicht aus, und das ist noch viel zu wenig. Kaum hatte ich etwas gelernt, so verlangten sie von mir würdige Männer in Schlafröcken und weiten Ärmeln und zahllosen Falten; da wendete ich mich rückwärts, und da ich das, was ich verstand, nicht einmal zum Ausdruck des Schönen anwenden durfte, so wählte ich, nützlich zu sein, und auch dies ist von Bedeutung. Wird mein Wunsch erfüllt, wird es als brauchbar anerkannt, daß, wie in so viel andern Dingen, Nachbildung und das Nachgebildete der Einbildungskraft und dem Gedächtnis zu Hülfe kommen, da, wo den Menschengeist eine gewisse Frische verläßt, so wird gewiß mancher bildende Künstler sich, wie ich es getan, herumwenden und lieber euch in die Hand arbeiten, als daß er gegen Überzeugung und Gefühl ein widerwärtiges Handwerk treibe."

Hieran schloß sich die Betrachtung, daß es eben schön sei zu bemerken, wie Kunst und Technik sich immer gleichsam die Waage halten und so nah verwandt immer eine zu der andern sich hinneigt, so daß die Kunst nicht sinken kann, ohne in löbliches Handwerk überzugehen, das Handwerk sich nicht steigern, ohne kunstreich zu werden.

Beide Personen fügten und gewöhnten sich so vollkommen aneinander, daß sie sich nur ungern trennten, als es nötig ward, um ihren eigentlichen großen Zwecken entgegenzugehen.

„Damit man aber nicht glaube", sagte der Meister, „daß wir uns von der Natur ausschließen und sie verleugnen wollen, so eröffnen wir eine frische Aussicht. Drüben über dem Meere, wo gewisse menschenwürdige Gesinnungen sich immerfort steigern, muß man endlich bei Abschaffung der Todesstrafe weitläufige Kastelle, ummauerte Bezirke bauen, um den ruhigen Bürger gegen Verbrechen zu schützen und das Verbrechen nicht straflos walten und wirken zu lassen. Dort, mein Freund, in diesen traurigen Bezirken, lassen Sie uns dem Äskulap eine Kapelle vorbehalten, dort, so abgesondert wie die Strafe selbst, werde unser Wissen immerfort an solchen Gegenständen erfrischt, deren Zerstückelung unser menschliches Gefühl nicht verletze, bei deren Anblick uns nicht, wie es Ihnen bei jenem schönen, unschuldigen Arm erging, das Messer in der Hand stocke und alle Wißbegierde vor dem Gefühl der Menschlichkeit ausgelöscht werde."

„Dieses", sagte Wilhelm, „waren unsre letzten Gespräche, ich sah die wohlgepackten Kisten den Fluß hinabschwimmen, ihnen die glücklichste Fahrt und uns eine gemeinsame frohe Gegenwart beim Auspacken wünschend."

Unser Freund hatte diesen Vortrag mit Geist und Enthusiasmus wie geführt so geendigt, besonders aber mit einer gewissen Lebhaftigkeit der Stimme und Sprache, die man in der neuern Zeit nicht an ihm gewohnt war. Da er jedoch am Schluß seiner Rede zu bemerken glaubte, daß Lenardo, wie zerstreut und abwesend, das Vorgetragene nicht zu verfolgen schien, Friedrich hingegen gelächelt, einigemal beinahe den Kopf geschüttelt habe, so fiel dem zart empfindenden Mienenkenner eine so geringe Zustimmung bei der Sache, die ihm höchst wichtig schien, dergestalt auf, daß er nicht unterlassen konnte, seine Freunde deshalb zu berufen.

Friedrich erklärte sich hierüber ganz einfach und aufrichtig, er könne das Vornehmen zwar löblich und gut, keineswegs aber für so bedeutend, am wenigsten aber für ausführbar halten. Diese Meinung suchte er durch Gründe zu unterstützen, von der Art, wie sie demjenigen, der für eine Sache eingenommen ist und sie durchzusetzen gedenkt, mehr, als man sich vorstellen mag, beleidigend auffällt. Deshalb denn auch unser plastischer Anatom, nachdem er einige Zeit geduldig zuzuhören schien, lebhaft erwiderte:

„Du hast Vorzüge, mein guter Friedrich, die dir niemand leugnen wird, ich am wenigsten, aber hier sprichst du wie gewöhnliche Menschen gewöhnlich; am Neuen sehen sie nur das Seltsame, im Seltenen jedoch alsobald das Bedeutende zu erblicken, dazu gehört schon mehr. Für euch muß erst alles in Tat übergehen, es muß geschehen, als möglich, als wirklich vor Augen treten, und dann laßt ihr es auch gut sein wie etwas anderes. Was du vorbringst, hör' ich schon zum voraus von Unterrichteten und Laien wiederholen; von jenen aus Vorurteil und Bequemlichkeit, von diesen aus Gleichgültigkeit. Ein Vorhaben wie das ausgesprochene kann vielleicht nur in einer neuen Welt durchgeführt werden, wo der Geist Mut fassen muß, zu einem unerläßlichen Bedürfnis neue Mittel auszuforschen, weil es an den herkömmlichen durchaus ermangelt. Da regt sich die Erfindung, da gesellt sich die Kühnheit, die Beharrlichkeit der Notwendigkeit hinzu.

Jeder Arzt, er mag mit Heilmitteln oder mit der Hand zu Werke gehen, ist nichts ohne die genauste Kenntnis der äußern und innern Glieder des Menschen, und es reicht keineswegs hin, auf Schulen flüchtige Kenntnis hievon genommen, sich von Gestalt, Lage, Zusammenhang der mannigfaltigsten Teile des unerforschlichen Organismus einen oberflächlichen Begriff gemacht zu haben. Täglich soll der Arzt, dem es Ernst ist, in der Wiederholung dieses Wissens, dieses Anschauens sich zu üben, sich den Zusammenhang dieses lebendigen Wunders immer vor Geist und Auge zu erneuern alle Gelegenheit suchen. Kennte er seinen Vorteil, er würde, da ihm die Zeit zu solchen Arbeiten ermangelt, einen Anatomen in Sold nehmen, der, nach seiner Anleitung, für ihn im stillen beschäftigt, gleichsam in Gegenwart aller Verwicklungen des verflochtensten Lebens, auf die schwierigsten Fragen sogleich zu antworten verstände.

Je mehr man dies einsehen wird, je lebhafter, heftiger, leidenschaftlicher wird das Studium der Zergliederung getrieben werden. Aber in eben dem Maße werden sich die Mittel vermindern; die Gegenstände, die Körper, auf die solche Studien zu gründen sind, sie werden fehlen, seltener, teurer werden, und ein wahrhafter Konflikt zwischen Lebendigen und Toten wird entstehen.

In der alten Welt ist alles Schlendrian, wo man das Neue immer auf die alte, das Wachsende nach starrer Weise behandeln will. Dieser Konflikt, den ich ankündige zwischen Toten und Lebendigen, er wird auf Leben und Tod gehen, man wird erschrecken, man wird untersuchen, Gesetze geben und nichts ausrichten. Vorsicht und Verbot helfen in solchen Fällen nichts; man muß von vorn anfangen. Und das ist's, was mein Meister und ich in den neuen Zuständen zu leisten hoffen, und zwar nichts Neues, es ist schon da; aber das, was jetzo Kunst ist, muß Handwerk werden, was im Besondern geschieht, muß im Allgemeinen möglich werden, und nichts kann sich verbreiten, als was anerkannt ist. Unser Tun und Leisten muß anerkannt werden als das einzige Mittel in einer entschiedenen Bedrängnis, welche besonders große Städte bedroht. Ich will die Worte meines Meisters anführen, aber merkt auf! Er sprach eines Tages im größten Vertrauen:

‚Der Zeitungsleser findet Artikel interessant und lustig beinah, wenn er von Auferstehungsmännern erzählen hört. Erst stahlen sie die Körper in tiefem Geheimnis; dagegen stellt man Wächter auf: sie kommen mit gewaffneter Schar, um sich ihrer Beute gewaltsam zu bemächtigen. Und das Schlimmste zum Schlimmen wird sich ereignen, ich darf es nicht laut sagen, denn ich würde, zwar nicht als Mitschuldiger, aber doch als zufälliger Mitwisser, in die gefährlichste Untersuchung verwickelt werden, wo man mich in jedem Fall bestrafen müßte, weil ich die Untat, sobald ich sie entdeckt hatte, den Gerichten nicht anzeigte. Ihnen gesteh' ich's, mein Freund, in dieser Stadt hat man gemordet, um den dringenden, gut bezahlenden Anatomen einen Gegenstand zu verschaffen. Der entseelte Körper lag vor uns. Ich darf die Szene nicht ausmalen. Er entdeckte die Untat, ich aber auch, wir sahen einander an und schwiegen beide; wir sahen vor uns hin und schwiegen und gingen ans Geschäft. — Und dies ist's, mein Freund, was mich zwischen Wachs und Gips gebannt hat; dies ist's, was gewiß auch Sie bei der Kunst festhalten wird, welche früher oder später vor allen übrigen wird gepriesen werden.'"

Friedrich sprang auf, schlug in die Hände und wollte des Bravorufens kein Ende machen, so daß Wilhelm zuletzt im Ernst böse wurde. „Bravo!" rief jener aus, „nun erkenne ich dich wieder! Das erstemal seit langer Zeit hast du wieder gesprochen wie einer, dem etwas wahrhaft am Herzen liegt; zum erstenmal hat der Fluß der Rede dich wieder fortgerissen, du hast dich als einen solchen erwiesen, der etwas zu tun und es anzupreisen imstande ist."

Lenardo nahm hierauf das Wort und vermittelte diese kleine Mißhelligkeit vollkommen. „Ich schien abwesend", sprach er, „aber nur deshalb, weil ich mehr als gegenwärtig war. Ich erinnerte mich nämlich des großen Kabinetts dieser Art, das ich auf meinen Reisen gesehen und welches mich dergestalt interessierte, daß der Kustode, der, um nach Gewohnheit fertig zu werden, die auswendig gelernte Schnurre herzubeten anfing, gar bald, da er der Künstler selber war, aus der Rolle fiel und sich als einen kenntnisreichen Demonstrator bewies.

Der merkwürdige Gegensatz, im hohen Sommer in kühlen Zimmern, bei schwüler Wärme draußen, diejenigen Gegenstände vor mir zu sehen, denen man im strengsten Winter sich kaum zu nähern getraut. Hier diente bequem alles der Wißbegierde. In größter Gelassenheit und schönster Ordnung zeigte er mir die Wunder des menschlichen Baues und freute sich, mich überzeugen zu können, daß zum ersten Anfang und zu später Erinnerung eine solche Anstalt vollkommen hinreichend sei; wobei denn einem jeden frei bleibe, in der mittlern Zeit sich an die Natur zu wenden und bei schicklicher Gelegenheit sich um diesen oder jenen besondern Teil zu erkundigen. Er bat mich, ihn zu empfehlen. Denn nur einem einzigen, großen, auswärtigen Museum habe er eine solche Sammlung gearbeitet, die Universitäten aber widerstünden durchaus dem Unternehmen, weil die Meister der Kunst wohl Prosektoren, aber keine Proplastiker zu bilden wüßten.

Hiernach hielt ich denn diesen geschickten Mann für den einzigen in der Welt, und nun hören wir, daß ein anderer auf dieselbe Weise bemüht ist; wer weiß, wo noch ein Dritter und Vierter an das Tageslicht hervortritt. Wir wollen von unsrer Seite dieser Angelegenheit einen Anstoß geben. Die Empfehlung muß von außen herkommen, und in unsern neuen Verhältnissen soll das nützliche Unternehmen gewiß gefördert werden."

VIERTES KAPITEL

Des andern Morgens beizeiten trat Friedrich mit einem Hefte in der Hand in Wilhelms Zimmer, und ihm solches überreichend, sprach er: „Gestern abend hatte ich vor allen Euren Tugenden, welche herzuerzählen Ihr umständlich genug wart, nicht Raum, von mir und meinen Vorzügen zu reden, deren ich mich wohl auch zu rühmen habe und die mich zu einem würdigen Mitglied dieser großen Karawane stempeln. Beschaut hier dieses Heft, und Ihr werdet ein Probestück anerkennen."

Wilhelm überlief die Blätter mit schnellen Blicken und sah, leserlich angenehm, obschon flüchtig geschrieben, die gestrige Relation seiner anatomischen Studien, fast Wort vor Wort, wie er sie abgestattet hatte, weshalb er denn seine Verwunderung nicht bergen konnte.

„Ihr wißt", erwiderte Friedrich, „das Grundgesetz unserer Verbindung; in irgendeinem Fache muß einer vollkommen sein, wenn er Anspruch auf Mitgenossenschaft machen will. Nun zerbrach ich mir den Kopf, worin mir's denn gelingen könnte, und wußte nichts aufzufinden, so nahe mir es auch lag, daß mich niemand an Gedächtnis übertreffe, niemand an einer schnellen, leichten, leserlichen

Hand. Dieser angenehmen Eigenschaften erinnert Ihr Euch wohl von unsrer theatralischen Laufbahn her, wo wir unser Pulver nach Sperlingen verschossen, ohne daran zu denken, daß ein Schuß, vernünftiger angebracht, auch wohl einen Hasen in die Küche schaffe. Wie oft hab' ich nicht ohne Buch souffliert, wie oft in wenigen Stunden die Rollen aus dem Gedächtnis geschrieben! Das war Euch damals recht, Ihr dachtet, es müßte so sein; ich auch, und es wäre mir nicht eingefallen, wie sehr es mir zustatten kommen könne. Der Abbé machte zuerst die Entdeckung; er fand, daß das Wasser auf seine Mühle sei, er versuchte, mich zu üben, und mir gefiel, was mir so leicht ward und einen ernsten Mann befriedigte. Und nun bin ich, wo's not tut, gleich eine ganze Kanzlei, außerdem führen wir noch so eine zweibeinige Rechenmaschine bei uns, und kein Fürst mit noch so viel Beamten ist besser versehen als unsre Vorgesetzten."

Heiteres Gespräch über dergleichen Tätigkeiten führte die Gedanken auf andere Glieder der Gesellschaft. „Solltet Ihr wohl denken", sagte Friedrich, „daß das unnützeste Geschöpf von der Welt, wie es schien, meine Philine, das nützlichste Glied der großen Kette werden wird? Legt ihr ein Stück Tuch hin, stellt Männer, stellt Frauen ihr vors Gesicht: ohne Maß zu nehmen, schneidet sie aus dem Ganzen und weiß dabei alle Flecken und Gehren dergestalt zu nutzen, daß großer Vorteil daraus entsteht, und das alles ohne Papiermaß. Ein glücklicher geistiger Blick lehrt sie das alles, sie sieht den Menschen an und schneidet, dann mag er hingehen, wohin er will, sie schneidet fort und schafft ihm einen Rock auf den Leib wie angegossen. Doch das wäre nicht möglich, hätte sie nicht auch eine Nähterin herangezogen, Montans Lydie, die nun einmal still geworden ist und still bleibt, aber auch reinlich näht wie keine, Stich für Stich wie Perlen, wie gestickt. Das ist nun, was aus den Menschen werden kann; eigentlich hängt so viel Unnützes um uns herum, aus Gewohnheit, Neigung, Zerstreuung und Willkür, ein Lumpenmantel zusammengespettelt. Was die Natur mit uns gewollt, das Vorzüglichste, was sie in uns gelegt, können wir deshalb weder auffinden noch ausüben."

Allgemeine Betrachtungen über die Vorteile der geselligen Verbindung, die sich so glücklich zusammengefunden, eröffneten die schönsten Aussichten.

Als nun Lenardo sich hierauf zu ihnen gesellte, ward er von Wilhelmen ersucht, auch von sich zu sprechen, von dem Lebensgange, den er bisher geführt, von der Art, wie er sich und andere gefördert, freundliche Nachricht zu erteilen.

„Sie erinnern sich gar wohl, mein Bester", versetzte Lenardo, „in welchem wundersamen, leidenschaftlichen Zustande Sie mich den ersten Augenblick unserer neuen Bekanntschaft getroffen; ich war versunken, verschlungen in das wunderlichste Verlangen, in eine unwiderstehliche Begierde, es konnte damals nur von der nächsten Stunde die Rede sein, vom schweren Leiden, das mir bereitet war, das mir selbst zu schärfen ich mich so emsig erwies. Ich konnte Sie nicht bekannt machen mit meinen früheren Jugendzuständen, wie ich jetzt tun muß, um Sie auf den Weg zu führen, der mich hierher gebracht hat.

Unter den frühsten meiner Fähigkeiten, die sich nach und nach durch Umstände entwickelten, tat sich ein gewisser Trieb zum Technischen hervor, welcher jeden Tag durch die Ungeduld genährt wurde, die man auf dem Lande fühlt, wenn man bei größeren Bauten, besonders aber bei kleinen Veränderungen, Anlagen und Grillen ein Handwerk ums andere entbehren muß und lieber ungeschickt und pfuscherhaft eingreift, als daß man sich meistermäßig verspäten ließe. Zum Glück wanderte in unserer Gegend ein Tausendkünstler auf und ab, der, weil er bei mir seine Rechnung fand, mich lieber als irgendeinen Nachbar unterstützte; er richtete mir eine Drechselbank ein, deren er sich bei jedem Besuch mehr zu seinem Zwecke als zu meinem Unterricht zu bedienen wußte. So auch schaffte ich Tischlerwerkzeug an, und meine Neigung zu dergleichen ward erhöht und belebt durch die damals laut ausgesprochene Überzeugung: es könne niemand sich ins Leben wagen, als wenn er es im Notfall durch Handwerkstätigkeit zu fristen verstehe. Mein Eifer ward von den Erziehern nach ihren eigenen Grundsätzen gebilligt; ich erinnere mich kaum, daß ich je gespielt habe, denn alle freien Stunden wurden verwendet, etwas zu wirken und zu schaffen. Ja ich darf mich rühmen, schon als Knabe einen geschickten Schmied durch meine Anforderungen zum Schlösser, Feilenhauer und Uhrmacher gesteigert zu haben.

Das alles zu leisten mußten denn freilich auch erst die Werkzeuge erschaffen werden, und wir litten nicht wenig an der Krankheit jener Techniker, welche Mittel und Zweck verwechseln, lieber Zeit auf Vorbereitungen und Anlagen verwenden, als daß sie sich recht ernstlich an die Ausführung hielten. Wo wir uns jedoch praktisch tätig erweisen konnten, war bei Auszierung der Parkanlagen, deren kein Gutsbesitzer mehr entbehren durfte; manche Moos- und Rindenhütte, Knittelbrücken und Bänke zeugten von unserer Emsigkeit, womit wir eine Urbaukunst in ihrer ganzen Roheit mitten in der gebildeten Welt darzustellen eifrig bemüht gewesen.

Dieser Trieb führte mich bei zunehmenden Jahren auf ernstere Teilnahme an allem, was der Welt so nütze und in ihrer gegenwärtigen Lage so unentbehrlich ist, und gab meinen mehrjährigen Reisen ein eigentlichstes Interesse.

Da jedoch der Mensch gewöhnlich auf dem Wege, der ihn herangebracht, fortzuwandern pflegt, so war ich dem Maschinenwesen weniger günstig als der unmittelbaren Handarbeit, wo wir Kraft und Gefühl in Verbindung ausüben; deswegen ich mich auch besonders in solchen abgeschlossenen Kreisen gern aufhielt, wo nach Umständen diese oder jene Arbeit zu Hause war. Dergleichen gibt jeder Vereinigung eine besondere Eigentümlichkeit, jeder Familie, einer kleinen, aus mehreren Familien bestehenden Völkerschaft den entschiedensten Charakter; man lebt in dem reinsten Gefühl eines lebendigen Ganzen.

Dabei hatte ich mir angewöhnt, alles aufzuzeichnen, es mit Figuren auszustatten und so, nicht ohne Aussicht auf künftige Anwendung, meine Zeit löblich und erfreulich zuzubringen.

Diese Neigung, diese ausgebildete Gabe benutzt' ich nun aufs beste bei dem wichtigen Auftrag, den mir die Gesellschaft gab, den Zustand der Gebirgsbewohner zu untersuchen und die brauchbaren Wanderlustigen mit in unsern Zug aufzunehmen. Mögen Sie nun den schönen Abend, wo mich mannigfaltige Geschäfte drängen, mit Durchlesung eines Teils meines Tagebuchs zubringen? Ich will nicht behaupten, daß es gerade angenehm zu lesen sei; mir schien es immer unterhaltend und gewissermaßen unterrichtend. Doch wir bespiegeln ja uns immer selbst in allem, was wir hervorbrachten."

FÜNFTES KAPITEL

LENARDOS TAGEBUCH

Montag, den 15.

Tief in der Nacht war ich nach mühsam erstiegener halber Gebirgshöhe eingetroffen in einer leidlichen Herberge und ward schon vor Tagesanbruch aus erquicklichem Schlaf durch ein andauerndes Schellen- und Glockengeläute zu meinem großen Verdruß aufgeweckt. Eine große Reihe Saumrosse zog vorbei, eh' ich mich hätte ankleiden und ihnen zuvoreilen können. Nun erfuhr ich auch, meinen Weg antretend, gar bald, wie unangenehm und verdrießlich solche Gesellschaft sei. Das monotone Geläute betäubt die Ohren; das zu beiden Seiten weit über die Tiere hinausreichende Gepäck (sie trugen diesmal große Säcke Baumwolle) streift bald einerseits an die Felsen, und wenn das Tier, um dieses zu vermeiden, sich gegen die andere Seite zieht, so schwebt die Last über dem Abgrund, dem Zuschauer Sorge und Schwindel erregend, und, was das Schlimmste ist, in beiden Fällen bleibt man gehindert, an ihnen vorbeizuschleichen und den Vortritt zu gewinnen.

Endlich gelangt' ich an der Seite auf einen freien Felsen, wo St. Christoph, der mein Gepäck kräftig einhertrug, einen Mann begrüßte, welcher stille dastehend den vorbeiziehenden Zug zu mustern schien. Es war auch wirklich der Anführer; nicht nur gehörte ihm eine beträchtliche Zahl der lasttragenden Tiere, andere hatte er nebst ihren Treibern gemietet, sondern er war auch Eigentümer eines geringern Teils der Ware; vornehmlich aber bestand sein Geschäft darin, für größere Kaufleute den Transport der ihrigen treulich zu besorgen. Im Gespräch erfuhr ich von ihm, daß dieses Baumwolle sei, welche aus Mazedonien und Cypern über Triest komme und vom Fuße des Berges auf Maultieren und Saumrossen zu diesen Höhen und weiter bis jenseits des Gebirgs gebracht werde, wo Spinner und Weber in Unzahl durch Täler und Schluchten einen großen Vertrieb gesuchter Waren ins Ausland vorbereiteten. Die Ballen waren bequemeren Ladens wegen teils anderthalb, teils drei Zentner schwer, welches letztere die volle Last eines Saumtiers ausmacht. Der Mann lobte die Qualität der auf diesem Wege ankommenden Baumwolle, verglich sie mit der von Ost- und Westindien, besonders mit der von Cayenne, als der bekanntesten; er schien von seinem Geschäft sehr gut unterrichtet, und da es mir auch nicht ganz unbekannt geblieben war, so gab es eine angenehme und nützliche Unterhaltung. Indessen war der ganze Zug vor uns vorüber, und ich erblickte nur mit Widerwillen auf dem in die Höhe sich schlängelnden Felsweg die unabsehliche Reihe dieser bepackten Geschöpfe, hinter denen her man schleichen und in der herankommenden Sonne zwischen Felsen braten sollte. Indem ich mich nun gegen meinen Boten darüber beschwerte, trat ein untersetzter, munterer Mann zu uns heran, der auf einem ziemlich großen Reff eine verhältnismäßig leichte Bürde zu tragen schien. Man begrüßte sich, und es war gar bald am derben Händeschütteln zu sehen, daß St. Christoph und dieser Ankömmling einander wohl bekannt seien; da erfuhr ich denn sogleich über ihn folgendes. Für die entfernteren Gegenden im Gebirge, woher zu Markte zu gehen für jeden einzelnen Arbeiter zu weit wäre, gibt es eine Art von untergeordnetem Handelsmann oder Sammler, welcher Garnträger genannt wird. Dieser steigt nämlich durch alle Täler und Winkel, betritt Haus für Haus, bringt den Spinnern Baumwolle in kleinen Partien, tauscht dagegen Garn ein oder kauft es, von welcher Qualität es auch sein möge, und überläßt es dann wieder mit einigem Profit im größern an die unterhalb ansässigen Fabrikanten.

Als nun die Unbequemlichkeit, hinter den Maultieren herzuschlendern, abermals zur Sprache kam, lud mich der

Mann sogleich ein, mit ihm ein Seitental hinabzusteigen, das gerade hier von dem Haupttale sich trennte, um die Wasser nach einer andern Himmelsgegend hinzuführen. Der Entschluß war bald gefaßt, und nachdem wir mit einiger Anstrengung einen etwas steilen Gebirgskamm überstiegen hatten, sahen wir die jenseitigen Abhänge vor uns, zuerst höchst unerfreulich; das Gestein hatte sich verändert und eine schiefrige Lage genommen; keine Vegetation belebte Fels und Gerölle, und man sah sich von einem schroffen Niederstieg bedroht. Quellen rieselten von mehreren Seiten zusammen; man kam sogar an einem mit schroffen Felsen umgebenen kleinen See vorbei. Endlich traten einzeln und dann mehr gesellig Fichten, Lärchen und Birken hervor, dazwischen sodann zerstreute ländliche Wohnungen, freilich von der kärglichsten Sorte, jede von ihren Bewohnern selbst zusammengezimmert aus verschränkten Balken, die großen, schwarzen Schindeln der Dächer mit Steinen beschwert, damit sie der Wind nicht wegführe. Unerachtet dieser äußern traurigen Ansicht war der beschränkte innere Raum doch nicht unangenehm; warm und trocken, auch reinlich gehalten, paßte er gar gut zu dem frohen Aussehen der Bewohner, bei denen man sich alsobald ländlich gesellig fühlte.

Der Bote schien erwartet, auch hatte man ihm aus dem kleinen Schiebefenster entgegengesehen, denn er war gewohnt, wo möglich immer an demselben Wochentage zu kommen; er handelte das Gespinst ein, teilte frische Baumwolle aus; dann ging es rasch hinabwärts, wo mehrere Häuser in geringer Entfernung nahe stehen. Kaum erblickt man uns, so laufen die Bewohner begrüßend zusammen, Kinder drängen sich hinzu und werden mit einem Eierbrot, auch einer Semmel hoch erfreut. Das Behagen war überall groß und vermehrt, als sich zeigte, daß St. Christoph auch dergleichen aufgepackt und also gleichfalls die Freude hatte, den kindlichsten Dank einzuernten; um so angenehmer für ihn, als er sich, wie sein Geselle, mit dem kleinen Volke gar wohl zu betun wußte.

Die Alten dagegen hielten gar mancherlei Fragen bereit; vom Krieg wollte jedermann wissen, der glücklicherweise sehr entfernt geführt wurde und auch näher solchen Gegenden kaum gefährlich gewesen wäre. Sie freuten sich jedoch des Friedens, obgleich in Sorge wegen einer andern drohenden Gefahr; denn es war nicht zu leugnen, das Maschinenwesen vermehre sich immer im Lande und bedrohe die arbeitsamen Hände nach und nach mit Untätigkeit. Doch ließen sich allerlei Trost- und Hoffnungsgründe beibringen.

Unser Mann wurde dazwischen wegen manches Lebensfalles um Rat gefragt, ja sogar mußte er sich nicht allein als Hausfreund, sondern auch als Hausarzt zeigen; Wundertropfen, Salze, Balsame führte er jederzeit bei sich.

In die verschiedenen Häuser eintretend fand ich Gelegenheit, meiner alten Liebhaberei nachzuhängen und mich von der Spinnertechnik zu unterrichten. Ich ward aufmerksam auf Kinder, welche sich sorgfältig und emsig beschäftigten, die Flocken der Baumwolle auseinanderzuzupfen und die Samenkörner, Splitter von den Schalen der Nüsse nebst andern Unreinigkeiten wegzunehmen; sie nennen es erlesen. Ich fragte, ob das nur das Geschäft der Kinder sei, erfuhr aber, daß es in Winterabenden auch von Männern und Brüdern unternommen werde.

Rüstige Spinnerinnen zogen sodann, wie billig, meine Aufmerksamkeit auf sich; die Vorbereitung geschieht folgendermaßen: Es wird die erlesene oder gereinigte Baumwolle auf die Karden, welche in Deutschland Krempel heißen, gleich ausgeteilt, gekardet, wodurch der Staub davongeht und die Haare der Baumwolle einerlei Richtung erhalten, dann abgenommen, zu Locken festgewickelt und so zum Spinnen am Rad zubereitet.

Man zeigte mir dabei den Unterschied zwischen links und rechts gedrehtem Garn; jenes ist gewöhnlich feiner und wird dadurch bewirkt, daß man die Saite, welche die Spindel dreht, um den Wirtel verschränkt, wie die Zeichnung nebenbei deutlich macht (die wir leider wie die übrigen nicht mitgeben können).

Die Spinnende sitzt vor dem Rade, nicht zu hoch; mehrere hielten dasselbe mit übereinandergelegten Füßen in festem Stande, andere nur mit dem rechten Fuß, den linken zurücksetzend. Mit der rechten Hand dreht sie die Scheibe und langt aus, so weit und so hoch sie nur reichen kann, wodurch schöne Bewegungen entstehen und eine schlanke Gestalt sich durch zierliche Wendung des Körpers und runde Fülle der Arme gar vorteilhaft auszeichnet; die Richtung besonders der letzten Spinnweise gewährt einen sehr malerischen Kontrast, so daß unsere schönsten Damen an wahrem Reiz und Anmut zu verlieren nicht fürchten dürften, wenn sie einmal anstatt der Gitarre das Spinnrad handhaben wollten.

In einer solchen Umgebung drängten sich neue, eigene Gefühle mir auf; die schnurrenden Räder haben eine gewisse Beredsamkeit, die Mädchen singen Psalmen, auch, obwohl seltener, andere Lieder.
Zeisige und Stieglitze, in Käfigen aufgehangen, zwitschern dazwischen, und nicht leicht möchte ein Bild regeren Lebens gefunden werden als in einer Stube, wo mehrere Spinnerinnen arbeiten.

Dem beschriebenen Rädligarn ist jedoch das Briefgarn vorzuziehen; hiezu wird die beste Baumwolle genommen, welche längere Haare hat als die andere. Ist sie rein gelesen, so bringt man sie, anstatt zu krempeln, auf Kämme, welche aus einfachen Reihen langer, stählerner Nadeln bestehen, und kämmt sie; alsdann wird das längere und feinere Teil derselben mit einem stumpfen Messer bänderweise (das Kunstwort heißt ein Schnitz) abgenommen, zusammengewickelt und in eine Papierdüte getan und diese nachher an der Kunkel befestigt. Aus einer solchen Düte nun wird mit der Spindel von der Hand gesponnen, daher heißt es aus dem Brief spinnen und das gewonnene Garn Briefgarn.

Dieses Geschäft, welches nur von ruhigen, bedächtigen Personen getrieben wird, gibt der Spinnerin ein sanfteres Ansehen als das am Rade; kleidet dies letzte eine große, schlanke Figur zum besten, so wird durch jenes eine ruhige, zarte Gestalt gar sehr begünstigt. Dergleichen verschiedene Charaktere, verschiedenen Arbeiten zugetan, erblickte ich mehrere in einer Stube und wußte zuletzt nicht recht, ob ich meine Aufmerksamkeit der Arbeit oder den Arbeiterinnen zu widmen hätte.

Leugnen aber dürft' ich nicht sodann, daß die Bergbewohnerinnen, durch die seltenen Gäste aufgeregt, sich freundlich und gefällig erwiesen. Besonders freuten sie sich, daß ich mich nach allem so genau erkundigte, was sie mir vorsprachen, bemerkte, ihre Gerätschaften und einfaches Maschinenwerk zeichnete, ja selbst ihre Arme, Hände und hübschen Glieder mit Zierlichkeit flüchtig abschilderte, wie hier neben zu sehen sein sollte. Auch ward, als der Abend hereintrat, die vollbrachte Arbeit vorgewiesen, die vollen Spindeln in dazu bestimmten Kästchen beiseitegelegt und das ganze Tagewerk sorgfältig aufgehoben. Nun war man schon bekannter geworden, die Arbeit jedoch ging ihren Gang; nun beschäftigte man sich mit dem Haspeln und zeigte schon viel freier teils die Maschine, teils die Behandlung vor, und ich schrieb sorgfältig auf.

Der Haspel hat Rad und Zeiger, so daß sich bei jedesmaligem Umdrehen eine Feder hebt, welche niederschlägt, sooft hundert Umgänge auf den Haspel gekommen sind. Man nennt nun die Zahl von tausend Umgängen einen Schneller, nach deren Gewicht die verschiedene Feine des Garns gerechnet wird.

Rechts gedreht Garn gehen 25 bis 30 auf ein Pfund, links gedreht 60 bis 80, vielleicht auch 90. Der Umgang des Haspels wird ungefähr sieben Viertel Ellen oder etwas mehr betragen, und die schlanke, fleißige Spinnerin behauptete, 4, auch 5 Schneller, das wären 5000 Umgänge, also 8 bis 9000 Ellen Garn, täglich am Rad zu spinnen; sie erbot sich zur Wette, wenn wir noch einen Tag bleiben wollten.

Darauf konnte denn doch die stille und bescheidene Briefspinnerin es nicht ganz lassen und versicherte: daß sie aus dem Pfund 120 Schneller spinne in verhältnismäßiger Zeit. (Briefgarnspinnen geht nämlich langsamer als das Spinnen am Rade, wird auch besser bezahlt. Vielleicht spinnt man am Rade wohl das Doppelte.) Sie hatte eben die Zahl der Umgänge auf dem Haspel voll und zeigte mir, wie nun das Ende des Fadens ein paarmal umgeschlagen und geknüpft werde; sie nahm den Schneller ab, drehte ihn so, daß er in sich zusammenlief, zog das eine Ende durch das andere durch und konnte das Geschäft der geübten Spinnerin als vollbracht mit unschuldiger Selbstgefälligkeit vorzeigen.

Da nun hier weiter nichts zu bemerken war, stand die Mutter auf und sagte: da der junge Herr doch alles zu sehen wünsche, so wolle sie ihm nun auch die Trockenweberei zeigen. Sie erklärte mir mit gleicher Gutmütigkeit, indem sie sich an den Weberstuhl setzte, wie sie nur diese Art handhabten, weil sie eigentlich allein für grobe Kattune gelte, wo der Einschlag trocken eingetragen und nicht sehr dicht geschlagen wird; sie zeigte mir denn auch solche trockene Ware; diese ist immer glatt, ohne Streifen und Quadrate oder sonst irgendein Abzeichen, und nur fünf bis fünfeinhalbes Viertel Elle breit.

Der Mond leuchtete hell vom Himmel, und unser Garnträger bestand auf einer weitern Wallfahrt, weil er Tag und Stunde halten und überall richtig eintreffen müsse; die Fußpfade seien gut und klar, besonders bei solcher Nachtfackel. Wir von unserer Seite erheiterten den Abschied durch seidene Bänder und Halstücher, dergleichen Ware St. Christoph ein ziemliches Paket mit sich trug; das Geschenk wurde der Mutter gegeben, um es an die Ihrigen zu verteilen.

Dienstags, den 16. Früh.

Die Wanderung durch eine herrlich klare Nacht war voll Anmut und Erfreulichkeit; wir gelangten zu einer etwas größern Hüttenversammlung, die man vielleicht hätte ein Dorf nennen dürfen; in einiger Entfernung davon auf einem freien Hügel stand eine Kapelle, und es fing schon an, wohnlicher und menschlicher auszusehen. Wir kamen an Umzäunungen vorbei, die zwar auf keine Gärten, aber doch auf spärlichen, sorgfältig gehüteten Wieswachs hindeuteten.

Wir waren an einen Ort gelangt, wo neben dem Spinnen das Weben ernstlicher getrieben wird.

Unsere gestrige Tagereise, bis in die Nacht hinein verlängert, hatte die rüstigen und jugendlichen Kräfte aufgezehrt; der Garnbote bestieg den Heuboden, und ich war eben im Begriff, ihm zu folgen, als St. Christoph mir sein

Reff befahl und zur Türe hinausging. Ich kannte seine löbliche Absicht und ließ ihn gewähren.

Des andern Morgens jedoch war das erste, daß die Familie zusammenlief und den Kindern streng verboten ward, nicht aus der Türe zu gehen, indem ein greulicher Bär oder sonst ein Ungetüm in der Nähe sich aufhalten müsse, denn es habe die Nacht über von der Kapelle her dergestalt gestöhnt und gebrummt, daß Felsen und Häuser hier hüben hätten erzittern mögen, und man riet, bei unserer heutigen längeren Wanderung wohl auf der Hut zu sein. Wir suchten die guten Leute möglichst zu beruhigen, welches in dieser Einöde jedoch schwer erschien.

Der Garnbote erklärte nunmehr, daß er eiligst sein Geschäft abtun und alsdann kommen wolle, uns abzuholen, denn wir hätten heute einen langen und beschwerlichen Weg vor uns, weil wir nicht mehr so im Tale nur hinabschlendern, sondern einen vorgeschobenen Gebirgsriegel mühsam überklettern würden. Ich entschloß mich daher, die Zeit so gut als möglich zu nutzen und mich von unsern guten Wirtsleuten in die Vorhalle des Webens einführen zu lassen.

Beide waren ältliche Leute, in späteren Tagen noch mit zwei, drei Kindern gesegnet; religiose Gefühle und ahnungsvolle Vorstellungen ward man an ihrer Umgebung, Tun und Reden gar bald gewahr. Ich kam gerade zum Anfang einer solchen Arbeit, dem Übergang vom Spinnen zum Weben, und da ich zu keiner weitern Zerstreuung Anlaß fand, so ließ ich mir das Geschäft, wie es eben gerade im Gange war, in meine Schreibtafel gleichsam diktieren.

Die erste Arbeit, das Garn zu leimen, war gestern verrichtet. Man siedet solches in einem dünnen Leimwasser, welches aus Stärkemehl und etwas Tischlerleim besteht, wodurch die Fäden mehr Halt bekommen. Früh waren die Garnstränge schon trocken, und man bereitete sich zu spulen, nämlich das Garn am Rade auf Rohrspulen zu winden. Der alte Großvater, am Ofen sitzend, verrichtete diese leichte Arbeit, ein Enkel stand neben ihm und schien begierig, das Spulrad selbst zu handhaben. Indessen steckte der Vater die Spulen, um zu zetteln, auf einen mit Querstäben abgeteilten Rahmen, so daß sie sich frei um perpendikulär stehende starke Drähte bewegten und den Faden ablaufen ließen. Sie werden mit gröberm und feinerm Garn in der Ordnung aufgesteckt, wie das Muster oder vielmehr die Striche im Gewebe es erfordern. Ein Instrument (das Brittli), ungefähr wie ein Sistrum gestaltet, hat Löcher auf beiden Seiten, durch welche die Fäden gezogen sind; dieses befindet sich in der Rechten des Zettlers, mit der Linken faßt er die Fäden zusammen und legt sie, hin und wider gehend, auf den Zettelrahmen. Einmal von oben herunter und von unten herauf heißt ein Gang, und nach Verhältnis der Dichtigkeit und Breite des Gewebes macht man viele Gänge. Die Länge beträgt entweder 64 oder nur 32 Ellen. Beim Anfang eines jeden Ganges legt man mit den Fingern der linken Hand immer einen oder zwei Fäden herauf und ebensoviel herunter und nennt solches die Rispe; so werden die verschränkten Fäden über die zwei oben an dem Zettelrahmen angebrachten Nägel gelegt. Dieses geschieht, damit der Weber die Fäden in gehörig gleicher Ordnung erhalten kann. Ist man mit dem Zetteln fertig, so wird das Gerispe unterbunden und dabei ein jeder Gang besonders abgeteilt, damit sich nichts verwirren kann; sodann werden mit aufgelöstem Grünspan am letzten Gang Male gemacht, damit der Weber das gehörige Maß wieder bringe; endlich wird abgenommen, das Ganze in Gestalt eines großen Knäuels aufgewunden, welcher die Werfte genannt wird.

Mittwoch, den 17.

Wir waren früh vor Tage aufgebrochen und genossen eines herrlichen verspäteten Mondscheins. Die hervorbrechende Helle, die aufgehende Sonne ließ uns ein besser bewohntes und bebautes Land sehen. Hatten wir oben, um über Bäche zu kommen, Schrittsteine oder zuweilen einen schmalen Steg, nur an der einen Seite mit Lehne versehen, angetroffen, so waren hier schon steinerne Brücken über das immer breiter werdende Wasser geschlagen; das Anmutige wollte sich nach und nach mit dem Wilden gatten, und ein erfreulicher Eindruck ward von den sämtlichen Wanderern empfunden.

Über den Berg herüber, aus einer andern Flußregion, kam ein schlanker, schwarzlockiger Mann hergeschritten und rief schon von weitem, als einer, der gute Augen und eine tüchtige Stimme hat: „Grüß' Euch Gott, Gevatter Garnträger!" Dieser ließ ihn näher herankommen, dann rief auch er mit Verwunderung: „Dank' Euch Gott, Gevatter Geschirrfasser! Woher des Landes? welche unerwartete Begegnung!" Jener antwortete herantretend: „Schon zwei Monate schreit' ich im Gebirg herum, allen guten Leuten ihr Geschirr zurechtzumachen und ihre Stühle so einzurichten, daß sie wieder eine Zeitlang ungestört fortarbeiten können." Hierauf sprach der Garnbote, sich zu mir wendend: „Da Ihr, junger Herr, so viel Lust und Liebe zu dem Geschäft beweist und Euch sorgfältig drum bekümmert, so kommt dieser Mann gerade zur rechten Zeit, den ich Euch in diesen Tagen schon still herbeigewünscht hatte, er würde Euch alles besser erklärt haben als die Mädchen mit allem guten Willen; er ist Meister in seinem Geschäft und versteht, was zur Spinnerei und Weberei und dergleichen gehört, vollkommen anzugeben, auszuführen, zu erhalten, wiederherzustellen, wie es not tut und es jeder nur wünschen mag."

Ich besprach mich mit ihm und fand einen sehr verständigen, in gewissem Sinne gebildeten, seiner Sache völlig gewachsenen Mann, indem ich einiges, was ich dieser Tage gelernt hatte, mit ihm wiederholte und einige Zweifel zu lösen bat; auch sagt' ich ihm, was ich gestern schon von den Anfängen der Weberei gesehen. Jener rief dagegen freudig aus: „Das ist recht erwünscht, da komm' ich gerade zur rechten Zeit, um einem so werten, lieben Herrn über die älteste und herrlichste Kunst, die den Menschen eigentlich zuerst vom Tiere unterscheidet, die nötige Auskunft zu geben. Wir gelangen heute gerade zu guten und geschickten Leuten, und ich will nicht Geschirrfasser heißen, wenn Ihr nicht sogleich das Handwerk so gut fassen sollt wie ich selbst."

Ihm wurde freundlicher Dank gezollt, das Gespräch mannigfaltig fortgesetzt, und wir gelangten, nach einigem Rasten und Frühstück, zu einer zwar auch unter- und übereinander, doch besser gebauten Häusergruppe. Er wies uns an das beste. Der Garnbote ging mit mir und St. Christoph nach Abrede zuerst hinein, sodann aber, nach den ersten Begrüßungen und einigen Scherzen, folgte der Schirrfasser, und es war auffallend, daß sein Hereintreten eine freudige Überraschung in der Familie hervorbrachte. Vater, Mutter, Töchter und Kinder versammelten sich um ihn; einem am Weberstuhl sitzenden, wohlgebildeten Mädchen stockte das Schiffchen in der Hand, das just durch den Zettel durchfahren sollte, ebenso hielt sie auch den Tritt an, stand auf und kam später, mit langsamer Verlegenheit ihm die Hand zu reichen. Beide, der Garnbote sowohl als der Schirrfasser, setzten sich bald durch Scherz und Erzählung wieder in das alte Recht, welches Hausfreunden gebührt, und nachdem man sich eine Zeitlang gelabt, wendete sich der wackere Mann zu mir und sagte: „Sie, mein guter Herr, dürfen wir über diese Freude des Wiedersehens nicht hintansetzen: wir können noch tagelang miteinander schnacken; Sie müssen morgen fort. Lassen wir den Herrn in das Geheimnis unserer Kunst sehen; Leimen und Zetteln kennt er, zeigen wir ihm das übrige vor, die Jungfrauen da sind mir ja wohl behülflich. Ich sehe, an diesem Stuhl ist man beim Aufwinden." Das Geschäft war der jüngeren, zu der sie traten. Die ältere setzte sich wieder an ihren Weberstuhl und verfolgte mit stiller, liebevoller Miene ihre lebhafte Arbeit.

Ich betrachtete nun sorgfältig das Aufwinden. Zu diesem Zweck läßt man die Gänge des Zettels nach der Ordnung durch einen großen Kamm laufen, der eben die Breite des Weberbaums hat, auf welchen aufgewunden werden soll; dieser ist mit einem Einschnitt versehen, worin ein rundes Stäbchen liegt, welches durch das Ende des Zettels durchgesteckt und in dem Einschnitt befestigt wird. Ein kleiner Junge oder Mädchen sitzt unter dem Weberstuhle und hält den Strang des Zettels stark an, während die Weberin den Weberbaum an einem Hebel gewaltsam umdreht und zugleich achtgibt, daß alles in der Ordnung zu liegen komme. Wenn alles aufgewunden ist, so werden durch die Rispe ein runder und zwei flache Stäbe,

Schienen, gestoßen, damit sie sich halte, und nun beginnt das Eindrehen.

Vom alten Gewebe ist noch etwa eine Viertelelle am zweiten Weberbaum übriggeblieben, und von diesem laufen etwa drei Viertelellen lang die Fäden durch das Blatt in der Lade sowohl als durch die Flügel des Geschirrs. An diese Fäden nun dreht die Weberin die Fäden des neuen Zettels, einen um den andern, sorgfältig an, und wenn sie fertig ist, wird alles Angedrehte auf einmal durchgezogen, so daß die neuen Fäden bis an den noch leeren vordern Weberbaum reichen; die abgerissenen Fäden werden angeknüpft, der Eintrag auf kleine Spulen gewunden, wie sie ins Weberschiffchen passen, und die letzte Vorbereitung zum Weben gemacht, nämlich geschlichtet.

So lang der Weberstuhl ist, wird der Zettel mit einem Leimwasser, aus Handschuhleder bereitet, vermittelst eingetauchter Bürsten durch und durch angefeuchtet, sodann werden die obengedachten Schienen, die das Gerispe halten, zurückgezogen, alle Fäden aufs genaueste in Ordnung gelegt und alles so lange mit einem an einen Stab gebundenen Gänseflügel gefächelt, bis es trocken ist, und nun kann das Weben begonnen und fortgesetzt werden, bis es wieder nötig wird zu schlichten.

Das Schlichten und Fächeln ist gewöhnlich jungen Leuten überlassen, welche zu dem Webergeschäft herangezogen werden, oder in der Muße der Winterabende leistet ein Bruder oder ein Liebhaber der hübschen Weberin diesen Dienst, oder diese machen wenigstens die kleinen Spülchen mit dem Eintragsgarn.

Feine Musseline werden naß gewebt, nämlich der Strang des Einschlagegarns wird in Leimwasser getaucht, noch naß auf die kleinen Spulen gewunden und sogleich verarbeitet, wodurch sich das Gewebe gleicher schlagen läßt und klarer erscheint.

Donnerstag, den 18. September.

Ich fand überhaupt etwas Geschäftiges, unbeschreiblich Belebtes, Häusliches, Friedliches in dem ganzen Zustand einer solchen Weberstube; mehrere Stühle waren in Bewegung, da gingen noch Spinn- und Spulräder, und am Ofen die Alten mit den besuchenden Nachbarn oder Bekannten sitzend und trauliche Gespräche führend. Zwischendurch ließ sich wohl auch Gesang hören, meistens Ambrosius Lobwassers vierstimmige Psalmen, seltener weltliche Lieder; dann bricht auch wohl ein fröhlich schallendes Gelächter der Mädchen aus, wenn Vetter Jakob einen witzigen Einfall gesagt hat.

Eine recht flinke und zugleich fleißige Weberin kann, wenn sie Hülfe hat, allenfalls in einer Woche ein Stück von 32 Ellen nicht gar zu feine Musseline zustande bringen; es ist aber sehr selten, und bei einigen Hausgeschäften ist solches gewöhnlich die Arbeit von vierzehn Tagen.

Die Schönheit des Gewebes hängt vom gleichen Auftreten des Webegeschirres ab, vom gleichen Schlag der Lade, wie auch davon, ob der Eintrag naß oder trocken geschieht. Völlig egale und zugleich kräftige Anspannung trägt ebenfalls bei, zu welchem Ende die Weberin feiner baumwollener Tücher einen schweren Stein an den Nagel des vordern Weberbaums hängt. Wenn während der Arbeit das Gewebe kräftig angespannt wird (das Kunstwort heißt d ä m m e n), so verlängert es sich merklich, auf 32 Ellen ¾ Ellen und auf 64 etwa 1 ½ Elle; dieser Überschuß nun gehört der Weberin, wird ihr extra bezahlt, oder sie hebt sich's zu Halstüchern, Schürzen usw. auf.

In der klarsten, sanftesten Mondnacht, wie sie nur in hohen Gebirgszügen obwaltet, saß die Familie mit ihren Gästen vor der Haustüre im lebhaftesten Gespräch, Lenardo in tiefen Gedanken. Schon unter allem dem Weben und Wirken und so manchen handwerklichen Betrachtungen und Bemerkungen war ihm jener von Freund Wilhelm zu seiner Beruhigung geschriebene Brief wieder ins Gedächtnis gekommen. Die Worte, die er so oft gelesen, die Zeilen, die er mehrmals angeschaut, stellten sich wieder seinem innern Sinne dar. Und wie eine Lieblingsmelodie, ehe wir uns versehen, auf einmal dem tiefsten Gehör leise hervortritt, so wiederholte sich jene zarte Mitteilung in der stillen, sich selbst angehörigen Seele.

„Häuslicher Zustand, auf Frömmigkeit gegründet, durch Fleiß und Ordnung belebt und erhalten, nicht zu eng, nicht zu weit, im glücklichsten Verhältnis der Pflichten zu den Fähigkeiten und Kräften. Um sie her bewegt sich ein Kreislauf von Handarbeitenden im reinsten, anfänglichsten Sinne; hier ist Beschränktheit und Wirkung in die Ferne, Umsicht und Mäßigung, Unschuld und Tätigkeit."

Aber diesmal mehr aufregend als beschwichtigend war die Erinnerung. „Paßt doch", sprach er zu sich selbst, „diese allgemein lakonische Beschreibung ganz und gar auf den Zustand, der mich hier umgibt. Ist nicht auch hier Friede, Frömmigkeit, ununterbrochene Tätigkeit? Nur eine Wirkung in die Ferne will mir nicht gleichermaßen deutlich scheinen. Mag doch die Gute einen ähnlichen Kreis beleben, aber einen weitern, einen bessern; sie mag sich behaglich wie diese hier, vielleicht noch behaglicher, finden, mit mehr Heiterkeit und Freiheit umherschauen."

Nun aber durch ein lebhaftes, sich steigerndes Gespräch der übrigen aufgeregt, mehr Acht habend auf das, was verhandelt wurde, ward ihm ein Gedanke, den er diese Stunden her gehegt, vollkommen lebendig. Sollte nicht eben dieser Mann, dieser mit Werkzeug und Geschirr so meisterhaft umgehende, für unsre Gesellschaft das nützlichste Mitglied werden können? Er überlegte das und alles, wie ihm die Vorzüge dieses gewandten Arbeiters schon stark in die Augen geleuchtet. Er lenkte daher das Gespräch dahin und machte, zwar wie im Scherze, aber desto unbewundener, jenem den Antrag, ob er sich nicht mit einer bedeutenden Gesellschaft verbinden und den Versuch machen wolle, übers Meer auszuwandern.

Jener entschuldigte sich, gleichfalls heiter beteuernd, daß es ihm hier wohl gehe, daß er noch Besseres erwarte; in dieser Landesart sei er geboren, darin gewöhnt, weit und breit bekannt und überall vertraulich aufgenommen. Überhaupt werde man in diesen Tälern keine Neigung zur Auswanderung finden, keine Not ängstige sie und ein Gebirg halte seine Leute fest.

„Deswegen wundert's mich", sagte der Garnbote, „daß es heißen will, Frau Susanne werde den Faktor heiraten, ihr Besitztum verkaufen und mit schönem Geld übers Meer ziehen.“ Auf Befragen erfuhr unser Freund, es sei eine junge Witwe, die in guten Umständen ein reichliches Gewerbe mit den Erzeugnissen des Gebirges betreibe, wovon sich der wandernd Reisende morgen gleich selbst überzeugen könne, indem man auf dem eingeschlagenen Wege zeitig bei ihr eintreffen werde. „Ich habe sie schon verschiedentlich nennen hören“, versetzte Lenardo, „als belebend und wohltätig in diesem Tale, und versäumte, nach ihr zu fragen.“

„Gehen wir aber zur Ruh“, sagte der Garnbote, „um den morgenden Tag, der heiter zu werden verspricht, von früh auf zu nutzen.“

Hier endigte das Manuskript, und als Wilhelm nach der Fortsetzung verlangte, hatte er zu erfahren, daß sie gegenwärtig nicht in den Händen der Freunde sei. Sie ward, sagte man, an Makarien gesendet, welche gewisse Verwicklungen, deren darin gedacht worden, durch Geist und Liebe schlichten und bedenkliche Verknüpfungen auflösen solle. — Der Freund mußte sich diese Unterbrechung gefallen lassen und sich bereiten, an einem geselligen Abend, in heiterer Unterhaltung, Vergnügen zu finden.

SECHSTES KAPITEL

Als der Abend herbeikam und die Freunde in einer weit umherschauenden Laube saßen, trat eine ansehnliche Figur auf die Schwelle, welche unser Freund sogleich für den Barbier von heute früh erkannte. Auf einen tiefen, stummen Bückling des Mannes erwiderte Lenardo: „Ihr kommt, wie immer, sehr gelegen und werdet nicht säumen, uns mit Eurem Talent zu erfreuen. Ich kann Ihnen wohl“, fuhr er zu Wilhelmen gewendet fort, „einiges von der Gesellschaft erzählen, deren Band zu sein ich mich rühmen darf. Niemand tritt in unsern Kreis, als wer gewisse Talente aufzuweisen hat, die zum Nutzen oder Vergnügen einer jeden Gesellschaft dienen würden. Dieser Mann ist ein derber Wundarzt, der in bedenklichen Fällen, wo Entschluß und körperliche Kraft gefordert wird, seinem Meister trefflich an der Seite zu stehen bereit ist. Was er als Bartkünstler leistet, davon können Sie ihm selbst ein Zeugnis geben. Hiedurch ist er uns ebenso nötig als willkommen. Da nun aber diese Beschäftigung gewöhnlich eine große und oft lästige Geschwätzigkeit mit sich führt, so hat er sich zu eigner Bildung eine Bedingung gefallen lassen; wie denn jeder, der unter uns leben will, sich von einer gewissen Seite bedingen muß, wenn ihm nach anderen Seiten hin die größere Freiheit gewährt ist. Dieser also hat nun auf die Sprache Verzicht getan, insofern etwas Gewöhnliches oder Zufälliges durch sie ausgedrückt wird; daraus aber hat sich ihm ein anderes Redetalent entwickelt, welches absichtlich, klug und erfreulich wirkt, die Gabe des Erzählens nämlich.

Sein Leben ist reich an wunderlichen Erfahrungen, die er sonst zu ungelegener Zeit schwätzend zersplitterte, nun aber, durch Schweigen genötigt, im stillen Sinne wiederholt und ordnet. Hiermit verbindet sich denn die Einbildungskraft und verleiht dem Geschehenen Leben und Bewegung. Mit besonderer Kunst und Geschicklichkeit weiß er wahrhafte Märchen und märchenhafte Geschichten zu erzählen, wodurch er oft zur schicklichen Stunde uns gar sehr ergötzt, wenn ihm die Zunge durch mich gelöst wird; wie ich denn gegenwärtig tue und ihm zugleich das Lob erteile, daß er sich in geraumer Zeit, seitdem ich ihn kenne, noch niemals wiederholt hat. Nun hoff' ich, daß er auch diesmal, unserm teuren Gast zu Lieb' und Ehren, sich besonders hervortun werde."

Über das Gesicht des Rotmantels verbreitete sich eine geistreiche Heiterkeit, und er fing ungesäumt folgendermaßen zu sprechen an.

DIE NEUE MELUSINE

Hochverehrte Herren! Da mir bekannt ist, daß Sie vorläufige Reden und Einleitungen nicht besonders lieben, so will ich ohne weiteres versichern, daß ich diesmal vorzüglich gut zu bestehen hoffe. Von mir sind zwar schon gar manche wahrhafte Geschichten zu hoher und allseitiger Zufriedenheit ausgegangen, heute aber darf ich sagen, daß ich eine zu erzählen habe, welche die bisherigen weit übertrifft und die, wiewohl sie mir schon vor einigen Jahren begegnet ist, mich noch immer in der Erinnerung unruhig macht, ja sogar eine endliche Entwicklung hoffen läßt. Sie möchte schwerlich ihresgleichen finden.

Vorerst sei gestanden, daß ich meinen Lebenswandel nicht immer so eingerichtet, um der nächsten Zeit, ja des nächsten Tages ganz sicher zu sein. Ich war in meiner Jugend kein guter Wirt und fand mich oft in mancherlei Verlegenheit. Einst nahm ich mir eine Reise vor, die mir guten Gewinn verschaffen sollte; aber ich machte meinen Zuschnitt ein wenig zu groß, und nachdem ich sie mit Extrapost angefangen und sodann auf der ordinären eine Zeitlang fortgesetzt hatte, fand ich mich zuletzt genötigt, dem Ende derselben zu Fuße entgegenzugehen.

Als ein lebhafter Bursche hatte ich von jeher die Gewohnheit, sobald ich in ein Wirtshaus kam, mich nach der Wirtin oder auch nach der Köchin umzusehen und mich schmeichlerisch gegen sie zu bezeigen, wodurch denn meine Zeche meistens vermindert wurde.

Eines Abends, als ich in das Posthaus eines kleinen Städtchens trat und eben nach meiner hergebrachten Weise verfahren wollte, rasselte gleich hinter mir ein schöner zweisitziger Wagen, mit vier Pferden bespannt, an der Türe vor. Ich wendete mich um und sah ein Frauenzimmer allein, ohne Kammerfrau, ohne Bedienten. Ich eilte sogleich, ihr den Schlag zu eröffnen und zu fragen, ob sie etwas zu befehlen habe. Beim Aussteigen zeigte sich eine schöne Gestalt, und ihr liebenswürdiges Gesicht war, wenn man es näher betrachtete, mit einem kleinen Zug von Traurigkeit geschmückt. Ich fragte nochmals, ob ich ihr in etwas dienen könne. — „O ja!“ sagte sie, „wenn Sie mir mit Sorgfalt das Kästchen, das auf dem Sitze steht, herausheben und hinauftragen wollen; aber ich bitte gar sehr, es recht stät zu tragen und im mindesten nicht zu bewegen oder zu rütteln.“ Ich nahm das Kästchen mit Sorgfalt, sie verschloß den Kutschenschlag, wir stiegen zusammen die Treppe hinauf, und sie sagte dem Gesinde, daß sie diese Nacht hier bleiben würde.

Nun waren wir allein in dem Zimmer, sie hieß mich das Kästchen auf den Tisch setzen, der an der Wand stand, und als ich an einigen ihrer Bewegungen merkte, daß sie allein zu sein wünschte, empfahl ich mich, indem ich ihr ehrerbietig, aber feurig die Hand küßte.

„Bestellen Sie das Abendessen für uns beide“, sagte sie darauf; und es läßt sich denken, mit welchem Vergnügen ich diesen Auftrag ausrichtete, wobei ich denn zugleich in meinem Übermut Wirt, Wirtin und Gesinde kaum über die Achsel ansah. Mit Ungeduld erwartete ich den Augenblick, der mich endlich wieder zu ihr führen sollte. Es war aufgetragen, wir setzten uns gegen einander über, ich labte mich zum erstenmal seit geraumer Zeit an einem guten Essen und zugleich an einem so erwünschten Anblick; ja mir kam es vor, als wenn sie mit jeder Minute schöner würde.

Ihre Unterhaltung war angenehm, doch suchte sie alles abzulehnen, was sich auf Neigung und Liebe bezog. Es ward abgeräumt; ich zauderte, ich suchte allerlei Kunstgriffe, mich ihr zu nähern, aber vergebens: sie hielt mich durch eine gewisse Würde zurück, der ich nicht widerstehen konnte, ja ich mußte wider meinen Willen zeitig genug von ihr scheiden.

Nach einer meist durchwachten und unruhig durchträumten Nacht war ich früh auf, erkundigte mich, ob sie Pferde bestellt habe; ich hörte nein und ging in den Garten, sah sie angekleidet am Fenster stehen und eilte zu ihr hinauf. Als sie mir so schön und schöner als gestern entgegenkam, regte sich auf einmal in mir Neigung, Schalkheit und Verwegenheit; ich stürzte auf sie zu und faßte sie in meine

Arme. „Englisches, unwiderstehliches Wesen!“ rief ich aus: „verzeih, aber es ist unmöglich!“ Mit unglaublicher Gewandtheit entzog sie sich meinen Armen, und ich hatte ihr nicht einmal einen Kuß auf die Wange drücken können. — „Halten Sie solche Ausbrüche einer plötzlichen leidenschaftlichen Neigung zurück, wenn Sie ein Glück nicht verscherzen wollen, das Ihnen sehr nahe liegt, das aber erst nach einigen Prüfungen ergriffen werden kann.“

„Fordere, was du willst, englischer Geist!“ rief ich aus, „aber bringe mich nicht zur Verzweiflung.“ Sie versetzte lächelnd: „Wollen Sie sich meinem Dienste widmen, so hören Sie die Bedingungen! Ich komme hierher, eine Freundin zu besuchen, bei der ich einige Tage zu verweilen gedenke; indessen wünsche ich, daß mein Wagen und dies Kästchen weitergebracht werden. Wollen Sie es übernehmen? Sie haben dabei nichts zu tun, als das Kästchen mit Behutsamkeit in und aus dem Wagen zu heben; wenn es darin steht, sich daneben zu setzen und jede Sorge dafür zu tragen. Kommen Sie in ein Wirtshaus, so wird es auf einen Tisch gestellt, in eine besondere Stube, in der Sie weder wohnen noch schlafen dürfen. Sie verschließen die Zimmer jedesmal mit diesem Schlüssel, der alle Schlösser auf- und zuschließt und dem Schlosse die besondere Eigenschaft gibt, daß es niemand in der Zwischenzeit zu eröffnen imstande ist.“

Ich sah sie an, mir ward sonderbar zumute; ich versprach, alles zu tun, wenn ich hoffen könnte, sie bald wieder zu sehen, und wenn sie mir diese Hoffnung mit einem Kuß besiegelte. Sie tat es, und von dem Augenblick an war ich ihr ganz leibeigen geworden. Ich sollte nun die Pferde bestellen, sagte sie. Wir besprachen den Weg, den ich nehmen, die Orte, wo ich mich aufhalten und sie erwarten sollte. Sie drückte mir zuletzt einen Beutel mit Gold in die Hand, und ich meine Lippen auf ihre Hände. Sie schien gerührt beim Abschied, und ich wußte schon nicht mehr, was ich tat oder tun sollte.

Als ich von meiner Bestellung zurückkam, fand ich die Stubentür verschlossen. Ich versuchte gleich meinen Hauptschlüssel, und er machte sein Probestück vollkommen. Die

Türe sprang auf, ich fand das Zimmer leer, nur das Kästchen stand auf dem Tische, wo ich es hingestellt hatte.

Der Wagen war vorgefahren, ich trug das Kästchen sorgfältig hinunter und setzte es neben mich. Die Wirtin fragte: „Wo ist denn die Dame?" Ein Kind antwortete: „Sie ist in die Stadt gegangen." Ich begrüßte die Leute und fuhr wie im Triumph von hinnen, der ich gestern abend mit bestaubten Gamaschen hier angekommen war. Daß ich nun bei guter Muße diese Geschichte hin und her überlegte, das Geld zählte, mancherlei Entwürfe machte und immer gelegentlich nach dem Kästchen schielte, können Sie leicht denken. Ich fuhr nun stracks vor mich hin, stieg mehrere Stationen nicht aus und rastete nicht, bis ich zu einer ansehnlichen Stadt gelangt war, wohin sie mich beschieden hatte. Ihre Befehle wurden sorgfältig beobachtet, das Kästchen in ein besonderes Zimmer gestellt und ein paar Wachslichter daneben, unangezündet, wie sie auch verordnet hatte. Ich verschloß das Zimmer, richtete mich in dem meinigen ein und tat mir etwas zugute.

Eine Weile konnte ich mich mit dem Andenken an sie beschäftigen, aber gar bald wurde mir die Zeit lang. Ich war nicht gewohnt, ohne Gesellschaft zu leben; diese fand ich bald an Wirtstafeln und an öffentlichen Orten nach meinem Sinne. Mein Geld fing bei dieser Gelegenheit an zu schmelzen und verlor sich eines Abends völlig aus meinem Beutel, als ich mich unvorsichtig einem leidenschaftlichen Spiel überlassen hatte. Auf meinem Zimmer angekommen, war ich außer mir. Von Geld entblößt, mit dem Ansehen eines reichen Mannes eine tüchtige Zeche erwartend, ungewiß, ob und wann meine Schöne sich wieder zeigen würde, war ich in der größten Verlegenheit. Doppelt sehnte ich mich nach ihr und glaubte nun gar nicht mehr ohne sie und ohne ihr Geld leben zu können.

Nach dem Abendessen, das mir gar nicht geschmeckt hatte, weil ich es diesmal einsam zu genießen genötigt worden, ging ich in dem Zimmer lebhaft auf und ab, sprach mit mir selbst, verwünschte mich, warf mich auf den Boden, zerraufte mir die Haare und erzeigte mich ganz ungebärdig. Auf einmal höre ich in dem verschlossenen

Zimmer nebenan eine leise Bewegung und kurz nachher an der wohlverwahrten Türe pochen. Ich raffe mich zusammen, greife nach dem Hauptschlüssel, aber die Flügeltüren springen von selbst auf, und im Schein jener brennenden Wachslichter kommt mir meine Schöne entgegen. Ich werfe mich ihr zu Füßen, küsse ihr Kleid, ihre Hände, sie hebt mich auf, ich wage nicht, sie zu umarmen, kaum sie anzusehen; doch gestehe ich ihr aufrichtig und reuig meinen Fehler. — „Er ist zu verzeihen", sagte sie, „nur verspätet Ihr leider Euer Glück und meines. Ihr müßt nun abermals eine Strecke in die Welt hineinfahren, ehe wir uns wieder sehen. Hier ist noch mehr Gold", sagte sie, „und hinreichend, wenn Ihr einigermaßen haushalten wollt. Hat Euch aber diesmal Wein und Spiel in Verlegenheit gesetzt, so hütet Euch nun vor Wein und Weibern und laßt mich auf ein fröhlicheres Wiedersehen hoffen."

Sie trat über die Schwelle zurück, die Flügel schlugen zusammen, ich pochte, ich bat, aber nichts ließ sich weiter hören. Als ich den andern Morgen die Zeche verlangte, lächelte der Kellner und sagte: „So wissen wir doch, warum Ihr Eure Türen auf eine so künstliche und unbegreifliche Weise verschließt, daß kein Hauptschlüssel sie öffnen kann. Wir vermuteten bei Euch viel Geld und Kostbarkeiten; nun aber haben wir den Schatz die Treppe hinuntergehen sehn, und auf alle Weise schien er würdig, wohl verwahrt zu werden."

Ich erwiderte nichts dagegen, zahlte meine Rechnung und stieg mit meinem Kästchen in den Wagen. Ich fuhr nun wieder in die Welt hinein mit dem festesten Vorsatz, auf die Warnung meiner geheimnisvollen Freundin künftig zu achten. Doch war ich kaum abermals in einer großen Stadt angelangt, so ward ich bald mit liebenswürdigen Frauenzimmern bekannt, von denen ich mich durchaus nicht losreißen konnte. Sie schienen mir ihre Gunst teuer anrechnen zu wollen; denn indem sie mich immer in einiger Entfernung hielten, verleiteten sie mich zu einer Ausgabe nach der andern, und da ich nur suchte, ihr Vergnügen zu befördern, dachte ich abermals nicht an meinen Beutel, sondern zahlte und spendete immerfort, so wie es eben vorkam. Wie groß war daher meine Verwunderung und mein Vergnügen, als ich nach einigen Wochen bemerkte, daß die Fülle des Beutels noch nicht abgenommen hatte, sondern daß er noch so rund und strotzend war wie anfangs. Ich wollte mich dieser schönen Eigenschaft näher versichern, setzte mich hin zu zählen, merkte mir die Summe genau und fing nun an, mit meiner Gesellschaft lustig zu leben wie vorher. Da fehlte es nicht an Land- und Wasserfahrten, an Tanz, Gesang und andern Vergnügungen. Nun bedurfte es aber keiner großen Aufmerksamkeit, um gewahr zu werden, daß der Beutel wirklich abnahm, eben als wenn ich ihm durch mein verwünschtes Zählen die Tugend, unzählbar zu sein, entwendet hätte. Indessen war das Freudenleben einmal im Gange, ich konnte nicht zurück, und doch war ich mit meiner Barschaft bald am Ende. Ich verwünschte meine Lage, schalt auf meine Freundin, die mich so in Versuchung geführt hatte, nahm es ihr übel auf, daß sie sich nicht wieder sehen lassen, sagte mich im Ärger von allen Pflichten gegen sie los und nahm mir vor, das Kästchen zu öffnen, ob vielleicht in demselben einige Hülfe zu finden sei. Denn war es gleich nicht schwer genug, um Geld zu enthalten, so konnten doch Juwelen darin sein, und auch diese wären mir sehr willkommen gewesen. Ich war im Begriff, den Vorsatz auszuführen, doch verschob ich ihn auf die Nacht, um die Operation recht ruhig vorzunehmen, und eilte zu einem Bankett, das eben angesagt war. Da ging es denn wieder hoch her, und wir waren durch Wein und Trompetenschall mächtig aufgeregt, als mir der unangenehme Streich passierte, daß beim Nachtische ein älterer Freund meiner liebsten Schönheit, von Reisen kommend, unvermutet hereintrat, sich zu ihr setzte und ohne große Umstände seine alten Rechte geltend zu machen suchte. Daraus entstand nun bald Unwille, Hader und Streit; wir zogen vom Leder, und ich ward mit mehreren Wunden halbtot nach Hause getragen.

Der Chirurgus hatte mich verbunden und verlassen, es war schon tief in der Nacht, mein Wärter eingeschlafen; die Tür des Seitenzimmers ging auf, meine geheimnisvolle Freundin trat herein und setzte sich zu mir ans Bette. Sie fragte nach meinem Befinden; ich antwortete nicht, denn ich war matt und verdrießlich. Sie fuhr fort, mit vielem Anteil zu sprechen, rieb mir die Schläfe mit einem gewissen Balsam, so daß ich mich geschwind und entschieden gestärkt fühlte, so gestärkt, daß ich mich erzürnen und sie ausschelten konnte. In einer heftigen Rede warf ich alle Schuld meines Unglücks auf sie, auf die Leidenschaft, die sie mir eingeflößt, auf ihr Erscheinen, ihr Verschwinden, auf die Langeweile, auf die Sehnsucht, die ich empfinden mußte. Ich ward immer heftiger und heftiger, als wenn mich ein Fieber anfiele, und ich schwur ihr zuletzt, daß, wenn sie nicht die Meinige sein, mir diesmal nicht angehören und sich mit mir verbinden wolle, so verlange ich nicht länger zu leben; worauf ich entschiedene Antwort forderte. Als sie zaudernd mit einer Erklärung zurückhielt, geriet ich ganz außer mir, riß den doppelten und dreifachen Verband von den Wunden, mit der entschiedenen Absicht, mich zu verbluten. Aber wie erstaunte ich, als ich meine Wunden alle geheilt, meinen Körper schmuck und glänzend und sie in meinen Armen fand.

Nun waren wir das glücklichste Paar von der Welt. Wir baten einander wechselseitig um Verzeihung und wußten selbst nicht recht warum. Sie versprach nun, mit mir weiterzureisen, und bald saßen wir nebeneinander im Wagen, das Kästchen gegen uns über, am Platze der dritten Person. Ich hatte desselben niemals gegen sie erwähnt; auch jetzt fiel mir's nicht ein, davon zu reden, ob es uns gleich vor den Augen stand und wir durch eine stillschweigende Übereinkunft beide dafür sorgten, wie es etwa die Gelegenheit geben mochte; nur daß ich es immer in und aus dem Wagen hob und mich wie vormals mit dem Verschluß der Türen beschäftigte.

Solange noch etwas im Beutel war, hatte ich immer fortbezahlt; als es mit meiner Barschaft zu Ende ging, ließ ich sie es merken. — „Dafür ist leicht Rat geschafft", sagte sie und deutete auf ein Paar kleine Taschen, oben an der Seite des Wagens angebracht, die ich früher wohl bemerkt, aber nicht gebraucht hatte. Sie griff in die eine und zog einige Goldstücke heraus, sowie aus der andern einige

Silbermünzen, und zeigte mir dadurch die Möglichkeit, jeden Aufwand, wie es uns beliebte, fortzusetzen. So reisten wir von Stadt zu Stadt, von Land zu Land, waren unter uns und mit andern froh, und ich dachte nicht daran, daß sie mich wieder verlassen könnte, um so weniger, als sie sich seit einiger Zeit entschieden guter Hoffnung befand, wodurch unsere Heiterkeit und unsere Liebe nur noch vermehrt wurde. Aber eines Morgens fand ich sie leider nicht mehr, und weil mir der Aufenthalt ohne sie verdrießlich war, machte ich mich mit meinem Kästchen wieder auf den Weg, versuchte die Kraft der beiden Taschen und fand sie noch immer bewährt.

Die Reise ging glücklich vonstatten, und wenn ich bisher über mein Abenteuer weiter nicht nachdenken mögen, weil ich eine ganz natürliche Entwickelung der wundersamen Begebenheiten erwartete, so ereignete sich doch gegenwärtig etwas, wodurch ich in Erstaunen, in Sorgen, ja in Furcht gesetzt wurde. Weil ich, um von der Stelle zu kommen, Tag und Nacht zu reisen gewohnt war, so geschah es, daß ich oft im Finstern fuhr und es in meinem Wagen, wenn die Laternen zufällig ausgingen, ganz dunkel war. Einmal bei so finsterer Nacht war ich eingeschlafen, und als ich erwachte, sah ich den Schein eines Lichtes an der Decke meines Wagens. Ich beobachtete denselben und fand, daß er aus dem Kästchen hervorbrach, das einen Riß zu haben schien, eben als wäre es durch die heiße und trockene Witterung der eingetretenen Sommerzeit gesprungen. Meine Gedanken an die Juwelen wurden wieder rege, ich vermutete, daß ein Karfunkel im Kästchen liege, und wünschte darüber Gewißheit zu haben. Ich rückte mich, so gut ich konnte, zurecht, so daß ich mit dem Auge unmittelbar den Riß berührte. Aber wie groß war mein Erstaunen, als ich in ein von Lichtern wohl erhelltes, mit viel Geschmack, ja Kostbarkeit möbliertes Zimmer hineinsah, gerade so als hätte ich durch die Öffnung eines Gewölbes in einen königlichen Saal hinabgesehn. Zwar konnte ich nur einen Teil des Raums beobachten, der mich auf das übrige schließen ließ. Ein Kaminfeuer schien zu brennen, neben welchem ein Lehnsessel stand. Ich hielt den Atem an mich und fuhr fort zu beobachten. Indem kam von der andern Seite des Saals ein Frauenzimmer mit einem Buch in den Händen, die ich sogleich für meine Frau erkannte, obschon ihr Bild nach dem allerkleinsten Maßstabe zusammengezogen war. Die Schöne setzte sich in den Sessel ans Kamin, um zu lesen, legte die Brände mit der niedlichsten Feuerzange zurecht, wobei ich deutlich bemerken konnte, das allerliebste kleine Wesen sei ebenfalls guter Hoffnung. Nun fand ich mich aber genötigt, meine unbequeme Stellung einigermaßen zu verrücken, und bald darauf, als ich wieder hineinsehen und mich überzeugen wollte, daß es kein Traum gewesen, war das Licht verschwunden, und ich blickte in eine leere Finsternis.

Wie erstaunt, ja erschrocken ich war, läßt sich begreifen. Ich machte mir tausend Gedanken über diese Entdeckung und konnte doch eigentlich nichts denken. Darüber schlief ich ein, und als ich erwachte, glaubte ich eben nur geträumt zu haben; doch fühlte ich mich von meiner Schönen einigermaßen entfremdet, und indem ich das Kästchen nur desto sorgfältiger trug, wußte ich nicht, ob ich ihre Wiedererscheinung in völliger Menschengröße wünschen oder fürchten sollte.

Nach einiger Zeit trat denn wirklich meine Schöne gegen Abend in weißem Kleide herein, und da es eben im Zimmer dämmerte, so kam sie mir länger vor, als ich sie sonst zu sehen gewohnt war, und ich erinnerte mich, gehört zu haben, daß alle vom Geschlecht der Nixen und Gnomen bei einbrechender Nacht an Länge gar merklich zunähmen. Sie flog wie gewöhnlich in meine Arme, aber ich konnte sie nicht recht frohmütig an meine beklemmte Brust drücken.

„Mein Liebster“, sagte sie, „ich fühle nun wohl an deinem Empfang, was ich leider schon weiß. Du hast mich in der Zwischenzeit gesehn; du bist von dem Zustand unterrichtet, in dem ich mich zu gewissen Zeiten befinde; dein Glück und das meinige ist hiedurch unterbrochen, ja es steht auf dem Punkte, ganz vernichtet zu werden. Ich muß dich verlassen und weiß nicht, ob ich dich jemals wiedersehen werde.“ Ihre Gegenwart, die Anmut, mit der sie sprach, entfernte sogleich fast jede Erinnerung jenes

Gesichtes, das mir schon bisher nur als ein Traum vorgeschwebt hatte. Ich umfing sie mit Lebhaftigkeit, überzeugte sie von meiner Leidenschaft, versicherte ihr meine Unschuld, erzählte ihr das Zufällige der Entdeckung, genug, ich tat so viel, daß sie selbst beruhigt schien und mich zu beruhigen suchte.

„Prüfe dich genau", sagte sie, „ob diese Entdeckung deiner Liebe nicht geschadet habe, ob du vergessen kannst, daß ich in zweierlei Gestalten mich neben dir befinde, ob die Verringerung meines Wesens nicht auch deine Neigung vermindern werde."

Ich sah sie an; schöner war sie als jemals, und ich dachte bei mir selbst: „Ist es denn ein so großes Unglück, eine Frau zu besitzen, die von Zeit zu Zeit eine Zwergin wird, so daß man sie im Kästchen herumtragen kann? Wäre es nicht viel schlimmer, wenn sie zur Riesin würde und ihren Mann in den Kasten steckte?" Meine Heiterkeit war zurückgekehrt. Ich hätte sie um alles in der Welt nicht fahren lassen. — „Bestes Herz", versetzte ich, „laß uns bleiben und sein, wie wir gewesen sind. Könnten wir's beide denn herrlicher finden! Bediene dich deiner Bequemlichkeit, und ich verspreche dir, das Kästchen nur desto sorgfältiger zu tragen. Wie sollte das Niedlichste, was ich in meinem Leben gesehn, einen schlimmen Eindruck auf mich machen? Wie glücklich würden die Liebhaber sein, wenn sie solche Miniaturbilder besitzen könnten! Und am Ende war es auch nur ein solches Bild, eine kleine Taschenspielerei. Du prüfst und neckst mich; du sollst aber sehen, wie ich mich halten werde."

„Die Sache ist ernsthafter, als du denkst", sagte die Schöne; „indessen bin ich recht wohl zufrieden, daß du sie leicht nimmst: denn für uns beide kann noch immer die heiterste Folge werden. Ich will dir vertrauen und von meiner Seite das Mögliche tun, nur versprich mir, dieser Entdeckung niemals vorwurfsweise zu gedenken. Dazu füg' ich noch eine Bitte recht inständig: nimm dich vor Wein und Zorn mehr als jemals in acht."

Ich versprach, was sie begehrte, ich hätte zu und immer zu versprochen; doch sie wendete selbst das Gespräch, und alles war im vorigen Gleise. Wir hatten nicht Ursache, den Ort unseres Aufenthaltes zu verändern; die Stadt war groß, die Gesellschaft vielfach, die Jahreszeit veranlaßte manches Land- und Gartenfest.

Bei allen solchen Freuden war meine Frau sehr gern gesehen, ja von Männern und Frauen lebhaft verlangt. Ein gutes, einschmeichelndes Betragen, mit einer gewissen Hoheit verknüpft, machte sie jedermann lieb und ehrenwert. Überdies spielte sie herrlich die Laute und sang dazu, und alle geselligen Nächte mußten durch ihr Talent gekrönt werden.

Ich will nur gestehen, daß ich mir aus der Musik niemals viel habe machen können, ja sie hatte vielmehr auf mich eine unangenehme Wirkung. Meine Schöne, die mir das bald abgemerkt hatte, suchte mich daher niemals, wenn wir allein waren, auf diese Weise zu unterhalten; dagegen schien sie sich in Gesellschaft zu entschädigen, wo sie denn gewöhnlich eine Menge Bewunderer fand.

Und nun, warum sollte ich es leugnen, unsere letzte Unterredung, ungeachtet meines besten Willens, war doch nicht vermögend gewesen, die Sache ganz bei mir abzutun; vielmehr hatte sich meine Empfindungsweise gar seltsam gestimmt, ohne daß ich es mir vollkommen bewußt gewesen wäre. Da brach eines Abends in großer Gesellschaft der verhaltene Unmut los, und mir entsprang daraus der allergrößte Nachteil.

Wenn ich es jetzt recht bedenke, so liebte ich nach jener unglücklichen Entdeckung meine Schönheit viel weniger, und nun ward ich eifersüchtig auf sie, was mir vorher gar nicht eingefallen war. Abends bei Tafel, wo wir schräg gegen einander über in ziemlicher Entfernung saßen, befand ich mich sehr wohl mit meinen beiden Nachbarinnen, ein paar Frauenzimmern, die mir seit einiger Zeit reizend geschienen hatten. Unter Scherz- und Liebesreden sparte man des Weines nicht, indessen von der andern Seite ein paar Musikfreunde sich meiner Frau bemächtigt hatten und die Gesellschaft zu Gesängen, einzelnen und chormäßigen, aufzumuntern und anzuführen wußten. Darüber fiel ich in böse Laune; die beiden Kunstliebhaber schienen zudringlich; der Gesang machte mich ärgerlich, und als man gar von mir auch eine Solostrophe begehrte, so wurde ich wirklich aufgebracht, leerte den Becher und setzte ihn sehr unsanft nieder.

Durch die Anmut meiner Nachbarinnen fühlte ich mich sogleich zwar wieder gemildert, aber es ist eine böse Sache um den Ärger, wenn er einmal auf dem Wege ist. Er kochte heimlich fort, obgleich alles mich hätte sollen zur Freude, zur Nachgiebigkeit stimmen. Im Gegenteil wurde ich nur noch tückischer, als man eine Laute brachte und meine Schöne ihren Gesang zur Bewunderung aller übrigen begleitete. Unglücklicherweise erbat man sich eine allgemeine Stille. Also auch schwatzen sollte ich nicht mehr, und die Töne taten mir in den Zähnen weh. War es nun ein Wunder, daß endlich der kleinste Funke die Mine zündete?

Eben hatte die Sängerin ein Lied unter dem größten Beifall geendigt, als sie nach mir, und wahrlich recht liebevoll, herübersah. Leider drangen die Blicke nicht bei mir ein. Sie bemerkte, daß ich einen Becher Wein hinunterschlang und einen neu anfüllte. Mit dem rechten Zeigefinger winkte sie mir lieblich drohend. „Bedenken Sie, daß es Wein ist!“ sagte sie, nicht lauter, als daß ich es hören konnte. — „Wasser ist für die Nixen!“ rief ich aus. — „Meine Damen“, sagte sie zu meinen Nachbarinnen, „kränzen Sie den Becher mit aller Anmut, daß er nicht zu oft leer werde.“ — „Sie werden sich doch nicht meistern lassen!“ zischelte mir die eine ins Ohr. — „Was will der Zwerg?“ rief ich aus, mich heftiger gebärdend, wodurch ich den Becher umstieß. — „Hier ist viel verschüttet!“ rief die Wunderschöne, tat einen Griff in die Saiten, als wolle sie die Aufmerksamkeit der Gesellschaft aus dieser Störung wieder auf sich heranziehen. Es gelang ihr wirklich, um so mehr, als sie aufstand, aber nur, als wenn sie sich das Spiel bequemer machen wollte, und zu präludieren fortfuhr.

Als ich den roten Wein über das Tischtuch fließen sah, kam ich wieder zu mir selbst. Ich erkannte den großen Fehler, den ich begangen hatte, und war recht innerlich zerknirscht. Zum erstenmal sprach die Musik mich an. Die erste Strophe, die sie sang, war ein freundlicher Abschied an die Gesellschaft, wie sie sich noch zusammen fühlen konnte. Bei der folgenden Strophe floß die Sozietät gleichsam auseinander, jeder fühlte sich einzeln, abgesondert, niemand glaubte sich mehr gegenwärtig. Aber was soll ich denn von der letzten Strophe sagen? Sie war allein an mich gerichtet, die Stimme der gekränkten Liebe, die von Unmut und Übermut Abschied nimmt.

Stumm führte ich sie nach Hause und erwartete mir nichts Gutes. Doch kaum waren wir in unserm Zimmer angelangt, als sie sich höchst freundlich und anmutig, ja sogar schalkhaft erwies und mich zum glücklichsten aller Menschen machte.

Des andern Morgens sagte ich ganz getrost und liebevoll: „Du hast so manchmal, durch gute Gesellschaft aufgefordert, gesungen, so zum Beispiel gestern abend das rührende Abschiedslied; singe nun auch einmal mir zuliebe ein hübsches, fröhliches Willkommen in dieser Morgenstunde, damit es uns werde, als wenn wir uns zum erstenmal kennen lernten."

„Das vermag ich nicht, mein Freund", versetzte sie mit Ernst. „Das Lied von gestern abend bezog sich auf unsere Scheidung, die nun sogleich vor sich gehen muß: denn ich kann dir nur sagen, die Beleidigung gegen Versprechen und Schwur hat für uns beide die schlimmsten Folgen; du verscherzest ein großes Glück, und auch ich muß meinen liebsten Wünschen entsagen."

Als ich nun hierauf in sie drang und bat, sie möchte sich näher erklären, versetzte sie: „Das kann ich leider wohl, denn es ist doch um mein Bleiben bei dir getan. Vernimm also, was ich dir lieber bis in die spätesten Zeiten verborgen hätte. Die Gestalt, in der du mich im Kästchen erblicktest, ist mir wirklich angeboren und natürlich; denn ich bin aus dem Stamm des Königs Eckwald, des mächtigen Fürsten der Zwerge, von dem die wahrhafte Geschichte so vieles meldet. Unser Volk ist noch immer wie vor alters tätig und geschäftig und auch daher leicht zu regieren. Du mußt dir aber nicht vorstellen, daß die Zwerge in ihren Arbeiten zurückgeblieben sind. Sonst waren Schwerter, die den Feind verfolgten, wenn man sie ihm nachwarf, unsichtbar und geheimnisvoll bindende Ketten, undurchdringliche Schilder und dergleichen ihre berühmtesten Arbeiten. Jetzt aber beschäftigen sie sich hauptsächlich mit Sachen der Bequemlichkeit und des Putzes und übertreffen darin alle andern Völker der Erde. Du würdest erstaunen, wenn du unsere Werkstätten und Warenlager hindurchgehen solltest. Dies wäre nun alles gut, wenn nicht bei der ganzen Nation überhaupt, vorzüglich aber bei der königlichen Familie, ein besonderer Umstand einträte."

Da sie einen Augenblick innehielt, ersuchte ich sie um fernere Eröffnung dieser wundersamen Geheimnisse, worin sie mir denn auch sogleich willfahrte.

„Es ist bekannt", sagte sie, „daß Gott, sobald er die Welt erschaffen hatte, so daß alles Erdreich trocken war und das Gebirg mächtig und herrlich dastand, daß Gott, sage ich, sogleich vor allen Dingen die Zwerglein erschuf, damit auch vernünftige Wesen wären, welche seine Wunder im Innern der Erde auf Gängen und Klüften anstaunen und verehren könnten. Ferner ist bekannt, daß dieses kleine Geschlecht sich nachmals erhoben und sich die Herrschaft der Erde anzumaßen gedacht, weshalb denn Gott die Drachen erschaffen, um das Gezwerge ins Gebirg zurückzudrängen. Weil aber die Drachen sich in den großen Höhlen und Spalten selbst einzunisten und dort zu wohnen pflegten, auch viele derselben Feuer spieen und manch anderes Wüste begingen, so wurde dadurch den Zwerglein gar große Not und Kummer bereitet, dergestalt, daß sie nicht mehr wußten, wo aus noch ein, und sich daher zu Gott dem Herrn gar demütiglich und flehentlich wendeten, auch ihn im Gebet anriefen, er möchte doch dieses unsaubere Drachenvolk wieder vertilgen. Ob er nun aber gleich nach seiner Weisheit sein Geschöpf zu zerstören nicht beschließen mochte, so ging ihm doch der armen Zwerglein große Not dermaßen zu Herzen, daß er alsobald die Riesen erschuf, welche die Drachen bekämpfen und, wo nicht ausrotten, doch wenigstens vermindern sollten.

Als nun aber die Riesen so ziemlich mit den Drachen fertig geworden, stieg ihnen gleichfalls der Mut und Dünkel, weswegen sie gar manches Frevele, besonders auch gegen die guten Zwerglein, verübten, welche denn abermals in ihrer Not sich zu dem Herrn wandten, der sodann aus seiner Machtgewalt die Ritter schuf, welche die Riesen und Drachen bekämpfen und mit den Zwerglein in guter Eintracht leben sollten. Damit war denn das Schöpfungswerk von dieser Seite beschlossen, und es findet sich, daß nachher Riesen und Drachen sowie die Ritter und Zwerge immer zusammengehalten haben. Daraus kannst du nun ersehen, mein Freund, daß wir von dem ältesten Geschlecht der Welt sind, welches uns zwar zu Ehren gereicht, doch aber auch großen Nachteil mit sich führt.

Da nämlich auf der Welt nichts ewig bestehen kann, sondern alles, was einmal groß gewesen, klein werden und abnehmen muß, so sind auch wir in dem Falle, daß wir seit Erschaffung der Welt immer abnehmen und kleiner werden, vor allen andern aber die königliche Familie, welche wegen ihres reinen Blutes diesem Schicksal am ersten unterworfen ist. Deshalb haben unsere weisen Meister schon vor vielen Jahren den Ausweg erdacht, daß von Zeit zu Zeit eine Prinzessin aus dem königlichen Hause heraus ins Land gesendet werde, um sich mit einem ehrsamen Ritter zu vermählen, damit das Zwergengeschlecht wieder angefrischt und vom gänzlichen Verfall gerettet sei.“

Indessen meine Schöne diese Worte ganz treuherzig vorbrachte, sah ich sie bedenklich an, weil es schien, als ob sie Lust habe, mir etwas aufzubinden. Was ihre niedliche Herkunft betraf, daran hatte ich weiter keinen Zweifel; aber daß sie mich anstatt eines Ritters ergriffen hatte, das machte mir einiges Mißtrauen, indem ich mich denn doch zu wohl kannte, als daß ich hätte glauben sollen, meine Vorfahren seien von Gott unmittelbar erschaffen worden.

Ich verbarg Verwunderung und Zweifel und fragte sie freundlich: „Aber sage mir, mein liebes Kind, wie kommst du zu dieser großen und ansehnlichen Gestalt? denn ich kenne wenig Frauen, die sich dir an prächtiger Bildung vergleichen können.“ — „Das sollst du erfahren“, versetzte meine Schöne. „Es ist von jeher im Rat der Zwergenkönige hergebracht, daß man sich so lange als möglich vor jedem außerordentlichen Schritt in acht nehme, welches ich denn auch ganz natürlich und billig finde. Man hätte vielleicht noch lange gezaudert, eine Prinzessin wieder einmal in das Land zu senden, wenn nicht mein nachgeborner Bruder so klein ausgefallen wäre, daß ihn die Wärterinnen sogar aus den Windeln verloren haben und man nicht weiß, wo er hingekommen ist. Bei diesem in den Jahrbüchern des Zwergenreichs ganz unerhörten Falle versammelte man die Weisen, und kurz und gut, der Entschluß ward gefaßt, mich auf die Freite zu schicken."

„Der Entschluß!" rief ich aus; „das ist wohl alles schön und gut. Man kann sich entschließen, man kann etwas beschließen; aber einem Zwerglein diese Göttergestalt zu geben, wie haben eure Weisen dies zustande gebracht?"

„Es war auch schon", sagte sie, „von unsern Ahnherren vorgesehen. In dem königlichen Schatze lag ein ungeheurer goldner Fingerring. Ich spreche jetzt von ihm, wie er mir vorkam, da er mir, als einem Kinde, ehemals an seinem Orte gezeigt wurde: denn es ist derselbe, den ich hier am Finger habe; und nun ging man folgendergestalt zu Werke. Man unterrichtete mich von allem, was bevorstehe, und belehrte mich, was ich zu tun und zu lassen habe.

Ein köstlicher Palast, nach dem Muster des liebsten Sommeraufenthalts meiner Eltern, wurde verfertigt: ein Hauptgebäude, Seitenflügel und was man nur wünschen kann. Er stand am Eingang einer großen Felskluft und verzierte sie aufs beste. An dem bestimmten Tage zog der Hof dorthin und meine Eltern mit mir. Die Armee paradierte, und vierundzwanzig Priester trugen auf einer köstlichen Bahre, nicht ohne Beschwerlichkeit, den wundervollen Ring. Er ward an die Schwelle des Gebäudes gelegt, gleich innerhalb, wo man über sie hinübertritt. Manche Zeremonien wurden begangen, und nach einem herzlichen Abschiede schritt ich zum Werke. Ich trat hinzu, legte die Hand an den Ring und fing sogleich merklich zu wachsen an. In wenig Augenblicken war ich zu meiner gegenwärtigen Größe gelangt, worauf ich den Ring sogleich an den Finger steckte. Nun im Nu verschlossen sich Fenster, Türen und Tore, die Seitenflügel zogen sich ins Hauptgebäude zurück, statt des Palastes stand ein Kästchen neben mir, das ich sogleich aufhob und mit mir forttrug, nicht ohne ein angenehmes Gefühl, so groß und so stark zu sein, zwar immer noch ein Zwerg gegen Bäume und Berge, gegen Ströme wie gegen Landstrecken, aber doch immer schon ein Riese gegen Gras und Kräuter, besonders aber gegen die Ameisen, mit denen wir Zwerge nicht immer in gutem Verhältnis stehen und deswegen oft gewaltig von ihnen geplagt werden.

Wie es mir auf meiner Wallfahrt erging, ehe ich dich fand, davon hätte ich viel zu erzählen. Genug, ich prüfte manchen, aber niemand als du schien mir wert, den Stamm des herrlichen Eckwald zu erneuern und zu verewigen."

Bei allen diesen Erzählungen wackelte mir mitunter der Kopf, ohne daß ich ihn gerade geschüttelt hätte. Ich tat verschiedene Fragen, worauf ich aber keine sonderlichen Antworten erhielt, vielmehr zu meiner größten Betrübnis erfuhr, daß sie nach dem, was begegnet, notwendig zu ihren Eltern zurückkehren müsse. Sie hoffe zwar, wieder zu mir zu kommen, doch jetzt habe sie sich unvermeidlich zu stellen, weil sonst für sie so wie für mich alles verloren wäre. Die Beutel würden bald aufhören zu zahlen, und was sonst noch alles daraus entstehen könnte.

Da ich hörte, daß uns das Geld ausgehen dürfte, fragte ich nicht weiter, was sonst noch geschehen möchte. Ich zuckte die Achseln, ich schwieg, und sie schien mich zu verstehen.

Wir packten zusammen und setzten uns in den Wagen, das Kästchen gegen uns über, dem ich aber noch nichts von einem Palast ansehen konnte. So ging es mehrere Stationen fort. Postgeld und Trinkgeld wurden aus den Täschchen rechts und links bequem und reichlich bezahlt, bis wir endlich in eine gebirgige Gegend gelangten und kaum abgestiegen waren, als meine Schöne vorausging und ich auf ihr Geheiß mit dem Kästchen folgte. Sie führte mich auf ziemlich steilen Pfaden zu einem engen Wiesengrund, durch welchen sich eine klare Quelle bald stürzte, bald ruhig laufend schlängelte. Da zeigte sie mir eine erhöhte Fläche, hieß mich das Kästchen niedersetzen und sagte: „Lebe wohl: du findest den Weg gar leicht zurück; gedenke mein, ich hoffe, dich wiederzusehen."

In diesem Augenblick war mir's, als wenn ich sie nicht verlassen könnte. Sie hatte gerade wieder ihren schönen Tag oder, wenn ihr wollt, ihre schöne Stunde. Mit einem so lieblichen Wesen allein, auf grüner Matte, zwischen Gras und Blumen, von Felsen beschränkt, von Wasser umrauscht, welches Herz wäre da wohl fühllos geblieben! Ich wollte sie bei der Hand fassen, sie umarmen, aber sie stieß mich zurück und bedrohte mich, obwohl noch immer liebreich genug, mit großer Gefahr, wenn ich mich nicht sogleich entfernte.

„Ist denn gar keine Möglichkeit", rief ich aus, „daß ich bei dir bleibe, daß du mich bei dir behalten könntest?" Ich begleitete diese Worte mit so jämmerlichen Gebärden und Tönen, daß sie gerührt schien und nach einigem Bedenken mir gestand, eine Fortdauer unserer Verbindung sei nicht ganz unmöglich. Wer war glücklicher als ich! Meine Zudringlichkeit, die immer lebhafter ward, nötigte sie endlich, mit der Sprache herauszurücken und mir zu entdecken, daß, wenn ich mich entschlösse, mit ihr so klein zu werden, als ich sie schon gesehen, so könnte ich auch jetzt bei ihr bleiben, in ihre Wohnung, in ihr Reich, zu ihrer Familie mit übertreten. Dieser Vorschlag gefiel mir nicht ganz, doch konnte ich mich einmal in diesem Augenblick nicht von ihr losreißen, und ans Wunderbare seit geraumer Zeit schon gewöhnt, zu raschen Entschlüssen aufgelegt, schlug ich ein und sagte, sie möchte mit mir machen, was sie wolle.

Sogleich mußte ich den kleinen Finger meiner rechten Hand ausstrecken, sie stützte den ihrigen dagegen, zog mit der linken Hand den goldnen Ring ganz leise sich ab und ließ ihn herüber an meinen Finger laufen. Kaum war dies geschehen, so fühlte ich einen gewaltigen Schmerz am Finger, der Ring zog sich zusammen und folterte mich entsetzlich. Ich tat einen gewaltigen Schrei und griff unwillkürlich um mich her nach meiner Schönen, die aber verschwunden war. Wie mir indessen zumute gewesen, dafür wüßte ich keinen Ausdruck zu finden, auch bleibt mir nichts übrig zu sagen, als daß ich mich sehr bald in kleiner, niedriger Person neben meiner Schönen in einem Walde von Grashalmen befand. Die Freude des Wiedersehens nach einer kurzen und doch so seltsamen Trennung, oder, wenn ihr wollt, einer Wiedervereinigung ohne Trennung, übersteigt alle Begriffe. Ich fiel ihr um den Hals, sie erwiderte meine Liebkosungen, und das kleine Paar fühlte sich so glücklich als das große.

Mit einiger Unbequemlichkeit stiegen wir nunmehr an einem Hügel hinauf; denn die Matte war für uns beinah ein undurchdringlicher Wald geworden. Doch gelangten wir endlich auf eine Blöße, und wie erstaunt war ich, dort eine große, geregelte Masse zu sehen, die ich doch bald für das Kästchen, in dem Zustand, wie ich es hingesetzt hatte, wieder erkennen mußte.

„Gehe hin, mein Freund, und klopfe mit dem Ringe nur an, du wirst Wunder sehen", sagte meine Geliebte. Ich trat hinzu und hatte kaum angepocht, so erlebte ich wirklich das größte Wunder. Zwei Seitenflügel bewegten sich hervor, und zugleich fielen wie Schuppen und Späne verschiedene Teile herunter, da mir denn Türen, Fenster, Säulengänge und alles, was zu einem vollständigen Palaste gehört, auf einmal zu Gesichte kamen.

Wer einen künstlichen Schreibtisch von Röntgen gesehen hat, wo mit e i n e m Zug viele Federn und Ressorts in Bewegung kommen, Pult und Schreibzeug, Brief- und Geldfächer sich auf einmal oder kurz nacheinander entwickeln, der wird sich eine Vorstellung machen können, wie sich jener Palast entfaltete, in welchen mich meine süße Begleiterin nunmehr hineinzog. In dem Hauptsaal erkannte ich sogleich das Kamin, das ich ehemals von oben gesehen, und den Sessel, worauf sie gesessen. Und als ich über mich blickte, glaubte ich wirklich noch etwas von dem Sprunge in der Kuppel zu bemerken, durch den ich hereingeschaut hatte. Ich verschone euch mit Beschreibung des übrigen; genug, alles war geräumig, köstlich und geschmackvoll. Kaum hatte ich mich von meiner Verwunderung erholt, als ich von fern eine militärische Musik vernahm. Meine schöne Hälfte sprang vor Freuden auf und verkündigte mir mit Entzücken die Ankunft ihres Herrn Vaters. Hier traten wir unter die Türe und schauten, wie aus einer ansehnlichen

Felskluft ein glänzender Zug sich bewegte. Soldaten, Bediente, Hausoffizianten und ein glänzender Hofstaat folgten hintereinander. Endlich erblickte man ein goldnes Gedränge und in demselben den König selbst. Als der ganze Zug vor dem Palast aufgestellt war, trat der König mit seiner nächsten Umgebung heran. Seine zärtliche Tochter eilte ihm entgegen, sie riß mich mit sich fort, wir warfen uns ihm zu Füßen, er hob mich sehr gnädig auf, und als ich vor ihn zu stehen kam, bemerkte ich erst, daß ich freilich in dieser kleinen Welt die ansehnlichste Statur hatte. Wir gingen zusammen nach dem Palaste, da mich der König in Gegenwart seines ganzen Hofes mit einer wohlstudierten Rede, worin er seine Überraschung, uns hier zu finden, ausdrückte, zu bewillkommnen geruhte, mich als seinen Schwiegersohn erkannte und die Trauungszeremonie auf morgen ansetzte.

Wie schrecklich ward mir auf einmal zumute, als ich von Heirat reden hörte: denn ich fürchtete mich bisher davor fast mehr als vor der Musik selbst, die mir doch sonst das Verhaßteste auf Erden schien. Diejenigen, die Musik machen, pflegte ich zu sagen, stehen doch wenigstens in der Einbildung, untereinander einig zu sein und in Übereinstimmung zu wirken: denn wenn sie lange genug gestimmt und uns die Ohren mit allerlei Mißtönen zerrissen haben, so glauben sie steif und fest, die Sache sei nunmehr aufs reine gebracht und ein Instrument passe genau zum andern. Der Kapellmeister selbst ist in diesem glücklichen Wahn, und nun geht es freudig los, unterdes uns andern immerfort die Ohren gellen. Bei dem Ehestand hingegen ist dies nicht einmal der Fall: denn ob er gleich nur ein Duett ist und man doch denken sollte, zwei Stimmen, ja zwei Instrumente müßten einigermaßen überein gestimmt werden können, so trifft es doch selten zu; denn wenn der Mann einen Ton angibt, so nimmt ihn die Frau gleich höher und der Mann wieder höher; da geht es denn aus dem Kammer- in den Chorton und immer so weiter hinauf, daß zuletzt die blasenden Instrumente selbst nicht folgen können. Und also, da mir die harmonische Musik zuwider bleibt, so ist mir noch weniger zu verdenken, daß ich die disharmonische gar nicht leiden kann.

Von allen Festlichkeiten, worunter der Tag hinging, mag und kann ich nicht erzählen: denn ich achtete gar wenig darauf. Das kostbare Essen, der köstliche Wein, nichts wollte mir schmecken. Ich sann und überlegte, was ich zu tun hätte. Doch da war nicht viel auszusinnen. Ich entschloß mich, als es Nacht wurde, kurz und gut, auf und davon zu gehen und mich irgendwo zu verbergen. Auch gelangte ich glücklich zu einer Steinritze, in die ich mich hineinzwängte und so gut als möglich verbarg. Mein erstes Bemühen darauf war, den unglücklichen Ring vom Finger zu schaffen, welches jedoch mir keineswegs gelingen wollte, vielmehr mußte ich fühlen, daß er immer enger ward, sobald ich ihn abzuziehen gedachte, worüber ich heftige Schmerzen litt, die aber sogleich nachließen, sobald ich von meinem Vorhaben abstand.

Frühmorgens wach' ich auf — denn meine kleine Person hatte sehr gut geschlafen — und wollte mich eben weiter umsehen, als es über mir wie zu regnen anfing. Es fiel nämlich durch Gras, Blätter und Blumen wie Sand und Grus in Menge herunter; allein wie entsetzte ich mich, als alles um mich her lebendig ward und ein unendliches Ameisenheer über mich niederstürzte. Kaum wurden sie mich gewahr, als sie mich von allen Seiten angriffen und, ob ich mich gleich wacker und mutig genug verteidigte, doch zuletzt auf solche Weise zudeckten, kneipten und peinigten, daß ich froh war, als ich mir zurufen hörte, ich solle mich ergeben. Ich ergab mich wirklich und gleich, worauf denn eine Ameise von ansehnlicher Statur sich mit Höflichkeit, ja mit Ehrfurcht näherte und sich sogar meiner Gunst empfahl. Ich vernahm, daß die Ameisen Alliierte meines Schwiegervaters geworden und daß er sie im gegenwärtigen Fall aufgerufen und verpflichtet, mich herbeizuschaffen. Nun war ich Kleiner in den Händen von noch Kleinern. Ich sah der Trauung entgegen und mußte noch Gott danken, wenn mein Schwiegervater nicht zürnte, wenn meine Schöne nicht verdrießlich geworden.

Laßt mich nun von allen Zeremonien schweigen; genug, wir waren verheiratet. So lustig und munter es jedoch bei uns herging, so fanden sich dessenungeachtet einsame

Stunden, in denen man zum Nachdenken verleitet wird, und mir begegnete, was mir noch niemals begegnet war; was aber und wie, das sollt ihr vernehmen.

Alles um mich her war meiner gegenwärtigen Gestalt und meinen Bedürfnissen völlig gemäß, die Flaschen und Becher einem kleinen Trinker wohl proportioniert, ja, wenn man will, verhältnismäßig besseres Maß als bei uns. Meinem kleinen Gaumen schmeckten die zarten Bissen vortrefflich, ein Kuß von dem Mündchen meiner Gattin war gar zu reizend, und ich leugne nicht, die Neuheit machte mir alle diese Verhältnisse höchst angenehm. Dabei hatte ich jedoch leider meinen vorigen Zustand nicht vergessen. Ich empfand in mir einen Maßstab voriger Größe, welches mich unruhig und unglücklich machte. Nun begriff ich zum erstenmal, was die Philosophen unter ihren Idealen verstehen möchten, wodurch die Menschen so gequält sein sollen. Ich hatte ein Ideal von mir selbst und erschien mir manchmal im Traum wie ein Riese. Genug, die Frau, der Ring, die Zwergenfigur, so viele andere Bande machten mich ganz und gar unglücklich, daß ich auf meine Befreiung im Ernst zu denken begann.

Weil ich überzeugt war, daß der ganze Zauber in dem Ring verborgen liege, so beschloß ich, ihn abzufeilen. Ich entwendete deshalb dem Hofjuwelier einige Feilen. Glücklicherweise war ich links, und ich hatte in meinem Leben niemals etwas rechts gemacht. Ich hielt mich tapfer an die Arbeit; sie war nicht gering: denn das goldne Reifchen, so dünn es aussah, war in dem Verhältnis dichter geworden, als es sich aus seiner ersten Größe zusammengezogen hatte. Alle freien Stunden wendete ich unbeobachtet an dieses Geschäft und war klug genug, als das Metall bald durchgefeilt war, vor die Türe zu treten. Das war mir geraten: denn auf einmal sprang der goldne Reif mit Gewalt vom Finger, und meine Figur schoß mit solcher Heftigkeit in die Höhe, daß ich wirklich an den Himmel zu stoßen glaubte und auf alle Fälle die Kuppel unseres Sommerpalastes durchgestoßen, ja das ganze Sommergebäude durch meine frische Unbehülflichkeit zerstört haben würde.

Da stand ich nun wieder, freilich um so vieles größer,

allein, wie mir vorkam, auch um vieles dümmer und unbehülflicher. Und als ich mich aus meiner Betäubung erholt, sah ich die Schatulle neben mir stehen, die ich ziemlich schwer fand, als ich sie aufhob und den Fußpfad hinunter nach der Station trug, wo ich denn gleich einspannen und fortfahren ließ. Unterwegs machte ich sogleich den Versuch mit den Täschchen an beiden Seiten. An der Stelle des Geldes, welches ausgegangen schien, fand ich ein Schlüsselchen; es gehörte zur Schatulle, in welcher ich einen ziemlichen Ersatz fand. Solange das vorhielt, bediente ich mich des Wagens; nachher wurde dieser verkauft, um mich auf dem Postwagen fortzubringen. Die Schatulle schlug ich zuletzt los, weil ich immer dachte, sie sollte sich noch einmal füllen, und so kam ich denn endlich, obgleich durch einen ziemlichen Umweg, wieder an den Herd zur Köchin, wo ihr mich zuerst habt kennen lernen.

SIEBENTES KAPITEL

Hersilie an Wilhelm

Bekanntschaften, wenn sie sich auch gleichgültig ankündigen, haben oft die wichtigsten Folgen, und nun gar die Ihrige, die gleich von Anfang nicht gleichgültig war. Der wunderliche Schlüssel kam in meine Hände als ein seltsames Pfand; nun besitze ich das Kästchen auch. Schlüssel und Kästchen, was sagen Sie dazu? Was soll man dazu sagen? Hören Sie, wie's zuging:

Ein junger, feiner Mann läßt sich bei meinem Oheim melden und erzählt, daß der kuriose Antiquitätenkrämer, der mit Ihnen lange in Verbindung gestanden, vor kurzem gestorben sei und ihm die ganze merkwürdige Verlassenschaft übertragen, zugleich aber zur Pflicht gemacht habe, alles fremde Eigentum, was eigentlich nur deponiert sei, unverzüglich zurückzugeben. Eignes Gut beunruhige niemanden, denn man habe den Verlust allein zu ertragen; fremdes Gut jedoch zu bewahren, habe er sich nur in besondern Fällen erlaubt, ihm wolle er diese Last nicht aufbürden, ja er verbiete ihm, in väterlicher Liebe und Autorität, sich damit zu befassen. Und hiemit zog er das Kästchen hervor, das, wenn ich es schon aus der Beschreibung kannte, mir doch ganz vorzüglich in die Augen fiel.

Der Oheim, nachdem er es von allen Seiten besehen, gab es zurück und sagte: Auch er habe es sich zur Pflicht gemacht, in gleichem Sinne zu handeln und sich mit keiner Antiquität, sie sei auch noch so schön und wunderbar, zu belasten, wenn er nicht wisse, wem sie früher angehört und was für eine historische Merkwürdigkeit damit zu verknüpfen sei. Nun zeige dieses Kästchen weder Buchstaben noch Ziffer, weder Jahrzahl noch sonst eine Andeutung, woraus man den frühern Besitzer oder Künstler erraten könne, es sei ihm also völlig unnütz und ohne Interesse.

Der junge Mann stand in großer Verlegenheit und fragte nach einigem Besinnen, ob er nicht erlauben wolle, solches bei seinen Gerichten niederzulegen? Der Oheim lächelte, wandte sich zu mir und sprach: „Das wär' ein hübsches Geschäft für dich, Hersilie; du hast ja auch allerlei Schmuck und zierliche Kostbarkeiten, leg' es dazu; denn ich wollte wetten, der Freund, der dir nicht gleichgültig blieb, kommt gelegentlich wieder und holt es ab."

Das muß ich nun so hinschreiben, wenn ich treu erzählen will, und sodann muß ich bekennen, ich sah das Kästchen mit neidischen Augen an, und eine gewisse Habsucht bemächtigte sich meiner. Mir widerte, das herrliche, dem holden Felix vom Schicksal zugedachte Schatzkästlein in dem alt-eisernen, verrosteten Depositenkasten der Gerichtsstube zu wissen. Wünschelrutenartig zog sich die Hand darnach, mein bißchen Vernunft hielt sie zurück; ich hatte ja den Schlüssel, das durfte ich nicht entdecken; und sollte ich mir die Qual antun, das Schloß uneröffnet zu lassen, oder mich der unbefugten Kühnheit hingeben, es aufzuschließen? Allein, ich weiß nicht, war es Wunsch oder Ahnung, ich stellte mir vor, Sie kämen, kämen bald, wären schon da, wenn ich auf mein Zimmer träte; genug, es war mir so wunderlich, so seltsam, so konfus, wie es mir immer geht, wenn ich aus meiner gleichmütigen Heiterkeit herausgenötigt werde. Ich sage nichts weiter, beschreibe nicht, entschuldige nicht; genug, hier liegt das Kästchen vor mir in meiner Schatulle, der Schlüssel daneben, und wenn Sie eine Art von Herz und Gemüt haben, so denken Sie, wie mir zumute ist, wie viele Leidenschaften sich in mir herumkämpfen, wie ich Sie herwünsche, auch wohl Felix dazu, daß es ein Ende werde, wenigstens daß eine Deutung vorgehe, was damit gemeint sei, mit diesem wunderbaren Finden, Wiederfinden, Trennen und Vereinigen; und sollte ich auch nicht aus aller Verlegenheit gerettet werden, so wünsche ich wenigstens sehnlichst, daß diese sich aufkläre, sich endige, wenn mir auch, wie ich fürchte, etwas Schlimmeres begegnen sollte.

ACHTES KAPITEL

Unter den Papieren, die uns zur Redaktion vorliegen, finden wir einen Schwank, den wir ohne weitere Vorbereitung hier einschalten, weil unsre Angelegenheiten immer ernsthafter werden und wir für dergleichen Unregelmäßigkeiten fernerhin keine Stelle finden möchten.

Im ganzen möchte diese Erzählung dem Leser nicht unangenehm sein, wie sie St. Christoph am heitern Abend einem Kreise versammelter lustiger Gesellen vortrug.

DIE GEFÄHRLICHE WETTE

Es ist bekannt, daß die Menschen, sobald es ihnen einigermaßen wohl und nach ihrem Sinne geht, alsobald nicht wissen, was sie vor Übermut anfangen sollen; und so hatten denn auch mutwillige Studenten die Gewohnheit, während der Ferien scharenweis das Land zu durchziehen und nach ihrer Art Suiten zu reißen, welche freilich nicht immer die besten Folgen hatten. Sie waren gar verschiedener Art, wie sie das Burschenleben zusammenführt und bindet. Ungleich von Geburt und Wohlhabenheit, Geist und Bildung, aber alle gesellig in einem heitern Sinne miteinander sich fortbewegend und treibend. Mich aber wählten sie oft zum Gesellen: denn wenn ich schwerere Lasten trug als einer von ihnen, so mußten sie mir denn auch den Ehrentitel eines großen Suitiers erteilen, und zwar hauptsächlich deshalb, weil ich seltener, aber desto kräftiger meine Possen trieb, wovon denn folgendes ein Zeugnis geben mag.

Wir hatten auf unseren Wanderungen ein angenehmes Bergdorf erreicht, das bei einer abgeschiedenen Lage den Vorteil einer Poststation und in großer Einsamkeit ein paar hübsche Mädchen zu Bewohnerinnen hatte. Man wollte ausruhen, die Zeit verschlendern, verliebeln, eine Weile wohlfeiler leben und deshalb desto mehr Geld vergeuden.

Es war gerade nach Tisch, als einige sich im erhöhten, andere im erniedrigten Zustand befanden. Die einen lagen und schliefen ihren Rausch aus; die andern hätten ihn gern auf irgendeine mutwillige Weise ausgelassen. Wir hatten ein paar große Zimmer im Seitenflügel nach dem Hof zu. Eine schöne Equipage, die mit vier Pferden hereinrasselte, zog uns an die Fenster. Die Bedienten sprangen vom Bock und halfen einem Herrn von stattlichem, vornehmem Ansehen heraus, der ungeachtet seiner Jahre noch rüstig genug auftrat. Seine große, wohlgebildete Nase fiel mir zuerst ins Gesicht, und ich weiß nicht, was für ein böser Geist mich anhauchte, so daß ich in einem Augenblick den tollsten Plan erfand und ihn, ohne weiter zu denken, sogleich auszuführen begann.

„Was dünkt euch von diesem Herrn?" fragte ich die Gesellschaft. — „Er sieht aus", versetzte der eine, „als ob er nicht mit sich spaßen lasse." — „Ja, ja", sagte der andre, „er hat ganz das Ansehen so eines vornehmen Rührmichnichtan." — „Und dessenungeachtet", erwiderte ich ganz getrost, „was wettet ihr, ich will ihn bei der Nase zupfen, ohne daß mir deshalb etwas Übles widerfahre; ja ich will mir sogar dadurch einen gnädigen Herrn an ihm verdienen."

„Wenn du es leistest", sagte Raufbold, „so zahlt dir jeder einen Louisdor." — „Kassieren Sie das Geld für mich ein", rief ich aus; „auf Sie verlasse ich mich." — „Ich möchte lieber einem Löwen ein Haar von der Schnauze raufen", sagte der Kleine. — „Ich habe keine Zeit zu verlieren", versetzte ich und sprang die Treppe hinunter.

Bei dem ersten Anblick des Fremden hatte ich bemerkt, daß er einen sehr starken Bart hatte, und vermutete, daß keiner von seinen Leuten rasieren könne. Nun begegnete ich dem Kellner und fragte: „Hat der Fremde nicht nach einem Barbier gefragt?" — „Freilich!" versetzte der Kellner, „und es ist eine rechte Not. Der Kammerdiener des Herrn ist schon zwei Tage zurückgeblieben. Der Herr will seinen Bart absolut los sein, und unser einziger Barbier, wer weiß, wo er in die Nachbarschaft hingegangen."

„So meldet mich an", versetzte ich; „führt mich als Bartscherer bei dem Herrn nur ein, und Ihr werdet Ehre mit mir einlegen." Ich nahm das Rasierzeug, das ich im Hause fand, und folgte dem Kellner.

Der alte Herr empfing mich mit großer Gravität, besah mich von oben bis unten, als ob er meine Geschicklichkeit aus mir herausphysiognomieren wollte. „Versteht Er Sein Handwerk?" sagte er zu mir.

„Ich suche meinesgleichen", versetzte ich, „ohne mich zu rühmen." Auch war ich meiner Sache gewiß: denn ich hatte früh die edle Kunst getrieben und war besonders deswegen berühmt, weil ich mit der linken Hand rasierte.

Das Zimmer, in welchem der Herr seine Toilette machte, ging nach dem Hof und war gerade so gelegen, daß unsere Freunde füglich hereinsehen konnten, besonders wenn die Fenster offen waren. An gehöriger Vorrichtung fehlte nichts mehr. Der Patron hatte sich gesetzt und das Tuch vorgenommen. Ich trat ganz bescheidentlich vor ihn hin und sagte: „Exzellenz! mir ist bei Ausübung meiner Kunst das Besondere vorgekommen, daß ich die gemeinen Leute besser und zu mehrerer Zufriedenheit rasiert habe als die Vornehmen. Darüber habe ich denn lange nachgedacht und die Ursache bald da, bald dort gesucht, endlich aber gefunden, daß ich meine Sache in freier Luft viel besser mache als in verschlossenen Zimmern. Wollten Ew. Exzellenz deshalb erlauben, daß ich die Fenster aufmache, so würden Sie den

Effekt zu eigener Zufriedenheit gar bald empfinden." Er gab es zu, ich öffnete das Fenster, gab meinen Freunden einen Wink und fing an, den starken Bart mit großer Anmut einzuseifen. Ebenso behend und leicht strich ich das Stoppelfeld vom Boden weg, wobei ich nicht versäumte, als es an die Oberlippe kam, meinen Gönner bei der Nase zu fassen und sie merklich herüber und hinüber zu biegen, wobei ich mich so zu stellen wußte, daß die Wettenden zu ihrem größten Vergnügen erkennen und bekennen mußten, ihre Seite habe verloren.

Sehr stattlich bewegte sich der alte Herr gegen den Spiegel: man sah, daß er sich mit einiger Gefälligkeit betrachtete, und wirklich, es war ein sehr schöner Mann. Dann wendete er sich zu mir mit einem feurigen schwarzen, aber freundlichen Blick und sagte: „Er verdient, mein Freund, vor vielen seinesgleichen gelobt zu werden, denn ich bemerke an Ihm weit weniger Unarten als an andern. So fährt Er nicht zwei-, dreimal über dieselbige Stelle, sondern es ist mit einem Strich getan; auch streicht Er nicht, wie mehrere tun, sein Schermesser in der flachen Hand ab und führt den Unrat nicht der Person über die Nase. Besonders aber ist Seine Geschicklichkeit der linken Hand zu bewundern. Hier ist etwas für Seine Mühe", fuhr er fort, indem er mir einen Gulden reichte. „Nur eines merk' Er sich: daß man Leute von Stande nicht bei der Nase faßt. Wird Er diese bäurische Sitte künftig vermeiden, so kann Er wohl noch in der Welt sein Glück machen."

Ich verneigte mich tief, versprach alles mögliche, bat ihn, bei allenfallsiger Rückkehr mich wieder zu beehren, und eilte, was ich konnte, zu unseren jungen Gesellen, die mir zuletzt ziemlich Angst gemacht hatten. Denn sie verführten ein solches Gelächter und ein solches Geschrei, sprangen wie toll in der Stube herum, klatschten und riefen, weckten die Schlafenden und erzählten die Begebenheit immer mit neuem Lachen und Toben, daß ich selbst, als ich ins Zimmer trat, die Fenster vor allen Dingen zumachte und sie um Gottes willen bat, ruhig zu sein, endlich aber mitlachen mußte über das Aussehen einer närrischen Handlung, die ich mit so vielem Ernste durchgeführt hatte.

Als nach einiger Zeit sich die tobenden Wellen des Lachens einigermaßen gelegt hatten, hielt ich mich für glücklich; die Goldstücke hatte ich in der Tasche und den wohlverdienten Gulden dazu, und ich hielt mich für ganz wohl ausgestattet, welches mir um so erwünschter war, als die Gesellschaft beschlossen hatte, des andern Tages auseinanderzugehen. Aber uns war nicht bestimmt, mit Zucht und Ordnung zu scheiden. Die Geschichte war zu reizend, als daß man sie hätte bei sich behalten können, so sehr ich auch gebeten und beschworen hatte, nur bis zur Abreise des alten Herrn reinen Mund zu halten. Einer bei uns, der Fahrige genannt, hatte ein Liebesverständnis mit der Tochter des Hauses. Sie kamen zusammen, und Gott weiß, ob er sie nicht besser zu unterhalten wußte, genug, er erzählt ihr den Spaß, und so wollten sie sich nun zusammen totlachen. Dabei blieb es nicht, sondern das Mädchen brachte die Märe lachend weiter, und so mochte sie endlich noch kurz vor Schlafengehen an den alten Herrn gelangen.

Wir saßen ruhiger als sonst: denn es war den Tag über genug getobt worden, als auf einmal der kleine Kellner, der uns sehr zugetan war, hereinsprang und rief: „Rettet euch, man wird euch totschlagen!“ Wir fuhren auf und wollten mehr wissen; er aber war schon zur Türe wieder hinaus. Ich sprang auf und schob den Nachtriegel vor; schon aber hörten wir an der Türe pochen und schlagen, ja wir glaubten zu hören, daß sie durch eine Axt gespalten werde. Maschinenmäßig zogen wir uns ins zweite Zimmer zurück, alle waren verstummt: „Wir sind verraten“, rief ich aus, „der Teufel hat uns bei der Nase!“

Raufbold griff nach seinem Degen, ich zeigte hier abermals meine Riesenkraft und schob ohne Beihülfe eine schwere Kommode vor die Türe, die glücklicherweise hereinwärts ging. Doch hörten wir schon das Gepolter im Vorzimmer und die heftigsten Schläge an unsere Türe.

Raufbold schien entschieden, sich zu verteidigen, wiederholt aber rief ich ihm und den übrigen zu: „Rettet euch! hier sind Schläge zu fürchten nicht allein, aber Beschimpfung, das Schlimmere für den Edelgebornen.“ Das Mädchen stürzte herein, dieselbe, die uns verraten hatte, nun verzweifelnd, ihren Liebhaber in Todesgefahr zu wissen. „Fort, fort!“ rief sie und faßte ihn an; „fort, fort! ich bring’ euch über Böden, Scheunen und Gänge. Kommt alle, der letzte zieht die Leiter nach.“

Alles stürzte nun zur Hintertüre hinaus; ich hob noch einen Koffer auf die Kiste, um die schon hereinbrechenden Füllungen der belagerten Türe zurückzuschieben und festzuhalten. Aber meine Beharrlichkeit, mein Trutz wollte mir verderblich werden.

Als ich den übrigen nachzueilen rannte, fand ich die Leiter schon aufgezogen und sah alle Hoffnung, mich zu retten, gänzlich versperrt. Da steh’ ich nun, ich, der eigentliche Verbrecher, der ich mit heiler Haut, mit ganzen Knochen zu entrinnen schon aufgab. Und wer weiß — doch laßt mich immer dort in Gedanken stehen, da ich jetzt hier gegenwärtig euch das Märchen vorerzählen kann. Nur vernehmt noch, daß diese verwegene Suite sich in schlechte Folgen verlor.

Der alte Herr, tief gekränkt von Verhöhnung ohne Rache, zog sich’s zu Gemüte, und man behauptet, dieses Ereignis habe seinen Tod zur Folge gehabt, wo nicht unmittelbar, doch mitwirkend. Sein Sohn, den Tätern auf die Spur zu gelangen trachtend, erfuhr unglücklicherweise die Teilnahme Raufbolds, und erst nach Jahren hierüber ganz klar, forderte er diesen heraus, und eine Wunde, ihn, den schönen Mann, entstellend, ward ärgerlich für das ganze Leben. Auch seinem Gegner verdarb dieser Handel einige schöne Jahre, durch zufällig sich anschließende Ereignisse.

Da nun jede Fabel eigentlich etwas lehren soll, so ist euch allen, wohin die gegenwärtige gemeint sei, wohl überklar und deutlich.

NEUNTES KAPITEL

Der höchst bedeutende Tag war angebrochen, heute sollten die ersten Schritte zur allgemeinen Fortwanderung eingeleitet werden, heut sollte sich’s entscheiden, wer denn wirklich in die Welt hinaus gehen, oder wer lieber diesseits, auf dem zusammenhangenden Boden der alten Erde, verweilen und sein Glück versuchen wolle.

Ein munteres Lied erscholl in allen Straßen des heitern Fleckens; Massen taten sich zusammen, die einzelnen Glieder eines jeden Handwerks schlossen sich aneinander an, und so zogen sie, unter einstimmigem Gesang, nach einer durch das Los entschiedenen Ordnung in den Saal.

Die Vorgesetzten, wie wir Lenardo, Friedrichen und den Amtmann bezeichnen wollen, waren eben im Begriff, ihnen zu folgen und den gebührenden Platz einzunehmen, als ein Mann von einnehmendem Wesen zu ihnen trat und sich die Erlaubnis ausbat, an der Versammlung teilnehmen zu können. Ihm wäre nichts abzuschlagen gewesen, so gesittet, zuvorkommend und freundlich war sein Betragen, wodurch eine imposante Gestalt, welche sowohl nach der Armee als dem Hofe und dem geselligen Leben hindeutete, sich höchst anmutig erwies. Er trat mit den übrigen hinein, man überließ ihm einen Ehrenplatz; alle hatten sich gesetzt, Lenardo blieb stehen und fing folgendermaßen zu reden an:

„Betrachten wir, meine Freunde, des festen Landes bewohnteste Provinzen und Reiche, so finden wir überall, wo sich nutzbarer Boden hervortut, denselben bebaut, bepflanzt, geregelt, verschönt und in gleichem Verhältnis gewünscht, in Besitz genommen, befestigt und verteidigt. Da überzeugen wir uns denn von dem hohen Wert des Grundbesitzes und sind genötigt, ihn als das Erste, das Beste anzusehen, was dem Menschen werden könne. Finden wir nun, bei näherer Ansicht, Eltern- und Kinderliebe, innige Verbindung der Flur- und Stadtgenossen, somit auch das allgemeine patriotische Gefühl unmittelbar auf den Boden gegründet, dann erscheint uns jenes Ergreifen und Behaupten des Raums, im großen und kleinen, immer bedeutender und ehrwürdiger. Ja, so hat es die Natur gewollt! Ein Mensch, auf der Scholle geboren, wird ihr durch Gewohnheit angehörig, beide verwachsen miteinander, und sogleich knüpfen sich die schönsten Bande. Wer möchte denn wohl die Grundfeste alles Daseins widerwärtig berühren, Wert und Würde so schöner, einziger Himmelsgabe verkennen?

Und doch darf man sagen: Wenn das, was der Mensch besitzt, von großem Wert ist, so muß man demjenigen, was er tut und leistet, noch einen größern zuschreiben. Wir mögen daher bei völligem Überschauen den Grundbesitz als einen kleineren Teil der uns verliehenen Güter betrachten. Die meisten und höchsten derselben bestehen aber eigentlich im Beweglichen und in demjenigen, was durchs bewegte Leben gewonnen wird.

Hiernach uns umzusehen, werden wir Jüngeren besonders genötigt; denn hätten wir auch die Lust, zu bleiben und zu verharren, von unsern Vätern geerbt, so finden wir uns doch tausendfältig aufgefordert, die Augen vor weiterer Aus- und Umsicht keineswegs zu verschließen. Eilen wir deshalb schnell ans Meeresufer und überzeugen uns mit einem Blick, welch unermeßliche Räume der Tätigkeit offenstehen, und bekennen wir schon bei dem bloßen Gedanken uns ganz anders aufgeregt.

Doch in solche grenzenlose Weiten wollen wir uns nicht verlieren, sondern unsere Aufmerksamkeit dem zusammenhängenden, weiten, breiten Boden so mancher Länder und Reiche zuwenden. Dort sehen wir große Strecken des Landes von Nomaden durchzogen, deren Städte beweglich, deren lebendig-nährender Herdenbesitz überall hinzuleiten ist. Wir sehen sie inmitten der Wüste, auf großen grünen Weideplätzen, wie in erwünschten Häfen vor Anker liegen. Solche Bewegung, solches Wandern wird ihnen zur Gewohnheit, zum Bedürfnis; endlich betrachten sie die Oberfläche der Welt, als wäre sie nicht durch Berge gedämmt, nicht von Flüssen durchzogen. Haben wir doch den Nordosten gesehen sich gegen Südwesten bewegen, ein Volk das andere vor sich hertreiben, Herrschaft und Grundbesitz durchaus verändert.

Von übervölkerten Gegenden her wird sich ebendasselbe in dem großen Weltlauf noch mehrmals ereignen. Was wir von Fremden zu erwarten haben, wäre schwer zu sagen; wundersam aber ist es, daß durch eigene Übervölkerung wir uns einander innerlich drängen und, ohne erst abzuwarten, daß wir vertrieben werden, uns selbst vertreiben, das Urteil der Verbannung gegen einander selbst aussprechend.

Hier ist nun Zeit und Ort, ohne Verdruß und Mißmut in unserm Busen einer gewissen Beweglichkeit Raum zu geben, die ungeduldige Lust nicht zu unterdrücken, die uns antreibt, Platz und Ort zu verändern. Doch was wir auch sinnen und vorhaben, geschehe nicht aus Leidenschaft, noch aus irgendeiner andern Nötigung, sondern aus einer dem besten Rat entsprechenden Überzeugung.

Man hat gesagt und wiederholt: ‚Wo mir's wohl geht, ist mein Vaterland!'; doch wäre dieser tröstliche Spruch noch besser ausgedrückt, wenn es hieße: ‚Wo ich nütze, ist mein Vaterland!' Zu Hause kann einer unnütz sein, ohne daß es eben sogleich bemerkt wird; außen in der Welt ist der Unnütze gar bald offenbar. Wenn ich nun sage: ‚Trachte jeder, überall sich und andern zu nutzen!', so ist dies nicht etwa Lehre noch Rat, sondern der Ausspruch des Lebens selbst.

Nun beschaue man den Erdball und lasse das Meer vorerst unbeachtet, man lasse sich von dem Schiffsgewimmel nicht mit fortreißen und hefte den Blick auf das feste Land und staune, wie es mit einem sich wimmelnd durchkreuzenden Ameisengeschlecht übergossen ist. Hiezu hat Gott der Herr selbst Anlaß gegeben, indem er, den babylonischen Turmbau verhindernd, das Menschengeschlecht in alle Welt zerstreute. Lasset uns ihn darum preisen, denn dieser Segen ist auf alle Geschlechter übergegangen.

Bemerket nun mit Heiterkeit, wie sich alle Jugend sogleich in Bewegung setzt. Da ihr der Unterricht weder im Hause noch an der Türe geboten wird, eilt sie alsobald nach Ländern und Städten, wohin sie der Ruf des Wissens und der Weisheit verlockt; nach empfangener schneller, mäßiger Bildung fühlt sie sich sogleich getrieben, weiter in der Welt umherzuschauen, ob sie da oder dort irgendeine nutzbare Erfahrung, zu ihren Zwecken behülflich, auffinden und erhaschen könne. Mögen sie denn ihr Glück versuchen! wir aber gedenken sogleich vollendeter, ausgezeichneter Männer, jener edlen Naturforscher, die jeder Beschwerlichkeit, jeder Gefahr wissentlich entgegengehen, um der Welt die Welt zu eröffnen und durch das Unwegsamste hindurch Pfad und Bahn zu bereiten.

Sehet aber auch auf glatten Heerstraßen Staub auf Staub in langen Wolkenzügen emporgeregt, die Spur bezeichnend bequemer, überpackter Wägen, worin Vornehme, Reiche und so manche andere dahinrollen, deren verschiedene Denkweise und Absicht Yorick uns gar zierlich auseinandersetzt.

Möge nun aber der wackere Handwerker ihnen zu Fuße getrost nachschauen, dem das Vaterland zur Pflicht machte, fremde Geschicklichkeit sich anzueignen und nicht eher, als bis ihm dies gelungen, an den väterlichen Herd zurückzukehren. Häufiger aber begegnen wir auf unsern Wegen Marktenden und Handelnden; ein kleiner Krämer sogar darf nicht versäumen, von Zeit zu Zeit seine Bude zu verlassen, Messen und Märkte zu besuchen, um sich dem Großhändler zu nähern und seinen kleinen Vorteil am Beispiel, an der Teilnahme des Grenzenlosen zu steigern. Aber noch unruhiger durchkreuzt sich einzeln, zu Pferde, auf allen Haupt- und Nebenstraßen die Menge derer, die auf unsern Beutel auch gegen unser Wollen Anspruch zu machen beflissen sind. Muster aller Art und Preisverzeichnisse verfolgen uns in Stadt- und Landhäusern, und wohin wir uns auch flüchten mögen, geschäftig überraschen sie uns, Gelegenheit bietend, welche selbst aufzusuchen niemand in den Sinn gekommen wäre. Was soll ich aber nun von dem Volke sagen, das den Segen des ewigen Wanderns vor allen andern sich zueignet und durch seine bewegliche Tätigkeit die Ruhenden zu überlisten und die Mitwandernden zu überschreiten versteht? Wir dürfen weder Gutes noch Böses von ihnen sprechen; nichts Gutes, weil sich unser Bund vor ihnen hütet, nichts Böses, weil der Wanderer jeden Begegnenden freundlich zu behandeln, wechselseitigen Vorteils eingedenk, verpflichtet ist.

Nun aber vor allen Dingen haben wir der sämtlichen Künstler mit Teilnahme zu gedenken, denn sie sind auch durchaus in die Weltbewegung mit verflochten. Wandert nicht der Maler mit Staffelei und Palette von Gesicht zu Gesicht? und werden seine Kunstgenossen nicht bald da-, bald dorthin berufen, weil überall zu bauen und zu bilden ist? Lebhafter jedoch schreitet der Musiker daher, denn er ist es eigentlich, der für ein neues Ohr neue Überraschung, für einen frischen Sinn frisches Erstaunen bereitet. Die Schauspieler sodann, wenn sie gleich Thespis' Wagen verschmähen, ziehen doch noch immer in kleineren Chören umher, und ihre bewegliche Welt ist an jeder Stelle behend genug auferbaut. Ebenso verändern sie einzeln, sogar ernste, vorteilhafte Verbindungen aufgebend, gern den Ort mit dem Orte, wozu ein gesteigertes Talent mit zugleich gesteigertem Bedürfnis Anlaß und Vorwand gibt. Hierzu bereiten sie sich gewöhnlich dadurch vor, daß sie kein bedeutendes Brettergerüst des Vaterlandes unbestiegen lassen.

Hiernach werden wir sogleich gemahnt, auf den Lehrstand zu sehen; diesen findet ihr gleichfalls in fortdauernder Bewegung, ein Katheder um das andere wird betreten und verlassen, um den Samen eiliger Bildung ja nach allen Seiten hin reichlich auszuspenden. Emsiger aber und weiter ausgreifend sind jene frommen Seelen, die, das Heil den Völkern zu bringen, sich durch alle Weltteile zerstreuen. Dagegen pilgern andere, sich das Heil abzuholen; sie ziehen zu ganzen Scharen nach geweihter, wundertätiger Stelle, dort zu suchen und zu empfangen, was ihrem Innern zu Hause nicht verliehen ward.

Wenn uns nun diese sämtlich nicht in Verwunderung setzen, weil ihr Tun und Lassen ohne Wandern meist nicht denkbar wäre, so sollten wir diejenigen, die ihren Fleiß dem Boden widmen, doch wenigstens an denselben gefesselt halten. Keineswegs! Auch ohne Besitz läßt sich Benutzung denken, und wir sehen den eifrigen Landwirt eine Flur verlassen, die ihm als Zeitpächter Vorteil und Freude mehrere Jahre gewährt hat; ungeduldig forscht er nach gleichen oder größeren Vorteilen, es sei nah oder fern. Ja sogar der Eigentümer verläßt seinen erst gerodeten Neubruch, sobald er ihn durch Kultur einem weniger gewandten Besitzer erst angenehm gemacht hat; aufs neue dringt er in die Wüste, macht sich abermals in Wäldern Platz, zur Belohnung jenes ersten Bemühens einen doppelt und dreifach größern Raum, auf dem er vielleicht auch nicht zu beharren gedenkt.

Lassen wir ihn dort mit Bären und anderm Getier sich herumschlagen und kehren in die gebildete Welt zurück, wo wir es auch keineswegs beruhigter antreffen. Irgendein großes, geregeltes Reich beschaue man, wo der Fähigste sich als den Beweglichsten denken muß; nach dem Winke des Fürsten, nach Anordnung des Staatsrats wird der Brauchbare von einem Ort zum andern versetzt. Auch ihm gilt unser Zuruf: ‚Suchet überall zu nützen, überall seid ihr zu Hause.' Sehen wir aber bedeutende Staatsmänner, obwohl ungern, ihren hohen Posten verlassen, so haben wir Ursache, sie zu bedauern, da wir sie weder als Auswanderer noch als Wanderer anerkennen dürfen; nicht als Auswanderer, weil sie einen wünschenswerten Zustand entbehren, ohne daß irgendeine Aussicht auf bessere Zustände sich auch nur scheinbar eröffnete; nicht als Wanderer, weil ihnen anderer Orten auf irgendeine Weise nützlich zu sein selten vergönnt ist.

Zu einem eigenen Wanderleben jedoch ist der Soldat berufen; selbst im Frieden wird ihm bald dieser, bald jener Posten angewiesen; fürs Vaterland nah oder fern zu streiten, muß er sich immer beweglich erhalten; und nicht nur fürs unmittelbare Heil, sondern auch nach dem Sinne der Völker und Herrscher wendet er seinen Schritt allen Weltteilen zu, und nur wenigen ist es vergönnt, sich hie oder da anzusiedeln. Wie nun bei dem Soldaten die Tapferkeit als erste Eigenschaft obenan steht, so wird sie doch stets mit der Treue verbunden gedacht, deshalb wir denn gewisse wegen ihrer Zuverlässigkeit gerühmte Völker, aus der Heimat gerufen, weltlichen und geistlichen Regenten als Leibwache dienen sehen.

Noch eine sehr bewegliche, dem Staat unentbehrliche Klasse erblicken wir in jenen Geschäftsmännern, welche, von Hof zu Hofe gesandt, Fürsten und Minister umlagern und die ganze bewohnte Welt mit unsichtbaren Fäden überkreuzen. Auch deren ist keiner an Ort und Stelle auch nur einen Augenblick sicher; im Frieden sendet man die tüchtigsten von einer Weltgegend zur andern; im Kriege, dem siegenden Heere nachziehend, dem flüchtigen die Wege bahnend, sind sie immer eingerichtet, einen Ort um den andern zu verlassen, deshalb sie auch jederzeit einen großen Vorrat von Abschiedskarten mit sich führen.

Haben wir uns nun bisher auf jedem Schritt zu ehren gewußt, indem wir die vorzüglichste Masse tätiger Menschen als unsere Gesellen und Schicksalsgenossen angesprochen, so stehet euch, teure Freunde, zum Abschluß noch die höchste Gunst bevor, indem ihr euch mit Kaisern, Königen und Fürsten verbrüdert findet. Denken wir zuerst segnend jenes edlen kaiserlichen Wanderers Hadrian, welcher zu Fuß, an der Spitze seines Heers, den bewohnten, ihm unterworfenen Erdkreis durchschritt und ihn so erst vollkommen in Besitz nahm. Denken wir mit Schaudern der Eroberer, jener gewaffneten Wanderer, gegen die kein Widerstreit helfen, Mauer und Bollwerk harmlose Völker nicht schirmen konnte; begleiten wir endlich mit redlichem Bedauern jene unglücklichen vertriebenen Fürsten, die, von dem Gipfel der Höhe herabsteigend, nicht einmal in die bescheidene Gilde tätiger Wanderer aufgenommen werden könnten.

Da wir uns nun alles dieses einander vergegenwärtigt und aufgeklärt, so wird kein beschränkter Trübsinn, keine leidenschaftliche Dunkelheit über uns walten. Die Zeit ist vorüber, wo man abenteuerlich in die weite Welt rannte; durch die Bemühungen wissenschaftlicher, weislich beschreibender, künstlerisch nachbildender Weltumreiser sind wir überall bekannt genug, daß wir ungefähr wissen, was zu erwarten sei.

Doch kann zu einer vollkommenen Klarheit der einzelne nicht gelangen. Unsere Gesellschaft aber ist darauf gegründet, daß jeder in seinem Maße, nach seinen Zwecken aufgeklärt werde. Hat irgendeiner ein Land im Sinne, wohin er seine Wünsche richtet, so suchen wir ihm das einzelne deutlich zu machen, was im ganzen seiner Einbildungskraft vorschwebte; uns wechselseitig einen Überblick der bewohnten und bewohnbaren Welt zu geben, ist die angenehmste, höchst belohnende Unterhaltung.

In solchem Sinne nun dürfen wir uns in einem Weltbunde begriffen ansehen. Einfach-groß ist der Gedanke, leicht die Ausführung durch Verstand und Kraft. Einheit ist allmächtig, deshalb keine Spaltung, kein Widerstreit unter uns. Insofern wir Grundsätze haben, sind sie uns allen gemein. Der Mensch, so sagen wir, lerne sich ohne dauernden äußeren Bezug zu denken, er suche das Folgerechte nicht an den Umständen, sondern in sich selbst, dort wird er's finden, mit Liebe hegen und pflegen. Er wird sich ausbilden und einrichten, daß er überall zu Hause sei. Wer sich dem Notwendigsten widmet, geht überall am sichersten zum Ziel; andere hingegen, das Höhere, Zartere suchend, haben schon in der Wahl des Weges vorsichtiger zu sein. Doch was der Mensch auch ergreife und handhabe, der einzelne ist sich nicht hinreichend, Gesellschaft bleibt eines wackern Mannes höchstes Bedürfnis. Alle brauchbaren Menschen sollen in Bezug untereinander stehen, wie sich der Bauherr nach dem Architekten und dieser nach Maurer und Zimmermann umsieht.

Und so ist denn allen bekannt, wie und auf welche Weise unser Bund geschlossen und gegründet sei; niemand sehen wir unter uns, der nicht zweckmäßig seine Tätigkeit jeden Augenblick üben könnte, der nicht versichert wäre, daß er überall, wohin Zufall, Neigung, ja Leidenschaft ihn führen könnte, sich immer wohl empfohlen, aufgenommen und gefördert, ja von Unglücksfällen möglichst wiederhergestellt finden werde.

Zwei Pflichten sodann haben wir aufs strengste übernommen: jeden Gottesdienst in Ehren zu halten, denn sie sind alle mehr oder weniger im Credo verfaßt; ferner alle Regierungsformen gleichfalls gelten zu lassen und, da sie sämtlich eine zweckmäßige Tätigkeit fordern und befördern, innerhalb einer jeden uns, auf wie lange es auch sei, nach ihrem Willen und Wunsch zu bemühen. Schließlich halten wir's für Pflicht, die Sittlichkeit ohne Pedanterei und Strenge zu üben und zu fördern, wie es die Ehrfurcht vor uns selbst verlangt, welche aus den drei Ehrfurchten entsprießt, zu denen wir uns sämtlich bekennen, auch alle in diese höhere, allgemeine Weisheit, einige sogar von Jugend auf, eingeweiht zu sein das Glück und die Freude haben. Dieses alles haben wir in der feierlichen Trennungsstunde nochmals bedenken, erklären, vernehmen und anerkennen, auch mit einem traulichen Lebewohl besiegeln wollen.

Bleibe nicht am Boden heften,
Frisch gewagt und frisch hinaus!
Kopf und Arm mit heitern Kräften,
Überall sind sie zu Haus;
Wo wir uns der Sonne freuen,
Sind wir jede Sorge los.
Daß wir uns in ihr zerstreuen,
Darum ist die Welt so groß."

ZEHNTES KAPITEL

Unter dem Schlußgesange richtete sich ein großer Teil der Anwesenden rasch empor und zog paarweise geordnet mit weit umherklingendem Schalle den Saal hinaus. Lenardo, sich niedersetzend, fragte den Gast: ob er sein Anliegen hier öffentlich vorzutragen gedenke oder eine besondere Sitzung verlange? Der Fremde stand auf, begrüßte die Gesellschaft und begann folgende Rede:

„Hier ist es, gerade in solcher Versammlung, wo ich mich vorerst ohne weiteres zu erklären wünsche. Diese hier in Ruhe verbliebenen, dem Anblick nach sämtlich wackern Männer geben schon durch ein solches Verharren deutlich Wunsch und Absicht zu erkennen, dem vaterländischen Grund und Boden auch fernerhin angehören zu wollen. Sie sind mir alle freundlich gegrüßt, denn ich darf erklären: daß ich ihnen sämtlich, wie sie sich hier ankündigen, ein hinreichendes Tagewerk auf mehrere Jahre anzubieten im Fall bin. Ich wünsche jedoch, aber erst nach kurzer Frist, eine nochmalige Zusammenkunft, weil es nötig ist, vor allen Dingen den würdigen Vorstehern, welche bisher diese wackern Leute zusammenhielten, meine Angelegenheit vertraulich zu offenbaren und sie von der Zuverlässigkeit meiner Sendung zu überzeugen. Sodann aber will es sich ziemen, mich mit den Verharrenden im einzelnen zu besprechen, damit ich erfahre, mit welchen Leistungen sie mein stattliches Anerbieten zu erwidern gedenken."

Hierauf begehrte Lenardo einige Frist, die nötigsten Geschäfte des Augenblicks zu besorgen, und nachdem diese bestimmt war, richtete sich die Masse der Übriggebliebenen anständig in die Höhe, gleichfalls paarweise unter einem mäßig geselligen Gesang aus dem Saale sich entfernend.

Odoard entdeckte sodann den zurückbleibenden beiden Führern seine Absichten und Vorsätze und zeigte sodann seine Berechtigung hiezu. Nun konnte er aber mit so vorzüglichen Menschen in fernerer Unterhaltung von dem Geschäft nicht Rechenschaft geben, ohne des menschlichen Grundes zu gedenken, worauf das Ganze eigentlich beruhe. Wechselseitige Erklärungen und Bekenntnisse tiefer Herzensangelegenheiten entfalteten sich hieraus bei fortgesetztem Gespräch. Bis tief in die Nacht blieb man zusammen und verwickelte sich immer unentwirrbarer in die Labyrinthe menschlicher Gesinnungen und Schicksale. Hier nun fand sich Odoard bewogen, nach und nach von den Angelegenheiten seines Geistes und Herzens fragmentarische Rechenschaft zu geben, deshalb denn auch von diesem Gespräche uns freilich nur unvollständige und unbefriedigende Kenntnis zugekommen. Doch sollen wir auch hier Friedrichs glücklichem Talent des Auffassens und Festhaltens die Vergegenwärtigung interessanter Szenen verdanken, sowie einige Aufklärung über den Lebensgang eines vorzüglichen Mannes, der uns zu interessieren anfängt, wenn es auch nur Andeutungen wären desjenigen, was in der Folge vielleicht ausführlicher und im Zusammenhange mitzuteilen ist.

NICHT ZU WEIT

Es schlug zehn in der Nacht, und so war denn zur verabredeten Stunde alles bereit: im bekränzten Sälchen zu vieren eine geräumige, artige Tafel gedeckt, mit feinem Nachtisch und Zuckerzierlichkeiten zwischen blinkenden Leuchtern und Blumen bestellt. Wie freuten sich die Kinder auf diese Nachkost, denn sie sollten mit zu Tische sitzen; indessen schlichen sie umher, geputzt und maskiert, und weil Kinder nicht zu entstellen sind, erschienen sie als die niedlichsten Zwillingsgenien. Der Vater berief sie zu sich, und sie sagten das Festgespräch, zu ihrer Mutter Geburtstag gedichtet, bei weniger Nachhülfe gar schicklich her.

Die Zeit verstrich, von Viertel- zu Viertelstunde enthielt die gute Alte sich nicht, des Freundes Ungeduld zu vermehren. Mehrere Lampen, sagte sie, seien auf der Treppe dem Erlöschen ganz nahe, ausgesuchte Lieblingsspeisen der Gefeierten könnten übergar werden, so sei es zu befürchten. Die Kinder aus Langerweile fingen erst unartig an, und aus Ungeduld wurden sie unerträglich. Der Vater nahm sich zusammen, und doch wollte die angewohnte Gelassenheit ihm nicht zu Gebote stehen; er horchte sehnsüchtig auf die Wagen, einige rasselten unaufgehalten vorbei, ein gewisses Ärgernis wollte sich regen. Zum Zeitvertreib forderte er noch eine Repetition von den Kindern; diese, im Überdruß unachtsam, zerstreut und ungeschickt, sprachen falsch, keine Gebärde war mehr richtig, sie übertrieben wie Schauspieler, die nichts empfinden. Die Pein des guten Mannes wuchs mit jedem Momente, halb eilf Uhr war vorüber; das Weitere zu schildern, überlassen wir ihm selbst.

„Die Glocke schlug eilfe, meine Ungeduld war bis zur Verzweiflung gesteigert, ich hoffte nicht mehr, ich fürchtete. Nun war mir bange, sie möchte hereintreten, mit ihrer gewöhnlichen leichten Anmut sich flüchtig entschuldigen, versichern, daß sie sehr müde sei, und sich betragen, als würfe sie mir vor, ich beschränke ihre Freuden. In mir kehrte sich alles um und um, und gar vieles, was ich Jahre her geduldet, lastete wiederkehrend auf meinem Geiste. Ich fing an, sie zu hassen, ich wußte kein Betragen zu denken, wie ich sie empfangen sollte. Die guten Kinder, wie Engelchen herausgeputzt, schliefen ruhig auf dem Sofa. Unter meinen Füßen brannte der Boden, ich begriff, ich verstand mich nicht, und mir blieb nichts übrig als zu fliehen, bis nur die nächsten Augenblicke überstanden wären. Ich eilte, leicht und festlich angezogen wie ich war, nach der Haustüre. Ich weiß nicht, was ich der guten Alten für einen Vorwand hinstotterte, sie drang mir einen Überrock zu, und ich fand mich auf der Straße in einem Zustande, den ich seit langen Jahren nicht empfunden hatte. Gleich dem jüngsten leidenschaftlichen Menschen, der nicht wo ein noch aus weiß, rannt' ich die Gassen hin und wider. Ich hätte das freie Feld gewonnen, aber ein kalter, feuchter Wind blies streng und widerwärtig genug, um meinen Verdruß zu begrenzen."

Wir haben, wie an dieser Stelle auffallend zu bemerken ist, die Rechte des epischen Dichters uns anmaßend, einen geneigten Leser nur allzu schnell in die Mitte leidenschaftlicher Darstellung gerissen. Wir sehen einen bedeutenden Mann in häuslicher Verwirrung, ohne von ihm etwas weiter erfahren zu haben; deshalb wir denn für den Augenblick, um nur einigermaßen den Zustand aufzuklären, uns zu der guten Alten gesellen, horchend, was sie allenfalls vor sich hin, bewegt und verlegen, leise murmeln oder laut ausrufen möchte.

„Ich hab' es längst gedacht, ich habe es vorausgesagt, ich habe die gnädige Frau nicht geschont, sie öfter gewarnt, aber es ist stärker wie sie. Wenn der Herr sich des Tags auf der Kanzlei, in der Stadt, auf dem Lande in Geschäften abmüdet, so findet er abends ein leeres Haus, oder Gesellschaft, die ihm nicht zusagt. Sie kann es nicht lassen. Wenn sie nicht immer Menschen, Männer um sich sieht, wenn sie nicht hin und wider fährt, sich an- und aus- und umziehen kann, ist es, als wenn ihr der Atem ausginge. Heute an ihrem Geburtstag fährt sie früh aufs Land. Gut! wir machen indes hier alles zurecht; sie verspricht heilig, um neun Uhr zu Hause zu sein; wir sind bereit. Der Herr überhört die Kinder ein auswendig gelerntes artiges Gedicht, sie sind herausgeputzt; Lampen und Lichter, Gesottenes und Gebratenes, an gar nichts fehlt es, aber sie kommt nicht. Der Herr hat viel Gewalt über sich, er verbirgt seine Ungeduld, sie bricht aus. Er entfernt sich aus dem Hause so spät. Warum, ist offenbar; aber wohin? Ich habe ihr oft mit Nebenbuhlerinnen gedroht, ehrlich und redlich. Bisher hab' ich am Herrn nichts bemerkt; eine Schöne paßt ihm längst auf, bemüht sich um ihn. Wer weiß, wie er bisher gekämpft hat. Nun bricht's los, diesmal treibt ihn die Verzweiflung, seinen guten Willen nicht besser anerkannt zu sehen, bei Nacht aus dem Hause, da geb' ich alles verloren. Ich sagt' es ihr mehr als einmal, sie solle es nicht zu weit treiben."

Suchen wir den Freund nun wieder auf und hören ihn selber.

„In dem angesehensten Gasthofe sah ich unten Licht, klopfte am Fenster und fragte den herausschauenden Kellner mit bekannter Stimme: ob nicht Fremde angekommen oder angemeldet seien? Schon hatte er das Tor geöffnet, verneinte beides und bat mich hereinzutreten. Ich fand es meiner Lage gemäß, das Märchen fortzusetzen, ersuchte ihn um ein Zimmer, das er mir gleich im zweiten Stock einräumte; der erste sollte, wie er meinte, für die erwarteten Fremden bleiben. Er eilte, einiges zu veranstalten, ich ließ es geschehen und verbürgte mich für die Zeche. So weit war's vorüber; ich aber fiel wieder in meine Schmerzen zurück, vergegenwärtigte mir alles und jedes, erhöhte und milderte, schalt mich und suchte mich zu fassen, zu besänftigen: ließe sich doch morgen früh alles wieder einleiten; ich dachte mir schon den Tag abermals im gewohnten Gange; dann aber kämpfte sich aufs neue der Verdruß unbändig hervor: ich hatte nie geglaubt, daß ich so unglücklich sein könne."

An dem edlen Manne, den wir hier so unerwartet über einen gering scheinenden Vorfall in leidenschaftlicher Bewegung sehen, haben unsere Leser gewiß schon in dem Grade teilgenommen, daß sie nähere Nachricht von seinen Verhältnissen zu erfahren wünschen. Wir benutzen die Pause, die hier in das nächtliche Abenteuer eintritt, indem er stumm und heftig in dem Zimmer auf und ab zu gehen fortfährt.

Wir lernen Odoard als den Sprößling eines alten Hauses kennen, auf welchen durch eine Folge von Generationen die edelsten Vorzüge vererbt worden. In der Militärschule gebildet, ward ihm ein gewandter Anstand zu eigen, der, mit den löblichsten Fähigkeiten des Geistes verbunden, seinem Betragen eine ganz besondere Anmut verlieh. Ein kurzer Hofdienst lehrte ihn die äußern Verhältnisse hoher Persönlichkeiten gar wohl einsehen, und als er nun hierauf, durch früh erworbene Gunst einer gesandtschaftlichen Sendung angeschlossen, die Welt zu sehen und fremde Höfe zu kennen Gelegenheit hatte, so tat sich die Klarheit seiner Auffassung und glückliches Gedächtnis des Vorgegangenen bis aufs genaueste, besonders aber ein guter Wille in Unternehmungen aller Art aufs baldigste hervor. Die Leichtigkeit des Ausdrucks in manchen Sprachen, bei einer freien und nicht aufdringlichen Persönlichkeit, führten ihn von einer Stufe zur andern; er hatte Glück bei allen diplomatischen Sendungen, weil er das Wohlwollen der Menschen gewann und sich dadurch in den Vorteil setzte, Mißhelligkeiten zu schlichten, besonders auch die beiderseitigen Interessen bei gerechter Erwägung vorliegender Gründe zu befriedigen wußte.

Einen so vorzüglichen Mann sich anzueignen, war der erste Minister bedacht; er verheiratete ihm seine Tochter, ein Frauenzimmer von der heitersten Schönheit und gewandt in allen höheren geselligen Tugenden. Allein wie dem Laufe aller menschlichen Glückseligkeit sich je einmal ein Damm entgegenstellt, der ihn irgendwo zurückdrängt, so war es auch hier der Fall. An dem fürstlichen Hofe wurde Prinzessin Sophronie als Mündel erzogen, sie, der letzte Zweig ihres Astes, deren Vermögen und Anforderungen, wenn auch Land und Leute an den Oheim zurückfielen, noch immer bedeutend genug blieben, weshalb man sie denn, um weitläufige Erörterungen zu vermeiden, an den Erbprinzen, der freilich viel jünger war, zu verheiraten wünschte.

Odoard kam in Verdacht einer Neigung zu ihr, man fand, er habe sie in einem Gedichte unter dem Namen Aurora allzu leidenschaftlich gefeiert; hiezu gesellte sich eine Unvorsichtigkeit von ihrer Seite, indem sie mit eigner Charakterstärke gewissen Neckereien ihrer Gespielinnen trotzig entgegnete: sie müßte keine Augen haben, wenn sie für solche Vorzüge blind sein sollte.

Durch seine Heirat wurde nun wohl ein solcher Verdacht beschwichtigt, aber durch heimliche Gegner dennoch im stillen fortgenährt und gelegentlich wieder aufgeregt.

Die Staats- und Erbschaftsverhältnisse, ob man sie gleich so wenig als möglich zu berühren suchte, kamen doch manchmal zur Sprache. Der Fürst nicht sowohl als kluge Räte hielten es durchaus für nützlich, die Angelegenheit fernerhin ruhen zu lassen, während die stillen Anhänger der Prinzessin sie abgetan und dadurch die edle Dame in größerer Freiheit zu sehen wünschten, besonders da der benachbarte alte König, Sophronien verwandt und günstig, noch am Leben sei und sich zu väterlicher Einwirkung gelegentlich bereit erwiesen habe.

Odoard kam in Verdacht, bei einer bloß zeremoniellen Sendung dorthin das Geschäft, das man verspäten wollte, wieder in Anregung gebracht zu haben. Die Widersacher bedienten sich dieses Vorfalls, und der Schwiegervater, den er von seiner Unschuld überzeugt hatte, mußte seinen ganzen Einfluß anwenden, um ihm eine Art von Statthalterschaft in einer entfernten Provinz zu erwirken. Er fand sich glücklich daselbst, alle seine Kräfte konnte er in Tätigkeit setzen, es war Notwendiges, Nützliches, Gutes, Schönes, Großes zu tun, er konnte Dauerndes leisten, ohne sich aufzuopfern, anstatt daß man in jenen Verhältnissen, gegen seine Überzeugung sich mit Vorübergehendem beschäftigend, gelegentlich selbst zugrunde geht.

Nicht so empfand es seine Gattin, welche nur in größern Zirkeln ihre Existenz fand und ihm nur später notgedrungen folgte. Er betrug sich so schonend als möglich gegen sie und begünstigte alle Surrogate ihrer bisherigen Glückseligkeit, des Sommers Landpartien in der Nachbarschaft, im Winter ein Liebhabertheater, Bälle und was sie sonst einzuleiten beliebte. Ja er duldete einen Hausfreund, einen Fremden, der sich seit einiger Zeit eingeführt hatte, ob er ihm gleich keineswegs gefiel, da er ihm durchaus, bei seinem klaren Blick auf Menschen, eine gewisse Falschheit anzusehen glaubte.

Von allem diesem, was wir aussprechen, mag in dem gegenwärtigen bedenklichen Augenblick einiges dunkel und trübe, ein anderes klar und deutlich ihm vor der Seele vorübergegangen sein. Genug, wenn wir nach dieser vertraulichen Eröffnung, zu der Friedrichs gutes Gedächtnis den

Stoff mitgeteilt, uns abermals zu ihm wenden, so finden wir ihn wieder in dem Zimmer heftig auf und ab gehend, durch Gebärden und manche Ausrufungen einen innern Kampf offenbarend.

„In solchen Gedanken war ich heftig im Zimmer auf und ab gegangen, der Kellner hatte mir eine Tasse Bouillon gebracht, deren ich sehr bedurfte; denn über die sorgfältigsten Anstalten dem Fest zuliebe hatte ich nichts zu mir genommen, und ein köstlich Abendessen stand unberührt zu Hause. In dem Augenblick hörten wir ein Posthorn sehr angenehm die Straße herauf. ‚Der kommt aus dem Gebirge', sagte der Kellner. Wir fuhren ans Fenster und sahen beim Schein zweier helleuchtenden Wagenlaternen vierspännig, wohlbepackt vorfahren einen Herrschaftswagen. Die Bedienten sprangen vom Bocke: ‚Da sind sie!' rief der Kellner und eilte nach der Türe. Ich hielt ihn fest, ihm einzuschärfen, er solle ja nichts sagen, daß ich da sei, nicht verraten, daß etwas bestellt worden; er versprach's und sprang davon.

Indessen hatte ich versäumt zu beobachten, wer ausgestiegen sei, und eine neue Ungeduld bemächtigte sich meiner; mir schien, der Kellner säume allzu lange, mir Nachricht zu geben. Endlich vernahm ich von ihm, die Gäste seien Frauenzimmer, eine ältliche Dame von würdigem Ansehen, eine mittlere von unglaublicher Anmut, ein Kammermädchen, wie man sie nur wünschen möchte. ‚Sie fing an', sagte er, ‚mit Befehlen, fuhr fort mit Schmeicheln und fiel, als ich ihr schöntat, in ein heiter schnippisches Wesen, das ihr wohl das natürlichste sein mochte.' "

„Gar schnell bemerkte ich", fährt er fort, „die allgemeine Verwunderung, mich so alert und das Haus zu ihrem Empfang so bereit zu finden, die Zimmer erleuchtet, die Kamine brennend; sie machten sich's bequem, im Saale fanden sie ein kaltes Abendessen; ich bot Bouillon an, die ihnen willkommen schien."

Nun saßen die Damen bei Tische, die ältere speiste kaum, die schöne Liebliche gar nicht; das Kammermädchen, das sie Lucie nannten, ließ sich's wohl schmecken und erhob dabei die Vorzüge des Gasthofes, erfreute sich der hellen Kerzen, des feinen Tafelzeugs, des Porzellans und aller Gerätschaften. Am lodernden Kamin hatte sie sich früher ausgewärmt und fragte nun den wieder eintretenden Kellner, ob man hier denn immer so bereit sei, zu jeder Stunde des Tags und der Nacht unvermutet ankommende Gäste zu bewirten? Dem jungen, gewandten Burschen ging es in diesem Falle wie Kindern, die wohl das Geheimnis verschweigen, aber, daß etwas Geheimes ihnen vertraut sei, nicht verbergen können. Erst antwortete er zweideutig, annähernd sodann, und zuletzt, durch die Lebhaftigkeit der Zofe, durch Hin- und Widerreden in die Enge getrieben, gestand er: es sei ein Bedienter, es sei ein Herr gekommen, sei fortgegangen, wiedergekommen, zuletzt aber entfuhr es ihm, der Herr sei wirklich oben und gehe beunruhigt auf und ab. Die junge Dame sprang auf, die andern folgten; es sollte ein alter Herr sein, meinten sie hastig; der Kellner versicherte dagegen, er sei jung. Nun zweifelten sie wieder, er beteuerte die Wahrheit seiner Aussage. Die Verwirrung, die Unruhe vermehrte sich. Es müsse der Oheim sein, versicherte die Schöne; es sei nicht in seiner Art, erwiderte die Ältere. Niemand als er habe wissen können, daß sie in dieser Stunde hier eintreffen würden, versetzte jene beharrlich. Der Kellner aber beteuerte fort und fort, es sei ein junger, ansehnlicher, kräftiger Mann. Lucie schwur dagegen auf den Oheim: dem Schalk, dem Kellner, sei nicht zu trauen, er widerspreche sich schon eine halbe Stunde.

Nach allem diesem mußte der Kellner hinauf, dringend zu bitten, der Herr möge doch ja eilig herunterkommen, dabei auch zu drohen, die Damen würden heraufsteigen und selbst danken. „Es ist ein Wirrwarr ohne Grenzen", fuhr der Kellner fort; „ich begreife nicht, warum Sie zaudern, sich sehen zu lassen; man hält Sie für einen alten Oheim, den man wieder zu umarmen leidenschaftlich verlangt. Gehen Sie hinunter, ich bitte. Sind denn das nicht die Personen, die Sie erwarteten? Verschmähen Sie ein allerliebstes Abenteuer nicht mutwillig; sehens- und hörenswert ist die junge Schöne, es sind die anständigsten Personen. Eilen Sie hinunter, sonst rücken sie Ihnen wahrlich auf die Stube."

Leidenschaft erzeugt Leidenschaft. Bewegt, wie er war, sehnte er sich nach etwas anderem, Fremdem. Er stieg hinab, in Hoffnung, sich mit den Ankömmlingen in heiterem Gespräch zu erklären, aufzuklären, fremde Zustände zu gewahren, sich zu zerstreuen, und doch war es ihm, als ging' er einem bekannten ahnungsvollen Zustand entgegen. Nun stand er vor der Türe; die Damen, die des Oheims Tritte zu hören glaubten, eilten ihm entgegen, er trat ein. Welch ein Zusammentreffen! Welch ein Anblick! Die sehr Schöne tat einen Schrei und warf sich der Ältern um den Hals, der Freund erkannte sie beide, er schrak zurück, dann drängt' es ihn vorwärts, er lag zu ihren Füßen und berührte ihre Hand, die er sogleich wieder losließ, mit dem bescheidensten Kuß. Die Silben „Au—ro—ra!" erstarben auf seinen Lippen.

Wenden wir unsern Blick nunmehr nach dem Hause unsres Freundes, so finden wir daselbst ganz eigne Zustände. Die gute Alte wußte nicht, was sie tun oder lassen sollte; sie unterhielt die Lampen des Vorhauses und der Treppe; das Essen hatte sie vom Feuer gehoben, einiges war unwiederbringlich verdorben. Die Kammerjungfer war bei den schlafenden Kindern geblieben und hatte die vielen Kerzen der Zimmer gehütet, so ruhig und geduldig als jene verdrießlich hin und her fahrend.

Endlich rollte der Wagen vor, die Dame stieg aus und vernahm, ihr Gemahl sei vor einigen Stunden abgerufen worden. Die Treppe hinaufsteigend, schien sie von der festlichen Erleuchtung keine Kenntnis zu nehmen. Nun erfuhr die Alte von dem Bedienten, ein Unglück sei unterwegs begegnet, der Wagen in einen Graben geworfen worden, und was alles nachher sich ereignet.

Die Dame trat ins Zimmer: „Was ist das für eine Maskerade?" sagte sie, auf die Kinder deutend. „Es hätte Ihnen viel Vergnügen gemacht", versetzte die Jungfer, „wären Sie einige Stunden früher angekommen." Die Kinder, aus dem Schlafe gerüttelt, sprangen auf und begannen, als sie die Mutter vor sich sahen, ihren eingelernten Spruch. Von beiden Seiten verlegen, ging es eine Weile, dann, ohne Aufmunterung und Nachhülfe, kam es zum Stocken, endlich brach es völlig ab, und die guten Kleinen wurden mit einigen Liebkosungen zu Bette geschickt. Die Dame sah sich allein, warf sich auf den Sofa und brach in bittre Tränen aus.

Doch es wird nun ebenfalls notwendig, von der Dame selbst und von dem, wie es scheint, übel abgelaufenen ländlichen Feste nähere Nachricht zu geben. Albertine war eine von den Frauenzimmern, denen man unter vier Augen nichts zu sagen hätte, die man aber sehr gern in großer Gesellschaft sieht. Dort erscheinen sie als wahre Zierden des Ganzen und als Reizmittel in jedem Augenblick einer Stockung. Ihre Anmut ist von der Art, daß sie, um sich zu äußern, sich bequem darzutun, einen gewissen Raum braucht, ihre Wirkungen verlangen ein größeres Publikum, sie bedürfen eines Elements, das sie trägt, das sie nötigt, anmutig zu sein; gegen den einzelnen wissen sie sich kaum zu betragen.

Auch hatte der Hausfreund bloß dadurch ihre Gunst und erhielt sich darin, weil er Bewegung auf Bewegung einzuleiten und immerfort, wenn auch keinen großen, doch einen heitern Kreis im Treiben zu erhalten wußte. Bei Rollenausteilungen wählte er sich die zärtlichen Väter und wußte durch ein anständiges, altkluges Benehmen über die jüngeren ersten, zweiten und dritten Liebhaber sich ein Übergewicht zu verschaffen.

Florine, Besitzerin eines bedeutenden Rittergutes in der Nähe, winters in der Stadt wohnend, verpflichtet gegen Odoard, dessen staatswirtliche Einrichtung zufälliger-, aber glücklicherweise ihrem Landsitz höchlich zugute kam und den Ertrag desselben in der Folge bedeutend zu vermehren die Aussicht gab, bezog sommers ihr Landgut und machte es zum Schauplatze vielfacher anständiger Vergnügungen. Geburtstage besonders wurden niemals verabsäumt und mannigfaltige Feste veranstaltet.

Florine war ein munteres, neckisches Wesen, wie es schien, nirgends anhänglich, auch keine Anhänglichkeit fordernd noch verlangend. Leidenschaftliche Tänzerin, schätzte sie die Männer nur, insofern sie sich gut im Takte bewegten; ewig rege Gesellschafterin, hielt sie denjenigen unerträglich, der auch nur einen Augenblick vor sich hinsah und nachzudenken schien; übrigens als heitere Liebhaberin, wie sie in jedem Stück, jeder Oper nötig sind, sich gar anmutig darstellend, weshalb denn zwischen ihr und Albertinen, welche die Anständigen spielte, sich nie ein Rangstreit hervortat.

Den eintretenden Geburtstag in guter Gesellschaft zu feiern, war aus der Stadt und aus dem Lande umher die beste Gesellschaft eingeladen. Einen Tanz, schon nach dem Frühstück begonnen, setzte man nach Tafel fort; die Bewegung zog sich in die Länge, man fuhr zu spät ab, und von der Nacht auf schlimmem Wege, doppelt schlimm, weil er eben gebessert wurde, ehe man's dachte, schon überrascht, versah's der Kutscher und warf in einen Graben. Unsere Schöne mit Florinen und dem Hausfreunde fühlten sich in schlimmer Verwickelung; der letzte wußte sich schnell herauszuwinden, dann, über den Wagen sich biegend, rief er: „Florine, wo bist du?" Albertine glaubte zu träumen; er faßte hinein und zog Florinen, die oben lag, ohnmächtig hervor, bemühte sich um sie und trug sie endlich auf kräftigem Arm den wiedergefundenen Weg hin. Albertine stak noch im Wagen, Kutscher und Bedienter halfen ihr heraus, und gestützt auf den letzten suchte sie weiterzukommen. Der Weg war schlimm, für Tanzschuhe nicht günstig; obgleich von dem Burschen unterstützt, strauchelte sie jeden Augenblick. Aber im Innern sah es noch wilder, noch wüster aus. Wie ihr geschah, wußte sie nicht, begriff sie nicht.

Allein als sie ins Wirtshaus trat, in der kleinen Stube Florinen auf dem Bette, die Wirtin und Lelio um sie beschäftigt sah, ward sie ihres Unglücks gewiß. Ein geheimes Verhältnis zwischen dem untreuen Freund und der verräterischen Freundin offenbarte sich blitzschnell auf einmal, sie mußte sehen, wie diese, die Augen aufschlagend, sich dem Freund um den Hals warf, mit der Wonne einer neu wiederauflebenden zärtlichsten Aneignung, wie die schwarzen Augen wieder glänzten, eine frische Röte die bläßlichen Wangen auf einmal wieder zierend färbte; wirklich sah sie verjüngt, reizend, allerliebst aus.

Albertine stand vor sich hinschauend, einzeln, kaum bemerkt; jene erholten sich, nahmen sich zusammen, der Schade war geschehen, man war denn doch genötigt, sich wieder in den Wagen zu setzen, und in der Hölle selbst könnten widerwärtig Gesinnte, Verratene mit Verrätern so eng nicht zusammengepackt sein.

EILFTES KAPITEL

Lenardo sowohl als Odoard waren einige Tage sehr lebhaft beschäftigt, jener, die Abreisenden mit allem Nötigen zu versehen, dieser, sich mit den Bleibenden bekannt zu machen, ihre Fähigkeiten zu beurteilen, um sie von seinen Zwecken hinreichend zu unterrichten. Indessen blieb Friedrichen und unserm Freunde Raum und Ruhe zu stiller Unterhaltung. Wilhelm ließ sich den Plan im allgemeinen vorzeichnen, und da man mit Landschaft und Gegend genugsam vertraut geworden, auch die Hoffnung besprochen war, in einem ausgedehnten Gebiete schnell eine große Anzahl Bewohner entwickelt zu sehen, so wendete sich das Gespräch, wie natürlich, zuletzt auf das, was Menschen eigentlich zusammenhält: auf Religion und Sitte. Hierüber konnte denn der heitere Friedrich hinreichende Auskunft geben, und wir würden wohl Dank verdienen, wenn wir das Gespräch in seinem Laufe mitteilen könnten, das durch Frag' und Antwort, durch Einwendung und Berichtigung sich gar löblich durchschlang und in mannigfaltigem Schwanken zu dem eigentlichen Zweck gefällig hinbewegte. Indessen dürfen wir uns so lange nicht aufhalten und geben lieber gleich die Resultate, als daß wir uns verpflichteten, sie erst nach und nach in dem Geiste unsrer Leser hervortreten zu lassen. Folgendes ergab sich als die Quintessenz dessen, was verhandelt wurde:

Daß der Mensch ins Unvermeidliche sich füge, darauf dringen alle Religionen, jede sucht auf ihre Weise mit dieser Aufgabe fertig zu werden.

Die christliche hilft durch Glaube, Liebe, Hoffnung gar anmutig nach; daraus entsteht denn die Geduld, ein süßes Gefühl, welch eine schätzbare Gabe das Dasein bleibe, auch wenn ihm, anstatt des gewünschten Genusses, das widerwärtigste Leiden aufgebürdet wird. An dieser Religion halten wir fest, aber auf eine eigne Weise; wir unterrichten unsre Kinder von Jugend auf von den großen Vorteilen, die sie uns gebracht hat; dagegen von ihrem Ursprung, von ihrem Verlauf geben wir zuletzt Kenntnis. Alsdann wird uns der Urheber erst lieb und wert, und alle Nachricht, die sich auf ihn bezieht, wird heilig. In diesem Sinne, den man vielleicht pedantisch nennen mag, aber doch als folgerecht anerkennen muß, dulden wir keinen Juden unter uns; denn wie sollten wir ihm den Anteil an der höchsten Kultur vergönnen, deren Ursprung und Herkommen er verleugnet?

Hievon ist unsre Sittenlehre ganz abgesondert, sie ist rein tätig und wird in den wenigen Geboten begriffen: Mäßigung im Willkürlichen, Emsigkeit im Notwendigen. Nun mag ein jeder diese lakonischen Worte nach seiner Art im Lebensgange benutzen, und er hat einen ergiebigen Text zu grenzenloser Ausführung.

Der größte Respekt wird allen eingeprägt für die Zeit, als für die höchste Gabe Gottes und der Natur und die aufmerksamste Begleiterin des Daseins. Die Uhren sind bei uns vervielfältigt und deuten sämtlich mit Zeiger und Schlag die Viertelstunden an, und um solche Zeichen möglichst zu vervielfältigen, geben die in unserm Lande errichteten Telegraphen, wenn sie sonst nicht beschäftigt sind, den Lauf der Stunden bei Tag und bei Nacht an, und zwar durch eine sehr geistreiche Vorrichtung.

Unsre Sittenlehre, die also ganz praktisch ist, dringt nun hauptsächlich auf Besonnenheit, und diese wird durch Einteilung der Zeit, durch Aufmerksamkeit auf jede Stunde höchlichst gefördert. Etwas muß getan sein in jedem Moment, und wie wollt' es geschehen, achtete man nicht auf das Werk wie auf die Stunde?

In Betracht, daß wir erst anfangen, legen wir großes Gewicht auf die Familienkreise. Den Hausvätern und Hausmüttern denken wir große Verpflichtungen zuzuteilen; die Erziehung wird bei uns um so leichter, als jeder für sich selbst, Knecht und Magd, Diener und Dienerin, stehen muß.

Gewisse Dinge freilich müssen nach einer gewissen gleichförmigen Einheit gebildet werden: Lesen, Schreiben, Rechnen mit Leichtigkeit der Masse zu überliefern, übernimmt der Abbé; seine Methode erinnert an den wechselsweisen Unterricht, doch ist sie geistreicher; eigentlich aber kommt alles darauf an, zu gleicher Zeit Lehrer und Schüler zu bilden.

Aber noch eines wechselseitigen Unterrichts will ich erwähnen: der Übung, anzugreifen und sich zu verteidigen. Hier ist Lothario in seinem Felde; seine Manöver haben etwas Ähnliches von unsern Feldjägern; doch kann er nicht anders als original sein.

Hiebei bemerke ich, daß wir im bürgerlichen Leben keine Glocken, im soldatischen keine Trommeln haben; dort wie hier ist Menschenstimme, verbunden mit Blasinstrumenten, hinreichend. Das alles ist schon dagewesen und ist noch da; die schickliche Anwendung desselben aber ist dem Geist überlassen, der es auch allenfalls wohl erfunden hätte.

Das größte Bedürfnis eines Staats ist das einer mutigen Obrigkeit, und daran soll es dem unsrigen nicht fehlen; wir alle sind ungeduldig, das Geschäft anzutreten, munter und überzeugt, daß man einfach anfangen müsse. So denken wir nicht an Justiz, aber wohl an Polizei. Ihr Grundsatz wird kräftig ausgesprochen: niemand soll dem andern unbequem sein; wer sich unbequem erweist, wird beseitigt, bis er begreift, wie man sich anstellt, um geduldet zu werden. Ist etwas Lebloses, Unvernünftiges in dem Falle, so wird dies gleichmäßig beiseitegebracht.

In jedem Bezirk sind drei Polizeidirektoren, die alle acht Stunden wechseln, schichtweise, wie im Bergwerk, das auch nicht stillstehen darf, und einer unsrer Männer wird bei Nachtzeit vorzüglich bei der Hand sein.

Sie haben das Recht, zu ermahnen, zu tadeln, zu schelten und zu beseitigen; finden sie es nötig, so rufen sie mehr oder weniger Geschworne zusammen. Sind die Stimmen gleich, so entscheidet der Vorsitzende nicht, sondern es wird das Los gezogen, weil man überzeugt ist, daß bei gegeneinander stehenden Meinungen es immer gleichgültig ist, welche befolgt wird.

Wegen der Majorität haben wir ganz eigne Gedanken; wir lassen sie freilich gelten im notwendigen Weltlauf, im höhern Sinne haben wir aber nicht viel Zutrauen auf sie. Doch darüber darf ich mich nicht weiter auslassen.

Fragt man nach der höhern Obrigkeit, die alles lenkt, so findet man sie niemals an einem Orte; sie zieht beständig umher, um Gleichheit in den Hauptsachen zu erhalten und in läßlichen Dingen einem jeden seinen Willen zu gestatten. Ist dies doch schon einmal im Lauf der Geschichte dagewesen: die deutschen Kaiser zogen umher, und diese Einrichtung ist dem Sinne freier Staaten am allergemäßesten. Wir fürchten uns vor einer Hauptstadt, ob wir schon den Punkt in unsern Besitzungen sehen, wo sich die größte Anzahl von Menschen zusammenhalten wird. Dies aber verheimlichen wir, dies mag nach und nach und wird noch früh genug entstehen.

Dieses sind im allgemeinsten die Punkte, über die man meistens einig ist, doch werden sie beim Zusammentreten von mehrern oder auch wenigern Gliedern immer wieder aufs neue durchgesprochen. Die Hauptsache wird aber sein, wenn wir uns an Ort und Stelle befinden. Den neuen Zustand, der aber dauern soll, spricht eigentlich das Gesetz aus. Unsre Strafen sind gelind; Ermahnung darf sich jeder erlauben, der ein gewisses Alter hinter sich hat; mißbilligen und schelten nur der anerkannte Älteste; bestrafen nur eine zusammenberufene Zahl.

Man bemerkt, daß strenge Gesetze sich sehr bald abstumpfen und nach und nach loser werden, weil die Natur immer ihre Rechte behauptet. Wir haben läßliche Gesetze, um nach und nach strenger werden zu können; unsre Strafen bestehen vorerst in Absonderung von der bürgerlichen Gesellschaft, gelinder, entschiedener, kürzer und länger nach Befund. Wächst nach und nach der Besitz der Staatsbürger, so zwackt man ihnen auch davon ab, weniger oder mehr, wie sie verdienen, daß man ihnen von dieser Seite wehe tue.

Allen Gliedern des Bandes ist davon Kenntnis gegeben, und bei angestelltem Examen hat sich gefunden, daß jeder von den Hauptpunkten auf sich selbst die schicklichste Anwendung macht. Die Hauptsache bleibt nur immer, daß wir die Vorteile der Kultur mit hinübernehmen und die Nachteile zurücklassen. Branntweinschenken und Lesebibliotheken werden bei uns nicht geduldet; wie wir uns aber gegen Flaschen und Bücher verhalten, will ich lieber nicht eröffnen: dergleichen Dinge wollen getan sein, wenn man sie beurteilen soll.

Und in eben diesem Sinne hält der Sammler und Ordner dieser Papiere mit andern Anordnungen zurück, welche unter der Gesellschaft selbst noch als Probleme zirkulieren und welche zu versuchen man vielleicht an Ort und Stelle nicht rätlich findet; um desto weniger Beifall dürfte man sich versprechen, wenn man derselben hier umständlich erwähnen wollte.

ZWÖLFTES KAPITEL

Die zu Odoardos Vortrag angesetzte Frist war gekommen, welcher, nachdem alles versammelt und beruhigt war, folgendermaßen zu reden begann: „Das bedeutende Werk, an welchem teilzunehmen ich diese Masse wackerer Männer einzuladen habe, ist Ihnen nicht ganz unbekannt, denn ich habe ja schon im allgemeinen mit Ihnen davon gesprochen. Aus meinen Eröffnungen geht hervor, daß in der alten Welt so gut wie in der neuen Räume sind, welche einen bessern Anbau bedürfen, als ihnen bisher zuteil ward. Dort hat die Natur große, weite Strecken ausgebreitet, wo sie unberührt und eingewildert liegt, daß man sich kaum getraut, auf sie loszugehen und ihr einen Kampf anzubieten. Und doch ist es leicht für den Entschlossenen, ihr nach und nach die Wüsteneien abzugewinnen und sich eines teilweisen Besitzes zu versichern. In der alten Welt ist es das Umgekehrte. Hier ist überall ein teilweiser Besitz schon ergriffen, mehr oder weniger durch undenkliche Zeit das Recht dazu geheiligt; und wenn dort das Grenzenlose als unüberwindliches Hindernis erscheint, so setzt hier das Einfachbegrenzte beinahe noch schwerer zu überwindende Hindernisse entgegen. Die Natur ist durch Emsigkeit, der Mensch durch Gewalt oder Überredung zu nötigen.

Wird der einzelne Besitz von der ganzen Gesellschaft für heilig geachtet, so ist er es dem Besitzer noch mehr. Gewohnheit, jugendliche Eindrücke, Achtung für Vorfahren, Abneigung gegen den Nachbar und hunderterlei Dinge sind es, die den Besitzer starr und gegen jede Veränderung widerwillig machen. Je älter dergleichen Zustände sind, je verflochtener, je geteilter, desto schwieriger wird es, das Allgemeine durchzuführen, das, indem es dem Einzelnen etwas nähme, dem Ganzen und durch Rück- und Mitwirkung auch jenem wieder unerwartet zugute käme.

Schon mehrere Jahre steh' ich im Namen meines Fürsten einer Provinz vor, die, von seinen Staaten getrennt, lange nicht so, wie es möglich wäre, benutzt wird. Eben diese Abgeschlossenheit oder Eingeschlossenheit, wenn man will, hindert, daß bisher keine Anstalt sich treffen ließ, die den Bewohnern Gelegenheit gegeben hätte, das, was sie vermögen, nach außen zu verbreiten, und von außen zu empfangen, was sie bedürfen.

Mit unumschränkter Vollmacht gebot ich in diesem Lande. Manches Gute war zu tun, aber doch immer nur ein beschränktes; dem Bessern waren überall Riegel vorgeschoben, und das Wünschenswerteste schien in einer andern Welt zu liegen.

Ich hatte keine andere Verpflichtung, als gut hauszuhalten. Was ist leichter als das! Ebenso leicht ist es, Mißbräuche zu beseitigen, menschlicher Fähigkeiten sich zu bedienen, den Bestrebsamen nachzuhelfen. Dies alles ließ sich mit Verstand und Gewalt recht bequem leisten, dies alles tat sich gewissermaßen von selbst. Aber wohin besonders meine Aufmerksamkeit, meine Sorge sich richtete, dies waren die Nachbarn, die nicht mit gleichen Gesinnungen, am wenigsten mit gleicher Überzeugung ihre Landesteile regierten und regieren ließen.

Beinahe hätte ich mich resigniert und mich innerhalb meiner Lage am besten gehalten und das Herkömmliche, so gut als es sich tun ließ, benutzt, aber ich bemerkte auf einmal, das Jahrhundert komme mir zu Hülfe. Jüngere Beamte wurden in der Nachbarschaft angestellt, sie hegten gleiche Gesinnungen, aber freilich nur im allgemeinen wohlwollend, und pflichteten nach und nach meinen Planen zu allseitiger Verbindung um so eher bei, als mich das Los traf, die größeren Aufopferungen zuzugestehen, ohne daß gerade jemand merkte, auch der größere Vorteil neige sich auf meine Seite.

So sind nun unser drei über ansehnliche Landesstrecken zu gebieten befugt, unsre Fürsten und Minister sind von der Redlichkeit und Nützlichkeit unsrer Vorschläge überzeugt; denn es gehört freilich mehr dazu, seinen Vorteil im Großen als im Kleinen zu übersehen. Hier zeigt uns immer die Notwendigkeit, was wir zu tun und zu lassen haben, und da ist denn schon genug, wenn wir diesen Maßstab ans Gegenwärtige legen; dort aber sollen wir eine Zukunft erschaffen, und wenn auch ein durchdringender Geist den Plan dazu fände, wie kann er hoffen, andere darin einstimmen zu sehen?

Noch würde dies dem einzelnen nicht gelingen; die Zeit, welche die Geister frei macht, öffnet zugleich ihren Blick ins Weitere, und im Weiteren läßt sich das Größere leicht erkennen, und eins der stärksten Hindernisse menschlicher Handlungen wird leichter zu entfernen. Dieses besteht nämlich darin, daß die Menschen wohl über die Zwecke einig werden, viel seltener aber über die Mittel, dahin zu gelangen. Denn das wahre Große hebt uns über uns selbst hinaus und leuchtet uns vor wie ein Stern; die Wahl der Mittel aber ruft uns in uns selbst zurück, und da wird der einzelne gerade, wie er war, und fühlt sich ebenso isoliert, als hätt' er vorher nicht ins Ganze gestimmt.

Hier also haben wir zu wiederholen: Das Jahrhundert muß uns zu Hülfe kommen, die Zeit an die Stelle der Vernunft treten und in einem erweiterten Herzen der höhere Vorteil den niedern verdrängen.

Hiermit sei es genug, und wär' es zu viel für den Augenblick, in der Folge werd' ich einen jeden Teilnehmer daran erinnern. Genaue Vermessungen sind geschehen, die Straßen bezeichnet, die Punkte bestimmt, wo man die Gasthöfe und in der Folge vielleicht die Dörfer heranrückt. Zu aller Art von Baulichkeiten ist Gelegenheit, ja Notwendigkeit vorhanden. Treffliche Baumeister und Techniker bereiten alles vor; Risse und Anschläge sind gefertigt; die Absicht ist, größere und kleinere Akkorde abzuschließen und so mit genauer Kontrolle die bereitliegenden Geldsummen, zur Verwunderung des Mutterlandes, zu verwenden: da wir denn der schönsten Hoffnung leben, es werde sich eine vereinte Tätigkeit nach allen Seiten von nun an entwickeln.

Worauf ich nun aber die sämtlichen Teilnehmer aufmerksam zu machen habe, weil es vielleicht auf ihre Entschließung Einfluß haben könnte, ist die Einrichtung, die Gestalt, in welche wir alle Mitwirkenden vereinigen und ihnen eine würdige Stellung unter sich und gegen die übrige bürgerliche Welt zu schaffen gedenken.

Sobald wir jenen bezeichneten Boden betreten, werden die Handwerke sogleich für Künste erklärt und durch die Bezeichnung ‚strenge Künste' von den ‚freien' entschieden getrennt und abgesondert. Diesmal kann hier nur von solchen Beschäftigungen die Rede sein, welche den Aufbau sich zur Angelegenheit machen; die sämtlichen hier anwesenden Männer, jung und alt, bekennen sich zu dieser Klasse.

Zählen wir sie her in der Folge, wie sie den Bau in die Höhe richten und nach und nach zur Wohnbarkeit befördern.

Die Steinmetzen nenn' ich voraus, welche den Grund- und Eckstein vollkommen bearbeiten, den sie mit Beihülfe der Maurer am rechten Ort in der genauesten Bezeichnung niedersenken. Die Maurer folgen hierauf, die auf den streng untersuchten Grund das Gegenwärtige und Zukünftige wohl befestigen. Früher oder später bringt der Zimmermann seine vorbereiteten Kontignationen herbei, und so steigt nach und nach das Beabsichtigte in die Höhe. Den Dachdecker rufen wir eiligst herbei; im Innern bedürfen wir des Tischers, Glasers, Schlossers, und wenn ich den Tüncher zuletzt nenne, so geschieht es, weil er mit seiner Arbeit zur verschiedensten Zeit eintreten kann, um zuletzt dem Ganzen in- und auswendig einen gefälligen Schein zu geben. Mancher Hülfsarbeiten gedenk' ich nicht, nur die Hauptsache verfolgend.

Die Stufen von Lehrling, Gesell und Meister müssen aufs strengste beobachtet werden; auch können in diesen viele Abstufungen gelten, aber Prüfungen können nicht sorgfältig genug sein. Wer herantritt, weiß, daß er sich einer strengen Kunst ergibt, und er darf keine läßlichen Forderungen von ihr erwarten; ein einziges Glied, das in einer großen Kette bricht, vernichtet das Ganze. Bei großen Unternehmungen wie bei großen Gefahren muß der Leichtsinn verbannt sein.

Gerade hier muß die strenge Kunst der freien zum Muster dienen und sie zu beschämen trachten. Sehen wir die sogenannten freien Künste an, die doch eigentlich in einem höhern Sinne zu nehmen und zu nennen sind, so findet man, daß es ganz gleichgültig ist, ob sie gut oder schlecht betrieben werden. Die schlechteste Statue steht auf ihren Füßen wie die beste, eine gemalte Figur schreitet mit verzeichneten Füßen gar munter vorwärts, ihre mißgestalteten Arme greifen gar kräftig zu, die Figuren stehen nicht auf dem richtigen Plan, und der Boden fällt deswegen nicht zusammen. Bei der Musik ist es noch auffallender; die gellende Fiedel einer Dorfschenke erregt die wackern Glieder aufs kräftigste, und wir haben die unschicklichsten Kirchenmusiken gehört, bei denen der Gläubige sich erbaute. Wollt ihr nun gar auch die Poesie zu den freien Künsten rechnen, so werdet ihr freilich sehen, daß diese kaum weiß, wo sie eine Grenze finden soll. Und doch hat jede Kunst ihre innern Gesetze, deren Nichtbeobachtung aber der Menschheit keinen Schaden bringt; dagegen die strengen Künste dürfen sich nichts erlauben. Den freien Künstler darf man loben, man kann an seinen Vorzügen Gefallen finden, wenngleich seine Arbeit bei näherer Untersuchung nicht Stich hält.

Betrachten wir aber die beiden, sowohl die freien als strengen Künste, in ihren vollkommensten Zuständen, so hat sich diese vor Pedanterei und Bocksbeutelei, jene vor Gedankenlosigkeit und Pfuscherei zu hüten. Wer sie zu leiten hat, wird hierauf aufmerksam machen, Mißbräuche und Mängel werden dadurch verhütet werden.

Ich wiederhole mich nicht, denn unser ganzes Leben wird eine Wiederholung des Gesagten sein; ich bemerke nur noch folgendes: Wer sich einer strengen Kunst ergibt, muß sich ihr fürs Leben widmen. Bisher nannte man sie

Handwerk, ganz angemessen und richtig; die Bekenner sollten mit der Hand wirken, und die Hand, soll sie das, so muß ein eigenes Leben sie beseelen, sie muß eine Natur für sich sein, ihre eignen Gedanken, ihren eignen Willen haben, und das kann sie nicht auf vielerlei Weise."

Nachdem der Redende mit noch einigen hinzugefügten guten Worten geschlossen hatte, richteten die sämtlichen Anwesenden sich auf, und die Gewerke, anstatt abzuziehen, bildeten einen regelmäßigen Kreis vor der Tafel der anerkannten Oberen. Odoard reichte den sämtlichen ein gedrucktes Blatt umher, wovon sie, nach einer bekannten Melodie, mäßig munter ein zutrauliches Lied sangen:

„Bleiben, Gehen, Gehen, Bleiben
Sei fortan dem Tücht'gen gleich,
Wo wir Nützliches betreiben,
Ist der werteste Bereich.
Dir zu folgen, wird ein Leichtes,
Wer gehorchet, der erreicht es,
Zeig' ein festes Vaterland.
Heil dem Führer! Heil dem Band!

Du verteilest Kraft und Bürde
Und erwägst es ganz genau,
Gibst dem Alten Ruh' und Würde,
Jünglingen Geschäft und Frau.
Wechselseitiges Vertrauen
Wird ein reinlich Häuschen bauen,
Schließen Hof und Gartenzaun,
Auch der Nachbarschaft vertraun.

Wo an wohlgebahnten Straßen
Man in neuer Schenke weilt,
Wo dem Fremdling reicher Maßen
Ackerfeld ist zugeteilt,
Siedeln wir uns an mit andern.
Eilet, eilet, einzuwandern
In das feste Vaterland.
Heil dir Führer! Heil dir Band!"

DREIZEHNTES KAPITEL

Eine vollkommene Stille schloß sich an diese lebhafte Bewegung der vergangenen Tage. Die drei Freunde blieben allein gegen einander über stehen, und es ward gar bald merkbar, daß zwei von ihnen, Lenardo und Friedrich, von einer sonderbaren Unruhe bewegt wurden; sie verbargen nicht, daß sie beide ungeduldig seien, für ihren Teil in der Abreise von diesem Ort sich gehindert zu sehen. Sie erwarteten einen Boten, hieß es, und es kam indessen nichts Vernünftiges, nichts Entscheidendes zur Sprache.

Endlich kommt der Bote, ein bedeutendes Paket überbringend, worüber sich Friedrich sogleich herwirft, um es zu eröffnen. Lenardo hält ihn ab und spricht: „Laß es unberührt, leg' es vor uns nieder auf den Tisch; wir wollen es ansehen, denken und vermuten, was es enthalten möge. Denn unser Schicksal ist seiner Bestimmung näher, und wenn wir nicht selbst Herren darüber sind, wenn es von dem Verstande, von den Empfindungen anderer abhängt, ein Ja oder Nein, ein So oder So zu erwarten ist, dann ziemt es, ruhig zu stehen, sich zu fassen, sich zu fragen, ob man es erdulden würde als wenn es ein sogenanntes Gottesurteil wäre, wo uns auferlegt ist, die Vernunft gefangenzunehmen."

„Du bist nicht so gefaßt, als du scheinen willst", versetzte Friedrich, „bleibe deswegen allein mit deinen Geheimnissen und schalte darüber nach Belieben, mich berühren sie auf alle Fälle nicht; aber laß mich indes diesem alten, geprüften Freunde den Inhalt offenbaren und die zweifelhaften Zustände vorlegen, die wir ihm schon so lange verheimlicht haben." Mit diesen Worten riß er unsern Freund mit sich weg, und schon unterwegs rief er aus: „Sie ist gefunden, längst gefunden! und es ist nur die Frage, wie es mit ihr werden soll."

„Das wußt' ich schon", sagte Wilhelm, „denn Freunde offenbaren einander gerade das am deutlichsten, was sie einander verschweigen; die letzte Stelle des Tagebuchs, wo sich Lenardo gerade mitten im Gebirg des Briefes erinnert, den ich ihm schrieb, rief mir in der Einbildungskraft im ganzen Umgange des Geistes und Gefühls jenes gute Wesen hervor; ich sah ihn schon mit dem nächsten Morgen sich ihr nähern, sie anerkennen und was daraus mochte gefolgt sein. Da will ich denn aber aufrichtig gestehen, daß nicht Neugierde, sondern ein redlicher Anteil, den ich ihr gewidmet habe, mich über euer Schweigen und Zurückhalten beunruhigte."

„Und in diesem Sinne", rief Friedrich, „bist du gerade bei diesem angekommenen Paket hauptsächlich mit interessiert; der Verfolg des Tagebuchs war an Makarien gesandt, und man wollte dir durch Erzählung das ernst-anmutige Ereignis nicht verkümmern. Nun sollst du's auch gleich haben; Lenardo hat gewiß indessen ausgepackt, und das braucht er nicht zu seiner Aufklärung."

Friedrich sprang hiermit nach alter Art hinweg, sprang wieder herbei und brachte das versprochene Heft. „Nun muß ich aber auch erfahren", rief er, „was aus uns werden wird." Hiemit war er wieder entsprungen, und Wilhelm las:

LENARDOS TAGEBUCH

Fortsetzung

Freitag, den 19ten.

Da man heute nicht säumen durfte, um zeitig zu Frau Susanne zu gelangen, so frühstückte man eilig mit der ganzen Familie, dankte mit versteckten Glückwünschen und hinterließ dem Geschirrfasser, welcher zurückblieb, die den Jungfrauen zugedachten Geschenke, etwas reichlicher und bräutlicher als die vorgestrigen, sie ihm heimlich zuschiebend, worüber der gute Mann sich sehr erfreut zeigte.

Diesmal war der Weg frühe zurückgelegt; nach einigen Stunden erblickten wir in einem ruhigen, nicht allzu weiten, flachen Tale, dessen eine, felsige Seite von Wellen des klarsten Sees leicht bespült sich widerspiegelte, wohl und anständig gebaute Häuser, um welche ein besserer, sorgfältig gepflegter Boden, bei sonniger Lage, einiges Gartenwesen begünstigte. In das Haupthaus durch den Garnboten eingeführt und Frau Susannen vorgestellt, fühlte ich etwas ganz Eigenes, als sie uns freundlich ansprach und versicherte: es sei ihr sehr angenehm, daß wir Freitags kämen, als dem ruhigsten Tage der Woche, da Donnerstags abends die gefertigte Ware zum See und in die Stadt geführt werde. Dem einfallenden Garnboten, welcher sagte: „Die bringt wohl Daniel jederzeit hinunter!“, versetzte sie: „Gewiß, er versieht das Geschäft so löblich und treu, als wenn es sein eigenes wäre.“ — „Ist doch auch der Unterschied nicht groß“, versetzte jener; übernahm einige Aufträge von der freundlichen Wirtin und eilte, seine Geschäfte in den Seitentälern zu vollbringen, versprach in einigen Tagen wiederzukommen und mich abzuholen.

Mir war indessen ganz wunderlich zumute; mich hatte gleich beim Eintritt eine Ahnung befallen, daß es die Ersehnte sei; beim längeren Hinblick war sie es wieder nicht, konnte es nicht sein, und doch beim Wegblicken, oder wenn sie sich umkehrte, war sie es wieder; eben wie im Traum Erinnerung und Phantasie ihr Wesen gegeneinander treiben.

Einige Spinnerinnen, die mit ihrer Wochenarbeit gezögert hatten, brachten sie nach; die Herrin, mit freundlichster Ermahnung zum Fleiße, marktete mit ihnen, überließ aber, um sich mit dem Gast zu unterhalten, das Geschäft an zwei Mädchen, welche sie Gretchen und Lieschen nannte und welche ich um desto aufmerksamer betrachtete, als ich ausforschen wollte, wie sie mit der Schilderung des Geschirrfassers allenfalls zusammenträfen. Diese beiden Figuren machten mich ganz irre und zerstörten alle Ähnlichkeit zwischen der Gesuchten und der Hausfrau.

Aber ich beobachtete diese nur desto genauer, und sie schien mir allerdings das würdigste, liebenswürdigste Wesen von allen, die ich auf meiner Gebirgsreise erblickte. Schon war ich von dem Gewerbe unterrichtet genug, um mit ihr über das Geschäft, welches sie gut verstand, mit Kenntnis sprechen zu können; meine einsichtige Teilnahme erfreute sie sehr, und als ich fragte: woher sie ihre Baumwolle beziehe, deren großen Transport übers Gebirg ich vor einigen Tagen gesehen, so erwiderte sie, daß eben dieser Transport ihr einen ansehnlichen Vorrat mitgebracht. Die

Lage ihres Wohnorts sei auch deshalb so glücklich, weil die nach dem See hinunterführende Hauptstraße etwa nur eine Viertelstunde ihres Tals hinabwärts vorbeigehe, wo sie denn entweder in Person oder durch einen Faktor die ihr von Triest bestimmten und adressierten Ballen in Empfang nehme, wie denn das vorgestern auch geschehen.

Sie ließ nun den neuen Freund in einen großen, lüftigen Keller hineinsehen, wo der Vorrat aufgehoben wird, damit die Baumwolle nicht zu sehr austrockne, am Gewicht verliere und weniger geschmeidig werde. Dann fand ich auch, was ich schon im einzelnen kannte, meistenteils hier versammelt; sie deutete nach und nach auf dies und jenes, und ich nahm verständigen Anteil. Indessen wurde sie stiller, aus ihren Fragen konnt' ich erraten, sie vermute, daß ich vom Handwerk sei. Denn sie sagte, da die Baumwolle soeben angekommen, so erwarte sie nun bald einen Kommis oder Teilnehmer der Triester Handlung, der nach einer bescheidenen Ansicht ihres Zustandes die schuldige Geldpost abholen werde; diese liege bereit für einen jeden, welcher sich legitimieren könne.

Einigermaßen verlegen suchte ich auszuweichen und blickte ihr nach, als sie eben einiges anzuordnen durchs Zimmer ging; sie erschien mir wie Penelope unter den Mägden.

Sie kehrt zurück, und mich dünkt, es sei was Eigenes in ihr vorgegangen. — „Sie sind denn nicht vom Kaufmannsstande?" sagte sie, „ich weiß nicht, woher mir das Vertrauen kommt und wie ich mich unterfangen mag, das Ihrige zu verlangen; erdringen will ich's nicht, aber gönnen Sie mir's, wie es Ihnen ums Herz ist." Dabei sah mich ein fremdes Gesicht mit so ganz bekannten erkennenden Augen an, daß ich mich ganz durchdrungen fühlte und mich kaum zu fassen wußte. Meine Kniee, mein Verstand wollten mir versagen, als man sie glücklicherweise sehr eilig abrief. Ich konnte mich erholen, meinen Vorsatz stärken, so lang als möglich an mich zu halten; denn es schwebte mir vor, als wenn abermals ein unseliges Verhältnis mich bedrohe.

Gretchen, ein gesetztes, freundliches Kind, führte mich ab, mir die künstlichen Gewebe vorzuzeigen; sie tat es verständig und ruhig, ich schrieb, um ihr Aufmerksamkeit zu beweisen, was sie mir vorsagte, in meine Schreibtafel, wo es noch steht zum Zeugnis eines bloß mechanischen Verfahrens, denn ich hatte ganz anderes im Sinne; es lautet folgendermaßen:

„Der Eintrag von getretener sowohl als gezogener Weberei geschieht, je nachdem das Muster es erfordert, mit weißem, lose gedrehtem sogenannten Muggengarn, mitunter auch mit türkischrot gefärbten, desgleichen mit blauen Garnen, welche ebenfalls zu Streifen und Blumen verbraucht werden.

Beim Scheren ist das Gewebe auf Walzen gewunden, die einen tischförmigen Rahmen bilden, um welchen her mehrere arbeitende Personen sitzen."

Lieschen, die unter den Scherenden gesessen, steht auf, gesellt sich zu uns, ist geschäftig, dreinzureden, und zwar auf eine Weise, um jene durch Widerspruch nur irrezumachen; und als ich Gretchen dessenungeachtet mehr Aufmerksamkeit bewies, so fuhr Lieschen umher, um etwas zu holen, zu bringen, und streifte dabei, ohne durch die Enge des Raums genötigt zu sein, mit ihrem zarten Ellebogen zweimal merklich bedeutend an meinem Arm hin, welches mir nicht sonderlich gefallen wollte.

Die Gute-Schöne (sie verdient überhaupt, besonders aber alsdann so zu heißen, wenn man sie mit den übrigen vergleicht) holte mich in den Garten ab, wo wir der Abendsonne genießen sollten, eh' sie sich hinter das hohe Gebirg versteckte. Ein Lächeln schwebte um ihre Lippen, wie es wohl erscheint, wenn man etwas Erfreuliches zu sagen zaudert; auch mir war es in dieser Verlegenheit gar lieblich zumute. Wir gingen nebeneinander her, ich getraute mir nicht, ihr die Hand zu reichen, so gern ich's getan hätte; wir schienen uns beide vor Worten und Zeichen zu fürchten, wodurch der glückliche Fund nur allzubald ins Gemeine offenbar werden könnte. Sie zeigte mir einige Blumentöpfe, worin ich aufgekeimte Baumwollenstauden erkannte. — „So nähren und pflegen wir die für unser Geschäfte unnützen, ja widerwärtigen Samenkörner, die mit der Baumwolle einen so weiten Weg zu uns machen. Es geschieht aus Dankbarkeit, und es ist ein eigen Vergnügen, dasjenige lebendig zu sehen, dessen abgestorbene Reste unser Dasein beleben. Sie sehen hier den Anfang, die Mitte ist Ihnen bekannt, und heute abend, wenn 's Glück gut ist, einen erfreulichen Abschluß.

Wir als Fabrikanten selbst oder ein Faktor bringen unsre die Woche über eingegangene Ware Donnerstag abends in das Marktschiff und langen so, in Gesellschaft von andern, die gleiches Geschäft treiben, mit dem frühesten Morgen am Freitag in der Stadt an. Hier trägt nun ein jeder seine Ware zu den Kaufleuten, die im großen handeln, und sucht sie so gut als möglich abzusetzen, nimmt auch wohl den Bedarf von roher Baumwolle allenfalls an Zahlungs Statt.

Aber nicht allein den Bedarf an rohen Stoffen für die Fabrikation nebst dem baren Verdienst holen die Marktleute in der Stadt, sondern sie versehen sich auch daselbst mit allerlei andern Dingen zum Bedürfnis und Vergnügen. Wo einer aus der Familie in die Stadt zu Markte gefahren, da sind Erwartungen, Hoffnungen und Wünsche, ja sogar oft Angst und Furcht rege. Es entsteht Sturm und Gewitter, und man ist besorgt, das Schiff nehme Schaden! Die Gewinnsüchtigen harren und möchten erfahren, wie der Verkauf der Waren ausgefallen, und berechnen schon im voraus die Summe des reinen Erwerbs; die Neugierigen warten auf die Neuigkeiten aus der Stadt, die Putzliebenden auf die Kleidungsstücke oder Modesachen, die der Reisende etwa mitzubringen Auftrag hatte; die Leckern endlich und besonders die Kinder auf die Eßwaren, und wenn es auch nur Semmeln wären.

Die Abfahrt aus der Stadt verzieht sich gewöhnlich bis gegen Abend, dann belebt sich der See allmählich und die Schiffe gleiten segelnd, oder durch die Kraft der Ruder getrieben, über seine Fläche hin; jedes bemüht sich, dem andern vorzukommen; und die, denen es gelingt, verhöhnen wohl scherzend die, welche zurückzubleiben sich genötigt sehen.

Es ist ein erfreuliches, schönes Schauspiel um die Fahrt auf dem See, wenn der Spiegel desselben mit den anliegenden Gebirgen vom Abendrot erleuchtet sich warm und allmählich tiefer und tiefer schattiert, die Sterne sichtbar werden, die Abendbetglocken sich hören lassen, in den Dörfern am Ufer sich Lichter entzünden, im Wasser widerscheinend, dann der Mond aufgeht und seinen Schimmer über die kaum bewegte Fläche streut. Das reiche Gelände flieht vorüber, Dorf um Dorf, Gehöft um Gehöft bleiben zurück, endlich in die Nähe der Heimat gekommen, wird in ein Horn gestoßen, und sogleich sieht man im Berg hier und dort Lichter erscheinen, die sich nach dem Ufer herab bewegen, ein jedes Haus, das einen Angehörigen im Schiffe hat, sendet jemanden, um das Gepäck tragen zu helfen.

Wir liegen höher hinauf, aber jedes von uns hat oft genug diese Fahrt mitbestanden, und was das Geschäft betrifft, so sind wir alle von gleichem Interesse."

Ich hatte ihr mit Verwunderung zugehört, wie gut und schön sie das alles sprach, und konnte mich der offenen Bemerkung nicht enthalten: wie sie in dieser rauhen Gegend, bei einem so mechanischen Geschäft, zu solcher Bildung habe gelangen können? Sie versetzte, mit einem allerliebsten, beinahe schalkhaften Lächeln vor sich hinsehend: „Ich bin in einer schönern und freundlichern Gegend geboren, wo vorzügliche Menschen herrschen und hausen, und ob ich gleich als Kind mich wild und unbändig erwies, so war doch der Einfluß geistreicher Besitzer auf ihre Umgebung unverkennbar. Die größte Wirkung jedoch auf ein junges Wesen tat eine fromme Erziehung, die ein gewisses Gefühl des Rechtlichen und Schicklichen, als von Allgegenwart göttlicher Liebe getragen, in mir entwickelte. Wir wanderten aus", fuhr sie fort — das feine Lächeln verließ ihren Mund, eine unterdrückte Träne füllte das Auge —, „wir wanderten weit, weit, von einer Gegend zur andern, durch fromme Fingerzeige und Empfehlungen geleitet; endlich gelangten wir hierher, in diese höchst tätige Gegend; das Haus, worin Sie mich finden, war von gleichgesinnten Menschen bewohnt, man nahm uns treulich auf, mein Vater sprach dieselbe Sprache, in demselben Sinn, wir schienen bald zur Familie zu gehören.

In allen Haus- und Handwerksgeschäften griff ich tüchtig ein, und alles, über welches Sie mich nun gebieten sehen, habe ich stufenweise gelernt, geübt und vollbracht. Der Sohn des Hauses, wenig Jahre älter als ich, wohlgebaut und schön von Antlitz, gewann mich lieb und machte mich zu seiner Vertrauten. Er war von tüchtiger und zugleich feiner Natur; die Frömmigkeit, wie sie im Hause geübt wurde, fand bei ihm keinen Eingang, sie genügte ihm nicht, er las heimlich Bücher, die er sich in der Stadt zu verschaffen wußte, von der Art, die dem Geist eine allgemeinere, freiere Richtung geben, und da er bei mir gleichen Trieb, gleiches Naturell vermerkte, so war er bemüht, nach und nach mir dasjenige mitzuteilen, was ihn so innig beschäftigte. Endlich, da ich in alles einging, hielt er nicht länger zurück, mir sein ganzes Geheimnis zu eröffnen, und wir waren wirklich ein ganz wunderliches Paar, welches auf einsamen Spaziergängen sich nur von solchen Grundsätzen unterhielt, welche den Menschen selbstständig machen, und dessen wahrhaftes Neigungsverhältnis nur darin zu bestehen schien, einander wechselseitig in solchen Gesinnungen zu bestärken, wodurch die Menschen sonst voneinander völlig entfernt werden."

Ob ich gleich sie nicht scharf ansah, sondern nur von Zeit zu Zeit wie zufällig aufblickte, bemerkt' ich doch mit Verwunderung und Anteil, daß ihre Gesichtszüge durchaus den Sinn ihrer Worte zugleich ausdrückten. Nach einem augenblicklichen Stillschweigen erheiterte sich ihr Gesicht: „Ich muß", sagte sie, „auf Ihre Hauptfrage ein Bekenntnis tun, damit Sie meine Wohlredenheit, die manchmal nicht ganz natürlich scheinen möchte, sich besser erklären können.

Leider mußten wir beide uns vor den übrigen verstellen, und ob wir gleich uns sehr hüteten, nicht zu lügen und im groben Sinne falsch zu sein, so waren wir es doch im zartern, indem wir den vielbesuchten Brüder- und Schwesterversammlungen nicht beizuwohnen nirgends Entschuldigung finden konnten. Weil wir aber dabei gar manches gegen unsere Überzeugung hören mußten, so ließ er mich sehr bald begreifen und einsehen, daß nicht alles vom freien Herzen gehe, sondern daß viel Wortkram, Bilder, Gleichnisse, herkömmliche Redensarten und wiederholt anklingende Zeilen sich immerfort wie um eine gemeinsame Achse herumdrehten. Ich merkte nun besser auf und machte mir die Sprache so zu eigen, daß ich allenfalls eine Rede so gut als irgendein Vorsteher hätte halten wollen. Erst ergötzte der Gute sich daran, endlich beim Überdruß ward er ungeduldig, daß ich, ihn zu beschwichtigen, den entgegengesetzten Weg einschlug, ihm nur desto aufmerksamer zuhörte, ihm seinen herzlich treuen Vortrag wohl acht Tage später wenigstens mit annähernder Freiheit und nicht ganz unähnlichem geistigem Wesen zu wiederholen wußte.

So wuchs unser Verhältnis zum innigsten Bande, und eine Leidenschaft zu irgendeinem Wahren, Guten sowie zu möglicher Ausübung desselben war eigentlich, was uns vereinigte.

Indem ich nun bedenke, was Sie veranlaßt haben mag, zu einer solchen Erzählung mich zu bewegen, so war es meine lebhafte Beschreibung vom glücklich vollbrachten Markttage. Verwundern Sie sich darüber nicht; denn gerade war es eine frohe, herzliche Betrachtung holder und erhabener Naturszenen, was mich und meinen Bräutigam in ruhigen und geschäftlosen Stunden am schönsten unterhielt. Treffliche vaterländische Dichter hatten das Gefühl in uns erregt und genährt, Hallers ‚Alpen', Geßners ‚Idyllen', Kleists ‚Frühling' wurden oft von uns wiederholt, und wir betrachteten die uns umgebende herrliche Welt bald von ihrer anmutigen, bald von ihrer erhabenen Seite.

Noch gern erinnere ich mich, wie wir beide, scharf- und weitsichtig, uns um die Wette und oft hastig auf die bedeutenden Erscheinungen der Erde und des Himmels aufmerksam zu machen suchten, einander vorzueilen und zu überbieten trachteten. Dies war die schönste Erholung, nicht nur vom täglichen Geschäft, sondern auch von jenen ernsten Gesprächen, die uns oft nur zu tief in unser eigenes Innere versenkten und uns dort zu beunruhigen drohten.

In diesen Tagen kehrte ein Reisender bei uns ein, wahrscheinlich unter geborgtem Namen; wir dringen nicht weiter in ihn, da er sogleich durch sein Wesen uns Vertrauen einflößt, da er sich im ganzen höchst sittlich benimmt, sowie anständig aufmerksam in unsern Versammlungen. Von meinem Freund in den Gebirgen umhergeführt, zeigt er sich ernst, einsichtig und kenntnisreich. Auch ich geselle mich zu ihren sittlichen Unterhaltungen, wo alles nach und nach zur Sprache kommt, was einem innern Menschen bedeutend werden kann; da bemerkt er denn gar bald in unserer Denkweise in Absicht auf die göttlichen Dinge etwas Schwankendes. Die religiösen Ausdrücke waren uns trivial geworden, der Kern, den sie enthalten sollten, war uns entfallen. Da ließ er uns die Gefahr unsres Zustandes bemerken, wie bedenklich die Entfernung vom Überlieferten sein müsse, an welches von Jugend auf sich so viel angeschlossen; sie sei höchst gefährlich bei der Unvollständigkeit besonders des eignen Innern. Freilich eine täglich und stündlich durchgeführte Frömmigkeit werde zuletzt nur Zeitvertreib und wirke wie eine Art von Polizei auf den äußeren Anstand, aber nicht mehr auf den tiefen Sinn; das einzige Mittel dagegen sei, aus eigener Brust sittlich gleich geltende, gleich wirksame, gleich beruhigende Gesinnungen hervorzurufen.

Die Eltern hatten unsre Verbindung stillschweigend vorausgesetzt, und ich weiß nicht, wie es geschah, die Gegenwart des neuen Freundes beschleunigte die Verlobung, es schien sein Wunsch, diese Bestätigung unsres Glücks in dem stillen Kreise zu feiern, da er denn auch mit anhören mußte, wie der Vorsteher die Gelegenheit ergriff, uns an den Bischof von Laodicea und an die große Gefahr der Lauheit, die man uns wollte angemerkt haben, zu erinnern. Wir besprachen noch einigemal diese Gegenstände, und er ließ uns ein hierauf bezügliches Blatt zurück, welches ich oft in der Folge wieder anzusehen Ursache fand.

Er schied nunmehr, und es war, als wenn mit ihm alle guten Geister gewichen wären. Die Bemerkung ist nicht neu, wie die Erscheinung eines vorzüglichen Menschen in irgendeinem Zirkel Epoche macht und bei seinem Scheiden eine Lücke sich zeigt, in die sich öfters ein zufälliges Unheil hineindrängt. Und nun lassen Sie mich einen Schleier über das Nächstfolgende werfen; durch einen Zufall ward meines Verlobten kostbares Leben, seine herrliche Gestalt plötzlich zerstört; er wendete standhaft seine letzten Stunden dazu an, sich mit mir Trostlosen verbunden zu sehen und mir die Rechte an seinem Erbteil zu sichern. Was aber diesen Fall den Eltern um so schmerzlicher machte, war, daß sie kurz vorher eine Tochter verloren hatten und sich nun, im eigentlichen Sinne, verwaist sahen, worüber ihr zartes Gemüt dergestalt angegriffen wurde, daß sie ihr Leben nicht lange fristeten. Sie gingen den lieben Ihrigen bald nach, und mich ereilte noch ein anderes Unheil, daß mein Vater, vom Schlag gerührt, zwar noch sinnliche Kenntnis von der Welt, aber weder geistige noch körperliche Tätigkeit gegen dieselbe behalten hat. Und so bedurfte ich denn freilich in der größten Not und Absonderung jener Selbstständigkeit, in der ich mich, glückliche Verbindung und frohes Mitleben hoffend, frühzeitig geübt und noch vor kurzem durch die rein belebenden Worte des geheimnisvollen Durchreisenden recht eigentlich gestärkt hatte.

Doch darf ich nicht undankbar sein, da mir in diesem Zustand noch ein tüchtiger Gehülfe geblieben ist, der als Faktor alles das besorgt, was in solchen Geschäften als Pflicht männlicher Tätigkeit erscheint. Kommt er heut abend aus der Stadt zurück und Sie haben ihn kennen gelernt, so erfahren Sie mein wunderbares Verhältnis zu ihm."

Ich hatte manches dazwischengesprochen und durch beifälligen, vertraulichen Anteil ihr Herz immer mehr aufzuschließen und ihre Rede im Fluß zu erhalten getrachtet. Ich vermied nicht, dasjenige ganz nahe zu berühren, was noch nicht völlig ausgesprochen war; auch sie rückte immer näher zu, und wir waren so weit, daß bei der geringsten Veranlassung das offenbare Geheimnis ins Wort getreten wäre. Sie stand auf und sagte: „Lassen Sie uns zum Vater gehen!" Sie eilte voraus, und ich folgte ihr langsam; ich schüttelte den Kopf über die wundersame Lage, in der ich mich befand. Sie ließ mich in eine hintere, sehr reinliche Stube treten, wo der gute Alte unbeweglich im Sessel saß. Er hatte sich wenig verändert. Ich ging auf ihn zu, er sah mich erst starr, dann mit lebhafteren Augen an; seine Züge erheiterten sich, er versuchte, die Lippen zu bewegen, und als ich die Hand hinreichte, seine ruhende zu fassen, ergriff er die meine von selbst, drückte sie und sprang auf, die Arme gegen mich ausstreckend. „O Gott!“ rief er, „der Junker Lenardo! er ist’s, er ist es selbst!“ Ich konnte mich nicht enthalten, ihn an mein Herz zu schließen; er sank in den Stuhl zurück, die Tochter eilte hinzu, ihm beizustehen; auch sie rief: „Er ist’s! Sie sind es, Lenardo!“

Die jüngere Nichte war herbeigekommen, sie führten den Vater, der auf einmal wieder gehen konnte, der Kammer zu, und gegen mich gewendet, sprach er ganz deutlich: „Wie glücklich, glücklich! bald sehen wir uns wieder!“

Ich stand, vor mich hinschauend und denkend, Mariechen kam zurück und reichte mir ein Blatt, mit dem Vermelden, es sei dasselbige, wovon gesprochen. Ich erkannte sogleich Wilhelms Handschrift, so wie vorhin seine Person aus der Beschreibung mir entgegengetreten war; mancherlei fremde Gesichter schwärmten um mich her, es war eine eigene Bewegung im Vorhause. Und dann ist es ein widerwärtiges Gefühl, aus dem Enthusiasmus einer reinen Wiedererkennung, aus der Überzeugung dankbaren Erinnerns, der Anerkennung einer wunderbaren Lebensfolge und was alles Warmes und Schönes dabei in uns entwickelt werden mag, auf einmal zu der schroffen Wirklichkeit einer zerstreuten Alltäglichkeit zurückgeführt zu werden.

Diesmal war der Freitagabend überhaupt nicht so heiter und lustig, wie er sonst wohl sein mochte; der Faktor war nicht mit dem Marktschiff aus der Stadt zurückgekehrt, er meldete nur in einem Briefe, daß ihn Geschäfte erst morgen oder übermorgen zurückgehen ließen; er werde mit anderer Gelegenheit kommen, auch alles Bestellte und Versprochene mitbringen. Die Nachbarn, welche, jung und alt, in Erwartung wie gewöhnlich zusammengekommen waren, machten verdrießliche Gesichter, Lieschen besonders, die ihm entgegengegangen war, schien sehr übler Laune.

Ich hatte mich in mein Zimmer geflüchtet, das Blatt in der Hand haltend, ohne hineinzusehen, denn es hatte mir schon heimlichen Verdruß gemacht, aus jener Erzählung zu vernehmen, daß Wilhelm die Verbindung beschleunigt habe. „Alle Freunde sind so, alle sind Diplomaten; statt unser Vertrauen redlich zu erwidern, folgen sie ihren Ansichten, durchkreuzen unsre Wünsche und mißleiten unser Schicksal!“ So rief ich aus, doch kam ich bald von meiner Ungerechtigkeit zurück, gab dem Freunde recht, besonders die jetzige Stellung bedenkend, und enthielt mich nicht weiter, das folgende zu lesen.

„Jeder Mensch findet sich von den frühsten Momenten seines Lebens an, erst unbewußt, dann halb, endlich ganz bewußt, immerfort bedingt, begrenzt in seiner Stellung; weil aber niemand Zweck und Ziel seines Daseins kennt, vielmehr das Geheimnis desselben von höchster Hand verborgen wird, so tastet er nur, greift zu, läßt fahren, steht stille, bewegt sich, zaudert und übereilt sich, und auf wie mancherlei Weise denn alle Irrtümer entstehen, die uns verwirren.“

„Sogar der Besonnenste ist im täglichen Weltleben genötigt, klug für den Augenblick zu sein, und gelangt deswegen im allgemeinen zu keiner Klarheit. Selten weiß er sicher, wohin er sich in der Folge zu wenden und was er eigentlich zu tun und zu lassen habe.“

„Glücklicherweise sind alle diese und noch hundert andere wundersame Fragen durch euren unaufhaltsam tätigen Lebensgang beantwortet. Fahrt fort in unmittelbarer Beachtung der Pflicht des Tages und prüft dabei die Reinheit eures Herzens und die Sicherheit eures Geistes. Wenn ihr sodann in freier Stunde aufatmet und euch zu erheben Raum findet, so gewinnt ihr auch gewiß eine richtige Stellung gegen das Erhabene, dem wir uns auf jede Weise verehrend hinzugeben, jedes Ereignis mit Ehrfurcht zu betrachten und eine höhere Leitung darin zu erkennen haben.“

Sonnabend, den 20.

Vertieft in Gedanken, auf deren wunderlichen Irrgängen mich eine fühlende Seele teilnehmend gern begleiten wird, war ich mit Tagesanbruch am See auf und ab spaziert; die Hausfrau — ich fühlte mich sehr zufrieden, sie nicht als Witwe denken zu dürfen — zeigte sich erwünscht erst am Fenster, dann an der Türe; sie erzählte mir: der Vater habe gut geschlafen, sei heiter aufgewacht und habe mit deutlichen Worten eröffnet, daß er im Bette bleiben, mich heute nicht, morgen aber erst nach dem Gottesdienste zu sehen wünsche, wo er sich gewiß recht gestärkt fühlen werde. Sie sagte mir darauf, daß sie mich heute viel werde allein lassen; es sei für sie ein sehr beschäftigter Tag, kam herunter und gab mir Rechenschaft davon.

Ich hörte ihr zu, nur um sie zu hören, dabei überzeugt' ich mich, daß sie von der Sache durchdrungen, davon als einer herkömmlichen Pflicht angezogen und mit Willen beschäftigt schien. Sie fuhr fort: „Es ist gewöhnlich und eingerichtet, daß das Gewebe gegen das Ende der Woche fertig sei und am Sonnabendnachmittag zu dem Verlagsherrn getragen werde, der solches durchsieht, mißt und wägt, um zu erforschen, ob die Arbeit ordentlich und fehlerfrei, auch ob ihm an Gewicht und Maß das Gehörige eingeliefert worden, und, wenn alles richtig befunden ist, sodann den verabredeten Weberlohn zahlt. Seinerseits ist nun er bemüht, das gewebte Stück von allen etwa anhängenden Fäden und Knoten zu reinigen, solches aufs zierlichste zu legen, die schönste, fehlerfreiste Seite oben vors Auge zu bringen und so die Ware höchst annehmlich zu machen."

Indessen kamen aus dem Gebirg viele Weberinnen, ihre Ware ins Haus tragend, worunter ich auch die erblickte, welche unsern Geschirrfasser beschäftigte. Sie dankte mir gar lieblich für das zurückgelassene Geschenk und erzählte mit Anmut: der Herr Geschirrfasser sei bei ihnen, arbeite heute an ihrem leerstehenden Weberstuhl und habe ihr beim Abschied versichert: was er an ihm tue, solle Frau Susanne gleich der Arbeit ansehen. Darauf ging sie, wie die übrigen, ins Haus, und ich konnte mich nicht enthalten, die liebe Wirtin zu fragen: „Um 's Himmels willen! wie kommen Sie zu dem wunderlichen Namen?" — „Es ist", versetzte sie, „der dritte, den man mir aufbürdet; ich ließ es gerne zu, weil meine Schwiegereltern es wünschten, denn es war der Name ihrer verstorbenen Tochter, an deren Stelle sie mich eintreten ließen, und der Name bleibt doch immer der schönste, lebendigste Stellvertreter der Person.“ Darauf versetzte ich: „Ein vierter ist schon gefunden, ich würde Sie Gute-Schöne nennen, insofern es von mir abhinge.“ Sie machte eine gar lieblich demütige Verbeugung und wußte ihr Entzücken über die Genesung des Vaters mit der Freude, mich wiederzusehen, so zu verbinden und zu steigern, daß ich in meinem Leben nichts Schmeichelhafteres und Erfreulicheres glaubte gehört und gefühlt zu haben.

Die Schöne-Gute, doppelt und dreifach ins Haus zurückgerufen, übergab mich einem verständigen, unterrichteten Manne, der mir die Merkwürdigkeiten des Gebirgs zeigen sollte. Wir gingen zusammen, bei schönstem Wetter, durch reich abwechselnde Gegenden. Aber man überzeugt sich wohl, daß weder Fels noch Wald, noch Wassersturz, noch weniger Mühlen und Schmiedewerkstatt, sogar künstlich genug in Holz arbeitende Familien mir irgendeine Aufmerksamkeit abgewinnen konnten. Indessen war der Wandergang für den ganzen Tag angelegt, der Bote trug ein feines Frühstück im Ränzel, zu Mittag fanden wir ein gutes Essen im Zechenhause eines Bergwerks, wo niemand recht aus mir klug werden konnte, indem tüchtigen Menschen nichts leidiger vorkommt als ein leeres, Teilnahme heuchelndes Unteilnehmen.

Am wenigsten aber begriff mich der Bote, an welchen eigentlich der Garnträger mich gewiesen hatte, mit großem Lob meiner schönen technischen Kenntnisse und des besonderen Interesses an solchen Dingen. Auch von meinem vielen Aufschreiben und Bemerken hatte jener gute Mann erzählt, worauf sich denn der Berggenoß gleichfalls eingerichtet hatte. Lange wartete mein Begleiter, daß ich meine Schreibtafel hervorholen sollte, nach welcher er denn auch endlich, einigermaßen ungeduldig, fragte.

Sonntag, den 21.

Mittag kam beinahe herbei, eh’ ich die Freundin wieder ansichtig werden konnte. Der Hausgottesdienst, bei dem sie mich nicht gegenwärtig wünschte, war indessen gehalten; der Vater hatte demselben beigewohnt und, die erbaulichsten Worte deutlich und vernehmlich sprechend, alle Anwesenden und sie selbst bis zu den herzlichsten Tränen gerührt. „Es waren“, sagte sie, „bekannte Sprüche, Reime, Ausdrücke und Wendungen, die ich hundertmal gehört und als an hohlen Klängen mich geärgert hatte; diesmal flossen sie aber so herzlich zusammengeschmolzen, ruhig glühend, von Schlacken rein, wie wir das erweichte Metall in der Rinne hinfließen sehen. Es war mir angst und bange, er möchte sich in diesen Ergießungen aufzehren, jedoch ließ er sich ganz munter zu Bette führen; er wollte, sagte er, sich sammeln und den Gast, sobald er Kraft genug fühle, zu sich rufen lassen.“

Nach Tische ward unser Gespräch lebhafter und vertraulicher, aber ebendeshalb konnte ich mehr empfinden und bemerken, daß sie etwas zurückhielt, daß sie mit beunruhigenden Gedanken kämpfte, wie es ihr auch nicht ganz gelang, ihr Gesicht zu erheitern. Nachdem ich hin und her versucht, sie zur Sprache zu bringen, so gestand ich aufrichtig, daß ich ihr eine gewisse Schwermut, einen Ausdruck von Sorge anzusehen glaubte, seien es häusliche oder Handelsbedrängnisse, sie solle sich mir eröffnen; ich wäre reich genug, eine alte Schuld ihr auf jede Weise abzutragen.

Sie verneinte lächelnd, daß dies der Fall sei. „Ich habe“, fuhr sie fort, „wie Sie zuerst hereintraten, einen von denen Herren zu sehen geglaubt, die mir in Triest Kredit machen, und war mit mir selbst wohl zufrieden, als ich mein Geld vorrätig wußte, man mochte die ganze Summe oder einen Teil verlangen. Was mich aber drückt, ist doch eine Handelssorge, leider nicht für den Augenblick, nein! für alle Zukunft. Das überhandnehmende Maschinenwesen quält und ängstigt mich, es wälzt sich heran wie ein Gewitter, langsam, langsam; aber es hat seine Richtung genommen, es wird kommen und treffen. Schon mein Gatte war von diesem traurigen Gefühl durchdrungen. Man denkt daran, man spricht davon, und weder Denken noch Reden kann Hülfe bringen. Und wer möchte sich solche Schrecknisse gern vergegenwärtigen! Denken Sie, daß viele Täler sich durchs Gebirg schlingen, wie das, wodurch Sie herabkamen; noch schwebt Ihnen das hübsche, frohe Leben vor, das Sie diese Tage her dort gesehen, wovon Ihnen die geputzte Menge allseits andringend gestern das erfreulichste Zeugnis gab; denken Sie, wie das nach und nach zusammensinken, absterben, die Öde, durch Jahrhunderte belebt und bevölkert, wieder in ihre uralte Einsamkeit zurückfallen werde.

Hier bleibt nur ein doppelter Weg, einer so traurig wie der andere: entweder selbst das Neue zu ergreifen und das Verderben zu beschleunigen, oder aufzubrechen, die Besten und Würdigsten mit sich fort zu ziehen und ein günstigeres Schicksal jenseits der Meere zu suchen. Eins wie das andere hat sein Bedenken, aber wer hilft uns die Gründe abwägen, die uns bestimmen sollen? Ich weiß recht gut, daß man in der Nähe mit dem Gedanken umgeht, selbst Maschinen zu errichten und die Nahrung der Menge an sich zu reißen. Ich kann niemanden verdenken, daß er sich für seinen eigenen Nächsten hält; aber ich käme mir verächtlich vor, sollt' ich diese guten Menschen plündern und sie zuletzt arm und hülflos wandern sehen; und wandern müssen sie früh oder spat. Sie ahnen, sie wissen, sie sagen es, und niemand entschließt sich zu irgendeinem heilsamen Schritte. Und doch, woher soll der Entschluß kommen? wird er nicht jedermann ebensosehr erschwert als mir?

Mein Bräutigam war mit mir entschlossen zum Auswandern; er besprach sich oft über Mittel und Wege, sich hier loszuwinden. Er sah sich nach den Besseren um, die man um sich versammeln, mit denen man gemeine Sache machen, die man an sich heranziehen, mit sich fortziehen könnte; wir sehnten uns, mit vielleicht allzu jugendlicher Hoffnung, in solche Gegenden, wo dasjenige für Pflicht und Recht gelten könnte, was hier ein Verbrechen wäre. Nun bin ich im entgegengesetzten Falle: der redliche Gehülfe, der mir nach meines Gatten Tode geblieben, trefflich in jedem Sinne, mir freundschaftlich liebevoll anhänglich, er ist ganz der entgegengesetzten Meinung.

Ich muß Ihnen von ihm sprechen, eh' Sie ihn gesehen haben; lieber hätt' ich es nachher getan, weil die persönliche Gegenwart gar manches Rätsel aufschließt. Ungefähr von gleichem Alter wie mein Gatte, schloß er sich als kleiner, armer Knabe an den wohlhabenden, wohlwollenden Gespielen, an die Familie, an das Haus, an das Gewerbe; sie wuchsen zusammen heran und hielten zusammen, und doch waren es zwei ganz verschiedene Naturen; der eine frei gesinnt und mitteilend, der andere in früherer Jugend gedrückt, verschlossen, den geringsten ergriffenen Besitz festhaltend, zwar frommer Gesinnung, aber mehr an sich als an andere denkend.

Ich weiß recht gut, daß er von den ersten Zeiten her ein Auge auf mich richtete, er durfte es wohl, denn ich war ärmer als er; doch hielt er sich zurück, sobald er die Neigung des Freundes zu mir bemerkte. Durch anhaltenden Fleiß, Tätigkeit und Treue machte er sich bald zum Mitgenossen des Gewerbes. Mein Gatte hatte heimlich den Gedanken, bei unserer Auswanderung diesen hier einzusetzen und ihm das Zurückgelassene anzuvertrauen. Bald nach dem Tode des Trefflichen näherte er sich mir, und vor einiger Zeit verhielt er nicht, daß er sich um meine Hand bewerbe. Nun tritt aber der doppelt wunderliche Umstand ein, daß er sich von jeher gegen das Auswandern erklärte und dagegen eifrig betreibt, wir sollen auch Maschinen anlegen. Seine Gründe freilich sind dringend, denn in unsern Gebirgen hauset ein Mann, der, wenn er, unsere einfacheren Werkzeuge vernachlässigend, zusammengesetztere sich erbauen wollte, uns zugrunde richten könnte. Dieser in seinem Fache sehr geschickte Mann — wir nennen ihn den Geschirrfasser — ist einer wohlhabenden Familie in der Nachbarschaft anhänglich, und man darf wohl glauben, daß er im Sinne hat, von jenen steigenden Erfindungen für sich und seine Begünstigten nützlichen Gebrauch zu machen. Gegen die Gründe meines Gehülfen ist nichts einzuwenden, denn schon ist gewissermaßen zu viel Zeit versäumt, und gewinnen jene den Vorrang, so müssen wir, und zwar mit Unstatten, doch das gleiche tun. Dieses ist, was mich ängstigt und quält, das ist's, was Sie mir, teuerster Mann, als einen Schutzengel erscheinen läßt."

Ich hatte wenig Tröstliches hierauf zu erwidern, ich mußte den Fall so verwickelt finden, daß ich mir Bedenkzeit ausbat. Sie aber fuhr fort: „Ich habe noch manches zu eröffnen, damit meine Lage Ihnen noch mehr wundersam erscheine. Der junge Mann, dem ich persönlich nicht abgeneigt bin, der mir aber keineswegs meinen Gatten ersetzen noch meine eigentliche Neigung erwerben würde" — sie seufzte, indem sie dies sprach —, „wird seit einiger Zeit entschieden dringender, seine Vorträge sind so liebevoll als verständig. Die Notwendigkeit, meine Hand ihm zu reichen, die Unklugheit, an eine Auswanderung zu denken und darüber das einzige wahre Mittel der Selbsterhaltung zu versäumen, sind nicht zu widerlegen, und es scheint ihm mein Widerstreben, meine Grille des Auswanderns so wenig mit meinem übrigen haushältischen Sinn übereinzustimmen, daß ich bei einem letzten, etwas heftigen Gespräch die Vermutung bemerken konnte, meine Neigung müsse wo anders gefesselt sein." — Sie brachte das letzte nur mit einigem Stocken hervor und blickte vor sich nieder.

Was mir bei diesen Worten durch die Seele fuhr, denke jeder, und doch, bei blitzschnell nachfahrender Überlegung, mußt' ich fühlen, daß jedes Wort die Verwirrung nur vermehren würde. Doch ward ich zugleich, so vor ihr stehend, mir deutlich bewußt, daß ich sie im höchsten Grade liebgewonnen habe und nun alles, was in mir von vernünftiger, verständiger Kraft übrig war, aufzuwenden hatte, um ihr nicht sogleich meine Hand anzubieten. Mag sie doch, dachte ich, alles hinter sich lassen, wenn sie mir folgt! Doch die Leiden vergangener Jahre hielten mich zurück. Sollst du eine neue falsche Hoffnung hegen, um lebenslänglich daran zu büßen?

Wir hatten beide eine Zeitlang geschwiegen, als Lieschen, die ich nicht hatte herankommen sehen, überraschend vor uns trat und die Erlaubnis verlangte, auf dem nächsten Hammerwerke diesen Abend zuzubringen. Ohne Bedenken ward es gewährt. Ich hatte mich indessen zusammengenommen und fing an, im allgemeinen zu erzählen: wie ich auf meinen Reisen das alles längst herankommen gesehen, wie Trieb und Notwendigkeit des Auswanderns jeden Tag sich vermehre; doch bleibe ein solches Abenteuer immer das Gefährlichste. Unvorbereitetes Wegeilen bringe unglückliche Wiederkehr; kein anderes Unternehmen bedürfe so viel Vorsicht und Leitung als ein solches. Diese Betrachtung war ihr nicht fremd, sie hatte viel über alle Verhältnisse gedacht, aber zuletzt sprach sie mit einem tiefen Seufzer: „Ich habe diese Tage Ihres Hierseins immer gehofft, durch vertrauliche Erzählung Trost zu gewinnen, aber ich fühle mich übler gestellt als vorher, ich fühle recht tief, wie unglücklich ich bin.“ Sie hob den Blick nach mir, aber die aus den schönen, guten Augen ausquellenden Tränen zu verbergen, wendete sie sich um und entfernte sich einige Schritte.

Ich will mich nicht entschuldigen, aber der Wunsch, diese herrliche Seele, wo nicht zu trösten, doch zu zerstreuen, gab mir den Gedanken ein, ihr von der wundersamen Vereinigung mehrerer Wandernden und Scheidenden zu sprechen, in die ich schon seit einiger Zeit getreten war. Unversehens hatte ich schon so weit mich herausgelassen, daß ich kaum hätte zurückhalten können, als ich gewahrte, wie unvorsichtig mein Vertrauen gewesen sein mochte. Sie beruhigte sich, staunte, erheiterte, entfaltete ihr ganzes Wesen und fragte mit solcher Neigung und Klugheit, daß ich ihr nicht mehr ausweichen, daß ich ihr alles bekennen mußte.

Gretchen trat vor uns und sagte: wir möchten zum Vater kommen! Das Mädchen schien sehr nachdenklich und verdrießlich. Zur Weggehenden sagte die Schöne-Gute: „Lieschen hat Urlaub für heut abend, besorge du die Geschäfte.“ — „Ihr hättet ihn nicht geben sollen“, versetzte Gretchen, „sie stiftet nichts Gutes; Ihr seht dem Schalk mehr nach, als billig, vertraut ihr mehr, als recht ist. Eben jetzt erfahr' ich, sie hat ihm gestern einen Brief geschrieben; Euer Gespräch hat sie behorcht, jetzt geht sie ihm entgegen.“

Ein Kind, das indessen beim Vater geblieben war, bat mich, zu eilen, der gute Mann sei unruhig. Wir traten hinein; heiter, ja verklärt saß er aufrecht im Bette. „Kinder“, sagte er, „ich habe diese Stunden im anhaltenden Gebet vollbracht, keiner von allen Dank- und Lobgesängen Davids ist von mir unberührt geblieben, und ich füge hinzu, aus eignem Sinne mit gestärktem Glauben: Warum hofft der Mensch nur in die Nähe? da muß er handeln und sich helfen, in die Ferne soll er hoffen und Gott vertrauen.“

Er faßte Lenardos Hand und so die Hand der Tochter, und beide ineinander legend sprach er: „Das soll kein irdisches, es soll ein himmlisches Band sein; wie Bruder und Schwester liebt, vertraut, nützt und helft einander, so uneigennützig und rein, wie euch Gott helfe.“ Als er dies gesagt, sank er zurück mit himmlischem Lächeln und war heimgegangen. Die Tochter stürzte vor dem Bett nieder, Lenardo neben sie, ihre Wangen berührten sich, ihre Tränen vereinigten sich auf seiner Hand.

Der Gehülfe rennt in diesem Augenblick herein, erstarrt über der Szene. Mit wildem Blick, die schwarzen Locken schüttelnd, ruft der wohlgestaltete Jüngling: „Er ist tot; in dem Augenblick, da ich seine wiederhergestellte Sprache dringend anrufen wollte, mein Schicksal, das Schicksal seiner Tochter zu entscheiden, des Wesens, das ich nächst Gott am meisten liebe, dem ich ein gesundes Herz wünschte, ein Herz, das den Wert meiner Neigung fühlen könnte. Für mich ist sie verloren, sie kniet neben einem andern! Hat er euch eingesegnet? gesteht's nur!“

Das herrliche Wesen war indessen aufgestanden, Lenardo hatte sich erhoben und erholt; sie sprach: „Ich erkenn' Euch nicht mehr, den sanften, frommen, auf einmal so verwilderten Mann; wißt Ihr doch, wie ich Euch danke, wie ich von Euch denke.“

„Von Danken und Denken ist hier die Rede nicht“, versetzte jener gefaßt, „hier handelt sich's vom Glück oder Unglück meines Lebens. Dieser fremde Mann macht mich besorgt; wie ich ihn ansehe, getrau' ich mich nicht, ihn aufzuwiegen; frühere Rechte zu verdrängen, frühere Verbindungen zu lösen vermag ich nicht.“

„Sobald du wieder in dich selbst zurücktreten kannst“, sagte die Gute, schöner als je, „wenn mit dir zu sprechen ist wie sonst und immer, so will ich dir sagen, dir beteuern bei den irdischen Resten meines verklärten Vaters, daß ich zu diesem Herrn und Freunde kein ander Verhältnis habe, als das du kennen, billigen und teilen kannst und dessen du dich erfreuen mußt.“

Lenardo schauderte bis tief ins Innerste, alle drei standen still, stumm und nachdenkend eine Weile; der Jüngling nahm zuerst das Wort und sagte: „Der Augenblick ist von zu großer Bedeutung, als daß er nicht entscheidend sein sollte. Es ist nicht aus dem Stegreif, was ich spreche, ich habe Zeit gehabt zu denken, also vernehmt: Die Ursache, deine Hand mir zu verweigern, war meine Weigerung, dir zu folgen, wenn du aus Not oder Grille wandern würdest. Hier also erklär' ich feierlich vor diesem gültigen Zeugen, daß ich deinem Auswandern kein Hindernis in den Weg legen, vielmehr es befördern und dir überallhin folgen will. Gegen diese mir nicht abgenötigte, sondern nur durch die seltsamsten Umstände beschleunigte Erklärung verlang' ich aber im Augenblick deine Hand.“ Er reichte sie hin, stand fest und sicher da, die beiden andern wichen überrascht, unwillkürlich zurück.

„Es ist ausgesprochen“, sagte der Jüngling, ruhig mit einer gewissen frommen Hoheit: „das sollte geschehen, es ist zu unser aller Bestem, Gott hat es gewollt; aber damit du nicht denkst, es sei Übereilung und Grille, so wisse nur, ich hatte dir zulieb auf Berg und Felsen Verzicht getan und eben jetzt in der Stadt alles eingeleitet, um nach deinem Willen zu leben. Nun aber geh' ich allein, du wirst mir die Mittel dazu nicht versagen, du behältst noch immer genug übrig, um es hier zu verlieren, wie du fürchtest und wie du recht hast zu fürchten. Denn ich habe mich endlich auch überzeugt: der künstliche, werktätige Schelm hat sich ins obere Tal gewendet, dort legt er Maschinen an, du wirst ihn alle Nahrung an sich ziehen sehen, vielleicht rufst du, und nur allzubald, einen treuen Freund zurück, den du vertreibst.“

Peinlicher haben nicht leicht drei Menschen sich gegenübergestanden, alle zusammen in Furcht, sich einander zu verlieren, und im Augenblick nicht wissend, wie sie sich wechselseitig erhalten sollten.

Leidenschaftlich entschlossen stürzte der Jüngling zur Türe hinaus. Auf ihres Vaters erkaltete Brust hatte die Schöne-Gute ihre Hand gelegt: „In die Nähe soll man nicht hoffen“, rief sie aus, „aber in die Ferne, das war sein letzter Segen. Vertrauen wir Gott, jeder sich selbst und dem andern, so wird sich's wohl fügen.“

VIERZEHNTES KAPITEL

Unser Freund las mit großem Anteil das Vorgelegte, mußte aber zugleich gestehen, er habe schon beim Schluß des vorigen Heftes geahnet, ja vermutet, das gute Wesen sei entdeckt worden. Die Beschreibung der schroffen Gebirgsgegend habe ihn zuerst in jene Zustände versetzt, besonders aber sei er durch die Ahnung Lenardos in jener Mondennacht, so auch durch die Wiederholung der Worte seines Briefes auf die Spur geleitet worden. Friedrich, dem er das alles umständlich vortrug, ließ sich es auch ganz wohl gefallen.

Hier aber wird die Pflicht des Mitteilens, Darstellens, Ausführens und Zusammenziehens immer schwieriger. Wer fühlt nicht, daß wir uns diesmal dem Ende nähern, wo die Furcht, in Umständlichkeiten zu verweilen, mit dem Wunsche, nichts völlig unerörtert zu lassen, uns in Zwiespalt versetzt. Durch die eben angekommene Depesche wurden wir zwar von manchem unterrichtet, die Briefe jedoch und die vielfachen Beilagen enthielten verschiedene Dinge, gerade nicht von allgemeinem Interesse. Wir sind also gesonnen, dasjenige, was wir damals gewußt und erfahren, ferner auch das, was später zu unserer Kenntnis kam, zusammenzufassen und in diesem Sinne das übernommene ernste Geschäft eines treuen Referenten getrost abzuschließen.

Vor allen Dingen haben wir daher zu berichten, daß Lothario mit Theresen, seiner Gemahlin, und Natalien, die ihren Bruder nicht von sich lassen wollte, in Begleitung des Abbés schon wirklich zur See gegangen sind. Unter günstigen Vorbedeutungen reisten sie ab, und hoffentlich bläht ein fördernder Wind ihre Segel. Die einzige unangenehme Empfindung, eine wahre sittliche Trauer, nehmen sie mit: daß sie Makarien vorher nicht ihren Besuch abstatten konnten. Der Umweg war zu groß, das Unternehmen zu bedeutend; schon warf man sich einige Zögerung vor und mußte selbst eine heilige Pflicht der Notwendigkeit aufopfern.

Wir aber, von unserer erzählenden und darstellenden Seite, sollten diese teuren Personen, die uns früher so viele

Neigung abgewonnen, nicht in so weite Entfernung ziehen lassen, ohne von ihrem bisherigen Vornehmen und Tun nähere Nachricht erteilt zu haben, besonders da wir so lange nichts Ausführliches von ihnen vernommen. Gleichwohl unterlassen wir dieses, weil ihr bisheriges Geschäft sich nur vorbereitend auf das große Unternehmen bezog, auf welches wir sie lossteuern sehen. Wir leben jedoch in der Hoffnung, sie dereinst in voller geregelter Tätigkeit, den wahren Wert ihrer verschiedenen Charaktere offenbarend, vergnüglich wiederzufinden.

Juliette, die Sinnige-Gute, deren wir uns wohl noch erinnern, hatte geheiratet, einen Mann nach dem Herzen des Oheims, durchaus in seinem Sinne mit- und fortwirkend. Juliette war in der letzten Zeit viel um die Tante, wo manche derjenigen zusammentrafen, auf die sie wohltätigen Einfluß gehabt; nicht nur solche, die dem festen Lande gewidmet bleiben, auch solche, die über See zu gehen gedenken. Lenardo hingegen hatte schon früher mit Friedrichen Abschied genommen; die Mitteilung durch Boten war unter diesen desto lebhafter.

Vermißte man also in dem Verzeichnisse der Gäste jene edlen Obengenannten, so waren doch manche bedeutende, uns schon näher bekannte Personen darauf zu finden. Hilarie kam mit ihrem Gatten, der nun als Hauptmann und entschieden reicher Gutsbesitzer auftrat. Sie in ihrer großen Anmut und Liebenswürdigkeit gewann sich hier wie überall gar gern Verzeihung einer allzu großen Leichtigkeit, von Interesse zu Interesse übergehend zu wechseln, deren wir sie im Lauf der Erzählung schuldig gefunden. Besonders die Männer rechneten es ihr nicht hoch an. Einen dergleichen Fehler, wenn es einer ist, finden sie nicht anstößig, weil ein jeder wünschen und hoffen mag, auch an die Reihe zu kommen.

Flavio, ihr Gemahl, rüstig, munter und liebenswürdig genug, schien vollkommen ihre Neigung zu fesseln; sie mochte sich das Vergangene selbst verziehen haben; auch fand Makarie keinen Anlaß, dessen zu erwähnen. Er, der immer leidenschaftliche Dichter, bat sich aus, beim Abschiede ein Gedicht vorlesen zu dürfen, welches er zu Ehren ihrer und ihrer Umgebung in den wenigen Tagen seines Hierseins verfaßte. Man sah ihn oft im Freien auf und ab gehen, nach einigem Stillstand mit bewegter Gebärde wieder vorwärts schreitend in die Schreibtafel schreiben, sinnen und wieder schreiben. Nun aber schien er es für vollendet zu halten, als er durch Angela jenen Wunsch zu erkennen gab.

Die gute Dame, obgleich ungern, verstand sich hiezu, und es ließ sich allenfalls anhören, ob man gleich dadurch weiter nichts erfuhr, als was man schon wußte, nichts fühlte, als was man schon gefühlt hatte. Indessen war denn doch der Vortrag leicht und gefällig, Wendung und Reim mitunter neu, wenn man es auch hätte im ganzen etwas kürzer wünschen mögen. Zuletzt übergab er dasselbe, auf gerändertes Papier sehr schön geschrieben, und man schied mit vollkommener wechselseitiger Zufriedenheit.

Dieses Paar war von einer bedeutenden, wohlgenutzten Reise nach dem Süden zurückgekommen, um den Vater, den Major, von Hause abzulösen, der mit jener Unwiderstehlichen, die nun seine Gemahlin geworden, auch etwas von der paradiesischen Luft zu einiger Erquickung einatmen wollte.

Diese beiden kamen denn auch, im Wechsel, und so wie überall hatte bei Makarien die Merkwürdige auch vorzügliche Gunst, welche sich besonders darin erwies, daß die Dame in den innern Zimmern und allein empfangen wurde, welche Geneigtheit auch nachher dem Major zuteil ward. Dieser empfahl sich darauf sogleich als gebildeter Militär, guter Haus- und Landwirt, Literaturfreund, sogar als Lehrdichter beifallswürdig und fand bei dem Astronomen und sonstigen Hausgenossen guten Eingang.

Auch von unserm alten Herrn, dem würdigen Oheim, ward er besonders ausgezeichnet, welcher, in mäßiger Ferne wohnend, diesmal mehr, als er sonst pflegte, obgleich nur für Stunden, herüberkam, aber keine Nacht, auch bei angebotener größten Bequemlichkeit, zu bleiben bewogen werden konnte.

Bei solchen kurzen Zusammenkünften war seine Gegenwart jedoch höchst erfreulich, weil er sodann, als Welt- und Hofmann, nachgiebig und vermittelnd auftreten wollte; wobei denn sogar ein Zug von aristokratischer Pedanterie nicht unangenehm empfunden wurde. Überdem ging diesmal sein Behagen von Grund aus, er war glücklich, wie wir uns alle fühlen, wenn wir mit verständig-vernünftigen Leuten Wichtiges zu verhandeln haben. Das umfassende Geschäft war völlig im Gange, es bewegte sich stetig nach gepflogener Verabredung.

Hievon nur die Hauptmomente. Er ist drüben über dem Meere, von seinen Vorfahren her, Eigentümer. Was das heißen wolle, möge der Kenner dortiger Angelegenheiten, da es uns hier zu weit führen müßte, seinen Freunden näher erklären. Diese wichtigen Besitzungen waren bisher verpachtet und trugen, bei mancherlei Unannehmlichkeiten, wenig ein. Die Gesellschaft, die wir genugsam kennen, ist nun berechtigt, dort Besitz zu nehmen, mitten in der vollkommensten bürgerlichen Einrichtung, von da sie als einflußreiches Staatsglied ihren Vorteil ersehen und sich in die noch unangebaute Wüste fern verbreiten kann. Hier nun will sich Friedrich mit Lenardo besonders hervortun, um zu zeigen, wie man eigentlich von vorn beginnen und einen Naturweg einschlagen könne.

Kaum hatten sich die Genannten von ihrem Aufenthalte höchst zufrieden entfernt, so waren dagegen Gäste ganz anderer Art angemeldet und doch auch willkommen. Wir erwarteten wohl kaum, Philinen und Lydien an so heiliger Stätte auftreten zu sehen, und doch kamen sie an. Der zunächst in den Gebirgen noch immer weilende Montan sollte sie hier abholen und auf dem nächsten Wege zur See bringen. Beide wurden von Haushälterinnen, Schaffnerinnen, sonst angestellten und mitwohnenden Frauen sehr gut aufgenommen: Philine brachte ein paar allerliebste Kinder mit und zeichnete sich, bei einer einfachen, sehr reizenden Kleidung, aus durch das Sonderbare, daß sie von blumig gesticktem Gürtel herab an langer silberner Kette eine mäßig große englische Schere trug, mit der sie manchmal, gleichsam als wollte sie ihrem Gespräch einigen Nachdruck geben, in die Luft schnitt und schnippte und durch einen solchen Akt die sämtlichen Anwesenden erheiterte; worauf denn bald die Frage folgte: ob es denn in einer so großen

Familie nichts zuzuschneiden gebe? und da fand sich denn, daß, erwünscht für eine solche Tätigkeit, ein paar Bräute sollten ausgestattet werden. Sie sieht hierauf die Landestracht an, läßt die Mädchen vor sich auf und ab gehen und schneidet immer zu, wobei sie aber, mit Geist und Geschmack verfahrend, ohne dem Charakter einer solchen Tracht etwas zu benehmen, das eigentlich stockende Barbarische derselben mit einer Anmut zu vermitteln weiß, so gelind, daß die Bekleideten sich und andern besser gefallen und die Bangigkeit überwinden, man möge von dem Herkömmlichen doch abgewichen sein.

Hier kam nun Lydie, die mit gleicher Fertigkeit, Zierlichkeit und Schnelle zu nähen verstand, vollkommen zu Hülfe, und man durfte hoffen, mit dem übrigen weiblichen Beistand die Bräute schneller, als man gedacht hatte, herausgeputzt zu sehen. Dabei durften sich diese Mädchen nicht lange entfernen, Philine beschäftigte sich mit ihnen bis aufs kleinste und behandelte sie wie Puppen oder Theaterstatisten. Gehäufte Bänder und sonstiger in der Nachbarschaft üblicher Festschmuck wurde schicklich verteilt, und so erreichte man zuletzt, daß diese tüchtigen Körper und hübschen Figuren, sonst durch barbarische Pedanterei zugedeckt, nunmehr zu einiger Evidenz gelangten, wobei alle Derbheit doch immer zu einiger Anmut herausgestutzt erschien.

Allzu tätige Personen werden aber doch in einem gleichmäßig geregelten Zustande lästig. Philine war mit ihrer gefräßigen Schere in die Zimmer geraten, wo die Vorräte zu Kleidern für die große Familie, in Stoffen aller Art, zur Hand lagen. Da fand sie nun in der Aussicht, das alles zu zerschneiden, die größte Glückseligkeit; man mußte sie wirklich daraus entfernen und die Türen fest verschließen, denn sie kannte weder Maß noch Ziel. Angela wollte wirklich deshalb nicht als Braut behandelt sein, weil sie sich vor einer solchen Zuschneiderin fürchtete; überhaupt ließ sich das Verhältnis zwischen beiden keineswegs glücklich einleiten. Doch hievon kann erst später die Rede sein.

Montan, länger als man gedacht hatte, zauderte zu kommen, und Philine drang darauf, Makarien vorgestellt zu werden. Es geschah, weil man sie alsdann um desto eher loszuwerden hoffte, und es war merkwürdig genug, die beiden Sünderinnen zu den Füßen der Heiligen zu sehen. Zu beiden Seiten lagen sie ihr an den Knieen, Philine zwischen ihren zwei Kindern, die sie lebhaft anmutig niederdrückte; mit gewohnter Heiterkeit sprach sie: „Ich liebe meinen Mann, meine Kinder, beschäftige mich gern für sie, auch für andere, das übrige verzeihst du!" Makarie begrüßte sie segnend, sie entfernte sich mit anständiger Beugung.

Lydie lag von der linken Seite her der Heiligen mit dem Gesicht auf dem Schoße, weinte bitterlich und konnte kein Wort sprechen; Makarie, ihre Tränen auffassend, klopfte ihr auf die Schulter als beschwichtigend, dann küßte sie ihr Haupt zwischen den gescheitelten Haaren, wie es vor ihr lag, brünstig und wiederholt in frommer Absicht.

Lydie richtete sich auf, erst auf ihre Kniee, dann auf die Füße, und schaute zu ihrer Wohltäterin mit reiner Heiterkeit. „Wie geschieht mir!" sagte sie, „wie ist mir! Der schwere, lästige Druck, der mir, wo nicht alle Besinnung, doch alles Überlegen raubte, er ist auf einmal von meinem Haupte weggehoben, ich kann nun frei in die Höhe sehen, meine Gedanken in die Höhe richten, und", setzte sie nach tiefem Atemholen hinzu, „ich glaube, mein Herz will nach."

In diesem Augenblicke eröffnete sich die Türe, und Montan trat herein, wie öfters der allzu lang Erwartete plötzlich und unverhofft erscheint. Lydie schritt munter auf ihn zu, umarmte ihn freudig, und indem sie ihn vor Makarien führte, rief sie aus: „Er soll erfahren, was er dieser Göttlichen schuldig ist, und sich mit mir dankend niederwerfen."

Montan, betroffen und, gegen seine Gewohnheit, gewissermaßen verlegen, sagte mit edler Verbeugung gegen die würdige Dame: „Es scheint sehr viel zu sein, denn ich werde dich ihr schuldig. Es ist das erstemal, daß du mir offen und liebevoll entgegenkommst, das erstemal, daß du mich ans Herz drückst, ob ich es gleich längst verdiente."

Hier nun müssen wir vertraulich eröffnen, daß Montan Lydien von ihrer frühen Jugend an geliebt, daß der einnehmendere Lothario sie ihm entführt, er aber ihr und dem Freunde treu geblieben und sie sich endlich, vielleicht zu nicht geringer Verwunderung unserer früheren Leser, als Gattin zugeeignet habe.

Diese drei zusammen, welche sich in der europäischen Gesellschaft doch nicht ganz behaglich fühlen mochten, mäßigten kaum den Ausdruck ihrer Freude, wenn von den dort erwarteten Zuständen die Rede war. Die Schere Philinens zuckte schon: denn man gedachte sich das Monopol vorzubehalten, diese neuen Kolonien mit Kleidungsstücken zu versorgen. Philine beschrieb den großen Tuch- und Leinwandvorrat sehr artig und schnitt in die Luft, die Ernte für Sichel und Sense, wie sie sagte, schon vor sich sehend.

Lydie dagegen, erst durch jene glücklichen Segnungen zu teilnehmender Liebe wieder auferwacht, sah im Geiste schon ihre Schülerinnen sich ins Hundertfache vermehren und ein ganzes Volk von Hausfrauen zu Genauigkeit und Zierlichkeit eingeleitet und aufgeregt. Auch der ernste Montan hat die dortige Bergfülle an Blei, Kupfer, Eisen und Steinkohlen dergestalt vor Augen, daß er alle sein Wissen und Können manchmal nur für ängstlich tastendes Versuchen erklären möchte, um erst dort in eine reiche, belohnende Ernte mutig einzugreifen.

Daß Montan sich mit unserm Astronomen bald verstehen würde, war vorauszusehen. Die Gespräche, die sie in Gegenwart Makariens führten, waren höchst anziehend; wir finden aber nur weniges davon niedergeschrieben, indem Angela seit einiger Zeit beim Zuhören minder aufmerksam und beim Aufzeichnen nachlässiger geworden war. Auch mochte ihr manches zu allgemein und für ein Frauenzimmer nicht faßlich genug vorkommen. Wir schalten daher nur einige der in jene Tage gehörigen Äußerungen hier vorübergehend ein, die nicht einmal von ihrer Hand geschrieben uns zugekommen sind.

Bei dem Studieren der Wissenschaften, besonders derer, welche die Natur behandeln, ist die Untersuchung so nötig als schwer: ob das, was uns von alters her überliefert und von unsern Vorfahren für gültig geachtet worden, auch wirklich gegründet und zuverlässig sei, in dem Grade, daß man darauf fernerhin sicher fortbauen möge? oder ob ein herkömmliches Bekenntnis nur stationär geworden und deshalb mehr einen Stillstand als einen Fortschritt veranlasse? Ein Kennzeichen fördert diese Untersuchung, wenn nämlich das Angenommene lebendig und in das tätige Bestreben einwirkend und fördernd gewesen und geblieben.

Im Gegensatze steht die Prüfung des Neuen, wo man zu fragen hat: ob das Angenommene wirklicher Gewinn oder nur modische Übereinstimmung sei? denn eine Meinung, von energischen Männern ausgehend, verbreitet sich kontagios über die Menge, und dann heißt sie herrschend — eine Anmaßung, die für den treuen Forscher gar keinen Sinn ausspricht. Staat und Kirche mögen allenfalls Ursache finden, sich für herrschend zu erklären: denn die haben es mit der widerspenstigen Masse zu tun, und wenn nur Ordnung gehalten wird, so ist es ganz einerlei, durch welche Mittel; aber in den Wissenschaften ist die absoluteste Freiheit nötig: denn da wirkt man nicht für heut und morgen, sondern für eine undenklich vorschreitende Zeitenreihe.

Gewinnt aber auch in der Wissenschaft das Falsche die Oberhand, so wird doch immer eine Minorität für das Wahre übrigbleiben, und wenn sie sich in einen einzigen Geist zurückzöge, so hätte das nichts zu sagen. Er wird im stillen, im verborgenen fortwaltend wirken, und eine Zeit wird kommen, wo man nach ihm und seinen Überzeugungen fragt, oder wo diese sich, bei verbreitetem allgemeinem Licht, auch wieder hervorwagen dürfen.

Was jedoch weniger allgemein, obgleich unbegreiflich und wunderseltsam, zur Sprache kam, war die gelegentliche Eröffnung Montans, daß ihm bei seinen gebirgischen und bergmännischen Untersuchungen eine Person zur Seite gehe, welche ganz wundersame Eigenschaften und einen ganz eigenen Bezug auf alles habe, was man Gestein, Mineral, ja sogar was man überhaupt Element nennen könne. Sie fühle nicht bloß eine gewisse Einwirkung der unterirdisch fließenden Wasser, metallischer Lager und Gänge, sowie der Steinkohlen und was dergleichen in Massen beisammen sein möchte, sondern, was wunderbarer sei, sie befinde sich anders und wieder anders, sobald sie nur den Boden wechsele. Die verschiedenen Gebirgsarten übten auf sie einen besondern Einfluß, worüber er sich mit ihr, seitdem er eine zwar wunderliche, aber doch auslangende Sprache einzuleiten gewußt, recht gut verständigen und sie im einzelnen prüfen könne, da sie denn auf eine merkwürdige Weise die Probe bestehe, indem sie sowohl chemische als physische Elemente durchs Gefühl gar wohl zu unterscheiden wisse, ja sogar schon durch den Anblick das Schwerere von dem Leichtern unterscheide. Diese Person, über deren Geschlecht er sich nicht näher erklären wollte, habe er mit den abreisenden Freunden vorausgeschickt und hoffe zu seinen Zwecken in den ununtersuchten Gegenden sehr viel von ihr.

Dieses Vertrauen Montans eröffnete das strenge Herz des Astronomen, welcher sodann mit Makariens Vergünstigung auch ihm das Verhältnis derselben zum Weltsystem offenbarte. Durch nachherige Mitteilungen des Astronomen sind wir in dem Fall, wo nicht Genugsames, doch das Hauptsächliche ihrer Unterhaltungen über so wichtige Punkte mitzuteilen.

Bewundern wir indessen die Ähnlichkeit der hier eintretenden Fälle bei der größten Verschiedenheit. Der eine Freund, um nicht ein Timon zu werden, hatte sich in die tiefsten Klüfte der Erde versenkt, und auch dort ward er gewahr, daß in der Menschennatur etwas Analoges zum Starrsten und Rohsten vorhanden sei; dem andern gab von der Gegenseite der Geist Makariens ein Beispiel, daß, wie dort das Verbleiben, hier das Entfernen wohlbegabten Naturen eigen sei, daß man weder nötig habe, bis zum Mittelpunkt der Erde zu dringen, noch sich über die Grenzen unsres Sonnensystems hinaus zu entfernen, sondern schon genüglich beschäftigt und vorzüglich auf Tat aufmerksam gemacht und zu ihr berufen werde. An und in dem Boden findet man für die höchsten irdischen Bedürfnisse das Material, eine Welt des Stoffes, den höchsten Fähigkeiten des Menschen zur Bearbeitung übergeben; aber auf jenem geistigen Wege werden immer Teilnahme, Liebe, geregelte freie Wirksamkeit gefunden. Diese beiden Welten gegeneinander zu bewegen, ihre beiderseitigen Eigenschaften in der vorübergehenden Lebenserscheinung zu manifestieren, das ist die höchste Gestalt, wozu sich der Mensch auszubilden hat.

Hierauf schlossen beide Freunde einen Bund und nahmen sich vor, ihre Erfahrungen allenfalls auch nicht zu verheimlichen, weil derjenige, der sie als einem Roman wohl ziemende Märchen belächeln könnte, sie doch immer als ein Gleichnis des Wünschenswertesten betrachten dürfte.

Der Abschied Montans und seiner Frauenzimmer folgte bald hierauf, und wenn man ihn mit Lydien wohl noch gern gehalten hätte, so war doch die allzu unruhige Philine mehreren an Ruhe und Sitte gewohnten Frauenzimmern, besonders aber der edlen Angela beschwerlich, wozu sich noch besondere Umstände hinzufügten, welche die Unbehaglichkeit vermehrten.

Schon oben hatten wir zu bemerken, daß Angela nicht wie sonst die Pflicht des Aufmerkens und Aufzeichnens erfüllte, sondern anderwärts beschäftigt schien. Um diese Anomalie an einer der Ordnung dergestalt ergebenen und in den reinsten Kreisen sich bewegenden Person zu erklären, sind wir genötigt, einen neuen Mitspieler in dieses vielumfassende Drama noch zuletzt einzuführen.

Unser alter, geprüfter Handelsfreund Werner mußte sich bei zunehmenden, ja gleichsam ins Unendliche sich vermehrenden Geschäften nach frischen Gehülfen umsehen, welche er nicht ohne vorläufige besondere Prüfung näher an sich anschloß. Einen solchen sendet er nun an Makarien, um wegen Auszahlung der bedeutenden Summen zu unterhandeln, welche diese Dame aus ihrem großen Vermögen dem neuen Unternehmen, besonders in Rücksicht auf Lenardo, ihren Liebling, zuzuwenden beschloß und erklärte. Gedachter junger Mann, nunmehr Werners Gehülfe und Geselle, ein frischer, natürlicher Jüngling und eine Wundererscheinung, empfiehlt sich durch ein eignes Talent, durch eine grenzenlose Fertigkeit im Kopfrechnen, wie überall, so besonders bei den Unternehmern, wie sie jetzt zusammenwirken, da sie sich durchaus mit Zahlen im mannigfaltigsten Sinne einer Gesellschaftsrechnung beschäftigen und ausgleichen müssen. Sogar in der täglichen Sozietät, wo beim Hin- und Widerreden über weltliche Dinge von Zahlen, Summen und Ausgleichungen die Rede ist, muß ein solcher höchst willkommen mit einwirken. Überdem spielte er den Flügel höchst anmutig, wo ihm der Kalkül und ein liebenswürdiges Naturell verbunden und vereint äußerst wünschenswert zu Hülfe kommt. Die Töne fließen ihm leicht und harmonisch zusammen, manchmal aber deutet er an, daß er auch wohl in tiefern Regionen zu Hause wäre, und so wird er höchst anziehend, wenn er gleich wenig Worte macht und kaum irgend etwas Gefühltes aus seinen Gesprächen durchblickt. Auf alle Fälle ist er jünger als seine Jahre, man möchte beinahe etwas Kindliches an ihm finden. Wie es übrigens auch mit ihm sei, er hat Angelas Gunst gewonnen, sie die seinige, zu Makariens größter Zufriedenheit: denn sie hatte längst gewünscht, das edle Mädchen verheiratet zu sehen.

Diese jedoch, immer bedenkend und fühlend, wie schwer ihre Stelle zu besetzen sein werde, hatte wohl schon irgendein liebevolles Anerbieten abgelehnt, vielleicht sogar einer stillen Neigung Gewalt angetan; seitdem aber eine Nachfolgerin denkbar, ja gewissermaßen schon bestimmt worden, scheint sie, von einem wohlgefälligen Eindruck überrascht, ihm bis zur Leidenschaft nachgegeben zu haben.

Wir aber kommen nunmehr in den Fall, das Wichtigste zu eröffnen, indem ja alles, worüber seit so mancher Zeit die Rede gewesen, sich nach und nach gebildet, aufgelöst und wieder gestaltet hatte.

Entschieden ist also auch nunmehr, daß die Schöne-Gute, sonst das nußbraune Mädchen genannt, sich Makarien zur Seite füge. Der im allgemeinen vorgelegte, auch von Lenardo schon gebilligte Plan ist seiner Ausführung ganz nah; alle Teilnehmenden sind einig; die Schöne-Gute übergibt dem Gehülfen ihr ganzes Besitztum. Er heiratet die zweite Tochter jener arbeitsamen Familie und wird Schwager des Schirrfassers. Hiedurch wird die vollkommene Einrichtung einer neuen Fabrikation durch Lokal und Zusammenwirkung möglich, und die Bewohner des arbeitslustigen Tales werden auf eine andere, lebhaftere Weise beschäftigt.

Dadurch wird die Liebenswürdige frei, sie tritt bei Makarien an die Stelle von Angela, welche mit jenem jungen Manne schon verlobt ist. Hiemit wäre alles für den Augenblick berichtet; was nicht entschieden werden kann, bleibt im Schweben.

Nun aber verlangt die Schöne-Gute, daß Wilhelm sie abhole; gewisse Umstände sind noch zu berichtigen, und sie legt bloß einen großen Wert darauf, daß er das, was er doch eigentlich angefangen, auch vollende. Er entdeckte sie zuerst, und ein wundersam Geschick trieb Lenardo auf seine Spur; und nun soll er, so wünscht sie, ihr den Abschied von dort erleichtern und so die Freude, die Beruhigung empfinden, einen Teil der verschränkten Schicksalsfäden selbst wieder aufgefaßt und angeknüpft zu haben.

Nun aber müssen wir, um das Geistliche, das Gemütliche zu einer Art von Vollständigkeit zu bringen, auch ein Geheimeres offenbaren, und zwar folgendes: Lenardo hatte über eine nähere Verbindung mit der Schönen-Guten niemals das mindeste geäußert; im Laufe der Unterhandlungen aber, bei dem vielen Hin- und Widersenden war denn doch auf eine zarte Weise an ihr geforscht worden, wie sie dies Verhältnis ansehe und was sie, wenn es zur Sprache käme, allenfalls zu tun geneigt wäre. Aus ihrem Erwidern konnte man sich so viel zusammensetzen: sie fühle sich nicht wert, einer solchen Neigung wie der ihres edlen Freundes durch Hingebung ihres geteilten Selbst zu antworten. Ein Wohlwollen der Art verdiene die ganze Seele, das ganze Vermögen eines weiblichen Wesens; dies aber könne sie nicht anbieten. Das Andenken ihres Bräutigams, ihres Gatten und der wechselseitigen Einigung beider sei noch so lebhaft in ihr, nehme noch ihr ganzes Wesen dergestalt völlig ein, daß für Liebe und Leidenschaft kein Raum gedenkbar, auch ihr nur das reinste Wohlwollen und in diesem Falle die vollkommenste Dankbarkeit übrig bleibe. Man beruhigte sich hiebei, und da Lenardo die Angelegenheit nicht berührt hatte, war es auch nicht nötig, hierüber Auskunft und Antwort zu geben.

Einige allgemeine Betrachtungen werden hoffentlich hier am rechten Orte stehen. Das Verhältnis sämtlicher vorübergehenden Personen zu Makarien war vertraulich und ehrfurchtsvoll, alle fühlten die Gegenwart eines höheren Wesens, und doch blieb in solcher Gegenwart einem jeden die Freiheit, ganz in seiner eigenen Natur zu erscheinen. Jeder zeigt sich, wie er ist, mehr als je vor Eltern und Freunden, mit einer gewissen Zuversicht, denn er war gelockt und veranlaßt, nur das Gute, das Beste, was an ihm war, an den Tag zu geben, daher beinah eine allgemeine Zufriedenheit entstand.

Verschweigen aber können wir nicht, daß durch diese gewissermaßen zerstreuenden Zustände Makarie mit der Lage Lenardos beschäftigt blieb; sie äußerte sich auch darüber gegen ihre Nächsten, gegen Angela und den Astronomen. Lenardos Inneres glaubten sie deutlich vor sich zu sehen, er ist für den Augenblick beruhigt, der Gegenstand seiner Sorge wird höchst glücklich gesichert; Makarie hatte für die Zukunft auf jeden Fall gesorgt. Nun hatte er das große Geschäft mutig anzutreten und zu beginnen, das übrige dem Folgegang und Schicksal zu überlassen. Dabei konnte man vermuten, daß er in jenen Unternehmungen hauptsächlich gestärkt sei durch den Gedanken, sie dereinst, wenn er Fuß gefaßt, hinüber zu berufen, wo nicht gar selbst abzuholen.

Allgemeiner Bemerkungen konnte man hiebei sich nicht enthalten. Man beachtete näher den seltenen Fall, der sich hier hervortat: Leidenschaft aus Gewissen. Man gedachte zugleich anderer Beispiele einer wundersamen Umbildung einmal gefaßter Eindrücke, der geheimnisvollen Entwickelung angeborner Neigung und Sehnsucht. Man bedauerte, daß in solchen Fällen wenig zu raten sei, würde es aber höchst rätlich finden, sich möglichst klar zu halten und diesem oder jenem Hang nicht unbedingt nachzugeben.

Zu diesem Punkte aber gelangt, können wir der Versuchung nicht widerstehen, ein Blatt aus unsern Archiven mitzuteilen, welches Makarien betrifft und die besondere Eigenschaft, die ihrem Geiste erteilt ward. Leider ist dieser Aufsatz erst lange Zeit, nachdem der Inhalt mitgeteilt worden, aus dem Gedächtnis geschrieben und nicht, wie es in einem so merkwürdigen Fall wünschenswert wäre, für ganz authentisch anzusehen. Dem sei aber, wie ihm wolle, so wird hier schon so viel mitgeteilt, um Nachdenken zu erregen und Aufmerksamkeit zu empfehlen, ob nicht irgendwo schon etwas Ähnliches oder sich Annäherndes bemerkt und verzeichnet worden.

FUNFZEHNTES KAPITEL

Makarie befindet sich zu unserm Sonnensystem in einem Verhältnis, welches man auszusprechen kaum wagen darf. Im Geiste, der Seele, der Einbildungskraft hegt sie, schaut sie es nicht nur, sondern sie macht gleichsam einen Teil desselben; sie sieht sich in jenen himmlischen Kreisen mit fortgezogen, aber auf eine ganz eigene Art; sie wandelt seit ihrer Kindheit um die Sonne, und zwar, wie nun entdeckt ist, in einer Spirale, sich immer mehr vom Mittelpunkt entfernend und nach den äußeren Regionen hinkreisend.

Wenn man annehmen darf, daß die Wesen, insofern sie körperlich sind, nach dem Zentrum, insofern sie geistig sind, nach der Peripherie streben, so gehört unsere Freundin zu den geistigsten; sie scheint nur geboren, um sich von dem Irdischen zu entbinden, um die nächsten und fernsten Räume des Daseins zu durchdringen. Diese Eigenschaft, so herrlich sie ist, ward ihr doch seit den frühsten Jahren als eine schwere Aufgabe verliehen. Sie erinnert sich von klein auf ihr inneres Selbst als von leuchtendem Wesen durchdrungen, von einem Licht erhellt, welchem sogar das hellste Sonnenlicht nichts anhaben konnte. Oft sah sie zwei Sonnen, eine innere nämlich und eine außen am Himmel, zwei Monde, wovon der äußere in seiner Größe bei allen Phasen sich gleich blieb, der innere sich immer mehr und mehr verminderte.

Diese Gabe zog ihren Anteil ab von gewöhnlichen Dingen, aber ihre trefflichen Eltern wendeten alles auf ihre Bildung; alle Fähigkeiten wurden an ihr lebendig, alle Tätigkeiten wirksam, dergestalt daß sie allen äußeren Verhältnissen zu genügen wußte und, indem ihr Herz, ihr Geist ganz von überirdischen Gesichten erfüllt war, doch ihr Tun und Handeln immerfort dem edelsten Sittlichen gemäß blieb. Wie sie heranwuchs, überall hülfreich, unaufhaltsam in großen und kleinen Diensten, wandelte sie wie ein Engel Gottes auf Erden, indem ihr geistiges Ganze sich zwar um die Weltsonne, aber nach dem Überweltlichen in stetig zunehmenden Kreisen bewegte.

Die Überfülle dieses Zustandes ward einigermaßen dadurch gemildert, daß es auch in ihr zu tagen und zu nachten schien, da sie denn, bei gedämpftem innerem Licht, äußere Pflichten auf das treuste zu erfüllen strebte, bei frisch aufleuchtendem Innerem sich der seligsten Ruhe hingab. Ja sie will bemerkt haben, daß eine Art von Wolken sie von Zeit zu Zeit umschwebten und ihr den Anblick der himmlischen Genossen auf eine Zeitlang umdämmerten, eine Epoche, die sie stets zu Wohl und Freude ihrer Umgebungen zu benutzen wußte.

Solange sie die Anschauungen geheimhielt, gehörte viel dazu, sie zu ertragen; was sie davon offenbarte, wurde nicht anerkannt oder mißdeutet, sie ließ es daher in ihrem langen Leben nach außen als Krankheit gelten, und so spricht man in der Familie noch immer davon; zuletzt aber hat ihr das gute Glück den Mann zugeführt, den ihr bei uns seht, als Arzt, Mathematiker und Astronom gleich schätzbar, durchaus ein edler Mensch, der sich jedoch erst eigentlich aus Neugierde zu ihr heranfand. Als sie aber Vertrauen gegen ihn gewann, ihm nach und nach ihre Zustände beschrieben, das Gegenwärtige ans Vergangene angeschlossen und in die Ereignisse einen Zusammenhang gebracht hatte, ward er so von der Erscheinung eingenommen, daß er sich nicht mehr von ihr trennen konnte, sondern Tag für Tag stets tiefer in das Geheimnis einzudringen trachtete.

Im Anfange, wie er nicht undeutlich zu verstehen gab, hielt er es für Täuschung; denn sie leugnete nicht, daß von der ersten Jugend an sie sich um die Stern- und Himmelskunde fleißig bekümmert habe, daß sie darin wohl unterrichtet worden und keine Gelegenheit versäumt, sich durch Maschinen und Bücher den Weltbau immer mehr zu versinnlichen. Deshalb er sich denn nicht ausreden ließ, es sei angelernt. Die Wirkung einer in hohem Grad geregelten Einbildungskraft, der Einfluß des Gedächtnisses sei zu vermuten, eine Mitwirkung der Urteilskraft, besonders aber eines versteckten Kalküls.

Er ist ein Mathematiker und also hartnäckig, ein heller Geist und also ungläubig; er wehrte sich lange, bemerkte jedoch, was sie angab, genau, suchte der Folge verschiedener Jahre beizukommen, wunderte sich besonders über die neusten, mit dem gegenseitigen Stande der Himmelslichter übereintreffenden Angaben und rief endlich aus: „Nun warum sollte Gott und die Natur nicht auch eine lebendige Armillarsphäre, ein geistiges Räderwerk erschaffen und einrichten, daß es, wie ja die Uhren uns täglich und stündlich leisten, dem Gang der Gestirne von selbst auf eigne Weise zu folgen imstande wäre?"

Hier aber wagen wir nicht, weiter zu gehen; denn das Unglaubliche verliert seinen Wert, wenn man es näher im einzelnen beschauen will. Doch sagen wir so viel: Dasjenige, was zur Grundlage der anzustellenden Berechnungen diente, war folgendes: Ihr, der Seherin, erschien unsere Sonne in der Vision um vieles kleiner, als sie solche bei Tage erblickte, auch gab eine ungewöhnliche Stellung dieses höheren Himmelslichtes im Tierkreise Anlaß zu Folgerungen.

Dagegen entstanden Zweifel und Irrungen, weil die Schauende ein und das andere Gestirn andeutete als gleichfalls in dem Zodiak erscheinend, von dem man aber am Himmel nichts gewahr werden konnte. Es mochten die damals noch unentdeckten kleinen Planeten sein. Denn aus andern Angaben ließ sich schließen, daß sie, längst über die Bahn des Mars hinaus, der Bahn des Jupiter sich nähere. Offenbar hatte sie eine Zeitlang diesen Planeten, es wäre schwer zu sagen in welcher Entfernung, mit Staunen in seiner ungeheuren Herrlichkeit betrachtet und das Spiel seiner Monde um ihn her geschaut; hernach aber ihn auf die wunderseltsamste Weise als abnehmenden Mond gesehen, und zwar umgewendet, wie uns der wachsende Mond erscheint. Daraus wurde geschlossen, daß sie ihn von der Seite sehe und wirklich im Begriff sei, über dessen Bahn hinauszuschreiten und in dem unendlichen Raum dem Saturn entgegenzustreben. Dorthin folgt ihr keine Einbildungskraft, aber wir hoffen, daß eine solche Entelechie sich nicht ganz aus unserm Sonnensystem entfernen, sondern, wenn sie an die Grenze desselben gelangt ist, sich wieder zurücksehnen werde, um zugunsten unsrer Urenkel in das irdische Leben und Wohltun wieder einzuwirken.

Indem wir nun diese ätherische Dichtung, Verzeihung hoffend, hiemit beschließen, wenden wir uns wieder zu jenem terrestrischen Märchen, wovon wir oben eine vorübergehende Andeutung gegeben.

Montan hatte mit dem größten Anschein von Ehrlichkeit angegeben: jene wunderbare Person, welche mit ihren Gefühlen den Unterschied der irdischen Stoffe so wohl zu bezeichnen wisse, sei schon mit den ersten Wanderern in die weite Ferne gezogen, welches jedoch dem aufmerksamen Menschenkenner durchaus hätte sollen unwahrscheinlich dünken. Denn wie wollte Montan und seinesgleichen eine so bereite Wünschelrute von der Seite gelassen haben? Auch ward kurz nach seiner Abreise durch Hin- und Widerreden und sonderbare Erzählungen der unteren Hausbedienten hierüber ein Verdacht allmählich rege. Philine nämlich und Lydie hatten eine Dritte mitgebracht, unter dem Vorwand, es sei eine Dienerin, wozu sie sich aber gar nicht zu schicken schien; wie sie denn auch beim An- und Auskleiden der Herrinnen niemals gefordert wurde. Ihre einfache Tracht kleidete den derben, wohlgebauten Körper gar schicklich, deutete aber, so wie die ganze Person, auf etwas Ländliches. Ihr Betragen, ohne roh zu sein, zeigte keine gesellige Bildung, wovon die Kammermädchen immer die Karikatur darzustellen pflegen. Auch fand sie gar bald unter der Dienerschaft ihren Platz; sie gesellte sich zu den Garten- und Feldgenossen, ergriff den Spaten und arbeitete für zwei bis drei. Nahm sie den Rechen, so flog er auf das geschickteste über das aufgewühlte Erdreich, und die weiteste Fläche glich einem wohlgeebneten Beete. Übrigens hielt sie sich still und gewann gar bald die allgemeine Gunst. Sie erzählten sich von ihr: man habe sie oft das Werkzeug niederlegen und querfeldein über Stock und Steine springen sehen, auf eine versteckte Quelle zu, wo sie ihren Durst gelöscht. Diesen Gebrauch habe sie täglich wiederholt, indem sie von irgendeinem Punkte aus, wo sie gestanden, immer ein oder das andere rein ausfließende Wasser zu finden gewußt, wenn sie dessen bedurfte.

Und so war denn doch für Montans Angeben ein Zeugnis zurückgeblieben, der wahrscheinlich, um lästige Versuche und unzulängliches Probieren zu vermeiden, die Gegenwart einer so merkwürdigen Person vor seinen edlen Wirten, welche sonst wohl ein solches Zutrauen verdient hätten, zu verheimlichen beschloß. Wir aber wollten, was uns bekannt geworden, auch unvollständig wie es vorliegt, mitgeteilt haben, um forschende Männer auf ähnliche Fälle, die sich vielleicht öfter, als man glaubt, durch irgendeine Andeutung hervortun, freundlich aufmerksam zu machen.

SECHZEHNTES KAPITEL

Der Amtmann jenes Schlosses, das wir noch vor kurzem durch unsere Wanderer belebt gesehen, von Natur tätig und gewandt, den Vorteil seiner Herrschaft und seinen eignen immer vor Augen habend, saß nunmehr vergnügt, Rechnungen und Berichte auszufertigen, wodurch er die seinem Bezirk während der Anwesenheit jener Gäste zugegangenen großen Vorteile mit einiger Selbstgefälligkeit vorzutragen und auseinanderzusetzen sich bemühte. Allein dieses war nach seiner eigenen Überzeugung nur das Geringste; er hatte bemerkt, was für große Wirkungen von tätigen, geschickten, freisinnigen und kühnen Menschen ausgehen. Die einen hatten Abschied genommen, über das Meer zu setzen, die andern, um auf dem festen Lande ihr Unterkommen zu finden; nun ward er noch ein drittes heimliches Verhältnis gewahr, wovon er alsobald Nutzen zu ziehen den Entschluß faßte.

Beim Abschied zeigte sich, was man hätte voraussagen und wissen können, daß von den jungen, rüstigen Männern sich gar mancher mit den hübschen Kindern des Dorfs und der Gegend mehr oder weniger befreundet hatte. Nur einige bewiesen Mut genug, als Odoardo mit den Seinigen abging, sich als entschieden Bleibende zu erklären; von Lenardos Auswanderern war keiner geblieben, aber von diesen letztern beteuerten verschiedene, in kurzer Zeit zurückkehren und sich ansiedeln zu wollen, wenn man ihnen einigermaßen ein hinreichendes Auskommen und Sicherheit für die Zukunft gewähren könne.

Der Amtmann, welcher die sämtliche Persönlichkeit und die häuslichen Umstände seiner ihm untergebenen kleinen Völkerschaft ganz genau kannte, lachte heimlich als ein wahrer Egoist über das Ereignis, daß man so große Anstalten und Aufwand mache, um über dem Meer und im Mittellande sich frei und tätig zu erweisen, und doch dabei ihm, der auf seiner Hufe ganz ruhig gesessen, gerade die größten Vorteile zu Haus und Hof bringe und ihm Gelegenheit gebe, einige der Vorzüglichsten zurückzuhalten und bei sich zu versammeln. Seine Gedanken, ausgeweitet durch die Gegenwart, fanden nichts natürlicher, als daß Liberalität, wohl angewendet, gar löbliche, nützliche Folgen habe. Er faßte sogleich den Entschluß, in seinem kleinen Bezirk etwas Ähnliches zu unternehmen. Glücklicherweise waren wohlhabende Einwohner diesmal gleichsam genötigt, ihre Töchter den allzu frühen Gatten gesetzmäßig zu überlassen. Der Amtmann machte ihnen einen solchen bürgerlichen Unfall als ein Glück begreiflich, und da es wirklich ein Glück war, daß gerade die in diesem Sinne brauchbarsten Handwerker das Los getroffen hatte, so hielt es nicht schwer, die Einleitung zu einer Möbelfabrik zu machen, die ohne weitläufigen Raum und ohne große Umstände nur Geschicklichkeit und hinreichendes Material verlangt. Das letzte versprach der Amtmann; Frauen, Raum und Verlag gaben die Bewohner, und Geschicklichkeit brachten die Einwandernden mit.

Das alles hatte der gewandte Geschäftsmann schon im stillen, bei Anwesenheit und im Tumult der Menge, gar wohl überdacht und konnte daher, sobald es um ihn ruhig ward, gleich zum Werke schreiten.

Ruhe, aber freilich eine Art Totenruhe, war nach Verlauf dieser Flut über die Straßen des Orts, über den Hof des

Schlosses gekommen, als unsern rechnenden und berechnenden Geschäftsmann ein hereinsprengender Reiter aufrief und aus seiner ruhigen Fassung brachte. Des Pferdes Huf klappte freilich nicht, es war nicht beschlagen, aber der Reiter, der von der Decke herabsprang — er ritt ohne Sattel und Steigbügel, auch bändigte er das Pferd nur durch eine Trense —, er rief laut und ungeduldig nach den Bewohnern, nach den Gästen und war leidenschaftlich verwundert, alles so still und tot zu finden.

Der Amtsdiener wußte nicht, was er aus dem Ankömmling machen sollte; auf einen entstandenen Wortwechsel kam der Amtmann selbst hervor und wußte auch weiter nichts zu sagen, als daß alles weggezogen sei. — „Wohin?" war die rasche Frage des jungen, lebendigen Ankömmlings. — Mit Gelassenheit bezeichnete der Amtmann den Weg Lenardos und Odoards, auch eines dritten problematischen Mannes, den sie teils Wilhelm, teils Meister genannt hätten. Dieser habe sich auf dem einige Meilen entfernten Flusse eingeschifft, er fahre hinab, erst seinen Sohn zu besuchen und alsdann ein wichtiges Geschäft weiter zu verfolgen.

Schon hatte der Jüngling sich wieder aufs Pferd geschwungen und Kenntnis genommen von dem nächsten Wege zum Flusse hin, als er schon wieder zum Tor hinausstürzte und so eilig davonflog, daß dem Amtmann, der oben aus seinen Fenstern nachschaute, kaum ein verfliegender Staub anzudeuten schien, daß der verwirrte Reiter den rechten Weg genommen habe.

Nur eben war der letzte Staub in der Ferne verflogen, und unser Amtmann wollte sich wieder zu seinem Geschäft niedersetzen, als zum oberen Schloßtor ein Fußbote hereingesprungen kam und ebenfalls nach der Gesellschaft fragte, der noch etwas Nachträgliches zu überbringen er eilig abgesendet worden. Er hatte für sie ein größeres Paket, daneben aber auch einen einzelnen Brief, adressiert an Wilhelm genannt Meister, der dem Überbringer von einem jungen Frauenzimmer besonders auf die Seele gebunden und dessen baldige Bestellung eifrigst eingeschärft worden war. Leider konnte auch diesem kein anderer Bescheid werden, als daß er das Nest leer finde und daher seinen Weg eiligst fortsetzen müsse, wo er sie entweder sämtlich anzutreffen oder eine weitere Anweisung zu finden hoffen dürfte.

Den Brief aber selbst, den wir unter den vielen uns anvertrauten Papieren gleichfalls vorgefunden, dürfen wir, als höchst bedeutend, nicht zurückhalten. Er war von Hersilien, einem so wunderbaren als liebenswürdigen Frauenzimmer, welches in unsern Mitteilungen nur selten erscheint, aber bei jedesmaligem Auftreten gewiß jeden Geistreichen, Feinfühlenden unwiderstehlich angezogen hat. Auch ist das Schicksal, das sie betrifft, wohl das sonderbarste, das einem zarten Gemüte widerfahren kann.

SIEBZEHNTES KAPITEL

Hersilie an Wilhelm

Ich saß denkend und wüßte nicht zu sagen, was ich dachte. Ein denkendes Nichtdenken wandelt mich aber manchmal an, es ist eine Art von empfundener Gleichgültigkeit. Ein Pferd sprengt in den Hof und weckt mich aus meiner Ruhe, die Türe springt auf, und Felix tritt herein im jugendlichsten Glanze wie ein kleiner Abgott. Er eilt auf mich zu, will mich umarmen, ich weise ihn zurück; er scheint gleichgültig, bleibt in einiger Entfernung, und in ungetrübter Heiterkeit preist er mir das Pferd an, das ihn hergetragen, erzählt von seinen Übungen, von seinen Freuden umständlich und vertraulich. Die Erinnerung an ältere Geschichten bringt uns auf das Prachtkästchen, er weiß, daß ich's habe, und verlangt es zu sehen; ich gebe nach, es war unmöglich zu versagen. Er betrachtet's, erzählt umständlich, wie er es entdeckt, ich verwirre mich und verrate, daß ich den Schlüssel besitze. Nun steigt seine Neugier aufs höchste, auch den will er sehen, nur von ferne. Dringender und liebenswürdiger bitten konnte man niemand sehen; er bittet wie betend, knieet und bittet mit so feurigen, holden Augen, mit so süßen, schmeichelnden Worten, und so war ich wieder verführt. Ich zeigte das Wundergeheimnis von weitem, aber schnell faßte er meine Hand und entriß ihn und sprang mutwillig zur Seite um einen Tisch herum.

„Ich habe nichts vom Kästchen noch vom Schlüssel!“ rief er aus; „dein Herz wünscht’ ich zu öffnen, daß es sich mir auftäte, mir entgegenkäme, mich an sich drückte, mir vergönnte, es an meine Brust zu drücken.“ Er war unendlich schön und liebenswürdig, und wie ich auf ihn zugehen wollte, schob er das Kästchen auf dem Tisch immer vor sich hin; schon stak der Schlüssel drinnen; er drohte umzudrehen und drehte wirklich. Das Schlüsselchen war abgebrochen, die äußere Hälfte fiel auf den Tisch.

Ich war verwirrter, als man sein kann und sein sollte. Er benützt meine Unaufmerksamkeit, läßt das Kästchen stehen, fährt auf mich los und faßt mich in die Arme. Ich rang vergebens, seine Augen näherten sich den meinigen, und es ist was Schönes, sein eigenes Bild im liebenden Auge zu erblicken. Ich sah’s zum erstenmal, als er seinen Mund lebhaft auf den meinigen drückte. Ich will’s nur gestehen, ich gab ihm seine Küsse zurück, es ist doch sehr schön, einen Glücklichen zu machen. Ich riß mich los, die Kluft, die uns trennt, erschien mir nur zu deutlich; statt mich zu fassen, überschritt ich das Maß, ich stieß ihn zürnend weg, meine Verwirrung gab mir Mut und Verstand; ich bedrohte, ich schalt ihn, befahl ihm, nie wieder vor mir zu erscheinen; er glaubte meinem wahrhaften Ausdruck. „Gut!“ sagte er, „so reit’ ich in die Welt, bis ich umkomme.“ Er warf sich auf sein Pferd und sprengte weg. Noch halb träumend will ich das Kästchen verwahren, die Hälfte des Schlüssels lag abgebrochen, ich befand mich in doppelter und dreifacher Verlegenheit.

O Männer, o Menschen! Werdet ihr denn niemals die Vernunft fortpflanzen? war es nicht an dem Vater genug, der so viel Unheil anrichtete, bedurft’ es noch des Sohns, um uns unauflöslich zu verwirren?

Diese Bekenntnisse lagen eine Zeitlang bei mir, nun tritt ein sonderbarer Umstand ein, den ich melden muß, der obiges aufklärt und verdüstert.

Ein alter, dem Oheim sehr werter Goldschmied und Juwelenhändler trifft ein, zeigt seltsame antiquarische Schätze vor; ich werde veranlaßt, das Kästchen zu bringen, er betrachtet den abgebrochenen Schlüssel und zeigt, was man bisher übersehen hatte, daß der Bruch nicht rauh, sondern glatt sei. Durch Berührung fassen die beiden Enden einander an, er zieht den Schlüssel ergänzt heraus, sie sind magnetisch verbunden, halten einander fest, aber schließen nur dem Eingeweihten. Der Mann tritt in einige Entfernung, das Kästchen springt auf, das er gleich wieder zudrückt: an solche Geheimnisse sei nicht gut rühren, meinte er.

Meinen unerklärlichen Zustand vergegenwärtigen Sie sich, Gott sei Dank, gewiß nicht; denn wie wollte man außerhalb der Verwirrung die Verwirrung erkennen. Das bedeutende Kästchen steht vor mir, den Schlüssel, der nicht schließt, hab' ich in der Hand, jenes wollt' ich gern uneröffnet lassen, wenn dieser mir nur die nächste Zukunft aufschlösse.

Um mich bekümmern Sie sich eine Weile ja nicht, aber was ich inständig bitte, flehe, dringend empfehle: forschen Sie nach Felix; ich habe vergebens umhergesandt, um die Spuren seines Weges aufzufinden. Ich weiß nicht, ob ich den Tag segnen oder fürchten soll, der uns wieder zusammenführt.

Endlich, endlich! verlangt der Bote seine Abfertigung; man hat ihn lange genug hier aufgehalten, er soll die Wanderer mit wichtigen Depeschen ereilen. In dieser Gesellschaft wird er Sie ja auch wohl finden, oder man wird ihn zurecht weisen. Ich unterdes werde nicht beruhigt sein.

ACHTZEHNTES KAPITEL

Nun gleitete der Kahn, beschienen von heißer Mittagssonne, den Fluß hinab, gelinde Lüfte kühlten den erwärmten Äther, sanfte Ufer zu beiden Seiten gewährten einen zwar einfachen, doch behäglichen Anblick. Das Kornfeld näherte sich dem Strome, und ein guter Boden trat so nah heran, daß ein rauschendes Wasser, auf irgendeine Stelle sich hinwerfend, das lockere Erdreich gewaltig angegriffen, fortgerissen und steile Abhänge von bedeutender Höhe sich gebildet hatten.

Ganz oben auf dem schroffsten Rande einer solchen Steile, wo sonst der Leinpfad mochte hergegangen sein, sah der Freund einen jungen Mann herantraben, gut gebaut, von kräftiger Gestalt. Kaum aber wollte man ihn schärfer ins Auge fassen, als der dort überhangende Rasen losbricht und jener Unglückliche jählings, Pferd über, Mann unter, ins Wasser stürzt. Hier war nicht Zeit zu denken, wie und warum, die Schiffer fuhren pfeilschnell dem Strudel zu und hatten im Augenblick die schöne Beute gefaßt. Entseelt scheinend lag der holde Jüngling im Schiffe, und nach kurzer Überlegung fuhren die gewandten Männer einem Kiesweidicht zu, das sich mitten im Fluß gebildet hatte. Landen, den Körper ans Ufer heben, ausziehen und abtrocknen war eins. Noch aber kein Zeichen des Lebens zu bemerken, die holde Blume hingesenkt in ihren Armen!

Wilhelm griff sogleich nach der Lanzette, die Ader des Arms zu öffnen; das Blut sprang reichlich hervor, und mit der schlängelnd anspielenden Welle vermischt, folgte es gekreiseltem Strome nach. Das Leben kehrte wieder; kaum hatte der liebevolle Wundarzt nur Zeit, die Binde zu befestigen, als der Jüngling sich schon mutvoll auf seine Füße stellte, Wilhelmen scharf ansah und rief: „Wenn ich leben soll, so sei es mit dir!" Mit diesen Worten fiel er dem erkennenden und erkannten Retter um den Hals und weinte bitterlich. So standen sie fest umschlungen, wie Kastor und Pollux, Brüder, die sich auf dem Wechselwege vom Orkus zum Licht begegnen.

Man bat ihn, sich zu beruhigen. Die wackern Männer hatten schon ein bequemes Lager, halb sonnig, halb schattig, unter leichten Büschen und Zweigen bereitet; hier lag er nun auf den väterlichen Mantel hingestreckt, der holdeste Jüngling; braune Locken, schnell getrocknet, rollten sich schon wieder auf, er lächelte beruhigt und schlief ein. Mit Gefallen sah unser Freund auf ihn herab, indem er ihn zudeckte. — „Wirst du doch immer aufs neue hervorgebracht, herrlich Ebenbild Gottes!“ rief er aus, „und wirst sogleich wieder beschädigt, verletzt von innen oder von außen.“ — Der Mantel fiel über ihn her, eine gemäßigte Sonnenglut durchwärmte die Glieder sanft und innigst, seine Wangen röteten sich gesund, er schien schon völlig wiederhergestellt.

Die tätigen Männer, einer guten geglückten Handlung und des zu erwartenden reichlichen Lohns zum voraus sich erfreuend, hatten auf dem heißen Kies die Kleider des Jünglings schon so gut als getrocknet, um ihn beim Erwachen sogleich wieder in den gesellig anständigsten Zustand zu versetzen.

AUS MAKARIENS ARCHIV

1 Die Geheimnisse der Lebenspfade darf und kann man nicht offenbaren; es gibt Steine des Anstoßes, über die ein jeder Wanderer stolpern muß. Der Poet aber deutet auf die Stelle hin.

2 Es wäre nicht der Mühe wert, siebzig Jahr alt zu werden, wenn alle Weisheit der Welt Torheit wäre vor Gott.

3 Das Wahre ist gottähnlich; es erscheint nicht unmittelbar, wir müssen es aus seinen Manifestationen erraten.

4 Der echte Schüler lernt aus dem Bekannten das Unbekannte entwickeln und nähert sich dem Meister.

5 Aber die Menschen vermögen nicht leicht aus dem Bekannten das Unbekannte zu entwickeln; denn sie wissen nicht, daß ihr Verstand ebensolche Künste wie die Natur treibt.

6 Denn die Götter lehren uns ihr eigenstes Werk nachahmen; doch wissen wir nur, was wir tun, erkennen aber nicht, was wir nachahmen.

Alles ist gleich, alles ungleich, alles nützlich und schäd- 7
lich, sprechend und stumm, vernünftig und unvernünftig. Und was man von einzelnen Dingen bekennt, widerspricht sich öfters.

Denn das Gesetz haben die Menschen sich selbst aufer- 8
legt, ohne zu wissen, über was sie Gesetze gaben; aber die Natur haben alle Götter geordnet.

Was nun die Menschen gesetzt haben, das will nicht pas- 9
sen, es mag recht oder unrecht sein; was aber die Götter setzen, das ist immer am Platz, recht oder unrecht.

Ich aber will zeigen, daß die bekannten Künste der Men- 10
schen natürlichen Begebenheiten gleich sind, die offenbar oder geheim vorgehen.

Von der Art ist die Weissagekunst. Sie erkennet aus dem 11
Offenbaren das Verborgene, aus dem Gegenwärtigen das Zukünftige, aus dem Toten das Lebendige, und den Sinn des Sinnlosen.

So erkennt der Unterrichtete immer recht die Natur des 12
Menschen; und der Ununterrichtete sieht sie bald so, bald so an, und jeder ahmt sie nach seiner Weise nach.

Wenn ein Mann mit einem Weibe zusammentrifft und 13
ein Knabe entsteht, so wird aus etwas Bekanntem ein Unbekanntes. Dagegen wenn der dunkle Geist des Knaben die deutlichen Dinge in sich aufnimmt, so wird er zum Mann und lernt aus dem Gegenwärtigen das Zukünftige erkennen.

Das Unsterbliche ist nicht dem sterblichen Lebenden zu 14
vergleichen, und doch ist auch das bloß Lebende verständig. So weiß der Magen recht gut, wenn er hungert und durstet.

So verhält sich die Wahrsagekunst zur menschlichen Na- 15
tur. Und beide sind dem Einsichtsvollen immer recht; dem Beschränkten aber erscheinen sie bald so, bald so.

16 In der Schmiede erweicht man das Eisen, indem man das Feuer anbläst und dem Stabe seine überflüssige Nahrung nimmt; ist er aber rein geworden, dann schlägt man ihn und zwingt ihn, und durch die Nahrung eines fremden Wassers wird er wieder stark. Das widerfährt auch dem Menschen von seinem Lehrer.

17 Da wir überzeugt sind, daß derjenige, der die intellektuelle Welt beschaut und des wahrhaften Intellekts Schönheit gewahr wird, auch wohl ihren Vater, der über allen Sinn erhaben ist, bemerken könne, so versuchen wir denn nach Kräften einzusehen und für uns selbst auszudrücken — insofern sich dergleichen deutlich machen läßt —, auf welche Weise wir die Schönheit des Geistes und der Welt anzuschauen vermögen.

18 Nehmet an daher: zwei steinerne Massen seien nebeneinandergestellt, deren eine roh und ohne künstliche Bearbeitung geblieben, die andere aber durch die Kunst zur Statue, einer menschlichen oder göttlichen, ausgebildet worden. Wäre es eine göttliche, so möchte sie eine Grazie oder Muse vorstellen, wäre es eine menschliche, so dürfte es nicht ein besonderer Mensch sein, vielmehr irgendeiner, den die Kunst aus allem Schönen versammelte.

19 Euch wird aber der Stein, der durch die Kunst zur schönen Gestalt gebracht worden, alsobald schön erscheinen; doch nicht weil er Stein ist, denn sonst würde die andere Masse gleichfalls für schön gelten, sondern daher, daß er eine Gestalt hat, welche die Kunst ihm erteilte.

20 Die Materie aber hatte eine solche Gestalt nicht, sondern diese war in dem Ersinnenden früher, als sie zum Stein gelangte. Sie war jedoch in dem Künstler nicht weil er Augen und Hände hatte, sondern weil er mit der Kunst begabt war.

21 Also war in der Kunst noch eine weit größere Schönheit; denn nicht die Gestalt, die in der Kunst ruhet, gelangt in den Stein, sondern dorten bleibt sie und es gehet indessen

eine andere, geringere hervor, die nicht rein in sich selbst verharret, noch auch wie sie der Künstler wünschte, sondern insofern der Stoff der Kunst gehorchte.

Wenn aber die Kunst dasjenige, was sie ist und besitzt, 22
auch hervorbringt und das Schöne nach der Vernunft hervorbringt, nach welcher sie immer handelt, so ist sie fürwahr diejenige, die mehr und wahrer eine größere und trefflichere Schönheit der Kunst besitzt, vollkommener als alles, was nach außen hervortritt.

Denn indem die Form, in die Materie hervorschreitend, 23
schon ausgedehnt wird, so wird sie schwächer als jene, welche in Einem verharret. Denn was in sich eine Entfernung erduldet, tritt von sich selbst weg: Stärke von Stärke, Wärme von Wärme, Kraft von Kraft; so auch Schönheit von Schönheit. Daher muß das Wirkende trefflicher sein als das Gewirkte. Denn nicht die Unmusik macht den Musiker, sondern die Musik, und die übersinnliche Musik bringt die Musik in sinnlichem Ton hervor.

Wollte aber jemand die Künste verachten, weil sie der 24
Natur nachahmen, so läßt sich darauf antworten, daß die Naturen auch manches andere nachahmen; daß ferner die Künste nicht das geradezu nachahmen, was man mit Augen siehet, sondern auf jenes Vernünftige zurückgehen, aus welchem die Natur bestehet und wornach sie handelt.

Ferner bringen auch die Künste vieles aus sich selbst her- 25
vor und fügen anderseits manches hinzu, was der Vollkommenheit abgehet, indem sie die Schönheit in sich selbst haben. So konnte Phidias den Gott bilden, ob er gleich nichts sinnlich Erblickliches nachahmte, sondern sich einen solchen in den Sinn faßte, wie Zeus selbst erscheinen würde, wenn er unsern Augen begegnen möchte.

Man kann den Idealisten alter und neuer Zeit nicht ver- 26
argen, wenn sie so lebhaft auf Beherzigung des einen dringen, woher alles entspringt und worauf alles wieder zurück-

zuführen wäre. Denn freilich ist das belebende und ordnende Prinzip in der Erscheinung dergestalt bedrängt, daß es sich kaum zu retten weiß. Allein wir verkürzen uns an der andern Seite wieder, wenn wir das Formende und die höhere Form selbst in eine vor unserm äußern und innern Sinn verschwindende Einheit zurückdrängen.

---

27 Wir Menschen sind auf Ausdehnung und Bewegung angewiesen; diese beiden allgemeinen Formen sind es, in welchen sich alle übrigen Formen, besonders die sinnlichen, offenbaren. Eine geistige Form wird aber keineswegs verkürzt, wenn sie in der Erscheinung hervortritt, vorausgesetzt daß ihr Hervortreten eine wahre Zeugung, eine wahre Fortpflanzung sei. Das Gezeugte ist nicht geringer als das Zeugende, ja es ist der Vorteil lebendiger Zeugung, daß das Gezeugte vortrefflicher sein kann als das Zeugende.

---

28 Dieses weiter auszuführen und vollkommen anschaulich, ja, was mehr ist, durchaus praktisch zu machen, würde von wichtigem Belang sein. Eine umständliche folgerechte Ausführung aber möchte den Hörern übergroße Aufmerksamkeit zumuten.

---

29 Was einem angehört, wird man nicht los, und wenn man es wegwürfe.

---

30 Die neueste Philosophie unserer westlichen Nachbarn gibt ein Zeugnis, daß der Mensch, er gebärde sich, wie er wolle, und so auch ganze Nationen immer wieder zum Angebornen zurückkehren. Und wie wollte das anders sein, da ja dieses seine Natur und Lebensweise bestimmt.

---

31 Die Franzosen haben dem Materialismus entsagt und den Uranfängen etwas mehr Geist und Leben zuerkannt; sie haben sich vom Sensualismus losgemacht und den Tiefen der menschlichen Natur eine Entwickelung aus sich selbst eingestanden, sie lassen in ihr eine produktive Kraft gelten und suchen nicht alle Kunst aus Nachahmung eines gewahr-

gewordenen Äußern zu erklären. In solchen Richtungen mögen sie beharren.

Eine eklektische Philosophie kann es nicht geben, wohl 32
aber eklektische Philosophen.

Ein Eklektiker aber ist ein jeder, der aus dem, was ihn 33
umgibt, aus dem, was sich um ihn ereignet, sich dasjenige aneignet, was seiner Natur gemäß ist; und in diesem Sinne gilt alles, was Bildung und Fortschreitung heißt, theoretisch oder praktisch genommen.

Zwei eklektische Philosophen könnten demnach die größ- 34
ten Widersacher werden, wenn sie, antagonistisch geboren, jeder von seiner Seite sich aus allen überlieferten Philosophien dasjenige aneignete, was ihm gemäß wäre. Sehe man doch nur um sich her, so wird man immer finden, daß jeder Mensch auf diese Weise verfährt und deshalb nicht begreift, warum er andere nicht zu seiner Meinung bekehren kann.

Sogar ist es selten, daß jemand im höchsten Alter sich 35
selbst historisch wird und daß ihm die Mitlebenden historisch werden, so daß er mit niemanden mehr kontrovertieren mag noch kann.

Besieht man es genauer, so findet sich, daß dem Ge- 36
schichtschreiber selbst die Geschichte nicht leicht historisch wird: denn der jedesmalige Schreiber schreibt immer nur so, als wenn er damals selbst dabei gewesen wäre; nicht aber was vormals war und damals bewegte. Der Chronikenschreiber selbst deutet nur mehr oder weniger auf die Beschränktheit, auf die Eigenheiten seiner Stadt, seines Klosters wie seines Zeitalters.

Verschiedene Sprüche der Alten, die man sich öfters zu 37
wiederholen pflegt, hatten eine ganz andere Bedeutung, als man ihnen in späteren Zeiten geben möchte.

Das Wort: es solle kein mit der Geometrie Unbe- 38
kannter, der Geometrie Fremder in die Schule des Philo-

sophen treten, heißt nicht etwa, man solle ein Mathematiker sein, um ein Weltweiser zu werden.

---

39 Geometrie ist hier in ihren ersten Elementen gedacht, wie sie uns im Euklid vorliegt und wie wir sie einen jeden Anfänger beginnen lassen. Alsdann aber ist sie die vollkommenste Vorbereitung, ja Einleitung in die Philosophie.

---

40 Wenn der Knabe zu begreifen anfängt, daß einem sichtbaren Punkte ein unsichtbarer vorhergehen müsse, daß der nächste Weg zwischen zwei Punkten schon als Linie gedacht werde, ehe sie mit dem Bleistift aufs Papier gezogen wird, so fühlt er einen gewissen Stolz, ein Behagen. Und nicht mit Unrecht; denn ihm ist die Quelle alles Denkens aufgeschlossen, Idee und Verwirklichtes, potentia et actu, ist ihm klar geworden; der Philosoph entdeckt ihm nichts Neues, dem Geometer war von seiner Seite der Grund alles Denkens aufgegangen.

---

41 Nehmen wir sodann das bedeutende Wort vor: Erkenne dich selbst, so müssen wir es nicht im aszetischen Sinne auslegen. Es ist keineswegs die Heautognosie unserer modernen Hypochondristen, Humoristen und Heautontimorumenen damit gemeint; sondern es heißt ganz einfach: Gib einigermaßen acht auf dich selbst, nimm Notiz von dir selbst, damit du gewahr werdest, wie du zu deinesgleichen und der Welt zu stehen kommst. Hiezu bedarf es keiner psychologischen Quälereien; jeder tüchtige Mensch weiß und erfährt, was es heißen soll; es ist ein guter Rat, der einem jeden praktisch zum größten Vorteil gedeiht.

---

42 Man denke sich das Große der Alten, vorzüglich der sokratischen Schule, daß sie Quelle und Richtschnur alles Lebens und Tuns vor Augen stellt, nicht zu leerer Spekulation, sondern zu Leben und Tat auffordert.

---

43 Wenn nun unser Schulunterricht immer auf das Altertum hinweist, das Studium der griechischen und lateinischen Sprache fördert, so können wir uns Glück wünschen,

daß diese zu einer höheren Kultur so nötigen Studien niemals rückgängig werden.

Wenn wir uns dem Altertum gegenüberstellen und es 44
ernstlich in der Absicht anschauen, uns daran zu bilden, so gewinnen wir die Empfindung, als ob wir erst eigentlich zu Menschen würden.

Der Schulmann, indem er Lateinisch zu schreiben und 45
zu sprechen versucht, kommt sich höher und vornehmer vor, als er sich in seinem Alltagsleben dünken darf.

Der für dichterische und bildnerische Schöpfungen emp- 46
fängliche Geist fühlt sich dem Altertum gegenüber in den anmutigst-ideellen Naturzustand versetzt; und noch auf den heutigen Tag haben die homerischen Gesänge die Kraft, uns wenigstens für Augenblicke von der furchtbaren Last zu befreien, welche die Überlieferung von mehrern tausend Jahren auf uns gewälzt hat.

Wie Sokrates den sittlichen Menschen zu sich berief, da- 47
mit dieser ganz einfach einigermaßen über sich selbst aufgeklärt würde, so traten Plato und Aristoteles gleichfalls als befugte Individuen vor die Natur; der eine mit Geist und Gemüt, sich ihr anzueignen, der andere mit Forscherblick und Methode, sie für sich zu gewinnen. Und so ist denn auch jede Annäherung, die sich uns im ganzen und einzelnen an diese dreie möglich macht, das Ereignis, was wir am freudigsten empfinden und was unsere Bildung zu befördern sich jederzeit kräftig erweist.

Um sich aus der grenzenlosen Vielfachheit, Zerstücke- 48
lung und Verwickelung der modernen Naturlehre wieder ins Einfache zu retten, muß man sich immer die Frage vorlegen: Wie würde sich Plato gegen die Natur, wie sie uns jetzt in ihrer größeren Mannigfaltigkeit, bei aller gründlichen Einheit, erscheinen mag, benommen haben?

49 Denn wir glauben überzeugt zu sein, daß wir auf demselben Wege bis zu den letzten Verzweigungen der Erkenntnis organisch gelangen und von diesem Grund aus die Gipfel eines jeden Wissens uns nach und nach aufbauen und befestigen können. Wie uns hiebei die Tätigkeit des Zeitalters fördert und hindert, ist freilich eine Untersuchung, die wir jeden Tag anstellen müssen, wenn wir nicht das Nützliche abweisen und das Schädliche aufnehmen wollen.

---

50 Man rühmt das achtzehnte Jahrhundert, daß es sich hauptsächlich mit Analyse abgegeben; dem neunzehnten bleibt nun die Aufgabe: die falschen obwaltenden Synthesen zu entdecken und deren Inhalt aufs neue zu analysieren.

---

51 Es gibt nur zwei wahre Religionen, die eine, die das Heilige, das in und um uns wohnt, ganz formlos, die andere, die es in der schönsten Form anerkennt und anbetet. Alles, was dazwischen liegt, ist Götzendienst.

---

52 Es ist nicht zu leugnen, daß der Geist sich durch die Reformation zu befreien suchte; die Aufklärung über griechisches und römisches Altertum brachte den Wunsch, die Sehnsucht nach einem freieren, anständigeren und geschmackvolleren Leben hervor. Sie wurde aber nicht wenig dadurch begünstigt, daß das Herz in einen gewissen einfachen Naturstand zurückzukehren und die Einbildungskraft sich zu konzentrieren trachtete.

---

53 Aus dem Himmel wurden auf einmal alle Heiligen vertrieben und von einer göttlichen Mutter mit einem zarten Kinde Sinne, Gedanken, Gemüt auf den Erwachsenen, sittlich Wirkenden, ungerecht Leidenden gerichtet, welcher später als Halbgott verklärt, als wirklicher Gott anerkannt und verehrt wurde.

---

54 Er stand vor einem Hintergrunde, wo der Schöpfer das Weltall ausgebreitet hatte; von ihm ging eine geistige Wirkung aus, seine Leiden eignete man sich als Beispiel zu, und seine Verklärung war das Pfand für eine ewige Dauer.

So wie der Weihrauch einer Kohle Leben erfrischet, so erfrischet das Gebet die Hoffnungen des Herzens. 55

Ich bin überzeugt, daß die Bibel immer schöner wird, je mehr man sie versteht, d. h. je mehr man einsieht und anschaut, daß jedes Wort, das wir allgemein auffassen und im besondern auf uns anwenden, nach gewissen Umständen, nach Zeit- und Ortsverhältnissen einen eigenen, besondern, unmittelbar individuellen Bezug gehabt hat. 56

Genau besehen haben wir uns noch alle Tage zu reformieren und gegen andere zu protestieren, wenn auch nicht in religiösem Sinne. 57

Wir haben das unabweichliche, täglich zu erneuernde, grundernstliche Bestreben: das Wort mit dem Empfundenen, Geschauten, Gedachten, Erfahrenen, Imaginierten, Vernünftigen möglichst unmittelbar zusammentreffend zu erfassen. 58

Jeder prüfe sich, und er wird finden, daß dies viel schwerer sei, als man denken möchte; denn leider sind dem Menschen die Worte gewöhnlich Surrogate; er denkt und weiß es meistenteils besser, als er sich ausspricht. 59

Verharren wir aber in dem Bestreben: das Falsche, Ungehörige, Unzulängliche, was sich in uns und andern entwickeln oder einschleichen könnte, durch Klarheit und Redlichkeit auf das möglichste zu beseitigen. 60

Mit den Jahren steigern sich die Prüfungen. 61

Wo ich aufhören muß, sittlich zu sein, habe ich keine Gewalt mehr. 62

Zensur und Preßfreiheit werden immerfort miteinander kämpfen. Zensur fordert und übt der Mächtige, Preßfreiheit verlangt der Mindere. Jener will weder in seinen Planen noch seiner Tätigkeit durch vorlautes widersprechendes 63

Wesen gehindert, sondern gehorcht sein; diese wollen ihre Gründe aussprechen, den Ungehorsam zu legitimieren. Dieses wird man überall geltend finden.

64 Doch muß man auch hier bemerken, daß der Schwächere, der leidende Teil, gleichfalls auf seine Weise die Preßfreiheit zu unterdrücken sucht, und zwar in dem Falle, wenn er konspiriert und nicht verraten sein will.

65 Man wird nie betrogen, man betriegt sich selbst.

66 Wir brauchen in unserer Sprache ein Wort, das, wie Kindheit sich zu Kind verhält, so das Verhältnis Volkheit zum Volke ausdrückt. Der Erzieher muß die Kindheit hören, nicht das Kind. Der Gesetzgeber und Regent die Volkheit, nicht das Volk. Jene spricht immer dasselbe aus, ist vernünftig, beständig, rein und wahr. Dieses weiß niemals für lauter Wollen, was es will. Und in diesem Sinne soll und kann das Gesetz der allgemein ausgesprochene Wille der Volkheit sein, ein Wille, den die Menge niemals ausspricht, den aber der Verständige vernimmt und den der Vernünftige zu befriedigen weiß und der Gute gern befriedigt.

67 Welches Recht wir zum Regiment haben, darnach fragen wir nicht — wir regieren. Ob das Volk ein Recht habe, uns abzusetzen, darum bekümmern wir uns nicht — wir hüten uns nur, daß es nicht in Versuchung komme, es zu tun.

68 Wenn man den Tod abschaffen könnte, dagegen hätten wir nichts; die Todesstrafen abzuschaffen, wird schwerhalten. Geschieht es, so rufen wir sie gelegentlich wieder zurück.

69 Wenn sich die Sozietät des Rechtes begibt, die Todesstrafe zu verfügen, so tritt die Selbsthülfe unmittelbar wieder hervor, die Blutrache klopft an die Türe.

Alle Gesetze sind von Alten und Männern gemacht. 70
Junge und Weiber wollen die Ausnahme, Alte die Regel.

Der Verständige regiert nicht, aber der Verstand; nicht 71
der Vernünftige, sondern die Vernunft.

Wen jemand lobt, dem stellt er sich gleich. 72

Es ist nicht genug, zu wissen, man muß auch anwenden; 73
es ist nicht genug, zu wollen, man muß auch tun.

Es gibt keine patriotische Kunst und keine patriotische 74
Wissenschaft. Beide gehören, wie alles hohe Gute, der ganzen Welt an und können nur durch allgemeine freie Wechselwirkung aller zugleich Lebenden, in steter Rücksicht auf das, was uns vom Vergangenen übrig und bekannt ist, gefördert werden.

Wissenschaften entfernen sich im ganzen immer vom Le- 75
ben und kehren nur durch einen Umweg wieder dahin zurück.

Denn sie sind eigentlich Kompendien des Lebens; sie 76
bringen die äußern und innern Erfahrungen ins allgemeine, in einen Zusammenhang.

Das Interesse an ihnen wird im Grunde nur in einer be- 77
sondern Welt, in der wissenschaftlichen, erregt, denn daß man auch die übrige Welt dazu beruft und ihr davon Notiz gibt, wie es in der neuern Zeit geschieht, ist ein Mißbrauch und bringt mehr Schaden als Nutzen.

Nur durch eine erhöhte Praxis sollten die Wissenschaften 78
auf die äußere Welt wirken: denn eigentlich sind sie alle esoterisch und können nur durch Verbessern irgendeines Tuns exoterisch werden. Alle übrige Teilnahme führt zu nichts.

---

79 Die Wissenschaften, auch in ihrem innern Kreise betrachtet, werden mit augenblicklichem, jedesmaligem Interesse behandelt. Ein starker Anstoß, besonders von etwas Neuem und Unerhörtem oder wenigstens mächtig Gefördertem, erregt eine allgemeine Teilnahme, die jahrelang dauern kann und die besonders in den letzten Zeiten sehr fruchtbar geworden ist.

80 Ein bedeutendes Faktum, ein geniales Aperçu beschäftigt eine sehr große Anzahl Menschen, erst nur um es zu kennen, dann um es zu erkennen, dann es zu bearbeiten und weiterzuführen.

81 Die Menge fragt bei einer jeden neuen bedeutenden Erscheinung, was sie nutze, und sie hat nicht unrecht; denn sie kann bloß durch den Nutzen den Wert einer Sache gewahr werden.

82 Die wahren Weisen fragen, wie sich die Sache verhalte in sich selbst und zu andern Dingen, unbekümmert um den Nutzen, d. h. um die Anwendung auf das Bekannte und zum Leben Notwendige, welche ganz andere Geister, scharfsinnige, lebenslustige, technisch geübte und gewandte, schon finden werden.

83 Die Afterweisen suchen von jeder neuen Entdeckung nur so geschwind als möglich für sich einigen Vorteil zu ziehen, indem sie einen eitlen Ruhm, bald in Fortpflanzung, bald in Vermehrung, bald in Verbesserung, geschwinder Besitznahme, vielleicht gar durch Präokkupation, zu erwerben suchen und durch solche Unreifheiten die wahre Wissenschaft unsicher machen und verwirren, ja ihre schönste Folge, die praktische Blüte derselben, offenbar verkümmern.

84 Das schädlichste Vorurteil ist, daß irgendeine Art Naturuntersuchung mit dem Bann belegt werden könne.

85 Jeder Forscher muß sich durchaus ansehen als einer, der zu einer Jury berufen ist. Er hat nur darauf zu achten, in-

wiefern der Vortrag vollständig sei und durch klare Belege auseinandergesetzt. Er faßt hiernach seine Überzeugung zusammen und gibt seine Stimme, es sei nun, daß seine Meinung mit der des Referenten übereintreffe oder nicht.

Dabei bleibt er ebenso beruhigt, wenn ihm die Majori- 86
tät beistimmt, als wenn er sich in der Minorität befindet; denn er hat das Seinige getan, er hat seine Überzeugung ausgesprochen, er ist nicht Herr über die Geister noch über die Gemüter.

In der wissenschaftlichen Welt haben aber diese Gesin- 87
nungen niemals gelten wollen; durchaus ist es auf Herrschen und Beherrschen angesehen; und weil sehr wenige Menschen eigentlich selbstständig sind, so zieht die Menge den Einzelnen nach sich.

Die Geschichte der Philosophie, der Wissenschaften, der 88
Religion, alles zeigt, daß die Meinungen massenweis sich verbreiten, immer aber diejenige den Vorrang gewinnt, welche faßlicher, d. h. dem menschlichen Geiste in seinem gemeinen Zustande gemäß und bequem ist. Ja derjenige, der sich in höherem Sinne ausgebildet, kann immer voraussetzen, daß er die Majorität gegen sich habe.

Wäre die Natur in ihren leblosen Anfängen nicht so 89
gründlich stereometrisch, wie wollte sie zuletzt zum unberechenbaren und unermeßlichen Leben gelangen?

Der Mensch an sich selbst, insofern er sich seiner ge- 90
sunden Sinne bedient, ist der größte und genaueste physikalische Apparat, den es geben kann; und das ist eben das größte Unheil der neuern Physik, daß man die Experimente gleichsam vom Menschen abgesondert hat und bloß in dem, was künstliche Instrumente zeigen, die Natur erkennen, ja, was sie leisten kann, dadurch beschränken und beweisen will.

---

91 Ebenso ist es mit dem Berechnen. — Es ist vieles wahr, was sich nicht berechnen läßt, sowie sehr vieles, was sich nicht bis zum entschiedenen Experiment bringen läßt.

---

92 Dafür steht ja aber der Mensch so hoch, daß sich das sonst Undarstellbare in ihm darstellt. Was ist denn eine Saite und alle mechanische Teilung derselben gegen das Ohr des Musikers? Ja man kann sagen: was sind die elementaren Erscheinungen der Natur selbst gegen den Menschen, der sie alle erst bändigen und modifizieren muß, um sie sich einigermaßen assimilieren zu können.

---

93 Es ist von einem Experiment zu viel gefordert, wenn es alles leisten soll. Konnte man doch die Elektrizität erst nur durch Reiben darstellen, deren höchste Erscheinung jetzt durch bloße Berührung hervorgebracht wird.

---

94 Wie man der französischen Sprache niemals den Vorzug streitig machen wird, als ausgebildete Hof- und Weltsprache sich immer mehr aus- und fortbildend zu wirken, so wird es niemand einfallen, das Verdienst der Mathematiker gering zu schätzen, welches sie, in ihrer Sprache, die wichtigsten Angelegenheiten verhandelnd, sich um die Welt erwerben, indem sie alles, was der Zahl und dem Maß im höchsten Sinne unterworfen ist, zu regeln, zu bestimmen und zu entscheiden wissen.

---

95 Jeder Denkende, der seinen Kalender ansieht, nach seiner Uhr blickt, wird sich erinnern, wem er diese Wohltaten schuldig ist. Wenn man sie aber auch auf ehrfurchtsvolle Weise in Zeit und Raum gewähren läßt, so werden sie erkennen, daß wir etwas gewahr werden, was weit darüber hinausgeht, welches allen angehört und ohne welches sie selbst weder tun noch wirken könnten: Idee und Liebe.

---

96 Wer weiß etwas von Elektrizität, sagte ein heiterer Naturforscher, als wenn er im Finstern eine Katze streichelt oder Blitz und Donner neben ihm niederleuchten und rasseln? Wie viel und wie wenig weiß er alsdann davon?

Lichtenbergs Schriften können wir uns als der wunderbarsten Wünschelrute bedienen; wo er einen Spaß macht, liegt ein Problem verborgen. 97

In den großen leeren Weltraum zwischen Mars und Jupiter legte er auch einen heitern Einfall. Als Kant sorgfältig bewiesen hatte, daß die beiden genannten Planeten alles aufgezehrt und sich zugeeignet hätten, was nur in diesen Räumen zu finden gewesen von Materie, sagte jener scherzhaft, nach seiner Art: Warum sollte es nicht auch unsichtbare Welten geben? — Und hat er nicht vollkommen wahr gesprochen? Sind die neu entdeckten Planeten nicht der ganzen Welt unsichtbar, außer den wenigen Astronomen, denen wir auf Wort und Rechnung glauben müssen? 98

Einer neuen Wahrheit ist nichts schädlicher als ein alter Irrtum. 99

Die Menschen sind durch die unendlichen Bedingungen des Erscheinens dergestalt obruiert, daß sie das Eine Urbedingende nicht gewahren können. 100

„Wenn Reisende ein sehr großes Ergetzen auf ihren Bergklettereien empfinden, so ist für mich etwas Barbarisches, ja Gottloses in dieser Leidenschaft; Berge geben uns wohl den Begriff von Naturgewalt, nicht aber von Wohltätigkeit der Vorsehung. Zu welchem Gebrauch sind sie wohl dem Menschen? Unternimmt er, dort zu wohnen, so wird im Winter eine Schneelawine, im Sommer ein Bergrutsch sein Haus begraben oder fortschieben; seine Herden schwemmt der Gießbach weg, seine Kornscheuern die Windstürme. Macht er sich auf den Weg, so ist jeder Aufstieg die Qual des Sisyphus, jeder Niederstieg der Sturz Vulkans; sein Pfad ist täglich von Steinen verschüttet, der Gießbach unwegsam für Schiffahrt; finden auch seine Zwergherden notdürftige Nahrung oder sammelt er sie ihnen kärglich, entweder die Elemente entreißen sie ihm oder wilde Bestien. Er führt ein einsam kümmerlich Pflanzenleben, wie das Moos auf einem Grabstein, ohne Bequem- 101 lichkeit und ohne Gesellschaft. Und diese Zickzackkämme, diese widerwärtigen Felsenwände, diese ungestalteten Granitpyramiden, welche die schönsten Weltbreiten mit den Schrecknissen des Nordpols bedecken, wie sollte sich ein wohlwollender Mann daran gefallen und ein Menschenfreund sie preisen!"

---

102 Auf diese heitere Paradoxie eines würdigen Mannes wäre zu sagen, daß, wenn es Gott und der Natur gefallen hätte, den Urgebirgsknoten von Nubien durchaus nach Westen bis an das große Meer zu entwickeln und fortzusetzen, ferner diese Gebirgsreihe einigemal von Norden nach Süden zu durchschneiden, sodann Täler entstanden sein würden, worin gar mancher Urvater Abraham ein Kanaan, mancher Albert Julius eine Felsenburg würde gefunden haben, wo denn seine Nachkommen leicht mit den Sternen rivalisierend sich hätten vermehren können.

---

103 Steine sind stumme Lehrer, sie machen den Beobachter stumm, und das Beste, was man von ihnen lernt, ist nicht mitzuteilen.

---

104 Was ich recht weiß, weiß ich nur mir selbst; ein ausgesprochenes Wort fördert selten, es erregt meistens Widerspruch, Stocken und Stillstehen.

---

105 Die Kristallographie als Wissenschaft betrachtet gibt zu ganz eigenen Ansichten Anlaß. Sie ist nicht produktiv, sie ist nur sie selbst und hat keine Folgen, besonders nunmehr, da man so manche isomorphische Körper angetroffen hat, die sich ihrem Gehalte nach ganz verschieden erweisen. Da sie eigentlich nirgends anwendbar ist, so hat sie sich in dem hohen Grade in sich selbst ausgebildet. Sie gibt dem Geist eine gewisse beschränkte Befriedigung und ist in ihren Einzelnheiten so mannigfaltig, daß man sie unerschöpflich nennen kann, deswegen sie auch vorzügliche Menschen so entschieden und lange an sich festhält.

Etwas Mönchisch-Hagestolzenartiges hat die Kristallographie und ist daher sich selbst genug. Von praktischer Lebenseinwirkung ist sie nicht; denn die köstlichsten Erzeugnisse ihres Gebiets, die kristallinischen Edelsteine, müssen erst zugeschliffen werden, ehe wir unsere Frauen damit schmücken können. 106

Ganz das Entgegengesetzte ist von der Chemie zu sagen, welche von der ausgebreitetsten Anwendung und von dem grenzenlosesten Einfluß aufs Leben sich erweist. 107

Der Begriff vom Entstehen ist uns ganz und gar versagt; daher wir, wenn wir etwas werden sehen, denken, daß es schon dagewesen sei. Deshalb das System der Einschachtelung uns begreiflich vorkommt. 108

Wie manches Bedeutende sieht man aus Teilen zusammensetzen; man betrachte die Werke der Baukunst, man sieht manches sich regel- und unregelmäßig anhäufen; daher ist uns der atomistische Begriff nah und bequem zur Hand, deshalb wir uns nicht scheuen, ihn auch in organischen Fällen anzuwenden. 109

Wer den Unterschied des Phantastischen und Ideellen, des Gesetzlichen und Hypothetischen nicht zu fassen weiß, der ist als Naturforscher in einer üblen Lage. 110

Es gibt Hypothesen, wo Verstand und Einbildungskraft sich an die Stelle der Idee setzen. 111

Man tut nicht wohl, sich allzulange im Abstrakten aufzuhalten. Das Esoterische schadet nur, indem es exoterisch zu werden trachtet. Leben wird am besten durchs Lebendige belehrt. 112

Für die vorzüglichste Frau wird diejenige gehalten, welche ihren Kindern den Vater, wenn er abgeht, zu ersetzen imstande wäre. 113

---

114 Der unschätzbare Vorteil, welchen die Ausländer gewinnen, indem sie unsere Literatur erst jetzt gründlich studieren, ist der, daß sie über die Entwickelungskrankheiten, durch die wir nun schon beinahe während dem Laufe des Jahrhunderts durchgehen mußten, auf einmal weggehoben werden und, wenn das Glück gut ist, ganz eigentlich daran sich auf das wünschenswerteste ausbilden.

---

115 Wo die Franzosen des achtzehnten Jahrhunderts zerstörend sind, ist Wieland neckend.

---

116 Das poetische Talent ist dem Bauer so gut gegeben wie dem Ritter, es kommt nur darauf an, daß jeder seinen Zustand ergreife und ihn nach Würden behandle.

---

117 „Was sind Tragödien anders als versifizierte Passionen solcher Leute, die sich aus den äußern Dingen ich weiß nicht was machen."

---

118 Das Wort Schule, wie man es in der Geschichte der bildenden Kunst nimmt, wo man von einer florentinischen, römischen und venezianischen Schule spricht, wird sich künftighin nicht mehr auf das deutsche Theater anwenden lassen. Es ist ein Ausdruck, dessen man sich vor dreißig, vierzig Jahren vielleicht noch bedienen konnte, wo unter beschränkteren Umständen sich eine natur- und kunstgemäße Ausbildung noch denken ließ; denn genau gesehen gilt auch in der bildenden Kunst das Wort Schule nur von den Anfängen; denn sobald sie treffliche Männer hervorgebracht hat, wirkt sie alsobald in die Weite. Florenz beweist seinen Einfluß über Frankreich und Spanien; Niederländer und Deutsche lernen von den Italienern und erwerben sich mehr Freiheit in Geist und Sinn, anstatt daß die Südländer von ihnen eine glücklichere Technik und die genauste Ausführung von Norden her gewinnen.

---

119 Das deutsche Theater befindet sich in der Schlußepoche, wo eine allgemeine Bildung dergestalt verbreitet ist, daß

sie keinem einzelnen Orte mehr angehören, von keinem besondern Punkte mehr ausgehen kann.

Der Grund aller theatralischen Kunst, wie einer jeder andern, ist das Wahre, das Naturgemäße. Je bedeutender dieses ist, auf je höherem Punkte Dichter und Schauspieler es zu fassen verstehen, eines desto höhern Ranges wird sich die Bühne zu rühmen haben. Hiebei gereicht es Deutschland zu einem großen Gewinn, daß der Vortrag trefflicher Dichtung allgemeiner geworden ist und auch außerhalb des Theaters sich verbreitet hat. 120

Auf der Rezitation ruht alle Deklamation und Mimik. Da nun beim Vorlesen jene ganz allein zu beachten und zu üben ist, so bleibt offenbar, daß Vorlesungen die Schule des Wahren und Natürlichen bleiben müssen, wenn Männer, die ein solches Geschäft übernehmen, von dem Wert, von der Würde ihres Berufs durchdrungen sind. 121

Shakespeare und Calderon haben solchen Vorlesungen einen glänzenden Eingang gewährt; jedoch bedenke man immer dabei, ob nicht hier gerade das imposante Fremde, das bis zum Unwahren gesteigerte Talent der deutschen Ausbildung schädlich werden müsse! 122

Eigentümlichkeit des Ausdruckes ist Anfang und Ende aller Kunst. Nun hat aber eine jede Nation eine von dem allgemeinen Eigentümlichen der Menschheit abweichende besondere Eigenheit, die uns zwar anfänglich widerstreben mag, aber zuletzt, wenn wir's uns gefallen ließen, wenn wir uns derselben hingäben, unsere eigene charakteristische Natur zu überwältigen und zu erdrücken vermöchte. 123

Wieviel Falsches Shakespeare und besonders Calderon über uns gebracht, wie diese zwei großen Lichter des poetischen Himmels für uns zu Irrlichtern geworden, mögen die Literatoren der Folgezeit historisch bemerken. 124

---

125 Eine völlige Gleichstellung mit dem spanischen Theater kann ich nirgends billigen. Der herrliche Calderon hat so viel Konventionelles, daß einem redlichen Beobachter schwer wird, das große Talent des Dichters durch die Theateretikette durchzuerkennen. Und bringt man so etwas irgendeinem Publikum, so setzt man bei demselben immer guten Willen voraus, daß es geneigt sei, auch das Weltfremde zuzugeben, sich an ausländischem Sinn, Ton und Rhythmus zu ergetzen und aus dem, was ihm eigentlich gemäß ist, eine Zeitlang herauszugehen.

---

126 Yorik-Sterne war der schönste Geist, der je gewirkt hat; wer ihn liest, fühlt sich sogleich frei und schön; sein Humor ist unnachahmlich, und nicht jeder Humor befreit die Seele.

---

127 „Mäßigkeit und klarer Himmel sind Apollo und die Musen."

---

128 Das Gesicht ist der edelste Sinn, die andern vier belehren uns nur durch die Organe des Takts, wir hören, wir fühlen, riechen und betasten alles durch Berührung; das Gesicht aber steht unendlich höher, verfeint sich über die Materie und nähert sich den Fähigkeiten des Geistes.

---

129 Setzten wir uns an die Stelle anderer Personen, so würden Eifersucht und Haß wegfallen, die wir so oft gegen sie empfinden; und setzten wir andere an unsere Stelle, so würde Stolz und Einbildung gar sehr abnehmen.

---

130 Nachdenken und Handeln verglich einer mit Rahel und Lea; die eine war anmutiger, die andere fruchtbarer.

---

131 Nichts im Leben außer Gesundheit und Tugend ist schätzenswerter als Kenntnis und Wissen; auch ist nichts so leicht zu erreichen und so wohlfeil zu erhandeln; die ganze Arbeit ist Ruhigsein und die Ausgabe Zeit, die wir nicht retten, ohne sie auszugeben.

Könnte man Zeit wie bares Geld beiseitelegen, ohne sie 132
zu benutzen, so wäre dies eine Art von Entschuldigung für den Müßiggang der halben Welt; aber keine völlige, denn es wäre ein Haushalt, wo man von dem Hauptstamm lebte, ohne sich um die Interessen zu bemühen.

Neuere Poeten tun viel Wasser in die Tinte. 133

Unter mancherlei wunderlichen Albernheiten der Schu- 134
len kommt mir keine so vollkommen lächerlich vor als der Streit über die Echtheit alter Schriften, alter Werke. Ist es denn der Autor oder die Schrift, die wir bewundern oder tadeln? es ist immer nur der Autor, den wir vor uns haben; was kümmern uns die Namen, wenn wir ein Geisteswerk auslegen?

Wer will behaupten, daß wir Virgil oder Homer vor uns 135
haben, indem wir die Worte lesen, die ihm zugeschrieben werden? Aber die Schreiber haben wir vor uns, und was haben wir weiter nötig? Und ich denke fürwahr, die Gelehrten, die in dieser unwesentlichen Sache so genau zu Werke gehen, scheinen mir nicht weiser als ein sehr schönes Frauenzimmer, das mich einmal mit möglichst süßem Lächeln befragte: wer denn der Autor von Shakespeares Schauspielen gewesen sei?

Es ist besser, das geringste Ding von der Welt zu tun, als 136
eine halbe Stunde für gering halten.

Mut und Bescheidenheit sind die unzweideutigsten Tu- 137
genden; denn sie sind von der Art, daß Heuchelei sie nicht nachahmen kann; auch haben sie die Eigenschaft gemein, sich beide durch dieselbe Farbe auszudrücken.

Unter allem Diebsgesindel sind die Narren die Schlimm- 138
sten: sie rauben euch beides, Zeit und Stimmung.

Uns selbst zu achten, leitet unsre Sittlichkeit; andere zu 139
schätzen, regiert unser Betragen.

140 Kunst und Wissenschaft sind Worte, die man so oft braucht und deren genauer Unterschied selten verstanden wird; man gebraucht oft eins für das andere.

141 Auch gefallen mir die Definitionen nicht, die man davon gibt. Verglichen fand ich irgendwo Wissenschaft mit Witz, Kunst mit Humor. Hierin find' ich mehr Einbildungskraft als Philosophie: es gibt uns wohl einen Begriff von dem Unterschied beider, aber keinen von dem Eigentümlichen einer jeden.

142 Ich denke, Wissenschaft könnte man die Kenntnis des Allgemeinen nennen, das abgezogene Wissen; Kunst dagegen wäre Wissenschaft zur Tat verwendet; Wissenschaft wäre Vernunft, und Kunst ihr Mechanismus, deshalb man sie auch praktische Wissenschaft nennen könnte. Und so wäre denn endlich Wissenschaft das Theorem, Kunst das Problem.

143 Vielleicht wird man mir einwenden: Man hält die Poesie für Kunst, und doch ist sie nicht mechanisch; aber ich leugne, daß sie eine Kunst sei; auch ist sie keine Wissenschaft. Künste und Wissenschaften erreicht man durch Denken, Poesie nicht, denn diese ist Eingebung; sie war in der Seele empfangen, als sie sich zuerst regte. Man sollte sie weder Kunst noch Wissenschaft nennen, sondern Genius.

144 Auch jetzt im Augenblick sollte jeder Gebildete Sternes Werke wieder zur Hand nehmen, damit auch das neunzehnte Jahrhundert erführe, was wir ihm schuldig sind, und einsähe, was wir ihm schuldig werden können.

145 In dem Erfolg der Literaturen wird das frühere Wirksame verdunkelt und das daraus entsprungene Gewirkte nimmt überhand, deswegen man wohltut, von Zeit zu Zeit wieder zurückzublicken. Was an uns Original ist, wird am besten erhalten und belobt, wenn wir unsre Altvordern nicht aus den Augen verlieren.

Möge das Studium der griechischen und römischen Li- 146
teratur immerfort die Basis der höhern Bildung bleiben.

Chinesische, indische, ägyptische Altertümer sind immer 147
nur Kuriositäten; es ist sehr wohlgetan, sich und die Welt damit bekannt zu machen; zu sittlicher und ästhetischer Bildung aber werden sie uns wenig fruchten.

Der Deutsche läuft keine größere Gefahr, als sich mit 148
und an seinen Nachbarn zu steigern; es ist vielleicht keine Nation geeigneter, sich aus sich selbst zu entwickeln, deswegen es ihr zum größten Vorteil gereichte, daß die Außenwelt von ihr so spät Notiz nahm.

Sehen wir unsre Literatur über ein halbes Jahrhundert 149
zurück, so finden wir, daß nichts um der Fremden willen geschehen ist.

Daß Friedrich der Große aber gar nichts von ihnen wissen 150
wollte, das verdroß die Deutschen doch, und sie taten das möglichste, als Etwas vor ihm zu erscheinen.

Jetzt, da sich eine Weltliteratur einleitet, hat, genau be- 151
sehen, der Deutsche am meisten zu verlieren; er wird wohl tun, dieser Warnung nachzudenken.

Auch einsichtige Menschen bemerken nicht, daß sie das- 152
jenige erklären wollen, was Grunderfahrungen sind, bei denen man sich beruhigen müßte.

Doch mag dies auch vorteilhaft sein, sonst unterließe man 153
das Forschen allzu früh.

Wer sich von nun an nicht auf eine Kunst oder Hand- 154
werk legt, der wird übel dran sein. Das Wissen fördert nicht mehr bei dem schnellen Umtriebe der Welt; bis man von allem Notiz genommen hat, verliert man sich selbst.

155 Eine allgemeine Ausbildung dringt uns jetzt die Welt ohnehin auf; wir brauchen uns deshalb darum nicht weiter zu bemühen, das Besondere müssen wir uns zueignen.

156 Die größten Schwierigkeiten liegen da, wo wir sie nicht suchen.

157 Lorenz Sterne war geboren 1713, starb 1768. Um ihn zu begreifen, darf man die sittliche und kirchliche Bildung seiner Zeit nicht unbeachtet lassen; dabei hat man wohl zu bedenken, daß er Lebensgenosse Warburtons gewesen.

158 Eine freie Seele wie die seine kommt in Gefahr, frech zu werden, wenn nicht ein edles Wohlwollen das sittliche Gleichgewicht herstellt.

159 Bei leichter Berührbarkeit entwickelte sich alles von innen bei ihm heraus; durch beständigen Konflikt unterschied er das Wahre vom Falschen, hielt am ersten fest und verhielt sich gegen das andere rücksichtlos.

160 Er fühlte einen entschiedenen Haß gegen Ernst, weil er didaktisch und dogmatisch ist und gar leicht pedantisch wird, wogegen er den entschiedensten Abscheu hegte. Daher seine Abneigung gegen Terminologie.

161 Bei den vielfachsten Studien und Lektüre entdeckte er überall das Unzulängliche und Lächerliche.

162 Shandeism nennt er die Unmöglichkeit, über einen ernsten Gegenstand zwei Minuten zu denken.

163 Dieser schnelle Wechsel von Ernst und Scherz, von Anteil und Gleichgültigkeit, von Leid und Freude soll in dem irländischen Charakter liegen.

164 Sagazität und Penetration sind bei ihm grenzenlos.

Seine Heiterkeit, Genügsamkeit, Duldsamkeit auf der 165
Reise, wo diese Eigenschaften am meisten geprüft werden, finden nicht leicht ihresgleichen.

So sehr uns der Anblick einer freien Seele dieser Art er- 166
getzt, ebensosehr werden wir gerade in diesem Fall erinnert, daß wir von allem dem, wenigstens von dem meisten, was uns entzückt, nichts in uns aufnehmen dürfen.

Das Element der Lüsternheit, in dem er sich so zierlich 167
und sinnig benimmt, würde vielen andern zum Verderben gereichen.

Das Verhältnis zu seiner Frau wie zur Welt ist betrach- 168
tenswert. „Ich habe mein Elend nicht wie ein weiser Mann benutzt“, sagt er irgendwo.

Er scherzt gar anmutig über die Widersprüche, die seinen 169
Zustand zweideutig machen.

„Ich kann das Predigen nicht vertragen, ich glaube, ich 170
habe in meiner Jugend mich daran übergessen.“

Er ist in nichts ein Muster und in allem ein Andeuter und 171
Erwecker.

„Unser Anteil an öffentlichen Angelegenheiten ist meist 172
nur Philisterei.“

„Nichts ist höher zu schätzen als der Wert des Tages.“ 173

„Pereant, qui, ante nos, nostra dixerunt!“ 174
So wunderlich könnte nur derjenige sprechen, der sich einbildete, ein Autochthon zu sein. Wer sich's zur Ehre hält, von vernünftigen Vorfahren abzustammen, wird ihnen doch wenigstens ebensoviel Menschensinn zugestehn als sich selbst.

175 Die originalsten Autoren der neusten Zeit sind es nicht deswegen, weil sie etwas Neues hervorbringen, sondern allein, weil sie fähig sind, dergleichen Dinge zu sagen, als wenn sie vorher niemals wären gesagt gewesen.

176 Daher ist das schönste Zeichen der Originalität, wenn man einen empfangenen Gedanken dergestalt fruchtbar zu entwickeln weiß, daß niemand leicht, wie viel in ihm verborgen liege, gefunden hätte.

177 Viele Gedanken heben sich erst aus der allgemeinen Kultur hervor wie die Blüten aus den grünen Zweigen. Zur Rosenzeit sieht man Rosen überall blühen.

178 Eigentlich kommt alles auf die Gesinnungen an; wo diese sind, treten auch die Gedanken hervor, und nachdem sie sind, sind auch die Gedanken.

179 „Nichts wird leicht ganz unparteiisch wieder dargestellt. Man könnte sagen: hievon mache der Spiegel eine Ausnahme, und doch sehen wir unser Angesicht niemals ganz richtig darin; ja der Spiegel kehrt unsre Gestalt um und macht unsre linke Hand zur rechten. Dies mag ein Bild sein für alle Betrachtungen über uns selbst."

180 Im Frühling und Herbst denkt man nicht leicht ans Kaminfeuer, und doch geschieht es, daß, wenn wir zufällig an einem vorbeigehen, wir das Gefühl, das es mitteilt, so angenehm finden, daß wir ihm wohl nachhängen mögen. Dies möchte mit jeder Versuchung analog sein.

181 „Sei nicht ungeduldig, wenn man deine Argumente nicht gelten läßt."

182 Wer lange in bedeutenden Verhältnissen lebt, dem begegnet freilich nicht alles, was dem Menschen begegnen kann; aber doch das Analoge und vielleicht einiges, was ohne Beispiel war.

Ausgewählte Kapitel aus:

WILHELM MEISTERS THEATRALISCHE SENDUNG

ERSTES BUCH

ERSTES KAPITEL

Es war einige Tage vor dem Christabend 174—, als Benedikt Meister, Bürger und Handelsmann zu M—, einer mittleren Reichsstadt, aus seinem gewöhnlichen Kränzchen abends gegen achte nach Hause ging. Es hatte sich wider die Gewohnheit die Tarockpartie früher geendigt, und es war ihm nicht ganz gelegen, daß er so zeitlich in seine vier Wände zurückkehren sollte, die ihm seine Frau eben nicht zum Paradiese machte. Es war noch Zeit bis zum Nachtessen, und so einen Zwischenraum pflegte sie ihm nicht mit Annehmlichkeiten auszufüllen, deswegen er lieber nicht ehe zu Tische kam, als wenn die Suppe schon etwas überkocht hatte.

Er ging langsam und dachte so dem Bürgermeisteramte nach, das er das letzte Jahr geführt hatte, und dem Handel und den kleinen Vorteilen, als er eben im Vorbeigehen seiner Mutter Fenster sehr emsig erleuchtet sah. Das alte Weib lebte, nachdem sie ihren Sohn ausgestattet und ihm ihre Handlung übergeben hatte, in einem kleinen Häuschen zurückgezogen, wo sie nun vor sich allein mit einer Magd bei ihren reichlichen Renten sich wohl befand, ihren Kindern und Enkeln mitunter was zu Gute tat, ihnen aber das Beste bis nach ihrem Tode aufhub, wo sie hoffte, daß sie gescheuter sein sollten, als sie bei ihrem Leben nicht hatte sehen können. Meister war durch einen geheimen Zug nach dem Hause geführt, da ihm, als er angepocht hatte, die Magd hastig und geheimnisvoll die Türe öffnete und ihn zur Treppe hinauf begleitete. Er fand, als er zur Stubentüre hineintrat, seine Mutter an einem großen Tische mit Wegräumen und Zudecken beschäftigt, die ihm auf seinen

„Guten Abend“ mit einem „Du kommst mir nicht ganz gelegen“ antwortete. „Weil du nun einmal da bist, so magst du’s wissen, da sieh, was ich zurecht mache,“ sagte sie und hob die Servietten auf, die übers Bett geschlagen waren, und tat zugleich einen Pelzmantel weg, den sie in der Eile übern Tisch gebreitet hatte, da nun denn der Mann eine Anzahl spannenlanger, artig gekleideter Puppen erblickte, die in schöner Ordnung, die beweglichen Drähte an den Köpfen befestigt, nebeneinanderlagen und nur den Geist zu erwarten schienen, der sie aus ihrer Untätigkeit regen sollte. „Was gibt denn das, Mutter?“, sagte Meister. — „Einen heiligen Christ vor deine Kinder!“ antwortete die Alte. „Wenn’s ihnen so viel Spaß macht als mir, eh’ ich sie fertig kriegte, soll mir’s lieb sein.“ Er besah’s eine Zeitlang, wie es schien, sorgfältig, um ihr nicht gleich den Verdruß zu machen, als hielte er ihre Arbeit vergeblich. „Liebe Mutter“, sagte er endlich, „Kinder sind Kinder, Sie macht sich zu viel zu schaffen, und am Ende seh’ ich nicht, was es nutzen soll.“ — „Sei nur stille“, sagte die Alte, indem sie die Kleider der Puppen, die sich etwas verschoben hatten, zurechtrückte, „laß es nur gut sein, sie werden eine rechte Freude haben, es ist so hergebracht bei mir, und das weißt du auch, und ich lasse nicht davon; wie ihr klein wart, wart ihr immer drin vergackelt und trugt euch mit euern Spiel- und Naschsachen herum die ganzen Feiertage; euere Kinder sollen’s nun auch so wohl haben, ich bin Großmutter und weiß, was ich zu tun habe.“ — „Ich will Ihr’s nicht verderben“, sagte Meister, „ich denke nur, was soll den Kindern, daß man’s ihnen heut oder morgen gibt; wenn sie was brauchen, so geb’ ich’s ihnen, was braucht’s da heiliger Christ zu? Da sind Leute, die lassen ihre Kinder verlumpen und sparen’s bis auf den Tag.“ — „Benedikt“, sagte die Alte, „ich habe ihnen Puppen geputzt und habe ihnen eine Komödie zurechte gemacht, Kinder müssen Komödien haben und Puppen. Es war euch auch in eurer Jugend so, ihr habt mich um manchen Batzen gebracht, um den Doktor Faust und das Mohrenballett zu sehen; ich weiß nun nicht, was ihr mit euern Kindern wollt, und warum ihnen nicht so gut werden soll wie euch.“

„Wer ist denn das?“ sagte Meister, indem er eine Puppe aufhub. — „Verwirrt mir die Drähte nicht“, sagte die Alte, „es ist mehr Mühe, als ihr denkt, bis man’s so zusammenkriegt. Seht nur, das da ist König Saul. Ihr müßt nicht denken, daß ich was umsonst ausgebe; was Läppchen sind, die hab’ ich all’ in meinem Kasten, und das bißchen falsch Silber und Gold, das drauf ist, das kann ich wohl dran wenden.“ — „Die Püppchen sind recht hübsch.“ sagte Meister. — „Das denk’ ich“, lächelte die Alte, „und kosten doch nicht viel. Der alte lahme Bildhauer Merks, der mir Interessen schuldig ist von seinem Häuschen so lang, hat mir Hände, Füße und Gesichter ausschneiden müssen, kein Geld krieg’ ich doch nicht von ihm und vertreiben kann ich ihn nicht, er sitzt schon seit meinem seligen Mann her und hat immer richtig eingehalten bis zu seiner zwoten unglücklichen Heurat.“ — „Dieser in schwarzem Samt und der goldenen Krone, das ist Saul?“ fragte Meister; „wer sind denn die andern?“ — „Das solltest du so sehen“, sagte die Mutter. „Das hier ist Jonathan, der hat Gelb und Rot, weil er jung ist und flatterig, und hat einen Turban auf. Der oben ist Samuel, der hat mir am meisten Mühe gemacht mit dem Brustschildchen. Sieh den Leibrock, das ist ein schieler Taft, den ich auch noch als Jungfer getragen habe.“ — „Gute Nacht“, sagte Meister, „es schlägt just achte.“ — „Sieh nur noch den David!“ sagte die Alte. „Ah, der ist schön, der ist ganz geschnitzt und hat rote Haare; sieh, wie klein er ist und hübsch.“ — „Wo ist denn nun der Goliath?“ sagte Meister; „der wird doch nun auch kommen.“ — „Der ist noch nicht fertig.“ sagte die Alte. „Das muß ein Meisterstück werden. Wenn’s nur erst alles fertig ist. Das Theater macht mir der Konstabler-Lieutenant fertig, mit seinem Bruder; und hinten zum Tanz, da sind Schäfer und Schäferinnen, Mohren und Mohrinnen, Zwerge und Zwerginnen, es wird recht hübsch werden! Laß es nur gut sein, und sag’ zu Hause nichts davon und mach’ nur, daß dein Wilhelm nicht hergelaufen kommt; der wird eine rechte Freude haben, denn ich denk’s noch, wie ich ihn die letzte Messe ins Puppenspiel schickte, was er mir alles erzählt hat, und wie er’s begriffen hat.“ — „Sie gibt sich zu viel Mühe", sagte Meister, indem er nach der Türe griff. — „Wenn man sich um der Kinder willen keine Mühe gäbe, wie wärt ihr groß geworden?" sagte die Großmutter.

Die Magd nahm ein Licht und führt' ihn hinunter. —

ZWEITES KAPITEL

Der Christabend nahte heran in seiner vollen Feierlichkeit. Die Kinder liefen den ganzen Tag herum und standen am Fenster, in ängstlicher Erwartung, daß es nicht Nacht werden wollte. Endlich rief man sie, und sie traten in die Stube, wo jedem sein wohlerleuchtetes Anteil zu höchstem Erstaunen angewiesen ward. Jeder hatte von dem Seinigen Besitz genommen und war nach einem zeitlang Angaffen im Begriff, es in eine Ecke und in seine Gewahrsam zu bringen, als ein unerwartetes Schauspiel sich vor ihren Augen auftat. Eine Tür, die aus einem Nebenzimmer hereinging, öffnete sich, allein nicht wie sonst zum Hin- und Widerlaufen; der Eingang war durch eine unerwartete Festlichkeit ausgefüllt, ein grüner Teppich, der über einem Tisch herabhing, bedeckte fest angeschlossen den untern Teil der Öffnung, von da auf baute sich ein Portal in die Höhe, das mit einem mystischen Vorhang verschlossen war, und was von da auf die Türe noch zu hoch sein mochte, bedeckte ein Stück dunkelgrünes Zeug und beschloß das Ganze. Erst standen sie alle von fern, und wie ihre Neugierde größer wurde, um zu sehen, was Blinkendes sich hinter dem Vorhang verbergen möchte, wies man jedem sein Stühlchen an und gebot ihnen freundlich, in Geduld zu warten. Wilhelm war der einzige, der in ehrerbietiger Entfernung stehen blieb und sich's zwei-, dreimal von seiner Großmutter sagen ließ, bis er auch sein Plätzchen einnahm. So saß nun alles und war still, und mit dem Pfiff rollte der Vorhang in die Höhe und zeigte eine hochrot gemalte Aussicht in den Tempel. Der Hohepriester Samuel erschien mit Jonathan, und ihre wechselnden Stimmen vergeisterten ganz ihre kleinen Zuschauer. Endlich trat Saul auf in großer Verlegenheit über die Impertinenz, womit der schwerlötige

Kerl ihn und die Seinigen ausgefordert hatte — wie wohl ward's da unserm Wilhelm, der alle Worte abpaßte und bei allem zugegen war, als der zwerggestaltete, raupigte Sohn Isai mit seinem Schäferstab und Hirtentasche und Schleuder hervortrat und sprach: „Großmächtigster König und Herr Herr! Es entfalle keinem der Mut um dessentwillen; wenn Ihro Majestät mir erlauben wollen, so will ich hingehen und mit dem gewaltigen Riesen in den Streit treten." Dieser Actus endigte sich. Die übrigen Kleinen waren alle vergackelt, Wilhelm allein erwartete das Folgende und sann drauf; er war unruhig, den großen Riesen zu sehen, und wie alles ablaufen würde.

Der Vorhang ging wieder auf. David weihte das Fleisch des Ungeheuers den Vögeln unter dem Himmel und den Tieren auf dem Felde. Der Philister sprach Hohn, stampfte viel mit beiden Füßen, fiel endlich wie ein Klotz und gab der ganzen Sache einen herrlichen Ausschlag. Wie dann nachher die Jungfrauen sungen: „Saul hat tausend geschlagen, David aber zehentausend", und der Kopf des Riesen vor dem kleinen Überwinder hergetragen wurde und er davor die schöne Königstochter zur Gemahlin kriegte, verdroß es Wilhelmen doch bei aller Freude, daß der Glücksprinz so zwergenmäßig gebildet wäre. Denn nach der Idee vom großen Goliath und kleinen David hatte die liebe Großmutter nichts verfehlt, um beide recht charakteristisch zu machen. Die dumpfe Aufmerksamkeit der übrigen Geschwister dauerte ununterbrochen fort, Wilhelm aber geriet in eine Nachdenklichkeit, darüber er das Ballett von Mohren und Mohrinnen, Schäfern und Schäferinnen, Zwergen und Zwerginnen nur wie im Schatten vor sich hingaukeln sah. Der Vorhang fiel zu, die Türe schloß sich, und die ganze kleine Gesellschaft war wie betrunken taumelnd und begierig, ins Bett zu kommen; nur Wilhelm, der aus Gesellschaft mitmußte, lag allein, dunkel über das Vergangene nachdenkend, unbefriedigt in seinem Vergnügen, voller Hoffnungen, Drang und Ahndung.

DRITTES KAPITEL

Den andern Tag war eben alles wieder verschwunden, der mystische Schleier war aufgehoben, man ging durch diese Türe wieder frei aus einer Stube in die andre, aus der abends vorher so viel Abenteuer geleuchtet hatten. Die übrigen liefen mit ihren Spielsachen auf und ab, Wilhelm allein schlich hin und her, als wenn er eine verlorne Liebe suchte, als wenn er's fast unmöglich glaubte, daß da nur zwei Türpfosten sein sollten, wo gestern so viel Zauberei gewesen war. Er bat seine Mutter, sie möchte es ihm doch wieder spielen lassen, von der er eine harte Antwort bekam, weil sie keine Freude an dem Spaße, den die Großmutter ihren Enkeln machte, haben konnte, da dieses ihr einen Vorwurf ihrer Unmütterlichkeit zu machen schien. Es ist mir leid, daß ich es sagen muß, indes ist es wahr, daß diese Frau, die von ihrem Manne fünf Kinder hatte, zwei Söhne und drei Töchter, wovon Wilhelm der Älteste war, noch in ihren ältern Jahren eine Leidenschaft für einen abgeschmackten Menschen kriegte, die ihr Mann gewahr wurde, nicht ausstehen konnte, und worüber Nachlässigkeit, Verdruß und Hader sich in den Haushalt einschlich; daß, wäre der Mann nicht ein redlicher treuer Bürger und seine Mutter eine gutdenkende billige Frau gewesen, schimpflicher Ehe- und Scheidungsprozeß die Familie entehrt hätte. Die armen Kinder waren am übelsten dran; denn wie sonst so ein hülfloses Geschöpf, wenn der Vater unfreundlich ist, sich zu der Mutter flüchtet, so kamen sie hier von der andern Seite doppelt übel an, denn die Mutter hatte in ihrer Unbefriedigung meistens auch üble Launen, und wenn sie die nicht hatte, so schimpfte sie doch wenigstens auf den Alten und freute sich, eine Gelegenheit zu finden, wo sie seine Härte, seine Rauhigkeit, sein übles Betragen heraussetzen konnte. Wilhelmen schmerzte das etlichemal, er verlangte nur Schutz gegen seinen Vater und Trost, wenn er ihm übel begegnet war; aber daß man ihn verkleinerte, konnte er nicht leiden, daß man seine Klagen als Zeugnisse gegen einen Mann mißdeutete, den er im Grunde des Herzens recht lieb hatte. Er kriegte dadurch eine Entfremdung gegen seine Mutter und war daher recht übel dran, weil sein Vater auch ein harter Mann war; daß ihm also nichts übrigblieb, als sich in sich selbst zu verkriechen, ein Schicksal, das bei Kindern und Alten von großen Folgen ist ...

DRITTES BUCH
DRITTES KAPITEL

Als Wilhelm in den Gasthof kam, traf er Herrn Narziß auf dem Vorsaal stehend an und ersuchte ihn, einen Augenblick mit ihm auf die Stube zu kommen. Er fand an ihm einen guten, muntern Purschen, der mit großer Leichtigkeit und vielem Leichtsinne seine Schicksale erzählte und nichts weniger als Herr von der Truppe war. Als ihm Wilhelm zu seinem Sukzesse Glück wünschte, nahm er es mit ziemlicher Gleichgültigkeit auf. „Wir sind es gewohnt", sagte er, „daß man über uns lacht und unsere Künste bewundert, aber wir werden durch einen außerordentlichen Beifall um nichts gebessert, denn der Entrepreneur zahlt bei guter wie bei schlechter Einnahme jedem seine bestimmte Gage fort." Wilhelm erkundigte sich nach verschiedenem, das der andre alles pünktlich beantwortete und zuletzt eilig tat und sich beurlaubte. — „Wo wollen Sie denn so schnell hin, Monsieur Narziß?" sagte Wilhelm. Der junge Mensch lächelte und gestand, seine Figur und Talente haben ihm einen Beifall zugezogen, an dem ihm mehr gelegen sei, er habe von einigen Frauenzimmern in der Stadt zärtliche Billetts erhalten, und sei auf diesen Abend und diese Nacht dringend eingeladen. Er fuhr fort, mit der größten Aufrichtigkeit seine Abenteuer zu erzählen, und hätte Namen, Straßen und Häuser angezeigt, wenn nicht Wilhelm, der sich vor einer solchen Indiskretion entsetzte, es abgelehnt und ihn entlassen hätte.

Sein junger Reisegefährte hatte inzwischen Mamsell Landerinetten unterhalten und gab bei dem Abendessen nicht undeutlich zu verstehen, mit was für Hoffnungen sie ihm geschmeichelt habe.

Es verstrichen noch einige Tage, die Wilhelm mit Einkassieren verschiedener Schuldposten zubrachte, und ob er gleich nicht mit Schärfe verfuhr, sehr gütig und nachsichtig war, so glückte es ihm doch, und er hätte mit dem, was er zu Hochstädt erhalten, beinahe funfzehnhundert Taler eingenommen. Davon Wernern in nächstem Briefe Nachricht zu geben und ihm den größten Teil zu überschicken, machte ihm eine außerordentliche Freude. Er empfahl sich auch einigen Handelsleuten, denen sein Wesen so wohl gefiel, daß sie Bestellungen machten, die er sorgfältig notierte. Endlich fand er vor gut, seine Reise weiter fortzusetzen, und weil hier seine Gesellschaft sich zerschlagen hatte, nahm er eine Postchaise, packte seinen Koffer auf und fuhr bei guter Zeit ab, um vor Nacht auf der nächsten Station anzulangen.

Die Zeit war ihm unter allerlei Gedanken verstrichen, die Nacht kam herbei, und er merkte, da der Postillon seinen Weg in dem Walde, in den sie geraten waren, bald hierbald dorthin nahm, daß er den rechten möchte verloren haben. Er fand es auch wirklich so, als er sich darnach erkundigte, doch versicherte der Schwager, er könne nicht weit von dem Orte seiner Bestimmung ab sein. Es war tief in der Nacht, als sie bei einem Dorfe anlangten und sich um die Gegend erkundigten. Sie waren ganz und gar von der Straße abgekommen, und indem sie sich von ihr in einem fast rechten Winkel entfernt hatten, lag die Station wo sie hin wollten, wohin noch überdies kein grader Weg ging, auf sechs Stunden ab, und Wilhelm verlangte, daß der Postillon die Nacht über hier bleiben und ihn des andern Morgens dorthin bringen sollte. Der Postillon bat dringend, daß er ihn gerade nach Hause wieder zurückkehren lassen möge, er sei noch neu im Dienst und habe, weil er die Pferde so abgetrieben, alles von seinem Herrn zu befürchten; er wolle sagen, daß er ihn auf die nächste Station geliefert, und hoffe mit dieser Lüge durchzukommen; dafür wolle er ihm gegen ein Billiges einen alten Reisewagen des Pfarrers und Bauernpferde verschaffen, um die er sich schon erkundigt; diese könnten ihn an den nächsten Ort, welches eine ansehnliche Landstadt sei und nur drei

Stunden von hier liege, morgen früh bei Zeiten bringen, wo er alsdann wieder Postpferde nehmen und ohne Beschwerlichkeit in seine Route einfallen könnte. Der Wirt redete ihm selbst zu, und weil er gutmütig war, so ließ er es geschehen.

Des andern Morgens, als ihn sein neuer Fuhrmann gegen die Stadt brachte und er sie liegen sah, hörte er von demselben, daß eine starke Garnison drinne sei, und daß man an den Toren scharf examiniere. „Es kommt mir immer wunderbar vor", sagte Wilhelm bei sich selbst, „wenn ich meinen Namen angeben und mich Meister nennen soll. Ich täte wahrlich besser, mich Geselle zu heißen, denn ich fürchte immer, ich werde in dem Gesellenstande steckenbleiben. Ich werde es auch zum Scherze tun, besonders da ich niemanden kenne und niemanden zu besuchen habe. Der Namen ist nicht wohlklingend, aber bedeutend; übersetzt kläng' er auch besser, doch wir wollen bei unsrer Muttersprache bleiben." Er kam unter das Tor und wurde so aufgeschrieben. Es war noch früh, als er vor dem Gasthause anlangte, der Wirt sagte ihm, daß seine meisten Zimmer von einer Truppe Komödianten, die sich hier befinden, genommen seien, doch werde er noch ein ganz artiges Stübchen für sich finden, das in den Garten gehe. „Muß mich denn das Schicksal", rief Wilhelm heimlich aus, „immer zu diesen Leuten führen, mit denen ich doch keine Gemeinschaft haben will noch soll!" Er antwortete dem Wirt, daß er kein Zimmer brauche, daß er nur einen Augenblick abtreten und alsdann Postpferde fordern wolle, um sogleich weiterzugehen.

An den Torpfosten war der gestrige Komödienzettel noch angeschlagen, und zu seiner größten Verwunderung fand er den Namen von Herrn und Frau Melina drauf. „Ich muß ihnen doch einen Guten Morgen sagen", dachte er, und indem kam ein junges Geschöpf die Treppe herunter gesprungen, das seine Aufmerksamkeit erregte. Ein kurzes Westchen mit geschlitzten spanischen Ärmeln und weiten Beinkleidern stund dem Kinde gar artig, lange, schwarze Haare hatte es in Locken und Zöpfe um den Kopf gewunden. Er sah es scharf an und konnte nicht gleich einig werden, ob er es für einen Knaben oder für ein Mädchen halten sollte, doch entschied er sich bald für das letztere und grüßte, als sie bei ihm vorbeikam, mit einem „Guten Morgen“ diese Erscheinung, fragte, ob etwa Herr und Frau Melina schon aufgestanden wären. Mit einem schwarzen, scharfen Seitenblick sah sie ihn an, indem sie an ihm vorbei und in die Küche lief, ohne zu antworten. Er schickte den Wirt hinauf und trat gleich nach ihm in die Stubentüre.

VIERTES KAPITEL

Madame warf, indem er hereintrat, einen weißen Mantel um, ihre tiefe Nachtkleidung zu verbergen, der Gemahl zog seine heruntergefallene Strümpfe hinauf und die Nachtmütze vom Kopfe. Man wollte einen Stuhl frei machen, ihn dem Hereintretenden anzubieten, aber der Tisch, das Bett, selbst der Ofen und das Fenstergesimse faßten nichts mehr. Man war sehr vergnügt, sich wieder zu finden, und Madame Melina besonders verbarg nicht ihre Absicht auf Wilhelms Achtung, sie machte einigen Anspruch auf Witz, Poesie und was darzu noch weiter gehören mag. Sie war ehemals während ihres verlängerten ehelosen Standes das Orakel ihres kleinen Städtchens, und die Anmaßung, womit sie sich Wilhelmen gegenwärtig zeigte, ließ sie freilich in keinem so vorteilhaften Lichte sehen, als wie sie damals im Glanze des Unglückes erschien. Ihre Bemühungen ließen Wilhelm kalt, oder vielmehr, er bemerkte sie ganz und gar nicht. Man führte Beschwerde über die Direktrice, denn es war eine Frau, die diese Truppe zusammenhielt, man schalt sie als eine üble Wirtin, die in guten Zeiten nicht zurücklege, vielmehr mit einem von der Truppe, den sie sich zum Günstling ausersehen, alles vertue und, wenn denn schlimme Wochen einfielen, genötigt sei zu versetzen und ihren Akteurs das Versprochene dennoch nicht bezahlen könne. Ja sogar glaube man, sie habe noch außerdem Schulden, und es stehe nicht zum besten mit ihr, man müsse sich vorsehen.

Wilhelm erinnerte sich unter den Reden der sonderbaren Figur, die ihm begegnet war, und fragte nach ihr. „Wir wissen selbst nicht", sagte Madame Melina, „was wir aus dem Kinde machen sollen. Vor ohngefähr vier Wochen war eine Gesellschaft Seiltänzer hier, die sehr künstliche Sachen zeigte. Unter andern war auch dieses Kind dabei, ein Mädchen, das alles recht gut ausführte, besonders tanzte sie den Fandango allerliebst und machte verschiedene andere Kunststücke mit vieler Geschicklichkeit und Anstand, doch war sie immer still, wenn man mit ihr sprach oder sie lobte oder sie um etwas fragte. Eines Tages kurz vor der Abreise hörten wir einen erschröcklichen Lärm unten im Hause. Der Herr von dieser Truppe schalt entsetzlich auf das Kind, das er zur Stube hinausgeworfen hatte und das in der Ecke des Saales unbeweglich stand. Er verlangte mit Heftigkeit etwas von ihm, das es, wie wir aber hörten, zu tun sich weigerte. Er holte darauf eine Peitsche und schlug unbarmherzig auf das Kind zu, es rührte sich nicht, verzog das Gesicht kaum, und es überfiel uns ein Mitleiden, daß wir herunterliefen und uns in die Sache mischten. Der ergrimmte Mann schalt nunmehr auf uns und schlug immer zu, bis er endlich von uns aufgehalten, seinen Unwillen in einen ungeheuren Strom von Worten ausgoß. Er schrie, stampfte und schäumte, und soviel wir verstehen konnten, hatte das Kind sich geweigert zu tanzen und war weder mit Bitten noch mit Gewalt zu bewegen gewesen. Es sollte auf das Seil, es tat es nicht, viele hundert Menschen waren herbeigelaufen, den angekündigten Eiertanz zu sehen, man forderte ihn laut, aber vergebens. Der Unternehmer ward rasend, da das Publikum unwillig auseinanderging und unter diesem Vorwande nicht bezahlte. ‚Ich schlage dich tot', rief er aus, ‚ich lasse dich auf der Straße liegen, du magst auf dem Miste sterben, du sollst von mir keinen Bissen mehr nehmen!' Unsere Direktrice, die dabei stund und lange ein Aug' auf das Kind gehabt hatte, weil das Mädchen, welche sonst die Fiamette in der ‚Gouvernante' spielte, ihr vor kurzem entführt worden war und uns auch ein Kammermädchen abging, wozu sie es zu brauchen glaubte, war gleich mit ihren gewöhnlichen Kunstgriffen hinter dem erzürnten Manne her und suchte ihn zu überreden, das Beste sei, er gäbe das Kind weg. Sie erreichte auch ihre Absicht, und in der ersten Hitze überließ er das Geschöpf mit der Bedingung, daß man eine gewisse Summe für ihre Kleider bezahlen sollte, die ziemlich hoch angeschlagen waren. Madame de Retti, nicht faul, bezahlte das Geld auf der Stelle und nahm die Kleine mit auf ihre Stube. Es verging keine Stunde, als es den Seiltänzer reute und er das Kind wieder haben wollte. Unsere Prinzipalin wehrte sich tapfer, sie drohte, daß, wenn er noch einen Augenblick drauf bestünde, so wollte sie seine Grausamkeit gegen das Kind bei dem Oberamtmann anzeigen, der ein sehr gerechter und strenger Mann sei, und er sollte gewiß nicht mit heiler Haut davonkommen; dadurch ließ er sich abschröcken, und nach einigem Wortwechsel blieb das Kind unser. Es hat uns schon hundertmal gereut, daß wir uns der Kreatur angenommen haben. Sie ist uns zu gar nichts nütze. Auswendig lernt sie sehr geschwind, spielt aber erbärmlich. Es ist nichts aus ihr zu bringen. Sie ist sehr dienstfertig, tut nur eben das nicht, was man von ihr verlangt; wir hätten sie hundertmal selbst prügeln mögen. Den ersten Morgen, als sie bei uns geschlafen hatte, kam sie in den Knabenkleidern, in denen Sie sie gesehen haben, hervor und ist bisher nicht zu bewegen gewesen, sie abzulegen. Als unsere Direktrice sie halb im Scherze und halb im Ernste fragte, wie sie nun das ausgelegte Geld wieder ersetzen wollte, antwortete sie: ‚Ich will dienen!' Und von der Zeit an leistet sie unverlangt der Direktrice und der ganzen Gesellschaft alle Dienste, auch die niedrigsten, mit einer Eile, einer Pünktlichkeit, mit einem guten Willen, der uns wieder mit ihrem halsstarrigen Wesen, mit ihren schlechten Talenten zum Theater aussöhnt." Wilhelm verlangte, sie näher zu sehen, und Melina ging, sie zu holen. „Du hast dem Herren", sagte Frau Melina, als das Kind hereintrat, „diesen Morgen nicht gedankt." Es blieb an der Türe stehen, als wenn es gleich wieder hinausschlüpfen wollte, legte die rechte Hand vor die Brust und die linke vor die Stirne und bückte sich tief. „Tritt näher, liebe Kleine", sagte Wilhelm. Sie sah ihn mit unsicherm Blick an und kam herbei.

„Wie nennst du dich?" fragte er. — „Sie heißen mich

Mignon", antwortete sie. — „Wie viel Jahre hast du?" — „Es hat sie niemand gezählt." — „Wer war dein Vater?" — „Der große Teufel ist tot." Die letzten Worte erklärte man ihm, daß ein gewisser Springer, der vor kurzem gestorben und sich den „großen Teufel" nannte, für ihren Vater sei gehalten worden. Sie brachte ihre Antworten in einem gebrochenen Deutsch und mit einer Art vor, die Wilhelmen in Verwirrung setzte, dabei legte sie jedesmal die Hände an Brust und Haupt und neigte sich tief.

„Was soll nun diese Gebärde bedeuten", sagte Frau Melina, „das ist wieder etwas Neues, so hat sie alle Tage etwas Sonderbares." Sie schwieg, und Wilhelm konnte sie nicht genug ansehen. Seine Augen und sein Herz wurden unwiderstehlich von dem geheimnisvollen Zustande dieses Wesens angezogen. Er schätzte sie zwölf bis dreizehn Jahre. Ihr Körper war gut gebaut, nur daß ihre Knöchel und Gelenke einen stärkern Wachstum versprachen oder einen zurückegehaltnen ankündigten. Ihre Bildung war nicht regelmäßig, aber auffallend; ihre Stirne kündigte ein Geheimnis an; ihre Nase war außerordentlich schön, und der Mund, ob er schon ein wenig aufgeworfen war und sie manchmal mit demselben zuckte, doch noch immer treuherzig und reizend. Ihre Gesichtsfarbe war bräunlich, mit wenigem Rot ihre Wangen besprengt, überhaupt von der Schminke sehr verdorben, die sie auch jetzo nicht anders als mit dem größten Widerwillen auflegte. Wilhelm sah sie noch immer an und schwieg und vergaß der Gegenwärtigen über seiner Betrachtung. Frau Melina weckte ihn, indem sie dem Kinde ein Zeichen gab, das nach einem Bücklinge wie oben blitzschnell zur Türe hinausfuhr.

Wilhelm konnte diese Gestalt nunmehr nicht los werden. Er hätte gerne immer fort gefragt und immer fort von ihr erzählen hören, als Frau Melina es nun für genug hielt und das Gespräch auf ihr eigen Talent, Spiel und Schicksal brachte.

FÜNFTES KAPITEL

... Des andern Morgens stieg er früh auf, er fand das ganze Haus noch stille, nur Mignon war schon auf dem

Gange. Er tat freundlich gegen das Kind, redete es an, fragte verschiedenes. Es sah ihm scharf in das Gesicht, antwortete aber auf keine Frage und bezeigte nicht die mindeste Rührung noch Neigung zu ihm. Es schien ganz gefühllos. Endlich griff er in die Tasche und reichte ihm ein Stück Geld; die Gesichtszüge der kleinen Kreatur wurden heiterer, sie schien zu zweifeln und zauderte, es zu nehmen; endlich da sie sah, daß es Ernst war, fuhr sie hastig zu und besah die Gabe mit einem sichtbaren Vergnügen in ihren Händen. Er gab nachher Frau Melina seine Verwunderung über die starke Neigung des Kindes zu dem Gelde zu erkennen. „Ich kann Ihnen dieses Phänomen erklären", sagte sie. „Kurz nachdem die Prinzipalin dieses seltsame Geschöpf dem Seiltänzer abgenommen hatte, sagte sie einmal zu ihm: ‚Nun bist du mein, du kannst dich nur gut aufführen.' — ‚Ich bin dein', versetzte Mignon, ‚ich habe wohl gesehen, daß du mich gekauft hast, was hast du bezahlt?' Die Prinzipalin sagte aus Scherz: ‚Hundert Dukaten; wenn du mir sie wiedergibst, so sollst du frei sein und hingehen, wo du hin willst.' Seit der Zeit merken wir, daß sie Geld sammelt, wir schenken ihr manchmal Pfenninge, und sie hat mir eine große Schachtel mit Kupfergelde aufzuheben gegeben, daß wir auf den Verdacht gekommen sind, sie sammle zu ihrer Ranzion, zumal da sie neulich fragte, wieviel Pfenninge auf einen Dukaten gingen."

SECHSTES KAPITEL

Um zehn Uhr fand sich Wilhelm auf dem Theater ein, und die ganze Truppe versammelte sich um ihn. Er sah sich um und suchte, ob er eine Gestalt fände, die ihn anzöge, und glaubte bald in diesem, bald in jenem Blicke Teilnehmung zu finden. Madame de Retti, die hereintrat, zog endlich allein seine Aufmerksamkeit auf sich. Ihr ganzes Wesen war männlich, ihr Gang und Betragen stolz, ohne beleidigend zu sein. Die andern stunden als ihre Hofleute um sie herum. Dem Fremden begegnete sie mit Freundlichkeit und Achtung. Während der Probe setzte sie sich zu dem Ankömmlinge, um ihn von theatralischen Angelegenheiten zu unterhalten. Dabei war sie unverwendet aufmerksam auf das Spiel der Akteurs. Den einen ermunterte sie durch einen Scherz, mit dem andern ging sie schon nicht so glimpflich um. Die Neulinge in der Kunst wies sie zurechte und den Eingebildeten sagte sie ein belehrend Wort, ohne sie zu beleidigen oder zu beschämen. In der Stille bedauerte sie gegen Wilhelmen, daß es so wenig Schauspielern Ernst sei, und besonders daß man sie dahin nicht bringen könne, die Proben wichtig zu traktieren. Ihre Gesinnungen hierüber hörte unser Freund sehr gerne, weil es die seinigen waren. „Ein Schauspieler", sagte er, „sollte nichts Angelegneres haben als auf das pünktlichste zu memorieren. Schon bei der ersten Probe sollte er seine Rolle ganz auswendig wissen, um alsdann die vielerlei Schattierungen, die sie annimmt, sorgfältig zu studieren. Sein Gehen und Kommen, Bleiben und Stehen, sein Tun und Lassen und jede Gebärde sollte er in den verschiedenen Proben verschiedentlich durchdenken, um sich dadurch des Mechanischen zu versichern, daß er bei der Aufführung sich ganz seinem Herzen, seiner Laune und dem Glück überlassen könnte. Dadurch würde auch eine Mannigfaltigkeit in sein Spiel kommen, daß ein Stück bei mehreren Vorstellungen den Zuschauern immer neu bliebe. Wie verschieden kann der Sänger eine einzige haltende Note, einen einzigen Gang ausdrücken, ohne aus dem Charakter der Arie hinauszugehen, wenn er Methode hat und abwechselnde Manieren mit Geschmack anzuwenden weiß. Ebenso ist es auch mit den Rollen, wo ein eingeschränkter Akteur nur Ketten und Banden, ein kluger und gewandter Schauspieler aber eine freie Laufbahn erblickt."

Madame de Retti war sehr erfreut, die guten Lehren, welche sie so oft ihren Schauspielern und meist vergebens gepredigt, aus dem Munde des Dritten zu hören. Das Gespräch wurde lebhafter, und Wilhelm war schon von ihren großen theatralischen Einsichten ganz bezaubert. Man vergaß der Probierenden zu nicht geringem Verdrusse der Madame Melina, die sich unter ihnen befand und die Aufmerksamkeit ihres neuen Freundes von sich abgelenkt sah. Wilhelm war nunmehro ganz in seinem Elemente und fast das erstemal in seinem Leben im Gespräch über seine Lieblingsmaterie mit einer Person, die darinne weit bekannter war als er, die durch ihre Erfahrung das bestätigen, ausbreiten, berichtigen konnte, was er sich in seinem Winkel ausgedacht hatte. Wie vergnügt war er, wenn er mit ihr zusammentraf, wie aufmerksam, wenn ihm etwas Neues aufstieß, und wie sorgfältig im Fragen und im Zergliedern, wenn sie mit ihm nicht einer Meinung war! Sie berief sich im Gespräche auf verschiedene Stücke, die er von ihr und ihrer Truppe sollte aufführen sehen.

Seine Zweifel waren geschwinder als gestern gehoben, er versprach, noch einige Tage da zu bleiben, und überlegte bei sich selbst, seine Reise sei ja ohnedies willkürlich und eine Woche auf oder ab würde an denen Schuldforderungen, die nunmehro schon Jahre stehen, nicht viel verschlimmern. Er überließ sich ganz seiner Neigung; und in der Gesellschaft beider Frauen, mit Gesprächen, Lesen, Rezitieren, mit dem Besuche des Schauspieles und der Unterhaltung darüber verstrich eine Woche und noch eine, ehe er es bemerkte.

Ehe der Mensch sich einer Leidenschaft überläßt, schaudert er einen Augenblick davor, wie vor einem fremden Elemente; doch kaum hat er sich ihr ergeben, so wird er, wie der Schwimmer von dem Wasser, angenehm umfaßt und getragen, er befindet sich in dem neuen Zustande wohl und gedenkt nie eher an den festen Boden, bis ihn die Kräfte verlassen oder der Krampf ihm droht, ihn unter die Wellen zu ziehen.

Auch ward ihm Mignons Gestalt und Wesen immer reizender. In allem seinem Tun und Lassen hatte das Kind etwas Sonderbares. Es ging die Treppe weder auf noch ab, sondern es sprang, es stieg auf den Geländern der Gänge weg, und ehe man sich's versah, saß es oben auf dem Schranke und blieb eine ganze Weile ruhig. Auch hatte Wilhelm bemerkt, daß es für jeden eine besondere Art von Gruß hatte, und seit einiger Zeit grüßte sie ihn mit beiden über die Brust geschlagnen Armen. Manche Tage antwortete sie mehr auf verschiedene Fragen und immer sonderbar; doch konnte man nicht unterscheiden, ob es Witz oder

Mangel des Ausdruckes war, indem sie ein gar gebrochenes, mit Französisch und Italienisch durchflochtenes Deutsch sprach. In seinen Diensten war es unermüdet, früh mit der Sonne auf; abends verlor es sich zeitig, und Wilhelm erfuhr erst spät, daß es in einer Dachkammer auf der nackten Erde schlafe und durch nichts zu bewegen sei, ein Bett oder einen Strohsack anzunehmen. Er fand sie oft, daß sie sich wusch, und sie war immer reinlich gekleidet, obgleich fast alles doppelt und dreifach an ihr geflickt war.

Man sagte ihm auch, daß sie alle Morgen ganz frühe in die Messe ging, und da er nach einem sehr frühen Spaziergang, den er gemacht hatte, bei der Kirche vorbeiging und hineintrat, so fand er sie in einer Ecke bei der Kirchtüre mit ihrem Rosenkranze knien und sehr andächtig beten. Sie bemerkte ihn nicht, er ging nach Hause und machte sich tausend Gedanken über diese Gestalt und konnte sich nichts Bestimmtes dabei denken.

SIEBENTES KAPITEL

Da man zusammen in einem Hause wohnte und Gelegenheit hatte, sich jederzeit zu sehen, wurde man bald vertrauter, und die beiden Frauens nahmen Wilhelmen in die Mitte, jede suchte ihn anzuziehen, jede fand ihn angenehm, und daß man spürte, er habe Geld und sei nicht karg, sprach sehr mit zu seiner Empfehlung. Er, ohne daß die mindeste Zärtlichkeit sich in seine Empfindung gemischt hätte, befand sich zwischen beiden Weibern sehr behaglich. Madame de Retti erweiterte seinen Geist und vermehrte seine Kenntnisse, indem sie ihm von sich, ihren Talenten, Unternehmungen und Schicksalen sprach. Madame Melina zog ihn an, indem sie von ihm zu lernen und sich nach ihm zu bilden suchte. Jene erwarb sich unmerklich eine Gewalt über ihn durch ihren entschiedenen und herrischen Charakter, diese durch ihre Gefälligkeit und Nachgiebigkeit, so daß er bald allein von beider Willen abhing und ihm beider Gesellschaft höchst notwendig wurde . . .

Madame de Retti, indem sie ihren heimlichen Gläubigern hier und da etwas abtragen konnte, erhielt wieder Kredit, man aß, man trank, lebte herrlich und in Freuden, versicherte und schwur, daß man in dieser Jahreszeit — der Frühling war schon weit vorgerückt — noch niemals eine so glückliche Theaterepoche erlebt habe.

ACHTES KAPITEL

Am allerlustigsten ging es zu, wenn Wilhelm sie einlud und auf seine Kosten traktierte; da zeigten sie sich so fröhlich und guten Mutes, als wenn sie den Mangel nicht kennten oder nie zu befürchten hätten. Eines Tages, als sie bei einer solchen Mahlzeit saßen, fiel es ihnen ein, die Charaktere verschiedener Personen nachzuahmen, und ein jeder wählte sich etwas Besonderes. Der eine stellte einen Betrunkenen vor, der andere einen pommerischen Edelmann, einer einen niedersächsischen Schiffer, der andre einen Juden, und als Wilhelm und Madame Melina nichts für sich finden konnten, weil sie in der Nachahmung nicht sehr geübt waren, so sagte Madame de Retti scherzend: „Sie können nur die Verliebten spielen, denn dies ist wohl das allgemeinste Talent.“ Sie selbst machte, indem sie einen runden Strohdeckel statt des Hütchens sich auf den Kopf band, eine Tirolerin auf das artigste, welches um so angenehmer auffiel, als ihre neckischen Einfälle und ihr drolliges Wesen mit der Hoheit, die man sonst an ihr gewohnt war, einen gefälligen Kontrast machten. Sie hatten angenommen, als wären sie eine Gesellschaft, die sich auf dem Postwagen zusammengefunden, im Wirtshause gegenwärtig abgestiegen und im Begriffe sei, bald wieder fortzufahren. Ein jeder spannte seine Einbildungskraft an, aus den gemeinen Vorfällen, die solchen Gesellschaften zu begegnen pflegen, die merkwürdigsten und komischsten Situationen herauszuziehen und sie mit mehr oder weniger Geschmack anzuknüpfen und auszuführen. Man beschwerte sich, man schraubte einander, Vorwürfe, Drohungen, lustige Aussichten, und was nur erdenklich war, wurden in Bewegung gebracht, daß Wilhelm zuletzt, dem seine Rolle ohnedem diesmal nicht sehr natürlich war, als Zuschauer herzlich lachte und der Prinzipalin versicherte, daß ihn lange kein Stück so wohl unterhalten habe.

„Wie leid ist es mir“, sagte sie, „daß wir um das Extemporieren gebracht sind, es hat mich hundertmal gereut, daß ich selbst mit schuld daran gewesen ... Ich verbannte den Hanswurst, begrub den Harlekin, und wenn diesen durch die Umstände erlaubt gewesen wäre, ein eigenes Theater zu errichten, so hätten sie mich als eine Königin, die ihren Minister und General zu Zeit der Not abdankt und darüber schwachen und platten Widersachern in die Hände fällt, gar trefflich parodieren können. Und welcher deutsche Schriftsteller hat uns bisher für das, was wir hingegeben, entschädigt? Wenn wir die Übersetzung der Molièrischen Stücke nicht gehabt hätten, wir hätten uns nicht zu retten gewußt, da unsere besten Originalschauspiele das Unglück haben, nicht theatralisch zu sein.“ ...

Sie wollte noch verschiedenes hinzufügen, als sie draußen einen großen Lärmen hörten, kurz darauf Mignon zur Türe hineinstürzte und eine fremde Mannsperson ihr drohend folgte.

„Wenn diese Kreatur Ihnen gehört“, sagte der Unbekannte, „so strafen Sie solche über ihre Ungezogenheit in meiner Gegenwart ab. Sie hat mir ins Gesicht geschlagen, daß mir noch die Ohren sumsen und der Backen brennt.“ — „Wie kommst du dazu, Mignon?“ fragte Wilhelm. — Mignon, der sich hinter Wilhelms Stuhl ganz ruhig hingestellt hatte, antwortete: „Ich habe Hände, ich habe Nägel, ich habe Zähne, er soll mich nicht küssen.“ — „Wie“, rief Wilhelm aus, „mein Herr? also sind Sie wohl der angreifende Teil? Was berechtigt Sie, von dem Kinde zu fordern, was unschicklich ist?“ — „Ich werde wahrhaftig“, antwortete der Fremde, „mit einer solchen Kreatur keine großen Umstände machen sollen. Ich wollte sie küssen, und sie hat sich impertinent aufgeführt, ich verlange Satisfaktion.“ — „Mein Herr“, versetzte Wilhelm, dem der Trutz des Fremden das Blut in Bewegung brachte, „Sie würden am besten tun, das Kind um Verzeihung zu bitten und ihm für die Lektion zu danken, und so bleibt der Vorteil immer noch auf Ihrer Seite.“ — Darauf versetzte der Fremde stolz und drohend: „Wenn Sie mir versagen, was Sie mir schuldig sind, so will ich dem ungezogenen Ding mit der Peitsche schon Sitten lehren, wo ich sie finde." — „Mein Herr", rief Wilhelm aus, indem er aufsprang und ihm die Augen vor Zorne funkelten, „und ich schwöre, daß ich dem Hals und Beine brechen will, der dem Kinde ein Haar krümmt." Er wollte noch mehr sagen, aber der Zorn verhinderte ihn, und er hätte, um ihn auszulassen, wahrscheinlich den Fremden zur Türe hinausgeschmissen, welches die erste Gewalttätigkeit gewesen wäre, welcher er sich in seinem Leben schuldig gemacht, wenn ihn nicht Madame Melina heimlich bei dem Rockzipfel gefaßt und ihn gegen sich gezogen hätte.

Der Fremde stutzte über diese Begegnung, und da es die übrige Gesellschaft merkte, wurde auch ihr Mut lebendig, und sie fielen alle, besonders die Frau Prinzipalin, mit unfreundlichen Worten über ihn her, daß er für das Rätlichste hielt, sich zurückezuziehen und mit heimlichem Brummen und Drohen die Gesellschaft zu verlassen. Man hielt sich über ihn, da er weg war, auf, besonders wurde über seinen linken feuerroten Backen gescherzt, Mignon gelobt, Wilhelm ließ noch ein paar Flaschen Wein bringen, man ward munter, lustig und vertraut.

Des Abends saß Wilhelm in seiner Stube und schrieb; es klopfte an seiner Türe, und Mignon trat herein mit einem Kästchen unter dem Arme. „Was bringst du mir?" rief Wilhelm ihr entgegen. Mignon hatte die rechte Hand auf das Herz gelegt und machte, indem er den rechten Fuß hinter den linken brachte und beinah mit dem Knie die Erde berührte, eine Art von spanischem Kompliment mit der größten Ernsthaftigkeit. Eine gleiche Verbeugung folgte mitten in der Stube, und endlich, als er gegen Wilhelmen herankam, kniete er ganz auf das rechte Knie nieder, stellte die Schachtel auf den Boden, faßte Wilhelms Füße und küßte sie mit großem Eifer, doch ohne eine anscheinende Bewegung des Herzens, ohne einen Ausdruck von Rührung oder Zärtlichkeit. Wilhelm, der nicht wußte, was er daraus machen sollte, wollte sie aufheben, allein Mignon widerstand und sagte in einem sehr feierlichen Tone: „Herr, ich bin dein Sklave, kaufe mich von meiner Frau, daß ich dir alleine zuhöre." Sie nahm hierauf das Kästchen von dem Boden und erklärte ihm, so gut sie konnte, daß dieses ihr Erspartes sei, um sich loszukaufen; sie bat ihn, es anzunehmen, und, weil er reich sei, das, was an hundert Dukaten fehlte, zuzulegen, sie wollte es ihm reichlich wieder einbringen und ihn bis an seinen Tod nicht verlassen. Sie brachte das alles mit großer Feierlichkeit, Ernst und Ehrfurcht vor, sodaß Wilhelm bis in das Innerste seiner Seele bewegt ward und ihr nicht antworten konnte. Sie kramte darauf ihre Barschaft aus, deren Anblick Wilhelmen ein freundliches Lächeln abzwang. Alle Sorten waren abgesondert und in Röllchen und Papierchen verteilt. Sie hatte sich für Silber und Kupfer besondere Kerbhölzchen gemacht und auf die verschiedenen Seiten die verschiedenen Sorten mit abwechselnden Zeichen eingeschnitten. Unbekannte und einzelne Münzen hatte sie am untersten Ende der Stäbchen wieder besonders angemerkt und legte nach diesem wunderbaren Sortenzettel ihrem Herrn und Beschützer ihre Schätze vor. Wilhelm merkte wohl, daß der Vorfall von diesem Mittag einen tiefen Eindruck auf sie gemacht hatte. Er suchte sie zu beruhigen, indem er versprach, ihr Geld aufzuheben und für sie zu sorgen, und bemühte sich vergebens, ihr begreiflich zu machen, daß er sie nicht bei sich behalten und mitnehmen könne. Sie verließ ihn, indem sie rückwärts zur Türe ging mit eben den Verbeugungen, mit denen sie gekommen war, und grüßte von der Zeit an, wo sie ihm begegnete oder zu ihm trat, ihn jederzeit auf diese Weise, indem sie sich in einiger Entfernung hielt.

NEUNTES KAPITEL

Nach und nach hatte Madame de Retti ihrem theatralischen Gast und Freunde alle Stücke gespielt, worauf sie sich etwas zugute tat, und hatte an manchen Stellen den jungen Kenner überrascht und in Erstaunen gebracht. Die übrigen von der Truppe taten auch ihr möglichstes, besonders da der Beifall des Publikums immer zunahm und eine bessere Zirkulation des Geldes den Kreislauf ihres stockenden Humors völlig wieder herstellte.

Nun fing endlich Wilhelm an, ernstlich an seine Abreise zu gedenken, welche ihm ein guter, warnender Geist manchmal in Erinnerung gebracht hatte.

Die meisten übersetzten Trauerspiele, welche Madame de Retti aufführen ließ, waren, wie jedermann weiß, in schlechte Alexandriner geschmiedet, sie beklagte sich öfters darüber, und Wilhelm übersetzte ihr zu Liebe einige starke Stellen in gute Verse, die ihr besonders wohl gefielen, daß sie solche oft mit großem Vergnügen rezitierte. An ruhigen Abenden hatte er manchmal etwas von seinen Arbeiten vorgelesen, die großen Beifall erhielten. Er führte sie sorgfältiger als jene Briefschaften im Grunde seines Koffers mit sich; nur das Trauerspiel „Belsazar“ hatte er vorzutragen noch keine Stimmung gefunden. Er hatte es immer aufgeschoben, und nunmehro wollte er es ihnen zum Abschiedschmause geben. Er nahm es hervor, sah es an, korrigierte noch ein und den andern schwerfälligen Vers, und ob er es gleich im ganzen nicht billigte, so gefiel es ihm doch meistenteils, da er es wieder durchlas.

Als er damit beschäftigt war, trat Mignon herein. Das Kind bediente ihn als seinen Herrn nunmehr regelmäßig, ob es gleich die andern nicht vernachlässigte. Es trat zu ihm und sagte: „Deine Weste ist blau, du liebst das Blau, ich will deine Farbe tragen.“ — „Gerne“, versetzte Wilhelm, „ich werde dich darum nur lieber sehen“, und schenkte ihm ein blau und weißes seidenes Halstuch. „Du gutes Kind“, dachte er bei sich selbst, „was wird aus dir werden, wie kann ich für dich sorgen, als daß ich dich deiner Frau auf das dringendste empfehle. Wärst du ein Knabe, so solltest du gewiß mit mir reisen, und ich wollte dich pflegen und dich erziehen, so gut ich könnte.“ Er ging in der Stube auf und ab, dachte dem Schicksale des Kindes nach und fühlte in einem Augenblicke, daß er es verlassen müsse und daß er es nicht verlassen könne.

Er nahm sein Manuskript und ging zu Madame de Retti hinüber, wohin er eine Schale Punsch bestellt hatte, und wo er die Auswahl der Akteurs zusammen fand. „Ich weiß nicht", sagte er, „ob Sie gestimmt sind, ein Stück anzuhören, das vielleicht hie und da zu geistlich ist?"

Sie versicherten alle, daß sie sehr aufmerksam sein würden, ob es gleich nicht durchaus wahr sein mochte, indem einige lieber in der Karte gespielt, andere lieber geschwätzt hätten. Er fing an zu lesen, und es wird um der Folge willen nötig sein, daß wir etwas von dem Inhalte erwähnen.

Der König, sein Charakter, Leben und Wesen ist uns schon im vorigen Buche bekannt geworden. An seinem Hofe hielt sich eine Prinzessin auf mit Namen Kandace, deren Vater von Nebukadnezarn seines Reiches entsetzt worden war. Sie hegte einen heimlichen, unversöhnlichen Haß gegen des Überwinders Sohn und sann auf Gelegenheit, sich und den Geist ihres Vaters zu rächen, ja, wenn es möglich wäre, ihren Zustand mit dem Throne zu vertauschen.

Eron, ihr Freund, ein Herr vom alten Hofe, dem es unerträglich fällt, vom jungen Könige vernachlässiget zu werden, der, um zu seinem vorigen Einflusse zu gelangen, alles auf das Spiel setzt, hat mit der Prinzessin eine Verschwörung angezettelt, sie haben sich mit dem medischen Könige Darius in eine Unterhandlung eingelassen und dieser versprochen, ihr Rückhalt, wenn es fehlschlüge, zu sein. Darius selbst hat auf Babylon einen Anschlag; er kommt in fremder Gestalt an Hof und erscheint vor Belsazarn als ein medischer Feldherr; bei den Verschworenen zeigt er sich an als des Geheimnisses kundig, doch auch diese erkennen in ihm den König nicht. In der Nacht, die vor Belsazars Geburtstag hergeht, der zur Ausführung des Vorhabens bestimmt ist, versammeln sich die Verschworenen nach und nach in einer Halle des Palastes, und der Gegenstand der Handlung entwickelt sich allmählich. Der Anschlag Erons ist, die Prinzessin auf den Thron zu heben und sie mit dem Könige der Meder zu vermählen. Der verstellte Darius gibt als Abgesandter Hoffnung dazu, jedoch kein festes Versprechen. Die Prinzessin empfindet, ohne seinen hohen Stand zu vermuten, eine Neigung zu dem verkappten Helden und wünscht mit ihm den Thron von Babel zu besitzen. Aber ganz andere Wünsche, ganz andere Sorgen nährt die Brust des Fürsten. So sehr er wünscht, das Reich einem unwürdigen Könige zu entreißen, so widrig ist ihm die Verräterei, die ihm darzu die Hände bietet. Und, o sonderbares Schicksal! es mischt sich auch hier die Liebe hinein. Die Gemahlin Belsazars, Nitokris, hat sein Herz gerührt, er brennt für sie mit der stärksten Leidenschaft und fürchtet, daß sie dem Mörder ihres Gemahles ihr Herz und ihre Hand nie gönnen werde. Er sucht die Verschwornen durch allerlei Vorstellungen zu bereden, ihr Unternehmen noch einige Zeit aufzuschieben, und sie gehen, zu großem Verdrusse des Erons, unschlüssig auseinander.

Wilhelm, der das Stück fast auswendig wußte, las es sehr gut und mit vielen Nüancen des Ausdruckes. Ein jeder Zuhörer suchte sich schon in Gedanken eine Person aus, die er vorzustellen gedachte, ein jeder pries den jungen Schriftsteller und trank seine Gesundheit in einem Glase Punsch. Die Prinzipalin war von der Rolle der Prinzeß, als wenn sie ihr zur Ehre geschrieben sei, ganz entzückt, bat sich einen Augenblick das Manuskript aus und las sogleich einige stolze, unruhige, herrische Stellen.

Wilhelm, der ein so großes Vergnügen empfand, als etwa ein Schiffbaumeister fühlen mag, wenn er sein erstes großes Fahrzeug von dem Stapel in das Wasser läßt und es zum erstenmal vor seinen Augen schwimmen sieht, erhöhte seine Geister durch den feurigen Trank, fing den zweiten Akt an, dessen ersten Monolog wir in dem vorigen Buche gesehen haben.

Der junge König, des festen Entschlusses, seinen Geburtstag mit der Verehrung der Götter und der Betrachtung über sich selbst anzufangen, will nach Danielen schikken, um sich mit ihm zu unterhalten. Ein Hofmann, der dazwischen kommt, zerstreut ihn, und er übergibt sich dem Strome der für ihn zubereiteten Feste. Kaum daß er die Glückwünsche seiner Gemahlin anhören mag, deren Gegenwart ihm lästig ist, weil er wohl fühlt, er begegne ihr, der zartesten, liebenswürdigsten Fürstin, nicht wie er sollte. Der Monolog trägt ihre stillen Klagen vor, in denen sie Darius unterbricht. Diese letzte Szene wurde nicht mit dem Beifalle aufgenommen, den sie verdiente, denn sie war für diese Zuhörer zu fein angelegt. Der junge Held zeigt seine Leidenschaft, indem er sie zu verbergen sucht, und die Empfindungen der Königin für ihn bleiben verborgen, ob sie gleich mit offenem, gutem Herzen spricht. Auch nach vollendetem zweiten Akte wiederholte man allgemeine Lobeserhebungen, auf die sich ein älterer und mit dem Publiko näher bekannter Dichter weniger als unser Freund zugute getan hätte.

Die erste Schale Punsch war leer, man bestellte eine zweite, und der Wirt, der schon darauf vorbereitet war, brachte sie sogleich. Mit noch mehr Begeisterung fing man an, den dritten Akt zu lesen und zu hören. Die Königin vertraut in einem Gespräche mit Danielen dem weisen Manne ihr ganzes feines Herze; die stille Duldsamkeit ihres Schicksales, die innere Sicherheit ihres guten Wesens machen ihre Gestalt höchst liebenswürdig. Man sieht den Darius neben ihrem Gemahle, die Erscheinung des jungen Helden macht ihr einen glücklichen Eindruck, und die Empfindung seiner Würde leuchtet wie ein sanfter Schein über der trüben Dämmerung ihres Zustandes. Sie fühlt nichts Arges in dieser angenehmen Empfindung, und Daniel ist weise genug, sie nicht zu stören. Eine Hofdame der Königin tritt hinzu und erzählt den Gang des Festes bis zu dem Augenblicke. Der König tritt herein, umgeben von den Großen seines Reiches, die ihm ihre Glückwünsche bringen, die Königin und Daniel fügen die ihrigen hinzu. Man erhebt sich zu dem Gastmahle, und Nitokris entschuldigt sich, nicht dabei zu sein. Es wird ihr leicht zugestanden, und so schließt sich der dritte Akt.

Die Betrachtung, ob man hätte einen der vier großen Propheten auf das Theater bringen sollen, wurde reiflich durchgedacht, und diese kritischen Überlegungen verminderten ein wenig den guten Eindruck dieses Aufzuges.

Zu Anfange des vierten erscheint Eron mit einem Verschwornen höchst verdrießlich, daß eine so kostbare Gelegenheit, ihr Vorhaben auszuführen, ihnen entschlüpfen soll. Er fängt an, dem medischen Abgesandten zu mißtrauen, und möchte wohl gar vermuten, daß dieser andere geheime Absichten habe, vielleicht seinen König ohne ihre

Beihülfe auf den Thron zu setzen und die Prinzessin ganz und gar auszuschließen. Er entdeckt ihr, die vor Verdruß über das unsinnige Schwelgen von der Tafel aufgestanden und herbeikommt, seine Vermutung. Sie beschließen, ihren Anschlag hinter dem medischen Fürsten auszuführen, ein wachsames Auge auf ihn zu haben und ihn allenfalls, bis die Tat vorüber, selbst gefangenzunehmen. Darius tritt eben zu ihnen mit einer lebhaften Beschreibung des wüsten Unsinnes der Tafel, wovon er unvermerkt sich entfernt hat. Er erzählt, daß eben die güldnen und silbernen Geschirre, die dem Gotte der Juden geweiht seien, herbeigeholt werden und man dem König göttliche Ehre erzeige. Eron verläßt sie, mit einem Winke an die Prinzessin, des Fremden Gesinnungen zu erforschen. Ihre Unterhaltung läuft sehr kalt ab; Eron kommt zurück, erzählt die schröckliche Geschichte des erschienenen Wunders und dringt auf die Vollbringung der Tat, da die Götter selbst ein Zeichen geben. Darius sucht vergebene Ausflüchte.

Zu Anfange des fünften Aktes erscheint der niedergeschlagene König, den die Deutung der geheimnisvollen Worte schröckt; sein berauschter Geist sieht überall Schröcknisse, und nur seine Gemahlin steht ihm in diesem traurigen Zustande bei. Nach einer rührenden Szene verläßt er sie und wird in dem Augenblicke von den Verschwornen ermordet. Die Prinzessin tritt auf, maßt sich des Reiches an, läßt die Königin bewachen. Sie befiehlt, den bisher gefangen gehaltenen Fremden wieder frei zu geben; Darius, der seine Wache überwältigt hat, kommt selbst an der Spitze medischer Soldaten, die durch einen geheimen Weg in die Stadt gedrungen, herein, entdeckt sich, zeigt sich als Herrn, die Verschwornen fallen zu, er überläßt der Prinzessin einen königlichen Anteil von Gütern und Reichtümern und tröstet die betrübte Königin auf eine so gute Art, daß den Zuschauern Hoffnung genug zu seinem künftigen Glücke übrigbleibt, obgleich der Vorhang fällt.

Nun ging es an ein Schwätzen, an ein Schreien, ein jeder redete nur von sich selbst, und keiner hörte sich selbst vor dem andren. Das Stück müsse gespielt werden, waren sie alle laut einig.

Wilhelm, der sie alle entzündet sah, war höchst ergötzt, so viele Menschen durch das Feuer seiner Dichtkunst angeflammt zu haben. Er glaubte, was in ihm loderte, auf ihnen verbreitet zu sehen, er fühlte sie wie sich und mit sich über das Gemeine erhöht. Er sprach Worte voll Geistes, voll Adel und Liebe.

Der sorgfältige Wirt hatte indes ihre Schale nie leer werden lassen, und es schmeckte den Gästen immer besser. Sie jauchzten ihren Beifall laut, und ihre Freude ward immer ungezogener. Sie tranken Wilhelms Gesundheit hoch und schrien, daß es ihm zum Abscheu klang und seine durch manches Glas Punsch und die Rezitation des Stückes erhöheten Geister gewaltsam und unbehäglich niedergedrückt wurden. Der Lärm wurde immer ärger, sie wiederholten die Gesundheit des Dichters und der Kunst und schwuren, daß nach solch einem Feste niemand wert sei, aus diesen Gläsern und Gefäßen zu trinken, sie schmissen mit Gewalt die Stengelkelche an die Decke; die Prinzipalin wehrte vergebens. Sie zerschlugen den Punschnapf und die Neige floß herunter. Die Gläser, die nicht entzwei gehen wollten, wurden gewaltsam gegen die Wände geschmissen und fuhren zurückprallend mit den zerschmetternden Fensterscheiben klingend auf die Straße. Ein und der andere lag überfüllt in der Ecke, andere taumelten, alle rasten, man sang, man heulte, und Wilhelm, nachdem er den Wirt herbeigerufen, schlich sich mit einer verworrenen, höchst unangenehmen Empfindung in sein Zimmer.

ZEHNTES KAPITEL

Den Sonntagmorgen, der auf diese wüste Nacht folgte, hatte Wilhelm größtenteils verschlafen, und er fand sich bei dem Erwachen verstimmt. Sein Vorsatz, abends, wenn die Vorlesung vorbei wäre, noch einzupacken, endlich an Wernern zu schreiben, Postpferde zu bestellen und heute frühe abzufahren, war unerfüllt geblieben. Er zog sich an und dachte nach, was er tun sollte. Mignon kam herein, brachte wie gewöhnlich Wasser und fragte, was er befehle. Der Anblick des Kindes ermunterte ihn, denn es hatte sein weiß und blau seidenes Halstuch umgebunden, hatte sich bei den Komödiantinnen verschiedene Läppchen blauen Taft zusammengebettelt und sie als Aufschläge und Kragen an sein Westchen mit Geschicklichkeit angeheftet, daß es ganz artig ließ. Sie brachte ein Kompliment von der Prinzipalin, die sich das gestrige Stück nur auf diesen Morgen ausbat. Er schickte es mit der Versicherung, daß er bald nachfolgen würde.

Als er hinüberkam, fand er Madame Melina und de Retti beide beschäftigt, sich das Stück, besonders die Szenen der Prinzessin und Königin, vorzulesen. „Wir müssen es spielen", rief ihm die Prinzipalin entgegen, „Sie müssen es uns lassen." Madame Melina schickte ihren besten Blick nach ihm und bat auf das freundlichste. Es war das erstemal, daß die beiden Frauen ganz einig waren. Die Prinzipalin fühlte sich schon ganz in der Rolle der Prinzessin, Madame Melina wünschte sehnlich, die junge Königin zu spielen. Man schlug einen jungen, hübschen Menschen, der sich zu bilden anfing, zum Belsazar vor. Ein gewandter, alter Akteur sollte den Eron machen, Daniel ward Herrn Melina zuteil, zur Hofdame fand sich auch eine Aktrice, und die übrigen Rollen waren unbedeutend; außer der Rolle des Darius, wozu Madame de Retti ganz zuletzt und gleichsam mit Scham ihren Liebling, Herrn Bendel, in Vorschlag brachte.

Dieser Mensch, den wir, wenn wir es nicht für unanständig und ein Wortspiel dem guten Geschmacke ungenießbar hielten, kurz und gut Herr Bengel nennen und seinen Charakter und Wesen dadurch mit einem Worte bezeichnen würden, war eine ungeschickte, breite Figur, ohne den mindesten Anstand, ohne Gefühl. Er hatte nicht nur keine Eigenschaften des Akteurs, sondern er hatte auch alle Fehler, die einen Schauspieler verwerflich machen. Nur eins zu bedenken, so nudelte er mit der Sprache, wenn wir mit diesem Ausdrucke einen näselnden und durch eine unbehülfliche Zunge schlecht artikulierten Ton bezeichnen dürfen. Kleine Augen, dicke Lippen, kurze Arme, eine breite Brust und Rücken; genug, er hatte vor den Augen seiner Frauen Gnade gefunden. Wir haben uns bisher gehütet, dieser leidigen Figur anders als nur im Vorbeigehen zu erwähnen, und tun es auch hier wider Willen, besonders da er zu großem Verdrusse unsers Helden zum Vorschein kommt.

Der betroffene Schriftsteller wandt' verschiedenes gegen diese Person ein, jedoch mit Mäßigung, weil er das Verhältnis kannte, allein er wurde widerlegt, und leider widerlegte ihn die Unmöglichkeit, denn es war niemand bei der Truppe, der diese Rolle besser als er ausgeführt hätte. Man meinte, daß er doch den Grafen Essex mit Beifall gespielt; nur war leider dieser Graf Essex, worin ihn Wilhelm wohl gesehen hatte, ein schwerer Stein auf des jungen Autors Herz.

Man redete so lang und so viel, daß endlich Wilhelm, der alte Hoffer, es doch wieder möglich dachte, daß der Schauspieler durch Fleiß und Mühe bei dieser Rolle sich wieder verbessern könnte, und idealisierte ihn schon in seinem Geiste. Endlich gab er nach, und es ward beschlossen, so bald als möglich an das Werk zu gehen.

Man hatte bei dieser Gelegenheit die ganze Truppe durchgegangen und auch von Mignon und von der Ungeschicklichkeit des Kindes, irgend etwas zu repräsentieren, gesprochen. Wilhelm hatte sie in einigen Stücken gesehen, wo sie kleine Rollen so trocken, so steif und, wenn man sagen soll, eigentlich gar nicht spielte. Sie sagte ihre Lektion her und machte, daß sie fortkam. Er nahm sie zu sich und ließ sie manchmal rezitieren, aber auch da war er auf keine Weise mit ihr zufrieden. Wenn er sie bat, sich anzugreifen, so war ihr Ausdruck auf gemeinen und bedeutenden Stellen gleich angespannt, sie sprach alles mit einer phantastischen Erhebung, und wenn er das Natürliche von ihr verlangte, wenn er sie bat, ihm nur nachzusprechen, begriff sie niemals, was und wie er es wollte.

Dagegen hörte er sie einsmals auf einer Zither klimpern, die mit unter dem Theater-Hausrat war. Er sorgte davor, daß sie ordentlich bezogen wurde, und Mignon fing an, in abgebrochenen Zeiten darauf allerlei zu spielen und zu phantasieren, immer, wie gewöhnlich, in wunderbaren Stellungen. Bald saß sie auf der obersten Sprosse einer Leiter, mit übereinander geschlagenen Füßen, wie die Türken auf ihren Teppichen, bald spazierte sie auf den Dachrinnen der

Hofgebäude, und der klagende Ton ihrer Saiten, zu dem sich auch manchmal eine angenehme, obgleich etwas rauhe Stimme gesellte, machte alle Menschen aufmerksam, staunen und stutzen. Einige verglichen sie einem Affen, andere anderen fremden Tieren, und darinne kamen sie überein, daß etwas Sonderbares, Fremdes und Abenteuerliches in dem Kinde stecke. Man konnte nicht verstehen was sie sang, es waren immer dieselben oder doch sehr ähnliche Melodien, die sie nach ihren Empfindungen, Gedanken, Situationen und Grillen verschiedentlich zu modifizieren schien. Nachts setzte sie sich auf Wilhelms Schwelle oder auf den Ast eines Baumes, der unter seinem Fenster stand, und sang auf das anmutigste. Wenn er sich hinter den Scheiben blicken ließ oder sich in der Stube bewegte, war sie weg. Sie hatte sich ihm so notwendig gemacht, daß er morgens nicht ruhen konnte, bis er sie sah, und nachts spät rief er meistens noch nach einem Glas Wasser, um ihr eine Gute Nacht zu wünschen. Wenn er seiner Neigung gefolgt hätte, würde er sie als seine Tochter behandelt und sich sie ganz und gar zugeeignet haben.

KOMMENTARTEIL

GOETHE ÜBER „WILHELM MEISTERS WANDERJAHRE"

An Schiller. 4. Februar 1797.

Das Märchen mit dem Weibchen im Kasten lacht mich manchmal auch wieder an, es will aber noch nicht recht reif werden.

An Heinrich Meyer. 10. Mai 1799.

Sagen Sie mir doch, was ist die gewöhnliche Suite von Gemälden, wenn die Geschichte des heiligen Josefs, des Pflegevaters, vorgestellt wird.

Tagebuch. Jena 1807.

17. Mai. Morgens um halb sieben Uhr angefangen, von „Wilhelm Meisters Wanderjahren" das erste Kapitel zu diktieren. – 18. Mai. Um halb sieben Uhr in den „Wanderjahren" fortgefahren mit dem zweiten Kapitel. – 19. Mai. Um sieben Uhr das dritte Kapitel „Die Heimsuchung" diktiert. – 20. Mai. Um acht Uhr das vierte Kapitel „Der Lilienstengel". – 21. Mai. Um sieben Uhr „Die neue Melusine" diktiert.

Tagebuch. Karlsbad 1807.

31. Mai. Beschluß der Zwergengeschichte. – 1. Juni. „Die gefährliche Wette" diktiert. – 3. Juni. Diktiert „Mann von funfzig Jahren". – 4. August. Den „Mann von funfzig Jahren" bis zu einer gewissen Epoche. Einleitung der Geschichte der Inen *(Valerine und Nachodine)* in Briefform. – 5. August. Übersetzung der „Folle en pélerinage".

An Zelter. Karlsbad, 27. Juli 1807.

Acht Wochen bin ich nun schon hier und habe mich in verschiedenen Epochen auf verschiedene Weise beschäftigt; erst kleine Geschichten und Märchen, die ich lang im Kopf herumgetragen, diktiert ...

An Charlotte v. Stein. Karlsbad, 10. August 1807.

Seit 10 Wochen und drüber habe ich in meinem stillen Leben schon mehrere Epochen gehabt. Erst diktierte ich kleine romantische Erzählungen ..., dann ward gezeichnet, dann kam das Stein- und Gebirgsreich an die Reihe, und nun bin ich wieder zur freieren Phantasie zurückgekehrt, eine Region, in der wir uns zuletzt immer noch am besten befinden.

Tagebuch.

22. April 1808. Abends bei Durchlaucht der Herzogin gelesen „Sankt Josef der Zweite“, „Der Mann von funfzig Jahren“. – 26. Juni. Früh „Die pilgernde Törin“ durchgesehen. – 2. Mai 1809. „Wilhelm Meisters Wanderjahre“. – 9. Mai 1809. Paket an Cotta, enthaltend den Beitrag zum Damenkalender. – 3. Juni 1810. „Wanderjahre“, Lenardos Bekenntnisse. – 4. Juni. „Wanderjahre“, Besuch bei Valerinen. – 6. Juni. Die neuen Kapitel der „Wanderjahre“ durchgedacht. – 29. September 1812. Schluß der „Neuen Melusine“.

In dieser Weise 1808–1812 zahlreiche Tagebuch-Notizen über die Entstehung einzelner Partien, die meist bald danach auch vorgelesen wurden. In Cottas „Damenkalender“ erschien im Jahrgang 1809 „Die pilgernde Törin“, 1810 „Sankt Josef der Zweite“, 1816 „Das nußbraune Mädchen“, 1817 „Die neue Melusine“, 1818 „Der Mann von funfzig Jahren“.

An Heinrich Meyer. 13. April 1810.

Vor allen Dingen seien Sie mir gelobt für die fortgesetzte technische Beschreibung. Ich brenne vor Ungeduld, mich damit bekannt zu machen und das, was ich mir dabei vorgesetzt, auszuführen. Ich hoffe, es soll uns zu besonderer Vergnüglichkeit gedeihen.

An Heinrich Meyer. 3. Mai 1810.

Ich habe diese Tage nach Ihrer Anleitung die Baumwolle gut studiert und suche nun einen hinlänglichen realen Zettel zu einem poetischen Einschlag vorzubereiten. Sollten Ihnen noch irgend lokale, individuelle, persönliche Züge einfallen, deren Ihr Aufsatz sehr schöne enthält, so beschenken Sie mich damit. Ihr Garnhändler zum Exempel ist eine treffliche Person, die mir sehr zustatten kommt.

Gespräch mit Sulpiz Boisserée. 20. September 1815.

Meisters Wanderungen. Novellen. Bestimmte Zahl der verschiedenen möglichen Liebesverwicklungen. Pilgernde Schöne …

Tagebuch.

30. Mai 1820. Wundersamer Entschluß, den „Verräter sein selbst“, den ich heut und gestern durchgedacht, aufzuschreiben. – 4. Juni 1820. „Lucidor“. – 9. Oktober 1820. Ich blieb für mich und sah den „Verräter sein selbst“ durch. – 19. Oktober 1820. Abends und nachts die „Wanderjahre“. – 9. November 1820. „Wanderjahre“, pädagogische Provinz. – 10. November 1820. „Wanderjahre“ von Folio 48–100 ins Reine gebracht und sodann weiter fortgefahren. „Das nußbraune Mädchen“, zweiten Teil; überhaupt das Ganze vorgenommen. – 13. Dezember.

„Wanderjahre" fortgesetzt. Pädagogische Provinz. – 27. Januar 1821. Die Technik zum „Nußbraunen Mädchen" ins Tagebuch verteilt. – 28. Januar 1821. Lenardos Tagebuch. – 30. Januar 1821. „Wanderjahre": Lago maggiore und die Borromäischen Inseln. – 7. Mai 1821. Früh Lenardos Rede diktiert. – 8. Mai. Die gestrige Arbeit fortgesetzt: Mundum der Schlußrede. Mit Prof. Riemer das letzte Kapitel durchgegangen. Expedition nach Jena, durch einen Boten. – 21. Mai 1821. Sendung von Jena: „Wanderjahre".

An Sulpiz Boisserée. 9. Dezember 1820.

Der Druck von „Wilhelm Meisters Wanderjahren" wird nun auch angefangen. Es kommt mir sehr wunderbar vor, ein 20jähriges Manuskript, an das ich bisher kaum gerührt, redigierend abzuschließen. Es erscheint mir als ein wiederkehrender Geist, freilich jugendlicher und liebenswürdiger als der jetzige Autor und die jetzige Zeit.

Begleitgedicht zur 1. Fassung der „Wanderjahre". 1821.

Die Wanderjahre sind nun angetreten,
Und jeder Schritt des Wandrers ist bedenklich.
Zwar pflegt er nicht zu singen und zu beten;
Doch wendet er, sobald der Pfad verfänglich,
Den ernsten Blick, wo Nebel ihn umtrüben,
Ins eigne Herz und in das Herz der Lieben.

Gespräch mit Kanzler v. Müller. 8. Juni 1821.

Wir sprangen über ... auf die „Wanderjahre". „Ich begreife wohl", sagte er, „daß den Lesern vieles rätselhaft blieb ... Alles ist ja nur symbolisch zu nehmen, und überall steckt noch etwas anderes dahinter. Jede Lösung eines Problems ist ein neues Problem."

An Sulpiz Boisserée. 23. Juli 1821.

Den besten Dank für die freundliche Aufnahme meines Wanderers ... Wenn dieses Werkchen auch nicht aus Einem Stücke ist, so finden Sie doch solches gewiß in Einem Sinne.

An Josef Stanislaus Zauper. 7. September 1821.

Daß Sie Ihre Ungeduld beim Wiederlesen der „Wanderjahre" gezügelt haben, freut mich sehr. Zusammenhang, Ziel und Zweck liegt innerhalb des Büchleins selbst; ist es nicht aus Einem Stück, so ist es doch aus Einem Sinn; und dies war eben die Aufgabe, mehrere fremdartige äußere Ereignisse dem Gefühle als übereinstimmend entgegenzubringen.

An Zelter. 19. Oktober 1821.

Hier kommen also die „Wanderjahre“ angezogen. Ich hoffe, sie sollen bei näherer Betrachtung gewinnen; denn ich kann mich rühmen, daß keine Zeile drinnen steht, die nicht gefühlt oder gedacht wäre. Der echte Leser wird das alles schon wieder herausfühlen und -denken.

Aufsatz Goethes
im „Morgenblatt für gebildete Stände“ vom 21. März 1822.

Geneigte Teilnahme an den „Wanderjahren“

Da nun einmal für mich die Zeit freier Geständnisse herangekommen, so sei auch folgendes gegenwärtig ausgesprochen.

In späteren Jahren übergab ich lieber etwas dem Druck als in den mittleren; denn in diesen war die Nation irregemacht durch Menschen, mit denen ich nicht rechten will. Sie stellten sich der Masse gleich, um sie zu beherrschen; sie begünstigten das Gemeine, als ihnen selbst gemäß, und alles Höhere ward als anmaßend verrufen. Man warnte vor tyrannischem Beginnen anderer im Literarkreise, indessen man selbst eine ausschließende Tyrannei unter dem Scheine von Liberalität auszuüben suchte. Es bedarf keiner langen Zeit mehr, so wird diese Epoche von edlen Kennern frei geschildert werden.

Nun darf ich mich aber zuletzt gar mannigfach besonders auch des Wohlwollens gegen die „Wanderjahre“ dankbarlichst erfreuen, welches mir bis jetzt dreifältig zu Gesicht gekommen. Ein tief sinnender und fühlender Mann, Varnhagen von Ense, der meinen Lebensgang schon längst aufmerksam beobachtend mich über mich selbst seit Jahren belehrte, hat im „Gesellschafter“ die Form gewählt, mehrere Meinungen im Briefwechsel gegeneinander arbeiten zu lassen, in solchem Falle sehr glücklich, weil man den Bezug eines Werks zu verschiedenen Menschen und Sinnesweisen hiedurch am besten zur Sprache bringen und sein eignes Empfinden mannigfach und anmutig an den Tag geben kann.

So hat denn auch im „Literarischen Conversationsblatte“ sich ein Ungenannter gar freundlich erwiesen, bei dessen Vortrag und Urteil die Bemerkung wohl stattfinden mag, daß guter Wille klar und scharf sieht, indem er das, was geleistet worden, willig anerkennt und es nicht allein für das, was es gelten kann, gelten läßt, sondern ihm noch aus eigener holder Fruchtbarkeit höhere Bedeutung und kräftigere Wirkung verleiht.

Professor Kayßler zu Breslau stellt in einer Einladungsschrift Platos und Goethes Pädagogik gegeneinander, ernst und gründlich, wie es dem Erzieher wohl geziemt. Er ist nicht ganz mit meinen Anstalten zufrieden, welches ich ihm so wenig verdenke, daß ich vielmehr auf sein bedächtiges Heft sogleich das Motto geschrieben:

„Il y a une fibre adorative dans le cœur humain.“

Durch welches Bekenntnis ich denn eine völlige Übereinstimmung mit einem so würdigen Manne auszusprechen gedachte.

Diesen werten Freunden kann ich für den Augenblick nur so viel erwidern, daß es mich tiefrührend ergreifen muß, das Problem meines Lebens, an dem ich selbst wohl noch irre werden könnte, vor der Nation so klar und rein aufgelöst zu sehen, wobei ich mich denn auch über manches Zweifelhafte belehrt, über manches Beunruhigende beschwichtigt fühle. Ein solcher Fall möchte sich in irgendeiner Literatur wohl selten zugetragen haben, und es wird sich gar wohl ziemen, auf diese Betrachtungen gelegentlich zurückkehrend meine Bewunderung auszudrücken über den durchdringenden Blick ernster Männer und Freunde, die ihre Aufmerksamkeit einem einzelnen in dem Grade geschenkt, daß sie seine Eigenheiten besser kennen als er selbst und, indem sie einem Individuum alles Liebe und Gute erweisen, es doch in seiner Beschränktheit stehen lassen, das Unvereinbare von ihm nicht fordernd.

Tagebuch.

29. Januar 1825. Die Fortsetzung des „Nußbraunen Mädchens" vorgenommen. – 29. Juni. Die „Wanderjahre" neu schematisiert. – 30. Juni. Ich überlegte und schematisierte weiter an den „Wanderjahren". – 8. August 1825. Einiges in den „Wanderjahren" zurechtgestellt. – 12. Oktober 1825. Die „Wanderjahre" wieder vorgenommen. – 22. Januar 1826. Schema zum 2. Teile der „Wanderjahre" bearbeitet. – 18. August. An den „Wanderjahren" fortgefahren. – 23. Oktober. „Der Mann von funfzig Jahren", neues Schema. – 28. Februar 1827. Einiges zu den „Wanderjahren". – 19. April 1828. Makarie, Vorschritt.

An Sulpiz Boisserée. 17. Februar 1827.

Die „Wanderjahre" rücken auch zu, und es ist wunderbar genug, wenn ich jetzt begreife, daß dieses Werklein nicht eher zustande kommen konnte.

An Zelter. 24. Mai 1827.

Der 2. Teil der „Wanderjahre" ist abgeschlossen; nur weniger Binsen bedarf es, um den Straußkranz völlig zusammenzuheften, und das täte am Ende auch jeder gute Geist, das einzelne auf- und anfassend, und vielleicht besser.

Tagebuch.

13. September 1828. Wieder-Angriff der Wanderjahre. – *Von da an fast täglich Notizen über den Fortschritt der Arbeit bis zum 14. März. Das Winterhalbjahr 1828/29 ist die Arbeitsperiode, in welcher Goethe*

für seine Ausgabe letzter Hand *termingerecht die Umarbeitung der* Wanderjahre *vollenden wollte und infolge konzentrierter Arbeit vollendet hat. In dieser Zeit – und nur in ihr – bezeichnet das Tagebuch die* Wanderjahre *als das augenblickliche* Hauptgeschäft. *Die Entstehung der neuen Fassung läßt sich auf Grund des Tagebuchs bis in Einzelheiten erkennen. Ebenso wird Goethes Arbeitsweise daraus deutlich: Schemata, Diktat, Reinschrift* (Mundum) *durch die Sekretäre John und Schuchardt, Durchsicht derselben durch Helfer (Göttling, Riemer), erneute Korrektur, abschließende Reinschrift, Absendung an den Verlag. – Außer den Tagebüchern geben die Handschriften Aufschlüsse über die Entstehung. Mehrere Schemata sind datiert, z.B. am 20. Sept. 1828, 13. Nov. 1828, 18. Nov. 1828. Einige Schemata hat Goethe auf die Rückseite von Theaterzetteln geschrieben, z.B. vom 25. Oktober 1828 (Zauberflöte) und 24. Januar 1829 (Oberon). Auch Manuskript-Stücke sind datiert, z.B. hat die Handschrift von* Buch 3, Kap. 11 *die Unterschrift* 15. Jan. 1829. – *Die Fülle der Tagebuch-Notizen kann hier nicht gebracht werden. Vollständig sind sie zusammengestellt in: Studien zu Goethes Alterswerken, hrsg. von E. Trunz, Frankf. a.M., 1971, S. 109–115. – Ende Februar 1829 wurde die 2. Fassung des Romans fertig. Im März kam die Spruchsammlung* Aus Makariens Archiv *hinzu. Am 14. März vermerkt das Tagebuch:* Abschrift der Aphorismen geendet und dieselben eingepackt.

An Zelter. 30. Oktober 1828.

Ich beschäftige mich nun mit den „Wanderjahren", welche zunächst zum Drucke hineilen ... Sie werden euch zu denken geben, und das ist's doch eigentlich, worauf es ankommt.

An Göttling. 17. Januar 1829.

Besonders erfreut mich, daß Sie durch unmittelbare Anschauung der Wirklichkeit meinen Webern und Spinnern günstig geworden. Denn ich war immer in Sorge, ob nicht diese Verflechtung des streng-trockenen Technischen mit ästhetisch-sentimentalen Ereignissen gute Wirkung hervorbringen könne. So aber bin ich über Sorgfalt und Mühe, die ich auf diese Kapitel gewendet, gar freundlich getröstet und hinlänglich belohnt. Der Abschluß des Ganzen folgt nächstens, und ich werde erst wieder frei Atem holen, wenn dieser sisyphische Stein, der mir so oft wieder zurückrollte, endlich auf der andern Bergseite hinunter ins Publikum springt.

An Wilhelm Reichel, Geschäftsführer im Verlag Cotta.
14. Februar 1829.

Euer Hochwohlgeboren werden nunmehr den unterm 11. huius abgegangenen 3. Band der „Wanderjahre" erhalten haben. Das wenige, was daran so wie an dem zweiten noch mangelt, wird nächstens erfolgen.

An Reichel. 21. Februar 1829.

Euer Wohlgeboren erhalten mit der heut abgehenden fahrenden Post den Abschluß der diesmaligen Lieferung. Durch die beikommenden Einzelheiten unter dem Titel „Betrachtungen im Sinne der Wanderer" wird der 22. Band das rechte Maß zu den übrigen erlangen.

An Reichel. 4. März 1829.

Zu dem 1. Band der „Wanderjahre" sende noch einen Nachtrag *(„Aus Makariens Archiv")*, da er gar zu mager ausgefallen ist. Mich hat die weitläufige Hand des Abschreibenden getäuscht. Kommen noch einige Bogen hinzu, so setzt er sich, sowohl was das Äußere als das Innere betrifft, mit den folgenden eher ins gleiche.

An Reichel. 19. März 1829.

Euer Wohlgeboren Vorstellung und Wünschen *(Reichels Mitteilung, daß das 1. Buch schon ausgedruckt sei und die nachgesendete Spruchsammlung nur noch dem 3. Buch beigefügt werden könne)* füge mich um so lieber, als der letzte Band auch nicht stark ist und es hauptsächlich darauf ankommt, daß diese übersendeten Aphorismen mit gegenwärtiger Lieferung ins Publikum treten. Hiernach käme also das Nachgesendete „Aus Makariens Archiv" ans Ende des 3. Bandes der „Wanderjahre".

An Reichel. 2. Mai 1829.

Einzelnen Gebrauch von den Sprüchen „Aus Makariens Archiv" wünsche nicht vor Heraustritt des Werkes. Am Schluß desselben und im Zusammenhang des Ganzen finden sie erst ihre Deutung, einzeln möchte manches anstößig sein.

An Staatsrat Christof Ludwig Friedrich Schultz in Berlin. 29. Juni 1829.

Ich hoffe, meine „Wanderjahre" sind nun in Ihren Händen und haben Ihnen mancherlei zu denken gegeben. Verschmähen Sie nicht, mir einiges mitzuteilen. Unser Leben gleicht denn doch zuletzt den Sibyllinischen Büchern: es wird immer kostbarer, je weniger davon übrigbleibt.

An Sulpiz Boisserée. 2. September 1829.

Dem einsichtigen Leser bleibt Ernst und Sorgfalt nicht verborgen, womit ich diesen zweiten Versuch, so disparate Elemente zu vereinigen, angefaßt und durchgeführt, und ich muß mich glücklich schätzen, wenn Ihnen ein so bedenkliches Unternehmen einigermaßen gelungen erscheint. Es ist wohl keine Frage, daß man das Werk noch reicher ausstatten, lakonisch behandelte Stellen ausführlicher hätte hervorheben können, allein man muß zu endigen wissen ... An Stoff und Gehalt fehlt es nicht, und ich kann froh sein, daß Sie für die Form ein so rühmliches Gleichnis gefunden haben.

An Johann Friedrich Rochlitz. 23. November 1829.

Mit solchem Büchlein aber ist es wie mit dem Leben selbst: es findet sich in dem Komplex des Ganzen Notwendiges und Zufälliges, Vorgesetztes und Angeschlossenes, bald gelungen, bald vereitelt, wodurch es eine Art von Unendlichkeit erhält, die sich in verständige und vernünftige Worte nicht durchaus fassen noch einschließen läßt ... ,,Handle besonnen“ ist die praktische Seite von: ,,Erkenne dich selbst“. Beides darf weder als Gesetz noch als Forderung betrachtet werden; es ist aufgestellt wie das Schwarze der Scheibe, das man immer auf dem Korn haben muß, wenn man es auch nicht immer trifft. Die Menschen würden verständiger und glücklicher sein, wenn sie zwischen dem unendlichen Ziel und dem bedingten Zweck den Unterschied zu finden wüßten und sich nach und nach ablauerten, wie weit ihre Mittel denn eigentlich reichen ...

Aus: Eckermann, Gespräche mit Goethe. 2. Teil. Lpz. 1836.

15. Mai 1831. ... Ich hatte das Ganze in zwei Hauptmassen zusammengestellt, ,,Aus Makariens Archiv“ und ,,Im Sinne der Wanderer“, und da Goethe gerade zu dieser Zeit zwei bedeutende Gedichte vollendet hatte, eins auf Schillers Schädel und ein anderes ,,Kein Wesen kann zu nichts zerfallen“, so hatte er den Wunsch, auch diese Gedichte sogleich in die Welt zu bringen, und wir fügten sie also dem Schlusse der beiden Abteilungen an. Als nun aber die Wanderjahre erschienen, wußte niemand, wie ihm geschah. Den Gang des Romans sah man durch eine Menge rätselhafter Sprüche unterbrochen ... Auch wurden die beiden Gedichte so wenig verstanden als es geahnet werden konnte, wie sie nur möchten an solche Stellen gekommen sein. Goethe lachte dazu. ,,Es ist nun einmal geschehen,“ sagte er heute, ,,und es bleibt jetzt weiter nichts, als daß Sie bei der Herausgabe meines Nachlasses diese einzelnen Sachen dahin stellen, wohin sie gehören ...“

NACHWORT ZU WILHELM MEISTERS WANDERJAHRE ODER DIE ENTSAGENDEN

Rahmenerzählung. *Wilhelm Meisters Wanderjahre oder Die Entsagenden* ist Goethes Altersroman, so wie *Faust II* sein Altersdrama ist und der *West-östliche Divan* samt den danach entstandenen Gedichten (Bd. 1, S. 371–391) seine Alterslyrik. Der Stil dieses Altersromans unterscheidet sich von dem der früheren Romane – *Werther, Lehrjahre, Wahlverwandtschaften* – in vielen Zügen. Das Geschehen ist nicht auf einen im Mittelpunkt stehenden Helden bezogen; es fehlt überhaupt eine einheitliche und straffe Handlung; in diesem Sinne sind die *Wanderjahre* gar kein Roman; versucht man sie als Erzählung mit einem Handlungszusammenhang zu lesen, so wird man enttäuscht. Bemüht man sich dagegen, das, was man vorfindet, in seiner Eigenart zu erkennen, so findet man ein Weisheitsbuch, aber nicht das eines Philosophen, sondern das eines Künstlers. Von einem Roman im alten Sinne ist nur geblieben, daß sich eine lose verbindende Handlung durch das ganze Werk hindurchzieht. Vielfach löst die Erzählung sich in eine Reihe von Einzelbildern auf, aber es ist keine beliebige Reihe, sondern ein Zyklus; er ist in allen Teilen bezogen auf ein einheitliches Bild des Menschen, das von den verschiedenen Beispielen aus erschlossen wird.

Der Mensch, aus Dunkel kommend, in Dunkel gehend, findet einen Sinn für sein Dasein, indem er seinem Sein zwischen anderen die rechte Form zu geben versucht; Leben heißt Zwischen-Menschen-Sein: teils sind es private Bindungen an einzelne, teils Bindungen an umfassende große Gemeinschaften; aber die Formen dieser Bindungen sind nicht schlechthin da, sondern sie wandeln sich, der Mensch wandelt sie. Wie die Formen des Lebens sein sollen, sagt kein allgemeines Gesetz; sondern es gibt nur die Wechselwirkung von Tun und Denken: aus dem Denken formt sich das Tun, und aus dem Tun korrigiert sich wiederum das Denken in steter Erneuerung. (263,12–22.) Der Roman zeigt diese Wechselwirkung von Denken und Tun in einer Fülle von Geschehnissen und Überlegungen, daher seine Reichweite zwischen Anschauung und Reflexion. Er bringt die Bilder und Probleme der großen sozialen Gemeinschaft in einem breiten gewichtigen Rahmenbericht und bringt die Bilder und Probleme der privaten Einzelbindungen in einer Reihe von eingestreuten Novellen. Dies ist seine Architektonik im Großen.

Die Rahmenerzählung knüpft lose an das Geschehen der *Lehrjahre* an. Die Gesellschaft vom Turm, welche sich dort der Ausbildung begabter junger Menschen widmete, hat jetzt allgemeinere soziale Aufgaben ins Auge gefaßt. Die Nöte der Zeit legen solche Aufgaben nahe. Es gibt arme und übervölkerte Gebirgsgegenden, deren bisherige Hausindustrie durch die Einführung der Maschinen dem Untergange entgegengeht. In dieser Bevölkerung ist der einzelne, sofern er sich selbst überlassen bleibt, hilflos. Nur eine große Organisation, welche die Auswanderung vorbereitet und den rechten Mann an den rechten Platz bringt, kann helfen. In Amerika ist Land frei, und man braucht Ansiedler. Um in die Aufgaben, die sich hieraus ergeben, hineinzuwachsen, muß die Turmgesellschaft mit sehr vielen verschiedenen Menschenkreisen in Berührung kommen. Das geschieht nun zumal durch Wilhelm Meister. Er kommt auf seiner Wanderung im Alpenvorland zu einem adligen Großgrundbesitzer – er wird nur *der Oheim* genannt –, der von seinem Vater her in Amerika weite Landstrecken geerbt hat. Felix verliebt sich in dessen Nichte Hersilie. Durch den Oheim und Hersilie wird Wilhelm weiterempfohlen an eine Verwandte, Makarie; er besucht sie auf ihrem Schloß; und in ihrem Auftrag reist er dann wiederum weiter zu ihrem heimkehrenden Neffen Lenardo, der die Landstrecken in Amerika erben soll und dorthin strebt. Wilhelm bringt seinen Sohn Felix in der Pädagogischen Provinz unter und übernimmt es, nach einem Mädchen zu suchen, dessen Schicksal Lenardo am Herzen liegt; er gelangt dabei in die übervölkerten Gebirgsgegenden. Überall ergeben sich nun nicht nur flüchtige, sondern bleibende Beziehungen. Auch die Turmgesellschaft besitzt in Amerika bereits Landstriche; sie liegen neben denen, welche Lenardo dort erbt; Lenardo und die Turmgesellschaft schließen sich zusammen für ein großes Auswanderungsunternehmen. Man plant auf dem neuen Boden nicht nur ländliche und handwerkerliche Siedelungen, sondern auch einen großen Kanalbau und im Zusammenhang damit industrielle Anlagen, zumal Spinnereien und Webereien. Lenardo ist der Mann, wie man ihn dafür braucht: tatkräftig, organisatorisch begabt und voll technischer Fähigkeiten. Er bereist die übervölkerten Industriegegenden, um dort die Technik der Textilindustrie kennenzulernen und um Menschen für den Auswandererbund zu finden. Während er das Technische und Organisatorische besorgt, ist der Abbé leitend in Fragen der Weltanschauung und auch der Wirtschaft. Außerdem besorgt man sich tüchtige Männer, indem man ausgebildete Zöglinge aus der Pädagogischen Provinz übernimmt. Während in Amerika bereits Vorbereitungen getroffen werden, sammelt Lenardo in Europa die Auswanderer, zunächst Handwerker, welche er zu einem Bunde zusammenschließt. Aber nicht nur in Amerika ergeben sich neue Lebensmöglichkeiten. Ein hoher Beamter eines deutschen Fürsten erscheint, der in einer abgelegenen Provinz ebenfalls großzügige Siedlungsgelegenheit bietet. So trennen sich am Ende die Auswanderer; ein

Teil geht nach Amerika, und ein anderer Teil will das europäische Projekt in Angriff nehmen.

Die leitenden Männder der großen Unternehmung, d. h. die Hauptgestalten der Rahmengeschichte, wissen, wo ihre Grenzen liegen und daß sie, um das eine zu tun, auf das andere verzichten müssen. Sie haben gelernt, zu entsagen. *Die Entsagenden* sind nicht ein Bund, sondern es ist die Bezeichnung für geistige Menschen mit einer gewissen Lebenserfahrung. Alle sind sie einst Nicht-Entsagende gewesen, und alle haben sie mit Menschen zu tun, welche noch nicht zur Klarheit über ihre Grenzen gelangt sind. Die Wege und Irrwege, bevor man zum Entsagenden wird, werden nun besonders in den zahlreichen Novellen dargestellt, die in den Roman eingeflochten sind.

Altersstil. Die Weltanschauung des Alters denkt an das Leben als Ganzes; sie erkennt auf Erden immer wieder das Gleiche; jeder Einzelfall repräsentiert ein Allgemeines. Daß der ewigen Bewegung eine ewige Statik zugrunde liegt, gibt dem Altersroman die Statik seiner Struktur. Die Bilder stehen nicht zeitlich nacheinander, sondern räumlich nebeneinander. Sie sollen alle zugleich dasein und miteinander verglichen werden. Etwa in bezug auf das Religiöse: die Josephsfamilie (kirchliche Gläubigkeit) – Montan (Naturfrömmigkeit) – der Abbé (sittlich-soziale Idee als religiöse Offenbarung) – der Maler (Kunst als ein *Dem-Unaussprechlichen-Nähertreten;* 238,24). Oder in bezug auf die Entsagung: Entsagung aus Überlegung und sittlichem Bewußtsein (Wilhelm); aus Verpflichtung zur Arbeit (Lenardo); mangelnde Entsagung aus Jugendlichkeit (Felix); aus Charakterschwäche (der Freund der Melusine); aus Mangel an Takt (der Faktor); usw. – Es kommt wenig darauf an, in welcher Reihenfolge diese Bilder dargeboten werden, aber sehr darauf, daß sie alle da sind und daß die Rangordnung, die sie in sich haben, klar wird. Daraus folgt das Sprunghafte der Erzählung, die Auflösung in Einzelbilder, deren Verbindung der Dichter nicht sagt, sondern der Leser selbst herstellen muß. Es herrscht das Aufbauprinzip des Zyklus, eines Bilderkreises. In ihm spiegelt ein Bild das andere wechselseitig. Goethe hat dieses Prinzip seines Altersstils nicht nur intuitiv angewandt, sondern es ist ihm auch bewußt geworden. In einem Schema zu den *Wanderjahren,* in welchem er einige Hauptmotive des 2. Buches in Stichworten aufgeschrieben hat, notiert er sich zum Schluß: *Dieses alles gegeneinander zu arbeiten.* (Fest-Ausg., S. 508; fehlt in der Weim. Ausg.) In der Zeit, als er die *Wanderjahre* fertig machte, schrieb er an K. J. L. Iken: *Da sich manches unserer Erfahrungen nicht rund aussprechen und direkt mitteilen läßt, so habe ich seit langem das Mittel gewählt, durch einander gegenübergestellte und sich gleichsam ineinander abspiegelnde Gebilde den geheimeren Sinn dem Aufmerkenden zu offenbaren* ... (23. 9. 1827. Briefe Bd. 3, S. 448f.) Es ist also eine Technik wechselseitiger Spiegelungen, und Goethe sagt selbst, daß es dazu eines *Aufmerkenden* bedarf: der Leser muß das Gesamt im Kopfe haben, um die Verbindungslinien zu ziehen. Es ist ein Roman des Nebeneinander, in welchem man sich die einzelnen Motive wie in einem Kreis aufgestellt denken muß und die Spiegelungen dann selbst finden soll. Aber warum ist es dann nicht überhaupt nur eine Novellenreihe oder Bilderreihe? Es bleibt ein Roman, weil sich über der Schicht des Lebens, die in den Novellen dargestellt ist, eine höhere Schicht in der Rahmenerzählung erhebt, die der Entsagenden, in der sich die übergeordneten Gesichtspunkte zur Zusammenfassung aller Einzelbilder ergeben. Im Bereich der Novellen ist jede Geschichte nur ein „Fall", der sich in die Reihe der ewig gleichen Typen einordnen läßt. Aus diesem Grunde und wegen des Systems der wechselseitigen Spiegelung spielt in dieser Dichtung die Zeit kaum eine Rolle. Und wo sie erwähnt wird, wird sie von dem Erzähler völlig frei behandelt. Versucht man den zeitlichen Zusammenhang zu konstruieren, so findet man nur, daß vieles nicht zusammenstimmt. Schon der Anschluß an die *Lehrjahre* ist unklar; der Abstand scheint dem Geschehen nach ein paar Monate, den Kulturzuständen nach ein paar Jahrzehnte zu betragen; die *Pause von einigen Jahren* im 2. Buch (S. 244) paßt zwar gut, damit Felix heranwächst, aber Männer wie die Leiter der Turmgesellschaft und zumal Lenardo brauchen nicht mehrere Jahre, um den mäßig großen Kreis der Auswanderer zusammenzubringen. Doch so darf man nicht fragen; sondern nur so: Welche Formen des Lebens sind hier vorhanden? Und in welcher Beziehung stehen sie zueinander? Die ganze Komposition erfolgt nicht aus dem Gesichtspunkt, ein Geschehen zu berichten, sondern ein greiser Erzähler bringt aus der Fülle seiner Schau Typen des Lebens; nicht der Stoff regiert, sondern der Erzähler, er bricht ab und er fährt wieder fort, wie er es will; also kein normaler Zeitablauf, sondern eine Kompositionsfolge aus der Innerlichkeit der Schau, eine symbolische Bildfolge. Ein solches zyklisches Bauprinzip ist für einen Roman vielleicht seltsam; in einem lyrischen Werk ist es leichter durchführbar, der *West-östliche Divan* ist das Beispiel dafür, und Goethe selbst hatte über diesen geschrieben: *Jedes einzelne Glied ist ... durchdrungen von dem Sinn des Ganzen ... und muß von einem vorhergehenden erst exponiert sein ...* (an Zelter, 17. 5. 1815). Wie man dort das *Buch des Sängers* mit dem *Buch des Paradieses* zusammenhalten muß, so hier die Pädagogische Provinz mit den Makarie-Kapiteln, und wie dort das *Buch des Unmuts* und das *Buch des Timur* erst die Weite der Gesamtkonstellation ergeben, so hier etwa *Der Mann von funfzig Jahren* und *Nicht zu weit.* Auf die Gesamtkonstellation kommt es vor allem an, und Aufgabe des Lesers ist es, diese in den disparaten Elementen zu erkennen und aus den Sternen ein Sternbild zu machen. (Vgl. Bd. 12, S. 368, Nr. 25ff.)

Der Handlungszusammenhang ist zeitweilig recht locker. Der Symbolzusammenhang ist dann meist desto inniger. Das Symbol wird mitunter so stark, daß der Dichter sich kaum die Mühe macht, es auch als Handlungselement hinreichend zu motivieren. Das ist ganz ähnlich wie in *Faust II*. So beginnt z. B. das eigentliche Romangeschehen damit, daß Wilhelm die Verbindung von der Turmgesellschaft zu dem in Amerika begüterten Oheim und dem dorthin strebenden Lenardo herstellt. Der Symbolzusammenhang braucht ganz andere Motive: Eine harmonisch-urbildliche Familie – ein forschender Naturbetrachter – ein autoritärer Philanthrop und seine Problematik – eine Heilige der Naturfrömmigkeit. – Besonders bezeichnend ist dann auch der Schluß des Werkes: Das Romangeschehen endet damit, daß die Auswanderer nach Amerika abreisen; der Symbolzusammenhang aber geht darüber hinaus und schafft sich einen ganz eigenen Schluß. Dieser beginnt mit einem Höhepunkt: die Weise, Einsame in kosmischer Ordnung, Bild höchster menschlicher Steigerung (Makarie und das Sonnensystem) – dann ein Bild aus einer ganz anderen Schicht: der jugendlich-unreife Einsame ohne Halt einer Ordnung (Felix, verwirrt, als Reiter davonsprengend) – dann der Verwirrte, Junge, Einsame gefährlich ins Elementare versinkend (Felix' Sturz ins Wasser) – dann, etwa als Mittellage zwischen den bisherigen Schichten, die Gesellschaft, welche den Verwirrten aufnimmt, ein Könnender, welcher dabei hervortritt (Wilhelm als Arzt); jeder Reifende, dem der Gereifte hilft, ist sein Sohn (Wilhelm hilft, und erst dann entdeckt er, daß es Felix ist) – schließlich der im Kreise der Gesellschaft genesende Jüngere; die Einsamkeit, die Makarie gemäß ist, ist für ihn unmöglich; er bedarf der Gemeinschaft und diese bedarf seiner, denn alle in ihr sind durch die Stufe hindurchgegangen, auf der er steht. – Das alles sind fast nur noch symbolische Bilder. Für das Romangeschehen bedeuten sie fast nichts. Aber auch da, wo der Handlungszusammenhang straffer ist, tut man gut, ihn nicht zu ernst zu nehmen und seine Motive zugleich als symbolische Bilderreihe zu betrachten. Zum Symbolbereich gehört meist auch die Landschaft. Sie hat in den *Wanderjahren* breiteren Raum als in den *Lehrjahren* und zeigt Hochgebirge, Alpenvorland, Lago Maggiore, Züricher See, viele Landsitze und viele Parkanlagen. Es ist kein Zufall, daß die großartigsten und schärfsten Worte auf schroffem Berggipfel ausgesprochen werden und auf dem hohen Sternwartenturm angesichts des nächtlich gestirnten Himmels.

Die Freiheit der Komposition erklärt der Dichter selbst damit, daß er sich bezeichnet als *Redakteur dieser Bogen* (258,13), als *Sammler und Ordner dieser Papiere* (408,8f.), als *treuen Referenten* (436,24), der manche Kapitel als *ein Blatt aus unsern Archiven* (448,36) mitteilt. Hierdurch wird Abstand gesetzt. Anderseits tritt er deutlich als Individualität hervor (258,15 ff.) und gibt im Roman wie in den Sprüchen zu erkennen, daß er alt ist (100,6f.; 209,16; 283, Nr. 5; 460, Nr. 2; 465, Nr. 35; 469, Nr. 61; 486, Nr. 182). Er scheint bei seiner Tätigkeit als *Sammler und Ordner* (408,8) mitunter willkürlich zu walten; so sagt er z. B.: *Unter den Papieren, die uns zur Redaktion vorliegen, finden wir einen Schwank, den wir ohne weitere Vorbereitung hier einschalten, weil ... wir für dergleichen Unregelmäßigkeiten fernerhin keine Stelle finden möchten ...* (378,15–19). Die tiefere Ursache der Einfügung ist hier, daß die Geschichte sich in bezug auf das Motiv der Gemeinschaft kontrapunktisch zu den sie umgebenden Partien verhält. Doch es ist immer Goethes Art, für das innerlich Begründete möglichst nur äußere Gründe anzugeben. Und das ist für den Künstler recht so: er soll nicht sein eigener Ausleger sein. Der Leser aber, der annehmen würde, mit des Dichters leichter äußerer Motivierung sei bereits alles gesagt, ginge fehl. Die innere Beziehung muß er selber finden. Es ist fast immer Goethes Art, um einen Grad leichter zu scheinen, als er ist (und darin liegt zugleich viel Kultur und Vornehmheit seines Zeitalters), und wer das nicht bemerkt, kann bei Erzählungen wie dem *Mann von funfzig Jahren* an Wesentlichem vorübergehn. Für die *Wanderjahre* gilt in noch höherem Grade das, was Goethe einst bei Gelegenheit der *Lehrjahre* sagte (und er hat es nur ausgesprochen, weil er in Schiller einen eingehenden verstehenden Mitdichter hatte, wie er ihm später nie mehr zuteil wurde): *So werde ich immer gerne ... das geringere Kleid vor dem bessern wählen ..., mich leichtsinniger betragen, als ich bin ... Es ist keine Frage, daß die scheinbaren von mir ausgesprochenen Resultate viel beschränkter sind als der Inhalt des Werks, und ich komme mir vor wie einer, der, nachdem er viele und große Zahlen übereinandergestellt, endlich mutwillig selbst Additionsfehler machte, um die letzte Summe – aus Gott weiß was für einer Grille – zu verringern. (9. Juli 1796)*

Zu den Eigenheiten des Altersstils gehört, daß er oft genau und überdeutlich ist in Einzelheiten, z. B. bei dem Aufzug der Handwerker (*3. Buch, 1. Kap.*) oder in den Bestimmungen für die amerikanische Siedelung (*3. Buch, 11. Kap.*), aber rätselhaft und geheimnisvoll im Großen (zumal bei Makarie und der Pädagogischen Provinz). Wo uns das Vorbildliche, ja Utopische gezeigt wird, ergeht sich die Alterssprache in ihren Lieblingswendungen lobender Beiwörter: *wohlgeordnet, schicklich, tüchtig* usw.; anderseits fehlt den *Wanderjahren* auch nicht das Ironische (wenn auch das Mephistophelische). In wenigen Werken gelangen wir so oft und so deutlich wie hier an den Punkt, wo das Schweigen beginnt. Die Makarien-Kapitel, die Schilderung der Pädagogischen Provinz, auch die Novelle *Nicht zu weit* führen an diese Grenze, wo ein Letztes, nicht mehr Sagbares übrigbleibt. Montan spricht wiederholt davon, daß man *das Beste* meist nur *verschweigen* könne (36,10; 263,3 ff. und die Anmkg. dazu), und der Dichter gibt hier – teils schmerzlich, teils ironisch – ein Gestaltungsgesetz des Romans in Worten des Romans selbst zu erkennen. Auch hier erinnert der Altersroman an den *Divan*, indem er seinen Verfasser zugleich verbirgt und offenbart, denn das Tiefste ist so gesagt, daß es sich selbst schützt vor profanen Blicken und nur dem, der den Schlüssel in sich selber trägt, offenbar zu werden vermag.

Bild des Menschen. Dieses Werk, das äußerlich gesehen so vielgestaltig ist und das scheinbar auseinanderfällt in den Rahmen und die Novellen, in das Ernste und in das Heitere, hat seine tiefere Einheit im Bilde des Menschen.

Zweck und Ziel seines Daseins weiß niemand, es ist *Geheimnis, von höchster Hand verborgen* (426,8 ff.), und doch finden wir unseren Weg durch *Denken und Tun, Tun und Denken* (263,12 f.). Wilhelm findet seinen Weg als Arzt, Lenardo als Führer der Auswanderer und in taktvoll-wartendem Hinstreben auf eine spätere Vereinigung mit Nachodine-Susanne; dagegen findet der junge Felix seinen Weg noch nicht und verwirrt sich. Jeder sieht nur ein Stück, nie das Ganze und das Ergebnis. Jede Erkenntnis ist begrenzt durch die Art des Sehenden. Es kehren in den *Wanderjahren* einige Wörter und Begriffe leitmotivisch immer wieder: Bedingtheit, Entsagung, Gemeinschaft, Religion; sie bedingen einander hier wechselseitig; ihr Verhältnis zueinander zeigt die wesentlichsten Züge im Bilde des Menschen und ergibt den inneren Zusammenhang des ganzen Werkes.

Versuchen wir, den Strukturzusammenhang dieser Denkbilder uns vor Augen zu führen, so ergibt sich etwa folgendes: Jeder ist begrenzt als Mensch und als Individuum. Er erreicht nie das Absolute, sondern nur, was seinen begrenzten Organen zugänglich ist. Dennoch hat er das Absolute im irdischen Gleichnis. So wird z. B. die sittliche Ordnung, in der er selbst an seiner Stelle mitwirkt, zum Gleichnis gottgewollter Ordnung schlechthin. Die Natur wird zum Hinweis auf eine Schönheit und Ordnung, die absolut ist. Weil wir in dem Mittelzustand zwischen Finsternis und Licht leben, sind wir in einem *Mittelzustand zwischen Verzweiflung und Vergötterung* (33,5). Wer die eigene Grenze gewahr wird, weiß dem, was jenseits von ihr liegt, zu entsagen, im Erkennen, im Lieben, im Handeln. Wer entsagt, beschränkt sich auf seine begrenzte Aufgabe und wird dadurch Organ der Gemeinschaft. Die Arbeit in der Gemeinschaft wird zum Gleichnis einer allgemeinen Ordnung und erhält dadurch einen religiösen Sinn. Damit ist aus der Bedingtheit hinaus ein Weg in die Freiheit geöffnet, aber zugleich die Bedingtheit anerkannt. – Was Goethe Entsagung nennt, ist also das Zu-Geist-Machen der Bedingtheit. In diesem Sinne sind die Hauptgestalten der Rahmenerzählung Entsagende. Die Gestalten der Novellen sind es meist noch nicht und sollen es werden. Hierin liegt das Pädagogische des Werks: es glaubt an Steigerung und zeigt, wie sie zu erreichen sei. Der Zusammenhang von Bedingtheit, Entsagung, Gemeinschaft und Religion ließe sich also kurz dahin zusammenfassen: Bedingtheit ist Urphänomen; wird sie bewußt, so führt sie zur Entsagung; wer entsagt, fügt sich sinnvoll in die Gemeinschaft; ein Leben in ihr ist gleichnishaft religiös; das Religiös-Gleichnishafte zeigt die Bedingtheit und öffnet zugleich einen Ausblick über sie hinaus. – In diesem Gefüge bewegen sich die Bilder des Romans. Sie zeigen, in welcher Art der Bedingte religiös ist und zum Entsagenden wird, warum der Entsagende sozial wird, wo das Soziale ins Religiöse übergeht, inwiefern Gemeinschaft Entsagung ist usw.

Alle Gestalten der *Wanderjahre,* sofern sie gelernt haben, sich zu bedingen, sind Tätige, Nützliche. In der Herausarbeitung der Tätigkeit lebt die Dynamik des Goetheschen Weltbildes. Das Wandern ist Symbol für die Bewegung, die durch die stets sich wandelnden Bedingnisse des Lebens gefordert wird. Hinter dieser Vorstellung steht Goethes biologisches Weltbild der ewigen Gestaltung und Umgestaltung. In der Tätigkeit muß sich das biologisch Notwendige mit dem sittlich Richtigen vereinigen. In der Denkweise des Auswandererbundes erhält die Tätigkeit einen geradezu religiösen Charakter. Das ganze Buch ist durchzogen von Bildern der Arbeit und von Worten wie *wetteifernde Tätigkeit* (327,36), *Daß ein Mensch etwas vorzüglich leiste ... darauf kommt es an ...* (282,11ff.), *Tun ohne Reden muß jetzt unsre Losung sein ...* (241,16f.) usw. Auch in der Pädagogischen Provinz sehen wir ein dynamisches Bild des Menschen: Das religiöse Leben dort ist ein stetes Sich-Entwickeln, alles in ihm ist Stufe eines Weges. Tätigkeit erscheint als ein Sich-Einschwingen in den Rhythmus des Weltgeistes. Dies dargestellt zu haben, ist Goethes besondere Leistung, und es kennzeichnet ihn als Dichter des neuzeitlichen Abendlandes. Streben, Dynamik ist auch in *Faust,* aber nicht oder nur ausnahmsweise als geregelt-nützliche Tätigkeit. Wie das Streben, das zunächst ins Unbedingte will, sich bedingt zu nützlicher Arbeit an der *Forderung des Tages* (283, Nr. 3) und im Begrenzten dann doch wiederum das Unendliche spiegelt, das ist das besondere Thema der *Wanderjahre.*

Leben ist Bewegung in einem polaren Kraftfeld, und die Polarität, welche das Werk durchzieht, erscheint als Tun und Denken, Einsamkeit und Gesellschaft, Leidenschaft und Entsagung, Wandern und Sammeln, Tat und Seele, Rationales und Irrationales. Sieht man, wie der Oheim seine Welt ordnet und wie die Auswanderer alles nützlich-praktisch regeln und in ihrem Kreise sogar Philine und Lydie Schneiderin und Näherin werden, so erscheint alles überaus rational, ja aufklärerischnüchtern. Aber blickt man auf die Gesteinfühlerin und Makarie, so erkennt man als Höhepunkt etwas Intuitives, das die kühnsten Ahnungen der Romantik fast noch überbietet. In der Staats- und Männerwelt überwiegen die einen Züge, bei den Frauen und in der Welt der Schau die anderen. Und beides ist in diesem Roman in ein abgewogenes Verhältnis gebracht.

Aber Leben ist nicht nur Polarität. Es gibt darüber hinaus noch das vertikale Kraftfeld: es gibt Steigerung. Das höchste Bild der Steigerung, das Goethe geschaffen hat, ist Makarie, *geistig ... nach der Peripherie strebend* (449,19f.). Während der Oheim und seine Welt diesseits vor der Grenze des Tragischen bleibt und während Odoard *(Nicht zu weit)* entschieden tragisch ist, geht Makarie über das Tragische hinaus. Sie ist erlösende Entgrenzung, Weg ins Absolute. Hier ist der große Unterschied zwischen den *Wanderjahren* und *Faust*. Faust rennt dauernd an seine Grenzen an, und erst nach seinem Tode gelangt er über sie hinaus. Makarie übersteigt diese Grenze schon im Diesseits. Ihre Gestalt spricht neu die alte mystische Erkenntnis aus, daß höchste Schau ein Vortod sei, ein Entwerden. Was der neuzeitliche Mensch im Allgemeinen als menschliche Grenze schlechthin empfindet, wird von Makarie überwunden. Sie entfernt sich von der Erde, kein Erdgeist kann ihr Grenzen des Begreifens vorhalten; und weil es für sie diese Grenzen nicht gibt, gibt es auch keinen Mephistopheles; denn dieser hat nur bei dem begrenzten Faust seinen Sinn. (Und nur am Schluß, in der *Bergschluchten*-Szene fehlt er.) Es fehlt in den *Wanderjahren* das Mephistophelische, und es gibt eine Gestalt, wie sie sonst in neuzeitlicher Dichtung kaum vorkommt: Makarie, die selbst rein ist und anderen auf den rechten Weg helfen kann (vgl. Anmkg. zu Buch 3, Kap. 15). Der Erzähler nennt sie eine *Heilige* (441,3 und 11). Makarie als *Seherin* (451,21) hat teil an der göttlichen Ordnung der Natur; und als sittlich-tätiges Wesen zwischen anderen Menschen ist sie für alle, die ihr nahen, die Heilende und Segnende. Niemand naht ihr, ohne gereinigt von ihr zu gehn. Sie entwirrt das Tragische. Odoard, der die Verkörperung des Tragischen ist, tritt niemals in Beziehung zu ihr (obgleich er ihrem Neffen Lenardo so nahe kommt). Der Roman braucht die Gestalt Odoards durchaus, die Novelle *Nicht zu weit* ist für das Bild des Menschen von großer Bedeutung. Denn wir pflegen keine Makarie zu finden. Odoard erlebt, was auch wir erleben können; Susanne und die Schöne Witwe, die zu Makarie kommen, erleben, was wir erleben möchten. Es gehört zu dem Allumfassenden des Altersromans, daß er das Vortragische, Tragische und Übertragische vereinigt, gleichwie alle drei Formen im Leben vorkommen. Das Bild des Menschen erhält durch die Gestalt Makariens einen neuen Zug. Goethe ist immer ein Dichter der Welt und ihrer Wirklichkeit gewesen. Das Besondere der *Wanderjahre* ist, daß sie darüber hinausgreifen, zunächst ins Utopische der Pädagogischen Provinz und dann noch in anderen Bereich, ins Mystische. Was bedeutet es, daß Goethe im höchsten Alter ein einziges Mal mitten in die Wirklichkeit diese Gestalt stellt? Sind nicht die Makarien-Kapitel in ihrer Einzigartigkeit der Schlußstein zum Bilde des Menschen in seinem gesamten Werk?

Entsagung. Die Frage des Menschen: Was bin ich? muß anfangen mit der Einsicht der eigenen Begrenztheit. Leitmotivisch zieht sich durch das ganze Buch der Gedanke: *Jeder Mensch findet sich von den frühsten Momenten seines Lebens an ... immerfort bedingt, begrenzt in seiner Stellung* ... (426,5 ff.) Wer im Alter rückblickend die eigene Bedingtheit im Zusammenhang erkennt, wird *sich selbst historisch* (465, Nr. 35). Wir sind bedingt als Erkennende, als Handelnde, als Liebende. – Von den Grenzen des Erkennens sprechen die eingefügten Spruchsammlungen, aber auch Montan, der Naturforscher bei Makarie und die Lehrer der Pädagogischen Provinz. Sie wissen, daß sie im Erkennen an *Grenzen der Menschheit,* d. h. des Menschseins, kommen (304, Nr. 138), und üben dann Entsagung (im Gegensatz zu Faust): *Wenn ich mich beim Urphänomen zuletzt beruhige, so ist es doch auch nur Resignation* ... (304, Nr. 138.) Aber das bedeutet nicht, daß man überhaupt nichts erkennen könne; im Endlichen wird das Unendliche symbolisch deutlich, wie es Montan von der Natur als Chiffrenschrift sagt (34). – Ähnlich ist die Bedingtheit im Handeln. *Unbedingte* (d. h. sich nicht bedingende, die Grenzen nicht richtig erkennende) *Tätigkeit, von welcher Art sie sei, macht zuletzt bankerott.* (286, Nr. 21.) Allseitigkeit ist unmöglich; immer wieder hören wir, es sei die *Zeit der Einseitigkeiten* (37,15), jeder solle nur noch *Organ* sein. Alle Gestalten des Romans sind berufstätig und sind dadurch zu mancherlei Entsagung gezwungen, haben aber eben dadurch auch wiederum teil an einem Ganzen; denn der Tüchtige erkennt *in dem einen, was er recht tut, das Gleichnis von allem, was recht getan wird.* (37,29 f.) – Am schmerzlichsten ist Entsagung in der Liebe, und dieses Thema zieht sich durch fast alle Geschichten des Buchs. Der Major (in *Der Mann von funfzig Jahren*) lernt es langsam und mit Hilfe anderer; der Freund der Melusine, der es nicht rechtzeitig lernt, verscherzt sein Glück; Lenardo entsagt entschlossen und bewußt, die pilgernde Törin mit Starrheit, Montan mit männlicher Strenge, Odoard tragisch-schmerzlich; ein so hoffnungsloses Verzichten-Müssen wie bei ihm kommt sonst nicht vor. Der einzige, den wir nicht entsagen sehen, ist Felix. Muß ein Buch der Entsagungslehre nicht den feurigen Jüngling verurteilen? Im Gegenteil – der Dichter liebt ihn besonders. Je jünger die Gestalten sind, desto weniger üben sie bewußte Entsagung. Solange sie ganz jung sind, gibt es eine naturhafte Entsagung, die sie wie eine Schale umhüllt. Je älter die Menschen sind, desto mehr wird von ihnen Entsagung verlangt und desto strenger wird der Dichter mit ihnen. Darum ist das Entsagungsproblem so eng mit dem Altersproblem verbunden. *Mit den Jahren steigern sich die Prüfungen.* (469, Nr. 61.)

Entsagung erscheint in den *Wanderjahren* vorwiegend als Einsicht und Geist. Aber Entsagung ist zunächst ganz einfach ein bitteres Müssen und hat etwas Schmerzliches. Während die Marienbader *Elegie* in diese Bereiche hineinblicken läßt, legen die *Wanderjahre* meist einen Schleier darüber, bringen nur Andeutungen (etwa 203–205) und sprechen lieber davon, was sich später infolge von Entsagung ergibt; sie sprechen überhaupt mehr von der Bändigung des Dämonischen als von diesem selbst. – Goethe ist zwar in den *Wanderjahren* durchaus der Lehrer der Entsagung, aber zugleich auch der Verkünder des Lebens. Welche Fülle schäumenden Temperaments in den Novellen, welche vitale Kraft – und der Dichter liebt sie. Ein Buch, das die Entsagung schon im Titel trägt und leitmotivisch als Thema durchführt – man erwartet etwas Bitteres, Strenges, Schmerzliches. Statt dessen: welche Heiterkeit! Immer wieder wird gezeigt, wie im Bereich der Entsagenden alles wohlgeordnet, wohlgeformt und erfreulich sei. Außerdem wird die Lehrhaftigkeit ausgeglichen durch eine überlegene Ironie. Als Wilhelm, zum Pedanten der Entsagung werdend, einen belehrend-strengen Ton gegen Lenardo anschlägt (225), stellt sich alsbald heraus, daß Lenardo, dessen Persönlichkeit Wilhelm eigentlich hätte kennen müssen, bereits ganz von sich aus den rechten Weg gefunden hat (241), und Wilhelm ist damit deutlich genug kritisiert. Nicht Wilhelm ist der Ideal-Entsagende, sondern Lenardo, der Schwungvolle, Adlige, Selbstsichere. Wem entsagen alle diese Gestalten? Und warum? Die meisten entsagen nur begrenzt und für eine Zeitlang. Durch Entsagung wird das Leben dann erträglich, mitunter später sogar glücklich. Immer muß man das eine meiden, um das andere zu erlangen. Dieser Gedanke verbindet so verschiedenartige Kapitel wie das Melusinenmärchen und den Makarienmythos. Wer die Zwergin liebt, muß entweder ihre Gebote halten oder sie entbehren; wer der höchsten Schau lebt, muß dafür bezahlen, indem er dem äußerlichen Leben nicht standhält und als krank erscheint. Lenardo muß, um eine Zeitlang ganz seinen sozialen Aufgaben zu leben, auf private Wünsche verzichten. Entsagung ist oft nur ein Ausbalancieren des Lebens; wir sehen sie bei Menschen, die mitten im Leben stehen und nicht durch Maßlosigkeit auf der einen Seite das Ganze gefährden sollen. Dieser Bilderreihe der Entsagenden ist keine Gestalt eines extrem Entsagenden beigegeben, eines Asketen. Denn Entsagung ist hier anders gemeint. Das Ethische hängt hier zusammen mit dem Biologischen. Goethe hat als Naturforscher oftmals das Naturgesetz ausgesprochen, das der Entsagungslehre zugrunde liegt, das Gesetz der Bedingtheit, des niemals symmetrischen, aber dennoch ausbalancierten biologischen Gleichgewichts. Er schreibt in dem Gedicht *Metamorphose der Tiere:*

Doch im Inneren scheint ein Geist gewaltig zu ringen,
Wie er durchbräche den Kreis, Willkür zu schaffen den Formen
Wie dem Wollen; doch was er beginnt, beginnt er vergebens.
Denn zwar drängt er sich vor zu diesen Gliedern, zu jenen,
Stattet mächtig sie aus, jedoch schon darben dagegen
Andere Glieder, die Last des Übergewichts vernichtet
Alle Schöne der Form und alle reine Bewegung.
Siehst du also dem einen Geschöpf besonderen Vorzug
Irgend gegönnt, so frage nur gleich: wo leidet es etwa
Mangel anderswo? und suche mit forschendem Geiste;
Finden wirst du sogleich zu aller Bildung den Schlüssel . . .
Dieser schöne Begriff von Macht und Schranken, von Willkür
Und Gesetz, von Freiheit und Maß, von beweglicher Ordnung,
Vorzug und Mangel erfreue dich hoch! Die heilige Muse
Bringt harmonisch ihn dir, mit sanftem Zwange belehrend.
Keinen höhern Begriff erringt der sittliche Denker,
Keinen der tätige Mann, der dichtende Künstler; der Herrscher,
Der verdient, es zu sein, erfreut nur durch ihn sich der Krone . . .
(Bd. 1, S. 202f.)

Es sucht ein gefährlicher Dämon, *Willkür zu schaffen den Formen wie dem Wollen.* Bildet die Natur ein Lebewesen allzu einseitig, so leidet es und wird vernichtet. Läßt der Mensch seiner Willkür alle Freiheit, so gefährdet er in gleicher Weise sich selbst. Was dort biologisch war, wächst hier ins Ethische empor. *Keinen höheren Begriff erringt der sittliche Denker . . .* Dieses Gesetz des Lebens sich bewußt machen und es auf sich anwenden bedeutet Entsagung. Sie steht also auf der Grenze zwischen Ethos und Lebenskunst, zwischen sittlicher Forderung und intuitiver Einsicht in die Gesetzlichkeiten des Lebens. Das ist sehr Goethisch (und ganz und gar nicht Kantisch). Deswegen spüren wir in den Bildern des Entsagens immer die Lebenserfahrung und können sie unmittelbar wieder auf das Leben in uns und um uns anwenden. Mitunter ist Entsagung in den *Wanderjahren* mehr sittliche Entscheidung, mitunter mehr Meisterschaft des Lebens; wo sie vollkommen ist, hat sie von beiden etwas und ist schlechthin Takt.

Gemeinschaft. Wer zu entsagen weiß, fügt sich in eine begrenzte Aufgabe und einen begrenzten Menschenkreis und wird dadurch zum Menschen der Gemeinschaft. Von der *Theatralischen Sendung* über die *Lehrjahre* bis zu den *Wanderjahren* gewinnt das Thema der Gemeinschaft stets an Bedeutung. Soziologisch gesehen sind die *Wanderjahre* die genaue Ergänzung der *Lehrjahre*. Dort war der Einzelmensch ausgebildet worden. Aber Goethe empfand diesen Roman in Fragen der Erziehung, des Berufs, des erfüllten Lebens nicht als sein letztes Wort. Die *Wanderjahre* sind ein Roman ohne Einzelhelden, das Buch der großen Gemeinschaften. Und eben darum, als Fortführung und Gegensatz, werden sie angeknüpft an die *Lehrjahre,* in der Fabel wie auch im Titel. Schon die *Lehrjahre* sind reich an zwischenmenschlichen Beziehungen; die *Wanderjahre* sind es noch mehr und bringen eine Fülle von Formen, die dort noch nicht vorkommen. Sie gehen Fragen nach, welche dort fehlten oder offen blieben. Der einzelne wird zum *Organ* (37,20); der einzelne ist nie universell, aber die Gemeinschaft ist es; *Gesellschaft bleibt eines wackern Mannes höchstes Bedürfnis* (391,12f.).

Der Roman bringt alle Formen menschlichen Miteinanderseins von dem zweier Menschen bis zur großen Gemeinschaft, die zum Staate wird. Und zwar sind in den Novellen die privaten Bindungen dargestellt: Familie, Freundschaft, Liebe; dagegen in der breiten Haupterzählung die umfassenden Kreise: Männerkreis, Jugendbund, Schicksals- und Arbeitsgemeinschaft, Staatsverband (Turmgesellschaft, Pädagogische Provinz, Auswandererbund, Amerikanische Utopie). Man kann die letzgenannten in zwei Gruppen teilen: Gesellschaft, die auf Notwendigkeit und äußeren Zwang des Lebens gegründet ist (Spinner und Weber), und solche, die aus einem Erleben, einem verbindenden Glauben heraus zur Gemeinschaft wird (Pädagogische Provinz, Auswandererbund, Amerikanische Utopie). – Der Oheim ist ein aufklärerischer Alleinherrscher, philanthropisch, aber einsam, und seine Untertanen dienen einem von ihm allein bedachten gemeinsamen Nutzen. Das ist ein Zustand der Aufklärungszeit, welcher zu Ende geht. – Wohin die Entwicklung führt, zeigt das Bild der Spinner und Weber, Industriebevölkerung ohne leitende Geister, zur Masse werdend, durch die moderne Technik aus den alten Bindungen herausgerissen. – Die Turmgesellschaft, welche in den *Lehrjahren* Lebenswege einzelner lenkt, wendet sich jetzt zu sozialen Aufgaben; sie ist ein Kreis von Männern, die einander in ihrer gemeinsamen Arbeit schätzen, achten und vertrauen. – Auch den Auswandererbund beseelt ein starkes Gemeinschaftserlebnis; ausführlich wird dargestellt, welche Freude die Handwerker daran haben, daß in ihrem Kreise alles seine Ordnung hat, und wie sehr sich der einzelne dadurch gehoben fühlt; dieser Kreis ist aber nur möglich, weil er eine Natur wie Lenardo, den geborenen Leiter, an seiner Spitze hat. – Ein ähnliches Erlebnis wie die Handwerker im Auswandererbund beseelt die Knaben in der Pädagogischen Provinz; die Szene des Pferdemarkts zeigt hier ebenso deutlich wie dort die Szene der Zusammenkunft mit Lenardo das Zusammengehörigkeitsgefühl und die Freude an

Straffheit und Ordnung. Während uns die Knabengemeinschaft bis in die Einzelheiten geschildert wird, fallen über Angelas Mädchenarbeitsgruppe nur wenige Worte (122,33 ff.). – Ausführlicher wird der Plan der Amerikafahrer besprochen (404–408); hier weitet sich Gesellschaft zum Volk und zum Staat, aber man bemüht sich, das innere Erlebnis, das den Auswandererbund beseelte, auch in dem großen Kreise lebendig zu erhalten, überzeugt, daß dann sein Schicksal nicht in die Irre führen könne. – Als Gegenbild gegen die Kreise, in denen jeder zum *Glied* einer *Kette* wird (243,29), ist die Novelle *Die gefährliche Wette* eingefügt, in welcher ein Glied einer Kette zerreißt und dadurch ungeahntes Unglück hervorruft. – Zum Symbol der Gemeinschaft wird immer wieder der Gesang, darum hören wir ihn in der Pädagogischen Provinz und im Bunde der Handwerker. Stilistisch zeigen die Schilderungen dieser Kreise in besonderem Maße die lobenden Beiwörter der Goetheschen Alterssprache.

Während die Rahmengeschichte die großen Gemeinschaften darstellt, bringen die Novellen Bilder privater Bindungen: Liebe, Ehe, Familie, Freundschaft, Verehrung, und sie bringen auch alle Arten von Verwirrung, Leidenschaft, Entfremdung, Vereinzelung, die damit verbunden sein können. Die Bilder der Ehe reichen von dem Musterbild der Eingangsnovelle bis zum tragischen Gegenbild *Nicht zu weit.* Die Bilder der Liebe führen von der leichtfertigen Leidenschaft der Melusinengeschichte bis zu Lenardos seltsam mit sittlicher Gewissenhaftigkeit verbundener Neigung. Hilarie glaubt zu lieben, aber es ist im Grunde nur Neigung und Verehrung zu dem älteren Oheim; Hersilie glaubt mit der Freundschaft zu dem Jüngeren zu spielen, und es wird ernsthafte Liebe daraus. Welche Fülle von Formen: Liebe über die Altersgrenzen, Liebe über die Standesgrenzen, Liebe über Kreuz, Liebe aus Gewissen und Liebe aus geistiger Gemeinschaft – es wäre eine Wirrnis, wenn nicht die Wechselwirkung von Tun und Denken immer wieder Wege ergäbe, der Entsagungsgedanke regelnd eingriffe und die Josephsfamilie als schönes Vorbild uns in Erinnerung bliebe. – Auch Formen der Freundschaft fehlen in diesem Buche des menschlichen Miteinanderseins nicht. Frauen wie die schöne Witwe und Hilarie sind ihrer fähig, ebenso Männer wie Wilhelm, der Lenardo nahekommt. Am ausführlichsten wird die Jugendfreundschaft zwischen Wilhelm und dem Fischerknaben geschildert, mit dem zarten Hauch der frühen Jugend, ein Erwachen zum Leben schlechthin.

Weiterhin finden wir Bindungen zwischen älteren und jüngeren Menschen. Gerade in der säkularisierten Religiosität, in der es weniger auf eine Lehre als eine menschliche Haltung ankommt, braucht der junge Suchende den reiferen vorbildhaften Menschen. In solchem Sinne macht Wilhelm Epoche in der Entwicklung der jungen Susanne und ihres Verlobten (423). Die Lehrer der Pädagogischen Provinz sind Vorbild für die Knaben und Jünglinge. Die höchste Gestalt in dieser Reihe bildet Makarie, zu der jeder Ehrfurcht empfindet und die in jedem, der zu ihr kommt, das Beste lebendig macht und dadurch jeden in seine höchsten Möglichkeiten steigert. Jeder Mensch ist der Steigerung fähig, und Makarie, die gestaltgewordene Steigerung, zieht andere nach sich. Nicht ein Geistlicher hilft, nicht ein Arzt, sondern sie durch ihre Schau und ihre Weisheit. (Buch 3, Kap. 14 und 15.) Der Roman der Goetheschen Religiosität hat hier seinen Gipfel. Unter den vielen dargestellten menschlichen Bindungen ist die Wirkung Makariens etwas Einzigartiges und Höchstes. Es gibt ein Höher und Nieder, der Höhere vermag Tiefere zu sich zu ziehn; er vermag es, weil er selbst eine Bindung zum Höchsten hat: Makarie lebt in religiösen Geheimnissen. So weist menschliche Bindung letztlich über sich hinaus. In der Pädagogischen Provinz ist eine der drei Ehrfurchten die Ehrfurcht vor seinesgleichen. Hier wird ebenfalls das menschliche Miteinandersein verbunden mit der Sphäre des Religiösen, indem man auf den religiösen Sinn der tätigen Gemeinschaft hinweist. – Die *Wanderjahre* sind ein Buch des menschlichen Miteinanderseins und seiner bildenden Kräfte. Aber zugleich ist in ihnen auch ein Bild der Einsamkeit. Gerade die bedeutendsten Gestalten, Montan, der Abbé, Odoard, Makarie, bleiben, während sie ganz dem Dienst für die anderen leben, doch Einsame; sie bleiben es, eben weil sie die Geistigsten, die Höchsten sind; auch hier sind Grenzen des Menschseins.

Religion. Wie die *Wanderjahre* viele Formen der Gemeinschaft darstellen und viele Arten der Entsagung, so auch viele Wege des religiösen Empfindens und Denkens. Die Josephs-Familie bleibt in den Bahnen der alten Kirche. Ebenfalls kirchlich ist der Glaube der Spinner und Weber, protestantisch-pietistisch, häuslich-patriarchalisch. Dagegen herrscht im Bereich des Oheims ein ausgesprochener Aufklärungsglaube: es genügt, daß der einzelne nützlich für die Allgemeinheit lebt, das Religiöse bleibt etwas *Individuelles* (83,28). Die Gefahren, welche aus dem Aufhören der alten religiösen Bindungen folgen, das Unbefriedigende des Aufklärungsglaubens, sehen wir dann an Susanne und ihrem Verlobten. Aber ein Zurück gibt es für sie nicht. Sie ersehnen ein neues unmittelbares persönliches religiöses Erleben der Welt, das so tief ist, daß es auch die innere Beziehung zu den großen Wahrheiten der alten Religionsformen in sich schließt. Dieses Neue erschaffen die Männer der Turmgesellschaft in ihrer Weltbetrachtung, welche die diesseitigen großen Erlebnisbereiche Natur, Idee, Liebe, Tätigkeit durchscheinend macht für ein dahinter stehendes Absolutes. In diesem Sinne sehen der Abbé und Lothario die soziale Arbeit als etwas, was religiösen Sinn hat; ebenso ist für den Maler die Kunst ein religiöser Weg und für Montan ist es die Betrachtung der Natur. Die innerweltliche Religiosität findet dann ihren Höhepunkt in Makarie.

Alle diese religiösen Wege haben recht: sowohl von der Josephs-Familie wie von Makarie kann man sagen, daß sie *durch die reinste Gemütsruhe zur höchsten Kultur gelangen* (295, Nr. 80). In den *Wanderjahren* ist das Wesentliche der Frömmigkeit nicht der Inhalt, sondern die Reinheit und der Grad. Der Dichter stellt mehrere religiöse Wege nebeneinander; wieder herrscht die wechselseitige Spiegelung. Und in der Pädagogischen Provinz gibt er selbst einen Hinweis auf das Verbindende. Im Mittelpunkt steht hier die Ehrfurcht. Ehrfurcht hält die Mitte zwischen Freiheit und Unfreiheit, sie ist auf der Grenze zwischen Göttlich und Irdisch. Ehrfurcht gehört dahin, wo man nicht das Göttliche schlechthin erkennt, sondern dessen Abglanz, das *Vergängliche* als *Gleichnis*. Für die Männer der Pädagogischen Provinz sind auch die großen geschichtlichen Religionen solcher Abglanz; deswegen kann ihre Religiosität Antikes und Christliches in sich aufnehmen, ohne doch zum Synkretismus zu werden. Das, was sie die *wahre Religion* nennen (157,23 f.), ist nie fertig, sondern immer ein Weiterschreiten. Es ist zugleich *Ehrfurcht vor sich selbst* (157,25), ein Weg ins Ich, wo zuletzt das Weltgeheimnis und das Gesetz auftauchen; darum ein Verschwinden von *Dünkel und Selbstheit* (157,30). Eben dadurch überwindet diese Religion die Gefahren, die aus den Auflösungserscheinungen der Zeit entstanden sind.

An höchster Stelle steht Makarie. Wie in *Faust II* am Schluß die Einsiedler im Irdischen lebend in die Höhe schauen, so bleibt auch sie im Diesseitigen, blickt aber darüber hinaus. Der Erzähler nennt sie deswegen und wegen ihrer Wirkung auf andere gelegentliche eine *Heilige* (441,3 und 11; vgl. dazu 156,16f.). Sie ragt in eine Region empor, die in dem Roman sonst nicht vorkommt und die anderer Art ist als die utopischen Partien (Pädagogische Provinz, Amerikanische Siedlung). Makarie hat eine Kraft, welche Faust nicht hat. Wo bei ihm tragische Grenze ist, ist bei ihr erlösende Entgrenzung, und zwar schon innerhalb dieses Lebens. Insofern ist Makarie eine Gestalt eigener Art. Eine Konzeption, deren Kühnheit wohl absichtlich dadurch verschleiert wird, daß der Autor, der sich als *Redakteur* darstellt (258,13), alles als *Märchen* (445,10), *nicht ... ganz authentisch* (449,1–3), *Dichtung, Verzeihung hoffend,* (452,8f.) bezeichnet. Durch Makarie und die Pädagogische Provinz, aber auch durch viele andere Gestalten (zumal wenn man sie im Zusammenhang sieht) sind die *Wanderjahre* besonders aufschlußreich, wenn man nach Goethes Auffassung menschlicher Religiosität fragt.

Der religiöse Glaube, der sich in diesen Bildern ausspricht, ist der, daß in jeder religiösen Haltung, jedem Glauben Wahrheit sei; kein

Mensch könne die ganze Wahrheit haben. Dieses Weltbild forderte, sofern es epische Kunst werden wollte, ein Darstellen verschiedener religiöser Wege nebeneinander – eine ungeheure Aufgabe. Ein Ansatz Goethes in seiner Jugend, *Die Geheimnisse,* scheiterte an der Größe des Unternehmens. (Vgl. Bd. 2, S. 271 ff. und die Anmkg. dazu.) Hier in den *Wanderjahren* gelang es. Es ist etwas, was kein anderer Schriftsteller jener Zeit gewagt und geleistet hat, die Frömmigkeit einer katholischen Familie, pietistischer Gemeinden, eines Aufklärers, eines neuen sachlichen Naturforschers, eines modernen sozialen Menschentyps, eines Künstlers usw. nebeneinanderzustellen und das Verbindende symbolisch deutlich zu machen. Hier hat der Altersstil mit seiner zyklischen Reihung eine ganz besondere, tief innerliche Funktion. Denn nur infolge dieser Form ist das Bild der religiösen Wege hier künstlerisch Gestalt geworden. (Vgl. auch die Anmkg. zu Buch 2, Kap. 1–2; fachlich ausgedrückt: dem religiös-universalistischen Theismus als Gehalt entspricht das zyklische Bauprinzip als Form.)

Kunst. Für das Lebensgefüge, in welchem die Hauptgestalten der *Wanderjahre* zusammen sind (in Gemeinschaft und Entsagung), ist die Kunst ein Element von hoher Bedeutung. Auch dies ist eins der Themen, die sich durch das ganze Werk hindurchziehen. Die Kunst wird hier fast nirgendwo vom Ich aus gesehen, als ein Sich-frei-Schaffen des Individuums (nur bei Flavio ist einmal davon die Rede, und zwar ironisch; 437,37–438,15), sondern in sozialer Funktion, von den Aufnehmenden aus, auf die sie wirken soll (ganz deutlich sagt man es in der Pädagogischen Provinz, man denke an die *ganze Volksgemeinde:* 251,21–23); also nicht psychologisch, sondern normativ. In den Vordergrund treten demgemäß Kunstgattungen wie der Chorgesang (bei den verschiedenen Gemeinschaften), Wandgemälde (in kultischen Räumen) und öffentliche Architektur. – Kunst ist *würdigste Auslegerin* der Natur (229,26). Über den Dichter heißt es, *die Elemente der sichtlichen Welt seien in seiner Natur innerlichst verborgen und hätten sich nur aus ihm nach und nach zu entwickeln, daß ihm nichts in der Welt zum Anschauen komme, was er nicht vorher in der Ahnung gelebt.* (126,7–11.) Der Künstler offenbart *die Geheimnisse der Lebenspfade.* (460, Nr. 1.) Die Kunst wirkt auf Leser und Betrachter formend, weltbildgebend. Als Wilhelm mit dem Maler wandert, lernt er *mit dessen Augen die Welt sehen* (229,23 f.). Die Jünglinge in der Pädagogischen Provinz erfahren Einsichten in das Wesentliche der Welt durch die Gemälde-Zyklen in der Kultstätte im Walde. Eine Episode, welche besonders ausführlich die Formung des Menschen durch die Kunst darstellt, ist die Geschichte der Josephs-Familie, die recht eigentlich in die Gestalten, welche die Kunst ihr vorstellt, hineinwächst. Über Formung durch Dichtung berichtet Susanne von sich und ihrem Verlobten (422,18–26). Wirkung des

Wortes auf einen Menschenkreis zeigt sich dann auch besonders in dem Einfluß von Lenardos Liedertexten auf seinen Wandererbund. Die am stärksten formende und am stärksten gemeinschaftbildende Kunst ist die Musik. Fragt man, wer in den *Wanderjahren* singt, so sieht man: es sind immer diejenigen Kreise, in denen ein Gemeinschaftsgefühl lebendig ist. Dagegen hängen bei dem individualistischen Oheim Sittensprüche an den Wänden. Die Spinner und Weber singen die jahrhundertealten calvinistischen Gemeindelieder. Auch bei der Josephs-Familie erklingt *ein frommer, mehrstimmiger Gesang* (10,39f.). Immer ist Mehrstimmigkeit das Sinnbild dafür, daß einer auf den anderen abgestimmt ist, daß der einzelne einer großen umfassenden Ordnung dienen will, ihr sich einfügt und durch seinen Beitrag sie mitschafft. In der Pädagogischen Provinz ist *Gesang die erste Stufe der Bildung* (151,36f.), *Musik Element der Erziehung* (152,14f.); die Lieder sind *jedem Geschäft besonders angemessen und in gleichen Fällen überall dieselben* (151,25f.), d.h. sie sind dem Leben eingeordnet, sie sind nicht der Willkür des einzelnen überlassen. Die Kunstschüler der Provinz singen ein gemeinsames Lied, das den Geist ausspricht, der sie verbindet. Ebenso lebt das Gemeinschaftslied bei dem Auswandererbund. Die *Wanderjahre* bevorzugen also im Zusammenhang mit ihrem neuen Bild des Menschen objektive Kunstformen. Selten singt ein einzelner aus augenblicklicher Stimmung oder Laune; man singt mehrstimmig und singt Tonsätze, die zu Lebenslage und Arbeit passen; bei alten Kirchenliedern wie bei neuen Gemeinschaftsliedern weiß man oft nicht den Verfasser, sie sind vielleicht auch nicht das Werk eines einzelnen, sie repräsentieren eine objektive Ordnung. Ähnlich das Wandgemälde. Die Bilder in der Josephskapelle und im Kultraum der Pädagogischen Provinz sind bleibend; wir erfahren nur, was sie sagen, nicht, wer sie schuf. Man kann sie nicht fortnehmen; nicht der Bewohner ist Herr über das Bild, sondern das Bild über den Bewohner. (Anders bei dem individualistisch-liberalen Oheim, bei dem es Tafelbilder gibt, die man auswechseln kann wie die Sittensprüche.) Ebenso repräsentiert die Baukunst das Objektive, Regelhafte, Verpflichtende: *Mag man doch immer Fehler begehen, bauen darf man keine.* (252,8f.) Selbst die Plastik versucht, möglichst alles Subjektive zu vermeiden, darum hilft ein ganzer Kreis von Künstlern mit, um ein Einzelwerk zur letzten Vollendung zu steigern (254), und auch die Dichtkunst versucht, durch Zusammenarbeit mit den anderen Künsten das Objekt möglichst rein zu erfassen. *Unserm Wanderer fiel der Ernst auf, die wunderbare Strenge ... es schien, als wenn keiner aus eigner Macht und Gewalt etwas leistete, sondern als wenn ein geheimer Geist sie alle durch und durch belebte, nach einem einzigen großen Ziele hinleitend.* (249,25–30.) Worte dieser Art betonen immer wieder die *Strenge* der Kunst. Daraus folgt ihre Würde, die besonders in der Musik offenbar wird: Die *Würde der Kunst erscheint bei der Musik vielleicht am eminentesten, weil sie keinen Stoff hat, der abgerechnet werden müßte. Sie ist ganz Form und Gehalt und erhöht und veredelt alles, was sie ausdrückt.* (290, Nr. 47.) Die Musik zeigt besonders deutlich, daß in der Kunst allein das Gesetz die Freiheit gibt. Darum ist nur der Entsagende der Freie: *Allem Leben, allem Tun, aller Kunst muß das Handwerk vorausgehen, welches nur in der Beschränkung erworben wird.* (148,1–3.) Das Gesetz wird am ehesten begriffen durch das Genie (250,23ff.); gerade das Genie widerspricht der Strenge nicht, sondern strebt sie an, da es mit dem Weltgeist verwandt ist. (126,7ff.) Ganz allgemein gilt für die Künstler der Satz: *Sie müssen sich zuletzt dergestalt über das Gemeine erheben, daß die ganze Volksgemeinde in und an ihren Werken sich veredelt fühle.* (251,21–23.) Diese Auffassung geht durch den ganzen Roman. Kunst ist Weltauslegung, streng gegen sich selbst, und Erziehung zum Sehen für den breitesten Kreis.

Gehalt und Form. Die großen leitenden Themen (Entsagung, Gemeinschaft, Religion, Kunst) ziehen sich durch das ganze Werk in mannigfachen Abwandlungen. Sie verbinden alle Kapitel, so verschiedenartig diese ihrem Stil und Geist nach auch sein mögen. Meist wird jedes dieser Themen in einigen großen Bildern gegeben, und dazwischen steht jedesmal mindestens ein Gegenbild, z. B. bei dem Thema der Liebe und Ehe die Novelle *Nicht zu weit,* bei dem Thema der größeren Gemeinschaften *Die gefährliche Wette.* Das Hauptthema gibt seinen Bildern durch die lobenden Beiwörter des Altersstils oft den Glanz des Vollkommenen, es sind alles *tätige, geschickte, freisinnige und kühne Menschen* (453,26f.). Die Gegenthemen betonen keineswegs das Abschreckende – dann wäre die Darstellung moralisierend –, sondern verwandeln ins Spielerische: die Melusinengeschichte ist ein Märchen, *Die gefährliche Wette* ein Schwank. Sie zeigen selten das Böse oder schlechthin Falsche, sondern lieber das Unreife, Einseitige, Seltsame oder schicksalhaft Verkrümmte.

Aus der Fülle der Bilder hebt sich deutlich ein Höhenbereich heraus: Makarie, die Pädagogische Provinz der Bereich des Abbé, auch die Josephsgeschichte. Es gibt ferner einen Bereich des Alltäglichen: die Lucidor-Novelle, das Melusinenmärchen, *Die gefährliche Wette* und andere Partien, die überraschend leicht klingen. Dazwischen liegt eine verbindende Mittelschicht, die etwa durch den *Mann von funfzig Jahren* und das *Nußbraune Mädchen* gekennzeichnet ist. Immer führen Verbindungen zwischen diesen Schichten hin und her. Susanne und ihr Verlobter sind typisch für die religiösen und sozialen Fragen ihres Kreises (etwa der mittleren Schicht des Romans); diese Fragen, in denen sie nicht weiterkommen, werden durch den Kreis Makariens und des Abbés beantwortet, und Susanne wächst dann in deren höhere geistige

Welt hinein. Die *Wanderjahre* sind eine Lebenslehre für den Menschen des gesunden *Menschenverstandes* (von diesem wird oft gesprochen, z. B. 263,19 und 297, Nr. 100; die Anmkg. hierzu nennt weitere Stellen), für das Mittelmaß (auf das sich z. B. der amerikanische Plan bewußt einstellt). Eben deshalb muß in der Darstellung zwischen dem Mittelmäßigen als Leitbild das Außerordentliche stehn. Es ist symmetrisch zwischen die Massen des übrigen verteilt: im *1. Buch* und *3. Buch* je ein Makarien-Kapitel; im *2. Buch* die zwei Kapitel der Pädagogischen Provinz. Daß die *Wanderjahre* sowohl die eine wie die andere Schicht bringen, gehört zu den Zügen, welche die Größe des Werkes ausmachen. Auch im Stil prägt sich dieser Wechsel aus: In der Pädagogischen Provinz hören wir weise Worte, aber die Sprecher bleiben schemenhaft; im *Mann von funfzig Jahren* ist nur das volle runde Leben. Das Besondere des Werkes ist, daß es beides bringt und aufeinander bezieht.

Ein Buch der Entsagungslehre – wäre es nicht als Dichtung unerträglich altmännerhaft, weisheittönend, unlebendig, wenn es nur utopische Pläne, lehrhafte Briefe und strenge Sentenzen enthielte? Da bringen nun die Novellen farbiges, reiches, quellendes Leben, die *unsäglichen Freuden der Erde* (155,12–14). So lebt nun also das Ganze aus dieser Spannung von Lebenskraft und Weisheitsblick. Die Entsagungsworte werden uns nicht zuviel, denn sie sind verbunden mit Ironie, mit Liebe zu vitaler Fülle, mit Verständnis für die Nicht-Entsagenden wie z. B. Felix. In manchen Partien scheint nur ein Weiser zu sprechen, in anderen nur ein Lebenskünstler; aber jener kommt plötzlich ins farbige Leben (Pferdemarkt in der Pädagogischen Provinz), dieser in sittliche Fragen (Ende des *Manns von funfzig Jahren*). Beide Bereiche sind zusammengefügt dank der umfassenden Weite der Goetheschen Persönlichkeit. Wer nur die eine von beiden Seiten für erträglich hält, denke an die Frage, die in den *Betrachtungen im Sinne der Wanderer* steht: *Ist es der Gegenstand oder bist du es, der sich hier ausspricht?* (306, Nr. 154.)

Die Architektonik des Werkes im Großen besteht also darin, daß die Rahmengeschichte der Bereich derer ist, die zu Entsagung und Vergeistigung gelangt sind, die Novellen der Bereich derer, die noch davor stehen oder erst dazu kommen. Weil nun die Entsagenden zugleich die Menschen der Gemeinschaft sind, ist der Rahmen auch der Bereich der großen Gemeinschaften, während die Novellen die Formen privaten Miteinanderseins darstellen: Freundschaft, Liebe, Ehe, Familie. Der Optimismus des Gesamtbildes besteht darin, daß grundsätzlich jeder sich von der Novellen-Stufe zu der Roman-Stufe entwickeln kann, wie es uns gezeigt wird an Susanne, Hilarie, der Schönen Witwe, dem Erzähler der Melusinengeschichte und anderen mehr. Im *3. Buch* werden uns Fehler-Beispiele vorgeführt in Ich-Erzählungen von Männern, die inzwischen selbst Entsagende geworden sind. Sie bringen ihre Geschichten (typisch Goethesch) nicht als moralische Hinweise und zeigen keinerlei Stolz, jene Stufe überwunden zu haben, sondern berichten liebevoll, mit Selbstironie und formal so spielerisch, daß man die exemplarische Bedeutung völlig vergessen kann.

Das Verhältnis zwischen Rahmen und Novellen ist also nicht nur eine Frage der Form, sondern auch des Gehalts. Einige Novellen wachsen in den Rahmen hinein, weil die Gestalten sich zu Entsagenden entwickeln (*Sankt Joseph der Zweite; Das nußbraune Mädchen* mit *Lenardos Tagebuch; Der Mann von funfzig Jahren);* einige stehen für sich, weil der Höhenbereich der Gemeinschaftsmenschen nicht erreicht wird *(Die pilgernde Törin; Wer ist der Verräter?);* einige sind zwar durch die Gestalt des Erzählers mit dem Rahmen verbunden, aber nur locker, da sie Gegenbeispiele bringen *(Die neue Melusine; Die gefährliche Wette; Nicht zu weit).* Der formale Unterschied zwischen Rahmen und Novellen fällt nicht stark ins Gewicht, weil die Rahmengeschichte selbst viele novellenartige Partien enthält (die Begegnung Wilhelm-Montan; Makarie; Felix und Hersilie; die Pädagogische Provinz; das Idyll am Lago Maggiore; Wilhelm und der anatomische Plastiker); das hängt mit der lockeren Bildfolge des Altersstils zusammen. Die Rahmengeschichte wird ferner nicht selten zum sachlichen Bericht (die Gemälde des Malers; der amerikanische Siedlungsplan; Spinnerei und Weberei; man kann auch die Ausführungen der Lehrer über die Einrichtungen der Pädagogischen Provinz hier anführen); gelegentlich wird sie auch zur Rede (Lenardos Rede an die Auswanderer; Odoards Rede an die Binnenwanderer). Neben den Bericht tritt das Gespräch: es ist in den Novellen meist gesellschaftliches Gespräch, in der Rahmenerzählung meist Problemgespräch. Dieses sammelt sich in kurzgefaßten Sprüchen. Montan spricht fast nur noch in Sentenzen, im Kreise Makariens werden Sprüche gesammelt, und nachdem das Sentenziöse sich durch die ganze Rahmenerzählung gezogen hat, erhält es auch einen Abschnitt, in welchem es selbst formgebend wird, in den zwei angehängten Spruchsammlungen. Gemäß der Lehre vom *Tun und Denken* (263,12–22) haben wir in dem Roman einen beständigen Wechsel: einerseits Schilderung von Geschehen, anderseits darauf bezogene Überlegungen und Grundsätze. Wir finden also für die großen Gemeinschaften den Rahmenroman, für Bilder aus dem Leben einzelner Gestalten die Novellen, für Probleme das Gespräch, für Lebensregeln den Spruch, für Zustände und Lebensverhältnisse den Bericht, für Planung und Ideale die Rede. Dies alles schiebt sich ständig durcheinander.

Das Leben stellt sich dar als Polarität. So erscheint z. B. der Geist des Werks einerseits konstruktiv, rational und lehrhaft im Sinne des 18. Jahrhunderts, anderseits mystisch und geheimnisvoll über das Romantische hinaus. Freilich werden diese verschiedenen Kräfte auf ganz getrennten Gebieten betätigt: rational ist die Staatseinrichtung des Oheims und der Amerikasiedler, mystisch dagegen Makariens Weltschau. In der Komposition stehen beide Bereiche hart nebeneinander, im *ersten* wie im *dritten Buch*. Ebenso wechseln Gemeinschaft und Vereinzelung (z. B. in Felix' Entwicklungsgang), Optimismus und Tragik (Odoard im öffentlichen und im privaten Leben), Leidenschaft und Entsagung, Ernst und Ironie. In dieser Polarität gibt das Buch ein Bild des Lebens in seiner Ganzheit, und um zu betonen, wie im Leben alles ineinandergeschlungen ist, macht es die Gegensatzgestalten nicht selten zu Verwandten: der Rationalste, der Oheim, ist ein Verwandter der Mystikerin Makarie; Wilhelm und Felix als Vater und Sohn sind extreme Typen des Entsagens und Nicht-Entsagen-Wollens; der Oheim verkörpert das Streben von Amerika nach Europas alter Kultur, sein Neffe Lenardo das Streben von Europa nach Amerikas Ursprünglichkeit.

Die Gesamtkomposition ist darauf abgestellt, einen Kreis verschiedener Lebensformen vor Augen zu führen. Sie zeigt eine Konstellation von einigen hervorragenden Gestalten, die durchaus einzigartig ist: Lenardo, führend, straff, technisch – Wilhelm, entsagend, Idealist der Gemeinschaft und des Berufs – der Abbé, das Soziale zur weltweiten Verpflichtung erhebend – Montan, praktischer Naturforscher – Felix, lebensprühend, liebend, nicht entsagend – Hersilie, jungendlichster Zauber, schönstes Temperament – Susanne, jung durch Schicksal gereift, harmonisch und schön – Makarie, reine Verkörperung menschlicher Steigerung, die Heilige der Weltfrömmigkeit. Diese Gestalten sind – im Gegensatz zu *Faust* – solcher Art, daß man sein eigenes Dasein an ihnen orientieren kann. Die *Wanderjahre* sind ein Buch, das leben hilft.

Entstehung. Der inneren Weite des Werkes ist es zugute gekommen, daß seine Entstehung sich über eine lange Zeitspanne hingezogen hat. Zuerst entstanden einige Novellen: im Sommer 1807 schrieb Goethe *Sankt Joseph der Zweite, Die neue Melusine, Die gefährliche Wette* und Teile der Novellen *Der Mann von funfzig Jahren* und *Das nußbraune Mädchen*, Geschichten also von Leidenschaft und Verwirrung. Der Stil des damals 58jährigen Dichters hat noch alle Kraft und Plastik seiner Mannesjahre. Dagegen stammt die eigentliche Altersweisheit, zumal die Makarien-Kapitel und die Sozialutopie, aus der letzten Arbeitsperiode, 20 Jahre später. Über so lange Zeit hat sich die Entstehung erstreckt, und sie hat die Elemente richtig verteilt, indem die Glut der Mannesjahre vorwiegend in die Novellen einging, die überlegene Weisheit des Alters dagegen in die Rahmengeschichte mit ihren Bildern der Norm.

Zwischen 1810 und 1820 ist die Arbeit an dem Roman nicht vorgeschritten, weil *Dichtung und Wahrheit* und der *West-östliche Divan* im Vordergrund standen. Dann wurde 1820–21 in einem Zuge der Roman in seiner 1. Fassung vollendet. Sie erschien 1821 im Druck unter dem Titel: *Wilhelm Meisters Wanderjahre oder Die Entsagenden, Erster Teil.* Diese Fassung umfaßt 18 Kapitel ohne Einteilung in Bücher. Sie beginnt ebenso wie die spätere Fassung mit der Josephsgeschichte. Wilhelm trifft dann Montan und kommt zu dem Oheim, ohne daß aber dessen Gemeinwesen geschildert wird. Von diesem reist er sogleich zu Lenardo. (Das große Makarien-Kapitel fehlt.) Er kommt zu dem Sammler und in die Pädagogische Provinz. Hersilie sendet ihm als Geschichte aus ihrem Bekanntenkreise die Erzählung *Der Mann von funfzig Jahren,* aber es ist, verglichen mit der Endfassung, nur deren Anfangskapitel. (D. h. das 3. Kapitel des 2. Buchs; Kapitel 4 und 5 fehlen noch.) Es folgt die Episode am Lago Maggiore, dann der 2. Teil von der Schilderung der Pädagogischen Provinz. Wilhelm macht das Bergfest mit. (Doch es fehlt das Gespräch über die Geschichte der Erde.) Von einem Berggipfel erblickt er mit einem Fernrohr auf einem benachbarten Gipfel Natalie, die dort mit einer Reisegesellschaft eingetroffen ist. (Diese Szene wurde in der 2. Fassung gestrichen. Dagegen fehlt in der 1. Fassung Hersiliens Brief über die Tafel-Grüße, Wilhelms Erzählung vom ertrunkenen Fischerknaben und alles, was auf Wilhelms Studium der Wundarznei Bezug hat.) Unmittelbar anschließend trifft Wilhelm den Auswandererbund. Dort erzählt man *Die neue Melusine, Die pilgernde Törin* und *Wo stickt der Verräter?*. Dann folgt ohne Übergang Lenardos große Wanderrede, und mit ihr endet das Buch. – Es ist also anders aufgebaut als die Endfassung, und es fehlen ihm viele Partien, die dort gerade zum Wichtigsten gehören. (Völlig neu sind die in der 2. Fassung z. B. die Kapitel I, 7 und 10; II, 4–5, 10–11; III, 3–5, 7–8, 10–18.) Erst in der Endfassung wird das Werk zum Roman der großen Gemeinschaftsformen (der amerikanische und der europäische Siedelungsplan), erst jetzt gibt es das Bild der höchsten Steigerung (Makarie) und anderseits auch das der unlösbaren Tragik *(Nicht zu weit).* Die erste Fassung schließt mit Lenardos Rede, die zweite mit symbolischen Bildern des Lebens. Erst in ihr finden wir die zarte Liebesgeschichte zwischen Felix und Hersilie und Lenardos Tagebuch mit den Bildern der Hausindustrie im Gebirge. Von den vielen Goetheschen Umarbeitungen, die wir kennen, ist die Umarbeitung der *Wanderjahre* eine der durchgreifendsten, stärksten. Auch die erste Fassung von 1821 ist schon ein Alterswerk. Dennoch ist die Reifung des Werks in der acht Jahre späteren zweiten Fassung, 1829, außerordentlich. Hier ist der Altersstil vollendet, hier erst herrscht seine reine Symbolik. Hier spricht auch erst die Weisheit des Alters sich vollkommen aus. Das Tiefste wurde erst ganz zum Schluß gefunden und formuliert: die Makarien-Kapitel; ähnlich wie auch in *Faust II* das Tiefste – Müttermythos und Galatea-Symbolik – erst am Ende entstand. Welche Entwicklung noch in diesem Alter!

Goethe nahm das im Jahre 1821 erschienene Werk noch einmal völlig auseinander. Er hat den Aufbau der Rahmenerzählung und die Einfügung der Novellen immer wieder überlegt, das zeigen die Schemata, die erhalten sind. Sie sind zu diesem Werk besonders häufig: die Weimarer Ausgabe konnte etwa 50 verschiedene Entwürfe mitteilen. Bei der mühsamen und sorgfältigen Umformung wuchs das Werk durch das viele, was neu hinzukam, auf den doppelten Umfang der ursprünglichen Gestalt. Goethe hatte vor, es in zwei Bänden der *Ausgabe letzter Hand* unterzubringen. Aber es schwoll so sehr an, daß es auf drei Bände verteilt werden mußte. Nachdem er im Spätsommer 1828 die Dornburger Tage erlebt hatte, erfüllt von innerer Sammlung und jener Vergeistigung, für die er das Wort *Heiterkeit* liebte, legte er die letzte Hand an diesen Roman und gab ihm die Weite, Lebensüberschau, Durchgeistigung und Heiterkeit dieser Tage, den reifsten Geist seines Alters mit. Dann begann Anfang 1829 der Druck. Ursprünglich sollten die Spruchsammlungen *Aus Makariens Archiv* (abgekürzt: *A.M.A.*) und *Betrachtungen im Sinne der Wanderer* (abgek.: *B.d.W.*) so eingefügt werden, daß das Ganze ein symmetrischer Aufbau würde:

Erstes Buch A.M.A. Zweites Buch B.d.W. Drittes Buch

Aber der 1. Band wurde ausgedruckt, bevor die Spruchsammlung in der Druckerei war. So kam die Sammlung *Aus Makariens Archiv* ans Ende des *dritten Buches*. Hätte sie die ursprünglich geplante Stelle, so würde das Werk mit einem symbolischen Bild enden, gleichwie es mit einem solchen beginnt.

Dem Dichter war bewußt, daß er für alle seine Mühe wenig Dank erleben werde. Das Publikum hatte für seine Alterswerke keinen Sinn. Die Freunde antworteten freundlich, standen aber diesen Erzeugnissen doch vielfach hilflos gegenüber. Als 1821 die 1. Fassung der *Wanderjahre* erschien, brachte gleichzeitig ein anderer Verlag anonym den 1. Teil eines Romans heraus, der sich ebenfalls „Wilhelm Meisters Wanderjahre" nannte und dann in mehreren Teilen bis 1828 erschien. Diese falschen „Wanderjahre" waren, wie sich dann herausstellte, das Werk eines Pfarrers namens Pustkuchen, und sie dienten dazu, Goethe vom kirchlichen und vom patriotischen Standpunkt aus wegen seiner „Zügellosigkeit" herabzusetzen. Die Rezensenten besprachen oft nebeneinander die *Wanderjahre* Goethes und Pustkuchens, und es kam vor, daß man Pustkuchen vorzog. Goethe, gekränkt durch die Taktlosigkeit des Verfassers der falschen „Wanderjahre" und die Verständnislosigkeit der Beurteiler, machte sich in ein paar ärgerlichen Versen Luft und mühte sich, all das, was in diesen Jahren durch Pustkuchen, Menzel und andere gegen ihn an Schmähungen ausgesprochen wurde, innerlich abzuschütteln. Dann machte er sich daran, seinen Roman, der im Publikum so wenig Anklang fand, in neue Form zu gießen. Es kam ihm dabei nur noch darauf an, seine innersten Erkenntnisse möglichst sachgerecht auszusprechen. Und so wurde das Werk nun noch herber, noch unverständlicher, noch eigenwilliger. Vielleicht mochten sich nach hundert und mehr Jahren Leser finden, die ihn verstanden.

Er hat sich mit der Arbeit beeilt, denn er war 79 Jahre alt, und nach den *Wanderjahren* sollte noch *Faust* vollendet werden. Zwischen den großen Alterswerken – *Divan, Wanderjahre, Faust II* – bestehen Parallelen im Stil – das Zyklische, wechselseitige Spiegelung, locker reihender Aufbau, Symbolzusammenhang – und Parallelen in den grundlegenden weltanschaulichen Zügen – Gleichnishaftigkeit der Welt, Bedingtheit des Menschen, Steigerung –, aber es gibt zugleich Unterschiede. Weder die Lyrik noch das Drama konnten Gestalten wie Montan, Lenardo, Makarie darstellen und so vorbildhaft die neue Religiosität und den neuen Typ des sozialen Menschen hinstellen. Die *Wanderjahre* sagen mehr als jene Werke, wie man leben soll. Aber in der Lehrhaftigkeit liegt zugleich die Grenze. Eine so großartige symbolische Bilderreihe wie der 5. Akt von *Faust II* kann der Roman nicht geben.

Der Roman in der Zeit. Obgleich Goethe dieses Werk aus der inneren Einsamkeit seines Alters heraus verfaßte, ist es doch zugleich ein Zeitroman. Es ist für diese Epoche die reifste und universellste Darstellung des Menschen innerhalb der Gesellschaft in einer neuen Epoche. Zwischen der Zeit der *Lehrjahre* und der der *Wanderjahre* liegt ein Umbruch: Das ancien régime vor der Revolution ist jetzt vorüber; zugleich ist das Zeitalter der Maschine angebrochen. Der Nachdenkende und Verantwortliche hat Sorge wegen der Maschine, wegen der mangelnden Leitbilder, wegen der veränderten Beziehung des Menschen zur Arbeit und zur Kunst. Die alten Bindungen haben aufgehört; die Freiheit von Bindungen ist Gefahr; neue Bindungen sind zu erstellen, sozial und weltanschaulich; hier kann der Dichter mitwirken. Das hat kein anderes gleichzeitiges Werk so klar und so tiefgreifend getan wie dieser Roman. Seine Wanderer sind Menschen, die sich der Krise stellen und durchstoßen zu neuen Formen. In den *Lehrjahren* war Wilhelm bürgerlich verwurzelt und mußte sich befreien; die Wanderer dieses Buches dagegen sollen neu Wurzel schlagen in neuem Land und neuer Zeit; Felix trägt nichts von dem Ballast in sich, der Wilhelm einst belastete. Und der eigentlich führende und vorbildliche Mann ist zugleich der modernste: Lenardo, der Techniker und Amerikafahrer, der Jugendlich-Kräftige, der in allem *von vorn beginnen* will (142,6 u. 14–26; 242,15 f.; 439,20). Der Roman endet mit dem Aufbruch nach Amerika und dem Ausblick auf die dortige Siedlung. Es ist der erste soziale Roman, im Beginn des Jahrhunderts, das große soziale Fragen brachte. Aber es wurde zugleich das Jahrhundert des Nationalismus, und dieser

Roman ist betont weltbürgerlich. – Der Roman mußte zu seiner Zeit befremdend wirken, teils durch seinen Gehalt, teils durch die damit zusammenhängende Form. Er ist anders als die *Lehrjahre,* die den Bildungsgang eines einzelnen als Leitfaden haben, anders als die Romane Eichendorffs von wandernden gefühlsreichen Menschen in schöner Natur, anders als die Romane Jean Pauls und als die neue Richtung der historischen Erzählungen. Es ist ein Roman ohne einzelne Helden, sein „Held" sind die großen Gemeinschaften und ihre führenden Geister. Es ist der erste Roman, der die Auswanderungsbewegung des 19. Jahrhunderts ins Auge faßt und der die soziale Not und die damit verbundenen weltanschaulichen Erschütterungen bedenkt. Doch er ergeht sich nur wenig in der Schilderung dessen, was überwunden werden soll, sondern sammelt den Blick auf das, was entstehen soll.

Als Goethe seinerzeit die *Lehrjahre* schrieb, war es, wie Friedrich Schlegel mit Recht hervorhob, ein Zeitroman. Bei den *Wanderjahren* ist es ebenso. Da die Entstehung sich von 1807 bis 1829 hinzieht, ist die Zeit der Handlung nicht genau bestimmt. Zu Beginn erfährt man über das einstige Kloster: *Die Einkünfte bezieht schon seit geraumen Jahren ein weltlicher Fürst* (17,22f.). Es ist also *geraume* Zeit nach dem Reichsdeputationshauptschluß von 1803 (oder zumindest nach den Josephinischen Reformen). In einigen Gegenden, zumal im Gebirge, treibt *Übervölkerung* (385,36) die Menschen zur Auswanderung. Das war in Süddeutschland der Fall, zumal seit dem Notjahr 1817. Das Ziel war meist Nordamerika. Im Jahre 1776 hatte die Unabhängigkeitserklärung und die ihr folgende Erklärung der Menschenrechte die Blicke aller interessierten Europäer auf sich gezogen, weil hier die Freiheit und Gleichheit im Sinne des Naturrechts zur politischen Wirklichkeit geworden war. In Amerika gab es keine Vorrechte eines Standes. Im Laufe der Jahre hatte das bürgerliche Leben sich entwickelt. Goethe hatte in seiner Bibliothek eine Reihe von Büchern über Amerika. Er las die Autobiographie von Benjamin Franklin und das Reisewerk des Prinzen Maximilian von Neuwied. Über Ludwig Galls „Auswanderung nach den Vereinigten Staaten", 1822, schrieb er eine Rezension. Vor allem beschäftigte er sich mit der Reisebeschreibung des Weimarer Prinzen Bernhard, der 1825 ein Jahr lang in den Vereinigten Staaten gewesen war und mit wacher, vielseitiger Beobachtungsgabe ein Tagebuch geschrieben hatte, über Bodenbeschaffenheit, Wirtschaft, Menschen, Verkehrswege, Demokratie, Verwaltung, Kirchen, Schulen usw. Er schließt in der Handschrift mit einem Franklin-Zitat: „Where liberty dwells, there is my country." Seit 1827 las Goethe Coopers Romane, sechs hintereinander. Und es fehlte nicht an amerikanischen Besuchern, die er dann nach allem fragte, was er wissen wollte. 1816 kamen Everett und Ticknor, 1817 Cogswell, Thorndike und andere, 1819 Bancroft, 1824 William

Emerson usw. Kurz bevor Goethe das Amerika-Kapitel des 3. Buchs schrieb (das in der 1. Fassung noch fehlte), empfing er auf der Dornburg am 12. August 1828 Edward Robinson und seine Frau. Am nächsten Tage war dann der amerikanische Militärarzt Michael Clare bei ihm, *ein merkwürdiger geprüfter Mann, energisch unterrichtend und mitteilend* (Tagebuch). Mit einigen Amerikanern ergab sich ein Briefwechsel (Cogswell, Edw. Robinson u. a.; Goethe-Jahrbuch 25, 1904, S. 3–37).

Aus dem Bericht des Prinzen Bernhard und ergänzenden Äußerungen in Gesprächen hörte Goethe von Siedlungen geschlossener Gemeinschaften, die bestimmte Leitvorstellungen hatten, wie sie leben wollten. Dieser Art waren die Einrichtungen von John Owen und von Georg Rapp. Owen wußte, daß für seine Siedlung, die industriellen Charakter bekommen sollte, ein Naturwissenschaftler wertvoll sei und hatte als Mitarbeiter den Geologen William Maclure. Er wußte auch, daß gute Ausbildung viel wert sei, und schickte zwei seiner Söhne zu Fellenberg. Wenn also Montan zum Geologen der Auswanderer wird und diese sich aus der Pädagogischen Provinz junge Männer holen, ist das nur eine Parallele zu dem, was bei Owen geschah. Auf dem Hintergrund der zeitgenössischen deutschen Auswanderung und der neuen amerikanischen Siedlungen wird deutlich, wie sehr Goethe Zeitmotive aufnimmt. Natürlich geschieht es in Auswahl und dichterisch gewandelt. Das gilt auch für die Pädagogische Provinz. Obgleich sie *eine Art von Utopien* (141,12) genannt wird, hat sie viele übereinstimmende Züge mit Fellenbergs Erziehungsinstitut, über das Goethe genaue Erkundigungen eingezogen hatte. (Vgl. die Anm. zum *1.* und *2. Kapitel* von *Buch II.*) In ähnlicher Weise hängt die Erzählung von der Herstellung medizinischer Modelle *(3. Buch, 3. Kap.)* mit praktischen Erfahrungen an der Universität Jena zusammen und mit Anregungen, die Goethe nach Berlin sandte. Dies und vieles andere sind Zeitbezüge bis hin zu den Gesprächen bei dem Bergfest, wo die allerneueste Theorie zur Sprache kommt, die den meisten damals noch befremdlich war: die Theorie, es habe in Nordeuropa eine Eiszeit gegeben (261,33 ff.). Vieles in dem Roman wird dem heutigen Leser verständlicher, wenn er diese Zeitbezüge wahrnimmt. Wertvoll ist das Werk aber nicht deswegen, weil es diese Beziehungen hat, sondern weil es mit Hilfe dieser Motive Überzeitliches gestaltet hat und weil es künstlerisch gelungen ist.

Seinen Zeitgenossen hat Goethe es mit diesem Roman, der so disparate Elemente vereinigte, nicht leicht gemacht. Als er Exemplare der 1. Fassung, 1821, an seine Freunde schickte, waren die Antworten meist etwas hilflos und blieben bei Einzelheiten. Unter den Rezensionen gab es wenige, welche dem Werk etwas abgewinnen konnten; am besten gelang es Karl Förster mit seiner anonymen Rezension im „Literarischen Conversationsblatt". Goethe hat in seinem Aufsatz *Geneigte*

Teilnahme an den Wanderjahren drei Rezensionen lobend erwähnt. Die 2. Fassung fand ebenfalls nur wenig Verständnis, doch sind unter den Briefen, die Goethe erhielt, auch Bemühungen, die Ganzheit des Werks zu erkennen. So schreibt der damals 33jährige Karl Ernst Schubarth: „Nur so viel möchte ich mir zu sagen getrauen, daß wir alle Ursache haben, Euer Exzellenz tief zu danken für jene reinen und hohen Einblicke und Aussichten, welche uns dieses Werk eröffnet, das mir wie ein Testament Ihrer sämtlichen höhern geistigen Lebenserfahrungen und Begegnisse vorkommen will und doch bei diesem seinem tief ernsten und würdigen Gehalt durch seine wundersame Form alle Forderungen an ein poetisches, nicht bloß didaktisches Werk zugleich befriedigt." (11. Juni 1829) Unter den Rezensenten schrieb Theodor Mundt eine scharfe Ablehnung im Sinne des „Jungen Deutschland", wobei er die Abweichung vom durcherzählten Roman, die Zusammenfügung ungleichartiger Teile ästhetisch verurteilte. Dageben gab der Hegelschüler Gustav Heinrich Hotho eine gute Analyse, die den Roman als Spätwerk des Dichters verstand; in ähnlicher Weise würdigte Varnhagen von Ense den geistigen Gehalt des Werks und wies besonders auf die sozialen Züge hin. Damit war er ein Vorläufer von Rosenkranz, Gregorovius, Hettner und Alexander Jung, die in den Jahren 1838–1854 speziell auf diese Elemente hinwiesen. Kurz darauf nahm dann mit Düntzers Schrift über die „Wanderjahre", 1857, die philologische Beschäftigung mit diesem Werk ihren Anfang.

Mit seinen großen Bildern eines sinnerfüllten irdischen Daseins richtet sich das Werk nicht nur an seine Zeit, es reicht weit darüber hinaus. Wegen seiner Universalität findet jeder Leser darin etwas für sich. Man hat darum oft Einzelteile herausgelöst betrachtet. Aber es kommt vor allem auf das Ganze an. Dieses erschließt sich nicht leicht, und auch wer es erkennt, hat es wohl immer nur zum Teil. Denn wie vor jedem großen Kunstwerk spürt man, daß man der inneren Unendlichkeit nie ganz gerecht werden kann. Sollte man lieber davor verstummen? Die *Wanderjahre* selbst rufen uns tröstend und mahnend zu: *Alles, worein der Mensch sich ernstlich einläßt, ist ein Unendliches; nur durch wetteifernde Tätigkeit weiß er sich dagegen zu helfen.* (327,35–37.)

ANMERKUNGEN

Titel

Der Romantitel lautete bei der 1. wie bei der 2. Fassung: *Wilhelm Meisters Wanderjahre oder die Entsagenden.* Goethe hat kein anderes Werk mit einem Doppeltitel und dazwischengesetztem *oder* versehen. Daß er es hier tat, hat seinen besonderen Grund. Der erste Titel sagt, daß das Werk thematisch eine Fortsetzung der *Lehrjahre* ist. Der zweite weist in den Mittelpunkt seines Geistes. – Doppeltitel waren eine Erfindung des Barock und waren dort sachlich begründet, indem ein historischer Stoff als „exemplum" einer allgemeinen Regel diente; so heißt z. B. ein Drama von Avancini: „Pietas victrix sive Flavius Constantinus Magnus de Maxentio tyranno victor". Auch im 18. Jahrhundert benutzte man Doppeltitel noch in dieser Weise, daß man einerseits den allgemeinen Fall, andererseit den speziellen Stoff dadurch bezeichnete, so z. B. Wieland, „Der Sieg der Natur über die Schwärmerei oder die Abenteuer des Don Sylvio von Rosalva", 1764. Aber die Doppeltitel verloren dann diese innerliche Begründung, sie wurden einfach eine Modeform: Jean Paul, „Hesperus oder 45 Hundsposttage". Goethe griff die Modeform auf, weil sie ihm in diesem Falle gerade recht kam. *Die Entsagenden* – das ist der Titel, welcher die eigentlichen „Helden" des Romans bezeichnet. Aber dieser Roman der Entsagenden soll ein letztes Wort sein zu dem Thema der Menschenbildung und des Zwischen-Menschen-Seins, das einst mit den *Lehrjahren* begonnen war; man soll von jenem Werk zu diesem fortschreiten. Um diese Anknüpfung und Weiterführung auch im Titel auszudrücken, kam zu dem Titel *Die Entsagenden* der andere: *Wilhelm Meisters Wanderjahre.*

In den *Wanderjahren* kommt *Entsagung* als Motiv häufig vor, seltener als Wort. Zum Wortgebrauch vgl. die Stellen 38,14; 231,15; 240,5; sinngleich oft Wörter wie *resignieren* 33,18f.; 304, Nr. 138; *sich bedingen* 353,11f. und andere mehr. In dem Aufsatz *Wohlgemeinte Erwiderung*, 1832, findet sich das für Goethes Spätzeit bezeichnende Bild des *heiter Entsagenden* (Bd. 12, S. 359,19), d. h. Entsagung, die zu Geist und Freiheit geworden ist. Über Goethes Gebrauch des Wortes *entsagen* im allgemeinen unterrichten das „Goethe-Wörterbuch" Bd. 3, Sp. 168–170 und die Sachregister der Hamburger Ausgabe (Werke und Briefe) und anderer Ausgaben.

Erstes Buch

Erstes Kapitel. Die Flucht nach Ägypten. Der Roman beginnt mit zwei Gestalten, die dem Leser von den *Lehrjahren* her bekannt sind, Wilhelm Meister und seinem Sohn Felix. Sie sind auf einer Wanderung, um sie ist – symbolisch für das ganze Buch – herbe Berglandschaft, Alpenlandschaft (wie sie in den *Lehrjahren* nicht vorkam). Was sich in diesem Kapitel abspielt, erscheint wie ein lebendes Bild; auch alles Weitere in dieser Erzählung bleibt bildhaft. Es wird kein Wechselspiel des Geschehens daraus. Wilhelm handelt nicht, er schaut. Aber im rechten Anschauen ist zugleich ein Aneignen.

Dieses Anfangsbild des Lebens gibt das Normale, Vorbildliche. Unaufdringlich, nur weiterdenkender Zusammenschau bemerkbar, wird hier ein Bild hingestellt, an das man bei allem Folgenden zurückdenken darf: die Familie in ihrer Liebe, ein Weitergeben des Lebens, Zusammenhalt und Fürsorge, Mäßigung. Bevor in den späteren Kapiteln Bilder der Leidenschaft, Maßlosigkeit und Verwirrung folgen, steht hier das Gesunde. Und dies ist zugleich das Schöne. Etwas von der Harmonie Raffaels ist in dieser Prosa: die bildhafte Deutlichkeit und Reinheit der Gestalten, die Leuchtkraft der Farben, die fromme Innigkeit der Gesinnung, verbunden mit großer Kunst der Darstellung. – Die Josephs-Familie ist verwurzelt, ungebrochen, gläubig und sicher. Später sehen wir, wie Susanne und ihr Verlobter *in Absicht auf die göttlichen Dinge etwas Schwankendes* zeigen, eine *Gefahr* (423,6–9). Der Harmonie dieser Ehe steht die Tragik in *Nicht zu weit* gegenüber; dem Verharren hier die Auswanderung im *3. Buch.* Es ist eine Harmonie, die von den neuen Auflösungstendenzen noch nicht berührt ist, während später die Pädagogische Provinz und die Amerikanische Utopie durch jene hindurchgegangen wiederum zu neuem Glauben und neuer Festigung streben.

Die Josephsfamilie ähnelt alten Gemälden der Heiligen Familie (das blaue und rote Gewand der Frau, die Zimmermannstracht des Mannes, Kinder mit Schilfbüscheln *als wenn es Palmen wären.* 9,22 f.). Doch der Abstand ist deutlich gewahrt. Das legendäre Vorbild – und dieses wiederum nur mittelbar: nicht Legende, sondern Wandgemälde (14,31 ff., 19,12 ff.) – ist anders als das lebendige Nachbild; dieses lebt auf jenes hin, und schon der Ton der Sprache macht uns diese Distanz bewußt.

Der Abschnitt endet mit einem Naturbild (11,3 ff.), wie er begann, diesmal noch großartiger. Bevor das Werk sich einläßt in die hundertfachen Züge des Bedeutenden, Alltäglichen und Verworrenen, beginnt es mit Besinnung und Weite, mit dem Blick vom Berggipfel in die Sonne. Es folgen später noch mehrfach solche Höhepunkte, solche Stellen eines Hinausgehobenseins. Es ist ein Baugesetz des Buches, daß es hiervon ausgeht und dahin mündet und dazwischen bis ins Alltägliche, scheinbar Unbedeutende führt – Bild des Lebens in seiner Ganzheit und zugleich Überschau aus Altersweisheit – *Das himmlische Gestirn erleuchtete ihn wieder, als er höher trat* – hier ist alles nur Beschreibung. Aber bei Goethe hat dergleichen zugleich symbolischen Unterton, zumal wenn es die Sonne ist, von der er spricht.

Der Brief *Wilhelm an Natalien* (11,11ff.) hat an dieser Stelle eine doppelte kompositionelle Bedeutung. Rückwärts gibt er eine lockere Verbindung zu den *Lehrjahren.* Vorwärts weist er, indem er Wilhelms Wanderung begründet. Bei den Wanderregeln (12,18ff.) kann man auf den Gedanken kommen, es wache über Wilhelm immer noch eine geheime Gesellschaft mit merkwürdigen Gebräuchen. Hat man aber den Roman als Ganzes vor Augen, so sieht man: diese Wanderregeln haben vorwiegend symbolische Bedeutung. Sie versinnbildlichen die Bedingtheit, die jeder der Entsagenden freiwillig anerkennt, sie verbinden Wilhelm mit einer Gemeinschaft. Der Hauptgedanke, der ihnen zugrunde liegt, wird erst später ausgesprochen: *Der Mensch lerne sich ohne dauernden äußeren Bezug zu denken, er suche das Folgerechte nicht an den Umständen, sondern in sich selbst, dort wird er's finden ...* (391,3–6) Und ferner: *Du bist von der Menschenart, die sich leicht an einen Ort, nicht leicht an eine Bestimmung gewöhnen. Allen solchen wird die unstäte Lebensart vorgeschrieben, damit sie vielleicht zu einer sichern Lebensweise gelangen.* (282,23–27) Dies ist der Grund, warum Wilhelm wandern soll.

Durch das ganze Werk zieht sich der Gegensatz von Wandern und Beharren. Das 1. Buch zeigt am Anfang das Wandern und am Ende den Gegenpol, das Beharren (144–148). Auch die Anfangskapitel selbst enthalten schon diese Zweiheit durch die Josephsfamilie und Wilhelm. Um möglichst sinnfällig zu machen, wie Wilhelm durch den Wechsel der Umstände das Beständige in sich selbst finden soll, werden die Wanderregeln so stark betont. Wandern bedeutet das Hindurchgehen des Individuums durch eine wechselnde Welt; jedes Leben ist Wanderung; im Wechsel aber lernt man das Beständige im Ich und in der Weltordnung: die Urformen des Lebens und die Gesetze der Sitte. Ewig ist die Familie, die Liebe, die Mutterschaft, die Güte, die Schönheit. Dieses Bleibende erscheint dem wandernden Wilhelm in der Josephsfamilie. Die späteren Kapitel des Werks bringen vielerlei Irrsale der Welt: Menschen, die alle irgendwie unterwegs sind; was sie suchen, steht hier am Beginn: die Schönheit des Urbildlichen, die ein in Goethes Wesen tief verwurzelter Gedanke ist. (Vgl. Bd. 1, S. 36–42 *Der Wandrer.*)

7,17 *Katzengold.* „Glimmer, der den Glanz und die Farbe des Goldes hat, aber nichts Metallisches enthält" (Adelung).

13,3. *Reff*: Tragegestell. Vgl. 313,5 u. Anmk. – Dt. Wb.

Zweites Kapitel. Sankt Joseph der Zweite. Der Bilderzyklus in der Kapelle zeigt die Josephs-Geschichte in der spätmittelalterlichen legendären Form (14,31–15,17; 19,12–34); da ist die Begegnung mit Maria und der Lilienstengel als Symbol der Reinheit; dann das häufig dargestellte Motiv der Verkündigung des Engels, u. a. m. Rein legendär ist die Geschichte vom Thron des Herodes (19,12ff.). Und hier setzt das zweite große Motiv der Novelle ein (das erste war die Schönheit des Urbildlichen): die Formung des Menschen durch die Kunst. Auch dies ein Motiv, das als Leitklang am Anfang des Romans stehen sollte und später in Variationen wiederkehrt, z. B. bei der Bilderreihe in der Pädagogischen Provinz, welche auf die Knaben wirkt (158,24ff.), und bei dem Gemeinschaftslied der Auswanderer, das die Singenden umstimmt (317–318). – Dadurch, daß die Vorbilder der christlichen Legende angehören, vermischt sich in dem Nachbild das Christliche mit dem Goetheschen Typusgedanken, dem Urbildlichen.

13,26f. *ein großes, halb in Trümmern liegendes, halb wohlerhaltenes Klostergebäude.* Ähnliches konnte man in Deutschland zu Goethes Zeiten an vielen Orten sehen. Erst seit der Romantik begann man mit einer – zunächst sehr bescheidenen – Denkmalspflege. Goethe schreibt in seinen *Tag- und Jahresheften*, Abschnitt *1817*, er habe die Reste der romanischen Klosterkirche von Paulinzella besucht, wobei *wir jenes aufgeräumte alte Bauwerk mit heiterer Muße beschauen konnten ... Die Reformation setzte solches in die Wüste ... das geistliche Ziel war verschwunden, aber es blieb ein Mittelpunkt weltlicher Gerechtsame und Einnahmen bis auf den heutigen Tag.* Andere Bauten waren seit den Josephinischen Reformen in Österreich oder seit dem Reichsdeputationshauptschluß von 1803 weltlich geworden und teils verfallen, teils genutzt. Goethe kannte dergleichen auch aus der Malerei. In seinem Aufsatz über Ruisdael beschreibt er *ein verfallenes, ja verwüstetes Kloster, an welchem man jedoch hinterwärts wohlerhaltene Gebäude sieht, wahrscheinlich den Aufenthalt eines Amtmanns oder Schössers, welcher die ehemals hierher fließenden Zinsen und Gefälle noch fernerhin einnimmt.* (Bd. 12, S. 139,16ff.) Die in beiden Fällen von Goethe erwähnte Einnahme der *Zinsen und Gefälle* folgt auch in dem Roman sogleich nach der Beschreibung des Bauwerks (13,35ff.).

22,28. *Saumroß*: ein Tier, das zum Lastentragen benutzt wird. Genau genommen ist hier „gleichsam" ein *Saumroß* gemeint, leicht scherzhaft, denn es ist ein Saumesel (8,32ff.; 18,11; 20,18ff.; insbes. 22,6–17).

22,30. *Hegegraben*: Graben, der bezeichnet, daß man den von ihm umgebenen Raum nicht betreten soll. – Dt. Wb.

25,6. *Lilienstengel*: vgl. 14,39.

A. Henkel S. 32: „St. Joseph der Zweite ist kein Entsagender. Er lebt unter dem Gesetz der imitatio in der Nachfolge einer fromm und fraglos angenommenen Ordnung, seine ‚Neigung' zum erwählten Vorbild bestimmt seinen Weg. Er selbst hat davon eine Ahnung. (15,27–29.) So fügt sich ihm alles Zustoßende unter der Wirkung einer fromm bejahten Leitung. Und so auch bietet dieser Kreis das Bild der Möglichkeit eines heiligen Lebens ohne Verklärung, das Wilhelm in legendarischer Ferne und Nähe zugleich vor Augen tritt. Für ihn ist dieser Aufenthalt die erste Station seiner Wanderschaft. Der Entsagende wird einer Lebensform gewahr, die diesseits der Entsagung sich zu erfüllen und zu verharren die Gunst besitzt. Ihm bleibt daher nur, hindurchzugehen, am Gefühl des Verlustes angesichts dieser gleichsam zeitenthobenen Ordnung, die den Urberuf wie das Familienband heiligt, seine Aufgabe in den wankenden Verhältnissen der modernen Welt zu ermessen." – Schrimpf S. 145–163 gibt eine ausführliche Interpretation und betont u. a., daß Goethe aus den Motiven der Legende einige hervorhob und andere fortließ. – Sarter S. 21. – Gilg S. 23–30. – Joseph Braun, Tracht u. Attribute der Heiligen in der dt. Kunst. Stuttg. 1943. S. 386 u. 822.

Erst vom Gesamtroman aus wird man inne, wie sehr in Josephs Erzählung, dieser Geschichte gütiger und schlichter Menschen, einige Motive, die nur leise ertönen, von bedeutender Problematik sind. *Ich gönnte und wünschte dem guten Ehemann das Leben, und doch mochte ich sie mir so gern als Witwe denken* ... (25,24ff.) Ist hier bei aller Reinheit nicht die Gefahr? Freilich, in dieser Welt, bei dem wackeren Zimmermann wird sie sofort wieder überwunden. Dann bald darauf: *Unbedachtsam und lebhaft rief ich aus* ... (26,29ff.). Er bringt viel zu früh seine Werbung vor; was glücken soll, muß seine rechte Zeit haben; es bedarf des Taktes. Nur ein einziges Mal verstößt Joseph dagegen, hinfort nicht wieder. Durch dieses Motiv wird diese Partie zum Kontrapunkt vieler anderer Novellen des Buchs. Flavio und der Freund der Melusine und der Faktor im Hause Susannens und Felix – sie alle müssen es lernen: Takt und Maß. Was später zum Konflikt zwischen Leidenschaft und Entsagung wird, bleibt in der Josephsgeschichte harmonische Mitte: ein Maßhalten, das dem Kreis dieser heilen Welt entspricht.

Die Gestalten sind, wie Natalie es einst von der *Schönen Seele* sagte, *Vorbilder, nicht zum Nachahmen, sondern zum Nachstreben* (Bd. 7, S. 518, 29f.); daher ein leise distanzierender Ton, der um die Grenzen weiß. Die Sprache bleibt bildhaft, flüssig und einfach; nur vereinzelt wird sie überlegend, zusammenfassend, spruchhaft (27,22–25), wie es die späteren Partien des Romans dann so vielfach sind. Bei aller Deutlichkeit bleibt etwas Geheimnisvolles um das Heilige, das im Alltäglichen erscheint. (Geburt des Kindes; Wirkung der Frau auf Gatten und Kinder; Verehrung des Mannes für sie; Leben auf das heilige Vorbild hin.)

Die Novelle ist in sich gerundet, aber durch die Gestalt Wilhelms mit dem Roman verbunden. Wenn man sie strahlenförmig mit dessen übrigen Teilen verbindet, leuchtet sie auf wie ein Kleinod, das durch den Glanz der Umgebung nicht gemindert wird, sondern nun erst in höchster Schönheit erglänzt. –

E. F. v. Monroy S. 7–9: „Aus dem Bereich des Zimmermanns ist alles eigentlich Wunderbare entfernt; es werden praktisch-verständige ökonomische Gespräche geführt, und die Situationen der Legende sind als Ereignisse natürlicher Vorgänge plausibel erklärt. Alles ist ins Alltägliche, Nahe, Profane umgedeutet, und es ist nichts wunderbar als eben der stete Bezug auf das Wunderbare. Die erzählte Legende wäre fern und sagenhaft, die bloße Zustandsschilderung einer einfachen Familie spannungslos und unerheblich gewesen. Aber nun spielen beide Sphären dauernd ineinander, und die Welt dieser Menschen steht in einem eigentümlich labilen Gleichgewicht. Wir sind genau auf der Grenze zwischen dem Alltäglichen und dem Wunderbaren. Die Atmosphäre ist bei aller Diesseitigkeit mit Geheimnis geschwängert. Alles ist insgeheim vieldeutig. Jedes droht in jedem Augenblick mehr zu bedeuten, ins Unwirkliche oder Allegorische umzuschlagen ... Das traumhaft Gehobene, Hintergründige, Vielsagende der nahen und greifbaren Einzelheiten gibt der Erzählung den eigentümlichen Klang. Wir nehmen wie durch ein umgekehrtes Fernglas wahr: scharf, fast überdeutlich, aber entrückt und fern ... Zwar ist der Kreis so geschlossen wie sonst keiner der Lebenskreise dieses Romans, aber er ist geschlossen nur als Welt, nicht als Geschehen, und ist damit als episches Gebilde gewichtlos. Vom Roman aus gesehen aber brauchts hier auch kein Geschehnis sondern ein Bild: die bewegungslos in sich ruhende allegorisch-typische Abbildung eines urtümlich-ehrwürdigen Zustandes der einfachsten Lebens- und Gemeinschaftsformen. Und als solches, wie ein Prolog vor dem Zwischenvorhang, ist es deutlich gegen den Roman abgesetzt. Es bleibt für die Handlung folgenlos, und Wilhelm schaut es nur an, handelt nicht hinein. Auch wäre undenkbar, daß er es etwa täte: für ihn gilt eine andere Art von Wirklichkeit als für diese Sphäre. Die Figuren der Idylle leben in einem magischen Kreis, in einem für die Figuren schon des Romans unbetretbaren illusorischen Raum. Auch Wilhelm steht nicht eigentlich darin: er geht nur an der Bühne vorbei, auf der für einen Augenblick der Vorhang weggezogen und als lebendes Bild die heilige Familie gezeigt wird." – Radbruch S. 98: „Wir lernen zunächst die Lebensform *Sankt Josephs des Zweiten* kennen, die wiedererstandene ‚heilige Familie'. Sie erscheint im Anfang der *Wanderjahre* als ein *Urphänomen* im Sinne Goethes, d. h. nicht etwa als ein geschichtliches Urbild, aber auch nicht als ein ideales Vorbild, noch weniger als ein typisches Durchschnittsbild, vielmehr als ein ideelles Strukturmodell, in dem alle die Eigenschaften vereinigt sind, die sich in der sozialen Wirklichkeit in mannigfachen Abartungen, Aufartungen, Entartungen entfalten. Hier ist Familie und Beruf, Glaube, Sitte und Arbeit, Handwerk und Kunst, Überlieferung und Gegenwart, Weltlichkeit und Heiligkeit zu einem friedevollen Idyll verbunden, das wehmütige, rückwärts gewandte Sehnsucht in uns wachruft." – D. Fischer-Hartmann S. 34–36, 65, 95–96.

Kenner des Schrifttums werden hier und im folgenden manche Übereinstimmungen meiner Anmerkungen in der Auffassung und bis in den Wortlaut hinein mit den Arbeiten von D. Fischer-Hartmann und E. F. v. Monroy feststellen. Beide nahmen bei mir an Vorlesungen und Übungen über die *Wanderjahre* teil, ihre Arbeiten entstanden in diesem Zusammenhang und wurden von mir zum Druck gebracht. Wieweit bei der gemeinsamen Interpretationsarbeit einer den anderen beeinflußt hat, vermag ich nachträglich nicht mehr zu unterscheiden. Ernst Friedrich v. Monroy fiel 1941 im Alter von 27 Jahren.

Drittes Kapitel. Wilhelms Brief an Natalie schließt die Josephsgeschichte ab. Wenn er *das Zusammentreffen dieser beiden Liebenden* mit dem eigenen vergleicht (28,26ff.), so spielt er darauf an, daß in beiden Fällen ein Kind das Verbindende war; etwas tieferes Gemeinsames nennt dann der Satz: *Jene Verehrung seines Weibes, gleicht sie nicht derjenigen, die ich für dich empfinde?* (28,24f.) Wilhelm steht auf dem Boden der neuen weltlichen Religiosität; gerade in ihr gibt es diese Auffassung in der Liebe.

Das Kapitel erwähnt – recht lakonisch – den Knaben Fitz (29,17ff.), der später für Felix bedeutsam wird. Wilhelm (*Mir aber gefiel er nicht* ...) stört das Wissende, Freche, Gewandte. Aber eben das zieht Felix an. Das Kästchen (das später u.a. auch zum Sinnbild der Erotik wird) stammt aus einem Bereich, den Felix durch Fitz kennen lernt.

Durch Fitz und die Steinsammlung ergibt sich die Weiterführung zu Jarno, der jetzt Montan genannt wird; der Weltmann der *Lehrjahre* hat sich gewandelt zum stillen nützlichen Erforscher der Erdschätze. Über Ursache und Art dieser Wandlung fällt kein Wort, doch wir glauben sie ihm; Skeptiker und Menschenkenner ist er geblieben. – Die Erzählung führt wieder in freie Bergnatur wie im 1. Kapitel (11,3–10). Diesmal wird die Symbolik der Situation nicht verschwiegen: *Es ist nichts natürlicher, als daß uns vor einem großen Anblick schwindelt, vor dem wir uns unerwartet befinden, um zugleich unsere Kleinheit und unsere Größe zu fühlen. Aber es ist ja überhaupt kein echter Genuß als da, wo man erst schwindeln muß.* (31,25–30.) Das ist (wenn man von 27,22–25 absieht) der erste jener großen Kernsätze, in denen sich der Geist des Werkes von Zeit zu Zeit sammelt, ausgehend von der konkreten Situation, verallgemeinernd, und schließlich ein Bild des Menschen überhaupt.

Solche weiteste Überschau ist besonderen Augenblicken vorbehalten und besonderen Menschen. Darum schließt sich gerade hier, auf dem Gipfel, an diesen Gedanken ein weiterer: *Es ist Pflicht, andern nur dasjenige zu sagen, was sie aufnehmen können* ... (32,26f.) Während Wilhelm und Montan das Landschaftsbild als Ganzes sehen und davon ergriffen sind, erblicken die Kinder nur Einzelheiten und wenden sich zu dem Katzengold. Die Schau von dem Gipfel ist Symbol für die Haltung des Gereiften, das Gespräch mit dem Knaben für das Weitergeben von Erkenntnissen. Die *Wanderjahre* sind ein pädagogisches Buch, und auch dieses ist ein Leitmotiv.

Der Blick vom Gipfel in die Welt ist zugleich Erkenntnis der äußerlichen Unendlichkeit und der inneren Grenzen, die allem Erkennen gesetzt sind; und so kommt es zu den Worten: *Die meisten Menschen ... erreichen nicht jene herrliche Epoche, in der uns das Faßliche gemein und albern vorkommt ... es ist ein Mittelzustand zwischen Verzweiflung und Vergötterung.* (32,39ff.) Auch dies ein Kernsatz, der weit über den Anlaß, die Geologie, hinausgeht, ein Bild des Menschen, das in den

Wanderjahren noch oft variiert wird: die Polarität von Faßlichem (Frage nach dem Wie) und Unfaßlichem (Frage nach dem Was und Warum), *Kleinheit* und *Größe* (31,28). Dieses Kapitel bringt das Motiv der Naturerforschung, das in den *Wanderjahren* noch oft vorkommt. Goethe lebte so sehr in diesen Dingen, daß es für ihn selbstverständlich war, sie in den Roman hineinzunehmen. Ihn beschäftigte die Frage *Ob nicht Natur zuletzt sich doch ergründe?* (Bd. 1, S. 344) Er fragte also letztlich nach der Einheit der Natur. *Wenn ein paar große Formeln glücken, so muß das alles Eines werden, alles aus Einem entspringen und zu Einem zurückkehren.* (An Sartorius 19. Juli 1810) Doch er suchte diese Einheit nicht spekulativ, sondern von der Einzelfoschung her. Montan ist Geologe. Wenn er *diese Spalten und Risse als Buchstaben* betrachtet (34,21f.), dann versucht er, etwas Allgemeines darin zu erkennen. Er fragt also, wie diese Formationen entstanden seien, welche Gesetze dabei gewaltet hätten. Die ersten Jahrzehnte des 19. Jahrhunderts waren die Anfangszeit der Geologie. Seit Abraham Gottlob Werner war eine systematische Mineralogie im Entstehen. Ein Rückschluß von dem geologischen Befund auf die Geschichte der Erde war noch schwierig, es gab die verschiedensten Theorien; sie werden später bei dem Bergfest diskutiert (S. 260,33–262,10). Montan hat also ein neues, fesselndes, aber schwieriges Forschungsgebiet. Es ist ein Gebiet, dem Goethe seit seinen ersten Weimarer Jahren viel Zeit und Kraft gewidmet hatte. Montan ist ein wenig ein Selbstbildnis von Goethe als Naturforscher.

Die Begegnung mit Montan – 4 Druckseiten – zeichnet sich durch Größe und Gedrängtheit der Themen aus: Der Mensch *zwischen Verzweiflung und Vergötterung* (33,5), das Problem des Weitergebens von Erkenntnissen (32,18ff.), das Problem des *Helfens* (33,28–32), die Gebirgsformationen als *Buchstaben* (34,10f.). Zu diesen Gesprächen gehört der hohe Berg, der freie Blick. Das Kapitel steht hinter der Eingangsnovelle wie ein zweites großes Leitmotiv. Dort schlichte, unreflektierte Menschen; hier der Bewußte, Schwierige, Ironische, Skeptische, der Weltmann und Naturforscher; jene in Gemeinschaft, dieser einsam; jene in einer traditionellen Religiosität; dieser verschlossen und herb, so daß kaum zu erahnen ist, wie weit in seiner Naturschau auch Religiosität ist. Auf gleicher Höhe stehen später Wilhelms Gespräche mit Makarie und mit dem Astronomen. Diese Gespräche geistiger Menschen der neuen weltlichen Kultur haben ihren eigenen Ton und gehören zu dem Besonderen dieses Romans.

29,38. *Montan.* Goethe liebt Namen, die vom Lateinischen oder Griechischen abgeleitet sind; lat. mons = der Berg; montanus = zu den Bergen gehörig, auf den Bergen lebend.

30,21. *Schlegel* (Schlägel): Werkzeug zum Schlagen. – Dt. Wb. 9 Sp. 339ff.

31,37f. *auf dem frühesten Gestein.* Nach der Auffassung Goethes und seiner

Zeit war dies der Granit. Goethe hat sich seit seinen ersten Weimarer Jahren mit dem Granit beschäftigt, ihm damals einen fast hymnischen Aufsatz gewidmet (Bd. 13, S. 253–258) und später viele Granite gesammelt. – Sachregister in Bd. 14 unter „Granit". – Goethes Sammlungen 3. Teil. Jena 1849. – Goethe, Die Schriften zur Naturwiss. Leopoldina-Ausg., Bd. 1 und 2. Weimar 1947–1949.

34,21. *Spalten und Risse.* Schon ein Entwurf von 1785 spricht von *Rissen und Spaltungen,* fragt, wie Gesteinmassen sich gegliedert haben, und versucht daraus Schlüsse auf die Entstehung der Erde: *Als unsere Erde sich zu einem Körper bildete, war ihre Masse in einem mehr oder weniger flüssigen Zustande. Diese Masse war nicht einfach, jedoch die Teile, woraus sie bestand, innigst gleich aufgelöst ... Der Kern der Erde kristallisierte sich ... Die äußerste Kruste des Kernes ist der Granit ... Risse und Spaltungen durch Kristallisation, nicht durch Erkältung.* (Leop.-Ausg. 1, S. 96) Diese Themen werden in späteren Aufsätzen weitergeführt bis in die Zeit der *Wanderjahre* hinein, z. B. Leopoldina-Ausgabe Bd. 1, S. 314, 316; Bd. 2, S. 175, 339 u. ö. – Max Semper, Die geolog. Studien Goethes. Lpz. 1914, S. 150ff.

Viertes Kapitel. Das Gespräch wird am Abhang des Berges fortgesetzt; Montan bringt wieder bedeutende spruchhafte Formulierungen (36,9–11; 36,39–37,2; 37,13–15; 20–22; 25–30), die an einer Stelle an einen Satz des *Lehrbriefs* anklingen (36,39 entsprechend Bd. 7, S. 496,13 f.). Das Hauptthema: Vielseitigkeit oder Einseitigkeit der Bildung. Die *Lehrjahre* hatten einer vielseitigen Bildung das Wort geredet und den Menschen als Persönlichkeit ausbilden wollen, vertrauend, daß er dann auch in einem speziellen Beruf das Nötige leisten werde. Hier vertritt nun Montan eine andere Meinung (wohl weitgehend mit Goethes Anschauungen im Alter übereinstimmend): *Sich auf ein Handwerk zu beschränken, ist das Beste.* (37,25 f.) Der Ton liegt auf dem Worte *ein.* Auch Wilhelm nähert sich Montans Meinung. Er will an einem einzigen Orte bleiben und sich für einen bestimmten Beruf ausbilden. Während des Gesprächs zieht er das Besteck des Wundarztes hervor, das ihm seinerzeit (in den *Lehrjahren*) so wichtig wurde; man hatte ihn damit behandelt, als er Natalie zum erstenmal sah (Bd. 7, S. 227); und als er es wieder erblickte, war es ihm die erste Fährte, um sie zu finden (Bd. 7, S. 428). Er hat es später erworben, es ist ihm jetzt gleichsam ein Talisman. Nicht nur, daß es ihn mit Natalie verknüpft, es ist zugleich auch Symbol seiner Neigung zur ärztlichen Kunst. Ähnlich wie Montan von seiner Kindheit her, als er *mit den Pochjungen groß geworden* (38,31 f.), eine Neigung zur Bergwissenschaft besitzt, hat Wilhelm von Kindheit an eine Neigung zur Wundmedizin. Erst später (268–283) äußert er sich darüber genauer, und dort wird dann auch manches aus diesem nächtlichen Gespräch mit Montan nachgeholt (280,24–282,31). Wilhelm erklärt, diesen Beruf erlernen zu wollen. Montan verspricht, sich bei dem Bunde dafür einzusetzen. Und später erfahren wir, daß alles hier Geplante auch durchgeführt wird.

Nach der Nacht bei dem Köhler folgt der Gang zu dem *Riesenschloß*. Dieses ist ein Gewirr von halbverwitterten Steinmassen, die geformt sind wie Säulen und Quader, ein Naturspiel, als hätten Riesen hier einstmals Bauten errichtet. (Die 1. Fassung ist an dieser Stelle ausführlicher.) Felix dringt weit in die Irrgänge ein und findet das Kästchen. – Dieses Kästchen spielt im weiteren Verlauf des Romans eine bedeutende Rolle. Es stammt aus der versteckt stehenden Truhe. Fitz scheint von dieser zu wissen, denn er will nicht, daß Wilhelm und Felix zum Riesenschloß gehen, und sucht sie davon abzuhalten, daß sie weit eindringen. Fitz hat Verbindung mit dem Schatzgräber (41,31; 42,12–16), der eine etwas dunkle Existenz bleibt. Äußerlich gesehen ist alles sehr einfach: In dem Riesenschloß liegt in der Truhe das Kästchen als Rest eines alten Schatzes. Felix findet es und nimmt es mit. Es wird einmal auch *Prachtbüchlein* genannt (44,3 f.), wohl weil es wie ein alter *Oktavband* (43,31) mit Schließen versehen ist. Später wird es in Aufbewahrung gegeben und wiedergebracht; der Schlüssel wird gefunden, und zwar in der Brusttasche von Fitz' Kleidung (320,1 ff.); Fitz hat vermutlich am gleichen Ort wie Felix diesen Schlüssel gefunden. Das ist alles ganz wirklich und einfach, so wie z. B. auch die Kindheitsgeschichte Mignons in den *Lehrjahren* wirklich und einfach ist (Bd. 7, S. 579–593). Aber ähnlich wie jene Kindheitsgeschichte nicht ausreicht, um Mignons Wesen zu erfahren, ist die Bedeutung des Kästchens nicht damit erschöpft, daß es als realer Gegenstand in der Geschichte mitspielt. Es ist ein Gegenstand, im Zusammenhang mit welchem sich in Felix und Hersilie bestimmte Seiten ihres Innenlebens entwickeln. Das zeigt die Art, wie sie von dem Kästchen sprechen:

Aus innerem geheimem Antrieb (43,34 f.), *sehnte sich von dem Orte weg* ... (44,8), *ein Geheimnis war ihm aufgeladen* (44,11). Später Hersilie: *Mich treibt ein guter oder böser Geist ... Beim ersten verstohlenen Blick seh' ich, errat' ich ... Wundersam bin ich beunruhigt, zwischen Schuld und Neugier* ... (320) *Wünschelrutenartig zog sich die Hand danach ... es war mir so wunderlich, so seltsam, so konfus* ... (377) *wie viele Leidenschaften sich in mir herumkämpfen* ... (378) *Er weiß, daß ich's habe ... ich gebe nach, es war unmöglich zu versagen ... Ich verwirre mich ... Dringender und liebenswürdiger bitten konnte man niemand sehen ... und so war ich wieder verführt. Ich zeigte das Wundergeheimnis von weitem* ... (456)

Hier scheint eine Verbindung zu bestehen, die für das Empfinden ganz junger Menschen bezeichnend ist, die noch nicht das trennende, erkältende, rationale Denken des späteren Lebens haben; hier waltet noch die Assoziation des Gefühls, des Traums, der Magie: ein Gefühlsbereich und ein Gegenstand sind plötzlich in geheimnisvoller Verbindung. Und die verhaltene, seltsam indirekte Sprache des Altersstils scheint die gemäße für diese Geschichte zweier junger Menschen, in denen das Leben voll Sehnsucht und Geheimnis erwacht. – Es ist kompositionell bedeutsam, daß Felix gleich, nachdem er das Kästchen gefunden, Hersilie kennen lernt (50,14–16; 50,32–35). Fortan besteht eine Beziehung zwischen der Liebes- und der Kästchen-Geschichte, bis zum Ende. Dort ist dann von der Liebe selbst die Rede: *Ich habe nichts vom Kästchen ... dein Herz wünscht' ich zu öffnen ...* (457,1 f.)

Emrich S. 351–352: „Durch das ganze Werk zieht leitmotivisch vom ersten Buch bis zum Abschluß des letzten ein Zentralsymbol, in dem sich gleichsam das Geheimnis der Gesamtdichtung komprimiert und zugleich offenbart. Es ist das Kästchen, dessen Schlüssel, von Hersilie als Pfeil mit Widerhaken bezeichnet, Goethe selbst im Roman abbilden ließ ... Das Kästchen wird von Felix im tiefsten Inneren des labyrinthischen Riesenschlosses des Urgebirges gefunden. Dieses Riesenschloß besteht aus *Basalt auf Granit* (Paralipomena 8, 9, 10, 11 der W. A.), aus einer Verbindung zwischen vulkanisch-revolutionierendem Gestein und beharrendem Urgestein, Gesteinen, in denen Goethe stets Urbilder des Revolutionierenden und Beharrenden in Natur- und Menschengeschichte gesehen hat ... In Paralip. 8 und 9 notiert sich Goethe: *Riesenschloß Basalt auf Granit Troglodyten Leben.* Ein unterirdisch geheimes Höhlen-*Leben* wird hier ansichtig. Das Kästchen steht also zunächst in engstem Zusammenhang mit einem geologischen Ursprungsphänomen, in dem sich eigenartig zeitlos beharrende und zeitlich revolutionierende Mächte überschneiden und ein tief geheimnisvolles, unterirdisches *Leben* offenbar wird. Im *Labyrinth* dieses Schlosses droht sich der Mensch zu verfangen ... Aber dieses Kästchen ... wird dem labyrinthischen Riesenschloß geraubt. Felix ist ängstlich darauf bedacht, daß niemand sich dem Fundort nähert, daß das *Geheimnis* streng bewahrt wird, und er empfindet dabei eine Schuld. (44,7–14.) Er hat der Natur ihr Geheimnis, ihr goldenes *Prachtbüchlein* entwendet und wird in diesem Augenblick vom kindlich spielenden Knaben zum Jüngling, zum erkenntnissuchenden Menschen und damit, wie im Mythos vom Baum der Erkenntnis, schuldig. Bereits zu Beginn der *Wanderjahre* hatte er nach *Gold* gefragt, aber statt dessen nur unechtes *Katzengold* gefunden. Nun besitzt er das *goldene* Prachtbüchlein und Kästchen. Durchgehend ist ja bei Goethe das *Gold* Symbol höchster genialischer Geisteskraft, aber auch vital erotischer, ja sogar geschichtlicher Mächte, es ist das Symbol des unterirdischen Lebensgeheimnisses selbst und wird daher auch in anderen Dichtungen Goethes meist in Höhlen und unterirdischen Grüften gefunden oder aus ihnen emporgeschleudert (*Märchen, Faust II,* auch Walpurgisnachtskizzen zu *Faust I*). Der Fund verwandelt Felix vom Knaben zum Jüngling. Schweigend nachdenklich geht er mit Wilhelm durch den Wald. (44,17–19.) Unmittelbar darauf erlebt er seine erste Liebe zu Hersilie. Aber er ist als Jüngling nicht reif für das *Geheimnis* das ihm *aufgeladen war* (44,11) ... Die Liebeswirren zwischen ihm und Hersilie sind entscheidend mit dem Kästchen verknüpft, das sie nicht zu öffnen vermögen, da sie noch in leidenschaftlicher Befangenheit nicht harmonisch zueinander finden können. Durch die heftige Leidenschaft von Felix zu Hersilie zerbricht der Schlüssel zum Kästchen. Auch Hersilie fühlt sich durch den Besitz des Kästchens schuldig. Ja sie fragt sich, *für welchen Richterstuhl eigentlich das Geheimnis gehöre.* (321,13.) ... Es handelt sich bei dem Kästchen um das Geheimnis des Lebens und ihrer Liebe selbst. Wenn

Felix am Schluß ausruft *Ich habe nichts vom Kästchen noch vom Schlüssel! dein Herz wünscht' ich zu öffnen* ... (457,1 f.), so offenbart sich gerade hierin seine Verwirrung; er kann seine Liebe zu Hersilie noch nicht mit diesem Urgeheimnis des Lebens harmonisch verbinden; um ihre Liebe augenblicklich zu gewinnen, achtet er des Geheimnisses nicht mehr, sondern will es gewaltsam öffnend zerstören (457,6–9.) ... Auffallend auch die Parallele zu *Faust II*. Nach dem Zerbrechen des Schlüssels ruft Hersilie aus: *O Männer, o Menschen! Werdet ihr denn niemals die Vernunft fortpflanzen?* (457,29 f.) In *Faust II* heißt es nach der Katastrophe, die der Kaiser durch den Versuch einer leidenschaftlich gewaltsamen Öffnung der geheimnisvollen Goldkiste heraufbeschworen hat: *O Jugend, Jugend, wirst du nie Der Freude reines Maß bezirken? O Hoheit, Hoheit, wirst du nie Vernünftig wie allmächtig wirken?* (5958–61). In beiden Fällen durchkreuzen Leidenschaften die echte, harmonische Öffnung und Bewältigung des Lebensgeheimnisses, mag es sich nun in den *Wanderjahren* um Liebe, in *Faust II* um das Problem der rechten, weisen Staatsführung handeln ... Das Kästchensymbol steht also auch in engstem Zusammenhang mit zentralen Problemen des Romans, Liebe, Leidenschaft, Schuld, Entsagung ... Um die Wiedervereinigung aller getrennten Sphären des Menschen im Seelischen, Geistigen, Gesellschaftlichen, Religiösen scheint es also in diesem Symbol zu gehn, wie auch Hersilie von der Öffnung des Kästchens erhofft, *daß es ein Ende werde, wenigstens daß eine Deutung vorgehe* ... (378,7–10.) Ja sie spricht sogar einmal davon, daß dieses Kästchen, wenn es geöffnet sei, *das Weitere selbst befehlen* werde (321,20). Eine fast magisch richtunggebende Kraft geht also von diesem Kästchen aus. Und auf fast magisch-magnetische Weise fügen sich auch beide Schlüsselteile von selbst wieder zusammen, als durch die Leidenschaft von Felix der Schlüssel zerbrochen ist. – Im Kästchensymbol also werden die allerverschiedenartigsten Phänomene berührt ... Es bedeutet nicht nur etwa das Geheimnis der Natur ... Das Kästchen ist aber auch nicht nur das Symbol der Erkenntnis, eine Abwandlung etwa uralter Mythen, in denen der Mensch, der vom Baum der Erkenntnis ißt, der Natur ihr Geheimnis entwendet, schuldig wird. Ferner sind Kästchen und Schlüssel nicht nur sexuelle Symbole ... Und endlich sind Kästchen und Schlüssel nicht nur Sinnbilder für eine Integration der menschlichen Persönlichkeit, Gemeinschaft, Religion, für eine Vereinigung aller getrennten Sphären in der Seele, im sozialen Leben, in der Geschichte der Völker und Religionen. Vielmehr umfaßt dieses Symbol sämtliche Sphären. Jede Gehaltsdeutung ginge fehl, die auf Grund eines einzelnen Sinnbezuges des Symbols nun die ganze Bedeutung in Händen zu halten glaubt. Zugleich aber gibt gerade diese Sinnfülle des Symbols der Gehaltsforschung die Möglichkeit, nun auch die Verbindung zwischen all diesen Sphären aufzudecken, zu zeigen, wie in diesem Roman in der Tat sämtliche Gebiete, Geologie, Liebesprobleme, Gesellschaftsprobleme, religiöse und pädagogische Probleme usw. miteinander in einer streng gegliederten inneren Beziehung stehen ... Das Kästchen- und Schlüsselsymbol macht uns aber in einem wunderbar eindringlichen Bild das *offenbare Geheimnis* der Poesie selbst anschaulich. Offenbaren, Öffnen und zugleich Verhüllen, Verschließen, beides wird in Schlüssel und Kästchen versinnbildlicht. In diesem Sinne sind beide gleichsam Symbol des Symbolischen selbst, komprimiertestes Sinnbild aller poetischen Sinnbilder ... Das Äußerlichste, ein Kästchen, ist zugleich das Innerlichste dieser Dichtung. Dort, wo das Symbol nur noch leblos dinghafte Erscheinung ist, offenbart es zugleich das Wesenhafteste alles Seins. In diese äußerste Spannung mündet das Spätwerk des größten Dichters deutscher Sprache ..." – Henkel S. 89. – Friedrich Ohly, Zum Kästchen in Goethes „Wanderjahren" Zeitschr. f. dt. Altertum 91, 1962, S. 255–262. – Stefan Blessin, Die Romane Goethes. Königstein 1979. S. 246–254.

35,20. *ein Kreuzstein von St. Jacob in Compostell.* Goethe besaß einen solchen Stein, er befindet sich noch heute in seiner mineralogischen Sammlung. Es ist ein Chiastolith (Abart des Andalusits). – Chr. Schuchhardt, Goethes Sammlungen. 3. Teil. Nr. 751. – Carl Hintze, Handbuch der Mineralogie Bd. 2. Lpz. 1897. S. 128ff. – Hans Prescher, Goethes Sammlungen zur Mineralogie. Bln. 1978. Nr. 375.

39,28. *ein Kohlemeiler.* A. Hellersberg-Wendriner in PMLA. 56, S. 458–459: „In Montans Gespräch mit Wilhelm finden wir die Ouvertüre zum Gedankenkreis der Dichtung. Zugleich ist die Unterredung die Wasserscheide der beiden sich hier begegnenden Regionen der *Lehr-* und *Wanderjahre.* Wilhelm, noch in die Täler seiner alten Wanderungen zurückblickend, nimmt noch einmal sein altes Lieblingsthema der Allentfaltung des Individuums auf. Montan weist diesen Gedanken mit Entrüstung zurück und stellt ihm einen neuen Erziehungsplan gegenüber unter dem Symbol des Kohlenmeilers. Hat sein Feuer freie Entfaltung, so verzehrt es sich selbst und seine Umgebung. Der Meiler muß mit Erde bedeckt, muß eingedämmt werden, damit seine Glut sich erhalte und sich erhöhe. Montan blickt, dieses Sinnbild eines neuen Daseins beschreibend, hinunter in die neuen Gefilde der *Wanderjahre,* die Region des eingeschränkten Menschen. Ist die Idee der Eindämmung, der Einschränkung, etwas Ausschließendes, etwas Negatives, so bedarf dieser Gedanke eines positiven Korrelats Das positive Korrelat der Einschränkung ist die Lehre der Einseitigkeit. Vom Bild des Kohlenmeilers ausgehend, lobt Montan die beschränkte, einseitige Tüchtigkeit des Handwerkers."

40,28. *Tischer,* eine bei Goethe mehrfach vorkommende Nebenform zu „Tischler".

42,20. *Riesenschloß.* Ein *Riesenschloß* gab es in der Nähe von Teplitz. Goethe erwähnt es im Tagebuch am 30. Juli 1813.

42,37. *Granit.* Vgl. 31,36ff. Über diesem Granit erhebt sich das *Riesenschloß* aus *schwarzen Säulen* (42,39), d.h. aus Basalt. Das Motiv *Basalt auf Granit* hat Goethe – real und symbolisch – interessiert. Vgl. Goethe-Handbuch, Art. „Basalt", Sp. 806–811. – Goethe, Die Schr. zur Naturwiss. Hrsg. von Günther Schmid. Bd. 1. Weimar 1947. S. 291 u. 369. – Goethe-Wörterbuch Bd. 2, Art. „Basalt".

43,1f. *Wände von Säulen ragten ... hervor* ... In der 1. Fassung *(7. Kapitel)* ist das *Riesenschloß* deutlicher als Naturspiel charakterisiert: *Die Kinder blieben überzeugt, daß hier ein Werk von Menschenhänden stehe; Wilhelm sah wohl, daß es ein Werk der Natur war; aber er wünschte sich Montan, um dessen Meinung darüber zu vernehmen.* – Ein *Riesenschloß* bei Teplitz erwähnt das Tagebuch am 30. Juli 1813.

43,32. *Schmelz*: Farbiges Schmelzglas als Überzug des Metalls, Email. Wie Bd. 5, S. 246 Vers 1056.

45,10. *abhängig*: einen Abhang bildend. Wie Bd. 7, S. 222,25. – Goethe-Wb. 1, Sp. 87.

47,8 *Inschriften.* Das Motiv wird 65,14ff.; 68,14ff. wieder aufgenommen. Dergleichen gab es in Wirklichkeit. Goethe sagt in seiner Schrift *Kunst und Altertum am Rhein und Main* über das Haus des Kanonikus Pick in Bonn, das er besucht hatte: *Über den Türen erregt manche inschriftliche Tafel ein bedenkliches Lächeln.* (WA 34,1 S. 91.)

48,10. *Ulyß.* Anspielung auf Odyssee XIII, 117ff. Die aus dem Lateinischen abgeleitete Namensform war Goethe von seiner Kindheit her geläufig.

48,16. *die Heiterkeit der offenstehenden Türe*: den erfreulichen Anblick der offenstehenden Tür.

Fünftes Kapitel. Die *fruchtreiche Gegend*, aus welcher die Verkäuferin Kirschen ins Bergland trug (14,15f.) und auf welche Wilhelm und Montan vom Berge herabblickten (32,13), ist erreicht. Hier hat ein reicher Adeliger, der im Folgenden nur als *der Oheim* bezeichnet wird, ein großes Landgut. Sein Vater war nach Amerika ausgewandert, dort ist er geboren und später nach Europa zurückgekehrt (81,22ff.). Damit hängt seine Art zusammen, großzügig kolonisatorisch zu arbeiten und jedem Einzelmenschen Freiheit zu lassen. Er ist aufklärerisch und liberal. Das verrät schon sein Landsitz: *ein großer Garten, nur der Fruchtbarkeit gewidmet* (45,7f.), *gradlinig gepflanzte Fruchtbäume, Gemüsfelder, große Strecken mit Heilkräutern* (49,12ff.); und ebenso sein Haus: *große geographische Abbildungen* (49,22), *Prospekte der merkwürdigsten Städte* (49,26), *kein Bild, das auch nur von ferne auf Religion, Überlieferung, Mythologie, Legende oder Fabel hindeutete* (65,3ff.). Auch die Sittensprüche an den Wänden, schon im Gartenhaus (47,9–10), erst recht im Wohnhaus (65,16–17; 68,21f.), sind bezeichnend für seinen aufklärerischen, hellen, auf das Praktisch-Sittliche gerichteten Geist. Seine Gestalt, in diesem Kapitel noch skizzenhaft, wird in den folgenden (64–71 und 81–85) plastisch gerundet. Die Felix-Hersilien-Geschichte beginnt (50–51). Sie wird später in zahlreichen kleinen Abschnitten fortgesetzt (65–66, 71–72, 81, 117, 124, 245–246, 265–267, 319–322, 376–378, 455–460). – Dazwischen schiebt sich nun die erste eingeschaltete Novelle:

Die pilgernde Törin. Hersilie gibt sie an Wilhelm als *eine Übersetzung aus dem Französischen von meiner Hand* (51,10f.). Es ist in der Tat eine Übersetzung. Goethe schreibt an Knebel am 27. Juli 1798: *Du erinnerst Dich wohl, daß vor zehn Jahren ein kleiner Roman, „La folle en pèlerinage“, an der Tagesordnung war.* Gedruckt ist die Novelle in „Cahiers de lecture“ Bd. 1, 1789, S. 121–141. Diese Zeitschrift erschien ohne Ortsangabe auf dem Titel, doch steht eine Notiz am Schluß, man könne sie in Gotha bestellen bei dem Bibliothekar Reichard, Redakteur des Journals. Die „Cahiers de lecture“ enthalten nur französische Texte, und zwar Abhandlungen, Berichte, Gedichte, Novellen, Theaterneuigkeiten usw. Da es in Deutschland viele Leser französischer Literatur gab, fand die durch H. A. O. Reichard gut redigierte Zeitschrift ihr Publikum. Von Gotha aus bestanden lebhafte Beziehungen nach Paris, zumal durch Friedr. Melchior v. Grimm (Vgl. Bd. 9, S. 480, 30 u.

Anm.). „La folle en pèlerinage" steht in der Zeitschrift ohne Verfasserangabe. Obgleich das kleine Werk ein Meisterwerk aus der Anfangszeit der neueren Novellistik ist, ist der Verfasser bis heute unbekannt. Goethe hat nicht nach dem Druck übersetzt, sondern nach einer handschriftlichen Abschrift, die von dem Druck in Kleinigkeiten abweicht. Sie befindet sich noch heute unter seinen Papieren (Goethe- und Schiller-Archiv). Die Arbeit an der Übersetzung ist in seinem Tagebuch vermerkt am 5. August 1807 und am 25.–29. Juni 1808. Danach las er das Werk während des langen Karlsbader und Franzensbader Kuraufenthalts mehreren kleinen Kreisen seiner Bekannten vor, am 30. Juni, 1. Juli, 5. September. Er empfand es wohl als besonders geeignet zum Vorlesen. Goethes Übersetzung ist genau. Sie hat keine selbständigen Zusätze. Sie erschien im Druck im „Taschenbuch für Damen auf das Jahr 1808". (Goethe-Handbuch, Art. „Cahiers de lecture" von A. Fuchs.)

Die Novelle paßt in überraschendem Maße in den Zusammenhang des Gesamtwerks. Die Heldin ist, wie die Gestalten der Rahmenerzählung, eine Wandernde und erprobt im Wandel der Umgebungen die Unwandelbarkeit des Innern. Aber während diese innere Stetigkeit in den anderen Geschichten gesucht und gepriesen wird, erscheint sie hier als Starrheit bis zur Marotte, wird ironisiert und macht die Pilgerin zur *Törin*.

Es wird uns berichtet, was auf dem Schlosse des Herrn v. Revanne vor sich geht. Wir sind gleichsam Zuschauer, Mitlebende. Der Dichter sagt nicht, was vorher oder nachher geschah, er spricht auch nicht von des Mädchens Gedanken. Es ist wie im Leben selbst: man erfährt nur, was man selber sieht und hört. Es ist in diesem Falle zu wenig, um genau Bescheid zu wissen, aber genug, um den psychischen Verhalt zu erschließen. Mit feinem Takt verschleiert die Pilgernde ihre Erlebnisse, und doch gibt sie aus innerer Not manches davon frei. In dieser Verhaltenheit, diesem Schleier liegt der Reiz der Novelle. Sie hat im Zusammenhang damit einen Zug, der Goethes Art sehr entspricht: Sie gibt sich leichter, als sie ist. Sie erzählt, als sei das Ganze ein Scherz. Das hängt zusammen mit der Kultur des Erzählens im 18. Jahrhundert. 150 Jahre später hätte man aus diesem Stoff die Geschichte einer Seele gemacht, die durch ein „Trauma" aus dem Gleichgewicht gebracht ist und in der nun eine Idee sich fixiert und verkrampft hat. Der psychologische Tiefblick ist auch in dieser Novelle. Aber er wird nicht vordergründig, er wird nicht präsentiert. Es bleibt alles ein leichtes und zartes Spiel erzählerischer Kunst. Der Leser muß vieles selbst erschließen. – Das Mädchen, das zwei Jahre lang so liebenswürdig auf dem Schlosse wohnt, ist in allem musterhaft; nur wenn die Rede auf die Liebe kommt, zeigt sich ein gestörtes Gleichgewicht. Sie hat ein Erlebnis gehabt, über das sie nicht hinwegkommt. Ihre *Torheit* besteht darin, daß sie alles, was sie tut, in Gedanken auf einen anderen tut, gewissermaßen als Vorführung für ihn, obgleich er nicht da ist; sie will *dem Freunde von der Mühle beweisen,* daß *Männer und Frauen nur mit Willen ungetreu sind* (64,4 ff.). Sie will ihm Treue zeigen. Darum wird ihr der Aufenthalt im Hause Revanne so schwer, weil sie hier wirklich festwurzeln möchte: *Die Pilgerin fühlte, daß sie auf einem äußersten Punkte stehe* ... (61,30f.) Sie erfüllt, ohne es zu ahnen, die Gesetze der Wandernden: nirgends für dauernd zu bleiben; nützlich zu sein; nie in Dingen des Herzens zu spielen; sie übt sich in dem, was jene anstreben: sie sucht das Beständige in sich selbst, nicht in den Umgebungen. Aber sie ist hierin erkrankt, erstarrt, es hat sich in ihr etwas festgesetzt, was sich nicht wieder in Harmonie auflöst. Darin liegt ihre *Torheit.* Ihr fehlt, was in den späteren Novellen den kranken Seelen durch Makarie zuteil wird. Sie ist mit sich selbst allein. Am Ende, nachdem sie beschlossen hat, dem Entfernten, der ihr immer gegenwärtig ist, auch weiterhin die Treue zu wahren, zieht sie sich aus der Schlinge auf eine Art, die es jedem der beiden Revanne leicht machen soll und als Intrige lustspielartig wirkt: Sie bringt den Vater auf den Gedanken, sie erwarte ein Kind von seinem Sohn, und als dieser, sich schuldlos wissend, davon hört, bezichtigt er natürlich den Vater. Die moralischen Abschiedsworte an den jungen Revanne (63,22–32) gelten diesem nur halb. Zur anderen Hälfte gelten sie dem Ungetreuen, den sie nicht vergessen will, dem *Freunde von der Mühle* (64,5); ihr Blick gegen Herrn v. Revanne (59,24–28) zeigte, daß jener es ist, den sie liebte; und ihre Romanze sagte, daß er sie, sein *edles Liebchen,* frech belogen habe (57,22), indem er heimlich die Liebschaft mit der Müllerstocher hatte. Die Romanze gibt also den Schlüssel für den Zusammenhang, aber sie rückt zugleich alles in Abstand, zunächst dadurch, daß sie das Ernste ins Burleske umbiegt, und sodann, indem sie durch den Monolog meist vom Standpunkt des jungen Mannes aus spricht. Antithetisch setzt sie die Müllerstochter, die zu den *Mädchen auf dem Lande* gehört – und leider auch zu den Berechnenden und *Geübten* –, gegen die junge Schöne, die zu den *Mädchen aus den Städten* gehört, unschuldig ist und über das Erlebte nicht hinwegkommt (auch die Zeitbezeichnungen 57,21 und 57,23 sind in ihrer Gegensätzlichkeit bezeichnend). Die allgemeinen Sätze, die sie ausspricht (59,8–21), sind Meisterstücke des Verhüllens und Bekennens zugleich. Nur an einer Stelle deutet der Erzähler selbst die Zusammenhänge an: *Sie ist wahnsinnig vor Treue* ... (62,3 ff.)

Welches Verhalten des Menschen zum Abgründig-Psychischen! Um es den beiden Männern leicht zu machen, setzt sich die Heldin selbst in ein ungünstiges Licht. Die einzige Enthüllung ihrer Schmerzen gibt sie ganz umgeformt in literarische und burleske Gestalt. Und genau wie die

Heldin bleibt auch der Erzähler beim Heiteren, Gesellschaftlichen; aber nicht als Flucht (denn es wird ja dennoch alles berührt), sondern aus Lebenskunst. Er spricht zu Hörern, die aus dem Gesagten das Ganze zu erschließen verstehn. Form der Kunst ist hier zugleich Takt im Menschlichen. Erzähler und Hörer wissen, wie viel die Form vermag, und sie lieben die Form, denn sie hilft leben. – Hersilie, Wilhelm das Manuskript gebend, berichtet, daß in ihrem kleinen Kreise viel gelesen werde. Eine Novelle zum Vorlesen, Erzählungskunst für Kenner, Stoff für Gespräche über das menschliche Herz. Und darum dieser Stil: der heikle Inhalt ist so zart und taktvoll erzählt, daß man sich die junge Hersilie als Übersetzerin zu denken vermag. Diesen gebildeten, gesellschaftlichen Hörern entspricht das Gewandte, Plaudernde, zugleich ein wenig Moralische. Ein Bericht des Erzählers macht den Anfang; als er aber lebhaft wird, springt er über in den Ich-Ton: *„Seltsame Wirkung der Sympathie!" rief Herr von Revanne, als er mir die Begebenheit erzählte* ... (52,14ff.) Um dann die Verwicklung des Mädchens zwischen Vater und Sohn zu schildern, ergreift der Erzähler selbst wieder das Wort, und zwar indem er die „Moral" vorwegnimmt und alles als Beitrag zur Geschichte des menschlichen Herzens erklärt: *Nun will ich die Torheit eines verständigen Frauenzimmers erzählen, um zu zeigen, daß Torheit oft nichts weiter sei als Vernunft unter einem andern Äußern* ... (60,8ff.)

Auch in der Erzählung Das *nußbraune Mädchen* wirkt ein einmaliges Erlebnis jahrelang innerlich fort und lebt ein Mensch fortwährend innerlich mit einem anderen, ohne daß dieser es weiß. Hier ist es *Leidenschaft aus Gewissen* (448,28), bei der *Törin* Leidenschaft aus *Willen* (64,4). In anderen Punkten bestehen Parallelen zu *Der Mann von funfzig Jahren:* Rivalität von Vater und Sohn, Leidenschaft des jungen Mannes bis zur Idee der Selbstvernichtung. – Auch die späteren Novellen werden im Kreise geistiger Menschen der Zeit vorgelesen oder erzählt (393,13ff.). Deswegen behalten sie alle das Gesellschaftliche, Kunstreiche, Leichte. Nur wo das Tragische sich gewaltsam durchsetzt wie in *Nicht zu weit,* wird dieser Ton verlassen. Die *Pilgernde Törin* aber, mit ihrer Freude an künstlerischem Spiel, hält diese Grenze überall ein, ohne jedoch an Tiefe zu verlieren.

Der französische Text der Novelle erschien erstmalig in dem Sammelband „Nouvelles Folies sentimentales, ou Folies par amour", Paris 1786. Sie ist dort anonym. Von da kam sie in Reichards „Cahiers de lecture". Goethe besaß eine Abschrift mit kleinen Fehlern. Diese Zusammenhänge wurden erstmals dargestellt von Norbert Oellers in GJb. 102, 1985, S. 88–104, mit Abdruck der französischen Fassung nach den „Cahiers de lecture". Die französische Fassung ist nach der Erstausgabe neugedruckt in: Goethe. Frankfurter Ausg., Bd. 10, 1989, S. 866–878. – Françoise Derré, Die Beziehungen zwischen Felix, Hersilie und Wilhelm. GJb.

94, 1977, S. 38–48. – E. F. v. Monroy S. 1–3. – Fischer-Hartmann S. 43–46. – Henkel S. 47–50 u. 81–83. – Katalog d. Sammlg. Kippenberg, 2. Ausg., Bd. 1, Lpz. 1928. S. 13; Nr. 117: Handschr. von Riemers Hand. – H. A. O. Reichard hat eine Selbstbiographie verfaßt, die 1877 von Hermann Uhde herausgegeben ist. Dort S. 151 über die „Cahiers de lecture".

50,6. *entgegneten* = begegneten, kamen ihm entgegen.

50,9. *Hersilie.* Ein antiker Name, wie Goethe sie liebt. Hersilia war eine der geraubten Sabinerinnen. Bei Ovid, Metamorphosen XIV, 829–851 ist sie die Gattin des Romulus. Pauly-Wissowa 17, 1912, Sp. 1149. – Der kleine Pauly, 1979, Bd. 2, Sp. 1112.

55,21. Im Original „En manteau, sans chemise". – 56,17. *anzuschreien* = herauszuschreien, anzurufen. – 57,23. *Wage* = Wagemut, Wagnis. – 59,24. *frostig* = frierend; vgl. die Anmkg. zu 55,21. – 61,25. *beteuren*: die Goethesche Form. – 61,27ff. Im Französischen (Handschr. aus Goethes Besitz): „Mais que les femmes apprenent qu'avec un cœur honnète, l'esprit fut-il égaré par la coquetterie ou par une folie veritable, on ne nourrit point la blessure des cœurs qu'on ne veut pas guérir." Weil die Schöne dem einst Ungetreuen treu ist, will sie nicht für immer im Hause Revanne bleiben; sie kann die *Herzenswunden* dort nicht *heilen,* und weil sie edeldenkend ist, mag sie die Wunden nun nicht länger *unterhalten,* d. h. ihnen Nahrung geben, die beiden Männer länger quälen.

Sechstes und *siebentes Kapitel.* Mit Wilhelms Ankunft bei dem Oheim hat die eigentliche Romanhandlung begonnen. Der Beginn des *6. Kapitels* vereinigt viele Themen, die später einzeln und bedeutungsvoll fortgesponnen werden. Felix verliebt sich in Hersilie. Diese berichtet von einem Vetter, der drei Jahre abwesend war (65,25f.); es ist Lenardo, mit dem Wilhelm später in folgenreichste Verbindung tritt, der Amerikafahrer, der Organisator der Auswanderer, der Liebhaber des „nußbraunen Mädchens"; sie erzählt ferner *von einer würdigen Tante* (65,26f.); es ist Makarie, deren Gestalt den Gipfelpunkt alles Menschlichen in diesem Roman darstellt. Schon die ersten Worte, die hier über sie fallen (65,26–32), sind bedeutend; es gibt keinen Satz über Makarie, der nicht Gewicht hätte.

In diesen zwei Kapiteln rundet sich vor dem Blick des Lesers die Gestalt des Oheims, die späterhin in dem Roman nur noch zweimal ganz nebenher erwähnt wird (129,32ff. und 438,31ff.). Zu diesem Manne gehört sein Lebensbereich, sein großer Besitz, den er nach den Grundsätzen des aufklärerischen Denkens des 18. Jahrhunderts verwaltet, welches das größtmögliche Glück möglichst vieler erreichen will. Er selbst bleibt dabei ein Einsamer. Die volle Bedeutung dieses Kapitels wird erst deutlich von dem Ganzen dieses Romans der Gemeinschaftsformen her: wir sehen späterhin die fromm-familiäre Hausindustrie der Spinner und Weber, die Gefahren des beginnenden Maschinenwesens, die Neugründung der Auswanderer in Amerika. Demgegenüber ist dies ein Rückblick ins 18. Jahrhundert, ein Bild des aufklärerischen Despotismus. Der Oheim ist ein Alleinherrscher, aber er arbeitet philanthropisch für seinen kleinen Wohlfahrtsstaat. Alles ist nach Gesichtspunkten der Nützlichkeit durchdacht. Diese Menschenliebe hat eine tiefe sittliche Wurzel; denn wer solchen Zwecken dient, darf annehmen, daß sein Leben nicht sinnlos sei. Das Gemeinwesen achtet darauf, *daß niemand sich absondere* (83,8); das gilt aber nur sozial gesehen; religiös ist jeder vollkommen frei. Der Oheim hat seine Grundsätze großenteils von *Cesare de Beccaria-Bonesana* (1735–1794) und *Gaëtano Filangieri* (1752–1788) übernommen, italienischen Staatswissenschaftlern der philanthropischen Aufklärung. (Filangieri kommt mehrfach in Goethes *Italienischer Reise* vor, er hat ihn selbst aufgesucht.) Aufklärerisch ist auch, daß kirchlicher Kult und Sittenlehre nebeneinander hergehen; eine Verbindung beider Bereiche wird erst später in der Pädagogischen Provinz mit ihrer Ehrfurchtslehre hergestellt.

Der Oheim ist von Amerika nach Deutschland zurückgewandert. Es ist dies die erste Stelle des Romans, an der das Amerika-Motiv auftaucht. In den *Lehrjahren* noch nebensächlich, wird es hier zu einem Hauptmotiv. Das *7. Kapitel* setzt die *unschätzbare Kultur* Europas (82,17f.) gegen die *Freiheit* Amerikas (82,8), wo man noch große Landstrecken erwerben und *um Jahrhunderte verspätet den Orpheus und Lykurg spielen* kann (82,26f.). Zum Vertreter Amerikas wird später der Neffe des Oheims, Lenardo. Wanderte der Oheim von Amerika nach Europa und suchte die *unschätzbare Kultur* (82,17f.), so wandert dieser von Europa nach Amerika und hat die Eigenheit, *von vorn anfangen zu wollen* (142,6), weil er *unwiderstehlich nach uranfänglichen Zuständen hingezogen werde* (142,18ff.; ähnlich 242,15f.; 332,12 und 18; 439,20). Neffe und Oheim sind Bewegung und Gegenbewegung; der Oheim blick rückwärts, der Neffe vorwärts; darum mußte das Bild des Oheims am Anfang des Buches stehn, während das des Neffen gegen das Ende zu stetig an Bedeutung zunimmt.

Aus dem Sinn des Oheims für europäische Kultur entstehen seine Sammlungen. Wilhelm sieht zunächst Bildnisse des 18. Jahrhunderts (64,34ff.), später solche des 16. Jahrhunderts (79,33ff.; diese sind nur mit einem Relativsatz charakterisiert, aber unvergleichlich: *sich selbst gelassen und genügend, nur durch ihr Dasein wirkend, nicht durch irgendein Wollen oder Vornehmen;* diese letzten Worte setzen sie bereits von den Bildnissen des Barock ab, auf denen der Mensch darauf aus ist, sich darzustellen). Auch die Sammlungen des Oheims bleiben aufklärerisch: er vermeidet das unmittelbar Religiöse und das Phantastische. Diese Geistesrichtung zeigen auch die Wandsprüche: sittlich-lehrhaft enthalten sie Mahnungen und Aufgaben für sich und andere. Dagegen sind später die Sprüche, welche im Kreise Makariens gesammelt werden (123,24–124,7), Probleme und Aperçus aus Gesprächen über Lebensfragen, Kunst und Wissenschaft.

Außerordentlich witzig weiß Hersilie einen lehrhaften Satz des Oheims umzudeuten (66,2ff.), und ihr Charakter tritt hier wie in diesen beiden Kapiteln überhaupt in seiner entzückenden Heiterkeit und Frische aus einigen wenigen Zügen bereits deutlich hervor. Aber darüber, welchen Eindruck Wilhelm und Felix auf sie machen, hören wir kein Wort. Es wird ihr selbst wohl erst nachträglich klar. Dann freilich kann der Aufmerkende aus ihren Briefen herauslesen, was beide, zunächst vorwiegend der Vater, am Ende auch der Sohn, ihr bedeuten (264,35–265,4; 457,30–32). Dadurch ergeben sich dann auch Parallelen zu der *Pilgernden Törin* und dem *Mann von funfzig Jahren,* aber zugleich ein großer Unterschied: die – nur ganz leise – Rivalität ist nur in Hersilie selbst; Felix erfährt nie etwas davon; Wilhelm liest nur einmal eine ganz kleine Andeutung und ignoriert sie. – Felix will Hersilie schreiben und zu ihr reiten – man kann hier noch nicht ahnen, wie zäh er hinfort an diesem Entschluß festhalten wird.

Hersiliens Worte bei Felix' Unfall *Wundärzte braucht man jeden Augenblick* (72,13) berühren Wilhelm seltsam und tief. Denn sie sprechen aus, was er als Beruf ersehnt. Jahre danach, am Ende des Romans, tauchen beide Motive wieder auf: Felix reitet zu Hersilie und er verletzt sich, aber diesmal tödlich gefährlich; und wieder hilft ein Wundarzt, diesmal Wilhelm selbst. So sind die beiden Schlußmotive des Werks hier bereits keimhaft enthalten. Beide Motive – das Sich-Verletzen aus übereilender Leidenschaft und das Heilen aus erlernter Meisterschaft und menschenliebendem Ethos – sind für Goethe durchaus symbolisch. Es ist die Symbolik des Alltäglichen, Wirklichen. Man merkt sie kaum. Im Schlußkapitel des Romans ist sie freilich nicht zu übersehen. Und von da aus spürt man, daß diesen Motiven auch vorher schon Symbolik innewohnt, die stille, unaufdringliche Symbolik des späten Goethe, der in jedem einmaligen Fall das Allgemeine repräsentiert sieht. (S. 300ff., Nr. 115, 119, 130.)

Eingeschoben ist der Briefwechsel zwischen Lenardo, der Tante und den Nichten. Wir lernen Makarie hier nur so kennen, wie sie nach außen hin erscheint. Ihre innere Welt erfahren wir erst im *10. Kapitel.* Das Heilige ist im Alltäglichen, und man entdeckt seine Heiligkeit erst nach und nach. So erscheint Makarie hier zunächst nur als heiter-liebevolle, gütige und weise Briefschreiberin, die sich auf Hersilie und Juliette einzustellen weiß. Aber bei diesem einzigen Motiv bleibt das Vorspiel der späteren großen Makarien-Geschichte nicht stehen: der erste, noch vereinzelt stehende Satz (65, 26–32) geht schon ins Tiefste. Das alles ist kompositorisch sehr fein abgewogen, so daß dann im *10. Kapitel* rasch die Steigerung zu einem ersten Höhepunkt erfolgen kann.

Warum fragt Lenardo allein nach Valerine? Und – wie Hersilie scharfblickend bemerkt – warum verwechselt er diese einzige, die ihn zu interessieren scheint, mit einer anderen, mit Nachodine? Hier liegt ein psychologisches Rätsel. Es leitet eine in den Roman verflochtene Novelle ein und findet später seine allmähliche Lösung (128–144; 225; 415–435; 446–448). – Durch Gespräche und diese Briefe macht man Wilhelm auf Lenardo aufmerksam; und um den neuen Freunden sich erkenntlich zu erweisen, will er versuchen, die Verbindung zu diesem herzustellen. (70,3–5; 80,32–35.)

G. Radbruch S. 100–103: „Der Oheim beherrscht seinen ausgedehnten Gutsbezirk wie ein Selbstherrscher der Aufklärungszeit, mit dem leutseligen Wohlwollen, aber auch mit den Grillen und Schrullen damaliger Landesväter und Haustyrannen. Die Wandsprüche, die er überall anzubringen liebt, kennzeichnen seine Absichten ... Der Kernsatz seiner Wandsprüche aber lautet: *Besitz und Gemeingut.* Er reiht sich den zahlreichen Aussprüchen über das Privateigentum an, die über Goethes ganzes Werk ausgestreut sind. (Vgl. das *Prometheus*-Drama V. 76–78 und *Faust* 682f.) Die landläufigen Eigentumstheorien suchen das Privateigentum durch die Art seiner Erwerbung zu rechtfertigen, durch die Besitzergreifung an einem herrenlosen Gut, durch die Verarbeitung des Rohstoffs zu einem neuen Gegenstand; aber Goethe rechtfertigt es aus der Art seines Gebrauchs: Privateigentum ist nur dann berechtigt, wenn es ununterbrochen benutzt oder genossen, in jedem Augenblick mit Wirksamkeit erfüllt und dadurch immer wieder neu erworben, ja neu erschaffen wird. Im *Wilhelm Meister* werden in diese Eigentumsauffassung zwei weitere Züge eingezeichnet: Schon in den *Lehrjahren* heißt es gegen die Steuerfreiheit des Adels: *Mir kommt kein Besitz ganz rechtmäßig, ganz rein vor, als der dem Staate seinen schuldigen Teil abträgt.* (Bd. 7, S. 507,17f.) Wie hier der Eigentumsgebrauch zum Staate in Beziehung gesetzt wird, so in den *Wanderjahren* zur Gesellschaft. Die Formel *Besitz und Gemeingut,* d.h. Besitz als Gemeingut, fordert, daß der Besitz *sich zum Mittelpunkt mache, von dem das Gemeingut ausgehen kann* (69,12f.), daß der Eigentümer sich als *Verwalter* (69,16f.) seiner Güter zum Wohle der Armen betrachte. Beim Oheim ist das freilich nur eine schöne sozialethische Maxime, noch nicht zum Rechtssatz ausgeprägte Sozialpolitik ... Der Oheim ist nicht Sozialreformer, sondern Philanthrop, und zuweilen nicht einmal das, zum Beispiel bei der hartherzigen Austreibung des herrenhuterisch frommen, aber wirtschaftlich untüchtigen Pächters, des Vaters jener Susanne. Nicht ohne Ironie führt der Neffe Lenardo dieses unbarmherzige Verhalten auf den Grundsatz des Oheims zurück, *gegen Schuldner nachsichtig zu sein, solange er bis auf einen gewissen Grad selbst nichts bedurfte.* (130,7f.) So sieht auch die Anwendung, die der Oheim von seinem sozialen Grundprinzip macht, etwas spärlich aus: das Gemeinwohl, dem das Eigentum dienen soll, bedeutet, in *nahe, leicht faßliche Zwecke* (67,5) übersetzt, die Versorgung der Bevölkerung des nahen öden Gebirges mit Obst und Gemüse, mit Salz und Gewürzen – und zwar gegen bar ... Seine soziale Auffassung des Privateigentums beruht auf dem liberalistischen Gedanken der prästabilierten Harmonie des Eigennutzes mit dem Gemeinnutz ... Nicht umsonst ist der Oheim als Enkel eines Großvaters, der mit William Penn ausgewandert ist, in Amerika aufgewachsen: seine Eigentumsauffassung weist auf jene Verbindung von Sektierertum und Wirtschaftsauffassung zurück, die nach Max Weber an der Entstehung des Kapitalismus so großen Anteil hat. Der Oheim ist nicht Sozialreformer, er ist nur bedingt Philanthrop, aber er ist letzten Endes Kapitalist und rechtfertig den Kapitalismus durch wohklingende, aber nicht im gleichen Maße wirksame Maximen vom sozialen Eigentumsgebrauch. Goethe hat das nicht ausgesprochen, aber er lächelt mit verborgener Ironie auf die Selbsttäuschungen des Oheims hinunter und hat sichtliche Freude an dem munteren Spott, welchen seine Nichte, die anmutig launenreiche Hersilie, eine von den zärtlichen Empfindungen des alternden Dichters umgebene Lieblingstochter seiner schöpferischen Kraft, gegen den prinzipienfesten Oheim wagt. Trotz allem liegen in dem Wirkungskreise des Oheims auch zukunftsträchtige Keime, die sich dann in den von Goethe entworfenen Idealformen, der Pädagogischen Provinz und dem Weltbund der Wanderer, entfaltet wiederfinden." – Ebd. S. 114–115: „Der Oheim hat aus Amerika die Idee der Religionsfreiheit mitgebracht. In dem Statut Robert Owens für New Harmony konnte Goethe lesen, daß ‚jedes Mitglied der Gemeinde die unbeschränkte Gewissens-, Religions- und Geistesfreiheit besitzen solle', daß alle Sekten mit Räumen für ihren Gottesdienst zu versehen seien und daß jeder einzelne gegen alle Andersgläubigen die größte Schonung, Freundlichkeit und Milde an den Tag zu legen habe. Der Oheim möchte aber nicht nur die gemeinschaftsgefährdenden Kräfte der Religionsverschiedenheit bannen, sondern zugleich die gemeinschaftsbildende Kraft der Religionseinheit nutzen. Er sieht deshalb einen gemeinsamen *öffentlichen Kultus* (83,6) vor, ein *freies Bekenntnis, daß man in Leben und Tod zusammengehöre* (83,6f.). In gleicher Weise hatte Goethe schon in seiner Straßburger Dissertation der Auffassung Ausdruck gegeben, daß der Gesetzgeber nicht allein berechtigt, sondern verpflichtet sei, einen gewissen Kultus festzulegen, von welchem weder die Geistlichkeit noch die Laien sich lossagen dürften ... Seine Auffassung weist in letzter Linie auf Rousseau zurück, der es für notwendig erklärte, daß jeder Staatsbürger eine Religion habe, die ihn seine Pflichten lieben lehre ... Er fordert diesen Glauben also nicht um der Religion, sondern um des Staates willen – aus diesem Grunde mag auch der Oheim dieses säkularisierte Minimum von Religion ebensowenig im Widerspruch mit der grundsätzlichen Religionsfreiheit geglaubt haben wie die säkularisierte allsonntägliche Gewissenserforschung, die er für seine Leute eingeführt hat. Erziehung freilich ist innerhalb der rein negativen Sphäre religiöser Toleranz kaum möglich. Deshalb tritt in der Pädagogischen Provinz an die Stelle der religiösen Neutralität die religiöse Synthese."

65,34f. *in rein entschiedener Tätigkeit.* Typisch für den Altersstil. Etwa im Sinne von: Tätigkeit, welche ein edles Ziel, geistige Klarheit und sicheren Zugriff vereinigt.

66,17f. *Felix bat ..., man möge ihm auch ein Pferd geben.* Pferde und Reiten charakterisieren Felix fortan immer wieder. Es ist in den *Wanderjahren* stets aufschlußreich, womit die Gestalten sich beschäftigen: Ackerbau, Pferdezucht, Zimmermannshandwerk, Bergbau, Weberei, Maschinen usw.

66,31. *Beccaria und Filangieri.* Vgl. Bd. 11, S. 191,27ff., 192,3; 197,12ff.; 202,8ff. u. Anm. – *Beccaria,* Cesare (1738–1794), aufklärerisch-philanthropischer Jurist, gegen die Folter und die Todesstrafe auftretend; im Sinne eines neuen Strafrechts wollte er nicht „Vergeltung", sondern Resozialisierung des Verbrechers. Goethe-Handbuch 1, 1961, Sp. 930f. Handbuch der Sozialwissenschaften 1, 1956, S. 1704f. – *Filangieri,* Gaetano (1753–1788), sein Schüler, ebenfalls aufklärerisch-fortschrittlicher Rechtsgelehrter mit ethisch-politischen Zielen. Enciclopedia Cattolica 5, 1950, Sp. 1288.

68,23f. *Inschriften, von den Orientalen genommen.* Goethe kannte und schätzte den Koran seit seiner Jugend, und 1814–1819, in der *Divan*-Zeit, hatte er sich besonders mit der persischen Spruchdichtung befaßt. Vgl. Bd. 2, S. 34ff., 51ff.

69,4ff. *Teilnehmer an seinem Überflusse ... Dichter ... Mitteilung ...* Dieselben Motive in *Faust II, 5554ff., 5573ff., 5622ff.*

70,9f. *Feldküche.* Sie wird 71,26 nochmals erwähnt. Goethe hatte Beziehungen zu dem Offizier und Schriftsteller Friedr. v. Kurowski-Eichen (1780–1853). Dieser hatte eine „Feldfuhrküche" erfunden und in einem Buch beschrieben. Herzog Carl August hatte Interesse an der Sache, wollte von Weimarer Handwerkern zwei Feldküchen herstellen lassen und schaltete Goethe zur Vermittlung der Handwerker ein. Dieser legte daraufhin eine Mappe an *Acta die Feldfuhrküche betreffend 1814* (Tagebücher WA Bd. 5, S. 343f.). In Weimar wurden dann im ganzen 9 Feldküchen hergestellt, Goethe besuchte deswegen mehrfach die Werkstatt des Hofkupferschmieds J. G. Henninger (Briefwechsel Carl August und Goethe, hrsg. v. H. Wahl, Bd. 2, 1916, S. 367f.). Die Angelegenheit kommt mehrfach im Tagebuch vor (26. u. 30. Dez. 1813; 1. u. 24 Febr. 1814; 26. April 1814) und auch in Briefen (an Knebel 19. Jan. 1814; an Ottilie 26. März 1818). Bezeichnend für Goethes Arbeitsweise, wie dieses kleine Motiv im Roman auf Dinge des Lebens zurückgeht. – Vgl. Nachtrag.

79,21. *Zwillingsmenächmen.* In Plautus' Lustspiel „Menaechmi" sind die beiden Helden (nach denen das Stück den Namen hat) zwei einander zum Verwechseln ähnliche Zwillingsbrüder.

82,2. *möglichst unbedingte Tätigkeit,* d.h. möglichst wenig eingeschränkte Tätigkeit, die nach allen Seiten sich frei entfalten kann.

83,4. *utopisch.* Vgl. 141,12 *Utopien.*

83,28ff. *Gewissen ... ganz nah mit der Sorge verwandt, die in den Kummer überzugehen droht ...* Ein von Goethe eingehend durchfühlter und durchdachter Zusammenhang. Gewissen ist notwendig und sittlich grundlegend; Sorge gefährlich, lähmend, gleichsam ein Vortod; so *Faust II,* 11424ff. – P. Stöcklein S. 67–124.

Achtes und *neuntes Kapitel. Wer ist der Verräter?* Wieder eine eingeschobene Novelle, die Verbindung mit dem Rahmen ist locker; dagegen gibt es mancherlei Parallelen zu den übrigen Novellen: das Problem des rechten Worts zur rechten Zeit (ein Problem der Lebenskunst schlechthin), die Frage, ob Zufall oder Tat das Glück bestimme, die Lehre, daß Zögern und Nachgeben falsch sei; schließlich das Motiv der Liebe über Kreuz. In der Novelle *Der Mann von funfzig Jahren* (sowie in den *Wahlverwandtschaften,* die ursprünglich eine Novelle der *Wanderjahre* werden sollten) enthüllt sich dessen Tragik. Hier aber ist diese aufgelöst ins Heitere. Wir sehen Durchschnittsmenschen, deren Lebensstil nicht zu tragischen Entscheidungen drängt. Lucidor, der Mustersohn, ist auch ein Musterbeamter und hat als solcher vielerlei Bedenken: *Bedenken aber hebt jede Mitteilung auf.* (90,17) Um zu Lucinde überzugehen, muß er seine ganze Rechtswissenschaft zu Hilfe nehmen, und um sein eigenes Interesse zu vertreten, muß er sich denken, es sei ein fremdes und er dessen Anwalt. Wieviel ist – ganz nebenher – an schalkhaftem Spott über Juristenart in diesem Charakterbild!

Die Novelle berichtet eine Reihe von Ereignissen, aus denen im 1. Teil 5 Monologe sich herausheben und im 2. Teil ein Dialog. Es sind nicht Monologe um des Zuschauers willen (wie im Lustspiel), sondern psychologisch motiviert durch Lucidors Enttäuschungen, Gehemmtheit, Ausdrucksbedürfnis. Lucidor lebt für sich: daher Monolog; die Gegenpartei handelt: daher Bericht; schließlich kommen beide in Wechselwirkung und Ausgleich: daher Dialog. Zu Anfang ein stürmisches Selbstgespräch. Darin liegt ein Hinweis: Leser, paß auf! Was ist hier allein schon durch die Form gesagt! Die Monologe werden so stark herausgehoben, weil an ihnen im Grunde das übrige hängt. In fünf Tagen rollt das Geschehen ab. Lucidor will in dieser Zeit alles geklärt haben. Aber rätselhafte Umstände hindern ihn daran. Auch die Gegenpartei will in dieser Frist ihr Ziel erreichen – und das ist nicht immer leicht. Die Durchführung der sich steigernden Spannung ergibt den erzählerischen Reiz eines formalen Stufenbaus von klarster Architektonik.

Die Personen treten auf: Lucidor, der musterhafte; sein biederer Vater; der bedächtige Amtmann; dessen Töchter: Lucinde, die ältere, ernste, und Julie, die jüngere, neckische; deren Bruder, der *Wildfang* (101,4); ein alter, etwas wunderlicher Hausgefährte; ein Besucher und scheinbarer Nebenbuhler, Antoni. Die Handlung vollzieht sich nun in glasklarem Aufbau:

(1. Tag) Lucidor verliebt sich in Lucinde (Selbstgespräch). Er wird belauscht und verraten; daraufhin

(2. Tag) quält man ihn etwas durch den scheinbaren Nebenbuhler. Er entschließt sich (Selbstgespräch), dem Amtmann seine Liebe zu sagen. Daraufhin

(3. Tag) reist dieser ab. Man treibt Lucidor weiter in die Enge. Er beschließt (Selbstgespräch), sich dem alten Hausfreund zu entdecken; daraufhin

(4. Tag) läßt dieser sich, angeblich krank, nicht sprechen. Lucidor will sich nun (Selbstgespräch) Lucinde selbst erklären. Daraufhin

(5. Tag) reist diese fort. Als er sie wiedersieht, findet er sie in anscheinend intimer Situation mit dem Nebenbuhler. Er beschließt (Selbstgespräch), zu entfliehen. Daraufhin

(Großer Einschnitt durch Kapitelschluß. 6. Tag) nimmt man ihm das Pferd fort. Alle Personen sind plötzlich wieder da. Lucidor und die Gegenpartei kommen endlich ins Gespräch (Dialog). Alles löst sich glücklich auf.

In einem Lustspiel würden wir beide Parteien belauschen. Hier aber, in der Erzählung, sehen wir alles von Lucidor aus und erfahren das

Handeln der anderen nur so, wie es sich ihm darstellt. Und es stellt sich so logisch-planmäßig dar, daß alle Gestalten als eine „Gegenpartei" erscheinen. Eine solche kann es aber nur geben, wenn eine Wechselwirkung vorhanden ist. Es muß ein Berührungspunkt da sein. Und nun merkt man die Bedeutung des Titels: die Frage *Wer ist der Verräter?* weist den Leser schon von Anbeginn darauf hin, daß ein „Verrat" da ist und daß der Reiz der Erzählung darin besteht, diesen zu entdecken. Alles ist hier Form, die Frage des Titels wie die Einschiebung der Monologe; diese werden so stark herausgehoben und die jedesmalige Gegenmaßnahme so prompt anschließend erzählt, daß man fast dem Rätsel auf die Spur kommen kann. Weil an den Monologen die ganze Handlung hängt, sind diese so stark in den Vordergrund gerückt. Der Kapiteleinschnitt ist dann sehr bewußt gesetzt: denn hier ist das Ende des fünfmaligen Parallelismus und des Spiels zwischen Monolog und handelnder Gegenpartei. Jetzt endlich folgt der Dialog, und die Gegenpartei klärt alles auf. Lustspielmäßig, wie begonnen, endet die Novelle mit einem Aufzug aller Personen zum hochzeitlichen Gartenfest. – Zwischen der heiteren Steigerung der Situationen gibt es aber auch Motive, die plötzlich in tiefere Bereiche weisen, die Alltagsmenschen wachsen für Augenblicke über sich hinaus: Lucidor, Lucinde umarmend, sieht sich im Spiegel, und als er das soeben noch Unvorstellbare erfüllt bildhaft erblickt, faßt ihn ein Schauder des Glücks (107,28–39).

Im Gefüge des Gesamtwerks erscheint die Novelle erstaunlich leicht, fast spielerisch; aber es gehört zu dem Buch, daß es nicht nur die Gipfelsituationen bringt, sondern auch die Täler, nicht nur Makarie, sondern auch Lucidor. Und ein geheimes Gesetz scheint zu sein: Je mehr wir emporsteigen, desto fragmentarischer, formloser, brüchiger wird alles; je mehr wir ins Tal kommen, desto komponierter, geformter und leichter. Mit welcher Freude ist hier erzählt! Ja, wie ist hier alles überhaupt nur noch Form, während dort, wo Montan, der Astronom und Makarie ihre großen Gespräche führen, alles nur noch Gehalt ist! Das Alltägliche, das Unbedeutende kann künstlerisch nur bewältigt werden durch vollkommenste Formwerdung und ist darum in die Novellen gestellt, die allen Glanz, ja alles Raffinement eines meisterhaften Erzählers entfalten, indes alles gehaltlich Bedeutende in der Rahmenerzählung steht. Diese Polarität zwischen dem weltanschaulichen Weisen und dem Künstler der Form ist gegeben durch Goethes Wesen; es ist seine eigene innere Weite. Die *Wanderjahre* sind so angelegt, daß das Pendel nach beiden Seiten voll ausschwingen kann und das Ganze doch eine Einheit bildet.

E. F. v. Monroy S. 4–7. – G. Radbruch S. 120f. – Sarter S. 61.

87,35. *Homannische Offizin.* Der Landkarten-Verlag der Familie Homann in

Nürnberg; Joh. Baptist Homann (1663–1724), Joh. Chr. Homann (1703–1730) und ihre Geschwister und Kinder waren als Kartenstecher besonders berühmt.

89,22. *lustiger Rat*: „scherzhafte Benennung eines Hofnarren" (Adelung).

89,24. *auslebend* = zu Ende lebend, die Altersjahre hinbringend.

90,27. *von der schönen Insel*: Isola bella. Vgl. 234,6f. u. Anm.

91,35. *Anton Reiser* heißt ein (nach seinem Helden benannter) Roman von Karl Philipp Moritz, erschienen 1785–90. Der Name wird hier scherzhaft als Wortwitz benutzt zur Bezeichnung des Reiselustigen.

95,34f. *Lusthebel … Zellenbahnen.* Schaukeln und andere Geräte des Vergnügungsplatzes.

95,36. *Triftraum*: Weideplatz.

96,25. *Weltfremd*: völlig fremd, wie Bd. 7, S. 118, 33 und Anm. – Die Bedeutung „lebensfremd, wirklichkeitsfern" kam erst in der Zeit nach Goethe auf. – Dt. Wb. 14, 1, 1 Sp. 1571f.

101,17ff. Über die *Einsiedelei* und den *guten Alten*: Emrich, Die Symbolik von Faust II. Bln. 1943. S. 141 und 149.

104,18. *Stallverwandter;* 106,10: *Kanzleiverwandte.* Ebenso 316,19. Das Wort „Verwandte" bezeichnet im 18. Jahrhundert und bei Goethe oft „Zugehörige", besonders in Zusammensetzungen. Ähnlich z.B. *Faust II,* 11677 *Himmelsverwandte.* Im Tagebuch notiert Goethe am 2. Sept. 1819 in Karlsbad: *Fürst Metternich ab, mit allen Haus-, Kanzlei- und Gesandschaftsverwandten.*

104,29. *mundiert* = ins Reine geschrieben. Die Wörter *Mundum* = Reinschrift und *mundieren* benutzte Goethe im Alter täglich im Verkehr mit seinen Sekretären, und man findet sie häufig (geradezu als Lieblingswörter) in seinen Tagebüchern.

108,23. *Spriegel* = gebogener Stab, hölzerner Bügel bei Fuhrwerken zum Überspannen des Verdecks.

Zehntes Kapitel. Wilhelm hat von dem Oheim und den Nichten die Anregung erhalten, die Tante zu besuchen, von der sie mit Ehrfurcht sprachen. So kommt er mit Felix nun zu Makarie. Und hier steigt das Werk auf einen Gipfel, welcher den der Begegnung mit Montan noch überragt. Dieser Höhepunkt wird an die leichte Novelle des vorigen Kapitels ohne Übergang angeschlossen. Wir werden, nachdem kurz die Ankunft berichtet ist, sogleich ins Wesentliche geführt. Nach der Lucidor-Geschichte nun Makariens Bereich – solche Sprünge sind für die *Wanderjahre* bezeichnend; sie gehören zu Goethes Altersstil. Er konnte wie Lynkeus das Kleinste und das Größte mit dem gleichen Blick umfassen. Ihm selbst war rasches Wechseln der Bereiche geläufig. (Er konnte, von seinem geistigen Mittelpunkt aus, mühelos übergehen von dichterischem Diktat zu naturwissenschaftlichem Experiment, heiter-geselliger Mahlzeit, gesammelter Lektüre und ahnendem Schematisieren seiner Pläne.) Er schrieb gar nicht mehr einen Roman des Nacheinander, sondern es kam ihm nur noch darauf an, daß das Leben möglichst in seiner Ganzheit darin enthalten sei. Man darf das Buch in seine Elemente zerlegen und diese neu konfrontieren und zusammenstellen.

Hat man einmal den gewohnten Gesichtspunkt einer Folge des Berichts aufgegeben und den des Nebeneinander von Lebensformen gefunden, so verlieren diese überganglosen Sprünge das Befremdende.

Wilhelm kommt mit Felix auf dem Schlosse Makariens an. Mit der klaren Anschaulichkeit Goethescher Prosa entsteht ein Bild des Gebäudes, des Hausflurs, des Saals und der Bewohner. Angela und der Astronom erscheinen, in vollendeter Weise einander gegenseitig vorstellend; ihr feiner gesellschaftlicher Stil ist ganz durchdrungen von der menschlich-herzlichen Bildung, welche die geistigen Menschen dieser Welt auszeichnet. „*Sie sind als einer der Unsern angemeldet* ...“ – könnte es einen liebenswürdigeren Empfang geben? Unmittelbar nach dieser Begrüßung erscheint Makarie, man setzt sich zu viert zum Frühstück. Das alles ist ganz real, sogar die Ordnung des Sitzens wird berichtet. Und doch ist Makarie, wie sich bald zeigt, nicht nur der reale Mensch, die würdige ältere Dame, als die sie hier erscheint. Noch im gleichen Kapitel wird sie eine *heilige Gestalt* (122,10), und im weiteren Verlauf des Werkes wird sie es mehr und mehr. Aber eben dies ist das Goethesche und Besondere: Das Heilige ist im Irdischen, Alltäglichen; das Höchste, wozu ein Mensch gelangen kann, kennzeichnet sich äußerlich zunächst durch nichts als natürliche Würde; es bleibt bescheiden im Rahmen des übrigen Lebens. So setzt sich Makarie mit Wilhelm an den Frühstückstisch und denkt fraulich-sorgend sogleich an Felix. Sobald sie aber mit Wilhelm zu sprechen beginnt, erkennt man sie als Menschen, der nur Geist ist. Das Gespräch knüpft natürlich an die gemeinsamen Bekannten an, durch die sie zusammengeführt sind, den Oheim und die Nichten. In Makariens Worten erstehen sie Wilhelm neu; ihm ist, als sähe er jetzt das Wesen hinter der Oberfläche. Das, was Makarie zu solcher Schau befähigt, ist nicht psychologischer Scharfsinn, sondern Liebe und eine gleichsam mit dem Weltgeist verbundene intuitive Schau. Ihr Wort zeigt die Gestalten der anderen vergeistigt *(geistreich)*, gereinigt vom Unwesentlichen *(verklärt)*. Durch ihre Schilderung lernt man andere Menschen lieben, lernt das Beste an ihnen sehen. Und sie zeigt – das wird später ausgeführt – den Menschen auch ihr eigenes Ich, spiegelt es ihnen verklärend und vergeistigend wider, zeigt ihnen also, wie sie sein sollen, und leitet sie zu ihren höchsten Möglichkeiten. Schon in Makariens ersten Worten tritt dieser Zug hervor. Nach diesem Gespräch, das auf Wilhelm abgestimmt ist und bei dem die beiden Hausgenossen passiv bleiben, lenkt Makarie mit der Sicherheit des ganz geistigen und zugleich auch ursprünglich gesellschaftlichen Menschen auf ein anderes Thema über. Jetzt rückt sie den Astronomen in den Mittelpunkt, und Wilhelm bleibt passiv. Makarie hat Wilhelm angemerkt, daß er an jedem geistigen Gespräch gern Anteil nimmt. Auch weiß sie, daß sie ihn auf diese Weise am leichtesten mit dem Geist ihres Hauses vertraut macht.

Zeigte das anfängliche Gespräch bei ihr die gemüthafte Seite, magische Sensibilität und sittlichen Geist, so zeigt sich nun, daß sie auch an wissenschaftlichen, theoretischen Dingen ernsthaft Anteil nimmt. Das Thema, mit dem man sich befaßt hat und das sie zu Ende bringen will, ist ein ausgesprochen schwieriges; es liegt auf der Grenze von Fachwissenschaft und Philosophie: Würde und Mißbrauch der Mathematik. Der Naturwissenschaftler liest aus Papieren, die er mitgebracht hat, vor. Doch wird davon nichts Näheres mitgeteilt. Die Erzählung schreitet fort zu der Nacht auf der Sternwarte.

Diese Szene ist in die Mitte gestellt zwischen das Ankunftsgespräch und das Abschiedsgespräch mit Makarie. Sie selbst ist hier nicht anwesend, und doch wird an dieser Stelle mehr über sie ausgesagt als vorher und nachher. Wir sind ganz und gar in ihrem Bereich, und hier entwikkeln sich in Wilhelm sensitive Fähigkeiten, die Makariens Wesen verwandt sind und imstande sind, etwas von ihm zu ahnen. Auch hier – schon im Bildsymbol – ein Auf-dem-Gipfel-Stehen, wie bei der Begegnung mit Montan. Dort war es der Berg, hier ist es der Turm der Sternwarte; dort der Tagesblick auf weites buntes Land; hier der Nachtblick zum Glanz der Gestirne; und wieder in Wilhelm das Staunen, das Erschüttert-Sein. Es ist das, was Platon an den Anfang aller Philosophie stellte, das „thaumazein" (ein Gedanke, den Goethe an ihm gerühmt hat. *Gesch. d. Farbenlehre* (Bd. 14, S. 36, 38f.); es ist das, was Goethe auch das *Schaudern* nennt (*Faust II,* 6271 f. und die Anmkg. in Bd. 3 zur Szene *Finstere Galerie*); in den weltanschaulichen Gedichten des Alters sagt er: *Zum Erstaunen bin ich da* (Bd. 1, S. 358). Der Mensch ist da zum Erstaunen, zum religiösen Erschüttert-Sein; nur wenn er dieses hat, nähert er sich dem Göttlichen. – Wilhelm denkt, als er den Sternenhimmel über sich sieht, an die Unendlichkeit des Raums und der Zeit. Und ihn überfällt das Gefühl, das jeden neuzeitlichen Menschen, der sich diesem Eindruck überläßt, im Innersten bewegt: *Was bin ich gegen das All?* Es ist ein Gefühl, das erst möglich wurde durch das neuzeitliche Weltbild seit Kopernikus und Kepler. (Der erste, der ihm dichterisch Gestalt gab, war Andreas Gryphius in seinem Sonett „An die Sternen".) Bis ins Barock hinein hatte das alte kirchliche Weltbild seine allgemeingültige Festigkeit, da war das Gefühl der Kleinheit im All ausgeglichen durch das Wissen um die Heilsordnung, welche um des Menschen willen da ist und in welcher das Ich sich aufgehoben weiß. Später, im 19. Jahrhundert, verstärkte sich das Gefühl des Verlorenseins im All ins Ungemessene. Dazwischen steht – zeitlich wie gedanklich – das Weltbild Goethes und seiner Zeit (und welchen Rang es hat, werden erst Spätere recht zu bestimmen vermögen). Hier ist der Kosmos nicht um des Menschen willen da; aber der Mensch ist auch nicht in ihm verloren. Wilhelm Meister blickt zunächst auf die Natur, und vor ihr scheint er ein Nichts; aber sogleich wendet er sich zu der Idee; und vor ihr scheint nun wieder jene Natur gering und der Mensch eines Lichts aus dem Weltgeist teilhaft, das nur ihm gegeben ist. Von der Idee blickt er weiter zu Liebe und Tat. Beim Tun kommt es nicht darauf an, ob es groß oder klein sei, sondern ob es richtig oder falsch sei. Wenn es richtig ist, dann ist das eine, was recht geschieht, ein Gleichnis des Rechten und Guten schlechthin, und der handelnde Mensch kann dadurch vor der Unendlichkeit bestehen.

Im Grunde ist in der kurzen Szene ein vollkommenes Bild des Menschen gegeben: der Mensch vor der Natur und der Idee, die beide Offenbarungen des Absoluten sind. Ein Bild, das – in so allgemeinen Zügen – nicht nur für Goethe Gültigkeit hat, sondern auch für Kant. Es ist kein Zufall, daß die Nacht auf der Sternwarte wie eine romanhafte Ausführung des berühmten Satzes aus der „Kritik der praktischen Vernunft" wirkt: „Zwei Dinge erfüllen das Gemüt mit immer neuer und zunehmender Bewunderung und Ehrfurcht . . .: der bestirnte Himmel über mir und das moralische Gesetz in mir . . ." (In dem Abschnitt „Beschluß".)

Häufig, wenn Goethe im Alter von der Natur spricht, die immer für ihn Abglanz, Gleichnis des Göttlichen ist, weist er darauf hin, daß man nicht nur auf sie, sondern auch auf einen zweiten Bereich blicken müsse, auf die Idee. Die Natur ist sittlich indifferent. Darum die Wichtigkeit dieses anderen Bereiches; denn dieser sagt uns erst, wie wir leben sollen. Das Gedicht *Was wär' ein Gott, der nur von außen stieße* ... (Bd. 1, S. 357) spricht in der 1. Sprophe von der Einheit von Natur und Gott, dem es gefällt, *Natur in Sich, Sich in Natur zu hegen.* In der 2. Strophe geht es über zu der sittlichen Welt, der Idee, die der Mensch in seinem Innern wahrnimmt: *Im Innern ist ein Universum auch* ... Den gleichen Gedanken formuliert noch deutlicher *Vermächtnis* (Bd. 1, S. 369), das große, im höchsten Alter geschriebene Lehrgedicht, das Goethe, nachdem es 1829 fertig geworden war, nicht zurückhalten wollte und, da die Gedichtbände der *Ausg. l. Hd.* schon 1827 abgeschlossen waren, dem Druck der *Wanderjahre* anhängte, zumal es inhaltlich so gut mit ihnen zusammenpaßt. Auch da spricht er zunächst von der Natur. Sie hat als Ordnung und Schönheit ihr Sinnbild im Sonnensystem. Aber – so fährt er fort – auch im menschlichen Innern ist ein Sonnensystem, eine Ordnung und ein Mittelpunkt, das sittliche Gesetz: *Sofort nun wende dich nach innen,* | *Das Zentrum findest du da drinnen,* | *Woran kein Edler zweifeln mag.* | *Wirst keine Regel da vermissen:* | *Denn das selbständige Gewissen* | *Ist Sonne deinem Sittentag.* Den gleichen Gedankengang zeigt die Nacht auf der Sternwarte. Wilhelm blickt erst auf die Natur. Sie erscheint zwar als Sinnbild des Göttlichen, aber der Mensch wird in ihr unendlich klein. Ist er ein Nichts – und ist so ein Nichts nicht sinnlos? Aber nun findet er in seinem Innern ein Wissen um das sittliche Gesetz. Und ein Wesen, das damit begabt ist, kann nicht sinnlos sein; denn es hat den Widerschein des Absoluten in sich selbst. Wilhelm spricht von seinem inneren *Mittelpunkt* (119,19f., fast wörtlich wie das Gedicht). Von hier aus tritt der Mensch in Wechselwirkung mit der Welt. Zu der Idee gesellt sich die Tat (*... daß eine wohlwollende, wohltätige Wirkung von ihm ausgeht ...* 119,22f.). Wilhelm denkt also folgerichtig weiter an das, was er in den nächsten Tagen zu tun hat. Wenn es ungetan bliebe, würde es seinen Freunden vielleicht Nachteile bringen. Gewiß ist das, was er in diesen Tagen vorhat, für die Allheit des Lebens winzig klein. Aber darauf kommt es nicht an, sondern darauf, ob es richtig oder falsch ist. Denn wenn es recht ist, ist es Gleichnis von allem, was recht getan wird, Gleichnis einer Ordnung, wie sie sein soll. Und insofern kann er, der sich so gering vorkam, nun doch vor der Unendlichkeit bestehen. Denn in seinem Innern ist die Beziehung zu dem Weltgeist, die ihm, dem Punkt im All, einen Sinn gibt. Und er kann nicht nur, er soll geradezu bestehen: eine Aufgabe fordert ihn.

Die kurze Szene auf der Sternwarte drängt alles zusammen, was Gleichnis des Ewigen ist: Natur, Idee, Liebe und Tat. Als abendländischer neuzeitlicher Mensch kann Wilhelm nicht bei der Betrachtung stehenbleiben, sie muß zur Tat führen. Vom Denken der Idee kommt er sogleich zur *Forderung des Tages;* ein Gedanke, den Goethe immer wieder vorträgt und in den beigegebenen Sprüchen gleichsam als Parallele zu diesem Kapitel theoretisch formuliert: *Was aber ist deine Pflicht? Die Forderung des Tages.* (283, Nr. 3; ähnlich 466, Nr. 41) Folgerecht schließt der Gedanke an, daß jede Stunde sinnvoll zu nutzen sei (119,33f., hier nicht weiter ausgeführt; eingehender 405,18ff. im Zusammenhang der praktischen Lebenslehre des Auswandererbundes).

Wilhelm, einer Aufforderung des Astronomen folgend, betrachtet dann durch ein Fernrohr den Jupiter, und es schließt sich ein kurzes Gespräch über Fernrohre, Mikroskope und Brillen an, das ebenfalls in den beigefügten Sprüchen einige Parallelen hat, die den Sinn dieser Stelle deutlicher machen (293, Nr. 62, 63 und insbesondere 473, Nr. 90). Nach dem ins Größte ausgreifenden Gedankengang über Natur, Idee und Tat scheint dies ein Abgleiten ins Nebensächliche, ja Schrullige. Jedoch es handelt sich immer noch um das Verhältnis des Menschen zur Natur und um die greifenden Organe. Hinter Wilhelms Worten steht die Sorge um das *Verwirren* des *reinen Menschensinns* (293, Nr. 63), die Sorge, daß durch das Mechanische die Selbsteinschätzung des Menschen aus dem Gleichgewicht komme. Wilhelm Meister fragt nicht nach dem *vom Menschen abgesonderten Experiment* (473, Nr. 90), sondern nach der *sittlichen Wirkung* (120,33f.), ähnlich wie Goethe in seiner *Farbenlehre,* wo er die Frage nach der *sinnlich-sittlichen Wirkung* stellt. Das

Gespräch betont, daß es allein auf den Menschen ankomme, wieweit er Natur erfassen könne. Denkt er nur an Vervollkommnung der Apparate, so verkümmert leicht sein eigener innerer Sinn. Und wie viel mehr als alle äußeren Hilfsmittel dieser innere Sinn vermag, das eben zeigt nun die folgende Szene. (Der Gedanke, daß der Mensch selbst *der größte und genaueste physikalische Apparat* sei, wird in dem zweiten großen Makarien-Kapitel wiederaufgenommen und dort nicht nur an Makarie, sondern auch an der *terrestrischen* Frau demonstriert: 443,31–445,11; 449,9–453,15.)

Es folgt Wilhelms Schlaf und sein Traum von Makarie als Stern, der den Astronomen als intuitive Schau der Wahrheit in höchstes Erstaunen setzt und den Angela dann noch im gleichen Kapitel Wilhelm zu deuten vermag (125,20–127,11). Dieser Traum hat stärkste Bildkraft, farbig, leuchtend und bewegt. Die Bild- und Bewegungsmotive – der sich öffnende Vorhang, das Leuchten, das Aufsteigen, das Sich-Niederwerfen – haben sämtlich symbolischen Charakter, und die Wortwahl führt in die religiöse Sphäre. Der Vorhang, d. h. das, was Wilhelm sieht, bevor das Heilige erscheint, ist grün. Grün ist die Farbe des Irdischen (*Farbenlehre § 919;* in *Faust II,* 11707 ist die Zusammenstellung von *Grün* und *Purpur* Symbol der Verbindung von Irdisch und Himmlisch). Der Thron glänzt golden. Golden erscheint das Göttliche, wo es irdische Gestalt annimmt. (Schon in antiker Dichtung; beim jungen Goethe z. B. Bd. 1, S. 52 in V. 61 der *Harzreise;* ferner in der *Farbenlehre* und in der Alterslyrik als Farbe der Sonne.) Wolken entwickeln sich. (Zu Goethes Wolkensymbolik: Bd. 1, Anmkg. zu S. 350f. und Bd. 3, Anmkg. zu *Faust* 10039ff.) Wolken sind noch irdisch, aber das leichteste Irdische; sie sind Sinnbild dafür, daß es Steigerung gibt, daß Irdisches sich auflösen kann in göttliche Klarheit. Demgemäß teilen sie sich und schwinden dahin. Eine Aufwärtsbewegung entführt die Heilige und reißt den Blick des Menschen mit. Das Sinnbild des Göttlichen erscheint: der Stern mit seinem Glanz.

Diesen Traum nennt Angela ein *sonderbares geistiges Eingreifen,* ein ahnendes *Erfassen der tiefsten Geheimnisse* (126,2f.). Es ist, als seien bei Wilhelm in Makariens Strahlenkreis die intuitiven Seiten seines Wesens in einer Vollkommenheit lebendig geworden, die ihm vorher und nachher nie wieder zuteil wird. Überhaupt kann man bei allen Menschen, sobald sie in Makariens Bereich kommen, eine Steigerung ihres Wesens beobachten (448,2–11). Angela beginnt ihre Ausführungen *gleichnisweise* durch den Vergleich mit dem Dichter, dem *nichts in der Welt zum Anschauen komme, was er nicht vorher in der Ahnung gelebt* (126,10f.). Goethe hat diesen Gedanken wiederholt ausgesprochen. Der Mensch hat an dem Weltgeist teil, er spiegelt als Mikrokosmos den Makrokosmos. Der große Mensch ist ein besonders reiner aber auch besonders empfindlicher Spiegel (darum vorher im Gespräch über mechanische Hilfsmittel die Sorge um die Erhaltung dieser Reinheit). Er wird immer schon die Welt gleichsam in sich tragen und infolge seines organischen Blicks ahnen, wie der Kosmos im ganzen verfährt, auch wenn er erst Teile erblickt hat. Goethe gibt eine Charakteristik eines solchen intuitiven Geistes, der teilhat am Weltgeist, in seiner Schilderung Platons (*Geschichte der Farbenlehre*, Bd. 14, S. 53,35–54,8): *Plato verhält sich zu der Welt wie ein seliger Geist, dem es beliebt, einige Zeit auf ihr zu herbergen. Es ist ihm nicht sowohl darum zu tun, sie kennenzulernen, weil er sie schon voraussetzt, als ihr dasjenige, was er mitbringt und was ihr so not tut, freundlich mitzuteilen. Er dringt in die Tiefen, mehr um sie mit seinem Wesen auszufüllen, als um sie zu erforschen. Er bewegt sich nach der Höhe, mit Sehnsucht, seines Ursprungs wieder teilhaft zu werden. Alles, was er äußert, bezieht sich auf ein ewig Ganzes, Gutes, Wahres, Schönes, dessen Forderung er in jedem Busen aufzuregen strebt. Was er sich im einzelnen von irdischem Wissen zueignet, schmilzt, ja man kann sagen, verdampft in seiner Methode, in seinem Vortrag.* Goethe sieht Platon, die historische Gestalt, und Makarie, die Romanfigur, beide als höchste Ausprägung intuitiver Schau im Zusammenhang seines Mythos vom Aufsteigen und Zurückkehren ins Licht. Beide tragen durch Vorwegnahme die Welt in sich. Jeder von ihnen wirkt wie *ein seliger Geist,* der nur für kurze Zeit auf die Erde kam; *er bewegt sich nach der Höhe ... alles, was er äußert, bezieht sich auf ein ewig Ganzes, Gutes, Wahres, Schönes ...* Was einem solchen Geiste von Einzelwissenschaft zugetragen wird, *verdampft,* d. h. es wird Wolke und löst sich auf in Äther, in das reine Licht seiner Schau. Bei Makarie löst das, was sie von Naturforschern lernte, sich auf in ihrer Schau der Welt, und ähnlich ist es bei Platon. Neben Makarie stellt Goethe als Kontrastfigur den Astronomen, und ähnlich neben Platon den sachlich-nüchternen Forscher Aristoteles, weil beide *sich gewissermaßen in die Menschheit teilten, als getrennte Repräsentanten herrlicher, nicht leicht zu vereinender Eigenschaften.*

Im *3. Buch* folgt ein zweites großes Makarien-Kapitel (449,9ff.), das Makariens Verhältnis zum Sonnensystem nochmals anzudeuten versucht. Wie könnte dergleichen auch anders als nur bruchstückhaft-hinweisend ausgesagt werden? – Bei Montan besteht der Umgang mit der Natur in sorgfältigem Forschen auf einem bestimmten, begrenzten Gebiet; bei dem Astronomen ist es ähnlich. Aber bei Makarie gelangen wir weit darüber hinaus, Goethe nennt sie selbst eine *Heilige* (441,3). Der Sonnenmythos ist nicht Allegorie für das Sittliche, sondern höchster Ausruck eines Lebens mit der Natur, das ins Religiöse führt. – Eine abendländische Naturfrömmigkeit hatte sich seit dem 16. Jahrhundert entfaltet, bei Paracelsus, Kepler, den holländischen Malern des 17. Jahrhunderts, in der deutschen Empfindsamkeit des 18. Jahrhunderts. Sie gipfelte in Goethe und Hölderlin. In Goethes Werk erreichte die Naturfrömmigkeit einen ersten Höhepunkt mit dem Gedicht *Ganymed* (Bd. 1, S. 46); es spricht ein leidenschaftliches religiöses Erlebnis aus, das sich am Ende bis zur mystischen Unio steigert – und diese vollzieht sich hier einzig durch die Natur. Auch weiterhin in Goethes Lyrik – von *Über allen Gipfeln* (Bd. 1, S. 142) bis zu dem Dornburger Sonnengedicht (Bd. 1, S. 391) – setzt sich der Mensch der Natur aus und sie reinigt ihn, sie tut an ihm, was sonst das Gebet tut, sie erhebt ihn ins Religiöse. Genau so in den naturwissenschaftlichen Schriften: sie lehren, daß jeder Blick auf die Dinge *entschieden gebietet, vor dem geheimnisvollen Urgrunde aller Dinge uns anbetend niederzuwerfen. (Wirkung meiner Schrift „Die Metamorphose der Pflanzen"*. Die Schriften zur Naturwissenschaft, Bd. 10, Weimar 1964, S. 318.) Für Goethe ist es keine Frage, daß die Natur Offenbarung des Göttlichen sei. Die Frage ist nur, wie der Mensch dieses Göttliche sich aneigne und wie weit er darin gelangen könne. Man kennt in älterer Dichtung viele Stufen religiöser Durchgeistigung zwischen dem weltlich-gleichgültigen Menschen und dem Heiligen. Auch für die Naturfrömmigkeit gibt es solche Stufen. Hilarie und der Maler (235–238) haben hier einen niederen Grad, wie er mehrfach vorkommt. Höher steht vermutlich Montan in seiner still-betrachtenden Art. Schreitet man auf dieser Linie immer weiter, so kommt man zuletzt zu Makarie. Aber war für jene anderen die Natur noch ein Gegenüber, so ist Makarie völlig von ihr durchdrungen. Die mystische Unio (schon Thema des *Ganymed*-Gedichts) ist hier vollzogen. Sie ist darum *Heilige* (441,3 u. 11). Sie ist es durch die Natur. Sie ist es zugleich durch das Sittliche; auch hier ist sie vollkommen und nimmt lebendig teil an einer göttlichen Ordnung. Was über ihr Verhältnis zum Sonnensystem berichtet wird, ist mehr als Allegorie. Es ist dichterischer Mythus der aufs Höchste gesteigerten religiösen Naturschau. Weil Natur Offenbarung ist, gibt es auch eine höchste Ausformung menschlichen Lebens mit dieser Offenbarung. Das ist Makarie.

Wir treten hier innerhalb der Goetheschen Dichtung in einen tiefsten und zugleich unbekanntesten Bereich, der über Mensch, Natur und Gott ein letztes Sagbares in mythischer Form ausspricht. Während der Faust-Mythos – das Bild menschlicher Gefährdung und Dämonie – allgemein bekannt wurde, ist der Makarien-Mythos – das Bild menschlicher Möglichkeit und Heiligung – ein Besitz weniger geblieben. Goethe hat selbst den Zugang erschwert. Die Berichte über Makarie erscheinen in den *Wanderjahren* an mehreren Stellen verstreut und jedesmal nur als Hinweise anderer, die notwendig unvollkommen sind. Alles, was der Naturforscher sich mühsam erarbeitet, besitzt Makarie durch die Kräfte der Schau, und sie besitzt eben dadurch darüber hinaus noch vieles, was jener nie erreicht. Der Naturforscher ist ein Skeptiker, ein nüchterner Gelehrter, aber er ist nach und nach völlig überzeugt worden, daß Makariens Weg weiter führt als der seine. Er weiß, daß es andere Organe des Naturerfassens gibt als die, mit denen er selbst arbeitet, und er achtet und verehrt sie, wenn er sie auch an sich selbst nicht wesentlich ausbilden kann. Die Makarien-Gestalt ist Goethes höchste Verherrlichung der Intuition, der Schau. Darum hier auch dazwischen die sorgenvolle Abwehr gegen den neuzeitlichen einseitigen Weg durch Mathematik und Instrumente. Die Intuition ist das Höhere. Goethe trennt dabei die Naturschau nicht vom künstlerischen Welterfassen; in höchster Geistigkeit wird beides eins, wie sein Bild Platons zeigt. Die Neuzeit, zivilisatorisch, rechnend, aristotelisch, denkt vorwiegend männlich; auf dieser Linie stehen Montan, der Astronom und Faust; jene beiden sich begrenzend, dieser grenzenlos, sich verrennend und sündig. Die reine Schau verkörpert sich in der Gestalt einer Frau, Makariens. Ist Natalie irdische Weltharmonie, so ist Makarie auf dem Wege zu jenem Bereich, der in der Mater gloriosa als reinste Liebeskraft erscheint.

Goethes Bild der Natur ist geformt durch zwei Hauptgedanken, den der Polarität und den der Steigerung. Als Gott die Welt schuf, wurde das, was in ihm Einheit ist, zu Zweiheit, zu Polarität. Das Feld zwischen diesen beiden Polen erscheint horizontal. Aber es gibt noch eine andere Bewegung, ein anderes Kraftfeld: alles, was aus Gott hervorgegangen ist, strebt wieder zu ihm zurück. Diese Bewegung empor, zum Göttlichen hin, ist Steigerung. Sie herrscht im Reiche der Natur, wenn die Pflanze zum Licht strebt und über den Blättern die Blüte entfaltet. Sie lebt im Reiche des Menschen, der sich entwickelt und vergeistigt. Ohne das Bewußtsein, daß es Steigerung gibt, wäre unser Leben trüb und entbehrte seiner besten Kraft und Hoffnung. Das Höchste, was Goethe an menschlicher Steigerung dargestellt hat, ist die Gestalt Makariens. Sie befindet sich in stetigem Aufsteigen, und sie zieht andere mit sich. Steigerung ist der Weg von Materie zu Geist. Und hier ist der Bereich, in welchem Natur und Sitte ineinander übergehen. Steigerung des Menschen ist Geistig-Werden. Indem Makarie Gestirn und Licht wird, wird sie zugleich Reinheit und Sitte, *wie ein Engel Gottes auf Erden* (450,5 f.).

Was Makarie ist, die höchste Intuition, wird Wilhelm mit Hilfe der gleichen Geistesorgane klar: Traum und Ahnung sagen es ihm, und Angelas Worte vollenden das Bild. Jetzt versteht er auch, warum Makariens Kraft, völlig der höchsten Schau lebend, dem täglichen Leben nicht standhält, warum sie leidend, kränklich erscheint und zurückgezogen lebt. In ihr berühren sich zwei Welten, und je mehr sie zu der geistigen aufsteigt, desto weniger vermag sie der materiellen standzuhalten.

Zwischen die beiden großen Gespräche über Makarie – mit dem Astronomen und mit Angela – sind kurze Partien eingeschoben, die leichter, irdischer, aber gleichfalls von hoher Bedeutung sind. Zu Makariens Kreise gehört Angela, und Angela wieder leitet einen Kreis junger Mädchen. Makariens Welt strahlt also mittelbar durchaus ins Tätig-Sittliche hinein. Ihr Leben der Schau ist von der tätig-sittlichen Welt, welche uns in den übrigen Partien des Romans begegnet, keineswegs abgetrennt. Das Leben der Mädchen um Angela, als Gruppe, fordert zu Vergleichen auf mit anderen Formen der Gemeinschaft, die in der Pädagogischen Provinz und im Auswandererbund geschildert werden.

Dann wendet sich die Darstellung zu *Makariens Archiv*, Aufzeichnungen aus Gesprächen (nicht Sätze von ihr, sondern allgemein aus ihrem Kreise). Wilhelm fühlt sich besonders von Heften mit Aphorismen angezogen. Die dem *2.* und *3. Buch* angefügten Spruchsammlungen werden später als Aufzeichnungen dieser Art bezeichnet und dadurch ausdrücklich mit dem Roman verbunden. – Ganz nebenher wird das Thema Felix-Hersilie fortgeführt: Daß Felix nur zum Reiten und Schreiben Lust hat, kommt aus seiner Liebe zu ihr. Wir sehen ihn nur einen Augenblick: schreibend am Tische sitzend; ein Bildsymbol, in welchem alles enthalten ist, was wir für dieses Mal erfahren sollen: seine innere Verwandeltheit und Gesammeltheit auf ein Entferntes und Geliebtes. – Bei Wilhelms Abschied offenbart Makarie noch einmal wie in dem Anfangsgespräch ihre Art, Menschen liebend und vergeistigt zu durchschauen. Fortan entschwindet sie in weiten Partien des Romans unseren Blicken, doch niemals ganz. Wir sehen sie in den weiteren Kapiteln von Zeit zu Zeit von fern, heilend und klärend in das verworrene Leben hineinwirkend; und am Ende des Romans bildet ihre Gestalt dann den Höhepunkt, in welchem das Bild des Menschen seine Möglichkeit höchster Steigerung, ein Hinüberblicken in höhere Regionen, erfährt.

Das Kapitel hat Makariens Eigenschaften allmählich immer großartiger erkennen lassen, ihre Bescheidenheit und Würde, ihre sensitive, Menschen durchschauende Art, ihre Teilnahme an wissenschaftlichen Fragen. Makarie erfährt intuitiv vieles, was Wissenschaft auf anderem Wege langsamer und unvollkommener erarbeitet; sie hat teil an der Weltordnung. Eine Erkenntnis von einem Stück Weltordnung ist auch die Mathematik; aber sie ist ein Weg, der dem Makariens polar entgegengesetzt ist. Das Gespräch über Mathematik liegt also nahe, es behandelt eins der Grundprobleme, die in Makariens Kreise bedacht werden müssen. Während Makarie die Naturordnung als mitwirkender Teil erfährt, intuitiv, als ein Gnadengeschenk, erfährt die mathematische Naturforschung sie als ein Gegenüber, rechnend, experimentierend, denkend, Schritt für Schritt erarbeitend. Neben Makarie steht ein Naturforscher und Mathematiker – aber er bejaht Makariens Weg, und sie den seinen. Zwei Wege sind nebeneinander gestellt, der mystische und der mathematische, und beide haben recht; das ist Goethes Pansophie, diese Anerkennung und Verbindung zweier Wege, die jahrhundertelang nebeneinander hergingen und nur gelegentlich einander berührten. Es ist wohl kein Zufall, daß dabei die mystische Schau von einer Frau verkörpert wird, das forschende Denken von einem Mann. Jeder von beiden achtet den Weg des anderen und fürchtet nicht, dadurch den eigenen Weg zu gefährden.

Die einzelnen Gedanken des Gesprächs über Würde und Grenze der Mathematik werden nicht näher ausgeführt; die künstlerische anschauliche Einheit des Kapitels würde dadurch gestört werden. Der Naturwissenschaftler sagt nur, er bringe die Einwände am liebsten in Form von Zitaten aus fremden Werken (117,38f.), und vermutlich setzt er dann eigene Betrachtungen hinzu. Der Dichter aber läßt uns wissen: *Die Papiere, die uns vorliegen, gedenken wir an einem anderen Orte abdrucken zu lassen.* (118,14f.) Aus dem Gefüge des Romans selbst sind hier zunächst die Sätze über Mathematik aus den Spruchsammlungen heranzuziehen. In den *Betrachtungen im Sinne der Wanderer* steht der höchst bedeutsame Satz Nr. 134 (S. 303), der Mathematik und Physik trennt. Man hat gemeint, Goethe habe nichts von Mathematik verstanden. Tatsache ist, daß er sich nie in sie hineingearbeitet hat; er war kein Mathematiker. Aber dieser eine Satz kann genügen, um zu zeigen, daß er sie als Phänomen ihrem Wesen nach zu würdigen wußte. Es ist ähnlich wie mit seinem Verhältnis zur Musik. Er spielte kein Instrument, las keine Partituren, und im Verhältnis zu seinen Äußerungen über Malerei ist das, was er über Musik sagte, wenig. Aber allein der eine berühmte Satz über Bach (an Zelter, Beilage zum Brief vom 17. Juli 1827, Fortsetzung des Briefs vom 21. Juni) genügt, um zu zeigen, daß Musik als Weltphänomen von ihm in ihrer Bedeutung erfaßt war. Ähnlich die Mathematik. Auch hier liebte Goethe es, einen Fachmann zu hören. Vom Jahre 1806 bis zu den Zeiten, als die *Wanderjahre* entstanden, hat er sich häufig mit dem Mathematiker J. F. G. Werneburg unterhalten, der bis 1818 Mathematiklehrer in Weimar war und dann Universitätsprofessor in Jena wurde. Die Tagebücher verzeichnen z.B. 21. Nov. 1808: *Mittags Dr. Werneburg zu Tische. Über Musik und Mathematik.* 22. Nov. 1808: *Mittags Dr. Werneburg: Über Mathematik, Musik, Naturphilosophie und deren Bezug auf Mathematik ... Stahls Aufsatz über Mathematik vorgelesen und kommentiert.* Dergleichen gibt es zahlreich. Im Zusammenhang dieses Themas stehen in der Gruppe *Betrachtungen im Sinne der Wanderer* die Sprüche Nr. 166–170 (S. 308) und in der Gruppe *Aus Makariens Archiv* Nr. 38, 39 und 94 (S. 465ff.). Diese Sprüche wurden von Goethe und Eckermann für die

Wanderjahre ausgewählt. Geht man auf die Handschriften zurück, so sieht man, daß sie ursprünglich im Zusammenhang von noch weiteren auf Mathematik bezüglichen Sprüchen standen, die erst aus dem Nachlaß ans Licht kamen. (In der Ausgabe von Max Hecker aus dem Jahre 1907 sind es die Sprüche Nr. 1276–1279, 1281–1282, 1286, 1387–1393.) Aber hiermit sind Goethes Äußerungen über die Mathematik nicht erschöpft. Es gibt in der *Farbenlehre* einen Abschnitt *Verhältnis zur Mathematik* (§ 722–729); ferner einen Aufsatz, der erst nach seinem Tode gedruckt wurde, *Über Mathematik und deren Mißbrauch*. Goethe selbst spricht darin nicht viel; er bringt lange Zitate, Übersetzungen aus französischen und italienischen wissenschaftlichen Arbeiten, und fügt ihnen nur weniges Eigene bei. Dieses Verfahren ist genau das, welches der Hausgenosse Makariens anwendet: *In solchen Fällen, wo man irgend eine Mißbilligung, einen Tadel, auch nur ein Bedenken aussprechen soll, nehme ich nicht gern die Initiative ... Deswegen bring' ich hier einiges Geschriebene, sogar Übersetzungen mit* ... (117,27ff., 38ff.) Mit diesem Hinweis soll nicht gesagt sein, der Aufsatz sei schlechthin identisch mit den – nur romanhaft angedeuteten – Papieren des Astronomen, von denen Goethe sagt, er gedenke sie *an einem andern Orte abdrucken zu lassen* (118,14f.). Für den Roman als Dichtung ist festzuhalten, daß Goethe in diesem Kapitel alle theoretischen Einzelheiten vermieden hat. Die Aufgabe des Interpreten ist nicht, das Kunstwerk zu ergänzen (oder zu konstruieren, wie es geworden wäre, wenn ...), sondern es in seinem So-Sein zu deuten. Und da bleibt die Tatsache, daß in dieses wichtige Kapitel, in dem es sich um Deutung der Welt durch Schau und Forschung handelt, dieses Mathematik-Gespräch in Form einer Erwähnung – aber auch nur als solche – eingeschoben ist. Im Zusammenhang des künstlerischen Bildes sollen wir uns nur eine allgemeine Vorstellung davon machen, daß geistvolle Menschen hier Bedeutendes vorbringen. Doch darüber hinaus dürfen wir wissen – und Goethe selbst weist darauf hin –, daß der Dichter anderswo diesem Thema weitere Aufmerksamkeit gewidmet hat. Und aus diesem Grunde seien aus jenem Aufsatz hier einige Hauptteile ergänzend angeführt.

Das Recht, die Natur in ihren einfachsten, geheimsten Ursprüngen sowie in ihren offenbarsten, am höchsten auffallenden Schöpfungen auch ohne Mitwirkung der Mathematik zu betrachten, zu erforschen, zu erfassen, mußte ich mir, meine Anlagen und Verhältnisse zu Rate ziehend, gar früh schon anmaßen. Für mich habe ich es mein Leben durch behauptet. Was ich dabei geleistet, liegt vor Augen; wie es andern frommt, wird sich ergeben.

Ungern aber habe ich zu bemerken gehabt, daß man meinen Bestrebungen einen falschen Sinn untergeschoben hat. Ich hörte mich ankla-

gen, als sei ich ein Widersacher, ein Feind der Mathematik überhaupt, die doch niemand höher schätzen kann als ich, da sie gerade das leistet, was mir zu bewirken völlig versagt worden. Hierüber möchte ich mich gern erklären und wähle dazu ein eigenes Mittel, solches durch Wort und Vortrag anderer bedeutender und nahmhafter Männer zu tun.

D'Alembert. „Was die mathematischen Wissenschaften betrifft, so muß uns ihre Natur und ihre Vielzahl keineswegs imponieren. – Der Einfalt ihres Gegenstandes sind sie vorzüglich ihre Gewißheit schuldig. Sogar muß man bekennen, daß, da die verschiedenen Teile der Mathematik nicht einen gleich einfachen Gegenstand behandeln, also auch eine eigentliche Gewißheit, diejenige nämlich, welche auf notwendigwahren und durch sich selbst evidenten Prinzipien beruht, allen diesen Abteilungen weder gleich noch auf gleiche Weise zukommt ..."

Le Globe, Nr. 104. Traité de Physique par Despretz. „Die Werke des Herrn Biot haben in Frankreich nicht wenig dazu beigetragen, die Wissenschaften auf mathematische Weise zu behandeln ... Zugleich aber muß man bekennen, daß in diesem Buche eine Vorliebe für den Kalkül, ein Mißbrauch der Mathematik herrscht, wodurch die Wissenschaft Schaden leidet ..."

Diese Stelle aus einer höchst bedeutenden französischen Zeitschrift gibt die deutlichsten Beispiele vom Mißbrauch der Mathematik ... Ein Geschäft, das eigentlich nur zu Gunsten eines Zweckes geführt werden sollte, wird nun der Zweck selbst ...

Ritter Ciccolini in Rom an Baron v. Zach in Genua. „In Werken über die Gnomonik, wie sie vor kurzem herauskamen, macht man von neuen Theorien Gebrauch, die man von der analytischen Geometrie entlehnt, ohne zu bemerken, daß man das Einfache durch das Zusammengesetzte zu erklären denkt ..."

Die vorstehend übersetzte Stelle enthält eine doppelte Anklage des mathematischen Verfahrens; zuerst, daß man nicht etwa nur die höheren und komplizierteren Formeln im praktischen Leben eintreten lasse, wenn die ersten einfachen nicht hinreichen, sondern daß man ohne Not jene statt dieser eintreten läßt und dadurch das aufgegebene Geschäft erschwert und verspätet ... (Leop.-Ausg. 11, S. 273 ff.)

Die Beziehungen dieses Aufsatzes zu den Äußerungen des Astronomen sind deutlich, zugleich aber auch der Unterschied. Die Einleitung ist ganz von Goethe, dem Nicht-Mathematiker, aus gesprochen; Einleitungsworte des Astronomen müßten von einem ganz anderen, eben seinem mathematischen Standpunkt aus sprechen, wenn auch das Folgende das gleiche bliebe.

Wilhelms Antwort auf das mathematische Gespräch ist sehr kurz, der Übergang zu seiner Wendung ins Ethische fast unvermittelt (118,18–27). Hier war die ursprüngliche Handschrift ausführlicher. Es heißt dort: *Betracht' ich den Wert und die Wichtigkeit jener Fragen im Allgemeinen, so scheint mir alles auf der Forderung einfacher und redlicher Behandlung zu beruhen. Erst kommt die Würde des Zwecks zur Sprache, und sodann, daß derselbe mit Reinheit verfolgt werde. Es gibt nichts Schlechtes in der Welt, wozu man nicht die edelsten Mittel mißbrauchen könnte; es gibt keinen hohen Zweck, der sich nicht auf eben die Weise erniedrigen ließe. Ein großer Gedanke und ein reines Herz, das ist alles, worum der Mensch Gott bitten sollte.*

Die Gestalt Makariens ist eine Schöpfung der letzten Arbeitsperiode der *Wanderjahre.* Es ist ähnlich wie bei *Faust II,* wo das Tiefste, der Mütter-Mythos, erst ganz zum Schluß entstand. Goethe hat an dem *10. Kapitel* noch gearbeitet, als die folgenden Teile schon ihre endgültige Gestalt besaßen. Er hat sich diesem Motiv, dem Höchsten und Schwersten, nur zögernd genähert. Erst als er alles für den Druck fertig machen mußte, schrieb er das Kapitel zu Ende. Er hatte anfangs versucht, es sich leichter zu machen: Ursprünglich waren Angelas Darlegungen über Makariens Verhältnis zum Sonnensystem nicht vorgesehen. Diesen Mythos der Intuition hat Goethe erst im letzten Augenblick auszusprechen gewagt oder vermocht. In der 1. Fassung, 1821, bleibt *die Tante* fast ganz im Hintergrund, der Sternen-Mythos fehlt noch. Für die 2. Fassung, 1829, wurde das *10. Kapitel* zunächst anders geschrieben, als es jetzt lautet. Die Partie S. 122,30–127,11 fehlte, und statt dessen stand hier ein Brief:

Wilhelm an Natalien.

Wäre mir durch Dich, allgeliebteste, allteuerste Freundin, jedes Rätsel der Welt nicht schon im voraus gelöst, so hätte mir heut ein neues Licht aufgehen müssen. Was an Dir sich als Gipfelflamme eines schönen, vollkommenen Daseins erweist, hab ich hier abgesondert, einzeln gefunden, wie es sich als Elmsfeuer, als eine flatternde Taube auf die irdischen Gipfel niederläßt. Nicht was sie ist – denn dies wäre unaussprechlich –, aber was ich in ihrer Umgebung gedacht, findest Du auf beiliegenden Blättern, die ich in ewiger Sehnsucht nach Deiner Gegenwart niederschrieb. –

Sie konnte die Welt nicht durch den Körper kennen lernen; das holdeste Organ, das uns zugeteilt ist, war ihr unbrauchbar; dagegen entwikkelte sie ein höheres, aber so rein, so vollkommen, daß es sich wie prometheisches Feuer gleich auf den ersten Menschen hätte niederlassen können, um ihn und die ganze Nachkommenschaft zu beleben. –

Anfang und Ende des Bestrebens ist eins bei ihr; deswegen hält man sie für weise, weil sie schon da ist, wohin die andern sich sehnen. –

Ich kann mir sie nur immer als eine Flamme denken, deren Gipfel immer unaufhaltsam nach oben strebt, indem sie, sich in liebevoller Gemeinschaft herunter senkend, erleuchtend und belebend wirkt. –

So kehrt man immer vom Unfaßlichen zum Gleichnis und immer zu demselben Gleichnis zurück. –

Einen Hausgenossen fand ich bei ihr, wie ich ihn am wenigsten vermutete: einen trefflichen Naturforscher, der sie im Allgemeinen und Allgemeinsten von den größten und kleinsten Erscheinungen unterhält, wofür die Menschen sich von jeher interessiert haben und sich ewig interessieren werden. –

Hier folgen nun, als Sätze des eben genannten *Hausgenossen*, eine Reihe von Aussprüchen, die später sämtlich in die angehängten Spruchsammlungen eingereiht wurden. Und zwar bringt die Handschrift der Reihe nach die Sprüche *Betr. d. Wanderer* 177, *Aus Makariens Archiv* 96, 97, 98, *Betr. d. Wanderer* 152, 153, 23, 24. So zeigt sich hier wieder die enge Zusammengehörigkeit der Sprüche mit dem Roman. Die Handschrift fährt dann fort:

An solchen Unterhaltungen nimmt unsere hohe Freundin gern Anteil. Von Geheimnissen Gottes und der Natur, sagte sie, soll man sich unterhalten; in menschlichen Dingen soll man wirken. Das Irdische wird alles unwürdig, sobald man darüber spricht ...

Gleich von dem ersten Eintritt in diesem Kreis an mußt' ich ein Frauenzimmer bemerken von schöner Gestalt und von ruhigem Betragen, still in Gesellschaft, manchmal verständig einredend; gewöhnlich saß sie in einiger Entfernung am Fenster und stickte, doch schien sie aufmerksam zuzuhören, ging leise hin und wider und mochte die leisesten Winke Makariens verstehen. Von den Hausgenossen war sie Angela genannt, von ihrer Herrin mit dem süßen Namen Engel bezeichnet. Sie schien das Hauswesen zu besorgen und die Mädchen zu führen und zu leiten, die sich durch das Schloß und um die Dame her bewegten ... Ich zeichnete eben in meine Schreibtafel merkwürdige Worte, die ich in der Gesellschaft gehört ... Sie wollte mir abgemerkt haben, daß ich besonders aufmerksam sei und die Augenblicke zu stehlen wisse, um das Gehörte sorgfältig aufzubewahren. Da ich dies weder leugnen konnte noch wollte, so gestand sie mir, daß ihr eben dieses Geschäft von Makarien aufgetragen sei.

Wilhelm teilt hier also einige Gedanken anläßlich der Begegnung mit Makarie mit und läßt dann Sätze aus Gesprächen folgen. Makariens Bild erscheint nur indirekt und ganz fragmentarisch. Auch was über Angela gesagt wird, steht hier nur in dem Brief Wilhelms, nicht im Bericht des Erzählers. Diese handschriftlich erhaltene frühe Fassung läßt also erkennen, wie sehr die Gestalt Makariens in der letzten Arbeitsperiode an Größe und Deutlichkeit gewonnen hat.

Vgl. ferner die Anmkg. zu *Buch III, Kap. 15*. – E. Spranger, Goethe. Tübingen 1967. Insbes. S. 350–363: Die sittliche Astrologie der Makarie. – Flitner, Goethe im Spätwerk. S. 214ff. – Fischer-Hartmann S. 99ff. – Paul Epstein, Goethe und die Mathematik. Jb. G. Ges. 10, 1924, S. 76–102. – Rudolf Steiner, Goethe und die Mathematik. In : Goethes Werke. 34. Teil. Bln. u Stuttg. o. J. (1884) = Kürschners Dt. Nat.-Lit., 115. S. LXVII–LXIX. – Wilh. Lorey, Goethes Stellung zur Mathematik. In: Goethe als Seher und Erforscher der Natur. Hrsg. v. Joh. Walther. Halle 1930. S. 131–156, 309–312. – Martin Dyck in: The Germanic Review 31, 1956, S. 49–69. Und in: (Jb.) Goethe 23, 1961, S. 49–71.

115,34. *Angela.* Die Namengebung Goethes ist in den *Wanderjahren* bedeutungsreich und klangsymbolisch. – Ableitung vom lateinischen ,,angelus", Engel.

115,35f. *Makarie.* Der Name ist die weibl. Form von griech. μακάριος ,,selig, glücklich, glückselig"; bei Homer von den Göttern gesagt; bei Platon von den Menschen, z. B. Politeia, Ende des 1. Buchs: ὅ γε εὖ ζῶν μακάριός τε καὶ εὐδαίμων ,,Aber wer gut lebt, ist doch selig und glücklich". Im Neuen Testament im Zusammenhang der eschatol. Verkündigungen, sittl -religiösen Verhaltens und göttlicher Gnade, z. B. in der Bergpredigt: μακάριοι οἱ ... ,,Selig sind, die ..." – Theol. Wörterbuch zum NT. Hrsg. von G. Kittel. Bd. 4. 1942. S. 365ff. – Vgl. auch Bd. 10, S. 57,9ff. u. Anmkg.

116,8. *geistreich.* Durchaus zu verstehen als: vergeistigend, zu Geist werdend.

117,11. *Mathematik.* Goethe sprach über dieses ihm ursprünglich fernliegende Gebiet mehrfach mit dem Mathematiker Joh. Fr. Chr. Werneburg (1777–1851), der Lehrer in Weimar, später Dozent an der Universität Jena war. Er ist in Goethes Tagebuch oft erwähnt. Im Goethe-Archiv liegen 20 Briefe von ihm an Goethe. Am 25. Nov. 1808 schreibt Goethe an Knebel: *Eine mir sehr angenehme und lehrreiche Unterhaltung gibt mir Dr. Werneburg. Er bringt das Allerfremdeste, was in mein Haus kommen kann, die Mathematik, an meinen Tisch ... Wenn es mir nach gegangen wäre, so hättet Ihr ihn schon lange in Jena ... Aber so ist er leider dort noch nicht angestellt und muß, wider meinen Willen, zu meiner größten Zufriedenheit mein Nachbar sein.* – Vgl. Bd. 13, S. 483,26ff. – Der Aufsatz *Über Mathematik und deren Mißbrauch:* Die Schr. zur Naturwiss., Leopoldina-Ausg., Bd. 11, Weimar 1970, S. 273–283. – Bd. 14 Sachregister ,,Mathematik"; Briefe Bd. 4 Register ,,Naturwiss., Mathematik". – Martin Dyck, Goethes Verhältnis zur Mathematik. (Jb.) Goethe 23, 1961, S. 49–71.

118,17. *das obwaltende Rätsel* ist *das wunderliche Zaudern* Lenardos (80,34), das Wilhelm *aufklären* und vorher mit Makarie besprechen soll; er bezeichnet es bald darauf selbst: *Ich soll erforschen, was edle Seelen auseinanderhält ...* (119,38f.). Die Worte sind also nur eine Rückwendung zur Romanhandlung, speziell zur Lenardo-Geschichte. Mit dem Geheimnis Makariens haben sie nichts zu tun.

120,12f. *ein vollkommenes Fernrohr in bedeutender Größe.* Goethe hatte Erfahrung mit Fernrohren. Er begann 1799 mit Beobachtungen durch ein Fernrohr des Weimarer Mechanikers Auch. Im April 1800 kaufte er ein für seine Zeit sehr gutes Teleskop für den Preis von 300 Gulden. Er installierte es in seinem Gartenhaus und beobachtete den Mond und die Sterne. Der Briefwechsel mit Knebel berichtet darüber, ebenfalls der mit Schiller. Am 11. Febr. 1800 schreibt Goethe an Schiller: *Um 7 Uhr, da der Mond aufgeht, sind Sie zu einer astronomischen Partie eingeladen, den Mond und den Saturn zu betrachten, denn es finden sich heute 3 Teleskope in meinem Hause.* Er las dazu: J. H. Schröter, Selenotopographische Fragmente. Helmstedt 1791. Auch in den folgenden Jahren gibt es Tagebuchaufzeichnungen wie die vom 16. Dez. 1812: *Einige Vorbereitungen, die Bedeckung des Aldebarans vom Monde zu beobachten.* Zu den Astronomen der Universität Jena hatte Goethe immer lebhafte Beziehungen. – Tagebuch 23. 8. 99; 13. 9. 99; 18. 9. 99; 16. 12. 1812. An Schiller 10. 8. 99; 21. 8. 99; 11. 2. 1800; 10. April 1800 u. ö. An Knebel 27. Jan. bis 3. Nov. 1800, insbes. 12. 3.; 2. 4.; 3. 11.; dazu Knebels Gegenbriefe. – Vgl. S. 293 *Betrachtungen der Wanderer* Nr. 63 u. Anm. – Goethe-Handbuch 1, 1961, Art. „Auch" von Huschke. – Diedrich Wattenberg, Goethe und die Sternenwelt. Jahrbuch „Goethe" 31, 1969, S. 66–111.

122,4ff. *Der grüne Vorhang ging auf* ... Auch die Sixtinische Madonna erscheint zwischen einem sich nach den Seiten öffnenden grünen Vorhang; auch von ihr kann man sagen: *Wolken entwickelten sich um ihre Füße, steigend hoben sie ... die heilige Gestalt empor* ... (122,8ff.)

122,27ff. *Möge uns nur dies nicht auf den Abschied der Herrlichen hindeuten* ... Das symbolische Motiv, daß die Seele eines Menschen nach dem Tode in den Bereich der Sterne gelange, kommt im Alter auch sonst vor, bezeichnenderweise meist in privaten Gesprächen, leicht hingeworfen (Kanzler v. Müller 24. Jan. 1819; 8. Juni 1821; 23. Sept. 1827) und in der Lyrik (*St. Nepomuks Vorabend* Bd. 1, S. 374).

125,5. *Filiation* = Abstammung, Entwicklung, Herkunft.

Eilftes Kapitel. Das nußbraune Mädchen. Die Romanhandlung schreitet fort, dennoch ist dieses Kapitel von den anderen unterschieden durch eine besondere Überschrift wie die Novellen, und schon diese Überschrift weckt eine eigene Spannung. Es scheint eine in das Rahmengeschehen hineingeflochtene Novelle zu sein. Wir lernten Lenardo zunächst aus dem Briefwechsel zwischen den Nichten und Makarie kennen (72,26–77,28). Er kehrt von langer Reise zurück, zeigt aber ein *wunderliches Zaudern* (80,34). Die Nichten kommen auf den Gedanken, Wilhelm sei der rechte Mann, um es aufzuklären. Makarie stimmt zu und schildert ihm zu diesem Zweck Lenardos Charakter, seine Neigung zur Technik, seinen sittlichen Takt, sein übertriebenes Pflichtgefühl. Sie bezeichnet ahnungsvoll auch den fraglichen Zusammenhang: *er wähnt, früher ein weibliches Wesen unseres Kreises verletzt zu haben, deren Schicksal ihn jetzt beunruhigt* (128,6ff.). Sie hat richtig geahnt: das verrät Lenardo Wilhelm schon in den ersten Zeilen des Kapitels, und dieser kann ihn beruhigen: Das Mädchen ist glücklich verheiratet. Lenardo fällt *ein Stein vom Herzen* (128,28). Was bleibt nun eigentlich noch zu erzählen? Den Charakter des Helden kennen wir, denn Makariens Art, Menschen darzustellen, greift ins Tiefste, so daß wir das Gefühl haben, tiefer als hier werden wir Lenardo auch späterhin nicht kennen lernen. Und das Problem, das ihn bedrückte, ist gelöst. Was sich noch sagen läßt, die nachträgliche Klärung der Einzelheiten, kann nur stoffliches Interesse haben. Dennoch beginnt der Dichter seine Geschichte (entgegen allen üblichen Gesetzen erzählerischer Kunst), und die Anmut seiner Darstellung nimmt uns gefangen. Von der Rahmenerzählung hebt sich Lenardos Bericht im Ich-Ton ab durch das Straffe,

Plastische, Spannende und dadurch Novellenhafte der Sprache. Er ist kurz. (129,10–134,11.) Als er beendet ist, entsteht eine Pause. (134,12–135,12.) Dann plötzlich fängt eine neue Geschichte an (135,13–139,36): Lenardo auf Valerinens Gut. Auch sie gruppiert sich um eine einzige bildhafte Hauptsituation, ist straff, spannend und voll Steigerung. Lenardo wird durch die Verwechselung enttäuscht, Valerine geschmeichelt. Selbsttäuschung erst bei ihm, dann bei ihr; Nebengestalten: Wilhelm und der Gatte – ein seltsames Quartett des Verstehens und Mißverstehens. Das Novellenhafte (das die Überschrift rechtfertigt) liegt also beidemal in dem lebhaften Ton, der pointierten Gruppierung der Gestalten, dem straffen Erzählstil und der Konzentrierung um eine bildhafte Hauptsituation. Es schwindet, als die Handlung in den Rahmen übergeht (139,37ff.). Die Geschichte selbst wird hier aber keineswegs beendet. Jetzt, wo das echte nußbraune Mädchen (Nachodine) zu suchen bleibt, fängt sie erst eigentlich an. Doch für dieses Mal bricht sie ab; erst später wird sie wiederaufgenommen (225,3–19; 338–352; 415–435; 446,31–448,34), und dabei zeigt es sich dann, daß sie keineswegs nur stoffliches Interesse hat (findet Lenardo Nachodine?), sondern eine Reihe neuer und höchst bedeutender gehaltlicher Probleme bringt, zu denen hier durch Lenardos und Nachodines Charakterbild die Voraussetzung gegeben ist.

Das Kapitel vereinigt die zwei kurzen Erzählungen (129,21–134,11 und 135,13–139,36) mit einem für den Gesamtzusammenhang sehr wichtigen Stück der Rahmenerzählung. Lenardo, *nach uranfänglichen Zuständen hingezogen*, will nach Amerika auswandern, wo sein Oheim großen Landbesitz hat. Wilhelm rät ihm, sich mit Gleichstrebenden und Sachkundigen zu verbinden, d.h. mit der Turmgesellschaft. Er schreibt deswegen an den Abbé und fügt die Bitte an, sein Studium als Wundarzt beginnen zu können. Lenardo seinerseits bittet Wilhelm, Nachodine zu suchen; und um Felix unterzubringen, verweist er auf die Pädagogische Provinz (wobei der Kunstsammler zum Mittler wird). So sind hier Hauptmotive des ganzen Buches verknüpft: Wilhelm und Lenardo befreundet, dadurch die Turmgesellschaft und der Kreis des Oheims verbunden; Besuch der Pädagogischen Provinz, Medizinstudium und Amerikafahrt eingeleitet.

Wilhelm ist beim Abschied besorgt, der Baron könne die Pächterstochter lieben, und denkt nach Art der Entsagungslehre, es sei besser, von vornherein Verwirrungen auszuweichen, die wegen der Standesunterschiede doch nur tragisch endigen könnten (144,1–6). Aber gelten die alten Standesgrenzen denn für Lenardo? Wer in Amerika ganz *von vorn beginnen* (439,20) will, braucht der nicht eine Frau, deren erste Eigenschaft Tüchtigkeit ist? Nachodine versprach – anders als ihr weicher, lebensferner Vater – *rüstig und entschlossen zu werden* (130,21). Wir werden später sehen, wie glücklich sich diese Hoffnung erfüllt hat. Ihr Lebensweg hat sie in die Hausindustrie im Gebirge geführt. Im *3. Buch* (S. 414ff.; 446,31ff.) erfährt die Lenardo-Nachodine-Geschichte ihre Auflösung.

Gertrud Lehnert-Rodiek, Das nußbraune Mädchen. GJb. 102, 1985, S. 171–183. – E. F. v. Monroy S. 10–12. – Henkel S. 54.

128,15. *Eilftes Kapitel.* Die Wortform „elf" setzte sich erst im Laufe des 19. Jahrhunderts durch. Goethe benutzte die alte Form *eilf,* z.B. in der Kapitelzählung der *Lehrjahre* und auch hier. Der Wein, den er besonders schätzte, war *der Eilfer* (Bd. 2, S. 91 in dem Gedicht *Setze mir nicht* ...; Bd. 10, S. 407,6).

130,16. *die Stillen im Lande*: allgemein gebräuchliche Bezeichnung für die pietistischen Kreise. Vgl. Bd. 7, S. 391,5; Bd. 9, S. 43,10 u. 512,36.

130,20. *das nußbraune Mädchen.* In Th. Percys Reliques of Ancient English Poetry, 1765, einem in Deutschland bald sehr bekannten Werk (Goethe erwähnt es im Brief an Herder, Oktober 1771), steht die Ballade „The Not-browne Mayd". Daraufhin die Überschrift „Das nußbraune Mädchen" bei Herder, Volkslieder, 1779 (Werke ed. Suphan 25, S. 415); ebenso bei Goethes Schwager J. G. Schlosser, Kleine Schriften, Bd. 3, 1783, S. 267–304; auch bei L. Th. Kosegarten. Dichtungen, Bd. 7, Greifswald 1813, S. 177 (in der Ausg. von 1824 in Bd. 10). In dem – literarisch sehr gebildeten – Kreise um den *Oheim* also wohl eine Art „geflügeltes Wort", das man auf Nachodine überträgt. – Zu der altenglischen Dichtung „The Nut-brown Maid": Walter F. Schirmer, Gesch. d. engl. u. amerik. Literatur. 5. Aufl. Tübingen 1968. S. 162.

141,11f. *pädagogische Verbindung* ... Erster Hinweis auf die Pädagogische Provinz.

141,26. *Schaltern*: „Fensterladen zum Schutze des Glasfensters oder zu verstärkter Sicherheit innerhalb oder außerhalb vor die Fenster gesetzt" (Dt. Wb. 8, 1893, Sp. 2104).

Zwölftes Kapitel. Wilhelm kommt in die Stadt zu dem von Lenardo bezeichneten Sammler, und da er als Wandernder sein Gepäck auf ein Mindestmaß beschränken muß, gibt er diesem das von Felix gefundene Kästchen zur Aufbewahrung. Hier berühren sich zwei Gegensätze: der Wanderer und der Sammler, die Beständigkeit des Ich und die Beständigkeit der Gegenstände, Besitzlosigkeit und Besitz, die Unruhe und das Beharren. Der Wanderer kann nur Gegenstände von augenblicklichem Gebrauchswert bei sich haben; der Sammler häuft Gegenstände von Kunstwert, die länger bestehen sollen als er selbst.

Wilhelm stammt aus einem bürgerlichen Hause und einer Zeit der Sammelfreude. Er hing an der Sammlung des Großvaters (Bd. 7, S. 69f., 516); er bewunderte die Sammlungen in dem Schlosse Nataliens (Bd. 7, S. 516f.) und in dem des Oheims (49,20ff. und 64,33ff.), und ebenso fesselt ihn jetzt der Besitz im Hause des Sammlers. Wäre er nicht vielleicht selbst, sofern nicht seine Liebe zur Bühne und später die Weisungen der Turmgesellschaft ihn zum Wanderer gemacht hätten, ein kunstliebender Bürger geworden, besitzfreudig und sammeleifrig? Später, im

3. Buch sind die Männer, die nach Amerika ziehen, echte Wanderer: besitzlos, nur dem Ich und seinem Können vertrauend. Aber ihr Führer Lenardo in seiner großen Lobrede des Wanderns (384,20–392,10) weiß auch dem Beharren und dem Besitz die gehörige Bedeutung einzuräumen. Immer, nachdem der eine Pol betrachtet ist, kommt auch der andere zu seinem Recht. So auch hier: das *1. Buch* hat so vielfach das Wandermotiv betont, daß nun am Ende noch einmal der Gegensatz folgt: Beharren, Besitzen und Sammeln.

Goethe wuchs auf in der Zeit der großen Privatsammlungen, die er im Hause seines Vaters und befreundeter Familien kennen lernte (und in *Dichtung und Wahrheit* beschreibt), er sah später die großen Sammlungen in Dresden, in Italien, die der Brüder Boisserée u. a. m. und wurde selbst zu einem der größten Sammler seiner Zeit. Hätte er alle seine Sammlungen verloren (durch Brand oder Krieg), er wäre geblieben, der er war, als Dichter und Mensch, unvergleichlich, er selbst, auch wenn er zum Wanderer geworden wäre. Aber sein Werk hätte die Form, in der es vorliegt, nie ohne diese Sammlungen erhalten können. Ohne seine Kunstsammlung und Briefsammlung hätte er die *Italienische Reise* nicht redigiert, wie sie wurde; ohne seine naturwissenschaftlichen Sammlungen wäre manches in seinen Schriften aus diesem Gebiet nicht möglich gewesen; ja, auch für seine Dichtungen waren diese Sammlungen wichtig: hätte er nicht jahrzehntelang alle *Faust*-Bruchstücke und -Schemata gesammelt und aufbewahrt, er hätte später nie mehr den Anschluß gefunden und weitergedichtet. Wie viel vollends für *Dichtung und Wahrheit* die alten Silhouetten, Stiche und Bücher taten, ist unermeßlich. Goethe kannte das geheime Leben, das von Briefen, Handschriften, Bildern ausgeht; er kannte auch die Magie der Geräte und der Möbel. Der Sammler in diesem Kapitel spricht ein wenig einseitig und verkauzt, aber zugleich voll Altersweisheit. Sammeln heißt Leben erhalten über unsere Lebensspanne hinaus. Welchen Sinn hätte alle Kunst, wenn sie nicht lebendig bliebe, wenn Bilder und Bücher nicht gesammelt und erhalten würden? Dieses Festhalten des Lebens ist ein Grundtrieb in Goethe, dem Kräftigen, dem Europäer, dem Diesseitigen, Neuzeitlichen, Bürgerlichen. Er kannte freilich auch den Gegensatz, die Sehnsucht, *im Grenzenlosen sich zu finden* ... (Bd. 1, S. 368). Seine ganze Dichtung war ein Sieg über die Vergänglichkeit: das augenblickliche innere Erleben wurde festgehalten und dem Entfließen ins Nichts entrissen. Aus diesem Urtrieb der Lebenswahrung kommt sein Aneignen und Behüten aller Dokumente des Geistes und Lebens. Zwar ist einerseits in seinem Werk als ein durchgehendes Thema von der Jugend bis zum Alter das Wanderer-Motiv mit seiner Symbolik zu finden; aber anderseits auch – und, je älter er wird, desto mehr – das Motiv des Erhaltens und Sammelns. Stellt man einmal aus Goethes

Schriften alle Stellen zusammen, die sich auf Sammlungen beziehen, so ist man über ihre Fülle und Vielseitigkeit verwundert; sie stehen nicht nur in *Dichtung und Wahrheit* und den *Annalen* und der *Italienischen Reise* sowie in den amtlichen Schriften über die staatlich weimarischen Sammlungen, sondern auch in den Dichtungen, denn Sammeln ist eine Geisteshaltung und Stimmung. Wie viele Sammler gibt es allein in den beiden Wilhelm-Meister-Romanen: Wilhelms Großvater; Vater und Oheim der „Schönen Seele"; dann der Oheim Hersiliens; und schließlich der Sammler hier im *12. Kapitel.* Der Sammelgeist hier hängt zusammen mit der aus dem 18. Jahrhundert stammenden Diesseitsfreude und dem aufklärerischen Glauben, das Tragische zu überwinden und eine Lebensordnung zu schaffen, die das Erhaltenswerte auch wirklich zu erhalten vermag.

Einerseits also ist der Mensch ein Wanderer; das Leben fließt an ihm vorüber; er selbst ist in beständiger Bewegung; nichts nennt er sein eigen als sich selbst; ja, er selbst wandelt sich; und am Ende, ewiger Wanderer, schreitet er auf den Ewigen zu, von dem alles Leben ausging und in den es zurückzukehren unterwegs ist. Anderseits aber will der Mensch dem Augenblick Dauer verleihen. Er will sein Innen, sein eigenes persönlich Erlebtes herausreißen aus dem Fluß der vergänglichen Zeit, will es erstarren machen im Werk, und dieses Werk soll Bestand haben, soll behandelt werden, als müßte es ewig leben. Es soll nicht wandern und vergessen werden, sondern gesammelt und angeschaut werden.

So realistisch die Schilderung des Sammler-Hauses ist, sie hat zugleich ihre Symbolik. Die Szene bezeichnet sich selbst als *Gegengewicht dessen, was in der Welt so schnell wechselt und sich verändert.* (145,1 f.) Es wird betont, *daß Vergangenheit auch in die Gegenwart übergehen könne* (144,26 f.), ja sogar über unser Dasein hinaus sind wir fähig, zu erhalten und zu sichern (146,1 f.). Die Worte des Alten sind durchweg verallgemeinernd und gehen (wie andere Stellen des Romans auch) ins Spruchhafte (so: 145,25 ff.; 146,1 f.; 147,25 ff.). Auch was über das Kästchen gesprochen wird, hat bei aller Realität des Gegenstandes eine seltsame Hintergründigkeit: *Wenn Sie glücklich geboren sind und wenn dieses Kästchen etwas bedeutet ...* (146, 37 ff.). Und besonders die Worte am Kapitelschluß (und Schluß des *1. Buches*) erheben sich ganz ins Allgemeine: *Manchmal sieht unser Schicksal aus wie ein Fruchtbaum im Winter ...* Der konkrete Ausgangspunkt dieses Satzes ist nicht Wilhelm oder Felix oder Lenardo, sondern die bisher ganz nebensächliche, persönlich noch nicht einmal aufgetretene Nachodine. Aber das Einzelschicksal dient hier nur als symbolischer Fall. Das verdeutlicht der Vergleich mit der 1. Fassung, in welcher der Sammler sagt: *Sie sagen mir, der Vater dieses Mädchens sei durch Frömmigkeit ausgezeichnet gewe-*

sen. Die Frommen haben innigeren Zusammenhang als die Bösen, ob es ihnen gleich, dem Äußern nach, nicht immer so wohl gerät. Und so hoffe ich, auf die Spur zu kommen, welche Sie zu erforschen abgesendet sind. D. h.: Nachodine stammt aus pietistischen Kreisen, und in diesen will sich daher der Sammler nach ihr erkundigen. In der Endfassung tritt dieser kausale Handlungszusammenhang ganz zurück, und die Symbolik nimmt zu; ein ähnlicher Vorgang wie in der letzten Arbeitsperiode des *Faust II*, als die kausal verknüpfenden Handlungsglieder (Freibittung Helenas bei Persephone; Belehnung mit dem Meeresstrand) fortfallen und die Szenen nur noch nach dem Gesetz eines tieferen Symbolzusammenhangs aneinandergesetzt werden. – So bringt dieser Buchschluß als Sittenspruch und Metapher das, was dann der Romanschluß (458–460) symbolisch-anschaulich in einem ganzen Kapitel bringt: ein Bild des nach ewigen Gesetzen sich stets erneuernden, verwirrenden und wieder ins gleiche setzenden Lebens.

Über Goethe als Sammler: Bd. 14, Bibliographie, Abschnitt 20. – Schr. G. Ges. 61. Weimarer Goethe-Studien. 1980. S. 7–47. Dasselbe ohne Anmerkungen in: E. Trunz, Ein Tag aus Goethes Leben. München 1990. S. 72–100. – Goethe als Sammler. Katalog. Kunst aus dem Haus am Frauenplan in Weimar. Zürich 1990. (176 S.)

Zweites Buch

Erstes und *zweites Kapitel.* Das *Zweite Buch* ist das Buch der Pädagogischen Provinz. Sie wird in zwei Abschnitten geschildert: in *Kapitel 1* und *2* ihre allgemeine Ordnung und ihre Weltanschauung; in *Kapitel 8* ihre pädagogischen Einrichtungen; auch *Kapitel 9* spielt noch in der Pädagogischen Provinz; es bringt wissenschaftliche Gespräche, aber diese wären auch anderswo möglich. – Den ersten Hinweis vernahmen wir im *1. Buch* durch Lenardo; dieser berichtete über den Sammler: *er erzählte mir von einer pädagogischen Verbindung, die ich nur für eine Art von Utopien halten konnte* ... (141,11ff.). Dann folgte der ausführliche Hinweis in den Worten des Alten: *Weise Männer lassen den Knaben unter der Hand dasjenige finden, was ihm gemäß ist* ... usw. (148,8ff.). Und jetzt sehen wir die Provinz selbst. Wilhelm kommt an; er gibt Felix in einem Aufnahmeheim ab, wo man feststellen wird, für welche Ausbildung dieser sich eignet. Die Leiter des Unternehmens empfangen den Besucher und geben ihm Auskunft.

Durch ihre Worte lernen wir nun die Provinz kennen, aber dabei bleibt vieles fast ganz verschwiegen. Wir sehen die drei leitenden Männer; aber der über ihnen stehende *Obere* ist unsichtbar, es bleibt zunächst sogar unklar, ob er überhaupt existiert, und erst im *8. Kapitel* erfahren wir, daß er *bei den Heiligtümern ... unterweise, lehre, segne* (258,28f.). Mehr wird nicht gesagt. Was die drei Pädagogen betrifft, so hören wir ihre Worte, aber über ihre Persönlichkeit erfahren wir nichts. Und wir hören nur, wie sie zu Wilhelm sprechen, d.h. zu einem Besuchenden, Erwachsenen, Einsichtigen; wir hören sie niemals mit den Kindern sprechen oder untereinander. Wir lernen das Heiligtum kennen, doch nur zum Teil; und wir sehen es leer, wie Wilhelm, der einsame Gast, nicht, wenn sich dort die Jünglinge sammeln und der Obere *unterweist* und *lehrt.* – So ist alles eine Verschränkung von Aussage und Schweigen. Manches scheint sich dem Worte zu entziehen, ähnlich wie bei der Schilderung Makariens. Beide Partien sind Gipfelpunkte des Romans. Der weltlichen Religiosität entspricht diese Dichtung des *öffentlichen Geheimnisses* (ein Wort, das Goethe öfters, u.a. S. 229,24f. und Bd. I, S. 358, benutzt hat). Es gibt genug realistische Züge der Provinz (Felix bleibt in ihr und fühlt sich wohl, Montan trifft später hier ein, der Abbé übernimmt fortan junge Männer aus ihr für den Auswandererbund), und doch erscheint sie als Ganzes immer geheimnisvoll und unwirklich. Ganz zu Anfang fiel das Wort: *eine Art von Utopien* (141,12); aber nicht der Erzähler sagt es, sondern Lenardo, und auch dieser nicht als Charakteristik (denn er kennt die Provinz gar nicht), sondern nur als Bemerkung, daß er sie nach dem Hörensagen dafür halten *konnte.* Das Wort ist also ganz in der Schwebe gehalten. Und so ist fortan alles: es bleibt zwischen Wirklichkeit und Ideal, d. h. in der Ebene, welche für den ganzen Roman bezeichnend ist, in der lebendigen Bewegung auf ein Ziel hin. Die Pädagogische Provinz ist nicht wunderbarer als es die Josephsfamilie ist; gewiß aber ist sie weniger wunderbar als Makarie.

Was wir in der Provinz zuerst wahrnehmen, sind die *Gebärden und Grüße*. Sie sind Haltung, Bewegung, Symbol, nicht rationale Sprache. Auch ihre Deutung, die dreifache Ehrfurcht, bleibt Symbol: *über uns, unter uns, neben uns* – das sind Richtungen, Bewegungen, nicht Begriffe. In Goethes Symbolsprache ist Gott Licht und Geist; Blick nach oben ist Blick ins Licht. Blick nach unten ist Blick zur Erde; Erde ist Materie, ist schwer, ist für Licht undurchdringlich; die Lebewesen leben auf der Erde, senken ihre Wurzeln in sie, saugen aus ihr die Lebenskraft und recken sich ins Licht (daher die Pflanzensymbolik); das Erdhafte ist fähig der Steigerung: die Materie kann immer leichter werden, Licht kann in sie eindringen (Symbol dafür die aufsteigende Wolke, die sich auflöst in Äther). Das Licht scheint auf die Materie, dadurch kommt die Farbe zustande, Abglanz des Urlichts auf der Erde. Dieser Bereich, wo Licht und Erde sich berühren, ist der, in welchem wir eigentlich leben. Hat der Mensch das Licht erkannt und die Erde, so hat er auch den rechten Blick für sich selbst, für das Geschöpf des Zwischenreichs: der dritte Gebärdengruß gilt darum seinesgleichen. Der Mensch weiß vom Licht nur, weil er auch Finsternis kennt, und kann das Unendliche nur denken, sofern er das Endliche denkt, und dieses ist die Erde. Wir sind zugleich lichthaft und erdhaft, göttlich und luziferisch (wie es der große Weltmythos in *Dichtung und Wahrheit* am Ende von *Buch 8* beschreibt), eine Zwischenwelt: irdisch, sterblich, halbweise und immer bedingt.

Die Lehre von der Ehrfurcht steht in einem inneren Zusammenhang mit der Religiosität. Blickt man nur auf Gott, so reicht Ehrfurcht nicht aus: der Abstand ist zu groß. Blickt man nur auf die Menschen, so ist Ehrfurcht übertrieben. Doch da, wo im Irdischen das Überirdische durchscheint, wo die Welt zum Gleichnis wird und das Leben zum Abglanz göttlichen Lichts, da ist Ehrfurcht am Platze. Darum die Bemerkung, daß *Eltern, Lehrer, Vorgesetzte* Hinweis seien auf einen höchsten Herrscher, der sich in ihnen *abbildet und offenbart,* d. h. gleichnisweise deutlich wird, wenn man die rechte ehrfürchtige Einstellung besitzt. (155,8f.) Die Entwicklung zur Ehrfurcht ist *das Geschäft aller echten Religionen* (156,17f.), es wird vollzogen von Menschen, in denen die Ehrfurcht besonders gereift ist, die *man auch deswegen von jeher für Heilige ... gehalten* (156,16f.). Später wird Makarie als *Heilige* bezeichnet (441,3 und 11). Sie vor allem gehört zu dem Bereich, wo Göttliches und Menschliches sich berühren. Deswegen gibt es von der

Ehrfurchtslehre der Pädagogischen Provinz eine Verbindung zu ihr, und das Wort, das für die Provinz bezeichnend ist, *ehrfurchtsvoll*, wiederholt sich, als die Rede ist von der Haltung, die Makarie gegenüber geziemt (448,3 f.). Außer ihr ist noch – wohl mit Abstand – der *Obere* der Pädagogischen Provinz zu nennen, von dem es später heißt, daß er bei den Heiligtümern *unterweise, lehre, segne* . . .(258,28 f.). Das eigentliche Gebiet der Ehrfurcht ist das Erfahren des Unendlichen im Endlichen; und dieses ist das tiefste Anliegen aller Goetheschen Dichtung und Naturwissenschaft.

Das Unendliche im Endlichen ist ein Widerspruch in sich. Aber die letzte religiöse Erfahrung läßt sich immer nur aussprechen im Paradox. Ein solches Paradox ist das Wort *Ehr-Furcht* selbst: zugleich Freiheit und Bedingtheit, Näherung und Abstand. Es tritt in die Reihe jener Formulierungen, die, unsere religiöse Existenz andeutend, immer den Schnittpunkt zweier Bereiche bezeichnen: *zugleich unsere Kleinheit und unsere Größe* (31,28); *Mittelzustand zwischen Verzweiflung und Vergötterung* (33,5); *offenbares Geheimnis* (229,24 f.); die Haltung der Besucher zu Makarie: *vertraulich und ehrfurchtsvoll* (448,3 f.); und in diese Reihe gehört auch die Bezeichnung *Ehrfurcht vor sich selbst.* Man darf dabei zurückdenken an Wilhelm Meister auf der Sternwarte, wie er in sein Ich blickt und da die Idee, das Sittliche, das Absolute findet. Jedesmal ist es ein Blick nicht schlechthin auf das Unendliche oder nur auf das Endliche, sondern immer auf den Bereich, wo jenes in diesem erscheint; und schon die sprachliche Bildung deutet das an.

Das Gespräch geht gleich ins Tiefste der Pädagogik, das Religiöse. Die drei Pädagogen stellen nicht ihre Religion dar, sondern nur die religiöse Erziehung; aber man kann aus dieser auf jene schließen. Sie können und wollen nur ein Bild des religiös suchenden Menschen geben, der sich ins Universum vortastet. Ein solches Bild kann nie zum Dogma werden, es bleibt beweglich wie die innere Erfahrung selbst. – Es gibt in der Pädagogischen Provinz keine Geistlichen; die religiöse Erziehung liegt in der Hand weiser Lehrer. Es gibt keine Kirche; aber es gibt *Heiligtümer* (154,1), und wir lernen sie zum Teil kennen. Es besteht eine Frömmigkeit, und in ihr gibt es christliche Elemente. In dem Heiligtum sind christliche Bilder neben altjüdischen und altgriechischen. Die großen Religionen, welche zusammengewirkt haben, um die neuzeitliche Kultur hervorzubringen, erscheinen hier nicht als historischer Stoff, sondern als Sinnbilder innerer religiöser Erfahrung, Sinnbilder, die auf höchster Stufe alle wieder überwunden werden. Es bleibt zum Schluß nur der Mensch, der Mensch auf dem Wege zum Absoluten. Weil nichts ihm dabei so viel geholfen hat wie das Christentum, bleibt dieses hineingeschlungen in diese Entwicklung, mehr als alles andere. Aber es bleibt nur, weil es innere Erfahrung ist und soweit es solche ist. Kein Wort von Sakrament, Priester, Heilsgeschichte und Gericht, jedoch von *Niedrigkeit, Armut, Elend, Leiden, Tod* und *Sünde,* vom *Heiligtum des Schmerzes* (157,11 ff. und 164,17). Das Christentum ist hier nur einer von drei religiösen Wegen, die alle zu Recht bestehen. Und es erscheint gewandelt, mancher alten Elemente entkleidet. Weil der Mensch ein bedingtes Wesen ist, hat niemand je die ganze Wahrheit gehabt. Auch das Christentum ist etwas sich Wandelndes.

Die ganze Lehre in der Provinz zielt nicht auf objektive Glaubensinhalte, sondern auf religiöse Erfahrung. Wir erfahren das Religiöse zunächst als Erkenntnis eines Weltherrschers; sodann als Erkenntnis unserer Bedingtheit und Kleinheit; schließlich als Erkenntnis der Gleichnishaftigkeit im sittlichen Leben mit anderen. Diese Erfahrungen erwachsen dem neuzeitlichen religiösen Menschen nach und nach seit seiner Kindheit. Die Erzieher versuchen, daraus Stufen der Bildung zu machen. Sie benutzen als Bilder dieser Stufen die historischen Religionen, so daß der junge Mensch der Neuzeit gewissermaßen noch einmal diesen weltgeschichtlichen Entwicklungsgang zurücklegt. Es werden also in Entsprechung gesetzt: erstens die Bereiche der inneren religiösen Erfahrung (das Göttliche in dem, was über uns ist, unter uns ist und neben uns ist), zweitens die Entwicklungsstufen der Religionsgeschichte (Heidentum, Lehre des historischen Jesus, Glaube an Christus) und drittens die Entfaltungsgrade des reifenden Jugendlichen. – Die drei Pädagogen bedienen sich in ihrer Darstellung einer klaren Drei-Gliederung *(über uns ..., unter uns ..., neben uns ...)*; aber in der Fortsetzung wird die Reihenfolge geändert: die zweite und dritte Stufe wechseln den Platz. Es ergibt sich, versucht man den Inhalt nachzuzeichnen, folgendes

Schema zur Lehre von der dreifachen Ehrfurcht.

Arme kreuzweis über der Brust, Blick fröhlich gen Himmel (149,31 ff.)	Ehrfurcht vor dem, was über uns ist (155,4 ff.)	Glaube an Gott (157,39 f.)	ethnische Religion (156,28 ff.)	Gemälde aus der jüdischen und griechischen Religion (159,1 ff.)
Arme auf dem Rücken, Blick lächelnd zur Erde (149,33 f.)	Ehrfurcht vor dem, was unter uns ist (155,9 ff.)	Glaube an die im Leiden Verherrlichten (158,1 f.)		
Antreten in einer Reihe, Blick auf die anderen, Arme gesenkt (150,1 ff.)	Ehrfurcht vor dem, was uns gleich ist (155,22 ff.)	Glaube an die Weisen und Guten (158,2 ff.)	philosophische Religion (156,33 ff.)	Gemälde aus Jesu Lebensgang (161,21 ff.)
			christliche Religion (157,4 ff.)	Gemälde der christlichen Passion (164,8 ff.)

Eine ähnliche Drei-Gliederung zeigt auch eine andere, ebenfalls ins Religiöse weisende Partie: Wilhelm Meister auf der Sternwarte (119ff.). Er blickt zunächst empor zu dem Sternenhimmel, der ihm den Weltschöpfer verdeutlicht (Ehrfurcht vor dem, was über uns ist); er denkt dann an die eigene Kleinheit und Unzulänglichkeit, in die er als Mensch geschränkt ist (Ehrfurcht vor dem, was unter uns ist); dieser Gedanke darf aber nicht vorherrschend bleiben, er könnte bedrücken und lähmen; die Haltung, zu welcher sich der Mensch von hier aus erheben soll, ist eine dritte: tätig-handelnd zwischen seinesgleichen (Ehrfurcht vor dem, was uns gleich ist); Wilhelm Meister setzt hier sein eigenes Tun in Übereinstimmung mit dem sittlichen Weltgesetz und kommt zur *Forderung des Tages.* Am Ende dieser Reihe steht die Haltung, die im Leben vorherrschen soll; es ist eine normsetzende Stufenordnung im Geistigen.

Anders ist die Reihenfolge dann, als die drei Pädagogen Wilhelm die Bilderzyklen zeigen und von den Schülern sprechen, für welche diese geschaffen sind. Jedes Kind lernt leicht, Gott als Weltschöpfer zu verehren. Es lernt auch, im Verkehr mit anderen eine sittliche Ordnung zu erkennen, die Abbild einer absoluten Ordnung ist. Aber erst allmählich und spät lernt es, daß auch unsere Begrenztheit und unser Schmerz ehrfürchtig hinzunehmen sind. Hier handelt es sich um eine psychologische Reihenfolge, ein Nacheinander des Begreifens.

Goethe bemerkte den Wechsel in der Reihe vermutlich recht wohl und variierte die dreigliedrige Folge absichtlich mit leichter Hand, gleichsam als wollte er sagen: ein System ließe sich starr und gedankenlos übernehmen; das eben soll man nicht, sondern soll nachdenken. Im Menschen sind immer alle drei Bereiche zugleich, die Reihenfolge kann wechseln. – Alles Menschliche ist bedingt; darum erzählt der *Divan,* daß die verschiedenen menschlichen Sprachen sich im Paradiese alle in eine einzige Sprache auflösen werden (Bd. 2, S. 116f.). Die *Wanderjahre* weisen von verschiedensten Punkten aus auf das Absolute hin: von der Josephsfamilie, von Makarie, von der Pädagogischen Provinz, vom Wandererbund aus; Wahrheit haben sie alle, aber alle nur in menschlich bedingter Form. Was für das ganze Werk im Großen gilt, gilt an dieser Stelle im Kleinen: durch das Wechseln der Blickpunkte trägt jeder Hinweis in sich das Wissen um seine Begrenztheit. Doch er verliert darum nicht an Kraft; ist es doch unsere bewegliche innere Erfahrung, an die er sich richtet.

Bei der normativen Fragestellung betrachten wir zuerst Gott als Weltschöpfer im All. Dann kommen wir vor die Frage des Bösen, des Leids und unserer Bedingtheit. Wir sollen nicht in ihr versinken, sondern zu einer dritten Stufe gelangen: tätig-nützlich wie die Auswanderer, wobei das eine, was man recht tut, ein Gleichnis von allem wird, was recht ist. In diesem Zustand sollen wir leben, jene anderen aber gleichzeitig in uns beibehalten.

Psychologisch betrachtet ergibt sich eine andere Folge. Die erste Stufe bleibt gleich: das Göttliche im All. Von da schreiten wir zu der zweiten fort (die vorher die dritte war): zwischen anderen Menschen leben wir eine sittliche Ordnung, die auf ein höchstes Gesetz hinweist. Aber nun jener dritte, bisher übergangene Standpunkt! Erwerben wir ihn jemals ganz? Es sind die Fragen, an denen Meister Eckart, Böhme und Leibniz rätselten: Warum ist das Leiden in der Welt, das Böse, die Schuld und der Tod? Warum hat das Leiden nichts zu tun mit der Schuld? Wir sehen ein, daß der Mensch als unvollkommenes Wesen sterblich sein muß. Aber warum stirbt der Mutter das Kind? Wie ist das Leid, das eigene erlebte Leid, religiös zu verstehen? Denn da alles aus der Hand des Höchsten kommt, muß man auch dieses als seine Gabe erkennen. Wer kann es jemals ganz? Am ehesten kann es der Christ. Darum wird diese Stufe die christliche genannt. Während in den *Lehrjahren* bei Mignons Totenfeier die Kinder singen *Kehret ins Leben zurück* (Bd. 7, S. 575f.), wird hier nicht vom Problem des Todes fortgelenkt, sondern es wird unmittelbar ins Auge gefaßt. *Mit den Jahren steigern sich die Prüfungen* (469, Nr. 61). Vielleicht lernen wir ein religiöses Begreifen von Leid und Tod erst im Laufe des Lebens. Für den Weg des Verstehens steht diese Stufe jedenfalls am Ende. Diejenige Religion, welche das religiöse Verstehen dieser Bedingtheit am weitesten entwickelte, ist die christliche. Es ist Goethes Weiterbildung, daß er sie mit seinem Symbol der Bedingtheit, der Erde, verbindet. (Die Symbolik *über uns* und *unter uns* kehrt im Makarien-Mythos wieder, 444,24–445,6 und 449,18–20.) Die zur Erde Blickenden halten die Hände auf dem Rücken, gleichsam gebunden und hilflos; aber sie blicken nicht ernst – sie lächeln! Das ist Ausdruck der geistigen Verarbeitung, der Steigerung ins Geistige, für die Goethe das Wort *Heiterkeit* liebte. Auch Buddha und die Weisen des alten China lächeln.

Die Grußformen sind Symbol, und die Deutung – *über uns, unter uns, neben uns* – ist es auch. Die kindliche Seele braucht noch stärker als die der Erwachsenen das Symbol, das Bild. Man kann Knaben nicht unmittelbar in das Gedankenreich der Religiosität der Lehrer der Pädagogischen Provinz einführen. Goethe ist hier in einem Gebiet, das Kant, Schiller, Jean Paul und alle anderen Zeitgenossen nicht erreichten, schöpferisch geworden, in dem der symbolischen Bewegung, und er konnte es aus seiner Allseitigkeit und seinem Körpergefühl heraus. – Der „betende Knabe“ des Altertums (von dem ein Abguß in Goethes Treppenhaus stand) blickt gen Himmel und streckt die Arme empor. Gesten der christlichen Welt sind das Knien, das Händefalten, das Gebet mit gesenktem Haupt, ferner als weltliche Formen die Verbeugung

u. a. m. In der Pädagogischen Provinz sind diese Formen nicht übernommen, ebensowenig wie in ihr von Kirchen, Geistlichen, Sakramenten die Rede ist. Die Grußgebärden sind die symbolischen Gesten der Goetheschen weltlichen Religiosität. Sie sind anders als griechische, altchinesische, germanische und christliche Gesten, zugleich aber haben sie mit diesen allen mancherlei Gemeinsames, ebenso wie die Religion der Pädagogischen Provinz mit allen jenen Religionen verbunden ist. Der freie Blick gen Himmel erinnert an den Aufblick antiker Beter, aber die Arme sind nicht emporgehoben, sondern über der Brust gekreuzt, auf Verinnerlichung weisend. Bei dem Blick zur Erde sprechen der gesenkte Kopf und die auf dem Rücken verschränkten Hände die Gebundenheit, fast Hilflosigkeit aus, und ausgleichend ist nur eins: das Lächeln; es ist Geist-Werden, Weg von der Materie ins Licht. Auch die dritte Bewegung, das „Antreten" und „Sich-Ausrichten", ist symbolisch: der Mensch zwischen seinesgleichen, sich der Gemeinschaft einordnend, Bild freiwilliger Bindung wie der Chorgesang. Jede dieser Bewegungen ist zugleich Gebundenheit und Freiheit, genau wie das Wort *Ehr-Furcht* und wie alle die Kernsätze des Romans, welche ein Bild des Menschen entwerfen. Es sind Symbole, die schon ein Kind in sich aufzunehmen vermag und über die man später im Leben immer wieder nachdenken kann. Verglichen mit christlichen Gesten sind sie froher aufblickend und stellen den Menschen stärker zwischen seinesgleichen; im Vergleich zu antiken Gesten fällt die Verinnerlichung auf und die Betonung der Grenzen – also das, was durch die Jahrhunderte christlicher Kultur entwickelt wurde. Doch sie sind keine Mischung, kein Synkretismus; sie sind neu. Der Geist der Goetheschen Religiosität spricht sich nicht nur in einem Gedicht aus wie *Prooemion* (Bd. I, S. 357) oder einem Dialog wie dem Gespräch auf der Sternwarte (118–127), sondern auch in diesen Gebärden. Um sie zu erfinden, bedurfte es eines Schöpfers mit Körpergefühl, wie es ein Tänzer besitzt oder ein Bildhauer. Eine abstrakt-gedankliche Formulierung der neuen Geistigkeit haben viele gegeben: Kant, Hegel, Schiller u. a. m. – eine Symbolisierung als Gebärde nur Goethe im Alter, hier an dieser Stelle. Darin liegt ihre Bedeutung. Aber dieses Neue und Kühne wird ganz zum romanhaften Bild, wird ganz still und mit Abstand erwähnt; seine Tragweite wird nicht ausgesprochen, und es bleibt völlig dem Leser überlassen, sich diese zu bestimmen. Goethe hatte schon einmal solche Gebärdengrüße geschildert, scheinbar ganz nebenher, aber durchaus symbolisch, tief aus dem Unbewußten kommend, bei Mignon. Sie *hat für jeden eine besondere Art von Gruß* und grüßt Wilhelm *mit über die Brust geschlagenen Armen* (Bd. 7, S. 110,5 ff.). – Die Grußformen sind in ihrer Anwendung „weltlich": man grüßt damit die Erzieher; in ihrer Bedeutung sind sie fromm: Aufblick zu Gott oder Betrachtung seiner

Erde. Das Religiöse wird hier in das allgemeine Leben hineingetragen, und das Leben, z. B. die Verbindung zu seinesgleichen, wird religiös durchgeistigt. Die Grußformen sind also genauer symbolischer Ausdruck der Weltanschauung, sowohl in ihrer Bedeutung wie in ihrer Anwendung.

Die Weltanschauung Kants, Goethes, Schillers, Hölderlins ist nicht hellenischer Aufblick zu den Göttern, auch nicht christliche Demut, sondern Weiterbildung aus beidem, ein Bild des Menschen, der in seinem Innern den Weg zu dem Absoluten findet, das ihm gleichnishaft in der Welt erscheint. Die Pädagogen führen die drei geschilderten Religionen zu der einen *wahren Religion* zusammen (157,23f.), die drei Ehrfurchten vereinigen sich zu der *Ehrfurcht vor sich selbst* (157,25). Je tiefer der Mensch in sich selbst hineinhorcht, desto mehr findet er sich hingewandt zu dem Gott über uns, findet sich in seiner Bedingtheit verbunden mit der Erde unter uns und sittlich vereinigt mit seinesgleichen. Er findet in sich Gesetze von unbedingter Gültigkeit. Dies alles ist in ihm, aber nicht durch ihn. Die Ehrfurcht vor sich selbst ist Ehrfurcht vor dem Gott in uns und dem Geheimnis des Lebens. Der Weg ins Ich führt in den Seelengrund und erreicht dort die Grenze, wo nicht mehr das Ich ist, sondern das Weltgeheimnis, das Gesetz, das Unbedingte – oder wie man es nennen will. Je näher wir dieser Grenze kommen, desto mehr hört jede Willkür auf. Darum ist Makarie nur noch Hingabe an eine göttliche Ordnung. *Ehrfurcht vor sich selbst* heißt also nicht, daß der Mensch zum Götzen werde, sondern im Gegenteil, daß er lerne, *Dünkel und Selbstheit* (157,30) ganz zu überwinden. Dies ist die Religion der Erzieher selbst. Sie bleibt bildlos. Wieweit sie auch den Jünglingen mitgegeben wird, erfahren wir nicht. Jene drei Ehrfurchten waren mit historischen Religionsformen in Verbindung gesetzt. Bei dieser geschieht es nicht. Es ist eine Religiosität, welche den Weg zum Absoluten im menschlichen Innern erschließt.

Den drei innerlichen Bereichen religiöser Erfahrung werden drei historische Ausprägungen der Religion zugeordnet. Der Ehrfurcht vor dem, was über uns ist, entspricht die Religion aller Völker. Die Bezeichnung *ethnische Religion* bedeutet wörtlich „Völkerreligion", von griechisch „ethnos" = Volk. Hier ist der Gott, der die Welt schuf, der in der Natur lebt, die Schicksale lenkt. Für die beiden anderen Religionen finden sich Entsprechungen in der christlichen Welt. Dabei trennt man erstens Leben und Lehre des historischen Jesus und zweitens die Passion und die aus ihr entwickelte Erlöserreligion. Diese Trennung hatte sich im kirchengeschichtlichen Denken des 18. Jahrhunderts allmählich durchgesetzt. Lessing hatte sie scharf und deutlich formuliert. Seither ist sie Gemeinbesitz der geschichtlichen Betrachtung. Der historische Jesus in seinen Reden wies die Menschen auf Gott hin und darauf, wie sie sittlich, rein und vergeistigt handeln und leben sollten. Dagegen machte die christliche Religion (seit Paulus) Jesus selbst zum Gegenstand der Anbetung als Erlöser von der Erbsünde, Wendepunkt der Heilsgeschichte zwischen Sündenfall und Jüngstem Gericht. Goethe nimmt diese Trennung auf, aber nicht historisch-kritisch (aus der Fragestellung: was hat der historische Jesus gelehrt, und was hat sich seit Paulus herumkristallisiert?), sondern wertend und symbolisch (aus der Fragestellung: welche unserer Seelenbereiche finden wir in der Jesuslehre ausgesprochen? und welche in der christlichen Kirche des Abendlandes?). Goethe weiß, daß man niemals durch historische Forschung zu einer Religion kommen kann, sondern immer nur durch inneres Erlebnis. Er greift also zu jenen historischen Formen von der eigenen religiösen Erfahrung aus. Der historische Jesus lehrte die Menschen, immer an Gott zu denken und uneigennützig, liebevoll und gütig zu sein. Er war *ein wahrer Philosoph ..., ein Weiser im höchsten Sinne* (163,11f.). Die christliche Religion, die sich seit Paulus bildete, stellte in ihren Mittelpunkt das Leiden Jesu, die Passion. Darum wird sie in Verbindung gesetzt mit der inneren Erfahrung des Leids, des Todes, der Vernichtung. Mehr als die anderen Religionen hat sie es vermocht, auch in diesen Bereichen Göttliches zu erkennen. In der Entwicklung der weltgeschichtlichen Religionen wie in der des Einzelmenschen ist das *Heiligtum des Schmerzes* (164,17) derjenige Bereich, welcher als letzter Erkenntnisse hergibt. – Der Bereich, aus welchem heraus Goethe und der neuzeitlich-abendländische Mensch eigentlich lebt, ist aber nicht die Meditation über den Schmerz, sondern die Verwirklichung des Sittlichen: Leben ist Handeln, ein Sich-Verhalten zwischen anderen. Wie wir uns da nun verhalten sollen – gut, nächstenliebend, uneigennützig und geistig –, das lehrte der historische Jesus, der *Weise*. Darum heißt es: *Und so ist sein Wandel für den edlen Teil der Menschheit noch belehrender und fruchtbarer als sein Tod: denn zu jenen Prüfungen ist jeder, zu diesem sind nur wenige berufen.* (163,24ff.) Dieser Satz enthält letzten Endes auch die Begründung für die verschiedene Reihenfolge der Ehrfurchten: Für das Leben soll die Religion des Weisen das Letzte und Höchste bilden; in der geistigen Entwicklung dagegen ist die Religion des Schmerzes das, was wir als Tiefstes und Letztes verstehen.

Die Erzieher der Provinz sehen ihre Religion der obersten Ehrfurcht (der Ehrfurcht vor sich selbst) als ein Bestes und Höchstes, das alles umfaßt, was an religiösen Dingen je gedacht ist, und darum ist hierin auch das Christliche enthalten neben Jüdischem und Griechischem. Die Erzieher empfinden ihren Standpunkt nicht als etwas Fertiges. Der Mensch ist ein Weiterschreitender, und darum wird auch sein Glaube sich weiterentwickeln. In dem gegenwärtigen Zustand lebt vieles von den alten Religionen als wertvoller Besitz. Deswegen wird es den Schülern mitgegeben. Dies ist kein Synkretismus und Eklektizismus, denn den Ausgangspunkt bildet immer die eigene innere Erfahrung; daß diese stark genug ist, um (sofern man wollte) auch ohne die Verbindung mit dem Historischen auszukommen, beweisen die Grußgebärden und die Art des Unterrichts. Aber man will gar nicht jenes Geschichtliche, Große vergessen; es ist viel zu fruchtbar, lebendig und insofern wahr. Doch stellt man sich darüber in den Bereich jener einen obersten Ehrfurcht. Diese Zusammenfassung ist etwas ganz Ähnliches wie in Goethes Gedicht *Die Geheimnisse* das Zusammenfinden der Vertreter aller Weltreligionen im Bereiche des Humanus (Bd. 2, S. 271–284). So fand also eine alte Idee des Dichters, die er in seiner Jugend nicht durchzugestalten vermocht hatte, hier ihre Ausformung. Sie ist tief in seiner Natur verwurzelt und hängt darüber hinaus zusammen mit der Geistesgeschichte des Abendlandes. Seit der Renaissance hatte sich der Gedanke gebildet, daß in allen Religionen und religiösen Weltanschauungen Wahrheit sei, daß Gott diesen allen sich mitgeteilt habe, freilich allen in menschlichbedingter und darum mit Mängeln behafteter Art; im Letzten und Höchsten aber müßten alle sich begegnen. Die Weisen der Pädagogischen Provinz sind dichterische Verlebendigung dieser Anschauung, die man seit Dilthey („Schriften", Bd. 2) als „religiös-universalistischen Theismus" zu bezeichnen pflegt. Die Geschichte des menschlichen Denkens erscheint dabei als eine Entwicklung zu immer geistigeren Formen der Religion. Lessing hatte in diesem Sinne gesprochen von einer „Erziehung des Menschengeschlechts"; die historischen Religionen erscheinen hier nur als Durchgangsstufen einer ewig weiterschreitenden Menschheit. Waltet bei Lessing eine Dynamik im Bilde der Geschichte, so bei Goethe auch in dem des Einzelmenschen: die Ehrfurchten sind kein Besitz, sondern eine Bewegung, ein Streben. Das Wander-Symbol des Buchs erhält von hier aus noch einmal neues Licht. Wir werden erinnert an die Dynamik des Strebens in *Faust,* während die *Wanderjahre* in anderen Zügen geradezu das Gegenstück zu jenem Werk bilden. Der religiös-universale Theismus, der bei Erasmus, Comenius und Leibniz, bei den Freimaurern, bei Lessing, Kant und Herder lebendig war, hatte sei je zur Darstellung in der Dichtung gedrängt. Aus dem Geiste des alten Humanismus heraus hatte Andreae im Frühbarock mit seiner Rosenkreuzer-Geschichte den ersten Versuch in dieser Richtung gemacht. Doch erst die Aufklärung fand dafür dichterisch eine bleibende Gestaltung: Lessings „Nathan". Hier knüpften Goethes *Geheimnisse* an. Und die Pädagogische Provinz nimmt dann das Thema noch einmal auf, ganz in das Eigenwillige, Weltferne des Altersstils entrückt. Sie nimmt als einzigen Ausgangspunkt die innere religiöse Erfahrung. Diese ist als erstes da und wird in den jungen Menschen entwickelt. Dann erst kommen die geschichtlichen Formen hinzu.

Die Rosenkreuzer Andreaes und die Bruderschaft der *Geheimnisse* sind utopische Mythen; die Pädagogische Provinz ist es ebenfalls, und sie gehört insofern in die Geschichte der Utopien, die mit Platons „Politeia" beginnt. Der pädagogischen Utopie in diesen Kapiteln folgt später im *3. Buch* eine soziale Utopie (390–392, 404–413). Es gibt inhaltliche Verbindungen: Dort herrscht der Geist der Ehrfurcht vor dem Mitmenschen, die tätige Lebenslehre des Weisen. Aus der Pädagogischen Provinz wird die Lehre von der dreifachen Ehrfurcht in die amerikanische Utopie mit herübergenommen, denn sie ist für alle weltliche Religiosität grundlegend (391,33–38). Der Unterschied ist: Die amerikanische Utopie wird als ein Plan dargestellt, wie etwas werden soll; die Pädagogische Provinz wird beschrieben als etwas, das da ist. Aber anderseits erfahren wir über die Provinz fast nur Prinzipien und sehen bei dem Amerikaplan überzeugende praktische Ansätze – so bleibt alles in dem Bereich des Halbwirklichen, Bewegten, zum Ideal Hinstrebenden, der für das ganze Buch bezeichnend ist.

Was hier geschildert wird, ist daher nicht unmittelbar nutzbar für die praktische Pädagogik, aber unschätzbar wertvoll als geistige Wegweisung. Die oberste Ehrfurcht, die Welt als Gleichnis, Leben im heilig-öffentlichen Geheimnis – das alles ist eine Haltung, keine Lehre; ein Weg, kein Ergebnis. Der dies schrieb, hatte das Unendliche und hatte es zugleich nicht. Indem er gibt, muß er zugleich nehmen. Können wir mehr tun als im Erfassen der hier gezeigten Haltung unsere eigene Haltung vervollkommnen?

Die Schilderung der Pädagogischen Provinz ist in der 1. und 2. Fassung des Romans völlig identisch. Bedenkt man, wie sehr Goethe sonst bei der Umarbeitung geändert hat, so läßt sich aus diesem Umstand wohl schließen, daß er hier nicht ändern wollte. Die Annahme mancher Beurteiler, die Verschiedenheit in der Reihenfolge der drei Ehrfurchten erkläre sich aus zwei getrennten Arbeitsperioden und aus seniler Kraftlosigkeit, das Disparate zu vereinheitlichen, wird durch nichts in der Überlieferung gestützt. Es gibt zu diesen zwei Kapiteln – im Gegensatz zu den meisten übrigen des Buchs – keine erhaltenen Schemata; Goethe scheint sie einheitlich konzipiert und diktiert zu haben.

Er bewegte sich dabei nach Art seiner Altersgeistigkeit ganz in eigenen mythischen Konzeptionen, wie auch in *Faust II;* aber ähnlich wie dort benutzte er andererseits auch hier manche Anregungen, und zwar bis in Einzelheiten hinein. Die Ehrfurchtslehre hat wohl Anregungen aus altchristlichen Schriftstellern (vgl. Nachtrag zu 155,2). Auch die Schilderung der Pädagogischen Provinz hat Anregungen benutzt, und zwar weniger solche aus der Literatur als solche aus dem Leben. Goethe stand mit Erziehungsfragen in Berührung durch die Weimarer Schulen, seinen eigenen Sohn und die Kinder des Herzogs. Sein weltweiter Blick verfolgte auch die pädagogische Bewegung seiner Zeit. In den *Lehrjahren* zeigt der Abbé Erziehungsgrundsätze, die von Rousseau und aus der Geniezeit herkommen: der Mensch solle sich nach allen Seiten entwickeln, und Irren sei notwendig. Zwischen den *Lehrjahren* und den *Wanderjahren* liegt die Französische Revolution und der Beginn des Maschinenzeitalters. Die alte Ordnung beginnt sich aufzulösen. Um diesen Auflösungserscheinungen entgegenzuwirken, betonen die *Wanderjahre* die Erziehung zu einem bestimmten Beruf, die soziale Einordnung von Anbeginn. Goethe hat sich selbständig zu diesen Gedanken entwickelt. Von Pestalozzi hat er sie nicht. Er hat aus der Ferne dessen Bestrebungen verfolgt, ohne ihnen innerlich nahe zu kommen. Er glaubte, daß Pestalozzis Zöglinge das mathematische Denken überbetonten und zu wenig Achtung vor den Erwachsenen hätten. Weit besser als Pestalozzi gefiel ihm Philipp Emanuel v. Fellenberg, der, aus einer Berner Adelsfamilie stammend, ein Erziehungsinstitut in Hofwil (bei Bern) mit glänzenden Erfolgen eröffnet hatte. Goethe hat sich in den Jahren 1816–1821 eingehend mit schriftlichen und mündlichen Berichten über Fellenbergs Institut beschäftigt und dem Herzog empfohlen, zwei Söhne (die dieser von Frau v. Heygendorff – Caroline Jagemann – hatte) dort erziehen zu lassen. Fellenberg war ursprünglich Landwirt. Der Landbezirk seiner Erziehungsanstalt war daher auffallend groß, und die landwirtschaftliche Betätigung bildete einen wichtigen Punkt in der Ausbildung aller Schüler. Ebenso wurden Musik und Gesang als grundlegende Fächer behandelt. Die religiöse Haltung war – schon dadurch, daß Kinder aus vielen Ländern dort zusammenkamen – freisinnig. Fellenbergs Institut hatte zwei Abteilungen: erstens das Internat der gut zahlenden auswärtigen Kinder vornehmer Eltern und zweitens die Armenschule für einheimische Dorfkinder. Bei Goethe gibt es keine ständische Teilung, sondern nur eine Trennung nach Arbeitszweigen. Vergleicht man die Berichte über Fellenbergs Landschulheim mit Goethes dichterischer Darstellung, so sieht man, daß zwar einzelne Anregungen dorther stammen, aber das Ganze ist durchaus anders. Die Phantasie des gealterten Dichters bewahrte sich auch hier ihre Freiheit, aber er hatte darunter als Fundament seine ungewöhnliche Weltkenntnis.

Goethes Interesse an Fellenbergs Erziehungs-Institut begann 1816. Am 13. Sept. 1816 bat er Heinrich Meyer, Erkundigungen einzuziehn. Am 14. Febr. 1817 war ein Lehrer aus Hofwil, Christian Lippe, bei Goethe und berichtete. (Tgb. 14. Febr. 1817) Daraufhin wurde beschlossen, Carl Augusts Sohn Carl Wolfgang v. Heygendorff solle durch den Arzt Rehbein dorthin gebracht werden. (Tgb. 15. Febr. 1817) Das geschah; Rehbein kam zurück, und das Tagebuch vermerkt: *Ausführliche Erzählung seiner Reise, Schilderung von Hofwyl.* (15. April

1817) Am 28. März 1817 schrieb Fellenberg an Goethe; dieser antwortete (vermutlich Ende April) und teilte mit, durch Lippe und Rehbein gut informiert zu sein. Fellenberg sandte ihm dann am 5. Sept. 1817 mit einem Brief seine gedruckte „Vorläufige Nachricht über die Erziehungsanstalt für die höheren Stände zu Hofwyl". Goethe antwortete am 24. Sept. 1817. Carl August hielt sich im Sommer 1817 mehrere Tage in Hofwil auf. Am 27. Jan. 1818 notiert das Tagebuch: *Studiosus Moeglich aus der Schweiz kommend, bei Fellenberg und Pestalozzi gewesen.* Dann wieder am 21. Nov.: *Abends Hofrat Meyer. Bericht über Fellenberg.* In diesem Jahre wurde auch ein zweiter Sohn der Frau v. Heygendorff nach Hofwil gegeben. Im Sommer war Goethe in Karlsbad mit dem Grafen Capo d'Istria zusammen, der sich in Hofwil aufgehalten hatte, um die dortige Erziehungsweise genau kennen zu lernen. Das Tagebuch notiert vom 17. August bis 18. Sept. Gespräche mit ihm, u. a. am 26. August: *Graf Capo d'Istrias bei mir. Wegen pädagogischen Unterrichts.* Dieser schenkte Goethe seine Schrift „Rapport présenté à sa Majesté l'Empereur Alexandre ... sur les établissemens de M. de Fellenberg à Hofwyl. Paris et Genève 1815." (Ruppert 3219) Am 9. September 1820 vermerkt das Tagebuch: *Herr von Fellenberg Sohn. Unterhaltung über die große Anstalt von Hofwyl.* Über diesen Besuch des 20jährigen Sohns des berühmten Pädagogen berichten auch die *Annalen: Ein Fellenberg'scher Sohn brachte mir die menschenfreundlich bildenden Bemühungen des Vaters deutlicher zu Sinn und Seele.* Zwei Monate danach, am 9. November, notiert dann das Tagebuch: *Wanderjahre; Pädagogische Provinz.* Und am 13. Dezember: *Wanderjahre fortgesetzt. Pädagogische Provinz ... Revision des heute früh Diktierten zu den Wanderjahren; ingleichen Überlegung des seltsamen Comments.* Damit sind wohl die Gebärdengrüße gemeint. Am 15. Dez.: *Wanderjahre. Seltsamer Comment.* Dies ist die letzte Tagebuch-Notiz über die Pädagogische Provinz. Das Werk erschien dann im Jahre darauf, 1821. – Im Goethe-Archiv sind Fellenbergs Briefe an Goethe vom 28. 3. und 5. 9. 1817, seine gedruckte Schrift „Vorläufige Nachricht ..." (32 S.) und ein Manuskript von 3 Seiten über Fellenbergs pädagogische Grundsätze (Schreiber nicht bekannt). Unter Goethes Büchern steht die Schrift von Capo-d'Istria. Da Goethe aber vieles mündlich erfuhr, wußte er über Fellenbergs Institut mehr als in diesen Schriften steht. Der Besuch des *Fellenbergischen Gehilfen namens Lippe* im Jahre 1817 war ihm so wichtig, daß er ihn in seine *Annalen* hineinnahm.

Interpretation: K. J. Obenauer, Goethe in s. Verh. zur Religion. Jena 1921. S. 188–198. – E. Franz, Goethe als religiöser Denker. Tüb. 1932. S. 109–150. – E. Spranger, Die Geheimnisse der pädagog. Provinz. Das dt. Wort 1935, Nr. 34, S. 6–8. – O. Nitschke, Goethes pädagog. Provinz. Würzburg 1937. – W. Flitner,

Die Pädagog. Provinz und die Pädagogik Goethes in den „Wanderjahren". Die Erziehung 16, 1941, S. 185–193, 206–223. – W. Flitner, Goethe im Spätwerk. Hamburg 1947. S. 224–231. – Goethes pädagogische Ideen. Hrsg. v. W. Flitner. Godesberg 1948. – O. F. Bollnow, Die Ehrfurcht, Frankf. a. M. 1947. – P. Stöcklein S. 229ff. – Schrimpf S. 273–302. – Peter Meinhold, Goethe zur Geschichte des Christentums. Freiburg 1958. S. 156–171.

Verhältnis zu Pestalozzi und Fellenberg: K. Jungmann, Die pädagog. Provinz. Euphorion 14, 1907, S. 274–287, 517–533. – K. Muthesius, Goethe u. Pestalozzi. Lpz. 1908. – K. Muthesius, Neue Quellen zu Goethes Pädagog. Provinz. Die dt. Schule 27, 1923, S. 448–454. – K. Jungmann, Eine neue schweizerische Quelle der Pädagog. Provinz. Schweizerische pädagog. Ztschr. 33, 1923, S. 102ff. – O. Kohlmeyer, Die Pädagog. Provinz. Langensalza 1923. – W. Feilchenfeld, Pestalozzi, Goethe, Lavater. Dt. Vjs. 3, 1925, S. 431–443. – G. Bohnenblust, Goethe u. die Schweiz. Frauenfeld u. Lpz. (1932). – K. Guggisberg, Ph. E. v. Fellenberg u. sein Erziehungsstaat. 2. Bde. Bern 1953. (grundlegend. Darin S. 420–434: Goethe und Fellenberg.) – Goethes Bibliothek. Katalog von H. Ruppert. Weimar 1958. Nr. 3219. – Knapp orientierend: Pädagog. Lexikon, Bd. 2, Bielefeld u. Lpz. 1929, Sp. 69–73. – Lex. d. Pädagogik, Bd. 3, 1952, Sp. 1130f. – Über Fellenberg und Weimar: Paul Krumbholz, Gesch. des Weimarischen Schulwesens. Bln. 1934. (Mon. Germ. Paed., 61) S. 153ff. – Dazu auch: Riemer, Mitteil. über Goethe. Abschnitt „Ironie". In der Ausg. von Pollmer, 1921, S. 131ff.

Geschichtliche Parallelen zur Lehre von der dreifachen Ehrfurcht: Friedrich Ohly, Goethes Ehrfurchten – ein ordo caritatis. Euphorion 55, 1961, S. 113–145 und 405–448. (Grundlegend; mit weiteren Literaturangaben.) – Rolf Chr. Zimmermann, Franz v. Baader und Goethes vier Ehrfurchten. German.-Roman. Monatsschr. 14, 1964, S. 267–279. – Harold Jantz, Die Ehrfurchten in Goethes „Wilhelm Meister". Euphorion 48, 1954, S. 1–18.

150,1. *strack*: straff, gerade. Wie Bd. 1, S. 285, Vers 33; *Faust* 11672, 11870; Bd. 6, S. 409,11. – Dt. Wb. 10,3 Sp. 591ff.

150,11. *verwenden*: wegwenden, abwenden. Wie Bd. 1, S. 137, Vers 106.

153,26. *bedeuten:* belehren. Wie 114,33.

153,31. *Geschäfte*: Dienstpflichten, berufliche Aufgaben.

154,8f. *am Tor eines mit hohen Mauern umgebenen Talwaldes* ... Das Motiv der Hegung eines heiligen Natur-Raumes durch eine Mauer schon Bd. 9, S. 223,10ff. (vgl. auch die Anmkg. dazu.) So sehr das Bild als symbolische Phantasie-Landschaft Goethes Eigentum ist, es kommen zugleich Anregungen von gesehener Architektur hinzu. Goethe hat mehrfach in Deutschland und in Italien Kreuzgänge oder Galerien um einen großen bewachsenen Innenhof gesehen. 1813 notierte er über den böhmischen Wallfahrtsort Mariaschein: *Näher betrachtet ist dieser Andachtsort mit großer Weisheit angelegt. Eine geräumige Kirche in der Mitte, darum her ein Kranz von Linden und um diesen ein architektonischer Kreis von Hallen, die nach dem Innern zu offen ... Ein bequemer, schicklicher, schattiger Raum ist bedacht* ... (Schr. zur Naturwiss., Leop.-Ausgabe, Bd. 2: Geologie u. Mineralogie 1812–1832, hrsg. von G. Schmid. Weimar 1949. S. 33f.)

155,2. *dreifache Ehrfurcht.* Der Vorstellungskreis der Ehrfurchtslehre – die Beziehung zu dem, *was über uns ist, was unter uns ist* und *was uns gleich ist* – scheint Goethe in den letzten Jahren vor der Fertigstellung der 1. Fassung der *Wanderjahre* mehrfach beschäftigt zu haben. Kanzler v. Müller notierte am

29. April 1818 folgende Gesprächsäußerung: *Der Mensch, wie sehr ihn die Erde auch anzieht mit ihren tausend und abertausend Erscheinungen, hebt doch den Blick forschend und sehnend zum Himmel auf ..., weil er es tief und klar in sich fühlt, daß er ein Bürger jenes geistigen Reiches sei, woran wir den Glauben nicht abzulehnen noch aufzugeben vermögen ... Die Moral ist ein ewiger Friedens-Versuch zwischen unsern persönlichen Anforderungen und den Gesetzen jenes unsichtbaren Reiches ... Darum wird der Staats-Verein geschlossen* ... Am 21. April 1819 schrieb Goethe einen Brief an Karl Ernst Schubarth, dem er folgendes Schema beifügte:

Auf
Glaube Liebe Hoffnung
ruht des gottbegünstigten Menschen
Religion Kunst Wissenschaft
diese nähren und befriedigen
das Bedürfnis
anzubeten hervorzubringen zu schauen
alle drei sind eins
von Anfang und am Ende
wenngleich in der Mitte getrennt

Daraufhin antwortete Schubarth in einem Brief vom 27. April 1819, in dem er u. a. schreibt: „Religion geht auf ein Oben; Poesie und Kunst auf eine Mitte, den Menschen; Wissenschaft auf ein Unten, welches nicht der Mensch mehr, sondern Welt, Natur, Universum ist ..." Schubarth schrieb dann in seinem Buch „Zur Beurteilung Goethes", Bd. 2, 2. Aufl., Breslau 1820, S. 14f.: „Um den Wert jener verschiedenen menschlichen Anlagen zu bezeichnen, so lassen sich dieselben in ein dreifaches Verhältnis bringen und in ein Oben und Unten, Hüben und Drüben verteilt finden. Das Oben nehmen die sittlichen Eigenschaften des Menschen ein; der Gipfel, das Höchste menschlicher Natur bezeichnet sich hier von selbst. Sodann nehmen das Hüben und Drüben, bald mehr realer, bald ideeller Art, die sämtlichen geistigen Eigenschaften des Menschen ein ... Endlich bilden die sämtlichen sinnlichen Eigenschaften des Menschen das Unten seiner Natur ..." Goethes Tagebuch verzeichnet am 21. August 1820: *Abends Schubarth, zweiter Teil.* Und brieflich teilt er Schubarth am 14. September mit: *Ich habe mich diese Tage her mit Ihrem 2. Bande beschäftigt* ... Vom 24. bis 28. September war dann Schubarth (mit seinem Bruder) zum Besuch bei Goethe in Jena. Das Tagebuch verzeichnet mehrere Gespräche: *Ausführliche Verhandlung über mehrere bedeutende Gegenstände ... Fernere Verhandlung über die literarischen, sittlichen und theologischen Gegenstände* ... Goethe hat anscheinend Schubarth als stellvertretend für die Stimme der jüngeren Generation genommen; und auf deren Probleme wollte er in den *Wanderjahren* eingehen. Am 13. Dezember notiert das Tagebuch: *Wanderjahre fortgesetzt. Pädagogische Provinz ... Revision des heute früh Diktierten zu den Wanderjahren; ingleichen Überlegung des seltsamen Comments.* Am 15. Dezember steht im Tagebuch: *Wanderjahre. Seltsamer Comment.* Vermutlich schließen sich hier Motive aus der Beschäftigung mit dem Institut Fellenbergs und Motive aus den Erörterungen mit Schubarth in der künstlerischen Neuschöpfung zusammen. – Die dreifache Symbolik kehrt noch einmal S. 444,24ff. wieder, wenn auch nicht genau dem Vorigen angepaßt. Dort heißt es: *auf Tat aufmerksam* (neben uns), *in dem Boden* (unter uns), *auf jenem geistigen Wege* (über uns).

156,12. *bequem* = zukommend, erwünscht. Vgl. z.B. Bd. 1, S. 178, Nr. 16,12. Auch *Pandora* 485. – Bd. 9, S. 475,29. – GWb. 2, Sp. 384f.

156,30. *die ethnische ... Religion.* Von griechisch ,,ethnos" = Volk, Völkerschaft (entsprechend etwa lat. ,,gens", ,,natio"). Seit der altchristlichen Dogmatik war das lateinische Wort ,,ethnicus" einfach Bezeichnung für ,,heidnisch", d.h. alle Religionen, die nicht jüdisch oder christlich sind. So noch im 17. Jahrhundert und bei B. Hederich, Lexicon latino-germanicum, 1738. Für Goethe gilt die alte Einteilung nicht mehr und also auch nicht die alte Wortbedeutung. ,,Ethnisch" meint also Vorstellungen, die in den Religionen aller Völker zu finden sind.

158,21. *vergnügt und vollkommen menschlich.* Man könnte diese Goetheschen Formelwörter etwa umschreiben: entspannt und in menschlicher Reinheit; nicht bedingt durch störende Eindrücke oder Müdigkeit, sondern erfrischt und mit offenem Sinn.

158,24. Die Erzählung beginnt hier am folgenden Tag, ohne dies ausdrücklich zu sagen, denn es geht aus 158,20 und 165,7 hervor.

159,15. *symphronistisch:* gebildet nach dem griechischen Adjektiv „symphron" d.h. „gleichgesinnt" und dem Verb „symphronein" d.h. „mit anderen eines Sinnes sein". Im Wortspiel das Gleiche und das Trennende hervorhebend dann das Wort *synchronistisch* = gleichzeitig.

167,5. *ins ... zufällige Leben*: in das Leben, das von außen her vielerlei an den Menschen heranträgt im Sinne der Strophe *Tyche, das Zufällige* des Gedichts *Urworte, orphisch* (Bd. 1, S. 359f.). – Dt. Wb. 16, 1954, Sp. 353.

Drittes, viertes, fünftes Kapitel. Der Mann von funfzig Jahren. Auf die beiden gedanklich-gewichtigen Kapitel der Pädagogischen Provinz folgt wieder eine erzählerisch-köstliche Novelle. Dazwischengeschaltet ist nur eine kurze Bemerkung, daß das Geschehen dieser Novelle in die Rahmenerzählung einmünden werde (167,18–21).

Es sind keine überragenden Menschen, denen wir begegnen, aber sympathische. Wir blicken in ihre Seelen und sehen, wie nach und nach eine Verwirrung entsteht, die sie nicht mehr lösen können. Da, am Ende, gleitet die Novelle in den Roman hinüber: man wendet sich an Makarie. Ihr Einwirken kommt nicht wie das eines deus ex machina. Man zieht sie herbei und glaubt an sie, und man hat, was sie gibt, zur Hälfte schon in sich selbst. Die Heilung gelingt, weil Hilariens Ethos Makarie nahesteht. Doch davon berichtet die Novelle nicht mehr; wir treffen ihre Gestalten später in dem Roman wieder (230,23–241,8 und 437,21–438,30) und sehen dann, wie letztlich sich alles harmonisch löst. Eine Geschichte von Neigung, Leidenschaft, Verwirrung, Entsagung und glücklicher Ordnung, die mehrfach hart das Tragische streift. Die Parallelen zu der *Neuen Melusine* und *Nicht zu weit* (sowie zu den *Wahlverwandtschaften*) sind so zahlreich und deutlich, daß sie geradezu zur Frage an den Leser werden: Warum gelingt hier die Harmonie und dort nicht?

Der Major ist Gefühlsmensch, leicht bestimmbar, genußfreudig. Die Erzählung beginnt mit der eingehenden Schilderung der besonderen

Stimmung, welche das beginnende Alter in einem solchen Charakter entwickelt. Hieraus scheint alles Geschehen zu erwachsen. Doch im Grunde geht es aus von Hilarie. Sie hat eine zarte Innerlichkeit, darum muß sie lieben; sie hat keine Kenntnis der Welt, darum kann sie nicht wählen. Aus ihrer Unberührtheit und Tiefe schöpft sie eine Sittlichkeit, zu welcher die männlichen Charaktere und die weltgewandte Baronin nicht vordringen können. Nachdem gegen Ende der Novelle Hilarie zu Flavio hingefunden hat, könnten die Liebenden heiraten wie in *Wer ist der Verräter?*. Aber hier setzt bei Hilarie (wie bei Ottilie in den *Wahlverwandtschaften*) ein zartes sittliches Gefühl ein, das auch gegenüber der Baronin (mit ihrer realen und konventionellen Art) seine Sicherheit behält, *so daß zuletzt die Mutter selbst vor der Hoheit und Würde des jungen Mädchens erstaunt zurücktrat* (220,31 ff.). Wie nahe ist Hilariens Ethos hier schon dem Bereich Makariens! Erst als diese später die neue Bindung gutheißt, als der Major nicht mehr einsam bleibt und der Lauf der Jahre die Wunden vernarbt hat, kann Hilarie der Ehe zustimmen, ohne ihr sittliches Feingefühl zu verletzen. Wie durch sie die Verwickelung begann, wird sie durch sie auch gelöst. Makarie kommt nur helfend hinzu. Der erste Hinweis auf diese (193,30) ist so kurz, daß der Leser ihn fast wieder vergißt. Bei dem zweiten (207,14 f.) schöpfen wir Hoffnung. Bei dem dritten (223,30 ff.) beginnt sich der Knoten zu lösen. Der vierte (437,23 ff.) liegt dann schon außerhalb der Novelle. Durch diese fein gesteigerten Hinweise ist im Grunde schon angedeutet, daß eine harmonische Lösung möglich ist und woher sie kommt. Aber sie kommt nicht leicht. Liebe will Absolutheit und glaubt an sie. Als Hilarie und der Major einander finden, sagt sie (und in ihrem Munde sind es keine bloßen Worte): *Ich bin dein auf ewig.* (180,19) Wie lange dauert dieses *ewig?* Kaum ein Jahr. Welche Erfahrung mit dem Ich für einen Menschen wie Hilarie! Sofern es überhaupt einen Weg gibt, diese Erfahrung innerlich zu verarbeiten, bedarf es einer geraumen Zeit der Entsagung und Entwicklung.

Die Erzählung, die in so zartem sittlichem Bereich endet, beginnt im Bereich des Physischen, indem sie behaglich-breit von der Verjüngungskur berichtet. Man darf dabei die Ironie des Erzählers nicht überhören (etwa 217,27 f.). Wer nicht den Geist seines Alters hat, hat die ganze Last seines Alters. Altern ist Körpergefühl. Die Novelle setzt sich die – für ihre Zeit durchaus neue – Aufgabe, dieses zu schildern. Der Eislauf am Schluß bildet den Gegensatz zu der Kosmetik am Anfang. Hier der Alternde, rüstig, doch erschöpft, äußerlich nachhelfend; dort der Junge, Rekonvaleszent, aber frisch, innerlich naturhaft-kräftig. Die Eislaufszene ist hinreißende Dichtung eines Körperempfindens, das sich bis ins Rauschhafte steigert und zugleich das Strenge und Klare der Winternacht um sich weiß (213, insbesondere 6–9, 15–19, 26 f., 30–33).

Welche Kunst des Erzählers, wie er hier, aus diesem Gefühl der Kraft heraus, Jugend zu Jugend finden läßt! Erst von hier aus wird die Tragik und Ironie der Verjüngungskur vollkommen deutlich.

Trotz des starken und sehr persönlichen seelischen Lebens bleiben alle Gestalten immer bezogen auf die gesellschaftliche Ordnung; keiner will sie durchbrechen, auch Flavio nicht in seiner Leidenschaft. Immer wieder begeben sie sich in gesellschaftlich geformtes Leben; der Kreis der Schönen Witwe, die Gesellschaft um die Baronin, auch der Oberhofmarschall sind bezeichnend dafür. Wie versteht man es hier, Gespräche zu lenken! Was Friedrich Schlegel an den *Lehrjahren* lobte, „Bildung und Geist der höheren Gesellschaft" (Vgl. Bd. 7), gilt für diese Prosa vielleicht in noch höherem Grade. Doch in den Wirren des Herzens kann die Gesellschaft nicht helfen; das Ethos Hilariens und Makariens ist ein anderer, höherer Bereich.

Es ist die besondere Kunst des Erzählers, die seelischen Vorgänge zur Darstellung zu bringen. Mitunter läßt er uns Bilder sehen, dann wieder Gespräche anhören, oft auch berichtet er über die Seelenzustände unmittelbar. Dabei sind die Steigerungen und Übergänge bis in die feinsten Abtönungen hinein durchgearbeitet, etwa zu Beginn der allmähliche Wandel in dem Major und später der in Hilarie. (167,28: *mit dem Sinn eines Vaters* ... 168,29f.: *mit andern Augen als kurz vorher* ... 170,3f.: *Die Empfindung war für ihn höchst angenehm* ... 174,10ff.: *daß er wirklich schon ein ganz anderer Mensch erschien* ... – Und später: 204,22f.: *Hilarie, sehnsuchtsvoll, beleuchtete* ... 205,23f.: *Hilarie, wundersam aufblickend, rief* ... 207,36f.: *Hilarie war, sie wußte nicht wie, betroffen* ... 208,28ff.: *ein heimlich, kaum bewußtes Gefühl, daß es nicht unangenehm sein müßte, sich an die Stelle der Angebeteten leise gehoben zu sehen* ...211,16ff.: *Die Gewohnheit, unter allen Umständen zusammen zu sein, hatte sich verstärkt* ... 213,26f.: *sie fühlten sich beide in einem festlich behäglichen Zustande* ...) An anderen Stellen gibt er das Seelische nur mittelbar durch äußerst lebensvolle bildhafte Situationen: Der Major, Hilarie väterlich begrüßend; beide vor dem Stammbaum; ihr Aufblick, sein Fußfall; später Hilarie auf der Eisbahn stürzend im Arme Flavios, der Major hinzukommend. Es ist der Typ symbolkräftiger Bilder, die für fast alle Werke Goethes bezeichnend sind; und sind sie nicht fast schon genug, um dem Hörer alles Wesentliche zu sagen? Diese Bilder wechseln mit Dialogen, schon in den ersten Worten der Novelle und fortan bis zum Schluß. Wir sehen vier Gestalten und ihre Beziehungen. Genau und lückenlos berichtet wird nur von dem Major aus; weniger von Flavio, am wenigsten von der Schönen Witwe aus. Das entscheidende geistig-sittliche Geschehen kommt nicht von dem ausführlich geschilderten Manne her, sondern von Hilarie, der feinfühligsten Frau. Es ist nun die Kunst des Erzählers, wie er von ihm aus berichtet, aber von ihr aus die Seele gibt, gleichwie er mit dem Physischen beginnt und mit dem Ethischen endet, dort breit und behaglich erzählt und hier nur zart andeutet. Sehr übersichtlich ist der ganze Stoff (es ist die längste aller Novellen) in drei Kapitel gegliedert. Das erste (d. h. das dritte des Buches) endet anscheinend ganz klar mit den doppelten Heiratsplänen; aber wir haben bereits leise Untertöne vernommen, die Probleme andeuten (186,6; 187,13 u. a.). Das zweite Kapitel endet noch eindeutiger mit dem Bilde Hilariens als Braut. Desto gegensätzlicher gleich darauf der bestürzende Kapitel-Beginn: *Heftiges Pochen und Rufen* . . ., schon als Bild und Rhythmus ein Einbruch des Leidenschaftlich-Wilden. – Die Novelle führt vom behaglich erzählten Nebensächlichen bis zum tiefsten Tragischen und Ethischen. Sie durchläuft sehr verschiedene Bereiche und verbindet sie mit Sorgfalt zu einem Geflecht: das Seelische und das Gesellschaftliche, Körpergefühl und geistiges Ethos, lässigen Bericht und dramatische Steigerung, bildliche Symbolik und betrachtende Ironie. Der Erzähler wechselt seine Mittel und behält merklich die Führung der Geschichte in der Hand.

In der Schilderung der Pädagogischen Provinz ist fast alles Gehalt. Die Novelle wendet sich an Leser, welche auch die Form auszukosten verstehen. Es ist bezeichnend für Goethes Altersstil, daß er aus jenem Bereich so übergangslos in diesen hinüberwechselt. Aber jenes Reich der Weisen kann gut eine Ergänzung im Weltmännischen und Künstlerischen brauchen; und dieses weltläufige Spiel endet in Weisheit. Hätte nicht jeder Bereich Beziehung zu dem anderen, so entstünde dort Pedanterie, hier Libertinage. – Wechsel zwischen den Gegensätzen gibt es in Goethes Alterswerken auch anderswo, und gerade der Roman bot Gelegenheit, die verschiedenen Bereiche darzustellen und sie im Gesamt zusammenzufügen.

Goethes zahlreiche Schemata zu der Novelle: Weim. Ausg., Bd. 25, 2. Abt. Weimar 1905. S. 229–247; auch: Festausgabe S. 490–500. – E. Spranger, Goethe. Tübingen 1967. S. 102f. (In dem Aufsatz: Goethe über die menschlichen Lebensalter.) – Gundolf S. 734ff. – Sarter S. 37–39. – E. Maaß, Der Mann von funfzig Jahren. Ilbergs Neue Jahrbücher 1916, S. 122ff. – Henkel S. 83–85 und 103–108.

174,25. *Relais*: Pferdewechsel.

177,10. *Spezereien*: Apothekerwaren, als Würze, als Duftstoff oder – wie hier – zur Bereitung von Salben. – Ähnlich *Faust* 749. – Dt. Wb. 10,1 Sp. 2198ff.

185,13f. *ein penelopeisch zauderhaftes Werk.* Penelope, Gattin des Odysseus, zauderte, sich wieder zu verheiraten, als er nicht von Troia zurückkehrte, und hielt die Freier hin, indem sie sagte, sie müsse erst das Leichengewand für ihren Schwiegervater Laertes fertig weben; doch trennte sie nachts wieder auf, was sie tags gewebt hatte.

190,10ff. *die Dichtart, in der er sich allenfalls geübt habe,* ist die Lehrdichtung. In der Antike hoch angesehen (Hesiod, Lukrez usw.) und noch im Barock hoch gepriesen, galt sie seit dem Beginn der neuzeitlichen Erlebnisdichtung (Klopstock usw.) als Halbdichtung und wurde nur noch von wenigen (z. B. Tiedge) gepflegt. – Goethe hat im Alter selbst einen Aufsatz *Über das Lehrgedicht* geschrieben (Jub.-Ausg. 38,71f.).

196,29ff. *Heu! Quae mens* ... Horaz, Buch 4, Ode 10, V. 6ff.

197,13f. *Nec factas* ...Ovid, Metamorphosen VI, 17f.

198,30. *Rabenhütte* : „bei den Jägern eine Hütte im freien Felde, die Raben und Krähen aus derselben zu schießen" (Adelung).

200,12f. *Zustand des Bräutigams.* Dazu parallel am Kapitelschluß Hilariens *bräutliches Gefühl* (202,34). Ein Motiv, das bei Goethe zu den großen typischen Motiven gehört. Vgl. Bd. 1, S. 386 und Bd. 7, S. 64,10ff., ferner in *Dichtung und Wahrheit* die Worte gelegentlich der Verlobung mit Lili, *daß ich ... auch erfahren sollte, wie es einem Bräutigam zumute sei. Ich darf wohl sagen, daß es für einen gesitteten Mann die angenehmste aller Erinnerungen sei.* (Bd. 10, S. 109,31ff.)

203,13f. *schauderhaft* = schaudererregend, Schrecken verursachend.

203,35. *sie hatten Orest gesehen* ... Eine für Goethes Altersstil sehr bezeichnende Wendung. Gewisse Bilder aus der antiken Mythologie sind ihm als Urbilder typischer Lebenssituationen immer unmittelbar lebendig. Darum nicht Konstruktion mit „wie", sondern einfach das Bild selbst. So auch in der Marienbader *Elegie: Sie prüften mich, verliehen mir Pandoren* ... (Bd. 1, S. 385).

204,1. *widerwärtig:* schreckenerregend. – *Faust* 7182. – Das Wort kommt bei Goethe in verhältnismäßig breiter Anwendung vor. Fischer, Goethe-Wortschatz S. 742f.

205,15. *es gehört alles, alles ihre.* Wir würden heute sagen „ihr". Die flektierte Konstruktion war zu Goethes Zeit noch gebräuchlich.

209,16. *hier möchte uns die jugendliche Glut ermangeln* ... Durchaus ein Kunstgriff des Erzählers. Die Szene, als Flavio die Schöne Witwe verläßt, ist durch mehrfache indirekte Hinweise und durch ihre augenfälligen Folgen schon im Wesentlichen deutlich geworden, bedarf also nicht mehr der Darstellung. Ähnlich überspringt der Dichter anderes mit dem scherzenden Hinweis, es sei ihm unbekannt geblieben (198,13), während er anderswo aber unerwartet eigene Ausrufe einschiebt (170,12ff.). Das ist seine Freiheit als Erzähler; und es gehört überhaupt zum Bau-Prinzip dieser Novelle, daß die Handlung Flavio – Schöne Witwe im Hintergrund bleibt.

210,1. *peremtorisch* = endgültig, abschließend, unverzüglich; von lat. „perem(p)torius. Um 1800 ein häufiges Wort, dann abgekommen. – Otto Basler, Dt. Fremdwörterbuch 2, 1942, S. 452f.

211,31ff. *jedermann suchte nach seinen Stahlschuhen* ... Über Goethes Vorliebe für den Schlittschuhlauf vgl. A. Beck u. R. Zilchert, Goethe und der olympische Gedanke. Lpz. 1936. – Carl Diem, Körpererziehung bei Goethe. Frankf. a.M. 1948. S. 270–322.

213,38. *widerwärtig.* Vgl. 204,1.

219,32f. *gattlich* = gättlich, gätlich. Altes, in der Zeit Goethes aussterbendes Wort (heute nur noch mundartlich) = passend, geeignet, angenehm. – Grimms Wb., 4, 1. Lpz. 1878. S. 1490ff.

Sechstes Kapitel. Dieses kurze, nur zwei Briefe umfassende Kapitel dient der Fortführung der Rahmengeschichte, bevor diese im nächsten Kapitel die Gestalten aus der eben geendeten Novelle in sich aufnimmt.

Wilhelm berichtet, er habe das „nußbraune Mädchen", Nachodine, gefunden. Er gibt nur wenige Andeutungen über ihre Umwelt: *Häuslicher Zustand, auf Frömmigkeit gegründet ... um sie her ein Kreislauf von Handarbeitenden* (225,9ff.). Das alles wird uns später im *dritten Buch* noch genauestens bekannt werden (415ff.). Bei Wilhelm verursacht seine Mitgliedschaft im Orden der Entsagenden eine gewisse Strenge im Ton gegen Lenardo; er hofft, daß dieser den Ernst aufbringe, mehr an die Aufgabe als an das Ich zu denken. Den Abbé bittet er nochmals, sein Studium der Wundarznei nun in Ruhe beginnen zu dürfen. Er hat auf seiner letzten Wanderung Nützliches tun können: die von Lenardo Gesuchte ist gefunden und damit Lenardo innerlich beruhigt und seiner Familie sowie der Tätigkeit für den Auswanderungsplan zurückgegeben. Jetzt hat Wilhelm nur noch eine kurze Reise vor: er will die Gegend aufsuchen, wo Mignon als Kind gelebt hat, den Lago Maggiore. Man darf sich die Pädagogische Provinz am Rande der Alpen denken, den Wohnort Nachodines mit seiner Hausindustrie in einem Bergtal der Schweiz. Der Weg zu dem *großen See* (227,7) ist nicht fern. Von da will der Wanderer dann unverzüglich zum Ort seiner medizinischen Studien, um dort *von neuem zu beginnen.*

226,16. *fromme Wallfahrt*: pietätvolle Reise zu einem bestimmten Ort, der ihm höchst wertvoll ist. Bezeichnend für die Übernahme kirchlicher Wendungen in die säkularisierte Sprache der Zeit um 1800. – Bd. 12, S. 28,5; Bd. 6, S. 72,16. – Eric A. Blackall, Wilhelm Meister's pious pilgrimage. German Life and Letters 18, 1964/65, S. 246–251. – Günter Niggl, „Fromm" bei Goethe. Tüb. 1967. S. 338.

Siebentes Kapitel. Wilhelm trifft auf der Reise zum Lago Maggiore einen jungen Maler, der *leidenschaftlich eingenommen* ist von *Mignons Schicksalen, Gestalt und Wesen.* Woher kennt er sie? Woher das Italien-Lied? Offenbar durch Lektüre der *Lehrjahre,* denn Mignons Bild lebt bereits *in allen zarten Herzen* (227,5). Ihre Gestalt wurde zur Dichtung in den *Lehrjahren;* daraus schöpft der Künstler seine Gemälde, und diese werden nun wieder geschildert hier in den *Wanderjahren* – eine wiederholte Spiegelung, wie Goethe sie liebt. Es ist überhaupt das Kapitel der wiederholten Spiegelungen, und darin der Josephs-Geschichte zu vergleichen. Die Kunst ist Spiegelung, Deutung, *Auslegerin* (229,26) der Welt. Ihre Funktion wird an einfachen Beispielen gezeigt. Wilhelm lernt mit den Augen des Malers den Lago Maggiore sehen, d. h. der Laie mit den Augen des Künstlers die Welt. Und Hilarie lernt nicht nur sehen, sondern darstellen. Darstellen bedeutet, *dem Unaussprechlichen näher zu treten* (238,23f.), und als solches wirkt es heilend auf Hilariens Seele. Kunstschaffen als Heilung – ein altes Goethesches Motiv; hier nicht gesehen vom Ich, das sein Leid aussprechen will, sondern vom Kosmos, dessen Schönheit in das Ich, den reinen Spiegel, eingeht; im

Zusammenhang damit Heilung nicht durch Dichten, sondern durch Malen. Das Kapitel steigert sich zu dem Abschnitt über Kunstunterricht (237,14–238,36), in welchem alles Persönliche umgesetzt wird in Sachliches, in das künstlerische Werk.

Das innere Erleben wird nur andeutend ausgesprochen, am deutlichsten das des Malers, weniger das Hilariens, fast gar nicht das Wilhelms und der Schönen Witwe. Zweimal fällt das Wort *Abschied aus dem Paradiese* (240,10f. und 25f.), das Wort aus der Marienbader *Elegie* (Bd. 1, S. 381f.), das um alle Abgründe der Sehnsucht, Seligkeit, Verzweiflung und Entsagung weiß. In der Abschiedsszene vibriert die Sprache von verhaltener Leidenschaft. Nirgendwo steht Goethe der Romantik näher als hier. Aber diesem Subjektiven setzt das Kapitel (typisch Goethesch) einen objektiven Pol entgegen, die Schilderung der Landschaft, z. T. durch das Medium der Gemälde. Das geht so weit, daß ein kleiner sachlicher Aufsatz mit Bildbeschreibungen eingeschoben wird (235,19–236,36). Im Kunstschaffen berühren sich Subjektives und Objektives, die Polarität wird ausbalanciert.

Die Novelle *Der Mann von funfzig Jahren* wird durch dieses Kapitel weitergeführt. Zu Ende geführt wird sie erst später (437,21–438,30). Hilarie und die Schöne Witwe sind nun Entsagende, der Maler wird es; Wilhelm erweist sich als fest und geübt. Vergleiche drängen sich auf mit anderen Situationen im Roman, wo das Entsagen weniger gelingt. Entsagung ist schmerzlich. Doch daß sie gelingt – stimmt das nicht im Letzten heiter, weil man hofft, daß daraus noch Gutes erwachse? Hilariens Wiedererwachen für die Welt und des Malers Eintritt in den Kreis der Entsagenden könnten fast eine kleine Novelle sein. Doch schon durch den Zusammenhang mit Wilhelm Meister wird übergelenkt in das Romangeschehen und erst recht durch das Entsagungsthema; immer wenn Novellengestalten zu Entsagenden werden, fließen die Novellen in die Rahmengeschichte ein. Anschließend werden nun deren Fäden wiederaufgenommen, und zwar energisch; das geschieht in den beiden Briefen. Verbindend bleibt das Entsagungsthema. Denn nur infolge der Kraft zur Entsagung können die Männer um den Abbé mit voller Hingabe für ihr großes Werk tätig sein.

Der Kreis der Turmgesellschaft und der Kreis um den Oheim sind nun zusammengeschlossen. Beide haben großen Landbesitz in Amerika, jene durch Kauf, dieser durch Erbe. Gemeinsam bereiten sie dort eine große Ansiedlung vor. Sie holen sich leitende Männer aus der Pädagogischen Provinz und Handwerker aus den übervölkerten Gebirgstälern (die wir im *3. Buch* noch näher kennen lernen) und arbeiten auf die gemeinsame Überfahrt hin. Dies alles ist ein zusammenhängendes großes Unternehmen, der Abbé gebraucht das Wort *Kette* (243,28f., ähnlich 412,4f., das Bild ist bezeichnend für den Gemeinschaftsgeist), und Lenardo ist bereits ein Glied derselben geworden. Seine Fähigkeit, Menschen zu führen und ganz von vorn anzufangen, kommt in diesem Unternehmen nun voll zum Zuge. Man braucht ihn, und er stellt um der Sache willen persönliche Wünsche zurück. Wie klar und männlich klingt seine knappe Sprache! Wilhelm soll ebenfalls Glied dieser Kette werden; der Abbé stimmt seinem Studium zu. So sind alle Motive der Handlung in diesen Briefen zusammengeknüpft, und ebenso die Hauptthemen des Gehalts: Entsagung, Tätigkeit, Gemeinschaft, Religion.

Denn der Abbé beschränkt sich nicht darauf, Wilhelm nur den Auswanderungsplan auseinanderzusetzen. Er weiß, daß jede Tat nur befriedigend und sinnvoll ist, wenn sie ein Ethos hat, einen Bezug auf den Sinn des Lebens. Er geht bei dem, was er sagen will, von Wilhelms Brief im vorigen Kapitel aus. Dort hatte Wilhelm die Gebirgsbevölkerung geschildert: *Häuslicher Zustand, auf Frömmigkeit gegründet* ... (225,9ff.) Hier knüpft der Abbé an: *Wir wollen der Hausfrömmigkeit das gebührende Lob nicht entziehen ... aber sie reicht nicht mehr hin, wir müssen den Begriff einer Weltfrömmigkeit fassen* ... (243,6ff.) Goethe benutzt hier das Wortpaar *Hausfrömmigkeit* und *Weltfrömmigkeit*, und entsprechend ist der ganze Abschnitt zweipolig: einerseits *unsre Nächsten fördern*, anderseits *unsre redlich menschlichen Gesinnungen in einen praktischen Bezug ins Weite setzen*. Die Polarität des häuslichen Bereichs und der Weltweite ist deutlich. Schwieriger ist das Wort *Frömmigkeit*, das zu Goethes Zeit einen Wandel durchmacht und bei ihm selbst vieles umfaßt. Im 17. Jahrhundert bedeutete es oft „recht handelnd, gerecht" (darum bei Joh. Heermann „O Gott, du frommer Gott"), im 18. Jahrhundert hat es vielfach die Bedeutung „pflichtgemäß handelnd", so mitunter noch bei Schiller („Es kann der Frömmste nicht im Frieden bleiben ..."). Das pflichttreue Handeln kann dadurch begründet sein, daß der Mensch sich unter dem Auge Gottes weiß. Im ausgehenden 18. Jahrhundert und vollends seit Schleiermacher wird die Psychologisierung des Wortes stärker, so daß es dann die religiöse Innerlichkeit bezeichnet. In Goethes Wortgebrauch gibt es die Bedeutung „Pflichterfüllung", doch oft mit der Beimischung „in Hinblick auf Gott und den religiösen Sinn des Lebens". In diesem weitgespannten Bereich muß man die beiden Wörter ansetzen. Sie werden einerseits durch den engeren Zusammenhang des Abschnitts 243,3–14 erklärt, anderseits durch den Gesamtzusammenhang des Romans, in welchem die Makarienszenen, die Pädagogische Provinz mit ihrer Ehrfurchtlehre, der amerikanische Siedlungsplan den gleichen Bereich berühren und die Nacht auf der Sternwarte ausdrücklich das sittliche Handeln in Bezug zur religiösen Existenz setzt (118,18–119,23). Das Wort *Weltfrömmigkeit* entspricht dem einleitenden Satz, daß die Pläne der Gesellschaft (Auswanderung, Neusiedlung) nun *groß und weitaussehend* (241,33f.)

geworden sind. Später folgt das Wort *Weltbund* (390,37f.). Der Ausdruck verbindet also das weltweite Humanitätsdenken, das aus der Aufklärung und von Herder herkam (und dort einen religiösen Hintergrund hatte), mit dem sozialen Verantwortungsgefühl des beginnenden 19. Jahrhunderts. Er steht im Zusammenhang der Komposita mit *Welt,* die Goethe im Alter gern benutzte: *Weltgeschichte* und *Weltreligion* (161,25f.), *Weltbewohner* (Bd. 1, S. 322, Nr. 111), *Weltpoesie* (Bd. 9, S. 552,33), *Weltliteratur* (Bd. 12, S. 361–364).

227,7. *zum großen See*: Lago Maggiore. – Goethe ließ sich anregen durch Veduten von G. M. Kraus. Vgl. Bd. 10, S. 149,24 u. Anmkg. – Goethe hat auf seiner Reise nach Italien den Lago Maggiore nicht gesehn. 1796 lernte er die großen Aquarelle kennen, die G. M. Kraus vom Lago Maggiore gemacht hatte. Als er im Januar 1821 die 1. Fassung der *Wanderjahre* fertig machte, schrieb er auf einen Bestell-Zettel für die Bibliothek: *Krause, Borromäische Inseln, 8 Blätter.* Damit sind die Aquarelle von Kraus gemeint, die sich damals in der Bibliothek befanden (da es das Museum noch nicht gab). Gleichzeitig bestellte er: J. G. Keyßler, Neueste Reisen ... Hannover 1751. Keyßler schildert S. 251–258 eine Reise nach den Borromeischen Inseln, die Schönheit der Inseln und des Sees, den Ort Arona usw. Die ausführlichen Beschreibungen der Isola bella und Isola madre sind von 2 Abbildungen begleitet. Andere Reisewerke hatte Goethe in seiner eigenen Bibliothek, darunter das von J. Chr. Nemeitz, das er aus der Bibliothek, seines Vaters übernommen hatte. Auf die Beschäftigung mit diesen Werken bezieht sich die Tagebuch-Notiz vom 31. Jan. 1821: *Wanderjahre fortgesetzt. Landschaftliche Vorstellungen vom Lago Maggiore.* – Eckermann 22. Febr. 1824: „Nach Tisch legte Goethe uns kolorierte Zeichnungen italienischer Gegenden vor, besonders des nördlichen Italiens mit den Gebirgen der angrenzenden Schweiz und dem Lago Maggiore. Die Borromeischen Inseln spiegelten sich im Wasser, man sah am Ufer Fahrzeuge und Fischergerät, wobei Goethe bemerklich machte, daß dies der See aus seinen ‚Wanderjahren' sei." – Vgl. Bd. 7, S. 592,18ff. u. Anm.; Bd. 9, S. 27, 39; Bd. 10, S. 149,24 u. Anm.

227,23. *Knaben-Mädchen.* In den *Lehrjahren* erscheint Mignon als knabenhaftes Mädchen und trägt gern Knabenkleidung. – Zu dem Namen *Mignon* vgl. Bd. 7, S. 98, 25 u. Anm.

228,19f. *Palast des Marchese.* Es ist der Marchese, den Wilhelm in den *Lehrjahren* bei Mignons Totenfeier traf und der sich als Mignons Oheim herausstellte. Er ist, wie es hier heißt, *von seiner Reise noch nicht zurück.* Die Zeitrechnung in den *Wanderjahren* ist im allgemeinen völlig unwirklich; z. B. kennt der Maler Mignon aus der Lektüre der *Lehrjahre.* Demgegenüber wirkt dieser Hinweis auf die Deutschlandreise des Marchese (vgl. Bd. 7, S. 578f. u. 594f.) wie ein Restbestand einer realistischen Verknüpfung, die im Grunde schon längst aufgegeben ist und nur um einiger Leser willen noch in den zeitüblichen Formen weitergeführt wird.

229,26. *Kunst als ... würdigste Auslegerin.* Ein von Goethe häufig geäußerter Gedanke. Vgl. *Maximen und Reflexionen: Wem die Natur ihr offenbares Geheimnis zu enthüllen anfängt, der empfindet eine unwiderstehliche Sehnsucht nach ihrer würdigsten Auslegerin, der Kunst.* – Und: *Vor den Urphänomenen, wenn sie unseren Sinnen enthüllt erscheinen, fühlen wir eine Art von Scheu, bis zur Angst ... Die wahre Vermittlerin ist die Kunst ...*

231,1f. *als Wilhelm das Blättchen vorwies und beide den ... Pfeil anerkannten.* Die Landkarte und der Pfeil als Wegweiser werden auch 243,30 und 310,6 erwähnt. Goethe nahm an jeder dieser drei Stellen an, die dazugehörige Erklärung sei schon an anderer Stelle gegeben. Sie ist aber bei der Umarbeitung versehentlich ausgefallen. In der 1. Fassung ist sie zu finden. Dort sendet Hersilie die Novelle *Der Mann von funfzig Jahren* an Wilhelm und setzt in der Nachschrift hinzu: *Um Ihnen nun den Weg zu zeigen, wie Sie das liebenswürdige Paar auf Ihren Wanderungen treffen können, so ergreife ich ein wunderliches Mittel. Sie erhalten hiebei den kleinen Ausschnitt einer Landkarte; wenn Sie diesen auf die größere legen, so deutet die darauf gezeichnete Magnetnadel mit der Pfeilspitze nach der Gegend, wo die Suchenswerten hinziehen ...* Und späterhin heißt es: *Der Wanderer prüfte nunmehr an einer größeren Landkarte den kleineren Ausschnitt und stand verwundert, erstaunt, erschrocken, als die Nadel gerade nach Mignons Geburtsgegend ... hindeutete.*

231,33f. Von dem *Gesang der venezianischen Schiffer* berichtet die *Italienische Reise, 6. Oktober 1786.* (Bd. 11, S. 84f.).

233,7f. *Gondel ... im traurigen venezianischen Sinne,* d.h. innen mit schwarzem Samt ausgeschlagen, kastenförmig; vgl. Bd. 1, S. 176: *Diese Gondel vergleich' ich der sanft einschaukelnden Wiege, | Und das Kästchen darauf scheint ein geräumiger Sarg ...*

234,6f. *die geschmückteste der Inseln*: Isola bella, im 17. Jahrhundert durch den Grafen Borromeo mit Terrassengärten geschmückt. – Bd. 10, S. 149,24 u. Anmkg.

235,19–236,36. Als *Urteil eines Kenners* eingeschaltet eine zusammenfassende Charakteristik der Bilder des Landschaftsmalers. Reproduktionen waren zu Goethes Zeit noch selten und kostbar; daher waren Bildbeschreibungen dieser Art ein bedeutendes, zur Kunst gesteigertes Mittel, um malerische Werke bekannt zu machen. Meister der Bildbeschreibung waren Heinse, Goethes Freund Meyer, die Brüder Schlegel und Goethe selbst. – W. Waetzold, Deutsche Kunsthistoriker. Bd. 1. Lpz. 1921.

238,1f. *die dreiste Hand des Künstlers.* Das Wort *dreist* bedeutet bei Goethe: sicher, beherzt, voll Selbstvertrauen. Der heutige negative Nebensinn fehlt meist. Vgl. im *Divan* das Gedicht *Dreistigkeit.* (Bd. 2, S. 16.) *Nun aber fühlt* ... Der Satz ist bezeichnend für die Wortwahl des Altersstils; *aufgeregt* = angeregt; *treulich* hier etwa im Sinne von „zuverlässig, als gewisses Eigentum, immerdar, unvermindert".

242,11. *ein Kanal.* In der Reisebeschreibung des Herzogs Bernhard, die Goethe 1826 (im Manuskript) sorgfältig durcharbeitete, ist S. 131 von dem Kanalprojekt zwischen Mississippi und Ohio die Rede. Dort in der Nähe die ausführlich beschriebene Siedlung „New Harmony" (S. 135ff.) des John Owen. Seine 2 ältesten Söhne waren Zöglinge Fellenbergs (S. 138); also eine Verbindung zwischen „New Harmony" und Fellenberg wie im Roman zwischen der neuen Siedlung (242,16ff.) und der Pädagog. Provinz (242,38ff.). In der Nähe der Güter, welche der Oheim abtritt (142,23 und 439,8–21) liegt das Land der Turmgesellschaft (schon: Lehrjahre Bd. 7, S. 563,14ff.). Dort kann Lenardo *ganz von vorn anfangen* (242,15f.). – Reise des Herzogs Bernhard zu Sachsen-Weimar durch Nord-Amerika. Hrsg. v. H. Luden. Weimar 1828. Insbes. Bd. 2, S. 131–145; 204–212; 310–323. – Ludw. Gall, Meine Auswanderung nach den Ver. Staaten. Trier 1822. Dazu: Goethe, Weim. Ausg., Bd. 41,2 S. 269f. – Vgl. 332,12 u. 404,5ff. u. Anm.

243,5. *eine Stelle Ihres Briefs*: 225,9f. und 225,24f.

243,6ff. *Hausfrömmigkeit ... Weltfrömmigkeit.* Das Wort „fromm" hat bis zu Goethes Zeit meist die Bedeutung „richtig handelnd, rechtschaffen"; ein typisches Beispiel ist das Kirchenlied „O Gott, du frommer Gott, du Brunnquell guter Gaben" von Johann Heermann, 1630. Im 18. Jahrhundert wandelt sich die Bedeutung von dem Handeln zu der dahinter stehenden Gesinnung; vollendet wird diese Entwicklung durch Schleiermacher, dem dann das 19. Jahrhundert im Wortgebrauch folgt. Goethes Sprache zeigt sich hier noch weitgehend der älteren Sprache verbunden. Das Wort *fromm* hat bei Goethe oft noch die alte Bedeutung „recht handelnd, pflichttreu, mit redlicher Gesinnung, dienstwillig". So Bd. 1, S. 287, Vers 20; Bd. 3, Vers 2701, 5472, 5848; Bd. 5, S. 327,28; Bd. 11, S. 292,3. Oft hat das Wort die neuere Bedeutung religiöser Innerlichkeit, so etwa Bd. 1, S. 159, Nr. IV; S. 384, Vers 83; Bd. 6, S. 407,23; Bd. 7, S. 138,20; S. 383,5; Bd. 11, S. 462,17ff. Da das Sittliche mit dem Religiösen in Beziehung steht, umfaßt das Wort oft beide Bereiche, so in den Abschnitten über die Spinner und Weber 420,26ff.; 421,5ff.; ferner 441,16; Bd. 6, S. 508,31; Bd. 9, S. 253,37f.; Bd. 11, S. 66,9. – Das Wort *Weltfrömmigkeit* gab es schon vor Goethe, aber im Sinne von „die weltläufige allgemeine Art der Frömmigkeit" (Dt. Wb. 14, 1,1 Sp. 1574ff.); Goethe gibt dem Wort einen neuen Sinn und bringt es in Gegensatz zu *Hausfrömmigkeit.* Die Antithese von *Haus* und *Welt* gibt es bei ihm schon früh, z. B.: *Geh vom Häuslichen aus und verbreite dich, so du kannst, über alle Welt.* (Bd. 12, S. 28,2f.) – Goethes Wort *Weltfrömmigkeit* bezeichnet die Richtung des Denkens und Handelns in die Welt hinaus. Anders ist die Bedeutung, in welcher das Wort gelegentlich im 20. Jahrhundert benutzt ist: „Religiosität, die ihre Offenbarung aus der Welt (Natur, Idee, Liebe usw.) empfängt". – Günter Niggl, „Fromm" bei Goethe. Tübingen 1967. Ausführliche und ergebnisreiche Wortmonographie. Insbesondere S. 380–386.

Zwischenrede. Die 1. Fassung der *Wanderjahre* war nicht in Bücher eingeteilt, sondern nur in Kapitel. Bei der 2. Fassung plante Goethe zunächst 2 Bücher, der Einschnitt sollte hier sein, wo jetzt die *Zwischenrede* steht. Er entschloß sich dann aber zur Dreiteilung, wahrscheinlich zugleich aus inneren und aus äußeren Gründen; die drei Teile des Romans wurden nun dem festgesetzten Bandumfang der *Ausg. l. Hd.* angeglichen. Die *Zwischenrede* macht eine *Pause von einigen Jahren:* Inzwischen ist Felix zum Jüngling erwachsen und Wilhelm hat sein Studium der Wundarznei beendet.

Achtes Kapitel. Der zweite Abschnitt über die Pädagogische Provinz beginnt. Der erste *(erstes* und *zweites Kapitel)* schilderte ihre Weltanschauung, dieser zweite behandelt ihren Aufbau und die Art des Unterrichts. *Der Obere* tritt wiederum nicht persönlich auf, sondern wird nur kurz erwähnt in den Worten der leitenden Pädagogen: er führt die Jugend in religiöses Denken ein, und die Lehre scheint in kultische Handlung überzugehen (258,29f.). Indessen sind *die Drei* unterwegs, um die einzelnen Gebiete zu besuchen; wieder wird fast nichts über sie gesagt, aber eben darum hat das eine charakterisierende Wort *reinster Seelenfriede* (258,24f.) desto stärkere Bedeutung. Die drei Ehrfurchten werden diesmal nur kurz erwähnt (250,33), ebenso die Grußformen; wir erfahren, daß diese gelegentlich *mit einiger Abänderung* vorkommen (250,34): jede Starrheit soll vermieden werden, ist doch der geistige Mensch immer auf dem Wege, und sein Ausdruck wandelt sich mit seinen Einsichten. Durch diese Angaben ist nochmals die religiöse Grundlage der Erziehung betont, aber im Gegensatz zum *ersten* und *zweiten Kapitel* wird darüber nicht weiter berichtet, desto mehr aber über den äußeren Aufbau der Provinz und ihre Abteilungen; zunächst über diejenige, in welcher Felix sich befindet und in welcher man Pferdezucht und Sprachstudium treibt, dann über diejenigen Abteilungen, welche Wilhelm Meister (und Goethe) am meisten interessieren: die der Musiker (247,29ff.), bildenden Künstler (249,5ff.) und Dichter (248,15ff.; 252,27ff.). Wir sehen die Absonderung der einzelnen Zweige voneinander, die Eignungsprüfung und Zuweisung zu einem Fach, die Ausbildung zur Meisterschaft auf einem beschränkten Gebiet – das alles wurde schon im *1. Buch* angedeutet (148,1–12) und entspricht den Grundsätzen, die Montan über Facherziehung äußerte (37,13–30) und die im Auswandererbund sich bewähren (334,30–33). Man kann sich vorstellen, daß hier junge Männer heranwachsen, welche für die Aufgaben im Bunde der Entsagenden geeignet sind.

Die Kunstauffassung in diesem Kreise ist normativ und streng: man denkt nicht an ein Ich, das sich aussprechen will, sondern an die *Volksgemeinde* (251,22), für welche die Kunst die *Wahrheit* (255,31) in einer Form, welche *veredelnd* wirkt (252,23), darstellen soll.

Vgl. die zu Kap. 1–2 angegebene Literatur.

246,3f. *ausschließlicher Beschäftigung und beschränkter Lebensleitung.* Typische Formulierungen des Goetheschen Altersstils. In der 1. Fassung steht: *ausschließlicher Bildung und Lebensleitung.* Wilhelm, der von dem allseitigen Bildungsideal herkommt und die Grundsätze Montans und der Pädagogischen Provinz noch prüfend betrachtet, sieht bei den Jungen, welche in der Pferdezucht arbeiten, ein Beispiel der Erziehung in Fachgruppen und fragt, was als Ausgleich hinzukomme; denn diese Erziehung scheint sich auf ein Gebiet zu beschränken und andere auszuschließen. Wenn auch die Fachschulung vorherrscht, so ist sie doch nicht so einseitig, wie Wilhelm befürchtet; darüber wird er sogleich belehrt.

246,15. *mit einem jungen Tabulettkrämer,* d.h. einem Kleinhändler, der seine Waren in einem umgehängten Kasten („Tabulett") bei sich trägt und damit herumwandert. Bei ihm kauft Felix eine Tafel, beschreibt sie mit einem Gruß an Hersilie und weiß den jungen Burschen zu veranlassen, daß er bei seinen Verkaufsfahrten auch zu Hersiliens Schloß wandert und ihr die Tafel übergibt (265,9ff.). So wird mitten in der Schilderung der Pädagogischen Provinz und des Pferdemarkts die Handlung Felix-Hersilie weiter gefördert. Wir sehen überhaupt Felix nie, ohne daß irgend etwas auf Hersilie Bezügliches erwähnt wird. – Adelung, Wörterbuch, unter „Tabulet". – Ein *Tabulettkrämer* kommt auch bei Joh. Heinr. Voß vor in seiner Idylle „Der Riesenhügel" (KDN 49,1 S. 112ff.). Ferner gab es einen Roman von E. Meyer, Der kleine Tabulettkrämer. 2 Bde. Lpz. 1805.

255,4. *ein gemütliches Lied,* d.h. ein gemüthaftes, das Gemüt anregendes, die Stimmung belebendes Lied. Die Entwicklung, welche das Wort „gemütlich" im 19. Jahrhundert nahm, hat bei Goethe noch nicht begonnen. Oft benutzt er das Wort auch einfach im Sinne von: angenehm, ansprechend.

255,11ff. *Zu erfinden, zu beschließen* ... Das Künstlerlied hat (wie das Wanderlied 317,1ff.) eine Strophenform, die in der Goethezeit häufig war und besonders für einen Gemeinschaftsgesang zu passen scheint. (J. M. Miller, Deutsches Trinklied, 1772; Schiller, An die Freude, 1786; Haschka, Gott erhalte Franz ..., 1797.) Es ist Zweckdichtung, Gebrauchsdichtung, sowohl seinem Entstehen nach – geschrieben 1816 für ein Berliner Künstlerfest – wie seiner Funktion im Roman nach: es verbindet die Künstler in gemeinsamem Gesang. Der Dichter, der noch im Alter zarteste lyrische Klänge schuf (Bd. 1, S. 371–391), wirkt hier ganz unlyrisch; diese Strophen stehen näher bei der gnomischen Dichtung, die er ebenfalls beherrschte. Alles ist gedanklich, man könnte spruchhafte Einzelteile herauslösen (11–14, 27–30). Aber vermutlich ist eben dieses das Formgesetz einer Dichtung, die bestimmt ist für den Gebrauch eines Kreises, den gemeinsames Streben zusammenhält. Wohl jeder Gesang, der von einer Gemeinschaft und ihren Ideen spricht, wird zur Gedankenlyrik und neigt dazu, aus spruchhaft formulierten einprägsamen Einzelsätzen ein mehr oder minder monumentales Mosaik zu bilden. Im einzelnen ist das Gedicht eine formelhaft kurze Zusammenfassung von Goethes kunsttheoretischen Gedanken, die er ausführlicher in seinen Schriften zur Kunst geäußert hat, z.B. in der Einleitung zu den *Propyläen,* in dem Aufsatz über *Laokoon* und zumal in der *Italienischen Reise.* Dort heißt es am *6. September 1787* in Rom: *Diese hohen Kunstwerke sind zugleich als die höchsten Naturwerke von Menschen nach wahren und natürlichen Gesetzen hervorgebracht worden* ... Von diesem *Sinn der Wahrheit* spricht hier die 3. Strophe. Das Bild des Seins, das der Künstler gibt, stellt das Wahre, das eigentlich Grundwahre, dar. Seine Form, in der er es äußert, ist ästhetische Schönheit; daher das Wort *schmückt.* Solche Kunst ist Manifestation reinen Geistes; Geist ist Licht – daher die Lichtsymbolik als Ausklang der Strophe. – Goethes Tagebuch, 27. Dezember 1816: *Gedicht für den Künstlerverein in Berlin.* Erster Druck: 1817 in der Zeitschrift „Der Gesellschafter"; dann 1821 in der 1. Fassung der *Wanderjahre.* – Ausführlicher Kommentar: Goethe, Gedichte. Mit Erläuterungen von Emil Staiger. Zürich 1949. Bd. 2, S. 399–404. – Horst Joachim Frank, Handbuch der dt. Strophenformen. München 1980. S. 621–626.

255,37. *des Lebens heitre Rose.* Staiger S. 403: „Die *Rose* wird hier genannt als Gleichnis für das vollerblühte, entfaltete Leben. So fordert Goethe in den Anmerkungen zu Diderots Versuch über die Malerei, daß der Künstler die Natur *auf dem würdigsten Punkt ihrer Erscheinung ergreift.* Um diesen *würdigen Punkt* aber gehörig herauszuarbeiten, soll der Künstler das minder Entfaltete oder schon von der Höhe wieder Abgleitende darum gruppieren ... Der ganze Gehalt der Strophe erschließt sich also erst dann, wenn wir uns unter den *Geschwistern* der Rose knospenhafte Blüten vorstellen. In der nun möglichen genetischen Betrachtung der Natur, die sich auf verschiedenen Stufen des Werdens und Vergehens darstellt, wird der Sinn ihres geheimen Lebens offenbar."

257,10. *der Schauspieler.* Der ganze Abschnitt 256,19–258,19 ist geschrieben aus der Haltung, die Goethe im Alter zu diesen Fragen einnahm und die er selbst ausspricht, indem er von sich sagt: *Hat er nicht auch in vielfachem Sinn mehr Leben und Kräfte als billig dem Theater zugewendet?* – Der Abschnitt erregte, wie Pius Alexander Wolff am 10. September 1821 aus Berlin an Goethe schreibt, Unmut und Verstimmung bei den Schauspielern (WA Briefe Bd. 35, S. 332). Daraufhin antwortete ihm Goethe, daß *auf jene griesgrämigen Pädagogen keineswegs zu achten ist* (21. Sept. 1821), ließ den Abschnitt aber in der 2. Fassung des Romans unverändert.

Neuntes Kapitel. Das Kapitel spielt noch in der Pädagogischen Provinz, ist aber für sie nicht mehr so kennzeichnend wie das vorige. Wilhelm nimmt teil an einem Fest der Bergleute und trifft dort Montan wieder, den Naturforscher, der sich der Geologie gewidmet hat (34,2 ff.), den wortkargen Freund, dessen Sätze immer nur Bruchstücke aus langen Gedankenketten sind, schweigsam im Weltanschaulichen, mitteilend im Praktisch-Fachlichen. Gemäß seiner Forderung einseitig-fachlicher Ausbildung (37,13 ff.) hat er sich selbst eine Beschränkung auferlegt (260,20) und ist anderen nützlich durch seine Fachkenntnisse (263,29 ff.).

Die Polarität des Kapitels ist Weltschau und Fachkenntnis, Ironie und Eifer, Einsamkeit und Geselligkeit. Montan kann als Sachkenner fachliche Streitigkeiten verfolgen, ja beleben, kann aber als Weiser sich nicht selbst ereifern. Das Kapitel bringt zwei Gespräche, eins der Fachleute und eins der Weisen. Das der Fachleute ist mit Ironie geschildert, und die Bemerkung, daß es *beinahe zu tödlichen Händeln* führte (262,9 f.), ist satirische Übertreibung, angeregt durch die leidenschaftlichen Kontroversen in der Geologie, die Goethe jahrzehntelang miterlebt hatte. Es geht um die Entstehung der Erdgestalt. Der ironische Ton (z. B. 262,3–8) zeigt, daß man Montans und Goethes eigene Meinung in keiner der fünf Theorien (260,38–262,8) suchen darf. Goethe war der Ansicht, die Erdgestalt sei durch Zusammenwirken vieler verschiedener Kräfte entstanden, alle fünf Meinungen hätten einiges Wahre. Von den Theorien seiner Zeit sagte Goethe am meisten diejenige zu, welche von den Kräften des Wassers sprach, weil sie als einzige eine Wirkung in sehr langen Zeiträumen annahm.

Diesem fachlichen Gespräch, das in den Grenzen des theoretischen Denkens bleibt (260,29 ff.), folgt als Gegensatz, als höhere Stufe ein Gespräch, das den Menschen als Ganzheit sucht, das Gespräch über *Tun und Denken* (263,8 ff.), einer der Höhepunkte des ganzen Romans und klarste Zusammenfassung seiner Lebenslehre. Die Lehre vom Tun und Denken steht im Zusammenhang vieler Gedanken, die über das ganze Werk verstreut sind. In der Nacht auf der Sternwarte war die Rede von dem sittlichen Gesetz, das der Mensch in sich vernimmt

(119,16ff.); aber es kommt nicht nur darauf an, ein Gesetz, eine Idee zu erkennen, sondern vielmehr darauf, es zu vollziehen. *Wie kann man sich selbst kennen lernen? Durch Betrachten niemals, wohl aber durch Handeln* ... (283, Nr. 2.) Wir vernehmen die Idee nur als ein allgemeines Gesetz; wie dieses in unserer bedingten Wirklichkeit zur Tat werden solle, vernehmen wir nicht. Darum können wir irren und schuldig werden, aber wir können auch wieder zum rechten Weg zurückfinden. Auf die große Frage, wie Idee und Tat sich zueinander verhalten und ob der Mensch nicht hoffnungslos zwischen beide zerrissen sei, gibt Goethe Antwort durch die Lehre vom Tun und Denken. Sie ist tröstlich, aber sie macht es uns nicht leicht. Sie fordert Aufmerksamkeit, Streben, steten neuen Einsatz.

Die Lehre vom Tun und Denken kommt aus dem Leben und will auf das Leben angewandt sein. Wilhelm betrachtet unter diesem Gesichtspunkt daher sogleich seinen eigenen Weg und meint, er sei auf diese Weise nach manchem Irren zu seinem neuen Beruf gekommen; und eine Gelegenheit, sich als Wundarzt zu betätigen, gibt die Bestätigung, daß nun der rechte Mann am rechten Platze sei.

259,9. *zunächst*: zeitlich aufzufassen, wie 282,32.

260,25f. *die Gebirge sind stumme Meister* ...: vgl. 476, Nr. 103.

260,35f. *Erschaffung und Entstehung der Welt*, ein in der Goethezeit vielerörtertes, weit über die Fachkreise hinaus interessierendes Thema. Herder hat die Hauptergebnisse seinerzeit in den Anfang seiner „Ideen" einzubauen versucht. Goethe erlebte dann mit, daß jahrzehntelang „Neptunisten" und „Vulkanisten" sich leidenschaftlich bekämpften. Er sah, daß die Forschung seiner Zeit noch nicht weit genug war, um ein klares Bild der Erdgeschichte zu ermöglichen. Er läßt im Folgenden alle wichtigen Theorien seiner Zeit zu Worte kommen. Seine Kenntnis des geologischen Schrifttums war sehr ausgebreitet. – Vgl. auch S. 307, Nr. 160–164 und *Faust* 7851ff. und 10075ff. – Goethe notiert in seinem Tagebuch am 6. Okt. 1828, d.h. zur Zeit der Arbeit an der 2. Fassung der *Wanderjahre: Herr v. Martius ... Zu Tische fanden sich Herr Professor Schübler, später Herr Soret. Das Gespräch war sehr aufgeweckt, indem die sämtlichen Probleme der Uranfänge der Geologie sowie der organischen Physiologie scherzhaft und paradox zur Sprache kamen.* – F. Soret, Zehn Jahre bei Goethe. Lpz. 1929. Briefe und Aufzeichnungen vom 11. 11. 27; 26. 1. 28; 6. 10. 28. – Sämtliche Arbeiten Goethes zur Erdgeschichte findet man zusammengestellt in: Goethe, Die Schriften zur Naturwiss. (Leop.-Ausg.) Bd. 1 und 2. Hrsg. von Günther Schmid. Weimar 1947 u. 1949. Bd. 11. Hrsg. von Dorothea Kuhn u. W. v. Engelhardt. Weimar 1970. – Über die Geologie der Goethezeit: Karl Alfred v. Zittel, Gesch. d. Geologie u. Paläontologie. München u. Lpz. 1899 = Gesch. der Wissenschaften in Deutschland, 23. – Max Semper, Die geologischen Studien Goethes. Lpz. 1914. – Auch: Christian Keferstein, Gesch. u. Literatur der Geognosie. Halle 1840. – Bd. 13, S. 251–303 u. Anm.

260,39ff. *Wasserbedeckung*. Die Theorie der sogenannten „Neptunisten", zu denen H. B. de Saussure (1740–1799) und der bedeutende Freiberger Geologe

A. G. Werner (1749–1817) sowie der Jenaer Naturphilosoph Oken gehörten. Goethe selbst neigte dem Neptunismus zu. – Bd. 9, S. 417,27ff.; 485,29ff. – Schr. z. Naturwiss., Bd. 1 und 2. Hrsg. v. G. Schmid. 1947–49. – Über den Neptunismus der Goethezeit: K. A. v. Zittel S. 82ff., 85ff., 90f., 173ff. – M. Semper, insbes. S. 135ff., 175ff.

261,3f. *Andere ... ließen ... ein Feuer obwalten.* M. Semper, S. 338, bezieht diesen Satz auf die Theorie des Erdinnern von Cordier und Fourier und die Vulkantheorie von Scrope, Considerations on volcanoes. 1825. Vielleicht darf man auch an die deutschen Vulkanisten wie Leopold v. Buch denken. – Vgl. 307, Nr. 163. – Einzelheiten bei Semper und Zittel. – Bd. 13, S. 258,12 und 295,29 u. Anmerkungen. – Bd. 14, Sachregister „Erdbeben", „Vulkanismus, Vulkanisten". – Ruppert Nr. 4941 (Nose-Breislak), 4095 (Buch), 4702 (Humboldt). – Schmid (Leop.-Ausg.) Bd. 2, S. 295f., 297ff.

261,16ff. *Gebilde ... durch die Erdrinde hindurch in die Höhe getrieben ...* M. Semper bezieht diese Stelle auf die Theorien von L. v. Buch und A. v. Humboldt, über den Goethe am 5. 10. 1831 an Zelter schreibt, er könne ihm nicht darin folgen, daß *die Himalaiagebirge auf 25000 Fuß plötzlich aus dem Boden gehoben* sein und nun *so starr und stolz, als wäre nichts geschehen, in den Himmel ragen* sollten. Sie paßt auch zu der Theorie des Schotten James Hutton (1726–1797) und des Deutschen Joh. Ehrenreich v. Fichtel (1732–1795), der von Gebirgen spricht, die „ohne heftige Eruptionen auf einmal aus der Tiefe emporgehoben wurden und die Erdkruste an Stellen des geringsten Widerstandes durchbrachen" (Zittel S. 177). – Goethe notierte sich u. a. einmal eine Theorie, *daß die ganze Porphyrformation des südlichen Tirol ... durch den alten Kalkstein heraufgehoben sei ...* (Schr. z. Naturwiss., hrsg. v. G. Schmid. Bd. 2, S. 239f. Ähnlich in dem Entwurf eines Schreibens an K. F. v. Klöden, ebd. S. 394.) – Semper S. 189, 199f., 338. – In *Faust* 7519ff. hat Goethe den Erdbebengeist *Seismos* dargestellt, welcher einen Berg emporhebt. Goethe kannte aus Seneca, Naturales quaestiones II,26 die Theorie, daß die Inseln des Ägäischen Meeres vulkanisch emporgehoben seien, und las die Werke der zeitgenössischen „Vulkanisten" mit Interesse und Kritik. Es gibt in seinen Briefen zahlreiche Äußerungen dazu. – HA Briefe Bd. 4, Register „Naturwiss., Vulkanismus". – Ruppert Nr. 4095 (Leopold v. Buch). – Goethe war in dieser Theorie der Zeitraum zu kurz. Es gab zu seiner Zeit noch nicht die Auffassung, die sich im 19. Jahrhundert durchsetzte: langsame Emporwölbung in sehr langen Zeitepochen.

261,27. *aus der Atmosphäre herunterfallen ...* Anspielung auf die Theorie, daß gewisse Gebilde auf der Erde nur als Meteore, Aerolithen zu erklären seien. Einige Geologen gingen darin entschieden zu weit. An Nees von Esenbeck schreibt Goethe am 12. 3. 1820: *Unser guter Heim* (der Meininger Mineraloge Joh. Ludwig Heim) *ließ Fichtelgebirg und Thüringer Wald, Petersberg und Harz vom Himmel fallen; dem Vulkanisten war und ist es etwas Leichtes, dergleichen Massen aus der Tiefe herauszubefördern. Was mag in beiden Fällen nicht durcheinandergepurzelt sein?* Man war sich zu Goethes Zeit über die Meteore noch wenig klar. Während Heim ganze Gebirge aerolithisch erklärte, behauptete J. A. de Luc noch 1803, „er würde nicht an Meteorsteine glauben, selbst wenn einer vom Himmel zu seinen Füßen niederfiele" (Zittel S. 241). Goethe hat aus dieser einerseits übertriebenen Wichtignahme, anderseits übertriebenen Leugnung eine scherzhafte Szene in *Faust II*, 7926ff., 7938ff. gemacht. An sich interessierten ihn die Meteorsteine sehr. Er spielt in seinen Sprüchen darauf an: *Da wird's Metall und Steine regnen* (Bd. 1, S. 305, Nr. 9). Eine erste sachliche wissenschaftliche Grundlage gab zu seiner Zeit E. F. F. Chladni, Über den Ursprung der von Pallas gefundenen ... Eisenmassen. Lpz. 1794. – K. A. v. Zittel S. 239ff. – Semper S. 144, 338. – Günther Schmid, Irrlicht und Sternschnuppe. (Jb.) Goethe 13, 1951, S. 268–289. – Günter Hoppe, Goethes Ansichten über Meteorite. GJb. 95, 1978, S. 227–240.

261,33ff. *Zuletzt wollten* ... Der Einsatz klingt ironisch wie 262,3f., vermutlich weil alle Meinungen etwas grotesk übersteigert erscheinen sollen; doch die Sache war Goethe ernst, sie war seine eigene Überzeugung, zu der er damals gelangt war. Da die Eiszeit-Theorie aber ganz neu war, führt er sie so abstandhaltend ein. Dagegen ist das 262,5ff. über die Vulkanisten Gesagte wirklich ironisch gemeint. – Goethe hatte auf seinen Schweizerreisen beobachtet, daß von den Gesteinen des Hochgebirges oft einzelne Geschiebestücke weit im Vorland liegen, ohne daß er eine Erklärung dafür hatte. Später lernte er durch Bergrat J. K. W. Voigt (1752–1821) die Theorie kennen, die norddeutschen Findlinge stammten aus Skandinavien und zwar durch Transport auf schwimmenden Eisbergen. Im Jahre 1820 korrespondierte er über diese Frage mit A. K. v. Preen in Mecklenburg, der mit Skandinavien, Ostsee und Norddeutschland Bescheid wußte. (WA Briefe Bd. 32, S. 247 und 390.) Goethe verband nun die alpinen und skandinavischen Probleme: überall, wo scharfkantige, nicht abgeschliffene Findlinge vorhanden sind, muß man Eistransport annehmen; und: *zu dem vielen Eis brauchen wir Kälte* (Bd. 13, S. 297,2; 301,11ff. und Anm.). Doch zu genaueren Bestimmungen reichten die damaligen Beobachtungen noch nicht aus. Goethe nahm nicht wie die spätere Forschung Gletschertransport von Skandinavien bis Deutschland an, sondern schwimmende Gletscher und einen höheren Wasserstand des Meeres. Er hat die Eiszeit-Theorie selbständig entwickelt (Bd. 13, S. 286,26ff.; 296,24–297,16), gleichzeitig mit Venetz und J. v. Charpentier, die ihre Theorien erst nach seinem Tode 1834 und 1835 im Druck veröffentlichten. – Goethe scheint zeitweilig daran gedacht zu haben, das geologische Gespräch hier noch ausführlicher zu gestalten. Ein dialogisch gehaltenes Paralipomenon führt seine Eiszeittheorie noch genauer aus. (Abgedruckt: Schr. z. Naturwiss. 2, 1949, S. 377f. und Fest-Ausg., Bd. 12, S. 505f.) – Robert Philippson, Hat Goethe die Eiszeit entdeckt? Jb. G. Ges. 13, 1927, S. 157–171. – Goethe, Schr. z. Naturwiss., Bd. 2, 1949, S. 256, 377f., 384ff. u. a. m.

262,30f. *in der Mitte bleibt das Problem liegen* ... Vgl. S. 309, Nr. 177.

263,3ff. *jeder weiß nur für sich, was er weiß* ... Ein für Goethes Spätzeit bezeichnender Gedanke. Vgl. S. 293, Nr. 64; S. 306, Nr. 155, 156; S. 476, Nr. 104. Ferner: *Jedes ausgesprochene Wort erregt den Gegensinn* (*Wahlverwandtschaften, Ottiliens Tagebuch*, Bd. 6, S. 384,21). – Und aus den *Maximen und Reflexionen*: *Ich weiß recht gut, woher und wohin, warum und wozu, erkläre mich aber weiter nicht darüber* ... (Bd. 12, S. 404, Nr. 280).

264,10. *des Erkenntnisses.* Das Wort wird in Goethes Zeit vielfach als Neutrum gebraucht.

264,22ff. *Gelegenheit, sein erworbenes Talent ... anzuwenden.* Eine Goethesche Handschrift hat hier: *Glücklicherweise bedurfte es hier nicht viel Redens, denn es ereignete sich soeben ein Fall, wie unser Freund sein erworbenes Talent anwenden und sich der Gesellschaft als wahrhaft nützlich beweisen konnte.* WA 25,2 S. 125. – Vgl. 280,25; 281, 8–12; 282,35–37.

Zehntes Kapitel. Die Fortsetzung der Geschichte von Hersilie und Felix, also anknüpfend an 124,19–24 und 246,13–16. Dieses ganze Thema ist überhaupt nur in ganz kurzen Bildern gegeben. Diesmal ist es ein Brief Hersiliens. Wie hat der alte Dichter den jungen Menschen geschildert! Es ist, als wenn ein greiser Maler ein junges Mädchen malt und das Leichte, Flockige des Altersstils dazu dient, gleichsam nur als Hauch und Ton den Zauber der Jugend zu vermitteln. Hersilie, die klare und heitere, scheint plötzlich ganz gegen ihre Natur unsicher und nachdenklich. Sie sagt wenig über sich, aber das Spiel mit dem Brieftäschchen sagt genug: *ohne deutlichst zu wissen, wer es haben soll, Vater oder Sohn* ... (265,10f.) – am Ende erhält es der Sohn, und zwar weil er sie liebt. Welchen Eindruck auf sie Wilhelm, der Freund des Oheims, ja fast selbst wie ein Oheim, gemacht hat, das wird nur angedeutet, ja fast nicht einmal das. Und Felix – der Knabe und doch nicht mehr Knabe? Ist nicht eben dies sehr jugendlich, daß Liebe nicht einfach als Liebe da ist, sondern sich teilt und vermischt, daß sie gleich doppelt da ist, einmal fast mehr als Achtung, Verehrung, Sympathie, ein andermal fast Kameradschaft, Scherz oder auch Sorge für den Jüngeren? *Sollte mich das aus der Fassung bringen? Ich glaube gar, ich seufzte* ... (266,28f.) Und wie entzückend und echt hersilienhaft ist die rasche Überleitung: *ich bin schon wieder auf dem gewöhnlichen, flachen Tagesboden* ... Sehr mädchenhaft auch dies, daß Hersilie durchaus sich aussprechen muß; sie will das *Abenteuer* mit dem Tabulettkrämer berichten – daß ein anderes, inneres Abenteuer, das ihres Herzens, dahinter steht, deutet sie nur leise an (265,7) – wie sollte sie dafür auch eine Sprache haben? Wenn sie sie hätte, wäre sie nicht mehr so jugendlich. Durch die Schilderung des Erlebten ergibt sich die außerordentlich anschauliche Ausmalung der Szene *unter den hohen Linden.* Felix bildet sich sichtlich ins Männliche: welche erobernde, wollende Sprache hat sein Täfelchen! Hersilie kann nicht anders als antworten, grüßend und mahnend; sie will nicht verletzen, darf aber auch nicht zu sehr entgegenkommen. Ihre Antwort ist fein abgewogen. Aber eben darum ist es bei ihr anders als bei Felix: Er hat in den wenigen Worten sein Herz entladen; sie nicht. Und nun, weil es sie dazu drängt, schreibt sie den Brief, in dem ihr Herz sich ausspricht – aber an Wilhelm. – Daß der greise Dichter die Weisheitsworte Montans schrieb, ist groß, aber es liegt in der Linie seines damaligen Denkens, es ist begreiflich. Doch daß er diesen Liebesbrief eines jungen Mädchens dichtete, gehört zu dem Erstaunlichen, wie die Verse der späten Lyrik. Steht der Brief nicht diesen überhaupt näher, als man es von einer Partie dieses lehrhaften Romans je erwarten würde? Für den ganzen Roman ist es wichtig, daß auch dies in ihm ist: ein Kapitel nur Blüte, Duft und Klang. Es gibt in dem Buch des anderen so viel: Weisheit, Tat und Belehrung. Das ganze Werk erscheint wie ein Stern: eine seiner Zacken ist dieses Hersilien-Kapitel; es steht kontrapunktisch zu all den anderen Themen, die so männlich, praktisch und lehrhaft sind; es ergänzt sie durch sein Anderssein; und dadurch rundet sich zugleich das Bild als Ganzes.

265,33ff. *Felix liebt* ... Goethe liebte es, gelegentlich selbst solche kurzen Mitteilungen, in Zeilen abgeteilt, zu versenden, freilich anderen Inhalts (so z.B. WA Briefe Bd. 33, S. 180; Bd. 45, S. 147; Bd. 49, S. 195).

Eilftes Kapitel. Dieses Kapitel – das Schlußkapitel des *zweiten Buches* – vereinigt zwei Hauptmotive: Wilhelms erste Jugendfreundschaft (Rückblick auf seine Kindheit) und sein Wundarzt-Werden (Rechenschaft über seine jüngste Tätigkeit). Mit jenen Jugendeindrücken hängt diese spätere Berufswahl zusammen. Vom Handlungsverlauf aus besteht keine Notwendigkeit, diese beiden Themen eben hier zu behandeln. Das Gespräch mit Montan gehört zeitlich ins *vierte Kapitel* des *ersten Buches* (S. 40f.). Und die Jugendgeschichte hätte auch irgendwo anders eingeschaltet werden können. (Wilhelm hätte sie und seine Berufswahl auch schon früher Natalie mitteilen können.) Daß beide Motive an dieser Stelle stehen, hat seine Begründung im Symbolzusammenhang des Ganzen, denn sie werden zu Symbolen für Liebe und Tat.

Das eindrucksvolle Schlußbild des *zweiten Buches* ist der Weg ins Praktisch-Nützliche. Es ist der Weg, von dem Montan schon im *ersten Buch* so energisch sprach und den wir im *dritten Buch* dann alle Gestalten gehen sehn. Aber Goethe hat diesem Thema hier nur ein halbes Kapitel eingeräumt (die 2. Hälfte); davor gelten nur ein und ein halbes Kapitel ganz dem Bereich der Seele (das Hersilien-Kapitel und die Geschichte vom Fischerknaben).

Zu den Polen, zwischen denen das Leben des Romans sich bewegt – Leidenschaft und Entsagung, Einsamkeit und Gemeinschaft –, gehört auch diese Zweiheit: Seele und Tätigkeit. Montan spricht immer nur von Tätigkeit: *Narrenpossen sind eure allgemeine Bildung* ... (282,9ff.) *Seelenleiden zu heilen vermag der Verstand nichts, die Vernunft wenig, die Zeit viel, entschlossene Tätigkeit hingegen alles* ...(281,24ff.) Die Erzählung vom Fischerknaben dagegen spricht von der Seele, und man fühlt aus ihrer liebevollen, mitunter fast lyrischen Sprache, daß des Dichters Sympathien hier nicht weniger sind als dort. Und es ist wie immer: die Novelle voll Stimmung und Leidenschaft, die Rahmenerzählung strenger, herber, ethischer.

Die *Wanderjahre* enthalten einen ganzen Zyklus von Formen zwischenmenschlicher Beziehungen. Durch die Novelle vom Fischerknaben wird dieser erweitert um ein neues Motiv, das der Jugendfreundschaft. Weil es die erste, die früheste Freundschaft ist, ist die Erzählung zugleich ein Beitrag zu dem Thema der Welt-Aneignung. *Jenes erste*

Aufblühen der Außenwelt erscheint *als die eigentliche Originalnatur, gegen die alles übrige, was uns nachher zu den Sinnen kommt, nur Kopien zu sein scheinen* (273,34ff.). Bezeichnend ist, wie hier die Gefühle sich verbinden: der Zauber des Elementaren (Naturstimmung, Wasser), die erste Freundschaft (deren leise erotische Töne nicht verschwiegen werden) und erste Liebe, alle einander wechselseitig steigernd zu jenem einmaligen *ersten Aufblühen der Außenwelt;* hierbei erinnert die magische Verbindung von Seele und Element mitunter an Ähnliches in den Balladen (271,38–272,13).

Daß wir nützen, gibt dem Dasein einen Sinn. Aber was wäre das Nützen allein, wenn nicht auch jenes *Aufblühen der Außenwelt* wäre? Und wodurch kommt es anders als durch Liebe? Das Kapitel bringt die Polarität von Liebe und Tat nicht als Konflikt, sondern als ein Nacheinander der Entwicklung und als ein Zusammengeordnetsein im menschlichen Innern. Durch anderthalb Kapitel wird liebevoll von der jugendlichen Seelenwelt gesprochen. Den Abschluß aber machen Männlichkeit und Tat. Montans eiserner Satz über *entschlossene Tätigkeit* (281,24–29) ist der Generalbaß des Buchschlusses; Wilhelms Arzttum steht damit in Harmonie; und so endet das Buch mit der Freude des Tätigen und Nützlichen.

Spranger S. 90f. – Sarter S. 28. – Die Erzählung benutzt Motive aus Goethes Jugend. Vgl. Brief an Sophie La Roche vom 31. Juli 1774. Morris, Der junge Goethe Bd. 4, S. 94 und Bd. 6, S. 369. Es waren vier Knaben, die im Juli 1774 umkamen. Dazu bringt Adolf Bach, Goethes Rheinreise 1774, Zürich 1923, S. 174 und 219f. dokumentarisches Material.

268,10ff. *Jüngling ... am Ufer.* Vgl. Bd. 12, S. 143,35ff.

269,32. *Glacis* = Erdwerke am äußeren Festungswall.

270,25f. *die aufgehobene kirchliche Feier* ... Düntzer KDN 97, S. 280: „Trotz der aufgehobenen kirchlichen Feier des dritten Pfingsttages waren sie noch festtäglich gestimmt – was freilich wunderlich ausgedrückt ist."

271,2ff. *Schlüsselblumen* ... Erich Ebstein, Zur Gesch. des Thee-Ersatzes. Mitteil. zur Gesch. d. Medizin u. d. Naturwiss. 17, 1918, S. 158.

273,14. *Jonquillen* = Narzissen.

276,39f. *politisch* in dem im 18. Jahrhundert häufigen Sinne von: praktisch, in Hinsicht auf den Nutzen (in diesem Fall der Familie), weltklug, gewitzt.

278,28f. *Einimpfung der Blattern* (Pocken): Hermann Cohn, Goethe über den Impfzwang. Goethe-Jahrbuch 23, 1902, S. 216–218. – Bd. 9, S. 36,23 u. Anmkg.

278,30. *Polizeiverwandten.* Vgl. 104,18 u. Anm.

279,27. *darf ich nicht wiederholen* = brauche ich nicht zu wiederholen. Zum Wortgebrauch von *dürfen* vgl. S. 291, in Nr. 52: *Der Maler darf also* ... oder: *Der Magnet ist ein Urphänomen, das man nur aussprechen darf, um es erklärt zu haben (Maximen und Reflexionen,* Bd. 12, S. 367, Nr. 19). – Vgl. auch 427,3.

280,24f. *jenes Besteck* ... Wilhelm erblickte es erstmalig, als er Natalie zuerst sah (Bd. 7, S. 227); er sah es dann auf Lotharios Schloß wieder (Bd. 7, S. 428), wo es ihm zum ersten Anzeichen wurde, daß er Natalie nahe sei. – Vgl. S. 40, 30–36.

281,24ff. *Seelenleiden zu heilen* ... Einer der monumentalen, fast harten Sätze Montans, Überleitung von dem Bereich des Seelischen (in der ersten Hälfte des Kapitels) zu dem der Tat (in der zweiten Hälfte). Die gleiche Polarität gibt es in der Marienbader *Elegie*. Liebe heißt dort *So reich an Gütern, reicher an Gefahr* (Bd. 1, S. 385); der verzweifelt Liebende sagt sich seine alte Lebensregel: *Schaue ... dem Augenblick ins Auge! ... Im Handeln sei's* ... Aber die Seele ist stärker: *Du hast gut reden ... Mir ist das All, ich bin mir selbst verloren* ... In den *Wanderjahren* spricht niemand in solchem Ton, und wer sich ihm nähert (wie Flavio und Odoard zeitweilig), kommt bald wieder davon ab. Das Tragische soll überwunden werden durch den Weg der Tätigkeit.

Betrachtungen im Sinne der Wanderer. Goethe gab den *Wanderjahren* zwei Spruchsammlungen bei, am Ende des *2.* und des *3. Buches.* Das Werk ist auch in seinen erzählenden Teilen stark mit Sätzen durchsetzt, die spruchhaft, aphoristisch formuliert sind. Solche Sätze sollten ursprünglich noch zahlreicher sein; z.B. war ein Brief Wilhelms an Natalie entworfen, der Aphorismen des Astronomen mitteilt. In den handschriftlichen Entwürfen stehen viele einzelne Sprüche, die eingeflochten werden sollten. Einiges wurde zu Sätzen Montans oder anderer Gestalten, vieles blieb liegen. Goethe faßte deswegen schon während der Ausarbeitung den Gedanken, diese Sätze zu sammeln und irgendwie zu verwerten. Ein Schema zu Buch I, Kapitel 10 lautet: *Wilhelms Eintritt bei Makarien – Schilderung der Umgebung – Zusammentreffen mit Angela – Felix befleißigt sich des Schreibens – Auszug aus den Collectaneen (NB. Hieraus ein besonderes Heft zu bilden, wie solches eingetragen werden kann.)*

Bei dem Fortschreiten der Arbeit ergab sich dann, daß der Roman auf drei Teile der *Ausg. l. Hd.* verteilt werden mußte, doch daß die Teile etwas unter dem Normalumfang blieben. Da entschloß sich Goethe zur Zusammenstellung und Einfügung der beiden Spruchsammlungen. Er nahm die Sprüche, die im Zusammenhang der Romanarbeit entstanden waren, und füllte sie durch andere, verwandte Sprüche auf. Zu dieser Arbeit zog er Eckermann als Helfer heran. Es ist nun Goethes Art, da, wo er begründen muß, zuerst äußere Gründe zu nennen und die inneren für sich zu behalten oder diese erst in die Waagschale zu werfen, wenn es nötig ist. Er sagte Eckermann, die beiden Bände seien zu schmal, die Spruchsammlungen sollten als Auffüllung dienen. Und so hat Eckermann darüber berichtet (15. 2. 1829 und besonders 15. 5. 1831). Auch an den Verlag Cotta schrieb Goethe in diesem Sinne. Als man dort aber seine Begründung wörtlich nahm und antwortete, man könne dann doch gut einige Sprüche herauslösen und als Vorabdruck veröffentlichen, da spricht er auf einmal von inneren Gründen des Zusammenhangs, den man nicht zerreißen solle. (An Reichel, 2. 5. 1829.)

Wie bei dem ganzen Werk kam Äußerliches und Innerliches zusammen. Auch hier gilt das *Nicht aus einem Stück, doch aus einem Sinn.* (An Zauper, 7. 9. 1821.) Nicht alle diese Sätze waren für die *Wanderjahre* geschrieben, aber sie gehören alle zu dem Gedankenkreis, der sich in dem Roman ausspricht. Stellenweise führen sie fort, was dort nur kurz berührt ist, z. B. die Gedanken über Größe und Grenze der Mathematik (Nr. 166–170, entsprechend Buch I, Kap. 10) oder über die Entstehung der Erdgestalt (Nr. 160–164, entsprechend Buch II, Kap. 9). In beiden Spruchsammlungen stimmen einige Sätze fast genau überein mit Worten des Romantextes. Vielleicht sind die Doppelungen ein Versehen; doch sie zeigen, wie eng die Sprüche und der Romanteil zusammenhängen. (S. 309, Nr. 177 entspricht S. 262,30–32; S. 476, Nr. 103 fast identisch mit S. 260,25 f.; S. 476, Nr. 104 entspricht S. 263,3–7.)

Goethe hat den Zusammenhang zwischen Sprüchen und Roman angedeutet durch die Überschriften *Betrachtungen im Sinne der Wanderer* und *Aus Makariens Archiv.* Damit ist aber nicht gemeint, daß die eine Gruppe zu Makarie gehört, die andere zum Wandererbund. Beide Kreise treffen sich in gemeinsamen Grundgedanken über Urphänomene, Grenzen des Menschen, Entsagung, Gemeinschaft usw. Und zu diesem Gedankenkreis gehören die Sprüche.

Diese 177 Sätze sind wie ein großer seltsamer Park, in dem man sich verirrt, immer wieder Neues entdeckt, das Bekannte neu sehen lernt und wiederholt in Ausrufe des Entzückens, der Verwunderung, des Getroffenseins ausbrechen möchte. Da ist der große Satz *Wie kann man sich selbst kennen lernen* ... (2), da jener zugespitzte, von *unbedingter Tätigkeit* (21), jener tiefsinnige, frappierende, einfache, daß *Poesie auf ihrem höchsten Gipfel ganz äußerlich* sei (71), jener berühmte über Geschichte (78), jener urgoethesche über Symbolik (119) und so viele andere, an die man immer wieder zurückdenkt.

Der weitläufige Bereich des Romans ist durch diese Sprüche noch größer geworden. Aber eben weil das Gesamt schon so weiträumig ist, fügen sie sich ihm ein und sprengen es nicht. Eckermann hat nach Goethes Tod bei den Neuauflagen die Spruchsammlungen aus dem Roman herausgenommen, und ein Jahrhundert lang ist man ihm, weil er Autorität war, gefolgt. Dabei hat die Durchforschung der Handschriften (über die Heckers Anhang zu seiner Ausgabe der *Maximen und Reflexionen*, 1907, berichtet) deutlich gezeigt, wie eng die Sprüche zu dem Roman gehören. Erst die Gedenk-Ausgabe, 1949, und die Hamburger Ausgabe, 1950, stellten den ursprünglichen, von Goethe geschaffenen Zusammenhang wieder her. Die *Wanderjahre* sind ein Buch, mit dem man lebt; und gerade in diesem Zusammenhang gehören die Sprüche durchaus dazu.

Goethe, Maximen und Reflexionen. Hrsg. v. Max Hecker. Weimar 1907. = Schr. d. Goethe-Ges., 21. – Goethes Werke. 19. Teil. Sprüche in Prosa. Hrsg. u. mit Anmkg. versehen von G. v. Loeper. Bln., Hempel, o. J. (1870). – P. Stöcklein, Nachwort zu: Goethes Werke. Gedenk-Ausg., Bd. 9. Zürich 1949. Wiederholt in: P. Stöcklein, Wege zum späten Goethe. Hambg. 1949. S. 157–165. – Gerhard Neumann, Ideenparadiese. München 1976. – Jost Schillemeit, Historisches Menschengefühl. Über einige Aphorismen in Goethes Wanderjahren: In: Wissen aus Erfahrungen. Festschr. f. Herman Meyer. Tüb. 1976. S. 282–299.

Der Aufbau der Spruchsammlung ist locker. Nr. 1: ein gewichtiger Einleitungssatz. 2–6: Worte über Sitte und Tätigkeit, ganz im Sinne des Gesamtwerks. 7–18: bildende Kunst: 19–26: Wahrheit, Leben, Tätigkeit. 27–30: Bildkunst und Kritik der Sinne. 31–43: Individuum und Zeitgeist. 44–53: Verhältnis der Künste und Wissenschaften zum Leben. 66–77: Künste. 89–100: wissenschaftliches Denken. 106–112: Naturwissenschaft. 113–159: Irrtum, Wahrheit, Symbol usw. 160–164: Geologie. 166–170: Mathematik. – Gelegentlich werden fremde Sätze zitiert, Goethe bezeichnet sie meist selbst durch Anführungsstriche (32, 82, 99).

1. Typisch für Goethes Denkweise. Was er erkennt, ist *das alte Wahre* (Bd. 1, S. 369); jeder Mensch ist eine Verbindung alles dessen, was er geistig aufnimmt und verarbeitet. (Vgl. Nr. 30.)

2. Goethes Grundlehre der Tätigkeit. Engste Beziehung dieses Satzes zu allen übrigen Teilen der *Wanderjahre.*

3. *Forderung des Tages* bedenkt z. B. Wilhelm S. 119,33ff. und Lenardo S. 241,10ff.

4. Aus Goethes Dornburger Zeit im Spätsommer 1828, jenen Tagen einzigartiger Versenkung, Naturnähe, Lebensüberschau. Derselbe Satz auch in einem (für die Familie des Großherzogs bestimmten) Brief an Fr. A. v. Beulwitz vom 17. Juli 1828, dort wie ein Zitat in Anführungszeichen gesetzt und bezeichnet als *das hohe Wort eines Weisen.* Die Bezeichnung *der Weise* für einen Philosophen ist bei Goethe nichts Ungewöhnliches. Jost Schillemeit hat in „Wissen aus Erfahrungen. Festschr. f. Herman Meyer", Tübingen 1976, S. 282–299, dargelegt, daß Goethe „hier in eigenen Worten den Gedanken eines anderen wiedergibt" und daß dieser andere wahrscheinlich Victor Cousin ist, mit dessen Vorlesungen, die damals im Druck erschienen, Goethe sich 1828 beschäftigte.

7. Das Problem des Dilettantismus behandelte Goethe auch mehrfach in seinen Schriften zur Kunst. Vgl. auch *Maximen und Reflexionen,* Bd. 12, S. 481, Nr. 820ff.

11. Vgl. S. 237,28–238,14.

21. *Unbedingte Tätigkeit.* Das Wort *unbedingt* bedeutet: sich nicht bedingend, sich selbst keine Schranken setzend. Die Einsicht der eigenen Grenzen ist eine Grundregel Goethes, schon in den *Lehrjahren,* erst recht in den *Wanderjahren.* Der Satz ist eine Maxime, die sich geradezu aus dem Roman ergibt, und er hat mannigfache Parallelen: *Niemand ist mehr Sklave, als der sich für frei hält, ohne es zu sein. – Es darf sich einer nur für frei erklären, so fühlt er sich den Augenblick als bedingt. Wagt er es, sich für bedingt zu erklären, so fühlt er sich frei. – Es ist nichts trauriger anzusehn als das unvermittelte Streben ins Unbedingte in dieser durchaus bedingten Welt; es erscheint im Jahre 1830 vielleicht ungehöriger als je. (Maximen und Reflexionen)* Goethe machte sich die Wichtigkeit dieser Betrachtungsweise schon frühzeitig klar. In seinem Tagebuch vom Februar 1778 notiert er: *Bestimm-*

teres Gefühl von Einschränkung und dadurch der wahren Ausbreitung. Und es wird daraus ein Problem der *Lehrjahre: Wilhelm, der eine unbedingte Existenz führt, in höchster Freiheit lebt, bedingt sich solche immer mehr, eben weil er frei und ohne Rücksichten handelt.* (Italienisches Notizbuch von 1788.) Für die *Wanderjahre* wird das *Sich-Bedingen* dann geradezu eine der Fragen, die im Mittelpunkt des Ganzen stehen. Vgl. auch 312,19 und 82,2.

23. *das Widerwärtige* = das Widerstrebende, dem Ziel Entgegengesetzte. Ein Beispiel: Wenn man, um einer geistigen Erkenntnis näher zu kommen, Bücher zusammenträgt, aber dabei schließlich zum bloßen Bibliographen wird, d. h. das Mittel zum Zweck macht, kommt man vom ursprünglichen Ziel wieder ab. So etwas Fortführendes, in andere Richtung Strebendes nennt Goethe etwas „Widerwärtiges". Ähnlich *Faust* 5791 und 9798. – Über *Mittel* und *Zweck* vgl. auch Nr. 80.

30. Vgl. Bd. 1, S. 318, Nr. 91 und 92.

31. *Allgemeine Begriffe*: Begriffe, die nicht vom Speziellen, Konkreten, Lebendigen ausgehen, sondern den Gegebenheiten Gewalt antun. – Aus welchem Zusammenhang heraus Goethe zu dem höchst bemerkenswerten Satz gekommen ist, ist unbekannt.

32. Gascognisches Sprichwort. Vgl. Henkel in GRM 1954, S. 68f.

35. *Gescheidigkeit* = Gescheitheit. (Adelung; Dt. Wb.)

39. *veloziferisch* = schnell; vom lateinischen „velox" = schnell, und vom französischen „vélocifère" = Eilpost, Eilwagen. – Goethe an Zelter 6. 6. 1825: *Reichtum und Schnelligkeit ist, was die Welt bewundert ... Eisenbahnen, Schnellposten, Dampfschiffe und alle möglichen Fazilitäten der Kommunikation sind es, worauf die gebildete Welt ausgeht, sich zu überbieten, zu überbilden und dadurch in der Mittelmäßigkeit zu verharren. Und das ist ja auch das Resultat der Allgemeinheit, daß eine mittlere Kultur gemein werde ...* (Briefe HA. Bd. 4, S. 146.)

44. Vgl. S. 471, Nr. 75; S. 472, Nr. 79.

63. Vgl. S. 120,11–121,15 und den Kommentar zu Buch I, Kap. 10. – Goethe besaß ein für seine Zeit gutes Mikroskop und hat mit ihm Beobachtungen gemacht. (HA Briefe Bd. 1, S. 471, 480, 505; Bd. 2, S. 64, 84; Bd. 4, S. 203.) Ebenso hat er das Fernrohr für astronomische Beobachtungen benutzt. Vgl. 120,12f. u. Anm. Der Satz hier fragt aber nicht nach dem technischen Erfolg, sondern nach der *sittlichen Wirkung* (120,33). Er gehört zusammen mit der Äußerung 120,37, daß *eine höhere Kultur* dazu gehört, um nicht innerlich durch diese Hilfsmittel den rechten Maßstab zu verlieren.

64. Vgl. S. 263,3ff. und die Anmkg. dazu.

74. *Lord Byron.* Vgl. Bd. 1, S. 348, 349 und die Anmkg. dazu; Bd. 3 *Faust* 9902ff. und die Anmerkung dazu.

82. Die Herkunft des Spruches zeigt J. Schillemeit in der Festschr. f. H. Meyer, 1976.

94. Ähnlich Nr. 100 und Nr. 175.

96. *gemütlich* vgl. S. 255,4; Bd. 9, S. 472,36f.; Bd. 10, S. 34,13 und 70,38.

100 ist die Antwort auf Nr. 99 und untersucht bei dem „sens commun", dessen Bedeutung die Aufklärung betont hatte, die Grenzen und Möglichkeiten – eine Frage, welche für die *Wanderjahre,* das Buch tätiger Lebensgestaltung, wesentlich sein mußte. Auch Montan spricht vom *Genius des Menschenverstandes* (263,19). Vgl. auch Nr. 94, 95, 158, 175. – Ferner in den *Maximen und Reflexionen: Der*

Menschenverstand, der eigentlichst aufs Praktische angewiesen ist, irrt nur alsdann, wenn er sich an die Auflösung höherer Probleme wagt; dagegen weiß aber auch eine höhere Theorie sich selten in den Kreis zu finden, wo jener wirkt und west. – Der Menschenverstand wird mit dem gesunden Menschen rein geboren, entwickelt sich aus sich selbst und offenbart sich durch ein entschiedenes Gewahrwerden und Anerkennen des Notwendigen und Nützlichen. Praktische Männer und Frauen bedienen sich dessen mit Sicherheit. (Bd. 12, S. 444f., Nr. 583 u. 578.)

103. Zelter an Goethe, 4. 1. 1826: „Die Welt hat sich ein Wort Lessings gemerkt: Kein Mensch muß müssen. (Nathan I, 3) Ich aber sage Euch: Wer will, der muß, und wer nicht wollen will, der soll mich ungeschoren lassen." Daraufhin Goethe an Zelter, 21. 1. 1826: *„Wer will, der muß!" Und ich fahre fort: Wer einsieht, der will. Und so wären wir wieder im Kreis dahin gelangt, wo wir ausgingen: daß nämlich man aus Überzeugung müssen müsse.*

105. Vgl. S. 406,19–39. *Polizei* bedeutet im Sprachgebrauch des 18. Jahrhunderts jede Sorge des Staates für das Gemeinwohl, soweit sie Lenkung und Zwang ist, z. B. kann auch Steuer und Gesetzgebung als „Polizei" bezeichnet werden. Die Verengerung zum heutigen Wortsinn steht zu Goethes Zeit erst im Anfang. – Vgl. S. 406,23 u. Anm. – Grimms Wb. 7, 1889, S. 1981f.

112, 113. Vgl. Nr. 152.

119. Ein Kernsatz der Weltanschauung Goethes Vgl. Nr. 130 und Nr. 132. Ferner aus den *Maximen und Reflexionen* die Sätze: *Das ist die wahre Symbolik, wo das Besondere das Allgemeinere repräsentiert, nicht als Traum und Schatten, sondern als lebendig-augenblickliche Offenbarung des Unerforschlichen. – Das Besondere unterliegt ewig dem Allgemeinen; das Allgemeine hat ewig sich dem Besonderen zu fügen. – Es ist ein großer Unterschied, ob der Dichter zum Allgemeinen das Besondere sucht oder im Besondern das Allgemeine schaut. Aus jener Art entsteht Allegorie, wo das Besondere nur als Beispiel, als Exempel des Allgemeinen gilt; die letztere aber ist eigentlich die Natur der Poesie, sie spricht ein Besonderes aus, ohne ans Allgemeine zu denken oder darauf hinzuweisen. Wer nun dieses Besondere lebendig faßt, erhält zugleich das Allgemeine mit, ohne es gewahr zu werden, oder erst spät.* (Bd. 12, S. 471,433, Nr. 752,492 und 751.)

120. *Tropen* = bildliche Ausdrücke (Fachausdruck der Rhetorik).

130. Vgl. Nr. 119 und die Anmkg. dazu.

132. *solideszieren* = aus dem Weichen ins Starre übergehen.

135. Über den *Imperativ* in der Naturforschung sprechen auch viele andere Sätze. Goethe meint damit, daß der Forscher sich offen halte, um die Phänomene rein zu erkennen und – wie er in Nr. 171 sagt – *dem Wahren die Ehre zu geben.*

136. Ähnlich: *Der Magnet ist ein Urphänomen, das man nur aussprechen darf, um es erklärt zu haben; dadurch wird es denn auch ein Symbol für alles übrige, wofür wir keine Worte noch Namen zu suchen brauchen.* (*Maximen und Reflexionen*, Bd. 12, S. 367, Nr. 19.)

138. Vgl. in den *Max. u. Refl.*: *Das unmittelbare Gewahrwerden der Urphänomene versetzt uns in eine Art von Angst: wir fühlen unsere Unzulänglichkeit; nur durch das ewige Spiel der Empirie belebt, erfreuen sie uns.* (Bd. 12, S. 367, Nr. 16.) – Ferner Nr. 136 und die Anmkg. dazu. – *Menschheit* = menschliches Wesen.

155. Die tiefere Begründung für das Konziliante in Goethes Wesen und seine Neigung, andere gelten zu lassen. Vgl. 263,3ff., die Anmkg. dazu und den Kommentar zu Buch II, Kap. 9.

156. Vgl. S. 263,3 und 476 Nr. 104.

157. Die Fruchtbarkeit als Kriterium des Wahren: ein bei Goethe oft ausgesprochener Gedanke. Vgl.: *Beim Zerstören gelten alle falschen Argumente, beim Aufbauen keineswegs. Was nicht wahr ist, baut nicht.* (*Max. u. Refl.*) *Was fruchtbar ist, allein ist wahr.* (*Vermächtnis,* Bd. 1, S. 370 und die in der Anmkg. hierzu zitierten Stellen.)

158. Vgl. Nr. 100 und die Anmkg. dazu.

160. Keine Ablehnung der *Geologie* schlechthin, sondern in Bezug auf die geologischen Theorien der Goethezeit. Man muß sich deutlich machen, wie viel geringer die Sachkenntnis damals war als 100 Jahre später; die Theorien zur Erdgeschichte waren entweder phantastisch oder dürftig, in keinem Falle hinreichend begründet, umfassend und überzeugend. – Vgl. die zu 260,35 f. genannten Werke von Semper und Zittel.

160–164. Zusammenhang mit den Problemen S. 260,33 ff. und S. 300, Nr. 116.

165. Über *Majorität* entsprechend S. 407,1–4 und S. 473, Nr. 88.

166–170 zusammengehörend, über Mathematik. Über die Themen *ein durchdringender Mathematiker vor dem Sternenhimmel* sowie Größe und Grenze der Mathematik: Buch I, Kap. 10 u. Anmkg.; Bd. 12, S. 451–457, Nr. 632 ff.

175. Vgl. Nr. 94 und Nr. 100.

177. Variante zu Montans Worten S. 262,30–32.

Drittes Buch

Erstes Kapitel. Im *dritten Buch* tritt das Thema der Gemeinschaft und des nützlichen Tuns immer stärker hervor. Es setzt mit dem Anfangskapitel sogleich bedeutsam ein. Wilhelm trifft den Auswandererbund, zunächst ohne zu wissen, daß es sich um diesen handelt. Unbefangen beobachtet er die Lebensformen einer Gemeinschaft, und das ganze Kapitel ist dazu da, diese zu schildern. Zunächst sagt ein Außenstehender, der Wirt: *es ist eine schickliche Ordnung unter diesen Männern* (311,7f.), dann wird diese Ordnung selbst lebendig, und zwar sogleich in künstlerisch-symbolischer Form als mehrstimmiger Gesang. Das Auf-einander-Abgestimmt-Sein, das Eingeübt-Sein und dadurch Meister-Sein wiederholt sich dann in den Formen des Lebens und Arbeitens. Ein knappes Gegenbild gibt die eingeschobene Bemerkung über Wilhelms frühere Schauspielertruppe: Mangel an Straffheit und Ordnung und daher auch ein Fehlen jeglicher Freude an der Ordnung (313,35ff.). Liebevoll schildert das Kapitel (überreich an den aufs Wohlgeordnete, Schöne zielenden Formeln des Altersstils: *allerliebste Gegenden, hübsche junge Männer, tüchtige Bursche, reinlich gekleidet* usw.), wie sich alle mit Zucht und Ordnung bewegen und darauf stolz sind; jeder spürt, daß er hier über sich selber hinauswächst, und liebt darum diesen Kreis und seinen Leiter Lenardo, dessen Fähigkeiten erst in dieser Funktion richtig zum Zuge kommen. Nicht nur, daß er praktisch das Unternehmen führt; er bestimmt auch dessen Idee und Stimmung. Er wird zum Redner, ja zum Dichter, denn eine Gemeinschaft braucht ihren Ausdruck im Wort und Lied. Später – im *neunten Kapitel* – treten diese Seiten Lenardos noch stärker hervor; aber der Stil seiner dortigen Rede, klar, sachlich, sicher und lebensfroh, zeigt sich auch schon in seinen kurzen Worten in diesem Kapitel. So männlich und straff seine Handwerker sind – sie haben eine Neigung ins Sentimentale und steigern sich beim Gesang hinein; da greift Lenardo ein und gibt durch das gleiche Mittel, durch Gesang, die Gegenwirkung ins Heiter-Tätige. In diesem einen Beispiel wird die Beziehung des führenden Geistes zu seiner Mannschaft und die Bedeutung der Kunst als Sprache einer Gemeinschaft vor Augen geführt. Goethe macht dieses Motiv zum Hauptinhalt des Kapitels. Aber er wiederholt es dann später nicht mehr.

310.6f. *Er zog daher sein Täfelchen zu Rat* ... und 310,21f. *die Karte, seinen Wegweiser* ... Wilhelm hat eine Landkarte, mit deren Hilfe er feststellen kann, wo Mitglieder der Turmgesellschaft anzutreffen sind. Vgl. die Anmkg. zu 231,1f.

311,17. *„Ubi homines sunt, modi sunt."* „Wo Menschen sind, gibt es Formen des Lebens." In der 1. Fassung des Romans sagt Friedrich zu Wilhelm, als er ihm vom Wandererbund berichtet: *weil denn aber, wo Menschen sind, auch Lebensart ist, so sag' ich vorläufig von unserer Verfassung nur soviel* ... Die knappe lateinische Formulierung benutzt Goethe auch in einem Brief-Entwurf (WA Briefe Bd. 44, S. 329).

312,19. *unbedingt* = nicht eingegrenzt. Der Trieb strebt zunächst in alle Richtungen und möchte ins Absolute. Er käme damit aber zu nichts, er würde *bankerott* (S. 286, Nr. 21); doch er lernt es, sich reale Ziele zu setzen und die menschliche Bedingtheit zu erkennen; so wird ihm *Rat* (im Sinne von „raison", vernünftige Idee, ähnlich wie 386,7) und dadurch dann auch *Freude*. Das Streben ins Unendliche wandelt sich zur liebenden nützlichen Tätigkeit im Endlichen, in der, wenn man sie gleichnishaft sieht, immer noch jene letzte Sehnsucht erhalten bleibt. – Vgl. die Anmkg. zu 286, Nr. 21; ferner 426,7.

313,5. *Reff* = Gestell für das Tragen von Lasten auf dem Rücken. – Bd. 10, S. 150,31.

313,27f. *auf eine Abrechnung angesehen*. Kein Druckfehler für „abgesehen", sondern eine bei Goethe und seinen Zeitgenossen ganz übliche Wendung. – Goethe-Wörterbuch Bd. 1, 1978, Sp. 674f.

314,10. *St. Christoph*. Der Riese, vorher schon als *Enakskind* (nach 5. Mos. 9,2 „Enakiter ... ein groß, hoch Volk") bezeichnet, ist Lastträger in den Bergen. Deshalb ist St. Christopherus, der nach der Legende das Jesuskind durch einen Fluß trug, sein Schutzheiliger, und nach ihm wird er benannt. – Walter Fischli, Goethes Tell, eine motivgeschichtliche Untersuchung. Innerschweizerisches Jahrbuch für Heimatkunde. Luzern 1949/50. S. 9–29, legt dar, daß Goethe, der in seinem geplanten Tell-Epos den Helden *als einen kolossal kräftigen Lastträger* darstellen wollte (Bd. 10, S. 468,38), manche Züge von diesem auf St. Christoph übertragen hat.

314,11. *beseitigt* = beiseitegestellt, aufbewahrt.

314,22. *den wunderlichsten Laut* ... es ist das Schnarchen des Riesen, den die Kameraden St. Christoph nennen. – Motiv aus der Edda (Bd. 9, S. 536,32ff., 537,15ff., 553,6ff.) von dem Riesen Skymir, der so furchtbar schnarcht, daß die Hütte wankt.

314,38ff. *ein wohlgebauter Mann, der sich ... als Barbier ankündigte* ... Es ist derselbe, der im *6. Kapitel* die Melusinengeschichte erzählt. Warum er so schweigsam ist, wird dort von Lenardo erklärt (353,2ff.).

315,12. *Rotmantel*: Anspielung auf Musäus' Erzählung „Stumme Liebe" in seinen „Volksmärchen der Deutschen" (1782–87). Dort kommt der Held in ein Gespensterhaus; es erscheint der Geist eines Barbiers mit rotem Mantel und barbiert ihn völlig schweigend. Das Gespenst erwartet aber von dem Gast als *Gegendienst*, daß dieser ihn ebenfalls barbiert, was er dann auch leidlich zustande bringt.

315,19. *das Band*. Der Name wird 317,33 wiederholt und 352,32 erklärt. Es ist der Leiter des Kreises, der diesen Namen führt, also Lenardo. In der 1. Fassung des Romans *(Kap. 16)* berichtet Friedrich: Wenn mehr als drei Mitglieder des Bundes irgendwo zusammen sind, müssen sie einen Leiter wählen, der *das Band* heißt. Es darf immer nur ein einzelner sein, *weil im Großen wie im Kleinen Mitregenten wechselseits nur hinderlich sind*.

316,19. *Kanzleiverwandte* = Kanzleizugehörige. Vgl. 104,18 und 106,10.

317,29. *schauderhaft* = Schauder, Schmerz, Unmut erregend. Vgl. Bd. 1, S. 376, Nr. 7.

319,4f. *Dachreihen umgelegt ... Mauern unterfahren*. Die Reihen von Schiefern oder Ziegeln, womit die Dächer bedeckt sind, wurden repariert. Grimms

Wb., Bd. 2. Lpz. 1860. S. 665. – Das Wort *unterfahren* ist fachlicher Ausdruck im Baugewerbe für „untermauern"; Goethe, dem praktischen Leben immer eng verbunden, greift öfters tief in die Handwerkersprache. Helft, Wörterbuch der Landbaukunst, 1836, schreibt S. 381: „Unterfahren nennt man die Arbeit, mittels welcher man einem ganzen Gebäude … ein neues Fundament gibt." Grimms Wb., Bd. 11,3. Abt., Lpz. 1936. S. 1544f.

Zweites Kapitel. Fortsetzung der Hersilien-Geschichte, die zuletzt im *10. Kapitel* des *2. Buches* vorkam. Und diesmal taucht auch wieder das *Prachtkästchen* auf, dessen Auffinden und Abgeben im *1. Buch* (43,30ff. und 146,28ff.) berichtet wurde. Der äußerliche Zusammenhang ist einfach: Fitz kannte das *Riesenschloß,* fand dort den Schlüssel und hatte ihn in der Tasche der Jacke, die er einbüßte, als er Wilhelm und Felix auf verbotenem Weg zu dem Oheim brachte. Felix hat im *Riesenschloß* das Kästchen gefunden. Daß der Schlüssel der richtige sei, kann Hersilie unmöglich wissen, aber sie ahnt es – schon das ist eine Symbolik, die auffällt. Hersilie schreibt nicht einfach, sie habe einen Schlüssel gefunden, es könne der zu dem Kästchen sein; das Wesentliche ist die Erregung, die ihr dies verursacht. Es äußert sich bei dieser Gelegenheit ein gestautes und mit der Zeit gesteigertes Gefühl, das an sich nichts mit dem Kästchen zu tun hat, sondern das nur auf ein auslösendes Motiv wartete, um sich auszusprechen. Später ergreift Felix den Schlüssel – aber er hat ihn von Hersilie. Sie hat das richtige Gefühl, daß es gut sei, sich einem älteren, erfahreneren Menschen anzuvertrauen. Wilhelm und später der Goldschmied (458,1ff.) stehen wie gute Genien hinter den beiden Jungen und Unerfahrenen. Hersilie schreibt an Wilhelm, doch sie denkt zugleich an Felix – die Nachschrift spricht es aus – sie empfindet es selbst und sagt: *mädchenhaft genug* … Zu welchem Maß des Gefühls hat sie sich gesteigert seit Felix' Botschaft! *Das darf aber niemand wissen als ich und Sie* … (320,2f.) *Ich habe sonst auch an Sie gedacht, aber mit Pausen, jetzt aber unaufhörlich* … (321,5ff.) *Felix, den müssen wir herbeiholen* … (321,27f.) – sie sagt das alles natürlich nur in bezug auf das Kästchen – und es wäre der Zartheit und dem Zauber des Kapitels wenig gemäß, das, was nur aus dem Klange erfühlt sein will, allzuhart und allegorisch zu fassen.

319,15. *Alfieri*: der große italienische Dramatiker des Klassizismus, Zeitgenosse Goethes. Seine Dramen bringen immer nur wenige Gestalten auf die Bühne und sind reich an Monologen.

321,16f. *Abbildung.* Emrich S. 348: „Es wäre einer besonderen Untersuchung wert, einmal den Schlüssel, den Goethe im Roman abbilden ließ, auf seine Form hin zu überprüfen, wobei freilich höchste Vorsicht bewahrt werden muß. Der untere Schlüsselteil mit seinen ‚Haken' erinnert auffällig an ein griechisches CH, und der obere geht wahrscheinlich auf Freimaurersymbole zurück (Quadrat mit drei Kreisen an den oberen Ecken, innerer durchkreuzter Kreis). Doch müßte eine solche Untersuchung sich vor eindeutigen Festlegungen und vor allem vor mystischen Auslegungen hüten." – F. Ohly in: Euphorion 55, 1961, S. 422f.

321,18. *Pfeile mit Widerhaken.* Das Motiv kommt bei Goethe im Alter öfter vor, z. B. in der Strophe *Denn freilich sind's* (Bd. I, S. 378) und in *Dichtung und Wahrheit* (Bd. 9, S. 449,25) als Sinnbild des Verwundens und Festhakens. (Man muß auseinanderhalten, ob dieses Motiv sich bei Hersilie als Assoziation einstellt oder ob der Schlüssel es enthält.) Gilg S. 136: „Hersilie fühlt sich an *Pfeile mit Widerhaken* erinnert und spürt, daß die Geschosse der Liebe schon tief in ihrem Herzen sitzen und nicht mehr herausgezogen werden können." – Vgl. auch *Faust V.* 9260.

Drittes Kapitel. Mit diesem Kapitel beginnen Gespräche und Erzählungen im Kreise des Wanderer-Bundes. Je mehr das *3. Buch* dazu kommt, die einzelnen Mitglieder des Kreises als Nützlich-Tätige zu schildern, desto mehr muß es auch bis ins einzelne ihre Tätigkeit darstellen und deutlich machen, wie sehr eine konkrete Aufgabe den Menschen fördert und begeistert. Wilhelm gibt ein Bild aus seinem Studium der Anatomie. Später folgen Bilder aus der Spinnerei und Weberei, die ebensosehr ins einzelne gehen und sich bis zur Abhandlung entwickeln. Ebenso wie Wilhelm sagt der Bildhauer, von dem er berichtet: *So wählte ich, nützlich zu sein* (329,27) und erzählt, wie er dazu kam, anatomische Modelle herzustellen. – Wilhelm beginnt seine Erzählung in der Ich-Form; sie springt dann über in die Er-Form (324,36ff.) und kehrt erst am Schluß kurz zur Ich-Form zurück (330,24–27). Da die Zustände, von denen berichtet wird, geändert werden sollen und Neues zu schaffen ist, klingt auch hier das Amerika-Motiv hinein, denn *in der alten Welt ist alles Schlendrian ..., man muß von vorn anfangen ...* (332,12 und 18).

326,15f. *mit anatomischen Zergliederungen ausgestattet.* Die Verfertigung solcher Modelle hat Goethe lebhaft interessiert. Sein im Jahre 1781 begonnenes Studium des menschlichen Körpers hat er immer wieder fortgeführt und bei Loder, Sömmerring, Gall u. a. zu lernen sich bemüht. Seine künstlerisch-plastische Begabung, verbunden mit dem Trieb, produktiv zu sein, führte ihn zu dem Gedanken, Modelle der Knochen und Bänder herzustellen. Er hat sich dafür eingesetzt, daß die Universität Jena einige medizinische Modelle in ihre Sammlung aufnahm (der Dozent Franz Heinrich Martens hatte sie hergestellt) und daß sie für den Unterricht nutzbar gemacht wurden. Ein Grund, warum er solche Modelle für besonders notwendig hielt, ist der, daß er annahm, Leichen für anatomische Studien würden immer seltener werden, da aus Gründen der Humanität man andere als solche von verstorbenen Strafgefangenen schwerlich sezieren könne (330,7–23). Auf die hier in den *Wanderjahren* gegebene Anregung vernahm Goethe anscheinend keinerlei Echo; darum verfaßte er, da ihm der Gegenstand äußerst wichtig schien, noch im höchsten Alter über das gleiche Thema den ausführlichen Aufsatz *Plastische Anatomie*, datiert vom 4. 2. 1832, der erst nach seinem Tode zum Druck kam. (Man findet ihn: Weim. Ausg., Bd. 49, 2. Teil, 1900, S. 64–75.)

Diesen sandte er mit einem Begleitbrief (4. 2. 1832) nach Berlin an den preußischen Staatsrat Peter Christian Wilhelm Beuth, in der Hoffnung, daß man daraufhin in Berlin mit der Herstellung medizinischer Modelle beginnen werde. Er macht genaue Vorschläge dazu: Ein Anatom, ein Bildhauer und ein Gipsgießer sollten gemeinsam an den einzigen Ort, wo die Herstellung solcher Präparate schon gebräuchlich sei, nach Florenz, gesandt werden; und Berlin, gleich strebsam in Wissenschaft, Kunst und Handwerk, solle diese Kunst weiterentwickeln. Gleichzeitig versuchte Goethe, den Bildhauer Rauch in einem Brief (20. 2. 1832) für diese *Weltangelegenheit* zu erwärmen. Aber Beuth sandte den Aufsatz zurück (23. 2. 1832) mit der Bemerkung, nichts in dieser Hinsicht tun zu können, und Goethe starb, ehe Rauch antwortete. Erst in späterer Zeit wurden Modelle, wie Goethe sie dachte, üblich. In der Gegenwart sind „Übungen am Phantom" für Studenten der Medizin, zumal in der Geburtshilfe und Zahnheilkunde, allgemein üblich. – J. Schwalbe, Goethe und die plastische Anatomie. G. Jb. 18, 1897, S. 282f. – K. v. Bardeleben, Goethe als Anatom. G. Jb. 13, 1892, S. 163–180. – A. Hoffmann, Goethe u. der werktätige Mensch. (Jb.) Goethe 11, 1949, S. 239ff. – Arthur Hoffmann, Werktätiges Leben im Geiste Goethes. Weimar 1950. Darin insbesondere Goethes Beziehung zu dem Orthopädie-Mechaniker Johann Georg Heine S. 33ff., 336f.

327,4f. *Hesekiel.* Anspielung auf das Buch Hesekiel, Kap. 37, V. 1ff.

329,7. *Sturz* = Torso (Dt. Wb. 10,4 Sp. 691).

329,16. *die Elohim* = Gott. Vgl. Bd. 9, S. 129,35f u. Anmkg.

329,35. *widerwärtig* = widerstrebend. Vgl. 204,1; 213,38; 286, Nr. 23.

329,39f. *Kunst ... in Handwerk überzugehen.* Ähnlich 411,13ff. und 332,21.

330,11f. *bei Abschaffung der Todesstrafe.* Goethe hielt in Deutschland bei den Kulturzuständen seiner Zeit eine Abschaffung der Todesstrafe nicht für angebracht. An sich aber hielt er sie für wünschenswert, und in seiner amerikanischen Utopie wird dieser Weg versucht. Vgl. S. 470, Nr. 68, 69. – G. Radbruch S. 108. – G. Hauff, Goethe u. die Todesstrafe. G. Jb. 4, S. 365–368.

332,12. *In der alten Welt ...* Das Amerika-Motiv verbindet sich bezeichnenderweise mit dem gleichen Gedanken und Wort wie bei Lenardo: *von vorn anfangen* heißt es hier (332,18) ebenso wie dort (142,6; 242,15f.; 439,20).

Viertes und *fünftes Kapitel.* Wir lernen den Auswandererbund näher kennen. Friedrich, aus den *Lehrjahren* als sympathischer Nichtsnutz bekannt, ist zum Chronisten und Schreiber geworden, Philine zur Zuschneiderin, Lydie zur Näherin. Die schon oft berührten Motive *in irgendeinem Fache muß einer vollkommen sein* (334,31f.) und *Glied der großen Kette* (335,22) werden nochmals genannt, um den Gedanken des Sich-Bedingens, des Sich-Begrenzens in einer Berufsarbeit zu unterstreichen.

Da immer wieder von dem Menschen in der Arbeit die Rede ist, muß dieses Thema auch darstellerisch einmal lebendig werden. Dem dient das *5. Kapitel:* wir sehen Spinner und Weber in ihrer Arbeit. Es kam im Zusammenhange des Romans darauf an, nicht nur zu sagen, daß diese Menschen arbeiten, sondern zu zeigen, wie sie arbeiten, und das Verhältnis von Mensch und Arbeit dichterisch anschaulich zu machen.

Ähnliches ist seit Goethe mehrfach versucht worden, zumal im 20. Jahrhundert. Als Goethe dieses Kapitel schrieb, war sein Vorhaben durchaus neuartig und kühn, und er war in Sorge, ob es geglückt sei. (An Göttling 17. Jan. 1829.) Der Roman der Arbeits-Ethik muß ein spezielles Arbeits-Kapitel haben; das ist der eine Sinn des Kapitels. Der andere ist die Fortführung der Geschichte Lenardos; wir lernen ihn in seinem Wesen näher kennen, und unmerklich schreitet die Beziehung zu Nachodine einer neuen Wendung entgegen. Die innere Verflechtung des Arbeits-Motivs mit dem Lenardo-Nachodine-Stoff ist einfach: Lenardo ist technisch interessiert; er reist im Auftrage des Auswandererbundes in die Gebirgsgegend und studiert die Hausindustrie, denn man braucht Spinnerinnen und Weberinnen für die amerikanische Ansiedlung (wie schon 242,18ff. mitgeteilt wurde). Sein Tagebuch wird ausdrücklich als das eines technisch Beobachtenden bezeichnet. Nachodinens Vater als Pietist floh zu pietistischen Kreisen; solche haben wir hier vor uns; es ist der Zustand, welchen der Abbé als *Hausfrömmigkeit* bezeichnete (243,6).

Lenardos Tagebuch schildert den Arbeitsvorgang und zugleich das Verhältnis des Menschen zur Arbeit, die Mühe, aber auch die Befriedigung, die Stimmung in der Arbeitsstube, die Sorgen hinsichtlich der Zukunft. Das *Maschinenwesen* taucht auf als *drohende Gefahr* (341,4f.). Noch hat es nicht Fuß gefaßt. Noch herrscht die handwerkliche Hausindustrie und mit ihr die häusliche Frömmigkeit. – Die Spinn- und Webstuben werden bildhaft deutlich, ebenso aber auch die Landschaft: es ist Gebirgslandschaft, gesehen mit dem Blick des technisch interessierten Lenardo, völlig unsentimental.

In dieser Umgebung erinnert sich Lenardo – mit Recht – an die Charakteristik, welche Wilhelm von Nachodinens neuer Umwelt gab. Wir fühlen, wir sind ihr näher gekommen. Die Spannung steigt. Was hat es auf sich mit Frau Susanne, die zum Schluß erwähnt wird? Und warum geht das Manuskript nicht weiter? Die Fortsetzung enthält, wie wir erfahren, *gewisse Verwicklungen* (352,17). Wir dürfen also vermuten, daß Lenardo tatsächlich Nachodine gefunden hat und daraus sich neue Fragen ergaben. Deshalb hat er diesen Teil des Tagebuchs an Makarie gesandt, denn sie allein ist imstande, in solchem Falle klärend und heilend zu wirken. – Diesen Rest des Tagebuchs lernen wir später noch kennen: er steht im *dreizehnten Kapitel.* Daß das Tagebuch in zwei Teile auseinandergenommen wurde, ließ sich verantworten, denn sie sind trotz der Einheit der Person und des Tons von ganz verschiedener Art: das *5. Kapitel* ist allgemeiner Art und schildert das Thema Mensch und Arbeit (am Beispiel der Spinnerei und Weberei); das *13. Kapitel* ist individueller Art und beendet das psychologische Thema *Leidenschaft aus Gewissen* (448,28).

Klaus-Detlef Müller, Lenardos Tagebuch. Dt. Vjs. 53, 1979, S. 275–299.

Vorbild des Kapitels ist die Schweizer Hausindustrie. Goethe kannte sie von seinen Schweizerreisen, brauchte aber für diesen Zweck noch darüber hinaus spezielle Kenntnisse und bat daher seinen Freund Meyer, als dieser in seine schweizerische Heimat reiste, ihm eine Darstellung der Spinnerei und Weberei zu liefern (April 1810). Meyer hat die gewünschte Beschreibung hergestellt; das Manuskript ist im Goethe-Archiv erhalten (und in der Weim. Ausg., Bd. 25, 2. Teil, S. 262–271 abgedruckt). An den Rand seiner Schilderung setzte er 5 Zeichnungen. Der Leser soll sich auch Lenardos Tagebuch mit solchen Zeichnungen versehen denken. Goethe hat sich genau an Meyers Darstellung gehalten. Manche Partien sind fast wörtlich von ihm übernommen (341,37–342,10; 343,16–29; 345,29–346,26; 348,27–349,29; 349,36–350,25); Meyer hat nicht nur den Arbeitsvorgang eingehend geschildert, sondern auch als Künstler beobachtet. (Auch die Partien 342,5–10 und 349,36–350,8 stammen wörtlich von ihm.) Goethes Änderung besteht nur darin, daß er aus Meyers allgemeiner Schilderung individuelle Gestalten macht. So erwähnt Meyer z. B. kurz, daß es als Sammler und Zwischenhändler den Garnträger gibt; Goethe macht ihn zur handelnden Charakterfigur, und zwischen die beschreibenden Partien schiebt er immer wieder Dialoge mit Lenardo und kleine psychologische Beobachtungen ein. – P. P. Sagave in: Etudes Germaniques 7, 1952. – Frankfurter Ausg., Bd. 10, S. 878–888 Meyers Text.

335,25. *Gehren* = Stücke, die beim Zuschneiden abfallen.

335,37. *zusammengespettelt* = zurecht-, zusammengeflickt (von „Spettel" = Fetzen). Friedrichs Wortwahl zeigt Reichtum und Originalität seines Sprachschatzes, sehr passend zu seinem ganzen Wesen. – P. Fischer, Goethe-Wortschatz. S. 779.

336,35f. *die damals laut ausgesprochene Überzeugung*: die Lehren von Rousseau und Pestalozzi.

338,29. *St. Christoph.* Vgl. 313,2ff.; 314,10ff.

339,23. *Reff* = Traggestell (wie 313,5). Adelung, Wörterbuch.

340,24. *Bote = Garnbote = Garnträger.*

341,15. *Spinnertechnik.* Goethe kannte sie nicht nur aus Meyers Beschreibung, sondern auch aus seinen vielfachen Bemühungen, Spinnerei und Weberei im Staat Sachsen-Weimar zu fördern.

341,21f. Meyers Text lautet hier: „auch von Männern und Brüdern der Spinnerrinnen".

342,13. *Psalmen.* Wir befinden uns in calvinistischer Gegend. Calvin hatte, strenger als Luther, nur biblische Texte für den Gemeindegebrauch bestehen lassen, und darum gab es in seinen Gemeinden nicht das aus alten und neuen Liedern bestehende Gesangbuch, sondern nur die Psalmen. Sie wurden gesungen in den vierstimmigen Sätzen, welche die französischen Hugenotten im 16. Jahrhundert geschaffen hatten. Die Dichter Marot und Beza hatten die Psalmen zu Liedertexten umgedichtet. Ambrosius Lobwasser übersetzte diese 1573 ins Deutsche. Seine kunstlosen aber sanglichen Verse waren bis ins 19. Jahrhundert hinein das Gesangbuch aller deutschen Calvinisten und waren als solches außerordentlich bekannt. Man pflegte diesen mehrstimmigen Psalmengesang nicht nur in der Kirche, sondern – zumal in pietistischen Kreisen – auch im Hause. – Reallexikon der dt. Literaturgesch., 2. Aufl., Art. „Psalmendichtung".

343,2. *aufgeregt*, wie bei Goethe fast immer: angeregt, lebhaft gemacht.

345,1 f. *seine löbliche Absicht*: die anderen nicht durch Schnarchen zu stören und deshalb sich abseits niederzulegen. Vgl. 314,22 und 345,7f.

348,4f. Die Form *Schirrfasser* kommt neben *Geschirrfasser* (347,7) vor.

350,5. *Ambrosius Lobwasser vierstimmige Psalmen*. Vgl. die Anmkg. zu 342,13.

350,31 f. *jener von Freund Wilhelm ... geschriebene Brief*: S. 225.

Sechstes Kapitel. Die neue Melusine. In *Dichtung und Wahrheit* (Bd. 9, S. 446,33 ff. u. Anmkg.) berichtet Goethe, er habe in Sesenheim ein Märchen erzählt, das *wunderliche Spiele der Phantasie* enthielt und das *komische Gegenbilder* zu *Raymond und Melusine* (Bd. 9, S. 463,5 f.) brachte. Wir finden das Märchen sodann in einem Brief an Schiller erwähnt (4. 2. 1797). Diktiert wurde es laut Tagebuch 1807, in Reinschrift vollendet 1812. In 2 Teilen erschien es 1817 und 1819 im „Taschenbuch für Damen" und kam dann 1821 in die erste Fassung der *Wanderjahre*, 1829 in die zweite Fassung. Das Motiv geht also zurück bis in Goethes Jugend; man weiß, wie sehr sich bei solchen Themen im Laufe der Jahre der Schwerpunkt verlagerte und der Darstellungsstil änderte.

Der Titel bezeichnet die Geschichte als eine Art Parallel-Erzählung, wie *Der neue Paris* (Bd. 9, S. 51 ff.), *Der neue Amadis* (Bd. 1, S. 56f.) u. a. Goethe berichtet in *Dichtung und Wahrheit*, daß er das Volksbuch „Die schöne Melusine" schon in seiner Kindheit kennen gelernt habe (Bd. 9, S. 36,7f.). In dem Volksbuch wird erzählt, wie der junge Graf Raimund in einer Notlage die Melusine kennen lernt, die ihm die Ehe anträgt und ihm ein glückliches Leben verspricht, sofern er gewisse Bedingungen einzuhalten verspreche. Er verspricht das Verlangte. Sie heiraten, leben glücklich und haben mehrere Kinder. Nach einigen Jahren bricht Raimund sein Versprechen: er beobachtet Melusine heimlich, die sich jeden Samstag in ein verschlossenes Zimmer zurückzieht; er sieht, daß sie dort als Nixe im Wasser liegt. Sie verzeiht ihm diesen Vertrauensbruch, warnt aber, nicht weiter zu gehn. Wieder vergeht eine Zeit, da aber schmäht er sie vor allem Gesinde als bösen Elementargeist. Nun muß sie von ihm scheiden. Er bereut zwar seine Tat, doch diesmal darf sie nicht bleiben. Sie kehrt ins Reich der Wassergeister zurück. – Deutsche Märchen verwandter Art gibt es mehrfach; immer handelt es sich um das Glück, das an Bedingungen gebunden ist und verscherzt wird; immer auch um die Verbindung eines Menschen mit einem Elementargeist (z. B. „Die schönste Braut" in: Dt. Märchen seit Grimm. Hrsg. v. P. Zaunert. Jena 1922. S. 343 ff.).

Goethe behielt die Hauptmotive bei: Mensch und Elementargeist; die Bedingungen und ihre Übertretung. Durch das Thema der Bedingtheit paßt das Märchen in die *Wanderjahre*, da hier so oft davon die Rede ist, daß *jeder, der unter uns leben will, sich von einer gewissen Seite bedingen muß* ... (353,11 ff.) Das Besondere dieses Märchens ist nun wohl, daß dieses Thema, das an sich lehrhaft ist, hier desto phantasiereicher und spielerischer ausgestaltet ist. Wir vergessen es geradezu in der heiteren Erzählung von dem reisenden Taugenichts, der prächtigen Kutsche und dem possierlichen Zwergenreich mit den alliierten Ameisen; gleichsam ein glitzernder Diskant, der den Generalbaß überklingt.

Die Zwergenkönigin sagt ihre *Bedingungen* (356,16ff.), der Barbier verspricht sie zu halten (356,26f.); sie wiederholt die Bedingungen genauer (358,14f.), und er übertritt sie doch (358,31–359,35). *Wir baten einander wechselseitig um Verzeihung und wußten selbst nicht recht warum.* (360,21ff.) Für beide ist das Nicht-recht-Wissen bezeichnend. Daß er um Verzeihung bittet, liegt auf der Hand: er hat die (nicht sehr schweren) Bedingungen gröblich verletzt. Warum aber auch sie? Sie hat ihm von sich überhaupt nichts gesagt. Sie weiß, wer er ist; doch er weiß nicht, wer sie ist. Erst später kommt er dahinter, daß sie zum *Geschlecht der Nixen und Gnomen* gehört (362,27). Er wundert sich, daß sie gerade ihn *anstatt eines Ritters* gewählt (368,28); aber wer sonst als ein solcher Leichtfuß wäre eine Verbindung eingegangen, bei der von Anbeginn zu merken war, daß es nicht mit rechten Dingen zugeht? (356,22ff.; 356,38ff.; 358,3f.; 359,3ff. usw.).

Das Motiv des Sich-Bedingens (das den ganzen Roman durchzieht, zumal die Auswanderer-Kapitel) findet sein Symbol oft in der Musik, denn sie erfordert ein Aufeinander-Abgestimmt-Sein, Sich-Richten nach einer Ordnung. Hier bei dem ordnungswidrigen Abenteurer dagegen: Musikhaß (364,12ff.; 373,17ff.). Bis in solche Kleinigkeiten hinein steht das Märchen kontrapunktisch zu den anderen Partien (z. B. der musikdurchzogenen Josephs-Geschichte), nicht in absichtlicher Komposition, sondern dadurch, daß dem Dichter sich für gleiche Themen immer wieder gleiche Symbole einstellten.

Zum Schluß steht der „Held" wieder da wie zu Beginn – nur um eine Erfahrung reicher; und mit dieser Erfahrung ist er reif für den Auswandererbund. Das Ergebnis steht gewissermaßen am Beginn, ohne als solches bezeichnet zu sein (352,24–353,34). Die Beziehung zwischen dem Erzähler und dem Märchenhelden bleibt in der Schwebe, doch enthält die Bemerkung, daß die Geschichte *eine endliche Entwicklung hoffen läßt* (354,11), einen leisen Hinweis.

Jacob Grimm an Savigny 24. Juli 1821: „Etwas lieblicher Erzähltes und Erfundenes als *Die neue Melusine* kann's gar nicht geben." (Grimm-Savigny ed. Schoof-Schnack S. 296). – Henkel S. 85–93: „... Geht es im Märchen nicht um die Vereinigung mit einem dämonischen Wesen? Und wirkt nicht die Anwesenheit des Dämonischen nach Goethes Meinung (Bd. 10, S. 175,25ff.) eine seltsame Aufhebung des ethischen Systems? Wie steht es mit der Moralität der Prüfungen, die dem Helden zugemutet werden? Daß sie: die Reise an sich, ohne rechte Ziele, die Üppigkeit der Mittel, die Auslieferung magischer Macht (Schlüssel!) – zugleich

Verführungen sind, macht zwar das Wesen der ‚Probe' aus. Aber was ist das Ziel der Prüfung? Ein *Glück*, das *sehr nahe liegt, das aber erst nach einigen Prüfungen ergriffen werden kann.* (356,6ff.) ... Das Ziel heißt also offenbar: fraglose Erfüllung der Bedingungen, Wahrung eines Geheimnisses und unablässige Sehnsucht als bewährte ‚Treue'. So sittlich das klingt: das Ganze ist doch eine magische Veranstaltung, auf bedingungslose Fesselung angelegt. Und sehr bedeutsam kehrt das Motiv der ‚süchtigen' und verfallenen Sehnsucht wieder. Seit dem ersten Kuß ist der Held *ihr ganz leibeigen geworden* (356,30). – Die Vermutung, daß es sich um eine ‚neckende' Prüfung handelt, wird deutlich ausgesprochen. (363,28.) ... Schließlich ist ja auch das empfangene Kind das eigentliche Ziel dieses Ausflugs der Zwergenprinzessin ins ‚Riesige', wie die schelmische Kosmologie, die sie nach Entdeckung des intimen Geheimnisses gesteht, offenbar macht. (367,13ff.) Und das heißt doch auch zugleich, daß das verheißene *Glück* des Helden endlich in nichts anderem bestanden hätte, als der legitime Schwiegersohn des Königs der Zwerge zu werden ... Das Durchfeilen des Ringes, der ihn ins Zwergenhafte bannt, erscheint dann, obwohl er doch der Bruch der mittlerweile vollzogenen Ehe ist, als eminent sittlicher Akt. – Hier ist der Ort, etwas zum Symbol des *Kästchens* bei Goethe überhaupt zu sagen ... In Goethes poetischem Haushalt ist es das Motiv des Geheimsten, des ‚Tiefverborgenen', dem Scheu und schweigende Distanz gebührt, an welches sich Unheil oder Segen knüpft ... Unmittelbar an den Schluß des Melusinenmärchens, der ja berichtete, wie der Barbier die Schatulle *zuletzt* losschlug, nachdem er sie noch lange aufbewahrt hatte in der Hoffnung, *sie sollte sich noch einmal füllen* (376,13f.), schließt Goethe einen Brief Hersiliens an Wilhelm an, der berichtet, der Schlüssel zum Kästchen des Felix sei gefunden. – So geraten, in der behutsamen Kontrapunktik des alten Dichters, das Melusinenmärchen und die Hersiliengeschichte in einen geheimen Bezug ..." – Rudolf Fürst, Die Vorläufer der modernen Novelle im 18. Jahrh. Halle 1897. S. 193. – G.-L. Fink, Goethes „Neue Melusine" und die Elementargeister. (Jb.) Goethe 21, 1959, S. 140–151. – Oscar Seidlin, Melusine in der Spiegelung der Wanderjahre. In: Aspekte der Goethezeit. Festschr. f. Victor Lange. Hrsg. von St. A. Corngold u. a. Göttingen 1977. S. 146–162. – Joseph Strelka, Esoterik bei Goethe. Tübingen 1980. S. 69–81. – G.-L. Fink, La nouvelle Mélusine. Goethe à la recherche d'un nouveau langage ésotérique. In: Fink, Goethe. Paris 1980. S. 145–177.

353,32. *Rotmantel.* Vgl. die Anmkg. zu 315,12.

372,22f. *Röntgen.* Berühmter Kunsthandwerker der Goethezeit, Hersteller kunstvoller Schreibsekretäre. – Hans Huth, A. u. D. Roentgen. 1973.

372,23. *Ressort:* Schnappschloß.

375,15. *die Philosophen unter ihren Idealen* ... Henkel S. 92: „Nur eine völlig humorlose Hermeneutik kann verkennen, daß es sich hier um eine witzige Persiflage von Ideenlehren mancherlei Observanz handelt: wie der Barbier das *Ideal* quantitativ faßt, während es doch (nach Kant) die Vorstellung einer in individuo realisierten Idee, also eines obersten Vernunftbegriffs ist, was Kant gelegentlich am Beispiel des Heiligen erläutert."

376,3. *die Schatulle.* Die ursprüngliche Handschrift hat: *das Kästchen.*

Siebentes Kapitel. Das vorletzte Kapitel der Hersilien-Geschichte; das letzte ist dann das *siebzehnte Kapitel.* – Blicken wir zurück, so ergibt sich folgende Motivreihe:

Seite 50/51. Felix verliebt sich in Hersilie.
65/66 und 71/72. Er reitet mit ihr aus.
81. Sie fängt an, die Liebe des Jüngeren angenehm zu finden.
117, 124. Felix schreibt an Hersilie.
245. Felix lernt reiten in Gedanken an Hersilie.
246. Er kauft eine Tafel und gibt sie dem Händler für Hersilie mit.
265–267. Hersilie empfängt und beantwortet den Tafel-Gruß. Lebhaftes Gefühl.
319–322. Hersilie findet den Schlüssel. Wachsende Erregung.
376–378. Hersilie empfängt das Kästchen. Leidenschaftliche Bewegtheit.

Es sind seit der ersten Begegnung Jahre vergangen. Hersilie lebte vermutlich äußerlich still auf ihrem Schloß. Aber wie sehnt sich alles in ihr nach Leben, Liebe, Freude, Bewegung! Wie ist in dieser wirbeligen, gesunden und zugleich feinnervigen Gestalt eine gestaute jugendliche Kraft! Jetzt schreibt sie, daß sie das Kästchen erhalten habe. Man pflegt dergleichen in einen Schrank zu legen und ihm weiter keine Bedeutung beizumessen. Dagegen Hersilie: *es war mir so wunderlich, so seltsam, so konfus ... das durfte ich nicht entdecken ... wünschelrutenartig zog sich die Hand...* Das Kästchen wird zum Symbol, um anderes auszusagen. Bisher schrieb Hersilie immer so, als handle es sich wirklich nur um Schlüssel und Kästchen, ja sie glaubte es wohl selbst. Diesmal ahnt sie, daß es nicht so ist: *daß eine Deutung vorgehe ... ich sage nichts weiter, entschuldige nicht ... wie viele Leidenschaften sich in mir herumkämpfen ...*

Es ist dies recht eigentlich das Kapitel Hersiliens; das letzte Kapitel, das *siebzehnte*, gehört dann Felix. Für den Gesamtverlauf ist dieser Brief unentbehrlich, denn nur hier haben wir die volle Gefühlskraft dieser gesunden, frischen Mädchennatur. Aber als dann Felix kommt (im *siebzehnten Kapitel*), hält sie ihn in Abstand; und sie stößt ihn damit viel mehr zurück, als sie selbst will. Durch Felix' verzweifelten Aufbruch wäre am Ende (S. 458) alles düster und unklar, wäre nicht dieses, das *siebente Kapitel* da. Deswegen ist die Konstellation am Schluß trotz aller Verwirrung letzten Endes hoffnungsvoll. Darum ist – vor Höhepunkt und Verwirrung im *17. Kapitel* – noch dieser Brief nötig; ein lyrischer Brief trotz alles Erzählten. Es gehört zu dem Zauber der Felix-Hersilien-Geschichte, daß sie immer nur aus kürzesten Kapiteln und Kapitel-Teilchen besteht, alle zusammen weniger als eine der Novellen; dadurch das Leichte, Schwebende. Das gewichtige Leben geht seinen Gang, welcher in der Rahmengeschichte breit dargestellt ist, und dazwischen, von den anderen nicht ernst genommen (bezeichnend dafür ist Wilhelm) und für die beiden Beteiligten doch das einzig Wichtige, geht diese Handlung her. Sie durfte darum auch nicht als geschlossene Erzählung dastehen; sie muß eine über den ganzen Roman aufgelöste Novelle sein. Denn sie ist als Ganzes ein Gegenthema, sie ist Gegensatz zu Lenardo und Wilhelm, die der Liebe jahrelang entsagen und immer nur arbeiten. Hersilie und Felix werden keineswegs ironisiert, im Gegenteil, der Dichter liebt sie. Wer wird also ironisiert? Die, welche so pflichttreu (und gelegentlich fast pedantisch) ihre Arbeit tun? Sie werden gelobt, sie haben recht – aber sie haben auch ihre Grenzen. Es gibt einen Zauber der Liebe und des Ganz-jung-Seins, den haben sie fast vergessen. Wäre Wilhelm wirklich so weise, wie er meint, dann würde er auf Hersiliens Briefe ein wenig eingehen – und dann brauchte er vielleicht später Felix nicht aus dem Wasser zu retten ...

Im *3. Buch* ist viel, sehr viel die Rede von Gemeinschaft und Arbeit und Beruf und Wirtschaft und allem, was damit zusammenhängt. Aber dazwischen auch – und gerade hier – von Recht und Schönheit der Liebe.

Marianne Jabs-Kriegsmann, Felix und Hersilie. In: Studien zu Goethes Alterswerken. 1971. – Françoise Derré, Die Beziehungen zwischen Felix, Hersilie und Wilhelm. GJb. 94, 1977, S. 38–48.

Achtes Kapitel. Die gefährliche Wette. Aber uns war nicht bestimmt, mit Zucht und Ordnung zu scheiden ... (382,7f.) Zucht und Ordnung sind das Charakteristikum des Auswandererbundes, sind das Grundthema des *3. Buches.* Und hier ist das Gegenthema. Später heißt es: *Ein einziges Glied, das in einer großen Kette bricht, vernichtet das Ganze.* (412,4f.) Hier reißt ein Glied: der „Fahrige" plaudert das Geheimnis aus. Und man hätte es so leicht für sich behalten können – so leicht wie der Freund der Melusine seine bösen Worte. Auch diese Erzählung ist im Grunde moralisch; aber eben darum in ihrer Darstellung ganz leicht und scheinbar scherzhaft, wie die Melusinengeschichte; dort Märchen, hier *Schwank* (378,16). Die angegebene Begründung ihrer Einfügung ist wieder ganz äußerlich (378,15–22), die innerliche Begründung ist: sie gibt ein Gegenbild zu dem Idealbild des Handwerkerbundes mit seiner straffen Gemeinschaft (in den folgenden Kapiteln). Zu dieser Gemeinschaft gehört St. Christoph, der Erzähler dieser Geschichte selbst. Die Novellen – eigentlich Beispiele, wie man es nicht machen soll – werden also als Geschichten aus überwundenen eigenen Entwicklungsstufen von den Gesetzten, Entsagenden selbst erzählt. Auch in der Melusinengeschichte ist es so.

Die Geschichte beginnt als Scherz und endet mit Tod und Unglück. Die rasche Wendung ins Tragische wird dadurch gesteigert, daß ein übertriebener adeliger Ehrbegriff zur Anwendung kommt. St. Christoph, als junger Handwerker, ist in den Ferien mit Studenten zusammen, bürgerlichen und adeligen. Einer von ihnen, der als Anführer auftritt, Raufbold genannt, ist Baron. (Er duzt St. Christoph, dieser siezt ihn: 379,38f.) Darum ergibt sich später das Duell. Wer hat die Schuld? St. Christoph, der anfing? Der Fahrige, der verriet? Der humorlose alte Herr, der den Scherz übelnimmt? Sein Sohn, der einen adeligen Ehrbegriff am falschen Orte anwendet? Der Satz von *Zucht und Ordnung* gibt an, was die Geschichte sagen will, und gibt – vom Negativen aus – das Leitmotiv, das im nächsten Kapitel ins Positive gewendet wiederkehrt; denn der Auswandererbund hat einen festen Leiter und verläßliche Ordnung. Das hatte schon das *1. Kapitel* des *3. Buches* hervorgehoben, und schon dort war – aber nur ganz kurz – ein Gegenbild erwähnt: Wilhelms einstige Schauspielergesellschaft (313,35–38). Und wie einst die Schauspieler ist auch hier das Gegenbild nicht mit Abscheu, sondern höchst liebevoll geschildert. Ein Gegenbild bleibt es dennoch. Aber gerade dadurch erhebt sich das Werk als Ganzes in seine geistige Freiheit.

Die Novelle lautete in der ersten Niederschrift etwas abweichend. Dort wird sie nicht von St. Christoph erzählt, sondern von einem anderen Mitglied der Gesellschaft. *Raufbold* wird dort als *der Baron* bezeichnet. Der Schluß ist anders (denn die lehrhafte Beziehung, die sich im Gefüge der *Wanderjahre* ergab, fehlt): Es gibt eine Prügelei zwischen den Studenten und den Dienern des alten Herrn. Der Wirt treibt sie auseinander. *Der Baron, wollte man wissen, habe nachher den alten Herrn herausgefordert, um die Schmach der Flucht von sich abzulehnen ...Was aber weiter daraus gefolgt, wüßte ich nicht zu sagen ...* Dieser Schluß zeigt, wie sehr die Einbeziehung in die *Wanderjahre* die Erzählung änderte und wie wenig ihre Einreihung zufällig war. Einen Abdruck der 1. Fassung findet man in: Goethe, Wilhelm Meisters Wanderjahre, ein Novellenkranz. Nach dem ursprünglichen Plan hrsg. v. Eugen Wolff. Frankf. a.M. 1916. S. 113–122. Auch: Weim. Ausg., 25,2. S. 163–165. – A. Hoffmann, Goethe u. der werktätige Mensch. Goethe 11, 1949, S. 205–248, insbes. 234ff.

378,18. *wir* fehlt in der *Ausg. l. Hd.*, wohl versehentlich; von neueren Ausgaben eingesetzt.

378,29. *Suiten* = Streiche.

379,13. *desto* fehlt in der *Ausg. l. Hd.*, von der Weim. Ausg. eingefügt.

382,35. *Raufbold.* Die *Ausg. l. Hd.*, hat hier *Der Baron,* ebenso an der Stelle 383,24. Vorher aber hat sie *Raufbold,* und es wird nicht erklärt, daß es sich um die gleiche Gestalt handelt. Die Weim. Ausg. hat an beiden Stellen normalisiert, damit der Leser sofort merkt, von wem die Rede ist. Die Konjektur hat ihr Für und Wider. Durch sie liest sich die Handlung glatter, anderseits wird nicht deutlich, daß Raufbold adlig ist, und man erfährt diesen für den Verlauf der Geschichte belangvollen Sachverhalt dann erst aus den Worten 382,38.

Neuntes Kapitel. Das *5. Kapitel* stellte die Zustände der Arbeit dar, dieses bringt die Ideen der Neuordnung. Jenes hatte die Form einer technischen Beschreibung, dieses hat die einer Rede. Beide Formen sind für einen Roman – jedenfalls in jener Zeit – ungebräuchlich; aber sie passen zu dem Neuen, das er zu sagen hat: Beide beziehen sich auf die soziale Umformung in der modernen Welt, und insofern stehen sie beide in Zusammenhang.

Lenardo spricht aus Überzeugung. Er will aus den Köpfen der Zuhörer dumpfe Unklarheit verjagen und ein neues lichtes Bild dafür einsetzen. Man spürt zum erstenmal Verwandtschaft mit seinem aufklärerisch-optimistischen Oheim: Er glaubt nicht nur hoffen, sondern *versichern* zu können, daß jeder, wohin auch *Zufall, Neigung, ja Leidenschaft ihn führen könnte,* in diesem Kreise *wiederhergestellt* werde (391,20–24). Lenardos Beispielreihe des Wanderns durchzieht die Idee: *Suchet überall zu nützen, überall seid ihr zu Hause* (389,8f.); das heißt nicht: „denn ihr seid überall zu Hause", sondern: „und dann seid ihr ...", „dadurch seid ihr überall zu Hause". Nur aus dem Ethos des Nützlich-Werdens gibt es ein Weltbürgertum. (Ähnlich wie in *Hermann und Dorothea,* wo entsprechend ein Gesang *Der Weltbürger* heißt. Vgl. Bd. 2, S. 469 und die Anmkg.) Dieses Ethos gibt der Rede den Stil, ihre Mischung von Sachlichkeit und Pathos. Ihr praktischer Zweck ist, den Hörern Aufbau und Ziel des *Weltbundes* (390,37f.) auseinanderzusetzen.

Von vielen ganz verschiedenartigen Kapiteln des Romans führen Verbindungen zu dieser Rede durch die Themen: das Wandern, der Besitz, das Nützlich-Sein, die Gemeinschaft, die Sitte, die Ehrfurcht usw. Auch der Titel erhält von der Wander-Rede aus nochmals vertiefte Bedeutung, zumal durch den Satz: *Der Mensch lerne sich ohne dauernden äußeren Bezug zu denken, er suche das Folgerechte nicht an den Umständen, sondern in sich selbst.* (391,3ff.) Neigt schon der ganze Roman dazu, einzelne Maximen scharf pointiert zu formulieren, so gilt das von der Rede erst recht; z.B. *Der einzelne ist sich nicht hinreichend, Gesellschaft bleibt eines wackern Mannes höchstes Bedürfnis.* (391,12f.) Reden brauchen solche Sätze. Und ein Roman, der moderne soziale Fragen behandelt, braucht eine solche Rede.

Durch die Rede wird uns zugleich die Persönlichkeit Lenardos näher bekannt. Er bleibt bei aller Rhetorik immer sachlich und vornehm. Eine Volksmenge braucht einen leitenden Mann. Lenardo hat die Neigung und Fähigkeit, *ganz von vorne anzufangen* (142,5–26; 242,15f.; 439,20); zugleich stammt er aus altem Adel. Die Art, wie sich in dem Auswanderungsunternehmen ein Ausgleich ergibt zwischen Adel und Bürgertum, Altem und Neuem, Volksnot und Einzelinitiative, ist bezeichnend für Goethes soziale Ideen.

Die Rede und das anschließende Gemeinschaftslied geben ein Bild von Menschenführung, unaufdringlich, aber deutlich. Dieses Thema findet hier seinen Höhepunkt (sein Beginn war das *1. Kapitel* des *3. Buches,* ein Nachklang ist das *12. Kapitel);* es ist eins der wichtigsten Elemente des *3. Buches* überhaupt. Für die Zeit, in welcher der Roman erschien, war dieses Kapitel ebenso befremdlich wie das der Technik. Hundert Jahre später konnte es als Vorläufer einer neuen Kunst erscheinen.

Henkel S. 51–57. – Sagave in Et. Germ. 7, 1952. – Tagebuch 7. 5. 1821.

385,17. *aufgeregt* = angeregt.

385,33. *übervölkert* und 385,36 *Übervölkerung*. Goethe hat diese Wörter nicht neu gebildet; sie stehen schon bei J. H. Campe, Wörterbuch der dt. Sprache, 5. Teil. Braunschweig 1811. S. 55. Aber er ist einer der ersten, die sie benutzten, wohl der erste, bei dem sie in einer Dichtung vorkommen. Grimms Wb., 11. Bd., 2. Abt., Lpz. 1936, S. 620 nennt als früheste Belege Stellen aus Goethe, J. H. Voß und Hegel. S. 242,27 schreibt Goethe noch: *im Übermaß bevölkert.* Das Problem der Übervölkerung rückte in Goethes Zeit zum erstenmal in den Gesichtskreis, und mit dem Problem entstand das Wort. Für seine Durchsetzung hat Goethe wohl Entscheidendes getan. (Campe schwankte noch, ob er „übervölkern" oder „übervolken" empfehlen solle.) Vgl. 95,10.

386,7. *Rat* = raison, Vernunftgrund, Vernunft. – 387,24–32. Vgl. 405,9.

389,28. *wegen ihrer Zuverlässigkeit gerühmte Völker*: z. B. die Schweizer.

389,32. *Geschäftsmänner*: Geschäftsträger der Fürsten, Diplomaten.

390,21. *beschränkter Trübsinn.* Sowohl *beschränken* wie *trüb* sind Formelwörter der Goetheschen Alterssprache. *Trüb* ist, was nicht licht, nicht hell werden kann. *Trübsinn* setzt dem Geist enge Schranken, ähnlich wie die Sorge *(Faust II,* 11424ff., 11453ff., 11471ff.), und wer so *beschränkt* ist, kann seine Kräfte nicht entfalten, weil in ihm selbst Finsternis herrscht. Das Gegenteil nennt das Schlußlied: *mit heitern Kräften; heiter* heißt in Goethes Alterssprache nicht nur „freudig", sondern „licht", „geistig" oder: „zu Licht und Geist sich steigernd"; wenn das Innere in diesem Sinne *heiter* ist, können alle Kräfte sich fruchtbar nach außen entwickeln. Lenardo will mit seiner Rede diese Heiterkeit und Geistigkeit, die in ihm ist, auf seine Männer übertragen.

Zehntes Kapitel. Nicht zu weit. Zwischen die Kapitel der großen Gemeinschaften ist diese Novelle des intimsten Privaten gesetzt; zwischen einen Optimismus, der fast aufklärerisch wirkt, eine Tragik, die unauflösbar bleibt. In Lenardos Rede schienen die Menschen über sich hinauszuwachsen; hier sehen wir, wie eng ihre Grenzen sind. Zeigte das Bild der Spinner und Weber, daß inmitten von allgemeiner Not ein Glück im Privaten möglich bleibt, so zeigt diese Geschichte, daß ein Leiter großer sozialer Unternehmungen, der als Volksbeglücker erscheint, selber glücklos sein kann.

Nicht zu weit ist eine tragische Novelle und im Zusammenhang damit eine (absichtlich) fragmentarische. Sie zeigt Probleme, für die es keine Lösung gibt; das Leben geht weiter, die Probleme bleiben. Darum kann die Novelle abbrechen; denn ihre Fortsetzung würde nichts Neues mehr bringen. Schon ein Goethesches Schema für die Ausarbeitung notiert: *Fragment: Man wage nicht zu viel.* (Weim. Ausg. 25,2 S. 256.) – Auch in anderen Novellen gibt es Verwickelungen; aber diese ist die einzige Ehe-Novelle (vergleichbar nur den *Wahlverwandtschaften,* und die sind ebenfalls tragisch). *Der Mann von funfzig Jahren* und die Lenardo-Nachodine-Geschichte, als Novellen offen bleibend, finden im Bereich Makariens Heilung und Lösung. Auch *Nicht zu weit* bleibt offen; aber hier gibt es keine Fortführung in der Rahmengeschichte, kein Einmünden in Makariens Reich. Und – bemerkenswert genug – auch die Beziehung zu dem großen Siedlungswerk bleibt gänzlich von dem privaten Erleben getrennt. Während Lenardo seiner Gemeinschaft zutraute, auch persönliches Unglück möglichst zu überwinden (391,18–24), fehlt hier jede Andeutung, ob Odoards Berufsarbeit (die wir bald darauf im *12. Kapitel* sehen) ihm über seine Seelenleiden hinweghilft (nach Montans Worten 281,27). Oder wird er zwischen Arbeit und privater Not zerrieben werden? Alles bleibt offen. Aber seine Gestalt, feinnervig, beherrscht, weitblickend, ist eine der eindrucksvollsten Figuren des Romans.

Zu den umrahmenden theoretisch-utopischen Kapiteln bildet die Novelle den größten Gegensatz: sie ist ganz und gar Verlebendigung; sie ist eminent psychologisch und darin modern. Odoard kann sich nicht ganz freisprechen von einer ursprünglichen Schuld, die darin liegt, daß er diese Ehe geschlossen hat. Da er es aber tat, hält er zu ihr, und das fordert ein unendliches Maß von Selbstzucht und Entsagung. Schon der Beginn der Erzählung zeigt, daß seine Instinkte eine völlig andere Richtung suchen als sein sittlicher Wille. Er ist ein sehr beherrschter Mensch, aber darum auch ein sehr geprüfter.

Die Sehnsucht des Ich und die Starrheit der Verhältnisse geben der Erzählung auch sprachlich den Charakter: dreimal wechseln Ich-Erzählung und Bericht. Zu Anfang Bericht: der Geburtstagsabend; dann Ich-Ton: Odoards leidenschaftlicher Seelenzustand (394,25–395,9); danach wieder Bericht: Gattin und Haus; nochmals Ich-Erzählung: *ich hatte nie geglaubt, daß ich so unglücklich sein könne …*(396,9–26); zum dritten Mal Bericht: die Geschichte der Ehe; und Ich-Erzählung: Odoards innere Unruhe (399,5–34). Von da ab gibt es nur noch Bericht, und zwar in zwei Abschnitten, zunächst über Odoard, dann über Albertine; diese beiden abschließenden Partien sind durchaus parallel erzählt, und eben dadurch werden die Verschiedenheiten der Situationen besonders deutlich; Odoard: schuldlos und derjenigen begegnend, die er liebt, der er aber fern bleibt; Albertine: schuldig und von dem verlassen, der ihr näher stand, als recht war. Doch dies alles hat eine Vorgeschichte, und je länger diese ist, desto weniger ist Schuld und Nichtschuld zu ermessen. Eben deswegen ist die tragische Verwicklung auch unauflöslich.

Der Titel *Nicht zu weit* ist entnommen aus einem Satz (396,5) der *guten Alten*. Diese steht dem Geschehen zur Seite wie ein antiker Chor, welcher dadurch, daß er alles vom Gesichtspunkt des Durchschnittsmenschen betrachtet, die Fallhöhe des tragischen geistigen Menschen noch deutlicher macht. Mit fast ironischer Härte unterstreicht dieser Titel, als moralische Warnung, aus der Welt des Mittelmaßes kommend, die schneidende tragische Schärfe, mit der die Novelle endet.

Henkel S. 58–61.

Fischer-Hartmann S. 52–56. – E. F. v. Monroy S. 12–16: „In der in wenige Stunden zusammengeschobenen Handlung stehen als Einschübe die Berichte des Erzählers, gelassen in der Zeitform der tiefsten Vergangenheit vorgetragen. Sie bilden die Atempausen zwischen den drei Szenen, die mit allen Mitteln der Steigerung und Beschleunigung eindringlich und nahe gemacht sind ... Die Handlungen werden also nacheinander mit der gleichen Steigerung und Verzögerung bis zu einer äußeren Situation heraufgeführt und dort abgebrochen. Es liegt nahe, dementsprechend zwei gleichlaufend geführte Äste anzunehmen, die von einem Punkt ausgehend symmetrisch auseinanderführen. Sehen wir aber genau zu, so erweist sich die beiderseitige Situation als sehr verschieden. Odoardo begegnet durch Zufall seiner unerreichbaren Geliebten, Albertine entdeckt die Untreue ihres Liebhabers ... Die Handlungen führen sich verfehlend aneinander vorbei und dann auf die äußerstmöglichen Punkte voneinander weg, wo sie wieder asymmetrisch verlagert sind. Es ist eine Ehegeschichte; aber wir sehen die Gatten nie zusammen. Auch ihr Unglück ist ihnen nur, insofern es Unglück ist, nicht in Richtung und Grad gemeinsam. Sie sind nicht entzweit, denn sie sind nie eigentlich zusammen gewesen. Hier vollends erscheinen sie in Bereichen lebend, die sich gegenseitig überhaupt nicht betreffen. – Erst als die zweite Handlung endet, werden wir uns mit einem Male des eigentlichen Aneinander-Vorbeizielens der formal so deutlich parallelen Endsituationen bewußt, das heißt: das formale Gleichgewicht der auf Balance abgestellten Erzählung erweist sich bedenklich gestört und fordert Ausgleich; in demselben Augenblick ist der inhaltliche Konflikt qualvoll verschärft, die Spannung aufs höchste gestiegen: er fordert Austrag. Alles drängt zur Entscheidung. Aber die Entscheidung bleibt aus. Auf diesem äußersten Punkte steht die Handlung still ... Es geschieht eigentlich nichts ... Der plötzlich ermattete kurze Schlußsatz ist von hoffnungsloser Resignation ... Die Pointe liegt nicht darin, daß das Unerwartete geschieht, sondern darin, daß unerwarteterweise nichts geschieht. Dieser letzte Satz zieht der bis zum höchsten Impetus heraufgetriebenen Handlung gleichsam den Boden unter den Füßen weg: sie greift ins Leere, sie verpufft. Diese Folgenlosigkeit der furchtbaren Anspannung ist das eigentlich Quälende der Novelle. Die Erzählung sinkt nach einer krampfhaften vergeblichen Anstrengung in erschöpfte Teilnahmslosigkeit zurück. Alles ist so schlimm, ja schlimmer als zu Anfang ... Die Handlung ist ohne Aussicht und Möglichkeit einer Entscheidung abgebrochen. Sie kann nicht fortgesetzt, nur wiederholt werden. Das ist entscheidend: sie ist nicht fragmentarisch etwa weil sie nicht fertig geworden wäre oder weil sie übergeordneten Zusammenhängen verpflichtet wäre, die ihre Eigenform sprengen: das Fragment ist ihre Eigenform. Sie ist als künstliches Fragment beabsichtigt und konzipiert. Von hier aus erscheint dann alles, was bisher befremdete, folgerichtig. Die Novelle stellt sich sinnlos, um das Sinnlose darzustellen, sie gibt sich zerfahren, wahllos, zufällig, um das Schwankende, Haltlose des Zustandes zu schildern, sie ist als Erzählung so wenig wie Odoardos und Albertinens Verbindung als Ehe lebensfähig. Völlig bewußt ist die Lösung abgebogen; bewußt ist die epische Geschlossenheit zerbrochen um der größten Eindringlichkeit willen. Mit großem Formverstand strebt der Erzähler den Eindruck der sinnlos unvollständigen Form an ... Es ist nichts als eine neue Maske des Erzählers, der in einem Akt äußerster Willkür das Formlose selbst als Form setzt; nicht als Spiel oder Reiz, sondern als Mittel der denkbar eindringlichsten Darstellung ..."

393,4. *anständig* = so, wie es ihnen gut anstand; in guter Form.

393,5. *mäßig* = maßvoll, daß Maß in sich tragend und es symbolisierend.

398,16f. *eine Art von Statthalterschaft in einer entfernten Provinz.* Vgl. 409,11ff. und 454,13.

404,3. *widerwärtig* = auseinanderstrebend, von einander fort wollend.

Eilftes und *Zwölftes Kapitel.* Das *11. Kapitel* bringt Näheres über den amerikanischen Siedlungsplan, von dem schon mehrfach die Rede war (241,33–243,14; 385,33–392,10); anschließend bringt das *12. Kapitel* den europäischen Siedlungsplan. In beiden Kapiteln gipfelt das, was in diesem Roman über Gesellschaft und soziale Ordnung gesagt wird. Vorangegangen sind im *3. Buch* das *1. Kapitel* mit seiner Darstellung des Lebensstils des Wandererbundes und das *9. Kapitel* mit der Rede Lenardos über das Wandern und das Ethos des Nützlichseins. Dagegen wird in den 6 Kapiteln, welche noch folgen, das Thema nicht mehr weitergeführt, sondern nur noch gelegentlich erwähnt. Es wird also an dieser Stelle zum Höhepunkt und zugleich zum Abschluß gebracht.

Beide Kapitel geben sich als Plan. Darstellerisch wird deutlich ein Abstand gesetzt. Der amerikanische Plan erscheint wie durch drei Gläser gesehen: die Turmgesellschaft hat ihn formuliert, Friedrich hat davon berichtet, und nun erzählt ihn der Dichter nach als *Sammler und Ordner dieser Papiere* (408,8f.). Auch der europäische Plan erscheint nur als Projekt, er hat die Form einer Rede; absichtlich wird dabei alles allgemein gehalten; wir erfahren nicht, in welcher Gegend man sich diese Siedlung zu denken habe. Dieses Abstandhalten gehört zu der besonderen Stellung des Ganzen zwischen Ideal und Wirklichkeit. Es ist die Schicht, in welche der Roman immer wieder emporsteigt, der Bereich des Strebens auf ein ideales Ziel hin, aber ohne den Boden unter den Füßen zu verlieren. Darin haben diese Kapitel Ähnlichkeit mit der Pädagogischen Provinz. Auch für sie galt diese abstandhaltende Darstellungsweise.

Was geschildert wird, ist die Gestalt eines Gemeinwesens, real im Einzelnen, utopisch im Ganzen; besonderer Wert wird gelegt auf die Zusammenhänge des Sozialen mit der Religion, mit der Weltanschauung und mit den allgemeinen Lebensformen. Dagegen wird das eigentlich Politische nur gestreift. Es ist ein sehr Goethesches Gemeinwesen; alles ist gleichsam ein objektives Gegenbild seiner eigenen inneren Art in dem Verhältnis zwischen Weltschau und Regierung, Strenge und Milde, Lässigkeit und Genauigkeit, Beamtentum und Künstlertum,

Weisheit und Verwaltung, Bürger und Soldat, Pflicht und Freude. Planmäßige Ansiedlungen gab es im Europa des 18. Jahrhunderts mehrfach, zumal in den Ländern Maria Theresias und Friedrichs des Großen, vor allem aber in Amerika. Goethe wußte aus zahlreichen neuen Büchern und aus Gesprächen viel über Nordamerika und die sozialen Verhältnisse in den dortigen Ansiedlungen. Von da sind Anregungen ausgegangen für das, was er hier aus eigenem Geiste in der schwebenden Form halbdichterischer Erzählung, ohne System, als eine Reihe von Anregungen, dem Nachdenken späterer Geschlechter anheimstellen wollte; man spürt, daß es von der Warte seiner Altersweisheit kommt, belehrend und bildhaft, gläubig und skeptisch, klar und verschleiernd zugleich.

Ein Manuskript dieses Kapitels im Goethe- und Schiller-Archiv ist datiert: *15. Januar 1829.* (WA 25,2 S. XXII.) Da es erst zu diesem Zeitpunkt fertig wurde, sind Anregungen durch Franklins Autobiographie möglich, welche Goethe laut Tagebuch zwischen dem 30. Dezember 1828 und 18. Januar 1829 ganz gelesen hat. Er kannte das Werk schon aus früherer Zeit (Tagebuch 5. Mai 1810; 27. und 29. April 1817). Vor allem verwertete er Motive aus der Reisebeschreibung des Prinzen Bernhard (vgl. Anmkg. zu 242,11), die er schon im Manuskript las, bevor sie zum Druck kam, und aus dem Buch von Ludwig Gall. Prinz Bernhard behandelt ausführlich die Ansiedlungen von Georg Rapp (1757–1847), der 1803 aus Schwaben mit seinen Anhängern nach Amerika gezogen war, und von Robert Owen (1771–1858), der aus Schottland stammend ebenfalls eine Ansiedlung eigenen Charakters geschaffen hatte. Rapp war sektiererisch-christlich, Owen freisinnig-liberal. Die Ansiedler in Goethes Kapitel haben mit den Einrichtungen der einen wie der anderen Gruppe einige Züge gemein, ihre geistige Linie entspricht etwa der Franklins. Prinz Bernhard teilt mit, daß in Owens Siedlung ,,New Harmony" völlige religiöse Freiheit herrsche (Bd. 2, S. 135), er schildert die ländliche Arbeit der Knaben und Mädchen (S. 141) und die militärischen Übungen der jungen Männer, die durch das Grenzer-Leben notwendig sind (S. 141, 149). Sowohl die Anhänger Rapps wie die Owens trinken keinen Branntwein (S. 209). Owen kannte Fellenberg, dem er zwei seiner Söhne zur Erziehung gab. Zu den Mitbegründern seiner Siedlung gehörte William Maclure, der erste bedeutende Geologe Amerikas. Bei Rapp wie bei Franklin herrscht der Gedanke *Etwas muß getan sein in jedem Moment* (405,30), die Kirchenuhr schlägt die Viertelstunden. Über Rapp berichtet auch das Buch von Morris Birkbeck, Bemerkungen auf einer Reise in Amerika, Jena 1818, das noch heute unter Goethes Büchern steht (Ruppert 4099).

Bd. 14, Register und Briefe Bd. 4, Register ,,Amerika". – Goethe schreibt an Voigt am 19. Juni 1818: *Ich befinde mich in einer Fülle von Schriften und Werken den Zustand der Vereinigten Staaten von Nordamerika entwickelnd.* Und an

Cogswell am 27. Juni 1818 ausführlich über seine Amerika-Studien, die er jetzt gerade nach der geologischen Seite ergänze (Briefe WA Bd. 29, S. 212f. und insbesondere 382ff.). – Reise seiner Hoheit des Herzogs Bernhard zu Sachsen-Weimar-Eisenach durch Nord-Amerika in den Jahren 1825 und 1826. Hrsg. von Heinrich Luden. 2 Bde. Weimar 1828. Dazu Goethe HA Briefe Bd. 4, S. 196f. – Ludwig Gall, Meine Auswanderung nach den Vereinigten Staaten von Nord-Amerika im Frühjahr 1819. 2 Teile. Trier 1822. Dazu Goethes Rezension WA 41,2. S. 296f. – Leonard L. Mackall: Briefwechsel zwischen Goethe und Amerikanern. GJb. 25, 1904, S. 3–37. – Walter Wadepuhl, Goethe's interest in the New World. Jena 1934. – Friedrich C. Sell, American Influences upon Goethe. The American-German Review 9, 1943, S. 15–19. – Orie W. Long, Goethe's American Visitors. The American-German Review 15, 1949, S. 24–28. – Goethe-Handbuch, 2. Aufl., Bd. 1, 1961, Art. „Auswanderung" von Albert Fuchs. – Arnold Bergstraesser, Goethe's Image of Man and Society. Chicago 1949. – George B. Lockwood, The New Harmony Communities. Marion (Indiana) 1902. – Karl J. R. Arndt, The Harmony Society from its Beginnings in Germany in 1785 to its Liquidation in the United States in 1905. Year Book of the American Philosophical Society 1953. Philadelphia 1954. S. 188–194. – Erwin Hasselmann, Am Anfang war die Idee. Robert Owen. Hamburg 1958. – Harry W. Pfund, Goethe and the Quakers. The Germanic Review 14, 1939, S. 258–269. – Über Rapp: ADB 27, 1888, S. 286–290. Ferner: Theodor Heuß, Schwaben. Tübingen 1967. S. 33–46. Und: Dictionary of American Biography 15, S. 283f. – Über Owen: Dict. of American Biography 14, S. 118–120. Und: Der Frühsozialismus. Quellentexte, hrsg. von Thilo Ramm. 2. Aufl. 1968. (Kröners Taschenausg. Bd. 223) S. 245–387. – E. Beutler, Von der Ilm zum Susquehanna. In: Beutler, Essays. 1941 u. ö. – Karl J. R. Arndt, The Harmony Society and Wilh. Meisters Wanderj. Comparative Literature 10, 1958, S. 193–202. – H. Ruppert, Goethes Bibliothek. Weimar 1958. Nr. 4097–4115; 4464; 4483; 4852; 5161. – E. v. Keudell, Goethe als Benutzer d. Weim. Bibliothek. Weimar 1931. Nr. 2019 u. 2115. – Vgl. 242,11f. u. Anm.; 332,12 u. Anm.

G. Radbruch S. 107–112: „Wie das Unternehmen der Wanderer nicht ideologisch, vielmehr ökonomisch motiviert ist, so ist auch die Art seiner Durchführung von Goethe keineswegs utopisch gemeint; er will nicht ein Luftschloß im Lande Nirgendwo errichten. Aber um sich dennoch möglichste Freiheit bei seinen Planungen zu sichern, bedient er sich des Kunstgriffs, ihre Verwirklichung nach Anderswo zu verlegen, in ein Land ohne Tradition ... denn Naturrecht kann nur im Naturzustande verwirklicht werden. Dagegen ist in Kulturländern die soziale Ordnung von der Tradition unlösbar abhängig ... So hat Goethe denn auch einen doppelten Sozialzustand der Wanderer geschildert, den der Binnenwanderer innerhalb Deutschlands unter der Leitung Odoardos und den der Auswanderer nach Amerika mit Lenardo an ihrer Spitze. Die Auswanderer werden drüben in der Fremde eine Gemeinschaft bilden, die Binnenwanderer treten dagegen unter die autoritäre Führung Odoardos, als des Statthalters eines fürstlichen Landesherrn. Lenardos Organisation wendet sich vornehmlich an Handwerker, Odoardo bedarf zwar zur Errichtung von Siedlungen zunächst der Bauhandwerker, aber im Endziel ist sein Unternehmen offenbar agrarischer Natur. Während das Amerikaunternehmen auf der Selbstbestimmung der Auswanderer beruht, kann der Plan der Binnenwanderer nur durch eine Wirtschafts- und Sozialpolitik von oben her verwirklicht werden, der Widerstand der Großgrundbesitzer nur durch Gewalt oder Überredung, d. h. durch Gesetz oder abgenötigte Vereinbarung, überwunden werden. Der Statthalter Odoardo, dessen Provinz eine von den fürstlichen Hauptlanden getrennte Enklave ist, verfügt über unbeschränkte Vollmachten zur Verwirklichung seiner Organisation – und doch kann auch er sie nur verwirklichen, nachdem der Zeitgeist ihm zu Hilfe gekommen ist, Beamte der Nachbarprovinzen zu ähnlichen Gesinnungen geführt und den Großgrundbesitz zur Nachgiebigkeit gestimmt hat. Lotharios Pläne, über die schon in den *Lehrjahren* (Bd. 7, S. 507f.) berichtet wird, sind ja ein frühes Beispiel für solche Wirkungen des Zeitgeistes ... Das amerikanische Auswanderungsunternehmen wird auf freie Assoziation aller Beteiligten gegründet. Solche Rechtsform setzt die Gleichheit aller Beteiligten voraus, und in der Tat zeigt der Vergleich der *Lehrjahre* und der *Wanderjahre,* wie gewaltig die soziale Umwälzung, wie weitgehend die Ausgleichung der Stände ist, die sich in den Jahrzehnten zwischen den beiden Teilen des *Wilhelm Meister* vollzogen hat ... In Zukunft wird der Vorstand des Bundes, der ganz folgerichtig *das Band* heißt, frei gewählt werden, obgleich Goethe von der Majorität eine geringe Meinung hat. Es kommt Goethe offenbar auf die Art der Bestellung der Führer wenig an; wie er die Rechtfertigung des Privateigentums nicht in seiner Erwerbungsart sieht, sondern in seiner Gebrauchsweise, so wird nach seiner Ansicht auch die regierende Gewalt nicht durch legale Bestellung legitimiert, vielmehr durch Leistung und Erfolg ... Goethe fordert eine *mutige Obrigkeit* (406,19f.), d. h. eine tatkräftige und verantwortungsfreudige Regierung. Den Volkswillen aber faßt Goethe nicht als Mehrheitswillen auf, sondern als den Volksgeist, für den er das Wort *Volkheit* (470, Nr. 66) prägt ..." – Ebd., S. 125f.: „Die *Wanderjahre* sind ein Sozialroman, kein Staatsroman. Der Weltbund der Wanderer stellt sich nicht als ein staatsähnliches Gebilde dar, vielmehr als eine soziale Arbeitsgemeinschaft. Der korporativ auswandernde Teil des Weltbundes wird drüben ein wirtschaftlicher Selbstverwaltungskörper auf territorialer Grundlage sein. Sein Territorium wird in dem Großbesitz der beiden Gründerfamilien bestehen nach dem Vorbilde der ‚Eigentümerkolonien', insbesondere der ursprünglichen Besiedlung Pennsylvaniens. Die Siedlung der Wanderer wird kein selbständiger Staat sein, auch kein Gliedstaat im Rahmen der Vereinigten Staaten von Amerika, vielmehr, wie es in den *Wanderjahren* ausdrücklich heißt, ein Staatsglied, ein Territorium mit der Aussicht, später einmal zu einem Staat zu werden. Die Siedlung wird jedoch eine umfassende Autonomie besitzen: eigene Polizei, eigene Justiz, eigenes Militär (nämlich Lotharios Feldjägerkorps). Zwei Grundsätze werden nach Lenardos Programmrede das korporative Dasein der amerikanischen Siedler im Rahmen der Vereinigten Staaten bestimmen: einerseits die Verpflichtung, nicht nur *jeden Gottesdienst in Ehren zu halten,* sondern auch *alle Regierungsformen gleichfalls gelten zu lassen* (391,26 und 27f.). Diese Verpflichtungen deuten auf die Freimaurerei zurück, auf die beiden ersten Artikel der sogenannten „Alten Pflichten". Jede Erörterung von Verfassungsfragen wird dadurch für Goethe wie für seine Wanderer überflüssig. Der andere Grundsatz lautet: *Wo ich nütze, ist mein Vaterland* (386,10f.). Die Einwanderer werden ... in dem ‚Schmelztiegel der Nationen' miteinschmelzen in die werdende amerikanische Nation ... Form und Gehalt der Staaten, Recht und Verfassung wie nationaler Gedanke stehen also in den *Wanderjahren* zurück hinter dem allbeherrschenden sozialen Problem." – P. Stöcklein S. 229–234 (in dem Aufsatz „Das Spätwerk Platons und Goethes"): „Sowohl die beiden Utopien der *Wanderjahre* (die ‚pädagogische Provinz' und der Entwurf der amerikanischen Gemeinschaft) als auch der ‚Gesetzesstaat' Platons sind nicht Bild des Wünschenswertesten, des Vollkommenen; sie sind Bild des Zweitbesten. Aus verschiedenen Gründen. Wir heben einen hervor: Ein Staat der Gesetze sei ja überhaupt nichts Vollkommenes, wie es ein ideal absolutistisch regierter Staat sei, so behauptet Platon auch noch im Alter; absolutistisch denkt im Grundsätzlichen wohl auch der alte Goethe. Und doch entwerfen beide im höchsten Alter Utopien, in denen nicht ein genialer absoluter Fürst, sondern eine Unzahl fast pedantisch beschränkender Bestimmungen und Gesetze regiert. Diese Utopien sind Gemeinschaften nahezu wirklicher Menschen, und zwar meist von Menschen ohne überragende Begabungen ... Aus der Politeia wird der Gesetzesstaat ... Sind nicht auch die *Wanderjahre* das Ergebnis einer ähnlichen inneren Bewegung, der entsagungsvollen Abkehr von einem idealen Menschenbild, das zu sehr durch die Züge des ‚Genies' bestimmt war? ... Die Vorliebe für genaueste Regelhaftigkeit begegnet ... in den inneren Einrichtungen der Alters-Utopien ... Wir glauben geradezu in Platons ‚Gesetzen' zu lesen, wenn wir im Entwurf der ‚amerikanischen' Verfassung folgendes finden: *In jedem Bezirk sind drei Polizeidirektoren, die alle acht Stunden wechseln, schichtweise, wie im Bergwerk, das auch nicht stillstehen darf, und einer unserer Männer wird bei Nachtzeit vorzüglich bei der Hand sein.* (Der verdeutlichende Vergleich in einer an sich schon einleuchtenden Sache, der pädagogisch überdeutliche Ton, das alles entspricht übrigens auch völlig dem Stil der ‚Gesetze'.) Und wie eine andere Stelle aus den ‚Gesetzen' liest sich der Absatz: *Ermahnung darf sich jeder erlauben, der ein gewisses Alter hinter sich hat; mißbilligen und schelten nur der anerkannte Älteste; bestrafen nur eine zusammenberufene Zahl* ... Wir betrachten schließlich die Gestaltung der Religion in den Utopien. Der traditionelle Volksglaube erobert sich (im Gegensatz zu den Erwartungen, die man gemäß der Einstellung der Mannesjahre bei beiden hegen mußte) in den Idealgemeinschaften sein Recht. Das Denken beider Meister wird auch in diesem Punkte realistischer ... In der amerikanischen Utopie werden die Kinder eindeutig im christlichen Glauben erzogen ... In welcher Formsprache sind all diese Bilder und Gedanken aus der Alterswelt Goethes und Platons ausgesprochen? Wenn wir zum Schluß einen kurzen Blick auf Komposition und Sprachstil werfen, so werden wir hier dieselben geistigen Gestaltungskräfte wirksam finden: Reflexion, Abstraktheit, Distanz, die lehrhaft genaue und zeremonielle Haltung – nicht ohne spielerische Entspannungen und Lässigkeiten; eine hoch überschauende und ordnende Geistigkeit, Verschwiegenheit und Geheimnis verbunden mit Abgeklärtheit. Die Lässigkeit der Komposition fällt zunächst ins Auge ..." – Wilhelm Mommsen, Die politischen Anschauungen Goethes. Stuttg. 1948. Insbesondere S. 274ff.

405,18. *Respekt für die Zeit.* Vgl. Bd. 1, S. 353 sowie Bd. 2, S. 52, Nr. 12 und die Anmkg.

405,24. *Telegraphen.* Gedacht ist wahrscheinlich an den um 1820 verbreiteten Chappeschen Telegraphen, der aus Signalmasten mit verstellbaren Armen bestand und von Mast zu Mast die Signale weitergab. (Das Buch der Erfindungen, Gewerbe und Industrien. Bd. 2. Die Kräfte der Natur und ihre Benutzung. Von Julius Zöllner. 6. Aufl. Lpz. u. Bln. 1872. S. 346f.)

405,37. *stehen muß* = einstehen muß, verantwortlich ist. Im Zusammenhang des ganzen Abschnitts über *Familienkreise* wird also gesagt, daß die *Hausväter und Hausmütter,* welchen *große Verpflichtungen* zugeteilt werden, nicht nur für sich selbst, sondern auch für das, was Familienangehörige und Hausangestellte tun, verantwortlich sind.

406,4f. *wechselweisen Unterricht* in Art der Methode von Andreas Bell und John Lancaster in London erwähnt Goethe mehrfach, z. B. im Brief an Zelter vom 6. 6. 1825. – Kurz bevor dieses Kapitel fertig wurde, notiert das Tagebuch am 7. Januar 1829: *Las in dem Büchlein des wechselseitigen Unterrichts.* Und am 8. Januar: *Setzte die Lesung fort.* Bell und Lancaster hatten in England eine Methode entwickelt, daß gute Schüler durch Vormachen und Korrigieren den schwächeren helfen, um in der Volksschule bei überfüllten Klassen die Leistungen zu steigern. Carl August, der das geistige Leben in England mit Interesse verfolgte, stellte am 1. Januar 1818 einen jungen englischen Lancaster-Lehrer an, der sich aber als wenig geschickt erwies und 1820 seine Stellung aufgab. Doch die Methode wurde in Weimar auch weiterhin erprobt, nun von einheimischen Lehrern, und kam – begrenzt auf einige Gebiete – 1825 in den von Oberkonsistorialrat K. F. Horn entworfenen Lehrplan. – Paul Krumbholz, Gesch. des Weimarischen Schulwesens. Bln. 1934. (= Mon. Germ. Paedagogica 61) S. 147–160. – Ernst Roloff, Lex. d. Pädagogik, Bd. 5, Freiburg 1917, S. 739ff. „Wechselseitiger Unterricht".

406,23. *Polizei* und 406,29 *Polizeidirektoren.* Das Wort *Polizei* bedeutet in der Sprache des 18. Jahrhunderts allgemein Verwaltung, Regierung, so noch in den *Lehrjahren* Bd. 7, S. 68,16, doch dann setzte sich bald die begrenztere Bedeutung durch, so schon im Preußischen Landrecht von 1794, dann auch in allen anderen deutschen Staaten: Staatstätigkeit im Rahmen der inneren Verwaltung zur Aufrechterhaltung der öffentlichen Ruhe, Sicherheit und Ordnung. Goethe verwendet hier in den *Wanderjahren* schon diesen modernen *Polizei*-Begriff. – Vgl. S. 299, Nr. 105 und die Anmkg. – Radbruch S. 117f.

406,25. *wird beseitigt*: wird eingesperrt (vgl. 407,30ff.). Das Wort *beseitigen* kommt bei Adelung noch nicht vor; Pauls Wörterbuch (6. Aufl. 1966) nennt es „ein von Goethe in die allgemeine Schriftsprache eingeführtes oberdeutsches Kanzleiwort". Es konnte für jede Art von „bei Seite Stellen" benutzt werden. Da Goethe fortfährt *bis er begreift* ..., wird sogleich deutlich, daß er vor allem an Erziehung der Übeltäter denkt, weniger an Bestrafung. – GWb. 2, Sp. 484.

407,1. *Majorität.* Vgl. 307, Nr. 165 und 473, Nr. 83. Auch Bd. 1, S. 370 *Geselle dich zur kleinsten Schar.*

407,16f. Zwischen Z. 16 und 17 ist in einer der Handschriften noch ein Abschnitt eingeschoben: *Für die vorzügliche Frau wird diejenige gehalten, welche ihren Kindern den Vater, wenn er abgeht, zu ersetzen imstande ist. Eine solche Witwe ist in höchsten Ehren, und es war schon der Vorschlag, ob man solche nicht für fähig erklären solle, in die Zahl der Geschworenen aufgenommen zu werden. Vielleicht könnten auch die Hausfrauen, welche ganz erweislich die eine Hälfte des Haushaltes vollkommen beraten, eines gleichen Rechtes teilhaft werden und was dergleichen mehr sein könnte.* Dieser Absatz wurde beim Druck fortgelassen, aber der erste Satz daraus kam in die Sprüche *Aus Makariens Archiv* als Nr. 113.

407,34. *so zwackt man ihnen auch davon ab.* Gemeint sind Geldstrafen, das geht aus dem Zusammenhang hervor.

408,22ff. *in der alten Welt so gut wie in der neuen Räume ..., welche einen besseren Anbau bedürfen* ... Was Odoard im folgenden entwickelt, hat in einigen allgemeinen Zügen Ähnlichkeit mit der Kolonisation in den Ländern Friedrichs des Großen (Netzedistrikt), Maria Theresias (Banat, Batschka) und in Rußland

(Wolgakolonien). Die russische Werbung 1766 brachte etwa 20000 Siedler in das Wolgagebiet. Zu Beginn des 19. Jahrhunderts folgten die Siedlungen in Bessarabien und am Schwarzen Meer. Die Dörfer wurden geplant und zu bauen begonnen, bevor die Siedler kamen. In den *Lehrjahren* ist von *Amerika* und von *Rußland* die Rede (Bd. 7, S. 564,8–11). In Goethes Bibliothek steht das Buch von A. G. Meißner, Leben Franz-Balthasar Schönberg von Brenkenhof. Lpz. 1782. Brenkenhof wirkte mit Tatendrang und Selbstlosigkeit weitgehend selbständig im Netzedistrikt. Die Siedler kamen in die von ihm vorbereiteten Dörfer. – Ferdinand Schröder, Der Mensch zwischen Heimat und Fremde. Das Verhältnis von Staat und Kirche zum wandernden Menschen in der europ. Geschichte. Stuttg. 1960. (188 S.) – Über europäische Siedlungsbewegungen im 18. Jahrhundert berichtet die einschlägige historische Literatur, z. B.: Gotthard Arndt, Grundsätze der Siedlungspolitik und Siedlungsmethode Friedrichs d. Gr. Phil. Diss. Lpz. 1934 (76 S.) Und: Konrad Schünemann, Österreichs Bevölkerungspolitik unter Maria Theresia. Bln. o. J. (1935) (X, 409 S.)

411,29. *Kontignation:* Zusammenfügung der Balken. Vgl. Bd. 11, S. 452,6.

412,26f. *die strengen Künste dürfen sich nicht erlauben.* Vgl. 252,8f.: *Mag man doch immer Fehler begehen, bauen darf man keine.*

412,32. *Bocksbeutelei*: Schlendrian, geistlose Konvention.

413,12. *mäßig* = maßvoll; *zutraulich* = Vertrauen ausdrückend.

413,13ff. *Bleiben, Gehen ...* Der Charakter des Liedes (auch die Strophenform) ist ähnlich wie bei dem Künstlerlied (vgl. 255,11ff. und die Anmkg.) und dem Wanderlied (317; 392): gnomisch, spruchhaft, bekenntnishaft, verpflichtend, programmatisch, der Inhalt wichtiger als die Form. Die Zeilen *Wo wir Nützliches betreiben, | Ist der werteste Bereich* sind eine Parallele zu Lenardos Wort: *Suchet überall zu nützen, überall seid ihr zu Hause* (389,8f.).

Dreizehntes Kapitel. Die Fortsetzung von Lenardos Tagebuch schließt da an, wo das *5. Kapitel* abbrach (352,13); darüber hinaus werden wir an den Beginn der Lenardo-Geschichte erinnert. Schon als Makarie Wilhelm die erste Schilderung ihres Neffen machte, hob sie einerseits die *technische Fertigkeit* hervor, anderseits *Takt* und *Gewissenhaftigkeit* (127,24ff.). Um des Technischen willen bereist Lenardo die Industriegegend. Und seine besonderen charakterlichen Eigenschaften treten nun hervor, als er Nachodine-Susanne wiederfindet. Jetzt zeigt sich die seit langem in ihm ruhende *Leidenschaft aus Gewissen* (448,28), d. h. eine Liebe, die gesteigert ist durch das Gefühl, für den geliebten Menschen sorgen zu müssen, ihm gegenüber eine Pflicht zu haben. – Die Handlung knüpft endlich wieder an den Anfang der Geschichte vom *Nußbraunen Mädchen* an. Der sanfte Vater ist durch die „Stillen im Lande" (130,15ff.) in diese Gegend gekommen, und Nachodine, die schon damals *rüstig und entschlossen zu werden versprach* (130,21), hat diese Eigenschaften in schönster Weise entfaltet. Durchaus in dem sachlichen Stil der bisherigen Tagebuch-Aufzeichnungen wird die häusliche Arbeit in ihrem Tageslauf geschildert, und die Handelsverbindungen lassen uns hinausblicken auf Landschaft und See, die erst nur ökonomisch, dann aber auch ästhetisch gesehen werden (419,37–420,11; wieder bildet Meyers Schilderung der Hausindustrie am Züricher See die Grundlage). In diesem sachlich-deutlichen, sicheren Gefüge entfaltet sich nun aber (im Gegensatz zum *5. Kapitel*) eine starke seelische Handlung.

Es sind fertige, tätige Menschen, die einander begegnen, sie haben beide schon Erlebnisse des Herzens hinter sich. Lenardo ist zurückhaltend – nicht, obgleich er nicht mehr jung ist, sondern eben, weil er es nicht mehr ist. Insofern ist die Lenardo-Susanne-Geschichte hier kontrapunktisch gegen die Felix-Hersilie-Geschichte gesetzt. Lenardo eröffnet sich nicht; die Wiedererkennung spricht er nicht aus und auch nicht Nachodine, sondern der Vater! Lenardo schreibt: *mein Vorsatz, so lang als möglich an mich zu halten* ... (417,35f.); *doch* ... *mußt' ich fühlen, daß jedes Wort die Verwirrung nur vermehren würde* ... *die Leiden vergangener Jahre hielten mich zurück* (432,19–27). Dagegen erweist sich der Faktor als jemand, der im verkehrten Augenblick seinen Leidenschaften und seinen Worten freien Lauf läßt und dadurch nur sich selber schadet. Lenardos Haltung ist eine neue Variante des Entsagungs-Motivs. Wir bemerken die Parallele zu dem Romanbeginn, zu Josephs Zurückhaltung gegen die Geliebte – auch sie eine junge Witwe; dort brachte die taktvolle Haltung letztlich das Glück.

Die Motive verknüpfen sich. Lenardo gehört zum Wandererbund, Susanne grübelt über Maschinenwesen, Arbeitslosigkeit und Auswanderung. Was sie ersehnt – geistigen Überblick und richtigen Arbeitseinsatz bei der Auswanderung –, ist eben das, was der Bund bereits betreibt. Ebenso ist es im Religiösen: Susanne und ihr verstorbener Verlobter sehnten sich hinaus aus der engen *Hausfrömmigkeit* der pietistischen Handwerker, konnten aber von sich aus nicht hinfinden zu dem, was ihnen vage vorschwebte und was bereits verkörpert ist in der Religiosität der Turmgesellschaft und der Pädagogischen Provinz, in deren *Weltfrömmigkeit*. Susanne und ihr Kreis sind also in allem die nachträglich große Rechtfertigung für das, was der Auswandererbund tut. Als Susanne, die Suchende, den Kreis der Wanderer und Makariens kennen lernt, wird sie darum gleichsam von einer inneren Bewegung ergriffen, die sie völlig in diesen Kreis hineinzieht. Sie strebt ja längst schon hin zu dieser sozialen Lösung und dieser religiösen Haltung. Und was darüber hinaus noch an Fragen bleibt – die ganz persönlichen Fragen –, das wird Makarie beraten. Denn in deren engeren Kreis tritt Susanne nun ein (446,31ff.). Und hier wird sich dann später auch ihre weitere Beziehung zu Lenardo ergeben; vorläufig fällt darüber kein Wort. Makarie hat das Zukünftige bereits bei sich erwogen (448,18f.); Lenardo *hält an sich* (417,36); und Susannes Gestimmtheit ist leise, aber doch erkenntlich zutage getreten (432,14–17). Die Parallelen zu der Josephsgeschichte und zur Geschichte Flavios und des Majors, deren glücklichen Ausgang wir jetzt erfahren (437,23–438,30), sprechen deutlich genug. Als Ergänzung zum *13. Kapitel* folgt sogleich in dem nächsten ein Abschnitt, der die Geschichte Lenardos und Susannens im Bereich Makariens zu einem beruhigenden Abschluß führt (446,31–447,39 und zumal 448,12–34).

Das Besondere des Kapitels liegt darin, wie hier die Motive ineinandergeschlungen sind: Industrie, Religiosität, Auswanderung, Entsagung, Liebe. Es ist ein Kapitel von reicher Polyphonie, aber wie immer bei Goethe läßt der gelassene Klang der Erzählung jedem Thema Zeit, sich zu entfalten. Wie so oft in den späten Novellen springt die Erzählung vom Ich-Ton in den Er-Ton über (434,1); wir spüren dabei die Hand des Erzählers, des *Redakteurs* (258,13); der Wandel zum Er-Ton ist bereits Übergang von der Novelle in die Rahmenerzählung. In diese strebt hier alles hinein, und in ihr wird das Geschehen seine harmonische Lösung finden.

Fischer-Hartmann S. 36–40. – Henkel S. 40. – Klaus-Detlef Müller, Lenardos Tagebuch. Dt. Vjs. 53, 1979, S. 275–299.

418,24. *Die Gute-Schöne,* Beiwort in der Art des Goetheschen Altersstils, wechselnd mit der Umkehrung *Schöne-Gute* (433,24; 435,36). Der Wechsel entspricht Goethes Wollen; er ist hier daher nicht (wie es einige neuere Ausgaben machen) zugunsten einer der beiden Formen vereinheitlicht.

421,27. *Wohlredenheit.* Wortbildung des Barock für geschulte Sprache, „eloquentia", Goethe seit seiner Jugend vertraut und gerade im Alter wieder geläufig.

422,35. *ein Reisender*: Wilhelm Meister. Vgl. 225,3–26.

423,26. *Bischof von Laodicea*: Offenb. Johannis 3,14ff.

426,5ff. *Jeder Mensch findet sich* ... Dazu: Bernd Peschken, Das „Blatt" in den Wanderjahren. (Jb.) Goethe 27, 1965, S. 205–230.

426,7. *bedingt, begrenzt*: Kernwörter der Goetheschen Lebenslehre. Vgl. S. 286, Nr. 21 und 312,19 und die Anmerkungen dazu.

426,20ff. *tätigen Lebensgang* ... *Pflicht des Tages.* Vgl. 283, Nr. 2 und 3. – *Reinheit eures Herzens* ... *Stellung gegen das Erhabene.* Vgl. 118,25–27; 119,13–23. – *Ehrfurcht*: vgl. 154,37ff.

427,3. *dürfen* im Sinne von „Ursache haben", wie oft bei Goethe.

429,32. *Das überhandnehmende Maschinenwesen* ... Die prägnanteste (und darum berühmt gewordene) Stelle des Maschinen-Motivs, das fortan sich steigert: der Gehilfe will *Maschinen anlegen* (431,22); der Geschirrfasser droht damit zuvorzukommen (430,14–16; 431,23–37), und zum Schluß des Kapitels folgt die Pointe, daß die Anlage der Maschinen bereits im Gange ist (435,25f.).

Vierzehntes Kapitel. Von dem Verfasser selbst wird dieses Kapitel einleitend als ein solches bezeichnet, das, dem Ende näherkommend, viel Stoff zusammenfassen muß. Vorausschauend kann man sagen: Das folgende, *15. Kapitel,* ganz Makarie gewidmet, ist nur Geist und steht für sich als ein Höhepunkt. Das *17.* und *18. Kapitel* bringen symbolische Bilder, zu denen das *16.* eine Überleitung bildet. Für diese großen symbolischen Schlußbilder mußte der Dichter freie Hand haben. In der

Symbolsprache bedeuten die Bilder der Stern werdenden Makarie, des irdisch verwirrten Felix und des neben ihm stehenden helfenden Wilhelm einen Abschluß. Aber der Roman ist nicht nur Symbolsprache. Er ist auch Handlung und Stoff. Und insofern er dies ist, soll hier das Allermeiste zu Ende gebracht werden, damit für die drei folgenden Kapitel nichts übrigbleibt als ein kleiner Rest, der ins *16. Kapitel* paßt. Der Dichter läßt also alle Gestalten, deren Lebenswege wir begleitet haben, noch einmal auftreten und die Auswanderer von Makarie Abschied nehmen. Dadurch setzt er zugleich alle in eine Lage, in der sie ihr Bestes hervorkehren. Wohlwollend wird von allen berichtet, doch nicht ohne gelegentliche Ironie (437,37–438,15; 440,26–37). In diesen Bericht, der sachlich-zusammenfassend eine Gestalt nach der anderen an die Reihe nimmt, mischen sich aber auch höchst bedeutende gehaltliche Motive: Makariens Wirkung auf die Vorübergehenden setzt die lange Reihe der Begegnungen fort, in denen allen Makarie heilend und erhebend auf Menschen wirkte; die Gespräche über das Wahre in der Wissenschaft führen weiter, was schon im *10. Kapitel* des *1. Buches* und in den *Betrachtungen im Sinne der Wanderer* zur Sprache kam; die Mitteilungen über die Gesteinfühlerin und über das Analoge im Menschen zu Erde und Licht weisen zurück auf die Erde-Licht-Symbolik des *über uns* und *unter uns* in der Pädagogischen Provinz und werden im folgenden Kapitel weitergeführt und dort zum Höhepunkt gebracht. So ist durch diese Motive das Kapitel nicht nur seinem Stoff, sondern auch seinem Gehalt nach von Bedeutung für den Gesamtzusammenhang. (Vgl. auch: Henkel S. 45.)

437,11. *Juliette.* Vgl. 50,10.

437,23f. *Hilarie mit ihrem Gatten.* Die Erzählung *Der Mann von funfzig Jahren,* die im *7. Kapitel* des *2. Buches* fortgesetzt war und deren Gestalten wir 241,8 verlassen haben, wird hier zu Ende geführt.

441,3. *der Heiligen.* Das Wort wird 441,11 wiederholt, im Sinne von ,,mit Ehrfurcht angeschaut, weil vergeistigt, gleichsam ein höheres Wesen". Schon 122,10 ist von der *heiligen Gestalt* die Rede, doch dort ist es Wilhelms Traum-Vision, in der es Elemente der Heiligenbilder gibt. Hier dagegen spricht der Erzähler. Goethe, aus protestantisch-aufklärerischer Umgebung kommend, benutzte das Wort *heilig* in seiner Jugend mitunter burschikos als ,,wertvoll, hochgeschätzt", wenn er z.B. Gotter rät, den *Götz* zu seinen *Heiligen zu setzen,* d.h. unter seine Lieblingsbücher (Bd. 1, S. 88). Später wird der Gebrauch ernsthafter und wird benutzt im Gefüge der Weltanschauung von dem *Vergänglichen* als *Gleichnis.* Da nun Natur, sittliche Idee, Liebe und Schönheit solche Bereiche sind, in welchen das Irdische über sich hinausweist, kommt in ihrer Darstellung das Wort *heilig* vor, z.B. Bd. 1, S. 203, 358; Bd. 2, S. 8 und 24; Bd. 8, S. 468. Weitere Beispiele: Bd. 14, Sachregister. – Dt. Wb., Art. ,,heilig" in Bd. 4, 2. Lpz. 1877. Sp. 827–837. – Fischer, Goethe-Wortschatz S. 328. – Isabella Papmehl-Rüttenauer, Das Wort „heilig" in der dt. Dichtersprache. Weimar 1937. – Trunz, Studien zu Goethes Alterswerken. Frankf. 1971. S. 232ff. – Bd. 7, S. 228,29 u. Anm.

442,18ff. *Montan hat die dortige Bergfülle ... vor Augen ...* Schon S. 38,21ff. ist angedeutet, daß Montan mit den Auswanderern nach Amerika gehen will, um dort als Geologe für die Erschließung der Bodenschätze tätig zu sein. Goethe interessierte sich im Alter in wachsendem Maße für Amerika, und je mehr die Vereinigten Staaten aufblühten, desto mehr entfalteten sich dort alle Wissenschaften, auch die Geologie. Goethe nahm 1818 davon so viel wie möglich zur Kenntnis (Briefe an Voigt 19. Juni und an Cogswell 27. Juni 1818) und ergänzte dieses Wissen später auf verschiedene Weise. 1827 las er, was Alexander v. Humboldt zur Geologie von Mexico geschrieben hatte (Keudell Nr. 1858). Seitdem 1824 der „Deutsch-amerikanische Bergwerks-Verein in Elberfeld" gegründet war, stand er mit diesem in Verbindung, um geologische und mineralogische Informationen zu erhalten. Die Tagebücher (z.B. 3. Sept. 1827) und Briefe (z.B. 22. Febr. 1830) geben davon Zeugnis. – GHb 1961, Art. „Deutsch-amerikan. Bergwerksverein".

443,8. *fördernd gewesen und geblieben.* Die Fruchtbarkeit als Kriterium der Wahrheit, ein von Goethe öfters geäußerter Gedanke. Vgl. Bd. 1, S. 370 und die Anmkg. Ferner: Stöcklein S. 157–165.

443, 24. *eine Minorität für das Wahre.* Ähnlich S. 307, Nr. 165; 407, 1–3; 473, Nr. 86 und 88. Die Verbindung des *alten Wahren* und der Minorität, der *kleinsten Schar,* auch Bd. 1, S. 369f; ein für Goethes Spätzeit bezeichnender Gedanke.

444, 26. *Timon*: athenischer Sonderling, sprichwörtlich als Typus des Menschenfeindes.

445, 8. *allenfalls* = gegebenenfalls, in jedem Falle. Goethe-Wörterbuch Bd. 1, 1978, Sp. 359f.

445, 36f. *Wundererscheinung* wegen der anschließend berichteten außergewöhnlichen Begabung im Rechnen.

Funfzehntes Kapitel. Das *3. Buch* ist das Buch der großen Gemeinschaften. Auswandererbund, Wander-Rede, amerikanischer Plan, europäischer Siedlungsplan geben ihm den Charakter und füllen fast die ganze Rahmengeschichte. Aber den Höhepunkt bilden sie nicht. Den bildet Makarie. So zeigt der Aufbau des Buches Goethes geistige Welt.

Das *15. Kapitel* ist das Kapitel Makariens, ähnlich wie im *1. Buch* das *10. Kapitel.* Beide ergänzen einander wechselseitig. Auch der angehängte Teil des Kapitels, der nicht über Makarie spricht (452, 10–453,15), hat Bezug auf sie, denn der Erd-Mythos ist die polare Ergänzung des Licht-Mythos. – Makarie ist die höchste Gestalt des Romans. Und dieses Kapitel, welches das Wesentliche über sie sagt, ist daher kompositionell der Gipfel des ganzen Werkes. Goethe vermeidet es meist, mit solchen Gipfelpunkten zu schließen (jedoch in *Faust II* hat er es getan); er fügt noch drei kurze Kapitel als Ausklang an.

Makarie ist in dem Roman diejenige Gestalt, an der wie an keiner andern deutlich wird, daß das Irdische über sich hinausweist. Sie ist für andere Personen die Verehrungswürdige und die Helfende. Ihre Wirkung besteht nicht nur darin, daß sie Lebenswege zu entwirren vermag; bereits der Blick auf ihr bloßes Sein ist denen, die zu ihr kommen, ein Glück, eine innere Bereicherung. Viele von den Geschichten der Lei-

…wirrung werden in dem Bereich Makariens geklärt; …für Lenardo, Hilarie, die Schöne Witwe, Lydie und … taucht ihre Gestalt im Laufe der Erzählung immer wie- … diesem Roman, der seine Elemente wie bunte Steine eines …durcheinanderlegt – wie sorgfältig ist in ihm die Makarien- …te aufgebaut! Die Höhepunkte sind da, wo von ihrem Wesen, …geheim gehaltenen – Innern die Rede ist: *1. Buch, 10. Kapitel* … *Buch, 15. Kapitel.* Dieser zweite Höhepunkt ist zugleich der … Alle anderen Stellen betreffen Makariens – ebenfalls höchst …same – Wirkung auf die Menschen. Wir haben in dieser Art vor …rsten Höhepunkt drei vorbereitende Stellen. Und dann zwischen …ersten und zweiten Höhepunkt eine ganze Reihe von Partien, die …mer wieder ihre heilende und erhebende Wirkung erkennen lassen.

Schematisch dargestellt ergibt der Aufbau des Makarien-Themas etwa folgendes Bild:

Vorbereitung: Makarie und die Familie.	65,26–32. Bericht Hersiliens und Juliettens über Makarie: … *als wenn die Stimme einer unsichtbar gewordenen Ursibylle rein göttliche Worte über die menschlichen Dinge ganz einfach ausspräche …* 74,11–77,28. Briefwechsel Makariens mit den Nichten über Lenardo. 84,23 f. Auch der Oheim holt gern den Rat Makariens ein.
1. Höhepunkt: Makarie als Stern.	114,30–128,14. Wilhelm bei Makarie. Ihre Schilderung anderer Menschen, *als wenn sie die innere Natur eines jeden durch die ihn umgebende individuelle Maske durchschaute …* Wilhelms Traum: Makarie als Stern. Makariens „Archiv". Angelas Bericht: Makarie und das Sonnensystem. Wilhelms Abschiedsgespräch mit Makarie über Lenardo.
	193,28 ff. Die Baronin schreibt, *um ihr Herz zu erleichtern,* an Makarie, *jene menschenkennende Freundin.* 207,14 ff. Die Baronin wird gerührt durch *die Erinnerung an ein schönes Verhältnis zu Makarien … Die Herrlichkeit jener einzigen Frau ward ihr wieder vor die Seele gebracht …* 223,21–224,39. Makarie als Beichtigerin; ihr Briefwechsel mit der Baronin über

Fortführung und Erweiterung: Makarie als Beichtigerin und Helferin.	die Schöne Witwe. … *lich-magischen Spiegels'* … 352,17–19. Makarie erhält Len… buch, und man hofft, sie ver… *Verwicklungen … durch Geist … be schlichten.* 414,16–23. Lenardo erwartet Mak… Antwort, *als wenn es ein sogenan… Gottesurteil wäre.* 436,31–438,30. Abschiedsbesuche der Auswanderer bei Makarie. 440,38–442,34. Philine vor Makarie. Lydie: *Wie geschieht mir … Der schwere Druck ist auf einmal von meinem Haupte weggehoben …*
2. Höhepunkt: Makarie als Steigerung. Ihr Verhältnis zum Sonnensystem.	444,17–452,9. Montan wird Makariens Geheimnis mitgeteilt. Makariens Wesen als Steigerung. In Angelas Stelle bei Makarie tritt die Schöne-Gute ein. Wirkung Makariens auf alle Besucher: *Gegenwart eines höheren Wesens … Jeder gelockt, nur das Gute, Beste, was an ihm ist, an den Tag zu geben* … Makarie und das Sonnensystem; Makarie als *Seherin;* „… *ätherische Dichtung* …“.

In der Pädagogischen Provinz wird gesagt, daß da, wo die neuzeitliche Religiosität den Menschen formt und er im Irdischen das Überirdische erkennt, die Haltung der Ehrfurcht herrscht. Darum haben alle Personen Ehrfurcht vor Makarie. Ehrfurcht verlangt Stille. Mitten in dem Wirbel des Aufbruchs nach Amerika ist Stille in Makariens Bereich.

Weil das in Ehrfurcht Verehrte in großem Abstand über dem Verehrenden steht, kann dieser es nicht eigentlich gestalten; er kann es höchstens nennen. Über Makarie wird wenig gesprochen; um ihre Geheimnisse weiß nur ein kleiner Kreis. Doch es gibt Fälle, wo das Schweigen der Ehrfurcht durchbrochen werden muß; es gehört zu dem Amt des Dichters, daß er die Makarien-Geschichte, die zu seinem Stoff gehört, berichtet. Aber nun wird, um den Abstand beizubehalten, eine besondere Art des Verhaltens wirksam: alles erscheint wie durch einen Schleier gesehen; es wird bezeichnet als *Märchen* (445,10), *nicht … ganz authentisch* (449,1–3), *Dichtung, Verzeihung hoffend* (452,8–9). Von solchen Abstand schaffenden Sätzen wird alles, was über Makarie gesagt ist, eingeschlossen.

Das, was hier über Makariens Wesen mitgeteilt wird, beginnt bereits im *14. Kapitel,* und zwar wird dort erst über die Gesteinfühlerin berichtet (443,31–444,16) und dann auf Makarie übergegangen (444,17–445,11). Im *15. Kapitel* ist die Reihenfolge umgekehrt: erst der gewichtige Abschnitt über Makarie, dann als Anhang und Ausleitung der kürzere über jene andere *wunderbare Person* (452,13). Jedesmal wird der Zusammenschluß beider Themen als Polarität vom Dichter selbst hervorgehoben: die *ätherische* und die *terrestrische* Geschichte (452,8 und 10), und noch deutlicher vorher: *Ähnlichkeit ... bei der größten Verschiedenheit* (444,24f.). Die dann folgenden Sätze geben den Schlüssel zum Verständnis des Ganzen (444,25–445,6). Montan entdeckt *in der Menschennatur etwas Analoges* zur Erde. Die Erde wird genannt das *Starrste und Rohste;* sie ist dies im Vergleich mit Licht und Geist. Die Bezeichnung *starr* für das Erdhafte gehört zu Goethes Formeln der Alterssprache (z.B. in Bd. 1, S. 369 im Gedicht *Eins und Alles*). Der Astronom entdeckt anderseits in der Menschennatur etwas Analoges zu den Gestirnen und ihrem Licht. Irdisch-Sein ist *Verbleiben,* Licht-Werden ist *Entfernen.* Dieses Bild wird weitergeführt in dem späteren Satz, *daß die Wesen, insofern sie körperlich sind, nach dem Zentrum, insofern sie geistig sind, nach der Peripherie streben* (449,18–20). Makarie ist *von leuchtendem Wesen durchdrungen, von einem Licht erhellt* (449,26f.); dagegen hat die andere Frau *Bezug auf alles, was man Gestein, Mineral, ja ... überhaupt Element nennen könne* (443,36f.). Je mehr der Mensch Licht und Geist wird, desto mehr steigert er sich und entfernt sich von der Erde. (Vgl. Bd. 14, S. 53,35–54,8.)

Der Leser ist vielleicht erstaunt, Makarie, die Geistigste, im Zusammenhang mit jener ganz andersartigen Frau genannt zu finden, die kaum als Individuum geschildert wird, nur als Eigenschaft. Aber eben der Unterschied ergibt die Verbindung. Es ist die Polarität von Licht und Materie. *Diese beiden Welten gegeneinander zu bewegen, ihre beiderseitigen Eigenschaften in der vorübergehenden Lebenserscheinung zu manifestieren, das ist die höchste Gestalt, wozu sich der Mensch auszubilden hat* (445,2–6). Ein Kernsatz Goethescher Weltanschauung. In jedem Menschen ist Erde und Licht, und sie in jedem Augenblick ins rechte Verhältnis zu bringen, ist Lebensmeisterschaft. – Das Licht ist das Erstrebte, aber die Materie ist deshalb nicht etwa zu verabscheuen. Sie ist zum Leben notwendig, und die der Erde verbundene Frau ist für das Leben außerordentlich nützlich. In der Pädagogischen Provinz hieß es von der Erde: *sie gibt Gelegenheit zur Nahrung; sie gewährt unsägliche Freuden; aber unverhältnismäßige Leiden bringt sie.* (155,13–15.) Unser Erdhaft-Sein ist zugleich unsere Bedingtheit, Begrenztheit. Makarie – als einzige – gelangt darüber hinaus. Auch das Gedicht *Urworte, orphisch* spricht von Bedingtheit (*Bedingung und Gesetz,* dafür das Bild des Starren: *ehern ... Felsen ...*) und setzt dann am Ende dagegen die Hoffnung ins Unbedingte, Göttliche, Lichte (Bd. 1, S. 360). Es ist ein Gegensatz, der durch Goethes gesamtes Spätwerk geht (und den man nicht gleichsetzen darf mit der christlichen Polarität von Gut und Böse). – Durch die Zusammenstellung Makariens und der Gesteinfühlerin wird betont, daß die Makariengeschichte keine Allegorie des Sittlichen ist. Da Makarie Steigerung ins Geistige ist, ist sie auch höchste Sittlichkeit. Aber zunächst soll gesagt sein, daß ähnlich, wie jene Frau die Gesteine fühlt, Makarie den Bereich der Gestirne und des Lichts wahrnimmt. – Sie hat die Kraft mystischer Schau, welcher Goethe bei aller Naturbetrachtung höchste Bedeutung beimaß. An den Naturforscher Christian Dietrich v. Buttel schrieb er: *Schauen, wissen, ahnen, glauben – und wie die Fühlhörner alle heißen, mit denen der Mensch ins Universum tastet, müssen denn doch eigentlich zusammenwirken.* (3. 5. 1827.) Makarie ist das *Schauen* und *Ahnen,* der Mathematiker das *Wissen.* Ähnlich in der *Farbenlehre: Die Abgründe der Ahndung, ein sicheres Anschauen der Gegenwart, mathematische Tiefe, physische Genauigkeit, Höhe der Vernunft, Schärfe des Verstandes, bewegliche, sehnsuchtsvolle Phantasie, liebevolle Freude am Sinnlichen, nichts kann entbehrt werden ... (Histor. Teil,* Bd. 14, S. 41, 23ff.) Auch hier sind die Eigenschaften Makariens und die des Mathematikers nebeneinander angeführt. In dem großen Gefüge der Natur hängt alles mit allem zusammen. Der Mensch steht im Zusammenhang des Alls, und es ist nur die Frage, wieweit er es wahrnimmt und mit welchen Mitteln.

Die Worte am Schluß des Kapitels bezeichnen die sensitiven Kräfte Makariens und der Gesteinfühlerin als ein Problem. Welche Mittel sind es, mit denen der Mensch sich hier *ins Universum tastet?* Warum weiß man so wenig von ihnen? Lassen sie sich entwickeln? Goethe selbst war bei aller Gesundheit und Kraft eine sensible Natur. Die sensitiven Kräfte verzeichnen zunächst Sympathie oder Antipathie gegen Menschen, nicht als sittliches Urteil, sondern als Wahrnehmen eines Fluidums, das niemals rational zu fassen ist; jeder Mensch ist wie ein galvanisches Element, das Ströme erzeugt. Während Goethes Lebenszeit entdeckte Mesmer diesen Magnetismus, und die Romantiker gingen ihm weiter nach. Aber fühlt der Mensch nur den Menschen? Fühlt er nicht auch das Element? In den *Wahlverwandtschaften* empfinden die handelnden Personen zunächst das Fluidum der anderen; aber die sensibelste von ihnen, Ottilie, fühlt darüber hinaus auch Gestein und Metall *(2. Teil, 11. Kapitel);* sie ist ein vorzügliches Medium, sie ist aber auch die Gefährdetste. In der angehängten Spruchsammlung *Aus Makariens Archiv* heißt es: *Der Mensch an sich selbst ... ist der größte und genaueste physikalische Apparat ...*(473, Nr. 90) und: *Was ist denn eine Saite und alle mechanische Teilung derselben gegen das Ohr des Musikers?* (474, Nr. 92).

Mit diesen Motiven stellt das Kapitel individuelle, sensitive Züge des Menschen dar, während andere Kapitel weitgehend konstruktive und gesellschaftliche Züge behandeln. Die *Wanderjahre* als Ganzes sind eine ausgewogene Verbindung beider Bereiche. Die Gestalten der Schauenden, Ahnenden sind weiblich (wie auch in den *Wahlverwandtschaften).* Goethe ließ sich dabei von seinem Instinkt, nicht von der Erfahrung leiten; denn Erfahrungen mit dem Fühlen von Metallen hatte man wenig. Im Jahre 1806 hatte der Romantikerkreis in München Nachricht erhalten, am Gardasee lebe ein Mann namens Campetti, der ohne Wünschelrute Wasser und Metall erfühlen könne. Ritter fuhr nach Italien und holte ihn, man machte Versuche mit ihm, und Schelling berichtete darüber in Cottas „Morgenblatt" und in der Jenaischen „Allgemeinen Literaturzeitung". Durch diese Berichte und durch Briefe Jacobis aus München erfuhr Goethe davon, zumal da er Schelling sehr schätzte. Auch in den Briefen und Schriften der Romantiker ist damals viel von dem Metallfühler die Rede. 1817 machte man ähnliche Versuche mit einer Frau namens Katharina Beutler.

Der Bericht über diese Dinge muß sachlich sein. Er beschränkt sich darauf, in nüchterner Weise Ereignisse mitzuteilen und nur ein- und ausleitend das Wundersame, nur unvollständig Mitteilbare der Begebenheit zu betonen. Weil Makariens Eins-Sein mit der Natur zusammengeht mit ihrer vollendeten Reinheit, Güte und Weisheit, ist unmittelbar vor das Kapitel, welches ihr Verhältnis zum Kosmos ausspricht, jenes andere gestellt, das ihre Wirkung auf alle besuchenden Menschen vor Augen führt.

Makarie ist das höchste Bild menschlicher Steigerung. Sie wird eine *Heilige* genannt (441,3 und 11); wobei zu bedenken bleibt, wie Goethe dieses Wort verwendet. Nur wo er von katholischen Heiligen wie Johann Nepomuk oder Philipp Neri spricht – etwa in der *Italienischen Reise* – benutzt er es im Sinne der alten Kirche; sonst aber im Sinne von „verehrenswürdig, weil durchgeistigt"; deswegen gibt es etwa die Bezeichnung *heiliger Hafis* (Bd. 2, S. 8). Makarie hat ihre Eigenart nicht durch die Kirche, sondern durch den Weg ihrer weltlichen Religiosität, durch Natur und Sitte; das ist als Idee konsequent und für die Zeit um 1825 kühn, aber milde in der Art der Darbietung als Romanepisode, als *Märchen* (445,10). Mit dem Bericht über Makariens Geist-Werden, d. h. ihr Sich-Entfernen von der Erde, gipfelt und endet das, was wir über sie erfahren. In den drei Kapiteln, welche noch folgen, wird ihr Name nicht mehr genannt. Dort sind wir wieder auf der Erde. Aber wir wissen nun, daß es ein Über-sie-Hinausgelangen gibt.

Ingrid Dzialas, Auffassung u. Darstellung d. Elemente b. Goethe. Bln. 1939. Insbes. S. 115–122. – Werner Danckert, Goethe. Bln. 1951. S. 469–499. – Schrimpf S. 303–324. – Erd- und Licht-Symbolik: Bd. 3, Nachwort zu *Faust.* – Das Metallfühlen war in der romantischen Naturwiss. ein viel erörtertes Problem. – Carl Alex. Ferd. Kluge, Versuch e. Darstellung des animalischen Magnetismus. Wien 1815. S. 250f. (Dazu: Tagebuch 12–17. Dez. 1813.) G. H. Schubert, Ansichten von der Nachtseite d. Naturwiss. (13. Vorles. Aufl. Dresden 1818, S. 353.) – Über Campetti u. ähnliche Versuche erfuhr Goethe durch Fr. H. Jacobis Brief vom 19. 10. 1807. (Jb. Goethe 8, 1943, S. 73 und 77.) – Schelling: Notiz von den neuesten Versuchen über d. Eigenschaften d. Erz- u. Wasserfühler. Intelligenzbl. d. Jenaischen Allg. Lit.-Ztg. 1807. Nr. 36. Ähnlich: Morgenblatt 1807, Nr. 26. Neudr.: Schelling, Sämtl. Werke 1. Abt., 7. Bd. 1860. S. 487–497. – Über Katharina Beutler: H. Zschokke in seiner Ztschr. „Überlieferungen z. Gesch. unserer Zeit“ 1818; auch: J. Kerner, Die Seherin von Prevorst. 1829. Kap. „Einwirkung von Metallen“. – O. Brahm, Eine Episode in G.s „Wahlverw.“. Ztschr. f. dt. Alt. 26, 1882, S. 194–197. – K. Fischer, Schellings Leben. 2. Aufl. Heidelbg. 1899. S. 139–142. – Caroline ed. E. Schmidt. Bd. 2 Lpz. 1913. S. 491–497, 657. – Briefe dt. Romantiker ed. W. A. Koch. Lpz. 1938. S. 210–214. – (Jb.) Goethe 8, 1943, S. 73ff.

449, 9ff. *Makarie befindet sich* ... Von dem Abschnitt 449,9–451,16 gibt es im Goethe- und Schiller-Archiv einen Entwurf, von Goethe mit fliegender Hand geschrieben, aus der Intuition heraus, sichtlich die erste Niederschrift. Inhaltlich bringt sie bereits alles Wesentliche, der Abschnitt erhielt später wenig Korrekturen. (Die Weim. Ausg. verzeichnet diese Handschrift Bd. 25,2 S. XXIII als Nr. 170; von ihrem Charakter kann eine solche Nennung freilich nichts aussagen.) Dieser Entwurf steht auf der Rückseite eines Briefkonzepts an den Stadtrat von Nürnberg vom 20. März 1828. Dies ist also der terminus post quem. Ich vermute, daß die Tagebuch-Aufzeichnung vom 19. April 1828 *Makarie, Vorschritt* sich auf diese Niederschrift bezieht, denn für die Ausgestaltung der Figur Makariens bedeutete dieser Abschnitt den größten *Vorschritt* im Vergleich zu der 1. Fassung des Romans. – Makariens Beziehung zur Welt hat einige Ähnlichkeit mit Platons Beziehung zur Welt in der Schilderung Bd. 14, S. 53,35–54,8.

449,16. *in einer Spirale.* In der Zeit, als die *Wanderjahre* fertig wurden, ging Goethe der Frage nach, ob die *Spiraltendenz* (Tgb. 21. 1. 30) ein allgemeines Phänomen sei, ähnlich wie *Polarität* und *Steigerung* (Bd. 13, S. 48,22f.). In der Morphologie erkannte er sie aus vielen Erscheinungen und schrieb darüber einen Aufsatz (Bd. 13, S. 130–148 u. die Anm. dazu). Er hatte das Bild der *Spiralbewegung* aber schon früher einmal in anderem Zusammenhang benutzt, in der *Geschichte der Farbenlehre* (Bd. 14, S. 7, 29). An diese Stelle anknüpfend fragte Soret ihn am 8. Juni 1823 danach. Soret berichtet darüber in direkter Rede. ,,Soret: ,Die geistige Entwicklung der Menschheit geht nach Ihrer Meinung nicht in direkter Linie vor sich, sondern spiralförmig ... innerhalb unserer Weltordnung wirken zwei entgegengesetzte Kräfte auf unsern Geist; die eine will ihn in der Sklaverei festhalten ... Die zweite ... würde, um in Ihrem Bilde zu bleiben, unsern Geist wie eine Tangente von der äußersten Peripherie seines Könnens ins Weite führen ... das Licht überwältigt die Finsternis Schritt für Schritt, wenn auch langsam, und die Kurve entfernt sich nach und nach vom Mittelpunkt, usw.‘ Goethe: *Ganz richtig! Auf geradem Wege würden wir gar zu schnell an unser äußerstes Ziel kommen. Ich hatte mir die Sache etwas weniger mathematisch vorgestellt als Sie und dachte dabei, wenn ich mich recht erinnere, nur an einzelne Individuen ...* Dieses Gespräch ging noch viel weiter und verstieg sich in die Metaphysik ... Wir waren fast zwei Stunden zusammen und beklagten die Unzulänglichkeit des Menschengeistes bei Erforschung der Wahrheit; wir waren uns darüber klargeworden, daß selbst die Mathematik oft auf Irrwege führt, wenn man sie von dem Felde der reinen Abstraktion entfernt. Die gewöhnlichen Gesprächsstoffe waren fast gänzlich vergessen über der Spirale unseres Geistes, die sich während dieser Sitzung wunderbar weit geöffnet hatte ..." Die Gespräche mit Soret kommen noch mehrfach auf dieses Thema zurück (vgl. in Houbens Ausgabe, 1929, das Register unter „Spirale"), und am 11. Juli 1831 notiert Soret: „Auf die Spiraltendenz ist er mehr denn je versessen ... Ich kann ihm darin nicht ganz beistimmen und bin in diese geheimnisvollen Vorgänge nicht so tief eingedrungen wie er ..."

451,13. *Armillarsphäre*: altes astronomisches Demonstrationsgerät, Ringkugel (von „armilla" = Ring) zur Veranschaulichung der Planetenbahnen.

452,3. *Entelechie.* Eins der Goetheschen Formelwörter seines Alters; die in einer Richtung strebende lebendige Kraft; die lebendige Individualität, die nie geteilt (höchstens getötet) werden kann. Ein Paralipomenon zu *Faust* 11934ff. spricht von *Faustens Entelechie.* Berühmt ist der Satz aus einem Brief an Zelter: *die entelechische Monade muß sich nur in rastloser Tätigkeit erhalten; wird ihr diese zur andern Natur, so kann es ihr in Ewigkeit nicht an Beschäftigung fehlen* ... (19. 3. 1827). – Sachregister Bd. 14.

Sechzehntes, Siebzehntes und *Achtzehntes Kapitel.* Die Schlußpartie des Romans, die als Handlung um Felix zusammengehört (etwa 7 Druckseiten, d.h. weniger an Umfang als die meisten Kapitel), ist auseinandergenommen in drei kurze Kapitel, damit jedes gesondert als symbolisches Bild wirken kann; das gilt zumal für das letzte Kapitel, das, ganz als ein in sich gerundetes Sinnbild, abschließend dasteht.

Das *16. Kapitel* ist nach dem tiefsinnig-rätselhaften Makarien-Kapitel eine Entspannung: wir sehen wieder das Alltägliche, aber geordnet, erfreulich und friedlich; und insofern ist es ein Nachtrag zu dem sozialen Thema (453,25–27). Hierzu bildet dann der heransprengende Felix den Gegensatz: der Verwirrte und Vereinzelte. Die Ursache teilt erst das folgende Kapitel mit.

Das *17. Kapitel* ist das letzte der Hersilien-Geschichte. Es schließt also an das *7. Kapitel* an. Dort sahen wir Hersiliens wachsende Neigung. Jetzt ist Felix da; aber er übereilt sich; ihm fehlt noch alles von dem, was Lenardo hat, als er zu Susanne-Nachodine kommt. Und auf einen falschen Zug von ihm folgt ein falscher Zug von ihr – das Spiel scheint verdorben. Doch (der Schlüssel wird hier fast zur Allegorie) *der Bruch* ist *nicht rauh, sondern glatt,* das Zerbrochene bleibt *magnetisch verbunden.* Wir hoffen auf Heilung. Zum letzten Mal kommt das Kästchen vor. Bis zum Schluß behält es seine Rolle. Über es sprechend, kann Hersilie all das sagen, was sie anders nicht sagen könnte. – In dem Gesamt des Entsagungs-Romans gibt diese das ganze Kapitel füllende eine Szene das Urbild eines Nicht-Entsagenden und damit sich und andere Gefährdenden. Doch der Dichter verurteilt ihn nicht, er liebt ihn, den sehr jungen Liebenden. Lenardo, obgleich selbst reich an Maß und Erfahrung, wandte sich an Makarie. Felix, dem diese Eigenschaften noch mangeln und der doch alle Kräfte in sich hat, um sie später zu erlangen, steht allein. Gibt es in diesem Augenblick denn niemand, der seinem Weg die Richte zu geben vermag?

Hier setzt nun das Schlußkapitel ein. Die leidenschaftlichen Worte *„So reit' ich in die Welt, bis ich umkomme"* (457,24) klingen noch nach. Nicht eigentlich aus Absicht, doch aus Leidenschaft folgt der Sturz ins Wasser. In diesem Augenblick ist Felix der Einsame. Doch nun fängt ihn die Gemeinschaft auf, sie, die das *Gesellig-Anständige* will (460,12), d.h. einen Zustand, wie er einem Menschen ihres Kreises ansteht. Ein Mensch solcher Gemeinschaft ist Wilhelm geworden, er ist in dem großen Kreise einer der Nützlichen; seine Sorge gilt dem gefährdeten Menschen, den er wiederherstellen will; insofern ist Arzt-Sein ein Sinnbild. Ein Helfen gibt es auch bei Makarie, doch bei ihr kraft ihrer einmaligen Menschlichkeit und einsetzend im Innersten der Seele. So hoch wie sie gelangen andere nicht; aber helfen, heilen können auch sie. Wilhelm hilft nicht nur dank erlernter Kunst, sondern auch dank seiner menschlichen Reife und seiner Liebe. Er und Felix halten einander *fest umschlungen* (459,30); die innere Einsamkeit von Felix ist vorüber. – Dabei klingt ein Motiv aus der Erzählung vom ertrunkenen Fischerknaben wieder auf: Damals hat Wilhelm sich vorgenommen, das Wiederbeleben Ertrunkener zu erlernen (279,13–21). Jetzt hat er es gelernt und wendet es an. Die Symbolik dieses Tuns wird noch besonders hervorgehoben durch seine Worte: *Wirst du doch immer aufs neue hervorgebracht, herrlich Ebenbild Gottes! und wirst sogleich wieder beschädigt, verletzt von innen oder von außen!* (460,1–4.) Der Roman der Goetheschen Altersreligiosität benutzt am Ende das Bibelwort vom *Ebenbild Gottes* (1. Mos. 1,27) – gerade das vorangegangene große Makarien-Kapitel hat ausgesprochen, daß der Mensch Göttliches in sich trägt. Der Satz weist einerseits auf die Göttlichkeit, das Licht-Tragen des Menschen, aber anderseits auch auf seine Verletzbarkeit, sein Erde-Sein. Noch einmal klingt das Thema auf, das durch das ganze Werk hindurchging: der Mensch ist bedingt, er ist verletzbar; aber gerade das Junge, Aufstrebende gilt es zu retten, zu heilen; eine letzte Grenze ist naturhaft ohnehin später gesetzt. Felix ist der ins Leben Gehende; Wilhelm steht bereits mitten im Leben und weiß um die Grenzen. Der Jüngere neben dem Älteren ist das anschauliche Bild für den Gedanken: *Wirst du doch immer aufs neue hervorgebracht ...*

Dieses Schlußbild in seiner Einfachheit – der fast ertrunkene junge Felix, die rettende Mannschaft, der helfende Arzt – ist von einer Symbolkraft, deren Beziehungsreichtum den ganzen Gehalt des Romans zusammenfaßt. Der Mensch, immer wieder neu hervorgebracht. Jedes Dasein begrenzt, bedingt, aber nicht nur durch den Tod, sondern auch in sich, *von innen oder von außen* beschädigt. Die Einsamkeit des solcherart Gefährdeten. Die Gemeinschaft, die ihn aufnimmt. Der in seinem Fach Meisterliche, Nützende, der dabei hervortritt. Leben ist Miteinander-Sein: *Wenn ich leben soll, so sei es mit dir!* (459,27f.) Was wäre das Leben ohne die Liebe? Und zu allem menschlichen Helfen muß die Gnade der Natur kommen: Felix sinkt in Schlaf (wie Faust am Beginn des *2. Teils*); der Schlaf stärkt ihn, die Sonne wärmt ihn; er liegt nackt, wie er geboren ward: jedes große Schicksal reißt die schützende Hülle fort. Doch schon hat ihn die liebende Gemeinschaft umfangen: wenn er erwacht, wird er ihr angehören. Für die Romanhandlung ist dies alles nicht wesentlich. Für die Symbolsprache ist es von größter Bedeutung. Makariens Lichtwerden war der Höhepunkt. Doch Makarie ist einmalig. Wir kehrten zum Bereich des mittleren Maßes zurück, jenem Bereich, an welchen der ganze Roman so sehr denkt. Und dafür werden Felix und Wilhelm zum Sinnbild. Ist nicht hier alles noch einmal aufgenommen, was durch den ganzen Roman immer wieder variiert wurde? Leidenschaft, Gefährdung, Gemeinschaft, Heilung, Meisterschaft, Religiosität? Aber dies alles erscheint nur als Bild, als Symbol. Der Roman, der so viele lehrhafte Sätze brachte und der am Schluß nochmals eine tiefsinnige Spruchsammlung anhängt, endet mit einem reinen Bild, einem Symbol, endet in reinster Sprache der Kunst.

Françoise Derré, Die Beziehungen zwischen Felix, Hersilie und Wilhelm. GJb. 94, 1977, S. 38–48.

451,27. *Zodiak* = Tierkreis (lat. „circulus Zodiacus").

453.17. *Der Amtmann*: vgl. 318,33ff.; 384,9.

454,13. *Mittelland*: Land zwischen anderen Ländern, Binnenland (im Gegensatz zum Küstenland). – Dt. Wb. 6, Sp. 2401.

459,30f. *Kastor und Pollux,* die Dioskuren, unzertrennliches Paar, Götter der Freundschaft. Polydeukes (Pollux) als Sohn des Zeus war unsterblich, Kastor nicht. Als dieser getötet war, durfte Polydeukes ihn jeden zweiten Tag in der Unterwelt vertreten, und sie begegneten sich täglich auf diesem Wege.

Aus Makariens Archiv. Die Spruchsammlung, welche die *Wanderjahre* beschließt, betont schon im Titel den Zusammenhang mit dem Roman. Daß im Kreise Makariens Gespräche oder einzelne Sätze aus Gesprächen aufgezeichnet werden, ist an mehreren Stellen erwähnt (123,24–124,12; 124,37–125,11; 442,26–31). Gerade am Ende des Romans haben wir noch einmal Gespräche in diesem Kreise gehört, zwischen Montan und dem Astronomen (442,24–445,11); bei diesen zeigt sich auch die nahe Verbindung des Makarien-Kreises und des Wanderer-Kreises. Der Anhang der Aphorismen entspricht dem Geist dieser Kreise, dem einheitlichen Geist des ganzen Romans.

Der enge Zusammenhang zwischen den Sprüchen und der Romanerzählung zeigt sich in den vielen thematischen Beziehungen, er läßt sich aber auch aus der Entstehungsgeschichte erweisen. Einige Sprüche waren zunächst als zweiter Teil des *Lehrbriefs* geplant; andere standen anfangs im Romantext und wurden dann herausgenommen (z. B. Nr. 113; vgl. die Anm. zu 407,16f.). Die Gruppe *Aus Makariens Archiv* war zunächst als Anhang zum *1. Buch* gedacht und wurde nur aus technischen Gründen dann dem *3. Buch* angefügt (vgl. die Dokumente von 1829 in der Zusammenstellung „Goethe über Wilhelm Meisters Wanderjahre"). Doch bei der lockeren Kompositionsweise des ganzen Werkes kommt es nicht darauf an, wo diese Sprüche stehen, sondern nur darauf, daß sie überhaupt darin stehen. – Die Sätze, welche Goethe hier zusammenfaßt, gehen zum Teil schon auf die Zeit um 1800 zurück, die meisten aber stammen aus den Altersjahren, etwa zwischen 1820 und 1829. Auch in diesem Punkte entsprechen sie also dem übrigen Werk, dessen Entstehungsgeschichte sich ebenfalls über diese lange Zeitspanne erstreckt, vorwiegend aber in die späteren Altersjahre fällt.

Weil die Aphorismen, wie im Roman mehrfach betont wird, Thesen sind, über die man sprechen und die man weiterdenken soll, entstammen sie keineswegs alle nur eigenem Denken; gemäß dem Wort *Alles Gescheite ist schon gedacht worden, man muß nur versuchen, es noch einmal zu denken* (S. 283, Nr. 1) befinden sich darunter auch Sätze aus anderen Schriftstellern, und zwar in ganzen Gruppen. Nr. 5–16 sind Sätze aus Hippokrates, Nr. 17–25 Sätze aus Plotin, Nr. 127–143 sowie 175 und 179–181 sind Sätze aus der englischen Aphorismensammlung „The Koran", für deren Verfasser Goethe Lawrence Sterne ansah, während es aber Richard Griffith ist. Nr. 162, 168 und 170 stammen aus Sternes Briefen. Darüber hinaus sind wohl auch noch einige andere Sätze Zitate (Nr. 101, 117, 172, 173), aber ohne daß man bisher die Herkunft hat nachweisen können.

Wie die ganzen *Wanderjahre,* so fordern diese Sprüche von uns die Fähigkeit, die geistigen Sprünge des Verfassers mitzumachen; man muß Weite und Beweglichkeit haben; wir sind plötzlich in Philosophie, Physik, Kunst und Weltliteratur, bei Shakespeare und bei Calderon; wüßten wir nicht längst, daß die *Wanderjahre* ein All sind, so müßte es uns durch diesen Abschluß deutlich werden. Es ist ein Ausblick ins Weite und Weiteste. Doch zugleich ergeben sich immer wieder Beziehungen zu den Themen, die den ganzen Roman durchziehen; sie kehren leitmotivisch auch in den Spruchsammlungen wieder, und es bleibt die Aufgabe des Lesers, hier wie bei dem Gesamtwerk in der geistvollen Vielheit die innere Einheit der Haltung und der Gesinnung zu erfassen.

Der Satz von *Idee und Liebe* (95) weist auf zwei Urphänomene des Lebens, in welchen das Unendliche im Endlichen erscheint (ähnlich wie im Makarien-Kapitel des *1. Buches,* 114–128). Ebenfalls weist auf dieses Erscheinen des Absoluten im irdischen Symbol der Satz über *das Wahre* (3). Die Deutung der Welt als Abglanz des Unendlichen vollzieht einerseits der Dichter, anderseits der Naturforscher. Der Satz über *die Geheimnisse der Lebenspfade,* welche *der Poet* aufzeigt (1), ist eine Wesensbestimmung der Dichtung schlechthin, darüber hinaus im einzelnen hier gleichsam eine nachträgliche Deutung der eingeflochtenen Novellen. Den Naturforscher als Deuter der Welt haben in dem Roman zahlreiche Gespräche gezeigt, zumal die Montans und die des Astronomen, und diese finden hier ihre Fortsetzung in den Sätzen über die Wissenschaften; grundlegend jener, daß sie *sich vom Leben entfernen* und *wieder durch einen Umweg zurückkehren* (75). Der moderne Forscher soll dabei den Vorrang menschlicher Naturbeziehung vor der eines Mechanismus nicht vergessen; der Satz, daß *alle mechanische Teilung einer Saite* nichts sei *gegen das Ohr des Musikers* (92), ergänzt hierin das Gespräch auf der Sternwarte (S. 120f.). Die sozialpolitischen Kapitel des *3. Buches* werden fortgeführt durch Aphorismen über das *Regieren* (67), über *Volkheit* und *Volk* (66) und den energischen Satz, es gäbe *keine patriotische Kunst und keine patriotische Wissenschaft* (74).

Die Spruchsammlung ist ihrem ganzen Geist und Klang nach Altersweisheit; der Satz über das Altern, der an ihren Beginn gestellt ist (2), bezeichnet sie selbst als solche. Und sie ist bei aller Allgemeinheit zugleich im höchsten Grade Ausdruck eines Einzelmenschen mit seinen Besonderheiten, freilich eines einzelnen, der sich so bedeutend weiß, daß er seine Eigenentwicklung und das allgemeine Bild des Menschen ineinander übergehen lassen kann. So ergibt sich die erregende Verbindung von weiser Sachlichkeit und höchster Eigenart, Sätze mit eigenen von Goethe neu geschaffenen Bildern wie der über das *Sich-selbst-historisch-Werden* (35) – Goethe allein hat diesen Begriff geschaffen und ausgestaltet; dann jener von den *Jahren* und den *Prüfungen* (61), der in seiner Knappheit Unermeßliches verschweigt und besagt; jener über die *Gesinnungen* als das Grundlegende (178); und zuletzt der Schlußsatz, ganz objektiv und doch Selbstbildnis, die eigene Existenz in ihrer Einzigartigkeit und zugleich sachlicher Blick auf die Erscheinungen des Lebens (182). – Diese Sätze stehen zwischen den anderen wie zwischen der Vielheit der Gestirne die Sterne erster Größe, welche die Sternbilder bestimmen; und diese Sternbilder der Spruchsammlung zeigen die gleichen großen Ordnungen, welche der Roman in seinen erzählenden Teilen entwirft.

Bd. 12, S. 365–547 u. Anmkg. – Goethe, Maximen und Reflexionen. Hrsg. v. Max Hecker. Weimar 1907. = Schr. G. Ges., 21. – Goethes Werke. 19. Teil. Sprüche in Prosa. Hrsg. von G. v. Loeper. Bln., Hempel, o. J. (1870) S. 92–117. – Goethe, Max. u. Refl. Hrsg. v. Jutta Hecker. Lpz. 1942. 2. Aufl. Freiburg i. Br., o.J. (1949). – Goethe, Maximen und Reflexionen. Hrsg. v. Günther Müller. Stuttg. 1944 u. ö. = Kröners Taschenausgaben, 186. – Max Wundt, Aus Makariens Archiv. Zur Entstehung der Aphorismensammlung. German.-Romanische Monatsschr. 7, 1915, S. 177–184. – Max Wundt, Goethes Wilhelm Meister. 2. Aufl. Bln. u. Lpz. 1932. – Wilhelm Flitner, Aus Makariens Archiv. Goethe-Kalender 1943. S. 116–174. – Paul Stöcklein, Nachwort zu: Goethes Werke. Gedenk-Ausgabe. Bd. 9. Zürich 1949. S. 737–749. Zum Teil wiederholt in: Stöcklein, Wege zum späten Goethe. Hamburg 1949. S. 157–165. – Bezüglich der zahlreichen Betrachtungen über Shakespeare, Calderon, Sterne usw. und über die Wirkung der deutschen Dichtung auf das Ausland (Nr. 114, 151) ist heranzuziehen: Fritz Strich, Goethe und die Weltliteratur. Bern 1946.

2. Motive aus zwei Bibelsätzen (wie sie Goethe zeitlebens geläufig waren): Psalm 90,10: „Unser Leben währet siebzig Jahre" und 1. Kor. 3,19: „Denn dieser Welt Weisheit ist Torheit bei Gott". Inhaltlich aber der völlige Gegensatz durch den Goetheschen Gedanken der irdischen Entwicklung und Steigerung; die Entelechie, die sich hier entwickelt hat, vertraut, daß diese Steigerung auch drüben Geltung habe; keine Kluft zwischen Diesseits und Jenseits; das Diesseits liebend bewertet und ins Unendliche übergehend; passend zu dem Bilde Makariens, ferner zu *Faust II* (Schlußszene) und zumal zu dem Satz an Zelter vom 19. 3. 1827 *Wirken wir fort, bis wir, vom Weltgeist berufen, in den Äther zurückkehren* ... HA Briefe Bd. 4, S. 219. – Bd. 14 Sachregister „Entelechie", „Steigerung"; Bd. 1, S. 341 *Laßt fahren hin* ...

4. Identisch mit einem Satz des *Lehrbriefs* (Bd. 7, S. 496f.).

5–16. Zusammengehörig, sämtlich übersetzt aus der Schrift des Hippokrates über die Art, wie man leben soll, „Peri diaites" (Über die Lebensordnung bzw. Lebensweise, oder auch: Die Diät; lat.: De victus ratione), und zwar Buch I, Kap. 11. Goethe beschäftigte sich mit Hippokrates in den Jahren 1795 und 1796 (HA Briefe Bd. 2, S. 214, 1ff.), und bereits in den *Lehrjahren* ist der Einleitungssatz des *Lehrbriefs* ein Zitat aus den Schriften dieses antiken Arztes (Bd. 7, S. 496). Da zwei Handschriften den *Lehrbrief* und diese Aphorismen gemeinsam enthalten, liegt die Vermutung nahe, daß ursprünglich eine Verwertung für die Fortsetzung des Lehrbriefs ins Auge gefaßt war. Die Ursache für die Übertragung und Aufnahme der Hippokrates-Stellen liegt in ihrer Beziehung zu Goethes eigenem Denken. Sie kreisen um das geheime Verhältnis zwischen der Weltvernunft und dem Menschengeist (wie auch die Sätze S. 126,7–15 und 302, Nr. 123); der Menschenverstand erreicht nie die göttliche Ordnung der Natur, aber da auch in ihm Natur waltet, ist er ihr wiederum nahe. Dieser Gedanke führt weiter zu dem (die ganzen *Wanderjahre* durchziehenden) über Erziehung und Reifung; und die Beziehung Goethes zu dem antiken Arzt zeigt sich auch darin, daß zwischen Erziehung zur Kunst und Erziehung zur Naturschau ein enger Zusammenhang besteht. Goethe hat griechischen Urtext und lateinische Übersetzung benutzt und in seiner Übertragung manches seiner eigenen Art angenähert. Goethe besaß: Aphorismi Hippocratis. Ex recognitione Adolfi Vorstii... Lugduni Batavorum (o.J.). in Duodez. Das Exemplar stammte aus der Bibliothek von Goethes Vater (Nassauische Annalen 64, 1957, S. 43) und kam 1793 in Goethes Besitz (Ruppert Nr. 1275). – Loeper in der Hempelschen Ausgabe setzt neben Goethes Sätze den lateinischen Text. Eine moderne Übersetzung nach dem griechischen Urtext findet man in: Die Werke des Hippokrates. Hrsg. von Richard Kapferer. Bd. 1, Teil 3. Stuttg. u.

Lpz. 1934, S. 37–39. – K. Deichgräber, Goethe u. Hippokrates. Archiv f. Gesch. d. Medizin 29, 1936, S. 27–56 (mit griech. und lat. Text). – W. Flitner im Goethe-Kalender 1943, S. 141–145. – E. Grumach, Goethe u. die Antike. Bln. 1949. S. 824–828.

17–25. Auch diese Sätze sind sämtlich Übersetzungen, und zwar aus Plotin, Enneade V, Buch 8, Kap. 1. Sie stehen dort als fortlaufender Text. Goethe übertrug sie im Jahre 1805, nicht nach dem Griechischen, sondern nach der lateinischen Übersetzung des Marsilio Ficino, Basel 1515, die er aus der Weimarer Bibliothek entlieh. Er besorgte sich dann durch Fr. A. Wolf auch den Urtext, änderte aber seine Übertragung nicht mehr um. Er sandte sie an Zelter (1. Sept. 1805); hier bezeichnet er Plotin als *alten Mystiker;* ebenso nennt er ihn 1810 in seiner *Farbenlehre* (Bd. 13, S. 324,4 u. Anmkg.), wo er an ihn anknüpfend die berühmten Verse schreibt: *Wär nicht das Auge sonnenhaft* ... (Bd. 1, S. 367.) Plotin erschien Goethe zum Teil wesensverwandt durch seine Emanationslehre, zum Teil aber widersprach er ihm: deswegen läßt er dann die Sprüche 26–28 folgen. Die ausgewählten Sätze aus Plotin beziehen sich auf den Kern von dessen Weltanschauung. Eine moderne Übersetzung in: Plotins Schriften. Übers. von Richard Harder. Bd. 3. Lpz. 1936 = Philosophische Bibliothek, Bd. 213a. S. 18–20. Sie lautet:

(17.) Nachdem wir behaupten daß derjenige der zur Schau der geistigen Schönheit gelangt ist und der Schönheit des wahrhaftigen Geistes inne geworden ist, daß der auch von dessen Vater, dem jenseits des Geistes Belegenen, eine Vorstellung erlangen muß, wollen wir versuchen einzusehen und für uns selber auszusprechen (soweit es denn möglich ist Dinge dieser Art auszusprechen), auf welche Weise man die Schönheit des Geistes, des oberen Kosmos erschauen kann.

(18.) Wenn zwei Dinge nebeneinandergestellt sind, meinetwegen zwei steinerne Massen, die eine roh und ohne künstlerische Bearbeitung geblieben, die andere aber nun durch die Kunst bezwungen und zum Bilde eines Gottes oder auch eines Menschen geformt, und zwar eines Gottes wie der Charis oder einer der Musen, und eines Menschen: nicht etwa eines beliebigen, sondern eines solchen, den die Kunst geschaffen hat durch Abnehmen von allen schönen Menschen:

(19.) so erscheint der Stein, der durch die Kunst zur Schönheit der Gestalt gebracht worden ist, als schön nicht weil er Stein ist, sonst wäre der andere gleichermaßen schön, sondern vermöge der Gestalt welche die Kunst ihm eingab.

(20.) Diese Gestalt nun hatte nicht die Materie, sondern sie war in dem Ersinnenden noch ehe sie in den Stein gelangte; und zwar war sie in dem Künstler nicht sofern er Augen und Hände hat, sondern weil er an der Kunst teilhat.

(21.) Es war also in der Kunst diese Schönheit als weit höhere; denn nicht die Schönheit, die in der Kunst ist, gelangte in den Stein, sondern sie bleibt dort, und von ihr geht eine andere aus, die geringer ist als sie; und auch diese blieb nicht rein in sich selber noch wie es sein möchte, sondern nur soweit der Stein der Kunst gehorchte.

(22.) Und wenn die Kunst eine Beschaffenheit hervorbringt, die ausspricht was sie selber ist und hat (d. h. sie macht ein Ding schön vermöge des formenden Begriffes desjenigen was sie hervorbringt), so ist sie in einem größeren und wahreren Sinne schön, da sie gewiß eine größere, schönere Schönheit besitzt als sie in den Außendingen hervortritt.

(23.) Denn eben um so viel als sie sich in die Materie hinausschreitend ausgedehnt hat, ist sie kraftloser als jene welche in dem Einen verharrt. Denn alles was auseinandertritt, tritt von seinem Selbst weg, Stärke wenn sie in Stärke auseinandertritt, Wärme in Wärme, allgemein Kraft in Kraft, und so auch Schönheit in Schönheit. Auch muß jedes erste Bewirkende an und für sich dem Bewirkten überlegen sein. Denn nicht die Unmusik macht den Musiker, sondern die Musik, und die sinnliche Musik wird hervorgebracht von der ihr übergeordneten.

(24.) Achtet aber einer die Künste gering, weil ihr Schaffen eine Nachahmung der Natur ist, so ist darauf erstens zu antworten, daß auch die Natur nur anderes nachahmt. Sodann muß man wissen daß die Künste das Sichtbare nicht schlechtweg nachahmen, sondern sie steigen hinauf zu den rationalen Formen, aus denen die Natur herkommt.

(25.) Drittens schaffen die Künste auch vieles aus sich selber; denn wem etwas mangelt, dem fügen sie es hinzu, da sie im Besitz der Schönheit sind. So hat Phidias den Zeus gebildet nicht nach einem sinnlichen Vorbild, sondern indem er ihn so nahm, wie Zeus sich darstellen würde, ließe er sich herbei vor unseren Augen zu erscheinen.

In Nr. 23 schreibt die *Ausg. l. Hd.* „Urmusik" statt *Unmusik;* ein Druckfehler, den manche neuen Ausgaben übernommen haben. – E. A. Boucke, Goethes Weltansch. Stuttg. 1907. S. 46–57. – Karl P. Hasse, Von Plotin zu Goethe. Lpz. 1909. 2. Aufl. 1912. – Herm. Schmitz, Goethes Altersdenken. Bonn 1959. S. 54ff. – W. Flitner im Goethe-Kalender 1943. S. 145–151. – E. Grumach, Goethe und die Antike. Bln. 1949. S. 815–821. – E. v. Keudell, G. als Benutzer d. Weim. Bibliothek. 1931. S. 72.

26–28. Goethes Gegenrede zu den Sätzen Plotins. Nach Plotin wird die *geistige Form,* sobald sie *in der Erscheinung hervortritt,* geringer. Die Welt ist eine geringere Stufe des Seins als die Idee. Diese alte Lehre von den verschiedenen Graden des Seins bestreitet Goethe. Es gibt für ihn nur das eine ungeteilte Seiende. Die „Idee" ist ihrem Wesen nach nicht „mehr" als die „Erscheinung". Nur auf den Menschen kommt es an, wie er sich ins Universum tastet. *Nichts ist drinnen, nichts ist draußen* ... (Bd. 1, S. 358.)

29–34. Aphorismen zum Thema: Aneignung, Eklektizismus. 30–31 angeregt durch Goethes Lektüre der Zeitschrift „Le Globe" und der Schriften von Victor Cousin. Briefe HA, Register „Cousin" und „Globe". – 31. Zum *Materialismus* vgl. Bd. 9, S. 490,8ff. – Zu 34 vgl. S. 306, Nr. 155.

35 und 36 stünden vielleicht besser in umgekehrter Reihenfolge (wie Hecker sie in seiner Ausgabe anordnet). Die vorigen Aphorismen sprachen allgemein von der Bedingtheit des Menschen. Wer persönlich seine eigene Bedingtheit erkennt, wird *sich selbst historisch.* Goethe hat diesen Ausdruck öfters benutzt (an Chr. Schlosser 23. 11. 1814; an Justus Hecker 7. 10. 1829; an Humboldt 1. 12. 1831), und Ausdruck seines Sich-selbst-historisch-Werdens ist seine große Autobiographie. Wer die eigene und fremde Bedingtheit sieht, mag keine Kontroversen führen. An Zelter schreibt Goethe am 31. 12. 1829: *Ich habe bemerkt, daß ich den Gedanken für wahr halte, der für mich fruchtbar ist, sich an mein übriges Denken anschließt ... nun ist es nicht allein möglich, sondern natürlich, daß sich ein solcher Gedanke dem Sinne des andern nicht anschließe, ihn nicht fördere ... Ist man hievon recht gründlich überzeugt, so wird man nie kontrovertieren ...*

38. Vgl. *Italienische Reise, 5. Okt. 1787: Plato wollte keinen* ἀγεωμέτρητον *in seiner Schule leiden* (Bd. 11, S. 413, 28). – Vgl. auch Nr. 40.

40. *potentia et actu:* „in der Möglichkeit und in der Wirklichkeit"; aristotelisch (δυνάμει καὶ ἐνεργείᾳ), dann scholastisch; als Ablativ formelhaft, daher so in der Handschrift (Goethe-Archiv, Weimar) und in der *Ausg. l. Hd.* – Goethe-Wörterbuch Bd. 1, 1978, Sp. 323. – Goethe geläufig; vgl. Bd. 14, S. 22, 34ff.

41. *Heautognosie* = Selbsterkenntnis; *Heautontimorumenen* = Selbsthasser, Selbstquäler. Vgl. Bd. 1, S. 308 die Spruchgedichte 28 und 29 und die Anmkg. dazu.

43. Vgl. S. 483, Nr. 146.

44. Dazu: W. Rehm, Griechentum und Goethezeit. Lpz. 1936. 2. Aufl. 1938.

51–57 sind eine zusammenhängende Folge von Sprüchen über religiöse Fragen.

63. *Nach Preßfreiheit schreit niemand, als wer sie mißbrauchen will.* (Aus den Sprüchen aus dem Nachlaß.) Vgl. Bd. 1, S. 332, Nr. 170–172. Bd. 12, S. 384.

66. Das Wort *Volkheit* taucht ungefähr gleichzeitig bei Campe, Jahn und Goethe auf; wahrscheinlich bildeten sie es unabhängig voneinander. J. H. Campe, Wörterbuch der dt. Sprache. Bd. 5. Braunschweig 1811. S. 435 führt es als Neubildung an. – Grimms Wb. 12, 2. Abt. Lpz. 1932. S. 484.

68. Vgl. S. 330, 11f. und die Anmkg.

80. Das *Aperçu* (ein Begriff, der in Goethes Gedankenwelt eine wichtige Rolle spielt) ist der geniale Gedanke, der weite Zusammenhänge durchblickt, die große Idee, welche fruchtbar weiterwirkt, nicht durch Fleiß und Kenntnis erreichbar, sondern plötzliche Schau des Begnadeten. – Goethe-Wörterbuch Bd. 1, 1978, Sp. 766f.

81–82. Vgl. S. 36,29ff. Montans Worte: *Was nützt, ist nur ein Teil des Bedeutenden ...*

88. *gemein* = der Masse entsprechend, alltäglich. Vgl. Bd. 1, S. 257, V. 32 und die Anmkg. – *Majorität*: vgl. S. 307, Nr. 165; 407,1–3.

90–92. Angeregt durch die im Briefwechsel mit Zelter aufgeworfene Frage, ob die musikalischen Harmonien durch das menschliche Ohr oder einfach als mathematische Teilung der Saiten gegeben seien. Vgl. Briefwechsel 20. 4. 1808 bis 22. 6. 1808 und Goethes Brief vom 31. 3. 1831. – Beziehung zu 120,31ff. und 293, Nr. 63. – HA Briefe Bd. 3, S. 74ff. u. Anm.

94–95. Vgl. die Sätze über Mathematik S. 589f. Ferner S. 303, Nr. 134; S. 308, Nr. 166–170. Vor allem aber Bd. 2, S. 39: *Mir bleibt genug! Es bleibt Idee und Liebe!*

96–98. In einer frühen handschriftlichen Fassung sind dies Aussprüche des Astronomen bei Makarie, welche Wilhelm in einem Brief an Natalie mitteilt.

100. *obruiert* = überhäuft, überladen, überlastet.

102. *Albert Julius* heißt in J. G. Schnabels Robinsonade „Insel Felsenburg" (1731–43) der Stammvater einer Familie, die glücklich auf einer weltfernen Insel lebt.

103. Vgl. 260,25f.

104. Vgl. 263,3ff. und die Anmkg. dazu.

108. Das Wort *deshalb* hier in der Bedeutung „so daß". Nach Goethes Meinung ist die *Einschachtelungs*-Theorie (Praeformations-Theorie) den Leuten begreiflich, obgleich sie unsinnig ist. Sie wurde im 17. und 18. Jahrhundert gelehrt, unter anderen von dem Schweizer Naturforscher Charles Bonnet (1720–1795), und besagt, daß jedes Lebewesen schon im Samen des vorhergehenden „eingeschachtelt" gewesen sei und in dieser Weise alles bis zu den ersten Lebewesen

zurückginge. Goethe als Morphologe sah die Dinge anders. Er hat sich in der *Campagne in Frankreich* ausführlicher dazu geäußert: Bd. 10, S. 314, 14–28 u. Anm. – Auch: Bd. 13, S. 32,20ff.; 33,29ff.; 59,24ff. und 109,33–40.

113. Der Satz stand anfangs im Romantext. Vgl. die Anmkg. zu 407,16f.

121–125 zusammenhängend. 122 *das imposante Fremde*: Shakespeare; *das bis zum Unwahren gesteigerte Talent*: Calderon. Vgl. Bd. 2, S. 57, Nr. 46 und die Anmkg. dazu. Bd. 14 Register: Calderon, Shakespeare. – *das Weltfremde*: das ganz Fremde, wie 96,25 u. Anm.

126. *Lawrence Sterne*, 1713–1768, der große englische humoristische Schriftsteller, Verfasser der Romane „Leben und Meinungen Tristram Shandys" (1754–67) und „Yoriks empfindsame Reise" (1768), war Goethe seit seiner Jugend bekannt und wurde zumal im Alter oft von ihm gepriesen als ein Geist, *der die große Epoche reinerer Menschenkenntnis, edler Duldung, zarter Liebe in der zweiten Hälfte des vorigen Jahrhunderts zuerst angeregt und verbreitet hat ... das Menschliche im Menschen auf das zarteste entdeckend* ... (in dem Aufsatz *Lorenz Sterne,* Bd. 12, S. 345, 34ff.). Sterne bedeutete einen entscheidenden Schritt für die schriftstellerische Entdeckung der menschlichen *Eigenheiten,* diese sind *das, was das Individuum konstituiert* (ebd.). Auch in Briefen (z.B. an Zelter 25. 12. 1829) und in Gesprächen (z.B. mit Riemer 1. 10. 1830) preist Goethe Sterne immer wieder. – Fr. Strich, Goethe und die Weltliteratur. Berlin 1946. S. 123: „Die Humanitätsidee des englischen Humors ruht auf der lächelnden Duldung und Schonung menschlicher Eigenheiten und Besonderheiten ... Der englische Humor wurde zu einer wesentlichen Quelle Goethescher Toleranz und floß mit jener anderen, ebenfalls aus England entspringenden und von Herder fortgeleiteten zusammen, die in der Idee zu finden ist, daß es keinen allgemein gültigen Kanon der Kunst geben könne ..." – H. W. Thayer, L. Sterne in Germany. New York 1905. – J. Boyd, Goethe's knowledge of English literature. Oxford 1932. – Bd. 12, S. 345f. u. Anmkg.

127–143. Noch einmal eine zusammenhängende Reihe von Zitaten. Sie stammen aus der englischen Aphorismensammlung „The Koran or Essays, Sentiments, Characters and Callimachies of Tria Juncta In Uno", 1770. Man schrieb diese Sammlung damals Lawrence Sterne zu, aber sie stammt nach neueren Forschungen von Richard Griffith. Außer den Sätzen 127–143 stammen aus ihr auch 175 und 179–181. Goethe übernahm diese Sätze teils wegen ihrer geistvollen Eigenart, teils weil sie seinem eigenen Denken entsprachen. So sagte ihm als Augenmenschen z.B. Nr. 128 besonders zu, und ebenso entsprach ihm der Satz Nr. 129, der eine Goethesche Parallele hat auf S. 306 in Nr. 155. – Nr. 136 kann man zusammenhalten mit den zahlreichen Sätzen, in welchen Goethe seine Wertschätzung der Zeit ausspricht (S. 405,18ff.; auch Bd. 1, S. 353; Bd. 2, S. 52, Nr. 12 u. a. m.). – In einer Handschrift sind Nr. 127–143 in Anführungszeichen gesetzt, die im Druck der *Ausg. l. Hd.* versehentlich fortgefallen sind. – J. Boyd, Goethe's knowledge of English literature. Oxford 1932. – Die Sätze aus Griffith sind mit behandelt in der Literatur über Goethe und Sterne. – H. W. Thayer, Laurence Sterne in Germany. New York 1905. – Goethe-Bibliographie, hrsg. von H. Pyritz u. a., Bd. 1, 1965 Nr. 5439–5442.

132. *Hauptstamm:* Kapital. *Interessen:* Zinsen.

144. Vgl. Nr. 126 und die Anmkg. dazu.

146. Vgl. Nr. 43.

149. Einen Überblick über die deutsche Literatur des 18. Jahrhunderts gab Goethe im *7. Buch* von *Dichtung und Wahrheit.*

151. *Weltliteratur,* eine Goethesche Wortbildung, ungefähr aus der Zeit, als er auch das Wort *Weltfrömmigkeit* bildete: Literatur, die zwischen den Nationen vermittelt und einen geistigen Raum bildet, in dem die Völker einander begegnen. Vgl. Nr. 148. – Fritz Strich, Goethe und die Weltliteratur. Bern 1946. – Bd. 12, S. 361–364. – Dt. Wb. 14,1,1 (1955) Sp. 1644 ff.

152. Vgl. 304, Nr. 138.

153. Vgl. 302, Nr. 124.

154–155. Vgl. 37,15–30 Montans Einseitigkeits-Lehre; auch 289, Nr. 40.

157. Vgl. die Anmkg. zu 126. – *Warburton*: Englischer Theologe des 18. Jahrhunderts, Bekämpfer des deistischen Freidenkertums (dem Sterne nahestand), Vorkämpfer der orthodoxen Staatskirche und zugleich Herausgeber Shakespeares.

162. Anknüpfend an einen Satz in der Sammlung der Briefe Sternes, die Goethe 1826 las: Letters of the late Rev. Mr. Lawrence Sterne to his most intimate Friends. 1775. Aus dem gleichen Werk stammen Nr. 168 und 170. Englischer Wortlaut bei Max Hecker.

164. *Sagazität* = Spürsinn, Spürkraft; *Penetration* = Eindringen, Scharfsinn.

167, 170. Nach: Letters of ... L. Sterne. Vgl. die Anmkg. zu Nr. 162.

173. Vgl. Nr. 136 und S. 405,18–32 und die Anmerkungen.

174. Den lateinischen Satz fand Goethe in der englischen Sammlung „The Koran" zitiert, dem römischen Grammatiker Donatus zugeschrieben. Die deutsche Erwiderung ist Goethes Eigentum und wiederholt einen seiner Lieblingsgedanken. Vgl. S. 283, Nr. 1; und zum Thema *autochthon*: Bd. 1, S. 310, Nr. 40 und 41 und die Anmerkung dazu.

175, 179–181. Übersetzungen aus „The Koran". Vgl. die Anmkg. zu Nr. 127–143.

182. Dieser Satz und vorher Nr. 178 mit ihrer Unendlichkeit des Blicks und ihrem Ernst der Gesinnung verbinden die Spruchsammlung nochmals mit dem Gesamtwerk. In der Art, wie das Ich an der menschlichen Möglichkeit schlechthin gemessen wird, ist er ein Beispiel des Goetheschen Humanismus. Als Abschluß, nachdem so viel zitiert ist, ist dies noch einmal ein ganz eigener Satz, zugleich allgemein und höchst persönlich.

ZUR TEXTGESTALT

Der Abdruck im vorliegenden Band folgt im allgemeinen der *Ausg. l. Hd.* Doch war schon deren Druckvorlage nicht ganz zuverlässig, da bei mehrfachem Abschreiben sich Fehler eingeschlichen hatten. Darüber hinaus kamen beim Druck allerlei Druckfehler und Versehen hinzu, zumal da Goethe nach dem Gebrauch der Zeit das Korrektur-Lesen dem Verlag Cotta überließ. Die meisten dieser Fehler konnten auf Grund der Handschriften durch die Weimarer Ausgabe ausgemerzt werden, wozu dann die Jubiläums-Ausgabe und die Fest-Ausgabe noch Ergänzungen brachten. Darüber hinaus brachten diese alle eine Reihe von Konjekturen, für die es keine handschriftlichen Grundlagen gibt. Die folgenden Notizen verzeichnen nicht alle Varianten, geben aber Einblick, auf welche Weise Abweichungen zustande gekommen sind und wie weit sie gehen. Genauere Angaben über Handschriften und Textgestalt geben die Weimarer Ausgabe und die Fest-Ausgabe.

Erstes Buch.37,27. Die Weim. Ausg. macht hier die Konjektur: *eine Kunst sein.* – 63,31. Die Weim. Ausg. macht die Konjektur: *Leidenschaften.* – 69,14. nach der *Ausg. l. Hd.* Eine Handschrift hatte: *um nicht Egotist zu werden.* Die Weim. Ausg. übernimmt dies und macht die Anmerkung: „Egotist ist ein Mensch, der nichts Höheres als sich selbst kennt, dem das Verständnis für andre abgeht, weil er in sich selbst die Welt sieht." Doch eine andere Handschr. und die *Ausg. l. Hd.* haben beidemal: *Egoist.* Vgl. Fest-Ausg. S. 443. – 80,10. *Heiltümer* nach den frühen Handschriften (und der Weim. Ausg.); eine spätere Handschr. und die *Ausg. l. Hd.* haben *Heiligtümer.* – 80,28 *der Freund* nach Goethes Texten. Die Weim. Ausg. setzt „unser Freund" in Angleichung an andere Stellen. – 104,26. Weim. Ausg.: „ihm von früher" (Konjektur). – 131,35f. In der 1. Fassung: *auf einmal erheitert.* – 147,15 *erhielt Ausg. l. Hd.* und Weim. Ausg.; *erhalt'* Erstdruck 1821 und Fest-Ausgabe.

Zweites Buch. 160,1 Selbstständigkeit, die Schreibweise der *Ausg. l. Hd.,* ist absichtlich beibehalten; bei Goethe sind *selbstständig* und *Selbstständigkeit* häufiger als *selbständig.* Zur Schreibweise: Dt. Wb. 10,1 (1905), Sp. 493. – 171,23. *er* fehlt in der *Ausg. l. Hd.,* steht aber im Erstdruck der Novelle im „Taschenbuch für Damen" 1818, – 186,13 *Ausrufen.* Die *Ausg. l. Hd.* hat *Ausrüfen.* Da aber zu Goethes Zeit der Plural von *Ruf* allgemein *Rufen* war (Adelung; Dt. Wb. unter „Ausruf" und „Ruf"), halte ich das *ü* für einen Druckfehler. – 196,5f. nach H.; dagegen *Ausg. l. Hd.; zu lösen, das Entworrene zu genießen hoffen darf.* – 203,18 *herangewadet.* So in der *Ausg. l. Hd.* Einige neuere Ausgaben setzen *herangewatet.* Das Dt. Wb. sagt dazu: „Eine große Verbreitung hat im 17. und 18. Jahrhundert die Form *waden.* Sie kann nicht schlechthin als (niederdt.) Dialektform angesehen werden, da sie auch bei Oberdeutschen häufig ist, sondern erklärt sich hauptsächlich aus gelehrtem Einfluß des lateinischen vadere." Bei Goethe in dem Gedicht *Musen und Grazien in der Mark* reimen *Promenaden* und *waden;* in *Faust* 7286f. reimen *badend* und und *wadend* (so in der Handschrift, Eckermann und Riemer druckten *watend*). – 213,38–214,7 ist in der *Ausg. l. Hd.* durch Fehler entstellt. Unser Text im Anschluß an die Weim. Ausg., welche auf eine Handschr. zurückgeht. – 220,38 *wie* nach der Weim. Ausg., Bd. 25, 2. Abt., S. 103. Die *Ausg. l. Hd.* hat: *daß.* – 222,33 *dazu* fehlt in der *Ausg. l. Hd.* Konjektur von Düntzer, seither fast allgemein übernommen. – 223,15. Text nach *Ausg. l. Hd.* Konjektur der Fest-Ausg.: „mit allen Gesinnungen ...", da in der frühesten Handschr. steht: *allen Gesinnungen* ... – 238,36f. Hier sind in der *Ausg. l. Hd.* noch zwei Absätze eingeschoben, die inhaltlich nur in die 1. Fassung passen und bei der Neubearbeitung versehentlich stehenblieben. Man pflegt sie – als störend – seit der Weim. Ausg. fortzulassen. – 243,10f. Eine Handschr. hat: *wir müssen uns einen Begriff von der Weltfrömmigkeit machen* ... – 244,20. *Achtes Kapitel.* In der *Ausg. l. Hd.* steht hier: *Neuntes Kapitel,* obgleich das *siebente* vorausgeht, also deutlich ein Versehen. Alle Kapitelzahlen von hier bis zum Ende des *2. Buches* sind in der *Ausg. l. Hd.* falsch. Man kann den Fehler ausgleichen, entweder indem man den Schluß des vorigen Kapitels, die beiden gewichtigen Briefe, zu einem eigenen Kapitel macht; oder, indem man einfach weiterzählt und hier *Achtes Kapitel* statt *neuntes* einsetzt. Da die Weim. Ausg. diesen letztgenannten Weg eingeschlagen hat und fast alle modernen Ausgaben ihr darin gefolgt sind, ist er um der Einheitlichkeit willen hier beibehalten. – 245,30 *wühlt* Handschrift; Fest-Ausgabe; *wühlte Ausg. l. Hd.;* Weim. Ausg. – 247,33. Die 1. Fassung hat hier: *an deren Seite unter dem Rasen hie und da ein bemooster Fels bescheiden hervortrat.* 260,37 *entzündete* Goethes Handschrift. WA 25,2 S. 121. *verwickelte: Ausg. l. Hd.* – 283,4 *euer* Handschr.; Jubil.-Ausg.; Fest-Ausg.; *eurer* Ausg. l. Hd.; Weim. Ausg.

Drittes Buch. 312,19. Hier hat die *Ausg. l. Hd.: Auch dem unbedingten Triebe* ... Dagegen hat sie 317,6: *Und dem* ... Ebenso heißt es in dem Gedichtband der *Ausg. l. Hd.* an der entsprechenden Stelle: *Und.* Vom Gedanken her erwartet man *Und.* Der Trieb, der zunächst *unbedingt* ins Weite strebt, begrenzt sich und findet dadurch Sinn und Freude. Vgl. Fest-Ausg. S. 455. – 325,4. Konjektur der Fest-Ausg.: „getraute sich nicht". – 335,32. Die *Ausg. l. Hd.* schreibt: *Montans Lucie,* ein Versehen, das in neueren Ausgaben allgemein berichtigt ist. – 340,24. Die Weim. Ausg. normalisiert hier: „Der Garnträger schien erwartet". Aber Goethes Wechsel zwischen *Garnträger, Garnbote* und *Bote* scheint nicht ein Versehen, sondern beabsichtigte stilistische Variation. Ebenso setzt die Weim. Ausg. an anderen Stellen „der Garnträger" ein, so: 344,37; 345,13; 347,12; 348,2; 348,12; 351,38; 352,11. – 350,1–3. Text nach der *Ausg. l. Hd.* Die Weim. Ausg. hat – teils nach einer Handschr., teils Konjektur –: *und am Ofen saßen die Alten mit den besuchenden Nachbarn oder Bekannten trauliche Gespräche führend.* – 366,38. *Schwerter* nach Handschr. und Erstdruck. *Ausg. l. Hd.: Schwerte,* (vgl. Fischer, Goethe-Wortschatz, S. 556). – 376,3. Eine frühe Handschr. hat: *das Kästchen neben mir stehen, das* ... – 378,18. In der Handschr. und der *Ausg. l. Hd.* fehlt hier das Wort *wir,* wohl versehentlich. – 379,13. *desto* fehlt bei Goethe und ist Konjektur in den neueren Ausgaben. – 379,38. Statt *Raufbold* hat eine Handschrift: *der Baron.* – 382,35. Die *Ausg. l. Hd.* hat hier: *Der Baron schien entschieden* ... Unser Text folgt der Weim. Ausg.; vgl. die Anmkg. zu dieser Stelle im Kommentar. Ebenso hat die *Ausg. l. Hd.* 383,24: *des Barons.* – 393,8f. *zeigt sodann seine Berechtigung hiezu* nach einer Handschr. Die Weim. Ausg. und die Jubil.-Ausg. setzen: *und legitimierte* sich (Teilkonjektur). Die *Ausg. l. Hd.* hat – wohl versehentlich –: *und legitimierte seine Berechtigung.* – 399,29 *fährt* nach der *Ausg. l. Hd.* und einer Handschr. Eine andere Handschr. (und die Weim. Ausg.) hat: *fuhr.* – 405,24 *beschäftigt* Entwurf und Weim. Ausg. *beschädigt* eine Handschr. und *Ausg. l. Hd.;* Stöcklein S. 218; Henkel S. 69. – 405,37. In der Handschrift (Goethe-Archiv) steht: *Knecht und Magd, Diener und Dienerinnen stehen muß.*

Korrektur mit Bleistift (Riemer?): *Knechte und Mägde, Diener und Dienerinnen stellen muß.* Die Weim. Ausg. stellte die Fassung her, der unsere Ausgabe folgt. Henkel S. 71f. – 415,36f. *Garnbote.* Die Weim. Ausg. und die Fest-Ausg. normalisieren (wie schon vorher 340ff.) hier und im Folgenden immer in *Garnträger.* Goethe dagegen wechselt zwischen beiden Wörtern. – 418, 24 und 428,5 *Gute-Schöne* und 428,12 *Schöne-Gute* (ebenso 446,31 und 35 sowie 447,8 und 20) nach der Handschr. und der *Ausg. l. Hd.* Goethe wechselt also im Ausdruck und gibt der Bezeichnung eben dadurch etwas Schwebendes, gleichsam jedesmal Neugebildetes. Die Weim. Ausg. normalisiert immer in *Schöne-Gute* – aber ist das nicht vielleicht falsche Pedanterie? – 426,5ff. nach der Weim. Ausg., die hier auf die früheste Handschr. zurückgeht. Die *Ausg. l. Hd.* schreibt an dieser Stelle: *Jeder Mensch findet sich von den immerfort findet er sich bedingt* ... – 436,27. Die *Ausg. l. Hd.* hat *Lothario mit Julien.* Wir wissen aber aus den *Lehrjahren,* daß Lothario *Therese* heiratet. Lothario ist in den *Wanderjahren* bisher gar nicht aufgetreten. Es handelt sich einfach um eine Namensverwechselung Goethes aus Vergeßlichkeit. – 437,34. Die *Ausg. l. Hd.* hat hier versehentlich: *Silvio.* – 438,16ff. lautet in der *Ausg. l. Hd.* etwas anders. Unser Text folgt der Fest-Ausg., die hier auf Grund der Handschr. eine neue Fassung herstellt. – 439,25. *Lydien.* Die *Ausg. l. Hd.* schreibt hier und an den folgenden Stellen immer: *Lucien;* ein Versehen, das in allen neuen Ausgaben berichtigt ist. – 447,6 *berichtet* Handschr. und *Ausg. l. Hd.; berichtigt* Konjektur in der Weim. Ausg. und Fest-Ausg. – 448,18. *gesichert* fehlt in der *Ausg. l. Hd.* und ist von der Weim. Ausg. eingeführt auf Grund eines Schemas, in dem es heißt: *Der Gegenstand seiner Sorge ist höchst glücklich für jetzt und für die Zukunft gesichert.* – 451,2. *angelernt* nach der frühesten Handschr. Eine spätere Handschr. und die *Ausg. l. Hd.* haben *eingelernt.* – 451,9. *wunderte sich besonders über die* ... Nach der frühesten Handschrift und der Weim. Ausg. Eine spätere Handschr. hat – den Urtext wohl falsch lesend – *wendete sich besonders gegen die* ... Und die *Ausg. l. Hd.* hat hieran anschließend dann: *hielt sich besonders an die* ... – 461, Nr. 9 *setzen Ausg. l. Hd.; setzten* Weim. Ausg. und Hecker entsprechend dem griechischen Urtext. – 463, Nr. 23. *Unmusik.* Das von Goethe neugebildete Wort klang dem Setzer so befremdlich, daß in der *Ausg. l. Hd.* daraus der Druckfehler wurde „Urmusik".

Aphorismensammlungen und angehängte Gedichte. Goethe hat schon bei der Arbeit an der zweiten Fassung einen *Auszug aus den Collectaneen* geplant, d.h. aus seinen gesammelten Sprüchen. (WA 25,2 S. 221. Vgl. Kommentar zu *Betrachtungen im Sinne der Wanderer.*) Er zog dafür Eckermann heran (Tagebuch 29. 12. 1828). Als dann der Wunsch des Cotta Verlags kam, die Bände umfangreicher zu gestalten (Reichel an Goethe 3. 2. und 20. 2. 29), konnte er gut darauf eingehen. (Darüber: Quellen und Zeugnisse zur Druckgeschichte von Goethes Werken. Teil 2: Die Ausgabe letzter Hand. Hrsg. von Waltraud Hagen. Bln. 1982. S. 578, 710 u. ö.). So kamen die zwei Aphorismensammlungen in den Roman. Eckermann ließ sie nach Goethes Tode in der Quartausgabe von 1836/37 weg, und ihm folgten die Herausgeber bis 1949. Wenn man in eine moderne Goethe-Ausgabe die von Goethe selbst nie zusammengestellten *Maximen und Reflexionen* als Ganzes aufnimmt (Bd. 12, S. 365–547), muß man dort auch alle Sprüche aus den Spruchsammlungen der *Wanderjahre* bringen, sie werden dann also zweimal gedruckt. Insofern ist die Fortlassung bei dem Druck des Romans zu verstehen.

Doch da sie dem Geist nach so gut zu diesem passen, sind sie in unserer Ausgabe bei dem Roman belassen. – Anders ist es bei den zwei angehängten Gedichten. Für die *Ausgabe letzter Hand* wurden die Gedichtbände 1826 zusammengestellt, 1827 gedruckt. Danach entstanden noch die Gedichte *Im ernsten Beinhaus war's* (Bd. 1, S. 366) und *Vermächtnis* (Bd. 1 S. 369). Goethe wollte sie gern noch in die *Ausgabe letzter Hand* bringen. Er hing sie deswegen den *Wanderjahre*-Bänden 2 (*Ausg. l. Hd.* 22) und 3 (*Ausg. l. Hd.* 23) an, wobei sie durch andere Druckschrift (Antiqua) deutlich von dem Romantext (Fraktur) abgehoben wurden. Eckermann schrieb später, in einem Gespräch, das er auf den 15. Mai 1831 datiert, Goethe habe ihm gesagt, er möge bei einem späteren Druck die Gedichte hier herausnehmen und zu den Gedichten stellen. Auch wenn Eckermanns Erinnerung nicht immer genau ist, hat er hier wohl zutreffend berichtet, denn die Gedichte passen in der Tat viel besser zwischen die anderen Gedichte als zu den *Wanderjahren*, auch wenn sie thematisch sich gut dem Gedankenkreis des Romans anfügen. Die zwei Gedichte sind in der vorliegenden Ausgabe nicht bei den *Wanderjahren* gelassen, sondern zu den Gedichten gestellt (Bd. 1, S. 366 u. 369). Wer sie nachlesen will, kann sie dort leicht finden. Wollte man aber die Sprüche weglassen und stattdessen Verweise auf 359 Nummern der *Maximen und Reflexionen* bringen, wäre das für den Leser unzumutbar. – In der *Ausgabe letzter Hand* steht am Ende der *Wanderjahre* hinter dem Gedicht *Im ernsten Beinhaus war's* die Notiz *(Ist fortzusetzen)*. Wie diese Notiz bei dem raschen Abschluß des Drucks hierher gekommen ist, ist ungeklärt. Nach Weimar wurden keine Korrekturbogen geschickt. Die Gruppe *Aus Makariens Archiv*, hinter welcher diese Notiz steht, sollte ursprünglich hinter dem *Ersten Buch* stehen. Die Frage, ob hier ein Versehen vorliegt, ist ausführlich erörtert in den Aufsätzen von Viëtor, Hohlfeld und anderen in PMLA 1944–1945. (Vgl. die Bibliographie).

NACHTRAG

7,7. *bedeutend.* Dasselbe Wort S. 458,15; Bd. 1, S. 191 *Euphrosyne* Vers 20; *Faust* 6903 und 7469; und auch sonst häufig, auch in den naturwissenschaftlichen Schriften, z.B. Bd. 13, S. 260,17. Etwa in der Bedeutung: Aufschluß gebend (hier über die geologische Formung des Gebirges), zur Deutung beitragend. – GWb. 2, Sp. 152–157.

9,15. *abhängig:* abschüssig, abwärts geneigt. GWb. 1, Sp. 87f.

27,39f. *unsere kleine Familie, indem sie sich vermehrt.* Auch dies in Parallele zu der biblischen Überlieferung, die mehrfach über die Geschwister Jesu spricht, z.B. Markus 6,3 und Matth. 13,55.

28,8. *lastbar:* ein Wort der Luthersprache, das laut Adelung auch zu Goethes Zeit noch benutzt wurde. Matth. 21,5 ,,die lastbare Eselin", ähnlich 2. Petrus-Brief 2,16.

30,32. *Zirbelbaum:* Zirbelkiefer, pinus cembra, Alpenpflanze.

30,34. *Genzianen:* Enzian, lat. gentiana, in den Alpengegenden in mehreren Arten vorkommend. Vgl. Bd. 13, S. 36,18 und besonders 151, 13–19. – Günther Schmidt, Der Enzian. (Jb.) Goethe 7, 1942, S. 16–41.

35,20. *Kreuzstein:* Goethes Exemplar ist verzeichnet in: Hans Prescher, Goethes Sammlungen zur Mineralogie. Berlin, Akademie-Verlag, 1978. S. 49 Nr. 375.

38,31f. *Pochjunge:* ein Junge, der in einem Pochwerk (Stampfwerk zum Zerkleinern der aus dem Berg geholten Erze) hilft. – Briefe HA 2, S. 200f. – Dt.Wb. 7, Sp. 1962. – Gehört zu der Wortgruppe Pochwerk, Pochknecht, Pochsteiger usw. (Adelung).

69,18f. *Interessen:* Zinsen. Wie Bd. 7, S. 56,20 u. 431,7.

70,9f. *Feldküche:* Goethe hat die Feldküche sogar gezeichnet. Zwei Bleistiftzeichnungen dieser Art wurden 1981 vom Düsseldorfer Goethe-Museum aus Privatbesitz erworben. Reproduziert in dem Ausstellungs-Katalog ,,Was ich dort erlebt, genossen", hrsg. von J. Göres, Königstein 1982, S. 240.

73,4. *Quodlibets:* lat. quodlibet: was es auch sei, mancherlei.

82,5. *Amerika.* Vgl. Bd. 10, S. 114,5ff. – Horst Dippel, Americana-Germanica 1770–1800. Stuttg. 1976.

82,26. *Orpheus und Lykurg.* Orpheus (Philosoph, Dichter, Sänger) kommt bei Goethe mehrfach vor (Bd. 14, Namenregister), als formgebende Kraft z.B. Bd. 12, S. 474. Lykurg war der legendäre Gesetzgeber von Sparta, auf den die meisten dortigen staatlichen Einrichtungen zurückgeführt wurden. – Grumach, Goethe und die Antike.

98,18f. *wohl assortiert:* gut zusammenpassend. *Die Ruschlige:* die Bewegliche; von ,,ruscheln": mit Geräusch sich bewegen. Dt.Wb. 8, Sp. 1537.

114,33. *bedeutete:* den Hinweis gab. – GWb. 2, Sp. 153.

129,38. *Particulier* (französisch): Privatmann.

133,21. *dilatorisch:* von lat. ,,dilatio" Aufschub, Verzögerung; ,,dilatorius" aufschiebend.

141,5f. *Der Helden Söhne werden Taugenichtse.* Erasmus von Rotterdam zitiert diesen Satz in seinen ,,Adagia" in der Fassung ,,Heroum filii nebulones". Goethe besaß die ,,Adagia" in der Baseler Ausgabe von 1520. (Ruppert Nr. 1470) Der Jenaer Professor Wolfgang Heider hielt zwei Reden ,,De proverbio: heroum filii noxae" (Über das Sprichwort: die Söhne der Helden richten Unfug an), die gedruckt wurden in seinen „Orationes", Bd. 1, Jena 1629.

153,20. *schnackisch:* spaßhaft, scherzhaft. Dt.Wb. 9, Sp. 1159f.

153,26. *bedeuten:* den Hinweis geben, belehren. Wie 114,33 u. Anm.

155,2. *dreifache Ehrfurcht.* Eine ähnliche Ehrfurchtslehre gibt es in der altchristlichen Literatur. Bei Augustinus, „De doctrina christiana", Buch I, Kap. 23 heißt es: „Cum ergo quatuor sint diligenda, unum quod supra nos est, alterum quod nos sumus, tertium quod iuxta nos est, quartum quod infra nos est." „Weil also vier hoch zu achten sind, das erste, was über uns ist, das zweite, was wir sind, das dritte, was neben uns ist, das vierte, was unter uns ist." Das Wort „diligere" bedeutet „hochachten, werthalten", ungefähr das, was Goethe unter dem Betrachten mit *Ehrfurcht* versteht. Dieser Satz wurde bei späteren Kirchenvätern wiederholt. Nachdem Beutler (Modern Language Quarterly 10,1949) kurz darauf hingewiesen hatte, brachte Friedrich Ohly (Euphorion 55, 1961) eine ausführliche Abhandlung darüber. – Bei Augustinus handelt es sich um einen einzigen kurzen Satz, bei Goethe um zwei Kapitel. Bei Augustinus steht alles in streng christlichem Rahmen, bei Goethe bildet zwar die christliche Religion den Ausgangspunkt (157,18–20), aber sie verweist auf eine religiöse Innerlichkeit, die an keine historische Religion gebunden ist. Bei Augustinus werden vier Gebiete neben einander genannt, bei Goethe sind es drei (156,28–157,20) und das vierte ist eine Zusammenfassung, die aus den dreien hervorgeht (157,23–25). Er läßt die Erzieher davon sprechen, wie man den Jugendlichen diese Gebiete nach und nach nahebringt, er schildert die Beziehung zu den Grußformen und zu den Gemälden. So ist seine Darstellung als Ganzes etwas durchaus anderes als der eine Satz des Augustinus, bezeichnend für seine Art, früher Gedachtes aufzunehmen, es weiterzudenken und künstlerisch auszugestalten.

155,6. *unmündig:* minderjährig, noch im Anfang der Entwicklung stehend.

156,17. *Geschäft:* Aufgabe, Funktion.

157,23f. *sie zusammen bringen eigentlich die wahre Religion hervor* ... An diese Stelle anknüpfend schreibt Bruno Petzold, Goethe und der Mahayana-Buddhismus, Wien 1982, S. 39ff.: „Die leider unvollendet gebliebene Dichtung *Die Geheimnisse* (Bd. 2, S. 271–284) und die später hierzu von Goethe veröffentlichte Erklärung haben es mit einer ideal gehaltenen Darstellung von zwölf Religionen zu tun. In *Wilhelm Meisters Wanderjahre* findet sich eine ideale Klassifikation von drei Religionen. In beiden Schemen gilt das Christentum als die höchste aller bestehenden Religionen, aber keineswegs als die absolute Religion. Vielmehr wird *die wahre Religion* (157,23f.) im höchsten Sinne durch eine Vereinigung der zwölf bzw. drei Religionen dargestellt, die aber nicht konkret in Erscheinung tritt, sondern die Urform und das Ideal religiösen Wesens ist ... Es ist sicherlich ein eklatanter Beweis für das parallele Denken aus geschichtlich getrennten und für sich existierenden religiösen Gebieten, daß wir ganz analoge Klassifizierungen wie die obigen Goetheschen im Mahayana-Buddhismus finden, nur daß wir hier statt des Christentums den Buddhismus oder gewisse Schulen desselben an die Spitze gestellt sehen. Der Mahayana-Buddhismus hat solche Klassifikationen, die er mit dem Kunstausdruck Kyo Han bezeichnet, in mannigfacher und geradezu wunderbarer Weise ausgebildet, und einem Kenner derselben ist es ein leichtes, für die zwölffache oder dreifache Klassifizierung Goethes entsprechende buddhistische Begriffsschemen zu finden. Wir verweisen beispielshalber auf die von Kobo Daishi, dem Gründer der japanischen Shingon Sekte, aufgestellte zehnstufige Klassifikation, die er in seinem „Ju Ju Shin Ron" oder „Traktat über die zehn Stationen des Geistes" entwickelt hat... Andrerseits aber wird von ihm die Shingon-Lehre als die absolute Religion verstanden, die aus einer Vereinigung aller zehn von ihm aufgezählten Religionsformen besteht. Danach wird der Shingon-Buddhismus nicht etwa nur durch die obersten der zehn religiösen Stufen repräsentiert, sondern jede einzelne Stufe ist Shingon, eine jede hat Teil am Geiste der Lehre des „wahren Wortes". So stellt sich, wie in den *Geheimnissen* und wie in der *Pädagogischen Provinz* der *Wanderjahre*, die oberste der Religionsformen als eine solche dar, die nicht die Berechtigung der übrigen Formen aufhebt, sondern alle in sich begreift. Das nennt Goethe die *Urreligion* (Eckermann 11. 3. 32 im 3. Teil der „Gespräche"), das heißt die Idee der Religion selbst, von der die verschiedenen geschichtlichen Religionen nur differenzierte Erscheinungsformen sind ... diese Urreligion entspringt – darin stimmen Goethe und der Mahayana-Buddhismus überein – reiner Natur und Vernunft."

157,38ff. *Credo:* das christliche Glaubensbekenntnis. Dessen *erster Artikel:* Glaube an Gott Vater; *zweiter:* an Jesus als Gottessohn; *dritter:* an den Heiligen Geist und die „Gemeinschaft der Heiligen", wobei an die Verbindung der Getauften zu dem Göttlichen durch das Sakrament gedacht ist. – Die Religion in Geschichte und Gegenwart, Art. „Gemeinschaft der Heiligen".

158,31ff. *eine Galerie, an der einen Seite offen ... durchaus gemalt.* Die Form des Gebäudes, das den *geräumigen Garten* umgibt, und die Wandgemälde, die zu Zyklen geordnet sind, erinnern an die Lesche (Halle) in Delphi mit den Gemälden von Polygnot, welche Pausanias und Philostrat beschreiben. Goethe hat sich 1803 damit beschäftigt und einen Aufsatz darüber geschrieben. *An diesem Versammlungsorte, einem Porticus, den man sich um einen länglich viereckigten Hof herumgezogen und nach innen zu offen denken kann, fanden sich einige Werke Polygnots.* (WA 48, S. 84) Goethe hat sich auch später noch mit dem Gemäldezyklus und dem Gebäude, in welchem man ihn sich denken muß, befaßt. – Goethe und die Antike. Hrsg. von E. Grumach. 1949. S. 634–649 (Polygnot), 877f. (Pausanias), 880–885 (Philostrat).

158,35. *durchaus:* sämtlich, ganz und gar. Dt.Wb. 2, 1583f. – GWb. 2,1306.

162,4 und 10ff. *das Gemeine:* das Allgemeine, das Alltägliche. Wie Bd. 7, S. 79,3.

162,12. *Trank veredeln:* Hochzeit zu Kana. Joh. 2,1–11. *Speise vervielfältigen:* Speisung der Fünftausend. Joh. 6,1–15.

173,30. *Arcana:* Plural von „arcanum" Geheimnis, Geheimmittel.

178,34. *expedit:* von lat. „expeditus" frei, ungehindert, rasch.

190,8. *Literator:* Kenner der Literatur, insbesondere der lateinischen.

192,12. *eine klassische Stelle:* eine Stelle aus der klassischen Dichtung. Gemeint ist Ovid, Metamorphosen VI, 17ff. Diese Stelle wird im folgenden S. 197,9ff. genannt und übersetzt, mit Rückbezug auf 192,12.

195,17. *versichert:* zugesichert.

199,13. *Vigor:* lat. Lebenskraft, Lebensfrische.

200,2. *Patron:* von lat. „patronus" Schutzherr, Herr. (*Faust* 111,70).

200,19. *negoziieren:* geschäftlich etwas abschließen (von lat. „negotium" Geschäft). Sprachlich hier fast ein Pleonasmus, da durch *Geschäft* und *abschließlich* schon das Wesentliche gesagt ist.

204,30. *Psyche.* In der Geschichte von Amor und Psyche spielt ein Tropfen heißen Öls aus der Lampe, mit der sie den Schlafenden beleuchtet, eine verhängnisvolle Rolle. – Elisabeth Frenzel, Stoffe der Weltliteratur. Stuttg. 1970 u. ö.

227,7. *zum großen See.* Zu Goethes Hilfsmitteln: Elise v. Keudell, Goethe als Benutzer der Weimarer Bibliothek. Weimar 1931. Nr. 1393 und 1394. – H. Ruppert, Goethes Bibliothek. Weimar 1953. Nr. 4043–4066, insbes. 4057.

235,1. *präkonisieren:* preisen, rühmen. Ebenso Bd. 12, S. 294,34f.

235,19ff. *Urteil eines Kenners.* Die hier folgende Charakteristik von Landschaftsgemälden steht im Zusammenhang mit Goethes lebenslänglichem Interesse für Landschaftsmalerei. Diese Partie befindet sich schon in der Fassung von 1821. Goethe kannte Werke von Hackert, Tischbein, Caspar David Friedrich und anderen modernen Künstlern, vor allem aber Werke aus der Epoche von Claude Lorrain und Ruisdael. In dem von ihm herausgegebenen Werk *Winckelmann und sein Jahrhundert,* 1805, hat Heinrich Meyer Landschaftsmaler des 18. Jahrhunderts von Hackert bis zu Kobell und Johann Christian Reinhart besprochen. Über Goethe und die Landschaftsmalerei: Schr. G. Ges. 61, 1980, S. 158–202 mit Abbildungen.

253,25f. *erinnerten an jenes herrliche Geflecht ...* Goethe denkt hier wohl an die Darstellung des Kampfes zwischen Griechen und Amazonen auf dem Friesrelief des Tempels zu Bassai bei Phigalia. Er hatte sich 1818 damit beschäftigt und einen Aufsatz darüber zu schreiben begonnen, der aber nicht fertig wurde (Bd. 12, S. 169–171 u. die Anm. dazu). Das Werk des Bildhauers hier im Roman ist aber eine freistehende Plastik, kein Relief. Plastische Einzelfiguren von Amazonen hatte Goethe in Rom gesehen, er machte sich dort über zwei solche Skulpturen Aufzeichnungen auf einem Notizblatt (WA 32, S. 440). – Max Wegner, Goethes Anschauung antiker Kunst. Bln. 1944. S. 44–48 u. Abb. 11. – Goethe-Handbuch Bd. 1, 1961, Sp. 206 „Amazone, Capitol". – Goethe und die Antike. Hrsg. von Grumach. 1949. S. 522–529 und 582f.

262,12ff. Nach 1. Mose 1,2 und 7,20.

264,27. *obgleich der Leser bald ...* Der Hinweis meint wohl, daß Wilhelm seine nunmehr erworbenen Kenntnisse als Wundarzt anwendet, vermutlich bei Gelegenheit eines Unfalls. Das Motiv ist hier, im *Zweiten Buch,* aber nicht näher ausgeführt. Es kommt dann höchst bedeutsam am Schlußkapitel des *Dritten Buchs* vor, S. 458–460. Dort rettet Wilhelm seinen eigenen Sohn, und unausgesprochen klingt die Symbolik mit, daß jeder, dem man hilft, ein Sohn ist. Wäre das Motiv schon im *Zweiten Buch* darstellerisch behandelt, wäre das Schlußkapitel eine steigernde Wiederholung. Da das Motiv hier aber nur ganz knapp angedeutet ist, hat es in III,18 seine einmalige volle Symbolik. Es ist also wohl kaum zu entscheiden, wie weit das hier angekündigte Thema einfach vergessen ist – was bei der hastigen, termingebundenen Vollendung des Werks im Winter 1828/29, die durch vielerlei Besucher und andere Störungen gehindert wurde, zu verstehen ist – oder wie weit dieses Vergessen oder Weglassen dem künstlerischen Gefühl entsprang, dem Motiv seine Wirkung bis zum Schluß aufzusparen. In der Fassung von 1821 ist diese Partie nicht vorhanden.

320,21. *apprehensiv:* furchtsam, scheu. (GWb 1, Sp. 779.)

320,24. *famos.* Von lat. famosus: vielgenannt, auch: berüchtigt. – Was gemeint ist, geht aus dem Zusammenhang hervor, insbesondere 321,1–4.

329,9. *Epiderm:* äußere Hautschicht.

329,18f. *dem Reinen ist alles rein:* Neues Testament, Brief an Titus 1,15.

330,39. *berufen:* jemanden zur Rede stellen. Bd. 9, S. 65,32. – GWb. 2, Sp. 430.

332,30. *Auferstehungsmänner.* Nach dem englischen „resurrectionmen": Leichenräuber, Leichenhändler. 1828 ging der Prozeß gegen zwei englische Leichenräuber durch die Presse. – GWb. 1, Sp. 925.

341,15. *Spinnertechnik.* Arthur Hoffmann, Werktätiges Leben im Geiste Goethes. Weimar 1950. (360 S.) – Goethe-Handbuch 1, 1961, Art. ,,Fabriken" Sp. 2247–2251.

341,26. *Karden ... Krempel:* Kratzkämme. Dt.Wb. 5, Sp. 209f. und 2008.

341,34. *Wirtel:* Rolle an der Spindel. Dt.Wb. 14,2 Sp. 650.

342,28. *Kunkel:* Spinnrocken. Dt.Wb. 5, Sp. 2653–2656.

346,5. *Sistrum:* lat., Klapper. Kommt bei Ovid, Vergil, Apuleius und anderen vor.

354ff. *Die neue Melusine.* In E. T. A. Hoffmanns ,,Serapionsbrüdern", Band 2, 1819, werden zwei Novellen Goethes genannt. Sie lagen damals nur in der Form vor, die sie in Cottas ,,Damenkalender" haben. Nach der Erzählung ,,Die Automate", vor ,,Doge und Dogaresse" sagt Theodor: ,,Dagegen dringt manches Fragment einer geistreichen Erzählung tief in meine Seele und verschafft mir, da nun die Phantasie die eignen Schwingen regt, einen lange dauernden Genuß. Wem ist es nicht so gegangen mit Goethes nußbraunem Mädchen! Vor allen hat auf mich aber das Goethesche Fragment jenes allerliebsten Märchens von der kleinen Frau, die der Reisende im Kästchen mit sich führt, einen unbeschreiblichen Zauber geübt."

373,34f. *Kammerton.* War im 18. Jahrhundert tiefer als der *Chorton.* – Adelung 2, 1808, Sp. 1488. – Dt.Wb. 5, Sp. 130. – Riemann, Musik-Lexikon. Sachteil. Mainz 1967. Art. ,,Kammerton".

384,37. *widerwärtig:* im gegenteiligen Sinne, ablehnend. Vgl. 404,3.

387,5. *Yorick* in Sternes Roman ,,A sentimental Journey". Vgl. S. 480 Nr. 126 u. die Anm. dazu.

388,28. *halten:* halten für, ansehen, meinen. Bd. 4, S. 396,5; Bd. 5 *Iphigenie* 1784 u. 1867. – Fischer, Goethe-Wortschatz S. 318.

391,27. *im Credo verfaßt:* im christlichen Glaubensbekenntnis zusammengefaßt, enthalten. Vgl. 157,38ff.

400,1f. *ausgewärmt:* gut durchwärmt. Adelung 1, 1808, Sp. 666. – Dt.Wb. 1, Sp. 1009.

411,2. *Akkorde:* Verträge, Arbeitsverträge. Adelung 1, 1808, Sp. 144.

413,8. *Gewerke.* Hier: Handwerker. Wie Bd. 6, S. 300,8.

414,20ff. *Lenardos Tagebuch.* Dieses Kapitel bringt die Geschichte *Das nußbraune Mädchen* S. 128–144 und deren Weiterführung S. 338–352 zu einem gewissen Abschluß. Goethe hat an dieser Novelle lange gearbeitet. Sie wurde 1807 begonnen (Tgb. 4. August 1807), 1810 forgeführt (Tgb. 3. und 4. Juni, 19. Nov. 1810), 1816 im „Taschenbuch für Damen" als Fragment veröffentlicht, 1820 weitergeführt (Tgb. 10. Nov. 1820) und 1821 für den Druck zu einem vorläufigen Abschluß gebracht. Dort wird im 17. Kapitel nur kurz berichtet, daß Lenardo das nußbraune Mädchen gefunden habe, nichts Näheres. Goethe hatte in der Handschrift aber schon damals einen Ansatz der Fortführung, doch er nahm diese erst 1824 wieder vor (Tgb. 26. Mai 1824) und führte sie 1825 zuende (Tgb. 29. und 30. Januar 1825). Erst zu diesem Zeitpunkt gelang ihm das feinfühlige Kapitel in der Fassung, die wir heute lesen. Für die Fertigstellung des Ganzen, 1828/29, brauchte er dann nichts mehr daran zu tun. Er machte es nun zum *13. Kapitel* des *3. Buches.* – Gräf S. 904–908 und 1155.

417,4. *Faktor:* Geschäftsführer. Ein Wort, das bei Goethe häufig vorkam, da er dauernd mit dem *Faktor* der Cottaschen Buchdruckerei zu tun hatte.

417,18. *bescheiden:* „geschickt, einen Unterschied unter den Dingen zu machen, verständig" (Adelung); „einsichtig, sachgerecht" (GWb 2, Sp. 456). *Ansicht:* „Besichtigung, Begutachtung, Überprüfung" (GWb 1, Sp. 680); *ihres* bezieht sich auf *Baumwolle.* – *Geldpost:* Geldbetrag.

431,34. *mit Unstatten:* mit Mühe, mit Nachteil. Ähnlich Bd. 9, S. 226,38 und Bd. 10, S. 88,31.

436,7f. *in jener Mondennacht:* S. 350,26ff.

436,17. *Depesche:* eilige Botschaft. Gemeint ist wohl die S. 414,11 erwähnte Sendung.

443,12f. *kontagios:* ansteckend.

451,5. *Kalkül:* Berechnung, Anwendung mathematischer Logik; Fachausdruck in der Wissenschaft der Goethezeit. – Histor. Wörterbuch der Philosophie, hrsg. von Ritter und Gründer. Bd. 4, 1976, Sp. 672–681.

451,28f. *die damals noch unentdeckten kleinen Planeten.* Wahrscheinlich denkt Goethe hier an die Planetoiden, die zu seiner Zeit entdeckt wurden, Ceres 1801, Pallas 1802, Juno 1804, Vesta 1807.

459,7. *Leinpfad:* Weg am Ufer eines Flusses, von dem aus Schiffe mittels Leinen gezogen werden können. – Dt.Wb. 6, Sp. 708.

WILHELM MEISTERS THEATRALISCHE SENDUNG

Wilhelm Meisters theatralische Sendung ist die erste Fassung von *Wilhelm Meisters Lehrjahren.* Wir besitzen das Werk nur in einer einzigen Handschrift, die Barbara Schultheß in Zürich zusammen mit ihrer Tochter anfertigte. Barbara Schultheß hatte aus Weimar nur eine Abschrift von Schreiberhand erhalten, die Goethe vermutlich nicht durchgesehen hat, und bevor sie sie zurückschickte, machte sie diese Abschrift für sich selbst. Aus diesem Grunde ist deren Text in seinen Einzelheiten keineswegs immer korrekt. Er ist erst im Jahre 1910 wieder ans Licht gekommen, und die seitherigen Herausgeber, Maync, Wahle und Weydt, haben sich bemüht, Fehler zu verbessern und den Wortlaut in heutige Rechtschreibung und Zeichensetzung zu übertragen.

Die *Theatralische Sendung* ist ein Fragment. Goethe blieb im *7. Buch* stecken. An Barbara Schultheß gelangten nur die Bücher 1–6. Ihre Abschrift endet mit dem Ende des *6. Buches.* – Die Abweichungen von den *Lehrjahren* sind zahlreich, insbesondere am Beginn und bei der Schilderung der Truppe von Madame de Retti. Diesen Partien ist unsere Auswahl entnommen. Sie bietet nur ein kurzes Beispiel, aber man kann aus ihm den Stil des Werkes kennen lernen, das besonders Anschauliche, Dingnahe, Unbefangene dieser frühen Fassung.

Über Entstehungsgeschichte und bibliographische Hilfsmittel vgl. die Anmerkungen zu Bd. 7.

487,15 *ehe* und 16 *überkocht* statt „eher" und „übergekocht" sind süddeutsch-mundartliche Formen, welche für die *Theatralische Sendung* bezeichnend sind; wieweit dergleichen auf Goethes Jugendsprache, wieweit es auf die Abschreiberin zurückgeht, läßt sich in allen Einzelheiten wohl niemals ganz klären. – 489,23. *schieler Taft* = zweifarbig schillernder, „changierender" Taft. – 490,37. *schwerlötig* = plump, schwerfällig. Blieb in den *Lehrjahren* (Bd. 7, S. 13,4). – 491,3 *raupigt* = bäuerlich, hirtenhaft (Fest-Ausg., Bd. 10, S. 340). – 493,8. *Narziß*: der männliche Hauptdarsteller der Seiltänzertruppe. Vgl. Bd. 7, S. 97,13 ff. – 493,14. *Sukzeß* = Erfolg. – 493,18. *Entrepreneur* = Unternehmer, Prinzipal. – 494,21: *Schwager* = Postillon. – 500,24. *Ranzion* = Lösegeld, Freikauf. – 500,31 ff. *Madame de Retti* fehlt in den *Lehrjahren.* – 505,5 ff. *Ich verbannte den Hanswurst* ... Hier wie auch in einigen anderen Zügen hat Madame de Retti Ähnlichkeit mit der Neuberin. – 508,8. *Alexandriner*: der übliche Dramenvers im 17. und 18. Jahrhundert bis zum Sturm und Drang, von Goethe benutzt in *Die Laune des Verliebten* und *Die Mitschuldigen* sowie in Jugendgedichten (Bd. 1, S. 7 f.) und dann wieder ganz spät in *Faust II,* V. 10849 ff.

Inhaltsübersicht von *Wilhelm Meisters theatralische Sendung*

In Klammern hinzugefügt sind die Zahlen von Buch und Kapitel der *Lehrjahre*, in welche Motive des betreffenden Kapitels eingegangen sind.

1. Buch

1. Wilhelms Großmutter stellt ein Puppenspiel her.
2. Weihnachtsabend, erstes Marionettenspiel. (I,2 u. 3.)
3. Unglückliches Elternhaus.
4. Zweite Marionettenaufführung. Wilhelms leidenschaftliches Interesse. *(I,4.)*
5. Wilhelm entdeckt die Marionetten und liest das Spielbuch. *(I,5.)*
6. Wilhelm erzählt der Großmutter seine Entdeckung.
7. Wilhelm mitwirkend beim Puppenspiel. *(I,6.)*
8. Neue Puppenspiele. *(I,6.)*
9. Mißglückte Aufführung des „Befreiten Jerusalem". *(I,7.)*
10. Theater der Kinder. Wilhelm als Leiter. *(I,8.)*
11. Nachahmung der Komödianten.
12. Tätigkeit als junger Kaufmann; Liebe zur Kunst.
13. Wildwuchs der Theaterleidenschaft.
14. Wilhelm sieht Mariane und liebt sie.
15. Wilhelm mit Mariane im Kreise von Schauspielern; seine Lobrede der Schauspielkunst.
16. Mariane, jung aber erfahren, und Wilhelm, rein und idealistisch; Gegensatz komödiantischer und bürgerlicher Welt. *(I,15.)*
17. Wachsende Liebe; engste Verbindung.
18. Mariane verwandelt; Wilhelm will Schauspieler werden. *(I,9.)*
19. Werner entdeckt die Liebesbeziehung und arbeitet dagegen. *(I,15.)*
20. Wilhelm will Mariane heiraten. Sie verbirgt ihm ihre Schwangerschaft. Die Theaterschneiderin rät ihr, sich an Norberg zu halten. *(I,11–12.)*
21. Wilhelm will mit der abreisenden Theatertruppe gehn. *(I,10* und *16).*
22. Wilhelms Brief an Mariane. *(I,16.)*
23. Wilhelm entdeckt, daß Mariane noch einen anderen Liebhaber hat. *(I,17.)*

2. Buch

1. Wilhelms Krankheit. *(II,1.)*
2. Gespräch über die drei Einheiten im Drama und über Corneille.
3. Wilhelms Jugenddichtungen – Seine Rede über den Dichter – Sehnsucht nach Mariane. *(II,1* und 2.)
4\. Jugenddramen – „Belsazar".
5. Monolog aus „Belsazar" – Über das Wohlgefallen an der Tragödie.
6. Melina und seine Geliebte entflohen, gefangen, verhört. *(I,13.)*
7. Melina über Mariane – Schauspielertum als Idee und Wirklichkeit. *(I,14* und *II,7.)*
8. Werners Lob des Kaufmannsstandes – Entschluß zu Wilhelms Reise. *(I,10* und *11.)*

3. Buch

1. Reise – Primitives Spiel der Bergleute – Liebhaberbühne in Hochdorf. *(II,3* und *4.)*
2. Die Seiltänzertruppe. *(II,3* und *4.)*
3. Narziß – Mignon. *(II,4.)*
4. Wilhelm trifft das Ehepaar Melina – Erstes Gespräch mit Mignon – Madame de Retti hat sie den Seiltänzern abgekauft. *(II,4.)*
5. Wilhelm bei dem Ehepaar Melina; Theatergespräche. *(II,5.)*
6. Madame de Retti – Mignons Eigenart. *(II,6.)*
7. Theatergespräche mit Madame de Retti – Wilhelm gibt ihr Geld. *(II,14.)*
8. Stegreifspiel – Wilhelm beschützt Mignon vor einem Rohling – Sie will bei ihm bleiben. *(II,9.)*
9. Wilhelms „Belsazar"-Vorlesung – Das Fest danach. *(II,10.)*
10. Man will „Belsazar" spielen – Mignons Gesang. *(III,1.)*
11. Bekanntschaft mit dem Offizier v. C.
12. „Heiß mich nicht reden ..." *(V,16.)*
13. Bendel soll in „Belsazar" spielen, sein Ungenügen.
14. Bendel erkrankt, Wilhelm spielt die Rolle erfolgreich.

4. Buch

1. Mignons Italien-Lied – Melina mahnt Wilhelm, sein Geld von der Prinzipalin zurückzufordern. *(III,1.)*
2. Die Prinzipalin gibt nichts heraus.
3. Mignons Eiertanz. *(II,8.)*
4. Prügelei mit Bendel.
5. Theaterskandal wegen Bendel.
6. Sicherstellung der Kasse.
7. Die Prinzipalin flieht mit Bendel.
8. Herr v. C. duelliert sich, angegriffen wegen Umgangs mit dem Komödianten Wilhelm.
9. Melina wird Theaterleiter – Mignon will bei Wilhelm bleiben. *(II,6.)*
10. Philine.
11. Gespräch mit v. C.: Schauspielerehrgeiz und Offizersethos.
12. Reise – Philinens Interesse an Wilhelm – Die Kasse schmilzt zusammen – Der Harfenspieler. *(II,10* und *11.)*
13. Philine liebkost Wilhelm – Wilhelm bei dem Harfner – Friedrich und der Stallmeister erscheinen; Friedrich ist eifersüchtig. *(II,11–14.)*
14. Graf und Gräfin kommen und besichtigen die Schauspieler. *(III,1.)*
15. Der schriftstellernde Sekretär verpflichtet die Truppe. *(III,2.)*
16. Kampf in Wilhelm zwischen Gehen und Bleiben – Mignons krankhafter Anfall – Wilhelm nimmt sie zu sich. *(III,2* und *II,14.)*

5. Buch

1. Glücklichpreisung der Großen und Reichen. *(III,2.)*
2. Wilhelm geht mit zum Schloß – Arbeit als Dramaturg. *(III,2* und *3.)*
3. Schlechte Ankunft im Schloß. Unordnung. *(III,3.)*
4. Jarno – Wilhelm bei der Gräfin. *(III,4* und *5.)*

5. Wilhelm dichtet das Vorspiel. *(III,6.)*
6. Adelsprunk und Dichterernst – Probe des Vorspiels. *(III,6* und *7.)*
7. Der Baron als Freund der Schauspieler – Wilhelms Lob des französischen Theaters – Jarnos Hinweis auf Shakespeare. *(III,8* und *9.)*
8. Spottgedicht auf den Baron – Wilhelm in der Welt Shakespeares – Friedrichs Rückkehr. *(III,9.)*
9. Die Damen wollen Wilhelm als Schauspieler sehen.
10. Wirkung Shakespeares auf Wilhelm – Jarnos Kritik an Wilhelm, dem Harfner und Mignon. *(III,11.)*
11. Philine nimmt für Wilhelm Geschenke an. *(IV,1.)*
12. Reise. *(IV,2.)*
13. Stellung der Schauspieler zum Adel – Wilhelm über Ensemble-Spiel – Man wählt ihn zum Direktor. *(IV,2.)*
14. Gefährliche Reiseroute – Malerisches Lager im Walde. *(IV,4.)*
15. Überfall durch Räuber. *(IV,5.)*

6. Buch

1. Die Amazone – Der Wundarzt verbindet Wilhelm. *(IV,6* und *7).*
2. Wilhelm bei den Schauspielern im Dorf. *(IV,7.)*
3. Verwirrung, Vorwürfe. Wilhelm verspricht, für die Schauspieler zu sorgen. *(IV,8.)*
4. Wilhelms Krankenlager – Philinens Pflege. *(IV,9.)*
5. Abreise der Schauspieler und Philinens. *(IV,10.)*
6. Gedanken an die Amazone. *(IV,11.)*
7. Analyse von Hamlets Charakter – „Nur wer die Sehnsucht kennt ..." *(IV, 3* und *11.)*
8. Ankunft von H. – Serlo und Aurelia – Gespräch über Hamlets Charakter und Geschichte. *(IV,12* und *13)*
9. Gespräch über Ophelia – Philine trifft ein. *(IV,14.)*
10. Spiel der Serloschen Truppe – Das Kind bei Aurelia – Idee und Aufbau in „Hamlet" *(IV,15.)*
11. Aurelias Dolch – Gespräch über Ophelia – Geschichte Aurelias. *(IV,16.)*
12. Serlo – Aurelias Verzweiflung – Sie ritzt Wilhelm mit dem Dolch. *(IV,18–20.)*
13. Serlo will Melinas Truppe übernehmen, wenn auch Wilhelm bleibt. *(IV,19* und *V,1.)*
14. Wilhelms Rückschau – Er sagt Serlo zu – Erinnerung an die Amazone. *(IV,19; V,1* und *3.)*

BIBLIOGRAPHIE
ZU „WILHELM MEISTERS WANDERJAHRE“

Abkürzungen

Ausg. l. Hd. = Goethes Werke. Ausgabe letzter Hand. 40 Bde. Stuttg. u. Tübingen 1827–1830.

Dt. Vjs. = Deutsche Vierteljahresschrift für Literaturwissenschaft und Geistesgeschichte.

Emrich = Wilhelm Emrich, Das Problem der Symbolinterpretation im Hinblick auf Goethes „Wanderjahre“. Dt. Vjs. 26, 1952, S. 331–352.

Fischer-Hartmann = Deli Fischer-Hartmann, Goethes Altersroman. Studien über die innere Einheit von „Wilhelm Meisters Wanderjahren“. Halle 1941.

Gilg = André Gilg, Wilhelm Meisters Wanderjahre und ihre Symbole. Zürich 1954.

G. Jb. = Goethe-Jahrbuch.

(Jb.) Goethe = Goethe, Vierteljahresschrift (bzw. Viermonatsschrift oder Jahrbuch) der Goethegesellschaft. Weimar 1936 ff.

Grimms Wb. = Deutsches Wörterbuch. Von Jacob Grimm und Wilhelm Grimm. Lpz. 1854 ff.

GRM = Germanisch-Romanische Monatsschrift.

GWb. = Goethe-Wörterbuch. Stuttg. 1978 ff.

Henkel = Arthur Henkel, Entsagung. Eine Studie zu Goethes Altersroman. Tübingen 1954.

Jb. G. Ges. = Jahrbuch der Goethegesellschaft.

E. F. v. Monroy = Ernst Friedrich v. Monroy, Zur Form der Novelle in „Wilhelm Meisters Wanderjahren“. GRM 31, 1943, S. 1–19.

PMLA = Publications of the Modern Language Association of America.

Radbruch = Gustav Radbruch, Gestalten und Gedanken. Lpz. 1944.

Sarter = Eberhard Sarter, Zur Technik von „Wilhelm Meisters Wanderjahren“. Bln. 1914 = Bonner Forschungen, N. F. 7.

Schrimpf = Hans Joachim Schrimpf, Das Weltbild des späten Goethe. Stuttg. 1956.

Spranger = Eduard Spranger, Goethe. Seine geistige Welt. Tübingen 1967.

Stöcklein = Paul Stöcklein, Wege zum späten Goethe. Hamburg 1949. – 2. Aufl. 1960.

Ausgaben und Bibliographie

(1. Fassung:) Goethe, Wilhelm Meisters Wanderjahre oder Die Entsagenden. Teil 1. Stuttg. u. Tübingen, Cotta, 1821.

(2. Fassung:) Goethes Werke. Ausg. l. Hd. 21–23. Band. Stuttg. u. Tüb. 1829.

Goethes Werke. Bd. 16. Hrsg. v. H. Düntzer. Stuttg., o. J. = Kürschners Dt. National-Lit., Bd. 97.

Goethes Werke. Weimarer Ausgabe. Bd. 24 und 25, 1. Hrsg. v. E. Joseph. Weimar 1894 und 1895. Bd. 25,2. Hrsg. v. Julius Wahle, Carl Redlich und Bernhard Suphan. Weimar 1905.

Goethes Werke. Jubiläums-Ausgabe. Bd. 19 u. 20. Hrsg. v. W. Creizenach. Stuttg. u. Bln. (1904.)
Goethes Werke. Fest-Ausgabe. Bd. 12. Kritisch durchgesehen von Julius Wahle, eingel. von O. Walzel. Lpz. (1926.)
Goethes Werke. Gedenk-Ausgabe. Hrsg. v. E. Beutler. Bd. 8. Hrsg. v. Gerhard Küntzel. Zürich, Artemis-Verlag, 1949.
Goethes Werke. (In 6 Bänden hrsg. von A. Kippenberg u. a.) Insel-Verlag (Wiesbaden). Bd. 4. 1950. S. 229–605 u. 740–754: Wilhelm Meisters Wanderjahre. Hrsg. u. mit Einleitung u. Anmerkungen versehen von Arthur Henkel.
Goethe. Berliner Ausgabe. Bd. 11: Wilhelm Meisters Wanderjahre. Hrsg. von Günter Mieth. Annemarie Mieth und Regine Otto. Bln. und Weimar 1963 u. ö.
(1. und 2. Fassung:) Goethe, Sämtl. Werke. Dt. Klassiker Verlag. (Frankf. Ausg.) Bd. 10. Hrsg. von Gerhard Neumann und Hans-Georg Dewitz. Frankfurt 1989.
(1. und 2. Fassung:) Goethe, Sämtl. Werke. (Münchner Ausg.) Bd. 17. Hrsg. von Gonthier-Louis Fink. München 1991.
Goedeke, Karl: Grundriß zur Gesch. d. dt. Dichtung. 3. Aufl. Bd. 4, Abs. 3. Dresden 1912.
Hermann, Helmut G.: Goethe-Bibliographie. Stuttg. 1991 u. ö. (Reclam 8692)

Geschichte der Entstehung und des Drucks

Goethe über seine Dichtungen. Hrsg. v. H. G. Gräf. 1. Teil, 2. Band. Frankf. a. M. 1902.
Ruppert, Hans: Goethes Bibliothek. Katalog. Weimar 1958. 2. Aufl. 1979. Insbesondere Nr. 4097–4115; 4464; 4483; 4852; 5161 (Amerika); 2678; 3219 (Pädagog. Provinz); 225 (europäische Siedlung); 4095, 4702, 4941 (Geologie).
Keudell, Elise v.: Goethe als Benutzer der Weimarer Bibliothek. Weimar 1931.
Quellen und Zeugnisse zur Druckgeschichte von Goethes Werken. Teil 2: Die Ausgabe letzter Hand. Bearb. von Waltraud Hagen. Bln. 1982. – Teil 4: Die Einzeldrucke. Bearb. von Inge Jensen. Bln. 1984.
Wolff, Eugen: Die ursprüngliche Gestalt von Wilhelm Meisters Wanderjahren. G. Jb. 34, 1913, S. 162–192.
Trunz, Erich: Die „Wanderjahre“ als „Hauptgeschäft“ im Winterhalbjahr 1828/29. In: Studien zu Goethes Alterswerken. Hrsg. von E. Trunz. Frankf. a. M. 1971. S. 99–121.

Abhandlungen

Varnhagen von Ense, Karl August: Goethes neuestes Werk. (Rezension der 1. Fassung von Wilhelm Meisters Wanderjahren.) In: Der Gesellschafter. 1821. Nr. 94, S. 435f.
Kayßler, Adalbert Bartholomäus: Fragment von Platons und Goethes Pädagogik. (Schulprogramm) Friedrichsgymnasium Breslau, 1821.
Förster, Karl: Rezension der „Wanderjahre“ (1. Fassung). In: Literarisches Conversations-Blatt 1822. Nr. 229ff.

Hotho, G. H.: Rezension der „Wanderjahre" (2. Fassung) in: Jahrbücher für wiss. Kritik, 1829/30. – Wiederabgedruckt in: Oscar Fambach, Goethe und seine Kritiker. Düsseldorf 1953. S. 314–363.

Rosenkranz, Karl: Goethe und seine Werke. Königsberg 1847.

Gregorovius, Ferdinand: Goethes Wilhelm Meister in seinen sozialistischen Elementen entwickelt. Königsberg 1849. Teilabdruck in: Goethe im Urteil seiner Kritiker. Hrsg. von Mandelkow. Bd. 2, S. 318–327.

Jung, Alexander: Goethes Wanderjahre und die wichtigsten Fragen des 19. Jahrhunderts. Mainz 1854. (X, 328 S.) Teilabdruck in: Goethe im Urteil seiner Kritiker. Bd. 2. S. 416–423.

Düntzer, Heinrich: Wilhelm Meisters Wanderjahre, erläutert. Jena 1857. – 2. Aufl. Lpz. 1876. (= Erläut. zu dt. Klassikern, 9.)

Wundt, Max: Goethes Wilhelm Meister. Bln. u. Lpz. 1913. – 2. Aufl. 1932.

Sarter, Eberhard: Zur Technik von „Wilhelm Meisters Wanderjahren". Bln. 1914. = Bonner Forschungen, N. F. 7.

Wundt, Max: Aus Makariens Archiv. Zur Entstehung der Aphorismensammlung. GRM 7, 1915, S. 177–184.

Gundolf, Friedrich: Goethe. Bln. 1916 u. ö. Insbes. S. 714–743.

Radbruch, Gustav: Wilhelm Meisters sozialpolitische Sendung. Logos 8, 1919, S. 152–162.

Kohlmeyer, Otto: Die pädagogische Provinz. Langensalza 1923. – 2. Aufl. 1932.

Spranger, Eduard: Der psychologische Perspektivismus im Roman. Jahrb. d. Fr. dt. Hochstifts 1930, S. 70–90. Neudruck in: Spranger, Goethe. Tübingen 1967. S. 207–232.

Cohn, Jonas: Der Erziehungsplan in Goethes „Wanderjahren". Die pädagogische Hochschule 4, 1932, S. 1–23.

Wadepuhl, Walter: Goethe's Interest in the New World. Jena 1934. (85 S.)

Beutler, Ernst: Von der Ilm zum Susquehanna. Goethe und Amerika. Goethe-Kalender 1935. S. 86–153. Neudruck in: Beutler, Essays um Goethe. Bd. 1. Lpz. 1941 u. ö.

Deichgräber, Karl: Goethe und Hippokrates. Archiv f. Gesch. d. Medizin 29, 1936, S. 27–56.

Nitschke, Otfried: Goethes Pädagogische Provinz. Diss. Heidelberg 1937.

Bauer, Georg-Karl: Makarie. GRM 25, 1937, S. 178–197.

Küntzel, Gerhard: Wilhelm Meisters Wanderjahre in der Fassung von 1821. (Jb.) Goethe 2, 1937, S. 3–39.

Flitner, Wilhelm: Sinn und Tat in „Wilhelm Meisters Wanderjahren". Die Erziehung 13, 1938, S. 244–266.

Spranger, Eduard: Die sittliche Astrologie der Makarie in „Wilhelm Meisters Wanderjahren". Die Erziehung 14, 1939, S. 409ff. – Neudruck in: Spranger, Goethe. Tübingen 1967. S. 350–363.

Dzialas, Ingrid: Auffassung und Darstellung der Elemente bei Goethe. Bln. 1939 = Germanische Studien, 216. Insbes. S. 115–122.

Hellersberg-Wendriner, Anna: Soziologischer Wandel im Weltbild Goethes. Versuch einer neuen Analyse von Wilhelm Meisters Lehr- und Wanderjahren. PMLA 61, 1941, S. 447–465.

Hellersberg-Wendriner, Anna: America in the World View of the Aged Goethe. The Germanic Review 14, 1939, S. 270–276.

Flitner, Wilhelm: Die Pädagogische Provinz und die Pädagogik Goethes in den „Wanderjahren". Die Erziehung 16, 1941, S. 185–193, 206–223.
Fischer-Hartmann, Deli: Goethes Altersroman. Studien über die innere Einheit von „Wilhelm Meisters Wanderjahren". Halle 1941. (134 S.)
Rausch, Jürgen: Lebensstufen in Goethes „Wilh. Meister". Dt. Vierteljahresschrift 20, 1942, 65 ff.
v. Monroy, Ernst Friedrich: Zur Form der Novelle in „Wilhelm Meisters Wanderjahren". GRM 31, 1943, S. 1–19.
Flitner, Wilhelm: Aus Makariens Archiv. Ein Beispiel Goethescher Spruchkomposition. Goethe-Kalender 36, 1943, S. 116–174.
Radbruch, Gustav: Wilhelm Meisters sozialistische Sendung. In: Radbruch, Gestalten und Gedanken. Lpz. 1944. S. 93–127. – Neue Aufl. Stuttg. 1954. S. 84–111, 214–216.
Viëtor, Karl: Goethes Gedicht auf Schillers Schädel. PMLA 59, 1944, S. 142–183. – Neudruck in: Viëtor, Geist u. Form. Bern 1952. S. 194–233, 328–346.
„Ist fortzusetzen". Zu Goethes Gedicht auf Schillers Schädel. By Franz H. Mautner, Ernst Feise, Karl Viëtor. PMLA 59, 1944, S. 1156–1172.
Hohlfeld, Alexander H.: Zur Frage einer Fortsetzung von „Wilhelm Meisters Wanderjahren". PMLA 60, 1945, S. 399–420. – Wiederabdruck in: Hohlfeld, Fifty Years with Goethe. 1901–1951. Collected Studies. Madison 1953. S. 261–291.
Viëtor, Karl: Zur Frage einer Fortsetzung von „Wilhelm Meisters Wanderjahre". (Antwort.) PMLA 60, 1945, S. 421–426.
Jockers, Ernst: Faust und Meister, zwei polare Gestalten. Germanic Review 21, 1946, S. 118–131. – Wiederabdruck in: E. Jockers, Mit Goethe. Gesammelte Aufsätze. Heidelbg. 1957. S. 148–159.
Flitner, Wilhelm: Goethe im Spätwerk. Hamburg 1947.
Thalmann, Marianne: J. W. Goethe, „Der Mann von funfzig Jahren". Wien 1948. (85 S.) Neue Aufl. 1950.
Viëtor, Karl: Goethe. Bern 1949. Insbes. S. 281–304.
Stöcklein, Paul: Wege zum späten Goethe. Hamburg 1949. Insbes. S. 211–237.
Pannwitz, Rudolf: Die Lehren aus Goethes Pädagogischer Provinz. In: Pannwitz. Der Nihilismus u. die werdende Welt. Nürnberg 1951. S. 195–205.
Hering, Robert: Wilhelm Meister und Faust und ihre Gestaltung im Zeichen der Gottesidee. Frankf. a. M. 1952 (478 S.)
Emrich, Wilhelm: Das Problem der Symbolinterpretation im Hinblick auf Goethes „Wanderjahre". Dt. Vjs. 26, 1952, S. 331–352.
Sagave, Pierre-Paul: L'économie et l'homme dans Les Années de Voyage de Wilhelm Meister. Etudes Germaniques 7, 1952, S. 88–104.
Spranger, Eduard: Goethe über die Welt der Arbeit. (Jb.) Goethe 14/15, 1952/53, S. 1–14.
Schrimpf, H. J.: Gestaltung und Deutung des Wandermotivs bei Goethe. Wirkendes Wort 3, 1952/53, S. 11–23.
Reiß, H. S.: Bild und Symbol in „Wilhelm Meisters Wanderjahren". Studium Generale 6, 1953, S. 340–348.
Korff, H. A.: Geist der Goethezeit, 4. Lpz. 1953. S. 640–657.
Schlechta, Karl: Goethes Wilhelm Meister. Frankf. a. M. 1953. (Dazu: Schrimpf, Das Weltbild des späten Goethe, 1956, S. 13.)

Gilg, André: Wilhelm Meisters Wanderjahre und ihre Symbole. Zürich 1954. = Zürcher Beiträge zur deutschen Literatur- und Geistesgeschichte, 9. (206 S.)

Henkel, Arthur: Entsagung. Eine Studie zu Goethes Altersroman. Tübingen 1954. = Hermea, N.F. 3. (XIII, 171 S.)

Schrimpf, Hans Joachim: Das Weltbild des späten Goethe. Stuttg. 1956. (380 S.)

David, Claude: Goethes „Wanderjahre" als symbolische Dichtung. Sinn und Form 8, 1956, S. 113–128.

Staiger, Emil: Goethe. Bd. 3. 1959.

Mommsen, Katharina: Goethe und 1001 Nacht. Bln. 1960. S. 118–152.

Ohly, Friedrich: Goethes Ehrfurchten – ein ordo caritatis. Euphorion 55, 1961, S. 113–145 und 405–448.

Ohly, Friedrich: Zum Kästchen in Goethes Wanderjahren. Zeitschr. f. dt. Altertum 91, 1962, S. 255–262.

Reiß, Hans: Goethes Romane. Bern u. München 1963. Insbes. S. 206–275.

Wagenknecht, Christian Johannes: Goethes Ehrfurchten und die Symbolik der Loge. Zeitschr. f. dt. Philologie 84, 1965, S. 490–497.

Tecchi, Bonaventura: Goethe scrittore di fiabe. Torino 1966. (252 S.)

Niggl, Günter: „Fromm" bei Goethe. Tübingen 1967. (XVI, 435 S.)

Machold, Hertha: Wer aber ist Makarie? Ztschr. f. Ganzheitsforschung, N.F. 11, 1967, S. 145–153.

Karnick, Manfred: „Wilhelm Meisters Wanderjahre" oder die Kunst des Mittelbaren. München 1968. (237 S.)

Wattenberg, Diedrich: Goethe und die Sternenwelt. In: Jahrbuch „Goethe" 31, 1969, S. 66–111.

Gidion, Heidi: Zur Darstellungsweise von Goethes „Wilhelm Meisters Wanderjahre". (= Palaestra 256.) Göttingen 1969. (140 S.)

Schädel, Christian Hartmut: Metamorphose u. Erscheinungsformen des Menschseins in „Wilh. Meisters Wanderjahren". Marburg 1969. (339 S.)

Lange, Victor: Zur Entstehungsgeschichte von Goethes „Wanderjahren". German Life and Letters 23, 1969/70. S. 47–54.

Jabs-Kriegsmann, Marianne: Felix und Hersilie. In: Studien zu Goethes Alterswerken. Hrsg. von E. Trunz. Frankf. 1971. S. 75–98.

Klingenberg, Anneliese: Goethes Roman „Wilhelm Meisters Wanderjahre". Bln. u. Weimar 1972. (226 S.)

Bahr, Erhard: Die Ironie im Spätwerk Goethes. Bln. (West) 1972. (216 S.) Wanderjahre: S. 88–130.

Mannack, Eberhard: Raumdarstellung und Realitätsbezug in Goethes epischer Dichtung. Frankfurt a. M. 1972. (241 S.)

Fink, Gonthier-Louis: Die Auseinandersetzung mit der Tradition in Wilhelm Meisters Wanderjahren. In: Recherches Germaniques 5, 1975, S. 89–142.

Blackall, Eric A.: Goethe and the novel. Cornell Univ. Press. Ithaca and London 1976. (340 S.)

Seidlin, Oskar: Melusine in der Spiegelung der Wanderjahre. In: Aspekte der Goethezeit. Festschr. Victor Lange. Göttingen 1977. S. 146–162.

Derré, Françoise: Die Beziehungen zwischen Felix, Hersilie und Wilhelm. GJb. 94, 1977, S. 38–48.

Blessin, Stefan: Die Romane Goethes. Königstein 1979. Insbes. S. 110–268.

Steer, Alfred Gilbert: Goethe's Science in the structure of the Wanderjahre. Athens (USA) 1979. (XII, 170 S.)

Müller, Klaus-Detlef: Lenardos Tagebuch. Zum Romanbegriff in Wilhelm Meisters Wanderjahre. Dt. Vjs. 53, 1979, S. 275–299.

Wergin, Ulrich: Einzelnes und Allgemeines. Untersucht am Sprachstil von „Wilhelm Meisters Wanderjahren". Heidelberg 1980. (407 S.)

Henkel, Arthur: Wilhelm Meisters Wanderjahre. Kritik und Prognose der modernen Gesellschaft. GJb. 97, 1980, S. 82–89.

Larett, William: The „Novel" Epistomology of Wilhelm Meisters Wanderjahre. Publ. English Goethe Society, N. S. 56, 1987, S. 38–55.

Voßkamp, Wilhelm: Utopie und Utopie-Kritik in „Wilhelm Meisters Lehrjahren" und „Wilhelm Meisters Wanderjahren". In: Utopie-Forschung. Hrsg. von W. Voßkamp. Bd. 3. Stuttg. 1982. S. 227–249.

Bahr, Erhard: Wilhelm Meisters Wanderjahre. In: Goethes Erzählwerk. Interpretationen. Hrsg. von J. E. McLeod. Stuttg. 1985. (Reclam 8081) S. 363–395.

Fink, Gonthier-Louis: Tagebuch, Redaktor und Autor. Erzählinstanz und Struktur in Wilhelm Meisters Wanderjahren. Recherches Germaniques 16, 1986, S. 7–54.

John, Johannes: Aphoristik und Romankunst. Eine Studie zu Goethes Romanwerk. Rheinfelden 1987.

Fink, Gonthier-Louis: Le thème de la propriété dans Wilhelm Meisters Wanderjahre. Etudes Germaniques 42, 1987, S. 306–319.

Wirkung

Dichter, Gustav: „Wilhelm Meisters Wanderjahre" im Urteil deutscher Zeitgenossen. Archiv für das Studium d. neueren Sprachen 87. Jg., Bd. 162. 1932. S. 23–29.

Schulze-Marmeling, Gisela: Die Erschließung der Goetheschen Alterswerke (1819–1952). Diss. Münster 1953.

Sagave, Pierre-Paul: Les Années de Voyage de Wilhelm Meister et la critique socialiste (1830–1848). Etudes Germaniques 8, 1953, S. 241–251.

Gille, Klaus F.: „Wilhelm Meister" im Urteil der Zeitgenossen. Proefschrift, Leiden 1971. (Verlag:) Van Gorcum, Assen (Niederlande). (373 S.)

Goethe im Urteil seiner Kritiker. Hrsg. von K. R. Mandelkow. 4 Bde. München 1975–1984.

Mandelkow, K. R.: Goethe in Deutschland. Bd. 1: 1772–1918. München 1980. Bd. 2. 1919–1982. München 1989.

INHALTSÜBERSICHT

Wilhelm Meisters Wanderjahre oder die Entsagenden

Erstes Buch

Zweites Buch

KOMMENTARTEIL